중국 가보학 통론

중국 가보학 통론

초판 1쇄 발행 2022년 2월 25일

지은이 왕학명
옮긴이 오발·조영래·곽영초

펴낸곳 서울대학교출판문화원
주소 08826 서울 관악구 관악로 1
도서주문 02-889-4424, 02-880-7995
홈페이지 www.snupress.com
페이스북 @snupress1947
인스타그램 @snupress
이메일 snubook@snu.ac.kr
출판등록 제15-3호

ISBN 978-89-521-3056-3 93990

中華社會科學基金資助項目(Chinese Fund for the Humanities and Social Sciences)

중국가보학 통론

中國家譜通論

왕학명 지음 | 오발·조영래·곽영초 옮김

서울대학교출판문화원

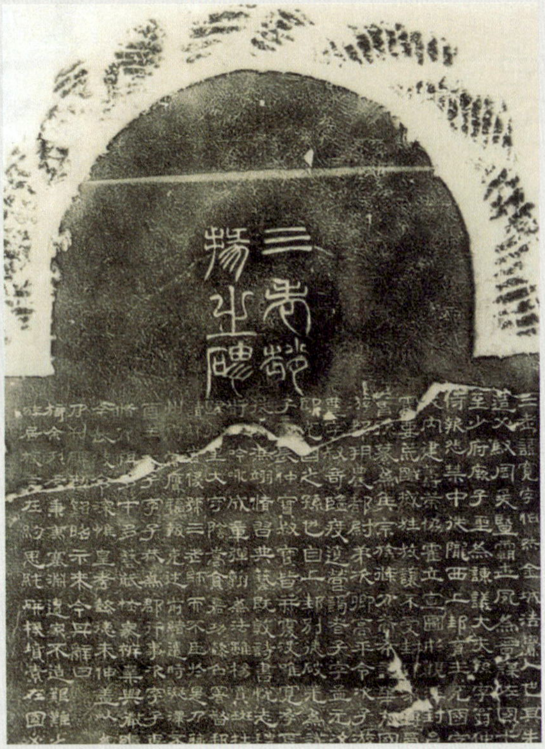

◀ 한대(漢代) 비석가보
「삼로비(三老碑)」

◀ 서주(西周)시기 청동가보(青銅家譜)
「내반(逨盤)」

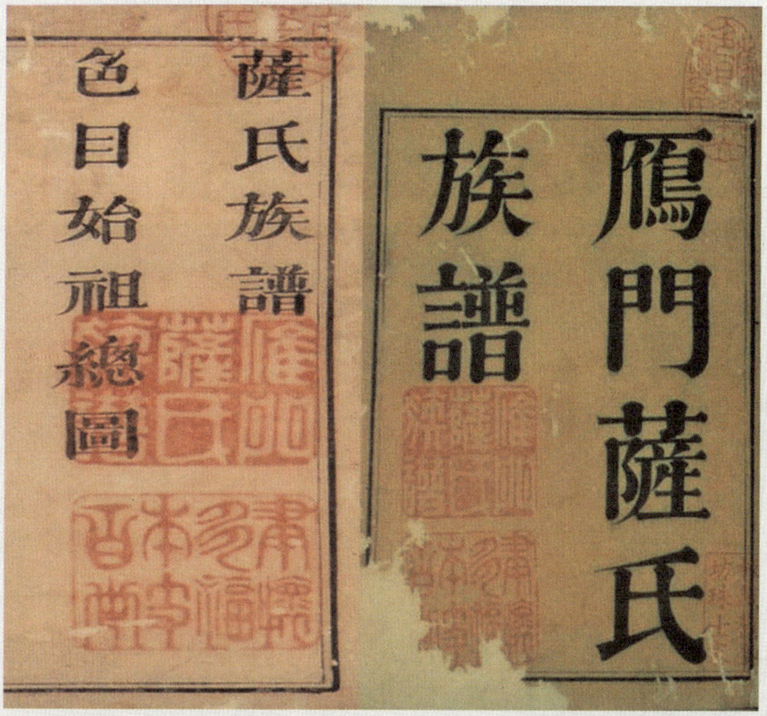

▲『복건복주안문살씨족보(福建福州雁門薩氏族譜)』

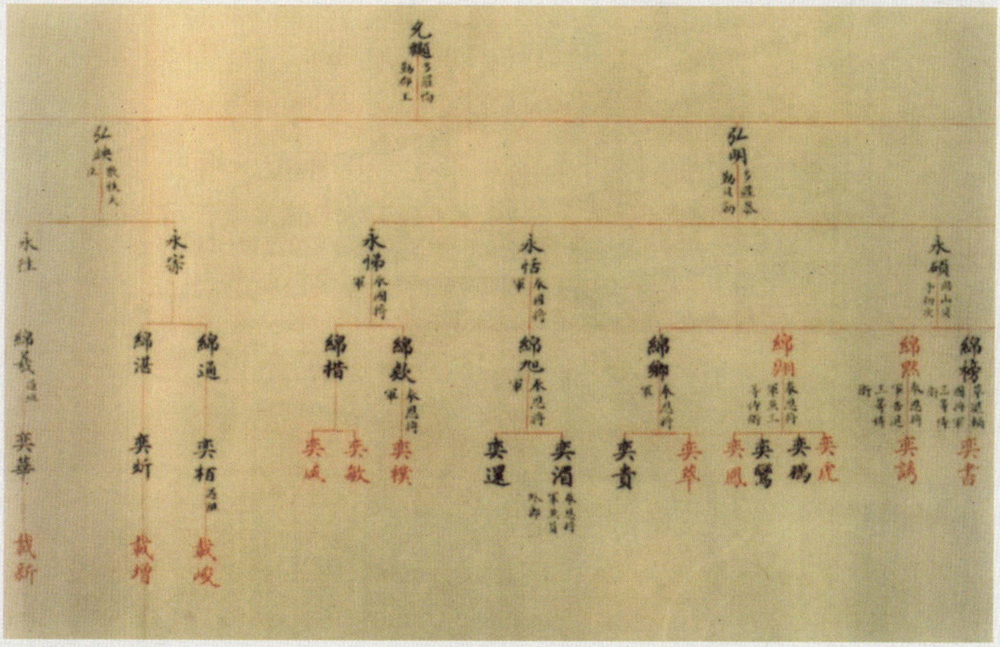

▲ 청대『성조인황제십사자다라순근군왕종보(聖祖仁皇帝十四子多羅恂勤郡王宗譜)』

◀ 훼손된 가보를 복원하는 모습

▲ 상해도서관이 소장한 가보

▲ 2000년 11월 상해도서관이 개최한 『중국가보총목(中國家譜總目)』 편찬회의

▲ 상해고적출판사에서 출판한 『중국가보총목(中國家譜總目)』

역자 서문

중국의 '가보(家譜)'란 한국에서 사용되는 족보(族譜), 종보(宗譜), 대동보(大同譜) 등의 총칭이다. 『중국 가보학 통론』(이하 『통론』)은 비교적 최근에 출판된 저술로, 지난 30년간 중국의 족보 관련 연구와 저술의 집대성이란 평가를 받고 있다.

『통론』은 서론, 경편(經編), 위편(緯編), 부록(附錄), 후기(後記) 등 60만 자 535페이지로 구성된 비교적 방대한 저술이다. 편제를 살펴보면 다음과 같다. 첫째, 서론에서는 이 책의 전체적인 내용을 간술하면서 가보의 정의, 종류, 연혁, 가치 등을 언급했다. 둘째, 경편과 위편은 『통론』의 몸통이다. 경편에서는 가보의 기원, 탄생, 발전, 변천, 개선, 보급, 신편(新編) 등의 문제를 기술하고, 위편에서는 가보의 체례, 내용구성, 수량, 성씨, 가보의 체(體)와 혼(魂), 도상(圖像), 기능과 변화 등에 대해 언급했다. 부록은 3가지 형태로 정리했다. 우선 1996~2001년 사이 상해도서관에서 정리한 가보자료를 대사기(大事記) 형태로 소개했다. 그다음은 1874~2008년 사이 저술된 관련 논문을 수집해 색인화했고, 마지막으로 현재 중국에서 제공되는 가보 관련 홈페이지 주소를 수집해 제공함으로써 연구자의 편의를 도모했다.

『통론』의 장점은 다음과 같다. 첫째, 새로운 체례를 통해 기존의 족보 연구를 종합해 냈다. 산발적이고 부분적인 연구서의 논점을 모아서 황족보첩, 신수(新修)가보, 소수민족가보, 가보체혼(體魂), 가보도상(圖像), 가보수량 등의 장절로 수렴했다. 둘째, 참신한 연구 관점을 제시하고 적용했다. 『통론』은 중국 족보 연구의 핵심을 체례, 내용, 기능, 편수방법 등 4가지로 귀납하고, 이를 근거로 중국 가보를 왕조별, 시대별 편년에 따라 분석해 5천 년간의 발전 궤적을 도출했다. 그 과정 중 시대별 가보가 갖는 '사회적 환경'의 분석에 비교사학과 계량사학, 사회학과 인구학, 민속학, 민족학, 유전학 등 관련 분야의 연구 이론을 최대한 수용하며 종합적 족보 연구의 필요성을 강조했다. 셋째, 연구 주제를 개념화하고 사료의 수용성을 확대했다. 저자 왕학명은 가보를 "혈연집단의 세계(世系)의 기록물"로 정의하고 '기(記)'는 문자로 기록된 것, '술(述)'은 구전된 것으로 구분하며 이런 개념화로 가족과 종족, 백가계보(百家系譜), 서체(書體)와 비(非)서체, 문자와 비문자 등의 자료를 포괄해 냈다. 넷째, 광범위하고 다양한 형태의 관련 자료를 섭렵해 기술했다. 저자가 재직 중인 상해도서관에만 이미 12만 책(冊)의 가보를 소장하고 있다. 이는 세계 족보 소장의 1/3에 해당하는 수량이다. 이 외에도 『통론』에는 정사(正史), 별사(別史), 실록, 방지, 문집, 유서(類書), 필기, 보첩, 비각(碑刻), 각종 문서, 사회조사 자료 등등의 관련 자료를 광범위하게 인용했다. 마지막으로 가보 관련 다양한 사진과 도표자료를 활용했다. 모두 50개 사진과 17개의 도표를 사용해 도상과 문자가 결합된 가보 편체의 취지를 충분히 드러냈고, 왕조별 가보의 형태와 편제 및 복잡하고 추상적인 내용을 가시화해 초학자와 독자의 이해를 돕고 있다.

가보는 한국과 중국에서 독특한 성씨 문화를 근거로 등장해 발전한 공통의 기록문화유산이다. 중국에서는 이미 주(周)나라 때부터 가부장적인 가족제와 부계 혈족 중심의 종법질서가 확립되어 운영되었다. 이후 종족의 사회적 역할이 확대되면서 종족 내부의 결속 강화와 계보의 정리가 사회적 관심사로 떠오르며, 가보 편찬은 일종의 사회문화로 정착되었다. 한국에서는 대략 고려 초기부터 성씨와 본관이 뿌리내렸다. 혈연집단이 가보를 통해 종족으로 파악되고, 특정한 시기 사회성격을 규정하는 기본요소로서 국가와 견제를 이루며 권력을 공유하는 사회집단으로 성장했다. 따라서 종족과 혈연집단을 정리한 가보는 한국과 중국에서 전통 사회를 이해하는 중요한 단서를 제공하는 연구 사료이자 문화적 유산이고, '소장'이 아닌 '모신다'라는 신성의 대상물로 인식되었다.

이러한 점을 고려할 때 『통론』은 동아시아 가보문화의 동질성과 차별성을 연구하는 길잡이가 될 수 있다. 한중 가보의 비교연구를 통해 역사성의 파악, 체례의 비교, 기능과 성격의 상호이해, 왕조별 양국 간의 정치사회적 맥락의 이해 등 관련 분야에 새로운 분석의 시각을 제공할 수 있을 것이다. 예를 들면 『통론』에서 언급한 송대(宋代) 구양수(歐陽修)와 소순(蘇洵)을 통해 시작된 사찬(私撰)가보의 등장은 사대부의 '정치 권력화'라는 정치적 요소와 관련 있고, 주희(朱熹)가 저술한 「보서(譜序)」를 후대인이 보편적으로 인용한 것은 보학이 도학(道學)과 밀접한 관련이 있다는 근거라는 등의 주장이다. 이는 조선시대 성리학과 관련해 한국의 보학 연구에 충분히 참고할 만한 가치가 있다.

현재 세계 각국의 족보 연구는 활발히 진행 중이다. 관련 기관으로는 미국의 GUS (The Genealogical Society of Utah), 대만의 보계학연구소, 일본의 가계도학회 등이 있다. 미국의 후기성도그리스도 교회는 전 세계 족보를 마이크로필름으로 기록화하고 있고, 하버드대학 역시 세계 족보를 수집하고 있다. 특히 중국은 지난 30여 년간 축적된 연구를 통해 현재 가보를 종족제도와 족성의 원류분석, 지역 연구사, 인물사, 민족사, 지방사 등에 적극적으로 활용하고 있다. 이런 점에서 한국은 중국의 연구에 주목할 필요가 있다. 이 책의 곳곳에서 중국문명, 유물론, 마르크스레닌주의, 공산당의 영도 등의 용어를 접하며 다소 불편할 수도 있겠지만, 정치적인 면을 다소 거르고 나면 우리가 흔히 당송팔대가로만 알고 있던 구양수와 소순 그리고 성리학자로만 알고 있던 주희가 가보 발전에 어떠한 영향을 미쳤으며, 가보가 중국에서 2,000년간 어떤 역할을 했고 어떤 의미를 지녔는지를 명확히 알 수 있을 것이다. 또한 한국에서 사용되는 오세일도(五世一圖) 체례의 족보 형식이 어떠한 시행착오를 거쳐 정착이 되었는지도 파악할 수 있을 것이다. 그뿐만 아니라 왕학명의 중국 성씨와 족보에 관한 해박한 지식은 독자의 인문학적 지평을 넓혀줄 것이다. 역사적·지역적으로 중국과 한국은 문화적 동질감을 공유한 부분이 많다. 한국 족보 연구의 관점을 심화하고 다양화하는 데 『통론』이 촉매이자 참고자료가 될 수 있기를 바란다. 마지막으로 중국의 역사와 문화를 이해하고, 한중 간의 인적 교류와 문화교류를 촉진하는 초석이 되기를 희망한다.

일러두기에서도 밝혔듯이 번역 과정에서 가능하면 원서를 존중하려고 노력하였다. 최대한 한국 독자들의 눈높이를 고려하였으며, 독자의 이해를 돕기 위해 역자가 주석을 붙일 경우 반드시 '역자 주'라고 밝혔다. 독자의 아낌없는 질정을 바란다.

2022년 1월

역자 일동

한국어판 서문

졸저 『중국 가보학 통론』은 2010년 1월 상해고적출판사에서 출판되었다. 필자는 일찍이 2009년 8월 "때늦은 봄날과 같았던 가보 연구"라는 후기로 소감을 언급한 적이 있다. 이후 10여 년이 지난 지금 필자의 저술이 영광스럽게도 한국에서 출간된다는 소식에 남다른 감회와 함께 이 책의 구성과 가치 및 한국 가보에 대한 인상 등을 간단히 소개하며 이를 서문으로 대신하고자 한다.

이 책은 경편(經編)과 위편(緯編)으로 구성되었다. 경편에서는 종적, 즉 역사적인 시각에서 중국 가보의 발전 과정을 기술했고, 위편에서는 횡적, 즉 현재적 관점에서 가보의 체례와 내용 및 기능 등을 언급했다. 이 책은 다양한 관련 자료를 폭넓게 인용해 참고했고, 그 구성 역시 비교적 체계적이며, 분석방법과 관점도 비교적 합리적이란 평가를 받았다.

이 책은 중국 가보를 문화적인 연구 관점에서 5천 년 이래의 발전 과정을 (1) 기원, (2) 탄생, (3) 홍성, (4) 전환, (5) 체계화, (6) 보급, (7) 신형 가보의 등장 등 7단계로 나누어 기술했다. 이를 통해 독창적이고 선구적인 학술적 가치를 중시하며 기존 중국 가보사 연구의 공백과 미비한 점을 보완하고자 했다. 그중 오늘날 신형 가보의 편찬은 어떻게 역사유물론적 관점을 수용하며 가보의 발전을 가능하게 했는지, 그리고 어떻게 가보 편찬의 붐이 신형 가보의 편찬을 통해 일어날 수 있었는지 등은 현실에서도 참고할 가치가 있다. 이러한 문제의식 덕분에 이 책은 2011년 중화인민공화국 신문출판총국이 주최하는 제3회 "3가지 분야의 100명(三個一百)"[1] 중 인문사회과학 분야의 '독창적인 저술'로 선정되었다. 그리고 2012년에는 제11회 상해시 철학 및 사회과학 분야에서 우수성과상

---

1 3가지 분야의 100명이란 우수한 출판 분야의 인물, 우수한 출판 분야의 기업가, 우수한 신문과 출판 분야의 전문가 등을 지칭한다. (역자 주)

3등상을 수상하기도 했다.

1988년 필자는 일찍이 한국의 서울을 방문한 적이 있다. 서울에 잠시 체류하면서 국회도서관과 몇몇 대학도서관 등의 기관을 탐방했고, 이곳에서 보관 상태가 우수하고 오랜 역사를 지닌 수준 높은 한문가보를 다수 직접 목도하기도 했다. 이런 가보 가운데 일부는 중국에서 편찬된 것이 직접 한국으로 유입된 것도 있었다. 그러나 소장된 대다수의 가보는 비록 한자로 편찬되었지만 분명히 한국인에 의해 간행된 독창적 체계를 구비한 한국식 가보였다. 이런 사실은 필자에게 커다란 인상을 남겼다. 그래서 귀국 후 이 점에 착안해 필자는 『중국소수민족가보통론』이란 저술을 주편했고, 이는 중국 내 조선족의 가보를 연구하는 과정에서 한국 가보의 특성을 새롭게 인식하는 기회가 되기도 했다.

필자는 각 시기별로 한국 가보를 열람하면서 한국 가보의 기원이 중국에서 출발했다는 점을 확인했다. 아울러 한국 가보는 중국문화의 영향을 토대로 이를 독창적으로 발전시킨 것이라는 결론에 도달할 수 있었다. 예를 들면 성화(成化) 12년(1479)에 간행된 『안동권씨가보(安東權氏家譜)』의 「서(序)」에서 "사람의 도는 부모를 친(親)히 하는 것이다. 부모를 친히 하기 때문에 조상을 높이는 것이고, 조상을 높이기 때문에 종통(宗統)을 공경하고, 종통을 공경하기 때문에 종족을 거두는 것이다.(人道親親也, 親親故尊祖, 尊祖故敬宗, 敬宗故收族。)"라고 했다. 그리고 "고조, 증조, 조부, 부친의 이름과 호를 기록하지 않으면 자손은 점차 멀어져서 길에서 오가는 사람처럼 보게 된다. 어찌 일이 상복(喪服)과 제사 지내는 대수가 다한 후에 소원해질 때까지를 기다리겠는가.(有不記高曾祖考名號者, 子孫浸以乖隔, 視同路人, 何待服盡親盡而後疏且遠哉。)"라고 했다. 이러한 가보 편찬의 취지와 목적 등은 중국가보와 동일한 것이라 볼 수 있다. 가보의 편찬 체례를 살펴보면 한국 가보는 중국 가보의 영향을 받았다는 점을 재차 확인할 수 있다. 예를 들면 1898년에 간행된 『광주노씨인의공(세걸)파세보(光州盧氏引儀公(世傑)派世譜)』의 경우 그 체례와 내용, 신구(新舊)의 보서(譜序), 전기(傳記)에 해당하는 지석문(志石文), 묘지명(墓誌銘), 사적(事迹), 행장(行狀) 등과 선영산도(先塋山圖), 범례(凡例), 돌림자 규정, 항렬도(行列圖), 세계(世系), 그리고 대문장(大門張), 종손(宗孫), 주간(主幹), 교정(校正), 편차(編次), 사대(司貸), 집사(執事), 동의(董儀) 등을 수록한 간사록(幹事錄) 등의 내용이 전체적으로 중국 가보와 매우 유사했다.

전체적으로 한국 가보는 중국 가보의 영향을 크게 받았지만, 다른 한편으로는 고유의 특색을 선명하게 보유했다. 특히 이를 분명히 보여 주는 가보 형식으로 '내외보(內外譜)'라는 것이 있다. '내외보'란 가보를 부계와 모계 두 가지로 구분한 체례를 말한다. 예를 들어 『광주안씨족보(廣州安氏族譜)』의 「구서(舊序)」는 15세기 초기 태종(太宗) 연간에 간행되었고, 저자는 안성(安省)이다. 저자가 이르길 "나는 평소에 낯선 사람을 만나면 반드시 내외의 가보를 물었고, 우리 본종인 안씨와 관련된 경우라면 동성과 이성, 멀고 가까운 관계에 상관없이 모두 기록을 했다. 안씨 성의 후손을 상권, 외손은 중권과 하권으로 수록해 편찬했다.(余平生逢人則必問其內外之譜者, 相干于吾本宗安氏, 則不限同異姓, 不限遠近系而並記之。以安氏姓孫爲上卷, 外孫爲中、下卷。)"라고 했다. 아울러 "동일 기원과 다른 기원 성씨의 후손과 외손을 별도의 권으로 구분했고, 이는 내외의 구분을 분명하게 하기 위함이다. 우리와 동일한 고조, 증조, 조부 이외의 후손을 상권에 기록한 것은 매우 간절함을 보인 것이다.(同源異源、姓孫外孫之別其卷者, 明內外之分也。于吾同曾高祖之外孫並書于上卷者, 示甚切也。)" 라고 했다. 계속해서 "나는 외족인 처족을 수록함에 있어 같은 수준의 항렬로 제한해서 별도로 한 권을 만들었다.(余記外族妻族並以同高爲限, 別爲一卷。)"라고 했다. 즉 해당 가보는 모두 3권으로 안씨 본성을 1권으로, 외성의 후손을 2개 권으로 "같은 수준의 항렬"로 제한해 수록했다. '내외보'로 구분한 한국 가보의 이러한 편찬 방식은 당시 보편적인 현상으로 보인다. '내외보'의 형식은 당시 한국 사회에서 여성이 갖는 사회적 지위를 반영한 것이고, 여성과 관련된 내용 역시 가보에서 다수 발견할 수 있다. 처가 족인에 대해서는 출가한 여식의 시댁도 독립된 권수로 편찬했다. 이런 방식은 중국의 명청(明清) 시기 가보와 다른 점이고, 오히려 위진남북조(魏晉南北朝) 시기와 더욱 유사하다. 이런 특징은 당시 한국 정치와 사회상이 독창적으로 가보문화에 반영된 것이라 볼 수 있다.

20세기 초 중국의 저명한 역사학자인 고힐강(顧頡剛) 선생은 중국 역사 연구에서 가보는 아직도 미개발된 "거대 금맥"이라고 했다. 그렇다면 한국의 역사문화를 구성하고 있는 한국의 가보 역시 발굴이 긴요한 "거대 금맥"이 아니라 할 수 있겠는가. 현재 한국의 가보 관련 연구는 이미 많은 성과를 거두었다. 앞으로 중한 양국의 연구자가 협력을 통해 가보문화에 관한 연구를 심화하고 교류를 촉진한다면, 양국 역사문화에 대한 친밀감 역시 크게 높일 수 있을 것이다. 또한 동아시아 보첩문화의 연구가 새로운 단계로 나아갈 수 있는 촉진제로 작용할 것이다.

2021년 12월 24일

왕학명(王鶴鳴)

차례

경편(經編)

위편(緯編)

그림 차례

도표 차례

| **일러두기** |

1. 이 책은 王鶴鳴, 『中國家譜通論』(上海古籍出版社, 2011년 1차 인쇄본)을 한국어로 번역한 것이다. 『中國家譜通論』에서 사용된 간체자(簡體字)는 한국 내에서 통용하는 번체자(繁體字)로 수정하였다.
2. 번역은 직역을 원칙으로 하되, 정확한 내용 전달을 위해 필요에 따라서 일부는 의역을 했다.
3. 본문에서 인용한 핵심적인 고전(古典) 원문은 출처와 함께 모두 번역했고, 중요한 원문은 각주에 넣어 번역문과 대조해 볼 수 있도록 했다.
4. '역자 주'의 형식을 통해 원문과 인용처, 용어 설명 및 본문의 오류 등을 밝혔다. 특히 원서에 없는 각주를 추가했을 때는 '역자 주'로 표시하여 원서의 주와 구별했다. (원서에서 '于' 등의 조사는 신해혁명을 기준으로 그 이전에 발간된 실록과 문집을 검색하여 '於'로 고쳤다. 그러나 강희 연간 이후의 자료를 보면 '於'와 '于'을 병행하여 같이 사용하고 있는 경우가 많음을 밝힌다. 연도 오기와 같은 명백한 오류는 따로 설명을 붙이지 않고 수정하였다.)
5. 한국 독자의 이해를 위해 일부 용어는 한글과 함께 괄호 안에 한자로 표기해 그 의미를 분명히 밝혔다.
6. 중국의 인명, 지명, 갑골문, 금문의 표기와 소수민족 언어의 음역(音譯) 등은 한국어 독음을 사용했다.
7. 각주 인용 원문에 사용된 문장 부호는 중국식 표기 방식을 그대로 따랐다.

서론

1. 가보란 무엇인가

이 책의 제목은『중국 가보학 통론』이다. 독자들은 자연스럽게 다음과 같은 질문을 할 것이다. 첫째, 가보란 무엇인가? 둘째, 가보, 종보, 족보 등 보계(譜系)를 나타내는 많은 명칭들 중에서 왜 가보라는 이름만 택한 것인가?

먼저 첫 번째 질문에 대한 답이다. 가보란 무엇인가 혹은 가보의 정의가 어떻게 되는가에 대해 고금 학자들 사이에 의견이 분분하다. 필자가 대표적인 주장들을 수집하여 시대별로 정리한 결과는 다음과 같다.

송대(宋代)의 소순(蘇洵)은『소씨족보인(蘇氏族譜引)』에서 "소씨 집안의 족보란 소씨 가문 일족에 관한 기록이다."[1]라고 했다.

명대(明代)의 방효유(方孝孺)는「족보서(族譜序)」에서 이르길 "보(譜)는 보(普)란 말과 통하는데, 조상들의 근친관계, 성명, 휘자(諱字),[2] 연호에 대해 널리 기재하는 것을 말한다. 보는 포(布)란 의미이기도 하다. 근친관계, 백세(百世)의 강기와 만세(萬世) 종파의 기원을 간략하게 서술하는 것이다. 이름을 서술하는 것은 보계라 하고, 혼인과 관직에 대한 기록을 부장(簿狀)[3]이라 한다. 황제에 대한 기록을 '기(紀)'라 하고, 제후에 관한 기록을 '사(史)'라고 하며, 대부와 관련된 기록을 '전(傳)'이라 하는데, 이 모든 것을 통틀어 보라고 칭한다. 보는 보(補)란 의미와도 상통해서, 이미 돌아가신 분을 추가해 넣을 수 있

---

1 『蘇氏族譜引』: "蘇氏族譜, 譜蘇氏之族也。" (역자 주)

2 휘자(諱字): 작고하신 어른의 이름자를 일컫는다. 옛부터 웃어른의 이름자를 말할 때 생존한 분에 대하여는 함자(銜字)라고 했고, 작고한 분에 대하여는 휘자(諱字)라고 했다. (역자 주)

3 부장(簿狀): 중국 고대시기, 특히 수당(隋唐) 이전에 관리의 신분과 경력 및 이력을 수록한 장부를 지칭한다. 관리를 선발하고 임용하는 중요한 근거로 사용했다. (역자 주)

다. 따라서 서문은 성씨의 기원과 세대 간의 근친관계를 기록하며, 부(父)는 소(昭)에 모시고, 자(子)는 목(穆)[4]에 두어 수대를 한눈에 알아볼 수 있게 한 것이다. 정현(鄭玄)이 이르길 '가보가 가정이란 그물을 만드는 벼리라고 할 수 있으니, 이를 펼쳐 보면 모든 것이 한 번에 다 보임으로 가보를 통해 그 가문을 모두 알 수 있게 되는 것이다.'라고 했다."[5]

명대의 황유병(黃儒炳)은 「방전임씨가보서(方前林氏家譜序)」에서 이르길 "나라에 역사가 있듯이 가문에는 가보가 있다. 가보는 역사의 흐름과 같다. 범례(凡例)에 따르면 수국사(修國史)[6]가 반드시 『춘추(春秋)』의 대의(大義)를 알아야 왕도를 밝히고 국체(國體)를 바로잡을 수 있고, 가보를 편찬하는 자는 또한 『춘추』의 대의를 잘 이해해야만 인륜을 잘 알고 풍속을 바로잡을 수 있다."[7]라고 했다.

청대(淸代)의 장학성(章學誠)은 이르길 "천하의 역사가 있고, 한 나라의 역사가 있으며, 한 집안의 역사가 있고, 한 개인에게도 역사가 있는 법이다. 전기(傳記)와 행장(行狀)은 한 개인의 역사라 할 수 있고, 가승(家乘)과 보첩(譜牒)은 한 집의 역사라 할 수 있다. 군현(郡縣)의 지방지(地方志)는 한 나라의 역사이고 제왕의 통기는 천하의 역사라 할 수 있다."[8]라고 했다.

선통(宣統) 2년(1910)에 편찬된 『적계인리정세록당세계보(績溪仁里程世祿堂世系譜)』에서 "나라에 역사가 있듯이 종족에는 족보가 있다. 역사는 옳고 그름을 평가하는 데에 목적이 있다면 보(譜)는 기원을 기록하는 것이 목적이다. 따라서 보는 도표와 해설로 상세히 설명하고 세계(世系)를 편찬하며 행장을 기록함으로써 후세들로 하여금 자신의 기원

---

4 소목(昭穆): 중국의 종법(宗法) 제도에서 종묘(宗廟)나 종묘 안 신주(神主)를 배열하면서 순서를 지칭한다. 왼쪽 줄을 소(昭)라 하고, 오른쪽 줄을 목(穆)이라 하여 1세를 가운데에 모시고 2세·4세·6세는 소에 모시고, 3세, 5세, 7세는 목에 모신다. (역자 주)

5 『遜志齋集』 卷13: "譜者, 普也。普載祖宗之遠近、姓名、諱字、年號。譜者, 布也, 敷布遠近, 百世之綱紀, 萬代之宗派流源。序述姓名, 謂之譜系; 條錄婚宦, 謂之簿狀。天子書之謂之紀, 諸侯書之謂之史, 大夫書之謂之傳, 總而言之謂之譜。譜者, 補也, 遺亡者治而補之。故曰: 序得姓之根源, 紀世數之遠近, 父昭子穆, 百代在於目前。鄭玄曰: 譜之於家若網在綱, 綱張則萬目具, 譜定則萬枝在。" (역자 주)

6 수국사(修國史): 중국 고대 국사 편찬하는 주로 담당한 관명을 지칭한다. 북위(北魏)시기에 처음 설치되었고, 보통 저작랑, 중서성과 집서성의 관료가 겸직을 했다. 송대 이후에는 상서와 한림학사가 겸직을 했다. (역자 주)

7 『古今圖書集成·氏族典·林姓部』: "國有史, 家有譜。譜者, 史之流也。按凡例, 修國史者, 必知春秋之義, 然後可以明王道而正國體; 修家譜者, 亦可知春秋之義, 然後明人倫而正風俗。"

8 "有天下之史, 有一國之史, 有一家之史, 有一人之史。傳狀志述, 一人之史也; 家乘譜牒, 一家之史也; 部府縣志, 一國之史也; 綜紀一朝, 天下之史也。" 본문은 「州縣請立志科議」, 『文史通義校註』(卷6, 外篇1), 中華書局, 1985를 참조.

을 알게 한다."[9]라고 했다.

1979년 출판된 『사해(辭海)』는 '가보'에 대해 "예전에 성씨의 세계와 중요한 인물의 사건을 기록한 보적(譜籍)이다."라고 밝혔나.

1986년 출판된 『사원(辭源)』은 가보에 대해 "봉건적 가족이 세계와 사건을 기록한 책이다."[10]라고 했다.

유관문(劉貫文)은 「보첩학 연구의 임무(譜牒學研究的任務)」에서 "보첩은 특수한 양식에 따라 종족의 발전을 기록한 사서(史書)이다."로 정의하고 있으며, 양동전(楊冬荃)은 『중국 가보기원의 연구(中國家譜起源研究)』에서 "가보는 한 동일한 혈연집단의 세계와 인물들을 하나하나 배열한 것이다. 다시 말해 동일한 조상을 모시는 후손들을 한 명씩 자세히 배열한 것도 바로 간단한 가보를 구성할 수 있다."[11]라고 주장했다.

구양종서(歐陽宗書)는 『중국가보(中國家譜)』에서 고금 학자들이 가보에 대한 정의를 종합적으로 정리한 결과로 "가보는 주로 중국 고대 종법사회에서 종족인물의 세계와 사건을 기록하는 책으로, 특수한 양식에 따라 기록한 가족의 발전사이다."[12]라고 언급했다.

반세인(潘世仁)은 『가보: 내함이 풍부한 사적(家譜: 內涵豊富的史籍)』에서 "가보는 한 가족이 발전 과정에서 겪은 중요한 정치, 경제 및 문화 활동을 비교적 진실하게 반영한 책이다."[13]라고 했다.

필자는 1997년 11월 11일 『문회보(文匯報)』에 발표한 「보첩 자원을 개발하여 역사문화를 발양함(開發譜牒資源, 弘揚歷史文化)」에서, 가보에 대해 "동일한 조상을 섬기는 혈연집단이 자기 종족의 세계(世系)와 사건을 기록한 역사 도적이다."라고 했다.

1997년 출판된 『현대한어대사전(現代漢語大辭典)』에서는 '가보'에 대해 "봉건가족이 세계를 기록하고 중요한 인물의 사건을 기록하는 책이다."라고 기술했다.

1998년 상해도서관(上海圖書館)에서 개최한 중국가보세미나에서, 양동전은 「가보정의신설(家譜定義新說)」이란 논문을 통해 "가보는 동일한 조상을 모시고 있는 해당 혈연집단이 인물 혹은 기타 정보 등에 관한 기재를 여러 양식에 따라 체계적으로 배열하는 기

9 『績溪仁里程世祿堂世系譜』: "族之有譜, 猶國之有史也。史寓褒貶, 而譜則以紀源流, 故必祥其圖說, 編其世次, 志其行, 俾後世子孫得以知本之所在。" (역자 주)

10 『辭源』, 商務印書館, 1986.

11 『譜牒學研究』(第1輯), 書目文獻出版社, 1989.

12 『中國家譜』, 新華出版社, 1992, 4쪽.

13 『譜牒學研究』(第4輯), 書目文獻出版社, 1995.

술이다."[14]라며 한층 심도 있게 언급했다.

2000년 출판된 『중국역사대사전(中國歷史大辭典)』에서 조목인 '가보'에 대해 "예전에 한 성씨의 세계와 중요한 인물의 사건을 기록하는 보적(譜籍)이다."라고 했다.

완안소원(完顔紹元)은 『중국성명문화(中國姓名文化)』에서 가보는 가족 구성원 간의 혈연관계를 기록하는 부서(簿書)라고 했다.[15]

서건화(徐建華)는 2002년에 출판된 『중국의 가보(中國的家譜)』에서 가보에 대해 세계표(世系表)의 형태로 혈연관계에 기초한 가족 세계의 번영을 기록하고 중요한 인물의 사건을 기록하는 특수한 형태의 도서라고 보았다.[16]

유여명(劉黎明)은 『사당(祠堂)·영패(靈牌)·가보(家譜)』란 저술에서 "'가승보첩(家乘譜牒)'이란 가족 혹은 종족세계에 대한 표로 된 형식이다."[17]라고 했다.

2005년 출판된 『현대한어사전(現代漢語辭典)』(제5판)에 조목인 '가보'에 대해서 해당 가족의 세계를 기록하고 중요한 인물의 사건을 기록하는 책이라고 기술했다.

위에서 제시된 가보에 대한 정의들 가운데, 20세기 80년대에 『사원(辭源)』에서 내린 정의만 약간 편협할 뿐 그 외에 다른 주장에는 근본적인 차이가 없어 보인다. 즉 가보가 혈연집단의 세계, 인물 및 사건을 기록한다는 관점에서 보면 모두 일치하지만, 전혀 다른 시각으로 해석하고 있다. 일부 학자는 협의적인 시각에서 가보란 단지 가족인물의 세계를 기록한 것이라고 주장했고, 일부 학자들은 광의적 시각에서 사회가 발전함에 따라 가보에 기록된 내용이 가족의 사건, 특히 인물의 사건으로 확대되었다고 주장했다. 또한 일부 학자는 가보의 속성을 중요시하여, 가보를 가족의 역사를 기록하는 것이라고 정의하기도 했다. 그리고 많은 정의는 주로 문자로 기록된 서본(書本)가보만을 반영하고 있으며, 일부 정의는 비문자(非文字) 형태의 가보로 범주를 확대시키기도 했다.

가보에 대한 이러한 정의들 가운데 과연 어느 것이 더 과학적이고 포괄적일까?

필자는 다른 시각에서 즉 '가(家)'는 무엇이고 '보'는 무엇인가라는 시각에서 '가보'의 정의를 더 논의해 보고자 한다.

허신(許愼)의 『설문해자(說文解字)』에 따르면 '家'는 상형회의자(象形會意字)로, '家'의 부수인 '갓머리(宀)'는 가옥의 모양과 비슷해, 사람들이 거주하는 집을 뜻한다. 가옥 안에

---

14 楊冬荃, 「家譜定義新說」, 『中國譜牒硏究』, 上海古籍出版社, 1999, 40쪽.

15 『中國姓名文化』, 上海古籍出版社, 2001, 37쪽.

16 『中國的家譜』, 百花文藝出版社, 2002, 1쪽.

17 『祠堂·靈牌·家譜』, 四川人民出版社, 2003, 163쪽.

'돼지(豕)'를 기르는 것은 농목경제의 상징으로, 단체로 기르던 양식이 가정 사육으로 전환되었다는 것을 말하고 있다. 여기서 언급된 사람이라는 개념은 우선 부부를 말하는데, 집은 부부가 함께 거주하는 공간이다. 따라서 '가'를 남녀 혼인관계를 기초로 하는 부모와 자녀들이 같이 노동하고, 생활하는 조직으로 정의할 수 있다. 즉 '가'는 가장 기본적인 혈연집단인 것이다.

'보(譜)'에 대한 고금 학자의 해석이 다양하다. 『설문해자고림(說文解字詁林)』에서 "보는 문서와 기록이다."[18]라고 정의하고 있다. 곧 보는 문서로 기록된 장부라 할 수 있다. 『석명(釋名)』에서 "보는 '포(布)'와 통하는데 사건을 나열한다는 것이다."[19]라고 했다. 『사기정의(史記正義)·삼대세표(三代世表)』의 해석도 유사한데, "보는 '포(布)'라 할 수 있고, 사건을 나열한다는 뜻이다."[20]라고 말하고 있다. 즉 보는 한눈에 알아볼 수 있게 같은 종류의 사물을 배열한다는 뜻이라고 주장했다. 『문심조룡(文心雕龍)·서기(書記)』에서는 "백성을 다스릴 때 보첩(譜牒)에 기록을 해 두었는데 (중략) 보는 '보(普)'와 통한다. 대대로 전해지는 계통을 반드시 온전하게 전달할 수 있도록 기록해야 한다."[21]라고 했다. 즉 '보'는 전체적으로 상세히 기록한다는 뜻[22]이라고 했다. 후에 보학자들이 '보'는 보(普)와 통한다는 것[23]을 근거로 여러 주장을 제기했다.

위에 언급된 '가'와 '보'의 정의에 따라 '가'는 일정한 혈연집단을 뜻하는 것이며, '보'는 전면적으로 그리고 체계적으로 같은 종류의 사물을 배열한다는 뜻이 된다. 그럼 이를 결합시킨다면 '가보'는 바로 혈연집단의 세계(世系)를 기록한 매체라고 정의할 수 있을 것이다. 비록 가보의 명칭이 다양하고, 내용도 천차만별이며, 그에 대한 정의도 역시 여러 가지이지만, '가보'의 본질이자, '가보'의 가장 간략한 정의는 바로 "혈연집단의 세계를 기록한 매체"라고 할 수 있다. 이 정의의 핵심 요소는 첫째, 반드시 혈연집단이어야 한다는 것이다. 이 혈연집단의 개념은 좁은 의미로는 단 한 가문의 혈연관계를 의미하는 것이라 할 수 있고, 넓은 의미로는 한 종족으로 여러 혈연관계를 갖고 있는 가문을 포함한 종족을 가리키며, 이것은 동일한 조상을 섬기지만 이미 여러 방계로 나누어진 대종족을 뜻한다. 둘째, 반드시 세계 이름의 배열이 있어야 한다. 이 세계 이름의 배열이란 아주

18 『說文解字詁林』: "譜, 籍錄也。" (역자 주)

19 『釋名』: "譜, 布也, 列其事也。" (역자 주)

20 『史記正義·三代世表』: "譜, 布也, 列其事也。" (역자 주)

21 『文心雕龍·書記』: "總嶺黎庶, 則有譜籍簿錄 (中略) 故謂譜者, 普也, 注序世統, 事資周普。" (역자 주)

22 楊冬荃, 「家譜定義新說」, 『中國譜牒研究』, 上海古籍出版社, 1999, 37쪽.

23 『遜志齋集』 卷13: "譜者, 普也。" (역자 주)

간단한 것으로, 몇 세대 간의 혈통을 가리키는 것이다. 이를테면 조부, 부친, 아들, 손자의 명부 등이며, 또한 동일한 조상을 섬기는 수십 세대의 역대 명부 및 동일한 조상부터 이어 내려온 각 방계의 역대 명부를 가리킬 수도 있다.

"혈연집단의 세계를 기록한 매체"라는 가보에 대한 정의는 비교적 적절하다고 할 수 있다. 이 정의대로 한다면, '기(記)'와 '술(述)' 두 가지 형태의 '가보'가 있다. '기' 종류의 가보는 주로 문자로 기록된 가보를 가리키며 '술' 종류의 가보는 주로 구전(口傳)가보를 말한다. 이 정의는 또한 포괄적이어서, 한 가문, 한 종족의 계보(系譜) 포함은 물론, 여러 가문, 여러 종족의 백가 계보를 포함하기도 한다. 이는 또한 서적 양식 이외의 예를 들어 비보(碑譜), 포보(布譜) 등도 포함한다. 그리고 문자로 기록된 가보를 포함하면서도 비문자(非文字) 형식의 가보, 예를 들어 결승(結繩)가보 등도 포함한다. 송대(宋代) 이후의 체례(體例)가 성숙하며, 내용이 풍부한 가보를 상술하였지만, 가장 원시적인 갑골(甲骨)가보, 청동(靑銅)가보 등도 포함시켰다. 아울러 이 정의에는 가족 세계(世系) 역사를 상세히 기록하지 못한 가전(家傳), 가사(家史) 등은 배제되었다. 이러한 저술들은 비록 한 가문의 역사 사건을 기술하긴 했지만, 이 가문의 확장된 세계 나열에 대해 기술하지 않았으므로 가보라고 하기가 어렵다. 가족 세계는 가보의 가장 핵심적 내용이며, 동시에 가보 문헌의 인정 여부를 결정할 수 있는 유일한 판단 기준이다.

가보란 무엇인가라는 질문에 이어 두 번째 질문에 대한 답이다. 가족 보계(譜系)를 반영하는 서적의 명칭은 수십 종에 달할 만큼 다양하지만 이들 중에 가보, 종보 및 족보 이 3가지가 가장 많이 쓰인다. 이 책에서는 오직 가보라는 이름으로 모든 보계 계열의 서적을 대표하며 개괄하고 있는데, 이에 대한 이유는 다음과 같다.

첫째, 당대(唐代) 이후 가보는 이미 보계 서적 중에 가장 널리 사용되는 이름이 되었다. 중국 역대 보계 서적의 명칭들은 나름 발전 과정을 거쳐 왔다. 공영달(孔穎達)이 『주례소(周禮疏)』에서 황제의 보계를 『제계(帝系)』, 제후의 보계를 『세본(世本)』이라고 했다. 『한서(漢書)·예문지(藝文志)』에서는 황제와 제후들의 보계를 『제왕제후세보(帝王諸侯世譜)』라고 했다. 남북조(南北朝) 시기에 배송지(裴松之)의 『삼국지주(三國志注)』와 유효표(劉孝標)의 『세설신어주(世說新語注)』에서 인용된 보계와 관련된 서적은 보통 모씨보(某氏譜)라고 칭했다. 당시 보계 계열 서적 역시 다른 명칭을 갖기도 했는데, 예를 들어 『문선주(文選注)』에서 인용된 『양웅가첩(揚雄家牒)』, 『세설신어주』에서 인용된 『지씨세본(贄氏世本)』, 『수지(隋志)』에서 기록된 『양씨혈맥보(楊氏血脈譜)』 및 『양씨지분보(楊氏枝分譜)』 등이 대표적인 예이다. 『세설신어주』에서 인용된 『왕씨가보(王氏家譜)』는 가보라는 명칭을 처음 사용한 기원이라고 할 수 있다. 『신당서(新唐書)·예문지(藝文志)』에 등장한 보첩(譜牒) 계열 서적의 명칭 중에 가보, 별록(別錄), 표보(表譜), 씨보(氏譜), 족보(族譜), 세가(世家), 가첩(家牒), 가사(家史) 등이 나온다. 이 가운데 가보라는 명칭으로 불린 책이 21종에 달해 다른 명칭에 비해 월등히 많았다.[24] 이를 통해 우리는 가보라는 명칭이 이미 당대에 사용되고 있었다는 것을 알 수 있다. 물론 당대와 그 이후에도 보계 계열 서적을 다른 명칭으로 부르기도 했지만, 가보가 당대 이후부터 가장 널리 사용된 명칭이 되었다.

둘째, 가족 세계와 사건을 반영하는 가보라는 명칭이, 모든 보계 분야의 책들을 포괄하기에 비교적 타당하다. 앞서 언급했듯이, 보계 계열 서적들에 있어 가장 많이 사용되는 명칭이 가보, 종보, 족보 등으로, 가(家), 종(宗) 및 족(族)이라는 것은 모두 같은 혈연관계에 의해 형성된 사회조직을 뜻하지만, 그 범주와 차원이 다르다. 그중에서 가정이란 가장 핵심이자 가장 기초로 혼인과 혈연관계를 하는 부모, 자녀 및 기타 공동으로 생활하는 친척들을 포함하는 가장 핵심적이고 기초적인 사회조직이다. 종의 범주는 비교적 넓고 조상을 포함한 동일한 부계(父系)에 종속되는 가족 구성원으로 이루어진다. 족의 범주는 더욱 넓어 혈연관계를 가지고 있는 친척들을 통칭하여 부른다. 따라서 가보, 종보 및 족보는 비록 모두 혈연관계 집단의 세계와 사건을 기록하는 역사적인 도서이고, 이들 중에 가보는 가족 세계와 사건을 기록하는 서적으로 가장 기본적이고 핵심적인 저술이다. 그러므로 가보라는 이름으로 종보 및 족보 등 보계 계열의 서적을 통틀어 일컫는 것이 타당하다고 볼 수 있다. 1999년 출판된 『사해(辭海)』는 가보에 대해 "오래전 성씨의 세계(世系)를 기록하고 중요한 인물의 사건을 기록하는 보적(譜籍)이다."라고 기술했다. 종보·족보·가승(家乘)이라고도 불렸다. 『사해』에는 종보라는 항목은 따로 없고 '족보'는 종족의 보계(譜系)로 간략하게 요약되어 있다. 따라서 『사해』는 '가보'라는 용어가 모든 보계와 관련된 책들을 통틀어 일컫는 말로 사용되었다. 2000년 출판된 『중국역사대사전(中國歷史大辭典)』에 실린 가보에 대한 해석이 역시 『사해』와 완전히 일치한다. 이 사전에는 조목인 종족뿐만 아니라 '족보'마저 수록되지 않았다. 2005년 출판된 『현대한어사전(現代漢語辭典)』에는 조목인 '가보'와 '족보'를 수록했지만 조목인 '종족'이 없다. 이 사전에서는 '가보'에 대하여 "가문이 본가의 세계를 기록하고 중요한 인물의 사건을 기록하는 책"이라고 설명되어 있다. 그리고 '족보'는 "가족 혹은 종족이 해당 가족이나 종족의 세계를 기록하고 중요한 인물의 사건을 기록하는 책"이라고 해석하고 있다. 이 모든 것은 '가보'라는 이름이 모든 보계 계열 서적을 통틀어 일컫는 말로 비교적 타당하다는 설득력을 지닌다.

24 『新唐書』卷58「藝文志」.

셋째, '가보'라는 이름으로 보계 계열 서적을 통틀어 일컫는 것이 친숙하다. 앞서 언급했듯이 같은 혈연관계에 있는 사회조직에 있어 '가(家)'는 가장 기초적이고 핵심적인 조직이다. '가'는 인류사회의 기본적인 세포이자 혈연관계 가운데 부모, 자녀 및 기타 공동적으로 생활하는 친척을 포함하는 가장 핵심적 사회조직이다. '가'의 구성원 범주를 고조, 증조, 조부, 부친, 본인, 아들, 손자, 증손, 현손까지 총 9세대로 넓힐 수 있다. '가'는 혈연관계 가운데 가장 가까운 관계, 즉 오복지친(五服之親),[25] 구족지의(九族之義)[26]의 관계를 의미한다. '종'과 '족'의 범주는 더 폭넓다. '동종(同宗)'과 '동족(同族)'이란 비록 공동의 조상을 섬기지만 서로 간의 혈연관계가 상대적으로 멀고 '오복지친, 구족지의' 외의 혈연관계를 의미한다. 따라서 같은 혈연집단의 구성원들에게 종족보다 가정, 가족에 대한 친근감이 더 강할 것이다. 더 나아가 사람들이 '종보'나 '족보'보다 '가보'에 대해 더욱 친근감을 느끼게 될 것이다. 이런 이유로 최근 백 년 사이의 보계 계열의 서적을 훑어보면 대부분 '가보'의 이름으로 논술되었다. 이 논저를 제시하면 다음과 같다.

- 반광단(潘光旦), 「중국가보학약사(中國家譜學略史)」, 『동방잡지(東方雜志)』(第26輯, 第1號), 1929.
- 양전순(楊殿珣), 「중국가보통론(中國家譜通論)」, 『도서계간(圖書季刊)』(新3輯, 第1-2號), 1944.
- 무신립(武新立), 「중국의 가보와 그 학술가치(中國的家譜及其學術價值)」, 『역사연구(歷史研究)』(第6輯), 1988.
- 양동전(楊冬荃), 「중국 가보기원의 연구(中國家譜起源研究)」, 『보첩학연구(譜牒學研究)』(第1輯), 서목문헌출판사(書目文獻出版社), 1989.
- 구양종서(歐陽宗書), 『중국가보(中國家譜)』, 신화출판사(新華出版社), 1992.
- 갈검웅(葛劍雄), 「가보: 역사 문헌으로의 가치와 한계(家譜: 作爲歷史文獻的價值與局限)」, 『역사교학문제(歷史教學問題)』(第6輯), 1997.

---

25 오복지친(五服之親): 초상을 당했을 때 망자(亡者)와의 친속 혈통관계에 따라 착용하는 5가지 유교적인 상복(喪服) 제도를 지칭한다. 오복(五服)이란 참최(斬衰)·자최(齊衰)·대공(大功)·소공(小功)·시마(緦麻)를 말한다. (역자 주)

26 구족지의(九族之義): 구족이란 자신을 중심으로 9대에 걸친 직계(直系) 친족의 범위를 지칭한다. 즉, 구족은 일반적으로 고조(高祖)로부터 증조(曾祖)·조부(祖父)·부친(父親)·자기·아들·손자(孫子)·증손(曾孫)·현손(玄孫)까지를 말한다. 『서경·요전(堯典)』에는 "훌륭한 덕을 잘 밝혀서 구족이 친근하다."라고 했다. 선진시기 구족은 분명히 알 수 없으나, 『예기·상복소기(喪服小記)』 주석에는 "본종(本宗)의 고조(高祖)부터 현손까지 9대(代)를 가리킨다."라고 하였다. (역자 주)

• 서건화(徐建華), 『중국의 가보(中國的家譜)』, 백화문예출판사(百花文藝出版社), 2002.

• 유여명(劉黎明), 『사당(祠堂) · 영패(靈牌) · 가보(家譜)』, 사천인민출판사(四川人民出版社), 2003.

위에 언급된 이러한 저술들 중에 일부는 비교적 중요한 가치를 지닌 것들이다. '가보'라는 이름으로 보계(譜系) 계열의 서적들을 통틀어 일컫는 이유는 주로 다음과 같다. 첫째, '가보'라는 이름으로 모든 보계 계열의 서적들을 통틀어 일컫는 것이 비교적 타당하다. 둘째, '가보'라는 이름으로 보계 관련 서적을 논술하는 것이 친근감을 줄 수 있다.

2. 가보의 종류

중국 가보는 양이 많고 유형이 다양하다. 현존하는 가보들 가운데 대부분이 서본(書本)가보라는 점을 고려하여 여기서 서본가보와 비(非) 서본가보 두 종류로 나누어 소개하고자 한다.

서본가보란 종이에 적고 인쇄하고 제본하는 가보를 가리킨다. 현존하는 가보들 가운데 대다수, 심지어 99%가 서본가본이다. 이러한 서본가보는 개인이 소장하는 경우도 적지 않지만 대부분이 국내외 규모가 크거나 작은 공공 소장기관, 즉 도서관에 흩어져 보관되어 있다. 이 중에 가보를 가장 많이 소장하고 있는 기관이 상해도서관(上海圖書館)이다.

1952년 7월 상해도서관이 설립된 이후, 역대 도서관 관리자가 가보 문헌의 수집, 구입, 정리와 연구 개발을 중요시해 왔다. 통계에 따르면 상해도서관에 소장된 가보의 양은 21,000종, 20만 권으로 전 세계에 현존하는 가보들의 1/3에 달한다. 따라서 상해도서관은 '중국 가보의 반쪽'으로 불린다.

상해도서관 가보 서고에는 색상이 다양하고 종류가 많은 가보들이 소장되어 있다. 예를 들어 가보, 종보(宗譜), 족보(族譜), 공방보(公房譜), 합보(合譜), 방보(房譜), 지보(支譜), 통보(通譜), 통보(統譜), 분보(墳譜), 사보(祠譜), 가사(家史), 가지(家志), 가전(家典), 가승(家乘), 제부(祭簿), 가첩(家牒), 종부(宗簿), 종지(宗志), 세가(世家), 세계(世系), 세록(世錄), 세보(世譜), 행보(行譜), 세첩(世牒), 보도(譜圖), 인정책(人丁册), 옥첩(玉牒), 제계(帝系), 조보(祖譜), 혈맥보(血脈譜), 연종보(聯宗譜), 회보(會譜), 통종보(統宗譜), 회통보(會統譜), 총보(總譜), 원류(源流), 연원록(淵源錄), 선덕전(先德傳), 청분록(淸芬錄) 등이 있다. 명칭이 제각기 다르다.

위에 언급된 다양한 가보들을 일일이 분류할 수 있다. 기록하는 내용에 따라 분류하면 다음과 같다.

(1) 가보, 족보류

가족 혹은 종족의 세계(世系), 인물 및 사건을 기록하는 사서(史書)이다. 가보 서적들 대부분이 이 종류에 속한다.

(2) 옥첩(玉牒)류

황족(皇族)의 세계, 인물 및 사건을 기록하는 사서이다. 예를 들어 상해도서관에 소장된 『성조인황제십사자다라순근왕옥첩(聖祖仁皇帝十四子多羅恂勤王玉牒)』이 청대(淸代) 강희(康熙) 황제의 제14황자인 윤제(允禵) 종족의 세계를 기록한 황족의 종보이다.

(3) 사보(祠譜)류

주로 종족 사당의 건축, 수선, 기능, 계약 및 관리 등의 내용을 기록하는 가보다. 이는 그림과 문자 두 부분으로 구성되어 있다. 일례로 상해도서관(上海圖書館)에서 소장된 청대(淸代) 건륭(乾隆) 38년(1773)에 편찬된 『(절강김화)동산부씨수즙대종사((浙江金華)東山傅氏修葺大宗祠)』는 바로 부씨(傅氏)가 사당을 수선하는 구체적 상황을 기록한 종사보(宗祠譜)다.

(4) 분보(墳譜)류

주로 가족의 조상 묏자리, 방향, 수선, 제전(祭田)[27] 및 제사 등을 기록한 것이다. 보통 풍부한 그림과 문자 두 부분으로 구성되어 있다.

(5) 연종보(聯宗譜)류

가보는 보통 한 성씨의 가족 역사를 기록하는 역사적 도서이지만 두 가지 또는 그 이상의 성씨를 공동으로 편찬하는 경우도 있는데 이를 연종보라고 한다. 청대 도광(道光) 30년(1850)에 편찬된 『(강서무원)소강가승((江西婺源)[28]蕭江家乘)』이 바로 소(蕭)와 강(江) 두 성

---

27 제전(祭田): 제례에 소용되는 비용을 마련하기 위해 설정한 토지를 말한다. 주자의 『가례(家禮)』 권1 「통례(通禮)·사당(祠堂)」에 "제전을 둔다."라는 조목에 "처음 사당을 세우면 현재 있는 전지(田地)를 계산하여 매 감실(龕室)마다 1/20을 취하여 제전을 삼고, 친진(親盡)이 되면 묘전(墓田)으로 삼는다.(初立祠堂, 則計見田, 每龕取其二十之一, 以爲祭田, 親盡則以爲墓田)"라고 했다. (역자 주)

28 무원(婺源): 중국의 지명으로 강서성(江西省) 상요시(上饒市)에 있는 현(縣)이다. (역자 주)

씨를 포함한 연종보다.

가보의 수록 범주에 따라 다음과 같이 분류할 수 있다.

(1) 가보, 종보, 족보류

이는 주로 가족 혹은 종족의 세계, 인물 및 사건을 기록하는 역사적 도서이다.

(2) 지보(支譜), 방보(房譜)류

가족 혹은 종족이 세대가 늘어남에 따라 보통 몇 개의 방계로 나누어진다. 이 방계들이 편찬하는 가보를 지보 또는 방보라고 한다. 이에 수록된 내용의 범주는 주체 가보 혹은 족보보다는 좁다.

(3) 총보(總譜), 통보(通譜)류

이름에서 알 수 있듯이 이것은 같은 성씨를 갖고 각 지역에 흩어져 살고 있는 가족들이 공동적으로 편찬하는 가보이다. 이의 범위는 비교적 광범하다. 예를 들어, 상해도서관에서 소장된 청대 광서(光緖) 20년(1894)의 『왕씨통보(王氏通譜)』가 태원(太原), 낭야(瑯琊), 삼괴(三槐) 등 각 지역의 왕씨(王氏)를 모두 포함하는 공동 대종보(大宗譜)이다. 이는 내용이 풍부하고 규모가 커 총 82권에 달한다.

또한 판본에 따라 다음과 같이 분류할 수 있다.

(1) 고서 가보

주로 1949년 이전에 선지(宣紙)로 인쇄하여 출판하고 발행한 서적들을 가리킨다. 이는 보통 문자를 세로로 짜 오른쪽으로 펴는 상제본으로 제본되었다.

(2) 장정본 가보

이는 주로 1949년 이후 인쇄, 발행 및 출판하는 신수(新修) 가보를 가리킨다. 보통 문자를 활판 인쇄로 가로로 짜 왼쪽으로 펴는 장정본으로 제본되었다.

물론 1949년을 고서 가보와 장정본 가보를 구분하는 기준으로 삼는 것도 절대적인 것은 아니다. 실제로 신수 가보들 중에 고서 양식으로 인쇄된 것들도 있어 고색창연하게 보이기도 한다.

이상 개괄적으로 유형, 범주 및 판본에 따라 서본(書本)가보를 분류해 보았다. 이외에도 성씨, 지역, 연대 및 인쇄 형식에 따라 보다 자세한 분류도 가능하지만 여기서는 생략하고자 한다. 요컨대 서본가보는 방대하고 종류도 다양하다.

다음으로 비서본가보를 소개한다. 비서본가보의 양은 많지 않지만 종류는 적지 않고 나름대로 특색이 있다. 그중 일부는 중요한 역사적·문화적 가치가 있다. 분류는 다음과 같다.

(1) 구전(口傳)가보

구전가보란 구술(口述)의 형식으로 세대를 이어 전승된 가족 세계(世系)를 반영한 가보이다. 중국 고대 문헌에 문자가 출현하기 이전 시대의 가족 세계에 대한 기록이 있다. 예를 들어 『산해경(山海經)』에는 강성(姜姓) 염제(炎帝) 신농씨(神農氏)와 제준(帝俊)의 가족 세계가 수록되어 있다. 이러한 가족 세계는 먼저 구술의 형식으로 후세에 전해져 구전가보가 되었다가 나중에 문자로 기록된 것이다. 위에 언급된 신농씨의 가보와 제준의 가보는 모두 연명(聯名)가보이다. 연명가보는 선대 이름의 끝 음절이나 끝에서 두 번째, 혹은 세 번째 음절을 후대 이름 앞에 두는 형식을 취했다. 예를 들면 "염거(炎居)가 절병(節幷)을 낳고 절병이 희기(戲器)를 낳고, 희기가 축융(祝融)을 낳았다."[29] 등의 형식이다. 이러한 연구(連句) 형식은 기억과 암송 및 전파에 용이했다. 중국의 일부 소수민족에서도 구선가보의 풍속을 찾아볼 수 있다. 몽골인에게도 문자가 있기 전에 "세계(世系)와 관련한 사건을 구전 방식으로 전승한다."라는 풍속이 있었다. 구전가보 전승은 근대와 현대 사회까지도 이어졌다. 구전가보는 중화인민공화국[30] 건국 이후 소수민족의 지역조사를 통해 발견되었다. 이는 문자가 없는 다수의 소수민족들이 자신의 가계(家系)를 대대로 구전으로 전승한 가보의 한 형태였다. 운남(雲南) 벽강현(碧江縣) 지역의 노족(怒族)은 구전하는 연명가보를 암송하는 의식을 거행했다. 거기에 거주하는 몇몇 노인은 40여 대 조상의 가계까지 암송했다. 오늘날까지 전해 온 연명가보에는 부계(父系)의 구전가보와 함께 모계(母系)의 구전가보도 있다. 가보의 정의인 '혈연집단'과 '세계'라는 두 가지 기본 요소를 모두 갖춘 가장 원시적이고 오래된 형태의 가보라고 볼 수 있다.

29 『山海經』 卷18 「海內經」: "炎居生節並, 節並生戲器, 戲器生祝融。" (역자 주)

30 '중화인민공화국'은 저자의 표현을 근거로 이후 '신중국'이란 용어로 대신한다. (역자 주)

(2) 결승(結繩)가보

결승가보란 결승기사(結繩記事)의 방식으로 가족 세계를 기록하는 가보이다. 문자가 출현 이선에 중국은 결승기사의 시대를 거쳤다. 사람들은 끈을 맺는 결승으로 사건이나 인물에 대한 기억의 편리를 꾀했다. "아주 옛날에는 노끈을 맺어 만든 결승을 이용해 천하를 다스렸는데, 후대에 성인이 그것을 글자와 부호로 바꾸었다."[31] "옛날에는 문자가 없었기에 사람들은 기록해야 할 일이 생기면 결승으로 기억을 했다. 큰일에는 큰 매듭으로, 작은 일에는 작은 매듭을 만들었다. 매듭의 크기가 일의 크고 작음으로 결정되었다. 사람들은 매듭을 이용해 서로를 살피고, 충분히 소통할 수 있었다."[32] 사람들은 '결승'이란 방식을 통해 생활하고, 장부를 기록하고, 정보를 전달했다. 뿐만 아니라 이를 통해 해당 가족의 역대 구성원 정황 및 가족의 세가(世家)를 기록하면서 가장 원시적인 형태의 결승가보를 만들기도 했다. 중국 동북지역에 거주하는 악륜춘(鄂倫春)이란 소수민족도 사건을 기록하는 데 결승을 사용했다. 예를 들면 17~18세기까지 전승된 가보에서도 말갈기를 묶는 방식으로 몇 세대 수를 표시했다. 만약 3세대일 경우는 끈에 세 차례를, 5세대의 경우는 다섯 차례를 각각 결승했다. 중국 동북지역에 거주하는 석백족(錫伯族)이란 또 다른 소수민족이 만든 길이가 2장(丈)인 명주실 끈이 바로 이들의 결승가보이다. 결승에 있는 배식골(背式骨)[33]의 수에 따라서 가족의 세대 수를 알 수 있고, 작은 화살의 개수를 보고 남성의 수를, 붉은 천의 수를 보고 가족 중에 여성의 수를 알 수 있었다. 이들은 이렇게 전승된 결승을 매우 숭배했고, 이것을 자신의 집안 기둥 중간에 걸어 놓기도 했다. 매듭을 만들어 한 가족의 세계를 기록했던 말갈기나 명주실 결승은 바로 이들의 원시적인 가보였다. 결승가보는 구전가보와 마찬가지로 '혈연집단'과 '세계'라는 두 가지 기본요소를 함께 갖춘 가장 원시적 가보라고 볼 수도 있다. 결승가보는 구전가보와 달리 중국 역사상 가장 원시적인 실물(實物)가보이다.

(3) 갑골(甲骨)가보

갑골가보란 거북껍질이나 짐승의 뼈에 문자를 새겨서 가족의 세계(世系)를 기록하는 형

---

31 『周易·繫辭下傳』(國字監刊本), 同治 13年(1874): "上古結繩而治, 後世聖人易之以書契。"

32 (唐)李鼎祚, 『周易集解』: "古者無文字, 其有約誓之事, 事大, 大其繩, 事小, 小其繩, 繩之多少, 隨物衆寡。各執以相參, 亦足以相治也。" 본문은 『九家易』(嘉靖36年刊本)에서 재인용.

33 배식골(背式骨): 만주족 여성과 아이들의 놀이 도구의 하나로, 다른 한자로는 가라하(嘎拉哈)라고도 표기한다. 원래 만주어의 'Gaquha'에서 유래했다. 돼지 뒷다리 무릎뼈로 만드는 데 양과 사슴 등 발굽이 있는 동물의 뼈를 사용하기도 한다. (역자 주)

태의 가보를 말한다. 문가가 출현하기 이전에 사람은 자신의 조상을 기억하기 위해 구전이나 결승에 의존해야 했다. 그러나 시간이 흐름에 따라 당연히 기억에 착오가 생겼다. 그리하여 문자가 등장한 후에 사람들은 갑골에 글자를 새겨 사건을 기록하기 시작했다. 가족 세계의 이름을 기록했던 갑골, 즉 거북껍질과 짐승의 뼈에 새긴 가보가 바로 갑골가보이다. 관련 전문가의 연구에 의하면, 갑골 중에는 특히 3개의 갑골 파편이 가장 오래된 가보에 속한다고 한다. 그중 하나는 현재 대영박물관에 소장되어 있는데, 무정(武丁)시대에 아씨(兒氏) 가족의 11대에 달하는 14명 구성원의 이름이 수록되어 있다. 이는 귀족출신 가족의 세계를 기록한 완성도가 매우 높은 갑골가보라고 볼 수 있다.

(4) 청동(青銅)가보

청동가보란 청동기에 글자를 새겨 가족 세계를 기록한 가보이다. 청동은 동(銅)과 주석(朱錫)을 합금해서 만든 금속이다. 주요 성분인 동 속에 일정한 비율로 주석을 첨가해 주조한 기물(器物)로 청회색을 띠기 때문에 청동이라 부른다. 청동가보는 일명 금문가보라 부르기도 한다. 현존하는 청동기 중에 상(商)나라에서 주조된 4점은 특별히 가계(家系)의 이름을 기록한 가보이다. 이러한 청동가보는 조묘(祖廟)에 진열되어 제사를 지내거나, 또는 세계를 기록하는 청동 기물이다. 이를 통해 후손들이 조상의 기일을 잊지 않고, 때에 맞춰 제사를 지내도록 하기 위해 세계를 기물에 기록해 영구히 보존하려고 했던 것이다. 청동가보는 갑골가보와 함께 중국 역사상 처음으로 문자로 한 가계의 이름을 수록한 최초의 실물가보이다.

(5) 비보(碑譜)

석비(石碑)에 글자를 새겨 만든 가보이다. 가보를 석비에 새기는 목적은 뚜렷하다. 바로 "가보를 돌에 새겨 영원히 보존하도록 한다."[34]는 의미이다. 한대(漢代)에 이러한 비보가 유행했다. 한대의 유명한 비보로 동한(東漢) 건무(建武) 28년(52)의 '삼로비(三老碑)'와 한환제(漢桓帝) 연희(延熹) 3년(160)의 '손숙오비(孫叔敖碑)'를 들 수 있다. 비보는 갑골가보와 청동가보보다 훨씬 더 발전했고 기록 내용이 역시 풍부했다. 위에 언급된 두 비보의 내용을 보면 가족 구성원의 세계, 이름, 기일 외에도 조상의 공덕(功德) 및 석비를 세우는 목적 등까지 다 포함하고 있다. 이름과 항렬의 선후를 살펴보면 부자관계는 상하로, 부부

---

34 "刻譜以石, 以垂永久。" (역자 주)

관계나 형제자매 관계는 좌우로 표시되어 있었다. 이와 같은 세계표(世系表)는 후세 가보의 뿌리와 근원이 되었다. 비보는 오랫동안 보존이 가능해 나중에 종이 형태 가보의 출현 이후에도 일부 가족들은 종이로 가보를 편찬하는 동시에 가보를 석비에 새기기도 했다. 예를 들어 송대(宋代)의 저명한 문학가인 소순(蘇洵)이 『소씨족보(蘇氏族譜)』를 편찬하는 동시에 고조 부묘의 서남쪽에 정자를 세우고 『소씨족보』를 석비에 새겼다. 석비에 가보를 새기는 풍습은 민국 시기까지 지속되었다. 광서장족자치구(廣西壯族自治區) 남단현(南丹縣) 육채향(六寨鄉) 호촌(壕村)에서 발견된 민국 시기의 『막성초목족보(莫姓哨目族譜)』에서 막씨(莫氏) 가족의 기원, 세계연혁(沿革), 항렬자의 선후에 대한 기록 내용이 총 412자[35]에 달해 기존의 비보에 비해 내용이 더 풍부하고 포괄적임을 나타낸다. 비보는 한대부터 성행하여 민국시기까지 2,000년의 역사를 거쳐 지속되었다.

(6) 탑보(塔譜)

탑보는 이름 그대로 보탑에 새긴 가보를 가리킨다. 탑보는 보통 석돌로 만든 보탑의 주체부분에 새겨져 있기에 어떤 의미에서는 비보를 계승한다고 할 수 있다. 대표적인 예로 산서(山西) 임현(臨縣) 최가평(崔家坪)에서 현존하는 명대(明代) 석탑가보를 들 수 있다. 이 가보의 비문(碑文)에 의하면 석탑은 가정(嘉靖) 16년(1537)에 처음 세워졌고 가정 26년(1547)에 재건되었다. "석탑의 지름은 5척이 넘어 둘레는 1장 5척이나 되고, 상하 총 7층으로 구성되어 높이가 2장 4척 정도 되었다."[36] 석탑의 주체는 육각형 기둥 사석, 청색 받침돌과 사석처마로 층계를 쌓아 정교하게 다듬었다. 석탑은 총 7층으로 구성되어 있어 사석에 문양이 조각되고 청색 석돌에 글자가 새겨졌다. 최씨(崔氏) 및 기타 성씨 구성원의 가보는 바로 밑에 2층의 청색 받침돌에 새겨져 있다. 최가평 석탑가보는 다음과 같은 특징이 있다. 첫째, 부처와 가보가 공존하는 현상이다. 가보가 불탑에 새겨져 있어 신불에게 절하는 동시에 조상도 섬기게 되어 부처와 조상을 공동으로 추존하는 형국이다. 이와 같은 가보는 송원(宋元) 시기 '존조(尊祖), 경종(敬宗), 수족(收族)'[37]의 가보 취지와 명대 '삼강오상(三綱五常)'을 널리 알리고 선양하는 취지를 보완하고 발전시킨다는 뜻 깊은 의미를 갖고 있다. 둘째, 많은 가보가 공존하는 현상이다. 비록 이 가보에 포함된 최씨 가족

---

35 歐陽宗書, 『中國家譜』, 新華出版社, 1992, 15쪽.

36 李榮海, 「淺談山西臨縣崔家坪嘉靖石塔家譜」, 『譜牒學硏究』, 書目文獻出版社, 1992.

37 존조(尊祖)·경종(敬宗)·수족(收族): 유교적 친족관계와 범주를 일목요연하게 나타내는 개념이다. 조상과 종가와 종족의 관계를 포함한다. 『예기·대전(大傳)』에 의하면 "조상을 존중하므로 종가를 공경하며, 종가를 공경하므로 종족과 단합하며, 종족과 단합하므로 종묘(宗廟)가 엄하다."라고 했다. (역자 주)

의 여섯 갈래가 이미 최씨의 통보(統譜)를 구성했지만 최씨는 또한 그 이외 수십 개의 기타 성씨와 공동으로 보군(譜群)을 이루었다. 이는 가보 역사상 보기 드문 것이다. 산서 임현 최가평의 탑보(塔譜)는 중국 가보 발전을 연구에 소중한 실물(實物)자료로 높은 역사적 가치를 지니고 있다.

(7) 포보(布譜)

천에 글자를 적어 만든 가보이다. 2006년 3월 10일 『안휘상보(安徽商報)』에서 「천에 적은 가보(寫在布上的家譜)」라는 제목의 기사를 보도했다. 이 보도에 따르면 3월 9일 오전 안휘성(安徽省) 소호시(巢湖市) 거소구(居巢區) 황록진(黃麓鎭) 배촌(裴村) 촌민이 천에 적은 커다란 가보를 전시했다. 이 포보는 길이가 276cm에 달하고 넓이는 166cm에 달했다. 가보에 700여 년 동안 19세대에 달하는 배씨(裴氏) 가족의 세계(世系)가 기록되어 있었는데, 글자가 반듯하여 잘 보이고 무늬도 그려져 있었다. 이 가보는 약 100년 정도 보존된 것이다. 이와 같은 포보는 안휘성뿐만 아니라 호북(湖北) 효감시(孝感市) 모진향(毛陳鄕) 지역에서도 많이 찾아볼 수 있다. 중국 북방 농촌 지역에서 이런 포보는 '운(云)' 또는 '신축(神軸)'이라고 불린다. 안휘성 소호시에서 전시된 이 포보는 대형 포보로 보기 드물고 간단한 세계표(世系表)만 갖춘 가보이다. 과거에는 완전한 가보 편찬이 어려워 백포(白布)에 역대 남성 조상의 이름을 적어 가보로 삼았다. 이러한 가보는 평소에는 걷어 두었다가 명절이 올 때마다 꺼내서 중당(中堂)[38]에 걸어 절을 했다. 명절이 지나면 다시 걷어 보관했다.

(8) 신축도보(神軸圖譜)

신축도보는 해당 가족의 세계표를 긴 두루마리에 적은 가보이다. 이러한 가보는 도배된 서화 작품처럼 평소에는 말아서 보관할 수 있고 그 위에 조상의 명휘와 화상이 기록되어 있어 신축이라 하고, 이와 같은 종류의 가보를 '신축도보'라고 한다. 신축도보는 포보와 공통점이 있다. 즉 신축과 천에 역대 조상의 세계(世系)와 명휘를 기록하고 간혹 그림도 그리며 평소에는 말아서 보존하다 명절날에 꺼내서 걸고 절한다는 것이다. 포보는 천에, 신축도보는 종이에다 세계 등을 기록한다는 것이 양자의 차이이다. 2004년 7월 안휘성 출신인 수집가가 소장하고 있는 『절강김화엽씨가보서화권(浙江金華葉氏家譜書畫卷)』이 북경 중도고예술품 감정기술 개발센터(北京中陶古藝術品鑒定技術開發中心)에서 감정을 받았

38 중당(中堂): 제사 때 신주를 놓거나 또는 중요한 손님을 맞거나 의식을 거행하는 집 가운데의 마루를 지칭한다. 『의례(儀禮)·빙례(聘禮)』에 관련 언급이 있다. (역자 주)

다. 이 소장품은 바로 중요한 문헌 및 예술적 가치를 갖춘 신축도보이다. 이 도보는 중국 송원(宋元) 시기의 가보로 높이가 32cm, 길이가 480cm에 달하는 대형 화폭이다. 이는 5단락으로 구성되어 있다. 도보 맨 위에 남송(南宋)에서 장원급제했던 장효상(張孝祥)이 전서체로 쓴 "대대로 높은 벼슬을 지내고 청렴결백한 지조를 지켜라."[39]라는 글이 쓰여 있다. 첫 단락은 송고종(宋高宗)의 조서(詔書)인 '칙대리사소경엽형(敕大理寺少卿葉衡)'이고 '소흥(紹興) 30년(1160) 6월 7일 하'를 서명했다. 두 번째 단락에 이름이 실전된 엽형(葉衡)의 반신(半身) 화상이 있다. 세 번째 단락은 송대(宋代)의 저명한 문학가이자 정치가인 범중엄(范仲淹)의 『제엽씨권(題葉氏卷)』이라는 칠언시(七言詩)이다. 네 번째 단락은 『엽씨통종세보지도(葉氏統宗世譜之圖)』로 이 신축에서 가장 핵심적인 부분이다. 『엽씨통종세보지도』의 앞부분에 있는 서문에서 절강성 김화 엽씨의 역사적 기원을 밝히고 있다. 이 가보에는 반듯한 해서체로 주(周)나라부터 원대(元代)까지 총 25세대의 달하는 엽씨(葉氏) 일족의 세계명록(世系名錄)이 기록되어 있다. 이 가보의 세계 항렬은 구양수(歐陽修)와 소순(蘇洵)의 '오세도식(五世圖式)' 체례(體例)를 받아들여 즉 5세대를 한 그림으로 편찬했다. 구양수와 소순의 소종종법(小宗宗法) 오세도식을 취하여 길이가 5m도 되지 않는 이 긴 두루마리에 엽씨 가족 25세대의 세계명록, 이중 항렬자, 장유의 순서, 관직 상황 등의 내용을 모두 분명하게 기록할 수 있었다. 이 가보는 세계가 분명하고 일부 가보에서 발견되는 후손이 많아 관계가 불분명하고 장유의 순서가 혼란스럽다는 단점을 극복하여 중요한 문화재로서의 가치가 인정된다.

(9) 보단(譜單)

보단이란 세계표(世系表)를 종이에 적은 가보를 가리킨다. 보단은 포보(布譜)와 비슷하다. 포보는 세계표를 천에다 적은 것이고 보단은 종이에 적은 것이다. 보단의 역사는 아주 유구하다. 중국 신강(新疆) 투루판(吐魯番) 아스나(阿斯那)의 수당(隋唐) 무덤에서 불완전한 가보가 출토되었는데 그중 하나는 위진남북조(魏晉南北朝) 시기의 『모씨잔족보(某氏殘族譜)』이고 다른 하나는 한대(漢代)부터 십육국(十六國)까지 사이에 출토된 『모씨잔족보』이다. 이들은 모두 종이에 세계(世系)를 적은 보단이다. 서본(書本)가보가 출현한 후에 완전한 서본가보를 편찬할 수 없는 일부 가족이 가족 역대 조상의 이름을 종이에 적고 이를 가보로 삼아 평소에 걸어 두고 명절 때 꺼내서 절을 했다. 후에 가보를 다시 편찬할

---

39 "簪纓繼世, 淸白傳家。" (역자 주)

때 최근 가족 구성원의 이름을 보완하기도 했다. 요령(遼寧) 객라심(喀喇沁) 좌익(左翼) 몽골족(蒙古族) 자치현(自治縣)에서 발견된 『도림고영족보(圖林固英族譜)』가 지금까지 발견된 가장 긴 보단으로 가족 세계를 긴 두루마리에 적은 특색이 있는 몽골족 가보이다. 이 가보는 또 양하족보(梁哈族譜)라고도 불리고 칭기즈칸(成吉思汗) 세가대족(世家大族)의 말대 부마(駙馬)인 도림고영 가족의 족보로 길이가 8m, 폭이 1.7m에 달하고 탑식(塔式) 구조에 따라 몽골 문자로 필사(筆寫) 가보이다. 평상시에는 이 가보를 말아서 걸어 두지만 명절 때는 펴서 걸어 놓고 절을 한다. 이 가보에는 천총(天聰) 9년(1635)부터 선통(宣統) 원년(1909)까지 도림고영 후손의 이름과 사회적 지위가 기록되어 있다. 이 족보에는 확인 가능한 자가 총 14세대, 1,904명이며 이들 중에 청대(淸代) 봉작을 받은 자는 1,153명에 달했다. 자세히 보면 1등 탑포낭(塔布囊)[40]이 22명, 2등이 3명, 3등이 43명, 4등이 1,019명에 달하고 찰살극(扎薩克) 13명, 군주(郡主) 1명, 패제(貝第) 63명, 패자(貝子) 2명, 진국공(鎭國公) 4명, 협리(協理) 22명, 탁색도맹장(卓索圖盟長) 4명, 내무대신(內務大臣) 1명, 이번원대신(理藩院大臣) 8명, 어전행주(御前行走) 8명, 관직을 못 받은 자가 386명, 라마가 365명이었다.[41] 이 족보는 약 300년의 몽골 역사를 기록했고 이 족보의 도움으로 몽골족 1,000년 역사를 완벽하게 추적하여 몽골족 정권 및 원대(元代) 순제(順帝) 이후 왕조 연혁(沿革)의 공백을 보충해 비교적 높은 문화적 가치를 지닌다.[42]

(10) 무자가보(無字家譜)

무자가보란 문자 기록이 없는 아주 독특한 실물(實物)가보이다. 호북(湖北) 은시토가묘족자치구(恩施土家苗族自治州) 선은현(宣恩縣)에 위치한 소모파영촌(小茅坡營村)과 묘채촌(苗寨村), 그리고 호남성(湖南省) 상서토가묘족자치구(湘西土家苗族自治州) 화원현(花垣縣)에 위치하는 항채촌(夯寨村) 등 묘족들의 거주지에 이러한 무자가보들이 보존되어 있다. 이 지역에 살고 있는 묘족들은 문자가 없는 정갈한 청색 천이나 검은 천 한 폭을 작은 죽통에 밀봉하여 '표(表)'라고 한다. 사람이 출생하거나 사망하는 경우에 성대한 '입표'와 '출표'의 행사를 치른다. 아이가 출생한 후에 '표'를 순전(順轉)으로 두 번 돌려 이른바 '입표'라고

---

40 탑포낭이란 몽골어(蒙古語)에서 기원한 것으로, 칭기즈칸 후손들과 결혼하는 자의 호칭이며 청대 몽골 귀족들이 수여 받은 봉작의 이름이기도 한다. 이는 4등으로 나눠 일등 탑포낭부터 4등 탑포낭까지 각각 관직 1등부터 4등까지에 해당한다. (역자 주)

41 찰살극·배제·배자·진국공·협리·탁색도맹장·내무대신·이번원대신·어전행주: 이상은 모두 남성이 수여받은 관직명이며 군주는 여성이 수여받은 봉작이다. (역자 주)

42 張文廣, 「悠悠族譜, 民族瑰寶: 喀左蒙古圖琳固英族譜」, 『今日遼寧』(第6期), 2003.

한다. 해당 가족 내에 사람이 사망한 후에 '표'를 역전(逆轉)으로 두 번 돌려 '출표'라고 한다. '표'는 묘족에게 있어 가장 중요한 신물(信物)이다. '입표'와 '출표' 행사에서 보여 주듯이 묘족은 혈연을 중요시하면서도 문자 기록을 남기는 것을 원하지 않는다. 묘족 내에서는 사람마다 자기 민족의 기원과 자신이 '입표'했다는 것을 늘 기억해야 하는데 본 민족 외 기타 사람들은 아무것도 알 수가 없다. '표'라는 신물이 가보의 역할을 했는데 '표'로 불린 정교한 천이 사실상 바로 '무자가보'가 되는 것이다.[43] 묘족의 전통적 문화관습으로 '무자가보'를 보존하는 것은 묘족의 아픈 역사와 연관이 있다. 묘족은 오랜 역사를 지닌 민족으로 많은 재난을 겪으며 계속 옮겨 다닌 민족이기도 하다. 역사를 보면 역대 왕조들이 계속하여 묘족을 진압하고 토벌해 왔다. 이러한 전쟁과 도처를 떠도는 상황에 문자로 족보를 상세히 기록하는 것이 아주 위험한 일이었다. 따라서 묘족은 민족을 보호하기 위해 어쩔 수 없이 '무자가보'의 형태로 이어 온 가보를 굳은 신앙으로 마음속에 간직하고 '입표'와 '출표'의 간단한 의식(儀式)만으로 가보를 편찬하여 가족 세계(世系)를 전승해 왔다. 이는 민족의 혈연이 끊어지고 혼란스러워지는 것을 방지하면서 자신의 진면목을 감추고 대외적으로 비밀을 지키는 역할을 한다. 이와 같이 이름을 숨겨서 민족을 보호하는 '무자가보'는 묘족의 기구한 역사를 반영한 것으로 중국 가보에서 볼 수 있는 하나의 독특한 풍경이기도 하다.

(11) 디스크와 필름가보

이는 현대적 과학기술을 활용하여 가보 내용을 디스크로 만들거나 마이크로필름으로 복사한 가보이다. 이와 같은 가보는 서본(書本)가보를 이어 오지만 가보 내용을 담은 매체를 따지면 서본가보의 범주로 분류하기가 어렵다. 서본가보의 내용을 디스크로 만들거나 마이크로필름으로 복사한 것은 기존의 서본가보보다 크기가 작아져 여러 가지 장점을 갖게 되었다. 첫째 가보를 보존하고 소장하는 데 유리하다. 디스크와 필름가보는 크기가 작아 보존하거나 소장할 때 공간을 많이 차지하지 않기 때문에 아주 편리하다. 크기가 작아서 가보를 휴대하거나 발송하기도 편하다. 둘째, 서본가보를 디스크로 만들거나 필름으로 복사하는 것이 고서를 보호하는 데 유리하다. 현존하는 서본가보가 주로 명대(明代), 청대(清代) 그리고 민국시기에 인쇄된 고서들이다. 이 중에 60~70% 정도는 유일본이며 특히 명대와 청대 건륭(乾隆) 이전에 인쇄된 고서들이 진귀한 문화재적 가치를

43 周興茂,「湖北苗族的無字家譜」,『貴州民族學院學報』(第4期), 2004.

지니고 있다. 해당 기구에 소장되어 있는 이러한 고서들이 반복적으로 독자들에게 열람되거나 복사되면 돌이킬 수 없는 손상을 입을 수 있다. 따라서 이러한 소중한 서본가보 고서를 디스크로 만들거나 필름으로 복사하여 독자들에게 제공하면 진귀한 서본가보 문헌의 수명을 연장시킬 수 있어 이들을 보호하는 데 아주 유리하다. 셋째, 독자들이 열람하거나 인터넷을 통해 검색하는 데 유리하다. 독자들은 열람 창구를 통해 디스크와 필름가보를 열람하거나 복사하는 것이 아주 편리하다. 디스크와 필름가보를 인터넷에 올리면 아주 멀리 있는 독자들 역시 볼 수 있다. 이는 전통적 서본가보로는 불가능한 일이다. 그러나 디스크와 필름가보의 수명이 짧아 100년 정도에 불과하다고 한다. 과학기술이 발전함에 따라 이러한 단점도 극복할 수 있다고 믿는다.

요컨대 중국 서본가보의 양이 방대하고 비서본가보의 유형 또한 다양하다. 이들은 모두 중국인의 진귀한 역사문화 유산이다.

3. 가보의 연혁(沿革)

가보는 "혈연집단의 세계(世系)를 기록한 매체"라고 정의할 수 있다면, 중국 5,000년의 역사를 거쳐 전승되어 온 가보 편찬의 체례(體例), 내용, 기능, 편찬 방법 등에 대한 분석을 통해 중국 가보의 발전 연혁을 다음과 같은 7단계로 나눌 수 있다. 즉 기원, 탄생, 발전, 변천, 개선, 보급 및 신수(新修)이다.

1) 기원 단계

기원 단계는 주로 모계씨족(母系氏族) 사회부터 상(商)나라까지의 시기를 가리킨다. 가보를 "혈연집단 세계를 기록한 매체"라고 정의할 때 그 기원은 반드시 인류의 혈연집단 형성과정과 긴밀한 관계를 맺을 수밖에 없다. 주지하다시피 인류는 발생 초기 군혼(群婚)이란 잡거(雜居) 방식을 통해 복잡한 성관계를 맺으며 집단을 형성했다. 이 시기에 특정한 동일 씨족 혈연집단은 아직 형성되지 않았다. 이후 시간이 흐른 뒤 부모와 자녀 사이, 형제와 자매 사이, 심지어 모친의 모든 방계 친족 사이의 혼인도 점차 금지되었다. 이로 인해 인류는 점차 혈연관계를 기초로 한 씨족사회에 진입하게 되었다. 동일한 선조를 가진 후손은 함께 생활하며 공동 생산과 공동 분배를 하고, 공동으로 재산을 상속받고, 공동으로 제사를 지내며, 씨족끼리 단결하여 외세를 물리치고, 죽은 후에도 같은 묘지에 매장되었다. 이런 일련의 과정을 통해 특정한 동일 혈연씨족 집단이 형성되기 시작했다.

원래 여자를 근본으로 삼는 모계씨족 사회가 점차 남자를 근본으로 삼는 부계씨족(父系氏族) 사회로 발전되었다. 이는 엥겔스가 언급한 바와 같이 "씨족은 혈연을 기초로 자연적으로 형성된 인류 사회의 원시적인 형태이다."[44]라는 것과 같은 주장이다. 마르크스가 "씨족 명칭의 기능이 같은 씨족에 속하는 모든 구성원으로 하여금 공동의 세계를 기억하도록 하는 데 있다."라고 했다. "씨족 명칭 자체가 바로 공동의 세계를 갖고 있다는 증거이다."[45] 원시 씨족사회는 이미 혈연집단을 형성하면서 세계의 계산과 항렬의 선후 등은 "혈연 집단의 세계를 기록하는 매체"가 등장할 수 있는 단초를 제공했다. 고인류학, 사회학과 고고학의 연구 결과는 중국 가보의 기원이 모계씨족 사회에서 시작된 것으로 판명되었다. 이 주장의 증거로 제시한 것이 구전가보와 결승가보이다.

중국의 고대 문헌인 『제왕세기(帝王世紀)』와 『산해경(山海經)』에 문자 출현 이전의 가족 세계가 수록되어 있다. 이 문헌 기록들은 처음에는 세대를 이어 구술(口述)의 형식으로 전승된 구전가보이고, 나중에 문자로 기록된 것이다. 구전가보는 늘 연명(連名) 형식의 가보이다. 연명가보는 선대 이름의 끝 음절이나 끝에서 두 번째, 혹은 세 번째 음절을 후대 이름 앞에 두는 형식을 취했다. 이 연구(連句) 형식은 기억과 암송 및 전파에 용이했다. 중국 원고(遠古)시기 사람들이 전승한 구전가보의 풍속은 일부 소수민족에 의해 매우 분명하게 보존되었다. 예를 들어 몽골족 및 서남지역 소수민족은 "세계(世系)와 관련한 사건을 구전 방식으로 전승한다."라는 풍속이 있었다. 중국 소수민족인 만주족은 명주실로 매듭을 지어 사건을 기록하는 방식으로 해당 가족의 역대 구성원들의 상황을 기록한 독특한 결승가보를 만들었다. 고인류학, 사회학과 고고학의 연구 결과 구전가보와 결승가보의 기원을 모계씨족(母系氏族) 사회 말기에 시작된 것을 알 수 있다.

상나라에 들어 중국에서 거북껍질이나 짐승 뼈에 글자를 새겨 만든 갑골가보와 청동기에 글자를 새겨 만든 청동가보가 출현했다. 갑골가보와 청동가보는 문자 기록의 실물(實物)가보로 구전가보와 결승가보에 비해 대폭적으로 진보했다. 갑골가보와 청동가보는 그 내용이 비교적 간단해서 세계의 이름, 부자와 형제의 세계만을 기록했고 내용이 풍부하거나 체례(體例)가 구비된 완성된 의미의 가보는 아니었다. 상나라의 갑골가보와 청동가보는 구전가보, 결승가보와 함께 가장 오래되고 가장 원시적인 형태로 모두 맹아기에 속하는 가보이다.

---

44 『마르크스·엥겔스 전집』 권3, 300쪽.

45 馬克思, 『摩爾根(古代社會)一書摘要』, 北京人民出版社, 1965, 172쪽.

2) 탄생 단계

가보의 탄생 단계는 주(周)나라부터 한대(漢代)까지 지속되었다. 중국 원시적 형태의 가보가 씨족사회, 하(夏)나라, 상나라를 거치며 발전되어 주나라 때 새로운 단계로 접어들었다. 주나라는 씨족조직으로부터 변화해 온 혈연을 기초로 하는 종법제도와 적장자(嫡長子) 상속제를 도입했다. 종법제도에 따라 적장자는 천하, 나라 및 가족의 소유권을 갖는다. 적장자는 해당 종족의 통치적 지위를 차지하여 제사와 점복을 주관하고 종족 구성원을 통합하고 종족의 사무를 관리하는 권리를 갖는다. 또한, 종족의 무장을 통솔하는 책임과 타 종족 구성원에 대해 정치권과 통치권을 갖는다. 천자(天子)부터 사민(士民)까지 계층마다 분봉되어 혈연관계에 따라 재산과 권력을 분배함으로써 노예제의 통치를 공고히 하려는 목적을 달성하고자 한다. 이를 통해 우리는 종법제도가 역시 가족제도라는 것을 알 수 있다. 종법제도의 핵심 내용으로 가족 내에 적장자만이 씨족의 이름과 선조의 작위를 물려받을 수 있기 때문에 여타의 후손들이 씨족 혹은 가족 승계의 방계인 또 다른 소종(小宗)을 세울 수밖에 없었다. 이러한 엄밀한 신분등급제도의 필요로 "세계를 보첩(譜牒)에 수록해 제사를 지냄에 소목(昭穆)을 분별했다."[46] 혈연관계, 적자와 서자, 장유의 항렬을 기록하는 가보가 주나라에 크게 발전했다. 각 귀족들이 조상을 추존하기 위해 정이(鼎彝)[47]에 해당 가족의 세계와 활동을 새길 뿐만 아니라 주나라와 각 제후국에 전국 귀족들의 가보를 기록하고 관리하는 관직을 설치함으로써 체계적인 사관(史官)의 계보(系譜)편찬 제도를 설립했다. 사관의 계보편찬 제도는 후에 많은 보학자를 배출하여 중국에서 최초의 보학(譜學) 저술들을 등장하는 계기가 되었다.

주나라 보계(譜系) 저술들 중에 가장 개선되고 체계적인 것이 바로 『세본(世本)』이다. 『세본』은 황제(黃帝)부터 춘추전국(春秋戰國) 시대까지의 역대 제왕과 제후 및 경대부들의 성씨의 기원, 세계(世系)의 원류(源流), 이사의 과정, 생전의 모습, 사후의 시호(謚號) 및 다른 행장(行狀) 등을 기록했고 『제왕보(帝王譜)』, 『제후보(諸侯譜)』, 『경대부보(卿大夫譜)』, 『씨성편(氏姓篇)』, 『거편(居篇)』, 『작편(作篇)』 및 『시법편(謚法篇)』 등 15편 내용도 같이 수록되어 있다. 『세본』은 중국 고대 각 귀족들의 세계 보첩을 집대성한 문헌으로 이미 존재하던 가보들을 뒤에 총정리하는 성격을 갖고 있는 보첩 종류 저술의 시작이기도 하다. 『세본』 등 저술들이 등장하면서 중국 가보는 원시적 형태를 벗고 본격적인 가보의 형태를

46 『周禮·春官·小史』: "奠世系, 辨昭穆。" (역자 주)

47 정이(鼎彝): 서주시기 종묘에서 사용한 청동의 제기 중 하나로 둥근 모양의 3개의 다리가 있고, 표면에 공로가 있는 인물의 이름을 새기기도 했다. (역자 주)

갖추기 시작했다.

3) 발전 단계

발전 단계는 위진(魏晉)남북조부터 당대(唐代)까지를 가리킨다. 중국 보학은 주나라에서 탄생하여 한대(漢代)에 발전을 이루고 위진남북조와 당대에 걸쳐 황금시대를 맞이하게 된다.

위진남북조는 관료를 선발하는 데 구품중정제(九品中正制)[48]를 실시했다. 세가대족(世家大族)들이 벼슬길을 독점하고 나라의 정권을 손에 틀어쥐었다. 경제적으로 장원(莊園)경제가 발전하고 세족들의 세력이 팽창했다. 가보는 세가대족들이 자기의 이익을 보호하는 특별한 도구가 되었다. 정초(鄭樵)가 『통지(通志)·씨족략서(氏族略序)』에서 이르길 "수당(隋唐) 시기부터 관리들에게는 부장(簿狀)이 있고 가족에게는 가보가 있다. 관료를 선발하는 데 부장이 필요하듯이 가족 간에 혼인할 때 역시 가보가 있어야 한다."[49]라고 했다. 국가는 세가대족들이 가보를 편찬하고 가문을 유지하려는 요구를 충족시키기 위해 전문적으로 보국(譜局)을 설치하고 보관(譜官)을 두었다. 가보는 중요한 자료로 보국에 보관되었다. 위진남북조 시기에 가보를 편찬하는 풍조가 나타나 보학 저술이 대량으로 출간되고 보첩을 편찬하고 연구하는 학자들도 많이 배출되었다. 뿐만 아니라 중국 보학 역사상 중요한 위치를 차지한 가씨(賈氏)와 왕씨(王氏)를 대표로 하는 보학세가(譜學世家)가 등장했다. 위진남북조 시기 세가대족 가보의 특징은 세대마다 고관과 귀인을 배출했다는 것을 자랑하고, 문벌이 비슷하고 잘 맞는 집안끼리 혼인을 한다는 원칙을 지키고, 하나의 성씨를 위주로 혼인에 의해 맺어진 친척들까지 기록하는 종합적인 가보라는 것이다. 이를 통해 알 수 있듯이 위진남북조 시기 가보의 역할은 바로 문벌을 숭상하고 차별적인 혼인을 통해 세가대족 집단의 이익을 유지시키는 것이다.

당대에 중국 보학이 새로운 발전단계로 접어들었다. 당대 봉건제국의 통치자들은 새롭게 등장한 관롱집단(關隴集團)[50]이었다. 따라서 이러한 통치자들은 제국의 통치를 굳

---

48 구품중정제(九品中正制): 삼국시대 위나라 문제(文帝)가 220년 진군(陳群)의 건의에 따라 실시한 관리 등용 제도를 말한다. 지방의 주(州)·군(郡)·현(縣)에 중정을 두어 관리의 재질이 있다고 인정되는 자를 향품(鄉品)인 1품에서 9품으로 나누어 중앙에 추천한다. 중앙은 이에 따라 임용하는 추천 제도로 호족 출신이 관직을 독점하는 결과를 가져왔다. (역자 주)

49 『通志·氏族略序』: "自隋唐而上, 官爲簿狀, 家有譜系。官之選擧必由於簿狀, 家之婚姻, 必由於譜系。"

50 관롱집단(關隴集團): 중국 북조(北周)에서 수당(隋唐)까지 관중(關中) 지역을 중심으로 형성된 통치계층을 말한다. 관롱집단의 중심은 서위(西魏) 이래 융합된 관롱과 호한(胡漢)민족 중 무관 중심의 혼인관계로 형성된 집단으로 수당제국을 건국하는 근간을 제공했다. (역자 주)

건히 하고, 가난한 집안이나 서족(庶族) 지주 출신인 새로운 황실 귀족들의 정치적 지위를 높이기 위해 필히 산동(山東)[51] 출신인 구세력을 억누르고 이씨(李氏) 관롱 귀족의 최고 지위를 확립했다. 황족(皇族)을 핵심으로 하는 신사족(新士族)들이 사회적으로 차지하고 있는 최고의 지위는 보첩에 등재되어야만 사회와 법률적 인정을 받을 수 있었다. 따라서 당태종(唐太宗) 때부터 과거 시험을 강화시키는 동시에 보첩을 투쟁의 도구로 삼아 기존 족성(族姓)을 판단하는 기준을 바꿨다. 당대(唐代)에 통치자의 뜻대로 정부가 주관하여 가보를 편찬했던 적이 총 세 번이 있다. 즉 당태종 시기에 편찬했던 『씨족지(氏族志)』, 당고종(唐高宗) 시기에 편찬했던 『성씨록(姓氏錄)』과 개원(開元) 당중종(唐中宗) 시기에 편찬했던 『대당성족계록(大唐姓族系錄)』이다. 이와 같이 정부가 "현재 권력을 쥐고 있는 관료를 추종하고 숭배한다."[52]라는 의미를 담은 보첩 저술들을 편찬함으로써 구사족(舊士族) 계급을 억제하고 이씨사족(李氏士族)과 무씨사족(武氏士族)을 최고의 자리를 확보하려는 목적을 달성했다. 즉 산동과 동남망족(東南望族) 위주로 구성된 구사족 집단을 대신하여, 당대 황실과 공신(功臣)들로 구성된 신사족 집단을 새로운 사회 주축으로 삼아 당대의 통치를 확고히 했다. 당대 후기 시인 유우석(劉禹錫)의 "그 옛날 왕씨(王氏), 사씨(謝氏) 저택 처마 밑에 살던 제비들 이제는 평범한 여염집으로 날아든다."[53]라는 시구는 바로 그 당시 신세력과 구세력 간의 세력변화를 반영한 것이다.

당대 정부가 보첩을 대량적으로 편찬할 뿐만 아니라 사찬(私撰)가보 사업도 크게 발전해 하나의 풍조가 되었다. 사찬가보의 양이 많고 많은 보학자가 나타났다. 위진남북조 시기의 보학자와 달리 당대의 보학자는 정부의 보첩 편찬 일을 주관할 뿐만 아니라 사찬가보에도 직접 참여했다. 따라서 당대는 중국 보학(譜學)을 계승하여 발전시킨 중요한 시기라고 할 수 있다.

4) 변천 단계

중국의 가보 발전사에 있어 송대(宋代)부터 원대(元代)까지가 주요한 변혁, 변천 시기였다.

위진남북조와 수당(隋唐) 시기에는 관찬보첩(官撰譜牒)과 사찬(私撰)가보가 공존했다. 그러나 송대에 이르러 전혀 다른 추세가 나타났다. 실례는 관찬보첩이 점차 사라졌다. 과거제도가 한층 강화되고 당대 말기의 농민봉기와 오대(五代) 시기에 연이어 일어난 전

---

51 산동(山東): 하남성(河南省) 서쪽의 효산(崤山), 함곡산(函穀山) 동쪽의 땅을 가리킨다. (역자 주)

52 "崇樹今朝冠冕。" (역자 주)

53 劉禹錫, 『烏衣巷』: "舊時王謝堂前燕, 飛入尋常百姓家。" (역자 주)

란으로 문벌사족(門閥士族)제도가 치명적인 타격을 입자 관찬보첩들이 존재 가치와 실용적 가치를 잃고 점차 사라져 갔다. 이에 비해 사찬가보는 아주 번창했다. 비록 사찬가보가 오대 시기 전란의 영향으로 큰 손상을 입었지만 정부의 지지, 송대 경제의 발전, 도시의 번영, 대족의 궐기, 인쇄사업의 전례 없는 발달 등에 힘입어 송인종(宋仁宗) 이후로 가보를 편찬하는 일이 점차 회복되어 발전했다. 특히 남송(南宋) 시기에 사찬가보가 더욱 유행했다.

송대의 가보 편찬은 위진남북조 및 수당과 비교하면 여러 면에서 변혁과 변천의 특징을 나타낸다. 첫째, 가보 편찬의 취지이다. 위진남북조 시기의 가보 편찬은 주로 벼슬과 혼인을 목표로 했고 "관리를 선발하고 혼인을 정하고 신분을 구별한다."[54]라는 뚜렷한 사회정치적 기능을 갖고 있었다. 하지만 송대에 들어 문벌과 신분을 구별하는 가보의 사회정치적 기능이 사라지고 대신에 '존조(尊祖), 경종(敬宗), 수족(收族)' 및 '존존친친의 도리(尊尊親親之道)'를 강조하는 도덕과 교화 기능이 중요시되었다. 둘째는 가보편찬의 형식이다. 위진남북조와 수당(隋唐) 시기 가보를 편찬하는 방식에 관찬보첩과 사찬가보 두 가지 방식이 존재했지만 송대에 들어 정부가 도보국(圖譜局)을 폐지하고 보첩을 편찬하는 일을 주관하지 않았다. 가보는 개인적으로 편찬했다. 셋째, 보도(譜圖)의 방법이다. 송대 이전에는 시조(始祖)부터 편찬자까지 몇 세대를 한 그림으로 편찬할 것인가에 대해 의견이 분분했다. 일부는 6세대를, 또 일부는 7세대나 5세대를 한 그림으로 편찬했다. 송대의 구양수(歐陽修)와 소순(蘇洵)이 소종종법(小宗宗法)으로 근친소원(近親疏遠)의 원칙에 따라 5세대를 한 그림으로 편찬하는 세계표(世系表)를 창제했다. 이것은 오복(五服)[55] 이내 구성원 간의 정을 나타내면서도 구세구족(九世九族) 간 친근함을 표현했다. 이 세계표는 송대 이후 가보를 편찬하는 자들에 의해 채택되어 가보 도보(圖譜)의 새로운 발전을 이끌었다. 넷째, 가보의 내용이다. 송대에 사찬가보가 유행함에 따라 가보를 편찬하는 취지가 크게 달라지고 구양수와 소순의 체례(體例)가 확립되면서 가보 체례와 내용이 더 개선되고 풍부해졌다. 다섯째, 가보를 속수(續修)하는 기간이다. 송대 이전에 동일한 가족의 가보를 속수하는 경우가 있기는 했지만 그다지 보편적이지 않고 시간 간격 또한 길었다. 그러나 송대에 들어 사찬가보의 유행으로 인해 반복적으로 가보를 속수하는 경우가

54 『通志·氏族略』: "別選擧, 定婚姻, 明貴賤." (역자 주)

55 오복(五服): 원래의 뜻은 혈연관계에 따라서 착용을 달리하는 5가지 상복(喪服)로 참최(斬衰)·자최(齊衰)·대공(大功)·소공(小功)·시마(緦麻)를 지칭한다. 이후 이런 의미가 확대되어 혈연관계의 친소를 뜻하기도 한다. (역자 주)

나타났다. 특히 성리학을 집대성한 주희(朱熹)가 "한 집안에 3세대가 가보를 편찬하지 않으면 불효가 된다."[56]라는 논조를 펴자 남송(南宋) 시기에 가보를 속수하는 풍조는 더욱 강화되었다. 요컨대 송대 가보는 중요한 변혁과 변천 시기를 맞이했고 훗날 가보 편찬의 기본적인 틀을 제공했다.

5) 개선 단계

명대(明代)에 들어 중국 가보는 새로운 발전을 이루어 더욱 성숙해지고 가보 편찬에 있어 체례와 내용이 또한 더 개선되었다. 이는 중국 가보가 송대의 전환기와 원대(元代)의 과도기를 거친 후에 필연적으로 맞게 되는 단계이며 또한 중국 봉건사회 말기에 처한 명대의 정치, 경제 및 문화와 밀접한 관계가 있기도 한다.

명대에 들어 봉건 통치자들이 효(孝)로 천하를 다스리며 가보 편찬을 더욱 중요시했다. 또한 주희가 주장하는 '삼강오상(三綱五常)'의 윤리사상을 가보 편찬의 취지로 삼았다. 이에 명대 가보 편찬의 양이 부쩍 늘었고 규모가 큰 회통보(會通譜)와 통종보(統宗譜)의 출현으로 가보편찬은 새로운 발전 단계로 도약했다.

6) 보급 단계

청대(淸代)와 민국 시기가 중국 가보의 절정에 이르는 시기라고 할 수 있다. 이 시기에 가보의 양이 가장 많고, 질이 가장 우수하고, 내용이 가장 풍부하며 종류가 가장 방대했다. 그러나 가보의 내용과 체례가 기본적으로 명대(明代)의 것들과 일치하여 단순히 명대를 이어왔다고 할 수 있다. 중국 가보의 발전사를 살펴보면 청대와 민국 시기의 가보의 가장 큰 특징은 바로 보급이다.

비록 체례와 내용 면에서 청대와 민국 시기의 가보가 명대와 비교하여 큰 변화는 없지만 가보의 양은 급격히 팽창했다. 현존하는 5만여 종에 달하는 가보들 대부분이 청대와 민국 시기에 편찬된 것들이다. 청대와 민국 시기에는 한족(漢族)뿐만 아니라 한족의 영향을 받아 몽골족, 만주족, 회족(回族), 이족(彝族), 묘족(苗族) 및 사족(畲族) 등 소수민족 역시 가보 편찬을 중요시했다. 중국 본토뿐만 아니라 해외에 거주하는 화인화교들도 가보를 편찬했다. 특히 경제가 발달한 중국 강남(江南)지역에서는 거의 모든 가가호호가 가보를 편찬했고 가보를 연이어 속수(續修)해 왔다. 가보 편찬은 모든 중국 사람의 문화 풍습으로 발전되었다.

---

56 "人家三代不修譜, 則爲不孝。" (역자 주)

7) 신수(新修) 단계

최근 50년 동안 중국 대륙, 대만(臺灣) 지역, 내지 해외 화인화교들이 살고 있는 지역에서 자발적으로 가보 편찬의 붐이 일고 있다. 이러한 풍조는 중국 역사에 있어 가보 편찬 풍습의 계승과 발전이며 연장과 혁신이기도 하다. 이 짧은 몇 십 년 동안에 형성된 가보 편찬 풍조가 역사상 그 어느 때보다도 더 많은 양의 가보를 만들어 냈고 더 널리 알려져 깊은 영향이 끼치게 되었다.

최근 50년에 가보를 편찬하는 추세가 먼저 대만에서 나타났다. 대만은 예로부터 중국의 땅이고 대부분 대만 사람이 중국 대륙으로부터 옮겨 갔다. 그들은 중국 대륙 사람들과 진한 혈연관계에 있으므로 대륙에 대해 깊은 종친(宗親)과 사조(思祖)의 감정을 갖고 있다. 최근 50년 동안 대만과 중국 대륙이 인위적으로 분단되었고 대만 사람들 사이에서 종친을 기념하는 가보 편찬의 풍조가 일었다. 1987년 출판된 『대만구족보목록(臺灣區族譜目錄)』의 통계에 의하면 이 목록에서 수록된 대만 지역 가보 목록이 1만 613종에 달하고 이 중 70% 이상이 최근 50년 동안 편찬된 것이었다.

중국 대륙 지역에서 1978년 제11기 삼중전회(三中全會) 이후에 신 가보를 편찬하는 풍조가 나타났다. "낡은 전통이나 관습에서 벗어나고, 있는 그대로의 사실에 토대하여 진리를 탐구하자.(解放思想, 實事求是)"라는 노선 확립에 따라 학술 연구가 점차 '좌파(左派)'의 영향을 벗어나 새로운 발전 양상을 띠었다. 한동안 아무도 관심이 없던 보첩(譜牒) 연구가 중국 대륙에서 다시 관심을 끌기 시작했다. 20세기 80년대부터 대륙 신문에 가보 연구와 관련된 글이 게재되면서 중국 각 지역에서 가보 연구회가 성립되어 가보 학술 토론회도 열리고 민간에서 자발적으로 새로운 가보를 편찬하는 문화 행사가 개최되기도 했다. 21세기에 들어 민간에서 가보 편찬 열풍이 더욱 활기를 띠며 초대형 회통보(會統譜)와 통종보(統宗譜)가 나타났고 해협 양안과 국내외 종친(宗親)들이 공동으로 가보를 편찬하는 새로운 양상이 나타났다.

최근 50년 동안 대만 지역뿐만 아니라 중국 대륙 지역에서도 가보 편찬의 취지, 체례 및 내용 면에서 과거의 가보를 계승하면서도 시대의 요구에 맞추어 비판하고 혁신했다. 과거에 봉건사상의 지도하에 가보 편찬이 해당 시기 사회적 기초를 공고히 하는 역할을 했다면, 오늘날 사회주의 사상의 지도하에 전개되는 이러한 가보 편찬은 참여하는 가족 구성원들로 하여금 가족과 고향을 더욱 사랑하고 국가를 더욱 사랑하게 할 것이다. 해협 양안에서 공동적 가보 편찬이 나날이 활발해지고 있다. 예를 들어 같은 성씨를 갖고 있는 가족 구성원들이 공동적으로 가보 편찬 위원회를 구성하여 가보 편찬의 조항을 정하고 자료를 수집하여 가보를 인쇄하고 출판하는 활동 등을 했다. 이러한 활동은 해협 양안 사람들이 '염제(炎帝)와 황제(黃帝)의 자손'임을 인정하고, 중국의 전통문화를 받아들이는 과정으로 해협 양안 간 교류를 촉진시키고 풍부하게 한다. 더 나아가 중국의 역사문화를 발양시키고 민족 응집력과 자부심을 높이는 데 크게 도움이 될 것이다.

이상의 중국 가보의 발전과 연혁(沿革)에 대한 간단한 기술에서 보았듯이, 5,000년 역사에 걸쳐 지속되어 온 가보 편찬의 문화 풍습은 중국문명 발전사의 한 부분으로 우리가 계승하고 발양해야 하는 우수한 문화 전통이다.

4. 가보의 가치

이 주제는 두 가지 의미를 내포한다. 하나는 5,000년에 걸쳐 전해 온 가보문화는 해당 시기의 사회에 어떤 역할을 했는가? 다른 하나는 오늘날 가보를 정리, 개발, 연구와 속수(續修)하는 것이 무슨 의미가 있는가?

주지한 바와 같이 가보는 문화적 이데올로기의 매체로 일정한 사회·정치·경제적 기초에 뿌리를 내리고 있는 동시에 그러한 사회, 정치, 경제적 기초를 공고히 하는 역할을 한다. 5,000년간 중국 가보가 해당 사회에 행사한 역할을 살펴보면 주로 시기를 3단계로 나누어 볼 수 있다.

가보가 맹아하고 기원하던 시기에는 해당 사회에 주로 우생학적 기능을 수행했다.

많은 고고학 자료에 의하면 100만 년 이전부터 중국인이 벌써 이 땅에서 살기 시작했다. 그러나 태고에 원시 인류가 동물인 원(猿)으로부터, 유인원(類人猿), 유원인(類猿人), 그리고 인간의 과정을 거치며 동물계에서 인류로 발전해 왔다. 이 시기가 바로 고고학자들이 말하는 구석기 시대의 초기와 중기이다. 그 당시 생산력이 부족한 인류는 군거를 하며 무지몽매한 미개 생활을 했다. 남녀 간 친소원근(親疏遠近)과 노소를 불문하고 복잡한 성관계를 맺으며 집단을 형성했다. 흔히 말하는 군혼제이다. 구석기시대 말기에 이르러 생산력이 발전함에 따라 원시 인류의 인식 수준이 점차 높아졌다. 그들은 동일한 혈연을 갖고 있는 이성들 간의 성관계가 후대 아이를 낳는 데 불리하다는 것을 알게 되었고, 직계(直系) 친척들 간의 무분별한 성행위를 혐오하게 되었다. "남녀가 근친이면 자손이 번성하지 않는다."[57]라는 생물학 원리를 알게 된 것이다. 따라서 먼저 혈통이 다른 각

---

57 『左傳』: "男女同姓, 其生不蕃。" (역자 주)

씨족과 부락에 대해 구분을 했고, 그다음에 동일한 혈통을 갖고 있는 구성원들의 항렬과 장유에 대해 구분을 했다. 혈연집단의 세계(世系)를 기록하는 가보의 탄생에 조건이 마련된 것이다. 하지만 인류 발생 초기에는 문자가 없었다. 따라서 가보를 기록하는 매개체가 암기와 구술(口述)로 전승된 구전가보와 결승(結繩)하여 사건을 기록하는 결승가보만 있었다. 구전가보와 결승가보는 직계(直系)관계를 갖고 있는 이성 간 성행위를 금지하고 가족 후대에 건강한 아기를 낳도록 하는 데 도움이 되었다. 구전가보와 결승가보는 후손이 건강하게 번성하도록 도움으로써 "자손이 널리 번성하고 집안이 편안하도록 보우한다."라는 역할을 해 왔다. 따라서 사람들이 구전가보와 결승가보를 아주 중요시하고 숭상했다. 중국 혈연집단이 형성되면서 후손 번식의 욕구를 충족시키기 위해 가장 원시적인 형태의 구전가보와 결승가보가 나타났다는 것을 알 수 있다. 이렇게 구전가보와 결승가보는 후손의 번성을 도와주는 우생학적 사회 기능을 했다.

가보가 탄생 및 발전 시기에는 해당 시기의 사회에 주로 정치적 기능을 했다.

주(周)나라에 혈연관계의 친소원근을 기초로 한 종법제도가 수립되었다. 따라서 나라는 혈연의 친소원근을 기록하는 가보를 아주 중요시했다. 주나라는 모든 귀족들의 가보를 집중적으로 기록하고 관리하는 방법으로 체계적인 사관(史官)의 계보(系譜)편찬 제도를 수립하면서 『대대례기(大戴禮記) · 제왕편(帝王篇)』과 『세본(世本)』을 대표로 하는 많은 보학(譜學) 저술들이 나타났다. 이 시기의 가보는 직접적으로 종법제도와 주나라의 통치를 공고히 하는 역할을 했다. 한대(漢代)가 건립된 후에 동성(同姓)과 이성(異姓)의 왕과 제후를 분봉함으로써 군신(君臣) 등급과 혈연 개념을 한층 더 강화시켰다. 나라는 황제의 속적(屬籍), 왕들의 세보(世譜) 그리고 제후의 후적(侯籍)에 대해 전문적으로 관리하는 기구를 설치하여 대량의 관찬(官撰)가보를 만들어 냈고 중국 가보 편찬에 새로운 발전을 이끌었다. 특히 위진남북조 시기에 구품중정제를 실시하여 아홉 등급으로 나누어진 사인(士人)들 중에서 관리를 선발했다. 당시에 중정관(中正官)이 모두 세가대족(世家大族)에 의해 독점되었는데 출신과 문벌이 관리 선발의 가장 중요한 근거가 되었다. 문벌에 의하여 관리를 선발하며 가보의 중요성은 더욱 커졌다. 이른바 "자리가 있어 사람을 뽑을 때는 반드시 족보와 호적을 조사한다."[58]라고 했다. 관리 선발의 편리와 명확한 신분 구분을 위해 정부나 호족이 모두 가보를 중요시했다. 가보는 나라가 관직을 임명하는 근거와 사족(士族)출신의 증명이라는 독특한 기능을 수행했다. 당대(唐代)에 들어 새로 건립된 나라

58 『新唐書』 卷199 「柳沖傳」: "有司選擧, 必稽譜籍。"

의 통치를 확고히 하고 이씨사족(李氏士族)과 무씨사족(武氏士族)이라는 새로운 사족 집단에게 최고의 높은 지위를 보장하고자 정부는 세 차례에 걸친 대규모의 보첩편찬 활동을 주최했다. 이와 같이 "현재 권력을 쥐고 있는 문벌을 숭배하고 추종한다."[59]라는 의미를 담은 관찬보첩 저술들이 기존의 가문 등급에 대한 판단 기준을 바꾸고 보첩을 통해 당시 각 정치 파벌의 이권을 유지시켰다. 즉 산동사족(山東士族)과 동남망족(東南望族)들을 위주로 구성된 구사족(舊士族) 집단을 대신하여 황실과 공신(功臣)들로 구성된 사족집을 새로운 사회의 기초 세력으로 삼아 당대(唐代)의 통치를 굳건히 하고자 했다. 요컨대 위진남북조 시기에 가보는 주로 관리 등용에 협조적인 정치 기능과 세가대족이 벼슬길을 독점하고 국정을 틀어쥐는 데 중요한 도구로서의 역할을 했다. 당대에 가보를 편찬하는 활동은 새 통치자들이 신사족(新士族) 계급들을 양성하고 구사족 계급을 억압하는 중요한 정치적 조치였다. 따라서 당대 초기 여러 차례를 걸친 보첩편찬 과정 역시 신세력을 양성하고 구세력을 억누르는 과정이기도 하다. 이는 당대에 이르러 중국 보학이 담당하는 사회 정치적 기능이 새로운 단계로 접어들었음을 나타낸다.

개선단계 및 보급단계에 들어 가보의 주요 기능이 사회적 기능에서 윤리적 기능으로 바뀌었다.

명대(明代)에 들어 중국 가보가 더욱 완성되고 가보 체례(體例)와 내용이 더 개선되었으며 정형화되었다. 이는 중국 가보가 송대(宋代)의 전환기와 원대(元代)의 과도기를 거치며 필연적으로 맞게 되는 현상이며 중국 봉건사회 말기에 처한 명대의 정치, 경제 및 문화와도 밀접한 관계가 있었다. 명대 가보 편찬의 취지는 송대와 원대의 '존존친친의 도리(尊尊親親之道)'라는 윤리 계승과 나아가 주희(朱熹)의 '삼강오상(三綱五常)'을 핵심으로 하는 도덕윤리를 널리 알리고 선양하는 것이었다. 삼강(三綱)이란 바로 '군위신강(君爲臣綱)', '부위자강(父爲子綱)', '부위처강(夫爲妻綱)'이다. 이는 혈연관계를 기초로 하는 봉건등급 관계이자 종법관계를 기초로 하는 정치적 제도이다. 오상(五常)을 유가(儒家)에서는 오륜(五倫)이라고도 한다. 오상은 군신(君臣), 부자(父子), 부부(夫婦), 형제(兄弟), 붕우(朋友) 간에 지켜야 할 도리를 말하며 삼강 실행을 위한 윤리 도덕적 행위규범이다. 명대에 주자(朱子)의 이학(理學)이 통치적 자리를 확보하면서 '삼강오상'이 당시 주류적 이데올로기가 되어 사회 전반의 모든 분야에 영향을 끼치자 전국의 각 서원, 향촌, 사학(社學), 사숙(私塾) 등 교육기관은 모두 이 사상을 주입시키는 장소가 되었다. 따라서 '삼강오상'을 선양하고

59 『氏族志』: "崇樹今朝冠冕。" (역자 주)

실천하는 것이 자연스럽게 가보 편찬의 취지가 되었다. 명대에 가보를 편찬하는 데에 있어 보서(譜序), 가법(家法), 족규(族規) 및 전기(傳記) 등 모두에서 '삼강오상'의 논조를 찾아볼 수 있다. 청대(清代)에 가보 편찬의 활동이 전국 각지 심지어 산간벽지까지 펴져 나갔다. 이는 청대가 중원에 들어온 후에 자신들의 통치권을 유지하고 중국 전통문화를 계승하기 위하여 명대의 통치 이념인 '삼강오상' 윤리를 계승하고 민간인이 적극적으로 가보 편찬에 나선 것과 깊은 관계가 있었다. 순치(順治) 9년(1652) 즉 청대가 북경(北京)을 수도로 정한 지 9년 후에 청대가 주원장(朱元璋)의 「성유육언(聖諭六言)」 즉 부모에 효도하고, 손윗사람을 존경하고, 이웃과 화목하게 지내고, 자손을 훈도하고, 자신의 본수를 지키고, 나쁜 짓을 하지 말아야 한다는 내용을 팔기(八旗)[60] 및 전국 각 지역에 다시 반포하여 시행했다. 강희(康熙) 9년(1670)에 전국으로 「상유십육조(上諭十六條)」를 전국에 반포했다. 이 십육조 중에 "사람들로 하여금 윤리도덕을 잘 지키도록 효도를 중요시한다."[61]라는 것을 첫 번째 조항으로 지정하고 "화목과 친절을 보여 주기 위하여 종친(宗親)들에게 관대하라."[62]라는 것을 두 번째 조항으로 지정했다. 이는 청대(清代)가 효로 천하를 다스리고 종족관계를 화목하게 유지하는 것을 아주 중요시했다는 것을 알 수 있다. 옹정제(雍正帝)는 「상유십육조」를 대단히 중요시하여 각 조항마다 해석을 달아 매우 방대한 『성유광훈(聖諭廣訓)』으로 만들어 옹정 2년(1724)에 전국에 반포했다. 옹정제가 "화목과 친절을 보여 주기 위하여 종친(宗親)들에게 관대하라."라는 조항에 대한 해석에 "친한 관계를 유지하기 위하여 족보를 편찬하여라."[63]라는 요구를 분명히 제기하여 민간에 가보 편찬을 주창했다. 청대 역시 주희(朱熹)가 주장하는 '삼강오상(三綱五常)' 윤리를 핵심으로 하는 이학(理學)을 추존하여 「성유육언」, 「상유십육조」 및 『성유광훈』을 잘 알려지도록 여러 방법을 통해 널리 홍보했다. 여기서 알 수 있듯이 명대(明代)와 청대에 '삼강오상'을 가보 편찬의 취지로 삼고 여러 방법을 통해 주자(朱子)의 윤리사상을 관철시킨 목적은 주자의 윤리사상을 지키고 충효절의(忠孝節義)의 봉건적 도리를 선양함으로써 종족제도를 공고히 하고 봉건 통치를 강화시키는 데에 있었다.

5,000년에 걸친 가보 기능의 변화를 통해 알 수 있듯이 가보는 문화관념 형태의 매

---

60 팔기(八旗): 청나라에서 17세기 초부터 설치한 씨족제에 입각한 군사와 행정제도를 지칭한다. 8가지 종류의 깃발, 즉 황색·백색·홍색·남색과 각 색에 선을 두른 것과 안 두른 것으로 식별해 편성한 데서 유래한 명칭이다. 이 제도하에 편재된 자를 기인(旗人)이라고 했다. (역자 주)

61 「上諭十六條」: "敦孝弟以重人倫。" (역자 주)

62 「上諭十六条」: "篤宗族以昭雍睦。" (역자 주)

63 『聖諭廣訓』: "修家譜以聯疏遠。" (역자 주)

체로 그 기능이 해당 시기의 사회, 정치, 경제와 밀접한 관계가 있고, 해당 시기 사회, 정치, 경제를 위해 이용되었으며 또한 중국 사회, 정치 및 경제가 발전함에 따라 그 기능도 계속 강화되었다.

중국 종법봉건사회에 뿌리를 내린 가보가 불가피하게 봉건주의 낙인이 찍혀 봉건적 폐단을 담게 되었다. 예를 들어 가보에 봉건적 전제주의(專制主義), 봉건적 윤리와 미신 사상을 선양했다. 또한 가보 편찬의 목적이 '존조(尊祖), 경종(敬宗), 수족(收族)'과 가족의 지위와 명성을 높이는 데에 있었다. 따라서 가보를 편찬할 때 불가피하게 과장하거나 사칭하는 일, 선조를 제왕이나 명인으로 속이는 폐단, 또한 선한 것은 널리 알리고 나쁜 것은 숨기는 일, 좋은 것만 쓰고 좋지 않았던 일은 기재하지 않는 일, 부형(父兄)의 이름을 피하는 폐단 등이 존재했다. 하지만 이러한 폐단 때문에 가보라는 역사·문화적 유산에 대해 허무주의적 태도를 취하고 무시하면 안 된다. 등소평(鄧小平)이 "반드시 마르크스주의에 근거하여 문화에 깃든 사상과 표현방식에 대해 분석하고 감별하고 비판해야 한다."[64]라고 했다. 강택민(江澤民)도 "파란만장한 역사를 지닌 우리 민족이 인류 발전사에 찬란한 중화문명을 창조하여 생명력이 강한 전통문화를 형성했다. 우리는 정수를 취하고, 찌꺼기를 버리도록 이 소중한 문화유산을 계승해야 한다."[65]라고 강조했다. 호금도(胡錦濤)도 중국 공산당 제17차 대표대회에서 "중화문화는 중화민족이 끊임없이 생장하고 단결하여 분투하도록 무궁무진한 원동력을 제공한다. 우리는 중국 전통문화를 전면적으로 인식해야 하고 이를 당대 사회에 잘 적용하고 현대 문명과 조화를 이루고 민족성과 시대성을 반영하도록 정수를 취하고 찌꺼기를 버려야 한다."라고 했다. 역사적 유물론 관점에 따라 가보에 대해 "분석하고 감별하고 비판하며" 자세히 정리하고 개발하고 연구하면, 또한 정수를 취하고, 찌꺼기를 버리고 새로운 관점에 따라 가보를 속수(續修)하면 가보라는 진귀한 역사문화 유산이 다양한 자료를 제공할 수 있다. 그리고 학술 문화 연구를 촉진하고 교화 기능을 강화하고 현대 문화 건설을 추진하며 혈통 뿌리를 찾아낼 수 있다. 더 나아가 조국 통일 대업을 완성하고 조화로운 사회를 구축하는 데 특별한 역할과 소중한 가치가 있다.

우선 문화적 가치이다. 현존하는 중국 가보 중에 몇몇은 희귀본이다. 예를 들어 최초의 서본(書本)가보인 『선원류보(仙源類譜)』가 송대(宋代)의 내부(內府) 초본으로 1,000여 년의 역사를 갖고 있다. 어떤 것은 명대(明代)의 판본이고, 어떤 것은 저명한 자의 비교

---

64 『鄧小平文選』 卷3, 人民出版社, 1997, 44쪽.

65 『江澤民論社會主義精神文明建設』, 中央文獻出版社, 1999, 228쪽.

본(批校本)이며 또 어떤 것은 초본으로 문화재적 가치를 지닌다. 『중국고적선본서목(中國古籍善本書目)』의 통계에 의하면 선본(善本)으로 인정받은 가보가 746종에 달한다고 하나, 실제로 이 숫자보다 훨씬 많을 것이다. 이들은 국보급 문화재이다. 비서본가보인 갑골(甲骨)가보, 청동(靑銅)가보, 비보(碑譜), 탑보(塔譜) 및 포보(布譜) 등은 더욱 귀한 가치를 지니고 있다. 한 가지 더 짚고 넘어가야 할 것은 중국 가보는 종류가 다양할 뿐만 아니라 양도 방대하다는 것이다. 최근에 편찬 완성된 『중국가보총목(中國家譜總目)』에 따르면 전 세계에 흩어져 공공기관에 소장되거나 개인이 소장하고 있는 중국 가보가 대략 7만여 부에 달하고, 이 중에 중복된 것을 제외하면 총 5만 2,401부에 이른다고 한다. 그러나 이 숫자는 통계적인 수치이며 실제로 존재하는 가보의 양은 이 숫자를 훨씬 뛰어넘을 것이다. 이와 같은 종류가 다양하고 양이 많은 중국 가보는 극히 귀중한 중화역사문화의 유산이다. 과거에 좌경(左傾)의 영향으로 인한 여러 차례의 정치적 운동, 특히 문화대혁명 10년간 많은 귀한 가보들이 소각되었다. 도서관이나 당안관(檔案館)과 같은 기구에 소장된 가보들이 구석에 쌓여 벌레에게 먹히고 먼지투성이가 되거나 썩어서 복구가 불가능한 손상을 입었다. 이는 역사문화의 유산을 비판하고 계승하는 방침이나 정책에 완전히 반하는 것이다. 중국 공산당 제11차 삼중전회(三中全會) 이후, 좌파사상이 제거되고 어지러운 세상을 바로잡자 중요한 문화재적 가치를 지니고 있는 가보가 재평가되었다. 유구한 역사와 방대한 규모와 중요한 문화재적 가치를 지닌 가보는 중국 문화유산의 중요한 부분을 차지한다. 가보에 대한 인식을 한층 더 높이고 그와 관련된 자료 정리 및 연구 활동을 더욱 활발히 전개함으로써 이 진귀한 역사문화 유산을 계승하고 중국인의 정신을 발양하도록 해야 한다.

둘째는 자료가치이다. 20세기 초에 저명한 사학자인 고힐강(顧頡剛)이 "중국 사료가 전 세계에 비할 바가 없이 풍부했다. 하지만 역대에 걸쳐 인정을 받았던 관찬의 정사(正史)가 여러 이유로 인해 '정확한 역사'라고 할 수 없다. 따라서 청년들이 역사학을 연구할 때 이십오사(二十五史) 외의 방대한 자료를 발굴하고 그중의 정수를 활용하면 전례 없는 성과를 이룰 것이다. 오늘날 중국 역사학 분야에서 아직 개발하지 않는 두 개의 금맥이 있는데 그것이 바로 지방지(地方志)와 족보이다. 이 두 분야는 항상 소홀히 다루어지는 분야이지만 사실상 이들 속에 가치가 높은 자료들이 무궁무진하게 잠재해 있다. 이러한 자료들이 '정사'에 다 기록될 수 없어 널리 알려지지 않았다."[66]라고 했다. 저명한 사학자인

66 林其錟, 「家譜功能的歷史嬗變與現代價値」, 『中華譜牒硏究』, 上海科技文獻出版社, 2000.

양계초(梁啓超)가 이르길 “족보는 중요한 역사 자료 중의 하나이다. (중략) 예를 들어 가족 제도와 조직 방법, 각 시대 각 지방 혼인 평균 연령, 평균 수명, 부모양계 유전, 남녀 출산 비율, 출생률과 사망률의 비교 등 많은 문제들에 대해 족보와 가보 외에 기타 참고할 만한 자료가 없을 것이다.”[67]라고 했다. 사실은 이렇다. 가보에 기록된 내용이 아주 광범위하다. 해당 가족의 역사 연혁(沿革), 세계(世系)의 번창, 거주지 변천, 인구 이동, 산천 명성, 가족 자산과 유명한 사적, 과거 사환(仕宦), 전기예문(傳記藝文), 혼상사전(婚喪祀典), 가규(家規) 및 가법(家法) 등이 모두 자세하거나 간략하게 기록되어 있다. 이러한 다양하고 풍부한 족보 자료는 역사학, 경제학, 사회학, 민속학, 민족학, 종교학, 인류학, 인구학, 교육학, 윤리학, 방지학(方志學), 유전학 등의 많은 사회역사 연구 귀중한 문헌 보고(寶庫)가 될 것이다. 이 중에 특히 대량의 1차 자료들과 이러한 자료에 의해 산출된 데이터들은 기타 어떤 자료로도 대체할 수 없는 가치를 갖고 있다. 이러한 자료를 근거로 사학자들의 이론을 입증할 수 있고 역사적 사실의 오류를 수정할 수 있고 역사적 현안을 해결할 수 있으며 정사(正史)의 부족한 부분을 보완할 수 있다. 2010년 상해(上海)에서 세계 엑스포 박람회 개최를 신청할 때 중국이 엑스포와 처음 인연을 맺은 시기가 1867년이라고 주장했다. 이러한 주장은 바로 근대 사상가로 오현(吳縣)[68] 출신인 문인 왕도(王韜)가 파리에서 개최되었던 엑스포에 참관할 때 쓴 『만유수록(漫遊隨錄): 박물대관(博物大觀)』이라는 글에 근거한 것이었다. 하지만 나중에 광서(光緒) 10년(1884)에 편찬된 『(광동중산)북령서씨종보((廣東中山)北嶺徐氏宗譜)』에서 서씨(徐氏) 선조인 서영촌(徐榮村)이 1851년 처음으로 개최된 런던 제1차 엑스포에 ‘영기호사(榮記湖絲)’를 전시하고 금상과 은상을 수상한 과정을 대한 상세한 기록이 발견되었다. 중국이 엑스포와 최초로 연계된 시기가 16년이나 앞당겨진 것이다. 이는 중국 가보가 중요한 자료 가치가 있다는 좋은 예이다.

셋째는 도덕적 가치이다. 가보들에는 보통 ‘가훈(家訓)’, ‘족규(族規)’, ‘가법(家法)’ 등 내용이 다 들어 있다. 비록 이 중에는 ‘군신부자(君臣父子)’, ‘삼종사덕(三從四德)’[69]이라는 봉건적 사상이 포함되어 있지만 오늘날 강력하게 주창하고 있는 윤리도덕 규범 등도 역

67 梁啟超, 「清代學者整理舊學之總成績」 3, 『中國近三百年學術史』 卷15, 復旦大學出版社, 1985, 480쪽.

68 오현(吳縣): 강소성(江蘇省) 소주시(蘇州市)의 현(縣)을 지칭했는데, 2000년에 폐지되었다. (역자 주)

69 삼종사덕(三從四德): 고대 중국에서 여성에게 부권(父權)과 부권(夫權)을 강조하기 위해 만든 사회규범을 말한다. ‘삼종(三從)’은 『예기·상복·자하전(禮記·喪服·子夏傳)』에 따르면 “출가 이전에는 부친을 따르고, 출가해서는 남편을 따르며, 남편이 사망한 후에는 아들을 따른다.(未嫁從父, 既嫁從夫, 夫死從子)”라고 했다. ‘사덕(四德)’이란 『주례·천관·구빈(周禮·天官·九賓)』에서 ‘부덕(婦德)·부언(婦言)·부용(婦容)·부공(婦功)’이라 했다. 즉 결혼한 여성에 대한 품행, 언어, 용모, 솜씨를 강조한 것으로 원래 궁궐 여성의 교육에서 시작했다고 한다. (역자 주)

시 많이 담겨져 있다. 예를 들어 어른을 공경하기, 부모를 섬기기, 형제간에 우애 있게 지내기, 스승을 존경하기, 이웃과 화목하게 지내기, 소박한 것을 추구하기, 고아와 과부를 불쌍히 여기기, 음란한 일을 하지 말기, 도박을 금지하기 등의 도덕규범들뿐만 아니라 많은 지사들의 백성과 나라를 염려하는 애국주의 정신, 자강불식의 분투 정신, 진리 추구 정신 등이 가보에 실려 있다. 옛날 가보 속에 들어 있는 많은 가규와 가법 내용에 중화민족이 수천 년에 걸쳐 이룩한 전통 미덕이 깃들어 있어 현대적 문명건설에도 효과적인 역할을 할 것이다. 2009년 4월 18일 보아오(博鰲) 아시아 포럼에서 온가보(溫家寶) 총리가 대만의 양안공동시장(兩岸共同市場)재단 최고 고문인 전복(錢復) 일행을 만났을 때 『전씨가훈(錢氏家訓)』을 언급했다. 온가보 총리는 "내가 항주(杭州) 전왕사(錢王祠)에 『전씨가훈』이 있다는 것을 잘 알고 있습니다. 가훈에 '한 사람에게 이익이 되는 것을 도모하지 말고 천하에 이익이 되는 것을 도모하라.'[70]라는 말이 있습니다. 이는 손중산(孫中山)이 늘 인용했던 '큰 도가 행해지면 천하가 모두 공평무사하게 된다.'[71]는 도리가 통합니다."라고 했다. 전복이 온가보 총리의 말에 크게 감동했다. 전통 윤리와 현대 문명이 대립하면서도 조화를 이룬다. 현대 문명 건설은 전통적 문화를 기초로 삼아야 하고 전통 문화 역시 새 시대의 요구를 맞춰야 생명력을 갖게 될 것이다. 오늘날 우리는 정신문명과 국민도덕 건설을 강화하고자 하는데 사회주의 도덕을 아무런 근거 없이 건설하는 것이 아니다. 「공민도덕건설실시강요(公民道德建設實施綱要)」에서 이르길 "중국이 수천 년에 걸쳐 이룩한 전통 미덕을 계승해야 한다."라고 했다. 이는 바로 중국의 전통적 미덕, 특히 가보에 담겨진 중국의 전통 미덕을 도덕의 구성 요소, 즉 직업윤리, 가정 미덕 및 사회 공중도덕의 구성 내용으로 발전하도록 흡수하고 개조해야 한다는 것이다.

넷째는 뿌리를 찾는 가치이다. 가족연원과 세계표(世系表)는 가보에 있어 가장 중요한 내용이다. 가보는 보통 시조(始祖)나 시천조(始遷祖)로부터 가보 편찬 당시의 구성원까지 세대 선후에 따라 구성원 이름, 자호, 출생월일, 배우자, 외가 및 무덤 위치 등의 정보를 상세하게 기록한다. 한 방(房)이 다 끝나고 나서야 다른 방 기록을 시작할 수 있다. 따라서 가보의 편폭이 많지만 가족 구성원의 장유순서를 한눈에 파악할 수 있고 종가와 방계의 질서가 정연하다. 이는 현대인들이 자기의 뿌리를 찾아내는 데 중요한 자료가 된다. 그리고 이러한 정보는 오직 가보만이 제공할 수 있다. 상해도서관(上海圖書館) 가보 열람실이 1996년부터 개방되면서 국내외 약 10만여 명의 독자들이 방문했고 약 5만여 건

70 『錢氏家訓』: "利在一身勿謀也, 利在天下必謀之。" (역자 주)

71 『禮記·禮運』: "大道之行也, 天下爲公。" (역자 주)

의 자문을 받았다. 이 중에 많은 사람들이 자기의 뿌리를 찾기 위해 가보를 보러 온 것이었다. 그들이 가보에서 자기의 조상과 관련된 정보를 찾게 될 때 그 기쁜 마음은 말로 표현할 수 없을 정도였다. 1997년 5월 4일 당시 국가 부주석인 영의인(榮毅仁)이 직접 상해 도서관에 방문해 『영씨가보(榮氏家譜)』를 찾아봤다. 그는 가보에서 자기의 이름을 찾아내고 무척 기뻐했다. 이것은 영의인 만년에 상해로 돌아갔을 때 가장 흐뭇하고 위안이 되는 일이었다. 자신의 뿌리를 찾고자 하는 마음은 해외 화교에서 더욱 잘 나타난다. 화교들은 대부분이 조국과 고향에 대해 깊은 정을 품고 있어 하루빨리 조국과 고향에 돌아가 자기의 뿌리를 찾아 조상을 섬기고 싶은 마음을 가졌다. 이른바 세계를 떠도는 꿈과 같은 세월, 타향살이를 하는 나그네의 마음이다. 해외에 살고 있는 화교들이 뿌리를 찾고자 하는 꿈이 오늘날 현실로 이루어졌다. 많은 화교들이 족보의 도움으로 자신의 뿌리를 찾고 혈연관계를 밝혀냈다. 1988년 4월 필리핀 대통령이었던 코라손 아키노(Corazon Aquino) 부인이 중국을 방문했을 때 제일 먼저 복건성(福建省) 장주시(漳州市) 홍점촌(鴻漸村)으로 갔다. 조상을 섬기고 허씨(許氏) 사당에 향을 피우면서 "나는 홍점촌의 딸이다."라고 했다. 이 일이 국내외의 많은 관심을 불러일으켰다. 아키노 부인의 혈통관계를 확정하는 데 『홍점허씨십팔세허연가보(鴻漸許氏十八世許淵家譜)』가 중요한 역할을 했다. 고향을 방문하고 오랜 친구를 만나고 조국을 방문하고 뿌리를 찾는 풍조가 시대의 흐름이 되었다. 중국은 강한 응집력과 향심력이 있다. 가보를 통한 뿌리 찾기는 국내외 화교들의 응집력과 향심력을 강화시키고 조국 통일 위업 달성을 하루라도 빨리 앞당길 수 있다는 데 중요한 의미를 갖고 있다.

다섯 번째는 문화가치이다. 광의적으로 말하면 문물, 자료, 도덕 및 뿌리를 찾는 활동을 모두 문화라고 할 수 있다. 여기서 역사문화 계승과 조화로운 문화 구축을 위한 가보의 역할에 대해 주로 논술하고자 한다. 주지한 바와 같이 중국이 5,000년의 역사를 갖고 있는 문명고국으로 정사(正史) 기술, 지방지(地方志) 편찬, 가보 편찬이 모두가 중국의 우수한 전통 문화이다. 세계적 문명 발원지들 중에 오로지 중국이 수천 년의 세월 속에서도 여전히 강한 생명력을 가지고 오늘날 세계적으로 중요한 영향력을 행사하고 있다. 이는 중국의 역사를 쓰고 지방지를 기록하고 가보를 편찬하는 우수한 전통 문화와 깊은 관계가 있다. 노신(魯迅)이 『예(禮)』에서 "중국은 가족을 기초로 한다."[72]라고 했다. 중국이 수천 년을 거쳐 여전히 강한 생명력을 보유할 수 있는 사회적 기초가 바로 가족이다.

---

72 『魯迅全集』 卷5, 人民文學出版社, 1973, 351쪽.

수많은 가족들이 가보 편찬과 속수(續修)를 통해 가족 세계(世系)를 계승하고 중국 5,000년 문명의 역사를 부단히 유지, 발전시킬 수 있는 튼튼한 사회적 기초를 마련해 주었다. 가정은 사회의 세포이다. 과거의 종법봉건사회나 오늘날 사회에 가정은 줄곧 사회의 가장 기본적 구성 요소이다. 가정의 화목, 안정과 번창이 사회 문명의 진보와 발전의 기초이다. 과거에 봉건적 사상의 지도하에 편찬된 가보가 해당 시기에 사회적 기초를 공고히 하는 역할을 했다면, 오늘날 새로운 가보를 편찬하는 활동은 중국의 오랜 전통 문화를 선양하는 것뿐만 아니라 참여자들로 하여금 가정을 더욱 사랑하게 하고, 고향을 더욱 사랑하게 하고, 나아가 조국을 더욱 사랑하게 하는 것을 촉진할 것이다. 빙심(冰心)이 1986년 6월 7일 고향의 『횡령사씨족보(横嶺謝氏族譜)』를 위해 지은 서문에서 "족보는 지난 세대를 계승하고 후세를 이어주는 가정 역사이다. 가정 역사에 대한 관심과 중요시하는 태도가 바로 조국을 사랑하고 인민을 사랑하는 출발점이다."라고 했다. 실천 결과에 의하면 많은 지역에서 가보 편찬 활동을 통해 중국 역사문화를 발양하고 민족 응집력과 자부심을 고양시키는 목적을 이루었다. 오늘날 사회주의 배경하에 전재되는 신 가보를 편찬하는 활동이 과거의 가보에 대한 계승, 변혁, 혁신이자 시대적 요구에 부응하여 민간에서 자발적으로 일어난 활동으로 조화로운 문화를 구축하는 역할을 담당하고 있다. 이러한 활동은 중국역사문화 함양, 양안 두 지역의 문화교류 촉진, 국민도덕 건설 추진, 나아가 조화로운 사회 구축에 적극적인 역할을 담당할 것이다.

경편(經編)

1
중국 가보의 기원

1. 모계씨족(母系氏族) 사회에서 기원한 중국의 가보

중국 가보가 기원했던 시기와 관련해 고금 학자의 주장은 대략 7가지가 있다.

1) 송대(宋代) 기원설

이 주장은 송(宋)나라 시기 저명한 문학가인 구양수(歐陽修)와 소순(蘇洵)의 영향에서 시작되었다. 구양수와 소순은 각기 『구양씨보도(歐陽氏譜圖)』와 『소씨족보(蘇氏族譜)』를 저술했다. 이 저서들 속에 나오는 오세도식(五世圖式)은 후세 사람에게 가장 창의적인 체례(體例)로 추존을 받았고, 후대에 이르러 가보 편찬의 기본 체례로 정착했다. 이후 사람들은 구양수와 소순을 중국 가보의 창시자로 여겼다. 송대 후기 민족영웅인 문천상(文天祥)은 "가보는 구양수에서 기원했고, 후대 이를 계승한 자가 수없이 많았다."[1]라고 했다. 또한 "구양수와 소순의 가보 체례가 출현하자마자 바로 만세(萬世)로 전승되어 모범이 되었다."[2]라고 했다. 아울러 "가보의 편찬은 구양수와 소순에서 시작했다."[3]라고 했다. 1979년 출판된 『사해(辭海)』는 가보에 대해 "오래전 성씨의 세계(世系)를 기록하고 중요한 인물과 사건을 기록한 보적(譜籍)으로 송대에서 기원했다."라고 기술했다.

---

1 「跋李氏譜」, 『古今圖書集成·氏族典·李姓部』.

2 『槐溪王氏之譜』, 咸豊 6年(1856).

3 『安徽黃山仙源杜氏家譜』, 光緒 21年(1895).

2) 한대(漢代) 기원설

이 관점을 주장하는 학자들은 주로 서한(西漢) 시기 저명한 사학자인 사마천(司馬遷)이 편찬한 『사기(史記)』 중의 '세가(世家)'를 중국 가보의 기원으로 파악했다. "가보의 편찬은 어디에서 기원한 것인가? 태사공(太史公)의 『사기』에서 기원했다."[4]라고 했다. 또한 "종족들은 가보가 있는데, 이는 어디에서 기원한 것인가? 혹자는 사마천의 『사기』 편찬에서 기원했다."[5]라고 했다. 또한 "가보의 편찬은 용문(龍門) 30세가에서 기원했다. (성씨의) 기원과 자손을 상세하게 수록했고, 가보의 혈연관계와 이름과 시호(謚號) 외에도 출생과 결혼, 사망과 인물의 행장(行狀)을 사실대로 기록했다."[6]라고 했다.

3) 주대(周代) 기원설

동한(東漢) 시기 환담(桓譚)은 『사기(史記)·삼대세표(三代世表)』를 언급하며 "방행과 종렬의 배열 체례인 주보(周譜)를 본뜬 것이다."라고 주장했다. 남조(南朝)의 보학자인 왕승유(王僧孺)는 황제의 명을 받고 『백가보(百家譜)』를 개수할 때, 가보 기원을 밝히고자 유묘(劉杳)와 논의한 적이 있었다. 이와 관련해서 『양서(梁書)·유묘전(劉杳傳)』에는 다음과 같이 언급이 되어 있다. 즉 "왕승유가 황제의 명을 받고 『백가보』를 편찬할 때, 유묘를 방문해 가보의 기원에 대해 문의했다. 이에 유묘는 대답하여 이르길 '환담(桓譚)의 주장에 따르면 『태사삼대세표(太史三代世表)』에서 사용한 방행과 종렬의 배열 형식은 주보를 본뜬 것이다. 이를 통해 보건대 가보 기원은 주대(周代)부터 시작된 것이다.'라고 했다." 계속해서 당대(唐代)의 사학가인 유지기(劉知幾) 역시 『사통(史通)』에서 "가보라는 명칭은 주대부터 시작했다."[7]라고 주장했다. 이상과 같은 저명한 학자의 주장은 후대뿐만 아니라 당대(當代)에 이르러서도 보첩(譜牒)을 연구하는 사람에게 적지 않은 영향을 주었다. 그리하여 함풍(咸豐) 6년(1856)에 저술된 『괴계왕씨지보(槐溪王氏支譜)』의 「보학의 원류고찰(譜學源流考)」이란 장절(章節)에서 "가보의 기원은 어느 시기에서 기원한 것일까? 주대의 소사(小史)[8]가 세계(世系)를 보첩에 수록해 제사를 지냄에 소목(昭穆)의 분별을 위해 세본(世本)

---

4 『九江陶氏家譜』, 皇慶 2年(1313).

5 (明)任大治, 「儲氏家譜序」, 『古今圖書集成·氏族典·儲姓部』.

6 『蕭邑孔氏家譜』, 1918.

7 劉知幾, 『史通·表歷』: "譜之建名, 始自周代。" (역자 주)

8 소사(小史): 중국 고대 예관(禮官)의 하나로 『주례(周禮)·춘관(春官)』에 의하면 종백(宗伯)에 소속, 담당한 주된 직무에 대해서는 "왕과 제후국의 역사기록을 관장하고 제계(帝系)와 세본을 편찬해서 소목(昭穆)의 순서를 분별했다. 만약 왕에게 종묘와 제사에 관한 일이 생기면 선왕의 기일(忌日)과 명휘(名諱)에 관해 답변했다. 큰 제사를 거행할 때 (대사가) 예법을 낭독하면 소사는 이를 기록하고 소목에 따라 조궤(俎簋)를 순서대

의 기록이 생겨난 것이다."라고 분명하게 지적했다. 『괴계왕씨지보』의 편자는 고증을 통해 보학(譜學)의 기원은 주대에서 비롯되었다고 했다. 1929년 반광단(潘光旦)도 「중국가보학약사(中國家譜學略史)」에서 이런 관점을 피력했다. 1944년 양전순(楊殿珣)은 「중국가보통론(中國家譜通論)」에서 "중국의 보학은 주대 말기로부터 기원된 것이다."라고 주장했다. 1969년에 창피득(昌彼得)의 『대만공장족보해제(臺灣公藏族譜解題)』, 1971년에는 나향림(羅香林)의 『중국족보연구(中國族譜研究)』, 1980년에 양정복(楊廷福)의 『중국보첩학의 원류(中國譜牒學的源流)』 및 1984년에 창수량(倉修良)이 발표한 「계보학의 발전 및 그 문헌 가치에 대한 논의(試論譜學的發展及其文獻價值)」 등은 모두 "보첩은 주대로부터 시작했다."라는 관점을 견지했다. 최근 출판된 『중국성명문화(中國姓名文化)』, 『족보문헌학(族譜文獻學)』 등 저작도 이런 주장을 계승했다. 그리하여 '보학의 주대 기원설'은 현재 보첩학에서 가장 보편적인 관점으로 받아들여지고 있다.

4) 은상(殷商) 기원설

이런 논점을 주장하는 학자는 대다수 갑골문(甲骨文)을 연구하는 전문가인데, 주로 곽말약(郭沫若), 진몽가(陳夢家), 우성오(于省吾) 등이 이에 속한다. 이들은 은상시기 갑골문에는 이미 가족의 세계라는 용어가 등장했고, 이것은 이미 "보첩의 형식이 시작되었다."[9]라고 했다.

5) 하대(夏代) 기원설

이런 주장을 하는 대표적인 학자는 주로 구양종서(歐陽宗書)이다. 그는 『중국가보(中國家譜)』에서 이르길 "원시적 개념에 근거하면 가보란 동일 혈연관계 집단의 세계를 배열하는 것이고, 한 가족의 가장 단순한 가보라고 보면 관련 기록은 하(夏)나라 시기부터 이미 존재했을 것이다."라고 언급했다. 이에 대해 유광록(劉光祿)도 『보첩술약(譜牒述略)』에서 구양종서의 주장에 동의했다.

6) 부계씨족(父系氏族) 기원설

이 주장은 서북대학(西北大學) 역사학과 교수인 진직(陳直)이 「남북조 보첩형식의 발견과 탐색(南北朝譜牒形式的發現和索隱)」의 서두에서 제기했다. 그는 "보첩(譜牒)의 기원은 마땅히

로 배열했다."고 했다. (역자 주)

9 歐陽宗書, 『中國家譜』, 新華出版社, 1992, 53쪽.

부계씨족(父系氏族)이 형성된 이후에 등장한 것이다."[10]라고 했다.

7) 모계씨족(母系氏族) 기원설

이는 양동전(楊冬荃)이 『중국 가보기원의 연구(中國家譜起源研究)』라는 저술에서 가장 먼저 제기했다. 그는 갑골문(甲骨文)과 금문(金文) 외에도 중국의 민족학, 민속학 관련 자료까지 폭넓게 참고하면서 문자형식의 가보가 출현하기 이전에 등장했던 원시가보의 여러 형태를 나열했다. 이를 통해 "중국 가보의 기원은 주대(周代)보다 더욱 이전에 발생했다. (중략) 이는 모계씨족 시대의 산물이다."[11]라는 결론을 도출했다. 이를 계승해 여소용(黎小龍)은 「민족학 자료에 보이는 가보의 기원(從民族學資料看家譜的起源)」에서 양동전의 관점을 한층 심도 있게 다루었다. 그는 가보의 기원을 가족과 가정이 등장한 이후에 출현했다는 기본적인 개념에서 출발했다. 즉 "가족 보계(譜系)의 등장은 가족이 기원한 이후인 모계씨족 후기에 나타났고, 이것은 가족과 가정의 혈연관계의 반영인 동시에 가보의 기원이기도 하다."[12]라고 주장했다.

이상의 기술과 같이 중국 가보의 기원에 관한 7가지 주장은 모두 타당한 설득력을 갖고 있다. 반면에 기원과 관련해 서로 다른 차이점을 보이고 있고, 그 중요한 원인 중에 하나가 바로 "무엇이 가보인가?"라는 점이다. 이를 두고 학자마다 서로 다른 견해를 보였다. 이에 대해 앞서 기술한 "가보란 무엇인가?"라는 장절(章節)에서 여러 가보의 정의와 관련해 이미 논의한 바가 있다. 가보란 "혈연집단의 세계(世系)를 기록한 매체"라고 파악했는데, 이는 비교적 정확한 정의라고 본다. 가보를 "혈연집단 세계를 기록한 매체"라고 파악한 이상 그 기원이란 반드시 인류의 혈연집단 형성과정과 긴밀한 관계를 맺을 수밖에 없다.

인류는 발생 초기 군혼(群婚)이란 잡거(雜居) 방식을 통해 복잡한 성관계를 맺으며 집단을 형성했다. 이 시기에 특정한 동일 씨족 혈연집단은 아직 형성되지 않았기 때문에 가보는 출현할 수 없었다. 이후 시간이 흐른 뒤 부모와 자녀 사이, 형제와 자매 사이, 심지어 모친의 모든 방계 친족 사이에도 혼인관계가 점차 금지되었다. 이로 인해 인류는 점차 혈연관계를 기초로 한 씨족사회에 진입하게 되었다. 동일한 선조를 가진 후대인은 함께 생활하고 공동생산을 통해 공동으로 분배했고, 공동으로 재산을 상속하고, 공동으

---

10 『西北大學學報』(第3期), 1980.

11 『譜牒學研究』(第1輯), 書目文獻出版社, 1989, 54쪽.

12 『譜牒學研究』(第3輯), 書目文獻出版社, 1993, 26쪽.

로 제사를 지냈고, 씨족의 단결을 통해 외적을 물리치고, 죽은 후에도 같은 묘지에 매장했다. 이런 일련의 과정을 통해 특정한 동일 혈연씨족 집단이 형성되기 시작했다. 씨족의 형성과 관련해 여성지(呂誠之)는 『중국종족제도소사(中國宗族制度小史)』에서 "군혼의 성관계로 형성된 거대 집단이 왜 여러 개의 소집단으로 분화되는 것일까? 이것은 혈통의 전승이란 계통(系統)에서 시작한다. 즉 사람이 사랑으로 짝을 이루며 타인과 관계를 맺는 행위는 비교적 후대에 시작된 것이고, 무엇보다도 모친의 자녀 양육이 먼저 선행되었다. 모친의 자녀 양육이 없었다면 인간의 생존이란 불가능했고 이 사실은 동물도 모두 아는 이치이다. 이런 점에서 보면 동물의 새끼 양육이란 순전히 본능에 속한 것이다. 그렇기 때문에 어린 새끼는 시간이 지나 스스로 생존할 수 있게 되면 어미를 잊고, 어미 역시 더 이상 자신의 자녀를 돌보지 않는다. 반면에 인간은 인식의 수준이 높아지면서 기억하는 능력도 강해졌다. 자녀가 성장한 후에도 자효(慈孝)의 마음은 여전히 보존했고, 그리하여 사람은 사랑으로 짝을 맺으며 비로소 자신을 낳아 준 모친을 인식하게 되었다. 모친의 인식이란 이렇게 나와 동일한 사람이 있다는 것을 알게 했다. 이런 방식을 통해 다시 모친의 모친을 인식하게 되었고, 또한 모친과 같은 관계에 있는 사람의 존재에 대해서도 알게 되었다. 친족 관계란 아마도 여기에서 기원했을 것이다. (중략) 모계시대에 사람들은 집거하면서 모친을 따랐다. 반면에 남성은 이성(異姓)을 배우자로 삼으며 처족(妻族)과 거주했지만, 신분만은 여전히 모계에 속했다. 하지만 낳은 자녀는 처족에 속했다. (중략) 사람들의 인식 속에 혈연적 서열관계가 확립되면서 초기에는 모친을, 후기에는 부친을 따르게 되었다."라고 그 변화 과정을 비교적 생동감 있게 기술했다.[13] 이상과 같이 인류의 혈연관계는 "혈연관계 시작의 인식"과 "처음에는 모친을, 후에는 부친을 따랐다."라고 요약할 수 있다. 다시 말해 인류의 혈연관계는 모계씨족 사회에서 시작했다는 것이다.

이는 엥겔스가 언급한 바와 같이 "씨족은 혈연을 기초로 자연적으로 형성된 인류 사회의 원시적인 형태이다."[14]라는 것과 같은 주장이다. 또한 엥겔스는 "이러한 모권제(母權制)가 만든 씨족은 이후 부권(父權)의 씨족, 즉 그리스와 로마시대와 같은 문명된 민족들 가운데서 볼 수 있는 씨족으로 변화하는데, 이런 씨족은 인류 사회의 발전 과정에서 등장한 최초의 형태이다."[15]라고 했다.

---

13 呂誠之, 『中國宗族制度小史』, 龍虎書店, 1935, 1~3쪽.

14 『馬恩全集(마르크스·엥겔스 전집)』 권3, 300쪽.

15 馬克思(프리드리히 엥겔스), 『摩爾根〈古代社會〉一書摘要(가족·사유재산·국가의 기원)』, 人民出版社, 1965, 15~16쪽.

원시 사회에서 등장한 모계씨족과 부계씨족(父系氏族)은 모두 혈연관계를 매개로 결합해 형성된 가족이다. 모계씨족 사회는 여성을 중심으로 삼고, 씨족장(氏族長)은 보통 여성이 담당했으며, 자녀는 모친을 따라서 모친의 소유로 귀속되었다. 그리고 모계씨족 사회에서는 모계를 근거로 세계(世系)를 계산했으며, 남성은 씨족에서 일상적으로 거주하는 대상은 아니었고, 여성만이 안정적인 구성원이 되었다. 또한 전체 씨족의 구성원은 모두 동일한 조모(祖母)를 갖는 자손이었다. 하지만 그 후 생산력이 발전함에 따라 "유목은 물과 초목을 따라 이동해야 했고, 농경은 토지를 경작해야 했다. 인류는 이합집산을 거듭하는 과정에서 여성은 점차 남성에게 소속되었다."[16]라고 했다. 남성은 노동생산에서 점차 주도적인 핵심 지위를 차지하면서 모계씨족 사회는 점차 부계씨족 사회로 변화했다. 이때 씨족은 남성이 중심이 되었고, 씨족장은 남성이 담당했다. 여성은 본가(本家)를 떠나 출가를 했으며, 처(妻)는 남편을 따라 거주했고, 자녀 역시 부친의 소유가 되었다. 아울러 부계를 근거로 세계를 계산했고, 씨족의 자녀는 모두 남성을 조상으로 삼는 자손이 되었다.

원시 씨족사회는 이미 혈연집단을 형성하면서, 세계(世系)의 계산과 항렬의 선후 등은 '혈연 집단의 세계를 기록하는 매체'가 등장할 수 있는 단초를 제공했다. 이렇게 본다면 중국 가보의 기원은 마땅히 원시 모계씨족 사회에서 시작된 것으로 파악해야 하지 않을까?

고인류학과 사회학의 연구는 중국 가보의 기원을 모계씨족 사회에서 시작된 것으로 파악했다. 이를 증거로 제시한 것이 구전가보와 결승가보인데, 구전가보는 결승가보에 비해서 상대적으로 한층 원시적 형태의 가보에 속한다.

2. 구전(口傳)가보

중국의 고대 문헌에는 문자가 출현하기 이전 시대의 가족 세계를 수록했다. 『제왕세기(帝王世紀)』에는 원고(遠古)시기 풍성(風姓)의 포희씨(包犧氏)의 가보를 수록했다. "대호제(大皞帝)인 포희씨의 성(姓)은 풍(風)이다. (중략) 포희씨 죽은 후에 여와씨(女媧氏)가 그 뒤를 이어 여황으로 등극함에 여와씨도 성이 풍이었다. 여와씨 이후에 순서로 대정씨(大庭

16 呂誠之, 『中國宗族制度小史』, 龍虎書店, 1935, 4쪽.

氏), 백황씨(柏黃氏), 중앙씨(中央氏), 율육씨(栗陸氏), 여연씨(驪連氏), 혁서씨(赫胥氏), 존로씨(尊盧氏), 혼돈씨(混沌氏), 호영씨(皞英氏), 유소씨(有巢氏), 주양씨(朱襄氏), 갈천씨(葛天氏), 음강씨(陰康氏), 무회씨(無懷氏) 등의 15세대는 모두 포희씨의 호(號)를 계승했다."[17]라고 했다. 『산해경(山海經)』 권18 「해내경(海內經)」에서는 강성(姜姓)인 염제(炎帝) 신농씨(神農氏)의 가보를 수록했다. 이르길 "염제의 부인은 적수족(赤水族)의 여인인 청요(聽訞)로 그녀는 염거(炎居)를 낳고, 염거는 절병(節幷)을 낳고, 절병이 희기(戲器)를 낳고, 희기가 축융(祝融)을 낳았다. 축융이 강수(江水)로 쫓겨나 거주하면서 공공(共工)을 낳고, 공공이 술기(術器)를 낳았다. (중략) 공공이 후토(后土)를 낳고, 후토가 열명(噎鳴)을 낳았다."[18]라고 했다. 계속해서 『산해경』 권18 「해내경」은 제준(帝俊)의 가보도 수록했다. 이르길 "제준이 우호(禺號)를 낳고, 우호가 음양(淫梁)을 낳고, 음양이 번우(番禺)를 낳았고, 번우가 배를 발명했다. 번우는 해중(奚仲)을 낳고, 해중은 길광(吉光)을 낳고, 길광은 처음으로 나무로 수레를 만들었다."[19]라고 했다.

이상과 같은 문헌 기록은 처음에는 세대를 이어 구술(口述)의 형식으로 전승된 구전 가보이고, 이후 문자로 기록된 것이다. 위에서 기술한 신농씨의 가보와 제준의 가보는 모두 두 사람 이상의 이름을 잇달아 기록한 연명(連名) 형식의 가보이다. 연명가보는 선대 이름의 끝 음절이나 끝에서 두 번째, 혹은 세 번째 음절을 후대 이름 앞에 두는 형식을 취했다. 예를 들면 "염거가 절병을 낳고, 절병이 희기를 낳고, 희기가 축융을 낳았다." 등의 방식이다. 이와 같은 연명 형식은 당(唐)나라의 유명한 시인인 이백(李白)이 「백운가로 유십육[20]이 초산으로 돌아가는 것을 송별함(白雲歌送別劉十六歸山)」이란 시의 연구(連句)에서 이르길 "초산(楚山)과 진산(秦山)[21]에는 모두 백운(白雲)이 있고, 백운은 도처에서 군(君)을 따른다. 오래도록 군을 따르고, 군이 초산으로 가니(중략)"[22]와 같은 연구 형식은

---

17 『帝王世紀』: "大皞帝包犧氏, 風姓也。(中略) 包犧氏沒, 女媧氏代立爲女皇, 亦風姓也。女媧氏沒, 次有大庭氏、柏黃氏、中央氏、栗陸氏、驪連氏、赫胥氏、尊盧氏、混沌氏、皞英氏、有巢氏、朱襄氏、葛天氏、陰康氏、無懷氏, 凡十五世, 皆襲包犧氏之號也。"

18 『山海經』 卷18 「海內經」: "炎帝之妻、赤水之子聽訞生炎居, 炎居生節並, 節並生戲器, 戲器生祝融。祝融降處江水, 生共工, 共工生術器。(中略) 共工生后土, 后土生噎鳴。"

19 『山海經』 卷18 「海內經」: "帝俊生禺號, 禺號生淫梁, 淫梁生番禺, 是爲舟; 番禺生奚仲, 奚仲生吉光, 吉光是始以木爲車。"

20 유십육(劉十六): 이백의 교우로 이름은 불명하다. 여기서 십육(十六)이란 가족 중에 형제와 장유의 항렬을 지칭하는 숫자이다. 당(唐)나라 시기 이런 항렬의 숫자로 종종 사람을 호칭했다. (역자 주)

21 초산(楚山)·진산(秦山): 초산은 현재 호남(湖南) 지역을 지칭하고, 이곳은 선진시기 초(楚)나라의 영토였고, 진산은 당(唐)나라의 수도인 장안(長安)을 지칭하고, 이곳은 원래 진(秦)의 땅이었다. (역자 주)

22 李白, 『白雲歌送別劉十六歸山』: "楚山秦山皆白雲, 白雲處處常隨君, 長隨君, 君入楚山裏 (中略)。"

기억과 암송 및 전파에 용이했다.

중국 원고(遠古)시기 사람들이 전승한 구전(口傳)가보의 풍속은 일부 소수민족 중에서 매우 분명하게 보존되었다.

몽골인은 문자가 있기 전부터 "세계(世系)와 관련한 사건을 구전 방식으로 전승하는 풍속이 있었다. 14세기 몽골의 역사 저술인 『사집(史集)』에는 고대 몽골인의 구전가보의 풍속이 수록되어 있다. 『사집』에는 "몽골인은 선조의 계보(系譜)를 보존하고 출생한 아이에게 계보를 교육하는 풍속이 있다. 이렇게 하여 이들은 계보와 관련된 이야기를 씨족의 재산으로 보았고, 그들 중에는 자신의 부락과 기원에 대해 모르는 자가 전혀 없었다." 라 했다. 몽골 문자가 만들어진 지 불과 수십 년밖에 지나지 않아 저술된 『몽골비사(蒙古秘史)』에는 직접 칭기즈칸 이전의 20여 세대의 세계가 기술되어 있다. 거기에 "원래 원조(元朝)의 조상은 푸른 잿빛의 늑대인데 흰 사슴과 교배를 했다. (중략) 후에 바타치칸이라는 아이를 낳았다. 바타치칸의 아들은 타마차이고, 타마차의 아들은 코리차르 메르겐이고, 코리차르 메르겐의 아들은 아오잠 보코룰이며, 아오잠 보코룰의 아들은 살리 카차오이고, 살리 카차오의 아들은 예케니툰이고, 예케니툰의 아들은 셈소치이고, 셈소치의 아들이 카르초이고, 카르초의 아들이 보르지기다이 메르겐이다. (중략) 보르지기다이 메르겐의 아들이 토로골진 바얀이다. (중략) 토로골진 바얀은 아들 두 명을 낳았는데 도와 소코르 소경과 도와 소코르이다. (중략) 도와 소코르가 죽은 후 그의 아내인 알란 코아는 보고 카타키·보카토 살지·보돈차르 아들 3명을 낳았다. (중략) 보돈차르는 다시 부인을 맞이하여 낳은 아들이 바가투르 하비츠이다. (중략) 하비츠가 낳은 아들은 메넨 투둔이고, 메넨 투둔은 아들 7명을 낳으니 그중 하나가 하치 훌루그이다. (중략) 하치 훌루그의 아들은 카이두이다. (중략) 카이두는 아들 3명을 낳았는데 그중 하나가 바이신호르 독신이다. (중략) 바이신호르 독신은 툼비나이 세트센을 낳았다. (중략) 툼비나이 세트센은 두 명의 아들을 낳았는데 그중 하나가 카불 칸이다. (중략) 카불 칸은 아들 7명을 낳았는데 그중에 하나가 오힌바르하그와 바르킨 바아토르이다. (중략) 바르킨 바아토르는 아들 4명을 낳았는데, 그중 하나가 예수게이 바가토르이다. (중략) 이때 예수게이 바가토르의 아내인 후엘룬은 오논의 강변에 있는 델리운 볼닥의 산기슭에서 임신하여 태조(太祖)를 낳았다. (중략) 그리하여 이름을 테무친이라고 했다."라고 했다. 몽골인은 문자가 없는 상황에서 이렇게 연속되는 23대의 600~700년에 이르는 가족의 가보를 암송했다. 이를 보면 구전가보가 고대 몽골인 사이에서 얼마나 유행했었는지를 알 수 있다.[23]

---

23 『蒙古秘史校勘本』, 內蒙古人民出版社, 1980, 913~930쪽.

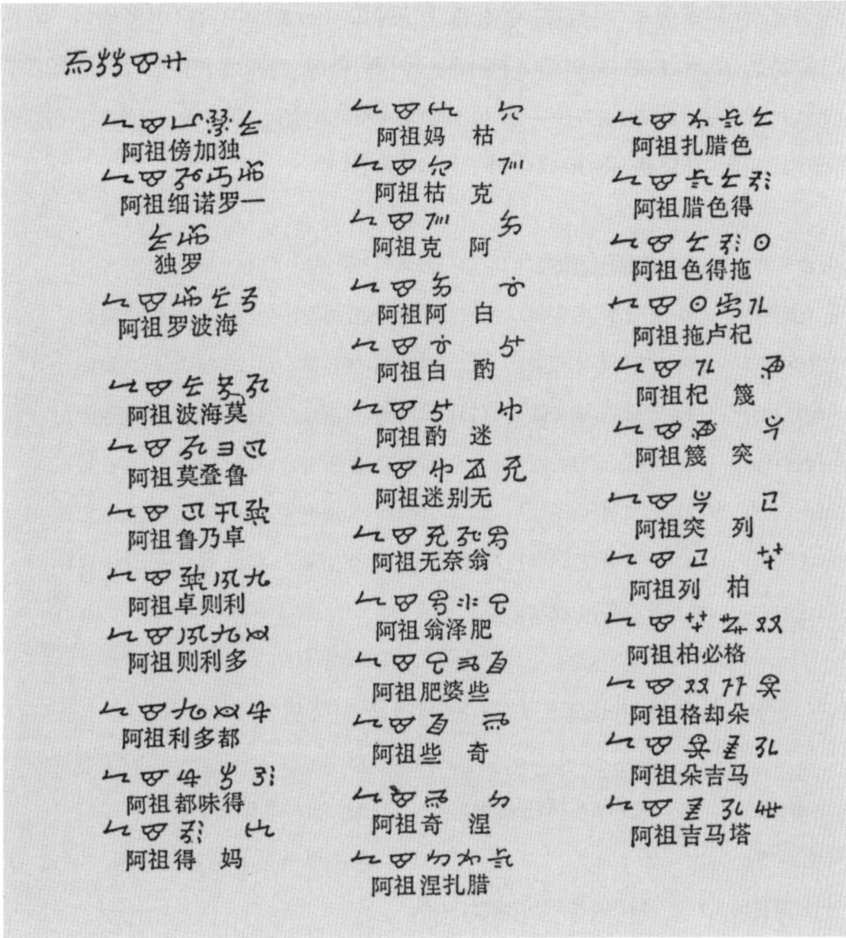

<경편 그림 1-1>
이족(彝族)의 구전연명(口傳連名)가보

유요한(劉堯漢)은 1953년에 운남(雲南) 애뇌산(哀牢山)에서 이족(彝族)사회를 조사했다. 그 과정에서 청대(淸代) 하정인(夏正寅)이 저술한 『애뇌이웅열전(哀牢夷雄列傳)』 속에서 이족 출신 몽씨(蒙氏)의 가보 3개를 발견했는데, 이문(彝文)으로 구전된 연명(連名) 형식의 가보였다.

그중 하나가 연명으로 기록된 장흥계(張興癸)라는 구전가보이다. 이 가보의 원본은 이문으로 기록된 것으로 하정인이 한문(漢文)으로 번역했다. 이를 대조하면 그 내용은 〈경편 그림 1-1〉과 같다.

이상과 같이 기록된 세계(世系)는 모두 36세대이다.

중국 서남지역의 많은 소수민족은 자신의 문자를 갖지 못했다. 기억을 통해 전승되는 구전가보는 이런 민족들 사이에서 출현했다. 1921년 정문강(丁文江)은 운남(雲南)과 귀주(貴州)에서 지질조사를 하면서 자료를 수집해 『안씨세기(安氏世紀)』를 편찬했다. 이는 이족(彝族)이 거주하는 수서(水西) 지역에 거주하는 이족 출신 안씨(安氏) 토사(土司)의 구전가보를 기록했다. 수록된 가계(家系)는 총 114세대까지 달했고, 내용은 전후로 구성되었으며, 전반부는 초기의 가보로 총 30세대까지를 기록했다.

(1) 희모차(希母遮) (2) 차도공(遮道公) (3) 공죽시(公竹詩) (4) 시아립(詩亞立)
(5) 입아명(立亞明) (6) 명장부(明長夫) (7) 장부작(長夫作) (8) 작아절(作阿切)
(9) 절아종(切亞宗) (10) 종아의(宗亞儀) (11) 의아제(儀亞祭) (12) 제박능(祭迫能)
(13) 박능도(迫能道) (14) 도모의(道母儀) (15) 모의척(母儀尺) (16) 척아색(尺亞索)
(17) 색아득(索亞得) (18) 득세소(得洗所) (19) 세소다(洗所多) (20) 다필익(多必益)
(21) 필익도(必益堵) (22) 도세선(堵洗仙) (23) 선세타(仙洗佗) (24) 타아대(佗阿大)
(25) 대아무(大阿武) (26) 무아나(武阿懦) (27) 나주독(懦侏瀆) (28) 독주무(瀆侏武)
(29) 무로촬(武老撮) (30) 촬주독(撮朱瀆)

후반부에는 씨족이 분파한 내용으로 모두 84세대를 기록했다.

(1) 독모오(瀆母吾) (2) 모제제(母齊齊) (3) 제아홍(齊亞紅)
(4) 홍아득(紅亞得) …… (46) 기아경(期阿更)
(47) 아경아문(阿更阿文) (48) 아문낙남(阿文洛南) ……
(60) 복의아의(卜宜阿義) (61) 아의아락(阿義阿洛) (62) 아낙아동(阿洛阿冬)
(63) 아동대옥(阿冬大屋) (64) 대옥노내(大屋老乃) ……
(76) 안작직오(安作直吾) (77) 직오노성(直吾老成) (78) 노성낙서(老成洛西)
(79) 낙서비설(洛西非說) (80) 비설노고(非說老古) (81) 노고로득(老古老得)
(82) 노득로전(老得老顛) (83) 노전일분(老顛一分) (84) 일분명종(一分明宗)

전문가의 분석에 의하면 "안씨 가보 가운데 초기 30대는 씨족 시기로 모계씨족(母系氏族) 시기에 해당한다."[24]라고 했다.

24 武小龍, 「從民族學資料看家譜的起源」, 『譜牒學研究』(第3輯), 書目文獻出版社, 1993, 20쪽. 본문에서는 무소룡(武小龍)으로 표기했지만, 사실은 여소룡(黎小龍)이 정확하다. (역자 주)

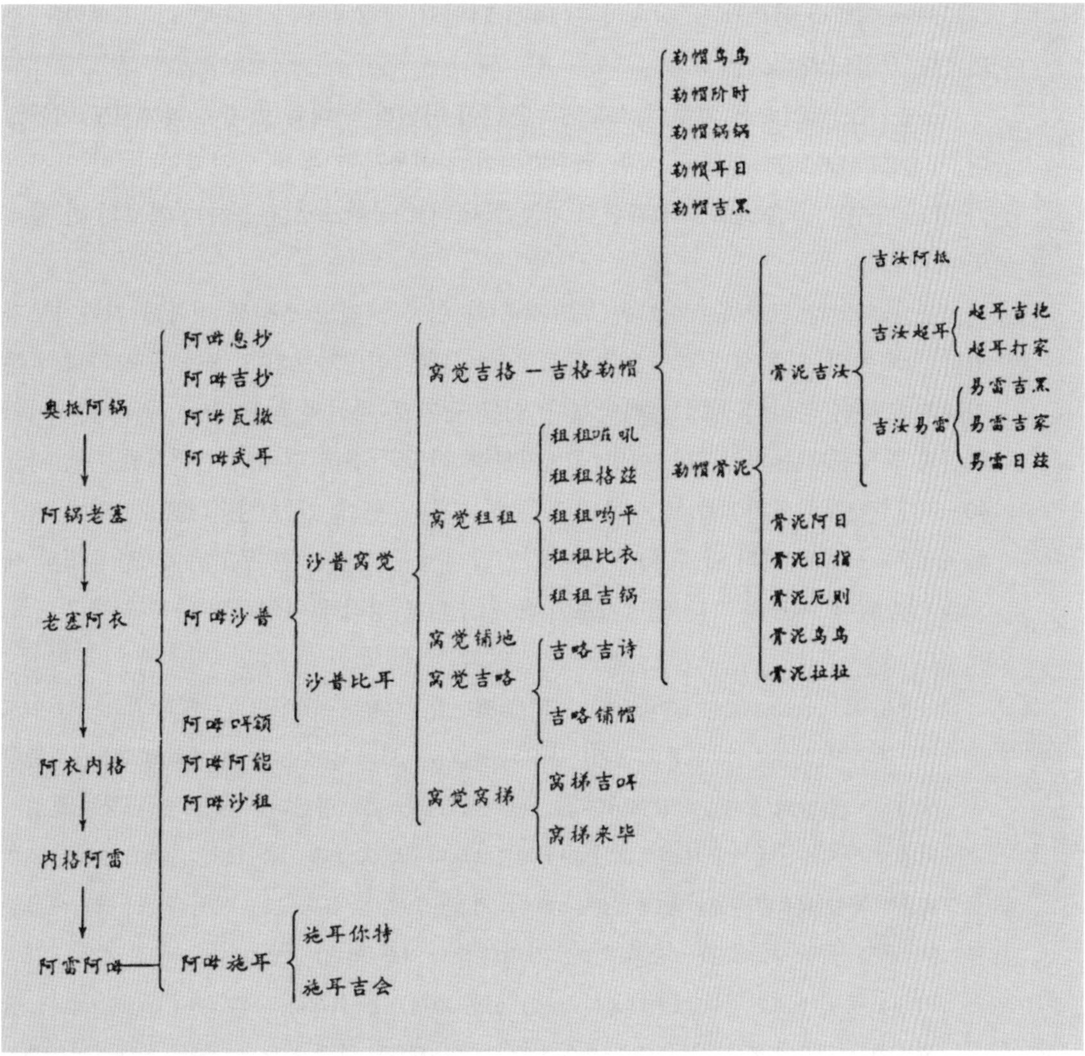

<경편 그림 1-2> 나족(倮族)의 구전연명(口傳連名)가보

중국 서강(西康)[25] 지역에서도 나족(倮族)의 구전가보가 전해 온다. 부무적(傅懋勣)은 1930년대에 이곳을 조사하면서 나홍(羅洪)[26]의 가보를 발견했다.(〈경편 그림 1-2〉 참고)

---

25 서강(西康): 민국(民國) 연간에 잠시 설치되었던 행정구역 명칭이다. 티베트와 사천성(四川省) 일부 지역을 합병해서 1939년에 '서강성(西康省)'이라 명명했지만, 신중국 이후 다시 폐지했다. (역자 주)

26 나족(倮族)이 이족의 한 분지인데 분포 지역에 따라 크게 과기(果基), 나홍(羅洪), 나오(倮伍)로 나누어져 있다. (역자 주)

이에 대해서 전문가는 "상술의 총 14대 54인의 세계(世系)가 명확했고, 그 맥락도 분명하다."[27]라고 했다.

구전가보의 전승은 일부의 소수민족뿐만이 아니라 근대와 현대 사회까지도 이어졌다. 구술(口述)가보는 신중국 이후 소수민족의 지역조사를 통해 발견되었다. 이는 문자가 없는 다수의 소수민족들이 자신의 가보를 대대로 구전으로 전승하는 가보의 한 형태였다.

운남(雲南)의 합니족(哈尼族)은 부자(父子)의 이름을 연명(連名)해 기록한 가족가보가 있다. 합니족의 모든 성년 남자는 선조로부터 전래된 연명가보의 암송을 통해 가족이 본가(本家)로부터 분리된 시기를 파악했다. 이를 근거로 자신과 다른 가족 구성원 사이의 혈연과 친척관계를 파악했다. 이런 구전가보는 신중국 건국 후에도 전승되었는데, 평균 40~50대 정도의 세계(世系)를 수록했다. 홍하(紅河) 부근에 있는 사타(思陀) 지역에 거주하는 토사(土司) 출신의 이씨(李氏) 가보를 전담해서 관리했던 한 무당은 총 71세대의 세계를 암송했다. 이씨의 71대 연명가보의 음역(音譯)을 정리해 나열하면 다음과 같다.

> 목옹(木翁)·옹통(翁通)·통마(通馬)·마약(馬藥)·약장(藥仉)·장백(仉白)·백장(白仉)·장여(仉余)·여퇴뢰(余腿雷)·퇴뢰총(腿雷總)·총모극(總謨克)·모극이(謨克伊)·이제토(伊提土)·제토립(提土立)·입방백(立邦白)·방백아(邦白俄)·아목잡(俄木染)·잡잡타(染雜他)·잡타붕(雜他朋)·타붕귤(他朋橘)·귤서농(橘西農)·서농나(西農拿)·나극리(拿克李)·극이농(克李農)·농이약(農李藥)·약목실(藥木實)·목실공(木實孔)·공막십(孔莫十)·막십서(莫十書)·서복해(書卜孩)·해목앙(孩木仰)·목앙자(木仰資)·앙자(仰資)·자리(資里)·이주(里周)·주축(周蓄)·축잡(蓄卡)·잡복(卡卜)·복위(卜威)·위목(威木)·목사(木渣)·사용(渣竜)·용득(竜得)·득기(得基)·기살(基薩)·살고(薩高)·고고(高皐)·고룡(皐龍)·용살(龍薩)·살파(薩簸)·파극(簸克)·극자(克者)·자거(者擧)

양동전(楊冬荃)은 이르길 "이상과 같이 구전가보의 내용을 보면 비록 서두의 몇 세대의 명칭은 사람인지 귀신인지 구분할 수 없는 전설의 성격을 갖지만, 후대의 세계(世系)는 모두 사실에 해당한다."[28]라고 했다.

소수민족의 구전가보는 일반적으로 '순서대로 이어 가는 것'으로 할아버지, 아버지에서 아들로 이어진다. 하지만 일부 소수민족의 구전가보는 반대로 '역순으로 연결된 것'

---

27 歐陽宗書, 『中國家譜』, 新華出版社, 1992, 11쪽.

28 楊冬荃, 「中國家譜起源研究」, 『譜牒學研究』(第1輯), 書目文獻出版社, 1989, 73쪽.

으로 아들에서 아버지로, 또는 할아버지로 이어진다. 신중국 건국 초기에 서남지역의 소수민족을 조사하면서 발견한 와족(佤族)의 가보는 비교적 특수한 형태의 구전가보에 속한다. 와족의 가보 암송은 항상 자신이나 아들부터 시작해 조상으로 올라간다. 그래서 아들의 이름 뒤에 부친의 이름을 붙이면서 한 세대가 형성하고, 부친 이름 뒤에 조부의 이름을 붙이면 또 다른 세대가 되어 만들어지는 방식으로 시조(始祖)까지 거슬러 올라간다. 예를 들면 '산비리(散比里), 비리송(比里松)'은 가보에서 두 세대를 지칭한다. '산비리(散比里)'의 '산(散)'은 '비리(比里)'의 아들이고, '비리송(比里松)'의 '비리'는 '송(松)'의 아들을 의미한다. 이렇게 두 세대가 이어지는 것은 겉으로는 '산'과 '비리' 두 사람만을 지칭하지만, 실은 3대의 촌수를 의미한다. 즉 아들과 부친 및 조부를 포함한다.

와족의 부자연명(父子連名)은 그 대상이 혈연관계의 아들과 부친으로만 제한되지 않고, 모든 아들과 연결될 수 있다. 심지어 돈으로 입양한 양자도 양아버지와의 연명도 가능하다. 하지만 이때는 양아들은 반드시 생부(生父)의 이름과 가보를 포기해야 한다. 예를 들면 어떤 아이가 타인에게 매매되어 양자가 되었다면 더 이상 자신의 가보와 생부의 성을 암기할 수 없다. 대신에 반드시 양아버지의 가보를 암기하고, 그의 성을 따라야 했다. 이는 입양된 양자는 이후 양아버지 가족의 한 구성원이 된다는 것을 의미한다.

와족은 거의 모든 사람이 자신의 가보에 익숙하다. (일부는 타인의 가보까지 숙지한다.) 노인뿐만 아니라 청년이나, 심지어 부녀와 아동까지도 가보를 숙지하고 있다. 와족의 '역순으로 연결'된 가보는 모두 부자연명의 가보이다. 이런 가보의 가장 큰 특징은 가보 서두의 처음 몇 세대는 거의 동일하다는 점인데, 대다수 '보의사강(普依司崗)'이나 '사강리혁(司崗里赫)'으로 시작했다.

와족 중에서 마산채(馬散寨) 지역에 거주하는 영구성(永歐姓)과 아망성(阿芒姓)의 구전(口傳)가보를 서로 비교하면 〈경편 도표 1-1〉과 같다.

연명(連名)가보의 경우 어떤 이유로 아들과 아버지의 이름을 이어서 부르는 것일까? 또 무엇 때문에 이름을 순서대로가 아닌 역순으로 이어 가는 것일까? 그들의 대답에 의하면 이런 풍속은 세대와 세대를 이어 온 습속이다. 그리고 역순은 일종의 습관이면서도 입에 익숙했기 때문이고, 이를 통해 후손들이 가보를 숙지해 조상을 잊지 않게 하기 위함이다.[29]

서남지역 소수민족의 구전가보 풍속은 매우 보편적이다. 1950년대 운남(雲南) 서반

29 『佤族社會歷史調查』, 雲南人民出版社, 1983, 137쪽.

<경편 도표 1-1> 마산채(馬散寨)의 영구성(永歐姓)과 아망성(阿芒姓)의 구전가보 일람표

순서	영구성 가보(총 27세대)	순서	아망성 가보(총 26세대)
1	사강리혁(司崗里赫)	1	사강리혁(司崗里赫)
2	보의사강(普依司崗)	2	보의사강(普依司崗)
3	와보의(窩普依)	3	윤보의(侖普依)
4	이와(爾窩)	4	강륜(康侖)
5	탁이(托爾)	5	혁리아목강(赫里阿木康)
6	극루목탁(克婁木托)	6	포륵혁리아목(布勒赫里阿木)
7	소극루목(所克婁木)	7	니기포륵(尼其布勒)
8	호극소(豪克所)	8	극락목니기(克洛木尼其)
9	격랑호극(格朗豪克)	9	과애극락목(戈艾克洛木)
10	비구격랑(比歐格朗)	10	격락혁과애(格洛赫戈艾)
11	니비구(尼比歐)	11	여격락혁(呂格洛赫)
12	절은니(切恩尼)	12	감려(坎呂)
13	보랑절은(普朗切恩)	13	포락은감(布洛恩坎)
14	절특보랑(切特普朗)	14	비아포락은(比亞布洛恩)
15	극래절특(克萊切特)	15	배기비아(培其比亞)
16	미극래(美克萊)	16	온배기(溫培其)
17	군미(軍美)	17	극륵혁온(克勒赫溫)
18	강군(崗軍)	18	하극륵혁(夏克勒赫)
19	경강(更崗)	19	기목하(琪木夏)
20	강경(康更)	20	회기기목(會其琪木)
21	맹강(猛康)	21	낙극회기(洛克會其)
22	극룡맹(克龍猛)	22	수기락극(遂其洛克)
23	특외극룡(特外克龍)	23	구수기(丘遂其)
24	살특외(薩特外)	24	송구(宋丘)
25	송살(松薩)	25	괴송(塊宋)
26	비리송(比里松)	26	소괴(蘇塊)
27	산비리(散比里)		

현(西盤縣)의 영광(永廣)지역 와족(佤族)은 "부자연명제(父子連名制)를 실행하고, 부친은 자녀의 이름을 짓는다."라고 했다. 윤원현(瀹源縣)의 반홍채(班洪寨) 와족은 "반홍의 와족 역시 부자연명제가 있다."[30]라고 했다. 귀주(貴州) 동남지역의 한 묘족(苗族) 노인 역시 자기

30 『佤族社會歷史調查』, 14쪽.

의 가보를 암송할 때 가장 많게는 57대까지를 암송했다.[31] 신중국 초기에 민족을 조사하는 과정에서 밝혀진 운남 율속족(傈僳族)의 구전전설 분량은 보통 10여 세대였고, 운남 보미족(普米族)의 경우는 일부 무당이 암송한 가보가 30여 세대에 달했다.

유요한(劉堯漢)은 신중국 초기 이족(彝族)을 대상으로 사회조사를 실시했다. 1956년의 조사통계에 의하면 양산(涼山)지역에 거주하는 100만여 명의 이족 가운데 약 75%가 구전가보를 보유하고 있었다. 씨족계보(氏族系譜)의 암송은 이 지역 흑이(黑彝) 출신 남성이 그 사회에 뿌리를 내리는 기본 조건 중의 하나였다. 이들은 어려서부터 전통습속의 영향을 받으며 계보(系譜)를 암송했고, 결국 수십 세대 조상의 이름을 유창하게 암기해 낼 수 있었다. 또한 이런 조건을 구비한 이들은 사회생활에서 많은 편리를 제공받기도 했다. 양산 이족의 역사와 전통을 반영하는 속담에 "씨족, 혹은 가지(家支)라는 곳을 돌아볼 때에는 건량(乾糧)을 휴대하지 않아도 된다. 씨족에 의탁하면 3대가 모두 평안하다."라는 말이 있을 정도였다. 이들 씨족은 부계(父系) 조상뿐만 아니라 모계친족인 외삼촌의 계보도 암송했다. 이와 관련한 양산 이족의 속담에는 "부친 계보를 암기하지 못하면 씨족이 너를 인정하지 않고, 외삼촌의 계보를 암기하지 못하면 친척이 너를 인정하지 않는다."[32]라고까지 했다. 이는 양산 이족의 구전가보가 이들의 사회생활에서 얼마나 중요한 의미를 갖고 있는지를 단적으로 보여 주는 사례이다.

3. 모계에서 부계씨족으로 발전한 구전가보

앞서 열거한 구전가보는 일반적으로 모두 부자(父子)를 연명(連名)하는 가보로 남성을 중심으로 형성된 사회적 산물이다. 다시 말해 부계씨족 사회의 산물이다. 지금 묻고 싶은 점은 부계의 연명가보 이전에 기타 다른 형태의 구전가보도 존재했었는지의 여부이다. 모계씨족(母系氏族) 사회는 부계씨족 사회보다 앞서 존재했다. 그렇다면 부계의 연명가보 이전 모계씨족 사회를 반영하는 모계 연명가보 역시 존재할 수가 있었을까?

부계사회가 부계가보를 만들어 냈다. 그렇다면 부계사회에 선행한 모계사회 역시 모친으로 환산되는 세계(世系)를 이미 형성했고, 씨족성원 사이에 촌수도 등장하면서 모계가보의 출현조건을 완전히 충족시켰다. 사회학과 민족학적인 조사는 이에 대해 긍정

31 『貴州的少數民族』, 貴州人民出版社, 1980, 12쪽.

32 劉堯漢, 『彝族社會歷史調査研究文集』, 民族出版社, 1980, 109쪽.

적인 결과를 도출하기도 했다.

운남(雲南) 벽강현(碧江縣) 지역의 노족(怒族)은 구전하는 연명가보를 암송하는 의식을 거행했다. 벽강 1구(區) 9촌(村)에 거주하는 노족은 41대 조상의 가계(家系)까지 암송했다. 이들은 '노강(怒江)의 원주민'임을 자칭하면서 '두곽족(斗霍族)'으로도 불리었다. 의역(意譯)하면 "상류에 거주하는 사람"이다. 하지만 전설에는 '두곽'씨족의 조상 이름은 원래 '무영충(茂英充)'이란 여성이었다. 노족의 신화와 전설에 의하면 '무영충'이란 이름은 "하늘에서 내려온 사람"이라는 뜻이고, 토착 노족도 이를 영광으로 여겼다고 한다. '두곽'족의 연명의 세계를 나열하면 다음과 같다.

(1) 무영충(茂英充)	(2) 충라병(充羅並)	(3) 나병자(羅幷者)	(4) 자무특(者茂特)
(5) 무특붕(茂特繃)	(6) 붕희요(繃喜耀)	(7) 희요유(喜耀維)	(8) 유유곡(維維曲)
(9) 곡유능(曲維能)	(10) 능파적(能波赤)	(11) 적적유(赤赤維)	(12) 유라별(維羅別)
(13) 별하휴(別下休)	(14) 하휴달(下休達)	(15) 달국류(達局留)	(16) 국류곡(局留穀)
(17) 곡희유(穀喜有)	(18) 희유빈(喜有賓)	(19) 빈호급(賓好給)	(20) 호급추(好給抽)
(21) 추나요(抽那耀)	(22) 나요권(那耀勸)	(23) 권하우(勸下尤)	(24) 하우실(下尤室)
(25) 실국채(室局采)	(26) 국채노(局采奴)	(27) 노노국(奴奴局)	(28) 노국곡(奴局谷)
(29) 곡연혈(谷娟血)	(30) 연혈독(娟血獨)	(31) 독로저(獨老底)	(32) 저로오(底老烏)
(33) 오로구(烏老求)	(34) 구로만(求老曼)	(35) 만로최(曼老催)	(36) 최학만(催虐漫)
(37) 만액규(漫額叫)	(38) 규주우(叫走偶)	(39) 우동수(偶同壽)	(40) 수감두(壽砍杜)
(41) 두기주(杜幾舟)			

이상의 세계(世系) 중에서 '두곽'인이 확신하는 시조(始祖)는 '무영충'이라 불리는 여성이다. 신화라는 외피를 제거해 보면 합리적인 역사적 사실을 알 수 있다. 다시 말해 여계(女系)에서 남계(男系) 씨족으로 발전했던 것처럼, 구전가보 역시 시조모(始祖母)에서 시작해서 남계 중심의 부계가보로 발전해 왔다는 사실을 알 수 있다.[33]

유요한(劉堯漢)은 『이족사회의 역사조사 연구문집(彝族社會歷史調查研究文集)』에서 이족 중에 고후(古候)와 곡열(曲涅)이란 두 가계(家系)의 연명(連名) 구전(口傳)가보를 수록했다. 고후 가계의 구전가보를 열거하면 다음과 같이 모두 세가(世家) 38대에 이른다.

33 『怒族社會歷史調查』, 雲南人民出版社, 1981, 37쪽.

(1) 고후(古侯)
(2) 고후합지(古侯合之)
(3) 합지합타(合之合打)
(4) 합타막와(合打莫瓦)
(5) 막와일아(莫瓦日俄)
(6) 일아미길(日俄美吉)
(7) 미길미아(美吉美阿)
(8) 미아멸야(美阿滅也)
(9) 멸야멸길(滅也滅吉)
(10) 멸길길박(滅吉吉博)
(11) 길박걸열(吉博傑涅)
(12) 걸열소다(傑涅蘇多)
(13) 소다파아(蘇多波俄)
(14) 파아의로(波俄衣路)
(15) 의로의길(衣路衣吉)
(16) 의길의오(衣吉衣吾)
(17) 의오아후(衣吾阿侯)
(18) 아후등자(阿侯登子)
(19) 등자달로(登子達魯)
(20) 달로부사(達魯夫沙)
(21) 부사다보(夫沙多普)
(22) 다보미역(多普迷繹)
(23) 미역아각(迷繹阿覺)
(24) 아각후아(阿覺侯俄)
(25) 후아보길(侯俄普吉)
(26) 보길아절(普吉阿折)
(27) 아절이합(阿折爾呷)
(28) 이합포길(爾呷布吉)
(29) 포길아의(布吉俄衣)
(30) 아의아멸(俄衣阿滅)
(31) 아멸이자(阿滅爾孜)
(32) 이자길포(爾孜吉布)
(33) 길포길아(吉布吉俄)
(34) 길아화족(吉俄火足)
(35) 화족족락(火足足洛)
(36) 족락길합(足洛吉哈)
(37) 길합로목자(吉哈魯木子)
(38) 노목자서급(魯木子書給)

곡열 가계의 구전가보를 열거하면 아래와 같이 모두 39대의 세가에 달한다.

(1) 곡열(曲涅)
(2) 곡열곡포(曲涅曲布)
(3) 곡포목아(曲布木俄)
(4) 목아자오(木俄孜烏)
(5) 자오별옥(孜烏別屋)
(6) 별옥아부(別屋阿富)
(7) 아부아열(阿富阿涅)
(8) 아열아도(阿涅阿都)
(9) 아도이보(阿都爾普)
(10) 이보니목(爾普尼木)
(11) 니목아여(尼木俄與)
(12) 아여아륙(俄與阿陸)
(13) 아륙개개(阿陸開開)
(14) 개개비이(開開比爾)
(15) 비이아소(比爾阿蘇)
(16) 아소륵자(阿蘇勒孜)
(17) 늑자격초(勒孜格初)
(18) 격초격이(格初格伊)
(19) 격이격과(格伊格過)
(20) 격과아자(格過阿孜)
(21) 아자이력(阿孜以力)
(22) 이력별자(以力別孜)
(23) 별자일불(別孜日不)
(24) 일불기묵(日不其墨)
(25) 기묵오파(其墨烏坡)
(26) 오파필고(烏坡筆孤)
(27) 필고아별(筆孤阿別)
(28) 아별아일(阿別阿日)
(29) 아일륵일(阿日勒日)
(30) 늑일날사(勒日捏些)
(31) 날사합일(捏些哈日)
(32) 합일복마(哈日卜磨)
(33) 복마아왜(卜磨阿歪)
(34) 아왜아우(阿歪阿于)
(35) 아우평좌(阿于平左)
(36) 평좌긍(平左兢)
(37) 긍천합(兢天呷)
(38) 천합각목(天呷腳木)
(39) 각목날합(腳木捏合)

고후와 곡열은 원래 서로 가장 오래된 형제민족 중의 하나였다. 고증에 의하면 고후와 곡열 형제는 곡목오오(曲木烏烏)라는 씨족에서 기원해 5대를 거쳤다고 한다.

유요한은 심층적인 고증을 통해서 '나라(羅羅)' 가계의 고후와 곡열의 증조 항렬에서 '나라'는 실상 남성인 '나라파(羅羅頗)'가 아닌, 여성인 '나라마(羅羅摩)'를 지칭한다고 했다. '나라'는 고후와 곡열의 증조모이고, 두 사람은 형제가 아니라 자매였다. 이를 통해서 고후와 곡열(曲涅) 이전에 연속된 5대는 모계(母系)의 모녀연명(母女連名)이란 사실을 밝혀냈다. 고후와 곡열의 두 가계(家系) 40여 대의 구전(口傳)가보의 경우 시작은 모녀연명에서 출발했지만, 후에는 부자연명(父子連名)으로 변화했다는 것이다. 결국 부계(父系)의 부자연명가보는 모계의 모녀연명 가보로부터 발전했던 것이다.[34]

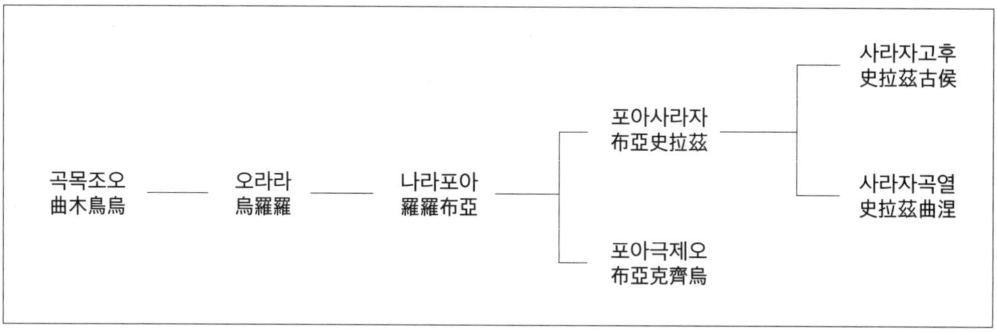

다른 소수민족의 구전가보에서도 이와 유사한 정황을 볼 수 있다. 1950년대의 조사를 보면 와족(佤族)은 2,000여 년의 유구한 역사를 갖고 있지만, 그중 1,000여 년이란 긴 세월은 모계씨족(母系氏族) 사회에 머물러 있었다. 이후 몇 백 년 동안의 부계사회에 머물렀고, 신중국 건국 후에는 원시사회에서 계급 사회로 이행하는 과도기에 놓여 있었다. 조사에 따르면 와족의 연명가보는 보통은 20여 세대인데, 많게는 42대의 가계를 수록했다. 와족의 전설에는 다음과 같은 내용이 있는데, 이르길 "(와족) 사람들은 격뢰낙(格雷諾)과 격리차(格利此)를 모시어 지도자로 삼고자 했다. 격뢰낙은 남자이고 격리차는 여자였는데, 이들은 서로 결혼을 했다. 격리차가 사회규범을 만든 후에 형제와 남녀 사이에 질서가 생겨났다. 그리고 여성은 남성보다 먼저 사회규범을 깨우쳤기 때문에 남자는 여자의 말을 들어야 했다. 그 후에 여성은 더 이상 지도자의 역할을 원치 않았고, 지위를 격뢰낙에게 양보했다. 그럼에도 남성은 모르는 일은 여전히 여성에게 지도를 받았다. 여성

34 劉堯漢, 『彝族社會歷史調査研究文集』, 民族出版社, 1980, 121쪽.

은 총 30여 세대 동안 지도자를 역임했고, 남성은 20여 세대에 머물렀다."라고 했다. 이런 전설은 현존하는 와족의 구전가보 가운데에 20여 세대 이전에는 모녀가 연명했던 모계가보가 존재했다는 사실을 알게 한다.[35]

『포랑족의 사회와 역사조사(布朗族社會歷史調査)』에 따르면 운남 지역의 포랑족은 신중국 초기까지 모자(母子), 혹은 모녀의 연명제가 보존했다고 한다. 포랑의 산악지역에서 포랑족은 성은 없이 이름만 보유했다. 남성은 이름 앞에 '암(岩)'을, 여성은 '옥(玉)'이란 글자를 사용해 각각의 성별을 표시했다. 이는 남녀를 구별하는 이들의 독특한 특징이었다. 연배의 순서를 표기할 경우 남성의 경우 장자는 '적(滴)', 차남은 '점(占)', 3남은 '강(岡)', 4남은 '포(布)', 5남은 '파(帕)', 6남은 '소(蘇)', 7남은 '소(騷)', 8남은 '홍(哄)' 등으로 호칭했다. 반면에 여성은 장녀는 '영(英)', 차녀는 '망(望)', 3녀는 '온(温)', 4녀는 '애(哀)', 5녀는 '뉴(紐)', 6녀는 '애(呃)', 7녀는 '아(哦)', 8녀는 '오(熬)'라고 호칭했다. 포랑족은 당시 경문(經文)과 팔괘(八卦)의 방위를 이해하는 자가 매우 적었기 때문에 가족 중에 연장자에게 작명을 하도록 하여 항렬의 혼란을 주기도 했다.

아이의 이름을 정한 후에 모친의 이름 두 번째 글자를 이름 뒤에 배치되면서 특수한 모자(母子), 혹은 모녀의 연명제(連名制)가 만들어진다. 이와 관련해 '강애알곤암교남(康呃嘎滚岩教南)' 가족의 모계연명제를 예로 들면 아래와 같다.

옥은소(玉恩蘇)(모) → 암은(岩恩)(자)
||
옥만첨(玉萬尖)(모) → 암감만(岩坎萬)(자)
||
옥남소(玉南蘇)(모) → 암교남(岩教南)(자)
||
옥남라(玉南拉)(모) → 옥마남(玉麼南)(모) → 암온마(岩溫麼)(자)

자녀의 수와는 관계없이 자녀의 이름마다 모친의 이름 첫 글자를 첨부해 연용(連用)했다. 이러한 연명은 모녀관계에서 비교적 완벽하게 나타난다. 반면에 모자 간의 연명은

35 『佤族社會歷史調査』, 雲南人民出版社, 1983, 5쪽.

한 세대만 연관되어 불완전할 뿐만 아니라 부자(父子)의 경우 연명은 진행되지 않는다. 이런 사실을 보면 당시 포랑족(布朗族)은 모계씨족 사회가 부계씨족 사회로 이행하는 과도기 상태에 처해, 그 이행이 완성되지 못했다는 사실을 보여 준다. 비록 기본적으로 부계사회는 확립을 했지만, 부계사회를 반영하는 부자연명(父子連名)의 가보는 아직 형성되지 못하고 있었다. 때문에 모계씨족의 잔여형태인 모자연명의 흔적이 가계(家系)에 남아 있었던 것이다. 이런 흔적은 이들의 혼인제도 속에서도 찾아볼 수 있다.

포랑족의 혼인은 결정에서부터 완성까지 간백(甘伯=약혼)과 건납목(甘內木=결혼) 및 감교특(甘敎特=처가 체류에서 본가로 귀가)라는 3단계로 구성된다. 간백과 간내목은 남성이 처가를 방문하는 망문거(望門居)의 단계이다. 감교특은 부인이 아이와 함께 시댁으로 귀가해 남편을 따라서 거주하는 단계이다. 포랑족 습속에 의하면 비록 결혼식을 거행했어도 남녀는 각자 자기가 출생한 가족에게 귀속되어 생산 활동을 유지한다. 그리고 남편은 밤에만 부인의 집에서 기거할 수 있다. 만약 노동활동이 집중된 계절일 경우 부인이 거주하는 장소가 인접한 경우에만 부인을 방문해 함께 식사를 할 수도 있다. 처가에 거주하는 기간에 낳은 아이는 처가에서 부양해야 하고, 아이는 남편이 아닌 처가의 구성원으로 파악된다. 보통 결혼식을 올린 후 3년이 지나서야 남편은 비로소 부인을 정식으로 시댁으로 데려올 수 있다. 망문거에서 남편과 거주하는 단계로 넘어가기 위해서는 감교특을 거행해야 한다. 이러한 혼인제도는 모계사회의 잔재를 반영하는 것으로, 1964년까지도 이런 풍속은 광범위하게 유행했다.[36]

이상과 같은 상황은 서쌍판납(西雙版納)[37]의 영녕(永寧) 지역에 거주하는 납서족(納西族)에서도 흔히 볼 수 있다. 『영녕납서족의 모계제(永寧納西族的母系制)』에서 소개한 내용을 보면 다음과 같다. 이 지역의 납서인은 비교적 작은 규모의 모계 혈연집단을 '사일(斯日)'이라 부른다. 이런 사일에는 구전(口傳)으로 전승된 모계가보를 보존하기도 했다. 이 책에서 소개한 '타지향아재포택사일(拖支鄉阿栽布澤斯日)'의 15대 모계가보를 소개하면 다음과 같다.[38]

36 『布朗族社會歷史調查』, 雲南人民出版社, 1981, 58쪽.

37 서쌍판납(西雙版納): 중국의 소수민족의 하나인 타이족이 거주하는 자치구로 운남성 최남단에 위치한다. 이곳은 북회귀선이 통과하는 이남으로 기후는 열대습지에 속한다. '원래 서쌍(西雙)'이란 타이족 언어로 '12'를, '판납(版納)'은 작은 행정구역을 뜻한다. 즉 12개의 작은 행정구역이란 의미를 갖는다. 고대의 타이족은 이곳을 '이상의 세계' 혹은 '신비한 낙원'이라 여겼다. (역자 주)

38 嚴汝嫻·宋兆麟, 『永寧納西族的母系制』, 雲南人民出版社, 1983, 39쪽.

포택(布澤)	→	납포잡특(納布卡特)	→	납길득마(納吉得馬)	→	납잡득마(納卡得馬)	→
납잡채이(納卡采爾)	→	채이득마(采爾得馬)	→	납잡득마(納卡得馬)	→	달석득마(達石得馬)	→
납잡득마(納卡得馬)	→	액차포특(厄車布特)	→	득마채이(得馬采爾)	→	득마색제(得馬色諸)	→
격토(格土)	→	단사득마(丹史得馬)	→	달석득마(達石得馬)			

대만의 일부 소수민족 역시 모계씨족에서 전래된 가보가 아직도 남아 있다. 대만 학자인 이역원(李亦園)은 『대만 원주민족의 사회와 문화(臺灣土著民族的社會與文化)』란 저술에서 관련 내용을 소개하며 이르길, "마태안(馬太安) 사람의 가장 큰 친족집단은 모계로 이루어진 세계(世系)이다. (중략) 모계로 형성된 세계 집단은 전통적으로 여성 시조(始祖)가 번성해 전래된 직계의 종가(宗家) 대표이다. (중략) 이런 모계의 세계 집단이 전승되며 형성된 특수한 가계의 계보(系譜)는 모두 여성을 중심으로 하는 모계계보이다."[39]라고 했다.

상술한 사례에서 알 수 있듯이 중국의 원시사회는 부계(父系)의 구전가보뿐만 아니라 모계의 구전가보도 함께 존재했었다. 부계의 구전가보는 부계씨족(父系氏族) 사회의 유산이고, 모계의 경우는 모계씨족 사회의 산물이다. 부계씨족 사회가 모계씨족에서 발전된 것처럼, 부계가보 역시 모계의 구전가보에서 기원했던 것이다. 중국 가보란 "혈연집단 세계를 기록한 매체"라는 정의에 따르면 구전가보는 자손대대로 구술(口述)로 전승된 것이다. 그렇기 때문에 가보의 정의인 '혈연집단'과 '세계'라는 두 가지 기본요소를 함께 갖춘 가장 원시적 형태의 가보라고 볼 수 있다. 앞서 살펴보았던 다수의 구전가보의 사례처럼 최초의 중국 가보는 모계씨족 사회의 구전가보에서 기원했다.

4. 결승(結繩)가보

중국 원시가보 중에서 구전가보와 거의 동시에 등장한 것이 바로 결승가보이다.

문자가 출현하기 이전에 중국은 결승기사(結繩記事)라는 시대를 거쳤다. 결승기사란 끈을 맺는 방식으로 사건을 기록하는 원시적인 기억 보조수단을 지칭한다. 세계의 다른

39 楊冬荃, 「中國家譜起源研究」, 『譜牒學研究』(第1輯), 書目文獻出版社, 1989, 76쪽.

수많은 민족도 이런 결승(結繩)의 방법을 사용하기도 했다. 중국의 고서(古書)에도 이르길 "상고시대 문자가 없었기에 사람들은 끈을 맺는 결승으로 사건을 기록하고, 천하를 다스렸다."라는 기록이 매우 많았다. 예를 들면 『주역(周易)·계사하전(繫辭下傳)』에는 "아주 옛날에는 노끈을 맺어 만든 결승을 이용해 천하를 다스렸는데, 후대에 성인이 그것을 글자와 부호로 바꾸니 관리들이 이것을 가지고 백성을 다스렸고, 만인들은 이것을 가지고 세상의 이치를 살폈다."[40]라고 했다. 이처럼 문자가 출현하기 이전에 사람들은 결승을 기억의 보조수단으로 사용했다는 점을 분명히 알 수 있다. 그리고 『장자(莊子)』에서는 이르길 "옛날에 (중략) 백성들은 결승으로 사건을 기록했다."[41]라고 했다. 허신(許愼)은 『설문해자(說文解字)·서(敍)』에서 "신농씨(神農氏) 시대에는 결승으로 사회를 관리하고 사건을 기록했다."[42]라고 했다. 당(唐)나라 시기에 이정조(李鼎祚) 역시 『주역집해(周易集解)』에서 이르길 "옛날에는 문자가 없었기 때문에 사람들은 기록해야 할 일이 생기면 결승으로 기억을 했다. 큰일에는 큰 매듭으로, 작은 일에는 작은 매듭을 만들었다. 매듭의 크기가 일의 크고 작음으로 결정되었다. 사람들은 매듭을 갖고 서로를 살피고, 서로를 충분히 다스릴 수 있었다."[43]라고 했다. 이런 결승의 기록방법은 지금도 중국변방의 일부 소수민족이 사용하고 있다. 예를 들면 운남(雲南)의 합니족(哈尼族)과 티베트의 문파족(門巴族), 그리고 대만의 고산족(高山族) 등이 이에 해당한다. 결승은 중국뿐만 아니라 페르시아, 멕시코, 페루 등의 지역에서도 역시 사용된 적이 있다.

사람들은 결승의 방법을 통해 생활하고, 장부를 기록하고, 정보를 전달했다. 뿐만 아니라 이를 통해 해당 가족의 역대 구성원 정황 및 가족의 세가(世家)를 기록하면서 특수한 형태의 결승가보를 만들기도 했다.

흑룡강(黑龍江) 대흥안령(大興安嶺) 지역 해라이하(海拉爾河) 유역에 거주하는 악륜춘(鄂倫春)이란 소수민족은 사건을 기록하는 데 결승을 사용했다. 이들은 결승을 통해 숫자뿐만 아니라 자기의 세대(世代)를 기록하기도 했다. 예를 들면 17~18세기까지도 전승된 가보는 말갈기를 묶는 방식으로 몇 세대를 표시했다. 만약 3세대일 경우는 끈에 세 차례를, 5세대의 경우는 다섯 차례를 각각 결승했다. 이들은 이렇게 전승된 결승을 매우 숭

---

40 『周易·繫辭下傳』: "上古結繩而治, 後世聖人易之以書契, 百官以治, 萬民以察。" 본문은 同治十三年國字監刊本에서 인용.

41 『莊子·胠篋』: "昔 (中略) 民結繩而用之。" (역자 주)

42 『說文解字·敍』: "神農氏結繩爲治而統其事。" (역자 주)

43 (唐)李鼎祚, 『周易集解』: "古者無文言, 其有約誓之事, 事大大其繩, 事小小其繩, 繩之大小隨物衆寡。各執以相考, 亦足以相治也。" 본문은 『九家易』(嘉靖36年刊本)에서 인용.

배했고, 이를 자신의 집에 있는 기둥 중간에 걸어 놓기도 했다. 매듭을 만들어 한 가족의 세계(世系)를 기록했던 말갈기 결승은 바로 이들의 원시적인 가보였다.

1980년대 장기탁(張其卓)은 요령(遼寧)의 수암(岫岩)지역의 소수민족을 연구했고, 그 성과를 『수암의 만주족(滿族在岫岩)』[44]이란 저술로 출판했다. 이 책에서 그는 만주족과 석백족(錫伯族) 등과 같은 소수민족의 역사 가운데 결승으로 사건을 기록했을 뿐만 아니라 결승가보의 흔적이 존재했다고 기술했다.

만주족은 제사를 매우 중시했고, 거의 모든 가족이 서쪽 벽에 조상의 신위(神位)를 모시고 있다. 이들의 습속으로 조상의 초상은 그리지 않지만, 대신 한 척(尺) 정도의 형형색색의 비단으로 초상을 대신했다. 이런 비단은 보통 목갑(木匣) 속에 보관을 했는데, 이것 이외에 가보, 조상이 남긴 활, 제사에 사용하는 두건 등도 함께 넣었다. 목갑은 조종판(祖宗板) 혹은 정판(淨板)이라 부르는 선반 위에 올려 둔다. 조종판의 우측에는 '자손마마(子孫媽媽)'를 모시는데, '자손마마'를 일명 '불탁(佛托)마마', '쇄두(鎖頭)마마', '탁탁(托托)마마' 등으로도 부른다. 그 의미는 '은혜(恩惠)의 어머니'라는 뜻으로 "자손의 번영과 가족의 평안을 지키는 신(神)"의 의미로 간주했다. '자손마마'는 모시는 신위(神位)는 있지만 초상이 없었기 때문에 그 자리를 종이로 만든 주머니로 대신했다. 이를 일명 '삭자(索子) 주머니'라고 했다. 그 속에는 오색의 끈이 있는데, 길이는 3장(丈)이나 2척 혹은 더 긴 것도 있었다. 이 오색의 끈을 보통 '삭승(索繩)'이라고 부른다.

보적(譜籍)에 지내는 제사는 여러 가지 유형이 있지만, 그중에 3일 동안 거행하는 대제(大祭)가 있다. 첫날은 관제(關帝)와 관음(觀音)에게, 이튿날은 천지(天地)에게, 마지막 날은 '자손마마'에게 각각 제사를 지낸다. 특히 '자손마마'에게 제사를 지낼 때는 방문 밖에서 동쪽으로 버드나무 가지 하나를 세워 두고, 가지에 삭승을 매단다.(〈경편 그림 1-3〉 참고)

만주족은 대제 중 '자손마마'에게 제사를 올리고 그다음 날에 '괘쇄(卦鎖)'와 '개쇄(改鎖)'라는 제사 의식을 거행한다. 이날 아이들은 '자손마마'의 신위 앞에 무릎을 꿇고 앉는다. 그러면 할머니가 버드나무 가지에 물을 묻혀 아이들 머리에 뿌리고, 남자아이들 목에는 붉은색 끈을, 여자아이 목에는 푸른색 끈을 각각 맨다. 이것을 '괘새'라고 부른다. 3일이 지난 후에 목의 끈을 풀어 다시 종이 주머니에 넣는다. 이후에 제삿날이 돌아오면 오색의 끈을 다시 삭승에 동여맨다. 어떤 가족은 해지기 전에 아이들 목에 걸었던 오색 끈을 풀어 삭승에 옮겨 매기도 한다. 그러다가 딸이 성장해서 결혼하기 전이나, 혹은 결

44 張其卓, 『滿族在岫岩』, 遼寧人民出版社, 1984.

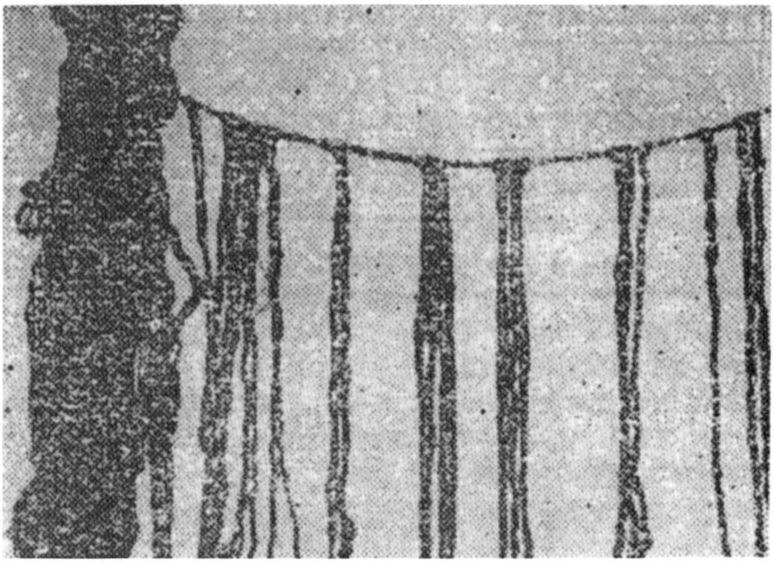

<경편 그림 1-3>
만주족(滿洲族)이
가보로 보는 삭승(索繩)

혼한 후, 혹은 아이를 낳은 후에 시댁에서 며느리에게 돼지 두 마리, 술 두 항아리, 기장쌀 두 말을 준비해 친정으로 보내서 '자손마마'에게 제사를 올리게 한다. 그런 후에 삭승에 묶였던 푸른색 끈을 푸는데, 이것을 개쇄라고 한다. 풀었던 푸른색 끈은 시댁으로 갖고 가서 다시 시댁 삭승에 묶는다.

분명한 점은 오색 끈을 삭승에 매는 '괘쇄'와 다시 풀어내는 '개쇄'라는 결승(結繩)의식은 원시사회에서 사건을 기록한 결승의 흔적이라 볼 수 있다는 것이다. 뿐만 아니라 결승가보는 가족 구성원을 기록하는 구체적인 방법이었다. '괘쇄'란 어린아이를 남녀 성별에 따라 붉은색과 파란색의 끈으로 삭승에 맺어 출생한 자녀를 가보에 기록했던 방식이다. 반면에 '개쇄'란 출가한 여식의 오색 끈을 친정집의 삭승에서 시댁의 삭승으로 옮겨 매는 것으로, 그 본질은 이미 출가한 여식을 친정가보에서 삭제하고 시댁가보에 수록한다는 의미를 갖는다. 그렇기 때문에 '삭승'이란 바로 결승가보에 해당한다.

만주족의 삭승이 정말로 결승가보로서 가족의 세계(世系)를 기록하는 기능을 수행했는지에 대해 아직도 의문이 남는다면 석백족(錫伯族)의 경우를 더 살펴볼 수 있다. 석백족은 결승가보를 통해 가족 세계의 촌수, 자녀 수 등을 더욱 분명히 기록했다. 이들은 만주족과 같이 조상에 대한 제사를 매우 중시했지만, 조부모의 초상은 모시지 않고 부모의 초상만 모신다. 부모의 사후 3년이 지나면 조부모의 초상은 산속 조용한 곳으로 보내고 부모의 초상으로 바꾼다. 그리고 조상의 위패는 서쪽 벽에 모신다. 이곳에는 2개의 목갑(木匣)이 있는데, 이를 조종갑(祖宗匣)이라 부르고, 남쪽을 향해 있는 목갑은 '자손마마(子

孫媽媽)'의 것인데 '희리연연(喜利娟娟)'이라 불렀다. 원래는 그는 전설 속에서는 여성의 조상이었다. 만주족과 같이 석백족 역시 '자손마마'를 가족의 평안과 자손의 흥성을 지켜주는 신령으로 여겼다. 그리하여 2장(丈) 길이의 명주 끈에 작은 화살과 화살집, 작은 신발과 요람, 동전과 천, 배식골(背式骨) 등을 매달아 '자손마마'를 완성했다. 평소에는 종이주머니에 넣어 두고, 설날이 되면 이를 꺼내 동남쪽 벽에 걸고 향을 피워 절을 한다. 그리고 2월 2일이 되면 다시 종이 봉지에 넣어서 보관한다. '자손마마'는 가족이 흥성하여 자손이 많고, 연세가 많은 사람이 만들었다. 세계가 늘어나며 배식골도 늘고, 남자를 낳으면 화살을 걸고, 여자를 낳으면 붉은 천을 걸었다. 석백족은 조상의 목갑을 만드는 의식은 매우 성대하고 신비한데, 보통 한밤에 진행되고 동족의 사람만 참가하고, 다른 사람은 참여하지 못한다. 의식을 진행할 때 소를 잡는데, 그전에 서쪽 굴뚝 기둥에 고삐를 매달았다가 잡은 후 고기를 조상에게 바친다. 제사 의식은 30일 밤 자정에 거행하는 점은 상술한 것과 같지만 소는 잡지 않는다.

석백족이 만든 길이가 2장(丈)인 명주실 끈이 바로 이들의 결승가보이다. 결승에는 배식골의 수에 따라서 가족의 세대 수를 알 수 있고, 작은 화살의 수량에 따라서 남성의 수를, 붉은 천의 수에 따라서 가족 중에 여성의 수를 알 수 있다. 결승가보라는 관점에서 보면 석백족의 명주 결승은 악륜춘(鄂倫春)의 말갈기 결승과 만주족의 삭승에 비해 정확도는 더욱 높았다. 『수암의 만주족(滿族在岫岩)』의 저자는 1980년대에 석백족에 대한 조사와 연구를 진행하면서 결승가보인 명주결승이 보존되고는 있지만, 오색 천만 매여져 있음을 발견했다. 이것은 결승가보의 기능이 이미 약화되었음을 의미한다. 그럼에도 명주결승은 여전히 결승가보의 실물 유물이라는 점은 의심의 여지가 없다. 그리고 석백족의 여성 조상인 '자손마마'는 사람들의 기억 속에 오랫동안 남아 존경을 받았다.

상술했던 악륜춘족의 말갈기 결승과 만주족의 삭승, 석백족의 명주실 결승을 통해 우리는 '결승'이란 동일한 혈연 집단의 세계를 기록하는 수단이었고, 이는 원시사회 시기 결승기사를 구성하는 중요한 내용이라는 사실을 알 수 있다. 말갈기와 삭승(索繩), 명주실 등은 바로 결승가보의 구체적인 형태이다. 악륜춘족과 만주족, 석백족뿐만이 아니라 다른 소수민족도 이러한 결승의 습속이 있었다. 심지어 한족(漢族)도 이와 같은 습속이 존재했었다.

이러한 말갈기, 삭승, 명주실 등의 결승에는 이미 가보 속에 있는 '혈연집단'과 '세계'라는 두 요소가 포함되어 있었다. 때문에 이를 구전가보와 같이 모두 중국 가보의 가장 원시적인 한 형태로 볼 수 있다. 다만 구전가보와 다른 점은 결승가보는 중국 가보의 가장 원시적인 실물가보라는 점이다.

결승가보는 언제부터 시작된 것일까? 이에 대해 상건화(常建華)는 『종족지(宗族志)』에서 다음과 같이 주장하며 이르길 "석백족과 만주족이 가보로 사용하는 결승과 '자손마마(子孫媽媽)'에게 지내는 제사를 통해 보면, 결승가보는 아마도 모계씨족 사회에서부터 등장했을 것이다."[45]라고 했다. 상건화의 이런 주장은 충분히 설득력을 갖는다. 왜냐하면 만주족과 석백족은 여성조상을 매우 숭배해 이를 '자손마마'라고 불렀고, 또한 가보 역할을 했던 결승인 '자손마마'를 "자손의 번영과 가족의 홍성을 지켜 주는 신령"으로 여기고 제사를 지냈다. 이뿐만 아니라 평소에 세대를 표시하는 결승을 숭상해 소중하게 간직했기 때문이다. 앞서 언급한 여러 내용을 통해서 결승가보는 구전가보처럼 모계씨족 사회에서 시작된 것이라 볼 수 있다.

5. 갑골(甲骨)가보

상대(商代)에 이르러 중국의 가장 원시적이고 가장 오래된 문자인 갑골로 기록된 갑골가보가 등장했다.

갑골가보란 거북껍질이나 짐승의 뼈에 문자를 새겨서 가족의 세계(世系)를 기록하는 형태의 가보를 말한다. 문자가 출현하기 이전에 가족 구성원은 자신의 조상을 기억하기 위해 구전이나 결승에 의존해야 했다. 그러나 시간이 흘러가면서 기억에는 오차가 생기기 마련이었다. 그리하여 문자가 등장한 후에 사람들은 갑골에 글자를 새겨서 사건을 기록하기 시작했다. 원래 '갑(甲)'이란 거북의 껍질이고, '골(骨)'이란 짐승의 뼈, 특히 소의 어깨뼈를 지칭한다. 가족의 세계에 이름을 기록했던 갑골, 즉 거북껍질과 짐승 뼈에 새긴 가보가 바로 갑골가보이다.

관련 전문가의 연구에 의하면 갑골 중에는 3개의 갑골 파편이 가장 오래된 가보에 속한다고 한다. 그중 첫 번째는 용경(容庚) 등이 편찬한 『은계복사(殷契卜辭)』에 수록된 209번이고, 두 번째는 동작빈(董作賓)이 저술한 『은허문자을편(殷墟文字乙編)』에 언급된 4856번이며, 마지막은 『고방이씨장갑골복사(庫方二氏藏甲骨卜辭)』에 수록된 1506번의 갑골이다.[46] 진몽가(陳夢家)는 첫 번째 갑골문(甲骨文)에 대하여 '□의 아들인 □, □의 아들인 □'라는 내용을 해석했다. 두 번째 갑골문은 '추타(帚妥)의 아들은 단(亶)'으로 이해했

45 常建華, 『宗族志』, 上海人民出版社, 1998, 227쪽.
46 陳夢家, 『殷墟卜辭綜述』, 中華書局, 1988, 499쪽.

다. 세 번째 갑골은 큰 소의 어깨뼈인데, 크기는 세로가 약 22cm이고 가로는 약 22.5cm에 달한다. 뼈의 정면에 새긴 글자는 모두 13개의 행으로 이루어졌고, 첫 행은 5자이고 나머지 행은 모두 4자이다. 그리고 행관(行款)은 위에서 아래로, 우측에서 좌측으로 배열하면서 글자를 새겼다.(〈경편 그림 1-4〉 참고)

<경편 그림 1-4> 소 어깨뼈에 수록된 아씨(兒氏) 가보

진몽가(陳夢家)는 위의 갑골문[47]을 다음과 같이 해석했다.

아(兒)의 조상은 취(吹)이다.
취의 아들은 [illegible]이다.
[illegible]의 아들은 막(寞)이다.
막의 아들은 작(雀)이다.
작의 아들은 일(壹)이다.
일의 동생은 계(啓)이다.
일의 아들은 상(喪)이다.
상의 아들은 양(養)이다.
양의 아들은 홍(洪)이다.
홍의 아들은 어(御)이다.
어의 동생은 [illegible]이다.
어의 아들은 [illegible]이다.
[illegible]의 아들은 [illegible]이다.

세 번째 갑골(甲骨)은 미국 장로회 출신 선교사인 방법렴(方法斂)이 중국 산동(山東) 유현(濰縣)에 거주했던 1903~1909년 시기에 유현에서 구매한 것으로, 지금은 대영박물관에 보관되어 있다.

세 번째 갑골에 새긴 복사(卜辭)의 내용은 완성도가 매우 높은데 귀족출신 가족의 세

47 陳夢家, 『殷墟卜辭綜述』, 中華書局, 1988, 499쪽.

계(世系)를 수록했다. 내용을 보면 아씨 가족의 총 14명 이름을 기록했는데, 그중 부자(父子)관계는 11명, 형제관계는 2명, 관계가 불분명한 것은 1명이었다. 즉 이 갑골가보는 적어도 11대에 달하는 가족의 세계를 기록하고 있는 매우 진귀한 실물가보에 속한다. 그렇기 때문에 해당 갑골의 진위(眞僞)를 두고서 많은 논의를 일으키기도 했다. 이와 관련해서 호소석(胡小石), 동작빈(董作賓), 곽말약(郭沫若), 용경(容庚), 당현(唐玄), 김상항(金祥恒), 엄일평(嚴一萍), 호후선(胡厚宣) 등은 이를 위작으로 판단했다. 중국사회과학연구원의 역사연구소 연구원인 호후선은 1979년 중국고문자연구회 제2차 연회에서 「갑골문 '가보조각'의 진위 문제에 관한 재검토(甲骨文'家譜刻辭'眞僞問題再商榷)」라는 발표문을 통해 갑골 파편의 흔적, 글자체, 의미, 문례(文例), 인명, 서법형식, 필적 등 여러 방면의 분석을 통해 해당 갑골을 위조품이라고 단정했다. 반면에 장정랑(張政烺), 손해파(孫海波), 시마 쿠니오(島邦男), 의진(儀眞), 우성오(于省吾), 조석원(趙錫元), 요종이(饒宗頤), 이학근(李學勤) 등은 이를 진품으로 주장했다. 특히 우성오는 「갑골문 '가보각사'의 진위판단에 대하여(甲骨文'家譜刻辭'眞僞辨)」라는 논문에서 호후선의 주장에 대해 이르길 "한 치의 의심도 없이 확신만 한다."라는 이유로 반대의견을 제시하고 갑골이 진품임을 주장했다. 진몽가(陳夢家)는 1949년 이전의 저술에서는 해당 갑골을 위작으로 판단했지만, 1956년에 출간된 『은허복사종술(殷墟卜辭綜述)』에서는 주장을 바꾸어 진품이라 주장했다. 최근 들어 대다수의 학자들은 해당 갑골을 진품으로 보고 있다. 대만연합보(臺灣聯合報)의 국학문헌관(國學文獻館)은 1985년에 제3차 아시아 족보 학술세미나(第三屆亞洲族譜學術硏討會)를 개최했다. 여기서 장병권(張秉權)은 「중국 최초의 가보: 소의 갑골상의 아씨가보(中國最早的家譜: 牛胛骨上的兒氏家譜)」를 발표했다. 그는 발표문에서 최근 100여 년 동안 전개된 진위 문제에 대한 논쟁을 회고하면서 '가보각사(家譜刻辭)'가 출현했던 시기를 근거로 자신의 의견을 개진했다. 그는 이르길 "나는 이를 진품이라 확신하고, 우리가 현재 볼 수 있는 중국 최초의 가보라고 본다."[48]라고 했다.

진몽가는 이 갑골을 무정(武丁)시대에 만들어진 것으로 판단했다. 무정은 지금으로부터 약 3,200여 년 전 상(商)나라 제10대의 23번째 왕이었다. 우리는 실물의 갑골가보를 통해 약 3,000여 년 전 상나라 시대부터 도표형식으로 가족 세계(世系)상의 인물을 기록한 가보가 이미 출현했다는 사실을 확인할 수 있다.

앞서 상술한 3가지 실물가보에 수록된 이름은 모두 상나라 선대의 군주와 왕의 보

---

48 張秉權, 「中國最早的家譜: 牛胛骨上的兒氏家譜」, 『第三屆亞洲族譜學術硏討會會議記錄』, 臺灣聯合報文化基金會國學文獻館 編, 經聯出版事業公司, 1987.

계(譜系)에서는 발견되지는 않는 인물이다. 이 점은 아마도 이런 이름들이 상나라 왕실에 속한 자들이 아니었기 때문일 것이다. 그렇다면 왕족 외에 일부 명문가도 문자로 기록한 가족의 세계를 이미 보유하고 있었다는 추론이 가능하다. 3가지 가보 중에 첫 번째와 두 번째는 비록 문자는 많지 않지만 매우 희귀하게 여겼다. 일부 학자는 세 번째 1506번 갑골가보를 위작으로 의심했는데, 그런 이유는 가보에 사용된 단어가 다른 복사(卜辭) 사례(辭例)와는 달랐기 때문이다. 그럼에도 첫 번째와 두 번째 가보는 "모모(某某)의 아들은 모모이다."라는 사례의 형태를 보여 준다. 이는 1506번 가보가 믿을 수 있는 진품이라는 증거이다.[49] 3가지 가보의 세계는 모두 부계(父系)이고 "모모의 아들은 모모이다." 혹은 "모모의 동생은 모모이다."라는 형식으로 기록했다. 반면에 "모모의 딸은 모모이다."라는 형식은 볼 수 없었다. 이것은 가족 구성원은 남성만이 가보에 수록되는 지위에 있었고 여성은 이런 지위가 없었다는 것이다. 이를 통해 우리는 상나라를 시작으로 부계통치가 이미 절대적인 지위를 확립했다는 사실을 알 수 있다.

6. 청동(青銅)가보

상나라 시기에 갑골가보와 함께 출현했던 실물가보가 바로 청동가보이다. 청동가보란 청동기에 글자를 수록해 기록한 가보를 말한다. 청동은 동(銅)과 주석(朱錫)을 합금해서 만든 금속이다. 청동의 주요 성분은 동인데, 그 속에 일정한 비율로 주석을 첨가해 주조를 통해 만든 기물(器物)이고, 청회색을 띠기 때문에 청동이라 부른다. 청동가보는 일명 금문(金文)가보라 부르기도 한다.

현존하는 청동기 중에 상나라 후기에 주조된 4점은 특별히 가계(家系)의 이름을 기록한 가보로 모두 나진옥(羅振玉)의 『삼대길금문존(三代吉金文存)』에 수록되어 있다.[50] 하나는 '조정(祖丁)'의 과인데 일명 '조을(祖乙)'의 과라고도 부르며 총 6글자가 기록되어 있다. 그 명문(銘文)을 나열하면 다음과 같다.

조(祖)	조(祖)	조(祖)
정(丁)	기(己)	을(乙)

49 楊冬荃, 「中國家譜起源研究」, 『譜牒學研究』(第一輯), 1989, 59쪽.

50 羅振玉, 『三代吉金文存』, 中華書局, 2005, 1954~1957쪽.

나머지 세 점은 모두 이주(易州)[51] 지역에서 출토되어 현재 요령성박물관(遼寧省博物館)에 소장 중인 청동과(青銅戈)인데, 청동에 기록된 과의 명문을 해석하면 각기 다음과 같다.

첫째, '태조일기(大祖日己)'의 과는 모두 22개 문자인데, 해당하는 명문을 나열하면 다음과 같다.

태(大)						
조(祖)	조(祖)	조(祖)	조(祖)	조(祖)	조(祖)	조(祖)
일(日)	일(日)	일(日)	일(日)	일(日)	일(日)	일(日)
기(己)	정(丁)	을(乙)	경(庚)	정(丁)	기(己)	기(己)

둘째, '조일을(祖日乙)'의 과는 모두 24개 문자인데 명문을 나열하면 다음과 같다.

	대(大)	대(大)	중(中)			
조(祖)	부(父)	부(父)	부(父)	부(父)	부(父)	부(父)
일(日)	일(日)	일(日)	일(日)	일(日)	일(日)	일(日)
을(乙)	계(癸)	계(癸)	계(癸)	계(癸)	계(癸)	기(己)

셋째는, '대형일기(大兄日己)'의 과(戈)로 모두 19개 글자인데 명문을 나열하면 다음과 같다.

대(大)					
형(兄)	형(兄)	형(兄)	형(兄)	형(兄)	형(兄)
일(日)	일(日)	일(日)	일(日)	일(日)	일(日)
기(己)	무(戊)	임(壬)	계(癸)	계(癸)	병(丙)

'조정과(祖丁戈)'에 기록한 것은 3개, 혹은 3대의 조상 이름이다. 수록한 이름은 모두 간지(干支)로 명명했는데, 이런 형태적인 특징을 보면 대략 상대(商代)에 제작된 것임

51 이주(易州): 현재 하북성(河北省) 이현(易縣)을 지칭한다. (역자 주)

을 알 수 있다. 나머지 3점의 청동과에 대해서 일부 학자는 동시에 제작된 것으로 판단해 '삼과(三戈)'로 명명하기도 했다. 혹은 이주(易州)라는 지역에서 출토되어 '이주삼과(易州三戈)'로 부르기도 한다. 그중 첫 번째 명문은 태조(大祖) 외에 6조(祖)가 병렬된 형태라서 이를 '육조과(六祖戈)'라고도 부른다. 두 번째 명문은 한 명의 조를 제외하고 6명의 부(父)가 모두 병렬되어 있어 이를 '육부과'라고 부른다. 세 번째 명문은 6명의 형(兄)이 병렬되어 있기 때문에 '육형과(六兄戈)'라고 부른다.(<경편 그림 1-5> 참고)

진몽가(陳夢家)는 『은허복사종술(殷墟卜辭綜述)』에서 이상의 과에 대해 다음과 같이 언급했다. 즉 "이런 3개 과의 특징은 (1) 안쪽의 꽃무늬 문양이 모두 비슷하다. (2) 명문을 순서대로 읽을 때, 칼날은 위쪽을 향한다. (3) 명문을 좌측부터 읽으면 칼끝에서 내측에 이른다. 이런 세 가지 특징은 '삼조과(三祖戈)', 즉 '조정'과 동일하다. 명문을 순서대로 읽으면 칼날은 위쪽을 향하는데, 이 점을 통해 보면 주조된 과는 실제로 사용된 것이 아니라 진열해 배치해 놓은 의장(儀仗)용이다."[52]라고 했다.

양동전(楊冬荃)은 다음과 같이 주장했다. 즉 "간단하게 조상과 형제의 세계(世系), 기일(忌日) 등을 기록한 동과(銅戈)는 조묘(祖廟)에 진열되어 제사를 지내거나, 또는 세계를

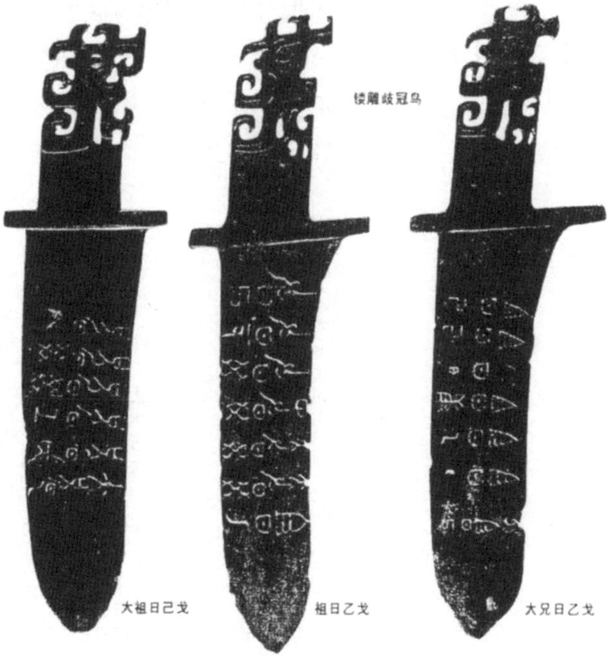

<경편 그림 1-5>
청동(青銅)가보 '이주삼과(易州三戈)'

52 陳夢家, 『殷墟卜辭綜述』, 中華書局, 1988, 500쪽.

기록하는 매체였다. 즉 동과는 문자기록의 매체로 이곳에 가보를 기록했다. 이를 통해 후손들이 조상의 기일을 잊지 않고, 때에 맞춰 제사를 지내도록 하기 위해 세계를 기물(器物)에 기록해 영구히 보존하려고 했던 것이다. 이는 후대인이 조상의 이름과 기일(忌日)을 돌에 새기거나, 혹은 이를 종사(宗祠)와 가묘(家廟)에 진열하는 의도와 완전히 일치하는 것이다."라고 했다.

양동전은 더 나아가 다음과 같이 언급했는데, "삼과(三戈) 중 8명의 조는 시조(始祖) 이하부터 제부(諸父)의 세대까지 여러 세대의 조상일 가능성이 많아 보인다. 그렇다면 시조부터 제부 사이에는 몇 대의 세대를 거쳤을까? 이에 대한 가설은 각 조부마다 계승하는 자손이 있었을 것이다. 부 세대의 3가지 부류는 각기 상응하는 조부에서 나와서 조부 3명과 연결된다. 그리고 3명의 조부는 한 명의 증조부에서 나와서 3명의 증조가 되고, 남은 두 명의 증조의 조부는 한 명은 고조가 되고, 다른 한 명은 시조가 된다. 이렇게 보면 시조부터 부친까지 모두 5세대가 되고, 제형(諸兄)의 세대까지를 더하면 삼과에서 나열했던 인물처럼 모두 6세대가 된다. 이것은 가장 작은 규모로 계산하는 방법인데, 만약 가장 많은 계산법을 사용하면 8세대까지 도달한다. 즉 부친 세대의 3가지 부류는 각기 한 조부가 있어서 3명의 조부가 되고, 3명 조부는 한 명의 증조에서 나와서 그 이상은 모두 한 명의 자식만을 갖는다. 이렇게 해서 5대 독자인 조부는 5세대가 되고, 나머지 3명의 조부는 제6대이고, 6명의 부친 세대는 제7대이며, 6명의 맏형 세대는 제8대가 된다. 이상을 통해 삼과는 한 가족이 6대에서 8대까지 이르는 가계(家系)를 기록한 보계(譜系)라는 점을 알 수 있다."[53]라고 했다. 양동전의 이러한 주장은 일정한 설득력이 있다.

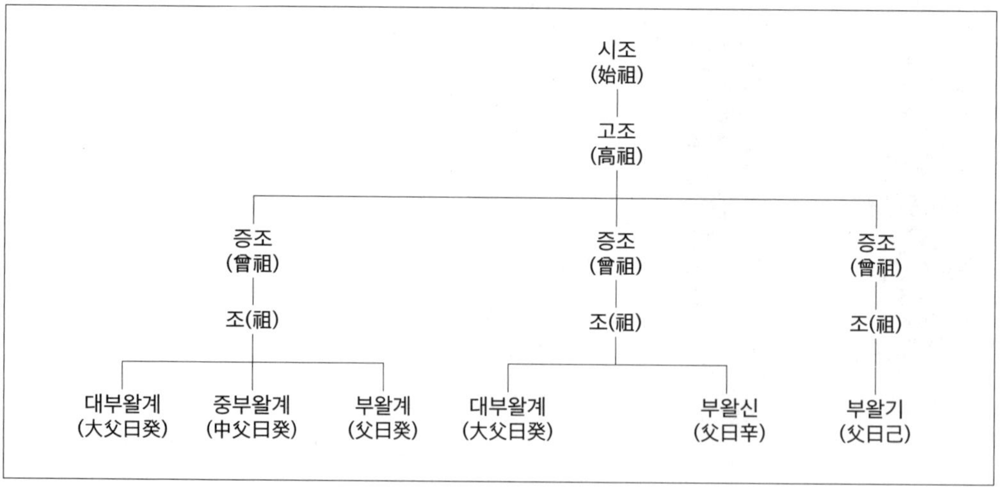

53 楊冬荃, 「中國家譜起源硏究」, 『譜牒學硏究』(第一輯), 1989, 63~66쪽.

상나라 시기에 등장한 갑골가보와 청동가보는 구전가보와 결승가보에 비해 커다란 발전을 이루었는데, 심지어 비약적이라 할 수 있을 정도였다. 갑골가보와 청동가보는 문자로 기록했던 실물의 매체였고, 중국 역사상 처음으로 문자로 한 가계(家系)의 이름을 수록한 최초의 실물가보이다.

앞서 상술한 몇 개의 갑골가보와 청동가보는 그 내용이 비교적 간단해서 세계의 이름, 부자와 형제의 세계만을 기록했을 뿐, 가족과 관련된 다른 내용은 전혀 언급하지 않았다. 비록 갑골가보는 구전가보와 결승가보와 비교할 때 큰 발전을 이루었지만, 그럼에도 여전히 원시적이고 오래된 가보에 머물러 있었다.

그렇기 때문에 내용이 풍부하거나 체례(體例)가 구비된 성숙한 의미의 가보는 아니었다. 중국사에서 갑골가보와 청동가보는 구전가보, 결승가보와 함께 가장 오래된, 그리고 가장 원시적인 형태로 모두 맹아기에 속하는 가보이다.

2
중국 가보의 탄생

중국의 가보는 씨족사회와 하상(夏商) 시대를 거치며 점차 원시적인 형태에서 벗어났고, 주(周)나라에 이르러서는 새로운 발전 단계로 접어들게 된다. 주나라는 씨족조직으로부터 변화해 온 혈연을 기초로 하는 종법제도, 즉 적장자(嫡長子) 상속제를 실시했기 때문이다. 종법제도에 따라 주나라의 왕은 스스로를 천자라 칭하고, 왕위는 적장자손 즉 종자(宗子)에게만 계승되었다. 천자의 적장자 이외의 아들과 서자(庶子)[1]는 제후로 분봉되고, 제후의 직위는 또한 그의 적장자손에게 계승되었다. 제후의 적장자 이외의 아들과 서자는 경대부로 분봉되었다. 경대부로부터 사(士)[2]까지의 대종(大宗) 및 소종(小宗)[3]의 상속제도도 천자나 제후의 경우와 같다. 이런 대종, 소종의 관계는 상대적이다. 주나라의 왕은 대종이고, 주나라 왕의 입장에서는 제후가 소종이다. 하지만 제후의 읍(邑)에서 제후는 대종이 되고, 경대부는 제후의 입장에선 소종이 되는 것이다. 천자는 주나라의 적장자, 제후는 나라의 적장자, 경대부는 한 가문의 적장자이다. 천하, 나라, 가문에서는 대종만을 적장자라 부르고, 종자는 천하, 나라, 가문의 계승권을 갖는다. 종법제도에 따라 종자는 천하, 나라 및 가족의 소유권을 갖는다. 종자는 해당 종족의 통치적 지위를 차지하여 제사와 점복을 주관하고 종족 구성원을 통합하고 종족의 사무를 관리하는 권리를 갖

1 서자(庶子): 첩에게서 낳은 아들을 일컫는다. 첩은 정식 부인은 아닐지라도 고대 일부다처사회에서 어느 정도 합법성을 띠고 용인되었다. 따라서 첩을 통해 태어난 자녀들에게도 일정 지분의 유산이나 재산이 상속되었다. (역자 주)

2 사(士): 중국 고대 주나라 시대에 하나의 계급이었으나 진한(秦漢) 시기 이후에 계급의 구별은 없어졌다. (역자 주)

3 대종은 씨족 등의 시조로부터 맏아들로 이어져 내려오는 적장계이다. 갈라져 나간 방계인 소종에 상대되는 말로 쓰기도 한다. (역자 주)

는다. 또한 종족의 무장을 통솔하는 책임과 타 종족 구성원에 대해 통치권을 갖는다. 천자부터 사민(士民)까지 계층마다 분봉하여 혈연관계에 따라 재산과 권력을 분배함으로써 노예제의 통치를 공고히 하고자 한다. 이를 통해 우리는 종법제도 역시 가족 제도라는 것을 알 수 있다. 종법제도의 핵심 내용으로 가족 내에 적장자만이 씨족의 이름과 선조의 작위를 물려받을 수 있기 때문에 여타의 후손들이 씨족 혹은 가족 승계의 방계인 또 다른 소종을 세울 수밖에 없었다. 이러한 엄밀한 신분등급제도의 필요로 "세계(世系)를 보첩(譜牒)에 수록해 제사를 지냄에 소목(昭穆)을 분별했다."[4] 혈연관계, 적자와 서자, 장유의 항렬을 기록하는 가보가 주나라에 크게 발전했다. 각 귀족들이 조상을 추존하기 위해 정이(鼎彝)에 해당 가족의 세계와 활동을 새길 뿐만 아니라 주나라와 각 제후국에 전국 귀족들의 가보를 기록하고 관리하는 관직을 설치함으로써 체계적인 사관(史官)의 계보(系譜) 편찬 제도를 설립했다. 사관의 계보편찬 제도는 후에 많은 보학자를 배출하여 중국에서 최초의 보학(譜學) 저술들이 등장하는 계기가 되었다. 이는 중국 가보가 주나라에서 정식으로 탄생했음을 의미한다.

1. 주대 체계적인 계보(系譜)의 출현

주(周)나라에서는 각 귀족들이 조상을 추존하기 위해서 청동기에 가족 세계(世系)를 새겼다.

주나라에서 보편적으로 시행되던 세습제도는, 사람들에게 '혈통'의 중요성을 인식시키고, 자기 조상에 대한 숭배의식을 강화시켰다. 그들은 정이와 같은 예기(禮器)에 명문(銘文)을 주조하는 방식으로, 조상에 대한 숭배와 효도를 표현하는 동시에 조상의 지위를 과시하고 자찬했다. 상(商)나라 말기에 주나라 사람들의 발상지였던 주원(周原)[5]에서 청동기가 대량으로 출토되었는데, 그것들은 주로 주나라 귀족들이 새긴 청동기 제기(祭器)였다. 이들 청동기의 명문에서는 일반적으로 조상의 이름과 미덕(美德), 공훈(功勳) 또는 포상(褒賞)을 기술하고, 명문 끝에 주조한 사람의 이름을 새겨 넣었다. 이와 같이 명문을 새긴 예기는, 보통 제기로 종묘에 진열되었다. 자손마다 각각 그 조상을 위한 명문을

4 『周禮·春官·小史』: "奠世系, 辨昭穆。" (역자 주)

5 주원(周原): 고대 중국 주나라가 있던 곳이다. 서안(西安)의 서쪽 약 100km, 위하(渭河)의 북쪽 기산(岐山) 남쪽 기슭의 지역이다. (역자 주)

새긴 청동기를 주조한 뒤, 차례대로 진열하여 조상의 행장(行狀)을 기록했을 뿐만 아니라, 그의 가족 세계를 보존했다. 한 가문의 종묘에 있는 명문을 새긴 기물(器物)은, 한 세대에 한 번씩 증수(增修)하여, 대대로 축적되어 가보가 되었다. 조상을 추존하는 의미로 새긴 제기는, 사실상 주나라의 사찬(私撰)가보인 셈이다.

주나라의 정이제도에 관하여『예기(禮記)·제통(祭統)』에 따르면, "정에 명(銘)을 새기는데, 명은 기물에 자기 이름을 기록하는 것이다. 자기 이름을 기록하면서 선조의 미덕을 일컬어 후세에 분명히 드러낸다. 선조에게는 모두 미덕도 있고 잘못도 있겠지만, 명의 의리는 미덕만 칭하고 잘못은 칭하지 않는 것이다. 이것이 효자와 효손의 마음이니, 오직 현자만이 할 수가 있다. (중략) 명은 그 선조의 덕선(德善), 공렬(功烈), 훈로(勳勞), 경상(慶賞), 성명(聲名)이 천하에 열거할 수 있음을 논찬해서 이를 제기에 새겨서 스스로 그 이름을 이루고 선조를 제사지내는 것이다."[6]라고 했다. 주가(注家)[7]는 "명은 글을 올리고 새겨서 이를 알리는 것이다. 자명이라는 것은 그 조상의 덕을 칭송하고, 그 이름을 아래에 새기는 것이다."[8]라고 했다. 위에서 알 수 있듯이, 명은 자손들이 조상들을 추존하는 글을 종묘 제기에 새기는 것이다. 그리고 반드시 자신의 이름을 문장 끝에 기록했다. 명문은 선조의 미덕만을 칭송하고, 잘못을 언급하지 않았다. 그 내용들은 일반적으로 조상의 덕선, 공로, 훈로, 경상, 성명 등의 행장이 기록되었다. 이와 같이 조상의 이름에 자기 이름을 붙이면 가족 세계가 되는데, 이 외에도 선조들의 행장이 기록되어 있다. 한 가문의 모든 이런 정(鼎)의 명문에는, 가족 세계와 행장이 기록되어 있다. 이것은 후세의 많은 가족 세계와 행장이 기록된 가보들과 내용 면에서 크게 다르지 않다. 정의 명문에서 처음으로 쓰였던 이런 "미덕만을 칭송하고, 잘못을 언급하지 않는다."라는 기술 원칙은, 후세의 가보 편찬자들에게도 채택되었다.[9]

주나라의 조상을 추존하던 제기는 오늘날에도 일부가 세상에 전해지고 있다. 이 중에서 일부는 조상의 여러 세대를, 일부는 몇 세대만을 기록하고 있다. 세대와 이름만 적혀 있는 것도 있고, 조상의 행장(行狀)이 상세히 기록되어 있는 것도 있다.

현존하는 주나라의 기물 중에는, 아들이 아버지를 위해 주조한 경우가 많다. 일반적

6 『禮記·祭統』: "夫鼎有銘, 銘者, 自名也, 自名以稱揚其先祖之美, 而明著之後世者也。爲先祖者, 莫不有美焉, 莫不有惡焉, 銘之義, 稱美而不稱惡。此孝子孝孫之心也。唯賢者能之 (中略) 銘者, 論撰其先祖之有德善, 功烈、勛勞、慶賞、聲名, 列於天下, 而酌之祭器, 自成其名焉, 以記其先祖者也。"

7 주가(注家): 고전문헌을 주석하는 사람을 일컫는다. (역자 주)

8 『十三經注疏·禮記』卷49: "銘爲書之刻之以識事者也。自名謂稱其先祖之德, 著己名於下。"

9 楊冬荃, 「周代家譜研究」, 『譜牒學研究』(第2輯), 文化藝術出版社, 1991, 37쪽.

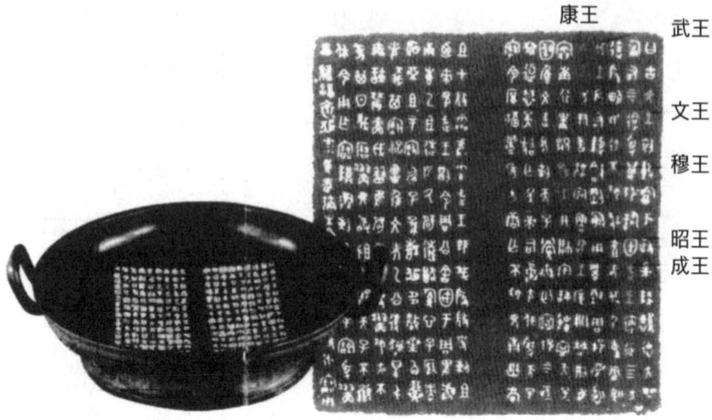

<경편 그림 2-1>
「장반(墻盤)」 탁본

으로 주조하는 사람의 이름과 추존하는 아버지의 이름을 같이 새김으로 자연스럽게 부자(父子) 간 2세대의 세계(世系)가 이루어지는 것이다. 예를 들어서 「창존(昌尊)」의 명문(銘文) 중에 "창(昌)이 일경(日庚)을 추존하기 위하여 글을 쓰고, 제기(祭器)를 주조했다."[10]라는 구절이 있다. 즉, 아들인 창은 그의 아버지 일경을 추존하기 위해 제기를 주조했고, 즉 일경과 창이 부자인 2세대임을 나타냈다. 반면에 여러 세대를 기록한 제기도 있다. 「진공종(秦公鐘)」의 명문 중에 "진공(秦公)이 이르길 우리 선조는 천명을 받들어, 봉지(封地)를 하사받았다. 위풍당당한 문공(文公), 정공(靜公), 헌공(憲公)은 이미 돌아가셨다. (중략)"[11]이란 구절에서 진양공(秦襄公)을 시조(始祖)로 문공, 정공, 헌공의 4대가 넘게 순서대로 나열되어 있다. 여기에 제기를 주조한 진공 즉 진무공(秦武公)을 추가하면 5세대의 세계가 형성된다.

오늘날까지 전해져 내려오는 청동 명문에서, 가족 세계를 가장 체계적으로 기록한 것은 1976년에 섬서(陝西) 부풍장(扶風莊) 백촌(白村)에서 출토된 미씨(微氏) 가족의 제기와 2003년에 섬서 미현(眉縣) 마가진(馬家鎮) 양가촌(楊家村)에서 출토된 선씨(單氏) 가족의 제기이다.

1976년에 섬서 부풍장 백촌에서 출토된 미씨 가족 제기 중에 가족 세계를 다룬 것은 「장반(墻盤)」과 「응종(應鍾)」이다.(〈경편 그림 2-1〉 참고)

「장반」의 명문은 다음과 같다.

---

10 「昌尊」: "昌作文考日庚寶彝。" (역자 주)

11 「秦公鍾」: "秦公曰: 我先祖受天命賞宅受國, 剌剌昭文公、靜公、憲公不墜於上。(中略)" 본문은 『殷周金文續錄』, 四川人民出版社, 1984를 참조.

옛날에 문왕(文王) 초기에 그의 관할지에서는 정치가 잘 이루어지고 사람들이 화목하자 은(殷)나라의 왕은 은혜를 베풀어 문왕을 중용했다. 문왕은 점차 큰 업적을 이루며 만방의 추대를 받았다. 강역을 이어받은 무왕(武王)은 사방을 정벌하여 은(殷)나라 국민에게 널리 알려졌다. 융적(戎狄)을 영원히 복종시켰고 원정(遠征)으로 견이(犬夷)와 동려(童黎)를 벌했다. 법도(法度)를 창시한 성왕(成王)은 매우 현명했으며 주변에는 보좌하는 중신들이 있었다. 성격이 강직한 곤(鯀)은 다시 교사(郊祀)[12]를 하게 되니 주(周)나라로부터 큰 은덕을 입은 것이었다. 강왕(康王)이 필공(畢公)에게 명하여 성주(成周)란 도시를 다스리게 하여 강역의 관리를 더욱 탄탄하게 했다. 초형(楚荊) 지역이 공물을 바치지 않아 능력 있는 소왕(昭王)이 여러 번 그 지역을 순시하자 공물을 바치기 시작했다. 천자는 하늘의 아들이고 신하와 국민을 다스렸고 종종 위급함에 처한 백성들을 도왔다. 형벌은 태호(太昊)로부터 생겼지만 호제(昊帝)도 역시 멸망했다. 우(禹)의 아버지인 곤은 요(堯)를 거스르는데 우가 오히려 천자가 되어 복이 두둑하고 풍년에 들었다. 우는 형벌을 쓰지 않았는데, 이에 만이(蠻夷)는 모두 탄복했다. 우리 미씨(微氏)의 고조(高祖)가 미(微), 영(靈)이란 곳에서 염제(炎帝)에게 지내는 제사를 주재했다. 무왕이 은나라를 토벌하자 고조 미자(微子)는 열조(烈祖)인 적(迪)을 보내 무왕을 만나러 갔으며, 무왕은 주공(周公)을 시켜 미자를 주원(周原) 아래에 살게 했다. 용감하고 지혜로운 을조(乙祖)인 달(達)은 계량법에 통달하고, 주왕의 은혜에 보답하기 위하여 정성껏 장기적인 계획을 세우고 낮밤을 지새우며 대기했다. 아조조신(亞祖祖辛)은 자손에게 조상을 잊지 않도록 교육시켰다. 그에게는 자손이 많았으며 자손 모두가 장래성이 있어서 기대와 기쁨을 주었다. 젊고 기력이 왕성한 아버지의 성명은 을공거(乙公遽)이다. 밤새도록 장(墻)에게 공부하도록 했다. 이런 날은 중단이 없었지만 나는 감히 거스를 수 없었다. 이제 천자의 성지를 받들어 보기(寶器)를 만든다. 역대 조상님 그리고 아버지! 장이 정중히 엎드려 올리는 절을 받으십시오. 나는 성심을 다해 오래된 일을 이 보기에 기록했으니, 이 보기를 자자손손 만대에 영원히 보전하리라.[13]

---

12 교사(郊祀): 중국 고대에서 황제가 교외(郊外)에서 하늘 또는 땅을 받들어 제사를 말한다. 유가 경전인 『예기(禮記)』와 『주례(周禮)』에 관련 기록이 있다. (역자 주)

13 「墻盤」: "曰古文王初, 盭龢於政, 上帝降懿德大甹, 匍有上下, 迨受萬邦; 䍙圉武王, 遹征四方, 達殷畯民, 永不鞏狄虘, 長伐夷童; 憲聖成王, 左右綬會剛鯀, 用肇徹周邦; 肅哲康王, 兮尹啬彊; 宖魯昭王, 廣能楚荊, 惟寏南行; 覭景穆王, 井帥宇海, 䭫寧天子, 天子圂屖, 文武長剌, 天子壽無匄。搴祁上下, 亟獄桓慕, 昊炤亡吴, 上帝司夒, 九保受天綰命, 厚福豐年, 方蠻亡不䫑見靑幽高祖, 甲微靈處。雩武王既𢦏殷, 微史烈祖乃來見武王, 武王則命周公舍宇于周卑處。勇惠乙祖, 逨匹氒辟, 遠猷匐心, 子厩炎明亞祖祖辛, 竅毓子孫, 緐髮多孷, 栗角龔光, 儀其禋祀。甫䢔文考乙公遽趠。貴屯無諫, 農穡歲嗇, 惟辟孝友, 史墻夙夜不墜, 其日蔑歷, 墻弗敢沮, 對揚天子

이상의 명문(銘文)은 모두 284자이며, 먼저 주나라 초기의 문왕(文王), 무왕(武王), 성왕(成王), 강왕(康王), 소왕(昭王), 목왕(穆王) 6대의 세계(世系)를 열거했다. 이어 6대의 왕과 동시대의 미씨 가문인 고조(高祖), 열조(烈祖), 을조(乙祖), 아조조신(亞祖祖辛), 고을공(考乙公) 5대 조상의 행장(行狀)을 기록했고, 제기(祭器)를 주조한 장(墻)까지 포함하여 6세대를 기록했다. 즉,

고조 → 열조 → 을조 → 아조 조신 → 문고 을고 → 장

장(墻)이 죽은 후 장의 아들인 웅(癲)은 「웅종(癲鍾)」을 주조하여, 본인의 3대 조상을 추기했다. 「웅종」의 명문은 아래와 같다.

> 우리 혁혁한 선조는 위풍당당하며 현명하다. 사람을 잘 알아보고 적재적소에 등용하며, 지혜와 덕행이 있는 사람이다. 고조신공(高祖辛公), 문조을공(文祖乙公)과 황고정공(皇考丁公)을 보좌하여 충성을 다했다. 선조를 추존하기 위해 청량한 종을 주조한다. 선조가 왕성한 기세로 복락과 장수를 나에게 가져다주시기를 바라며 마음이 너그럽고 죽을 때까지 높은 벼슬과 많은 녹봉, 그리고 장수와 강녕을 주시기를 바란다. 이 종을 영원히 누리도록 한다.[14]

「웅종」은 3대 조상의 행장과 본인인 웅을 포함하여 4세대를 기록했다.

고조신공(高祖辛公) → 문조을공(文祖乙公) → 황고정공(皇考丁公) → 웅(癲)

「웅종」의 명문 중의 황고정공은 바로 「장반(墻盤)」의 명문 중의 장과 같은 사람이다.

不顯休命, 用作寶䵼彝。烈祖文考, 弋䆿授墻, 爾䵼福褱、䵼、黃耇、彌生、龕事厥辟, 其萬年永寶用。" 본문은 『殷周金文續錄』, 四川人民出版社, 1984를 참조.

14 「癲鍾」: "興恒夙夕聖趬追孝于高且辛公、文且乙公、皇考丁公龢鑙鐘, 用昭各喜侃樂前文人用禠壽, 匄永令綽綰發錄屯魯、弋皇且考高對爾剌, 嚴在上, 豐豐彙彙融妥厚多福, 廣啟癲身, 勵于永令, 懷受余爾䵼福, 癲其萬年齎光, 義神無疆䫉福, 用寵光癲身, 永余寶。" 본문은 『殷周金文續錄』, 四川人民出版社, 1984를 참조.

문조을공은 「장반」 중의 문고을공이며, 고조신공은 「장반」 중의 아조신(亞祖辛)이다. 장은 응의 고(考), 즉 아버지이므로 장의 아버지는 응의 조상이 된다. 장이 아조(亞祖)라고 하면 응은 고조(高祖)라고 불러야 한다. 「장반」과 「응종」의 명문을 합쳐 보면 미씨(微氏) 가문의 7대 세계(世系)를 볼 수 있다. 즉,

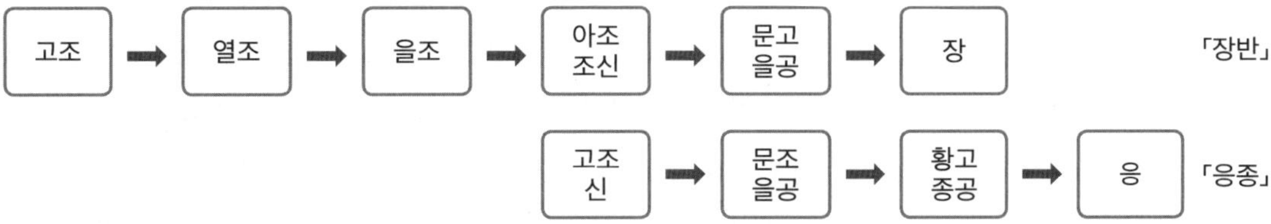

「장반」과 「응종」 두 개의 청동기 제기는 같은 장소에서 출토되었기 때문에, 다행히 「장반」과 「응종」은 같은 가문의 세계가 이어지는 제기로 본다. 이와 같이 세대로 이어진 제기는 당시에 각 귀족 집에서 쉽게 볼 수 있는 것이었다. 모든 세대가 전 세대 또는 조상 세대를 위해 명기(銘器)를 주조하여, 각 세대의 명기는 종묘에 순서대로 배열되었다. 그리고 각 명기 중의 인물들은 대대로 계승되어 자연스럽게 이 가문의 온전한 계보(系譜)를 이루었다.[15]

2003년 1월 9일 섬서(陝西) 미현(眉縣) 마가진(馬家鎭) 양가촌(楊家村)에서 서주(西周) 청동기 가마터가 발견되었는데, 모두 27개의 명문 청동기가 출토되었다. 서주 시기의 세가대족(世家大族) 선씨(單氏) 가문의 주기(酒器), 수기(水器), 식기(食器)가 완벽하게 발견되었다. 이번에 출토된 청동기를 학술계에서 '전대미문의 대발견'이라고 여기고 있다.

출토된 27개의 청동기 중에서, 선씨 가문의 세계(世系)를 다룬 것은 주로 「내반(逨盤)」이다. 이것은 높이가 20.4cm, 지름은 53.6cm, 깊이는 10.4cm, 무게는 18.5kg이 되는 제수를 담는 그릇이다. 그 안에 명문은 총 21줄, 한 줄에 17자 총 372자가 새겨져 있다. (〈경편 그림 2-2〉 참고)

「내반」의 명문의 내용을 현재의 한자로 옮기면 다음과 같다.[16]

逨曰: "丕顯朕皇高且(祖)單公, 趄趄克明悊(哲)厥德, 夾𥁕(詔)文王、武王, 達殷, 膺受天魯令

15 楊冬荃, 「周代家譜研究」, 『譜牒學研究』(第2輯), 文化藝術出版社, 1991, 41쪽.

16 劉懷君, 「逨盤銘文試釋」, 『文物』(第6期), 2003.

(命), 匍有四方, 並宅, 厥堇(勤)疆土, 用配上帝。雩朕皇高且(祖)公叔, 克逨匹成王, 成受大命, 方狄不享, 用奠四或(域)萬邦。

雩朕皇高且(祖)新室仲, 克幽明厥心, 頵(柔)遠能埶(邇), 會䢅康王。方褱(鬼)不廷。雩朕皇高且(祖)惠仲盠父, 盭龢於政, 又成於猷, 用會卲(昭)王、穆王, 盜政四方, 撲(撲)伐楚荊。雩朕皇高且(祖)零伯, 粦(瞵)明厥心, 不豙(墜)□服, 用辟龏王、懿王。雩朕皇亞且(祖)懿仲敱, 諫諫克匍, 保厥辟考(孝)王、徲(夷)王, 又成於周邦。雩朕皇考龏叔, 穆穆趩趩, 龢訇(詢)於政, 明陵於德, 享佐剌(厲)王。逨肇𢆶(纘)朕皇且(祖)考服, 虔夙夕敬朕死(尸)事, 肆天子多易逨休, 天子其萬年無疆耆黃耇保奠周邦, 諫辟四方。王若曰: "逨, 丕顯文武, 膺受大令(命), 匍有四方, 則繇唯乃先聖且(祖)考, 夾䢅先王, 爵堇大令(命)。今余唯巠厥乃先聖且(祖)考, 䌛豪乃令, 令汝疋(胥)榮兌䟫司四方吳(虞)、禁(廩), 用宮禦。易汝赤巿幽黃、攸勒。" 逨敢對天子丕顯魯休揚, 用作朕皇且(祖)考寶尊盤, 用追孝於前文人, 前文人嚴在上, 廙(翼)在(下), 數數彙彙降逨魯多福眉壽綽綰, 受余康龢屯又(祐)通錄(祿)永令(命), 霝(靈)冬(終)。逨畯臣天子子孫孫永寶用享。

「내반」의 명문은 총 372자이며, 출토된 27개의 청동기 중에 명문이 가장 많다. 「장반(墻盤)」보다도 100여 자나 많으며, 1949년 이래 출토된 청동기 중 최고라고 할 수 있다. 「내반」의 대략적인 의미는 다음과 같다.

내(逨)가 말하길 "우리 혁혁한 황고조(皇高祖)인 선공(單公)은 위풍당당하며 현명하다. 사람을 잘 알아보고 적재적소에 등용하며, 지혜와 덕행이 있는 사람이다. 그는 하늘에서 임명을 받은 문왕(文王)과 무왕(武王)을 보좌하여 상(商)나라를 토벌했고 사방의 제후국을 정벌하여 주(周)나라를 세웠다. 그리고 국가 일을 열심히 처리하여 하늘의 뜻에 순응했다. 나의 황고조인 공숙(公叔)은 성왕(成王)을 보좌하여 충성을 다했고, 중요한 임무를 책임졌다. (당시에) 북쪽의 융적(戎狄)은 천자에게 조공(朝貢)하지 않았고 (성왕은) 사변(四邊)을 안정시켰다. 우리 황고조인 신실중(新室仲)은 침착하고 영명하며, 가까운 곳에 있는 사람을 평안하게 하고, 먼 곳에 있는 사람은 귀순(歸順)하도록 하여, 사방의 제후들이 모두 강왕(康王)을 알현하러 왔다. 우리 황고조인 혜중리보(惠仲盠父)는 맡은 바를 충실히 하고 책략이 깊고 원대했다. 그리고 소왕(昭王), 목왕(穆王)을 보좌하여 사방을 관리하고 초(楚)나라를 토벌했다. 우리 황고조인 영백(零伯)은 머리가 좋고 눈이 예리하여 맡은 바 책무를 다했고, 공왕(龔王)과 의왕(懿王)을 보좌했다. 우리 황아조(皇亞祖)인 의중설(懿仲設)은 직언(直言)으로 사방의 백성을 타일러 나라를 다스리는 일에 앞장섰고, 효왕(孝王)과 이왕(夷王)을 보좌하여 주나라에 공헌한 바가 컸다. 나의 작고한 아버지 공숙은 단정하고 공손하며, 엄숙하고 신중하며, 덕행이 높았고 정치에 입문하여 여왕(厲王)을 보좌했다. 나는 우리 조부, 아버지의 직분을 계승하여 밤낮으로 자신의 직책을 성실히 수행해 천자로부터 많은 은상(恩賞)을 받았다. 천자께서 만수무강하시어 주나라를 보우하고 사방을 다스렸다."라고 했다. 왕이 "우리 훌륭하고 고귀한 문왕, 무왕은 황천(皇天)에서 대명(大命)을 받아 사방의 제후국을 보살폈다. 이전에 당신의 선인이 선왕을 보좌하고 직무를 다했다. 이제 나는 너의 선조를 추존하는 마음으로 당신의 작위와 녹봉을 다시 사여하기로 한다. 너에게 영태(榮兌)를 보조하여 나라의 농업과 임업을 관리하도록 명한다. 너에게 적색의 앞치마, 검은색의 패옥 어깨띠, 놋쇠로 장식된 혁대 말굴레를 하사한다."라고 말씀하셨다. 내(逨)는 천자의 은상에 감격하여 천자의 미덕(美德)을 칭송하고, 조상을 추존하는 기물(器物)을 만들고 문덕(文德)이 있는 조상들의 선행과 덕행을 상기했다. 문덕이 있는 선조의 위엄스러운 영령이 하늘에 있어 내는 공손하게 살고 있다. 선조가 왕성한 기세로 복락과 장수를 나에게 가져다주시기를 바라며 마음이 너그럽고 죽을 때까지 높은 벼슬과 많은 녹봉, 그리고 수복과 강녕을 주시기를 바란다. 천자의 현신(賢臣)인 나의 자손도 이상의 것을 영원히 누리도록 한다.[17]

「내반」 명문(銘文)의 내용을 보면 알 수 있듯이, 「내반」은 주나라의 현혁한 귀족인 선씨(單氏)의 가족 세계(世系)와 행장(行狀)을 기술한 청동가보이다. 내(逨)는 본 청동기의 주인으로 선씨 가문의 8대손이다. 「내반」에서 기재한 내용에 의하면 선씨의 시조(始祖)인 선공(單公)은 문왕(文王)과 무왕(武王)을 보필하여, 상(商)나라를 멸한 후, 주나라가 새로 점유한 토지를 다스렸다. 2대 조상 공숙(公叔)은 성왕(成王)을 보필하여 나라를 다스렸다. 3대 조상 신실중(新室仲)은 강왕(康王)을 보필하여 주변을 안정시켜 가까운 나라와 친교를 맺고 국정을 처리했다. 4대 조상 혜중리보(惠仲盠父)는 소왕(昭王)과 목왕(穆王)을 보필하여 초(楚)나라를

<경편 그림 2-2> 「내반(逨盤)」 탁본

17 張潤棠, 「眉縣楊家村窯藏青銅器述評」, 『寶雞文理學院報』(第5期), 2003.

토벌하고 국정을 다스렸다. 5대 조상 영백(零伯)은 소임을 다하여 공왕(龔王)과 의왕(懿王)을 보필했다. 6대 조상 의중설(懿仲設)은 효왕(孝王)과 이왕(夷王)을 보필하여 위업을 이루었다. 7대 조상 공숙, 즉 내의 아버지는 덕행이 높았으며 여왕(厲王)을 보필했다. 8대 즉, 살아 있는 내는 주선왕(周宣王)을 보필했으며 임업과 농업을 관장하는 관리였다. (중략) 이것으로 보면 「내반」은 일관된 세계가 뚜렷하고, 내용이 체계적인 청동가보인 것이다. 한 집안 여덟 세대가 주나라 열두 왕을 보필했다는 것은 선씨 가문이 서주(西周) 왕조에서 중요한 지위를 차지하고, 주공(周公)과 소공(召公)에 버금가는 뛰어난 귀족이었음을 보여 준다. 「내반」은 서주 시기의 내용이 풍부하고 자세한 청동기로서, 중요한 사료(史料)적 가치를 지니고 있다. 송대(宋代)의 나필(羅泌)은 『노사(路史)』에서 선씨는 성왕의 아들 즉 진(臻)이 하사한 것에서 기원한다고 언급했다. 하지만 「내반」은 선씨가 문왕과 무왕 시대의 선공에서 기원했다고 명확히 밝히고 있다. 이로써 나필의 『노사』 중에 선씨는 성왕의 아들인 진이 하사한 것에서 기원한다는 기록을 수정했다.

「내반」의 선씨 가문의 8세대와 당시 보필했던 서주의 12명 왕실 세계와 대응시키면 아래의 도표와 같다.

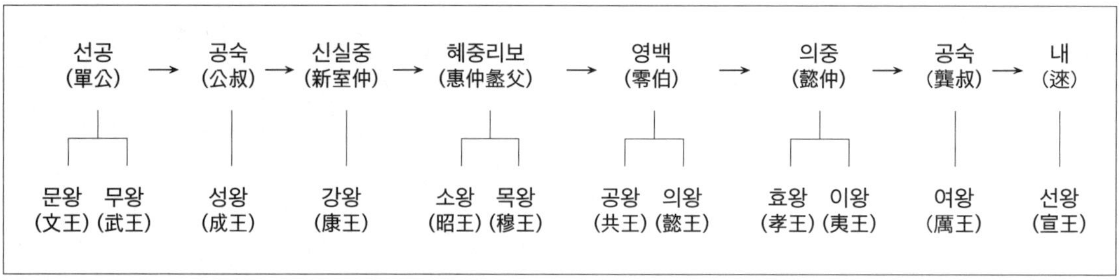

「내반」에서 기술한 서주의 역대 왕의 세계와 1976년에 출토된 「장반(墻盤)」에서 기술한 서주의 역대 왕의 세계는 대단히 중요한 역사학적 가치를 지니고 있다. 1930년대에 성행한 의고학파(疑古學派)[18]는 동주(東周) 이전의 역사는 한동안 논하지 않았고, 사마천(司馬遷)의 『사기(史記)·주본기(周本紀)』에서 기술한 서주 왕실의 세계를 의구심을 품었

18 의고학파(疑古學派): 일명 고사변파(古史辯派)라고 부른다. 중국 근대 5·4운동 이후에 등장한 역사연구에서 등장했고, 특히 고사(古史)의 진위와 고증을 중시했던 학파이다. 대표적인 인물로 호적(胡適), 고힐강(顧頡剛), 전현동(錢玄同) 등이 있다. 이들은 1926~1940년 사이에 『고사변』이란 학술지에 논문을 투고하면서 명명되었다. (역자 주)

다. 일부 학자들은 『사기·주본기』에 열거된 공(共)·의(懿)·효(孝)·이(夷)의 왕 순서가 잘못되었다고 판단했다. 1976년에 섬서(陝西) 부풍장(扶風莊)에서 출토된 「장반」은 미씨(微氏)의 가족 세계(世系)를 기술했는데, 문왕(文王), 무왕(武王), 성왕(成王), 강왕(康王), 소왕(昭王), 목왕(穆王)의 이름과 호(號)를 열거했다. 2003년에 섬서 미현(眉縣)에서 출토된 「내반」을 통해 서주 왕실의 전반부 세계의 신빙성을 새삼 확인했으며, 「장반」에서 언급하지 않는 서주 왕실의 후반부 세계인 즉, 공왕(龔王), 의왕(懿王), 효왕(孝王), 이왕(夷王), 여왕(厲王), 선왕(宣王)도 모두 추가로 기록했다. 그리하여 최초 발굴된 고고 실물 자료로 『사기·주본기』에 기록된 서주 왕실의 전체 세계가 정확했음을 증명했다. 「장반」의 출토와 특히 「내반」의 재발견은 학계에 커다란 성과이다.

2. 사관(史官)의 계보편찬 제도

주(周)나라의 종법제도는 혈연관계의 친소원근(親疏遠近)에 기반하여 세워졌기 때문에 국가에서도 이런 가보를 매우 중요시해 왔다. 당대(唐代)의 가공언(賈公彦)은 "천자의 세계를 기재한 것을 제계(帝系)라 하고, 제후와 경대부의 세계를 기재한 것을 세본(世本)이라 한다."[19]라고 했다. 이와 같이 고대의 제왕 및 제후들이 세계를 중요시했기 때문에, 전문적인 관리를 임명하여 그들에게 관장하게 했다. 주나라의 왕실과 각 제후국에는 사관을 설치하여, 각 귀족의 가보를 기록, 정리, 보관하는 일을 담당하게 했다. 이로써 체계적인 사관의 계보편찬 제도가 시행되었다.

문헌의 기록에 의하면 주나라 왕실에는 왕족의 가보를 담당하는 소사(小史)가 있었다. 『주례(周禮)·춘관(春官)』에 "소사가 세계를 보첩(譜牒)에 수록해 제사를 지냄에 소목(昭穆)을 분별했다. 제사를 지내게 되면, 왕에게 선조의 기일(忌日)과 휘(諱)를 알렸다."[20]라고 기록되어 있다. '전(奠)'은 곧 확립한다는 의미이고 '계세(系世)'는 계보나 세계를 가리킨다. '변(辨)'은 분별한다는 의미이고 '소목'은 항렬의 높낮이나 장유의 순서 및 친소원근에 따라 종묘에서의 지위를 결정하는 것을 가리킨다. '사(事)'는 고대에 '사(祀)'나 '융(戎)'을 뜻하는 것이며, 여기서는 제사를 지내는 일을 가리킨다. '조(詔)'는 고하는 의미이고, '기(忌)'는 사망일을 가리키며, '휘'는 이름을 뜻하는 것이다. 고로 이 문장의 의미를 말하자

19 「賈公彦疏」: "天子謂之帝系, 諸侯卿大夫謂之世本。" (역자 주)

20 『周禮·春官·小史』: "小史奠系世, 辨昭穆, 若有事, 則詔王之忌諱。" (역자 주)

면 "소사가 왕족의 세계를 확립하는 책임을 맡고 있으며, 왕족의 구성원을 장유의 순서와 적서(嫡庶)의 친소원근에 구분한다. 그리고 제사를 지내게 되면, 선조의 기일과 이름을 임금에게 알린다." 청(淸)나라 시기 사학자인 소진함(邵晉涵)은 "『주관(周官)』에서 이르길 '소사가 세계를 보첩에 수록해 제사를 지냄에 소목을 분별한다. 이에 고대에도 가보를 담당하는 사관이 설치되어 있다.'라고 했다."[21] 소사는 왕족 보계(譜系)의 기록과 관장을 담당하는 전문 관리를 말한다.

주나라에는 제후와 경대부의 보계를 관장하는 전문 관리로 태사(太史)와 내사(內史)가 있었다. 『국어(國語)·진어(晉語) 구(九)』에 의하면, 진(晉)나라의 경대부인 지선자(智宣子)는 그의 아들 '요(瑤)'를 후계자로 세우려 했다. 하지만 지씨(智氏) 가족의 대부(大夫)인 지과(智果)는 서자(庶子) '소(宵)'를 세우라고 권했는데, 선자(宣子)는 듣지 않았다. 지과는 지요(智瑤)가 현명하지 않음을 알아채고, 훗날 멸족의 화(禍)를 초래할 거라고 여겨 "(지과는) 주나라 태사(太史)에게 가서, 원래의 족적(族籍)에서 나와 자신의 성씨를 보(輔)로 바꾸었다."[22] 이는 다시 말해 주나라 태사에게 가서 원래의 족적에서 나오도록 신청하여, 본인의 성씨를 보로 바꾸었다는 뜻이다. 결국 지씨는 망했고, 오직 보과(輔果)를 비롯한 한 가문만 보전할 수 있었다. 이로써 주나라 태사가 각 제후와 경대부의 종족계보(系譜)를 관장했음을 알 수 있다. 제후와 경대부의 가보를 관장하던 또 하나의 관리는 내사(內史)이다. 『좌전(左傳)·양공십년(襄公十年)』에 의하면, 양공 10년(기원전 563)에 진후(晉候)는 운씨(妘氏)의 보양국(偪陽國)을 멸한 후 "내사에게 그의 가족 중 현명한 자를 뽑아 운씨의 후사(後嗣)로 세우고, 그들을 곽(霍)이란 곳에 분봉하여 운(妘)이란 성씨를 이어받고 조상을 모시며, 종족을 보존하도록 했다."[23] 이를 통해 주나라의 내사도 제후와 경대부의 종족계보에 관한 자료를 관장했음을 알 수 있다.

주왕실(周王室)뿐만 아니라 제후국도 예외는 아니었다. 종족 소목(昭穆)의 혼란에 대비하고, 종법제도와 분봉제도를 확보하기 위하여, 각 제후국에서도 전문 관리를 두어 제후국 왕족의 사무와 보첩(譜牒)을 관장했다. 『국어(國語)·노어상(魯語上)』에는 노(魯)나라의 제사 일을 맡은 종유사(宗有司)가 이르길 "무릇 종묘에 소목이 있는 것은 장유의 순서를 밝히고, 후손의 친소(親疏)를 바르게 하는 것이다. (중략) 그러므로 공(工)과 사(史)는 세차(世次)를 기록하고, 종백(宗伯)과 태축(太祝)이 소목을 기록하는데, 오히려 그 순서를 넘

21 邵晉涵, 『南江文鈔』 卷6 「余姚史氏家譜序」: "《周官》小史奠系世, 辨昭穆, 譜牒之掌, 古有專官。"
22 『國語·晉語』: "智果別族於太史爲輔氏。" (역자 주)
23 『左傳·襄公十年』: "使國內史選其族嗣, 納諸霍人。" (역자 주)

어설까 우려된다."[24]라고 했다. 이처럼 종묘 제사의 각 조상 항렬, 친소관계를 엄격하게 보여 주기 위하여, 특별히 공과 사란 직위를 세워 선대의 세차를 기록해 전하도록 했고, 종백과 태축이란 직위를 세워 선대의 소목 지위와 제사 규격을 정하도록 했다. 당시 노나라에는 공, 사, 종백, 태축 등 직위가 설치되어, 종족의 세계(世系)를 관장했던 것을 알 수 있다. 전국(戰國)시대에 초(楚)나라는 왕족 계보를 관장하는 관리를 '삼려(三閭)'라고 했다. 한대(漢代)의 왕일(王逸)은 『이소주(離騷注)』에서 "삼려란 직위는 왕족의 3개 성씨를 관리하는 것으로 즉, 소(昭), 굴(屈), 경(景)이다. 굴원(屈原)은 왕족의 가족 세계를 정리하여, 인재 선발의 기준을 만들었다. 이는 나라의 현인(賢人)을 격려하기 위해서였다."[25]라고 했다. 유지기(劉知幾)의 『사통(史通)』에서도 "초나라에 삼려란 직위를 두어, 왕족의 계보를 관장한다."[26]라고 하고 있다. 중국 애국주의 시인인 굴원은 초나라의 왕족인 소씨, 굴씨, 경씨의 계보를 관장하는 삼려대부(三閭大夫)를 역임하기도 했다.

주나라의 계보는 단순히 "세계를 보첩에 수록해 제사를 지내며 소목을 분별한다."[27]는 육친(肉親) 세계의 기록만이 아니라, 국학에서 귀족 자제를 교육하는 데도 사용되어 보다 강력한 정치적 교화 기능을 갖추게 되었다. 『국어(國語)·초어(楚語)』에서 "선왕들의 세계를 가르치는 것은, 이로 소목의 명덕을 밝히고자 함인데, 그렇지 못할 경우 유폐당할 것임을 알게 하기 위함이다."[28]라고 했다. 『국사경적지(國史經籍志)』에서도 "몽고(矇瞽)는 시(詩)와 세계(世系)를 읽고, 임금에게 간언했다. (중략) 종묘에 소목(昭穆)이 있는 것은, 세대 간 장유의 선후를 차례 짓고, 후손의 친소(親疏)를 바르게 하는 것이다. 만일 선왕들의 세계를 배우게 하여 소목의 명덕을 밝힌다면, 폐위당하는 일은 발생하지 않을 것이니, 그 의의가 실로 심오하다."[29]라고 했다. 여기서 말한 '세(世)'는 선왕들의 세계를 가리킨다. 즉, 세계에 기록된 선왕 중의 현명한 자를 배우면 나라가 발전하고, 우둔한 선왕처럼 하면 나라를 망치게 된다. 이렇게 함으로써, 통치자가 현명하게 행동하여 우둔함을 경계하도록 한다. 바로 세계 교육을 통해 과거의 통치 경험을 배우라는 의미이다.[30]

---

24 『國語·魯語上』: "夫宗廟之有昭穆也, 以次世之長幼, 而等冑之親疏也。(中略) 故工、史書世, 宗、祝書昭穆, 猶恐其逾也。" (역자 주)

25 (漢)王逸, 『楚辭』 卷1: "三閭之職, 掌王族三姓, 曰昭、屈、景。屈原敘其譜屬, 率其賢良, 以厲國士。"

26 『史通』 卷3: "楚置三閭, 實掌王族。"

27 『周禮·春官·小史』: "奠系世, 辨昭穆。" (역자 주)

28 『國語·楚語』: "教之世, 而爲之昭穆明德, 而幽廢焉。" (역자 주)

29 『國史經籍志』: "矇瞽主誦詩、世系, 以勸戒人君 (中略) 宗廟之有昭穆, 以世次之長幼, 等冑之親疏, 若此者, 凡教之世而爲之昭明德, 廢幽昏, 其意遠矣。" (역자 주)

30 歐陽宗書, 『中國家譜』, 新華出版社, 1992, 60쪽.

3. 「제계편(帝系篇)」과 『세본(世本)』의 출현

주(周)나라가 천하의 모든 귀족 가보를 집중적으로 기록하고 관장하는 방법을 취했기 때문에, 선대와 당대(當代)의 혈연집단 가보를 종합하고 요약한 많은 보학(譜學) 저술이 탄생했다. 이는 중국 가보가 발전하는 데 중요한 지표가 되었다. 하지만 반광단(潘光旦)이 "주나라 말기에 제후들이 서로 침벌함에 나라가 망하고 가정이 파괴되었다. 드디어 진(秦)나라가 천하를 통일하고, 고서(古書)를 불태워 더 이상 고증을 할 수 없게 되었다. 오늘날 볼 수 있는 것은 단지 『대대기(大戴記)』의 「제계성(帝系姓)」과 불완전한 『세본』뿐이다."[31]라고 지적했듯이, 주나라의 일부 보학 저술이 나왔음에도 불구하고, 전란 등으로 인해 지금까지 볼 수 있는 주나라의 보학 저술은 오직 『대대례기(大戴禮記)』와 『세본』 두 권뿐이다.

『대대례기·제계편(帝系篇)』은 문자가 나타나기 전 즉 전설시대의 혈연계보(系譜)를 기록하는 저술로, 비교적 완벽하게 구비된 주나라의 유일한 저술이다. 『대대례기』는 한(漢)나라에 편찬되었는데, 그중에 많은 장절(章節)은 춘추전국(春秋戰國) 시대의 작품이다. 「제계편」도 이 시기에 속하는 작품이다. 「제계편」의 내용을 살펴보면, "소전(少典)은 헌원(軒轅)을 낳았는데, 헌원이 황제(黃帝)이다. 황제는 현효(玄囂)를 낳았고, 현효는 교극(蟜極)을 낳았으며, 교극은 고신(高辛)을 낳았는데, 고신은 제곡(帝嚳)이다. 제곡은 방훈(放勳)을 낳았으며, 방훈이 제요(帝堯)이다. 제요는 창의(昌意)를 낳았고, 창의는 고양(高陽)을 낳았으며, 고양이 전욱(顓頊)이다. 전욱은 궁선(窮蟬)을 낳았고, 궁선은 경강(敬康)을 낳았고, 경강은 구망(句芒)을 낳았고, 구망은 교우(蟜牛)를 낳았고, 교우는 고수(瞽瞍)를 낳았고, 고수는 중화(重華)를 낳았는데, 중화가 바로 제순(帝舜)이다. 급(及)은 상오(象敖)를 낳았고, 전욱은 곤을 낳았고, 곤은 문명(文命)을 낳았는데, 문명이 우(禹)이다. 황제는 헌원이란 언덕에서 거주하며, 서릉씨(西陵氏)의 여자 즉 누조씨(嫘祖氏)를 아내로 맞이했다. 누조씨는 아들 두 명을 낳았는데 바로 청양(青陽)과 창의(昌意)이다. 청양은 지수(泜水)로 나가 거주하고 창의는 약수(若水)로 나가 거주했다. 창의는 촉산씨(蜀山氏) 즉 창복씨(昌濮氏)를 아내로 맞이하여 전욱(顓頊)을 낳았다. 전욱은 등분씨(滕奔氏) 즉 여록씨(女祿氏)를 맞이하여 노동(老童)을 낳았다. 노동은 갈수씨(竭水氏)를 아내로 맞이했는데 갈수씨의 아들이 고왜씨(高緺氏)이다. 고왜씨는 아이 두 명을 낳았는데, 중려(重黎)와 오회(吳回)이다. 오회는 육종

31 "周末, 諸侯相侵暴, 國亡族散, 益以秦並天下, 劃除舊籍, 遂無復稽考。見於今者, 惟《大戴記》之帝系姓, 及已亡而攬輯不完之世本。" 潘光旦, 「中國家譜學略史」, 『東方雜志』(第26卷, 第1號), 1929 참조.

(陸終)을 낳았다. 육종은 귀방씨(鬼方氏)를 아내로 맞이했는데, 귀방씨의 여동생이 여퇴씨(女隤氏)이다. 여퇴씨는 임신은 했으나 낳지 못하다가, 3년을 지나 왼쪽 겨드랑이를 절개해서 아들 6명을 낳았다. 첫째는 번(樊)인데 곤오(昆吾)의 시조(始祖)이다. 둘째는 혜련(惠連)인데 참호(參胡)의 시조이다. 셋째는 전(籛)인데 팽조(彭祖)의 시조이다. 넷째는 내언(萊言)인데 회인(鄶人)의 시조이다. 다섯째는 안(安)인데 조성(曹姓)의 시조이다. 여섯째는 계련(季連)인데 천성(芊姓)의 시조이다. 계련은 부조씨(附祖氏)를 낳았고, 부조씨는 혈웅(穴熊)을 낳았다. 계통(季通)의 후손은 죽웅(鬻熊)이다. 9대 후손이 거(渠)이다. 거는 3명의 아들을 낳았다. 큰아들인 무강(無康)이 단왕(亶王)이고, 둘째 아들인 홍(紅)은 악왕(鄂王)이며, 셋째 아들인 자(疵)는 장왕(章王)이다. 곤오(昆吾)는 위씨(衛氏)이다. 참호(參胡)는 한씨(韓氏)이다. 팽조는 팽씨(彭氏)이다. 운회(雲鄶)는 정씨(鄭氏)이다. 조성(曹姓)은 주씨(邾氏)이다. 계련(季連)은 초씨(楚氏)이다. 제곡(帝嚳)은 4명의 비(妃)의 아들이 천하를 얻을 것이라고 예측했다. 첫 비는 유합씨(有郃氏)의 딸로 강원씨(姜嫄氏)이다. 강원씨는 후직(后稷)을 낳았다. 둘째 비는 유융씨(有娀氏)의 딸로 간적씨(簡狄氏)이다. 간적씨는 계(契)를 낳았다. 셋째 비는 진봉씨(陳鋒氏)의 딸로 경도씨(慶都氏)이다. 경도씨는 제요(帝堯)를 낳았다. 넷째 비는 추자씨(娵訾氏)의 딸로 상의씨(常儀氏)이다. 상의씨는 제지(帝摯)를 낳았다. 제요는 산의씨(散宜氏)의 딸을 맞이했는데, 산의씨의 딸이 여황씨(女皇氏)이다. 제순(帝舜)은 제요의 딸을 아내로 맞이했는데, 제요의 딸이 여언씨(女匽氏)이다. 곤은 유신씨(有莘氏)의 딸을 아내로 맞이했는데, 유신씨의 딸이 여지씨(女志氏)이다. 여지씨는 문명(文命)을 낳았다. 우는 도산씨(塗山氏)의 딸을 아내로 맞이했는데, 도산씨의 딸이 여교씨(女憍氏)이다. 여교씨는 계(啓)를 낳았다."[32]라고 기록했다.

---

32 『大戴禮記·帝系篇』: "少典產軒轅, 是爲黃帝。黃帝產玄囂, 玄囂產蟜極, 蟜極產高辛, 是爲帝嚳。帝嚳產放勳, 是爲帝堯。黃帝產昌意, 昌意產高陽, 是爲帝顓頊。顓頊產窮蟬, 窮蟬產敬康, 敬康產句芒, 句芒產蟜牛, 蟜牛產瞽瞍, 瞽瞍產重華, 是爲帝舜, 及產象敖。顓頊產鯀, 鯀產文命, 是爲禹。黃帝居軒轅之丘, 娶於西陵氏之子, 謂之嫘祖氏, 產青陽及昌意。青陽降居泜水, 昌意降居若水。昌意娶於蜀山氏, 蜀山氏之子, 謂之昌濮氏, 產顓頊。顓頊娶於滕奔氏, 滕奔氏之子, 謂之女祿氏, 產老童。老童娶於竭水氏, 竭水氏之子, 謂之高緺氏, 產重、黎及吳回, 吳回氏產陸終。陸終氏娶於鬼方氏, 鬼方氏之妹, 謂之女隤氏, 產六子, 孕而不粥, 三年, 啓其左脅, 六人出焉: 其一曰樊, 是爲昆吾; 其二曰惠連, 是爲參胡; 其三曰籛, 是爲彭祖; 其四曰萊言, 是爲云鄶人; 其五曰安, 是爲曹姓; 其六曰季連, 是爲芊姓。季連產附祖氏, 附祖氏產穴熊, 季通之裔孫鬻熊。九世至於渠, 渠有子三人, 其孟之名爲無康, 爲句亶王; 其中之名爲紅, 爲鄂王; 其季之名爲疵, 爲越章王。昆吾者, 衛氏也; 參胡者, 韓氏也; 彭祖者, 彭氏也; 云鄶者, 鄭氏也; 曹姓者, 邾氏也; 季連者, 楚氏也。帝嚳蔔其四妃之子, 而皆有天下: 上妃, 有郃氏之女也, 曰姜嫄氏, 產后稷; 次妃, 有娀氏之女也, 曰簡狄氏, 產契; 次妃, 陳鋒氏之女也, 曰慶都氏, 產帝堯; 次妃, 娵訾氏之女也, 曰常儀氏, 產帝摯。帝堯娶於散宜氏之子, 謂之女皇氏。帝舜娶於帝堯, 帝堯之子, 謂之女匽氏。鯀娶於有莘氏, 有莘氏之子, 謂之女志氏, 產文命; 禹娶於塗山氏, 塗山氏之子, 謂之女憍氏, 產啓。"

이상은 황제(黃帝) 헌원씨(軒轅氏)의 세계(世系)에 대한 기록인데, 황제 외에도 일부 사람들의 배우자와 제위(帝位), 그리고 직계(直系) 외에 남성 38명, 여성 13명, 총 51명의 방계 친족도 포함된 기록이다. 「제계편」은 중국 고대 통치 집단의 혈연관계를 체계적으로 기술한 저술로, 풍부한 상고의 사실을 수록했다. 예를 들어 황제(黃帝)의 자손인 전욱(顓頊), 제곡(帝嚳), 요(堯), 순(舜), 우(禹)로, 왕위를 몰려주는 중대사가 있다. 또한 계(啟)는 하(夏)나라의 시조(始祖)이고, 계(契)는 상(商)나라의 조상이며, 후직은 주(周)나라의 조상으로 하상주(夏商周) 3대 통치권의 교체상황 등을 수록했다.

이는 사실 황제 공손헌원씨(公孫軒轅氏)를 기록한 계보(系譜)이다. 이 가보는 3가지의 특징을 지니고 있다. 첫째는 기술 방법이 독특하다. 가족의 여러 방계를 나누어 기술하는 방법으로, 한 방계를 정리하고 나서 다른 방계를 정리하여, 방계마다 기술하는 데에 적서(嫡庶)관계가 분명하고, 지맥(支脈) 또한 뚜렷하다. 둘째는 기술 내용이 뚜렷하다. 비록 남계(男系) 혈통을 주체로 하고 있지만, 동시에 그 배우자의 상황도 기술했다. 셋째는 부계씨족(父系氏族)의 특징이 뚜렷하다. 딸은 기록되지 않고 아들만 기록되었으며, 배우자를 기술하는 데에 성씨만 적고 이름은 적지 않았다. 이는 지배적 지위에 있는 남계의 특징을 확실하게 보여 주고 있는 것이다. 『대대례기·제계편』은 사마천(司馬遷)이 『사기(史記)』를 집필하는 데 중요한 자료를 제공했다. "「제계(帝系)」는 『대대례기』의 한 편으로 사마천은 이를 근거로 하여 세표(世表)를 편찬했다. 『사기』(제13권) 중에 「삼대세표(三代世表)」의 색인(索引)에 따르면, '『대대례기』에 「오제덕편(五帝德篇)」과 「제계편」이 있는데, 태사공(太史公)은 두 편의 보첩(譜牒)과 『상서(尚書)』를 참고하여, 황제 이래의 계표(系表)를 집대성하여 편찬했다.'라고 쓰여 있다."[33]

주나라의 보계(譜系) 저술 중에 가장 체계적인 것이 바로 『세본(世本)』이다. 서한(西漢) 시기에 유향(劉向)은 『별록(別錄)』에서 이르길 "『세본』은 고대 사관(史官)이 고사를 명시하기 위해 기록한 것이다. 황제 이래로 제왕, 제후와 경대부의 시호(諡號)를 기록했는데 총 15편이 있다."[34]고 했다. 『세본』의 저자에 대한 일치된 견해는 없다. 다만 고대 사관이 『세본』을 썼다는 유향의 주장은 후대 학자에게 지지를 받았다. 『세본』에 기록된 시기에 대하여, 『한서(漢書)·예문지(藝文志)』에서는 『세본』의 내용은 황제로부터 시작하여

33 "帝系爲大戴禮之一篇。司馬遷曾據此以爲世表。史記(十三)三代世表索隱'按大戴禮有五帝德及帝系篇, 蓋太史公取此二篇之牒及尙書, 集而記黃帝以來爲系表也'。" 본문은 楊殿珣, 「中國家譜通論」, 『圖書季刊』(新第3卷, 第1-2期), 1944 참조.

34 劉向, 『別錄』 卷1: "《世本》, 古史官明於古事者之所記也, 錄皇帝以來帝王諸侯及卿大夫系謚名號, 凡十五篇也。"

춘추(春秋)시대까지 기술하고 있다고 했다. 진몽가(陳夢家)가 『육국기년(六國紀年)』 중 「세본고략(世本考略)」의 장절(章節)에서 "『세본』은 조왕(趙王) 천(遷)을 '금왕(今王)'이라 칭하고, 조왕에 대해 기록했다."라고 언급한 것으로 보아 『세본』은 전국(戰國) 말기에 조(趙)나라의 누군가가 저술한 책이라고 여겨진다. 대략 진시황(秦始皇) 13~19년(기원전 234~228) 사이에 편찬되었는데, 이는 『죽서기년(竹書紀年)』보다 육칠십 년 정도 늦은 것으로 보인다.[35] 현재 학계에서는 『세본』이 춘추시대 말기나 전국시대 초기에 한 사관에 의해 만들어진 것으로 추정하고 있다. 『세본』의 본의(本義)는 즉 제왕, 제후, 경대부의 가족 세계(世系)를 기록한 본(本)으로 소위 "천자의 세계를 기록한 것을 제계라 하고, 제후와 경대부의 세계를 기록한 것을 세본이라 한다."[36] 이 책은 명실상부하게 황제(黃帝) 시대로부터 춘추전국까지의 역대 제왕과 제후, 경대부의 성씨의 기원, 세계(世系)의 연원(淵源), 거주의 상황, 생전의 업적, 시호(諡號) 및 기타 행장(行狀)까지 기록했는데 모두 15편으로 되어 있다. 『세본』은 분서갱유의 화를 당해 유학자(儒學者)에 의해 재편집되었기 때문에 본래의 모습을 잃게 되었다. 서한(西漢) 후기에 유향이 교정했고, 그 뒤를 이어 송충(宋衷), 송균(宋均), 왕씨(王氏), 손씨(孫氏) 등의 주본(州本)을 달았다. 그러나 당(唐)나라에 이르러서는 훼손되었고, 남송(南宋) 때 흩어져 유실되었다. 남송의 고사손(高似孫)이 『세본』을 집록하기 시작했다. 반광단(潘光旦)은 「중국가보학약사(中國家譜學略史)」에서 이르길 "『세본』은 본래 진(秦)나라 이전에 생겨났다. 손성연(孫星衍)은 『세본』이 송(宋)나라 초기에 이미 개정되었고, 이후 산실되었으며 전모를 회복할 수 없게 되었다고 했다. 오늘날 다시 보완하고 수정한 『한위총서(漢魏叢書)』는 왕모(王謨)로부터 청대(清代)의 전대흔(錢大昕), 손풍익(孫馮翼), 뇌학기(雷學淇) 등이 집록한 저술이다. 또한 홍이손(洪飴孫)의 『세본집보(世本輯補)』 10권과 『세본여(世本餘)』가 있다."라고 했다. 청나라 중기 이후에 여러 저서를 참고하여 책으로 휘집한 자가 10여 명에 달한다. 조판 간행으로는 금계(金溪)의 왕모, 승덕(承德)의 손풍익, 가흥(嘉興)의 진기영(陳其榮), 강도(江都)의 진가모(秦嘉謨), 무위(武威)의 장주(張澍), 통주(通州)의 뇌학기, 고우(高郵)의 묘반림(茆泮林) 등의 저술이 있는데, 각 『한위유서초(漢魏遺書鈔)』, 『문경당총서(問經堂叢書)』, 『증정한위총서(增訂漢魏叢書)』 등에 수록되었다. 신중국 건국 이전에 상무인서관(商務印書館)에서는 손풍익, 장주, 뇌학기, 묘반림이 집록한 집본(輯本)을 『총서집성초편(叢書集成初篇)』에 수록했다. 1957년에 상무인서관에서 간각되어 전해지던 청나라의 여덟 집본을 합본하여, 『세본팔종(世本八種)』을 출판했다.

35 『世本八種』, 北京圖書館出版社, 2008, 3쪽.

36 『周禮·春官疏』: "天子謂之帝系, 諸侯卿大夫謂之世本。"

이 8가지의 집본은「왕모집본(王謨輯本)」,「손풍익집본(孫馮翼輯本)」,「진기영집본(陳其榮輯本)」,「진가모집본(秦嘉謨輯本)」,「장주졸집주보본(張澍稡集注補本)」,「뇌학기교집본(雷學淇校輯本)」,「묘반림집본(茆泮林輯本)」및「왕재재세본집람(王梓材世本輯覽)」을 일컫는다.

『세본팔종』의 8가지 집본 중에 "왕모, 손풍익, 진기영, 장주, 뇌학기, 묘반림의 체례(體例)가 기본적으로 같으나, 인용문의 엄밀함에 있어서는 묘씨(茆氏)가 가장 뛰어나고 뇌학기가 그다음이다."[37]「묘반림집본」에 수록된『세본』의 주요 내용을 간단히 설명하면 다음과 같다.「묘반림집본」은『세본』의 내용을 7개의 장절(章節)로 나누었다.

(1)『제왕세본(帝王世本)』에서는 삼황오제(三皇五帝)와 하상주(夏商周) 3대의 제왕 세계 및 그들의 행장을 기록하고 있다. 예를 들어 제요(帝堯)의 세계를 다음과 같이 기록했다. 이르길 "요(堯)는 황제(黃帝)의 현손(玄孫)이다. 황제는 현효(玄囂)를 낳았고, 현효는 교극(蟜極)을 낳았고, 교극은 제곡(帝嚳)을 낳았으며, 제곡은 요를 낳았다. 요의 호는 도당씨(陶唐氏)이다. 제요는 산의(散宜)의 딸을 맞이했는데, 산의의 딸이 여황(女皇)이다. 여황은 단주(丹朱)를 낳았다."[38]라고 했다. 또 상(商)나라의 세계를 다음과 같이 기록했다. 이르길 "조을(祖乙)은 죽고 아들인 조신(祖辛)이 즉위했다. 조신이 죽고 아들인 개갑(開甲)이 즉위했다. 개갑이 죽은 후에는 동생인 조정(祖丁)이 즉위했다. 조정이 죽자 개갑의 아들인 남경(南庚)이 즉위했다. 남경은 죽은 후에 조정의 아들인 양갑(陽甲)이 즉위했다. 양갑이 죽고 동생인 반경(盤庚)이 즉위했다."[39]라고 기록했다.

(2)『제후세본(諸候世本)』에서 각 제후의 세계(世系) 및 그들의 행장(行狀)을 기록하고 있다. 예를 들어 노씨(魯氏) 제후의 세계를 다음과 같이 기록했다. 이르길 "백금(伯禽)은 양공(煬公) 희(熙)와 고공(考公) 취(就)를 낳았다. 희는 미공(微公) 불(弗)과 유공(幽公) 어(圉)를 낳았다. 불은 헌공(獻公) 구(具)와 여공(厲公) 적(翟)을 낳았다. 구는 무공(武公) 오(敖)와 신공(愼公) 지(摯)를 낳았다."[40]라고 했다. 또 제후 제씨(齊氏)의 세계에는 다음과 같이 기록했다. 이르길 "태공(太公)은 정공(丁公) 급(伋)을 낳았고, 급은 을공(乙公) 득(得)을 낳았다. 득은 유공(廇公) 자모(慈母)를 낳았고, 자모는 애공(哀公) 불신(不臣)을 낳았다."[41]라고

---

37 「世本八種出版說明」,『世本八種』, 北京圖書館出版社, 2008, 5쪽.

38 『帝王世本』: "堯是黃帝的玄孫。黃帝生玄囂, 玄囂生蟜極, 蟜極生帝嚳, 帝嚳生堯。帝堯爲陶唐氏。帝堯娶散宜之子, 謂之女皇, 女皇生丹朱。" (역자 주)

39 『史記』: "祖乙崩, 子祖辛立。崩, 子開甲立。崩, 弟祖丁立。崩, 開甲之子南庚立。崩, 祖丁子陽甲立。崩, 弟盤庚立。"

40 『諸候世本』: "伯禽生煬公熙考公就, 熙生微公弗幽公圉, 弗生獻公具厲公翟, 具生武公敖愼公摯。" (역자 주)

41 『諸候世本』: "太公望生丁公伋, 伋生乙公得, 得生廇公慈母, 慈母生哀公不臣。" (역자 주)

했다.

(3) 『경대부세본(卿大夫世本)』에서는 각 제후국에 있는 경대부의 세계 및 그들의 행장을 기록하고 있다. 예를 들어 노(魯)나라 경대부인 장씨(臧氏)의 세계를 다음과 같이 기록했다. 이르길 "희백(僖伯)의 이름은 구(彄)인데, 효공(孝公)의 아들로 자(字)는 자장(子臧)이다. 효공은 희백 즉 구를 낳았고, 구는 애백(哀伯) 즉 달(達)을 낳았고, 달은 백씨(伯氏) 즉 병(瓶)을 낳았으며, 병은 문중(文仲) 즉 신(辰)을 낳았다."[42]라고 했다. 또 제(齊)나라 경대부인 고씨(高氏)의 세계에는 다음과 같이 기록했다. 이르길 "경중(敬仲)은 장자(莊子)를 낳았고, 장자는 경자(傾子)를 낳았으며, 경자는 선자(宣子)를 낳았고, 선자는 후(厚)를 낳았고, 후는 지(止)를 낳았다."[43]라고 했다.

(4) 『세본씨성편(世本氏姓篇)』에서는 각 나라의 성씨와 그 기원을 기록하고 있다. 예를 들어 강씨(姜氏)를 다음과 같이 기록했다. 이르길 "염제(炎帝)는 성이 강씨이다. 염제는 신농씨(神農氏)이다." "향(向)은 강씨이다." "주국(州國)은 강씨이다." "제(齊)는 강씨이다." "허주(許州)의 향신(向申)은 강씨로 염제의 후손이다."[44]라고 했다. 또 규씨(嬀氏)의 기원을 다음과 같이 기록했다. 이르길 "제순(帝舜) 이후에, 순은 규예(嬀汭)[45]에서 태어났고, 제순의 후손은 이 성을 따른다."[46]라고 했다.

(5) 『세본거편(世本居篇)』에서는 제왕과 제후 및 경대부의 거주와 이전 상황을 기록하고 있다. 예를 들어 제도(帝都)를 다음과 같이 기록했다. "탁록(涿鹿)은 황제(黃帝)가 도읍으로 정한 곳으로, 고성(鼓城)의 남쪽에 위치하고 있다."[47] "순은 규예에서 태어났고, 서성(西城)의 서북쪽에 위치한 규허(嬀虛)에 거주했다."[48] 또 주(周)나라 각 제왕의 주거지에 대해서도 다음과 같이 기록했다. "무왕(武王)은 풍호(酆鄗)에 거주했다." "의왕(懿王)은 견구(犬丘)로 이주했다." "평왕(平王)이 즉위하자 거락(居洛)으로 이주했다." "경왕(敬王)은 동쪽에 있는 성주(成周)에 거주했다." "난왕(赧王)은 다시 서주(西周)로 이주했다." "서주의

---

42 『卿大夫世本』: "僖伯名彄, 字子臧, 孝公之子。孝公生僖伯彄, 彄生哀伯達, 達生伯氏瓶, 瓶生文仲辰。" (역자 주)

43 『卿大夫世本』: "敬仲生莊子, 莊子生傾子, 傾子生宣子, 宣子生厚, 厚生止。" (역자 주)

44 『世本氏姓篇』: "炎帝, 姜姓。炎帝卽神農氏。" "向, 姜姓。" "州國, 姜姓。" "齊, 姜姓。" "許州向申, 姜姓也, 炎帝後。" (역자 주)

45 규예(嬀汭): 전설에 의하면 순임금이 이곳에 거주하며 요임금에게 두 딸을 시집보냈다는 곳으로 규수(嬀水)에 위치한다. 현재 산서(山西)의 영제현(永濟縣)에 있고, 역산(歷山)에서 발원해 서쪽으로 흐른다. 『尙書·堯典』에서 규예를 언급했다. (역자 주)

46 『世本氏姓篇』: "第舜之後, 舜生嬀汭, 子孫氏焉。" (역자 주)

47 『世本居篇』: "黃帝都涿鹿, 涿鹿在鼓城南。" (역자 주)

48 『世本居篇』: "舜居嬀汭, 嬀虛在西城西北, 舜之居。" (역자 주)

환공(桓公)은 게(揭)인데, 하남(河南)에 거주하고, 동주(東周)의 혜공(惠公)은 반(班)인데 낙양(洛陽)에 거주했다."[49]

(6) 『세본작편(世本作篇)』에서 제왕과 제후 및 경대부 중의 일부 저명한 인물의 창조적인 발명을 다음과 같이 기록했다. "수인(燧人)은 불씨를 얻었는데, 이에 불을 만드는 자는 수인이다." "신농(神農)은 약을 만들어 병에 걸린 사람을 구조했다." "황제(黃帝)는 면(冕)을 만들었다." "창힐(蒼頡)은 문자를 발명하고, 저송(沮誦)과 창힐은 황제 때의 사관(史官)으로 책을 만들었다." "수(隨)는 생(笙)을 만들었다. 생의 길이가 4치이고, 황엽(簧葉)이 12개인데, 봉황(鳳凰)의 몸과 유사하다." "휘(揮)는 활을 만들었다." "두강(杜康)은 술을 만들었다."[50]

(7) 『세본익법편(世本謚法篇)』에서는 제왕과 제후 및 경대부의 시호(謚號)를 기록하고 있다. "도백(悼伯)이 죽고 동생인 노(露)가 즉위했는데, 노의 시호는 정공(靖公)이다." "행보(行父)는 계우(季友)의 손자라 계손(季孫)으로 씨(氏)를 삼았다. 죽은 후에 시호는 문자(文子)이다."[51]

이상의 기술한 「묘반림집본(茆泮林輯本)」에서 알 수 있듯이, 비록 「묘반림집본」 및 다른 7가지의 『세본(世本)』 집본(輯本)에 포함된 『세본』 자료가 부족하고, 서로 차이는 있지만 편집본에서 『세본』이란 보학(譜學) 저술의 기본 내용을 엿볼 수 있다. 『세본』은 당시의 제왕, 제후, 경대부 등의 가족 세계(世系)뿐만 아니라, 성씨의 기원, 거주의 실태와 이주, 그리고 이들 가문 중 일부 저명한 자의 창조적인 발명 등은 물론이고, 심지어 시호도 자세히 기록하고 있다. 상나라 시기에 등장한 갑골가보와 청동가보의 간략한 기술에 비하여, 혈연집단의 세계와 행장(行狀)이 충분하고, 범위가 광범하며, 체례(體例)도 훨씬 완벽하게 기술했다. 이는 "혈연집단의 세계와 사건을 기술한다."라는 조건에 비교적 온전하게 해당된다. 때문에 학술계에서는 『세본』을 중국 가보 분야에 첫 저술로 삼고 있다.

『세본』은 주나라 보학 저술의 대표작이다. 『세본』에 기록된 내용도 당시의 일반 귀족 가보에 기록된 내용과 유사하다. 『대대례기·제계편』과 『세본』의 「제왕편」을 비교해 보면 내용이 기본적으로 일치한다. 예를 들어 『대대례기·제계편』에서 황제의 세계(世系)

---

49 『世本居篇』: "武王在酆鄗。""懿王徙於犬丘。" "平王卽位, 徙居洛。" "敬王東居成周。" "赧王又徙居西周。" "西周桓公名揭, 居河南, 東周惠公名班, 居洛陽。" (역자 주)

50 『世本居篇』: "燧人出火, 造火者燧人。" "神農和藥濟人。" "帝作冕。" "蒼頡造文字, 沮誦蒼頡作書。幷黃帝時史官。" "隨作笙, 長四寸, 十二簧, 像鳳之身。" "揮作弓。" "杜康造酒。" (역자 주)

51 "悼伯卒, 弟露立, 謚靖公。" "行父, 季友之孫, 故以季孫爲氏。死, 謚曰文子。" 본문은 『世本八種』, 北京圖書館出版社, 2008, 815~962쪽에서 재인용.

를 다음과 같이 기록하고 있다. 이르길 "황제는 현효(玄囂)를 낳았고, 현효는 교극(蟜極)을 낳았다. 교극은 고신(高辛)을 낳았으며, 이가 곧 제곡(帝嚳)이다. 제곡은 방훈(放勛)을 낳았는데, 이가 바로 제요(帝堯)이다."[52]라고 했다. 「묘반림집본(茆泮林輯本)·제왕세계(帝王世系)」에서도 "황제는 현효를 낳았고, 현효는 교극을 낳았고, 교극은 제곡을 낳았으며, 제곡은 요를 낳았다."[53]고 했다. 두 저술이 황제의 세계에 대한 기록이 일치한다. 다만 『세본』에서는 「제계편(帝系篇)」의 '산(産)'을 '생(生)'자로 바뀌었을 뿐이다. 이는 두 저술이 모두 공통된 자료 출처가 있음을 보여 준다. 심지어 『세본』은 직접 『대대례기·제계편』을 참고했을 수도 있다. 당시에 『대대례기·제계편』과 『세본』 외에도 다른 보학(譜學) 저술이 있었다. 즉 주나라 때의 저술로 전해지고 있는 『춘추공자혈맥보(春秋公子血脈譜)』이다. 이 저술의 저자는 순자(荀子)라고 전해지고 있다. 주로 춘추(春秋)시대의 각 나라에 있는 제후들의 세계를 기록하고 있다. 오늘날에는 이미 흩어져 소실되었는데, 송(宋)나라 시기에는 아직 세상에 전해지고 있었다. 『옥해(玉海)』는 유송(劉宋) 시기의 저술을 많이 참고하여 저술되었다. 서명을 알 수 있듯이 이 저술은 『세본』과 유사하며, 주로 주나라 귀족의 세계를 기록하고 있다. 이 저술은 '보(譜)'를 서명으로 하여, 중국 가보의 세계를 기록하는 저술에 본보기가 되었다. 이른바 최초의 '보'로 명명된 보학 저술인 것이다.

고대 보학의 커다란 결실로 간주되는 『세본』은, 후세의 보계(譜系) 연구에 중요한 영향을 주었다. 후에 보학자 및 사학자들은 각 족성(族姓)의 세계원류를 살피는 데에 두 저술을 기원으로 삼는다. 명대(明代)의 송렴(宋濂)이 "성씨를 말하자면, 모두 『세본』과 『공자보(公子譜)』란 저술에서 유래한다. 두 저술을 참고로 한 『춘추좌씨전(春秋左氏傳)』 및 『좌씨전(左氏傳)』에서 출생과 봉지(封地)에 따라 성씨를 하사했다는 기록이 있다. 공훈(功勳) 및 성씨(姓氏), 시호(諡號), 관명(官名), 읍명(邑名) 등 5가지 방식으로 성씨를 얻을 수 있다."[54]라고 했다. 명대의 추통노(鄒統魯)도 "고대에는 『세본』이 있었고, 주나라에는 소사(小史)가 있었다. 아득히 먼 한진(漢晉) 시대로부터 당대(唐代)까지 씨족에 있어 지(志)가 존재해 왔다. 상술한 사례에서 알 수 있듯이 국사(國史)만큼 가사(家史)도 중요시했다."[55]라 했다. 『세본』은 중국 고대 귀족출신 가족 세계를 보첩(譜牒)에 수록한 보학 저술이자, 후세 사

52 『大戴禮記·帝系篇』: "黃帝産玄囂, 玄囂産蟜極, 蟜極産高辛, 是爲帝嚳。帝嚳産放勛, 是爲帝堯。" (역자 주)

53 「茆泮林輯本·帝王世系」: "黃帝生玄囂, 玄囂生蟜極, 蟜極生帝嚳, 帝嚳生堯。" (역자 주)

54 『古今圖書集成·氏族典·樓姓部』: "凡言姓氏者, 皆源於《世本》、《公子譜》二書。二書則本《春秋左氏傳》, 《左氏傳》則因生賜姓、胙土命氏, 及以氏以謚以官以邑五者而已。"

55 『古今圖書集成·氏族典·寧姓部』: "古有世本, 周亦有小史。繇漢晉以迄於唐, 氏族皆多有志, 豈非家史之尤重於國史乎。"

람에게 가장 개괄적인 보첩으로 종사(宗師)나 조술(祖述)로 평가를 받는다. 『세본』과 같은 보계 저술의 등장으로 중국 보학이 원시적인 한 형태에서 벗어나, 학문의 한 분야로서의 지위를 확립했다. 『세본』은 중국의 보학 역사에서 조상들의 뒤를 이어받아 계속 발전시키는 역할을 하는 중요한 이정표적 의미를 지니고 있다.

4. 한대 보학의 발전

진(秦)나라는 중국을 통일한 후 전국적으로 분봉제도를 폐지하고, 중앙집권적 통치를 세웠다. 이에 씨족 종법조직은 심한 타격을 입었다. 보첩과 관련하여 황실만이 승상(丞相) 밑에 종정(宗正)을 설치하여 왕실 보첩의 편찬과 보존 작업을 관장한 것 이외에는 별도로 관리를 두지 않았다. 선대에 비해 진나라는 그다지 보첩을 중시하지 않았으며, 더욱이 통치 기간이 15년에 불과해 진나라 때의 보첩 저술은 후대로 계승되지 못했다.

한(漢)나라가 건립된 후, 진나라를 거울로 삼아 많은 동성(同姓)과 이성(異姓)의 왕후(王侯)를 분봉했다. 한무제(漢武帝) 때 "백가를 배척하고, 유가만을 중시한다."[56]라는 정책으로 군신(君臣)의 위계질서와 혈연존속(尊屬)의 관념을 더욱 강화시켜, 종족 세력을 회복하고 발전시켰다. 이는 "가보의 흥성은 한대(漢代)부터 시작되었다."[57]라고 할 수 있다. 한대에 들어서면서 중국 보학(譜學)은 새로운 발전 시기에 돌입하게 된다.

첫 번째 특징은, 전문 관리기관을 설치하여, 많은 관찬보첩이 등장했다는 점이다.

한대는 전면적인 분봉과 왕후 세습의 필요에 부응하기 위해, 전문 기관을 세워, 황제의 속적(屬籍), 제왕(諸王)의 세보(世譜), 제후의 후적(侯籍)을 나누어 관리했는데, 이로 많은 양의 관찬가보가 편찬되었다.

다른 왕조와 마찬가지로 한대의 세습분봉은 종법제도와 긴밀하게 결합되어 있으며, 혈연관계에 의해 진행되었다. 황제를 중심으로, 위로는 부조(父祖), 가운데로는 형제, 아래로는 자손, 이런 혈연관계의 친소(親疏)에 따라 서로 다른 작위를 분봉하고, 서로 다른 영지(領地)를 나누어 주어, 서로 다른 특권을 누렸다. 이렇게 황족(皇族) 구성원의 혈연관계 친소를 기록한 황족의 가보는 "대대로 전해 내려오는 일이라, 중시하지 않을 수가 없

56 『資治通鑒』: "罷黜百家, 獨尊儒術。" (역자 주)

57 "家譜之興, 始自漢世。" 본문은 楊殿珣, 「中國家譜通論」, 『圖書季刊』(新第3卷, 第1-2期), 1944를 참조.

다."[58]라고 해서, 한왕조(漢王朝)는 그에 대한 관리를 매우 중시했다.

한고조(漢高祖) 때 진(秦)나라의 제도를 본떠 전문적인 종정(宗正)을 설치했다. 반광단(潘光旦)은 「중국가보학약사(中國家譜學略史)」에서 "진나라 시대의 제도는 기본적으로 옛 법을 따르지 않았다. 그러나 승상(丞相) 밑에 종정을 설치하여, 왕실과 종친(宗親)을 관장했다. 한왕조는 그에 따라 종정을 구경(九卿)[59] 중의 하나로 정했다. 후세 당(唐)나라와 송(宋)나라의 종정시(宗正寺), 원(元)나라의 종정원(宗正院), 명(明)나라와 청(淸)나라의 종인부(宗人府)는 모두 이 종정에서 발전된 것이다. 『후한서(後漢書)·백관지(百官志)』에서 '종정은 매년 한 번씩 제후의 세보를 수정(修訂)하는데, 세계(世系)를 보첩에 수록해 제사를 지냄에 소목(昭穆)을 분별하도록 했다.'라는 호광(胡廣)의 인용으로 종정의 업무를 알 수 있다."[60]라고 했다. 한대에는 황족 구성원을 선발하여 종정으로 임용했다. "황실의 적서(嫡庶) 구별 및 종실의 여러 혈연관계 친소를 순서대로 기록하여, 군국(郡國)에서 매년 상계(上計)할 때에 종실의 명적(名籍)을 올리는 것을 관장한다. 만약 종실 중에 범법(犯法)한 자가 있어 곤형(髡刑)[61] 이상에 해당하면, 먼저 종정에게 고하며 종정이 이를 보고하면 황제가 이 주청(奏請)에 대하여 결정했다."[62] 즉, 종정의 직무는 바로 전문적으로 황실 구성원의 적서관계를 기록하면서 분봉된 다른 왕들의 보첩(譜牒)을 편찬하는 일이었다. 이렇게 보면, 한대(漢代) 종정이 장악하고 있던 황족(皇族)의 보첩은 두 가지의 형식이 있었다. 한 가지는 속적(屬籍)으로, 황제와 친족 관계인 모든 사람들의 명부(名簿)이자 또한 황제 본인을 중심으로 상하 5대 직계(直系)를 기록한 황실의 가보이다. 다른 하나는 왕족의 세보(世譜)이다. 즉 한(漢)나라에서 각각 같은 성을 하사받은 제후에 대하여 만들어진 세계(世系) 보첩이다. 종정경(宗正卿)은 "평제(平帝) 원시(元始) 4년에 종백(宗伯)으로 바뀌

---

58 "因事關繼世傳統, 自不容不加注意。" 본문은 楊殿珣, 「中國家譜通論」, 『圖書季刊』(新第3卷, 第1-2期), 1944를 참조.

59 구경(九卿): 중국의 역대 왕조에 실권을 장악한 중앙정부 9명의 행정장관을 말한다. 주대(周代)는 소사(小師)·소부(小傅)·소보(小保)·총재(冢宰)·사도(司徒)·사공(司空)·사마(司馬)·사구(司寇)·종백(宗伯) 등을 지칭했다. 한대(漢代)에는 태상(太常)·광록훈(光祿勳)·위위(衛尉)·태복(太僕)·정위(廷尉)·대홍로(大鴻臚)·종정(宗正)·대사농(大司農)·소부(小府) 등을 말했다. 『예기(禮記)』와 『주례(周禮)』 및 『한서(漢書)·백관공경표(百官公卿表)』에 관련 언급이 있다. (역자 주)

60 "秦代制度多不師古, 然丞相以下, 置有宗正, 所以掌王之宗親, 漢代因之, 爲九卿之一。後世之宗正寺(唐及宋)宗正院(元)及宗人府(明及淸)卽由是推演而出。後漢書百官志注引胡廣曰: 宗正歲一治諸侯世譜, 差敘秩第, 蓋與'奠系世、序昭穆'之任務完全相埒。" 본문은 『東方雜志』(第26卷, 第1號), 1929를 참조.

61 곤형(髡刑): 중국 고대 오형(五刑) 중에 하나로 머리를 전부 삭발시켜 치욕을 주는 형벌이다. 은주(殷周)에서 동한(東漢)까지 사용되었다. (역자 주)

62 『後漢書·百官志』 卷26: "掌序錄王國嫡庶之次, 及諸宗室親屬遠近。郡國歲因計上宗室名籍。若有犯法當髡以上, 先上諸宗正, 宗正以聞, 乃報決。"

었다."[63] 하지만 동한(東漢)에 다시 종정으로 회복되었다. 종정의 직책과 권력은 『주관(周官)』에 있는 소사(小史)의 "세계를 보첩에 수록해 제사를 지냄에 소목(昭穆)을 분별한다."라는 업무와 완전히 일치한다.

한나라에서는 유씨(劉氏)의 자제 외에, 다른 타성(他姓)의 공신(功臣)도 왕후(王侯)로 분봉했으며, 그들의 후손은 작위를 세습받았다. 이러한 분봉과 계승의 필요에 부응하여, 한왕조(漢王朝)는 전문기관을 설치하여 타성의 왕후를 위한 가보를 편찬했는데, 이것이 바로 후적(侯籍)이다.

한왕조는 전문기관을 설치하여 황제의 속적, 왕족의 세보 및 제후의 후적을 펴내 관찬보첩을 만들기 시작했다. 한나라의 관찬보첩은 『한서(漢書)·예문지(藝文志)』에 실려 있는 『제왕제후세보(帝王諸候世譜)』 20권을 통해 알려졌다. "『한서·예문지』의 역보류(歷譜類)는 『제왕제후세보』 20권에 실려 있으며, 이것은 대부분 종정의 성과이다."[64] 그 외에는 응소(應劭)의 『사족편(士族篇)』, 영천(颍川) 태수(太守)인 요씨(聊氏)의 『만성보(萬姓譜)』, 양웅(揚雄)의 『가첩(家牒)』과 『등씨관보(鄧氏官譜)』 등이 있다. "한나라에 성씨에 따른 관보(官譜)가 있었는데 응소, 왕부(王符) 등이 편찬했다."[65] 이러한 보첩 저술은 "한대 말기의 전란으로 대부분이 유실되었다."[66] 지금은 한 편도 전해지지 않는다. 그럼에도 불구하고 "황실 및 제후의 보계(譜系)는 대대로 선대를 계승하는 전통과 관계가 있다."[67] 한대 가보가 정치 생활에서 중요한 역할을 한 것은 의심할 여지가 없다.

두 번째 특징은, 서한(西漢) 중기 이후 종족 세력이 되살아나면서 사찬(私撰)가보가 급속히 증가했다는 것이다.

한나라가 건립된 후 사회 안정을 목표로 '무위(無爲)정책'[68]을 시행했는데 이로 백성들은 장기적인 안정을 얻을 수 있었다. 이런 안정된 사회 환경은 종족 세력이 성장할 수 있는 토양과 여건을 마련해 주었고, 이에 한동안 주춤했던 종족 세력이 다시 일어나기

---

63 『漢書·百官公卿表』: "平帝元始四年更名宗伯。"

64 "漢書藝文志歷譜類載《帝王諸侯世譜》二十卷, 大率卽爲宗正之成績" 본문은 潘光旦, 「中國家譜學略史」, 『東方雜志』(第26卷, 第1號), 1929를 참조.

65 『績溪汪氏世宗譜』, 乾隆 37年(1772): "漢有姓氏官譜, 而應劭、王符之徒皆著成編。"

66 『晉書』 卷51 「摯虞傳」: "漢末喪亂, 譜傳多亡失。"

67 "帝室及諸侯王之譜系, 則事關繼世傳統。" 본문은 潘光旦, 「中國家譜學略史」, 『東方雜志』(第26卷, 第1號), 1929를 참조.

68 무위(無爲)정책: 서한시기 문제(文帝)와 경제(景帝) 시기에 실시한 휴양생식(休養生息) 정책을 지칭한다. 구체적으로 세금을 감면하고, 혹형의 폐지하고, 백성에게 토지를 주어 농업생산을 장려하고, 진시황의 통일전쟁과 혹정, 그리고 초한전쟁으로 감소한 인구를 부양하는 정책의 일환으로 실시했다. (역자 주)

시작했다. 가보는 종족이란 덩굴에 열린 열매처럼, 서한 중기 이후 종족 세력의 회복과 발전에 따라 전국(戰國)시대부터 한대 초기까지 사라졌던 사찬가보가 다시 등장해서 신속히 발전했다. 그 수량은 이전보다 증가했고, 내용 역시 다양해졌다.

한대(漢代)의 사찬가보에서 가족 세계(世系)의 연원(淵源)과 발전을 최초로 기술한 사람으로는 사마천(司馬遷)을 꼽을 수 있다. 그의 저술인 『사기(史記)·태사공자서(太史公自序)』의 서두 부분이 바로 사마씨(司馬氏)의 가보이다.

옛날 전욱(顓頊) 임금은 남정(南正)의 중(重)에게 천문에 관한 일을, 북정(北正)의 여(黎)에게는 지리에 관한 일을 맡겼다. 당요(唐堯)와 우순(虞舜) 시대에 이르기까지 중과 여의 후손들로 하여금 계속해서 천문과 지리에 관한 일을 주관하게 하여, 하상(夏商)에까지 이르렀다. 그러므로 중과 여씨는 대대로 천문과 지리에 관한 일을 주관했다. 주(周)나라 때에 정백(程伯)에 분봉되었던 휴보(休甫)도 그의 후손이었다. 주선왕(周宣王) 때에 관직을 잃고, 사마씨가 되었다. 이후로 사마씨는 주나라의 사관(史官)이 되어 대대로 그 역사를 기록하는 일을 관장했다. 주나라의 혜왕(惠王)에서 양왕(襄王)에 이르기까지, 사마씨는 주나라를 떠나 진(晉)나라로 갔다. 진의 중군(中軍) 수회(隨會)가 진(秦)나라로 달아나자, 사마씨도 그 뒤를 따라 소량(少梁)으로 이주했다.

사마씨가 주나라를 떠나 진(晉)으로 들어간 후, 일족이 서로 뿔뿔이 흩어져 일부는 위(衛)나라에, 일부는 조(趙)나라에, 그리고 나머지 일부는 진(秦)나라로 들어가 살았다. 위나라로 간 일족 가운데에는, 중산(中山)의 재상을 지낸 자도 있고, 조나라로 간 일족 가운데에는, 검술 이론을 전수해 명성을 날린 자도 있는데, 괴외(蒯聵)가 바로 그 후손이다. 진나라로 들어간 사마씨 중에는 조(錯)라는 사람이 있었는데, 장의(張儀)와 논쟁을 벌였다. 혜왕은 촉(蜀)과 한(韓) 중 어느 쪽을 먼저 공략할 것인가 하는 문제를 놓고 논쟁을 벌였는데, 이때 혜왕은 사마조(司馬錯)로 하여금 군사를 이끌고 촉을 공격하게 했다. 사마조는 마침내 촉 땅을 빼앗아, 그곳의 군수로 임명되었다. 사마조의 손자 사마근(司馬靳)은 무안군(武安君) 백기(白起)를 섬겼다. 이 무렵 소량은 이름을 하양(夏陽)으로 바꾸었다. 사마근과 무안군 백기는 장평(長平)에 주둔한 조나라의 군대를 크게 격파해 항복한 군사를 생매장하고 돌아왔다. 그러나 돌아와서는 둘 다 두우(杜郵)에서 소왕(昭王)에게 죽임을 당해 화지(華池)에 매장되었다. 사마근의 손자는 사마창(司馬昌)인데, 창은 진(秦)나라의 철을 관장하는 관리로 지냈는데, 진시황(秦始皇)이 재위할 때였다. 괴외의 현손(玄孫)인 사마앙(司馬卬)은 무신군(武信君)의 장수가 되어, 조가(朝歌)를 정복했다. 이때는 천하가 어지러워 제후들이 멋대로 왕을 칭했는데, 사마앙은 항우(項羽)에 의해 은왕(殷王)에 봉해졌다. 한대가 초(楚)나라를 정벌하자 사마앙은 한

(漢)나라에 귀순(歸順)했고, 그 땅은 하내군(河內郡)이 되었다. 사마창은 무택(無澤)을 낳았고, 무택은 한나라의 시장을 관장하는 관리였다. 무택이 희(喜)를 낳았고, 희는 오대부(五大夫)를 지냈으며 죽은 뒤 모두 고문(高門)에 안장되었다. 사마희(司馬喜)는 사마담(司馬談)을 낳았는데, 담은 태사공(太史公)이 되었다. (중략) 태사공의 직분은 천문의 관한 일을 관장하고, 백성을 다스리는 일에는 관여하지 않았다. 태사공에게는 이름이 천(遷)이라고 하는 아들이 있었다.[69]

사마천(司馬遷) 본인으로부터 직접 거슬러 올라가 완벽하게 9세대를 기록했다. 즉, 조(錯)의 손자 근(靳), 근의 손자 창(昌), 창은 무택(無澤)을 낳고, 무택은 희(喜)를 낳고, 희는 담(談)을 낳고, 담은 사마천의 아버지이다. 세계표(世系表)를 제시하면 다음과 같다. 즉 "조-□-근-□-창-무택-희-담-천"이다. 선조의 이름뿐만 아니라, 시대와 관직 및 행장(行狀) 등도 기록했다. 그 외에 동족(同族)의 다른 지파와 사마씨(司馬氏)의 성을 얻게 된 이유 등도 기술되어 있다. 그러므로 이것은 자서(自敍)적 방식으로 만들어진 가보인 셈이다. 이후에 만들어진 많은 가보들도 이런 체례(體例)로 세계(世系)를 기술했다.

사마천이 가족의 보첩(譜牒)을 자서(自序)한 후에, 많은 한대(漢代) 문인들에게 추존을 받았다. 서한(西漢) 양웅(揚雄)의 자서가보『한서(漢書)·양웅전(揚雄傳)』과 동한(東漢) 반고(班固)의 자서가보『한서(漢書)·서전편(敍傳篇)』은 모두「태사공자서(太史公自序)」의 체례를 본받아, 성씨의 기원과 가족 세계, 시대, 관직, 행장 등을 기술했다.

한대에는 자서가보를 서두에 붙이는 형식 외에, 전문적인 독립된 가보가 등장했다.

예를 들어서『한서(漢書)·공광전(孔光傳)』은 공자(孔子) 이하의 세계를 14세대나 넘게 수록했다. "공광(孔光)의 자는 자하(子夏)이고, 공자의 14대손이다. 공자는 공리(孔鯉)를 낳았고, 자는 백어(伯魚)이다. 공리는 공급(孔伋)을 낳았고, 자는 자급(子伋)이다. 공급은 공백(孔帛)을 낳았으며, 자는 자상(子上)이다. 공백은 공기(孔箕)를 낳았고, 자는 자진(子眞)이다. 공기는 공천(孔穿)을 낳았고, 자는 자고(子高)이다. 공천은 공순(孔順)을 낳았고, 순(順)은

---

69 『史記』卷130「太史公自序」: "昔在顓頊, 命南正重以司天, 北正黎以司地。唐虞之際, 紹重黎之後, 使復典之, 至於夏商, 故重黎氏世序天地。其在周, 程伯休甫其後也。當周宣王時, 失其守而爲司馬氏。司馬氏世典周史。惠、襄之間, 司馬氏去周適晉。晉中軍隨會奔秦, 而司馬氏入少梁。自司馬氏去周適晉, 分散, 或在衛, 或在趙, 或在秦。其在衛者, 相中山。在趙者, 以傳劍論顯, 蒯聵其後也。在秦者名錯, 與張儀爭論, 於是惠王使錯將伐蜀, 遂拔, 因而守之。錯孫靳, 事武安君白起。而少梁更名曰夏陽。靳與武安君阬趙長平軍, 還而與之俱賜死杜郵, 葬於華池。靳孫昌, 昌爲秦主鐵官, 當始皇之時。蒯聵玄孫卬爲武信君將而徇朝歌。諸侯之相王, 王卬於殷。漢之伐楚, 卬歸漢, 以其地爲河內郡。昌生無澤, 無澤爲漢市長。無澤生喜, 喜爲五大夫, 卒, 皆葬高門, 喜生談, 談爲太史公。(中略) 太史公既掌天官, 不治民, 有子曰遷。"

위(魏)나라 승상(丞相)의 자리에 올랐었다. 순은 공부(孔鮒)를 낳았고, 부(鮒)는 진섭(陳涉)의 박사(博士)가 되었는데, 그와 같이 죽었다. 부의 동생인 자양(子襄)은 효혜제(孝惠帝)의 박사이자, 장사태부(長沙太傅)였다. 양(襄)은 공충(孔忠)을 낳았고, 충(忠)은 공무(孔武)와 공안국(孔安國)을 낳았다. 공무는 공연년(孔延年)을 낳았고, 연년(延年)은 공패(孔覇)를 낳았는데 자는 차유(次儒)이다. 공패는 공광을 낳았다. 안국(安國)과 연년은 모두 『상서(尙書)』를 공부하여 무제(武帝)의 박사(博士)가 되었다. 패(覇)도 『상서』를 공부했고, 태부(太傅) 하후승(夏候勝) 밑에서 일을 하게 되어, 소제(昭帝) 말년에 박사가 되었다. 그리고 선제(宣帝) 때에는 태중대부(太中大夫)가 되었다가, 황태자에게 경학을 가르치게 되어, 첨사(詹事)로 승진되었고 고밀상(高密相)으로 임명되었다. 그때에는 제후왕의 승상 자리가 군수 위에 있었다. 원제(元帝)가 즉위하여 공패와의 스승된 인연으로, 공패에게 관내후(關內候)라는 작위를 주었다. (중략) 공패에게는 아들 4명이 있었는데, 큰아들인 공복(孔福)은 관내후를 계승했다. 둘째 아들 공첩(孔捷)과 그의 동생인 공가(孔嘉)는 모두 교위(校尉) 직위에 임명되었다. 공광은 공패의 작은아들이다."[70]

공광의 가족 세계(世系)는 아래 도표와 같다.

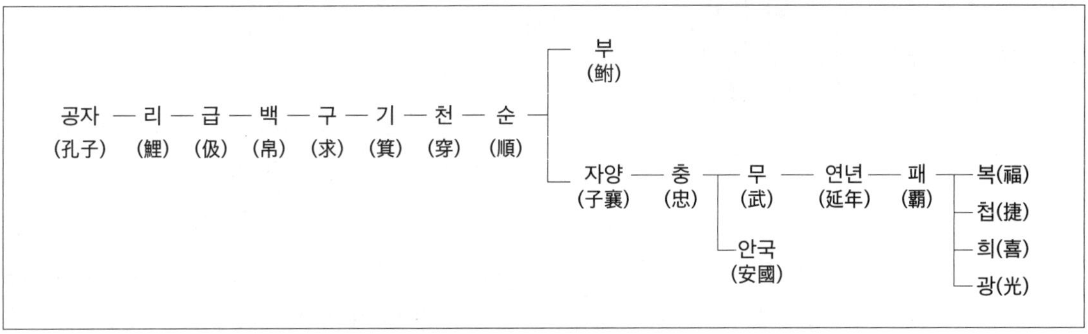

이렇게 보면 한대에는 선비나 고귀한 사람이나 모두 다양한 방식으로 자신의 가보를 만들었고, 이는 사회 풍속이 되었다. 송대의 소순(蘇洵)은 「보례서(譜例序)」란 글에, 진

70 『漢書』 卷81 「孔光傳」: "孔光字子夏, 孔子十四世之孫也。孔子生伯魚鯉, 鯉生子思伋, 伋生子上帛, 帛生子家求, 求生子眞箕, 箕生子高穿。穿生順, 順爲魏相。順生鮒, 鮒爲陳涉博士, 死陳下。鮒弟子襄爲孝惠博士, 長沙太傅。襄生忠, 忠生武及安國, 武生延年。延年生霸, 字次儒。霸生光焉。安國、延年皆以治《尙書》爲武帝博士。安國至臨淮太守。霸亦治《尙書》, 事太傅夏侯勝, 昭帝末年爲博士, 宣帝時爲太中大夫, 以選授皇太子經, 遷詹事, 高密相。是時, 諸侯王相在郡守上。元帝卽位, 征霸, 以師賜爵關內侯。(中略) 霸四子, 長子福嗣關內侯。次子捷、捷弟喜皆列校尉諸曹。光, 最少子也。"

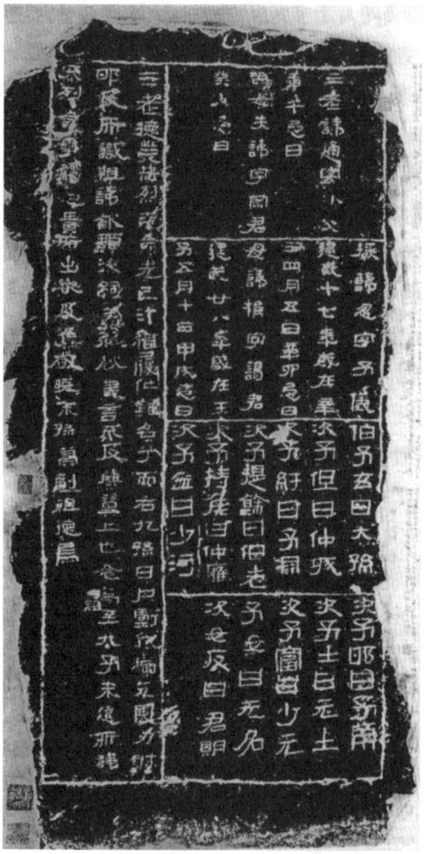

<경편 그림 2-3> 한대「삼로비(三老碑)」탁본

한(秦漢) 이래 나타나서 당대(唐代)까지 이어지는 사찬(私撰)가보의 역할에 대하여 "진한 이래 벼슬아치들이 세상에 얼굴을 보이지 않아도, 현인군자(賢人君子)는 그의 선인을 알 수 있으며, 백 년이 지나도 잊지 못할 것이다. 종묘가 없어도 조상을 잊지 않으면, 종족이 흩어지지 않고, 세력이 멸망해도 홀로 존재할 수 있는데 이것이 바로 가보의 힘 때문이다."[71]라고 기술했다.

세 번째 특징은, 한대에 새로운 실물가보인 비보(碑譜)가 대단히 성행했다.

"돌에 새겨 영원히 보존한다."[72] 석비(石碑)에 새겨진 가보는, 갑골(甲骨)가보와 청동(青銅)가보보다 한층 더 발전했다. 한대에는 비교적 이런 가보가 성행했다. 청대(清代) 함풍(咸豊) 12년(1852)에, 절강(浙江) 여요현(余姚縣)에서 출토된「삼로비(三老碑)」는 대략 동한(東漢) 건무(建武) 28년(52)에 새긴 비보이다.(〈경편 그림 2-3〉 참고)

비문(碑文)의 내용은 다음과 같다.

조부 삼로(三老)의 휘는 통(通)이고, 자는 소부(小父)로, 경오일(庚午日)이 기일(忌日)이다. 조모의 휘는 알지 못하고, 자는 종군(宗君)으로 계미일(癸未日)에 돌아가셨다.

연(掾)이셨던 부친의 이름은 홀(忽)이고, 자는 자의(子儀)로 건무(建武) 17년(41), 신축년(辛丑年) 4월 5일 신묘일(辛卯日)에 돌아가셨다. 모친의 휘는 연(捐)이고, 자는 알군(謁君)으로 건무 28년(52), 임자년(壬子) 5월 10일 갑술일(甲戌日)에 돌아가셨다.

큰아들의 이름은 현(玄)이고, 자는 대손(大孫)이다. 둘째 아들의 이름은 단(但)이고, 자는 중성(仲城)이다. 셋째 아들의 이름은 우(紆)이고, 자는 자연(子淵)이다. 넷째 아들의 이름은 제여(提餘)이고, 자는 백로(伯老)이다. 다섯째 아들의 이름은 지후(持侯)이고, 자는 중옹(仲雍)이다. 여섯째 아들의 이름은 영(盈)이고, 자는 소하(少河)이다. 일곱째 아들의 이름은 한(邯)

71 蘇洵,「譜例序」: "自秦漢以來, 仕者不世, 然其賢人君子猶能識其先人, 或至百世而不絕, 無廟無宗而祖宗不忘, 宗族不散, 其勢宜亡而獨存, 則由有譜之力。"

72 "刻譜於石, 以垂永久。" (역자 주)

> 이고, 자는 자남(子南)이다. 여덟째 아들의 이름은 사(士)이고, 자는 원사(元士)이다. 아홉째 아들의 이름은 부(富)이고, 자는 소원(少元)이다. 딸의 이름은 할명(鶡名)이다. 둘째 딸의 이름은 반(反)이고, 자는 군명(君明)이다.
>
> 조부이신 삼로의 덕(德)과 공업(功業)은 밝게 빛나고 성대하다. 몸을 사리지 않고 사명을 완수하기 위해 분투하셨으며, 주변 사람을 잘 살피시고 자애로우셨으니 그 위대함을 말로 표현할 수 없을 정도이다. 그분의 신령이 아홉 명의 손자를 보우하신다. 많은 시간이 흘렀건만, 여전히 선조의 은덕은 후대에까지 미친다. 일곱째 손자인 한이 조부의 이름을 알게 되어, 후손들에게 공경하게 하고 널리 알게 하고자 이 비를 세운다.
>
> 대개 춘추(春秋)의 의리는 선조의 이름을 말하지 않는 것이 선조를 추존하는 것이다. 그러나 조부이신 삼로로부터 우리 아홉 손자가 멀리 떨어지지 않음을 생각하니, 피하는 바를 드러내지 않는다면 후세가 말과 행동에 금기를 범하게 될 것이다. 우리들 출자(出自)한 바의 위엄을 귀중히 여기며, 정중히 후손들에게 이르노니 바라건대 선조의 덕행에 부합하도록 하라.[73]

이 비문은 종(從)으로 양분하여, 그중 오른쪽에 가보를 기록했는데 이 오른쪽을 다시 가로로 네 칸으로 나누었다. 첫 번째 칸에는 조부모의 명휘(名諱)와 기일(忌日), 두 번째 칸에는 부모의 명휘와 기일, 세 번째 칸과 네 번째 칸에는 형제자매의 이름만 기록했다. 각 칸은 항렬별로 배열되어 있으며, 상하는 부자(父子) 관계, 좌우는 부부 또는 형제자매 관계이다. 이런 세로는 부자, 가로는 형제를 기록한 세계표(世系表)는 후세의 가보와 뚜렷한 연원(淵源) 관계가 있으며, 당시에 보편적으로 사용되던 도표식(圖表式) 가보이다. 이 비석의 왼쪽 절반은 문자 부분으로, 삼로(三老)의 공덕과 비석을 세우는 목적을 적었다. 조부모와 부모의 명휘와 기일을 돌에 새기고, 『춘추(春秋)』의 '언불급존(言不及尊)'의 의미와 일치시켰으며, 후대 자손이 삼갈 바를 알 수 있도록 했다.

또 한환제(漢桓帝) 연희(延熹) 3년(160) 5월에 세운 손숙오(孫叔敖) 비석의 뒷면의 비문(碑文)은 다음과 같다.

---

73 『三老碑』: "三老諱通, 字小父, 庚午忌日。祖母失諱, 字宗君, 癸未忌日。掾諱忽, 字子儀, 建武十七年歲在辛丑, 四月五日辛卯忌日。母諱捐, 字謁君, 建武廿八年 歲在壬子五月十日甲戌忌日。伯子玄曰大孫, 次子但曰仲城, 次子紆曰子淵, 次子提余曰伯老, 次子持侯曰仲雍, 次子盈曰少河。次子邯曰子南, 次子士曰元士, 次子富曰少元, 子女曰鶡名, 次女反曰君明。三老德業赫烈, 克命先已, 計稽履化, 難名兮而右九孫, 日月虧代, 猶元風力射。邯及所識祖諱, 欽顯後嗣, 蓋《春秋》義, 言不及尊, 翼上也。念高祖至九子未遠, 所諱不列, 言事觸忌, 貴所出嚴及□, 敬曉末孫, 冀副祖德焉。"

상군(相君)[74]은 아들 3명이 있었다. 맏아들은 봉지(封地)인 고시(固始)에 살고, 막내아들은 강릉(江陵)에 살았다. 둘째 아들은 삼□(三□)에서 살았으며 가업을 계승했고, 후손으로는 요(繚)와 재(材)의 두 종족이 있었다. 상군 사후 10여 세대에 이르러 무백(武伯)이라는 자손이 발해태수(渤海太守)를 지냈다. 무백은 아들 둘이 있었다. 큰아들은 백위(伯尉)이고, 작은아들은 중위(仲尉)라고 하는데, 군(郡)의 연사(椽史)를 지냈다. 백위에게는 아들이 하나 있는데, 세백(世伯)이라고 하며 강하(江夏)의 성문(城門)을 관장하는 관리였다. 중위에게는 아들 둘이 있는데, 큰아들은 효백(孝伯)으로 형주(荊州)에서 일했다. 작은아들은 세신(世信)으로 □□ 관아의 공조(功曹)를 지냈는데, 회호(會乎)와 애(哀)에서 종족이 도적들에게 피살되기도 했다. 세백, 효백, 세신에게는 (결) 각각 아들 하나가 있었는데 겨우 여덟이나 아홉 살이어서 벼슬을 할 수 없었다. 세백의 아들은 자가 자중(子仲)으로 요□(繚□)에서 재산을 관리했고, 6남 1녀의 자녀가 있었다. 큰아들은 장도(長都)이고, 둘째의 자는 난경(蘭卿), 다음은 중양(仲陽), 다음은 숙통(叔通), 다음은 위공(衛公), 다음은 유경(劉卿)으로 이들은 요씨(繚氏) 종족의 여섯 어른이다. 효백(孝伯)의 아들의 자는 문□(文□)인데 벼슬하지 않고서 재□(材□)에서 치안(治顔)하면서 6남 1녀를 두었다. 큰아들의 자는 혜명(惠明)이고, 둘째는 차경(次卿), 다음이 성공(聖公), 다음이 치경(稚卿), 다음은 언경(彦卿), 다음은 소도(少都)이다. 이들은 재씨(材氏) 종족의 여섯 어른이다. (결) 세신은 아들 한 명이 있어 계릉(季陵), 문경(文卿), 효공(孝公)을 계승했다. 이것이 (결) □의 유일한 어른이라서 다른 고조와 구분해서 재씨 종족의 고조, 부친 및 손씨(孫氏) 종족과 별도로 (결) 가보에 수록한다.[75]

위의 손숙오(孫叔敖) 비문(碑文)에 기록된 세계는 무백(武伯) 이상의 세대는 보이지 않으며, 무백 이하 5세대 남자의 성명이 상세히 열거되어 있다. 그 세계는 다음과 같다.

---

74 상군(相君): 고대 재상에 대한 존칭을 가리킨다. (역자 주)

75 洪適, 『隸釋』 卷3: “相君有三嗣。長子卽封食邑固始, 少子在江陵, 中子居三□, □襲□業, 繚、材二宗, 則其苗裔也。相君卒後十有餘世, 有渤海太守字武伯, 武伯有二子, 長子字伯尉, 少子字仲尉, 仕郡爲椽史。伯尉有一子, 字世伯, 擧江夏孝廉城門侯。仲尉有二子, 長子字孝伯, 荊州從事; 弟世信, 仕□□掾功曹, 會乎、哀之間, 宗黨爲賊寇所殺, 世伯、孝伯、世信(缺)各遺一子, 才八九歲, 微弱不能仕學。世伯子字子仲, 治産於繚□, 有六男一女, 大子字長都, 次子字蘭卿, 次弟字仲陽, 次弟字叔通, 次弟字衛公, 次弟字劉卿, 此繚宗六父也。孝伯子字文□, 亦不仕學, 治顔於材□, 亦有六男一女, 大子字惠明, 次弟字次卿, 次弟字聖公, 次弟字稚卿, 次弟字彦卿, 次弟字少都。此材宗六父也。世信一子, 相承季陵文卿孝公, 此(缺)□一父, 別其高祖, 與材高祖父親兄弟, 孫氏宗族, 別(缺)譜紀也。”

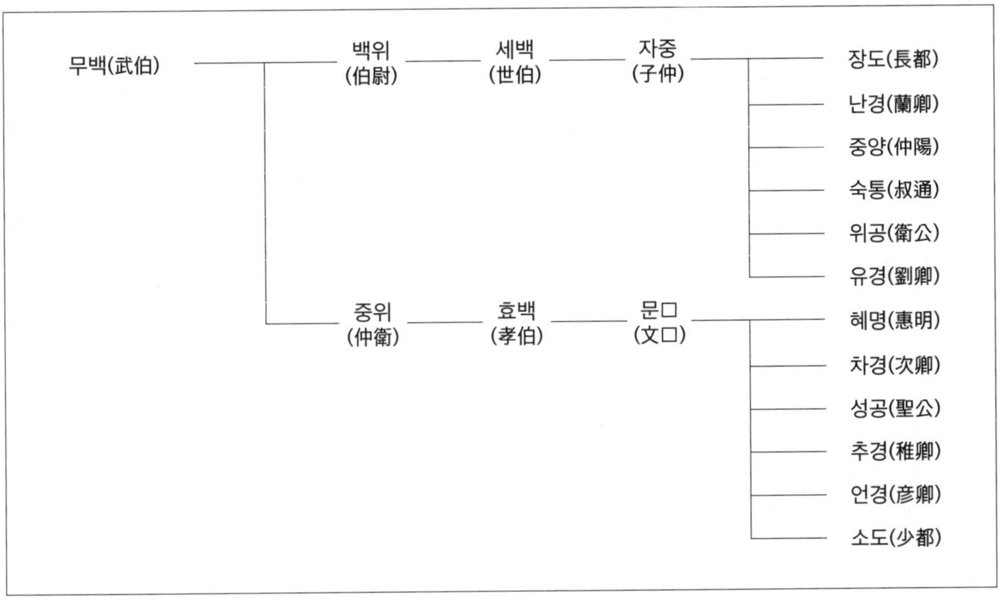

이런 비보(碑譜)는 갑골과 청동가보에 비해 더욱 발전했다. "이 비석은 손씨(孫氏) 자손이 있는 현(縣)의 현지사인 단광(段光) 등이 새겼는데, 일관되게 손씨 가족 세계를 기록했다. 글의 말미에 '보기야(譜紀也)' 세 글자는 비석에 새긴 보첩(譜牒)의 성질을 설명한 것이다."[76]

네 번째 특징은, 가보의 체례(體例)는 좀 더 넓어지고, 가보의 내용도 비교적 상세해졌다는 것이다.

한대(漢代) 가보의 체례는 기본적으로 두 종류로 나눌 수 있는데, 하나는 도표식(圖表式) 가보이고, 하나는 서술식(敍述式) 가보이다.

도표식 가보는 도표를 사용하고 덧붙여 문자로 기술함으로써 가족의 세계(世系)와 인물을 표시하고, 세대별로 칸을 나누어 기록했다. 표는 약간의 가로 칸과 세로 칸으로 구성되어 있으며, 세로 칸은 세대의 수를 표하여 한 칸에 한 세대씩 기록한다. 가로 칸은 같은 세대의 인물을 장유순서에 따라 나열한다. 이렇게 하면 세대가 혼란스럽지 않고, 장유순서로 가족 관계를 매우 일목요연하게 볼 수 있다. 한대의 황족(皇族)가보와 왕후(王侯), 공신(功臣)의 세습가보는 일반적으로 이런 형식을 채택했다. 『한서(漢書)』의 「제후왕표(諸候王表)」, 「왕자후표(王子候表)」, 「공신표(功臣表)」 등의 계보(系譜)는 각각 왕후나 공신

76 常建華, 『宗族志』(第四章), 上海人民出版社, 1998, 239쪽.

의 세계를 기록할 때도 표의 형식으로 사용했다. 황족가보나 제왕세보(諸王世譜) 등은 관찬(官撰)가보에서 따왔을 가능성이 높다. 이러한 형식을 관찬(官撰) 세습가보만 채택한 것이 아니라, 사찬(私撰)가보도 이런 체례를 사용한 경우가 있었다. 예를 들어서 「삼로비(三老碑)」는 세로 칸과 세대 수를 표시하지 않는 도표식 가보인 것이다.

서술식(敍述式) 가보는 가족 세계와 인물을 문자 서술로 기록한다. 보통은 먼저 시조(始祖)가 성(姓)을 얻은 유래를 시작으로 다음에 시조 이하의 세계를 기술하고, 아래로 한 세대씩 서술한다. 흔히 '모모(某某)생모모', '자(子) 모모', '제(弟) 모모' 등 용어를 써서, 부자(父子)의 항렬이나 형제의 장유순서를 표시한다. 위에서 인용한 『사기(史記)』의 자서(自序), 양웅(揚雄)의 자서 보첩(譜牒), 『한서(漢書)·서전(敍傳)』, 공씨(孔氏)의 보첩, 손숙오(孫叔敖)의 비석 등 사찬가보는 모두 이런 형식의 가보이다.[77]

한대(漢代) 가보의 체례에 대해서는 3가지로 나누어야 한다는 학자도 있다. 그 한 예로, 진직(陳直)은 「남북조 보첩형식의 발견과 탐색(南北朝譜牒形式的發現和索隱)」이라는 글에서 "한대의 가보 형식은 3가지로 나뉜다. 첫째는 가로로 나열하는 형식으로, 세대별, 칸별로 쓴다. 『세본(世本)』의 「삼대세표(三代世表)」, 「왕계후표(王系候表)」, 한고조(漢高祖)부터 한혜제(漢惠帝)까지의 「공신표(功臣表)」가 이런 예이다. 둘째는 성을 단위로 하여, 성의 기원을 먼저 기술하고 다음에 세계 및 관직을 서술하는 것이다. 왕부(王符)의 『잠부론(潛夫論)·씨족편(氏族篇)』, 응소(應劭)의 『풍속통의(風俗通義)·성씨편(姓氏篇)』이 여기에 포함된다. 세 번째는 일련의 서술 형식이다. 『사기(史記)·서(序)』, 『한서(漢書)·서전(敍傳)』, 손숙오의 석비 등은 그 예이다."[78]라고 했다.

한대 가보의 내용은 더욱 상세했다. 한대에는 황족(皇族)과 왕후(王侯) 등 세습 귀족은 보편적으로 정부에 의해 전문기관을 설립하여 족보를 기록하고 관장했다. 뿐만 아니라 정부의 중하급 관리, 말단 관리, 일반 선비와 같이 세습되지 않는 가문, 즉 사대부 계층도 잇달아 여러 가지 형식으로 본 가문의 세계(世系)를 편찬했다. 관찬가보나 사찬가보나 주로 가보 주인의 직계(直系) 조상의 성명과 관직을 기재했다. 아울러 성을 얻은 연유, 조상의 기원과 발전, 거주 지역, 인물의 행장(行狀), 종사한 직업, 무덤의 소재, 방계 조상, 외가 쪽의 친척, 조상의 존함과 기일(忌日), 서언(序言)과 발문(跋文), 가보를 세우는 목적도 함께 기재했다. 물론, 이러한 내용은 집마다 모두 기재한 것은 아니다. 어떤 집은 기록이 풍부하나 어떤 집은 기록이 부족한 경우도 있다. 그러나 주(周)나라 가보에 비해 전반

---

77 楊冬荃, 「漢代家譜研究」, 『譜牒學研究』(第3輯), 書目文獻出版社, 1992, 44쪽.

78 陳直, 「南北朝譜牒形式的發現和索隱」, 『西北大學學報』(第3期), 1980.

적으로 내용이 더욱 풍부해졌다.

한대 가보의 형식도 많이 다양해졌다. 가장 두드러진 것은 바로 비보(碑譜)가 등장한 것이었다. 즉, 석각(石刻) 형태로 등장한 가보를 말한다. 어떤 이는 특별히 비석에 새기는 형식으로 그의 가보를 기록하며, 어떤 이는 족보를 묘비 뒤에 전문적으로 새겼다. 또한 어떤 이는 묘비에 그 가문의 세계 등을 상세하게 기록했다. 이것은 전에 없던 양식으로, 한대에는 매우 보편적으로 사용되었다. 한대에 혁신적인 비보가 나온 후, 후대에 많이 사용되었으며 비보는 중국 가보에서 가보 원형의 특징을 장기적으로 보존하는 중요한 매개체 중 하나가 되었다.

한대 가보의 활용 범위는 더욱 넓어졌다. 주나라 가보의 응용 범위는 주로 정치 분야, 사회 분야이지만, 한대에 접어들어 가보는 역사학, 문화 영역으로 더욱 발전했다. 인류 초기에는 기록 수단의 낙후로 인해, 많은 역사적 사실이 후세에 전해질 길이 없었다. 따라서 암송되어 구전(口傳)으로 전해 내려온 가문의 세계는 귀중한 역사적 자료가 된다. 초기의 역사 저서일수록 더욱 가치가 있다. 예를 들어 중국 최초의 통사(通史)인 사마천(司馬遷)이 쓴 『사기(史記)』의 초기 역사 기록에는 많은 간단한 세계가 포함되어 있다. "통계에 의하면 『사기』에는 10대 이상의 세계를 기재한 글 21편이 수록되어 있는데, 이는 그 전서(全書)의 거의 1/6을 차지했다."[79] 예를 들어 『오제본기(五帝本紀)』는 성이 공손(公孫)인 헌원씨(軒轅氏)가 황제(黃帝)의 아버지인 소전(少典)을 시작으로 상(商)나라까지 총 11세대에 이르는 세계를 기록하고 있다. 『하본기(夏本紀)』에는 사성(姒姓) 본지(本支)의 황제부터 하걸(夏桀)까지 모두 17세대에 걸친 세계의 기록이 있는데, 그중 일부는 순전히 세계에 관한 기록일 뿐, 다른 역사적 사실에 관한 기록은 없었다. 반고(班固)가 쓴 『한서(漢書)』에도 보학(譜學) 저서의 사료(史料)가 많이 인용되었다. 진직(陳直)은 "『사기』의 태사공(太史公) 「자서(自序)」, 『한서』의 반고 「서전(敍傳)」, 그리고 『한서(漢書)·양웅전(揚雄傳)』은 세계를 매우 상세히 서술하고 있는데, 이것은 당연히 가보에 근거한 것이었다."[80]라고 했다. 『사기』, 『한서』와 같은 사학(史學) 저서 속의 가문 세계에 관한 내용의 기본 출처는 주(周)나라 이전의 여러 형태의 가보와 주나라 이래의 보학 저서가 분명하다고 할 수 있다.

요컨대, 한(漢)나라 가보의 체례(體例)는 주나라 가보에 비해 더욱 완벽해졌다. 내용은 더 상세해졌으며, 형식은 더욱 다양해지고 활용 분야도 더욱 넓어졌다. 한대 가보는 날로 진보했고, 이는 향후 가보 발전의 토대가 되었다.

---

79 楊冬荃, 「漢代家譜研究」, 『譜牒學研究』(第3輯), 書目文獻出版社, 1992, 47쪽.

80 陳直, 「南北朝譜牒形式的發現和索隱」, 『西北大學學報』(第3期), 1980.

3
중국 가보의 발전(상)

위진남북조(魏晉南北朝) 시기는 중국 보학(譜學) 발전의 전성기였다. 양전순(楊殿珣)은 「중국가보통론(中國家譜通論)」에서 위진남북조 시기를 '보학의 황금시대'라고 불렀다. 이르길 "위진(魏晉)부터 남북조(南北朝)까지는 보학 발전의 황금시대라 할 수 있다. 사찬보첩(私撰譜牒)을 정부에 제출하고, 정부는 이러한 보첩을 잘 관리하기 위해 전담 관리를 두어 관장하게 했다. 보학 저술이 날로 늘어나 『수지(隋志)』에 보학과 관련된 개별 항목을 만들어 넣을 정도로 보학이 번창했다."[1]라고 했다.

오늘날에는 위진남북조 시기의 가보 저술을 찾아볼 수 없다. 정초(鄭樵)가 쓴 『통지(通志)·문예략(文藝略)』의 통계에 따르면, 위진부터 오대(五代)까지 각 종류의 보첩, 가보 저술이 총 155부, 2,365권에 달했다고 한다. 배송지(裴松之)가 『삼국지(三國志)』 주석에서 19종 보첩을, 유효표(劉孝標)가 『세설신어(世說新語)』의 주석에서 36종의 보첩을 인용했다. 양전순의 『중국가보통론』에 수록된 『삼국지(三國志)·위서(魏書)』, 『세설신어』 등의 책에서 인용한 가보 저술과 『수지』, 『당지(唐志)』에 기록된 위진남북조 시기의 가보 저술들을 종합해 보면 다음과 같이 분류할 수 있다.

(1) 가보

특정한 성씨와 그 성씨의 보계(譜系)를 기록한 보서(譜書)이다. 예를 들면 유씨보(庾氏譜), 화교보서(華嶠譜序), 손씨보(孫氏譜), 완씨보(阮氏譜), 공씨보(孔氏譜), 혜씨보(嵇氏譜), 유씨보(劉氏譜), 진씨보(陳氏譜), 왕씨보(王氏譜), 곽씨보(郭氏譜), 호씨보(胡氏譜), 최씨보(崔氏譜), 제갈

1 楊殿珣, 「中國家譜通論」, 『圖書季刊』(新第3卷, 第1-2期), 1944.

씨(諸葛氏), 주씨보(周氏譜), 사씨보(謝氏譜), 오씨보(吳氏譜), 도씨서(陶氏敘), 지씨세본(贄氏世本), 양씨보(羊氏譜), 양병서(羊秉敘), 허씨보(許氏譜), 환씨보(桓氏譜), 풍씨보(馮氏譜), 은씨보(殷氏譜), 육씨보(陸氏譜), 고씨보(顧氏譜), 양씨보(楊氏譜), 부씨보(傅氏譜), 우씨보(虞氏譜), 위씨보(衛氏譜), 위씨보(魏氏譜), 온씨보서(溫氏譜序), 온씨보(溫氏譜), 조씨보(曹氏譜), 이씨보(李氏譜), 원씨보(袁氏譜), 색씨보(索氏譜), 대씨보(戴氏譜), 가씨보(賈氏譜), 학씨보(郝氏譜), 한씨보(韓氏譜), 치씨보(郗氏譜), 장씨보(張氏譜), 순씨보(荀氏譜), 조씨보(祖氏譜), 왕씨가보(王氏家譜), 사마씨보(司馬氏譜), 사마씨계본(司馬氏系本), 노씨보(路氏譜), 소씨보(蘇氏譜), 두씨보(杜氏譜), 경씨보(炅氏譜), 양씨보서(陽氏譜序), 채씨보(蔡氏譜), 범씨보(范氏譜), 경조위씨보(京兆韋氏譜), 양씨혈맥보(楊氏血脈譜), 양씨가보장병묘기(楊氏家譜狀幷墓記), 양씨지분보술계전(楊氏支分譜述系傳), 반씨보(潘氏譜) 등 총 62부에 이른다.

(2) 총보(總譜)

국내에 있는 특정한 시기의 수많은 가족 보계를 기록한 보서이다. 예를 들면 씨성론(氏姓論), 족성소목(族姓昭穆) 10권, 진성씨부장(晉姓氏簿狀) 712권, 백가보(百家譜) 2권, 성원(姓苑) 1권, 백가집(百家集) 10권, 씨족요장(氏族要狀) 15권, 견객보(見客譜), 속백가보(續百家譜) 4권, 남족보(南族譜) 2권, 백가보습유(百家譜拾遺) 1권, 백가보(百家譜) 30권, 백가보집초(百家譜集鈔) 15권, 백가보(百家譜) 20권, 성씨영현보(姓氏英賢譜) 100권, 백가보초(百家譜鈔) 5권, 제성보(諸姓譜) 116권, 백관보(百官譜) 20권, 백가보(百家譜) 15권, 백가보세통(百家譜世統) 10권, 친표보록(親表譜錄), 제각보(諸刻譜) 30권, 복성보(復姓譜) 1권 등으로 총 23부에 이른다.

(3) 군보(郡譜)

해당 주(州) 또는 여러 주의 수많은 가족 보계(譜系)를 기록한 보서(譜書)이다. 그 예로 집십팔주보(集十八州譜) 710권, 동남보집초(東南譜集鈔) 15권, 왕사공신집제주보(王司空新集諸州譜) 11권, 익주보(益州譜) 40권, 관동관북보(關東關北譜) 33권, 익주보(益州譜) 30권, 기주성족보(冀州姓族譜) 2권, 홍주제성보(洪州諸姓譜) 9권, 길주제성보(吉州諸姓譜) 8권, 강주제성보(江州諸姓譜) 11권, 제주잡보(諸州雜譜) 8권, 원주제성(袁州諸姓) 8권, 양주보초(揚州譜鈔) 5권으로 총 13부에 이른다.

(4) 황실보(皇室譜)

황실 보계를 기록한 보서이다. 예를 들어 한종제왕보(漢宗帝王譜) 3권, 종보(宗譜) 4권, 제제보속(齊帝譜屬) 10권, 제양제보(齊梁帝譜) 4권, 양제보(梁帝譜) 13권, 제영원중표부(齊永元中表

簿) 5권, 양대동사년표부(梁大同四年表簿) 3권, 양제표부(梁帝表簿) 5권, 후위종변종록(後魏宗辨宗錄) 2권, 후위황제종족보(後魏皇帝宗族譜) 4권, 위효문열성족첩(魏孝文列姓族牒) 1권, 후위방사격(後魏方司格) 1권, 후제종보(後齊宗譜) 1권, 주우문씨보(周宇文氏譜) 1권, 세보(世譜) 총 15부에 이른다.

양전순(楊殿珣)은 여러 책에서 인용한 보서 저술 내용과 『수지(隋志)』, 『당지(唐志)』 등에 기록된 보서 저술 내용을 바탕으로 진무제(晉武帝)부터 수양제(隋煬帝)까지 300여 년간에 등장한 보서 저술을 상기와 같이 분류했다. 이러한 분류는 상당히 방대한 것이다.

1. 위진남북조 시기 가보의 발전과 그 원인

위진남북조 시기 가보 저술이 대폭적으로 증가한 원인은 다방면에서 찾을 수 있다.

첫째, 정치적 측면에서 위진남북조 시기의 가보 증가는 구품중정제(九品中正制)의 실시와 밀접한 관계가 있다. 위진남북조 시기에 "정부는 국보국(國譜局)을 설치하여, 박학다재한 유생들을 시켜 관족(官族)[2] 성씨 중 가보가 있는 집안들의 보서를 편찬하게 했다. 이를 통해 그 당시 보학(譜學)의 흥성을 알 수 있다. 그런데 보학의 흥성을 이끈 원인은 따로 있었다. 바로 구품중정제 때문이다."[3]

주지하는 바와 같이 봉건통치 집단은 자신의 통치를 공고히 하는 데 필요한 인재 등용을 매우 중요시했고, 이에 맞는 제도를 만들었다. 서한(西漢)에는 '징벽(徵辟)'[4]이라는 제도를 시행했고, 동한(東漢)에 들어서는 '찰거제도(察擧制度)'[5]가 등장했다. 즉 사회적 평론에 따라, 사람의 품성과 재능을 판단하여 임용한다는 것이다. 평론은 사회에서 유명한 사람에 의해 진행되었는데, 당연히 그들은 서민 출신은 배제하고 잘 알고 지내는 사람들

---

2 관족(官族): 명문대족으로 대대로 관직을 세습하며 역임한 가문을 지칭한다. (역자 주)

3 杨殿珣, 「中國家譜通論」, 『圖書季刊』(新第3卷, 第1-2期), 1944.

4 징벽(徵辟): 한나라 무제(武帝) 시기에 시작된 실행한 인재 선발제도를 지칭한다. 일반적으로 중앙의 황제나 정부의 의한 인재를 선발과 지방의 군현(郡縣)에서 선발하는 두 가지 형태로 나뉜다. 원래 '징(徵)'이란 황제에 의한 선발을, '벽(辟)'이란 관부에 의한 선발을 의미한다. (역자 주)

5 찰거제도(察擧制度): 한나라 무제 원년(기원전 134)에 실시한 관리 임용 제도를 말한다. 주로 군현의 지방관은 효렴(孝廉), 무재(茂才), 현량방정(賢良方正), 명경(明經) 등에 다양한 기준에 근거해 지방 인재를 중앙에 천거했다. (역자 주)

에게만 유리하게 평론했다. 이리하여 문벌출신이 점차 중요해졌다. 삼국(三國)시대에 위왕(魏王) 조비(曹丕)가 이부상서(吏部尚書) 진군(陳群)의 조언에 따라, 연강(延康) 원년(220)에 구품중정제를 정식으로 실행했다. 9개 등급으로 나누어진 사인(士人)들 중에 관원을 선발한다는 것이었다. 기본적인 내용은 다음과 같다. 주(州)에 대중정(大中正)을, 군(郡)에 중정(中正)을, 그리고 현(縣)에 소중정(小中正)을 설치한다. 대중정, 중정, 그리고 소중정은 인재를 모집하고 관원을 선발하는 전문적인 기관과 관원으로, 그들이 그곳의 인재를 상상(上上), 상중(上中), 상하(上下), 중상(中上), 중중(中中), 중하(中下), 하상(下上), 하중(下中), 하하(下下) 구품으로 평가하여, 단계적으로 이부(吏部)에 보고한다. 이부는 중정이 평가한 품제(品第)에 따라 해당 등급의 관직을 수여한다. 그렇다면 '중정'이란 관직은 누가 담당했을까? 이부는 각 주군(州郡)에 있는 '저성(著姓)[6] 사족(士族)' 출신을 중정관(中正官)으로 선발했다. 이르길 "위씨(魏氏)가 구품으로 등급을 나누고 중정이란 관직을 두면서, 명문집안의 사람들이 존중받고 한미한 선비는 홀대받았다. 이리하여 점차 우성(右姓)[7]이 권력을 쥐게 되었다. 그 주에 있는 대중정(大中正), 주부(主簿), 군중정(郡中正), 공조(功曹) 등의 높은 관위를 저성 사족 출신이 담당하게 하자, 자연스럽게 문벌세가가 형성되고 인물평 또한 가문에 의해 이루어졌다."[8]라고 했다. 즉 중정이란 관직은 전부 세가대족(世家大族)이 독점했다.

중정이 인물을 품평하는 기준으로 '가문, 재능, 품성' 3가지가 있다. 하지만 실제로는, 특히 서진(西晉)에 접어들자, 출신 가문을 주요 평가 기준으로 삼았다. 즉, 중정관이 인재를 뽑을 때 더 이상 개인의 우수성을 선정 기준으로 삼지 않고, 오로지 출신 가문만 따졌던 것이었다. 이른바 "중정이 인재를 선출할 때 오직 문벌 출신만을 고려했다."[9] 이러한 관원 선발 방법을 문선(門選)이라고 부른다. 출신 가문에 따라 관리를 선정하다 보니 가보의 중요성이 더욱 강조되었다. 송대(宋代) 문천상(文天祥)이 「발오씨족보(跋吳氏族譜)」에서 "위진(魏晉) 시기부터 당대(唐代)까지는 가문을 숭상하여 보첩(譜牒)을 중요시했다."[10]

---

6 저성(著姓): 중앙이나 지방의 군현에서 대대로 권세를 지닌 성(姓)이나 가문을 지칭한다. (역자 주)

7 우성(右姓): 후한(後漢)과 조위(曹魏)시기 세가대족을 '우성'이라 지칭했다. 『후한서(後漢書)·곽급전(郭伋傳)』에 '강종우성(强宗右姓)'에 대해 언급했고, 이현(李賢)은 우성을 '고성(高姓)', 즉 지위가 높은 대족이라 했다. (역자 주)

8 『新唐書』 卷199 「柳沖傳」: "魏氏立九品, 置中正, 尊世冑, 卑寒士, 權歸右姓已。其州大中正、主簿、郡中正、功曹, 皆取著姓氏族爲之, 以定門冑, 品藻人物。"

9 『魏書·世宗紀』: "中正所銓, 但存門第。"

10 『古今圖書集成·氏族典·吳姓部』: "自魏晉以來, 至唐最尙門閥, 故以譜牒爲重。"

"자리가 있어 관리를 선발할 때는, 반드시 족보와 호적을 조사했다."[11]라고 한 말처럼, "관리를 뽑을 때 족보와 호적을 조사하여 진위를 판단했다. 따라서 관리가 세습될 수 있었고, 가보에 대대로 관직을 올릴 수 있었으며, 이에 정부에 보국(譜局)을 설치하는 것이었다."[12] 관리 등용의 편리와 신분 증명을 위해 모두 가보를 매우 중요시했다. 중정관은 인재를 뽑기 위해 임용될 자의 가보를 확인할 필요가 있었고, 관원이 되고자 하는 후보자들 역시 자신의 입지를 증명할 수 있는 가보를 중요시할 수밖에 없었다. 이렇게 가보는 그 중간에서의 특수한 역할 때문에, 국가의 관리 임용 근거와 사족(士族)들의 출신 증명의 기준이 되었다. 이르길 "출신에 따라 각 집안의 사회적 지위에 차이가 나타났다. 사회적 지위가 높은 집안의 사람은 쉽게 승진하게 되고, 고위직까지 담당하게 되는데, 출신이 낮은 사람은 작은 벼슬을 얻고도 떳떳하지 못했다. 따라서 사람들이 걸핏하면 자기의 출신 가문을 자찬하고, 가난한 사람들과 구별하기 위해 가보를 만들었다."[13]라고 했다. 가보를 완성한 후에는 국가에 보고해야 했다. "육대(六代)[14]까지 문벌의 높고 낮음이 가장 중요했다. 사회적 지위가 높은 대족들은 모두 족보를 편찬하고 조정에 올렸다."[15] 사족들은 대대로 벼슬로 승진하는 통로와 권력을 손에 쥐고, 평민이 입적이나 통혼의 방식으로 사족에 편승하는 것을 막기 위해, 입법을 통해 가문의 사회적 지위를 확정해 주었다. 가보에 근거해, 동진남조(東晉南朝)는 주군(州郡)에서 제일 높은 가문의 성씨를, 북위(北魏)는 갑(甲), 을(乙), 병(丙), 정(丁) 4가지 성씨를, 북주(北周)는 통망(通望)[16]을 사족으로 인정하는 기준으로 삼았다. 이처럼 확정된 사족들은 관찬(官撰)가보에 기록되기 때문에 다른 사람들이 사칭하는 것을 방지할 수 있었다. "가보를 살펴보고 나서 관직에 등용했다."[17]라는 말처럼, 가보에 따라 위진남북조에는 "상품(上品)에는 한문(寒門)이 없고 하

---

11 『新唐書』 卷199 「柳冲傳」: "有司選擧, 必稽譜籍。"

12 『槐溪王氏支譜』, 咸豊 6年(1856): "至有司選擧, 又必稽諸籍而考其眞僞焉。是故官有世冑, 譜有世官, 官有譜局。"

13 "由於專品門第高下, 於是造成門第高低之别, 其門第之高者, 平流進取, 坐至公卿, 其門族寒陋者, 雖居下僚, 猶愧不敢當, 故社會人士, 輒以門第相誇耀, 爲別於寒族計, 則家譜之作, 自不容緩, 於是家有譜矣。" 본문은 楊殿珣, 「中國家譜通論」, 『圖書季刊』(新第3卷, 第1-2期), 1944를 참조.

14 육대(六代): 삼국(三國)의 오(吳), 동진(東晉), 남조(南朝)의 유송(劉宋), 제(齊), 양(梁), 진(陳) 등 6개 나라를 지칭한다. (역자 주)

15 (明)汪道昆, 「潛江袁氏家譜序」, 『古今圖書集成·氏族典』: "迄於六代率以門戶相當。諸閭右世家, 多譜其族, 上之天府。"

16 통망(通望): 전국적으로 명성을 지닌 중앙과 지방의 명문대족을 지칭한다. 통(通)이란 특정한 지역 성씨가 아닌 국가적인 명성을 획득한 명문사족 혹은 고문대족을 말한다. (역자 주)

17 『太平御覽』 卷214 「晉陽秋」: "考之薄世然後援任。"

품(下品)에는 사족이 없다."[18]라는 상황까지 나타났다.

구품중정제가 위진남북조 시기 보학(譜學)의 발전을 이끌어 왔다는 것에 대해 반광단(潘光旦)은 다음과 같이 말했다. 이르길 "위(魏)나라가 건국 초기 황초원년(黃初元年)에 구품중정제를 실시했다. 주군에 중정관(中正官)을 설치하고, 해당 지역 사람들을 9등급으로 나누어 부장(簿狀)에 수록하고, 관원 선발에 대비하도록 했다. 따라서 출신 가문은 더 중요해지고, 이에 힘입어 보학은 큰 발전을 이루었다."[19]라고 했다.

둘째, 경제적인 측면에서 장원(莊園)경제의 발전, 종족 권력의 확장과 직접적인 관계가 있다. 동한(東漢) 말기, 지주장원제(地主莊園制)가 한 걸음 더 나아갔다. 장원주(莊園主)들은 대량의 비옥한 토지와 대저택을 갖고 있었다. 위진(魏晉) 시기에는 토지 겸병 현상이 심해지고, 구품중정제의 실행에 따라 세가대족(世家大族) 형식의 가족 조직이 더 확장되어, 중앙부터 지방까지 각 급의 정권을 손에 쥐게 되었으며, 중국 역사상 수백 년 동안 지속되는 문벌정치가 등장했다. 이런 세가대족들은 끊임없이 토지를 겸병했고, 아울러 위진남북조 시기에는 부역이 과중해지자 많은 서민들이 부역을 피하기 위해 세족지주를 찾아가 그들의 '개인 소유'로 변모했다. 이처럼 세족지주들은 종족의 관계를 활용해 많은 노동력을 소유했다. 그들은 모여서 살았고, 그중 일부는 식솔의 규모가 대단히 커져 한 집안에 백 채의 집이 있기도 했고, 또한 한 호적에 1,000명의 사람을 기록하기도 했다. 심지어 "한 종족 내에 만 채나 되는 집들이 서로 붙어 있어, 그들이 밥 짓는 연기가 끝없이 이어졌다."[20]라고 묘사했다. 동진남조(東晉南朝)에 들어, 전국적으로 일부 세가대족(世家大族)들이 나타났다. 이르길 "강표(江表)[21] 교성(僑姓)은 왕(王)·소(蕭)·사(謝)·원(袁)을·동남(東南) 오성(吳姓)은 주(朱)·장(張)·고(顧)·육(陸)을, 관중(關中)[22] 군성(郡姓)은 양(楊)·두(杜)·류(柳)·배(裴)를, 산동(山東) 군성은 최(崔)·노(盧)·왕(王)·정(鄭)을, 대북(代北)[23] 노성

18 『請罷中正除九品疏』: "上品無寒門, 下品無士族." (역자 주)

19 "魏立國之初(黃初元年, 西元後220)制九品中正之法: 州郡各置中正, 銓定其地人口爲九品, 登諸簿狀, 以備選擧。于是門第大重, 而譜學得一特殊發展之動力。" 본문은 潘光旦, 「中國家譜學略史」, 『東方雜志』(第26卷, 第1號), 1929를 참조.

20 『通典』 卷3: "一宗近將萬室, 煙火連接, 比屋而居。" 본문은 『關東風俗傳』에서 재인용.

21 강표(江表): 장강(長江) 이남을 범칭하나, 구체적으로 중원에서 바라본 남방의 육조(六朝)가 건국된 지역을 지칭한다. 강표 지역을 중심으로 저술한 역사서로 우부(虞溥)의 『강표전(江表傳)』이 있다. (역자 주)

22 관중(關中): 중국 섬서성(陝西省) 중부의 동관(潼關), 산관(散關), 무관(武關), 소관(蕭關) 지역을 중심으로 위수(渭水)의 평야 지역을 포함하는 지역을 지칭한다. 이곳은 방어가 쉽고 공격이 어려운 자연적 장점을 갖고 있다. (역자 주)

23 대북(代北): 산서성(山西省) 북부 및 하북성(河北省) 서북부를 일컫는다. (역자 주)

(虜姓)은 원(元)·우(于)·우문(宇文)·장손(長孫)을 숭상했다."[24]라고 했다. 세가대족들이 사람들을 동원하여 장원(莊園)경제의 이익을 지키기 위해, 고향과 토지를 지키고자 하는 종족의 이름으로 군대를 편성했다. 그 당시에는 조조(曹操), 손견(孫堅), 이전(李典), 전주(田疇), 이통(李通), 허제(許諸) 등 세가대족들이 모두 군대를 조직하여, 농민 봉기를 제압했다. 강남(江南)의 팔족사성(八族四姓)도 자신의 종족 군대를 갖고 있었다. 당시의 '종부(宗部)', '종오(宗伍)'란 사병 조직이 각지에 분포되어 있었는데, 특히 형주(荊州), 강서(江西)[25] 등 지역에 많았다. 이 세족지주들은 자신의 군대를 유지하고 사람들을 노예로 삼기 위해, 혈연관계와 가풍을 이용해 사람들을 농락하거나 통제했다. 이때 가보가 유력한 도구로 활용되었다. 따라서 명문대가들은 모두 적극적으로 가보를 편찬했고, 이는 위진남북조 시기 보학(譜學)의 흥성에 긍정적인 영향을 미쳤다.[26]

셋째, 그 당시 사회의 결혼관과 깊은 관계가 있다. 위진남북조 시기에 문벌 세력이 형성된 후, 세가대족은 자신의 정치적 특권은 물론, 혼인 특권도 유지하고자 했다. 사족(士族)은 여러 면에서 서족(庶族)을 배제하고, 서족을 차별했다. 예를 들면, 앉을 때 같은 자리에 앉지 않고, 외출 시에도 같은 수레를 타지 않았으며, 교통수단과 의복 역시 다른 양식을 취했다. 특히 결혼 상대를 선택할 때, 사족과 서족이 통혼하는 것을 엄격히 금지하여, 집안의 사회적 지위와 형편이 서로 걸맞아야 된다고 주장했다. 이르길 "지위가 높은 가문은 보통 단서철권(丹書鐵券)[27]과 같은 특권 증명이 있어, 서족처럼 지위가 낮은 자와 동석하는 것을 부끄러워한다."[28]라고 했다. 이와 같은 문벌을 중시하는 세가대족들의 결혼관에 대해 황제도 어쩔 수 없었다. 이에 관한 재미있는 일화가 있다. 후경(侯景)이라는 사람이 양(梁)나라에 항복한 후, 양나라에서 큰 권력을 쥐게 되었다. 그는 양무제(梁武帝)에게 당시 세가대족인 왕씨(王氏)와 사씨(謝氏) 종족과의 통혼을 청했다. 그러나 무제는 "왕씨와 사씨 세족의 지위가 너무 높아서 어려우니, 주씨(朱氏)와 장씨(張氏) 이하의 세족과 통혼하라."[29]고 했다. 훗날 후경(侯景)이 반란을 일으켜 당성(堂城)에 들어가자 황제의 딸인 이양공주(溧陽公主)를 아내로 맞았지만, 전혀 영광이라고 여기지 않았고, 오히려

---

24 『績溪汪氏世守譜』, 乾隆 37年(1772): "江表僑姓, 則右王、蕭、謝、袁, 東南吳姓則尚朱、張、顧、陸, 關中郡姓則茂楊、杜、柳、裴, 山東郡姓則先崔、盧、王、鄭, 代北虜姓則貴元、于、宇文、長孫。"

25 강서(江西): 지금의 장강(長江) 하류의 무후(蕪湖), 남경(南京) 이하의 강의 북쪽 지역을 일컫는다. (역자 주)

26 劉黎明, 『祠堂·靈牌·家譜』, 四川人民出版社, 2003, 176쪽.

27 단서철권(丹書鐵券): 쇳조각에 지워지지 않게 붉은 글씨를 써서 공신(功臣)에게 주어 그 자손(子孫)이 죄를 지어도 죄를 면하도록 하던 일종의 증서이다. (역자 주)

28 (明)任大冶, 「儲氏宗譜序」, 『古今圖書集成·氏族典·儲姓部』: "閥閱世胄之家, 自多其丹書鐵券, 恥與齊氏伍。"

29 『資治通鑒』: "王、謝門高非偶, 可於朱、張以下求之。" (역자 주)

여전히 왕씨(王氏)와 사씨(謝氏) 출신의 여성과 통혼하지 못한 것에 대해 유감을 표했다. 그래서 후경은 "나중에 나는 왕씨와 사씨 출신 여자들을 모두 노예와 결혼시키겠다."[30] 라고 매몰차게 말했다. 그 당시는 사족과 사족, 상층 사족과 상층 사족, 하층 사족과 하층 사족, 남쪽 사족과 남쪽 사족, 북쪽 사족과 북쪽 사족, 중원 사족과 중원 사족, 한족(漢族)에 동화된 소수민족 사족과 한족에 동화된 소수민족 사족 (중략) 등 모두 신분에 맞게 자신들만의 혼인집단이 형성되었고, 대대손손이 이 혼인집단 안에서만 서로 결혼 상대자를 선택했다.

혼인은 가문을 따지기 때문에, "혼인을 할 때는 반드시 보계(譜系)를 근본으로 삼았다."[31] 가보는 세가대족(世家大族)의 이익과 권력 유지에 유력한 도구와 수단이 되었다. 그래서 위진남북조 시기 세가대족들은 문벌끼리 혼인하는 특권을 유지하기 위해, 예외 없이 문벌과 출신을 잘 증명할 수 있는 가보를 편찬하는 일에 열중했다. 마치 정초(鄭樵)가 『통지(通志)·씨족략서(氏族略序)』에서 말한 것처럼, "수당(隋唐) 이전에 관원들에게 부장(簿狀)이 있듯이, 가문에는 보계가 있었다. 관원을 선발할 때 반드시 부장을 꼭 참고하고, 혼인할 때도 필히 보계를 근본으로 삼았다."[32]라고 했다. 도광(道光) 30년(1766)에 편찬된 『소강가승(蕭江家乘)』의 「홍무계추수보구서(洪武癸醜修譜舊序)」에서 이르길 "삼대(三代)[33] 가 지난 후에, 한대(漢代)에서 수당까지 관원들에게는 부장(簿狀)이 있듯이 가문에는 보계가 있었다. 관원을 선발할 때 부장을 참고하고, 혼인할 때 보계를 근본으로 삼았다. (중략) 그래서 사람들은 보학(譜學)을 숭상하고, 가문의 보첩(譜牒)을 대대로 계승시켰다."[34]라고 했다.

관직과 혼인이 모두 출신 가문과 관련이 있었기 때문에 "부장과 가보를 위조하는 사람이 점점 많아졌다."[35] 이른바 "한(漢)나라 시기에는 관청에서 벼슬을 하는 것이 인기가 많았고, 위진(魏晋) 때는 성씨를 중요시했고, 남북조(南北朝) 시기에는 위조 풍조가 횡행했다." "고대 명인의 후예라고 하는 것을 중했다."[36] 가보를 편찬할 때, 가보와 가문을 허위

30 『南史』 卷80 「侯景傳」: "會將吳兒女以配奴。"

31 『通志·氏族略序』: "家之婚姻, 必由於譜系。" (역자 주)

32 『通志·氏族略序』: "自隋唐而上, 官爲簿狀, 家有譜系。官之選擧, 必由於簿狀, 家之婚姻, 必由於譜系。" (역자 주)

33 삼대(三代): 중국 하(夏), 상(商), 주(周)의 세 왕조를 일컫는다. (역자 주)

34 『蕭江家乘』: "三代而後, 漢迄隋唐, 官有簿狀, 家有譜系, 故官之選擧, 由於簿狀, 而家之婚姻, 本於譜系也。(中略) 是以人尙譜系之學, 家傳譜牒之文。" (역자 주)

35 『槐溪王氏支譜』, 咸豊 6年(1856): "奸人互起, 僞狀巧籍, 歲月滋廣。"

36 (明)焦竑, 「汪溪金氏族譜序」, 『古今圖書集成·氏族典·金姓部』: "漢尙官, 魏晋尙姓, 南北朝尙詐" "至托古名人

로 날조하는 사람이 아주 많았다.

다음과 같은 사례들이 아주 많았다. 남조(南朝)의 왕태보(王泰寶)가 보첩을 편찬하는 일을 담당하는 보학자 가연(賈淵)을 매수하여, '낭야보(瑯琊譜)'를 사고자 했다. 그는 자기의 가족을 강좌(江左)[37] 제일의 명문인 낭야 왕씨(王氏)의 가보에 올리려고 했다. 그런데 같은 왕씨로 상서령(尙書令)인 왕안(王晏)에게 고발되어 가연은 사형 선고를 받았다. 가연의 아들이 황제에게 무릎이 닳도록 절하여 아버지의 사형을 면제받게 했다.[38] 왕원(王源)은 서진(西晉) 우복야(右僕射) 왕아(王雅)의 증손인데, 그의 조부와 부친 모두 직위가 높은 관리였다. 하지만 왕원은 부인이 죽은 지 얼마 되지 않았고, 또한 집이 가난했다. 그때 가정 형편이 아주 풍족한 부양(富陽)의 만장지(滿璋之)란 사람이 아들 만란(滿鸞)을 결혼시키려고 했다. 왕원은 자기 딸을 만란에게 시집보내고 받은 5만 전의 지참금으로 다시 첩을 맞이하려는 생각을 했다. 이를 위해 왕원은 일부러 만씨(滿氏)의 가보를 조사했다. 부양 만총(滿寵)이 위명제(魏明帝) 때 태위(太尉)를 맡았었고, 그의 손자인 만분(滿奮)이 서진 때 사예교위(司隸校尉)직을 담당했다. 그리고 만장지와 만란도 벼슬이 있어서 왕씨(王氏)와 집안 형편이 서로 걸맞다고 판단했다. 하지만 이런데도 결국 혼인을 성사시키지 못했다. 양무제(梁武帝) 소연(蕭衍)에게 보적(譜籍)에 관심을 두어야 한다고 조언을 했던 상서령 심약(沈約)이, 부양 사람인 만성(滿姓)이 사족(士族)이라는 확실한 근거가 없다고 했기 때문이었다. 만분이 서진에서 죽은 후, 그의 자손이 동진(東晉)에서 큰 공적이 없었으므로 만장지의 가보가 위조된 것이라고 주장했다. 심약은 왕원이 만장지와 혼인 관계를 맺으려는 행동이 "이익만 추구하고, 세가대족의 명예를 더럽히는 짓"[39]이라고 말했다. "왕씨와 만씨가 혼인 관계를 맺는 것은 사람을 놀라게 할 정도의 받아들이기 힘든 짓"[40]이고 따라서 "왕원의 관직을 면하고, 평생 금고형을 선고해야 한다."[41]라고 제언하고, 왕원을 사족에서 쫓아내야 한다고 주장했다.[42] 이 사건은 당시 남조(南朝)에서 큰 추문이 되었다. 그 밖에도 양무제의 아들인 소종(蕭綜)이 전쟁에서 적에게 항복하자, 양무제가 부득이 그 아들을 소씨(蕭氏)의 가보에서 제명했다. 위의 사례를 보면 가보가 세가대족의 이익과 밀

之裔以爲重。"

37 강좌(江左): 지금의 장강(長江) 하류의 남안 지역을 일컫는다. (역자 주)

38 『南齊書』 卷52 「賈淵傳」, 中華書局, 1972.

39 沈約, 『奏彈王源』: "惟利是求, 玷辱流輩。" (역자 주)

40 沈約, 『奏彈王源』: "王滿聯姻, 實駭物聽。" (역자 주)

41 沈約, 『奏彈王源』: "免所居官, 禁錮終身。" (역자 주)

42 『文選』 卷40.

접한 관계가 있다는 것을 쉽게 알 수 있다.[43]

위진남북조 시기 국가가 보첩(譜牒)의 편찬을 중요시한 원인은 가보가 관원 임용의 근거였을 뿐만 아니라, 국가의 세수와도 직접적인 관계가 있었기 때문이다. 당시 사족(士族)은 사회적 지위가 가장 높은 계층으로, 노역 면제라는 특혜를 누리고 있었다. 보통 서족(庶族)들이 노역을 피하기 위해 사족을 사칭했다. 그래서 가보를 편찬하는 과정에서, 일반 서족들이 사족을 사칭하는 경우가 많았다. 이에 남조 양무제가 대신(大臣) 심약의 의견을 들어 사족을 사칭하는 일부 가보를 조사하여 처리하고 수정하는 동시에, 보학자 왕승유(王僧孺)를 임명하여『백가보(百家譜)』를 수정했다. 더불어 보첩을 중점적으로 관리하는 기구 즉 보국(譜局)을 설치하고, 보국을 전문적으로 관리하는 관직인 영리(令吏)를 두었다. 이에 따라 보서(譜書)를 정확하게 편찬하는 일은 사족 지주의 이익뿐만 아니라 국가의 정세 안정, 부세 액수 및 노역 인원 수 등과도 밀접한 관계가 있었다.

위진남북조 시기에는 가휘(家諱)를 제일 중요시했다. 가휘란, 사휘(私諱)라고도 하는데 부모와 조부모의 이름 부르기를 피하는 것이다. 다른 사람과 교제할 때, 상대방의 가휘를 최대한 범하지 말아야 한다. 그렇지 않으면 무례를 범하는 것이었다. 심지어 가휘를 듣는 대로 울어야 한다는 풍습도 있었다.『세설신어(世說新語)·임탄(任誕)』에 따르면 동진(東晉) 환온(桓溫)의 아들인 환현(桓玄)이 태자세마(太子洗馬)로 임명되었다. 그가 배를 타고 부임하는 길에 적저(荻渚)에 머물렀다. 친구 왕침(王忱)이 한식산(寒食散)[44]을 복용하고 약간 취한 상태로 환현을 찾아오자, 환현이 술과 음식으로 왕침을 대접했다. 왕침이 한식산을 복용한 지 얼마 되지 않아 찬술을 못 마시자, 하인에게 연이어 데운 술을 대접하라고 했다. 그런데 왕침이 이야기하는 도중 환현의 가휘(家諱)를 지키지 못하는 실수를 했다. 환현이 이에 슬프게 울고, 억수와 같은 눈물을 흘렸다. 결국에 왕침이 미안해하며 가버렸다. 다른 사람의 가휘를 범하지 않는 최선의 방법은 바로 보첩을 잘 아는 것이었다. 문벌을 숭상하고 보첩을 중요시했기 때문에, 보학(譜學)에 능통하고 가휘를 지키는 것이 사회적인 풍조로 자리를 잡았다.『양서(梁書)』 제25권「서면전(徐勉傳)」에서는 "서면의 자는 수인(修仁)이고, 동해 담(郯) 출신이다. (중략) 그가 백 가지의 성씨를 잘 알고 있

43 劉黎明,『祠堂·靈牌·家譜』, 四川人民出版社, 2003, 174쪽.

44 한식산(寒食散): 후한 때에 만들어진 마약의 일종으로 황화수은이 주성분인 단사(丹砂)와 비소(砒素), 웅산(雄黃) 등이 주성분이다. 위나라 때에 크게 유행했는데, 이는 청담(淸談) 사상과 어우러져 풍류의 도구이자 신선이 되는 비방으로 여겨졌기 때문이다. 중독성이 강하고 약이어서 이것을 복용한 자들은 등창이 나고 피를 토했으며, 정신착란 등의 후유증이 있었다고 한다. 일설에는 하안(何晏)이 복용하여 처음 신비한 효능을 얻자, 크게 유행했다고 한다. (역자 주)

는 이유는 바로 가휘의 실수를 피하기 위한 것이었다."[45]라는 기록도 있다. 그리고 제26권 「부소전(傅昭傳)」에서 이르길 "부소(傅昭)의 자는 무원(茂遠)이며, 북지(北地) 영주(靈州) 출신이다. (중략) 그는 고금에 정통하고 특히 사람에 대해 능통했다. 위진(魏晉) 이래 관원의 부장(簿狀)이나 혼인 상황 등을 거침없이 능숙하게 논할 수 있고, 빠지거나 모르는 것이 없었다."[46]라고 했다. 『위서(魏書)』 제39권 「이신준전(李神儁傳)」에서 "신준의 애칭이 제(提)이고, 어려서부터 재능과 학문으로 유명했다. (중략) 그는 자태가 우아하고 학식이 풍부하며, 관청의 옛 제도와 인륜 및 씨족에 대해 잘 알고 있었다."[47]라고 했다. 따라서 보학을 잘 모르는 사람은 관리로 선발될 수가 없었다. 『남사(南史)』 제24권인 「왕안전(王晏傳)」에서 "안(晏)의 자가 휴묵(休默)이며 사언(士彥)이라고도 한다. (중략) 영명(永明) 연간에 양무제(梁武帝)는 왕안(王晏)을 대신해 명제(明帝) 즉 소란(蕭鸞)에게 관원 추천 임무를 맡기려고 했다. 이에 왕안이 '난(鸞)이 청렴하고 유능하지만, 성씨에 관한 학문에 능하지 못해 이 관직에 맞지 않는다.'고 상주했다."[48]라고 했다.

2. 보학 저술의 등장과 보학의 명가

세가대족(世家大族)들의 가보 편찬과 문벌 유지를 위해, 위진남북조 시기에 국가는 별도로 보국(譜局)을 설치하고 보관을 두었다. "낭령사(郎令史)라는 관원이 보국을 주관하고 고금에 능통한 유생들을 시켜 보서(譜書)를 편찬하게 했다."[49] "보국의 주요 업무가 세 가지 있다. 첫째, 보계(譜系)를 소장하는 것이다. 둘째, 보계를 정리하고 수정하는 일이다. 이는 모두 영사(令史)와 서리(書吏)가 담당했다. 셋째, 가보 편찬 업무로, 각 가보의 등급은 관리가 매겼다. 이러한 가보들을 종합하여, 『총보(總譜)』를 만들었다."[50] 당시 가보는

---

45 『梁書』 卷25 「徐勉傳」: "徐勉, 字修仁, 東海郯人也。(中略) 該綜百氏, 皆爲避諱。" (역자 주)

46 『梁書』 卷25 「徐勉傳」: "傅昭, 字茂遠, 北地靈州人。(中略) 博極古今, 尤善人物, 魏晉以來, 官宦簿伐, 姻通內外, 擧而論之, 無所遺失。" (역자 주)

47 『梁書』 卷39 「李神儁傳」: "神儁小名提, 少以才學知名 (中略) 風韻秀擧, 博學多聞, 朝廷舊章及人倫氏族, 多所諳記。" (역자 주)

48 『南史 · 王晏傳』: "晏字休默, 一字士彥。(中略) 永明中, 武帝欲以明帝代晏領選, 晏啟曰: 鸞淸幹有餘, 然不諳百氏, 恐不可居此職。" 본문은 楊殿珣, 「中國家譜通論」, 『圖書季刊』(新第3卷, 第1-2期), 1944를 참조.

49 鄭樵, 『通志 · 氏族略 · 氏族序』: "圖譜局置郎令史掌之, 仍用博通古今之儒, 知撰譜事。"

50 "圖譜局之任務有三: 一位譜系之收藏; 二爲譜系之厘訂, 是殆屬令史及書吏之事; 其三, 則爲譜之撰作, 卽就各家譜第之在官者。綜合而會通之, 以成所謂《總譜》者。" 본문은 潘光旦, 「中國家譜學略史」, 『東方雜志』(第26卷, 第1號), 1929를 참조.

중요한 자료로 보국에 보존하고 있었다. 예를 들어 조위(曹魏) 주군(州郡)의 중정(中正), 주부(主簿) 그리고 공조(功曹)의 부장(簿狀)이 모두 보국에 보존되고 있었다. 또한 진(晉)나라 함화(咸和) 이후의 보첩(譜牒)을 상서성(尙書省)의 호조(護曹)에 보존하거나, '적고(籍庫)'를 설립하여 전문적으로 보관했다. "관원과 사족(士族) 중에 가장(家狀)을 갖고 있는 사람이 그 가장을 국가에 제출했다. 국가는 가장의 진위를 검증하기 위해 이를 비각(秘閣)에 두고, 그 사본을 좌호(左戶)[51]에 두었다. 만약 사찬(私撰) 보서에 허위 내용이 발견되면 관찬(官撰)에 따라 수정하고, 관찬에 부족한 내용이 있다면 사찬 보서를 통해 고증했다."[52]

위진남북조 시기 가보 편찬이 유행하여 수많은 가보 저술이 나타났고, 가보를 편찬하고 연구하는 학자도 많이 배출되었다. 이에 이르길 "지우(摯虞)가 먼저 소목(昭穆) 10권을 편찬했고, 그 후 가필지(賈弼之)·유잠(劉湛)·왕승유(王僧孺)·하승천(何承天) 등 학자들이 수백 권에 달하는 저서들을 집필했다. 그 누계가 만 권에 이를 정도로 보학(譜學)이 전성기를 맞이하게 되었다."[53]라고 했다.

반광단(潘光旦)은 『중국가보학약사(中國家譜學略史)』에서 위진남북조 시기의 중요한 보첩학(譜牒學) 저술들을 〈경편 도표 3-1〉로 정리했다.

이 도표를 보면 위진남북조 시기에 보학이 흥성했고, 가씨(賈氏)와 왕씨(王氏)라는 두 보학 명가가 등장했다는 것을 알 수 있다.

가씨 종족의 보학 연구의 연원은 매우 유구하다. 가필지(賈弼之)부터 가관(賈冠)까지 6대를 거치는 동안, 5대가 보학의 명가가 되어 모두 보학 분야에 큰 기여를 했다. 6대에 걸친 가씨의 대표적 인물은 다음과 같다. 가필지→가비지(賈匪之)→가희경(賈希鏡)→가집(賈執)→?→가관(賈冠)이다. 가필지는 가씨 보학의 창시자이다. 그는 동진(東晉) 태원(太元) 연간, 관청의 의뢰를 받아 가보를 편찬을 편찬해 "여러 가문의 가보를 광범위하게 수집했고, 가보 편찬 업무에 혼신의 힘을 다했다."[54]라고 했다. 그는 마침내 『십팔주백십육군보(十八州百一十六郡譜)』를 완성해 냈다. "태원 연간, 평양(平陽)지역의 산기시랑(散騎侍郎)인 가필지가, 관리의 신분 정보와 이력을 가록한 부장(簿狀)에 관심이 많아서, 그는 수많은 집안과 종족의 가보를 수집했다. 18주(州), 116개 군(郡)에 있는 모든 가보를 사족(士

51 좌호(左戶): 관명으로 탁지상서(度支尙書)에 소속되었는데, 천하의 회계장부와 호적(戶籍) 등의 일을 맡았다. (역자 주)

52 鄭樵, 『通志·氏族略·氏族序』: "凡百官族姓之有家狀者, 則上之官, 爲考定詳實, 藏於秘閣, 副在左戶, 若私書有濫, 則糾之以官籍, 官籍不及, 則稽之以私書。"

53 『績溪汪氏世守譜』, 乾隆 37年(1772): "摯虞首撰昭穆十卷, 賈弼、劉湛、王僧儒、何承天輩著至數百篇, 累數萬言, 而譜學盛矣。"

54 "廣集百氏譜記, 專心治業。" 본문은 「賈淵傳」, 『南齊書』 卷52, 中華書局, 1972를 참조.

<경편 도표 3-1> 위진남북조 시기 중요한 보첩학(譜牒學) 저술

연대	저자	저술 및 권수
진(晉)	지우(摯虞)	『족성소목기(族姓昭穆記)』 10권
	가필지(賈弼之)	『십팔주백십육군보(十八州百一十六郡譜)』 712권
송(宋)	왕홍(王弘)	-
	하승천(何承天)	『성원(姓苑)』 10권 『후위하남관씨지(後魏河南官氏志)』 여러 권
	유잠(劉湛)	『백가보(百家譜)』 2권
제(齊)	왕검(王儉)	『백가집보(百家集譜)』 10권 『신집제주보(新集諸州譜)』 12권 『제성보(諸姓譜)』 116권
	가희감(賈希鑑) (일명 '경(鏡)')	『씨족요장(氏族要狀)』(일명 『영명씨족장(永明氏族狀)』) 15권
양(梁)	왕승유(王僧孺)	『백가보(百家譜)』 30권(혹 80권) 『백가보집초(百家譜集抄)』 15권 『동남보집초(東南譜集抄)』 10권 『양무제총책경내십팔주보(梁武帝總責境內十八州譜)』 690권(혹 710권) 『범씨보(范氏譜)』 여러 권 『서의륜가보(徐義倫家譜)』 1권
	서면(徐勉)	『백관보(百官譜)』 20권
	유효표(劉孝標)	『세설신어주(世說新語注)』 6권
	가집(賈執)	『백가보(百家譜)』 20권(혹 5권) 『백가보초(百家譜鈔)』 5권 『성씨영현보(姓氏英賢譜)』 100권
수(隋)	가관(賈冠)	『양국친황태자친부(梁國親皇太子親簿)』(혹 '전傳') 3권(혹 4편)

族)과 서민의 구분 없이, 빠짐없이 기록하여 712권의 저서를 완성했다. 이 저서들은 비각(秘閣)에 소장되고, 그 사본을 좌호(左戶)에 보관했는데, 이것이 보학 연구의 발단이 되었다."[55] 두우(杜佑)는 『통전(通典)』 제3권 「식화지(食貨志)」에서 "가필지는 부장을 기록하는 일에 관심이 많아 광범위하게 가보를 수집하고, 마침내 『십팔주백십육군보』를 작성했는데, 이 저서들이 총 712권에 달하고 사족이나 서민들이 거의 빠짐없이 모두 기록되어 있다. 가필지의 후손들이 그의 보학 연구를 이어 갔다."[56]라고 말했다. 가필지의 『십팔주백

55 『槐溪王氏支譜』, 咸豊 6年(1856): "太元中員外散騎侍郎平陽賈弼, 好簿狀, 則又廣集衆家, 大搜群族, 所撰十八州一百一十六郡, 甄析士庶無所遺, 所撰錄計七百一十二卷, 藏於秘閣, 副在左戸, 譜學之傳自此始。"

56 『通典』 卷3 「食貨志」: "賈弼好簿狀, 大披群族, 所撰《十八州百一十六郡》, 合七百一十二卷, 士庶略無遺闕。其

십육군보』가 완성된 이후 바로 동진 시기에 관리 선발의 근거가 되었고, 정부는 사본을 관청에 두고, 전문적으로 관리하는 사람도 두었다. 가필지(賈弼之)의 아들인 가비지(賈匪之)도 보학(譜學)을 계속 연구했다. 가필지의 손자인 가희경(賈希鏡)[57]이 『씨족요장(氏族要狀)』[58] 15권을 저술했고, 가희경의 아들인 가집(賈執)이 『백가보(百家譜)』 20권(혹 5권), 『백가보초(百家譜抄)』 5권, 『성씨영현보(姓氏英賢譜)』 100권을 완성했으며, 가집의 손자인 가관(賈冠)이 『양국친황태자친부(梁國親皇太子親簿)』('부(簿)' 일명 '전(傳)') 3권(혹 4편)을 작성했다. 이리하여 가씨(賈氏) 가문은 당시 저명한 보학세가(譜學世家)가 되었다.

가씨와 이름을 나란히 하는 가문이 바로 왕씨(王氏) 보학세가이다. 이 중 조손 관계인 왕홍(王弘)과 왕검(王儉)이 보학의 발전에 가장 크게 기여했다. 위진남북조 시기에 휘(諱)를 피하는 풍조가 유행하여, 다른 사람과 말할 때 상대방의 가휘(家諱)를 최대한 피해야 했고, 그렇지 않으면 예기치 못한 결과를 초래할 수도 있었다. 왕홍은 보학에 정통했기 때문에 관료와 마주치는 공적 장소에서든 백성들이 교제하는 사적 장소에서든 적절하게 잘 대응할 수 있었다. 이르길 "어사중승(御史中丞) 왕승유(王僧孺)가 『백가보』를 수정한 후, 왕홍과 유담(劉湛)은 모두 그 책에 관심이 많았다. 왕홍이 그 책을 잘 숙지하여 하루에 천 명의 사람과 만나도 모두 휘를 피할 수 있었다."[59]라고 했다. 이와 같은 왕홍에 대한 칭송이 당시와 후세의 문인들 간에 널리 알려졌다. 영명(永明) 연간, 왕검이 2권으로 되어 있던 가필지의 책을 내용의 많고 적음에 따라 적절히 보완하여, 10권의 『백가집보(百家集譜)』를 편집했다. 이외에도 왕검은 『신집제주보(新集諸州譜)』 12권과 『제성보(諸姓譜)』 116권을 저술했다. 왕홍의 가족 중에, 왕검의 할아버지 즉 왕홍의 동생 담수(曇首)가 소박하고 정조가 있었다고 기록되어 있다. 왕홍과 그 동생이 분가할 때, 동생 담수는 도적(圖籍)만 갖고자 했다. 왕검의 아버지 왕승작(王僧綽)이 관리 선발을 관장하며, "인재들의 신분 등급을 잘 알아, 등급에 맞게 관리로 임용하거나 추천했다."[60] 그리고 관청의 부탁으로 한위(漢魏) 이래 폐왕(廢王)들에 관한 이야기를 편찬한 것도, 모두 보학 연구 덕분이었다.[61] 함풍(咸豐) 6년(1856)에 편찬된 『괴계왕씨지보(槐溪王氏支譜)』의 「가보학원류고

子孫代傳其業。" (역자 주)

57 『남사(南史)』에서 가심(賈深)이라고도 한다. (역자 주)

58 『氏族要狀』은 일명 『永明氏族狀』으로 부른다. (역자 주)

59 『槐溪王氏支譜』, 咸豐 6年(1856): "禦史中丞王僧孺改定百家譜後, 王弘、劉湛好其書, 弘日對千客, 可不犯一人諱." 원서에는 '劉湛'이 빠져 있지만 원전을 보고 수정하였다.

60 『南史 · 王僧綽傳』: "究識流品, 任擧鹹盡其分。" (역자 주)

61 潘光旦, 「中國家譜學略史」, 『東方雜志』(第26卷, 第1號), 1929.

(家譜學源流考)」에서 가씨와 왕씨의 보학 연구에 대해 이르길 "보학 연구가 가필지로부터 시작되어, 후에 왕홍과 왕검이 가필지를 따라 연구했기 때문에 왕씨 연구가 가씨의 연구와 함께 세상에 이름을 널리 알릴 수 있었다. (중략) 왕씨의 보학은 당시 사람들에게 추앙을 받아 많은 사람이 따라했는데, 그 뿌리가 아주 깊었다."[62]라고 했다.

"성씨의 학문에 관한 저술로는 한(漢)나라 시기에 『등씨관보(鄧氏官譜)』, 응소(應劭)의 『씨족보(氏族譜)』, 왕부(王符)의 『잠부론(潛夫論)』, 그리고 『성씨(姓氏)』 1편이 있었다. 진(晉)나라에 와서 산기상시(散騎常侍) 가필지와 태보(太保) 왕홍이 보학 관련 서적을 펴냈다. 남조(南朝) 송(宋)나라의 하승천(何承天), 제(齊)나라의 왕검(王儉), 양(梁)나라의 왕승유(王僧孺) 등이 모두 보학을 계승하여 연구했다."[63] 위진남북조 시기 보학 연구에서 가장 중요한 인물은 바로 왕승유이다. 그는 가씨(賈氏)와 왕씨(王氏) 두 보학(譜學) 명가의 연구 성과를 계승하고, 이를 기초로 보학 연구를 한 걸음 더 발전시켰다. 왕승유는 양무제(梁武帝) 시기에 보관(譜官)을 맡아서, "가보 편찬을 주관했다."[64] 그의 보학 저술로는 『백가보』 30권(일명 80권), 『백가보집초(百家譜集抄)』 15권, 『동남보집초(東南譜集抄)』 10권, 『양무제총책경내십팔주보(梁武帝總責境內十八州譜)』 690권(일명 710권), 다수의 『범씨보(范氏譜)』, 『서의륜가보(徐義倫家譜)』 1권 등 모두 6종류가 있다. 왕승유는 위진남북조 시기의 보학을 집대성했다.

위진남북조 시기에는 가보 편찬이 유행하여, 가보의 양이 대폭 증가함에 따라 고적 목록에 가보 문헌을 따로 분류하는 현상마저 나타났다. 이전에도 이런 가보 저술이 많이 나왔지만, 책 목록에 보첩(譜牒) 문헌만을 따로 분류하지는 않았고, 보통 정사의 「예문지(藝文志)」 '육예(六藝)', '수술(數術)'과 관련된 항목에 첨부하는 수준이었다. 위진남북조 시기에 이르러 변화가 나타났다. 남조(南朝) 시기 양(梁)나라 완효서(阮孝緖)의 『칠록(七錄)』에 최초로 '보장(譜狀)' 항목을 두었다. 완효서의 『칠록』은 「경전록(經典錄)」, 「기전록(記傳錄)」, 「자병록(子兵錄)」, 「문집록(文集錄)」, 「술기록(術伎錄)」, 「불법록(佛法錄)」, 「선도록(仙道錄)」으로 구성되어 있다. 그중 「기전록」은 국사부(國史部), 주력부(注歷部), 구사부(舊事部), 직관부(職官部), 의전부(儀典部), 법제부(法制部), 위사부(僞史部), 잡전부(雜傳部), 귀신부(鬼神部), 토지부(土地部), 보장부(譜狀部), 부록부(簿錄部) 총 12부로 나누어져 있다. 제11부가 바

62 『槐溪王氏支譜』: "譜學源於賈弼, 厥後王弘、王儉因之, 故王氏之學與賈氏並行於世。(中略) 王氏譜學爲當世所推, 相承不下, 其由來遠矣。"

63 『古今圖書集成·氏族典』: "姓氏之學, 漢有鄧氏官譜, 應劭有氏族譜, 王符潛夫論, 亦有姓氏一篇。至晉, 散騎堂侍賈弼、太保王弘, 始有專書。宋何承天、齊王儉、梁王僧孺, 皆學其說。"

64 "知撰譜事。"

로 '보장부'인데, 여기에 42종 423질(帙), 1,064권의 가보 저술을 수록했다.[65] 개별적으로 '보장부'를 둔 것은, 당시 가보 양의 대폭 증가가 책 목록에 영향을 끼친 결과이다. 이로부터 각종 종합적 목록에서 대부분 보첩을 독립적인 유목(類目)으로 배치했다. 이리하여 보학이 전문적인 학문으로 발전했다.

위진남북조 시기의 보첩은 당시 편찬하는 정사(正史)의 내용과 형식에도 영향을 끼쳤다. 내용면에서 한위(漢魏) 이후 정사의 많은 기(紀)와 전(傳)에 대량의 보첩 자료를 수록했다. 예를 들어 위(魏)나라가 "대대적으로 모든 인물의 족보나 행장(行狀)을 모으고 참작하여, 『위서(魏書)』를 완성했다."[66] 가보는 해당 씨족의 출신지, 세대별 인물, 이주와 정착, 혼인 상황, 후대 자손 번창 및 이와 관련된 정치, 경제, 문화 현황 등 많은 기초 자료가 기록되어 있어, 중요한 문헌적 가치를 지니게 된다. 『위서』는 이전 사서의 체례(體例)와 달리 뚜렷한 보첩 색채를 띠고 있다. 가보 자료가 사서의 부족한 면을 보완할 수 있기 때문에, 『수서(隋書)』에서 가보를 사부(史部)에 끼워 넣는 것이 타당하다. 형식면에서 보첩의 영향을 받아 일부 정사가 문벌세족의 가세, 가규 및 가풍을 많이 기록하고 있어 거의 가보나 족보와 비슷하다. 예를 들어 당(唐)나라에서 편찬된 『진서(晉書)』와 심약(沈約)의 『송서(宋書)』에 왕도(王導), 사안(謝安), 왕홍(王弘), 사홍미(謝弘微) 등의 전기(傳記) 및 왕씨(王氏)와 사씨(謝氏)의 가세(家世)에 대한 기록이 있어 마치 보첩 저술과 같다. 이연수(李延壽)는 『남사(南史)』와 『북사(北史)』에서 가전(家傳)형식으로 세계(世系)에 따라 열전을 편찬했다. 진수(陳壽)의 『삼국지(三國志)』와 범엽(范曄)의 『후한서(後漢書)』도 예외 없이 보첩의 영향을 받았다. 북조(北朝) 위수(魏收)가 편찬한 『위서』에 수록된 열전(列傳) 역시 대부분이 가전(家傳)의 형식이고, 전기 주인공의 가세와 후대 자손, 지족(支族)을 기록했다. 심지어 한 사람의 전기 밑에 수십 명의 기록이 포함하기도 했다.[67]

3. 가보의 내용과 특징

위진남북조 시기에 보서(譜書)가 많이 나타났지만, 잦은 전란으로 인해 보첩(譜牒)을 포함한 대량의 도서들이 큰 피해를 입었다. 영가(永嘉) 5년(311) 중국 북부에 거주하는 흉노(匈

65 『前梁文』 卷66.

66 『史通·古今正史篇』: "大征百家譜狀, 斟酌以成《魏書》."

67 張艷霞, 「論魏晉南北朝譜牒檔案的作用」, 『湖南城市學院學報』, 2004年 11月.

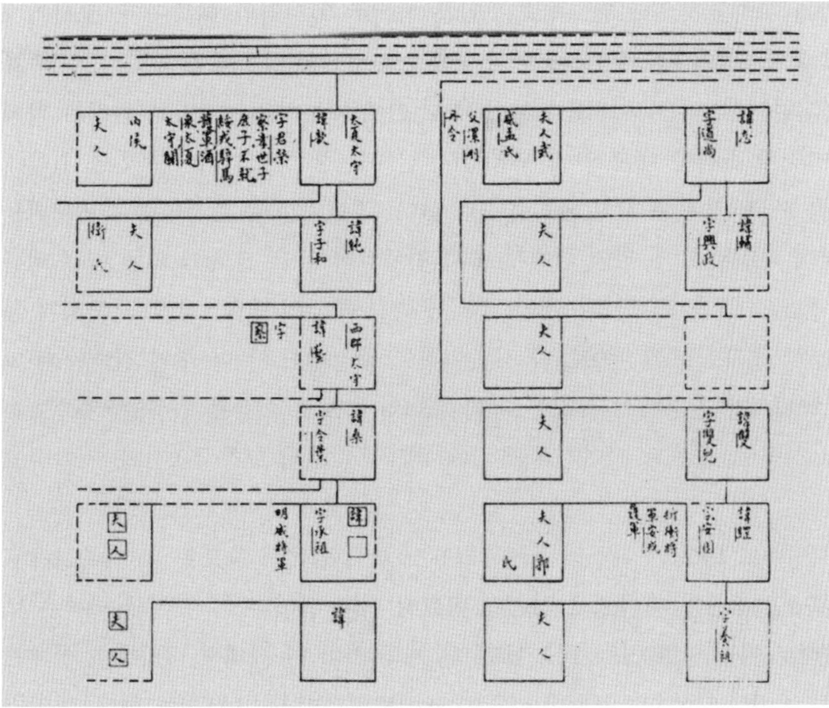

<경편 그림 3-1>
위진남북조(魏晉南北朝)
『모씨잔족보(某氏殘族譜)』
모사본

奴) 부족 수령인 유총(劉聰)이 서진(西晉)의 수도인 낙양(洛陽)을 함락했다. 그는 낙양에서 재산을 노략하며 약탈을 자행했는데, 이를 '영가의 난(永嘉之亂)'이라 부른다. 결국에 서진 정부가 수집하여 소장하고 있던 3만 권에 이르는 서적들을 불태워 버렸다. 양(梁)나라 승성(承聖) 3년(554)에, 서위(西魏) 군대가 강릉(江陵)을 점령했다. 양원제(梁元帝) 소역(蕭繹)이 항복 전에 망국의 한을 풀기 위해, 양나라에 소장되어 있던 약 14만 권의 고서를 불태워 버렸다. 이런 여러 가지 이유로 오늘날 위진남북조 시기의 가보 서적은 찾아보기 어렵다. 그러나 후세 발굴된 실물과 석각가보를 통해 그 당시 가보의 내용과 특징을 대략적으로 살펴볼 수 있다.

20세기 60~70년대에 신강(新疆) 투루판(吐魯番) 아스타나(阿斯塔納)의 수당(隋唐) 무덤에서 가보 파편 두 점이 발굴되었다.

하나는 1973년에 아스타나 113호 무덤에서 출토된 『모씨잔족보(某氏殘族譜)』이다. (〈경편 그림 3-1〉 참고)[68]

68 『吐魯番出土文書』(第3册), 文物出版社, 1981, 180~184쪽.

『모씨잔족보』 모사본에 따르면, 족보 주인은 하서(河西)지역의 대족이다. 모사본에서 나열한 12명 중에 4명이 4품과 5품 등급의 군태수(郡太守)와 장군직을 맡았다. 이 족보는 도표로 표시되었는데, 이름과 자호(字號)를 네모 안에 기록하며, 그 옆에 관직과 약력을 쓰고, 때로 마지막 관직을 네모 안에 수록했다. 남자를 중심으로 하여 부인을 왼쪽에 배열하여 성씨를 쓰고, 옆에 부친의 관함을 기록했다. 족보의 좌우 두 열에, 각 6세대를 기록했다. 두 열에 나열된 인명 위에 대여섯 줄의 평행선이 있고, 그들의 위에 더 오래된 선조와 많은 동종(同宗)들을 표시했다. 왕소(王素)가 족보 주인의 명성, 성씨, 거주시기 등에 대해 고증을 한 결과, 『모씨잔족보』가 사본이라고 주장했다. 무덤 주인 장순(張順)의 후처인 국옥아(麴玉娥)가 친정에서 가져온 국씨(麴氏)의 족보로 이름을 『서평국씨족보(西平麴氏族譜)』라고 정하고, 편찬된 시대가 십육국(十六國) 후기부터 고창국(高昌國) 전기라고 추정했다.[69]

다른 한 점은 바로 1966년 아스타나(阿斯塔納) 50호 무덤에서 출토된 『모씨족보(某氏族譜)』이다. 이 족보는 8개의 파편으로 훼손이 비교적 심한 편이다.[70] 이 여덟 파편은 보통 위로부터 아래로 여러 난(欄)으로 나누어져, 한 개의 칸이 한 세대를 나타내고 형제자매가 우측으로부터 좌측으로 한 □에 한 사람이 표시되며, 연령순으로 배열했다. 여자의 □ 안에는 보통 여자의 자(字)만 기록하고, 배우자가 있는 경우에 배우자의 이름도 기록했다. 남자의 □ 안에는 보통 먼저 '휘(諱)'를 쓰고 다음에 남자의 이름을 썼다. '휘' 아래 이름이 없거나 심지어 '휘'조차 생략된 경우도 있다. 남자가 벼슬을 한 적이 있다면, □의 좌우에 벼슬 경력을 기록한다. 남자의 정실인 본처는 남자의 □ 좌측에 별도의 □를 설치하여 안에 '부인' 혹은 '처'라고 신분을 밝혔으며, 다음에 성씨를, 일부는 애칭도 기록했다. 남자의 첩이나 후처의 경우, 일부가 별도의 □를 설치하지만 대부분 따로 기록하지 않았다. 이들은 모두 본처 □의 좌측에 배열되고 신분, 성씨 및 이름을 기록하는 방법은 정실과 비슷하다. 왕소는 이 족보가 『모씨잔족보』와 같이 송씨(宋氏) 성을 가진 배우자가 친정에서 가져온 가보라고 추정했다. 왕소는 족보에 기재된 족보 주인의 배우자가 송(宋), 마(馬) 소(素), 동(東), 조(趙) 등 다섯 성씨가 있다는 것과 이러한 성씨들의 사적(史籍)과 출토된 자료에 의하면 가보 주인은 송, 마, 소, 동 등의 성씨와 가장 가까웠고, 이들이 장씨(張氏)와 가장 오래된 혼인 관계를 유지했던 것을 통해 "가보 주인이 돈황(敦煌) 출신이며, 이 가보는 돈황 장씨의 족보일 가능성이 크다. 가보 주인과 관련된 지명과 관직명

69 王素, 「吐魯番出土(某氏族譜)新探」, 『敦煌研究』(第1期), 1993.

70 『吐魯番出土文書』 卷3, 文物出版社, 1981, 180~184쪽.

<경편 그림 3-2>
북위(北魏) 「설효통이후권(薛孝通貽後券)」 탁본

중 일부는 진한(秦漢) 시기에만 사용된 것이고, 또 일부는 십육국까지 여전히 사용되고 있는 것에 근거하여 족보 주인이 살았던 시기는 한(漢)나라부터 십육국까지라고 추정할 수 있다. 이 족보의 생성 연대가 『모씨잔족보』보다 더 오래되어 그 가치가 더 크다."[71]라고 했다.

현존하는 북조(北朝) 석각가보로 「설효통이후권(薛孝通貽後券)」이 있다.(<경편 그림 3-2> 참고)

「설효통이후권」은 북위(北魏) 태창(太昌) 원년(532) 하동(河東) 대족 설씨(薛氏)가 새긴 것이다. 1920년 산서(山西) 태원(太原)에서 출토되었고, 출토지가 당시 설씨 사당 옛터였다. 이 족보의 전문은 총 17줄로, 줄마다 11~12글자로 구성되었다. 그 내용은 다음과 같다.

> 위(魏)나라 대창(大昌) 원년 □월 10일, 대군자사(代郡刺史) 설효통(薛孝通)이 세대를 기술했는데, 후반부만 남아 있다. 하동(河東) 설씨(薛氏)는 세가대족(世家大族)이다. 한진(漢晉) 이래 훌륭한 인재를 많이 배출했고, 백 년 동안 가문의 눈부신 번창의 기록을 사서나 가보 편찬으로 남겼다. 그 이후에 설씨는 북조(北朝)의 벼슬을 얻고, 가문의 흥성을 이어 갔다. 그 당시 부임지에 따라 멀리 떨어져 생활을 해야 할 경우, 후손들이 선조들의 유덕을 알지 못할까 우려

71 王素, 「吐魯番出土(某氏族譜)新探」, 『敦煌研究』(第1期), 1993.

되어 세대를 기록하게 되었고, 이를 통해 가문의 청백과 영광이 뿌리가 깊다는 것을 알려 주고자 했다. 고조부의 이름은 강(强)이고, 자가 위명(威明)이다. 그는 분음후(汾陰侯)를 담당하고, 왕경략(王景略)과 뜻을 같이했다. 환온(桓溫)이 군모제주(軍謀祭酒)를 맡으라고 권했으나 사양했다. 그 후에 부태(符泰)도 권했지만 거절했다. 요흥(姚興)이 광록대부(光祿大夫)이자 좌호상서(左戶尙書)이다. 증조부는 이름이 변(辨)이고, 자는 윤백(允白)이며 요씨(姚氏)는 하북태수(河北太守)와 위(魏)나라의 평서장군(平西將軍)직을 역임했다. 조부는 이름이 호(湖)이고, 자가 파호(破胡)이며 본주중종사(本州中從事), 별가(別駕) 그리고 하동태수(河東太守)를 역임했다. 부친의 이름이 총(聰)이고, 자가 연지(延知)이며 시서랑(侍書郎)에서 시서어사(侍書禦史)를 거쳐 도독서주자사(都督徐州刺史)를 역임했다.[72]

위에 언급된 설씨 가보에 기록된 인물들은 모두 정사(正史)에서 찾아볼 수 있다. 『위서(魏書)』 제42권인 「설변전(薛辨傳)」과 『신당서(新唐書)·재상세계표(宰相世系表)』에 따르면, 설씨가 이후권(貽後券)에서 기술한 내용과 일치한다. 설효통(薛孝通)은 설도형(薛道衡)의 부친이자 설수(薛收)의 조부이다. 이는 『수서(隋書)』 제57권인 「설도형전(薛道衡傳)」에 기록된 내용과도 일치한다. 비록 설씨(薛氏) 가보가 200자밖에 안 되지만, 행간에 자기 가문이 하동(河東) 대족이고 조상이 모두 고관과 귀인이라는 것에 대한 자부심을 나타내고 있다. 이전인(李傳印)이 이르길 "선비(鮮卑)의 통치하에 있는 북쪽의 한족(漢族) 사족(士族)들이 가보를 편찬한 이유가 3가지로 아주 분명하다. 첫째는 가문을 빛내고 조상을 기리기 위함이다. 둘째는 선비의 통치하에 생활하고 있는 자손들에게 선조의 유덕을 일깨우기 위함이다. 셋째는 가보를 통해 후대 자손들에게 자기 가문의 청백한 가풍과 조상의 덕업을 알려 주기 위함이다. 물론, 근본적인 목적은 바로 자기 가문의 가풍과 문화 전통을 유지하는 것이다."[73]라고 했다.

오늘날 전해지는 또 하나의 석각은 바로 1920년에 낙양(洛陽) 북장양촌(北張羊村)에

72 『薛孝通貽後券』: "大魏太昌元年囗月十日, 代郡刺史薛孝通, 歷敘世代貽後券。河東薛氏, 爲世大家, 漢晉以來, 名才秀出, 國史家乘, 著顯光華者歷數百年。厥後競仕北朝, 繁興未艾, 今遠官代北, 恐後之子孫不諳祖德, 爲敘其世代以志, 亦當知淸門顯德有所自也。五世祖名強字威明, 汾陽侯, 與王景略同志。桓溫署軍謀祭酒不就, 符秦召亦卻仕。姚興爲光祿大夫, 左戶尙書, 四世名辯, 字允白, 仕姚氏河北太守, 歸魏爲平西將軍。三世名湖字破胡, 爲本州中從事, 別駕, 河東太守。二世名聰字延知, 由侍書郎遷侍書禦史, 都督徐州刺史。" 양강(楊强)이 2002년에 『문박(文博)』(第3期)에서 「'薛孝通貽後券'辨僞」란 글에서 '이후권(貽後券)' 세계 기록, 보주의 작위, 그리고 후대 단어 빈약기라는 3가지 관점에서 수상한 점이 있다고 주장하고 '석각가보'라고 하는 "貽後券"은 거짓 석각이라고 판단한다. 학술계 다수 학자가 '이후권'을 위진남북조 석각가보의 실례로 연구한다.

73 李傳印, 「北朝譜學與北朝政治」, 『史學月刊』(第4期), 2003.

<경편 그림 3-3> 북위(北魏)「팽성무선왕비이원화묘지명(彭城武宣王妃李媛華墓志銘)」탁본

서 출토된, 정광(正光) 5년(524) 8월에 완성된 북위(北魏)의「팽성무선왕비이원화묘지명(彭城武宣王妃李媛華墓志銘)」이다.(〈경편 그림 3-3〉 참고) 가보는 묘비의 뒷면에 새겨져 있고 내용은 다음과 같다.

"선조의 휘(諱)는 보(寶)이고, 사지절진서대장군(使持節鎭西大將軍)이자 개부의동삼사(開府儀同三司) 및 병주자사(幷州刺史)를 겸임한 돈황선공(敦煌宣公)이다.

선부의 휘는 충(冲)이고 사공(司空)직을 맡았으며 청원문목공(淸淵文穆公)이다. (이상 내용은 이원화(李媛華) 조부와 부친의 관직을 기술한 것이다.)

모친은 형양(滎陽) 정씨(鄭氏)이다. 외조부는 덕현(德玄)이며, 자가 문통(文通)이고, 남조(南

朝) 송(宋)나라의 산기상시(散騎常侍)직을 맡았다. (이상 내용은 이원화 외조부의 관직을 기술한 것이다.)

오빠 연실(延實)은 지절도독광주자사(持節都督光州刺史)직을 맡았던 청연현개국후(淸淵縣開國侯)이다.

망제(亡弟) 휴찬(休纂)은 태자사인(太子舍人)이었다.

남동생 연고(延考)는 현재 태위외병참군(太尉外兵參軍)이다. (이상 내용은 이원화(李媛華) 형제의 관직을 기술한 것이다.)

언니 장비(長妃)는 정도소(鄭道昭)와 결혼했다. 정도소는 시호(諡號)가 문공(文恭)이며, 사지절진북장군(使持節鎭北將軍), 상주자사(相州刺史)직을 역임했다.

언니 중옥(仲玉)은 사도주부(司徒主簿)직을 담당했던 형양(滎陽) 정홍건(鄭洪建)과 결혼했다.

언니 영비(令妃)는 범양(范陽) 노도유(盧道裕)와 결혼했다. 노도유는 시호가 문(文)이며, 사지절청주자사(使持節青州刺史)를 맡았다.

여동생 아비(雅妃)는 청하(淸河) 최욱(崔勖)과 결혼했다. 최욱은 시호가 조양백(朝陽伯)이며, 경도도위(輕車都尉), 상서낭중(尙書郎中)직을 맡았다.

여동생 아화(雅華)가 하남(河南) 원계해(元季海)와 결혼했다. 원계해는 태위(太尉), 참군사(參軍事)직을 맡았다. (이상 내용은 이원화 자매와 제부, 형부의 관직을 기술한 것이다.)

아들 자눌(子訥)은 자가 영언(令言)이며, 팽성군왕(彭城郡王)이다. 그의 왕비는 농서(隴西) 이씨(李氏)이고, 장인은 휴찬이다.

아들 자유(子攸)는 자가 언달(彥達)이며, 중서시랑(中書侍郎) 무성현개국공(武城縣開國公)이다.

아들 자정(子正)은 자가 휴도(休度)이며, 패성현개국공(霸城縣開國公)이다. (이상의 내용은 이원화 아들들의 관직을 기술한 것이다.)

여식 초화(楚華)는 광성현주(光城縣主)로 장락(長樂) 출신인 광록대부(光祿大夫) 풍호(馮顥)와 결혼했다. 풍호의 부친 풍탄(馮誕)은 장락원공(長樂元公)이며, 시중(侍中), 사도(司徒)직을 역임했다.

여식 계요(季瑤)는 안양군주(安陽郡主)이며, 원외시랑(員外侍郎) 청연세자(淸淵世子)인 농서 이욱(李彧)과 결혼했다. (이상의 내용은 이원화의 여식과 사위들의 관직을 기술한 것이다.)

죽은 왕비의 휘(諱)는 원화(媛華)이고 농서 (중략)"[74]

---

74 『彭城武宣王妃李媛華墓志銘』: "亡祖諱寶, 使持節侍中鎭西大將軍開府儀同三司, 並州刺史, 敦煌宣公。亡父諱沖, 司空淸淵文穆公。(以上敘李媛華父祖官位)

위에서 기술한 이씨(李氏) 비보(碑譜)는 문벌 세력의 특징을 더욱 뚜렷하게 보여 주고 있다. 조, 부, 형제의 관직뿐만 아니라 자매와 형부, 제부 심지어 외조부의 관위까지도 기술했다. 이원화(李媛華) 본인은 농서(隴西) 이씨 출신이다. 그녀의 친척인 형양(滎陽) 정씨(鄭氏), 범양(范陽) 노씨(盧氏), 청하(淸河) 최씨(崔氏)와 장락(長樂) 풍씨(馮氏)가 모두 북조(北朝)의 대성(大姓)이고, 지위가 가장 높은 문벌세가였다. 이는 이원화 가족이 당시의 문벌세가들과 긴밀한 혼인집단을 형성하고 있음을 보여 준다.[75]

위에서 기술한 가보 파편 두 점과 현존하는 석각가보 두 점에서 알 수 있듯이 위진남북조 시기에 사찬(私撰)가보의 형식은 한대(漢代)와 비슷하다. 대체로 두 가지 형식을 취하고 있다. 첫째는 도표식이다. 예를 들어 위에 있는 두 점의 가보 파편은, 네모와 선을 결합시켜 가족 세계(世系)를 표시했다. 이 중에서 병렬된 네모는 부부 관계를 표시하는 동시에 형제자매 관계도 표시한다. 이 밖에 겹친 네모는 세대와 선후배 관계를 표시한다. 둘째는 서술식이다. 예를 들어 위에 있는 두 점의 석각가보는 가족 구성원의 항렬에 따라 문자로 가족의 세계와 관련 사건을 기록한다. 비록 위진남북조 시기의 가보 형식이 기본적으로 한대와 비슷하지만, 내용을 보면 위진남북조 시기의 시대적 특징이 다음과 같이 분명하게 나타났다.

첫째, 가보의 내용이 주로 세계와 역임한 관직을 위주로 기록했다. 가족 구성원들 중에 관직을 담당했던 사람들은 모두 수록했다. 예를 들어, 『모씨잔족보(某氏殘族譜)』에 기록된 12명 중에 4명이 태수(太守)나 장군직을 담당했다. 또한 「팽성무선왕비이원화묘

夫人滎陽鄭氏。父德玄字文通, 宋散騎常侍。(以上敘李媛華外祖官位)
兄延實, 今持節都督光州刺史, 淸淵縣開國侯。
亡弟休纂, 故太子舍人。
弟延考, 今太尉外兵參軍。(以上敘李媛華兄弟官位)
姊長妃, 適故使持節鎭北將軍相州刺史文恭子鄭道昭。
姊仲玉, 適故司徒主簿滎陽、鄭洪建。
姊令妃, 適故使持節撫軍靑州刺史文子范陽盧道裕。
妹稚妃, 適前輕車都尉尙書郎中朝陽伯淸河崔勖。
妹雅華, 適今太尉參軍事河南元季海。(以上敘李媛華姊妹及姊妹夫官位)
子子訥字令言, 今彭城郡王。妃隴西李氏, 父休纂。
子子攸文彥達, 今中書侍郎武城縣開國公。
子子正字休度, 今霸城縣開國公。(以上敘李媛華子官位)
女楚華, 今光城縣主, 適故光祿大夫長樂馮顥。父誕侍中司徒長樂元公。
女季瑤, 今安陽郡主, 適今員外侍郎淸淵世子隴西李彧。(以上敘李媛華女及女婿官位)
妃諱媛華, 隴西 (中略)。" (역자 주)

75 陳直, 「南北朝譜牒形式的發現和索隱」, 『西北大學學報』(第3期), 1980.

지명(彭城武宣王妃李媛華墓志銘)」에서는 조·부·형제 등 직계(直系)친족뿐만 아니라 형부와 제부, 심지어 외조부의 관직까지 다 일일이 기술하고 있다. 이러한 기술은 가보가 위진 남북조 시기 세가대족(世家大族)의 통치와 밀접한 관계가 있기에 정치적으로 해당 가문이 대대로 직위가 높은 관원과 귀인을 배출했다는 것을 알려 주기 위한 것이다.

둘째, 가보가 해당 종족의 성씨 위주로 기술하는 동시에 본족과 혼인 관계를 맺고 있는 기타 성씨를 기술하는 종합적 가보이다. 예를 들어, 장씨(張氏) 가보로 추정된 『모씨잔족보』에서 장씨와 혼인 관계를 맺고 있는 송(宋) 마(馬) 색(索) 동(東) 등 성씨에 대해서도 기록했다. 「팽성무선왕비이원화묘지명」에도 이씨를 위주로 기술하는 동시에 그들과 혼인 관계를 맺고 있는 형양 정씨, 범양 노씨 및 청하 최씨 등 북조의 대성 가족들에 대해서도 일일이 기록했다. 이와 같이 문당호대(門當戶對), 즉 가문이 비슷해야 결혼을 할 수 있다는 원칙이 이러한 가보들에 충분히 반영된 것이다.

셋째, 남녀 모두를 수록했다. 남자의 경우 명휘(名諱)·자(字)·호(號), 그리고 역임한 관직의 약력을, 여자의 경우, 자·호·성씨, 그리고 관직이 있는 여자의 아버지에 대해서도 기록했다. 예를 들어 『모씨잔족보』는 딸들 전부를 족보에 기록하고, 그녀들의 혼인 상황도 표기했다. 이를 통해 여성들이 해당 씨족 내에서 일정한 사회적 지위를 가지고 있었다는 것을 알 수 있다.

위에서 기술한 특징을 통해 알 수 있듯이, 위진남북조 시기에 가보의 역할은 문벌과 출신을 상징하고, 혼인 상대를 선별하며 세가대족(世家大族) 가족집단의 이익을 지키는 것이었다.

4

중국 가보의 발전(하)

중국 가보의 발전은 위진남북조 시기에 가장 큰 성과를 이루었고 당대(唐代)에 이르러 새로운 단계로 접어들었다. 정초(鄭樵)는 『통지(通志)·씨족략서(氏族略序)』에서 이르길 "당대는 성씨학(姓氏學)이 가장 번성했던 시대였다."[1]라고 했다.

공붕정(龔鵬程)은 『당송 족보의 변천(唐宋族譜之變遷)』에서 "당대의 족보는 육조(六朝)[2]와 달리 관찬(官撰)가보와 사찬(私撰)가보 두 가지 형식이 병행되었다."[3]라고 지적했다. 진첩선(陳捷先)은 「당대족보의 약술(唐代族譜略述)」이란 글에서 당(唐)나라 관찬가보와 사찬가보의 내용에 대하여 다음과 같이 기술하여 이르길 "당대의 족보는 대체로 부장(簿狀)과 보계(譜系) 두 종류로 나뉘는데, 전자는 관찬가보이며 후자는 사찬가보이다. 부장은 주로 성씨의 기원, 문벌, 혼인, 관직 등을 기록하며, 가문의 후광을 업고 관직에 등용되는 일종의 실용적인 증명 서류인 셈이다. 체례(體例)로 보면, 이는 위진남북조 시기의 가보와 일맥상통한다. 보계에서도 성씨를 구별하고, 혼인을 맺으며, 관직을 밝히는 내용을 기록하지만, 정부의 규정에 구속 받지 않으며 내용의 범위 또한 훨씬 자유로워서, 가문의 대소사를 모두 기록할 수 있었다."[4]라고 했다.

다음은 관찬보첩(官撰譜牒)과 사찬가보를 통해, 당대 보학(譜學)의 개황을 살펴보고자 한다.

---

1 『通志·氏族略』: "姓氏之學, 最盛於唐。" (역자 주)

2 육조(六朝): 후한(後漢)이 멸망한 후 수(隋)가 재통일할 때까지 장강(長江) 이남에 건국했던 오(吳), 동진(東晉), 유송(劉宋), 제(齊), 양(梁), 진(陳) 여섯 왕조를 가리킨다. (역자 주)

3 『第一屆亞洲族譜學術研討會會議記錄』, 聯合報文化基金會國學文獻館, 1984.

4 『第一屆國際唐代學術會議論文集』, 1988, 臺北.

1. 당대 관찬보첩의 발전 원인

당대 관찬보첩의 발전은 당시 신사족(新士族)과 구사족(舊士族) 사이의 세력투쟁변화와 중요한 관계가 있었으며, 당나라 정치 사회 생활의 영위와도 긴밀히 관련되어 있었다.

당대에는 구품중정제(九品中正制)의 폐지 및 과거제(科擧制)의 시행에 따라, 인재 선발의 기준이 이전의 출신 가문이나 혈통에서 시경과 서경으로 바뀌었다. "과거제를 통해 선발된 사람은 모두 인품과 재능을 겸비한 사람이다. 문인은 모두 공자(孔子)를 칭송하고 본받는 사람이며, 문인이나 서민은 과거제를 통해 관직에 등용되어 하루아침에 귀한 가문이 될 수 있었다. 고로 성씨의 귀천(貴賤)은 더 이상 출신 가문이 아니라 학문과 재능에 의해 좌우되었다. 이것은 사람이 성(姓)을 귀하게 할 수 있는 것이지, 성이 사람을 귀하게 만들 수 있는 것이 아니다."[5]라고 했다. 성이 사람을 귀하게 대접 받게 한다는 것은 구품중정제를 두고 말한 것으로, 즉 세가대족(世家大族)의 출신 가문을 관료선발의 근거로 삼은 것을 말한다. 사람이 성을 귀하게 만든다는 것은 과거시험제를 일컫는 것으로 즉, 이부(吏部) 시험을 통해 공명(功名)과 관직을 획득하는 것을 말한다. 이것은 일종의 새로운 관리 선발의 제도였던 것이다.

과거제가 흥성하고 구품중정제가 점차 쇠락했다. 수나라 문제(文帝) 시기에는 '지행수근(志行修謹)'[6]과 '청평간제(清平幹濟)'[7]라는 두 가지 과목만으로 인재를 선발했다. 양제(煬帝) 시기에는 10개 과목으로 늘었고, 당대 초기에는 과목부터 방법까지 한층 더 발전했다. 과거제하에서 선비들은 모두 반드시 이부(吏部) 시험을 치러야 했다. 당대 초기에 시험과목은 수재(秀才), 명경(明經), 준사(俊士), 진사(進士), 명법(明法), 명학(明學), 명산(明算), 일사(一史), 삼사(三史) 등이 있었고, 이 중에서 명경과 진사를 제일 중요시했다. 시험에 급제(及第)한 자의 재능에 따라 이부에서 관직을 수여했다. 과거(科擧)는 사족(士族)이든 서족(庶族)이든 지주(地主)든 농민이든 출신과 관계없이 시험에 합격하면 모두 관직을 수여했다. 이것은 구품중정제에 대한 철저한 부정이며, 문벌사족(門閥士族) 제도에 대한

---

5 (明)王世貞, 「陳氏族譜序」, 『古今圖書集成·氏族典·陳姓部』: "薦辟科擧之政, 行天子所與共, 開下者皆彬。諸書生誦法孔子之輩, 士或旦白屋, 而夕朱戸, 其子弟習其遺編以繼顯。故姓之所以貴, 漸不在紈袴, 而在詩書。此其人能貴姓也, 非以姓貴者也。"

6 지행수근(志行修謹): 원래는 "품은 뜻이 있고 품행이 단정하고, 처세가 신중하며 예법을 준수함"을 뜻한다. 수대(隋代)에 이르러 과거제의 과목이 되었다. (역자 주)

7 청평간제(清平幹濟): 원래는 "사무의 처리가 민첩하고 효과적이다."라는 뜻인데 수대 과거제의 항목이 되었다. (역자 주)

배척이기도 했다. 하지만 그 시기에도 세가대족(世家大族)들의 세력은 여전히 매우 강해서, 시험을 주관하거나 이부를 관장하는 많은 관리들이 여전히 세가대족 출신이었다. 따라서 사리사욕을 채우려 부정을 자행하고, 시문의 심의에 사심이 개입하기도 했다. 그리하여 사족 자제를 선발하고, 서민 출신의 인재를 배제시켰다. 어떤 통계에 의하면, 흥원(興元) 원년(784)부터 건부(乾符) 2년(875)까지 90년 동안, 범양(范陽) 노씨(盧氏) 가문에 진사가 무려 116명이나 나왔다. 그렇지만 이 시기에는 구품중정제가 이미 폐지되었고, 지식과 재능으로 공명(功名)을 얻을 수 있는 과거제가 흥했다. 과거제가 흥기했던 당대에서는 서민 출신의 선비들이 대거 과거에 합격해 고관(高官)이 되기도 했다. 당(唐)나라의 많은 재상(宰相), 명신(名臣) 및 명사(名士)들이 모두 진사 출신이었다. 사회에서 사람들이 자랑으로 내세우는 것이 더 이상 출신 가문이 아니라 진사 출신인 것이다.

과거제의 시행으로 문벌로 관직을 얻거나, 성에 따라 사람의 귀천(貴賤)이 결정되던 예전의 관습이 바뀌었다. 과거제는 문벌의 정치 세력화를 제한하고, 서족출신의 지주가 과거 시험을 통해 관직에 등용되는 길을 열어 주었다. 과거에 "자리가 있어 사람을 선발할 때는, 반드시 족보와 호적을 조사한다."[8]라는 구습은 점차 폐기되었다. 이에 앞서 수대(隋代) 말기의 치열했던 농민 전쟁은 오랫동안 이어 온 문벌제도와 세가대족에게 커다란 타격을 입혔다. 그리하여 연(燕)나라의 세가대족들은 "관작을 많이 잃게 되었다."[9] 또한 제(齊)나라와 한(韓)나라의 세가대족들은 "가난을 면치 못했다."[10]라는 상황이 나타났다. 그렇다 해도 위진남북조 시기를 거쳐 수백 년 동안 형성된 세가대족의 세력은 역사무대에서 쉽게 사라지지는 않았다. "지네는 잘려 죽어도 꿈틀대며 자빠지지 않는다."[11]라는 말이 있듯이, 권세가 있던 사람이나 집단은 몰락해도 여전히 실력이나 영향력이 남아 있었다. 수백 년 동안 형성된 문벌 가문 및 혈통을 숭상하는 오래된 관습이나 낡은 관념도 단번에 바꿀 수 있는 것은 아니었다. "구품중정제는 수대까지 점차 쇠퇴했으나, 성씨와 가문을 내세우는 사회 풍습은 당대까지도 계속 이어지고 있었다."[12] 위진남북조 시기에 형성된 세가대족은 예전의 위세를 잃기는 했지만, 사회적으로는 여전히 높은 지

8 『新唐書』: "有司選擧, 必稽譜籍。" (역자 주)

9 『貞觀政要·論禮樂』: "多失衣冠之緖。" (역자 주)

10 "身未免於貧困。" (역자 주)

11 『六代論』: "百足之蟲, 死而不僵。" 함의된 의미는 수당시대의 도래로 등장한 과거제로 몰락한 권세가나 사족 집단은 여전히 일정하게 그 실력이나 영향력을 유지하고 있다는 뜻이다. (역자 주)

12 "九品中正制, 迄隋而漸衰, 然以氏族郡望相矜之習, 至唐代而此風猶未泯。" 본문은 楊殿珣, 「中國家譜通論」, 『圖書季刊』(新3輯, 第1~2號), 1944를 참조.

위를 갖고 있었다. 『북몽쇄언(北夢瑣言)』 제6권에 "승상(丞相) 위공주(韋公宙)는 남해(南海)에 가서 벼슬을 했는데, 그의 부하 중 유겸(劉謙)이라는 사람이 있었다. 그는 직급은 낮았지만, 뛰어난 인재라 위공주는 사위로 삼을 생각이었다. 가족들은 유겸의 출신 가문이 비루하여 비웃음을 당할까 염려되어, 일부 관료를 동원해 위공주의 생각을 바꾸도록 종용했다."[13]라고 쓰여 있다. 사람들은 여전히 옛날 세가대족 출신을 상당히 중요시했다. 위진남북조 시기에 형성된 사족(士族), 특히 산동(山東)의 최(崔), 노(盧), 이(李), 정(鄭) 등의 성씨를 비롯한 사족들은 아주 오만하고, 지나치게 방자했다. 그들은 딸을 출가시킬 때, 거액의 예물을 받아 명성과 지위를 높였다. "산동사족(山東士族)인 노씨(盧氏)·정씨(鄭氏)·왕씨(王氏), 그리고 최씨(崔氏)와 이씨(李氏) 집안은 자신들이 세가대족 출신임을 내세워, 딸을 시집보낼 때 거액의 예물을 받았다."[14]라고 했다. 당나라 초기에 당태종(唐太宗)의 많은 대신들조차도 앞을 다투어 산동사족들과 통혼했다. 예로 방현령(房玄齡)·위징(魏徵)·이적(李勣)은 산동사족과 혼인을 맺었다. 이경현(李敬玄)은 서족(庶族) 출신의 새로운 사족이고 오랫동안 이부상서(吏部尙書)를 맡았으며, 전후 세 번 결혼을 했는데, 신부가 모두 산동사족이었다. 그렇게 하고도 여전히 자신의 문벌에 만족하지 못해 조군(趙郡)[15] 이씨와 한 종파로 합보(合譜)를 했다.[16] 동평장사(東平章事)인 왕악(王鍔)은 가문의 명망을 얻기 위해, 태원(太原) 왕굉(王翃)을 아버지로 삼아 기꺼이 남의 아들 노릇을 하고, 상호 거래를 통해 여러 명의 왕씨 자제를 등용시켰다. 이것은 이들 신흥 사족이 구 명문 귀족의 지위를 얻기 위해 얼마나 수단과 방법을 가리지 않았는지를 말한다. 신사족(新士族)이나 구사족(舊士族)은 모두 한 언덕에 사는 담비에 비유할 수 있을 것이다.

당대(唐代) 봉건제국의 통치자들은 새롭게 등장한 관롱집단(關隴集團)이었다. 따라서 이러한 통치자들은 제국의 통치를 굳건히 하고, 가난한 집안이나 서족 지주(地主) 출신인 새로운 황실 귀족들의 정치적 지위를 높이기 위해 필히 산동 출신인 구세력을 억누르고 이씨 관롱 귀족의 최고 지위를 확립했다. 황족(皇族)을 핵심으로 하는 신사족들이 사회적으로 차지하고 있는 최고의 지위는 보첩(譜牒)에 등재되어야만 사회와 법률적 인정을 받

13 "丞相韋公宙出鎭南海, 有小將劉謙者, 職級甚卑, 氣宇殊異, 乃猶以女妻之。其內以非我族類, 慮遭物議, 諷諸幕僚, 請諫止之。" 본문은 龔鵬程, 「唐宋族譜之變遷」, 『第一屆亞洲族譜學術研討會會議記錄』, 聯合報文化基金會國學文獻館, 1984를 참조.

14 『績溪汪氏世守譜』, 乾隆 37年(1772): "山東人士, 盧、鄭、王氏, 二崔二李之徒, 負其閥閱, 增價賣婚。"

15 조군(趙郡): 동한(東漢) 때 현재 한단(邯鄲)에 있는 조국(趙國)을 군(郡)으로 바꾸어 처음 설치했고, 수대(隋代)에 다시 조주(趙州)가 되었다. (역자 주)

16 『舊唐書』 卷81 「李敬玄傳」.

을 수 있었다. 따라서 당태종 때부터 과거(科擧) 시험을 강화시키는 동시에 보첩을 투쟁의 도구로 삼아 기존 족성(族姓)을 판단하는 기준을 바꾸어 나갔다. 새 보첩을 편찬하는 것은 바로 당나라 황실이 새로운 사족을 늘리고, 구사족을 억압하기 위해 취한 정치적 조치였다. 즉 당나라 초기에 여러 차례 보첩을 편찬한 과정은 새로운 사족(士族) 세력을 양성하고, 구사족(舊士族) 세력을 억압하는 과정이었던 것이다.

2. 세 차례 대규모 관찬보첩의 편찬

당대(唐代) 전체에서, 통치자의 뜻에 따라 보첩을 관찬한 적은 모두 세 차례였다. "당(唐)나라의 보첩 기록은 대략 태종(太宗) 때에 시작되어, 고종(高宗) 때 개수되었고, 중종(中宗) 때 편찬하여, 개원(開元) 연간에 완성하게 되었다. 이를 녹(錄) 또는 지(志)라고 불렀다."[17] 즉, 당태종 시기에 『씨족지(氏族志)』를, 당고종 시기에 『성씨록(姓氏錄)』을, 당중종 시기에 『대당성족계록(大唐姓族系錄)』을 편찬했다.

첫 번째 관찬가보는 『씨족지』이다. 『씨족지』의 편찬에 관하여, 『고금도서집성(古今圖書集成)·씨족전(氏族典)』 제2권에서는 다음과 같이 기록하고 있다. 이르길 "정관(貞觀) 6년(632)에 태종은 상서좌복야(尙書左僕射) 방현령(房玄齡)에게 '산동(山東)의 최(崔)·노(盧)·이(李)·정(鄭) 4개 성씨의 가문은 쇠약해지고 있으나, 여전히 기존의 토지를 소유하고 있으며 자긍심이 크고 스스로를 사대부라 했다. 딸을 시집보낼 때마다 반드시 많은 재물을 요구하고, 재물이 많을수록 귀하게 여기며, 재물의 수량에 따라 다른 거래를 했다. 혼인을 장삿속으로 여기는데, 이는 풍속을 크게 해치고, 전통 예의에 어긋나는 것이다. 따라서 이를 당연히 개혁해야 한다.'라고 했다. 이에 이부상서 고사렴(高士廉), 어사대부(御史大夫) 위정(韋挺), 중서시랑(中書侍郎) 잠문본(岑文本), 예부시랑(禮部侍郎) 영호덕유(令狐德棻) 등에게 성씨를 삭제하여 바르게 고치라고 했다." "위(魏)나라 시기부터 사족을 중요시했다. 산동사족(山東士族)은 가문의 명망을 표방하여 만일 명문 출신이 아닌 사람이 그들과의 통혼을 원하면, 반드시 많은 재물을 요구했다. 이 때문에 자기의 본적을 버리고, 명문을 사칭하는 사람도 있었다. 또한, 형제끼리 처족을 배경으로 서로 겨루기도 했다. 태종

17 『績溪汪氏世守譜』, 乾隆 37年(1772): "唐之牒記, 蓋始於太宗, 改於高, 修於中, 而定於開元, 日錄、日志。"

은 이런 것들을 몹시 못마땅하게 여겼다. 그래서 이부상서 고사렴 등에게 『씨족지』를 편찬하고, 전국 보첩을 전반적으로 조사하여, 사적(史籍)으로 고증하고, 그 진위를 가려서 한 가문의 종묘나 묘지의 서열과 족인의 장유순서를 판별하여 순차를 정한 후, 충신(忠臣)과 현자(賢者)를 천거하고 등용하며 간신(奸臣)을 해임하라고 명했다."[18] 위의 인용한 두 문장을 보면, 당태종이 고사렴 등에게 『씨족지』를 편찬하라고 한 이유는, 주로 산동사족들이 가문의 명망을 표방하거나 널리 재물을 청하는 풍조에 대한 불만이었을 것이다. 『씨족지』 편찬의 목적은 성씨를 바로잡는 것이며, 방법은 전국의 보첩(譜牒)을 수집하여, 사적으로 고증하고 그 진위를 알아내는 것이었다.

당태종이 재상(宰相) 고사렴 등 고관(高官)들에게 『씨족지(氏族志)』 편찬을 맡겼다는 것은 전대의 왕조와 비교해 당대가 관찬보첩을 훨씬 더 중시했다는 것을 보여 준다. 『속통지(續通志)·씨족략총서(氏族略總敘)』에서 "역대에는 보국(譜局)이 있었는데, 당(唐)나라는 재상(宰相)에게 그 임무를 수행하도록 했다. 이로 그 업무의 막중함을 알 수 있다."[19] 라고 기록했다. 고사렴(高士廉) 등은 당태종(唐太宗)의 뜻에 따라 전국에서 문벌사족(門閥士族)에 통달한 관리 학자들을 불러 모아, 전국의 가보를 대대적으로 수집하여 그 세계(世系)를 고증하고, 사족을 9등급으로 나누었다. 고사렴 등은 각 사족의 세계를 매우 적극적으로 고증했다. 숭정(崇禎) 5년(1632)에 편찬된 『휴녕대씨족보(休寧戴氏族譜)』에 대씨(戴氏) 가문이 『씨족지』의 병(丙)급 성씨로 판정되었다는 내용을 다음과 같이 수록했다. 이르길 "당나라 정관(貞觀) 연간에 우복야(右僕射), 중서문하삼품(中書門下三品)을 역임한 대지덕(戴至德)은 당태종의 『씨족지』 편찬에 대한 요구에 따라 자기 가문의 성을 얻은 유래, 역대 세계, 조상이 맡았던 관직 등의 내용을 담은 보첩을 이부(吏部)에 보고했다. 고사렴 등은 사적(史籍)으로 고증하여 그의 진위를 알아내라는 당태종의 지시대로 보첩의 내용에 대해 심사를 한 후에 '삼가 대씨 족보를 점검한바, 대씨는 송(宋)나라 때부터 사족이 되었고, 오늘의 대씨와 조상이 같으니, 세계에 대한 기록은 틀림이 없습니다. 지덕(至德)의 말은 근거가 있습니다. 본 왕조에 들어 지덕의 아버지인 주(胄)의 관직은 중서복야(中書僕射)이

---

18 『古今圖書集成·氏族典』: "貞觀六年, 太宗謂尚書左僕射房玄齡曰: 比有山東崔、盧、李、鄭四姓, 雖累葉陵遲, 猶恃其舊地, 好自矜大, 稱爲士大夫。每嫁女他族, 必廣索聘財, 以多爲貴, 論數定約, 同於市賈, 甚損風俗, 有紊禮經。既輕重失宜, 理須改革。乃詔吏部尚書高士廉、禦史大夫韋挺、中書侍郎岑文本、禮部侍郎令狐德棻等刊正姓氏。" "自魏重士族, 山東人士, 自矜地望, 婚姻多責財幣, 或舍其鄉裏, 而妄稱名稱, 或兄弟齊列, 而更以妻族相陵, 太宗惡之。命吏部尚書高士廉等撰《氏族志》, 征天下譜牒, 質諸史籍, 以考其眞僞, 辨其昭穆, 第其甲乙, 褒進忠賢, 貶退奸逆。" (역자 주)

19 『續通志·氏族略總敘』: "歷代有圖譜局, 唐世領以宰相, 其鄭重猶然若此。" (역자 주)

고, 지덕은 문하삼품(門下三品)입니다. 현재 저희가 알고 있는 사실에 근거하면, 대씨는 유아(儒雅)를 숭상한 명환(名宦)이며, 충실하고 청렴합니다. 확실히 병(丙)급 성씨이며 유명한 사족이라 할 수 있습니다.'[20]"라고 올렸다. 산동구사족(山東舊士族) 출신인 고사렴 등은 각 사족의 상황을 고증하는 데 매우 열심히 했음에도 불구하고 그들은 당태종의 "성씨를 삭제하여 바르게 고쳐야 한다."[21]라는 지시를 제대로 이해하지 못했다. 이에 여전히 사회 관습에 따라 『씨족지』 초고에서는 산동구사족인 최(崔), 노(盧), 이(李), 정(鄭) 등 성씨를 그대로 1등급으로 정했다. 이에 당태종은 극히 불쾌해하며 고사렴을 비판했다. "나는 산동의 최, 노, 이, 정과는 결코 원한이 없다. 다만 그들의 세대가 쇠하여 지금은 관리가 한 명도 없으면서, 사대부를 사칭하고 있기 때문이다. 그리고 혼인할 때 많은 재물을 요구한다. 어떤 사람은 식견이 천박하고 저열한데도 뻔뻔하게 스스로를 높이 치켜세우며, 죽은 조상을 등에 업고 부귀(富貴)대열에 편승하고자 한다. 나는 사회에서 왜 그들을 중요하게 여기는지 모르겠다. 공로를 인정받아 작위(爵位)를 받고, 군주와 아버지를 잘 섬겨 충효를 잘 실천하고 인의의 도덕성이 높으며, 학예에 해박한 자를 사대부라고 할 수 있을 것이다. 지금 최, 노와 같은 사람이 먼 조상의 고위 관직과 작위만을 가지고 어떻게 현재의 고관(高官)과 비교할 수 있겠는가? 공경(公卿) 이하의 사람들이 어찌하여 그들에게 재물을 많이 주며, 그들의 기세를 올려 주고 있단 말인가? 그들은 허명무실하며, 그 허명으로 자신을 빛내려고 한다. 내가 성씨를 삭제하여 바르게 고치려는 것은 오늘날의 높고 귀한 지위를 확립하기 위함인데, 왜 최씨(崔氏) 등을 1등급으로 두는가, 그대들은 내 왕조의 관작을 업신여기는 것이 아닌가? 예전에는 어떻든 오늘날의 관품, 인재에 따라서만 등급을 정하도록 하라."[22]고 했다.

당태종(唐太宗)의 비판을 받은 고사렴(高士廉) 등은 "오늘날의 관품과 인품을 등급 기준"[23]으로 삼고, 또한 "현재 권력을 쥐고 있는 문벌을 숭배하고 추종함"[24]을 목표로 삼아

---

20 戴元凱, 『戴氏開源表序』, 景定 3年(1262): "謹考戴氏, 實始於宋, 開源不二, 計代無差, 至德所言, 誠有所據, 本朝至德世系, 父胄仕至中書僕射, 至德亦授門下三品, 今臣按之知戴之宗, 舊門世錄, 素號儒雅, 本朝名宦, 各著忠淸, 實爲丙姓, 可謂胄族者矣。"

21 "刊正姓氏。" (역자 주)

22 『古今圖書集成·氏族典』 卷2: "我與山東崔、盧、李、鄭, 舊旣無嫌, 爲其世代衰微, 全無官宦, 猶自云士大夫, 婚姻之際, 則多索財物, 或才識庸下, 而偃仰自高, 販鬻松檟, 依托富貴。我不解人間何爲重之? 且士大夫有能立功, 爵位崇重, 善事君父, 忠孝可稱, 或道義淸素、學藝通博, 此亦足爲門戶, 可謂天下士大夫。今崔、盧之屬, 唯矜遠葉, 衣冠寧比當朝之貴, 公卿以下何暇多輸錢物, 兼與他氣勢向聲背, 實以得爲榮。我今定氏族者, 誠欲崇樹今朝冠冕, 何因崔幹猶爲第一等, 只看卿等不貴我官爵耶? 不論數代已前, 只取今日官品人才作等級。"

23 『氏族志』: "今日官品人才作等級。" (역자 주)

24 『氏族志』: "崇樹今朝冠冕。" (역자 주)

『씨족지(氏族志)』를 다시 수정했다. 총 저서는 전국의 족성(族姓)을 상중하 3등급으로 나누고, 등급마다 다시 상중하 세 단계로 나누었다. 간단히 말하면 총 9등급으로 나눈 것이다. 『씨족지』는 정관(貞觀) 6년(632)부터 편찬하기 시작하여 정관 12년(638)에 완성되었으며, 293개의 성씨와 1,651족인을 기록했다. 『씨족지』는 새롭게 서로 다른 성씨의 사회적 지위를 규정하는 보첩(譜牒)으로, 이씨(李氏) 황족(皇族)을 1등급, 외척(外戚)을 2등급, 산동사족(山東士族) 최씨(崔氏) 등을 3등급으로 분류했다. 『씨족지』의 편찬이 완료되자, 전국에 반포하여 입법 차원에서 각 성씨의 사회적 지위를 다시 조정했다. 『씨족지』는 황족 이씨와 관롱(關隴) 등 새로운 권력자의 정치적 지위를 높여, 산동의 최씨 등 구사족(舊士族) 세력에 타격을 주었다. 이씨 황족을 중심으로 공신(功臣), 외척을 보좌한 사족 출신이 아닌 새로운 권력자와 기존의 구사족을 포함한 새로운 거대한 사족 집단으로 형성되어, 새 왕조의 강력한 통치를 확립했다.

두 번째 관찬가보는 『성씨록(姓氏錄)』이다. 『씨족지』가 나온 후 20년 동안 세태가 바뀌어 사족이 쇠락하면서 점점 더 많은 서족(庶族)들이 과거(科擧)를 통해 벼슬길에 들어섰다. 하지만 이들의 사회적 지위는 인정을 받지 못하고 있었으며, 이들은 실제 사회적 상황에 부합하는 새로운 보첩의 편찬을 강하게 요구하고 나섰다. "가문의 무명(無名)을 수치로 여긴다."[25]라고 한 서족 관료 이의부(李義府)는 가난한 가문 출신인 무측천(武則天)의 마음을 간파하고, 중서령(中書令) 허경종(許敬宗) 등과 연합해 『씨족지』에 무후(武後)의 가세(家世)를 싣지 않았다는 명목으로 당고종(唐高宗)에게 글을 올려 『씨족지』의 개정을 건의했다. 그들의 주장은 무칙천의 지지를 받았다. 그 개정의 총 원칙은 "5품 관직까지는 모두 사족 계층으로 인정한다."[26]라는 것이었다. 구체적인 상황은 『고금도서집성(古今圖書集成)』의 「씨족전(氏族典)」 제2권에 다음과 같이 수록되어 있다. 이르길 "당고종 시기에 허경종은 무후의 가세를 싣지 않았다는 이유로, 또한 이의부는 가문의 무명을 부끄러워하며, 공지약(孔志約), 양인경(楊仁卿), 사원도(史元道), 여재(呂才) 등 12명과 이를 개정했다. 모두 235개의 성씨와 2,287족인을 수록했다. 황제가 스스로 그 개정의 이유를 밝혔다. 4명 황후의 성씨, 휴공(酅公), 개공(介公), 삼공(三公), 태자삼사(太子三師), 개부(開府), 의동삼사(儀同三司), 상서복야(尚書僕射)를 1등급 성씨로, 문무이품(文武二品) 및 지정사(知政事) 삼품을 2등급 성씨로, 나머지 관리는 각각 관직과 작위(爵位)에 따라 9등급으로 나누었다. 자신과 형제의 자손만을 보첩에 올리고, 나머지 친족은 모두 제외했으며, 『성씨록』으로

25 『氏族志』: "恥其家無名。" (역자 주)

26 『氏族志』: "仕唐官至五品皆升士流。" (역자 주)

이름을 바꾸었다. 당시 군공(軍功)으로 5품 관직에 승진한 자는 모두 그 보첩에 수록되었다. 고위 관리들은 이를 수치로 여겼고, 이를 '훈격(勳格)'이라 생각했다."[27]라고 했다. 현경(顯慶) 4년(659) 고종(高宗)이 조서(詔書)를 내려 『씨족지(氏族志)』를 『성씨록(姓氏錄)』으로 고치고, 235개의 성씨, 2,287족인을 수록했다. 『씨족지』보다 58개의 성씨를 적게 수록하고, 636족인을 더 수록했다.

『성씨록』에는 원래 『씨족지』에서 무명(無名)이었던 무성(武姓) 후족(后族)을 1등급으로 수록하고, 나머지는 관직 고하에 따라 5품 이상이면 누구나 관찬보첩에 수록될 수 있었다. 『성씨록』의 반포와 동시에 『씨족지』를 거두어 불태웠다.[28] 『성씨록』은 사족(士族)의 범위를 넓히고, 과거(科擧)로 입사(入仕)한 고급과 중급 관료들의 사회적·정치적 지위를 높여 사족과 서족(庶族)의 통합을 촉진시켰다. 『성씨록』은 이렇게 또 한 번 구사족(舊士族)에게 큰 충격을 주었다. "고종은 태원(太原) 왕씨(王氏), 범양(范陽) 노씨(盧氏), 형양(滎陽) 정씨(鄭氏), 청하(淸河) 최씨(崔氏), 박릉(博陵) 최씨, 조군(趙郡) 이씨(李氏), 농서(隴西) 이씨 등 일곱 성씨가 가문의 명망을 이유로 다른 성씨와 결혼하는 것을 수치스럽게 여기자 그들 일곱 성씨들끼리의 혼인을 금했다." "왕씨 등 일곱 성씨는 감히 결혼식을 올리지 못하고, 그 딸을 몰래 시집보내려고 했다."[29] 요컨대 『성씨록』은 당고종(唐高宗) 때 봉건 지배 계급의 내부 관계의 변화를 반영하고 있으며, 『성씨록』을 편찬한 것은 무측천(武則天)의 통치를 공고히 하기 위한 정치적 조치였던 것이다.

세 번째 관찬(官撰)가보는 『대당성족계록(大唐姓族系錄)』이다. 당나라 중종(中宗) 신룡(神龍) 연간에서부터 현종(玄宗) 개원(開元) 2년(714) 사이에 재차 『씨족지』를 수정했는데, 보학자 류충(柳沖)이 황제에게 수정안을 건의한 것이었다. 『신당서(新唐書)·류충전』에 따르면 "충(沖)은 학문을 좋아하고 연구 성과가 많았다. (중략) 중종 경룡(景龍) 연간에 좌우산기상시(左右散騎常侍), 수국사(修國史)로 임명되었다."[30]라고 했다. 류충은 당시 유명한

---

27 『古今圖書集成·氏族典』: "高宗時, 許敬宗以不敘武後世, 又李義府耻其家無名, 更以孔志約、楊仁卿、史元道、呂才等十二人, 刊定之。裁廣類例, 合二百三十五姓, 二千二百八十七家。帝自敘所以然: 以四後姓、酅公、介公及三公太子三師、開府、儀同三司、尙書僕射爲第一姓, 文武二品及知政事三品爲第二姓, 各以品位高下敘之, 凡九等取身及昆弟子孫, 余屬不入, 改爲《姓氏錄》。當時軍功入五品者, 皆升譜限, 縉紳耻焉, 目爲勛格。" (역자 주)

28 『舊唐書』 卷82 「李義府傳」.

29 "高宗朝, 以太原王、范陽盧、滎陽鄭、淸河博陵二崔、趙郡隴西二李等七姓, 恃其族望, 耻與諸姓爲婚, 乃禁其自相婚娶。" "於是不敢復行婚禮, 密裝飾其女, 以送夫家。" 본문은 王永興(編), 『隋唐五代經濟史料彙編校注』, 中華書局, 1987, 395쪽에 참조.

30 『新唐書·柳沖傳』: "沖好學, 多所研總。中宗景龍中, 遷左散騎常侍, 修國史。" (역자 주)

보학자였다. 류충은 "위진(魏晉)부터 지금까지 문벌의 세계(世系)는 흥하기도 하고 쇠하기도 했다. 고관대작 가문도 흥망성쇠가 다른데, 어찌 한때의 포폄(褒貶)으로 오늘의 모범을 판정할 수 있겠는가."[31]라고 했다. 그는 "신이 대당의 흥성함을 서술하고, 씨족의 가보를 편찬하겠습니다."[32]라고 청했다. 중종은 그의 조언에 따라, 상서좌복야(尙書左僕射) 위원충(魏元忠), 사관(史官) 장석(張錫)·소지충(蕭至忠)·잠희(岑羲)·최식(崔湜)·서견(徐堅)·유헌(劉憲)·오긍(吳兢) 등 8명이 류충(柳沖)과 더불어 『씨족지(氏族志)』에 의거하여 다시 편찬하라고 명했다. 이르길 "그 편찬 원칙은 높은 명성과 성덕(聖德), 순박한 가풍(家風), 전해오는 국적(國籍), 사림(士林)신분을 표준으로 삼고, 그다음으로 공훈 업적이 있고, 덕망이 있으며, 국내외로 이름을 떨친 자와 직급에 공적이 있는 자를 같은 등급으로 둔다. 그중 변방 각 소수민족의 추장(酋長)들은 1등급으로 한다. 제목은 『대당성족계록(大唐姓族系錄)』 200권이라 하겠다."[33]라고 했다. 개원(開元) 초년에 황제는 "류충(柳沖)과 설남금(薛南金)에게 조서(詔書)를 내려 다시 개정 간행한 것을 정본(定本)으로 하라."[34]고 명했고, 개원 2년(714) 7월이 되서야 완성했다.[35] 『신당서(新唐書)·예문지(藝文志)』에는 이 책을 『대당성족계록』 200권으로 기재했다.

『대당성족계록』은 중종(中宗) 때부터 시작하여 현종(玄宗) 개원 초년에 완성되었다. 중종과 현종은 무측천(武則天) 정책의 계승자로 『대당성족계록』은 『성씨록(姓氏錄)』의 계승과 확대였고, 그 편찬의 기본 정신 역시 동일했다.[36]

당나라 관부가 직접 관여한 세 차례 대규모 관찬보첩의 저술 이외에도 관찬의 성격을 띤 기타 보첩 저술 역시 살펴볼 가치가 있다. 예를 들면, 『백가류례(百家類例)』 10권, 『원화성찬(元和姓纂)』 10권, 류방(柳芳)의 『태신보(泰新譜)』(일명 『황실신보(皇室新譜)』) 20권, 개성(開成) 2년(835)에 이구(李衢), 임보(林寶)가 편찬한 『황당옥첩(皇唐玉牒)』 110권 등이 있다. 『백가류례』는 숙종(肅宗) 건원(乾元) 원년(758)에 가지(賈至)가 저술한 책으로, 『당회요·씨족』에서 "그 책의 서(序)에는 '혼인을 하고 벼슬을 해야만 보첩에 기록될 수 있었다. 본 보첩에 기록된 자는 모두 청렴한 고관(高官)들로 원칙에 따라 총 10권으로 나누었다.'

31 『新唐書·柳沖傳』: "魏晉至今, 門冑興替不常。冠冕之家, 興衰不一。豈可以曩時之褒貶, 爲當今之軌模。" (역자 주)

32 『新唐書·柳沖傳』: "臣願得敘大唐之隆, 修氏族之譜。" (역자 주)

33 『册府元龜·國史部·譜牒門』: "仍令取其高名盛德、素業門風、國籍相傳、士林標準; 次復勛庸克懋、榮絕當朝、中外相輝、譽兼時望者, 各爲等列。其諸蕃酋長曉襲冠帶者, 亦別一品。目爲《唐姓族系錄》二百卷。" (역자 주)

34 『新唐書』 卷199 「柳沖傳」: "詔沖與薛南金復加刊竄乃定。"

35 『新唐書』 卷199 「柳沖傳」 및 『唐會要』 卷36 「氏族」에 참조.

36 王永興(編), 『隋唐五代經濟史料彙編校注』, 中華書局, 1987, 360쪽.

라는 내용이 쓰여 있다."[37]라 했다. 『원화성찬』은 원래 헌종(憲宗) 때 왕애(王涯)가 편찬했는데, 후에 왕애의 온 집안이 감로지변(甘露之變)[38] 때 환관(宦官)에게 박해를 받고 제명된 후 임보의 편찬으로 바뀌었다. 진진손(陳振孫)이 『직재서록제해(直齋書錄題解)』 제8권에서 이 책을 편찬한 이유를 다음과 같이 기록했다. 당헌종이 "천수(天水) 출신인 사람을 태원(太原)에 봉했다."라는 사실 때문에 몹시 화를 냈다. 이에 당헌종은 관리들이 다시는 이런 잘못을 되풀이하지 않도록 이 책을 편집하라고 명했다. "작위(爵位)를 봉할 때마다 읽게 하라."[39] 하여 필요에 대비를 시킨 것이다. 위의 이 몇 권의 저술은, 비록 정부가 직접 조직하고 편찬하도록 명령한 것은 아니지만, 당시의 정치적 필요와 정부의 의지에 부합하는 관찬적인 성격을 띠고 있다.

당대의 관찬보첩을 위진남북조의 것과 비교하면, 새로운 많은 변화와 특징들을 발견할 수 있다.

첫째, 관찬보첩의 목적이 다르다. 위진남북조 시기에는 세가대족(世家大族)이 국가를 통치하고 있었다. 그때의 관찬보첩 목적은 사족(士族)과 서족(庶族)을 구별하여 사족의 승진 특권을 유지하기 위함이며, 사족의 정치적·사회적 지위와 세가대족의 이익을 독점하기 위한 것이었다. 이에 위진남북조 시기는 구품중정제(九品中正制)의 관료 선발 제도를 제정하여 사족이 대대로 조정(朝廷)의 정권을 독점하는 것을 보장하면서, 다른 한편으로는 관찬보첩을 편찬함으로써 서족이 사족을 사칭하는 것을 막았다. 당(唐)나라 초기에 위진(魏晉) 이래의 사족은 정치적·경제적으로 쇠락의 조짐을 보임에도 불구하고 사회적으로 상당히 높은 지위를 가지고 있었으므로, 일부 귀하고 명망 있는 관리들이 잇달아 그들과 혼인하는 상황이 나타났다. 구사족(舊士族) 출신이 아닌 당나라의 통치자는 새로운 왕조의 통치를 공고히 하기 위한 정치적 수단으로 관찬보첩을 편찬하여 구사족을 배척하고 억압함으로써 이당(李唐) 황족(皇族)의 사회적·정치적 위상을 높이고자 했다.

둘째, 관찬보첩에서는 성씨의 배열순서가 다르다. 위진남북조 시기의 성씨 배열은 당시 사회의 가문, 명망을 기준으로 배열했고, 서족을 배제하고 서족이 관찬보첩에 수록되는 것을 결코 허용하지 않았다. 당나라가 편찬한 보첩의 위계에는 수 세대 전을 막론

---

37 『唐會要·氏族』: "其序志曰: 以其婚姻承家, 冠冕備盡, 則存譜。大譜所記者, 唯尊官淸職, 能記原則, 分爲十卷。" (역자 주)

38 감로사변(甘露事變): 당나라 문종(文宗) 태화(太和) 8년(835) 환관과 문신관료 사이 갈등으로 등장한 사건이다. 재상 이훈(李訓)이 전횡하는 환관 주살을 위해 감로(甘露)가 내렸다고 속이고, 환관들을 유인해 제거하려 했지만 도리어 실패하고 피살당한 사건을 말한다. (역자 주)

39 "每加爵邑, 則令閱示。" (역자 주)

하여 황족, 후족(後族)을 앞세우고, 관품(官品)이 높은 사람이 그 뒤를 이었으며, 구사족의 등급은 낮추거나 보첩에서 제명했다.

셋째, 당나라는 관찬보첩을 더욱 중시했다. 위진남북조 시기에는 조정에서 설치한 보국(譜局)의 관리 '영사서리(令史書吏)'가 관보(官譜)를 편찬했고, 일부 관보는 보학자 개인에 의해 이루어졌다. 당대(唐代)에 이르러서는 최고 통치자가 직접 관보의 편찬 작업을 주재했다. 아울러 전담 조직을 구성하고, 재상(宰相) 등 고급 관리들을 지명하여 관보를 완성하도록 했다. 일부 관보는 보학(譜學)에 능한 보학자, 사학자에 의해 저술이 이루어지기도 했다. 당나라는 위진남북조 시기보다 관찬보첩을 훨씬 더 중요시했음을 알 수 있다.

정치적 수단으로 행해진 몇 차례의 중대한 보첩 편찬으로 입은 타격 때문에 육조(六朝) 이래의 세가대족은 점차 쇠퇴해 갔다. 당대 중기에 이르러서는 "부유한 호상(豪商)은 모두 관료가 되었다."[40]라는 형세가 나타나기까지 했다. 벼슬길에 오른 한문(寒門)의 선비, 새로 부상한 서족 지주(地主)들은 "현재 권력을 쥐고 있는 관료를 추종하고 숭배한다."[41]라는 관찬보첩을 통해, 정치적·사회적 지위를 높이려는 목적을 달성했다. 이는 이세민(李世民), 무측천(武則天) 등이 관보를 편찬한 목적이 사족을 근본적으로 없애려는 것이 아니라, 주로 구사족을 억압하고 이씨(李氏)와 무씨(武氏)를 최고 지위로 옹립하려는 새로운 사족 집단을 조직하는 데 있다는 것이었다. 그리고 성씨에 따라 등급을 정하던 기준을 바꾸어 각 정치 역량에 대한 기득권을 보첩(譜牒)으로 공고히 하기 위함이었다. 즉, 당나라 황실과 공신(功臣)을 주체로 하는 새로운 사족 집단이, 산동사족(山東士族)과 동남망족(東南望族) 등 이전의 사족 집단을 대체한다는 것이다. 이로 새로운 사족 집단을 자신의 사회적 기반으로 삼아, 당나라의 봉건 통치를 공고히 하려는 것이었다. 당대 후기 시인 유우석(劉禹錫)의 유명한 시구(詩句) "그 옛날 왕씨(王氏), 사씨(謝氏) 저택 처마 밑에 살던 제비들이 이제는 모두 평범한 여염집으로 날아든다."[42]는 당시의 신구사족(新舊士族)의 세력 변화에 대한 사실적인 묘사였던 것이다. 당대 말기에 중국을 휩쓸고 간 황소(黃巢)의 난은 위진(魏晉) 이래의 사족을 완전히 무너뜨려, 오대(五代)에 이르러서는 "관료를 선발할 때 출신을 따지지 않고, 혼인할 때 집안을 따지지 않는다."[43]라는 세태까지

---

40 『舊唐書』 卷101 「辛替否傳」: "富商豪賈, 盡屬纓冕之流."

41 "崇樹今朝冠冕." (역자 주)

42 劉禹錫, 「烏衣巷」: "舊時王謝堂前燕, 飛入尋常百姓家." (역자 주)

43 鄭樵, 『通志』 卷25 「氏族略序」: "取士不問家世, 婚姻不問閥閱."

나타나게 되었다.

3. 사찬가보의 비약적인 발전

당나라 시기 관찬보첩(官撰譜牒)의 규모는 방대했고 크게 번성했다. 이와 동시에 사찬(私撰)가보 역시 빠르게 발전하여 그 규모는 관찬보첩에 비하여도 조금도 손색이 없었다.

송나라 장준(張浚)은 「진씨족보서(陳氏族譜序)」에서 "육조(六朝) 이래 각 가문에 보학(譜學)과 보첩이 있었다. 『수서(隋書)·경적지(經籍志)』에 전국의 군현(郡縣)에 국씨(國氏) 족보가 몇 권 있어 이를 수록했다. 당나라 시기에는 보학과 보첩이 성행했다."[44]라고 지적했다.

송나라 구양수(歐陽修)는 「왕심보와 세보첩에 대해 논함(與王深甫論世譜帖)」에서 "이전(위진과 수당 등) 몇몇 왕조 때 전란이 빈번했지만 사대부의 세보는 끊어진 적이 없었다."[45]라고 했다.

송나라 허원(許元)은 「허씨세차도서(許氏世次圖序)」에서 "당대 용삭(龍朔) 연간에 윗대 재상(宰相)을 역임했던 부군(府君)[46]은 황제의 조서(詔書)를 받아 족지(族志)를 편찬했고, 이로 가문의 연원을 찾기 시작했다. 해당 족인은 한(漢)나라 군수(郡守)인 공거(公据)에서 시작되어, 14세대를 거쳐 부군에 이르렀다."[47]라고 기록했다. 이는 당대 초기에 관리들이 '수족지(修族志)'라는 조서를 받았음을 보여 준다. 『수당오대 경제사료 휘편 교주(隋唐五代經濟史料彙編校注)』 제1편 제1장 제4절 「씨족록(氏族錄) 및 성망씨족보(姓望氏族譜)」에서도 관련 자료를 볼 수 있다. 『구양씨육종통보(歐陽氏六宗通譜)』 및 『산음안창서씨종보(山陰安昌徐氏宗譜)』에는 당나라 구양씨(歐陽氏)와 서씨(徐氏)가 각각 가보를 당나라 정부에 올린 기록이 있다.

당대에는 구세력뿐만 아니라 "사족(士族)이 그 선열(先烈)을 기록하여, 자손에게 물려주었다. 대대로 이름 없는 가난한 집안에서도 재능 있는 사람이 두각을 나타내어 갑자기

---

44 『古今圖書集成·氏族典·陳姓部』: "夫六朝以來, 家有譜系之學, 又有譜系之書。隋經籍志載天下郡縣國氏族譜若幹卷。唐世, 此學此書盛行。"

45 『古今圖書集成·氏族典·王姓部』: "前世(魏晉隋唐)常多喪亂, 而士大夫之世譜未嘗絕也。"

46 부군(府君): 작고한 부친이나 조상을 존칭할 때 사용하는 호칭이다. (역자 주)

47 『古今圖書集成·氏族典·許姓部』: "唐龍朔中, 上世宰相府君受帝詔修族志, 始有推源。本宗起於漢郡守公據, 歷十四世至府君。"

재산이 넉넉하고 지위가 높아지면, 모두 본족의 가보를 기록하여 자신을 선철(先哲)의 후손이라고 함부로 말하고 다녔다."[48]

주희(朱熹)는 "당나라 사람들이 세족(世族)을 중요시했기 때문에, 많은 집안에 보첩(譜牒)이 있었다."[49]라고 지적했다. 당나라에는 사찬가보의 풍조가 매우 흥성했다.

당대 몇 차례의 관찬보첩 활동은 바로 널리 산재한 사찬가보를 토대로 이루어진 것이다. 예를 들면, 정관(貞觀) 6년(632) 당태종(唐太宗)은 조서(詔書)를 내려 『씨족지(氏族志)』의 편찬을 지시했을 때, 사찬가보를 널리 구하도록 명령했다. "당태종은 고사렴(高士廉)과 잠문본(岑文本)에게 민간의 보첩을 수집하고 사전(史傳)을 참고하여 『씨족지』를 편찬하라고 명했다."[50]라고 했다. 당대의 사찬가보는 관찬보첩뿐만 아니라 정사 등의 저술에도 중요한 자료를 제공했다. "『당서(唐書)·재상세계표(宰相世系表)』는 사찬보첩을 저본(底本)으로 하고 있다. 이에 거기에서 얻은 성씨의 유래를 모두 실었다."[51]라고 했다.

당대 사찬가보의 수는 방대했다. "홍매의 『용재수필(容齋隨筆)·당서세계표(唐書世系表)』에서 이르길 '당나라의 재상 세계표는 여러 집안의 보첩을 많이 참고했다.'라고 했다. 구양수(歐陽修) 등이 『신당서(新唐書)』를 편찬할 때, 사국(史局)에 소장된 보첩이 무척 많았다. 『당서·재상세계표』에는 모두 98족인과 총 369명의 재상(宰相)이 기록되어 있다. 이 98족인에 관한 내용은 바로 이 98족인의 가보를 참고한 것이 틀림없다. 사국에 소장된 것은 재상들의 보첩뿐만 아니라, 다른 보첩도 적지 않았다."[52]라고 했다. 『신당서(新唐書)·예문지(藝文志)·보첩류(譜牒類)』의 기록에 따르면, 당나라에 관한 보첩 저술은 95종, 1,617권에 달한다고 한다.[53] 위에서 언급한 『씨족지(氏族志)』, 『성씨록(姓氏錄)』,[54] 『대당성족계록(大唐姓族系錄)』 및 『백가류례(百家類例)』, 『원화성찬(元和姓纂)』, 『영태신보(永泰新譜)』,

---

48 『史通·邑裏』: "紀其先烈, 貽厥後來。" "蓽門寒族, 百代無聞, 而騂角挺出, 一朝暴貴, 無及追述本系, 妄承先哲。" (역자 주)

49 『古今圖書集成·氏族典·胡姓部』: "唐人重世族, 故譜牒家有之。" (역자 주)

50 "唐太宗命高士廉、岑文本博采民間譜牒, 參與史傳, 作《氏族志》。" 본문은 『明經胡氏龍井西村宗譜』, 1927을 참조.

51 潘光旦, 「家譜與宗法」, 『東方雜志』(第27輯, 第21號), 1930: "唐書宰相世系表, 藍本私家譜牒。於得姓及由來, 亦頗能悉載。"

52 "洪邁, 『容齋隨筆·唐書世系表』: '唐宰相世系表, 皆承用諸家譜牒', 則歐陽修等修《新唐書》時, 史局所存譜牒猶多。按《唐書·宰相世系表》共著宰相三百六十九人, 凡九十八族, 則此九十八族者, 自用九十八族之譜牒無疑。史局所存者, 當不僅爲曾任宰相之譜牒, 其余爲數當亦不少也。" 원문은 楊殿珣, 「中國家譜通論」, 『圖書季刊』(新3輯, 第1~2號), 1944에 재인용.

53 『新唐書』 卷58 「藝文志」.

54 『新唐書』 卷85 「藝文志」에는 「姓氏譜」라고도 부른다.

『황당옥첩(皇唐玉牒)』 등 몇 부의 관찬보첩이나 관찬 성격을 지닌 보첩을 제외하고 대다수가 사찬가보이다. 그중에서 성씨로 명명한 '가보'·'방략(房略)'·'가사(家史)'·'가첩(家牒)' 등의 저술은 40종에 이른다. 이들 가보는 대략 한 권, 두 권, 세 권의 분량이다. 예를 들어 이광문(李匡文)의 『이씨가보(李氏家譜)』 1권, 공지(孔至)의 『성씨잡록(姓氏雜錄)』 1권, 유지기(劉知幾)의 『유씨보고(劉氏譜考)』 3권 등이 그것이다. 이는 당시 가보의 내용이 비교적 간략했음을 보여 준다. 하지만 몇몇의 보첩의 경우 권수가 많았는데, 『손씨보기(孫氏譜記)』 15권, 위정(韋鼎)의 『위씨보(韋氏譜)』 10권, 배수진(裴守眞)의 『배씨가첩(裴氏家牒)』 20권, 『왕씨가첩(王氏家牒)』 15권, 유지기의 『유씨가사(劉氏家史)』 15권 등이 있다. 이들 가보의 내용은 비교적 광범위하고 자유로워 족인 중의 대소사를 모두 수록했다. 『이씨방종보(李氏房從譜)』, 『위씨제략(韋氏諸略)』, 『조군동조이씨가보(趙郡東祖李氏家譜)』 등 가보의 명칭은 족보에 이미 총보(總譜)와 지보(支譜)의 구분이 있다는 것을 나타내고 있다.

4. 가보의 내용

위에서 언급한 사찬(私撰)가보의 원래 모습을 찾기는 어렵지만, 관련 문헌과 돈황(敦煌) 석굴의 잔존 본에서 가보의 내용을 대략 알 수 있다. 『고금도서집성(古今圖書集成)·씨족전(氏族典)』에 수록된 당대 안진경(顏眞卿)의 「세계보서(世系譜序)」에서는, 안씨(顏氏) 성을 얻게 된 유래와 조상의 관직을 서술하고 있다. 이르길 "대대로 노(魯)나라의 경대부로, 공자(孔子)의 문하 73명 중에 안씨가 8명이나 되었다. 그중 회(回)는 4과목 중에 첫째 과목을 제일 잘했다. 그다음에 전국시대의 솔촉(率躅), 진(秦)나라의 지정(芝貞), 한나라의 이사(異肆), 안락(安樂) 등이 있다. 위(魏)나라의 비성(斐盛)은 자(字)가 숙대(叔臺)이고, 청주(青州)와 서주(徐州)의 자사(刺史)를 역임했으며, 관내후(關內侯) 작위(爵位)를 받았다. 그의 후손들도 모두 유명한 관료가 되었다."[55]라고 했다. 송(宋)나라의 구양수(歐陽修)는 "안씨 가보를 통하여 알 수 있는 내용이 있어 천만다행이다."[56]라고 했다. 위에서 언급한 내용으로 안씨 가보가 주로 위진남북조 시기 가보의 유풍을 계승했으며, 안씨 가문 조상의 높은 문벌과 오랫동안 관료 생활을 영위했음을 나타내고 있다는 것을 알 수 있었다.

55 『古今圖書集成·氏族典』: "世爲魯國卿大夫, 孔門達者七十三人, 顏氏有八, 回居四科之首, 其後戰國有率躅, 秦有芝貞, 漢有異肆、安樂, 魏有斐盛, 盛字叔臺, 歷青、徐二州刺史、關內侯, 其後子孫咸著宦。" (역자 주)

56 『與王深甫論世譜帖』: "借顏氏譜, 得見一二, 大幸。" (역자 주)

『전당문(全唐文)』 제428권에 당(唐)나라 후기에 우소(於邵)가 지은 「하남우씨가보후서(河南於氏家譜後序)」를 수록했는데, 그 서(序)의 내용은 다음과 같다.

나의 고조(高祖)의 숙부(叔父)인 지녕(志寧)은 상서좌복야(尙書左僕射)를 지내셨고, 박학다식하여 (중략) 상술한 저술 이외에 가보를 편찬하셨는데 성씨의 유래, 봉읍(封邑), 관직, 혼사(婚事) 등은 모두 가보의 서문에 수록했다. 170여 년 동안 집에 한 권을 감추고, 대대로 지키게 하여, 한 번도 잃어버린 적이 없었다. 천보(天寶) 말기에 유주(幽州)의 역적이 반란(叛亂)을 일으켜서 37년간 계속되고 있다. 중원이 경각에 함락되어 족인들은 피난을 떠났다. 남쪽 오월(吳越)로 도망치거나 북쪽 사삭(沙朔)으로 도망가거나 혹은 골짜기를 전전하다 죽었을지 누가 알 수 있겠는가? 전화(戰禍)로 사망해 무덤이 없거나 돌아오는 길이 막혀 들어올 수가 없거나, 고향이 파묻혀서 되돌아갈 곳이 없었다. 그래서 구보(舊譜)가 여기저기 흩어져 나중에 수집할 수 있다고 기대는 해 보지만, 만약에 찾지 못한다면 언제 다시 편찬할 수 있을까? 이에 수보(修譜)를 한다면 실로 더 바랄 것이 없겠다. 오늘은 일단 소(邵)가 속한 첫째 방(房)부터 수록한다. 그중에 구조(九祖) 장방과 오늘의 태자소보(太子少保)인 초국공(譙國公) 기(頎)를 기재하겠다. 그는 소의 동생으로 소와 함께 조정에 충성을 다했고, 제왕을 보좌하는 중신(重臣)으로 국가의 원로였다. 또한, 구조의 세 번째 방(房)인 오늘의 양왕부(襄王府) 녹사참군(錄事參軍)인 재(載)도 수록한다. 그는 소의 형으로 소와 같이 조정군부에 복무하며, 종실장(宗室長)으로 바른 길을 걸었다. 각자 재능과 지식을 가지고, 자제를 불러들여 합당한지를 심사하게 하는데, 누가 이를 안 된다고 하겠는가?

또 자손이 점점 많아져서, 소목(昭穆)편차에 종이 많이 필요하므로, 이에 이전의 규칙을 바꾸어야 한다. 이것은 또한 『춘추(春秋)』의 새로운 뜻이기도 하다. 한 방에 상, 하로 권을 나누는 방식을 취하며, 9명의 조상 중에 어느 조상부터 현손까지 상권으로 하고, 아버지 세대부터 다음에 자신 및 자식 등을 하권으로 한다. 이에 번갈아 서로 보충된 주석을 달아 준다.

우소(于邵)가 하권의 처음에 공부상서(工部尙書)였던 황고(皇考)를 기술한 것이 그 예이다. 게다가 여러 방들은 서로 소목이 같으니, 찾아보면 가보를 정확히 알 수 있다. 후에 집안의 법도를 익히고, 아들 및 손자 서로의 관계에 대해서도 서술할 수 있을 것이다. 가문의 부흥을 전하는 가보가 어찌 두 권으로 족하겠는가? 10권이면 성대한 것으로 전해질 수 있을 것이다.

그 문공(文公)의 넷째 아들 안평공(安平公) 방에 의관인물(衣冠人物)을 적고, 문공의 다섯째 아들 제국공(齊國公), 문공의 여섯째 아들 엽양공(葉陽公), 문공의 일곱째 아들 평은공(平恩公), 문공의 여덟째 아들 양양공(襄陽公), 문공의 아홉째 아들 환주자사(桓州刺史)를 합쳐 한 권으로 기재한다.

그중 제5권 이하는 자손들이 모두 명성을 떨치지 못하고, 기록할 내용이 많지 않아 한 권으로 충분하여, 옛 책의 내용만을 기록했다. 나중에 유명한 사람이 나오면 그때그때 기록한다.

후록 부분으로 다섯 번째 조상, 아홉 번째 조상의 두 방을 총 세 권에 수록했다. 정원(貞元) 8년 8월 (중략) 우소 술(述).[57]

우소의 집안은 북주(北周) 이래 혁혁한 사족(士族) 가문이었다. 서문에서의 문공(文公)은 북주의 팔주국(八柱國)[58] 중 한 명인 우근(于瑾)이다. 우근은 9명의 아들이 있었는데, 그중 8명은 공작(公爵)으로 봉해졌고, 한 아들은 자사(刺史)로 삼았다. 즉 서언 중의 구조(九祖)이며, 당에 와서는 구방(九房)이라고 했다. 서문에서 알 수 있듯이 당에 들어온 후의 구방 중에서 앞의 3개 방은 여전히 흥성했지만, 뒤의 6개의 방은 쇠락을 했다. 당대 재상(宰相)이 된 우씨(于氏) 3명은 지녕(志寧)·휴열(休烈)·종(琮)에서 앞선 3개의 방에서 나왔다.

우씨 가보의 서문에서 알 수 있듯이, 당나라 이래 가보가 두 차례나 편찬되었는데, 한 번은 당나라 초기에 지녕(志寧)이 편찬한 것이고, 또 한 번은 정원(貞元) 연간에 우소(于邵)가 편찬한 것이다. 두 번 편찬된 가보는 체례(體例)와 내용이 조금씩 달랐다.

우지녕(于志寧)의 증조부는 북주(北周)의 태사(太師) 연국공(燕國公)이었고, 지녕의 아

57 「河南於氏家譜後序」: "邵高叔祖皇尚書左僕射 (中略) 諱志寧, 博學多聞 (中略) 述作之外, 修集家譜, 其受姓, 封邑, 衣冠, 婚嫁, 著之譜序, 亦既備矣。歷一百七十餘年, 家藏一本, 人人遵守, 未嘗失墜。洎天寶末, 幽寇叛亂, 今三十七年。頃屬中原失守, 族類逃難。不南馳吳越則北走沙朔, 或轉死溝壑, 其誰與知。(中略) 所以舊譜散落無餘。將期會同考集, 不齊奚爲, 修集實難有待。今且從邵一房自爲數例。有若九祖長房今太子少保譙國公欣 (中略) 邵之弟也。

有若九祖第三房今襄王府錄事參軍載, 與邵同在京列, 保家履道, 爲宗室長, 邵之兄也。各引才識子弟參定。其宜從而審之, 誰曰不可。

又以子孫漸多, 昭穆編次, 紙幅有量, 須變前規, 亦《春秋》之新意也。今請每房分爲二卷。其上卷, 自九祖某公至玄孫止。其下卷, 自父考及身已降, 叠相補注。

卽令邵以皇考工部尚書爲下卷之首, 此其例也。且諸房昭穆既同, 尋而繹之, 可以明矣。後能代習家法, 述作相應, 從子及孫, 從孫及子, 孫孫子子, 興復宗祧, 豈唯兩卷乎? 將十部而彌盛矣。

其文公第四子安平公房, 此建平公以上三房, 衣冠人物全少, 今與文公第五子齊國公, 文公第六子葉陽公、文公第七子平恩公, 文公第八子襄陽公, 文公第九子桓州刺史, 並以六房同爲一卷。

就中第五卷以下, 子孫名位不揚, 婚姻無地, 湮沈斷絕, 寂爾無聞, 但存舊卷而已。後有遇之者, 以時書之。

其五祖、九祖分, 今敘在三卷, 並錄之於後。時貞元八年 (中略) 于邵述。"

58 팔주국(八柱國): 서위(西魏) 시기 주국대장군(柱國大將軍)에 임명된 8명을 "팔주국"이라 부른다. 이들은 우문태(宇文泰), 원흔(元欣), 이호(李虎), 이필(李弼), 조귀(趙貴), 우근(于謹), 독고신(獨孤信), 후막진승(侯莫陳崇) 등을 지칭한다. 주국(柱國)은 원래 관명으로 상주국(上柱國)이라고 불렀고, 이들 8명은 후에 중국 역사상 최대 군정(軍政) 세력인 관롱집단(關隴集團)을 형성하며 북주(北周), 수조(隋朝), 당조(唐朝)를 창건하였는데, 무측천(武則天) 시기까지 발전했다. (역자 주)

버지도 수(隋)나라의 내사(內史)였으며,[59] 부귀한 집안으로 대대로 벼슬을 지낸 가문이었다. 우소의 서문에서 알 수 있듯이, 우지녕이 편찬한 우씨(于氏) 가보는 체례상 서문과 본문의 두 부분으로 나누어져 있다. 서문에는 성씨의 유래, 봉읍(封邑), 연원(淵源), 혼사(婚事), 관직(官職) 등의 상황을 서술했다. 본문은 9권으로 나누었고, 한 권에 한 명의 조상이 서술되어 있다. 내용은 '성씨의 유래, 봉읍, 관직, 혼사'로 더 자세하게 기술했고, 목적은 출사(出仕)와 혼인을 위한 것으로 보인다. 이는 당나라 초기에 남북조(南北朝) 이래의 전통을 계승했고, 여전히 혈연을 사회계층의 기준으로 삼았다는 사실을 반영하고 있다. 우소가 편찬한 가보는 당덕종(唐德宗) 정원(貞元) 8년(792)에 완성되었다. 안사의 난(安史之亂)을 겪으며 가문의 가보가 흩어져, 우소는 이전 규칙을 변경하여 새 가보를 작성했다. 체례를 약간 바꿔 서문, 본문 및 후록의 세 부분으로 나누었다. 서문에서 가보를 편찬하는 과정, 체례의 변동 원인 및 구체적인 변동 방식을 기술했다. 본문은 "9명의 조상과 구방(九房)이 한 권씩"으로 된 구조(九祖)로 바꾸었다. 첫째, 한 방에 상하로 권을 나누는 방식을 취했다. 둘째, 어떤 한계를 두어 권수를 나누었다. 오세도식(五世圖式)으로 각 방은 9명의 조상 중에 어느 한 조상부터 현손까지 상권으로, 소(卲)의 세대인 5대부터는 하권으로 삼았다. 하권의 처음에는 여전히 아버지 세대부터, 다음에 자신 및 자식까지, 그리고 여유 공간을 두어 후대 자손을 수시로 써넣을 수 있도록 했다. 셋째, 권마다 각 방의 흥망성쇠 요소를 고려했다. 앞의 세 방은 벼슬을 한 이들이 많고, 자손이 번성하여 각각 상하 두 권으로 이루어져 있다. 뒤의 여섯 방은 가문이 쇠락하여 한 권이 되어, 옛 내용만을 기록했다. 우소가 기술한 바와 같이, 본문은 내용상 세계(世系)를 위주로 한 것 같지만, 사실 간단한 주석이 있었다. 후록 부분은 다섯 번째와 아홉 번째 조상 두 방의 가보 서문을 총 세 권으로 수록하여, 후대 가보 문헌류에 해당한다.[60]

우소가 편찬한 가보에서 "방마다 두 권씩 나누어 그 상권은 9명의 조상 중에 어느 한 조상부터 현손까지, 하권은 아버지로부터 자신, 자식까지이며 잇따라 주석을 달았다. 우소가 하권의 처음에 공부상서(工部尙書)였던 황고(皇考)를 기술한 것이 그 예이다."[61]라고 했다. 이 가보는 오세도식(五世圖式)으로 권을 나누며 오세(五世) 원칙을 더 중시했다. 소종(小宗)의 법도를 세워 오래 보존할 뜻이 있었으며, 송(宋)나라 구양수(歐陽修)와 소순

---

59 『新唐書』 卷104 「於志寧傳」.

60 郭鋒, 「晉唐時期的譜牒修撰」, 『中國社會經濟史研究』(第1輯), 1995.

61 「河南於氏家譜後序」: "每房分爲兩卷, 其上卷自九祖某公至玄孫止, 其下卷自父考及身以降, 疊相補注, 卽令卲以皇考工尙書爲下卷之首, 此其例也。" (역자 주)

<경편 도표 4-1> 당대 보첩 일람표

가보명	성격	소장처	소장번호
적씨가보(翟氏家譜)	가보(家譜)	런던대영박물관	스타인목록 5778호
범씨가전(氾氏家傳)	가보	런던대영박물관	스타인목록
정관씨족지(貞觀氏族志)	군망보(郡望譜)	중국국가도서관	제79호
천하군망씨족보(天下郡望氏族譜)	군망보	런던대영박물관	스타인목록 5861호
신집천하성망씨족보(新集天下姓望氏族譜)	군망보	런던대영박물관	스타인목록 2052호
돈황망족보(敦煌望族譜)	군망보	파리국가도서관	펠리오목록 2625호
신집천하성망씨족보	군망보	파리국가도서관	펠리오목록 3191호
씨족지(氏族志)	군망보	파리국가도서관	펠리오목록 3421호

(蘇洵)이 창제한 족보의 오세도식 체례와 비슷한 점이 있었다. 이는 진(晉)나라와 당(唐)나라의 가보와 후세 송(宋)나라, 원(元)나라 및 명(明)나라 시기 가보 사이의 일종의 과도기적 체례였음을 나타낸다. 송나라의 오세도식은 계속 이어져, 명청(明淸) 가보에서도 널리 응용되었다.

당나라의 사찬(私撰)가보는 관련 문헌 외에, 돈황(敦煌) 석굴에 보존된 가보의 잔존(殘存) 페이지에서도 당시 가보의 원형을 엿볼 수 있다.

최근 백 년 동안 돈황(敦煌) 문헌이 속속 출토되었다. 그 내용은 당(唐)나라에서 손으로 쓴 경권(經卷)을 위주로 한 것이었지만, 그중에는 당나라의 일부 성씨 보첩(譜牒) 자료도 발견되었다.(〈경편 도표 4-1〉 참고)[62]

『천하군망씨족보』와 『신집천하군성망씨족보』를 예시로 설명하면 다음과 같다. 돈황문헌 중에 보관되어 있는 『천하군망씨족보』는 다섯 조각의 잔간(殘簡)으로 이루어졌다. 첫째 잔간은 〈경편 그림 4-1〉, 둘째 잔간(殘簡)은 〈경편 그림 4-2〉와 같다.

『천하군망씨족보』는 당나라 후기 천보(天寶) 연간에 이림보(李林甫) 등이 편찬한 것이다. 『옥해(玉海)』 제50권 「당신정제가보록(唐新定諸家譜錄)」에서 『중흥서목(中興書目)』을 인용한바, "『천하군망씨족보』는 이림보 등이 편찬한 것으로, 군망(郡望)[63]의 출처를 수록했다. 천보 중기에 총 398개의 성씨를 반포했는데, 이상 성씨들의 후대 자손이 아니면 혼인을 허락하지 않았다."[64]라고 했다. 이 책은 혼인을 할 때 문벌을 구별하기 위해 편찬된

62 廖慶六, 『族譜文獻學』, 臺灣南天書局有限公司, 2003, 47쪽.

63 군망(郡望): 군(郡)은 행정구역을 망(望)은 명문의 망족(望族)을 지칭한다. "군망"이란 특정 지역의 명문대족을 지칭한다. 중국 역사상 위진(魏晋)에서 수당(隋唐)까지 군현의 명망 있는 족인은 군망이라 했다. (역자 주)

64 『唐新定諸家譜錄』: "《天下郡望氏族譜》一卷, 李林甫等撰, 記郡望出處, 凡三百九十八姓, 天寶中頒下, 非譜裔

定偶，其三百九十八姓□□□
幷非史籍所載，或□□□□
戶商價之類，上柱國□□□□
甬等，奉勅令□□□□
各別爲條學□□□□
聽進□□□□

<경편 그림 4-1>
당대 『천하군망씨족보(天下郡望氏族譜)』 잔간(殘簡)1

□兆郡宋姓三望、河內郡宋、廣平郡宋。
中山郡陽姓二望、滎陽郡陽、河□□□□
河內郡車姓二望、魯國郡車。
河東郡賈姓三望、平陽郡員、武□□□□

<경편 그림 4-2>
당대 『천하군망씨족보(天下郡望氏族譜)』 잔간(殘簡)2

것이었다. 또한 『직재서록해제(直齋書錄解題)』 제8권에서 "이 책은 천보(天寶) 8년(749)에 편찬되었고, 뒤에 오음(五音)이 붙어 있다."[65]라는 공구서 성격을 띠고 있다.

돈황(敦煌) 석굴에 보존된 가보 문헌 잔본 가운데 내용이 가장 다양한 것은 『신집천하성망씨족보(新集天下姓望氏族譜)』이다. 그 제1권의 내용은 다음과 같다.(〈경편 그림 4-3〉 참고)

> 무릇 사람이 세상을 살아가는 데 성씨나 군망은 아주 중요하다. 이것도 모르면서 어떻게 사람 노릇을 할 수 있겠는가? 후생이 박학(博學)하나, 성씨와 군망이 많이 다르므로 반드시 열심히 읽어야 한다. 주해(注解)만 봐도, 성씨와 군망을 잘 알 수 있다. 삼가 원출주군(元出州郡)

相承者, 不許婚姻。" (역자 주)

65 『直齋書錄解題』: "幷附五音於後。" (역자 주)

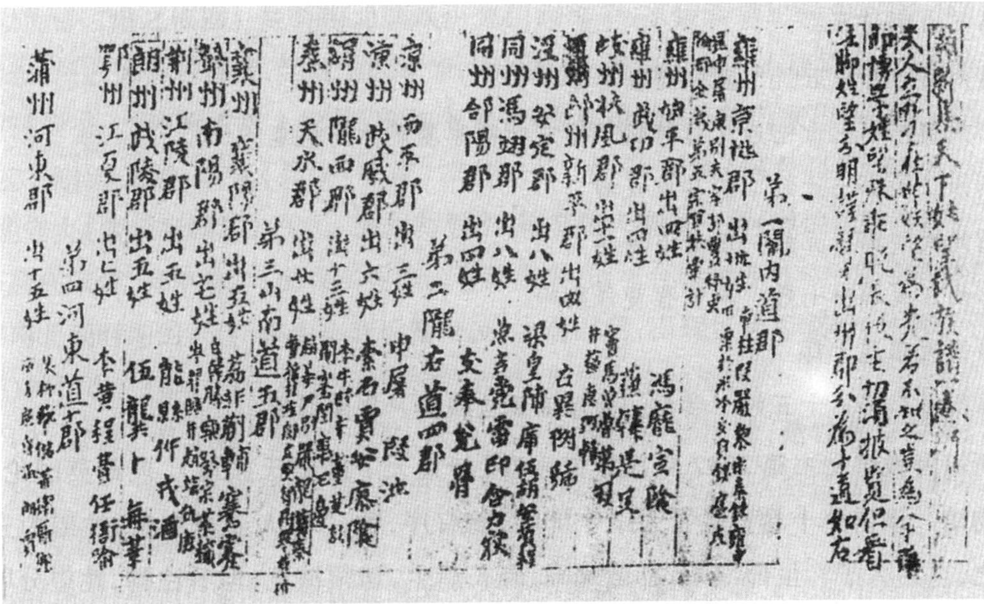

<경편 그림 4-3> 당대『신집천하성망씨족보(新集天下姓望氏族譜)』제1권 및 서문

을 수록하고, 열 갈래로 나누었다.

관내도(關內道)

옹주경조군 (雍州京兆郡)	40성	차(車), 두(杜), 단(段), 엄(嚴), 여(黎), 송(宋), 진(秦), 종(鐘), 옹(雍), □, 전(田), 속(粟), 우(于), 미(米), 냉(冷), 지(支), 서(舒), □, 피(皮), 조(晁), 신도(申屠), 강(康), 별(別), 부(夫), 가(家), 고(部), 풍(豊), 저(杼), 사(史), 윤(倫), 형(邢), 김(金), □, 제오(第五), 종(宗), □, 협(挾), □, 계(計)
옹주시평군 (雍州始平郡)	4성	풍(馮), 방(龐), 선(宣), 음(陰)
옹주무공군 (雍州武功郡)	4성	소(蘇), 한(韓), 시(是), 수(殳)
기주부풍군 (岐州扶風郡)	11성	두(竇), 마(馬), 증(曾), 노(魯), 만(萬), 구(寇), 정(井), 소(蘇), 혜(惠), 반(班), 보(輔)
빈주신평군 (邠州新平郡)	4성	고(古), 이(異), 부(附), 호(號)

경주안정군 (涇州安定郡)	8성	양(梁), 황보(皇甫), 석(席), 오(伍), 호(胡), 안(安), 몽(蒙), 정(程)
동주풍익군 (同州馮翊郡)	8성	어(魚), 길(吉), 당(黨), 뇌(雷), 인(印), 합(合), 역(力), 구(寇)
동주합양군 (同州郃陽郡)	4성	지(支), 봉(奉), 태(兌), 골(骨)

농우도(隴右道) 4군

양주서평군 (涼州西平郡)	3성	신도(申屠), 단(段), 지(池)
양주무위군 (涼州武威郡)	6성	색(索), 석(石), 가(賈), 안(安), 요(廖), 음(陰)
위주농서군 (渭州隴西郡)	13성	이(李), 우(牛), 시(時), 신(辛), 동(董), 애(艾), □, 관(關), 건(騫), 민(閔), 만(萬), 범(氾), 변(邊)
진주천수군 (秦州天水郡)	19성[66]	조(趙), 강(姜), 윤(尹), 별(別), 엄(嚴), 용(龍), 권(權), 진(秦), 상관(上官), 여(荔), 계(桂), 장(莊), 피(皮), 쌍(雙), 지(智), □, 금(琴), 몽(蒙), 개(玠)

산남도(山南道) 5군

양주양양군 (襄州襄陽郡)	5성	여(荔), 비(非), 괴(蒯), 보(輔), 건(騫), 건(蹇)
등주남양군 (鄧州南陽郡)	17성	백(白), 한(韓), 등(滕), 낙(樂), 등(鄧), 송(宋), 엽(葉), 양(穰), 잠(岑), 적(翟), 광(曠), 정(井), 조(趙), 구(仇), 녹(鹿)
형주강릉군 (荊州江陵郡)	5성	능(能), 현(縣), 오(仵), 융(戎), 주(酒)
낭주무릉군 (朗州武陵郡)	5성	오(伍), 공(龔), 복(蔔), 염(冉), 화(華)
악주강하군 (鄂州江夏郡)	7성	이(李), 황(黃), 정(程), 비(費), 임(任), 아(衙), 유(喩)

66 원서에는 20개로 되어 있으나 상관(上官)씨를 2개 성으로 본 듯하다. (역자 주)

하동도(河東道) 10군

포주하동군 (蒲州河東郡)	15성	배(裴), 류(柳), □, 저(儲), 포(蒲), 위(衛), 섭(聶), 응(應), 염(廉), 맥(麥), 호(戶), 혼(昏), 만(滿), 낭(朗), 가(賈)[67]

스타인 돈황문서 제2052호『씨족보(氏族譜)』의 잔권(殘卷)인『신집천하성망씨족보(新集天下姓望氏族譜)』는 현재 영국 런던대영박물관에 소장되어 있다. 이 가보는 10권으로 구성되어 있고, 801개의 군성(郡姓)을 수록하고 있다. 앞에는 서문이 있는데 "무릇 사람이 세상을 살아가는 데 성씨나 군망(郡望)은 아주 중요하다. 이것도 모르면서 어떻게 사람 노릇을 할 수 있겠는가? 후학은 비록 박학하지만, 성씨와 군망은 많이 달라 반드시 열심히 읽어야 할 것이다. 주해(注解)만 보고도 성씨와 군망을 잘 알 수 있도록, 삼가 열 갈래로 나누어 수록했다."[68]라고 했다. 이처럼, 당시의 성씨와 군망은 누구나 알아야 할 상

---

67 『新集天下姓望氏族譜』: "夫人立身在世, 姓望爲先, 若不知之, 豈爲人子? 雖卽博學, 姓望殊乖, 晚長後生, 切須披覽, 但看註腳, 姓望分明, 謹錄元出州郡, 分爲十道如左:
第一關內道郡
雍州京兆郡出卅姓: 車杜段嚴黎宋秦鐘雍□田粟于米冷支員舒□
皮晁申屠康別夫家部豐杅史倫邢金□第五宗□挾□計
雍州始平郡出四姓 馮龐宣陰
雍州武功郡出四姓 蘇韓是殳
歧州扶風郡出十一姓 竇馬曾魯萬寇井蘇惠班輔。
邠州新平郡出四姓 古異附虢
涇州安定郡出八姓 梁皇甫席伍胡安蒙程
同州馮翊郡出八姓 魚吉黨雷印合力寇
同州部陽郡出四姓 支奉兊骨
第二隴右道四郡
涼州西平郡出三姓 申屠段池
涼州武威郡出六姓 索石賈安廖陰
渭州隴西郡出十三姓 李牛時辛董艾□闞騫閔萬氾邊
秦州天水郡出廿姓 趙姜尹別嚴龍權秦上官茘桂莊皮 雙智□琴蒙玠
第三山南道五郡
襄州襄陽郡出五姓 茘非蒯輔騫蹇
鄧州南陽郡出十七姓 白韓勝樂鄧宗葉穫岑翟曠井趙姫仇鹿
荊州江陵郡出五姓 能縣仵戎酒
朗州武陵郡出五姓 伍龔蔔冉華
鄂州江夏郡出七姓 李黃程費任衛喻
第四河東道十郡
蒲州河東郡出十五姓 裴柳儲蒲衛聶應廉麥扈昏滿朗賈。" (역자 주)

68 『新集天下姓望氏族譜』: "夫人立身在世, 姓望爲先, 若不知之, 豈爲人子? 雖卽博學, 姓望殊乖, 晚長後生, 切須披覽, 但看注脚, 姓望分明, 僅錄元出州郡, 分爲十道如左。" (역자 주)

식으로 세상을 살아가기 위해 반드시 지켜야 할 지식이었다. 그 내용은 당대(唐代)의 행정구역에 따라 도(道)·주(州)·군(郡)의 순서에 따라 배열했다. 군별로 군의 명문 귀족은 적은 경우 양주(涼州) 서평군(西平郡)의 3개 성씨를, 많은 경우 옹주(雍州) 경조군(京兆郡)의 40개의 성씨를 각각 열거했다. 이에 따르면, 이는 일종의 관찬보첩의 개요로, 사람들이 열람할 수 있는 일반적인 공구서로 제공되던 것이지, 보첩은 아닌 것으로 추정된다. 군별로 몇몇 명망이 있는 집안의 성씨를 열거해 놓고, 누가 이 집안의 사람인지 아닌지를 열거하지 않는 것은 보첩의 역할이라 할 수 없기 때문이다. 이 책이 나온 시기에 대해, 니이다 노보루(仁井田陞)는 대력(大歷) 14년(779)보다 늦을 것이라고 지적했고, 왕중락(王仲犖)은 대력 14년 후, 원화(元和) 원년(806) 이전의 책이라고 여겼다. 모한광(毛漢光)은 이 책이 "원화 15년(820)에서 함통(咸通) 13년(872) 사이에 만들어진 것으로, 역시 사대부가 개인적으로 편찬한 것으로 추정했으며 그 계승 관계는 이미 고증하기 어렵다."[69]라고 했다.

5. 가보의 종류

당(唐)나라 사찬가보의 종류는 상당히 많은데, 대부분 위진남북조 시기의 전례를 답습했다. 이에 크게 가전(家傳)·가보(家譜)·가장(家狀) 등의 유형으로 나눌 수 있다.

1) 가전(家傳)

가전은 당나라 사찬가보의 주요 형식 중 하나로, 일반적으로 족인 단위로 편찬하고 보관하지만, 관청에서도 가전을 수집·보관하여 관찬보첩의 근거로 삼았다. 위진남북조 시기는 문벌과 군망(郡望)을 가장 중시했고, 가전의 편찬도 가장 성행했다. 『수서(隋書)·경적지(經籍志)』에 수록된 가전의 명목을 보면, 당시 사족(士族)이나 서족(庶族)을 막론하고 모두 가전을 편찬했음을 알 수 있다. 당나라가 수립된 이후에도 여전히 가전을 편찬한 사람들이 있었다. 『당서(唐書)·지(志)』에 수록된 가전의 명목은 영호덕분(令狐德棻)의 『영호씨가전(令狐氏家傳)』 1권, 마우(馬宇)의 『단공수실별전(段公秀實別傳)』 2권, 이번(李繁)의 『업후이필가전(鄴侯李泌家傳)』 10권, 장무추(張茂樞)의 『하동장씨연상가전(河東張氏延賞家傳)』 8권과 배수정(裴守貞)의 『배씨가첩(裴氏家牒)』 20권 등이 있다. 돈황사경(敦煌寫經)에도 당나

69 常建華, 『宗族志』, 上海人民出版社, 1998, 256쪽.

라 사람이 편찬한 가전『돈황범씨가전(敦煌氾氏家傳)』1권이 들어 있다.

당대(唐代) 가전은 한 권으로 된 것도 있고, 여러 권을 함께 묶은 합본도 있다. 권수의 양은 합족(合族) 가전과 단일 가문의 체례(體例)와 관련이 있는 듯하다. 위진남북조 시기의 가전은 대부분 본족의 후손들이 편찬했으나, 당나라에 들어선 후에는 대필 가전(예로 곽씨(郭氏) 가전, 안씨(顔氏) 가전 등)이 생겨났다. 대필 가전은 변화된 가전의 사회적·정치적 기능을 반영하고 있다.

2) 가보(家譜)

사지(史志) 목록을 통해 볼 때, 사찬가보를 '가보'라는 이름으로 사용한 시기는 서진(西晉) 시기였다.『구당서(舊唐書)·예문지(藝文志)』에 "『위씨가보(韋氏家譜)』3권은 황보밀(皇甫謐)이 편찬한 것이다."란 말이 있다. 황보밀은 서진 시기의 사람으로『위씨가보』3권은 지금까지 알려진, 가보로 명명된 최초의 공식적인 사찬가보이다.

두『당서』의 사지(史志) 목록에서 수집한 당대의 가보 명목은 다음과 같다.『이용휴가보(李用休家譜)』2권,『경조위씨보(京兆韋氏譜)』2권,『곡강장씨가보(曲江張氏家譜)』1권,『서씨상가보(徐氏商家譜)』1권,『서의륜가보(徐義倫家譜)』1권,『유안가보(劉晏家譜)』1권,『유홍가보(劉興家譜)』1권,『주장구가보(周長球家譜)』1권,『양씨가보장병묘기(楊氏家譜狀幷墓記)』1권,『양씨보(楊氏譜)』1권,『사씨보(謝氏譜)』11권,『소씨보(蘇氏譜)』1권,『시씨가보(施氏家譜)』1권,『만씨가보(萬氏家譜)』1권,『북지부씨보(北地傅氏譜)』1권,『형양정씨가보(滎陽鄭氏家譜)』1권,『두씨가보(竇氏家譜)』1권,『선우씨가보(鮮于氏家譜)』1권,『조군이씨가보(趙郡李氏家譜)』2권,『기왕신가보(紀王愼家譜)』1권,『장왕운가보(蔣王惲家譜)』1권,『이씨방종보(李氏房從譜)』1권,『위씨제방략(韋氏諸房略)』1권,『양씨지분보(楊氏枝分譜)』1권 등이 있다. 이 외에도 또한 당대 가보로는『양씨혈맥보(楊氏血脈譜)』,『설씨혈맥보(薛氏血脈譜)』,『신당서(新唐書)·예문지(藝文志)』와『장씨혈맥보(張氏血脈譜)』(묘지에서 출토됨) 등의 목록이 있다.

이들 가보의 명목 및 권수를 보면 당대 사찬가보의 편폭이 모두 길지 않고, 한 권으로 제본된 것이 많으며, 주로 단순한 보표(譜表) 형식으로, 다른 내용이 포함되지 않은 단행본으로 되어 있음을 알 수 있다.

3) 가장(家狀)

'가장'이란 명칭을 주로 당대부터 사용했던 것으로 보아, 당대 처음 등장한 사찬가보의 명목이라 할 수 있다. 이전에 위진남북조)에서는 부장(簿狀)에 따라 관리를 뽑는 것을 흔히 볼 수 있었다. 그러나 이 시기의 장(狀)은, 품상(品狀)[70]을 뜻하며, 관청에 의해 작성되어 관청의 문서에 속해서, 당대 가장의 내용과는 그 성격이 다르다. 당나라 가장의 내용 및 성격은 가전(家傳)과 비슷하면서도, 기전체(紀傳體)의 가전과 열술체(列述體)의 가장으로 구별되었다.

『원화성찬(元和姓纂)』에서 인용한 가장의 편목으로는, 『방씨가장(龐氏家狀)』(제1권을 참고), 『당좌상시로건가장(唐左常侍盧虔家狀)』, 『강릉우씨가장(江陵于氏家狀)』, 『제군역성우씨가장(齊郡歷城于氏家狀)』, 『장안우씨가장(長安于氏家狀)』, 『조군소씨가장(趙郡蘇氏家狀)』, 『무당진씨가장(武當陳氏家狀)』, 『협도신씨가장(狹道辛氏家狀)』(이상은 제3권을 참조), 『하동원씨가장(河東袁氏家狀)』, 『하동한씨가장(河東韓氏家狀)』, 『광릉한씨가장(廣陵韓氏家狀)』, 『남창안씨가장(南昌顏氏家狀)』(제4권을 참조), 『춘관시랑우풍급가장(春官侍郎牛風及家狀)』, 『단도후씨가장(丹徒侯氏家狀)』, 『강군후씨가장(絳郡侯氏家狀)』(이상은 제5권을 참조) 등이 있다. 당대 가장은 내용과 체례에서 가전·보표와는 달리 나름대로의 격식이 있었다. 가장의 형식은 공문서의 여러 양식 중의 하나인 도표 형식을 취하고, 관청에 보고 형식으로 그 가문 구성원들의 관직 상황을 서술했다. 즉 관직을 주로 서술하고, 그다음에 비교적 간략하게 세계(世系)에 대해 기술했다.

이상은 당대 사찬가보의 3가지 주요 종류이다.[71]

사찬가보와 관찬보첩(官撰譜牒)의 내용 및 체례는 어떤 차이가 있을까? 다음으로 우리는 사찬가보인 『신집천하성망씨족보(新集天下姓望氏族譜)』와 송나라 등명세(鄧名世)의 『고금성씨서변증(古今姓氏書辨證)』에 수록된 몇몇 『정관씨족지(貞觀氏族志)』 중의 문장을 비교해 보고자 한다.

『고금성씨서변증』: 수대(隋代) 광릉(廣陵)의 재(載), 상(商), 성(盛), 유(遊) 등 4개의 성씨를 수록했다.

『신집천하성망씨족보(新集天下姓望氏族譜)』: 광릉 상(商), 월(鉞), 성(盛), 경(慶), 우(于), 입(立), 재(載), 유(遊), 공(貢), 이(莉) 등 10개의 성씨를 언급했다.

이와 같이 당대 관찬가보과 사찬가보의 체례는 크게 다르지 않고, 그 편찬도 족망(族望)에 따라 배열되어 있음을 알 수 있다. 모한광(毛漢光)의 관점에 따르면, 『신집천하성망씨족보』는 대략 원화(元和) 15년(820)부터 함통(咸通) 13년(872) 사이인 당 후기에 편찬되었다. 성망(姓望)과 당초의 4대 성씨는 순서에 변동이 있는데, 이것은 당나라 문벌 세계(世

70 품상(品狀): 특정 인물의 품행을 기술한 글이나 문장 형식을 지칭한다. (역자 주)

71 郭鋒, 「晉唐時期的譜牒修撰」, 『中國社會經濟史研究』(第1輯), 1995.

系)의 흥망성쇠와 신구사족(新舊士族)의 세력과 영향력의 변화를 반영한 것이다.[72]

6. 보학(譜學) 편찬의 명인

당대 보첩(譜牒)은 관찬이든, 사찬이든 모두 크게 발전했다. 당대 편찬된 『당인전(唐人典)』은 사부(史部)[73]를 12개의 종류로 분류하고, 마지막 종류는 보계(譜系)로 삼았으니, 이로 당시 보첩이 상당히 보편적이었음을 알 수 있다. 저명한 사학자 유지기(劉知幾)가 사표(史表)를 논할 때, 보첩을 '국사'에 편입하여 "백관(百官) 다음으로 두어야 한다."[74]라고 했다. 이는 당대 보첩에 대한 높은 관심과 당대 보첩의 획기적인 발전을 표명하고 있다.

보첩 저술의 대량 출현은 당대 출현하기 시작한 일부 보학 명가들과 불가분의 관계에 있다. 숙종(肅宗) 시기 보학 명가 류방(柳芳)은 당나라의 보학자에 대해 논평을 한 적이 있었다. 이르길 "당나라 보학의 발전은 이를 연구하는 사람들이 노경순(路敬淳)을 가장 추존했고 류충(柳沖), 위술(韋述)은 그다음이었다. 이수소(李守素)도 성씨나 족보에 밝은 사람으로, 그 당시는 '육보(肉譜)'라고도 불렀다. 뒤에는 이공암(李公庵), 소영사(蕭穎士), 은인(殷寅), 공지(孔至) 등이 세상에 널리 알려졌다."[75]라고 했다. 류방이 말한 상기 8인 외에도, 『씨족지(氏族志)』를 편찬한 고사렴(高士廉), 『원화성찬(元和姓纂)』을 편찬한 임보(林寶), 『속보(續譜)』를 편찬한 류경(柳璟)(류방의 손자), 『유씨가사(劉氏家史)』 15권을 편찬한 유명한 사학자 유지기 등도 모두 당시의 보학 명가라 할 수 있을 것이다.

반광단(潘光旦)은 「중국가보학약사(中國家譜學略史)」에서 당대의 보학 편찬의 명인과 그 저서를 다음과 같이 나열했다.(〈경편 도표 4-2〉 참고)

위에서 언급한 목록을 보면 알 수 있듯이, 당대에는 보학자가 매우 많았는데, 우리는 전기, 중기, 후기의 세 시기로 나누어 각각의 보학자를 소개하면 다음과 같다.[76]

---

72 龔鵬程, 「唐宋族譜之變遷」, 『第一屆亞洲族譜學術研討會會議記錄』, 聯合報文化基金會國學文獻館, 1984.

73 사부(史部): 중국은 서적을 분류할 때 4부(部), 즉 경(經)·사(史)·자(子)·집(集)의 분류했다. 사부(史部)는 역사서 외에도 지리, 관직, 제도, 목록, 사평, 전기, 보첩 등의 저술을 포함했다. (역자 주)

74 "列百官之下。" (역자 주)

75 『新唐書』 卷199 「柳沖傳」: "唐興, 言譜者以路敬淳爲宗, 柳沖、韋述次之。李守素亦明姓氏, 時謂'肉譜'者。後有李公庵、蕭穎士、殷寅、孔至, 爲世所稱。"

76 瞿林東, 「唐代譜學簡論」, 『中國史研究』(第1輯), 1981.

<경편 도표 4-2> 당대 보학(譜學) 편찬의 명인과 저술 일람표

명인	저술
노경순(路敬淳)	『저성략기(著姓略記)』 혹은 『고성략기(考姓略記)』 20권
	『의관보(衣冠譜)』 60권
류충(柳沖)	『대당성족계록(大唐姓族系錄)』 200권, 다수가 편집
위술(韋述)	『개원보(開元譜)』 20권
	『대당십사가귀족(大唐十四家貴族)』 1권, 오긍(吳兢) 등과 공저
	『국조재상갑족(國朝宰相甲族)』 1권, 소영사(蕭穎士) 등과 공저
	『백가보례(百家譜例)』 3권
유지기(劉知幾)	『유씨가사(劉氏家史)』 15권
	『유씨보고(劉氏譜考)』 3권
공지(孔至)	『백가류례(百家類例)』 약간
	『성씨잡록(姓氏雜錄)』 1권
이구(李衢)	『대당황실신보(大唐皇室新譜)』 1권
	『당황실유성록(唐皇室維城錄)』 1권
	『황당옥첩(皇唐玉牒)』 110권(임보와 공저)
이광문(李匡文)	『천황원파(天潢源派)』 1권
	『성당해일록(聖唐偕日錄)』 1권
	『옥첩행루(玉牒行樓)』 1권
	『이씨방종보(李氏房從譜)』 1권
	『황손군왕보(皇孫郡王譜)』 1권
	『원화현주보(元和縣主譜)』 1권
	『이씨가보(李氏家譜)』 1권
임보(林寶)	『원화성찬(元和姓纂)』 10권
류방(柳芳)	『영태신보(永泰新譜)』 20권
류경(柳璟)	『속(영태)보(續(永泰)譜)』 10권

당대 전기의 보학자로는 노경순(路敬淳)과 류충(柳沖) 등이 있다.

노경순(?~697)은 현재 산동성의 패주(貝州) 임청(臨淸) 사람으로 정관(貞觀) 말기에 신주사마(申州司馬)에 취임했다. 무칙천(武則天)의 천수(天授) 연간(690~692)에 사례박사(司禮博士), 태자사의랑(太子司儀郎), 수국사(修國史)를 역임했으며, 동시에 숭현관학사(崇賢館學士)에 제수되었다. 이르길 "경순(敬淳)은 특히 부지런히 공부했다. 창밖의 일에는 전혀 귀를 기울이지 않고, 여러 가지 책을 폭넓게 읽었으며, 온화하고 인자한 성품으로 사람을 공손하고 관대하게 대했다. (중략) 특히 보학에 능하여, 가문의 근원지파(根源支派)를 잘 추론했다. 근대 이래 그를 능가하는 사람이 없었다."[77]라고 했다. 그는 『저성략기(著姓略記)』 20권, 『의관보(衣冠譜)』 60권을 저술하여, 당대(唐代)의 보학 발전에 큰 영향을 주었다. 따라서 류방(柳芳)은 "당(唐)나라의 보학을 연구하는 사람들은 노경순(路敬淳)을 추존한다."[78]라고 언급했다. 『신당서(新唐書)』에서도 "당나라 초기의 보학 명가는 경순 하나뿐이다. 후의 류충(柳沖), 위술(韋述), 소영사(蕭穎士), 공지(孔至) 등도 각각 편찬했지만, 모두 노씨(路氏)를 근본으로 하고 있다."[79]라고 했다.

류충(?~717)은 현재 산서 평육(平陸)에 해당하는 포주(蒲州) 우향(虞鄕) 출신으로, "충은 박식하고 특히 세계(世系)와 족보에 뛰어나, 명성이 노경순 다음으로 불리었다."[80]라고 했다. 중종(中宗)인 경룡(景龍) 연간(707~710)에 "지위가 차차 올라가 좌산기상시(左散騎常侍), 수국사(修國史)로 재직했다."[81]라고 했다. 중종 경룡 원년(705)에 명을 받아, 『성족계록(姓族系錄)』 편찬에 참여했다. 현종(玄宗) 선천(先天) 2년(713)에 책이 만들어지고, 개원(開元) 2년(714)에 최종 원고가 완성했고, 총 200권에 달했다.

당나라 중기의 보학자로는 위술(韋述)과 류방(柳芳) 등이 있다.

위술(?~757)은 현재 서안(西安)인 경조(京兆) 만년(萬年) 사람이다. 현종 개원 5년(717)에 역양위(櫟陽尉)로 재직하며, 조서를 받아 비각(秘閣)에서 도서를 편찬했다. 이르길 "(위)술은 보학에 능하여 비각에서 상시(常侍) 류충이 편찬한 『성족계록』 200권을 보고, 틈틈이 이를 필사했고, 퇴근할 때도 책을 들고 집에 갔다. 1년 만에 필사와 함께 사료까지 다하며, 100여 족인의 유래에 통달하게 되었다. 류충의 책을 기초로 『개원보(開元譜)』 20권을 편찬했다."[82]라고 했다. 위술은 보학 방면에 조예가 깊고, 명성이 높았으며, "역사학 지식으로는, 위술보다 뛰어난 자가 없다."[83]라고 할 정도였다.

류방은 위술과 학문적으로 밀접한 관계를 맺고 있는 보학자이다. 그는 현재 산서 영

---

77 『舊唐書』 卷189下 「儒學下·路敬淳傳」: "敬淳尤勤學, 不窺門庭, 遍覽墳籍, 孝友篤敬。(中略) 敬淳尤明譜學, 盡能究其根源枝派, 近代以來, 無及之者。"

78 『新唐書·柳沖傳』: "唐興, 言譜者以路敬淳爲宗。" (역자주)

79 『新唐書』 卷199, 「儒學中·路敬淳傳」: "唐初, 姓譜學唯敬淳名家。其後柳沖、韋述、蕭穎士、孔至各有撰次, 然皆本之路氏。"

80 『舊唐書』 卷189下, 「儒學下·柳沖傳」: "沖博學, 尤明世族, 明亞路敬淳。" (역자주)

81 『舊唐書』 卷189下, 「儒學下·柳沖傳」: "累遷爲左散騎常侍, 修國史。"

82 『舊唐書』 卷102 「韋述傳」: "(韋)述好譜學, 秘閣中見常侍柳沖先撰《姓族系錄》二百卷, 述於分課之外手自抄錄, 暮則懷歸。如是周歲, 寫錄皆畢, 百氏源流, 轉益悉詳。乃於柳《譜》之中, 別撰成《開元譜》二十卷。"

83 『舊唐書』 卷102 「韋述傳」: "史才博識, 以述爲最。"

제(永濟)인 하동(河東) 사람이다. 현종 개원 말기에 임관했고, 차례로 영녕위(永寧尉), 직사관(直史館), 습유(拾遺), 보궐(補闕), 원외랑(員外郎)으로 역임했다. 이들 직관은 대부분이 사관(史官)이었다. "붓을 물고 부지런히 주석을 달아도 피곤해하지 않았다. 방(芳)은 보학에 뛰어나 종정(宗正)의 보첩(譜牒)을 참고하여, 무덕(武德) 이래의 조상의 소목(昭穆)을 바탕으로 황실 가보 20권을 편찬하고 이를 『영태신보(永泰新譜)』라고 했다."[84]

당대 후기의 보학자로는 류경(柳璟), 이구(李衢)와 임보(林寶) 등이 있다.

류경은 류방의 손자이다. 그는 당경종(唐敬宗) 보력(寶歷) 연간(825~827)에 진사(進士)에 합격해 임관했고, 세 차례 승진을 통하여 검찰어사(檢察御史)로 봉직하며 이부(吏部) 원외랑을 겸직했다. 개성(開成) 4년(839)에 칙명(勅命)을 받들어 『속황실영태신보(續皇室永泰新譜)』를 편찬하기 시작했다. 류경이 『속황실영태신보(續皇室永泰新譜)』를 편찬한 것은 그가 보학에 능해서가 아니라, 조부인 류방(柳芳)이 『영태신보』를 저술한 후로 아무도 다시 편찬하지 않았기 때문이다. 그는 조상의 뜻을 잇고, 또 문종(文宗)의 지시에 따라 책을 편찬했다. 이를 통해 당대 후기에 이미 보학이 쇠퇴의 기로에 들어섰다는 것을 알 수 있다.

임보(林寶)와 이구(李衢)는 당대 보학자 중 두 후기에 해당하는 인물이라 할 수 있다. 임보는 당대 후기 보학에 능숙하기로 유명한 학자 중의 한 사람으로, 헌종(憲宗) 때 『원화성찬(元和姓纂)』 10권을 저술했다. 문종 개성(開成) 2년(837)에 임보는 이구와 함께 『황당옥첩(皇唐玉牒)』 110권을 저술했는데, 이는 당대 마지막 대규모 관찬보첩이었다. 개성 4년(839)에 이구는 칙서(勅書)를 받들어 『황후보첩(皇后譜牒)』을 편찬했고, 『대당황실신보(大唐皇室新譜)』 1권을 저술했다. 임보와 이구는 당대 보학 쇠퇴기의 대표적 인물이다.

주목할 만한 것은 당대 이전의 보학자들, 예를 들어 위진남북조 시기의 가씨(賈氏), 왕씨(王氏)와 같은 보학 세가들이 보첩을 편찬한 목적은 구사족(舊士族)을 보호하고, 그들의 합법적인 지위를 확립하고 나아가 왕조통치를 공고히 하려 했다. 반면에 당대의 보학자들은 주로 구사족을 억압하고 새로운 사족을 추앙하며, 신사족(新士族)의 합법적인 지위를 확보해 당의 통치를 공고히 하려 했다. 그리고 당 이전의 보학자들은 주로 백가 성씨의 연원을 담은 관찬합보(官撰合譜)를 편찬했다. 중기 이후 사찬가보가 번성하면서, 이때의 보학명사들은 관찬은 물론 사찬가보까지도 편찬했다. 이처럼 당대는 중국 보학 역사에서 선대의 전통을 계승하여 후대로 전승시킨 중요한 시기라고 할 수 있다.

---

84 『舊唐書』 卷149 「柳登傳」附 「柳璟傳」: "勤于記注, 含毫罔倦。芳精於譜學, 永泰中按宗正譜牒, 自武德以來宗枝昭穆相承, 撰皇室譜二十卷, 號曰《永泰新譜》。"

7. 당나라의 황족(皇族) 가보

중국 가보가 당대에 흥성했었다는 하나의 중요한 표지는 바로 당대 황족보첩(皇族譜牒)이 새로운 발전 단계에 이르렀다는 점이다.

당대 황족보첩 편찬은 역대 왕조의 황실보첩 편찬 방법을 계승해 발전시킨 것이었다.[85]

중국의 고대 사회는 군주 세습제와 공신에 대한 분봉제를 실행했다. 때문에 역대 왕조는 황족세계(世系)의 지파 기록을 각별히 중시해 전담하는 관리를 두었고, 후대 점차 완비되며 황족보첩이 등장했다. 이로써 중국 역사상 그 명맥을 부단히 유지하며 황족보첩이 편찬되었다.

사마천(司馬遷)은 『사기(史記)·삼대세표제일(三代世表第一)』에서 "내가 『첩기(牒記)』를 읽어 보니, 황제(黃帝) 이후의 연대가 모두 기록되어 있었다. 이러한 역대 보첩과 오덕(五德)[86]에 따라 계승되었던 내용을 자세히 고증해 보니, 고문의 기록이 일치하지 않고 누락되었거나 차이가 있었다. (중략) 그래서 나는 『오제계첩(五帝系牒)』과 『상서(尙書)』에 기록된 황제(黃帝) 이후부터 공화(共和)[87] 시기까지의 기록을 집성해 세표(世表)를 만들었다."[88]라고 했다. 사마천이 말한 '역대 보첩(譜牒)'의 세표는 문장이 간략하고 내용도 간단하며, 실제로는 황제 이래 제왕의 세계(世系)와 시호(諡號)를 기재한 족보였다.

은대(殷代)에는 갑골(甲骨)에 왕실 세계를 기록한 갑골 보첩이 있었다. 그중 무정(武丁) 때의 것으로 추정되는 짐승의 뼈 한 조각이 있는데, 시조(始祖)로부터 그의 10대손까지의 세계가 연속적으로 기록되어 있다.[89] 이로 적어도 은나라 중반부터 이미 황실보첩이 있었다는 것을 보여 주고 있다.

『주례(周禮)』에 "소사(小史)가 세계를 보첩에 수록해 제사를 지냄에 소목(昭穆)을 분별

---

85 楊冬荃, 「曆代皇族譜牒述略」, 『曆史檔案』(第1輯), 1988.

86 오덕(五德): 고대 음양가는 금(金)·목(木)·수(水)·화(火)·토(土)를 지칭해 오덕(五德)이라 했다. 그리고 역대 왕조는 하나의 덕을 대표하고 오행(五行)에 따라서 서로 상생(相生)과 상극(相克)을 순차적으로 반복하며 주기적으로 교차한다고 보았다. (역자 주)

87 공화(共和): 중국 주(周)나라의 여왕(厲王)이 국인폭동(國人暴動)으로 쫓겨나고 일부 제후와 재상이 왕을 대신하여 집정(執政)하던 시기를 뜻하며, 왕이 없이 정치가 이루어지는 '공화제(共和制)'란 말이 여기에서 비롯되었다. (역자 주)

88 『史記』 卷13 「三代世表第一」: "余讀諜記, 黃帝以來皆有年數。稽其歷譜諜終始五德之傳, 古文咸不同, 乖異。(中略) 于是以五帝系諜、尙書集世紀黃帝以來訖共和爲世表。", 中華書局, 2000.

89 陳夢家, 「甲骨譯文」, 『殷墟蔔辭綜述』, 499쪽.

한다. 제사를 지내게 되면, 왕에게 선조의 기일과 휘를 알린다."[90]라고 했다. 즉, 사관은 황실의 세계를 정립하는 책임을 맡고 있었으며, 장유순서와 적서친소(嫡庶親疏)에 따라 황실의 구성원을 구분했다. 이 세계가 바로 주대 황족의 보첩이다.

춘추전국 시기에 초(楚)나라는 관리를 두어 왕족의 속적(屬籍) 보첩을 담당하게 했다. 굴원(屈原)은 초나라의 왕족보첩과 사무를 전담하는 관리인 삼려대부(三閭大夫)를 역임했다. 왕일(王逸)의 『이소주(離騷注)』에서 "삼려란 직위는 왕족의 3개의 성씨, 소(昭), 굴(屈), 경(景)을 관리하는 것으로 굴원은 속적 보첩을 담당했다."[91]라고 했다.

진(秦)은 종정(宗正)을 설치하여 황실 사무와 황족보첩을 관리하도록 했다. 한대(漢代)에 이르러 고조(高祖) 7년(기원전 200)부터 "종정을 두어 구족(九族)을 기록했다."[92]라고 했다. 서한(西漢)과 동한(東漢) 시기 종정은 모두 황족 출신이 역임했다. 『한서(漢書)·백관표(百官表)』에서는 "종정은 진나라의 관직 명칭으로, 친속을 관장한다."[93]라고 했다. 소위 '친속의 관장'에 대해 『후한서·백관지』는 구체적으로 이르길 "왕국(王國) 적서(嫡庶)의 순서 및 종실의 친근 관계를 순서대로 기록하며, 군국(郡國)에서 매년 상계(上計)할 때에 종실의 명적(名籍)에 올리는 것을 관장한다. (중략) 또한 매년 여러 왕들의 세보(世譜)·차서(差序)·질제(秩第)를 함께 관리한다."[94]라고 했다. 이것으로 알 수 있듯이, 한대의 동성(同姓)인 제후국은 매년 종실의 명족을 종정에게 올렸고, 종정은 이들 명부에 따라 황족보첩을 1년에 한 번씩 편찬했으며, 제후 적서의 순서와 친소관계를 구분하도록 했다. 하지만 한 초기에는 제후국들이 올린 종실 명부가 상세하지 않을 수 있어 황족보첩의 기록은 그다지 분명하지 않았다.

삼국시대의 위(魏)는 종정경(宗正卿) 한 명을 두어 "종실의 친속과 범법(犯法)을 관장하도록 했다."[95]라고 했고, 종정경은 "한나라 때에는 모두 황족(皇族) 출신이 담당했지만, 위에서는 황족 출신이 아니어도 임관할 수 있었다."[96]라고 했다. 오(吳)에도 종정경이 있었고, 황족만이 담임했다. 촉(蜀)은 종정(宗正)과 관련된 기록은 없지만 "촉나라는 한나라

90 『周禮』: "奠系世, 辨昭穆。若有事, 則詔王之忌諱。" (역자 주)

91 『離騷注』: "三閭之職, 掌王族三姓, 曰屈、昭、景。屈原敘其譜屬。" (역자 주)

92 『文獻通考』: "置宗正官以敘九族。" (역자 주)

93 『漢書·百官表』: "宗正, 秦官, 掌親屬。" (역자 주)

94 『後漢書』 志 卷26 「百官3」: "掌序錄王國嫡庶之次, 及諸宗室親屬遠近, 郡國歲因計上宗室名籍 (中略)又歲一治諸王譜差序秩第。" 中華書局, 2000.

95 "掌敘親屬及宗室犯法。" (역자 주)

96 "漢以皇族爲之。魏始置宗正, 或以他族。" (역자 주)

의 제도를 하나도 빠짐없이 모두 계승했다."[97]라고 했으니, 촉도 종정이 있었을 것이다. 서진(西晉) 시기에도 종정이 있었는데, "종정은 황족의 도첩(圖牒)을 관장하여, (중략) 도강(渡江)을 한 후 애제(哀帝)가 종정 관직을 폐하고, 태상(太常)으로 편입시켰다."[98]라고 했다. 즉 남도(南渡)한 후에 애제는 환온(桓溫)의 건의에 따라 종정을 폐지하고 태상으로 편입시켰다. 위진(魏晉)의 사서에는 종정이 관장한 황족 도첩에 관한 내용은 보이지 않는다.

남북조 시기 남조(南朝)의 송(宋)과 제(齊)는 동진(東晉)의 제도를 계승했기 때문에 종정대신에 태상이 속적(屬籍)을 관장했다. 그러다가 양(梁)나라 천감(天監) 7년(509)부터 종정경을 회복했다. 이르길 "종정경의 직위는 조상서(曹尙書)와 같고, 주로 황실 및 외척(外戚)의 보적(譜籍)을 관장하게 했는데, 이를 종실에게 맡겼다."[99]라고 했다. 『수서(隋書)·경적지(經籍志)』 등 사서에 기재된 『송보(宋譜)』 4권, 『제양보속(齊梁譜屬)』 10권, 『제양제보(齊梁帝譜)』 4권, 『제양종부(齊梁宗簿)』 3권, 『제양보(齊梁譜)』 13권 등은 모두 남송(南宋)의 황족보첩(皇族譜牒)이다. 북조(北朝)의 후위(後魏)와 북제(北齊)에도 종정경(宗正卿), 소경(少卿), 승(丞) 등의 관리가 있었다. 사서에 기재된 북조의 황실보첩은 『후위보(後魏譜)』 3권, 『후위황제종족보(後魏皇帝宗族譜)』 4권, 『후위변종록(後魏辨宗錄)』 2권, 『제고씨보(齊高氏譜)』 6권, 『후제종보(後齊宗譜)』 1권, 『황실보(皇室譜)』 1부, 『주우문씨보(周宇文氏譜)』 1권 등이 있다.

수대(隋代) 역시 종정경이 있었지만, 지금까지 사서에 기록된 수나라의 황족보첩은 발견되지 않았다.

당대(唐代) 황족보첩에 관한 기구 설치, 편찬 제도, 편찬 방법 등은 전대 황족보첩의 계승이란 토대에서 혁신적인 발전을 이루었다.

당대에는 잠시 사종시(司宗寺), 사속시(司屬寺)로 불리기도 했지만 종정시(宗正寺)[100]가 계속 설치되었고, 경(卿) 1인, 소경(少卿) 2인, 승(丞) 2인, 주부(主簿) 1인, 녹사(錄事) 1인 등의 속관이 있었다. 종정경은 "구족(九族)과 육친(六親)의 속적을 관장하며, 종묘나 사당에 조상의 신주를 모시는 소목(昭穆)을 관장한다."[101] 종정시의 관리들은 모두 종실 출신자를 선발해 임명했다. 당 후기에는 종정시와 별도로 도보원(圖譜院)을 설치했고, 지도보관

---

97 『三國會要』 卷9 「職官上」: "蜀承漢制不容缺。"

98 『晉書』 卷24 「職官」: "宗正, 統皇族宗人圖牒 (中略) 及渡江, 哀帝省並太常。"

99 『隋書』 卷26 「百官上」: "宗正卿, 位視列曹尙書, 主皇室外戚之籍。以宗室爲之。"

100 종정시(宗正寺): 중국 고대 관청의 이름으로 북제(北齊)시기 처음 설립했다. 이후 몇 차례 개명했다. 주로 황제의 황족, 종족, 외척의 보첩을 편찬하거나 황족의 능묘(陵墓)를 관리했다. (역자 주)

101 『舊唐書』 卷44 「職官3」: "掌九族六親之屬籍, 以別昭穆之序。"

(知圖譜官) 1인, 수옥첩관(修玉牒官) 1인을 따로 두었다.

당 초기에 종정시가 황족보첩을 편찬하면서 보첩도 잘 보존되었다. 기록에 의하면 영태(永泰) 연간에 보학(譜學)에 정통했던 태상박사(太常博士) 류방(柳芳)이 종정(宗正) 보첩에 근거하여 『황실신보(皇室新譜)』 20권을 저술했고, 책이 완성된 후 종정경(宗正卿) 이기(李祇)가 이를 조정에 진상했다. 이를 통해 당나라 무덕(武德)부터 대종(代宗) 영태(永泰) 연간까지 근 150년 동안 종정보첩이 온전히 유지되었음을 알 수 있다.

당대의 황족보첩의 내용은 매우 다양하고 풍부하다. 양동전(楊冬荃)이 『역대황족보첩술략(曆代皇族譜牒述略)』에서 소개한 내용을 보면 다음과 같은 종류가 있다.

첫째는 '제적(帝籍)'을 전문적으로 기록하는 옥첩(玉牒)이다. 대화(大和) 2년(828)에 수옥첩관(修玉牒官) 이구(李衢) 등은 "신은 성당(盛唐)의 옥첩을 사서(史書)와 함께 길이 보전할 수 있도록, 서명을 만들 것을 건의하옵니다. 대신과 상의하여 옥첩에 사용할 좋은 이름을 지어, 제적을 빛내고 발전시킬 것을 간청하옵니다. 조서를 내릴 때 황당옥첩(皇唐玉牒)이라는 이름을 하사해 주실 것을 건의하옵니다."[102]라며 상서를 올렸다. 그리하여 황제가 직접 '황당옥첩'[103]이라고 이름을 하사했다. 이것이 역사상 황족보첩(皇族譜牒)을 '옥첩'이라고 부른 시초가 되었다. 즉 "옥첩에 사용할 좋은 이름을 지어 제적을 빛내고 발전시킨다."라는 뜻으로 당대 옥첩에는 황제만 기록했을 뿐 종실은 아직 수록하지 못했음을 알 수 있다. 개성(開成) 원년(836)에 문종(文宗)은 종정경 이홍택(李弘澤)에게 도보(圖譜)에 대하여 물었더니, 이르길 "숙종(肅宗) 이래 계속 편찬되지 못했습니다."[104]라고 했다. 이에 면왕부(沔王府)의 장사(長史)인 임찬동(林贊同)이 숙종 이래 황제 7명을 수록한 '칠성옥첩(七聖玉牒)'의 편찬을 명받고, 개성 2년(837)에 완성해 진상했다. 이것이 바로 『신당서(新唐書)·예문지(藝文志)』와 『통지(通志)·예문략(藝文略)』 등에 수록된 개성 2년(837) 이구(李衢)와 임보(林寶) 등이 편찬한 『황당옥첩』 110권이다.

둘째는, 황후를 기록하는 황후보첩이다. 『당회요(唐會要)』에 개원(開元) 4년(716) 정월에 대리사(大理寺) 소경(少卿)인 이구가 "황제의 명을 받들어, 황후의 보첩을 편찬했다."[105]라고 했다.

셋째는, 제계(帝系)를 기록한 『천황원파보(天潢源派譜)』이다. 도보관(圖譜官) 이광문(李

102 『唐會要』 卷65 「宗正寺」: "竊以聖唐玉牒, 與史册幷驅, 立號建名, 期于不朽。伏乞付宰臣商量, 於玉牒之上, 特創嘉名, 以光帝籍。敕旨宜以皇唐玉牒爲名。" (역자 주)

103 『唐會要』 卷65 「宗正寺」.

104 "自肅宗以來幷未修續。" (역자 주)

105 『唐會要』 卷3 「皇后」: "奉進止令修皇后譜牒。"

匡文)은 「성당해일보서(聖唐偕日譜序)」에서 이르길 “본인이 전에 호적을 관장할 때 『천황원파보통(天潢源派譜統)』을 편찬했는데, 다른 사람들은 제외시키고 직계의 황제만을 기록했으며, 황제로부터 처음 분리한 분파도 기록했다.”[106]라고 했다. 이것이 바로 『신당서·예문지』에 기재된 이광문의 『천황원파보』 1권이다. 이 책은 이광문이 종정 보첩을 관장할 때 저술한 것이고, 송대에 이르러 삼관비각(三館秘閣)에 보관되면서 『숭문총목(崇文總目)』에 기재되었다.

넷째는, 황제의 자녀를 기재한 보첩이다. 이러한 보첩에는 다음과 같은 책들이 있다. 『성당해일보(聖唐偕日譜)』 1권은 당대 고조(高祖)부터 소종(昭宗)까지 역대 황후(皇后), 태자(太子), 제왕(諸王), 후비(後妃)의 성명과 생년월일을 기록했다. 이르길 “해일(偕日)이라 부르는 것은 해와 함께 존재한다는 의미이다.”[107]라고 했다. 『황손군왕보(皇孫郡王譜)』 1권은 고조(高祖)부터 헌종(憲宗)까지 각 제왕의 자손을 수록했다. 『원화현주보(元和縣主譜)』 1권은 원화(元和)부터 개성(開成) 3년(715)까지 39명의 공주를 기재했다. 이 3가지 보첩은 모두 당나라 도보관(圖譜官)인 이광문(李匡文)이 편찬한 것으로 송대까지 전해졌다.

다섯째는, 황족 전체를 기재한 종실보(宗室譜)이다. 이런 종실보로는 다음과 같은 저술이 있다. 류방(柳芳)이 대종(代宗)의 명에 따라 편찬한 『황족계도보(皇族系圖譜)』, 영태 2년(766)에 류방이 편찬한 『황실신보(皇室新譜)』 20권, 개성 4년(716)에 류방의 손자 한림학사(翰林學士)인 류경(柳璟)이 문종(文宗)의 지시대로 편찬한 『속황실보(續皇室譜)』 10권[108]으로 이는 『황실신보』의 옛 형식을 따라한 것으로 덕종 이후부터 그 당시까지를 기록하고 있으며, 이무숭(李茂嵩)이 편찬한 『당종계보(唐宗系譜)』 1권, 이구(李衢)가 편찬한 『대당황실신보(大唐皇室新譜)』 1권, 이구와 임보(林寶)가 같이 편찬한 『황실유성록(皇室維城錄)』 1권 등이다. 이 중 『대당황실신보』는 『숭문총목(崇文總目)』에 기재되어 있어 송대까지 여전히 소장되고 있었음을 알 수 있다. 『황실유성록』은 명나라 만력(萬曆) 연간 진제(陳第)의 『세선당장서목록(世善堂藏書目錄)』까지 수록된 것을 보면 이 책은 명대까지 전해졌다는 것을 보여 준다.

위에서 서술한 바와 같이, 당대(唐代)의 황족보첩은 역대의 황실보첩을 계승한 토대 위에서, 여러 방면으로 새로운 발전을 이루었으며, 성과도 풍부하고 유형 역시 다양해졌

---

106 “前守職圖籍日, 撰《天潢源派譜統》, 務在省略, 直取相承一葉, 旁附首分諸房。” 본문은 (宋)陳振孫 撰, 『直齋書錄解題』 卷8, 上海古籍出版社, 1987, 228쪽에 참조.

107 “號日偕日, 與日齊行之義也。” (宋)陳振孫 撰, 『直齋書錄解題』 卷8, 上海古籍出版社, 1987, 228쪽에 참조.

108 『속황실보(續皇室譜)』: 『황실신보』의 방식에 따라 편찬했고, 덕종(德宗) 이후부터 수록했다. (역자 주)

다. 이로 당대의 황족보첩이 당대 중국 가보 흥성의 중요한 부분을 차지하고, 중국 황족 보첩이 옥첩(玉牒)을 편찬하는 새로운 단계에 들어섰다는 것을 보여 주며, 송·명·청대의 옥첩 편찬에 커다란 영향을 미쳤다.

5
중국 가보의 변천

송나라 시기는 중국 보학(譜學) 발전사에서 중요한 변혁과 변천 시기였다.

1. 송대 관찬공보의 폐지와 사찬가보의 흥성

위진남북조와 수당 시기에는 정부가 주관하여 편찬하는 관찬보첩(官撰譜牒)과 개인적으로 편찬하는 사찬가보가 병존하는 시기였으나, 송나라에 이르러 전혀 다른 추세를 보였다. 하나는 바로 관찬공보의 폐지였다. 과거제가 한층 더 강화되어 실시된 데다가 당나라 말기 농민봉기와 오대(五代) 시기에 연이어 일어난 전란으로 인해 문벌사족(門閥士族) 제도가 치명적인 타격을 입었다. 이로 인해 정부가 편찬하는 보첩들은 존재와 실용적 가치를 상실하고 점차 사라지게 되었고, 반면에 사찬가보가 크게 번창했다. 사찬가보는 비록 오대 전란의 영향으로 크게 파손되었지만, 송나라 인종(仁宗) 이후 점차 회복되어 정부의 지지와 송나라 경제의 번성, 도시의 발전, 대족(大族)의 흥성과 인쇄 사업의 전례 없는 흥성 등 여러 조건에 힘입어 발전했다. 특히 남송(南宋) 시기에 크게 성행했다.

송대에 이르러 이 두 가지 보첩의 추세와 그 원인에 대해서, 역대 학자들은 다음과 같이 기술하고 있다.

구양수(歐陽修)가 「왕심보와 세보첩에 대해 논함(與王深甫論世譜帖)」에서 "이전에도 종종 전란을 겪었지만 사대부들의 세보(世譜)는 끊긴 적이 없었다. 그럼에도 오대에 이르러 사족은 크게 쇠락하며 예의와 풍속도 소홀해졌다."[1]라고 했다. 또한 "당나라 후기 전란으

1 『古今圖書集成·氏族典·王姓部』: "前世常多喪亂, 而士大夫之世譜未嘗絕也。自五代迄今, 家家亡之。由士不

로 인해 사족의 가보가 망실되었다. 그리하여 비록 명문가는 존재하나 대다수가 가보를 상실했고, 보학도 사라지게 되었다."[2]라고 했다.

소순(蘇洵)이 『소씨족보(蘇氏族譜)·보례(譜例)』에서 "당나라가 쇠락하고부터 보학이 쇠퇴하자, 사대부들은 족보에 관해 더 이상 거론하지 않았고, 세인들 또한 이를 기록하지 않았다. 이에 미천한 신분에서 지체 높은 신분이 된 자들은 자신의 조상에 대해 말하는 것을 부끄럽게 여겼고, 가난한 처지에서 부자가 된 자들도 자신의 조상을 기록하지 않아, 대부분의 족보가 사라지게 되었다."[3]라고 했다.

귀유광(歸有光)의 『용유옹씨가보(龍遊翁氏家譜)』에서도 보첩이 "오계(五季)[4]의 전란으로 인해, 거의 사라져 더 이상 존재하지 않는다."[5]라고 했다.

남송(南宋) 경정(景定) 3년(1262)에 장즉지(張卽之)가 『남계이씨종보(藍溪李氏宗譜)』의 서문에서 이르길 "오대(五代)에 이르러 시역(廝役)들이 권력을 장악하고, 이전 사대부들이 몰락했다. 송(宋)나라에 들어 문벌을 따지지 않고 재능 있는 자를 등용하며 보학(譜學)이 점차 쇠퇴하게 되었다. 하지만 대송(大宋) 황제에 이르러 사방천지가 청명하고 안정되자, 성씨가 많아지고 번성하게 되었다. 그러자 보첩(譜牒)을 만드는 일도 갈수록 크게 흥하게 되었다."[6]라고 했다.

원대(元代) 황진(黃溍)은 「족보도서(族譜圖序)」에서 "고대에 도보국(圖譜局)을 설치하여 사관(史官)을 두고 도보를 관장했다. 보국이 폐지된 후, 사대부들이 스스로 가보를 편찬했다."[7]라고 했다.

명대(明代)의 왕도곤(汪道昆)은 「잠강원씨가보서(潛江袁氏家譜序)」에서 "육대(六代)[8]까지 문벌의 높고 낮음이 가장 중요했다. 사회지위가 높은 대족(大族)들은 모두 족보를 편

自重, 禮俗苟簡之使然。"

2 歐陽修, 『歐陽文忠公文集』 卷17 「歐陽氏譜圖序」: "自唐末喪亂, 士族亡其家譜, 今雖顯族名家, 可失其世次, 譜學由是廢絕。"

3 『蘇氏族譜·譜例』: "蓋自唐衰, 譜學廢絕, 士大夫不講, 而世人不載; 於是乎由賤而貴者, 恥言其先, 由貧而富者, 不錄其祖; 而譜遂大廢。" (역자 주)

4 오계(五季): 당(唐)과 송(宋) 사이에 등장한 후량(後梁), 후당(後唐), 후진(後晉), 후한(後漢)과 후주(後周) 등의 5개 왕조를 지칭한다. (역자 주)

5 『龍遊翁氏家譜』: "五季衰亂, 蕩然無復有存。" (역자 주)

6 『藍溪李氏宗譜』: "降及五代, 廝役當途, 衣冠掃地。(趙宋)才學取士, 不衿門胄, 譜學於是遂微。洎我大宋大朝禦宇, 六合清寧, 姓氏之繁, 於斯爲盛, 譜牒之事, 益大興焉。" (역자 주)

7 『古今圖書集成·氏族典·黃姓部』: "古者譜圖有局, 掌於史官。局廢, 而士大夫家自爲譜。"

8 육대(六代): 삼국(三國)의 오(吳)나라, 동진(東晉), 남조(南朝)의 송(宋)나라, 제(齊)나라, 양(梁)나라, 진(陳)나라 여섯 나라를 가리킨다. (역자 주)

찬해 조정에 올렸다. 당송(唐宋) 이후 관찬가보는 폐지되었고, 사찬가보만이 흥성하게 되었다."[9]라고 했다.

청대(清代)의 전대흔(錢大昕)은 『십가재양신록(十駕齋養新錄)』 제1권인 「군망(郡望)」에서, "오계(五季)의 전란으로 보첩은 산실되었고, 송대에 이르러 사찬가보가 성행했다."[10]라고 했다.

도광(道光) 30년(1850)에 편찬된 『소강가승(蕭江家乘)』에서 "오계 이후 관료를 선발할 때 출신을 따지지 않았으며, 혼인할 때 가문을 보지 않았다. 이로 인하여 결국 출신 가문에 관련된 보학이 폐지되었다."[11]라고 했다.

반광단(潘光旦)은 「중국가보학약사(中國家譜學略史)」에서 "당(唐)나라가 멸망한 후, 오대의 혼란을 겪으며 옛 가보들 가운데 대부분이 산실되었다. 관부 역시 더 이상 가보 편찬을 권장하지 않아 이에 보학은 바로 중단되었다."[12]라고 했다.

여성지(呂誠之)는 『중국종족제도소사(中國宗族制度小史)』에서 "송학(宋學)이 성행한 이후로 사람들에게 조상을 중시하고 기록하고자 하는 마음이 생겨, 족보 편찬이 다시 성행하게 되었다."[13]라고 했다.

위에서 언급한 내용에서 분명하게 알 수 있듯이 위진남북조와 수당 시기에는 관찬과 사찬보학이 병존했으나, 송대에 이르러 확연히 다른 변화가 일어났다. "이른바 보학이 점차 쇠락하고, 중단되더니 결국 폐지되었다."라는 관찬보첩의 변화에 대해 이야기하고 있는 것이다. 곧 관찬보첩은 폐지되었다. 그리고 소위 성씨가 번창하고, 집집마다 가보를 편찬하고, 사찬가보가 성행한 것은 사찬가보의 추세임을 드러내는 것이다. 즉 사찬가보가 흥성했음을 말해 준다. 송대에 들어 왜 이러한 두 가지 추세가 나타났는지에 대해서 위의 인용문에서도 분석해 보았는데, 여기서 한층 더 자세히 전개할 필요가 있을 것 같다.

송대 관찬보첩이 폐지된 가장 큰 이유는 과거제의 실행과 발전에 있었다. 송대에 이

---

9 『古今圖書集成·氏族典·袁姓部』: "迄於六代, 率以門戸相高, 諸閭右世家, 各譜其族, 上之天府。唐宋而下, 公譜廢, 而私譜興。"

10 錢大昕, 『十駕齋養新錄』 卷1 「郡望」: "五季之亂, 譜牒散失, 至宋私譜盛行。" (역자 주)

11 『蕭江家乘』: "五季以來, 取士不問家世, 婚姻不尙閥閱, 而其學遂廢不講矣。" (역자 주)

12 潘光旦, "唐亡, 繼以五代喪亂, 舊譜十九散亡, 官家亦不復提倡, 譜學乃中絕。" 『東方雜志』(第26卷, 第1號), 1929.

13 "自宋學盛行, 人有敦宗收族之心, 而譜牒之纂修復盛。" 본문은 呂誠之, 『中國宗族制度小史』, 龍虎書店, 1935年, 37쪽에서 참조.

르러 "관료를 선발할 때 출신을 따지지 않았기 때문에 보학이 점차 사라지게 되었다."[14]

앞서 언급했듯이 위진남북조 시기에 구품중정제(九品中正制)의 실로 벼슬길이 세가대족(世家大族)에 의해 독점되었고, 이로 인해 사대부 가문 자제는 비록 재능이 없을지라도 고위 관직에 오를 수 있었다. 또한 이런 세가대족의 혼인에도 두 가문의 사회적 지위와 경제적 형편을 중시했다. 따라서 임관과 혼인에 필요한 도구로서 가보는 매우 중요했다. 이로 인하여 정부에서는 특별히 도보국을 설치하여, 황족(皇族)과 사족(士族)의 가보를 관장했다. 이때에는 "관원을 선발 시 반드시 장부에 의거하도록 했고, 혼인 시 보계(譜系)를 근본으로 삼도록 했다."[15] 수당(隋唐) 시기에 이르러 과거제도가 실행되자, 구사족(舊士族)들은 심각한 타격을 입었다. 그러나 당시 당(唐)나라가 근본적으로 사족제도를 반대하는 것은 아니었다. 다만 이씨(李氏)와 무씨(武氏) 황족 등 신사족(新士族) 집단을 세워 구사족을 대신하려 했을 뿐이었다. 이씨와 무씨 황족을 비롯한 신사족의 필요에 따라, 당나라는 관찬가보를 매우 중시하고 세 차례에 걸쳐 대대적으로 보첩(譜牒)을 수정했다. 비록 당시 시행된 과거제를 통해 구사족들의 벼슬길에 제한을 두려 했으나, 혼인과 관습에 있어 여전히 구사족들의 사회적 지위는 중요시되었다. 따라서 이씨 황족 구성원과 이당(李唐) 고관이 구사족에게 청혼하는 많은 사례들을 발생했다. 송대에 이르러 과거제가 한층 완비되고 엄격해지면서 "관료를 선발할 때 출신을 따지지 않았으며, 혼인할 때도 집안을 보지 않았다."[16]라는 것처럼 사회풍조가 완전히 변화했다. 이때 관찬보첩은 벼슬길과 혼인의 실용적 가치를 잃게 되면서, 존재의 객관적인 필요성까지 잃게 되었다. 즉 송대에 이르러 위진남북조와 수당 시기처럼 도보국과 같은 기구를 설치해 가보를 수집해 편찬하며, 사족 보첩의 관장이 더 이상 필요하지 않았다. 관찬보첩은 마침내 역사의 뒤안길로 접어들게 되었다.

둘째, 당말의 전란과 오대(五代)의 혼란 역시 관찬보학이 쇠락하는 중요한 원인이 되었다. 당나라 말기에 이르러 농민봉기가 일어났다. 건부(乾符) 5년(878)에, 황소(黃巢)는 틈왕(闖王)으로 자칭하고, 7년에 걸쳐 백만 대군을 이끌고 강서(江西)·절강(浙江)·복건(福建)·광동(廣東)·광서(廣西)·호남(湖南)·호북(湖北)·하남(河南)·섬서(陝西) 등 당시 중국 절반 이상의 지역을 점령했다. 이로 인해 기의 사족 세력은 추풍낙엽처럼 심각한 타격을 입었다. 계속해서 907년부터 960년까지 오대십국(五代十國) 시기의 도래했고, 54년이란 짧은 시

14 『藍溪李氏宗譜』: "才學取士, 不稱門冑, 譜學於是遂微." (역자 주)

15 鄭樵, 『通志』 卷25 「氏族略序」: "官之選舉, 必由於簿狀, 家之婚姻, 必由於譜系."

16 『通志·氏族略』: "取士不問家世." "不尙閥閱." (역자 주)

기에 후량(後梁)·후당(後唐)·후진(後晉)·후한(後漢)·후주(後周) 등 5개 왕조와 10개 나라를 건국하는 혼란시기가 계속되었다. 당시 계속된 전쟁을 피해 족인들은 수차례 이동을 했고, 기존의 사족 세력은 재차 큰 타격을 입으며 잇달아 붕괴하고 말았다. 뿐만 아니라 당시 문벌을 숭상했던 혼인관념에도 큰 충격을 주었고, 기존의 관찬과 사찬가보의 유실을 초래하기도 했다.

오랜 전란과 잦은 왕조 교체로 인해 관부에 보관된 정본(正本) 관찬보첩, 즉 관료 선발과 혼인에 근거였던 천하망족보(天下望族譜)는 대다수 전란에 소실되었다. 예를 들면 당나라 희종(僖宗) 광명(廣明) 원년(880)에 황소(黃巢)가 군대를 이끌고 장안(長安)으로 점령해 궁궐과 관부의 서적 등을 모두 불태웠다. 결국 가보를 포함한 전적(典籍)은 모두 소실되었고, 5만여 권의 도서도 전부 산실되고 말았다. 그리고 개보(開寶) 8년(975)에 북송(北宋) 군대가 남당(南唐)의 도성인 금릉(金陵)을 포위해 공격했을 때, 남당이 보관했던 전적 1만여 권도 모두 불타고 말았다. 후당의 두루혁(豆盧革)이 이르길 "조정에서 관료를 선발할 때 참고하는 세계(世系)가 온전하지 못했다."[17]라며 당시 보첩의 파손과 산실 상황을 언급했다. 개인이 소장한 사본이나 단성(單姓) 가보 역시 예외없이 전란에 전소되었고, 소장한 주인 및 장원(莊園)과 함께 소멸되거나, 혹은 이주나 유배 길에서 유실되었다. 오대시기 두루혁은 시중(侍中) 곽숭도(郭崇韜)에게 이르길 "분양왕(汾陽王) 곽자의(郭子儀)는 대북(代北) 사람이고, 자네의 고향이 안문(雁門)이라면, 자네는 분양왕의 후손인가?"라고 물었다. 이에 곽숭도는 "전란으로 보첩을 상실했는데, 부친께서 분양왕의 4대손이라 말씀하신 적이 있습니다."[18]라고 대답했다. 이처럼 전란에 인한 보첩의 유실은 매우 광범위하게 발생했다.

송대(宋代)에 이르러 관찬보첩은 관료 선발과 혼인에 있어 객관적인 필요성을 잃게 되었다. 뿐만 아니라 "사족(士族)들이 망하여 가보를 계승하지 못하고 대부분이 유실되었다."[19]라는 사정으로 관부의 소장본을 근거로 더 이상 보첩을 편찬할 수도 없게 되었다. 또한 당시 관찬보첩의 편찬 필요성도 없었고, 그 조건도 구비하지 못한 점을 고려하면, 이러한 '단절'과 '폐지'는 역사발전의 필연적인 결과라고 볼 수 있다.

송대에 사찬가보가 성행하게 된 원인에는 여러 가지가 있다. 우선, 봉건 정부의 지지와 제창이 있었다. 이전에는 관찬이든 사찬이든 보첩에 대해 사학자와 송(宋)나라 정

---

17 『新五代史』 卷28 「豆盧革傳」.

18 『舊五代史』 卷57 「郭崇韜傳」.

19 『譜圖序稿』: "士族亡其家譜。" "舊譜十九散亡。" (역자 주)

부가 더 이상 묻지 않고, 권장하지 않는다는 태도를 가지고 있었다. 예를 들어 청대(清代) 저명한 학자인 전대흔(錢大昕)은 『십가재양신록(十駕齋養新錄)』 제12권인 「군망(郡望)」에서 "송대에 사찬가보가 성행해도, 조정이 더 이상 묻지 않았다."[20]라고 지적했다. 반광단(潘光旦)도 「중국가보학약사(中國家譜學略史)」에서 같은 관점을 가지고 있었는데, "당(唐)나라가 멸망하고 오대상란(五代喪亂)이 지속되어 구보(舊譜)가 대부분 산실되었으나, 관부도 더 이상 가보를 편찬할 것을 제창하지 않아 이로 인해 보학이 중단되었다."[21]라고 했다.

그렇다면 송(宋)나라 정부가 정말 사찬(私撰)가보에 대해 더 이상 묻지도 않고, 더 이상 제창하지도 않았을까? 우리는 송대(宋代) 이후, 관료 선발과 혼인의 수단으로 이용되던 가보의 기능이 조상을 추존하고, 자손을 결집하는 교화 기능으로 바뀌었다. 조상을 존경하고 자손을 받아들임으로써 족인의 결속력을 높일 수 있을 뿐만 아니라 사회 안정에도 도움이 되는 것이 사실이다. 따라서 송나라 정부는 통치기반을 공고히 하고자, 사찬가보를 권장하는 태도를 유지했다.

상건화(常建華)가 『종족지(宗族志)』에서 강서(江西) 의춘(宜春)의 『원읍유씨족보(袁邑劉氏族譜)』 제1권에 수록된 「송진종칙문무군신수가보조(宋眞宗敕文武群臣修家譜詔)」를 다음과 같이 인용했다.

> 옛날에는 사람이 출생하면 황제(黃帝)로부터 성을 하사받기 때문에, 성씨를 명확히 기록하는 서적이 있었으며, 문벌별로 나누어 성씨 관련 일을 담당하게 했다. 이런 계통의 교육과 관련된 것이 바로 가보이다. 2세대는 황제(黃帝)이고, 3세대는 전욱(顓頊)이며, 4세대는 고신(高辛)이다. 요(堯), 순(舜), 우(禹)의 조상은 창의(昌意) 출신이고, 탕(湯)의 조상은 계(契) 출신이며, 문왕(文王)·무왕(武王)의 조상은 직(稷) 출신이다. 이것으로 제왕의 세계(世系)가 매우 견고하다는 것을 명백히 알 수 있다. 한(漢)나라 유씨(劉氏)는 패중(沛中)에서 봉기했고, 제왕 요의 후대였다. 당(唐)나라 이씨(李氏)는 농서(隴西)에서 봉기했고, 고요(皐陶)의 후대였다. 우리 송나라는 백익(伯益)의 후손으로, 탁군(涿郡)에서 흥성하게 되었다. 태조황제(太祖皇帝)가 구하(區夏)를 점령하고, 순천명(順天命)하여 태종황제(太宗皇帝)가 왕위를 계승한 것은 태평 천자의 길조라 해도 과언이 아닐 것이다. 나라를 잘 다스려 선을 쌓고, 덕을 행하여 만물의 질서가 정연하다. 전대가 왕위를 선양한 명분에 따라, 후대가 왕위를 계승한다. 여러분과 같은 백관들도 각자의 경력이 있을 것이고, 우리나라에 인재가 많음이 잘 보이도록 선조

20 『十駕齋養新錄』 卷12 「郡望」: "私譜盛行, 朝廷不復過問焉。" (역자 주)

21 「中國家譜學略史」: "唐亡, 繼以五代喪亂, 舊譜十九散亡, 官家亦不復提倡, 譜學乃中絕。" (역자 주)

의 자초지종 경위(經緯)를 기록하여, 조정에 올려라. 오호! 원천이 깊은 강만이 더 길게 흐를 수 있고, 뿌리를 깊이 내리는 나무만이 무성하게 자랄 수 있다. 소목(昭穆) 조리가 분명해야 조상의 근원을 알 수 있고, 끊임없는 세계가 있어야 보첩(譜牒)의 무궁무진한 발전을 이룰 수 있다. 따라서 온 천하에 이 조서를 반포하여, 그 도리를 알리고자 한다. 천희(天禧) 5년(1021) 신유(辛酉)□월□일 보조(譜詔).[22]

이상과 같이 진종(眞宗)의 조서는 "원천이 깊은 강만이 더 길게 흐를 수 있고, 뿌리를 깊이 내리는 나무만이 무성하게 자랄 수 있다."라는 언급을 통해 유구한 역사를 가진 가보를 긍정적으로 평가했다. 그리고 백관에게 각기 조상의 경력을 수록해 조정에 올리도록 해서, 황제는 조정에 많은 인재들이 넘쳐나고 있음을 알리려 했다. 진종의 이러한 조서로 문무백관이 "각자 조상의 세계를 상세히 기술"하는 가보 편찬 사업이 추진되었다. 보통 송대(宋代) 사찬 족보의 유행이 주로 구양수(歐陽修)와 소순(蘇洵)의 영향을 받은 것으로 알고 있지만, 사실은 앞서 언급한 진종(眞宗)의 조서가 이런 경향보다 일찍 반포되었다. 따라서 송대 사대부의 사찬족보는 정부의 권장과 지지와 불가분의 관계가 있음을 알 수 있다.

둘째, 송대 사회 경제의 발전과 도시의 번영 및 대족(大族)의 흥기는 사찬가보의 발전에 직접적인 영향을 주었다.

송대에는 농업과 수공업의 발전을 기초로 삼아 사회경제를 번영시키고, 상품경제를 활성화시켜 해상무역을 발달시켰다. 예를 들어 장안(長安)·개봉(開封)·낙양(洛陽)·소주(蘇州)·양주(揚州)·항주(杭州)·천주(泉州)·광주(廣州) 등은 당시 비교적 큰 규모의 도시로 번창했고, 부유한 갑부들도 많았다. 북송이 항주로 천도(遷都)한 후에 경제 중심도 남쪽으로 이동했다. 남송(南宋)은 비록 북방 민족과 대적하며 내정이 부실했지만 사회경제가 발전하며 남방 도시, 특히 장강 하류 지역이 날로 발전했다.

농촌 토지의 겸병과 도시 상업의 번창에 따라, 재화가 일부 사람에게 집중되어 대족

---

22 『袁邑劉氏族譜』卷1「宋眞宗敕文武群臣修家譜詔」: "朕聞古者因生賜姓, 故有著姓氏之書, 別類分門, 爰命司姓氏之職, 其有關世教之大者, 莫若譜也。黃帝二世, 而顓頊三世, 而高辛四世, 而堯、舜、禹之先出於昌意, 湯之先出於契, 文武之先出於稷。帝王世系固已甚明, 漢起沛中, 出帝堯之苗裔, 唐發隴西, 實皐陶之派系。迨至我朝, 原於伯益, 振於涿郡。太祖皇帝肇造區夏, 應天生聖人之祝; 太宗皇帝繼登大寶, 符太平天子子祥。仙源積慶, 天派攸分。膺前代受禪之宜, 接上世統歷之正。爾在朝文武百官, 亦必各有原委, 其各述祖宗本末, 以進朕省覽, 以知我朝人物之盛。於戲! 源之深者, 流必長; 葉之沃者, 光必華。秩秩昭穆, 則知祖宗之有自; 純純世系, 實衍譜牒於無窮。故玆昭示, 咸使聞知。天禧五年(1021)辛酉□月□日譜詔。" (역자 주)

이 흥기했다. 주희(朱熹)는 이를 두고 "오늘날 부유한 사람들이 수천 경(頃)이나 되는 토지를 점유하여 왕후들보다 더 부유하며, 스스로 봉지를 할 정도이다. 그들은 무한한 토지를 차지하여 사들이거나 파는 것이 자유롭다."[23]라고 지적했다. 또 그의 외조부 집안을 언급하여 "외조부는 신안(新安)에 거주하고 계시는데, 축씨(祝氏)가 대대로 부유하기로 마을에 이름을 떨쳐 왔다. 축씨의 사업이 주군(州郡) 전체의 절반 이상을 차지하여 '반주축가(半州祝家)'로 불렸다."[24]라고 했다. 남송 포강(浦江) 정씨(鄭氏)의 가규(家規)를 보면, 250묘의 옥토를 차출하여 제사 전용으로 사용하도록 그 임대료를 따로 보관했다. 또 다른 1,500묘의 토지를 차출하여 혼인 전용으로 사용하기 위해 그 임대료를 따로 보관했다. 이로 판단해 보건대, 정씨 일가만의 땅이 최소 만 묘 정도에 달했음을 알 수 있다.[25]

요컨대 구사족(舊士族)이 정치적 지지를 잃고 점차 몰락하자, 새로운 토착호족의 경제가 신속히 이들을 대신했다. 이에 대해 "송나라가 흥한 이래 종족이 점차 번성했다. 이런 향현(鄉縣)의 권세가들이 대부분 다 종족과 계통으로 유착되어 있었다."[26]라고 했다. 그들은 친족의 수량은 방대했고, 보첩(譜牒)의 편찬을 중요시했다. 무원(婺源)의 『계원정씨세공지보(溪源程氏勢公支譜)』에서는 "종족에 족보가 있음은 국가에 사서가 있는 것과 같다. 사서는 왕조의 발전 과정을 기록하고, 족보는 한 성씨의 원류(源流)를 기술하니 그 본질은 같은 것이라 할 수 있다. 역사를 기록해야 옳고 그름을 보존할 수 있고, 원류를 기술해야 친근함과 소원함을 구별할 수 있으니, 그들의 역할도 같다고 할 수 있다. 고로 국가에 역사가 없으면 천 년 후에 옳고 그름을 판단할 수 없게 되고, 종족에 족보가 없으면 백년 후에 규칙과 표준이 더 이상 존재할 수 없다. 옳고 그름이 가려져 판단할 수 없게 되더라도 사람 마음에 공리가 존재할 수는 있다. 그러나 규칙과 표준이 없으면 예법을 지키지 못하게 되고, 사람 마음이 해이해지며 풍속이 갈수록 흐려지는 등 많은 폐단을 가져올 수밖에 없다. 그래서 족보는 꼭 편찬해야 하는 것이다."[27]라고 했다. 장재(張載)도 "천하의 인심을 얻고, 종족을 보존하며, 풍속을 두텁게 하여 사람들로 하여금 근본을 잊

---

23 『朱文公文集』卷68: "今豪民占田, 或至數千頃, 富過王侯, 是自專封也。買賣由己, 是自專地也。"

24 『朱文公文集』卷98: "外祖家新安, 祝氏世以貲力頗贍, 聞於州鄉, 其邸肆生業, 幾有郡城之半, 因號半州祝家。"

25 徐楊杰, 『中國家族制度史』, 人民出版社, 1992, 381쪽.

26 『唐語林·政事上』: "宋興以來, 宗族漸盛。" "鄉縣豪吏, 族系相依。" (역자 주)

27 『溪源程氏勢公支譜』: "嘗謂族之有譜, 猶國之有史。史以紀一代之始終, 譜以敘一姓之源流, 其體一也。始終備而是非存焉, 源流具而親疏別焉, 其用同也。是故國無史則千載之下無公論, 族無譜則百世之後無定論。無公論而公理之在於人心者, 猶不可泯也; 無定論則禮教不興, 人心日漓, 而風俗日偷, 其弊有不可勝言者矣。甚哉, 譜之不可以不作也。" (역자 주)

지 않게 하려면, 모름지기 보계(譜系)의 계통을 밝혀서 종자(宗子)의 법을 세워야 한다."[28] 라고 주장했다. 또한, 종족이 가지고 있는 거대한 경제력이 가보의 편찬에 유리한 조건을 제공하기도 했다. "대가족에게는 기록할 일이 많아, 재력과 인력도 충족되어야 했다. 남송(南宋) 후기부터 족보의 내용이 점차 확대되었고, 저서도 점차 많아지게 되었다."[29]

셋째, 송대(宋代) 인쇄 사업의 전례 없는 발전으로 가보 편찬의 흥성을 촉진시켰다. 인쇄술이 등장하기 전, 모든 서적은 수작업으로 필사해 전해졌다. 이와 같은 방법은 시간과 인력이 많이 소모되고, 산출량이 적을뿐더러 품질도 낮았다. 또한 원가가 높고 사본도 적어서, 저서의 보급과 유통이 많이 저조했다. 당(唐)나라와 송(宋)나라 이전까지 가보를 포함한 많은 중요한 저서가 실전되는 주요 원인 중의 하나가 바로, 손으로 필사해서 사본이 거의 없다는 것이었다. 학자들의 고증에 의하면, 당대(唐代)에 이르러 조판 인쇄술이 등장함에 따라 해당 저서의 사본을 비교적 쉽게 만들 수 있게 되어, 서적들의 유통 상황을 크게 바꾸어 놓았다. 하지만 당대의 인쇄술은 이제 막 시작되어 책 내용을 새기는 데는 한계가 있었고, 또한 일부 지역에 국한되어 있었기 때문에 여전히 저서를 손으로 베껴 쓰는 것이 문화 전파의 주류를 이루었다. 오대십국(五代十國)을 걸쳐 송대에 들어 조판 인쇄술이 새로운 발전 단계에 접어들면서, 인쇄 사업은 전국에 널리 분포되었다. 사천(四川), 항주(杭州), 복주(福州), 휘주(徽州), 건강(建康) 그리고 변량(汴梁) 등의 지역은 모두 특색이 있는 인쇄 중심지가 되었다. 저서를 인쇄하는 기구로 크게 관각(官刻), 방각(坊刻) 그리고 사각(私刻)이 있었다. 당시 가보를 편찬하는 족인들이 대부분 사각의 방법을 택하여, 각 방(房)과 지(支)의 양에 따라 가보를 시기적절하게 인쇄할 수 있었고, 가보의 인쇄 품질도 눈에 띄게 향상되어 가보 편찬 작업의 발전을 크게 촉진했다.

넷째, 송대 사찬가보의 흥성은 당시의 부패한 교육제도와도 무관하지 않다. 송대에 이르러 과거제도가 나날이 엄격하게 규범화되고 있는 반면에 지방의 교육제도는 매우 부패했다. 사마광(司馬光)이 "경력(慶曆) 이래 각지에서 학교를 개설했지만, 대체로 부모의 상중이거나 휴직 중인 한가한 관료들을 스승으로 삼았다. 이들은 학교에 제공된 혜택을 누리면서, 틈틈이 개인적 이익을 도모했다. 재직 관료들과 부잣집 자제 10여 명이 모여 같이 놀고, 양식을 축내면서도, 강습(講習)은 하지 않았다. 이에 예법을 지키는 자는 수치

---

28 『張載集·經學理窟·宗法』: "管攝天下人心, 收宗族, 厚風俗, 使人不忘本, 須是明譜系世族與立宗子法。"

29 "家族旣大, 所記之事必多, 財力、人力亦必充牣。族譜自南宋以後, 內容迅速擴大, 著作亦以增多。" 본문은 盛清沂, 「試論宋元族譜學與新宗法之創立」, 『第二屆亞洲族譜學術研討會記錄』, 聯合報文化基金會國學文獻館, 1985를 참조.

스럽게 여겨, 그곳에 가지도 않았다."[30]라고 말했다. 학교 교육의 쇠락으로 인재를 양성하기 어려워지자, 일부 관료와 재벌들이 자식이 공명(功名)을 추구하거나 배운 지식을 실제로 활용할 수 있도록 족인 교육을 대폭 강화했다. 송대(宋代)의 문헌에 이와 관련된 기록이 많이 남아 있다.

> 진방(陳昉)이라는 자가 있었는데 그의 집에는 총 13세대의 종족과 같이 살면서, 별장에 서루(書樓)를 두어 각지의 유명한 인물을 초청하여, 자제들을 가르쳤다. 열심히 공부하려는 자는 모두 그곳에 입학했다.[31]
>
> 홍주(洪州) 봉신(奉新)의 호중요(胡仲堯)가 화림산(華林山) 별장에 학교를 개설하여 수만 권의 책을 수집하고, 부엌과 창고를 크게 지어 각지에서 유학(遊學)하고자 하는 자를 초청했다. (중략) 수십 칸의 방과 토지 20경으로 유학하려는 자와 우수한 지원자를 후원했다. 성년이 된 자제들이 모두 이곳에서 취학했다.[32]

당시 종인이 족학(族學)을 개설하려면 학생 모집과 관사 문제뿐만 아니라 스승의 선정과 대우 등 많은 문제를 해결해야 했다. 이는 전체 종족 사람들과 관련된 공공교육 사업이었기 때문에 전체 구성원과 논의를 거쳐야 했고, 구체적인 규정도 필요했다. 이와 비슷하게 보통 가보에는 숙학(塾學), 의학(義學), 의장(義莊)[33]과 의전(義田)에 대한 구체적인 규정을 찾아볼 수 있다. 예를 들어, 『학산선생대전문집(鶴山先生大全文集)』의 「지남평조정군훈묘지명(知南平朝靖君塤墓志銘)」에는 "조정군(朝靖君)이 쓰지 않고 있던 돈으로 서당을 짓고 스승을 모시어, 족인 구성원들을 모아 교육을 시켰다."[34]라고 했다. 게다가 그의 족보와 가법족규(家法族規)에도, 서당에서 스승을 초빙해 학생들을 교육하는 일을 담당하는 장서(掌書)[35]

30 『司馬文正公集』 卷27 「議貢擧狀」: "自慶歷以來, 天下諸州, 雖立學校, 大抵多取丁憂及停閑官員以爲師長。藉其供給, 以展私惠。聚在仕官員, 及井市豪民子弟十數人, 遊戲其間, 坐耗糧食, 未嘗講習。修謹之士, 多恥不入。"

31 『全唐文』 卷888 「徐鍇陳氏書堂記」: "陳昉家十三世同居, 建書樓於別墅, 延四方之士, 肄業者多依焉。"

32 徐鉉, 『徐文公集』 卷28 「洪州華出胡氏書堂記」: "洪州奉新胡仲堯, 構學舍於華林山別墅, 聚書萬萬卷, 大設廚廩, 以延四方遊學之士 (中略) 堂廡數十間, 田二十頃, 以資遊學, 子弟秀者, 弱冠以上, 皆就學。"

33 의장(義莊): 중국 고대 사회풍습으로 종족의 공동재산을 지칭한다. 북송 인종(仁宗) 때 범중엄(范仲淹)이 봉록으로 소주에 토지를 매입해서 전산(田産)을 두고 지세를 받아 족인을 구휼한 것이 의장의 시작이다. 이후 범씨의 의장은 800~900년의 장기간 동안 유지되었다. 당시 의장은 자선기구의 역할을 했다. (역자 주)

34 「知南平朝靖君塤墓志銘」, 『鶴山先生大全文集』: "朝靖君, 嘗以余財創義莊, 辟塾延師, 聚族敎養。" (역자 주)

35 장서(掌書): 『여씨춘추(呂氏春秋)』와 『신당서 · 백관지』를 근거하면 원래 부절(符節)과 도서 및 문서를 관리를 지칭했다. 후대에 이르러 의미와 기능이 변화되어 서당의 훈장(訓長)처럼 민간에서 족인을 가르치는 의미로 변화한 듯하다. (역자 주)

라는 직책의 설치를 명확히 규정했다.[36]

이리하여 족인이 개설하는 숙학, 의학과 의전 등이 급속한 발전을 이루어 족보의 흥성을 촉진시켰다.

2. 구양수와 소순의 오세도식(五世圖式) 보법 창시

송대 인종(仁宗) 시기 당송팔대가(唐宋八大家)로 꼽히는 구양수(歐陽修)와 소순(蘇洵)은 당시 새로운 사회적 요구에 부응하며 각자 자신의 족인 족보인 『구양씨보도(歐陽氏譜圖)』와 『소씨족보(蘇氏族譜)』를 편찬했다. 이로써 새로운 가보 편찬의 취지·원칙·체례(體例)와 방법을 제시하며 송대 사찬가보의 등장과 발전을 이끌었다.

구양수는 송나라 가우(嘉祐) 연간에 『구양씨보도』를 편찬했다. 그는 이전 『신당서(新唐書)』의 편찬을 주관하면서도 보첩(譜牒)을 매우 중시했다. 그리고 「재상(宰相)」과 「방진(方鎭)」, 「종실세계(宗室世系)」 및 「재상세계(宰相世系)」라는 4개의 표를 특별히 편찬했고, 이를 통해 당대(唐代) 재상(宰相) 발전과 쇠락, 종실들의 흥망성쇠, 그리고 번진(藩鎭)이 쇠락하는 과정을 기술하였다. "그는 「재상세계표(宰相世系表)」에서 역사서에 가보 자료를 인용하는 방법을 창시하여, 대량의 사찬종보 자료를 인용하여 재상 369명, 세계(世系) 98족을 기록했다."[37] 『신당서』를 수정한 후 구양수는 자기 족인의 구성원들조차 본족(本族)의 세계에 대해 잘 알지 못한다는 것을 깨닫고, 족인과 후손들이 선조의 유덕(遺德)을 알게 하고자 본족의 구보(舊譜)와 기타 족인들이 소장하고 있는 구보를 모두 살펴본 후, 이러한 가보들의 대부분이 "문자가 불완전하거나 표현이 속되었다."[38]라고 지적하고, 구보들의 공통점과 차이점을 고증하여 다시 수정했다. 그렇다면 어떤 방법으로 가보를 다시 편찬해야 한단 말인가? "당(唐)나라 말기의 전란으로 인해 가보들이 거의 다 소실되어, 참고할 만한 자료가 없었다."[39] 구양수는 「왕심보와 세보첩에 대해 논함(與王深甫論世譜帖)」에서 "과거에도 전란이 잦았으나 사대부들의 가보는 소실되지 않았다. 그러나 오대(五代)부터 오늘날까지 많은 집안이 망하여, 집집마다 가보를 잃게 되었으니, 이는 사대부들이

---

36 龔鵬程, 「宋代的族譜與理學」, 『第二屆亞洲學術研討會會議記錄』, 聯合報文化基金會國學文獻館, 1985.

37 鮑永軍·倉修良, 「論歐陽修的譜牒學貢獻」, 『社會科學戰線』(第6期), 2007.

38 「歐陽氏譜圖後序」: "文字殘闕, 其言又不純雅." (역자 주)

39 『宋史』 卷439 「梁周翰傳」: "唐末喪亂, 籍譜罕存, 無所取則."

예법을 지키지 않고 예의와 풍속을 소홀히 여긴 탓이다. 사람들을 시켜 가가호호 가보를 찾아보도록 부탁했으나, 구할 수 없었다."[40]라고 했다. 다시 말해 당나라 말기부터 오대까지의 전란으로 세족들이 와해되고 보첩이 소실됨으로써 더 이상 송대 보학(譜學) 연구에 참고할 만한 가보를 찾을 수 없게 되어, 부득이 새로운 체례를 창시할 수밖에 없었다는 것이다.

구양수는 이러한 새로운 체례를 창시하는 역사적 임무를 담당했다. 그는 사서의 체례와 도표법을 차용하고, 5세조 안복부군(安福府君) 구양만(歐陽萬) 이후 본 족인의 이동, 혼인, 관직, 명시(名諡), 향년(享年), 묘지 및 사적 등을 세계와 보도로 구성하는 새로운 가보를 편성하여, 후대에게 물려줬다. 『구양씨보도』에서 다섯 세대를 한 도표에 배치하고, 선조부터 현손까지 포함한 현 도표의 현손이 곧 다음 도표의 선조가 되는 방식에 따라, 세대를 유추할 수 있게 했다. 이는 구양수가 오세가 경과하면 옮겨야 하는 주(周)나라 소종(小宗)의 법도를 가보에 차용한 것으로, 5세대가 경과하면 친척 관계가 끊어지고 친척 관계가 끊어지면 자리를 옮겨야 해서, 별도로 한 도표에 들어가게 만든 것이다. 구양수의 "보도의 법은 자신이 확인 가능한 세대부터 끊어야 된다."[41]라는 주장은 그의 실사구시 정신을 반영했을 뿐만 아니라, 동시에 '약원상근(略遠詳近)' '친소유륜(親屬有倫)'의 보학(譜學) 사상을 나타내는 것으로, 그 목적은 한 가문의 선조의 유덕을 선양하는 데에 있었다. 구양수는 「구양씨보도서(歐陽氏譜圖序)」(〈경편 그림 5-1〉)에서 "구양씨 일족(一族)은 노릉(廬陵) 대족(大族)으로 송나라 건국 30년 이래 선친, 백부(伯父), 숙부(叔父)들 중에 진사(進士)로 급제한 사람이 4명 있었고, 그 후 30년이 지난 후에 모(某)와 모(某)의 형 아들 건요(乾曜)도 급제했다."[42]라고 했다. 구양씨 가문이 과거제를 통해 임관한 것은 '선조의 유덕(遺德)'에 기인한 것으로, "충성으로 임금을 섬기고, 효도로써 부모를 모시며, 청렴을 관리의 본분으로 삼아, 학문으로 입신양명하라."[43]는 유가윤리의 도덕 규범을 강조했다. 이처럼 구양수는 자신의 족인 자손들이 선조의 유덕을 계승하여, 조상을 빛낼 수 있기를 바랐다. 더 나아가 사회 전반에 걸쳐 보를 편찬함으로써 '존존친친(尊尊親親)', '통종수족(統宗收族)'의 보학 기능을 구현하려고 했다. 이 점에 대해 그는 「형양어계왕씨보서(衡陽漁溪

---

40 『古今圖書集成·氏族典·王姓部』: "前世常多喪亂, 而士大夫之世譜未嘗絕也。自五代迄今, 家家亡之, 由士不自重, 禮俗苟簡之使然。雖使人人自求其家, 猶不可得。"

41 「歐陽氏譜圖序」: "譜圖之法斷自可見之世。" (역자 주)

42 「歐陽氏譜圖序」: "歐陽氏家族爲廬陵大族, 自宋興三十年, 而吾先君伯父、叔父始以進士登於科者四人。後又三十年, 某與其兄之子乾曜又登於科。" (역자 주)

43 「歐陽氏譜圖序」: "以忠事君、以孝事親、以廉爲吏、以學立身。" (역자 주)

王氏譜序)」에서 "내가 족보를 만든 이유는 그 근원을 거슬러 올라가 옛 선조를 찾아, 존귀한 사람을 존중하고 친족을 친애하는 이치가 그것에 있기 때문이다. 일족을 순서로 적다 보면 종종 존존친친하는 마음이 생기게 된다. 하지만 잘못하면 옛 시절로 거슬러 올라가는 바를 견문이 넓다 하고, 과장되면 다른 일족을 자신의 계보(系譜)에 끌어들여 영광되게 생각하니, 그 선조를 거의 기만한 것이 아니겠는가? 알려진 바에 의하면 오늘날 왕씨(王氏)의 가보는, 잘못된 점을 찾아낼 수가 없고, 부족한 점이 없어 보충할 수 없으며, 과장이 없어 수정할 길이 없다. 선조들의 유래와 출처를 추정하는 것은 존존(尊尊)의 도리를 지키는 것이고, 종족의 방계를 상세히 기록하는 것은 친친(親親)의 도리를 따르는 것이다."[44]라고 했다.

소순(蘇洵) 역시 인종(仁宗) 지화(至和) 연간에 자신 족인의 『소씨족보(蘇氏族譜)』를 편찬했다. 족보를 편찬하는 이유에 대해 소순은 "인정은 친족에서 발현되고, 친족관계는 상복에서 나타난다. 상복은 최복(衰服)[45]에서 비롯되어 시마(緦麻)[46]에 이르고, 그보다 더 소원한 관계에서는 상복을 입지 않는다. 복(服)이 없으면 곧 친족 관계는 다한 것이고, 친족 관계가 다하면 정(情)도 다하게 되는 것이다. 정이 다하면 곧 기쁜 일에도 경하하지 않고, 우환에도 슬퍼하지 않게 되는데, 기쁜 일에 축하하지 않고 슬픈 일에 조문하지 않는다면 결국 타인이나 마찬가지인 것이다. 그래서 우리는 서로를 남처럼 보지만 그 처음은 형제와도 같았고, 형제는 처음에는 한 몸이었다. 슬프도다! 한 몸이 나뉘어 타인처럼 여기다니, 이것이 내가 족보를 만든 까닭이다."[47]라고 했다. 소순은 족보를 통해 오복(五服) 관계 내의 족인들로 하여금 부모에게 효도하고 형제간에 우애를 돈독히 하여, 경조(敬祖)와 수족(收族)의 목적을 이루고자 했다. 소순은 「소씨족보서(蘇氏族譜序)」에서 "오호라. 나의 족보를 보는 사람은 효도하고 우애하는 마음이 기름을 부어 태우는 것처럼 활활 타오를 것이다."[48]라고 강조했다. 소순이 수보(修譜)를 통해 효제(孝弟)와 수족의 목적을 달성

---

44 『古今圖書集成·氏族典·王姓部』: "余惟族譜之作, 所以推其本、聯其支, 而尊尊親親之道存焉。世之譜其族者, 往往有之, 然誣者上推古昔以爲博, 誇者旁援他族以爲榮, 不幾於誣其祖乎? 今王氏之譜, 據其所可知, 而不失之誣: 缺其不可考, 而不失之誇。推其祖之所自出, 有尊尊之義焉。詳其族之所由分, 有親親之義焉。"

45 최복(衰服): 오복(五服) 상례의 하나로 부모, 증조부모, 고조부모의 상중에 입는 상복을 지칭한다. 『동관한기(東觀漢紀)』와 『의례(儀禮)·상복(喪服)』에 관련 조항이 있다. (역자 주)

46 시마(緦麻): 오복 상례의 하나로 종증조(從曾祖), 삼종형제(三從兄弟), 중증손(衆曾孫), 중현손(衆玄孫)의 상중에 3개월 동안 입는 상복을 말한다. (역자 주)

47 『嘉佑集』 卷14 「蘇氏族譜·譜例序」: "情見乎親, 親見於服。服始於衰, 而至於緦麻, 而至於無服。無服則親盡, 親盡則情盡, 情盡則喜不慶、憂不吊, 喜不慶, 憂不吊則途人也。吾人所以相視如途人者, 其初如兄弟也。兄弟其初一人之身也。悲夫一人之身分而至於途人, 吾譜之所以作也。"

48 『蘇氏族譜序』: "嗚呼! 觀吾之譜者, 孝第之心可以由然而生矣!" (역자 주)

하고자 한 것은 구양수가 수보를 통해 '존존친친(尊尊親親)의 도리'를 지키고자 하는 것과 정확히 일치한다.

『소씨족보(蘇氏族譜)』의 내용을 보면, 보례(譜例), 세계도(世系圖)와 인물전기 등이 포함되어 있다. 소순은 구양수의 편찬 방법을 받아들여, 그의 족보에 "아울러 구양씨(歐陽氏)의 족보를 실어 보례로 삼고, 구양공(歐陽公)께서 쓰신 「유씨비후(劉氏碑后)」라는 글을 덧붙여 세상의 군자들에게 알리고 장차 이를 따르는 자가 생기도록 하겠다."[49]라고 했다. 소순이 도보를 편찬한 방법을 보면 종적인 관계를 강조하며 여러 부자(父子)의 계승 관계에 주목했다. 그래서 5대가 되면 옮기는 소종(小宗)의 법도를 주장했다. 다른 한편으로는 횡적 관계도 강조해 형제의 방계도 엄밀하게 구분했고, 각 지보(支譜)를 한 편(編)으로 병합하는 대종보(大宗譜)를 숭상해 대종(大宗)의 법도를 추종했다. 전체적으로 5대까지만 도표에 포함했고, 5대 외의 친척이 사망하거나 관계가 끊어지면 도표에 수록하지 않았다. 종법 원칙에 따라 가까울수록 상세하게 기록하고 멀수록 간략하게 기록하는 상근약원(詳近略遠)의 방법을 택하고, 더 나아가 친근한 자를 존경할 뿐만 아니라 소원한 자를 도왔다. 이로 소순의 족보는 구양씨의 족보보다 더욱 엄격해졌다.

구양수와 소순 족보의 내용은 전대보다 더 풍부해졌고, 그들이 창시한 오세도식(五世圖式) 소종보법(小宗譜法)은 후세 수보의 모범이 되었다. 구양수가 "보법은 반드시 자기가 알 수 있는 세대부터 정리해야 한다. 즉 고조부터 5대 현손까지만 기록하고 그 외에는 따로 세계(世系)를 만들어야 한다."[50]라고 했다. 소순은 "적자(嫡子) 및 그의 후대들도 보를 편찬할 수 있다. 보를 작성할 때 고조까지 기록하고, 현조(玄祖)는 더 이상 기록하지 않는다."[51]라며 후세가 수보를 하는 데 범례(凡例)를 제공했다. 소순은 「보례서(譜例序)」에서 구양수의 말을 기재해 "가보를 편찬하는 것은 단지 우리 두 사람만을 위한 것이 아니므로, 온 천하 사람들이 따라 행하지 않으면 안 된다."[52]라고 했다. 이는 구양수와 소순은 수보함에 족인의 선조를 추존하고 족인을 응집시키는 역할을 강조했다. 그리고 다른 족인에게도 수보를 권장하고 모범이 되도록 하고자 했다. 구양수와 소순은 '당송팔대가'로 불릴 만큼 저명한 학자로 두 사람의 문집은 매우 널리 퍼져 있어, 두 사람의 수보하는 방법 역시 후대에 큰 영향을 미쳤다. "구양수와 소순은 가보를 편찬하여 족인을 응집하려

---

49 『古今圖書集成·氏族典·蘇姓部』: "並載歐陽氏之譜以爲譜例。附以歐陽公題劉氏碑後之文, 以告當世之君子, 蓋將有從焉。"

50 『歐陽氏譜圖』: "譜圖之法, 斷之可見之世, 卽爲高祖, 下至五世玄孫而別自爲世。" (역자 주)

51 『蘇氏族譜』: "凡嫡子而後得爲譜, 爲譜者皆存其高祖, 而遷其高祖之父。"

52 『古今圖書集成·氏族典·蘇姓部』: "是不可使獨吾二人爲之, 將天下擧, 不可無也。"

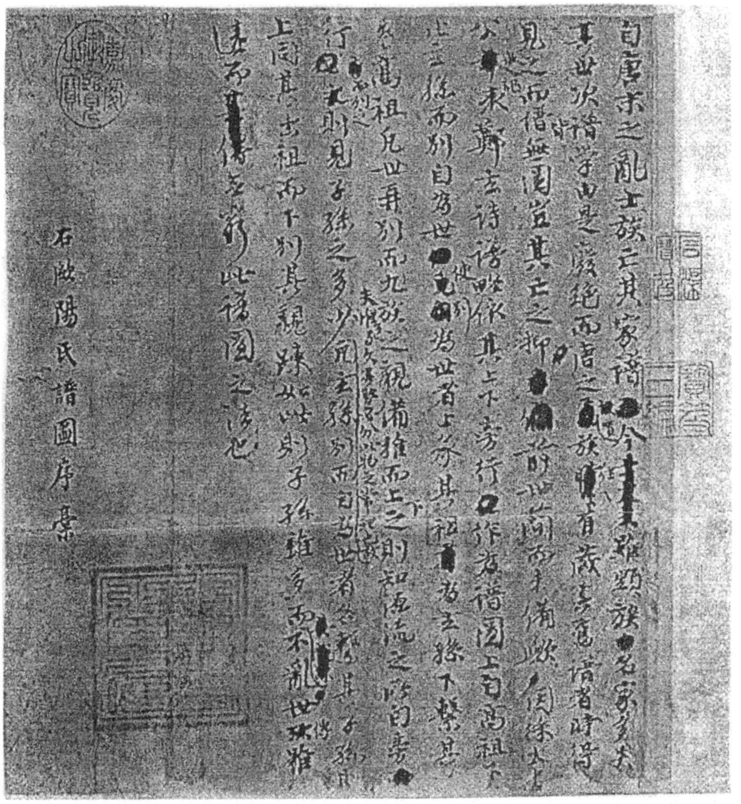

<경편 그림 5-1>
구양수의 「구양씨보도서고(歐陽氏譜圖序稿)」

했다. 그들을 따라 천하의 모든 사람들이 사당을 건설하여 조상을 섬기고, 족보를 편찬하여 지위와 신분의 높고 낮음을 구별했다."[53]

구양수와 소순의 영향을 받아 많은 사대부들이 본족의 가보를 편찬했다. 예를 들어 증조(曾肇)의 『증씨보도(曾氏譜圖)』, 허원(許元)의 『허씨세보(許氏世譜)』, 범중엄(范仲淹)의 『속가보(續家譜)』, 왕회유(王回有)의 『청하최씨보(淸河崔氏譜)』, 주장문(朱長文)의 『주씨세보(朱氏世譜)』, 유구언(遊九言)의 『유씨세보(遊氏世譜)』 그리고 왕안석(王安石), 문천상(文天祥) 및 황정견(黃庭堅) 등이 참여하여 편찬한 가보들이 있다. 송대(宋代)의 관료들은, 사적으로 가보 편찬을 할 경우 관부에 알리고 지지를 얻어야 했다. 예를 들면 송(宋)나라 왕조(汪藻)가 「어사진강백금선보서(御賜陳康伯金線譜序)」에서 이르길 "이부상서좌복야(吏部尙書左僕射) 진강백(陳康伯)이 복국공(福國公)에 임명되었다. 그는 조정에 가보 편찬의 뜻을 올렸고,

53 (明)『新安黃氏會通譜』, 弘治 14年(1501): "歐蘇二人亦嘗作家譜, 以統族屬。由是海內之士, 聞其風而興起焉者, 莫不家有祠, 以祀其先祖, 族有譜, 以別其尊卑。"

조정은 진강백의 뜻을 칭찬하며 왕조(汪藻)에게 기록하라"[54]고 했다. 이리하여 구양수와 소순이 창시한 보례(譜例)가 모범이 되어 가보가 편찬되는 풍조가 성행하게 되었다.

송대에 이르러 "관찬족보는 폐지되고 사찬가보만 흥성했다."라는 사실은 정사(正史)의 목차에서도 볼 수 있다. 『신당서(新唐書)·예문지(藝文志)』의 사부(史部)에 편재된 보첩류(譜牒類)의 가보는 총 95종, 1,617권에 달했다.[55] 『송사(宋史)·예문지(藝文志)』 사부 하에 수록된 보첩들을 보면 보서(譜書)는 110종, 총 437권이었다.[56] 『송사』에 수록된 보첩류는 당대(唐代)에 비해 많지만, 권수는 크게 줄었다. 그 이유로는 당대의 보첩들 중에는 몇 부의 관찬(官撰)이나 관찬의 특징을 지닌 보서(가 있었기 때문이다. 예를 들어 『씨족지(氏族志)』 100권, 『성씨보(姓氏譜)』(일명 『성씨록(姓氏錄)』이라고 불림) 200권, 『대당성족계록(大唐姓族系錄)』 200권, 『십팔주보(十八州譜)』 712권, 『황당옥첩(皇唐玉牒)』 110권 등이 있다. 당대에는 이러한 몇 부의 관찬보서만 해도 총 1,322권에 달했다. 송대(宋代)에는 이런 관찬보서가 없었기 때문에 권수는 자연히 축소했다. 그리고 송대 사찬가보를 관부에 올리는 제도가 사라진 점을 보면, 민간에 산재하는 사찬가보의 수량은 110종을 훨씬 넘을 것으로 보인다.

3. 송대 보학의 변혁

위진남북조나 수당 시기와 비교하여 송대 가보는 편찬의 취지, 형식, 보도 방법, 내용과 시간 간격 등 여러 면에서 뚜렷한 변화가 일어났다.

1) 편찬 취지의 변화

위진남북조 시기의 가보 편찬은 주로 관원을 선발하고 결혼 상대를 선택하는 데 있어서 "관리를 선발하고, 혼인을 결정하며, 귀천을 밝힌다."[57]라는 뚜렷한 사회적·정치적 기능을 가지고 있었다. 그러나 수당 및 오대(五代) 이래 여러 차례의 변화를 겪으면서, 위진 이후의 세가대족(世家大族)은 오대에 이르러 이미 대부분 몰락했다. 북송(北宋)이 건립된

---

54 『古今圖書集成·氏族典·陳姓部』: "吏部尙書左僕射進封福國公陳康伯請於朝而作家譜, 上賜誥以褒之, 命史臣汪藻以敍之."

55 『新唐書』 卷58 「藝文志」.

56 『宋史』 卷204 「藝文志」.

57 『通志·氏族略序』: "別選擧、定婚姻、明貴賤." (역자 주)

후 "관원을 선발할 때는 반드시 족보와 호적을 조사하고, 집안의 혼사 시 반드시 보첩을 근본으로 삼았다."[58]라는 양상은 기본적으로 바뀌었다. 가보의 기능에 있어서 가문의 신분을 구별하기 위한 사회정치적 기능이 거의 사라지고 대신에 '존조(尊祖)·경종(敬宗)·수족(收族)' 그리고 '존존친친(尊尊親親)의 도리'를 주장하는 도덕 교화기능이 강조되었다. 반광단(潘光旦)이 「중국가보학약사(中國家譜學略史)」에서 "당(唐)나라 이전의 가보는 공적으로는 관료를 선발하는 것을 돕고, 사적으로는 혼인하는 것을 돕는 두 가지 기능을 가지고 있었다. 송(宋)나라 이후의 가보는 조상을 존경하고, 종족을 응집하는 역할만 강조했다."고 한 것이 그것이다. 구양수(歐陽修)는 「형양어계왕씨보서(衡陽漁溪王氏譜序)」에서 "내가 족보를 만든 이유는 그 근원을 거슬러 올라 조상을 찾아, 존귀한 사람을 존중하고 친족과 친하게 하는 이치가 그것에 있기 때문이다."[59]라고 지적하기도 했다. 성청기(盛清沂)는 「최근 가보 편찬의 체례(當前編修家譜之體例)」에서 구양수의 가보에 대해 이르길 "과거에 귀천을 구별하고 청탁(清濁)을 분별하는 데 쓰였던 것과는 사뭇 다르게, 구양수의 가보는 가훈(家訓)을 전승하고 수신제가(修身齊家)의 처세 방법으로 여겼다."[60]라고 했다. 구양수뿐만 아니라 당시 다른 사대부들의 가보 편찬 취지도 마찬가지였다. "구양수와 소순 이후, 예를 들어 왕안석(王安石)의 『허씨세보(許氏世譜)』, 왕회유(王回有)의 『청하최씨보(清河崔氏譜)』, 사마광(司馬光)의 『신료가보(臣寮家譜)』, 증조(曾肇)의 『증씨보도(曾氏譜圖)』, 모점(毛漸)의 『모씨세보(毛氏世譜)』, 유주(遊塵)의 「가보후서(家譜後序)」, 주장문(朱長文)의 『주씨세보(朱氏世譜)』, 주희(朱熹)의 『다원주씨세보(茶院朱氏世譜)』 등이 대체로 성격이 비슷하며, 모두 조상을 섬기고 종족을 관리하는 데 목적을 두고 있다."[61] 두정승(杜正胜)은 "옛 보첩(譜牒)은 모두 관청에 올려 전문적으로 관리했는데, 그 목적을 관료 선발하는 데 두었다. 송과 원대의 보첩은 사가 내용을 기록한 것으로 그 목적은 종족을 관리하고 응집하는 데에 있었다. 이것이 송원(宋元) 이후의 족보와 옛 보첩의 근본적 차이다."[62]라고 지적했다.

---

58 『通志·氏族略序』: "有司選擧, 必稽譜籍, 家之婚姻, 必由於譜牒。" (역자 주)

59 『古今圖書集成·氏族典·王姓部』: "余惟族譜之作, 所以推其本、聯其支, 而尊尊親親之道存焉。"

60 『臺灣文獻』(第4期, 第29卷): "蓋傳其家教, 以爲修身處世之法也; 與昔日用於別貴賤、分清濁者, 迥然不同矣。"

61 "歐蘇以後, 如王安石之《許氏世譜》、王回有之《清河崔氏譜》、司馬光《臣寮家譜》、曾肇之《曾氏譜圖》、毛漸之《毛氏世譜》、遊麈《家譜後序》、朱長文《朱氏世譜》、朱熹《茶院朱氏世譜》等, 性質大抵相類, 咸以尊祖敬宗、管攝宗族爲目的。" 본문은 龔鵬程, 「唐宋族譜之變遷」, 『第一屆亞洲族譜學術研討會會議記錄』, 聯合報文化基金會國學文獻館, 1984 참조.

62 "中古譜牒均上呈官府, 專員執掌, 目的在於選官; 宋元族譜是私家記述, 目的在於收族。這是宋元以下族譜與中古譜牒的本質差異。" 본문은 杜正勝, 「家族與社會」(黃寬重·劉增貴), 『傳統家族試論』, 中國大百科全書出版社, 2005 참조.

이와 관련해 유사한 언급이 많다. 옹정(雍正) 8년(1730)에 편찬된 『강촌홍씨가보(江村洪氏家譜)』에 기재된 남송(南宋) 건염(建炎) 4년(1130)의 「중각소사공가승서(重刻少师公家乘序)」에서 "무릇 '가보를 왜 편찬해야 하는가?'라고 묻는다면, '집안의 화목과 소목(昭穆)을 밝히고, 근본을 중요시해 이를 후대로 전승하기 위함이다.'라 할지니, 가보의 의미가 대단히 깊구나."[63]라고 했다.

원나라 증적(曾迪)이 송나라 때 사대부가 사찬한 가보를 평하여, "남봉(南丰)의 증씨(曾氏), 미산(眉山)의 소씨(蘇氏), 노릉(廬陵)의 구양씨(歐陽氏)가 모두 가보를 편찬했는데, 비록 그 방법은 다르지만 조상을 공경하고 족인 구성원들과 화목하게 지내고자 하는 취지는 같았다."[64]라고 했다.

진개(陳塏)가 영락(永樂) 15년(1417)에 편찬한 「기문선화정씨속보서(祁門善和程氏續譜序)」에서 "보첩은 위로는 거슬러 올라가 근원을 밝힘으로써 선조를 공경하고, 아래로는 방계를 연결해 족인이 화목하게 지내도록 하는 것이다. 후에 사람들이 기꺼이 방달(邦達)의 마음으로 행한다면, 조상을 존경하고 족인들과 친하게 지내는 의리가 끊이지 않을 것이다."[65]라고 했다.

명대 정선민(鄭先民)은 「왕씨족보서(汪氏族譜序)」에서 "족보를 만드는 것은 본래 흩어진 인심을 묶어, 그들이 근본을 돌아보고 근원을 찾도록 하는 것이다. 이것이 노천(老泉) 소씨 논조의 개괄인 것이다."[66]라고 했다.

명대 진도(陳圖)도 「진씨가보서(陳氏家譜序)」에서 "그러므로 집안에 가보가 있으면, 족인들로 하여금 세계(世系)를 한눈에 확인할 수 있게 하여 조상을 공경하는 마음을 잃지 않도록 했다."[67]라고 했다.

요컨대, 가보 편찬 취지의 측면에서 보면, "송대(宋代)에는 후손에게 완전히 새로운 보서(譜書)를 물려주었다."라고 할 수 있다.

---

63 「重刻少师公家乘序」: "夫家譜者, 何爲而編也? 所以明親親, 敘昭穆, 惇本原, 信今而傳後也, 譜之所系大矣哉!" (역자 주)

64 "若南豐之曾, 眉山之蘇, 廬陵之歐陽, 咸自爲譜。其法雖殊, 莫非尊祖睦祖之意。" 본문은 盛清沂, 「試論宋元族譜與新宗法之創立」, 『第二屆亞洲族譜學術研討會會議記錄』, 聯合報文化基金會國學文獻館, 1985를 참조.

65 『祁門善和程氏續譜序』: "譜牒之作, 上原乎本之一, 所以示尊祖也, 下聯其支之繁, 所以示睦祖也。" "後之人能以邦達之心爲心, 則尊祖睦祖之道必源源而不窮矣!" (역자 주)

66 『古今圖書集成·氏族典·汪姓部』: "譜牒之設, 原以維散渙之人心, 使之顧本溯源。老泉蘇氏論之概矣!"

67 『古今圖書集成·氏族典·陳姓部』: "故家之有譜, 乃以使人瞭然於目而興尊親之懷也。"

2) 편찬 형식의 변화

위진남북조와 수당 시기에 가보 편찬은 관찬과 사찬가보 두 가지 형식으로 존재했다. 정부는 도보국(圖譜局)을 설치하여, "박식한 학자를 임용하고 그들로 하여금 가보 편찬 관련 일을 담당하게 했다."[68] 세가대족(世家大族)들이 사찬가보를 편찬하려면 일반적으로 조정의 허락을 받고, 관찬보첩(官撰譜牒)과 상호 참고하여, 관료를 선발하거나 혼인을 위한 사회정치적 역할을 함께 발휘해야 했다. "수당 이전에는 관원을 선발할 때 반드시 부장(簿狀)을 참고하고, 혼사 시 보계(譜系)를 근본으로 삼아야 했다. 도보에 국을 두어 낭령사(郎令史)라는 관리로 하여금 고금에 능통한 유생들을 선발해 보서를 편찬하게 했다. 조정은 각지에서 올린 가장(家狀)을 고증하여 비각(秘閣)에 보관하고 사본을 좌호(左戶)에 두었다. 이와 관련된 제도는 아주 상세하고 철저했다."[69]

위진남북조 시기의 이러한 가보 편찬 제도는 오대(五代)에 이르러 대다수가 폐지되었다. 송대에 이르러 관찬보첩이 폐지되고 사찬가보가 성행했다. 조정은 더 이상 도보국을 설치하지 않았고, 정부 역시 보첩을 편찬하지 않아 이에 가보는 사적인 편찬으로만 남게 되었다. 명나라 초횡(焦竑)이 「청양진씨족보서(青陽陳氏族譜序)」에서 이르길 "옛날에는 가보를 편찬하려면 관에 청을 올려 허락을 받아야 되었는데, 그 제도가 매우 엄격했다. 하지만 수당 이후 보국(譜局)이 폐지되었다."[70]라고 했다. 청대 유명한 사학자인 장학성(章學誠) 역시 "고대 보첩이 관에 의해 관리되었으나, 후대 사람들이 사적으로 가보를 편찬하여 더 이상 낭령사에 청을 올리지 않게 되었다."[71]고 지적했다. 송대에 들어 집집이 사적으로 가보를 편찬하는 종족보첩 제도가 점차 흥하게 되면서 보첩의 편찬과 관리제도가 주도적 역할을 하게 되었다. 흡현(歙縣)의 『쌍교정씨세계도보(雙橋鄭氏世系圖譜)·중수쌍교정씨보서(重修雙橋鄭氏譜序)』에서 "진(晉)나라 및 당(唐) 관부가 도보국을 설치하고 사관을 두어 가보를 관리하고 편찬했다. 공경대부(公卿大夫)들 가운데 관적을 갖고 있는 자는 이에 참여할 수 있었으나, 서민은 그렇지 못했다. 오대의 전란을 겪고 가보 편찬과 관련 제도가 폐지되었으며, 송나라에 이르러 학자들이 자신의 족인 세계를 상세히 기

---

68 『通志·氏族略』: "博通古今之儒, 只撰譜事。" (역자 주)

69 (明)宋濂, 「章氏家乘序」, 『古今圖書集成·氏族典·章姓部』: "隋唐而上, 選擧必稽於簿狀, 婚姻必由於譜系, 是以圖譜有局, 郎令史有員, 知撰譜事有官。四方以家狀來上者, 官爲考定, 藏於秘閣, 副在左戶, 其制最詳且明也。"

70 『古今圖書集成·氏族典·陳姓部』: "古昔譜領於官, 其法最嚴。隋唐而後, 譜局而始廢。"

71 章學誠, 『章氏遺書』 卷5 「論修史籍考要」, "古譜牒掌於官, 而後世人自爲書, 不復領於郎令史", 文物出版社, 1982.

록한 사찬가보를 편찬했다. 그리하여 가보를 편찬하고자 하는 자가 줄을 잇게 되었다."[72] 라고 했다.

위진과 수당 및 송대 보학의 편찬 형식을 비교한 반광단(潘光旦)은 「중국가보학약사(中國家譜學略史)」에서 다음과 같이 요약했다. 이르길 "송(宋)나라의 보학을 수당 이전과 비교해 보니, 분명 다른 점이 몇 가지 있었다. 첫째는 보학이 관부에서 개인적인 것으로, 공적인 것에서 사적인 것으로 바뀌었다. 수당 이전에는 사적으로 한 권을 편찬하면 관부는 필사본 한 부를 비치했다. 정초(鄭樵)는 『씨족략(氏族略)』의 서문에서 이를 충분히 언급했다."라고 했다. 당대에 이르러 재상(宰相)이 직접 가보 편찬을 주도했다. 당시 사회적으로 아직 가보가 유통되지는 않았지만, 비각(秘閣)에 보관된 원본은 관료들에 의해 열람이 가능했다. 비록 개인적으로 소장한 가보라고 해도 빌려 볼 수 있었고, 때문에 왕홍(王弘)이나 유효표(劉孝標)와 같은 학자가 참고해 학설을 제기할 수 있었다. 오대(五代) 이후 더 이상 가보 관련 직관을 두지 않았다. 그리하여 가보를 사가에서 편찬하지 않거나 혹 편찬하더라도 각자 본족(本族)의 가보만 작성하고 점차 서로 참조하지도 않았다. 이에 오늘날까지 개인적으로 성씨를 기록했기 때문에 사람들에게 보여 줄 수도 없고, 보고 싶어하는 자 또한 없었다."라고 했다. 송대의 사찬가보는 보통 본족 구성원들 가운데 명망이 높은 지식인들이 담당했다. 때로는 당시 저명한 관료와 사대부에게 자기 집안의 가보 편찬을 청하기도 했다. 예를 들어 왕안석(王安石)의 『허씨세보(許氏世譜)』와 문천상(文天祥)이 연씨(燕氏)를 위해 편찬한 가보가 이에 속한다. 본족의 가보를 위해 관료와 사대부들에게 청하여 서문과 발문(跋文)을 쓰는 경우는 매우 보편적이었다.

3) 가보의 그림과 편찬상의 변화

가보의 체례 가운데 가장 중요한 것이 바로 세계도(世系圖)이다. 송대 이전에는 시조(始祖)로부터 가보의 편찬까지 몇 대를 한 도표에 수록할지 일정하지 않아 5대를 심지어 6대를 혹은 7대를 한 도표에 수록하기도 하였다. 구양수와 소순이 소종(小宗)의 법도로부터 친근(親近)과 소원(疏遠)의 원칙에 따라 5대를 도표에 수록하는 '오세일도(五世一圖)'를 창시했다. 이후 위로는 고조부터 아래로는 그 현손까지 5세대가 한 도표에 기재되었다. 제5세대인 현손이 두 번째 도표에서 시작과 고조가 되어 그 뒤로 다시 5대를 수록했다. 이리하여 첫 번째 도표와 두 번째 도표가 합쳐져 총 9대가 되었다. 9대는 오복(五服)의 관

72 『雙橋鄭氏世系圖譜·重修雙橋鄭氏譜序』: "晉唐之際, 掌譜有局, 知譜有官, 公卿大夫通朝籍者預焉, 而庶民則不與也。五季壞亂, 其法寢廢, 宋之諸儒乃詳其世次之可考者, 家自爲譜, 而作者繼有人矣。" (역자 주)

계를 유지하면서 구세구족(九世九族)의 친근을 나타냈다. 이러한 '오세일도' 및 친근과 소원을 표시하는 방법은 구양수와 소순이 선인들의 방식을 계승하고, 송대 사찬가보의 수요에 부응하며 창시한 것이다. 이는 송대와 후대의 보도의 법에 큰 영향을 미쳤으며, 이후 가보를 편찬하는 데 사용됨으로써 중국 가보 보도의 법에 새로운 발전을 이루었다.

이에 관해 예를 들어 설명하면 다음과 같다. 남송(南宋) 시기 유명한 문인인 문천상은 「발이씨보(跋李氏譜)」에서 "족보는 구양수에서 기원했고, 후대에 수많은 자가 이를 계승했다."[73]라고 말했다. 그리고 이씨(李氏) 가보는 "소공(蘇公)의 족보에 따라 보완하거나 삭제했다."[74]라고 하였다.

송대 왕조(汪藻)는 「어사진강백금선보서(御賜陳康伯金線譜序)」에서 "보를 만드는 것은 위로는 족인의 근원을 상기시키고, 아래로는 족인의 전승을 잊지 않도록 하는 것이며 또한 족인 구성원의 마음을 응집하는 역할을 행한다. (중략) 존존(尊尊)과 친친(親親)의 도리가 유지되는 것은 바로 보첩(譜牒)의 때문이다."[75]라고 했다.

건륭(乾隆) 53년(1788)에 편찬된 『무원관원홍씨총보(婺源官源洪氏總譜)』에서는 "송나라 정화(政和) 연간에 단양(丹陽)의 홍선경(洪善慶)이 보첩을 재편했는데, 문충공(文忠公) 구양수가 태사공(太史公)의 기표(記表)와 정현(鄭玄)의 『시보(詩譜)』를 채택하여 『가보도(家譜圖)』를 편찬했다. 도표에 위로는 고조부터 아래로는 현손까지 기록하고, 그 외의 세계(世系)는 위와 똑같이 다른 도표를 만들어 기록했다. 이리하여 기원부터 종족의 친소와 소목(昭穆)을 일목요연하게 정리했다."[76]라고 했다.

송나라 장준(張浚)은 「진씨족보서(陳氏族譜序)」에서 "구양씨(歐陽氏)는 근본을 밝히는 연표를 도보로 만들었다. 그 후부터 가보를 편찬하는 법이 정해졌다. 남송(南宋)의 보첩은 비록 변화는 있었지만 구양씨의 격식과 규칙을 근본으로 하는 편찬 방법을 따랐다. 구양씨의 오종구세(五宗九世)법에 따라 가보 세계도(世系圖)를 작성하면, 위로는 거슬러 올라가 근본을 밝힐 수 있고, 아래로는 방계와 분지들의 상황을 알아볼 수 있다."[77]라고

---

73 『跋李氏譜』: "族譜昉於歐陽, 繼之者不一而足。" (역자 주)

74 "取蘇公族譜引而損益之。" 본문은 『文山集』 卷14, 臺灣商務印書館, 1986을 참조.

75 『古今圖書集成·氏族典·陳姓部』: "是譜之作, 上不忘其所自, 下不忘其所傳, 又所以收人心。(中略) 尊尊親親之道所賴以不隧者, 惟譜牒存焉。"

76 『官源洪氏總譜』: "宋政和間, 丹陽洪善慶族續修譜牒, 仿歐陽文忠采太史公記表、鄭玄《詩譜》, 作《家譜圖》。上自高祖, 下至元孫, 而自別爲世, 凡世再別, 自源而流, 族之親疏, 昭然在目。" (역자 주)

77 『古今圖書集成·氏族典·陳姓部』: "歐陽氏推本年表, 著爲圖譜, 而後譜法有定論。" "譜牒雖夥, 本於歐陽之格律爲正, 則有法矣" "其爲圖也, 準歐陽氏五宗九世之法, 推而上之, 則見其本之所自出, 遜而下之, 則見其支之所由分。"

했다.

명대 나형신(羅亨信)은 「징해남양왕씨족보서(澄海南洋王氏族譜序)」에서 "조주(潮州)의 해양(海陽) 왕씨(王氏)는 학자출신의 가문이다. (중략) 위로는 조상 본원을 소중히 여기고, 아래로는 은택을 베풀고자 (중략) 소장된 세계를 구양씨의 보례(譜例) 도표에 따라 다시 수정하고 보완하기로 했다. 조주로 건너온 조상을 1세로 삼고 2세까지 4개의 방으로 나누고, 4개의 방 아래에 각각 자손들로 세계를 이루었다. 이리하여 후대들로 하여금 조상을 마음 깊이 새기고 효도하도록 했다."[78]라고 했다.

명나라 추통노(鄒統魯)는 「삼양영씨보서(三陽寧氏譜序)」에서 "류충(柳沖)과 위술(韋述)의 저서가 등장한 후로부터 구양문공이 『한(漢)』과 『사(史)』의 연표에 따라 가보를 편찬했고, 그 뒤에 소명윤(蘇明允)이 『예(禮)』에 따라 대소종법(大小宗法)을 채택했다. 이에 대해 학자들 모두가 오늘날까지 칭찬을 아끼지 않았다."[79]라고 했다.

광서(光緖) 20년(1894)에 편찬된 『황산선원정씨종보(黃山仙源程氏宗譜)』에서는 "가보의 편찬은 구양수와 소순에서 시작한다. 소씨(蘇氏)의 가보는 인물과 사건의 기록으로 가보를 만들었는데, 이는 사마천의 『사기(史記)』에 나타난 연표와 같다. 구양씨의 가보는 방계와 분지를 연계하여 가보를 만들었는데 이는 주문공(朱文公)의 『가례(家禮)』에 나타난 종도(宗圖)와 같았다. 이에 두 가보의 형식을 적절히 본떠, 구세일제(九世一提)의 법에 따라 앞부분에 도표를 두고 뒷부분에 전기를 배치하니 그림을 강(綱)으로 삼고 전(傳)을 기(紀)로 삼았다."[80]라고 했다.

『(절강무령)봉화장씨종보((浙江武嶺)奉化蔣氏宗譜)·범례(凡例)』에서는 "당(唐)나라 이전에는 보학자로 가씨(賈氏)와 왕씨(王氏)를 꼽았고, 송(宋)나라에 이르러 구양씨(歐陽氏)와 소씨(蘇氏)가 널리 알려졌다. 가씨와 왕씨의 학문은 백가세족의 학문인 반면 구양수와 소순은 오대(五代)의 전락을 겪어 문물이 유실된 배경하에 다시 창시된 사찬(私撰)가보로써 이후 보학(譜學)의 발전을 이끌게 되었다."[81]라고 했다.

---

78 『古今圖書集成·氏族典·王姓部』: "爲一詩禮大家, (中略) 上重念本源之旣遠, 下欲綿慶澤於將來 (中略) 於是取家藏世系重加考訂而增修之, 一依宋歐陽文忠公譜例列圖。析來潮之祖爲一世, 至二世則分爲四房, 四房之下各隨其子孫而系之, 庶俾後人知水木之有本源, 篤孝敬而無或忽矣。"

79 『古今圖書集成·氏族典·寧姓部』: "自柳沖、韋述諸志錄而降, 惟歐陽文忠譜依《漢》、《史》年表例, 蘇明允以《禮》大小宗爲次, 今學者皆翕然稱之。"

80 『仙源程氏宗譜』: "作譜始於歐、蘇。蘇譜人經事維, 如司馬遷《史記》之年表, 歐譜系聯瓜屬, 如朱文公《家禮》之宗圖。茲仿照二譜, 而酌其宜式, 定九世一提, 前圖後傳, 以圖爲綱, 以傳爲紀。" (역자 주)

81 『浙江武嶺奉化蔣氏宗譜·凡例』: "譜學專家唐以前稱賈氏、王氏, 宋代則推歐陽氏、蘇氏。賈、王爲百家氏族之學, 而歐、蘇則於五季亂離、文物凋喪之余, 重創私家譜法, 斯爲後世家譜之椎輪。" (역자 주)

위에서 언급한 예들을 통해 구양수와 소순의 오세보도(五世譜圖)법은 송대(宋代) 및 이후에 커다란 영향을 끼쳤음을 알 수 있다.

4) 가보 편찬 내용의 변화

송대의 사찬가보의 유행, 가보 편찬 취지의 변화와 구양수와 소순 체례의 확립에 따라 가보의 내용은 더욱 풍부해지고 완비되었다.

『고금도서집성(古今圖書集成)·씨족전(氏族典)·진씨부(陳氏部)』에 장준(張浚)이 쓴 남송 이부상서(吏部尙書) 진강백(陳康伯) 족인의 족보에 「진씨족보서(陳氏族譜序)」가 수록되었는데, 족보의 내용을 요약하면 "우선 구보(舊譜)의 서문을 배치함으로써 가보의 시작을 밝힌다. 그다음 사전(史傳)에 의해 기록된 내용은 성씨의 원류(源流)이다. 이어서 군현(郡縣)과 세표(世表)를 통해 각 거주지를 밝혀낸다. 그리고 이러한 내용들을 도표로 만들어 세계(世系)를 자세히 설명한다. 도표는 구양씨의 오종구세(五宗九世)법에 근거하여 만들었다. 위로 거슬러 올라가면 족인의 근원을 살필 수 있고, 아래로 내려가면 방계와 지파를 확인할 수 있다. 위로 올라갈수록 '존존(尊尊)'의 도리가 더 분명해지고 아래로 내려갈수록 '친친(親親)'의 정이 더 넓어진다. 이것이 보법의 다가 아니다. 여기에 다시 필묵으로 이어주니, 이것이 바로 가보를 만드는 또 다른 의미일 것이다."[82] 이를 통해 진씨 족보의 내용은 구보의 서문, 성씨의 원류, 문벌 군망(郡望), 세계도표(世系圖表) 및 행실전기(行實傳記) 다섯 부분으로 구성되었음을 알 수 있다.

또한 다른 문헌에 수록된 송대 가보의 내용을 참고하면 송대 가보가 구양수와 소순의 체례에 비해 어느 정도 발전하여 점차 표(表), 지(志), 도(圖), 기(紀)와 예(例) 등을 포함하는 비교적 규범화된 내용 체례를 갖추게 되었음을 알 수 있다.

(1) 보서(譜序): 주로 가보의 편찬과 후속 상황, 조상 관원과 덕행, 가보 편찬의 의미 등을 기술하고 있다.

(2) 원류(源流): 가문 성씨의 유래와 종족이 이주한 경위(經緯)를 기술한다.

(3) 보례(譜例): 가보를 편찬할 때 지켜야 할 기본적 원칙이다.

---

82 『古今圖書集成·氏族典·陳姓部』: "先之以舊譜序文者, 明作譜之權輿也。次之以史傳記載者, 姓氏之源流也。又次之以郡縣及世表者, 見門第之有在也。於是爲圖以詳世系焉。其爲圖也, 準歐陽氏五宗九世之法。推而上之, 則見其本之所自出, 遜而下之, 則見支之所由分。愈推則愈高, 而尊尊之義昭; 愈遜則愈卑, 而親親之仁溥, 譜法莫備於茲矣。復以行實見於翰墨間者系之, 則又推譜之余義也。"

(4) 세계도(世系圖): 보통 구양수의 오종구세법에 따라 선조로부터 수보(修譜)하는 자까지 모두 항렬에 따라 도표로 만들고, 계승 관계를 명기한다.

(5) 보계본기(譜系本紀): 직계(直系)에 가까운 친족들의 관직, 혼인, 자녀, 연령 등 상황을 간단하게 기술한다.

가훈(家訓), 가계(家誡), 종족 규약(規約) 등의 내용이다.

사당, 묘지, 의장(義莊) 등 가산의 상황이다.

(6) 행실전기(行實傳記): 본족(本族)에 나타난 관원, "선행을 한 족인, 그리고 재주가 뛰어난 족인"[83]을 위해 전기를 작성한다. 송대(宋代) 학자인 이석(李石)은 「가보후서(家譜後序)」에서 "우리의 족보는 선조인 어사부군(御史府君)부터 편찬하기 시작했고, 선행을 하거나 뛰어난 재주가 있으면 반드시 전기로 기록한다. 관적에 오르거나 부자가 된 자는 묘지명(墓志銘)에 기록하게 된다."[84]라고 지적했다.

(7) 예문(藝文): 조정, 관부가 본족 또는 족인 구성원에게 반포한 조서, 족인 구성원의 시문 등을 포함한다.

이상의 내용을 송대 모든 가보가 구비한 것은 아니지만 전체적으로 송대 가보는 내용면에서 이전 가보에 비해 내용이 훨씬 풍부해지고 완비되었다.

5) 가보 재편의 시간적인 변화

송대 이전에도 한 집안의 가보를 재편찬하는 경우가 있었지만 보편적이지 않았고, 시간적 간격도 비교적 길었다. 송대에 이르러 사찬가보가 성행함에 따라 가보를 여러 차례 수정하는 경우도 나타났다. 특히 이학(理學)의 집대성자인 주희(朱熹)는 "한 집안에 3대가 가보를 편찬하지 않으면 이는 곧 불효가 된다."[85]라고 말함으로써, 남송 이래로 가보를 재편찬하는 풍조를 더욱 촉진시켰다.

재편된 가보의 일부는 기존 보서(譜序)의 연장이라고 할 수 있다. 1929년 편찬된 『제양강씨종보(濟陽江氏宗譜)』에서 역대 강씨(江氏)의 수보에 대해 다음과 같이 요약했다. "제양(濟陽) 강씨의 가보는 유래가 깊다. 한(漢)나라에는 『강씨총록(江氏總錄)』, 진(晉)나라에

83 "一行之善, 一藝之長。" (역자 주)

84 李石, 『方舟集』 卷10(四庫全書本): "吾宗譜系先禦史府君始修之。一行之善, 一藝之長, 必爲之傳。而登官籍致饒給者, 則載其志銘焉。"

85 『歙西範川謝氏支譜』, 1925.

는 「강씨통서(江氏統敘)」, 수나라에는 「강씨세도(江氏世圖)」, 당나라에는 「건강종파비(建康宗派碑)」, 송나라에는 『강씨세보(江氏世譜)』가 있다."[86] 명대 왕도곤(汪道昆)도 「십육족보서(十六族譜序)」에서 역대 왕씨(汪氏)의 수보 상황을 언급하며 이르길 "우리 족인의 가보는 오래되었다. 진(晉)나라에서 시작되어 당나라에서 저술되니, 두 도표를 족히 모아서 천부(天府)에 실었다. 이로써 송나라와 원나라에 이르러 가까운 친족들이 가보를 소장하게 되었다."[87]라고 했다.

재편된 가보들 가운데 일부는 북송(北宋) 이후에도 계속 재편되었다. 『휴녕조씨통종세보(休寧曹氏統宗世譜)』에서는 "조씨(曹氏) 가승(家乘)이 송나라 지화(至和) 병신년(丙申年)인 1056년부터 소희(紹熙) 신해년(辛亥年)인 1191년까지 136년에 걸쳐 무려 4차례나 편찬되었다."[88]라고 했다. 즉 30년 간격으로 가보를 편찬해 왔던 것이다. 『무원무구왕씨종보(婺源武口王氏宗譜)』가 북송 가우(嘉祐) 3년(1058)에 '구족도(九族圖)'를 만들었고, 남송(南宋) 가정(嘉定) 4년(1211)에 다시 '세계록(世系錄)'을 편찬했다. 도광(道光) 30년(1850)에 편찬된 『소강가승(蕭江家乘)』에는 송대(宋代) 전면적 수보(修譜)를 진행하던 기간인 북송 원풍(元豐) 무오년(戊午年, 1078)과 두 차례 재편 시기인 남송 가정 임오년(壬午年, 1222)과 함순(咸淳) 병인년(丙寅年, 1266)이 기재되어 있다. 일부는 남송 가보를 따르거나 남송 시기에 바로 재편찬하는 경우도 있었다. 예로 강서(江西) 풍성(豐城)의 손씨(孫氏) 일족(一族)은 건도(乾道) 9년(1173)에 가보를 편찬했고, 경원(慶元) 5년(1199) 및 함순 원년(1265)의 두 차례에 걸쳐 재편찬했다. 이는 100여 년간 세 차례나 편찬을 진행했던 것이다.[89] 남송 이후에 가보 편찬 추세는 더욱 보편화되고 빈번해졌다.

가보를 재편찬하는 과정 중에 '지보(支譜)'의 형식이 나타났다. 청대 전대흔(錢大昕)은 "오계(五季)의 전란으로 가보가 산실되었고, 송나라에 이르러 사찬가보가 성행했다."[90]라고 지적했다. 성행하던 가보 재편찬의 과정에서 커다란 난관에 봉착하게 된다. 즉, 종족이 번성하고 발전함에 따라, 자손이 점점 많아지고 종족도 점점 더 커지는데, 이 수많은 후손의 출생, 관직, 향년(享年), 묘지 등의 정보를 모두 재편찬하고 가보에 기록하려면

86 『濟陽江氏宗譜』: "濟陽之譜, 由來尙矣。漢有江氏總錄, 晉有江氏統敘, 隋有江氏世圖, 唐有建康宗派碑, 宋有江氏世譜(中略)。" (역자 주)

87 「十六族譜序」: "吾宗之譜舊矣。昉於晉, 著於唐, 二表足征, 載之天府。宋元之季, 近屬有譜存焉。" (역자 주)

88 『休寧曹氏統宗世譜』: "曹氏家乘, 自宋至和丙申(1056)至紹熙辛亥(1191)一百三十六年, 四更紀述。" (역자 주)

89 吳澄, 「豐城孫氏續譜序」, 『吳文正公集』 卷32, 上海古籍出版社, 1992.

90 "五季之亂, 譜牒散失。至宋而私譜盛行。" 본문은 錢大昕, 『十駕齋養新錄』, 江蘇古籍出版社, 2000, 246쪽에 참조.

"아주 번거롭고 복잡하다는 것이다." 이러한 문제를 해결하고자 가보를 편찬할 때, 구양수가 주장하는 '친근소원(親近疏遠)'의 원칙에 따라, 가보를 편찬하는 사람을 중심으로 친근 관계의 사람은 상세히 기록하고 관계가 멀고 소원한 사람은 간략하게 기록했다. 이렇게 함으로써 가보에 자파 생겨났고 지보가 등장하게 된 것이다. 『송사(宋史)·예문지(藝文志)·보첩류(譜牒類)』에 수록된 「진사마씨본지(晉司馬氏本支)」, 「제량본지(齊梁本支)」, 「연국공정지보(兗國公正枝譜)」 등이 바로 이러한 문제를 반영했다.

상술한 바를 종합하면 송대는 중국 가보 발전의 역사상 중요한 변혁과 전환의 시기에 해당하고, 송대의 가보는 후대 가보 편찬의 기본 구성을 갖추었고, 나아가 원과 명, 그리고 청과 민국시기 가보의 완비와 보편화를 위한 중요한 초석이 되었다.

4. 주희의 보학사상

주희(朱熹, 1130~1200)는 남송시기의 학자로 본관은 휘주(徽州) 무원(婺源)이고, 자는 원회(元晦)·중회(仲晦)이며, 호는 회암(晦庵)·회옹(晦翁)·자양(紫陽)이다. 주희는 성리학의 집대성자로 중국 봉건 사회 후기에 가장 많은 영향을 준 사상가이다. 주희는 학문이 깊고 많은 책을 저술했으며 경사자집(經史子集)과 천문지리 모두에 통달했다. 그는 가보 편찬을 매우 중요시하여 직접 본족(本族)의 『무원다원주씨세보(婺源茶院朱氏世譜)』를 편찬했을 뿐만 아니라, 당시 가보의 서문을 써 달라는 요청을 받아들여 10여 종의 가보 서문을 썼으며, 가보 편찬의 의미, 체례(體例), 내용과 집필진의 소양 등에 대해 논리적으로 조리 있게 서술했다. 주희의 보학 사상은 이학 사상의 중요한 구성요소가 되었다.

주걸인(朱傑人)·엄좌지(嚴佐之)·유영상(劉永翔) 등이 주편하고 10년의 편집 기간을 거쳐 2003년에 출판한 『주자전서(朱子全書)』는 지금까지 전해지는 주희의 전서 중 가장 체계적인 전서로 총 27권이다. 이 가운데 주희가 쓴 가보 보서(譜序) 10여 편은 다음과 같다.

(1) 「무원다원주씨세보(婺源茶院朱氏世譜)」, 『신안월담주씨족보(新安月潭朱氏族譜)』, 민국시기 중수
(2) 「자엄주씨보서(紫嚴周氏譜序)」(慶元 2年), 『정향소식(定鄕小識)』 권13
(3) 「제남신씨종보원서(濟南辛氏宗譜原序)」(慶元中), 『연산신씨종보(鉛山辛氏宗譜)』 권수
(4) 「제남신씨종보구서(濟南辛氏宗譜舊序)」(慶元中), 『연산신씨종보(鉛山辛氏宗譜)』 권수
(5) 「왕씨족보서(王氏族譜序)」, 『선유현지(仙遊縣志)』 권48, 건륭(乾隆)시기

(6) 「호씨족보서(胡氏族譜敘)」, 『고금도서집성(古今圖書集成)·씨족전(氏族典)』 권86과 『문안현지(文安縣志)』 권9, 민국시기

주희는 저명한 학자로 명·청시기 편찬된 가보를 보면, 족인 가보의 가치와 명성을 높이기 위해 주희가 가보의 서문을 써 주었다고 거짓말을 하는 경우가 종종 있었다. 그러므로 가보에 '주희보서(朱熹譜序)'가 보이면 반드시 자세한 검증을 통해 진위를 확인해 봐야 된다. 『주희전서(朱熹全書)』의 편집자들은 상세한 고증에 의해 다음의 '주희보서'들이 조작된 것임을 밝혀냈다.

(7) 「중수형양정씨세보원서(重修滎陽鄭氏世譜原序)」, 『정씨대종통보(鄭氏大宗統譜)』 권수, 민국 편찬
(8) 「황씨종보서(黃氏宗譜序)」, 『도창황씨종보(都昌黃氏宗譜)』
(9) 「오씨족보서(吳氏族譜序)」, 『석성오씨칠수족보(石城吳氏七修族譜)』
(10) 「패국주씨계원류서(沛國朱氏系源流序)」, 『패국주씨종보(沛國朱氏宗譜)』 권1
(11) 「정감나씨종보서(呈坎羅氏宗譜序)」, 『총천족정록(潨川足征錄)』 권수
(12) 「항씨중수종보구서(項氏重修宗譜舊序)」, 『항씨중수종보(項氏重修宗譜)』 권1
(13) 「죽강대씨종보원서(竹岡戴氏宗譜原序)」, 『옥환청지(玉環廳志)』 권13, 광서(光緖) 시기
(14) 「선읍남성장씨종보구서(仙邑南城蔣氏宗譜舊序)」, 『선거남성장씨종보(仙居南城蔣氏宗譜)』 권수

『주자전서』는 주희의 임관·경력·편찬 연대 및 언어 특징 등 다방면의 고증을 통해 일부 '주희보서'가 위조된 것이라고 했다.

『주자전서』의 편집자들은 다량의 산재해 있던 주희의 작품들에서 상술한 바와 같은 작품을 수집하고, 진위 여부를 확인하는 작업을 진행했다. 그 작업이 매우 진지하게 이루어졌기에 그들의 편집과 교정의 의의가 보다 더 충분히 주목받아야 한다. 그렇다면 주희와 관련된 보서(譜序)는 모두 수록되었는가? 물론 아니다. 당시 주희는 가까운 친척과 절친한 친구들의 부탁을 받아 서문을 써 줄 때 부본을 남겨 두지 않았으며, 가보 인쇄 부수의 제한으로 해당 족인들만 소장할 수 있었고, 외부인은 일반적으로 쉽게 볼 수 없었기 때문이다. 고금의 『주자전서』의 편집인은 모래사장에서 바늘을 찾는 심정으로 수만 권의 가보에서 산실된 주희보서(朱熹譜序)를 찾고자 했고, 이는 결코 쉽지 않았다. 몇 년 전부터 필자도 『중국가보자료선집(中國家譜資料選輯)』 저술에 참여해 각 지역별 시기의 가

보들을 대상으로 주희의 보서(譜序), 발(跋), 행장(行狀), 묘지명(墓志銘), 서신(書信), 상찬(像贊) 등 40여 편을 수집했고, 중복된 것은 하나로 파악했다. 그러나 2003년 출간된 『주자전서』와 대조하면 누락된 것도 있는데, 이런 보서를 나열하며 다음과 같다.

(1) 「향성족보원서(薌城族譜原序)」, 『(호남안화)호씨십수족보((湖南安化)胡氏十修族譜)』, 안정당활판본(安定堂活版本) 권수 불분, 1998

(2) 「문공증석씨종보서(文公贈石氏宗譜序)」, 『(절강신창)남명석씨종보((浙江新昌)南明石氏宗譜)』, 경운사목활판본(慶雲祠木活版本), 건륭(乾隆) 50년(1785)

(3) 「구양씨통보발(歐陽氏通譜跋)」, 『(강서안원)염강구양씨팔수족보((江西安遠)濂江歐陽氏八修族譜)』, 활판본(活版本), 1993

(4) 「진씨종보주희서(陳氏宗譜朱熹序)」, 『(호남)형산현진씨원류통보((湖南)衡山縣陳氏源流通譜)』, 덕성당활판본(德星堂活版本), 2001

(5) 「월국세가승서(越國世家乘序)」, 『(안휘회원)회남락하왕씨족보((安徽懷遠)淮南洛河汪氏族譜)』 활판본(活版本), 2002

(6) 「경원속수보서(慶元續修譜序)」, 『(안휘적계)천당갈씨종보((安徽績溪)泉塘葛氏宗譜)』, 1911

(7) 「왕씨대족보서(汪氏大族譜序)」, 『(안휘)흡서왕씨중수지보((安徽)歙西汪氏重修支譜)』, 1919

(8) 「종보서(宗譜序)」, 『신안반씨종보(新安潘氏宗譜)』, 만력(萬曆) 연간

물론 필자가 수집한 주희보서에서도 명백한 위조 작품이 발견되기도 했다. 예를 들어 옹정(雍正) 8년(1730)에 편찬된 『강촌홍씨가보(江村洪氏家譜)』에 수록된 「중각주부자제종보서(重刻朱夫子題宗譜序)」 및 1934년 편찬된 『대씨형돈가보(戴氏荊墩家譜)』에 수록된 「대씨가보서(戴氏家譜序)」가 바로 그것이다. 이 두 서문의 내용은 「중수영양정씨세보원서(重修滎陽鄭氏世譜原序)」와 완전히 일치하는데, 다만 '정(鄭)'자를 '홍(洪)'과 '대(戴)'자로 바꾸었을 뿐, 위조된 것이 분명하다.

위조 작품을 제외한 주희의 원작으로 인정할 수 있는 10여 편의 보서들에 대한 종합적 분석을 통해, 우리는 이 보서들에 담긴 주희 보학(譜學) 사상의 내용이 풍부하고 포괄적이라는 것을 알 수 있다.

첫째, 주희가 가보 서문을 써 준 대상은 대부분이 당시의 명문대족(名門大族)으로, 구체적으로는 4가지 부류로 나눌 수 있다.

(1) 주희 족인의 가보이다. 주희는 본족을 위해 『무원다원주씨세보(婺源茶院朱氏世譜)』를 편찬하고, 권수(卷首)에 「무원다원주씨세보서(婺源茶院朱氏世譜序)」를 저술했다. 서문에서 주희가 주씨세보(朱氏世譜)를 편찬한 이유에 대해 다음과 같이 언급했다. '순희병신(淳熙丙申)' 즉 1176년 주희가 46세 때 휘주(徽州) 무원(婺源) 고향에 귀향하여 성묘하러 갔는데, 조상들의 산소가 이미 "소실된 것을 보았다. (중략) 계묘(癸卯) 오월 신묘(辛卯)에, 구보(舊譜)를 보니 세계(世系)가 많아지면 혈육 관계가 멀어지고 산소도 또한 보존하기 어려워지기 마련이다. 이에 서차(序次)를 변경하여 『무원다원주씨세보』로 이름을 정하고 후세에 전하는 바이다. 이를 하나로 통일하고 기록하여 족인들에게 보여 주었다."[91] 이를 통해 알 수 있듯이 주희가 본족 가보를 편찬한 직접적인 계기는 성묘하러 귀향했을 때 조상의 산소를 찾기 어려웠다는 것이었다. 그리하여 직접 구보를 훑어보고 "세계가 많아지면 혈육관계가 멀어지고 산소도 보존하기 쉽지 않다."[92]라고 여겨, 가보를 재편찬하기로 하고 "서차를 변경하여, 족인들에게 보여 주고자 함이었다."[93]

(2) 명문대가의 가보이다. 신안(新安) 왕씨(汪氏)는 주희가 매우 추앙하는 가문으로, "전례 없이 일족(一族) 6대가 모두 진사(進士) 출신의 집안이다." "왕씨는 자손이 많지만 존비(尊卑)의 구별이 분명하고, 종족이 번성했지만 친소(親疏)관계가 확연하다. 제사, 성묘, 경축, 상례, 그리고 족인 모임에 모두 인후한 가풍이 넘치는 온화하고 화목한 족인이다."[94] 따라서 주희는 『흡서왕씨족보(歙西汪氏族譜)』의 서문인 「왕씨대족보서(汪氏大族譜序)」를 쓰고 직설적으로 "신안 왕씨 일족은 타의 추종을 불허할 정도로 귀하게 번창했다."[95]라고 밝혔다.

마찬가지로 주희가 「왕씨족보서(王氏族譜序)」를 저술한 것은 "왕씨(王氏) 일족이 주영왕(周靈王)의 태자 진(晉)의 후대로 자손들이 이(伊), 낙(洛), 낭야(琅琊) 등 지역에 살았던 유래가 있으며, 그들의 선조는 진(晉)나라의 유명한 인물로 온 천하의 존경을 받았고, 송(宋)나라에 들어와서도 왕씨 일족은 여전히 번창했다."[96]라는 유래에 근거했다.

---

91 「婺源茶院朱氏世譜序」: "皆以失之 (中略) 癸卯五月辛卯, 因閱舊譜, 感世次之易遠、骨肉之易疏而墳墓之不易保也。乃更爲序次, 定爲《婺源茶院朱氏世譜》, 而並書其後如此。仍錄一通, 以示族人。" (역자 주)

92 『紫陽朱氏武林派宗譜』, 嘉慶 8年(1803): "世次之易遠、骨肉之易疏而墳墓之不易保也。"

93 『紫陽朱氏武林派宗譜』, 嘉慶 8年: "更爲序次, 以示族人。"

94 「汪氏族譜序」: "一脈六世, 咸捷進士第, 古所未有也。汪氏子孫雖多, 而尊卑之分截然。宗族雖盛, 而親疏之分昭然。春秋祭掃, 吉兇慶吊, 衣冠相聚, 淳乎仁厚之風, 藹然雍睦之族。" (역자 주)

95 『歙西汪氏重輯支譜』, 1919: "新安汪氏, 其族之貴盛, 非他族之可比倫。"

96 "王氏出自周靈王太子晉之後, 而子孫家居於伊、洛、瑯琊, 有由來矣。其先晉代名流, 海內冠冕尚矣。及我皇宋進賢圖治, 衣冠藹然。" 본문은 『朱子全書』 卷26, 『朱子遺書』 卷5, 上海古籍出版社·安徽教育出版社, 2003을

(3) 공덕을 쌓은 가문이다. 주희는 길주(吉州) 구양수(歐陽修) 일족의 가보를 위해 집필한 「구양씨통보발(歐陽氏通譜跋)」에서 구양씨(歐陽氏)를 천하에 명망이 높은 가문으로 지목하고, 특히 공덕을 쌓은 집안이라고 강조했다. 오늘 "대리시시승(大理寺寺丞) 구양연세(歐陽延世)가 가보를 보여 주었는데 그 가보의 소목(昭穆) 질서가 정연하고 일목요연하여 한눈에 볼 수 있었으며, 참으로 선왕의 유의를 얻을 만했다. 더욱이 구양씨 일족은 공덕을 쌓은 가문으로 당송(唐宋)부터 길주(吉州)에 살았으며, 거의 300여 년 동안 저명한 인재를 배출한 가문이니, 어찌 번성하지 않을 수 있겠는가? 또 문충공(文忠公)은 생각이 깊고 기개가 뛰어난 글로 천하에 널리 알려졌으니, 실로 강남(江南) 문헌의 뛰어난 인재로서 어찌 타족들과 비교할 수 있겠는가?"[97]라고 칭찬했다.

(4) 성리학으로 맺어진 교우관계이다. 주희는 이학의 본성에 대해 함께 토론하면서 탐구하는 지인들을 위해 일일이 가보 서문을 써 주었다. 주희는 경원(慶元) 2년(1196)에 휘주(徽州) 적계(績溪) 갈씨(葛氏) 가보를 위해 「경원속수보서(慶元續修譜序)」를 작성했다. 그 이유에 대해 다음과 같이 말했다. "종의(從義)는 호가 사일(四一)이며, 진공(晉公)의 8대손이자 만춘공(萬春公)의 18대손이기도 하다. 나와 함께 이학을 연구해 왔기 때문에 나는 그의 집안에 대해 잘 알고 있다. 그의 아들은 방기(芳暨)이며 조카는 번(藩)이라 한다. 종의의 부탁으로 보첩(譜牒)을 빛내고자 서문을 쓰게 되었다. 내가 그를 잘 알고 친하게 지내기 때문에 이렇게 상세하게 이야기를 할 수 있는 것이다."[98]

그리고 주희는 절강(浙江) 신창(新昌) 남명(南明) 석씨(石氏) 가보를 위해 「문공증석씨종보서(文公贈石氏宗譜序)」도 작성했는데, 이는 바로 주희가 석군(石君) 자중(子重)과 "마음이 서로 통하고 묵계가 있어 이학을 같이 연구했기 때문이다."[99] 이에 서문에서 이르길 "주희는 집안을 빛내어 동안부(同安簿)에, 석군 자중은 동안승(同安丞)에 명해진다. 희가 남강군(南康軍)과 지식을 나누는 사이라 석군 자중도 남강군과 친했다. 둘은 마음이 통하고 묵계가 있어 모두 이학을 중요시했다. 익년 봄에 희는 일로 신창에 갔다가 석군을 석고서당(石鼓書堂)에서 만나 몇 달간 같이 지냈다. 이 기간에 석군이 희에게 중수된 가보

참조.

97 『(江西安遠)濂江歐陽氏八修族譜』(活版本), 1993: "今觀大理寺丞歐陽延世出示其家譜系, 昭穆隱顯, 一覽具見, 直得先王之遺意也。且歐陽氏, 世德之家, 自唐宋居吉州迄今, 殆三百餘年, 衣冠文物, 輝映前後, 向其盛哉! 又有文忠公等之雄文, 令望昭於天下, 眞所謂江南文獻之表表者耶, 豈他族所能及哉!"

98 『(安徽績溪)泉塘葛氏宗譜』, 1911: "從義號四一, 晉公之八世孫, 而萬春公之十八世孫也。究心理學, 與余道義切磋, 余因詳知其家世。其子芳暨其任藩, 今奉從義之命乞余一言, 以光譜牒。因余知之深, 故言之能詳也。"

99 『(浙江新昌)南明石氏宗譜』, 乾隆 50年(1785): "心同道, 契相與, 講究理學。"

를 보여 주었다. 희는 그 가보를 보면서 감개무량해했다."[100]라고 했다. 석씨 일족(一族)은 "연이어 급제하여 세계(世系)가 번창했다."[101] "석군이 어릴 때부터 총명하여 일찍이 12세부터 공부에 집중하고 매진하여 18세에 진사(進士)에 급제했다. 주희와 친하기 때문에 주희에게 서문을 부탁하여 조상들의 성씨 유래를 밝혀내고자 한다."[102]라고 했다.

순희무신(淳熙戊申, 1188) 가을에 『신안반씨종보(新安潘氏宗譜)』의 서문인 「종보서(宗譜序)」를 써 준 연유는, 바로 주희가 가보 주인 윤견(潤堅)과 오랜 친구로 "그는 의리가 깊고 학식이 높다는 것을 알고 있기 때문이다."[103] 서문에서 "윤견이 편찬된 가보를 보여 주었는데 소목(昭穆) 질서가 정연하고 존존(尊尊)과 친친(親親)의 도리도 잘 갖추고 있었다. 나는 윤견과 가깝기 때문에 그가 학문 수준이 높고 친친의 도리를 잘 따른다는 것을 잘 알고 있다. 천하의 모든 사람들이 친친의 도리를 따르도록 하고 족인을 응집시키는 데 이보다 더 좋은 것이 어디 있겠는가? 풍속을 순후하고 아름다워지게 하는 데 이만한 것이 없다."[104]라고 했다.

이와 같이 보서(譜序)를 써 준 대상들을 보면, 당시 성리학의 집대성자로 주희는 자신의 족인 가보를 적극적으로 편찬하고, 그들의 부탁에 의해 명문대족에게 서문을 써줬다. 이는 주희가 당시 명문대족들과 교분이 깊었을 뿐만 아니라 문화적 매체로서 보첩(譜牒)을 매우 중요시했다는 것을 나타낸다. 주희가 특히 이학을 함께 연구하던 지기의 가문의 보첩 쓰기를 중요시했던 것은, 그가 평생 동안 이학의 도덕전통을 고취시켜 온 것과 관련이 깊다.

둘째, 주희는 가보 서문에 각 성씨의 유래, 시조(始祖), 시천조(始遷祖) 및 족인의 이주 과정을 실사구시에 따라 차별적으로 서술했다. 우선, 주희는 당시 가보에서 나타나는 조상을 위칭하고 권세에 빌붙는 현상을 극도로 혐오했다. "보첩이 폐지되면서 성씨 원류(源流)를 밝혀내는 근거를 잃게 되었다. 비루한 무리들도 현명한 선조의 후대임을 사칭하고,

---

100 『(浙江新昌)南明石氏宗譜』, 乾隆 50年: "熹榮甲第, 任同安簿, 石君子重爲同安丞。熹嘗知南康軍, 石君子重亦知南康軍。心同道, 契相與, 講究理學。越明年春, 熹有事新昌, 訪石君於石鼓書堂, 眷留彌月, 乘間以重修譜牒見示, 熹窮且歷觀, 甚有感激。" (역자 주)

101 『(浙江新昌)南明石氏宗譜』, 乾隆 50年: "接踵登仕, 世不乏人。" (역자 주)

102 『(浙江新昌)南明石氏宗譜』, 乾隆 50年: "君自幼端慤警悟, 年十二刻意爲學, 晝夜不怠, 年十八擢進士, 與熹相好, 托熹作文, 以暴先人受氏之所自。" (역자 주)

103 "知其義理之學明。" (역자 주)

104 『新安潘氏宗譜』, 萬曆年間(1573~1620): "潤堅以所輯家譜一編出示, 予觀之, 昭穆有序, 尊尊親親之義, 燦然以備。予素訂交潤堅, 知其義理之學明, 故親親之道篤。於戲, 使天下之人各親其親, 各收其族, 何世道不可代乎? 風俗之醇美, 固不能無資於是道也。"

이적(夷狄) 부족에서 자라난 자도 황제의 후예라고 거짓으로 일컫는다. 아이고, 이 어찌 분개하지 않을 수 있겠는가?"[105] 주희는 이러한 "원류의 근거를 잃게 된다."라는 단점을 극복하고자 각 가보의 성씨 유래를 언급할 때 되도록 근거를 제시했다. 그가 가지고 있는 성씨 원류를 파악할 수 있는 자료가 각기 다르기 때문에 논술할 때 획일적이 아니라 실사구시로 각 성씨의 현실 상황에 입각하여 소개했다.

일부 성씨에 대해 주희는 성씨의 유래, 시조 및 족인 세계(世系) 약력을 비교적 체계적으로 기술했다. 예를 들어 "왕씨(汪氏)의 원류를 추적해 보면 헌원(軒轅)의 후예이고 희성(姬姓)에서 유래되었다. 노성공(魯成公)은 덕을 쌓고 인(仁)을 행했으며, 사씨부인(姒氏夫人)은 자상하고 인효(仁孝)를 중요시했다. 백성들이 그들의 선행의 덕을 많이 입었다. 하늘이 이러한 그들에게 내리는 상으로 신통력을 발휘하여 백토암(白兔岩)을 유람하고 있는데 무지개가 몸을 둘둘 감는 길몽을 선사했다. 그 후 아이를 낳았는데, 아이의 손에 왕자(汪字) 무늬가 있어 왕(汪)이라고 불렀다. 이 아이가 성인이 된 후에 생김새가 특이하고 기개가 뛰어나 큰 공을 세워 제후로 봉해져 영천(潁川)을 봉지로 삼았다. 후대가 이러한 조상을 기념하기 위해 조상의 이름인 왕을 씨로 삼았다. 왕씨 일족(一族)이 대대로 노동(魯東) 평양(平陽)에 살았으며, 영천후(潁川侯)를 시조로 섬겼다."[106]라는 것이다.

주희는 역시 석씨(石氏)의 보서(譜序)에도 석씨의 성씨 유래부터 그 족인의 이주 과정을 서술했다. "석씨의 유래를 말하자면 틀림없는 황제(黃帝)의 후예이다. 사마천(司馬遷)의 세표(世表)를 보면, 주성왕(周成王)이 강숙(康叔)을 위정백(衛靖伯)으로 봉하고 석(石)을 봉지로 지정함에 석씨를 성으로 했다. 춘추(春秋) 때 석작(石碏)이 위상경(衛上卿)이 되고 한(漢)나라에 이르러 월(越)나라 사람인 석분(石奮)이 조(趙)나라가 망한 후 하내(河內)로 이주했다. 한나라가 번창할 때 한고조(漢高祖)가 석분을 하급관리로 임명했는데 후에 소연(小涓)으로 승직했다. 효문제(孝文帝) 때 대중대부(大中大夫)로 올라갔으며 경제(景帝) 때 구경(九卿)으로 임명되었다. (중략) 8대손인 혼(渾)이 상서(尙書)로 재직했고, 창(昶)이 동래태수(東萊太守)의 직을 맡았다. 또 8대손인 연(淵)이 건안태수(建安太守)가 되었다. (중략)"[107]

---

105 "自譜牒久廢, 源流無據, 崛起草野之夫, 而求附聖明之後, 生長夷狄之部, 而僭紊帝王之裔, 噫! 可慨已!" 본문은 「文公贈石氏宗譜序」, 『(浙江新昌)南明石氏宗譜』, 乾隆 50年(1785)에 참조.

106 "汪氏溯其輩源, 蓋自軒轅之後, 系出姬姓, 由魯成公積德累仁, 又賴姒氏夫人仁孝慈惠以輔佐之。是以仁恩之廣被及生民, 天厚其報, 特顯靈異。故有遊白兔巖之夢, 遇虹繞身而生子, 手有汪字紋以命名。及長, 相表奇特, 志氣超凡, 建功封侯, 食才潁川。三世誦公, 因以祖名爲氏。世居魯東平陽, 尊潁川候爲汪氏始祖" 본문은 「越國世家家乘序」, 『(安徽懷遠)淮南洛河汪氏宗譜』, 2002를 참조.

107 "竊觀石氏之相承, 無非出於黃帝之後。考之史遷世表, 至周成王封康叔於衛靖伯, 食采於石, 受就石氏。春秋, 石撮爲衛上卿。暨漢時, 石奮爲越國人。趙亡, 徙河內。漢興, 高祖召爲小吏, 升爲小涓。孝文時, 官至大中大夫。

같은 성씨의 가보일 경우 주희는 성은 같지만 족인이 다를 수 있다는 상황을 염두에 두고 성씨의 원류(源流)를 소개할 때, 원동류이(源同流異)의 논지를 전개했다. 예를 들어 「호씨족보서(胡氏族譜序)」에서 주희는 "호씨(胡氏) 조상은 주무왕(周武王)이 순(舜)의 후대인 호공만(胡公滿)을 진(陳)으로 봉하는 것으로부터 기원하여 후손이 조상의 시호(諡號)를 성으로 삼았다. 한나라 문공(文公), 공공(恭公), 광공(廣公)으로부터 진(晉)나라 관내후(關內侯) 질공(質公)까지 가보의 시조(始祖)로 섬기고, 25세대에 걸쳐 전해졌다."[108] 「향성족보원서(薌城族譜原序)」에서 주희는 호씨원류에 대해 다음과 같이 소개했다. 이르길 "호씨의 조상은 오대(五代) 태사(太師)인 문미공(文美公)으로부터 기원되었다. 위로 거슬러 올라가 규만(嬀滿)이 진후(陳侯)로 분봉되고 시호를 '호공(胡公)'으로 칭한 후부터 '호'를 성으로 사용했다. 한나라의 호관(胡寬), 호건(胡建), 삼국(三國)시대의 호질(胡質), 호위(胡威), 송(宋)나라의 호번(胡藩)이 모두 호씨의 직계(直系) 자손이다. 호건이 안정(安定)으로 이주하고, 호번이 예장군(豫章郡) 신오(新吳) 화림(華林)으로 옮겨 갔다. 당(唐)나라 의양(義陽) 신주시랑(申州侍郎)인 원범(元範), 공부상서(工部尙書) 호증(胡證)이 모두 화림 출신이다. 남송(南宋)에 태산에서 공부한 호익지(胡翼之), 형양(衡陽)에서 학설을 세운 호강후(胡康侯)들이 있는데, 고증 결과 다 같은 성씨 유래를 갖고 있었다. 무령(武寧), 금릉(金陵), 길안(吉安), 길수(吉水), 임강(臨江), 신유(新喻), 신택(新澤), 향성(薌城)이 있었는데, 금릉으로 인해 화림에서 유래된 것이었다. 본원이 분명하고 분지가 상세하며 저서들도 많은데 가보를 편찬하지 않을 리가 어디에 있겠는가?"[109]라고 했다.

일부 가보의 성씨에 대해서는 원류의 모색이 힘들 경우, 주희는 시조(始祖)가 아닌 시천조(始遷祖)부터 그 가문의 약력을 소개했다. 예를 들어 주희는 자신의 족인 가보를 편찬할 때 시천조인 다원부군(茶苑府君)의 환(環)을 시조로 삼아 족인 세계(世系)에 배열했다. 이르길 "우리 선조들은 흡주(歙州) 흡현(歙縣) 황돈(黃墩)에 거주했으며 오군(吳郡) 출신이다. (중략) 당(唐)나라 천우년(天祐年) 도아(陶雅)가 흡주자사(歙州刺史)로 임명을 받고 무원

及景帝卽位, 以奮爲九卿。(中略) 八世孫渾, 尙書; 昶, 東萊太守。又八世孫源, 建安太守。(中略)" 본문은 「文公贈石氏宗譜序」, 『(浙江新昌)南明石氏宗譜』, 乾隆 50年(1785)에 참조.

108 "胡氏之先自周武王封舜後胡公於陳, 子孫以諡爲姓。歷漢文恭廣公以迄晉關內侯質公, 爲立譜之鼻祖, 相傳二十五世。" 본문은 『朱子全書』 卷26, 上海古籍出版社, 2003을 참조.

109 "胡之先, 出自五季太師文美公。而上沿流求源, 胡氏得姓, 始爲嬀滿, 封爲陳候, 謚曰'胡公', 自滿而下, 承流衍派。漢之胡寬、胡建, 三國胡質、胡威, 宋之胡藩, 皆嫡系也。自建遷安定, 自藩遷豫章新吳華林, 則有唐之義陽申州侍郎元范、工部尙書胡證, 咸出華林之後。我朝, 泰山讀書胡翼之, 衡陽著書胡康候。因此考彼, 同一氣也。其武寧、金陵、吉安、吉水、臨江、新喻、新澤、薌城, 由於金陵, 始於華林也。本源歷歷, 支派詳明, 著書繁盛, 簪笏綿綿, 譜詎可以弗著?" 본문은 「薌城族譜原序」, 『(湖南安化)胡氏十修各族譜』(安定堂活版本), 1998을 참조.

(婺源)을 점령한 후, 우리 선조를 제치다원부군(制置茶院府君)으로 임명하여 3천 병사를 이끌어 무원을 지키도록 했다. 다원부군이 무원에서 돌아가시고 역시 무원에 안장되었다. 따라서 후손들은 무원을 고향으로 삼아 그곳에 거주했다. (중략) 1세인 다원부군은 휘가 환이고 명이 고료(古僚)이며 자가 순신(舜臣)으로, 집안 항렬 제21위이다. (중략) 천우 연간에 자사 도아의 명령에 따라 무원을 지켰다. 백성들이 편히 살게 되면서 우리 조상 역시 무원에 정착했다. 따라서 관원인 제치다원이 무원으로 이주한 시조가 되었다."[110]라고 했다.

「자엄주씨보서(紫嚴周氏譜序)」에서 주희도 주씨(朱氏)의 시천조부터 그 집안의 이주 과정을 다음과 같이 소개했다. "주씨 시천조의 이름은 정(靖)이고 자는 천석(天錫)이며, 대대로 상부(祥符)에서 거주했다. 황제를 따라 남쪽으로 건너가 국자정록(國子正錄)으로 임명되어, 항주(杭州)에서 살다가 제기(諸暨)로 옮겨 갔다."[111]

주희는 일부 가보의 성씨 원류(源流)의 경우 시조 및 시천조의 고증이 힘들 경우 간략히 언급하거나, 혹은 아예 기술하지 않았다. 예를 들어 주희가 「구양씨통보발(歐陽氏通譜跋)」에서 구양씨(歐陽氏) 족인을 소개할 때 "당송(唐宋)부터 길주(吉州)에 거주하여 지금까지 3백여 년이 지났다."[112]라고 간술했다. 또 「제남신씨종보원서(濟南辛氏宗譜原序)」와 「제남신씨종보구서(濟南辛氏宗譜舊序)」라는 두 글에서 주희는 앞부분에서는 수보(修譜)의 깊은 의미에 대해서 서술했고, 뒷부분에서는 신가헌(辛稼軒)과 함께 무이산(武夷山)을 유람하는 장면을 생생하게 묘사했다. 하지만 신씨(辛氏)의 원류에 대해서는 "그 원류를 탐구하면 어디든지 신씨의 후예가 있다."[113]라고 간략하게 언급하며 신씨의 시조, 시천조에 대해서는 더 이상 기술하지 않았다.

요컨대 주희는 보서(譜序)에서 각 가보 성씨 원류를 소개할 때, 실사구시의 정신에 따라 차별을 두었다. 주희의 학문을 대하는 이러한 태도는 바람직한 것이다.

셋째, 주희는 종법의 정립과 와해라는 관점에서 중국 보첩(譜牒)의 성쇠와 재편 및

---

110 "吾家先世居歙州歙縣之黃墩, 相傳望出吳郡。(中略) 唐天佑中, 陶雅爲歙州刺史, 初克婺源, 乃命吾祖領兵三千戍之, 是爲制置茶院府君, 卒葬連桐, 子孫因家焉。(中略) 一世: 茶院府君, 諱環, 又名古僚, 字舜臣, 行二十。(中略) 天祐中, 以刺史陶雅之命戍婺源, 民賴以安, 因家焉。官制置茶院, 是爲始遷婺源之祖。" 본문은 「婺源茶院朱氏世譜」, 『朱子全書』 卷26, 上海古籍出版社. 安徽教育出版社聯合出版, 2003을 참조.

111 "始遷祖靖, 字天錫, 世居祥符。扈蹕南渡, 爲國子正錄, 居杭遷於諸暨。" 본문은 『朱子全書』 卷26 「紫嚴周氏譜序」, 『朱子遺集』 卷5, 安徽教育出版社聯合出版. 上海古籍出版社, 2003을 참조.

112 『(江西安遠)濂江歐陽氏八修族譜』(活版本), 1993: "自唐宋居吉州, 迄今殆三百餘年。"

113 "究其初, 悉皆有辛氏之裔。" 본문은 『朱子全書』 卷26 「紫嚴周氏譜序」, 『朱子遺集』 卷5, 安徽教育出版社聯合出版. 上海古籍出版社, 2003을 참조.

발전에 관하여 언급했다. 주희는 중국 고대 선왕의 시대에는 종법 봉건이 행해졌고, 소목(昭穆)이 질서 정연했다고 생각했다. 이르길 "왕이 성을 하사함으로 세족이 발흥되었다. 최초에는 한 사람에 불과했지만 시간이 지남에 따라 천하로 퍼지고 흩어지게 되었다. 하지만 그 원류를 따지다 보면 천하가 곧 하나의 대족(大族)이요, 동성(同姓)은 하나의 맥락인 것이다. 선현들이 종법을 수립함에 따라 '친친(親親)의 도리'가 갈수록 뚜렷이 나타났다."[114] "선현들이 종류에 따라 책을 작성함으로써 성씨를 기록하는 책이 나타나 세계(世系)를 분류하고 소목(昭穆)을 밝혀냈다. 소사(小史)를 임명하여 성씨를 관리하는 관원도 나타났다. 이로써 황족(皇族)의 종파와 자손 등에 관한 자료가 질서정연해 바로잡기가 쉬워졌다."[115]라고 했다.

주희는 주평왕(周平王)이 수도를 낙양(洛陽)으로 옮긴 후 소목유서의 종법이 파괴되어, 소목제도를 보존하기 위해 보계(譜系)가 나타나게 되었다고 주장했다. "왕이 동쪽으로 수도를 옮긴 후 귀족들이 몰락하여 난(欒)과 각(卻)씨가 노복이 되고 왕과 함께 가세가 기우니 종법도 점점 사라졌다. 그러나 이를 유지하는 자가 있어 주관(周官) 세계가 유지됨으로써 소목제도가 보존되어 가보의 유래를 이르게 했다. 가보가 존재함으로써 종족의 유래를 찾아볼 수 있기에 그들은 가보를 중요시할 수밖에 없었다."[116]

주희는 위진남북조와 수당 시기에 이르러 가보가 중시되고 보첩(譜牒)이 발전되었다고 했다. 이르길 "남북조(南北朝) 시대의 북위(北魏)와 북제(北齊) 이래 관에는 반드시 부장(簿狀)이 있고, 종가에는 반드시 세계가 있었다. 출세한 자는 부장에 벼슬의 등급을 기록했고, 일반 사람들은 세계에 따라 집안의 유래를 구분했다. 당(唐)나라 사람들은 세족을 중시하여 집안마다 보첩을 갖고 있었다."[117]라고 했다.

주희는 당나라 이후에 오대(五代)의 전란으로 보첩은 편찬되지 않았지만, 소수 귀족과 사인의 세계는 여전히 유지되었다. 그렇지 않았다면 "종족과 세계가 실전되어 더는

---

114 「宗譜序」, 『新安潘氏宗譜』, 萬曆年間(1573~1620年): "先王錫士姓, 而世族興, 其初一人, 久則散蔓, 延於天下, 遡其源則天下一大族也, 同姓一氣脈也。古者宗法立, 而親親之道益著。"

115 「文公贈石氏宗譜序」, 『(浙江新昌)南明石氏宗譜』, 乾隆50年(1785): "古者别生列類時, 則有著姓之書, 分世系敘昭穆, 而命小史時, 則有姓氏之官, 璇源仙派, 繩繩有序, 金枝玉葉, 秩秩可考, 故訂正甚易也。"

116 "及王轍既東, 世臣倫喪, 欒卻降在皂隷, 從王皆爲圭蓽, 宗法始蕩然矣。所頼以維持者, 獨周官世系, 辨昭穆之制存焉爾, 此譜之所從出也。譜存而宗可考, 是故君子重之。" 본문은 「陳氏族譜朱熹序」, 『(湖南)衡山縣陳氏源流通譜』(德星堂活版本), 2001을 참조.

117 "自元魏高齊以來, 官必有簿狀, 家必有世系, 出者征簿狀, 以稽官次, 處者考世系, 以辨本支" "唐人重世族, 故譜牒家有之。" 본문은 『朱子全書』 卷26 「胡氏族譜敘」, 『朱子遺集』 卷5, 上海古籍出版社. 安徽教育出版社, 2003을 참조.

찾아보기 힘들었을 것이다."[118]라고 했다. 송대(宋代)에 이르러 "우리 왕조에 새로운 문화적 분위기가 형성되고 귀족들이 인륜, 정도(正道)를 중요시하여 나날이 창궐하고 있었다."[119] 다시 보첩을 중시하고, 가보를 편찬하기 시작했다.

위와 같은 보서(譜序) 관련 논술 중에 주희는 송대 이전 중국보첩의 발전은 우여곡절 과정도 간략히 언급했다. 이러한 언급은 기본적으로 역사적 사실에 부합하고, 간단명료하게 요점을 제시하여 중국 가보의 연혁(沿革)을 이해하는 데 어느 정도 계시적 역할을 하고 있다.

넷째, 주희는 저술한 여러 보서(譜序)을 통해 가보의 편찬 취지와 의의를 분명히 기술했다. 주희는 「구양씨통보서(歐陽氏通譜序)」에서 보첩(譜牒)을 편찬하는 의미에 대해 다음과 같이 논술했다. 이르길 "보첩은 소목(昭穆)을 구분하고 장유순서를 가리며 천하의 인심을 지배한다. 또한 풍속을 두텁게 하여 사람들로 하여금 근본을 잊지 않게 한다."[120]고 했다. 주희는 다른 보서에서도 이 주제에 대해 다소 심층적으로 논했다. 예를 들어 「향성족보원서(薌城族譜原序)」에서 주희는 한 걸음 더 나아가 "보첩을 편찬하는 바 위로는 종족의 근본을 천명하고 신분의 귀천(貴賤)을 서술하여 출신의 존귀함을 나타내고, 아래로는 친소(親疏)를 구별함으로써 관계의 친근함을 알려 주고자 한다. 이와 같은 존존친친(尊尊親親)이 인륜의 정도(正道)를 세우게 한다. 인륜의 정도가 서고 효경하며 살아간다면 호씨(胡氏) 일족(一族)은 더욱 빛나고 발전할 것이다."[121]라고 했다.

또한 주희는 보서에서 보첩 세계(世系)의 역할에 대해 긍정과 부정의 양면적 시각에 입각하여 논술했다. 기나긴 봉건 역사 과정에서 보첩 세계를 강조한 것은 해당 시기의 전통적 사상, 예법, 도덕 등과 깊은 관계가 있다. 주희는 「문공증석씨종보서(文公贈石氏宗譜序)」에서 이르기를 "무릇 성씨는 인물을 영광으로 여기고, 인물을 욕되게 하지 않으니, 사사로이 성씨를 바꾸려는 것이 어찌 이롭다 하겠는가? 담자(郯子)와 같이 자신의 조상을 잘 알고 있는 자는 칭찬을 받는 반면에 적담(籍談)과 같이 조상을 모르는 자는 사람들에게 비웃음을 당할 수밖에 없다. 따라서 세계를 분명히 알아야 한다. 무릇 세계란 사람들로 하여금 역과 순의 이치를 분명히 하고, 친근함과 소원함을 구분하게 한다. 봉건

---

118 「胡氏族譜序」: "族氏派系往往湮淪而莫考矣。"

119 「宗譜序」, 『新安潘氏宗譜』, 萬曆年間(1573~1620): "我朝文運聿新, 衣冠之族往往篤於倫誼, 日日瑞昌。"

120 『(江西安遠)濂江歐陽氏八修族譜』(活版本), 1993: "譜牒所以序昭穆, 別長幼, 攝人心者也; 厚風俗, 使人不忘本也。"

121 『(湖南安化)胡氏十修族譜』(安定堂活版本), 1998: "譜既著矣, 上而本源明, 尊卑敘示有尊也; 下而親疏別, 異同辨示有親也。尊尊親親, 人道立矣。人道立而孝敬生, 則胡氏之族愈有光焉而不墜。"

사회가 오래 유지되고 종족 세계가 대대적으로 계승할 수 있었던 이유가 바로 전통적 사상, 예법 및 도덕 등과 깊은 연원이 있는 것이 아니겠는가?"[122]라고 했다. 세계를 중요시하지 않는다면 "사람의 근원을 알 수 없게 되는 것이다." 같은 종족에 속한 사람이라도 모르는 사람으로 간주할 수밖에 없다. "시간이 오래 경과되어 사대부들은 수원목본(水源木本)의 도리를 잊는 경우가 많았고, 또한 조상의 명성과 공훈이 높지만 후세가 몰락하여 전해지지 않은 경우도 적지 않았다. 그 이유가 바로 보첩이 없기 때문이다. 정자(程子)가 보첩이 폐지되면 자신의 근본을 알 수 없게 되고 사방에 돌아다니더라도 서로 누군지 알 수 없게 된다고 한 것은 바로 이 때문이다."[123]

주희는 더 나아가 가보를 편찬하는 것은 소목을 분명하게 하고 근원을 명백히 알리며 족인 구성원들로 하여금 멀리 가더라도 도적(圖籍)에 의하여 조상을 잊지 않도록 하는 것이라고 여겼다. 즉 "천류와 만파가 있어도 근원은 하나이고, 가지와 잎이 무성하더라도 그 뿌리를 떠날 수 없다."[124]라는 것이다. 비록 "인정이 군자로 인해 빛이 나더라도, 군자의 영향력이 5세대를 거치면 약해지고, 멀리 지내면 서로 모르는 자가 될 수 있다."[125] 하지만 가보를 편찬하게 되면 "소목(昭穆)이 분명해지고 근원을 구별할 수 있게 되며, 보첩(譜牒)에 의해 후세들은 그 조상을 잊지 않고 추모할 수 있다. 이처럼 조상을 잊지 않고 그림이나 글로 남겨 두면, 효의 실행에 게을리하지 않으면 가문이 번창하게 될 것이다."[126] 주희(朱熹)는 더욱이 무원(婺源) 주씨(朱氏) 일족을 예로 들어, 주씨 일족은 안휘(安徽)와 복건(福建)이라는 두 갈래로 나뉘었지만 가보 편찬을 통해, 앞으로 두 지역 가문에 식구가 늘 때마다 서로 알려 주기로 했다. "11세대 이후에 인구가 계속 증가했다. 안휘와 복건이라는 두 갈래의 주씨 족인은 올해부터 매년 족인 내에 식구가 늘 때마다 이 사람들을 상대에게 알려 줘야 한다. 이러한 정보는 가보의 뒷부분에 따로 정리해 놓아야 비록 양 갈래로 나뉘어 멀리 떨어져 있더라도 같은 가보를 가질 수 있고, 조상을 잊지 않으

---

122 『(浙江新昌)南明石氏宗譜』, 乾隆 50年(1785): "夫姓氏以人物爲榮, 不以人物爲辱, 彼區區改氏冒姓者, 何益哉。能言其祖, 則郯子見稱, 不識其先, 籍談貽譏。甚矣, 世系不可不明也。夫世系, 明逆流順之理, 別親疏之分, 封建之所以久長, 統緒之所以續述, 其有關於世教也, 至矣!"

123 "去古旣遠, 士大夫多昧乎水源木本之理, 或祖宗功高望重, 一傳之後, 子孫廢墜, 不能振拔, 遂淩夷久而失其眞者, 豈少也哉! 良由譜牒之不講也。程子嘗言譜牒廢, 則人不知來處, 以至流轉四方往往不識, 正謂此耳。" 본문은 「歐陽氏通譜跋」, 『(江西安遠)濂江歐陽氏八修族譜』(活版本), 1993을 참조.

124 「陳姓族譜序」: "千流萬派, 總歸一源, 葉茂枝繁, 不離一本。" (역자 주)

125 「陳姓族譜序」: "人情以君子之澤, 五世而斬, 一經流遠, 視若途人。" (역자 주)

126 "昭穆旣明, 本源自辨, 後有作者, 果能追念前由, 無忘厥祖, 披圖按籍, 孝思勃生, 則勉旃不怠, 庶光前業已。" 본문은 「陳氏宗譜朱熹序」, 『(湖南)衡山縣陳氏源流通譜』(德星堂活版本), 2001을 참조.

며 가보를 오랫동안 전할 수 있는 것이다."[127]라고 했다.

주희는 「왕씨족보서(王氏族譜序)」에서 가보를 편찬하는 취지를 몸과 마음을 다스려 임금을 섬기는 성리학 사상과 결부시켰다. 왕씨(王氏)의 "후대가 이를 따르고 지킴으로써 몸과 마음을 다스려 집안을 올바르게 이끌 수 있다. 이를 확대해 충실히 하면 군주를 섬기고 사람을 다스리며 유학을 전승하여 관원이 됨으로써 가문의 명성을 날릴 수 있다. 이로 말미암아 윤리를 중시하고 풍속을 중히 여겨 타의 추종을 불허하게 된다."[128]라고 말했다.

더욱이 주희는 보서(譜序)에서 가보의 역사적 지위를 국사와 동등하게 취급했다. "국가에 역사가 있듯이 족인에게는 가보가 있다. 국가에 역사가 없으면 역대 제왕들의 전통과 정통성 및 흥성과 쇠퇴 등의 진실성을 어떻게 검정할 수 있겠는가? 가문에 가보가 없으면 소목, 세계(世系)근본, 자손 원류(源流)의 진실성 또한 어떻게 검증할 수 있단 말인가?"[129] 주희의 이와 같은 가보와 국사를 대등한 위치로 견주는 주장은 가보 편찬에 중대한 영향을 끼쳤다. 청대(清代) 저명한 역사학자인 장학성(章學誠)이 가보와 국사의 관계에 대해 한 걸음 나아가 논했다. "가문에 가보가 있고 주현에 지(志)가 있으며 국가에는 국사가 있다는 것이 사실은 같은 뜻이다."[130] 가보, 지방지 그리고 국사는 중국 역사의 3대 근간을 이루고 있으며, 유구한 중화 역사문화의 중요한 구성 요소라고 할 수 있다.

주희는 가보 편찬의 중요한 의미를 깊이 알고 있었기 때문에 당시 가보를 편찬하면서도 그 깊은 의미에 대해 알지 못하는 현상을 보서에서 강하게 비판했다. "오늘날 가보를 편찬하는 자는 많다. 그 목적을 따져 보면 조상들의 부귀와 씨족들의 강대함을 과시하는 것에 불과하고 가보를 편찬하는 깊은 의미에 대해서는 무지하여 물어볼 수조차 없다. 가보를 편찬하는 출발점은 바로 소목(昭穆), 장유순서, 사서(士庶) 신분, 그리고 친소(親疏)관계를 구별하여 밝혀내고, 가정의 예법과 전통 등을 유지시키는 데에 있다. 그러나 오늘날 가보를 편찬하는 이들은 태조가 어느 가문의 관리였고, 어느 왕조의 수상이었으며 그 후 자손들이 얼마나 이러한 영광을 누리고 살아왔는지에 대해 미루어 짐작해 보

---

127 "十一世以下, 來者未艾, 徽、建二族, 自今每歲當以新收名數更相告語而附益之, 庶千里之外, 兩書如一, 傳之永遠, 有以不忘宗族之誼。" 본문은 「婺源茶院朱氏世譜序」, 『紫陽朱氏武林派譜』, 嘉慶 8年(1803)에 참조.

128 (乾隆)『仙遊縣志』 卷48: "子姓遵而守之, 則可以修身正家; 擴而充之, 則可以事君治人, 然而儒學之相傳, 宦業之相望, 皆所以重倫紀, 厚風俗, 非他人所能及也!"

129 "家有譜, 猶國有史也。國無史, 千萬載帝王之傳統、正閏、隆替, 何從而驗其實? 家無譜, 某昭某穆、世系本源、某派子孫, 亦何而考其眞?" 본문은 「薌城族譜原序」, 『(湖南安化)胡氏十修族譜』(安定堂活版本), 1998을 참조.

130 "家有譜, 州縣有志, 國有史, 其義一也。" 본문은 「爲張吉甫司馬撰大名縣志序」, 『文史通儀校注』(卷8外篇三), 中華書局, 1985를 참조.

는 데 불과하다. 같은 성씨를 갖고 있는 이들이 출신 가문에 의지하여 그 영광을 누리고자 할 뿐이다. 이처럼 친소, 사서, 장유 및 소목을 밝혀내지 못하면서 가보를 편찬하는 것이 무슨 의미가 있겠는가?”[131]

다섯째, 주희는 보서(譜序)에서 수보(修譜)의 내용, 체례 및 편찬자의 소양 등에 대해서도 중요하게 다루고 있다.

주희는 「왕씨족보서(王氏族譜序)」에서 보첩(譜牒)의 체례와 내용을 두 가지로 분류했다. “보첩의 체계는 아주 방대하다. 공경대부(公卿大夫)부터 서민까지 모두 보첩을 갖고 있다. 무릇 보첩은 두 부분으로 분류할 수 있는데, 하나는 문헌이라 하여, 이 부분에는 주로 본전(本傳), 고(誥), 표(表), 명(銘), 장(狀) 및 제사 등을 상세히 기술한다. 또 다른 하나는 세계(世系)로, 주로 친소(親疏), 존비(尊卑), 적서(嫡庶) 및 계통(繼統) 등을 구별하여 밝혀내는 것이다. 세계가 없으면 승계하는 그 원류(源流)를 알 수 없고, 문헌이 없으면 그 출처에 대해 알 수가 없다. 따라서 보첩은 조상들의 역사를 기록하고 후세들의 미래를 일깨워 주는 중요한 역할을 하니 본이 아니고 무엇이겠는가?”[132] 주희는 가보의 체례와 내용을 문헌과 세계 두 부분으로 구분하고 더 나아가 세분화하며 수보의 핵심을 언급했다.

“오늘날까지 발견된 주희의 보서들은 구양수와 소순에 관련된 내용이 없었다.”[133]라고 주장하는 학자도 있지만 사실은 그렇지 않다. 주희는 보서에서 구양수와 소순의 체례에 대해 여러 차례 언급하며 격찬했다. 그는 「향성족보원서(薌城族譜原序)」에서 “보첩은 과거에도 중요시 여겨왔다. 구양수와 소순이 가보를 편찬하는 체례를 창시한 후로 수보가 갈수록 증가했다. 이렇게 편찬된 가보들은 근본을 명확히 알리고 존비 서열을 배열하며 친소관계와 이동(異同)을 구별하게 한다.”[134]라고 언급했다. 또한 “보(譜)라는 것은 아는 것을 기록하고 모르는 것이나, 미래의 것들은 기술하지 않는다. 비록 부귀하고 지위

---

131 “今之修譜者衆矣, 推其意, 不過誇示祖宗之富貴, 矜言氏族之強大已耳, 而所以修譜之深意, 則茫乎其不可問矣。蓋修譜之意, 所以序昭穆、明長幼、分士庶、別親疏, 以維持家道也。而今之修譜者則曰: 吾太祖爲某氏之官, 某朝之相, 而後之子孫亦與有榮施焉。凡我同姓之人, 莫不依附我之氏族, 而得以步其光寵。於是乎親疏無明, 士庶無以分, 長幼無以別, 昭穆無以序, 而修譜之義安在哉?” 본문은 「湖南辛氏宗譜原序」, 刊『朱子全書』 卷26, 『朱子遺書』 卷5, 上海古籍出版社. 安徽教育出版社, 2003을 참조.

132 “譜牒之系大矣哉! 自公卿大夫及庶人, 必有譜牒。夫譜牒有二: 一曰文獻, 則詳其本傳、誥、表、銘、狀、祭祀之類; 一曰世系, 則別其親疏、尊卑、嫡庶、繼統之分。非世系無以承其源流, 非文獻無以考其出處。述祖宗之既往, 啟後人之將來, 豈不本於是歟?” 본문은 『朱子全書』 卷26, 『朱子遺書』 卷5, 上海古籍出版社. 安徽教育出版社, 2003을 참조.

133 林振禮, 「朱熹譜序發徵」, 『中國哲學史』, 2001年 1期.

134 「薌城族譜原序」: “譜, 古所重也。歐、蘇作譜, 而典益著。是典也, 將以明本源, 序尊卑, 別親疏, 辨異同。” (역자 주)

가 높은 자라도 같은 종족 출신이 아니면 기록할 수 없는 반면에 아무리 가난한 자라도 같은 종족에 속한다면 무시하면 안 된다. 구양수와 소순은 가보를 높이 추앙하고 점차 사족(士族)들이 그들의 수보하는 법을 따라하여 가보를 중요시하는 풍조를 형성시켰다. 이러한 수보 풍조가 유행하는데 어찌 모두 참여하고 싶지 않겠는가? 길주(吉州) 노릉(盧陵)의 담암(澹庵) 선생은 손굉보(孫宏父)를 따라 지구(志歐), 소지지(蘇之志), 법구(法歐), 소지법(蘇之法) 등을 두루 사용했지만, 지금은 구양수와 소순의 체례만이 남게 되었구나."[135] 라고 했다. 여기서 주희는 가보를 편찬하는 데 "지구, 소지지, 법구, 소지법"의 관점을 제기했다. 그는 구양수와 소순의 체례를 갖춰야 가보가 비로소 "같은 본원을 밝혀내고 존비를 배열하며 친소(親疏)를 구별하고 이동(異同)을 분별할 수 있다."[136]라는 역할을 하여, 소목(昭穆) 윤리의 취지를 달성시킬 수 있다고 주장했다.

주희는 보서(譜序)에서 수보(修譜)하는 자는 진실을 추구하고 밝히는 자질을 갖춰야 한다고 했다. 이르길 "무릇 가승(家乘)이란 한 집안의 역사이다. 사실에 부합하지 않거나 조작하면 안 된다."[137] 했고, 또한 자신도 이를 몸소 실천했다. 주희는 「무원다원주씨세보서(婺源茶院朱氏世譜序)」에서 주씨(朱氏) 본족(本族)의 세계(世系) 원류(源流)에 대해 꼼꼼하게 검증했다. "우리 집안의 조상들은 흡현(歙縣) 황돈(黃墩)에 거주했으며, 오군(吳郡) 지역에서 명망이 높은 집안이었다고 한다. (중략) 당(唐)나라 천우(天祐) 연간에 도아(陶雅)가 흡주자사(歙州刺史)로 임명되어 무원(婺源)을 점령했다. 도아는 선조에게 군병 3,000을 이끌고 무원을 지키라는 명령을 내렸고, 후에 제치(制置)라는 관직을 부여했다. 선조는 제치다원부군(制置茶院府君)이라 불렀다. 선조는 무원에서 돌아가시고 역시 이곳에 안장되었다. 따라서 후손들도 무원을 고향으로 삼아 그곳에 거주하게 되었다."[138] 다원부군(茶苑府君)은 바로 주씨 일족(一族)이 무원으로 이주한 시조(始祖)이다. 주희의 고증에 의하면 당시 박주(亳州) 영성(永城)에 살고 있던 단양(丹陽) 주씨는 가까운 곳에 살고는 있었지만 오군 출신이 아니기에 주씨 일족과 같은 근원이 아니며, 같은 종족이라고 볼 수 없었다.[139]

---

135 『(湖南安化)胡氏十修族譜』(安定堂活版本), 1998: "譜者, 譜其所可知, 不譜其所未知。匪我族類, 雖富貴且不錄, 系同本支, 雖貧賤何容棄。歐、蘇尙矣, 仕族踵之。斯盛典也, 詎可缺諸。(中略) 吉之廬陵澹庵先生從孫宏父, 志歐、蘇之志, 法歐、蘇之法, 其今日之歐蘇歟。"

136 「胡氏族譜序」: "同本源, 序尊卑, 別親疏, 辨異同。"

137 "夫家乘者, 一家之史也, 失實不可, 厚誣亦不可。" 본문은 「慶元續修譜序」, 『(安徽績溪)泉塘葛氏宗譜』, 1911을 참조.

138 「婺源茶院朱氏世譜序」: "吾家先世居歙縣之黃墩, 相傳望出吳郡。(中略) 唐天祐中, 陶雅爲歙州刺史, 初克婺源, 乃命吾祖領兵三千戍之, 是爲制置茶院府君。卒葬連同, 子孫因家焉。" (역자 주)

139 『紫陽朱氏武林派宗譜』, 嘉慶 8年(1529).

주희가 자신 족인의 원류에 대해 진지하게 논증하려던 정신은 충분히 존중할 만하다.

위와 같이 주희는 본인이 작성한 많은 보서들에서 보첩(譜牒)의 연혁(沿革), 기능, 체례, 역할 및 편찬하는 방법 등에 대한 중요한 사항을 기술했다. 주희는 사회적 지위가 높은 관료든 사회적 지위가 낮은 서민들이든 모두 참여하는, 서민적 색채가 강한 이 문화적 활동을 매우 중요시했다. 주희가 작성한 가보의 서문은 양이 많고 내용이 아주 광범위하며 빈틈없이 고증되었고, 논술의 깊이가 있어 역대 보서 중에 선두를 차지하고 있다. 주희는 "한 집안에 3세대가 가보를 편찬하지 않으면 불효가 된다."[140]라는 명언으로 가보의 편찬 여부를 효도와 직결시켰는데, 후에 많은 사람들이 이 명언을 인용하고 따랐다. 주희의 보학(譜學) 논술은, 선인들의 주장을 이어받아 발전시킨 것으로 내용이 넓고 깊어 중국 보학 이론을 매우 풍부하게 했고, 남송(南宋) 이후 중국 가보의 편찬에 중요한 영향을 끼쳤다.

주희의 보학 사상은 그의 성리학과도 밀접하게 연결되어 있다. 주희가 쓴 보서(譜序)는 대상의 선택이나 내용이 의도적이든, 아니든 그의 이학도통(理學道統) 주장과 연관되어 있다. 주희는 이런 보서들을 통해 대중들에게 모범적 종족 모델 하나를 지정했는데, 그것이 바로 신안(新安) 왕씨(汪氏)였다. 주희는 왕씨 일족에 "빈부 격차가 존재하지만 같은 종족 출신이라는 것을 고려하여, 부자는 가난한 자를 업신여기지 않는다. 사회적 지위의 높고 낮음의 차이는 있을지언정 모두 종족의 풍조와 관습을 따르고 권세를 이용해 낮은 자를 모욕하지 말아야 한다. 이에 왕씨의 족보는 전통적 교리보다 더 큰 뜻을 따르고 있으니, 다른 가문보다 우월하다고 할 수 있다."[141]라고 했다. 이 보서에서 주희는 왕씨 가문의 소목(昭穆) 윤리에 대해 매우 긍정적으로 평가했을 뿐만 아니라 그가 한평생 추구하던, '천리(天理)'에 따라 구성된 이상세계를 그려 냈다.

5. 『고금성씨서변증』과 『통지·씨족략』의 소개

송대(宋代) 성씨와 관련된 보첩(譜牒) 문헌들 중 주목해야 할 두 가지 저술이 있다. 하나는 등명세(鄧名世)의 『고금성씨서변증(古今姓氏書辨證)』이고, 다른 하나는 바로 정초(鄭樵)의

140 「諸說」, 『(安徽休寧)平陽郡汪氏宗譜』, 光緒 22年(1896).

141 "貧富雖有不濟, 皆念本同一氣, 不恃富以欺貧, 貴賤雖有不敵, 皆能崇重族氣, 不以貴淩賤, 此汪氏譜所以大有先於世教, 而視他族爲愈也。" 본문은 「汪氏大族宗譜」, 『安徽歙西汪氏重修支譜』, 1919를 참조.

『통지(通志)·씨족략(氏族略)』이다.

『고금성씨서변증』은 송대 등명세가 편찬하고 자춘년(子椿年)이 보충하여 완성한 작품으로 총 40권으로 되어 있다. 작가는 『좌전(左傳)』과 『국어(國語)』에 등장한 성씨를 위주로 시운(詩韻)에 따라 분류했다. 『풍속통(風俗通)』에 기록된 성씨 관련 저작들에서 장점을 취하고, 단점을 보완했다. 그리고 『희녕성찬(熙寧姓纂)』과 『송백관공경가보(宋百官公卿家譜)』라는 두 저술을 참조해 내용을 교정하고 상세히 논증해서 『고금성씨서변증』이란 이름을 얻었다. 『고금성씨서변증』은 북송(北宋) 정화(政和) 연간에 편찬을 시작해 건염(建炎) 초기에 일정한 규모를 갖추게 되었고, 남송(南宋) 소흥(紹興) 4년(1134)에 완성되었다. 부자(父子)가 대를 이어 20여 년에 걸쳐 완성한 이 책은 다른 성씨 관련 저작들보다 훨씬 상세하고 정확하다. 이 책의 원본는 이미 산실되었고, 현존하는 판본은 건륭(乾隆) 연간에 『영락대전(永樂大典)』에서 총 40권으로 편집해서 원서의 기본적인 내용을 수록했다.

등명세가 저술한 『고금성씨서변증』은 『원화성찬(元和姓纂)』, 『신당서(新唐書)·재상세계표(宰相世系表)』 및 『통지·씨족략』 등과 같은 성씨 관련 작품들과 비교해 보았을 때, 다음과 같은 분명한 몇 가지 장점이 있다.

첫째, 『고금성씨서변증』은 성씨와 관련된 다양한 종류의 고대 문헌들을 광범위하게 인용했다. 예를 들면 선진(先秦) 및 양한(兩漢) 문헌 중에서 『세본(世本)』, 『풍속통의(風俗通義)』, 『한서집해음의(漢書集解音義)』 및 사유(史遊)의 『급취편(急就篇)』 등을 인용했다. 위진남북조(魏晉南北朝) 시기의 문헌으로는 갈홍(葛洪)의 『신선전(神仙傳)』, 장화(張華)의 『박물지(博物志)』, 황보밀(皇甫謐)의 『제왕세기(帝王世紀)』, 우예(虞豫)의 『복성록(復姓祿)』, 하승천(何承天)의 『성원(姓苑)』, 왕검(王儉)의 『백가집보(百家集譜)』, 가집(賈執)의 『성씨영현전(姓氏英賢傳)』과 장전(張詮)의 『남연록(南燕祿)』 등을 인용했다. 그리고 당대(唐代) 문헌으로는 이리섭(李利涉)의 『성씨보(盛氏譜)』, 공지(孔至)의 『성씨잡록(姓氏雜錄)』과 장구령(張九齡)의 『성원운보(姓源韻譜)』 등을 인용했으며, 송대(宋代) 문헌으로는 채진자(采眞子)의 『천성편(千姓編)』, 소사(邵思)의 『성해(姓解)』, 조대종(曹大宗)의 『성원운보(姓源韻譜)』 및 등명세 자신의 『춘추사보(春秋四譜)』 등을 참고했다.

위에 언급된 문헌들은 비록 대부분이 안전하게 보관되었지만, 일부는 전란을 겪으면서 파손되거나 산실되었다. 예를 들어 하승천의 『성원』, 가집의 『성씨영현전』, 장구령의 『성원운보』와 채진자의 『천성편』 등이 송원(宋元) 이후에 모두 실전되었다. "이 문헌들은 『고금성씨서변증』에 인용되어 보존되고 있으며, 비록 몇몇은 일부 진귀한 몇 점만 보존되어 있지만, 여전히 기타 문헌들을 집일(輯佚)하거나 보완하여 현존하는 고적들을 교정하고, 고적의 유래 및 진위를 연구하고 판별하는 데 있어서 참고 문헌적 가치가 높다."[142]라고 했다.

둘째, 『고금성씨서변증』에는 일부 대성(大姓)의 세계(世系) 원류(源流), 지파 분포 및 군내에 거주하는 명문대족의 수에 대하여 현존하는 『원화성찬(元和姓纂)』보다 더 정확하고 상세하게 수록했다. 주지한 바와 같이 『원화성찬』은 송(宋)나라에 이르러 이미 대부분이 실전되었고, 청대에 이르러서는 "선본(善本)은 거의 없고 단지 7~8점만 잔존했다." 그러나 등명세(鄧名世)가 『고금성씨서변증』을 저술하던 당시에는 『원화성찬』의 내용이 아직 많이 전해지고 있었다. 자료의 출처를 따져 보면 『고금성씨서변증』에서 『원화성찬』 내용에 대한 인용이 특히 많았다. 예를 들어 『원화성찬』에서 왕씨(王氏)와 관련한 내용은 오래전에 산실되었다. 오늘날 현존하는 것은 청나라 사람 홍영(洪瑩)이 『비급신서(秘笈新書)』에 따라 보완한 것으로, 홍영의 기록에 따르면 왕씨는 천수(天水), 동평(東平), 신채(新蔡), 신야(新野), 산양(山陽), 중산(中山), 장무(章武), 동래(東萊) 및 하동(河東) 9개의 군내에 살고 있었다고 한다. 그러나 『고금성씨서변증』에 인용된 『원화성찬』의 왕씨 조항에 의하면 풍익(馮翊)·장사(長沙)·금성(金城)·광한(廣漢)·광릉(廣陵)·요성(聊城)·장안(長安)·고릉(高陵)·하내(河內)·하간(河間)·남전(藍田)·상당(上黨)·업군(鄴郡)·광평(廣平)·화음(華陰)·낙릉(樂陵) 등 24개 군내에 거주했다. 『원화성찬』의 왕씨 24개 군망(郡望)에 관한 내용은 청대에 이르러 이미 산실되었기 때문에, 홍영이 집일할 당시에는 분명히 그 내용을 볼 수 없었다. 그리고 위진남북조부터 수당 시기까지 소씨(蕭氏)에 대해서 수록했고, 현재 현존하는 『원화성찬』에 홍영이 『비책신서』에 의해 집일한 내용이 일부만 남아 있지만 『고금성씨서변증』에는 해당 내용이 훨씬 풍부하다. 그 밖에도, 『고금성씨서변증』의 '근사(近事)'와 '문견(聞見)'으로부터 소수민족의 성씨 및 양송(兩宋) 시대의 성씨 원류와 분포 상황의 연구에 필요한 새로운 사료를 구해, 전해 오던 자료 부족을 충분히 보완했다.

셋째, 『고금성씨서변증』은 『원화성찬』의 내용 외에도 한 번도 실리지 않았던 40여 가지의 성씨들을 증보해 보완했다. 즉 봉(蓬), 공기(公綦)·종(蹤)·봉후(逢侯)·시도(施屠)·제(提)·제(梯)·휴(畦)·서하(西河)·인(鄰)·분(紛)·언(鄢)·조(凋)·화(禾)·방(防)·향(香)·장(長)·광(狂)·영기(榮錡)·조(稠)·남(男)·유수(遊水)·우사(右師)·남(欖)·최(最)·조(胙)·만(曼)·승구(乘丘)·범(汎)·저(抵)·치(觶)·위(偉)·만(晩)·좌구(左丘)·쇄(瑣) 등 40개의 성씨가 있다.[143]

『고금성씨서변증』은 당시 학자들로부터 절대적인 지지를 받았으며, 후세 성씨보첩학(姓氏譜牒學)의 발전에도 커다란 영향을 끼쳤다. 주희(朱熹)는 등명세(鄧名世)의 이 작품

142 王力平, 「鄧明世與古今姓氏書辯證」, 『文獻』(季刊), 2006年 3期.

143 王九平, 「鄧明世與古今姓氏書辯證」, 『文獻』(季刊), 2006年 3期.

을 고증이 대단히 상세한 성씨 보첩(譜牒) 작품이라고 칭찬했는데, 『고금성씨서변증』은 송대(宋代) 성씨보첩학 연구를 집대성한 성과라 할 수 있다.

『통지(通志)·씨족략(氏族略)』은 정초(鄭樵)가 편찬한 작품으로 남송(南宋) 소흥(紹興) 31년(1161)에 완성되었다. 정초는 자가 어중(漁仲)이고, 등명세와 동시대 인물이다. 『통지(通志)』는 통사적 지서(志書)로 총 200권이 있고, 그중에 『씨족략』은 성씨를 고증하고 논술한 성씨 전문 저작으로 2,255개에 달하는 성씨를 수록했다. 이 책은 『원화성찬』을 참고하여 성씨의 기원에 따라 32개 종류로 나누어 총론을 붙이고 사성(四聲)을 첨가하여, 성씨를 혼동한 사례 13종의 예문을 지적하기도 했다. 내용 면에서 광범위하게 자료를 수집하고 인용하여 고증과 해석이 매우 상세하다. 13편의 총론은 성씨에 대한 체계적인 학술적 검토로 중국 성씨의 원류(源流), 씨족 분합 및 세계(世系) 지파 등에 대해 비교적 상세하게 논술하고 있어, 중국 성씨학 연구에 있어 높은 학술적 가치를 지니고 있다.

정초는 자신이 『씨족략』을 편찬한 취지에 대하여 다음과 같이 언급했다.

> 한(漢)에서 당(唐)까지 전적(典籍)들이 연이어 등장했으나, 이러한 전적들은 모두 한 시대의 내용을 수록한 작품으로 본원을 밝혀내지 못하여 작품이 나올 때마다 원성이 높았다. 오늘 소신 편찬하는 이 작품은 그와는 다르다. 제왕 열국의 세계 순서가 『사기(史記)』로부터 시작되었으며, 『사기』야말로 국가 건립의 시작이라고 할 수 있을 것이다. 제가(諸家) 세계의 순서는 『춘추(春秋)』와 『세보(世譜)』를 근본으로 삼았는데, 『춘추』와 『세보』야말로 성씨를 계승하는 본원이라고 할 수 있다.[144]

정초는 성씨 보첩학에 있어 당대 이전의 모든 전적들이 한 시대의 시각에서 편파적인 결론을 내린다는 결함을 극복하고자 했고, 『씨족략』에서 이런 문제의 근본을 밝히고자 새로운 견해를 제기했다. 몇 가지를 열거하면 다음과 같다.

1) 정초는 『씨족략』에서 중국 고대 성과 씨의 기능 분리되었다가 다시 합쳐지는 과정에 대해서 상세하게 기술했다. 정초는 "삼대(三代) 이전에 성씨는 두 개로 분리되는 것이었다. 남자는 씨(氏)로 칭하고 여자는 성(姓)으로 칭했다. 씨는 부귀빈천을 구별하는데 귀한 자에게는 씨가 있고 천한 자에게는 성만 있기 때문이었다. 오늘날 남부 지역에 살

144 『通志』 卷25 「氏族略序」: "自漢至唐, 世有典籍討論茲事, 然皆出於一時之意, 不知澄本正源。每一書成, 怨望紛起。臣今此書則不然。帝王列國世系之次, 本之《史記》, 實建國之始也。諸家世系之次, 本之《春秋》、《世譜》, 實受氏之宗也。"

고 있는 오랑캐들에게는 이러한 문화가 아직 유지되고 있다. 고대 제후들은 '씨를 잃게 되면 생명을 잃게 된 것이고, 국가가 망하는 것과 같다.'고 했다. 이와 같이 씨를 잃고 성으로 명명되는 것을 작위가 박탈당하고 국가가 망하는 것으로 비유했던 것을 보면 성과 씨의 귀천(貴賤)을 알 수 있다. 따라서 성을 씨로 부를 수는 있지만 씨는 성으로 부를 수가 없다. 혼인에 있어 동성(同姓), 이성(異姓)과 서성(庶姓)을 구별하는 이유는 씨가 같고 성이 다른 사람들 간에는 혼인이 가능하지만, 성이 같고 씨가 다른 사람들 간에는 혼인이 불가능했기 때문이다. 3대 후에 성과 씨는 하나로 합쳐져 혼인을 할 때 지위와 명망에 따라 귀천을 구별하게 되었다."[145]라고 했다. 따라서 "성을 나타내는 글자에 있어 계집 여(女) 부수가 많다. 예를 들어 희(姬)·강(姜)·영(嬴)·사(姒)·규(嬀)·길(姞)·운(妘)·주(姻)·합(姶)·배(妚)·노(嫪) 등이 그것이다. 그래서 많은 여성들의 이름이 백희(伯姬)·계희(季姬)·맹강(孟姜)·서강(叔姜) 등과 같이 이름과 성이 합쳐져 불렀다. 그렇다면 사마자장(司馬子長)과 유지기(劉知幾)가 주공(周公)을 희단(姬旦), 문왕(文王)을 희백(姬伯)이라고 부른 이유는 무엇일까? 이는 삼대까지 이러한 호칭이 없었고, 삼대 후에야 성과 씨가 하나로 합치게 되었던 것이다. 따라서 비록 사마자장과 유지기가 유명한 역사 전문가였을지라도 이를 잘 몰랐기 때문이다."[146]라고 했다.

2) 정초(鄭樵)는 『씨족략(氏族略)』에서 수당시기 이전의 보첩(譜牒)의 유형, 기능, 기구 및 보첩의 발전과정 등에 대해 간략하게 언급했다. 정초는 이르길 "수당 이전 시기에 관가에는 부장(簿狀)이 있고 사가에는 보계(譜系)가 있었다. 관가에서 관원을 선출할 때는 반드시 부장을 근거로 삼았고, 집안에서 혼인을 시킬 때는 반드시 보첩을 근거로 했다. 역대 조정에서는 도보국(圖譜局)을 설치하고 낭(郎)과 영사(令史)를 임용하여 관장하도록 했다. 또한 고금에 통달한 유학자를 기용하여 족보를 편찬하는 일을 맡겼다. 백관들의 족인에게 가장(家狀)이 있는 경우에 국가에 제출하게 하고, 이의 진위를 검증하기 위하여 비각(秘閣)에 저장해 놓고 사본은 좌호(左戸)에 두었다. 만약 사서(私書)에 오류가 있으면 국가에 저장된 관본(官本)에 따라 교정하고 관본이 부족할 경우 사서를 고찰하여, 국가

---

145 『通志』 卷25 「氏族略序」: "三代之前, 姓氏分而爲二, 男子稱氏, 婦人稱姓。氏所以別貴賤, 貴者有氏, 賤者有名無氏。今南方諸蠻, 此道猶存。古之諸侯詛辭多曰'墜命亡氏, 踣其國家', 以名亡氏則與奪爵失國同, 可知其爲賤也, 故姓可呼爲氏, 氏不可呼爲姓。姓所以別婚姻, 故有同姓、異姓、庶姓之別。氏同姓不同者, 婚姻可通。姓同氏不同者, 婚姻不可通。三代之後, 姓氏合而爲一, 皆所以別婚姻, 而以地望明貴賤。"

146 『通志』 卷25 「氏族略序」: "故姓之字多從女, 如姬、姜、嬴、姒、嬀、姞、妘、婤、姶、妚、嫪之類是也。所以爲婦人之稱, 如伯姬、季姬、孟姜、叔姜之類, 並稱姓也。奈何司馬子長、劉知幾謂周公爲姬旦, 文王爲姬伯乎? 三代之時無此語也。良由三代之後, 姓氏合而爲一, 雖子長、知幾二良史, 猶昧於此!"

를 다스리고 귀천과 존비를 구별하도록 했다. 이에 많은 사람들이 보계학(譜系學)을 중요시하고 집안에 보계학 관련 서적들을 소장해 왔던 이유가 바로 이 때문이다. 그러나 오대(五代) 이후로 관료를 선발할 때 출신을 따지지 않았고, 혼인할 때 집안을 보지 않았다. 이로 인해 보서(譜序)가 산실되고, 보학(譜學)이 폐지되었다."[147]라고 했다.

3) 가장 중요한 것은 기존 성씨 관련 저작들의 단점을 분석해 "성을 얻어 씨를 계승한다."는 유래에 대해 『씨족략』에서 많은 분량을 할애해 상세히 분류하고 기술했다.

정초는 이르길 "성씨가 언급되는 경우는 모두 『세본(世本)』과 『공자보(公子譜)』라는 두 작품에 근거한 것이다. 또한 『세본』과 『공자보』는 『좌전(左傳)』을 근본으로 삼았다. 그러나 『좌전』에는 성씨의 유래에 대해 출생, 토지사여, 자(字), 시(諡), 관(官), 읍(邑) 등 5가지만 언급했다."[148]고 했다. 한대(漢代) 이래 등장한 성씨 관련 저작들을 예로 들면, 한대(漢代)의 『등씨관보(鄧氏官譜)』, 응소(應劭)의 『씨족편(氏族篇)』, 영천태수(潁川太守) 요씨(聊氏)의 『만성보(萬姓譜)』, 진대(晋代)의 가필(賈弼)의 『백가보(百家譜)』, 서면(徐勉)의 『백관보(百官譜)』, 유송(劉宋)시기 하승천(何承天)의 『성원(姓苑)』, 당대 태종(太宗)시기 여러 지식인들을 임명하여 편찬한 『씨족지(氏族志)』 100권, 류충(柳沖)의 『대당성씨록(大唐姓氏錄)』 200권, 노경순(路敬淳)의 『의관보(衣冠譜)』, 위술(韋述)의 『개원보(開元譜)』, 류방(柳芳)의 『영태보(永泰譜)』, 류찬(柳璨)의 『운략(韻略)』, 장구령(張九齡)의 『운보(韻譜)』, 임보(林寶)의 『성찬(姓纂)』과 소사(邵思)의 『성해(姓解)』 등이 있다. 정초는 "비록 저작들은 많지만 대략 세 종류로 분류할 수 있다. 즉 지망론(地望論), 성론(聲論)과 자론(字論)이다. 자를 논하는 저작들은 편방(偏旁)을 중심으로 하고 성을 논하는 저작들은 사성(四聲)을 위주로 하며, 지망을 논하는 저작들은 귀천(貴賤)을 중심으로 전개했다. 그러나 귀천은 변화하는 것인데 어떻게 이를 중심으로 논할 수 있겠는가? 그리고 편방을 위주로 작성한 저작은 자서(字書)라고 할 수 있고 사성을 위주로 하는 저작들은 운서(韻書)라고 할 수 있지만, 사실 성씨와 본질적 상관성은 없다."[149]라고 했다. 즉 정초는 예로부터 성씨 관련 저작들의 편찬에 있

---

147 『通志』 卷25 「氏族略序」: "自隋、唐而上, 官有簿狀, 家有譜系, 官之選擧必由於簿狀, 家之婚姻必由於譜系。歷代幷有圖譜局, 置郎令史以掌之, 仍用博通古今之儒知撰譜事。凡百官族姓之有家狀者則上之官, 爲考定詳實, 藏於祕閣, 副在左戶。若私書有濫。則糾之以官籍; 官籍不及, 則稽之以私書: 此近古之制, 以繩天下。使貴有常尊, 賤有等威者也。所以人尙譜系之學, 家藏譜系之書。自五季以來, 取士不問家世, 婚姻不問閥閱, 故其書散佚而其學不傳。"

148 『通志』 卷25 「氏族略序」: "凡言姓氏者, 皆本《世本》、《公子譜》二書, 二書皆本《左傳》。然左氏所明者, 因生賜姓, 胙土命氏, 及以字、以諡、以官、以邑五者而已。"

149 『通志』 卷25 「氏族略序」: "其書雖多, 大概有三種: 一種論地望, 一種論聲, 一種論字。論字者則以偏旁爲主, 論聲者則以四聲爲主, 論地望者則以貴賤爲主。然貴賤升沈, 何常之有? 安得專主地望? 以偏旁爲主者可以爲字

어 주로 지망, 성, 자를 위주로 하는 3가지 방법이 있지만 각각 한계가 있고 성씨 연구의 본질과는 무관하다고 주장했다.

성씨의 유래를 밝혀내고자 정초는 『원화성찬(元和姓纂)』을 참고하고 『사기(史記)』, 『춘추(春秋)』 및 『세보』 등에 자료를 찾아 직접 편찬한 『씨족지(氏族志)』, 『씨족원(氏族源)』과 『씨족운(氏族韻)』 등 옛 저작들 100여 권을 정리하고 간소화시켜 "천자(天子), 제후(諸侯), 경대부(卿大夫), 백공기예(百工技藝), 작(爵), 시(諡), 제하(諸夏), 이적(夷狄), 유기(有紀), 무기(無紀)의 순서"[150]에 따라 고대부터 성을 얻고 씨를 가지게 된 유래에 대해 질서정연하게 다음과 같이 총 32가지 유형으로 분류했다.

> 하나, 국가 이름을 씨로 삼았다. 둘, 읍(邑)의 이름을 씨로 삼았다. 셋, 향(鄕)의 이름을 씨로 삼았다. 넷, 정(亭)의 이름을 씨로 삼았다. 다섯, 땅의 이름을 씨로 삼았다. 여섯, 성을 씨로 삼았다. 일곱, 자를 씨로 삼았다. 여덟, 이름을 씨로 삼았다. 아홉, 차순(次)를 씨로 삼았다. 열, 족을 씨로 삼았다. 열하나, 관(官)을 씨로 삼았다. 열둘, 작위를 씨로 삼았다. 열셋, 흉득(凶得)을 씨로 삼았다. 열넷, 길덕(吉德)을 씨로 삼았다. 열다섯, 기술을 씨로 삼았다. 열여섯, 직업을 씨로 삼았다. 열일곱, 시호(諡號)를 씨로 삼았다. 열여덟, 작계(爵系)를 씨로 삼았다. 열아홉, 국계(國系)를 씨로 삼았다. 스물, 족계(族系)를 씨로 삼았다. 스물하나, 명씨(名氏)를 씨로 삼았다. 스물둘, 국작(國爵)을 씨로 삼았다. 스물셋, 읍계(邑系)를 씨로 삼았다. 스물넷, 관명(官名)을 씨로 삼았다. 스물다섯, 읍시(邑諡)를 씨로 삼았다. 스물여섯, 시씨(諡氏)를 씨로 삼았다. 스물일곱, 작시(爵諡)를 씨로 삼았다. 스물여덟, 대북(代北) 복성(復姓)으로 한다. 스물아홉, 관서(關西)를 복성으로 한다. 서른, 각 지역을 복성으로 한다. 서른하나, 대북을 3자성(三字姓)으로 한다. 서른둘, 대북을 4자성(四字姓)을 씨로 삼았다.[151]

이상 32가지 유형별로 총 2,255개의 성씨를 수록했다. 정초는 『씨족략』에서 각 성씨

書, 以四聲爲主者可以爲韻書, 此皆無與於姓氏。"

150 『通志二十略』: "先天子而後諸侯, 先諸侯而後卿大夫士, 先卿大夫士而後百工技藝, 先爵而後諡, 先諸夏而後夷狄, 先有紀而後無紀。" (역자 주)

151 『姓氏略』: "一曰以國爲氏, 二曰以邑爲氏, 三曰以鄕爲氏, 四曰以亭爲氏, 五曰以地爲氏, 六曰以姓爲氏, 七曰以字爲氏, 八曰以名爲氏, 九曰以次爲氏, 十曰以族爲氏, 十一曰以官爲氏, 十二曰以爵爲氏, 十三曰以兇得爲氏, 十四曰以吉德爲氏, 十五曰以技爲氏, 十六曰以事爲氏, 十七曰以諡爲氏, 十八曰以爵系爲氏, 十九曰以國系爲氏, 二十曰以族系爲氏, 二十一曰以名氏爲氏, 二十二曰以國爵爲氏, 二十三曰以邑系爲氏, 二十四曰以官名爲氏, 二十五曰以邑諡爲氏, 二十六曰以諡氏爲氏, 二十七曰以爵諡爲氏, 二十八曰代北復姓, 二十九曰關西復姓, 三十曰諸方復姓, 三十一曰代北三字姓, 三十二曰代北四字姓。" (역자 주)

의 유래에 대해 논술했으며, 역사 문헌에 근거하여 각 성씨의 중요 역사 인물의 성명, 자호, 본적, 관직 및 관련 사적을 하나하나 소개했다.

4) 『씨족략』에서 정초는 자료 인용과 자세한 검증을 통하여 기존 성씨 유래의 애매모호한 사항들에 대해 낱낱이 밝히고 있다. 그는 총 13가지의 상황을 다음과 같이 열거했다. 첫째는 동명이실(同名異實)에 관한 것이고, 둘째는 개씨(改氏)에 관한 것이며, 셋째는 악씨(惡氏)를 고친 것이다. 넷째는 한(漢)나라와 위(魏)나라 때 씨를 하사받은 것이다. 다섯째는 변이(變夷)에 관한 것이며, 여섯째는 변어이(變於夷)에 관한 것이고, 일곱째는 별족(別族)에 관한 것이다. 여덟째는 피휘(避諱)에 관한 것이고, 아홉째는 발음 오류에 관한 것이며, 열 번째는 성문(省文)에 관한 것이다. 열한 번째는 성언(省言)에 관한 것이다. 열두 번째는 원수를 피하기 위한 것이고, 13번째는 출생으로 얻은 것이다. 성씨 유래에 오류가 있어 그걸 지적하고 나아가 수정한 사례가 총 350여 개에 달했다.

이상을 통해 알 수 있듯이, 『씨족략』은 '약(略)'이라고 하여 요점을 강조하는 서적이지만, 성씨 보첩(譜牒)은 역사 문헌에서 중요한 위치를 차지하고 있다. 정초는 본인의 『씨족략』에 대해 다음과 같이 평가했다. 이르길 "수천 년 이래 본원을 밝혀내지 않고 근본을 계승하지 못하는 전적(典籍)들을 일목요연하게 했다. 바로 구름이 산에서 유래되고, 물이 샘에서 유래된 것과 같다. 또한 하늘이 있어야 일월성신이 아름답고 땅이 있어야 백곡과 초목이 아름다운 것과 같다."[152]라고 했다. 정초(鄭樵)의 이러한 평가는 과언이 아니다. 중국 성씨 보첩 문헌의 역사적 발전과정에서 『씨족략』은 송나라 이전의 성씨 관련 저작들에 대해 자세히 고찰하고 수당 이전의 성씨와 보첩의 기능에 대해 깊이 있는 논술을 펼쳤다. 그리고 중국 고대부터 지금까지의 성씨를 32종류로 자세히 분류함으로써 성씨 보첩학 연구의 계승과 발전에 없어서는 안 될 중요한 저서가 되었다. 이 저작은 송나라 이후 성씨 보첩 연구에도 지대한 영향력을 끼치고 있고, 이정표적인 의의를 지닌 중국 성씨 보첩 연구에 있어 획기적인 저술이다.

152 『通志』 卷25 「氏族略序」: "使千餘年湮原斷緒之典, 燦然在目。如雲歸于山, 水歸于淵, 日月星辰麗乎天, 百谷草木麗乎土者也。"

6. 송대의 황족보첩

중국 고대에는 군주세습제와 훈친분봉제(勛親分封制)를 실시했기 때문에 황족(皇族)의 세계(世系) 분지와 친소(親疏)관계가 매우 중시되어 완전한 황족보첩이 편찬되었다. 또한 전문 기구를 설치하여 황족보첩을 편찬하고 관리했다. 황족보첩이야말로 중국 가보 영역 중 가장 고귀하고 특별한 가보라고 할 수 있을 것이다.

당대(唐代) 이전에는 황족보첩의 명칭으로 '세보(世譜)'·'보첩(譜牒)'·'속적(屬籍)'·'제보(帝譜)'·'제실보(帝室譜)'·'황제종족보(皇帝宗族譜)'와 '종실보(宗室譜)' 등이 있다. 당대 황족보첩은 비교적 완비되어서 제적(帝籍)을 수록한 '옥첩(玉牒)', 황후(皇后)를 기록한 '보첩', 제계(帝系)를 기록한 '천황원류보(天潢源流譜)', 황제의 자녀 및 손자를 수록한 '해일보(偕日譜)', '황손군왕보(皇孫郡王譜)' 및 황족 전체를 기록하는 '종실보' 등이 있었다.

송대(宋代)는 황권이 강화됨에 따라 황족보첩의 종류와 편찬, 관리 및 기능과 역할 등에서 새로운 발전단계로 진입했다.[153]

송나라가 건립된 후에는 기존 제도에 근거해 황족보첩을 편찬하고 관리하는 기구 종정시(宗正寺)를 설치했다. 『송사(宋史)』에서는 "송태조(宋太祖), 태종(太宗) 및 위왕(魏王)의 자손들은 보계(譜系)가 방대하여, 지자(支子) 이후의 세대들은 모두 글자 하나로 소목(昭穆)을 구별했고, 종정시에서 첩(牒)·적(籍)·록(錄)·도(圖)·보(譜)를 관리하도록 했다."[154]라고 했다. 이를 근거로 송대 황족보첩은 주로 아래와 같이 5가지 종류로 분류할 수 있다.

1) 옥첩이 있다. 진종(眞宗) 대중상부(大中祥符) 6년(1013) 정월 "신유년(辛酉年)에 종정사로 하여금 제적을 옥첩으로 편찬하게 했다."[155] 인종(仁宗) 천성(天聖) 3년(1025) 정월 "을사년(乙巳年)에 종정시는 황후의 사적들도 옥첩에 편입하고자 하는 청을 올려 마침내 허락을 받아 내었다."[156] 옥첩의 내용에 대해 『송사』에서는 "편년체(編年體)로 황제의 보계를 서술하고 역수(歷數)[157]를 기록했다. 무릇 조정의 명령, 상벌, 영토, 호구, 풍년, 흉년,

153 王善軍, 「宋代皇族牒譜實考」, 『歷史檔案』(第3期), 1999.

154 『宋史』 卷215 「宗室世系一」: "宋太祖、太宗、魏王之子孫可謂衍盛大矣, 支子而下各以一字別其昭穆, 而宗正所掌有牒, 有籍, 有錄, 有圖, 有譜。"

155 『宋史』 卷8 「眞宗紀三」: "辛酉, 詔宗正寺以帝籍爲玉牒。"

156 『續資治通鑒長編』 卷464: "乙巳, 宗正寺請以皇后事跡編入玉牒, 從之。"

157 역수(曆數): 왕위나 조대가 바뀌는 순서를 가리킨다. (역자 주)

상서로운 일 등을 모두 기재하도록 했다."[158]라고 했다. 따라서 옥첩(玉牒)이란 편년의 체계로 황제의 개인 활동 및 해당 사적들(황후의 사적도 포함됨)을 수록했다. 수록 범위는 황제 즉위 이후로 국한하지 않고 황제의 출생부터 사망까지를 포함한다. 송대에 이르러 황족보첩에서 옥첩을 별도로 구분한 이유는 전제황권의 강화와 밀접한 관련이 있다. 황제의 지고무상한 지위를 부각시키기 위하여 황제의 일상을 기록하는 기거주(起居注), 시정기(時政記)와 일력(日曆) 등의 사서를 편찬하는 동시에 황족보첩에 옥첩을 별도로 분류했던 것이다.

2) 속적(屬籍)이 있다. 송대 초기에 황족보첩을 편찬할 때 이를 '속적'이라고 불렀다. 『송회요집고(宋會要輯稿)』에 따르면 "태종(太宗)부터 도초(道初)까지 형부낭중(刑部郎中)인 장기(張洎)와 가부낭중(駕部郎中) 겸 사관수찬(史館修撰)인 양주한(梁周翰)이 황속적(皇屬籍)을 공동으로 편찬했는데, 미처 완성하지 못하고 장기가 사망했다. 후에 양주한이 그 일을 계속 진행했다. 진종(眞宗) 함평(咸平) 초기에 종정시(宗正寺)는 속적루(屬籍樓)를 건설하라는 명령을 받았다. (중략) 4년(1001) 정월, 수옥첩관종정경(修玉牒官宗正卿)인 조안역(趙按易)과 지제고(知制誥)인 양주한이 새로 편찬된 『황속적』 33권을 조정에 올렸다. 종정시에 계속 편찬하라는 명령이 내려졌다."[159] 『송사(宋史)·양주한전(梁周翰傳)』에 따르면 당시에는 "당나라 말기 전란으로 인해 적보(籍譜)들이 거의 다 실전되어 더 이상 참고할 만한 것이 없었다."[160] 따라서 속적들의 체례(體例)나 내용은 여러 면에서 아직 미흡했다. 후에 황족보첩 종류의 구분에 따라 속적의 대상은 황족 자녀들을 포함한 일반 종실 구성원들을 비중 있게 기재하고, 체례는 서술체가 채택되었다. 그리고 '동성지친(同姓之親)'의 종실 구성원들뿐만 아니라 그들과 오복지친(五服之親) 관계에 있는 혈연 사이의 친소(親疏)와 원근(遠近)까지 수록했다.

3) 『종번경계록(宗藩慶系錄)』이 있다. 『종번경계록』의 본래의 명칭은 『종번경제록(宗藩慶諸錄)』이다. 철종(哲宗) 원우(元祐) 6년(1091), 검찰어사(檢察御史) 안정(安鼎)이 '경제(慶諸)' 두 글자는 당나라 안록산(安祿山) 아들명인데 이를 황실 보첩의 목록에 넣는 것이 큰 잘못이란 상소를 올려 『종번경계록』으로 바꿨다. 남송(南宋)의 나대경(羅大經)은 『종번경

158 『宋史』 卷164 「職管志四」: "以編年之體敘帝系而記其歷數, 凡政令賞罰、封域戶口、豐兇祥瑞之事載焉。"

159 『宋會要輯稿·職官』(20~55): "太宗至道初, 詔刑部郎中張洎與駕部郎中、史館修撰梁周翰編皇屬籍。未成, 張洎卒, 止周翰領其事。眞宗咸平初, 詔於宗正寺建屬籍樓。(中略) 四年(1001)正月, 修玉牒官宗正卿趙按易、知制誥梁周翰上新修《皇屬籍》三十三卷。詔宗正寺, 仍令接續編纂。"

160 『宋史·梁周翰傳』: "唐末喪亂, 籍譜罕存, 無所去則。" (역자 주)

계록』의 내용을 "각각 근본을 밝혀내고 자손들의 명성과 지위를 나열한 것이다."[161]라고 했다. 따라서 『종번경계록』은 종실 구성원들의 세계(世系) 전승을 분명히 수록했고, 세대를 시간적 단위로 삼아 끊임없이 편찬했다는 특징을 갖는다.

4) 『선원적경도(仙源積慶圖)』가 있다. 진종 대중상부(大中祥符) 9년(1016) 3월에 종정경(宗正卿) 조안인(趙安仁)은 "당대 『천황원파보(天潢源派譜)』와 같은 황조 신보(新譜)를 따로 편찬해야 한다."[162]라는 상소를 올렸다. 이후 신보는 『선원적경도』라고 명명했다. 고로 『선원적경도』 체계가 당대 『천황원파보』와 직접 연관이 있고, 또한 도(圖)로 명명한 것을 보면, 편찬 목적은 주로 종실 구성원들 간의 분지(分支)와 지파를 명확히 하는 것에 주안점을 두었다.

5) 『선원류보(仙源類譜)』가 있다. 각 종류의 황족보첩 가운데 『선원류보』는 종실 구성원들의 사적을 가장 전면적으로 기록하고 있다. 『송사(宋史)』에서 『선원류보』에 대해 "남녀, 종부(宗婦), 족성(族姓), 혼인 및 관직 변화, 구성원의 공과 죄, 생과 사를 순서 있게 기록했다고 밝혔다."[163]라고 했다. 이를 통해 알 수 있듯이 『선원류보』에는 종실 남녀뿐만 아니라 종부에 대해서도 기록했음을 알 수 있다. 관직과 사적들에 대한 기록은 이에 편입된 자들을 위해 개인적인 소전(小傳)을 만들게 했다.(〈경편 그림 5-2〉 참고)

고종(高宗) 소흥(紹興) 27년(1157) "옥첩(玉牒)에 『태조태종위도왕삼조하선원류보(太祖太宗魏悼王三祖下仙緣類譜)』를 올리는데, 교방악(教坊樂)이 울려 퍼지는 가운데 황휘세장(黃麾細仗)으로 격식을 갖춘 승려가 장엄하게 앞장서고, 황제가 어수(御手)의 단에 올라 옥첩을 읽으며, 재상(宰相)과 집정자들이 모두 전에 올라 시립하니, 이를 위해 앞으로 줄지어 나가는 자가 210명에 달했다."[164] 이와 같이 의식의 성대함과 수상하는 인원 수를 보면 우리는 『선원류보』의 중요한 위치와 송(宋)나라 정부가 이를 얼마나 중요시했는지를 엿볼 수 있다.

황족보첩은 종실 사무에 있어 중요한 위치를 차지하고 있어, 편찬하고 정리 및 보존에 황제와 관부가 높은 관심을 보였다.

진종(眞宗) 함평(咸平) 초년, 관부는 황족보첩을 편찬하기 위해 종정시(宗正寺)에 속적루(屬籍樓)를 세웠으나, 편찬기관은 아니었다. 경우(景祐) 원년(1034)에 이르러 종정시 옥

161 『鶴林玉露』 丙編卷3: "推其所自出, 至於子孫而列其名位。"

162 "別修皇朝新譜, 如唐《天潢源派譜》。" (역자 주)

163 『宋史』 卷164 「職管志四」: "序男女宗婦族姓婚姻及官爵遷敘而著其功罪、生死。"

164 『建炎以來系年要錄』 卷176, 紹興 27年(1157) 4月己未: "玉牒所進呈《太祖、太宗、魏悼王三祖下仙源類譜》, 用黃麾細仗、教坊樂、僧道威儀前導, 上禦垂拱殿觀書, 宰執皆升殿侍立, 於是本所官吏中使秩進者二百一十人。"

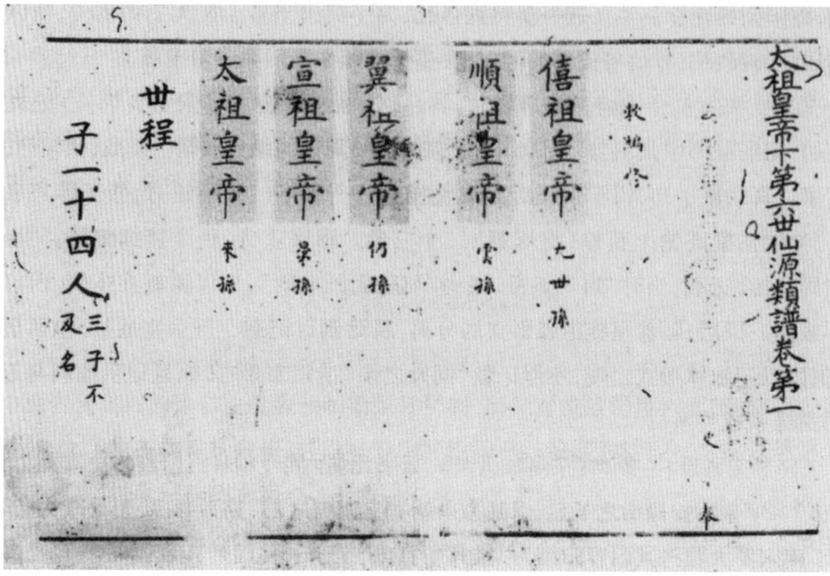
太祖皇帝下第六世仙源類譜卷第一

僖祖皇帝 九世孫

順祖皇帝 雲孫

翼祖皇帝 仍孫

宣祖皇帝 昆孫

太祖皇帝 來孫

世程

子一十四人 三子不及名

<경편 그림 5-2>
송대 황족보첩(皇族譜牒)
『선원류보(仙源類譜)』

첩관(玉牒官) 이숙(李淑)의 요청으로 "편찬원(編修院)의 서쪽에 있는 다락방을 옥첩 편찬하는 장소로 지정한다는 조서가 내려졌다."[165] 이때서야 비로소 '옥첩소(玉牒所)'라고 불렸으나 옥첩소가 편찬원 내에 설치되었기 때문에 편찬원에 소속시켰다.

원풍(元豐) 연간 관제개혁 후에 옥첩소는 비로소 정식으로 종정시에 예속되었다. 남송(南宋)은 북송(北宋)의 제도를 계승하여 소흥(紹興) 12년(1142)에 옥첩소를 건립했다. 대부분 옥첩소는 각종 황실보첩을 편찬하는 일을 담당했다. 그러나 간혹 종정시가 직접 맡거나 그 일부를 담당하기도 했다.

송대 초까지 황족보첩 편찬 담당자가 특별히 정해지지 않았고, 황제의 명에 따라 정해졌다. 그래서 구체적인 인원 수도 확인할 수 없다. 양주한(梁周翰)은 진종(眞宗)에게 종정경(宗正卿) 조안역(趙按易)과 공동으로 담당하려는 뜻을 간언했다. 그 후로 황족보첩 편찬에 항상 종정시가 참여하게 되어 종정시의 관료들이 황족보첩을 편찬하는 데 가장 기본적인 편찬자가 되었다.

황족보첩의 자료 출처는 주로 종정시의 일상 기록에서 유래했다. 종정시의 주요 업무는 바로 황족의 적(籍)을 관리하는 것이었다. 구체적으로 종실 구성원들의 일상을 기록하는 것으로 종실 구성원의 출생, 사망, 사명, 입명, 혼인, 관직 변혁 및 공훈과 범죄 등을

---

165 『古今源流至論』: "詔以編修院西閣子充修纂玉牒之所。" (역자 주)

즉시즉시 기록해야 했다. 대종정사(大宗正司)와 외종정사(外宗正司)는 앞에 언급된 자료들을 정기적으로 종정시에 보고해야 했다. 종실 구성원들이 외지에 거주하거나 관직을 맡고 있는 경우에 "종정시가 매년 부적(附籍)을 취합했다."[166] 이렇게 함으로써 종실을 위한 호적은 물론 모든 종실 구성원들을 위한 개인적 자료 관리소를 설립한 것과 같았다. 이와 같이 풍부한 원시 자료들은 황족보첩을 편찬하는 데 가장 중요한 자료 출처가 되었다. 황제 옥첩(玉牒)은 기록된 내용의 제한으로 인해 그 해당 자료는 기거주(起居注), 시정기(時政記), 일력(日歷) 및 실록 등 사관(史官)들이 기록하는 사서에서만 구할 수 있었다.

송대에 이르러 황족보첩을 정기적으로 편찬하는 제도를 수립했다. 강정(康定) 원년(1040)에 "선조의 옥첩을 중수하거나, 옥첩을 편찬하려면, 매년 한 첩을 고치고, 10년에 한 번 편찬한다."[167]고 했다. 이를 통해 알 수 있듯이 늦어도 송나라 인종(仁宗) 때부터 이미 황족보첩을 정기적으로 편찬하는 제도가 형성되었음을 알 수 있다. 그 이후, 황족보첩의 정기적 편찬에 대해 종정시는 전문적인 조례를 만들어 "녹(錄) 1년, 도(圖) 3년, 첩(牒)과 보(譜) 및 적(籍)을 10년에 한 번 다시 편찬하여 부족함을 보완하도록 한다."[168]라고 명확하게 규정했다. 즉 『종번경계록(宗藩慶系錄)』은 1년, 『선원적경도(仙源積慶圖)』는 3년, 『옥첩(玉牒)』, 『선원류보(仙源類譜)』와 『속보(屬譜)』는 10년에 한 번 편찬할 것을 명확히 규정함으로써 황족보첩 편찬 제도를 한층 더 개선했다. 하지만 구체적인 집행 과정은 그리 엄격하지 않아 상황에 따라 적절하게 변화했다.

황족보첩의 필기와 장정 재료는 수록되는 인물 등급에 따라 구분했고, 매우 호화롭고 비쌌다. 손봉길(孫逢吉)이 『직관분기(職官分紀)』 제18권 「수옥첩관(修玉牒官)」에서 북송의 상황을 다음과 같이 기록했다. 이르길 "옥첩에는 쇄금화백라지(銷金花白羅紙), 금축(金軸), 쇄금홍라표대(銷金紅羅標帶), 제흑칠금식함(褆黑漆金飾匣), 그리고 홍금리금쇄약(紅錦裹金鎖鑰)을 사용한다. 왕을 기록하는 속적(屬籍)들은 쇄금백릉지(銷金白綾紙), 은축(銀軸), 홍금표대(紅錦標帶), 홍라제흑칠도금은식함(紅羅褆黑漆凃金銀飾匣)('금'이 연문임) 및 금리은쇄약(錦裹銀鎖鑰)을 사용한다. 그리고 공후(公侯) 이하는 백릉지(白綾紙), 아축(牙軸)을 사용하고 나머지는 왕의 등급과 같다."[169] 이와 같은 재료들은 고급일 뿐만 아니라 전문적으로 제

---

166 『續資治通鑒長編』: "委宗正寺逐年取索附籍." (역자 주)

167 『續資治通鑒』 卷177: "重修祖宗玉牒成, 旣而修玉牒而言, 請自今每歲一貼修, 十歲一編錄。"

168 『宋會要輯稿·職官』(20-5): "錄一歲, 圖三歲, 牒、譜、籍十歲, 皆修纂以進。"

169 『宋會要輯稿·職官』(20-55): "凡玉牒書, 以銷金花白羅紙, 金軸, 銷金紅羅褾帶, 金軸, 褆黑漆金飾匣, 紅錦裹金鎖鑰; 屬籍諸王書, 以銷金白綾紙, 銀軸, 紅錦標帶, 紅羅褆黑漆塗金('金'爲衍文)銀飾匣, 錦裹銀鎖鑰; 公侯以下, 白綾紙, 牙軸, 餘如諸王。"

조해야 했다. 편찬이 완성된 황족보첩(皇族譜牒)들은 전문적으로 보존되고 엄격히 관리되었다. 종정시(宗正寺)의 옥첩전(玉牒殿)과 속적루(屬籍樓)에 원본을 보존하고, 사본들은 기타 각처에 비치했다. 북송(北宋) 말기 황실이 황급히 남으로 천도하면서 종정시가 관장하던 황족보첩들은 거의 상실되고 말았다. 그래서 남송(南宋) 초부터 황족보첩은 건륭(建隆) 때부터 재차 편찬해 보완했다.

송대 황족보첩은 종류도 다양하고 수록된 내용도 상세했고, 보관도 엄격했다. 이는 송대 당시 전제황권이란 황권 강화와 깊은 연관된다. 황족보첩의 가장 중요한 역할은 바로 종실과 황제 간의 친소원근(親疏遠近)을 구별하는 것인데, 이것이 바로 사서에서 흔히 말하는 "세계(世系)를 보첩(譜牒)에 수록해 제사를 지냄에 소목(昭穆)을 분별한다."라는 기능으로 권력과 부의 분배의 근거를 제공하는 것이었다. 전통적으로 종법이 지배하던 사회에서, 권력과 부의 분배는 모두 적서친소(嫡庶親疏)와 혈연의 근친에 의해 결정되었다. 모든 종실 구성원들은 현재 또는 선왕과의 친소원근에 따라 사회적 부와 권력을 부여받게 된다. 황족보첩은 황실 내부 관계에 대한 기록을 통해 제왕 본지의 지위를 부각시켰다. 이미 기거주(起居注), 시정기(時政記) 및 일력(日歷) 등과 같은 황제의 활동과 정사 등이 사서에 기록되어 있지만, 황족보첩에 황제의 여러 덕행과 정사를 기록하는 옥첩을 따로 편찬하고, 나아가 "모든 국서(國書) 중에 가장 중요하다."[170]라고 강조했던 것을 보면 황제의 개인적 지위에 대한 찬양을 통해 송대 조씨(趙氏)의 전제 통치를 강화하려는 의도로 보인다.

근대 사학의 대가인 양계초(梁啓超)는 "봉건사회의 정사(正史)는 바로 왕후장상(王侯將相)의 가보이다."라고 했다. 이처럼 중국의 25사 정사들 가운데 『송사(宋史)』에 수록된 「종실세계표(宗室世系表)」가 가장 상세한데, 이는 송나라 황족보첩의 풍부한 자료를 활용한 결과라 볼 수 있다.

7. 과도기적 형태의 원대 가보

위에서 기술한 바와 같이 중국 가보의 발전사에서 송대(宋代)는 중요한 변혁의 전환기에 해당된다. 명대(明代)에 들어서며 중국 가보 편찬은 체례, 내용, 종류와 지역 분포 등 모든

170 『建炎以來系年要錄』 卷6.

부문에서 성숙기에 접어들었다. 송대와 명대 사이에 존재했던 요(遼)·금(金)·원(元) 중 특히 원대는 가보 편찬에 있어 과도기적 형태의 특징을 나타낸다.

원대에서 편찬된 가보는 주로 사찬가보이다. 전반적으로 송대 사찬가보의 양식을 이어받아 지속적으로 발전했는데, 거기에는 두 가지 이유가 있었다. 첫째는 북방민족의 통치와 관련이 있다. 원대는 한족(漢族)과 북방민족이 혼재한 사회로 몽골족이 통치하는 정치적 상황에서 족인의 연합과 단결을 원하는 욕구가 더욱 절실해졌고, 이에 일반 백성이 직접 가보를 편찬하는 풍조를 촉진시켰다. 원대 학유(學諭)의 직관을 담당했던 왕송(汪松)은 『(적계)왕씨세수보((績溪)汪氏世守譜)』에서 이르길 "우리나라에 한족과 소수민족이 혼재하고 있어 성씨의 수량도 역사적으로 가장 많았다. 따라서 보첩의 발전 역시 더욱 번창하게 되었다."[171]라고 했다. 둘째는 송과 원대 당시 보첩들의 대량 산실과 관련이 있다. 송·원 시기 전란이 빈번하게 일어나 백성들의 주거가 일정치 않았고, 이에 족보의 손실도 매우 심각했다. 당시 원나라 사람은 "여러 차례의 전란으로 인해 온전히 유지된 족인이 드물었다."[172]라고 말했다. 『(적계)어천경씨종보((績溪)魚川耿氏宗譜)』에서 "우리 족인의 구보(舊譜)는 전란으로 파괴되어 후세에 전해지지 못했다. (오늘날) 잔존한 것은 불완전한 것이다."[173]라고 했다. 명대 송렴(宋濂)은 「방씨족보서(方氏族譜序)」에서 영해(寧海) 방씨(方氏)에 대해 "희녕(熙寧)에서 원풍(元豐)까지 방씨 가문은 나날이 발전하며, 저명한 문장가들이 연이어 나타나 송나라 내내 번창했다."라고 했고, 또한 "집안일을 수록한 가보는 매우 상세했지만, 불행하게도 원나라 초의 전란으로 산실되어 오늘날에는 그 내용을 알 수가 없다."[174]라고 했다. 이는 바로 위에 언급된 두 번째 이유 때문이다. 전란 이후 원대 가보의 손실 상황을 추정한 사람들이 있었다. 복건(福建) 사람인 오해(吳海)도 원대 가보의 손실 상황에 대해 "전란으로 인해 잔존하는 가보의 수는 열 권 중 한두 권에 불과했다."[175]라고 했다. 하남(河南) 사람인 허유임(許有壬)도 『지정집(至正集)』 제72권인 「제유씨족보(題劉氏族譜)」에서 족보의 손실이 이보다 더 심각할 것으로 추정했다. 이르길 "사대부 가문에서는 출신에 대해 잘 아는 것이 가장 존귀하다. 그러나 전란으로 인해 번창했던 재상(宰相) 가문일지라도 그 후손들이 자신의 가문을 모르는 경우가 있었다. (중략)

171 『(績溪)汪氏世守譜』: "我朝御宇, 混合華夷, 姓氏之繁, 於此爲盛。譜牒之事, 益大興矣。" (역자 주)

172 吳海, 『聞過齋集』 卷2 「魏氏支派圖叙」: "自離亂薦更, 故家大族能保而存之蓋鮮。"

173 『(績溪)魚川耿氏宗譜』: "我族舊譜毁於兵燹, 後世無傳, 所傳者殘編所簡, 抄錄不完。" (역자 주)

174 『古今圖書集成·氏族典·方姓部』: "至熙寧、元豐間, 其族漸大, 讀書爲文辭者, 先後相望, 迄於宋季不衰。" "載諸家乘者甚詳。不幸元初毁於兵, 今皆不知矣。"

175 吳海, 『聞過齋集』 卷1 「潘氏世譜序」: "更數大亂, 故家譜牒存者, 十不能一二。"

사대부 가문이라도 가보를 갖고 있는 집안이 백에 한둘에 불과했다."[176]라고 했다. 원나라 원각(袁桷)도 『청용거사집(淸容居士集)·마씨족보서(馬氏族譜序)』에서 위와 유사한 추정을 한 적이 있다. 이르길 "금(金)나라가 남쪽으로 이전하면서, 사대부와 현지인들이 피난을 가던 중 열의 아홉은 희생되었고, 백의 하나도 살아남기 힘들었다."[177]라고 했다. 위의 진술은 송원 시기 전란으로 인해 종족과 가보가 큰 피해를 입었다는 것을 나타낸다. 그러나 지역적으로 북방지역의 피해가 남방지역보다 더 심각했다. 명나라의 왕세정(王世貞)은 「진씨족보서(陳氏族譜序)」에서 이르길 "오대(五代) 시기 중국의 중원 지역에 전란이 빈번이 일어났다. 북송 정강(靖康) 연간에 왜구들이 중국을 노략질하자 많은 명망 높은 귀족들이 이 전란을 피해 남쪽 오(吳)·월(越)·민(閩)·광(廣) 지역으로 이주했다. 그들은 전란이 끝난 후에 자손들을 교육하고자 조상들로부터 전해 온 가보를 잘 지켰다. 따라서 귀한 성씨를 갖고 있는 집안이 점차 북쪽이 아닌 남쪽에 나타나게 되었다."[178]라고 했다. 원대 구양현(歐陽玄)은 『규재문집(圭齋文集)·노릉중주유씨족보서(廬陵中州劉氏族譜序)』에서 이르길 "남부 지역이 조정에 항복한 후 전란이 없는 태평시기를 누렸다. 이러한 배경 속에 현지 명문대가들은 유래가 깊은 가풍을 살려 항상 가보를 편찬했다. 모르는 사람의 눈에는 가보 편찬이 한 집안의 사사로운 일로 보일 수 있지만, 이를 통해 해당 시기의 태평한 사회 배경을 엿볼 수 있다."[179]라고 했다. 이처럼 당시 전란으로 입은 피해를 보면 북방보다 남방이 덜했으며, 남방은 문화적으로 흥성해 사대부 집안은 "항상 가보를 편찬했다."라는 언급을 보면 남방의 가보 편찬이 보편화되었음을 알 수 있다.

전란 후 원대(元代)에서는 가보를 편찬하는 것이 더욱 번거롭고 어려워졌다. 원나라 황진(黃溍)은 「족보도서(族譜圖序)」에서 말하길 "당(唐)나라 시기에는 강하(江夏), 회계(會稽), 영릉(零陵), 파서(巴西), 동군(東郡), 강릉(江陵), 낙양(洛陽) 및 진안(晉安) 등의 8군에 각각의 황씨(黃氏)가 살았다. 그러나 오늘날 그들 모두 강하에 살고 있는데, 그들을 어떻게 구별하겠는가? 정부의 과오로 인해 보학(譜學)은 발전하지 못하고 단절되었다. 따라서 수천여 년의 역사 자료를 광범위하게 활용하여 자세한 검증을 진행하려면 어려운 일이 아

176 『至正集』卷72「題劉氏族譜」: "士大夫家貴知其族, 及蕩於兵, 宰相世系之隆, 子孫有不知其自出者 (中略) 士大夫家能有其譜者, 百不一二。" (역자 주)

177 "金徙於南, 衣冠故族, 扶挈僵僕, 十失其九者有焉, 百不得其一者有焉。" 본문은 盛清沂, 「試論宋元族譜學與新宗法之創立」, 『第二屆亞洲族譜學術研討會會議記錄』, 聯合報文化基金會國學文獻舘, 1985를 참조.

178 『古今圖書集成·氏族典·陳姓部』: "五季之中原, 日尋於幹戈, 至靖康而悉以委寇, 衣冠之士脫鋒刃而竄匿於吳越閩廣之間, 抱其遺編, 以悔其子弟, 而當太平之用, 故天下之所稱貴姓者, 漸不在北而在南。"

179 『圭齋文集·廬陵中州劉氏族譜序』: "南方內附, 多不煩幹戈, 承平旣久, 冠蓋方族, 幸遭明時, 涵儒深仁, 往往治其家譜, 不知者以爲一家之私事, 知者則以升平之氣象可觀。" (역자 주)

닐 수 없다."[180]라고 했다. 강소(江蘇) 오흥(吳興) 정씨(丁氏) 일족(一族)도 가보를 편찬하는 데 이와 같은 어려움을 겪었다. 원나라가 "강남(江南)을 정벌할 때 그들이 소장하던 전적(典籍)들을 모두 잃게 되어 족인 세계(世系)에 대해 더 이상의 고증이 힘들었다."[181] 정씨 일족은 이를 "우려하여 잔존하는 것들을 수집하고 누적하여 『정씨세보(丁氏世譜)』 한 권을 완성시켰다. (중략) 선조들의 직첩(職牒), 거제(擧制), 유문(遺文)과 묘지(墓志) 등 모두를 수록했다."[182]

원말과 명초 저명한 학자인 송렴(宋濂)은 원말 양불(楊芾)이 편찬한 『중수양씨가승(重修楊氏家乘)』의 서언에서 원대 당시의 가보 편찬의 어려움을 생동감 있게 묘사했다. 이르길 "그리하여 깊이 연구하고 여러 책들을 두루 읽어 믿을 수 있는 부분은 채택하고, 의심 가는 부분은 버렸다. 여러 족인의 가보를 모아 비교했으며, 집안에 보첩(譜牒)이 보관되어 있거나, 혹은 묘비가 발견되었다는 소문이 들리면 반드시 직접 가서 고증을 했고, 멀리 있는 동족들에게 서신(書信)을 보내 진위를 확인하기도 했다. 이렇게 10여 년이 지나서야 모든 종파를 조사했고 결국 힘들게 가보를 완성했다."[183]라고 했다.

이것으로 알 수 있듯이 원대(元代) 당시 가보를 편찬하는 경우에는 다량의 가보와 관련 문헌이 소실되어 반드시 여러 책을 두루 섭렵해야 했고, 종족 중의 나이 많으신 분께 자문을 구해야 했으며, 잔존하는 문헌이나 파편들을 수집해야 하고, 심지어 200리 넘게 멀리 떨어져 있는 자에게 서신을 보내야 했으며, 직접 가서 검증을 하고, 동족의 덕성이 높은 자에게 진위 여부를 확인해야 했다. 그렇게 10여 년의 시간이 걸려야 비로소 가보 한 부를 편찬할 수 있었다. 따라서 원(元)나라의 가보 편찬 과정은 전대를 훨씬 능가할 정도로 어려움이 많았다.

원대 가보 편찬의 취지를 보면 송대(宋代) 구양수와 소순이 주창한 '존조(尊祖), 경종(敬宗), 수족(收族)'이란 교화의 기능은 원나라 가보에서도 여전히 '존존(尊尊)과 친친(親親)의 도리'에 관한 윤리교육의 기능을 담당했다. 원나라 이존(李存)이 순제(順帝) 지정(至正) 7년(1347)에 가보를 편찬한 모든 관점들을 종합해서 이르길 "가보를 편찬함에 조상을 존

180 『古今圖書集成·氏族典·黃姓部』: "唐之江夏暨會稽、零陵、巴西、東郡、江陵、洛陽、晉安八郡, 各有黃氏。而今也, 同望江夏, 何以別乎? 官失其守, 而譜學遂絕。乃欲旁引曲征, 而推及於千載之上, 固難矣!"

181 『元代族譜研究』: "用兵江南時, 其家文籍盡散佚, 世緒無所於考。"

182 陳旅, 『安雅堂集』 卷4 「丁氏世譜序」: "乃惕然以爲隱憂, 搜遺討殘, 積以歲月, 作《丁氏世譜》一卷。(中略) 而凡祖考告身、擧制、遺文、墓志咸載。" (역자 주)

183 『浙江浦江浦陽人峰楊氏家乘』, 道光 21年(1841): "於是研精覃思, 遍覽諸書, 尊其信而闕是疑。復大萃群族之譜而整比之。聞家有藏牒, 墓有斷碣者, 必親望征驗, 或移書二百裏外, 叩同宗之賢, 以質其見聞。如斯者十有餘載, 始克稽其所共宗, 而達其所由分。"

경하고 친소(親疏)의 순서를 정하며 존비(尊卑)를 구별하고 또한 어진 덕행을 숭상하고 지위의 높음을 드러내며 생과 사를 알려 주고 화목을 선양하는 기능이 있다는 것은 과거나 오늘날이나 모두 같을 것이다."[184]라고 했다. 원나라 왕례(王禮)도 "족보라는 것은 종족 구성원들의 존비와 친소를 기록함으로 자손들로 하여금 '존존과 친친'의 도리를 따르도록 하는 것이다."[185]라고 했다. 이존과 왕례의 관점은 원나라 사람들의 족보 기능에 대한 기본적인 인식을 대표하는 것으로 송대 소순(蘇洵)이 제기한 '존존과 친친의 도리'를 밝히는 것과 일맥상통한다. 하지만 당시 전란으로 인해 친족이 뿔뿔이 흩어지자 원나라 사람들에게는 가보의 기능으로 종족 구성원들을 존비와 친소의 관계에 따라 단결시키는 수족으로서의 역할을 더욱 강조했다. 서명(徐明)은 『방곡집(芳谷集)』 상권인 「태원족보서(太原族譜序)」에서 "오늘날 종법은 붕괴되어 오로지 가보만이 수족의 역할을 수행할 수 있다."[186]라고 했다. 원나라 사람들은 전란으로 인해 나타난 종족 내 귀천(貴賤)과 빈부의 격차를 해소하고 종족을 단결시키는 수단으로 수보(修譜)를 택했던 것이다.

원대 가보 편찬할 때 구양수와 소순이 제기한 "존조, 경종, 수족"의 취지를 따랐을 뿐만 아니라 구양수와 소순이 만든 오세보도(五世譜圖)를 높이 추앙했다. 허유임(許有壬)은 "송(宋)나라 구양수가 태사공(太史公) 『사기(史記)』의 표와 정현(鄭玄)의 『시보략(詩譜略)』을 참고하여 상, 하 및 횡서의 법에 따라 『보도(譜圖)』를 작성함으로써 영원히 후세에 남을 가보 편찬의 표준적 격식을 창시해 내었다."[187]라며 구씨(歐氏)의 보례(譜例)를 긍정적으로 평가했다. 절강(浙江) 포강(浦江)의 대량(戴良)이 『장씨가승(章氏家乘)』의 서문에서 이르길 "과거 구양문충(歐陽文忠)이 한(漢)나라의 연표(年表)를 따라 세보(世譜)를 만들고, 후손 중에 성씨의 유래에 대해 잘 알지 못하여 소목(昭穆) 순서를 잘 구별하지 못하는 자는 짐승만도 못하다고 말했다. 오늘날에는 사표(史表)에 따라 이 가보를 편찬하는 것이므로 문충공(文忠公)의 말씀에 부끄러울 게 없다."[188]라고 했다.

원(元)나라 황진(黃溍)은 「족보도서(族譜圖序)」에서 황씨(黃氏) 족보에 대하여 구양수(歐陽修)의 '상근약원(詳近略遠)' 도법을 채택한 점을 들어 긍정적으로 평가하며 "만약 도

184 李存, 『俟庵集』 卷20 「舒氏族譜序」: "譜之修, 尊祖宗, 序親疏、辨隆殺、右賢德、述貴顯、詳死生, 尙敦睦, 此古今天下所同說也。"

185 王禮, 『麟原合集』 卷2 「夏陽湯氏族譜序」: "族譜者, 譜其族屬崇卑疏戚, 使子孫篤尊尊親親之誼。"

186 『芳谷集』(上卷) 「太原族譜序」: "今宗法馳, 猶賴譜可以收族也。" (역자 주)

187 許有壬, 『至正集』 卷72 「題莆田黃氏族譜」: "宋歐陽公因采太史公《史記》表、鄭玄《詩譜略》, 依其上下旁行, 作爲《譜圖》, 百世不易之法也。"

188 戴良, 『九靈山房集』 卷6 「章氏家乘」: "昔歐陽文忠公依年表爲世譜, 而謂子孫不知姓氏之所從出以昧昭穆之敘者, 禽獸不若也。今君仿史表爲是書, 旣無愧於文忠矣。"

보에 오래되어 알 수 없거나 분명하지 않은 내용을 수록한다면 실수가 될 수 있기 때문에 도보를 작성할 때 관계가 가까운 자는 상세하게, 소원한 자는 간략하게 기록해야 한다. 후세 자손들을 위하여 각자의 가까운 친척들을 상세히 기록하고 간략하게 기록된 자도 서로를 알아 볼 수 있게 했다."[189]라고 했다.

그러나 동시에, 원나라 사람들은 구양수와 소순이 오복(五服) 안의 소종(小宗) 법도만을 기록하는 데에 대한 비판과 함께 어느 정도 새로운 진전을 이루기도 했다. 소순은 "복(服)이 없으면 곧 친족 관계는 다하는 것이고, 친족 관계가 다하면 정(情)도 다하게 된다. 인정이 다하면 곧 기쁜 일에도 축하하지 않고, 우환에도 슬퍼하지 않게 되는데, 기쁜 일을 축하하지 않고, 슬픈 일도 조문하지 않으면 그 길거리의 남과 같게 된다."[190]라고 했다. 그러나 이기(李祁)는 소순의 이러한 관점에 대해 약간의 문제가 있다고 생각하여 "기쁜 일에 축하하고 상례에 조문하는 것은 가까이 있는 고향 친구들이나 멀리 타지에 떨어져 지내는 친구들처럼 조금의 정만 있다면 모두 그렇거니와, 하물며 같은 조상을 섬기는 동족들이야 더욱 말할 필요가 있겠는가?"[191]라고 했다. 서명선(徐明善)도 "무릇 멀리 있는 자를 밀어내려는 것은 그 도리를 잘 알지 못하기 때문이다."[192]라고 이를 비판했다. 정옥(鄭玉)은 한 걸음 더 나아가 소순의 견해가 좁다고 평가했고, "소명윤(蘇明允)이 그 족보의 서언을 작성할 때 그 역시 인식이 편협했다."[193]라고 지적했다. 여기 '협소하다(隘)'와 '얇다(薄)'는 같은 의미로, 모두 수족(收族) 정도를 나타내는 소종오세도법(小宗五世圖法)이 종족으로부터 벗어난 자에 대한 인식이 좁고 얕다는 것을 나타낸다. 이러한 '좁음'과 '얕음'의 결함을 극복하고자, 원대(元代) 가보를 편찬하는 경우에는 구양수와 소순의 오세만을 기록하는 소종의 법도를 발전시켜 오세를 벗어나는 친족 구성원들의 수록을 주장했다. 따라서 가보는 반드시 먼 조상의 세대로 거슬러 올라가 그들의 세계(世系)를 기록해야 했다.

상건화(常建華)는 『종족지(宗族志)』에서 원대 25개 가보에 기재된 세대 통계 결과에 대해서 "10대 이하 3종, 10대부터 20대까지 16종, 21대부터 30대까지 3종, 50대, 62대 및 72대가 각각 1종이다."라고 집계했다. 이처럼 원대 가보의 세대 수록은 구양수와 소순,

---

189 『古今圖書集成·氏族典·黃姓部』: "若譜, 遠不可知、疑不能明者, 悉闕焉。凡爲圖譜之法, 親者宜詳, 疏者宜略。爲子孫者, 各詳其親, 則其所略者, 自可互見。"

190 蘇洵, 『嘉佑集』 卷14: "無服則親盡, 親盡責則情盡, 情盡則喜不慶、憂不吊, 喜不慶、憂不吊則途人也。"

191 李祁, 『雲陽集』 卷3 「俞氏族譜序」: "夫慶喜而吊憂, 近自鄉黨州閭, 遠而至於四海九州之內, 苟有一日之情者, 莫不皆然, 而況於同祖共宗者乎!"

192 徐明善, 『芳谷集』 下卷 「項氏族譜」: "豈推而遠之也, 是薄爲道也。"

193 鄭玉, 『師山集·師山遺集』 卷1 「方氏族譜序」: "如蘇明允序其族譜者, 其亦隘矣。"

특히 소순의 오대만을 수록하는 방법을 발전시켜 광범위하고 긴 세대의 수록이란 특징을 보였다. 원대(元代) 사대부가 가보를 편찬하는 데 있어 근원을 거슬러 올라가 세대를 수록하는 목적은 이족(異族) 통치하에서 종족을 단결시키고 응집하려는 현실적인 필요에 근거했다.

종족을 단결하고 응집하려는 현실적 요구에 맞추어 원대 가보에서 종족 구성원들의 범위와 기록 내용이 모두 증가했다. 대표원(戴表元)은 「부춘손씨족보서(富春孫氏族譜序)」에서 "한 사람의 일생에서 남녀를 막론하고 생몰년·월·일시, 명휘(名諱), 의행(懿行) 및 묘지(墓地) 등을 모두 상세하게 기록했다. 부춘손씨보(富春孫氏譜)의 서문에 기록된 내용은 외가까지 포함시켰다. 이에 이르길 '진사군(進士君)이 가보를 만드는 데, 남자는 성장해 아들, 아버지 및 형제의 신분을 갖게 되고, 여자는 시집가서 아내와 어머니의 역할을 겸하게 된다. 더불어 실수를 범한 자들도 모두 기록했다. 이 가보를 읽고 다시 그러지 않게 하기 위함이다.' (중략) 여자도 가보에 넣었으며, 외가까지도 포함했다."[194]라고 했다.

종족을 단결하고 응집하려는 현실적 요구에 맞추어 원대 사대부들은 가보를 편찬할 때 특히 종족 구성원들의 빈부를 막론하고 모두 보첩에 수록해야 한다 했다. 원대 지정(至正) 2년(1342) 양극가(梁克家)는 "종보를 자손들에게 물려주는 것으로 실전되지 않도록 반드시 제때 편찬하여 보존하도록 한다. 종족 구성원이라면 현명한 사람이든 지혜로운 사람이든 상관없이 모두 하나하나 빠짐없이 기재해야 한다. 관계가 가깝지 않다고 생략하거나 빈곤하고 천하기 때문에 생략해서도 안 된다."[195]라고 했다. 원각(袁桷) 역시 "귀천(貴賤)이나 빈부에 맞추어 그 마음은 크게 그 취지는 작게 하면 그만일 것이다. 고로 어려운 자는 통하게 해 주고, 여유로운 자는 유지하게 해 주면, 위태로운 성씨도 흥성하게 되고 끝없이 순환할 테니 이는 생각해 볼 일이다."[196]라고 했다.

종족을 단결하고 응집하려는 현실적 요구에 맞추어 원대 사대부들은 가보를 편찬하는 과정에서 해당 족인의 고아, 과부, 노인 및 장애자, 심지어 더 나아가 이웃에 대한 고휼까지 강조했다. 대표원은 "족속(族屬) 중에 가난한 자, 노인, 장애자, 고아 및 과부들이

---

194 『郯源文集』 卷10 「富春孫氏族譜序」: "其述人之一生, 不論男婦, 其於生卒年月日時、名諱、懿行、葬地, 莫不詳書。其序富春孫氏譜, 所記幷及於外家。曰: '進士君作譜, 秉有某男子長而能爲人子弟若父兄, 某女嫁而能爲人婦若母; 與有犯失也, 皆備書之。讀其譜者助戒生焉。' (中略) 所言不但適女入譜, 幷及於外家。"

195 『毗陵西關劉氏宗譜』, 光緖 2年(1876): "宗譜傳示子孫, 務要及時修輯, 毋致散亡。凡在宗族, 弗論賢惠, 一一登明譜牒。毋日某爲疏而略之, 某爲貧賤而黜之。"

196 袁桷, 『淸容居士集』 卷22 「富川危氏族譜序」: "以合乎貴賤貧富, 其心博, 其旨微。將使夫困者通, 盈者持, 危氏之盛, 循環無窮, 於是乎有考焉。"

혼자 살 수가 없거나 관혼상제(冠婚喪祭) 등 가례(家禮)를 치르지 못하는 경우에 그들을 구휼하도록 하여 손씨(孫氏)의 의로운 가풍이 한창 발전되었다."[197]라고 했다.

원정(元貞) 원년(1295) 왕응룡(王應龍)은 「풍락왕씨족보서(豐洛王氏族譜序)」에서 "우리 종족의 현명한 자는 예의로 그 마음을 닦고 법도로 몸을 다스린다. 이렇게 하면 한 종족이 바로 한 사람의 몸과 같고 백 세대도 한 세대와 같게 되는 것이다. 가난한 자를 받아들이고 고난을 겪는 자를 구휼하고, 원한은 서로 잊고, 경사에 축하하고 상례에 조문한다. 또한 효도와 자비를 권장하고 겸손과 사양을 숭상한다. 이리하면 추노안맹(鄒魯顏孟)의 풍조와 이락정주(伊洛程朱)의 훈도가 모두 한 종족에 집중적으로 나타나게 될 것이다."[198]라고 했다.

포강대족(浦江大族) 정씨(鄭氏)의 규범은 총 100여 항에 달했다. 이 가운데 이웃과 화목하게 지내고 구휼을 중요시하는 조항은 대략 10여 개에 이르렀다. 이르길 "이웃이 식량이 부족하면 상황을 살펴 곡물을 빌려준다. 후에 빌려준 곡물만 되돌려받고 이자는 받지 않는다. 추수한 후 곡물 가격이 저렴할 때 500석을 사서 따로 저장해 두었다가 식량이 부족할 때 원가 그대로 이웃과 나누어 그들의 어려움을 해소해 준다."[199]라고 했다.

종족을 단결하고 응집하려는 현실적 요구에 맞추어 원대(元代) 사대부들이 가보를 편찬하는 최종의 목적은 윤리를 중요시하고 세속풍습을 숭상하며 전통적 사상과 예법을 유지하는 데에 있다고 했다. 구양현(歐陽玄)이 "족보란 윤리와 질서를 중요시하고 풍습을 숭상하여 후손들로 하여금 종족의 번창 과정을 알게 하는 것이다. 당나라 보학(譜學)의 발전에 있어 성을 갖게 된 이래 모두 검증이 가능하기에 어려운 점도 있다."[200]라고 했다. 원말 양불(楊芾)도 또한 「양씨가승서(楊氏家乘序)」에서 "종법이 와해된 지 오래되었다. 따라서 방계들을 관리하고 화예(華裔)를 분별하며 혼인 상대를 정하고 인심을 이어 가며, 전통적 사상과 예법을 유지하는 역할을 행사할 수 있는 것이 오직 보첩밖에 없다. 아아, 이것이 바로 가보를 편찬하지 않으면 안 되는 이유이다."[201]라고 했다.

---

197 『郯源文集』 卷10 「富春孫氏族譜序」: "其族人有窮老廢疾孤寡不能自立, 婚嫁葬埋之不能舉者, 又皆爲條畫以周恤之, 孫氏之義風殆方興未已也。"

198 「豐洛王氏族譜序」: "凡吾族之賢, 在於以禮儀淑其心, 法度律其身。若然, 一族猶身, 百世猶一世。貧相收, 患難相恤, 仇怨相忘, 慶吊相及, 孝慈相勸, 友讓相尙。鄒魯顏孟之風, 伊洛程朱之化, 將藹然咸萃於一族。"

199 『元鄭太和撰鄭氏規範』: "裏黨或有缺食, 裁量出谷借之。後催元谷歸還, 勿收其息。秋成谷價廉平之際, 糴五百石別爲儲蓄, 過時缺食, 依原價糶給鄉鄰之困苦者。"

200 『圭齋文集』 卷7 「防裏歐陽氏族譜」: "族譜之作, 將以重倫紀, 厚風俗, 使其子孫得知源委之所自足矣。必求如唐人之譜學, 自受姓以來, 皆有可考, 則固有難者矣。"

201 『(浙江浦江)浦陽人峰央楊氏家乘』, 道光 21年(1841): "宗法之廢久矣。所賴以統支屬, 辨華夷, 別婚姻, 維系人

종족을 단결하고 응집하려는 현실적 요구에 맞추어 원대 사대부들은 가보를 편찬할 때, 가보의 분량을 늘리고 영향력을 확대하고자 유명한 인물을 초빙해 서언을 부탁하는 경우가 많았다. 원나라 이전에도 이미 저명한 인물을 초빙해 서언을 의뢰하는 경우가 있었다. 예를 들어 주희와 문천상(文天祥) 등은 일찍이 여러 가보들의 서언을 저술했다. 원대에 이르러 유명한 인물이 가보의 서언을 써 주는 것이 더욱 보편화되었다. "원대 예장(豫章) 나씨(羅氏)의 족보가 전씨(錢氏)의 예문지(藝文志)를 보완하는 글에서 나타났다. 우집(虞集)이 이 족보를 위해 서언을 써 주었는데 족보의 내용에 대해 질박함을 찬미하면서 상세하고 조리가 있다고 평가했다. 원대 사가보첩이 많아짐에 따라 유명한 인물을 초청하여 서문과 발문(跋文)을 부탁하는 풍조가 생겨났다. 이전에는 족보의 서문은 대부분 후손들이나 편찬하는 자가 스스로 작성해 왔다. 그러나 지금은 자서(自序) 외에 매우 유명하고 사회적 지위가 높은 자나 학식이 높은 자에게 찬어를 부탁하여 저작 첫머리를 장식하고, 심지어 자서 역시 전문가에게 대작을 의뢰하는 경우도 있었다."[202]

원대 사대부는 전란으로 가보 상실의 고통을 충분히 목도했다. 그리고 이들은 송원 시기 전란으로 인한 가보 산실의 교훈을 삼아 편찬 작업을 매우 중시했다. 한편으로 서적과 가보를 대량으로 편찬해 인쇄했고, 다른 한편으로는 조상의 혈통인 세계(世系)가 소실되지 않도록 비석에 새기고 영구히 보존하고자 했다. 따라서 전대에 비해 원대에는 석비에 새긴 가보가 매우 많고 보편적이었다. 사천(四川) 자양(資陽) 사씨(史氏) 종보를 기록한 「자양고보(資陽故譜)」 석각[203]과 강서(江西) 구강(九江)의 「풍씨가보(馮氏家譜)」가 모두 석비에 새겨진 것들이다.[204] 원(元)나라 비보(碑譜)는 일반적으로 석비의 뒷면에 새겼다. 예를 들면, 휘주(徽州) 흡현(歙縣) 출신의 정옥(鄭玉)은 시조(始祖)부터 총 15세대의 세계를 족보도로 편찬하여 "조부 묘지의 뒷면에 새겼다."[205] 하북(河北) 영진(寧晉) 왕씨(王氏) 족인은 "세계를 상세히 기록하여 석비의 뒷면에 새김으로써 후손들로 하여금 족인 세계를 고찰하게 했다. 세시에 따라 여름 삼복과 음력 섣달에는 온 종족 구성원들이 석비 아래에 모여 봉분하거나 제사를 지내 존비(尊卑) 장유의 순서와 차례가 질서 정연함을 알게

心, 而扶持世教者, 惟譜牒焉爾。嗚呼! 此家譜之所以不可不作也。"

202 "元代有豫章羅氏, 其族譜見錢氏補藝文志, 虞集爲之序, 稱其質而不誣, 詳而有序。元時私家譜牒稍多, 始開請人作序跋之風, 前此凡有譜序, 大率由子孫纂修者自爲之, 今則自序而外, 往往有名公鉅卿或文名籍甚者當作揄揚論, 冠諸篇首, 甚或自序亦請代作" 본문은 潘光旦, 「中國家譜學略史」, 『東方雜志』(第26卷, 第1號), 1929를 참조.

203 『道園學古錄』 卷5 「題史秉文資陽故譜序」.

204 「馮氏家譜序」.

205 『師山集·師山遺文』 卷1 「鄭氏石譜」: "刻之先大父墓碑之陰。"

했다."[206]라고 했다. 또한 어떤 종족은 비보를 사당에 새기 기도했다. 예를 들면 절강(浙江) 동양(東陽) 사람인 호조(胡助)가 현지 송씨(宋氏) 일족(一族)을 위해 편찬한 「송씨사보기(宋氏祠譜記)」가 바로 사당에 새겨진 비보이다.[207] 강서 구강 구양씨(歐陽氏) 일족도 「구양씨가보(歐陽氏家譜)」를 사당 내 서쪽 벽의 석판에 새겼다.[208] 오흥(吳興) 정씨(丁氏)도 「정씨세보(丁氏世譜)」가 있는데 "질이 좋은 석돌을 사서 세보(世譜)를 다시 새겼다. 묘지 옆에 시사암(時思庵)을 세워 세보를 새긴 석돌을 그 안에 두었다."[209]

원대 석각가보는 가보를 조상 묘지 석비의 뒷면에 새기거나 조상을 모시는 사당 내에 새김으로써 족인이 조상에게 제사를 지낼 때 석보에 참배하면서 조상의 세계와 공덕을 깊이 마음에 새기고, 족인의 응집력을 높여 경종(敬宗)과 수족(收族)의 목적을 달성하고자 했다.

원대 사대부들은 경종과 수족의 필요에 입각하여 조상 세계를 근원으로 거슬러 올라가야 한다는 점을 강조하다 보니 기록된 족인 세계가 종종 수십 대(代)에 달했다. 그리하여 조상을 위칭하거나 유명한 인물을 조상으로 삼아 족인의 사회적 신분을 높이려 했다. 이전에도 조상을 사칭하는 폐단이 있었지만 원대에 이르러 더욱 심해졌다. 이에 원대 및 후세 지식인들이 연이어 이런 사실을 폭로했다. 진고(陳高)는 이러한 조상을 위칭하는 것이 조상을 모함하는 것이라고 비판한 적이 있다. 이르길 "근세에 들어 가승(家乘) 족보 저작들이 유명한 인물을 차용하여 조상으로 섬기고 진짜 조상을 무시하곤 했다. 그러니 내가 이러한 저작들을 어찌 믿을 수 있겠는가?"[210]라고 했다. 그는 이런 행위가 조상을 모함하는 것이라고 꾸짖고, "가보를 편찬할 때 세계(世系)를 거슬러 올라, 타인의 조상을 자신의 조상으로 섬기는 것은 조상을 모함하는 짓이다."[211]라고 했다. 유악신(劉岳申)도 "종법이 와해되어 족보가 혼란스럽게 되었다. 거짓으로 진위를 흐리고 천한 것을 귀한 것으로 탈바꿈시키며 평범하고 초라한 것을 화려한 것으로 위장하는 경우가 종종 있었다. 이는 자신의 힘만으로는 세상에 이름을 떨칠 수 없자 타인의 후손이 되어 존경

---

206 『紫山大全集』 卷11 「寧晉王氏本支圖記」: "細列世系, 刻之碑陰, 使爲子孫者有所考焉。歲時伏臘, 聚宗族於其下, 封墳拜壟, 尊卑長幼, 各知其序。"

207 『純白齋類稿』 卷20 「宋氏世譜記」.

208 「九陽歐陽氏家譜序」.

209 『安雅堂集』 卷4 「丁氏世譜序」: "買佳石以重刻之, 作時思庵墓側。"

210 陳高, 『不係舟漁集』 卷10 「太史氏家譜序」: "近世家乘族譜之作, 往往奮緣攀附。忘其先而冒其祖, 吾其敢盡信乎!"

211 陳高, 『不係舟漁集』 卷10 「族譜序」: "有譜而泛及乎遠, 則指他人之先以爲吾之先, 誣其祖也。"

을 받고자 하는 것이나, 결국에는 남에게 조소를 받게 될 뿐이다."[212]라고 했다. 즉 가보 편찬 중에 타인의 조상을 도용하면 사람에게 조롱을 받는다는 것이다. 왕례(王禮)도 일부 가보에 자신의 사회적 지위를 높이고자 조상을 위칭하고 유명한 인물을 자신의 조상으로 섬기는 경우가 있었다고 폭로했다. "근년에 발흥된 족인이 본래의 세계를 버리고 세족에 빌붙어 그들을 자신의 조상으로 여기고 남에게 과시하는 경우가 종종 있었다. 학문과 덕행이 뛰어난 자를 숙부 혹은 형으로 섬기고 천한 자를 동생이나 조카로 칭했다. 세족의 후대들 역시 이러한 신흥 가문의 세력을 부러워하며 자중자애하지 못하고 이를 인정하기까지 했다. 따라서 집안의 보첩(譜牒) 역시 다 믿을 수가 없는 것이다."[213] 정옥(鄭玉)도 이러한 조상을 모함하는 행위에 대해 비판하며 이르길 "나는 이 세상의 간사한 무리들이 과거 유명한 공경을 자신의 조상으로 여기며 취하여 그들의 후대로 과시하는 것에 대해 의아했다. 이는 조상을 모함하는 것이고 자신을 모욕하는 짓이다."[214]라고 했다. 명초에 송렴(宋濂)은 원대 가보에 나타난 위작이나 가칭에 대해 이르길 "조상을 모함하고 종족의 혈통을 혼란시키니 이보다 더한 불효는 없다."라고 했다. "한 종족에 있어서 가보는 자신들의 출처와 유래를 수록하고 밝히는 것이다. 사실대로 기록하면 조상을 섬기는 것이고, 조작하면 조상을 모함하고 종족의 혈연관계를 혼란시키는 것이니, 이보다 더한 불효는 없다. 하지만 작금의 사람들은 이에 대한 의식이 없고 실속 없는 명예와 이익을 위해 자와 이름을 바꾸고 천 년 전의 알지도 못하는 자를 조상으로 섬기거나 타지의 명문 귀족에 빌붙어 영광으로 여기는 경우가 있다. 이들은 이런 행위를 현명한 것이라 생각하지만, 그것 결국 어리석은 짓에 불과하다는 것을 깨닫지 못한다."[215]라고 했다. 이를 통해 "원대 가보에 있어 조작과 가칭의 문제가 보편적으로 존재하던 폐단"[216]임을 알 수 있다.

원대 가보는 구양수와 소순의 기본적 방법에 의해 편찬되었고, 송대와 비교해 그 내

212 『申齋集』 卷3 「洛陽楊友直家譜序」: "宗法廢而族譜亂, 以僞亂眞, 以賤冒貴, 以凡陋襲穹華, 概不能以其身自樹立, 以求顯揚, 徒以其先謂他人昆, 以取譏笑。"

213 『麟原後集』 卷1 「夏派劉氏族譜序」: "近時勃興者, 多畔本生而援世族, 以誇於人曰: 是吾宗也。尊者叔之、兄之, 卑者弟之、侄之, 而世族之後, 艶其勢利而甘於自鬻者, 亦以爲然, 於是譜牒閥閱有不足信者矣。"

214 『師山集·師山遺文』 卷1 「方氏族譜序」: "予每怪世之奸人俠士, 妄取前代名公卿以爲上世, 自詫遙遙華冑, 以誣其祖, 以辱其身。"

215 『文憲集』 卷12 「題壽昌胡氏族譜後」: "誣其先而亂其類, 不孝莫甚。" "族之有譜, 所以紀所自出, 實則爲尊祖, 僞則爲誣其先而亂其類, 不孝莫甚焉。近世之士不察乎此, 多務華而炫博, 或妄爲字名, 加於千載以上不可知之人, 或援它郡異族之貴顯者, 以爲觀美, 其心非不以爲智, 卒陷於至愚而弗悟也。"

216 常建華, 『宗族志』, 上海人民出版社, 1998, 282쪽.

용은 증가했지만 후대 가보에 비해 아직 완비되지 못했다. 예를 들어 『(절강포강)포양인봉양씨가승((浙江浦江)浦陽人峰楊氏家乘)』에서 이르길 "씨줄과 날줄을 교차해 도표를 만들고, 아들과 배우자, 사망 및 묘지 정보를 이름 밑에 기입했다. 저술과 관급 및 여러 차례 입은 은혜 등에 관한 기록은 송대와 달라 수정했다. 광범위한 자료를 수록하고 보계(譜系)에 관련된 모든 것들을 빠짐없이 편집해 상·중·하 3권으로 나눴다. 상권에는 주로 성의 이동(異同), 조상의 친소(親疏)와 방계 및 지파 등을, 중권에는 주로 과거의 관련 사적, 유문(遺文), 그리고 비갈(碑碣), 인척 등을, 그리고 하권에는 유명한 인물의 저술 및 제사법과 가훈(家訓) 등을 수록했다. 제전(祭田) 묘림(墓林)을 보면 고향의 처지가 어두워졌다는 것까지 나타나 있다. 그리고 끝까지 합치의 방법으로 서를 두니, 그 의도는 용의주도하고 제기된 예들도 엄격한 것이었다."[217] 양씨 가보는 성원(姓源), 정보(正譜), 지보(支譜)·과제(科第)·유사(遺事)·유문(遺文)·비알(碑謁)·외가(外家)·전의(傳疑)·전기(傳記)·잡저(雜著)·제규(祭規)·제전(祭田)·묘지(墓地)·향락(鄉落) 및 부회(步晦) 등 16개 항목을 포함하고 있다. 이 중에 정보(正譜)는 대종(大宗)을 의미하고 지보(支譜)는 소종(小宗)을 가리킨다. 기타 전기 외에는 모두 지(志) 또는 기(記)의 격식을 갖추었다. 제규(祭規)는 집안의 가규(家規)에 속한다. 성의 이동을 추측하는 것은 또한 본기(本紀)에 속한다. 이것으로 원대에 이르러서야 기본적으로 온전한 가보의 내용이 갖추어졌다는 것을 알 수 있다. 그러나 원대 가보는 일반적으로 비교적 간단하고 주로 세계(世系)를 수록했고, 기타 내용은 불완전하고 규범적이지 않으며 분류도 엄격하지 않아 완벽한 체계조차 이루지 못했다. 또한 후세의 가보처럼 주희의 성리학을 가보의 곳곳에 스며들게 하여 가보의 정신적 축으로 삼지도 않았다. 이 모든 것들은 원대 가보가 체계와 내용 면에서 전란 후 북방민족의 통치를 받던 시대적 특색과 송대(宋代) 가보로부터 비교적 잘 정비된 명대 가보로 넘어가는 과도기적 특징을 지니고 있음을 잘 보여 주었다.

217 『(浙江浦江)浦陽人峰楊氏家乘』: "經緯錯綜, 畫以成圖, 而疏其字、配、卒、葬於名下, 舊書官階貤典, 頗乖於宋制, 悉加厘正。咨采既博, 凡有系於譜事者, 亦不欲棄去, 合爲一編, 而分上、中、下三卷。其上卷則推原姓之異同, 祖之遠近, 旁支正譜粲然畢紀。其中卷則科第及遺事、遺文之屬, 而碑碣姻戚識疑幷隸焉。其下卷則名人之紀述與雜著祭規之當存者。若夫祭田墓林亦附見鄉步晦。而終之所以合齒行之序, 其用意也周, 其立例也嚴。" (역자 주)

6
중국 가보의 개량과 개선

명대(明代)에 이르러 중국 가보가 성숙해지고 가보 편찬이 대폭적으로 증가했다. 그리고 가보 편찬의 취지가 더욱더 명확해지고 편찬된 가보의 체례(體例)도 더욱 완벽해져서, 가보 편찬의 규모는 더욱 확대되었다. 이것은 중국 가보가 송대(宋代)를 전환점으로 하여 원대(元代)를 거치고 명대에 들어서며 필연적으로 겪게 되는 발전 추세로, 이는 또한 중국 봉건사회 말기 명대의 정치, 경제, 문화와 밀접한 관계가 있다.

1. 명대 가보 수량의 폭증

명대의 가보 편찬은 규모 면에서 송대와 원대를 훨씬 능가했다.

송대는 관부의 지원과 세가대족(世家大族)의 성장, 인쇄술의 발달과 더불어 구양수(歐陽修), 소순(蘇洵), 주희(朱熹), 문천상(文天祥) 등과 같은 명사들이 가보의 편찬에 앞장서 사찬가보의 발전을 주도했고, 편찬한 수량 역시 대폭 증가했다. 『송사(宋史)·예문지(藝文志)』의 통계에 따르면, 가보의 종류는 총 110종에 달했다고 한다. 원대에는 더욱 발전하여, 다카 아키오로(多賀秋五郎)의 『중국 종족의 연구(中國宗族的研究)』에 따르면 원대의 문집에 수록된 가보는 188부에 달한다고 했으니,[1] 원대에까지 전해진 가보의 수는 200종이 넘을 것으로 추측된다. 그러나 송원(宋元) 시기를 거치며, 여러 차례 전란으로 많은 가보가 소실되었다. 오늘날 옥첩(玉牒)을 포함해 현존하는 송원 시기의 가보는 다음과 같다.

---

1 (日)多賀秋五郎, 『中國宗族的研究』(上卷), 日本學術振興會, 1981, 155~161쪽.

(1) (송)구양수(歐陽修)(찬), 『구양씨보도(歐陽氏譜圖)』, 『구양수전집(歐陽修全集)』

(2) (송)소순(蘇洵)(찬), 『소씨족보(蘇氏族譜)』 1권, 『사고전서(四庫全書)』

(3) (송)주희(朱熹)(찬), 「무원다원주씨세보(婺源茶院朱氏世譜)」, 『주자전서(朱子全書)』

(4) (송)방계삼(方桂森)(찬수), 『한흡단양하남방씨연경통종도보(漢歙丹陽河南方氏衍慶統宗圖譜)』 1권, 명대 숭정(崇禎) 16년(1643) 각본(刻本)

(5) (송)정기(程祁)(전술), (명)정욱(程頊)(속續), (명)정시화(程時化)(교정), 『계원정씨세공지보(溪源程氏勢公支譜)』 7권, 명대 가정(嘉靖) 영초본(影抄本)

(6) (송)사호(史浩) 등(찬수), 『선원류보(仙源類譜)』(현존30권), 송대 내부초본(內部抄本)

(7) (송)나원(羅願) 등(집), 『백림나씨족지(柏林羅氏族志)』 1권, 초본

(8) 『종번계경록(宗藩系慶錄)』(존22권), 송대 내부 초본

(9) (송)황천구(黃天衢)(찬), 『좌전황씨종파도(左田黃氏宗派圖)』, 명말청초(明末淸初) 각본(刻本)

(10) (송)오호(吳浩)(찬수), 『상산오씨중수족보(商山吳氏重修族譜)』 2권, 명대 숭정 16년(1643) 각본

(11) (송)정기(程祁)(수), 『환적정리정서윤당세보(皖績程里程敘倫堂世譜)』, 청대 초본

(12) (송)반이손(潘履孫)(찬), 『반씨족보(潘氏族譜)』 2권, 명대 초본

(13) (금)공원조(孔元措)(찬), 『공씨조정광기(孔氏祖庭廣記)』 12권, 몽골(蒙古) 내마진후(乃馬眞後) 원년 공씨(孔氏) 각본

(14) (원)소계자(邵桂子)(찬수), 『소씨세보(邵氏世譜)』, 『가보(家譜)』, 『외보(外譜)』, 『선세유사(先世遺事)』, 『선토지(先茔志)』 1권, 원(元)나라 각본

(15) (원)첨성(詹晟) 등(찬수), 『경원첨씨족보(慶源詹氏族譜)』, 명대 초기 초본

(16) (원)왕운룡(汪雲龍)(찬수), 『신안왕씨족보(新安汪氏族譜)』, 원대 각본

(17) (원)왕송수(汪松壽)(찬수), 『왕씨연원록(汪氏淵源錄)』 10권, 명대 각본 정덕(正德) 13년 중수본

(18) (원)왕소(汪炤)(찬수), 『신안정성왕씨가록(新安旌城汪氏家錄)』 7권, 원대 태정(泰定) 각본

(19) (원)왕요(汪垚)(찬수), 『신안왕씨경원종보(新安汪氏慶源宗譜)』(부분권), 원대 초본

(20) (원)진력(陳櫟)(찬수), 『진씨보략(陳氏譜略)』(부분권), 『정우집(定宇集)』, 『사고전서』본[2]

---

2 이상 송원(宋元) 시기 가보의 목록은 『중국고적선본서목(中國古籍善本書目)』과 『휘주종족연구(徽州宗族研究)』 등 자료에 의하여 정리했다.

위의 약 20여 종의 저술은 여러 곳에 각자 흩어져 현재까지 전해지는 송원(宋元) 시기의 가보이다. 그중 휘주(徽州) 지역의 가보가 절반에 이른다. 전란 등 여러 가지 이유로 인하여 송원 시기의 가보 중 90%가 소실되었다.

명대(明代)에 이르러 주원장(朱元璋)이 '효치(孝治)'를 핵심으로 하는 사상문화정책을 내세우자, '존조(尊祖), 경종(敬宗), 수족(收族)'의 가보 편찬 취지를 점점 더 많은 족인들이 받아들이기 시작했다. 명나라 통치 기간 중 중국 전역의 경제가 발전했는데, 특히 강남(江南) 경제가 새롭게 발전되고, 가보 편찬의 문화도 각 지역으로 전파되면서, 명나라 시기 가보 편찬의 수량이 대폭적으로 증가하게 되었다.

관련 사료를 통해 현존하는 명대의 가보 수량에 대하여 확인해 볼 수 있다. 『중국고적선본서목(中國古籍善本書目)』의 사부(史部)에 수록된 가전(家傳), 가보(家譜), 옥첩(玉牒)의 선본 총수는 746종에 달하는데,[3] 주로 청(淸)나라 건륭(乾隆) 이전에 출판된 서적이다. 그중 송원청(宋元淸) 시기의 선본 307종을 제하더라도 명대의 가보는 총 439종이라고 할 수 있다. 그러나 이 숫자가 명나라 가보의 정확한 숫자라고는 할 수 없다. 당시 『중국고적선본서목』 편찬 시 주로 중국 대륙에 소장되고 있던 고적만 기록하고, 해외에 소장되어 있던 고적은 기록하지 못했기 때문이다. 그리고 대륙 내의 서적을 보면 여러 가지 사정으로 인해 명대 가보 선본은 전혀 선본서목에 반영되지 않았다. 상해도서관(上海圖書館)을 예로 보면, 중국 절반 이상의 가보를 소장하고 있고, 현재 최신 통계에 따르면 최근 상해도서관에 소장된 명대 가보는 251종이라고 한다. 그러나 80년대의 통계 작업 당시 많은 가보들이 누락되었다. 그래서 『중국고적선본서목』 중에서 상해도서관에 소장된 명대 가보는 20여 종에 불과하여, 현재 상해도서관에 소장된 가보의 1/10에 해당한다. 그러므로 현재 전해지는 명대 가보는 1,000여 종에 달할 것으로 본다. 수많은 전란으로 인해 많은 가보들이 소실되었다. 즉 명대 편찬된 가보는 수천 종에 이를 것으로 추측된다. 송원 시기에 대략 200종이던 가보가 명대에는 수천에 이르렀던 것이다. 따라서 명대 가보의 수량은 이전 시기에 비해 비약적으로 증가한 것이다.

---

3 『中國古籍善本書目』, 上海古籍出版社, 1991.

2. 주원장의「성유육언(聖諭六言)」

명대 중·후기 가보의 두드러진 특징으로는 많은 가보에서, 명초 황제 주원장(朱元璋)의 「성유육언」에 대한 기술이 눈에 띄게 증가했다. 특히 큰 글씨체로 가보에서 가장 잘 들어나는 부분에 두고 있다는 것이다.(〈경편 그림 6-1〉 참고)

명나라 개국 황제 주원장은 건국 초기에 다음과 같은 칙령을 내렸다. 이르길 "부모에게 효도하고, 윗사람을 존경하며, 향리(鄉里) 사람들과 화합하여 지내고, 자손을 잘 교육시키며, 저마다 현재에 만족하고, 잘못된 일을 행하지 마라."[4]고 했다. 이 칙령은 각지에 하달되어, 백성들로 하여금 반드시 지키도록 했는데 이것이 바로「성유육언」이다.

주원장은 홍무(洪武) 원년(1368)에 남경(南京)을 수도로 삼은 후, 수많은 정책을 실시하여, 대명제국의 봉건통치를 공고히 하고자 했다. 이에 군사적으로 각 지방 세력을 평정하여 전국을 통일했고, 정치적으로는 중서성(中書省)과 승상제(丞相制)를 폐지하여 봉건주의적 중앙집권체제를 강화했다. 경제적으로는 황무지 개간 및 둔전제(屯田制)[5] 실시, 저수지 수리를 통하여 경제의 회복과 발전을 촉진시켰다. 이와 동시에 주원장은 "통치의 근간은 교화(敎化)가 우선이다."[6]라는 치국 이념을 기초로 하여, 봉건적 윤리 도덕 사상 교육을 강화시켰다. 『명사(明史)·효의전(孝義傳)』 첫 부분에 다음과 같이 기록되어 있다. 이르길 "부모에 효도하고 형을 공경하는 것은 천성이라고도 할 수 있지만, 교화에 의존하기도 한다. 성현(聖賢)들이 대도(大道)를 천명한 이래, 영명한 군주들은 인륜 도덕을 중시하고 도의(道義) 실천

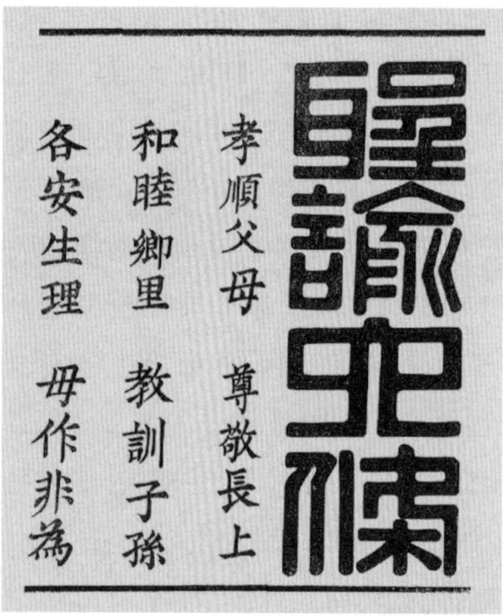

<경편 그림 6-1> 주원장의「성유육언(聖諭六言)」

4 「聖諭六言」: "孝順父母, 尊敬長上, 和睦鄉里, 教訓子孫, 各安生理, 毋作非爲。"

5 둔전제(屯田制): 중국 한대(漢代)에 군량의 확보를 위해 처음 등장했다. 사병이나 토지가 없는 농민에게 황무지를 경작시켜 세금을 징수하는 제도로 청대까지 유지되었다. 둔전은 경작자에 따라서 군둔(軍屯), 민둔(民屯), 상둔(商屯)으로 분류된다. 군둔은 후한 말 조조(曹操)에 의해 건안(建安) 원년(196)에 시작되었고, 민둔은 전농관(典農官)이 농민을 모집했다. 둔전민은 병역과 요역이 면제되어 둔전객(屯田客)으로 불렸다. 둔전민의 징수액은 일반 백성에 비해 높았다. 둔전은 전란시기나 왕조 교체기의 과도적으로 실시한 정책이었다. (역자 주)

6 谷應泰, 『明史紀事本末』 卷14: "爲治之要, 教化爲先。" (역자 주)

을 함으로써 풍속을 바로잡는 첫 번째 임무로 삼았다. 도의 실천을 권하는 책들을 백성들은 귀하게 여겼고, 백성에게까지 전해졌다."[7]라고 했다. 명태조(明太祖)가 반포한 '성유육언', 즉 '기권지전(旌勸之典)'은 그 사상문화 영역에서 "교화를 우선시하는 부분"을 시행하는 방침에서 중요한 정책이다. '성유육언'은 총 36자로 간단하게 구성되어 있지만, 의미가 깊고 내용 또한 풍부하다. 중점적으로 '효(孝)'를 중심으로 하는 봉건윤리사상과 '화(和)'를 목표로 한 봉건사회의 기본 질서를 알리고 있다. "부모에게 효도하고 윗사람을 공경하라"는 '삼강오륜(三綱五倫)' 사상의 핵심적인 내용이다. '삼강오륜'은 군신(君臣)·부자(父子)·부부(夫婦) 관계 중에서 부자관계, 즉 자식이 부모에게 효를 하는 것이 다른 모든 관계의 기본이라고 말했다. 그 외 모든 관계는 부자관계에서 파생되어 나왔기에 충신(忠臣)은 반드시 효자이고, 효자는 반드시 충신이며, 모든 것이 '효'에서 출발하면, 충군에 대한 결론을 얻을 수 있다고 했다. "향리 사람들과 화합하여 지내고, 자손을 잘 교육시키며, 저마다 현재에 만족하고, 잘못된 일을 행하지 마라"[8]는 '화'를 기초로 하는 봉건사회 기본질서를 말한다. 주원장은 '성유육언(聖諭六言)'을 반포하면서 '효'를 중심으로 한 봉건사상 이론을 확립하고자 했는데, 이는 '화'를 중심으로 한 사회질서를 실현하고, 이로써 명대 전제황권 통치 체계를 공고히 하려 했다.

명대(明代)의 적지 않은 가보들이 '성유육언'을 권수(卷首)에 넣었다. 성유육언을 족규(族規)와 가훈(家訓)에 수록하여 집집마다 알게 했고, 이로 족인을 통제했다. 만력(萬曆) 연간에 나온 강소(江蘇) 해안(海安)의 『호돈최씨족보(虎墩崔氏族譜)·족약(族約)』의 첫머리에 육언(六言)이 나오고, 그다음 부분에 "이 여섯 가지 일은 태조(太祖) 고황제(高皇帝)가 제창한 인간으로서의 도리이니, 하나하나를 마땅히 지켜야 한다. 지킬 수 있는 자는 선한 사람이고, 하나라도 지키지 못하는 자는 악한 사람이다. 우리 족인이 장유를 불문하고 함께 사당에서 경외하는 마음으로 가르침을 듣고, 한마음으로 선을 행하여 모두 좋은 사람이 되기를 바란다. 잘못이 있으면 바로 고쳐, 태평성세의 양민(良民)이 되어 자자손손에게 무궁무진한 복덕을 남기도록 하라."[9]라고 기록하고 있다.

숭정(崇禎) 4년(1631)에 편찬된 『휴녕엽씨족보(休寧葉氏族譜)』의 '보세(保世)'란 장절에

---

7 『明史』 296卷 「孝義傳一」: "孝弟之行, 雖曰天性, 豈不賴有教化哉。自聖賢之道明, 誼辟英君莫不汲汲以厚人倫、敦行義爲正風俗之首務。旌勸之典, 貴於閭閻, 下逮委巷。"

8 「聖諭六言」: "和睦鄉里, 教訓子孫, 各安生理, 毋作非爲。" (역자 주)

9 『虎墩崔氏族譜·族約』: "此六事乃太祖高皇帝曲盡做人的道理, 件件當遵守, 能遵守的便是好人, 有一件不曾遵守, 便是惡人。願我一族長幼會集祠中, 敬聽宣讀, 悉心向善, 皆做好人。有過卽改, 共爲盛世良民, 貽子孫無窮福澤。" (역자 주)

"우리 태조 고(高)황제는 대명 천하를 개척한 만대의 황제로, 육언을 만들어 온 천하에 알리셨다. 첫째는 부모에게 효도하고, 둘째는 윗사람을 공경하며, 셋째는 향리(鄕里) 사람들과 화목하게 지내고, 넷째는 자손을 잘 교육시키며, 다섯째는 저마다 현재에 만족하고, 여섯째는 잘못을 행하지 말라고 하는 것이었다. 이는 매우 간단명료하며 뜻이 어렵지 않고, 매우 정확하고 자세하다. 황제의 이 말씀 속에는 수신제가(修身齊家)와 치국평천하(治國平天下)의 도리가 모두 담겨 있는 것이니 이를 잘 알아야 한다."[10]라고 했다. 게다가 이 족보는 '육언(六言)'의 의미를 더욱 확대하여 다음과 같이 규정했다. 이르길 "매월 초하루와 보름에 한 번씩 반복해서 읽는 것은, 민중을 가르치고 풍속을 개선하기 위함이다. (중략) 그 심오하고 이해하기 어려운 것들을 삭제하고, 그중에서 알기 쉬운 것들을 채택하여 수첩으로 만든다. 이렇게 하면 깊은 산속에서도 외딴 곳에서도 집집마다 훤히 알 수 있을 것이다. (중략) 이런 의리(義理)를 족보에 담아 자자손손에게 덕망이 높은 사람으로 추앙받게 하고, 예사로운 일은 함부로 벌이지 않아, 우리 족인의 번영을 영구히 이어가도록 한다."[11]라고 했다. 명대 개국공신인 이선장(李善長) 역시 '성유육언(聖諭六言)'을 힘써 실천했다. 그는 「이씨종보서(李氏宗譜序)」에서 "나는 서민 출신으로 황제를 따라 장강을 건너 운좋게도 이 영광을 얻었는데, 재상의 지위에서 맡은 바 책임을 다하지 못할까봐 항상 두려웠다. 황제께서 나에게 인의충효(仁義忠孝)로 자손에게 훈시를 내리라 하셨다. 그래서 내가 삼가는 말씀으로 자손에게 본보기를 보이고자 함이다."[12]라고 했다. 왕세진(王世晉)도 『종규(宗規)』에서 '성유육언'에 대하여 "이 여섯 말씀이 인간으로서의 도리를 모두 포함하고 있다. 충신(忠臣), 열사(烈士), 효순(孝順)한 자손이 모두 여기서 나오니, 이들은 모두 태평성세의 양민(良民)이다."[13]라고 했다.

---

10 『休寧葉氏族譜』: "我太祖高皇帝開辟大明天下, 爲萬代聖主, 首揭六言, 以諭天下萬世。第一句是孝順父母, 第二句是尊敬長上, 第三句是和睦鄉里, 第四句是教訓子孫, 第五句是各安生理, 第六句是毋作非爲。語不煩而該, 意不刻而精。大哉王言, 擧修身齊家治國平天下之道, 悉統於此矣。" (역자 주)

11 『休寧葉氏族譜』: "每月朔望, 循講不輟, 期於化民善俗。(中略) 演義刪其邃奧, 摘其明白易曉, 可使民由者匯而成帙, 刻以布傳, 雖深山窮谷, 遐陬僻址, 靡不家喻戶曉。(中略) 兹特載演其義於譜, 俾世世子孫奉若蓍蔡, 勿以尋常置之, 將吾族興隆昌熾永保於無窮矣。" (역자 주)

12 『古今圖書集成·氏族典·李氏部』: "余以布衣從帝東渡, 得承殊渥, 位至公輔, 嘗以不克任荷爲懼。帝之命余曰: 以仁義忠孝訓及嗣人。余敬奉以示子孫。"

13 王世晉, 『訓俗遺規』 卷3: "這六句包盡做人的道理, 凡爲忠臣烈士、孝子順孫皆由此出, 皆爲聖世良民。"

3. 명대 가보윤리와 주희의 '삼강오륜'

앞서 「송대의 가보(宋代的家譜)」라는 장절에서 언급했듯, 송대 가보 편찬의 핵심은 "관리를 선발하고 혼인을 정하며 신분을 구별한다."[14]라는 사회·정치적 기능에서 '존조(尊祖)·경종(敬宗)·수족(收族)'이라는 도덕 교화(敎化) 기능으로 변화한 것이다. 가보의 도덕 교화 기능의 실행도 또한 일련의 과정이 필요했다. 송대 구양수와 소순은 모두 가보 편찬을 통하여, 족인들의 존존(尊尊)과 친친(親親)의 윤리 교육을 시킬 수 있다고 했다. 이후 명대에 이르러 가보 편찬의 종지는 "존존과 친친의 도리"에서 성리학을 집대성한 주희가 주장한 '삼강오륜(三綱五倫)'으로 발전했다. 심지어 '삼강오륜'은 명대 가보의 정수를 이루었다고 할 수 있다.

주원장(朱元璋)의 '성유육언(聖諭六言)'과 주희의 사례(四禮),[15] 즉 관혼상제는 밀접하게 연관되었다. 이에 대해서 『휴녕엽씨족보(休寧葉氏族譜)』에서 "황조(皇祖)는 육유(六諭)를 조서(詔書)로 내려 종법을 명시하고, 관혼상제(冠婚喪祭) 등의 의례로 자손의 행위를 규범화하고 대대로 가규(家規)를 지키며 자손을 번성시켰다."[16]라고 했다. 이는 주원장의 육언(六言)과 주희의 사례가 각 족인의 가규와 깊은 관계가 있음을 나타낸 것이다. 그리고 '성유육언'은 각 족인이 반드시 준수해야 했다. 주희의 사례로 족인의 행동 규범을 정해야만 "각 족인이 대대로 계승하고 후손들이 면면히 번창하며 조상을 빛내고, 후손을 복되게 할 수 있는 것이다."[17]라고 했다.

이상과 같이 명대 가보는 주희 사상이 중요한 위치를 차지하고 있음을 쉽게 알 수 있다. 그리고 가보 체례를 분석하면 가장 중요한 변화는 주희의 '삼강오륜'이 보서(譜序)와 가규(家規) 및 가법(家法)에 다수 수록된 것이다. 이는 '삼강오륜'이 명대는 물론 후대 가보 편찬의 기본적인 핵심 사상으로 확립되었다는 사실을 말해 준다.

주희(1130~1200)는 북송(北宋)의 정호(程顥)와 정이(程頤)의 학설을 계승해 발전시켰는데 이를 주자학(朱子學)이라 한다. 주자학에서 핵심사상이 바로 '삼강오상(三綱五常)'이고, 주희는 "삼강오상은 천리의 표현이며 사람이 지키려는 절조이며 나라를 다스리는 근

---

14 『通志·氏族略序』: "別選擧、定婚姻、明貴賤。" (역자 주)

15 사례(四禮): 유교적 원리에 바탕을 둔 관례(冠禮)·혼례(婚禮)·상례(喪禮)·제례(祭禮) 등의 4가지 의례를 지칭한다. 보통 관혼상제(冠婚喪祭)나 가례(家禮)로 부르기도 한다. (역자 주)

16 『休寧葉氏族譜』: "皇祖六諭以示憲章, 四禮儀節以遵畫一, 世守家規以昭燕貽。" (역자 주)

17 『休寧葉氏族譜』: "世世相承, 彌昌彌熾, 以光前裕後。" (역자 주)

본이다."[18]라고 했다. 즉 '삼강오상'을 국가와 사회 질서의 뿌리로 파악했다. '삼강오상'은 예로부터 존재해 왔다. 그러나 봉건전제주의 시기에 들어서 '삼강오상'은 통치의 중요한 정신적 지주가 되었고, 백성들의 사상을 하나로 묶는 역할을 해 주었다. 송대(宋代)의 성리학자들 중, 특히 주희는 전통적 '삼강오상'을 이론화·구체화·일반화해 봉건통치 사상의 핵심으로 자리를 잡았다. 주희는 더 나아가 "천리를 보존하며 욕심을 없앤다."[19]라는 이념을 삼강오륜의 사상으로 삼아, 신하와 백성들이 이를 준수하고 심지어 황제까지 이를 실천하길 바랐다. 비록 주희의 주장이 봉건 사회의 후기에 이르러 중앙집권화의 일환으로 실현되었지만, 남송 당시 통치자는 주희의 이런 주장을 받아들이지 못했다. 그리하여 주희의 학설은 '위학(僞學)'이라 불리며 전파되지 못했다.

위정자는 주희의 사상 중에서 특히 '삼강오상'이 사회통치에 유리하다는 점을 인지했다. 그래서 주희 사후 얼마 지나지 않아 남송의 통치자는 주희를 성인으로 추앙했고, 명대 초기에 이르러 주자는 공자(孔子)와 대등한 반열까지 올랐다.

가정(嘉定) 2년(1209)에 주희는 시호(諡號) '문(文)'으로 추서되었으며, 후세에 주문공(朱文公)으로 추존되었다.

가정 5년(1212) 주희의 『사서집주(四書集注)』가 국학(國學) 과목이 되었다.

보경(寶慶) 3년(1227) 주희를 태사(太師)로 삼고, 신국공(信國公)에 봉했다. 소정(紹定) 3년(1230)에 미국공(徽國公)으로 추존되었다.

순우(淳祐) 원년(1241) 이종(理宗)이 학궁(學宮)[20]에 명하여, 주희를 사당에 모셨다. 주희는 주돈이(周敦頤)·장재(張載)·정호(程顥)·정이(程頤)와 함께 5대 도통(道統)[21]의 성인이란 지위까지 올랐다.

함순(咸淳) 5년(1269) 도종(度宗)은 무원(婺源) 주씨(朱氏)의 고택에 '문공궐리(文公闕里)'를 사여했다. 이는 공자(孔子)의 궐리(闕里)[22]에 이어 두 번째이다.

---

18 『朱文公文集』 卷14: "蓋三綱五常, 天理民彝之大節, 而治道之根本也。"

19 『伊川語錄』: "存天理, 去人慾。" (역자 주)

20 학궁(學宮): 공자를 모시던 사당으로 동진(東晉)에서 청대(清代)까지 중국 전역 중앙과 지방에서 공자를 제사지내는 공묘(孔廟)를 설치해 제사를 지냈다. 공묘는 학궁과 긴밀하게 연관되어 중요한 교육기관으로 발전했고, 국학(國學)과 부(府)와 주현(州縣)에 함께 설치했다. (역자 주)

21 도통(道統): 맹자(孟子)의 언급에서 시작된 유교정통론을 지칭한다. 유가는 공자에 이르러 유가학파를 형성했고, 공자를 요(堯)-순(舜)-우(禹)-탕(湯)-주공(周公) 계승하는 정통으로 보았다. 도통(道通)이란 용어는 남송의 주의가 『여육자정(與陸子靜)』에서 처음 사용했다. 이후 송명시기 성리학자가 주로 학술사상의 전수계통을 지칭하는 데 사용했다. (역자 주)

22 궐리(闕里): 중국 산동(山東) 곡부시(曲阜市)에 있는 공자의 출생지를 지칭한다. 이곳에는 공자의 가묘, 사당 등이 있다. (역자 주)

지원(至元) 원년(1335) 혜종(惠宗)이 칙령을 내려 주희의 사당이 건설되었고, 이듬해 제국공(齊國公)으로 개봉되었다. 이때부터 주희도 공자와 같이 황제들에게 정례를 받게 되었다.

명조 건립 후 태조(太祖)인 주원장(朱元璋)은 유기(劉基)의 건의를 받아들여, 원인종(元仁宗) 연우(延祐) 2년(1315)부터 시작된 주자학 중심의 과거 시험을 널리 시행했다. 주희의 『사서집주』와 성리학으로 주석을 단 『오경(五經)』을 시험에 출제해 인재를 선발했다. 이것을 계기로 주자학은 사상을 통일하는 관학(官學)으로 발전했다. 이후 성조(成祖) 즉위 후 영락(永樂) 12년(1414)에 황제의 칙명에 따라 『오경대전(五經大全)』, 『사서대전(四書大全)』과 『성리대전(性理大全)』 등을 편찬해 이듬해(1415)에 완성했다. 성조의 어서(御序)로 편찬한 3가지 『대전(大全)』을 정식으로 반포했다. 이것은 명나라 200년간 인재 선발의 규범으로 추존을 받았으며, 명대(明代)에서 주희 학설이 지배적 지위를 확보했음을 의미한다.

경태(景泰) 6년(1455)에 건안(建安)의 주희 후손에게 한림원(翰林院) 오경박사(五經博士)의 세습을 명했다. 가정(嘉靖) 2년(1523) 무원(婺源)의 주희 후손에게도 한림원 오경박사의 세습을 명했다. 두 지방에서의 오경박사 세습은 청(淸)나라 말기까지 이어졌으며, 동시에 공자 제의와 같이 주희 제의를 거행하여 매년 봄과 가을에 제사를 지냈다.

이것은 주희의 성리학, 특히 '삼강오륜(三綱五倫)' 사상이 이미 명대 사상의 주류가 되었음을 뜻한다.

주희 학설의 핵심은 '삼강오륜'이다. 삼강(三綱)은 '군위신강(君爲臣綱)', '부위자강(父爲子綱)', '부위부강(夫爲婦綱)'으로, 이것은 혈연관계에 기반을 둔 봉건적 신분관계이며, 종법관계에 기초한 봉건정치제도이다. 오상(五常)은 유교에서 말하는 오륜(五倫), 즉 군신(君臣), 부자(父子), 부부(夫婦), 형제(兄弟), 붕우(朋友)관계를 말하며, 삼강을 실행하는 도덕 윤리 행위 규범이다.

명대 주희 학설을 바탕으로 하는 통치제도가 확립되어 감에 따라 '삼강오륜'은 명대의 중심사상이 되었고, 각 영역에 깊이 스며들었으며 사회 각 방면으로 널리 보급되었다. 중앙으로부터 각 지방 서원(書院), 사학(社學) 그리고 사숙(私塾)까지 모두 '삼강오륜' 사상이 퍼져 나갔고, 삼강오륜(三綱五倫)의 보급과 실천에 따라 삼강오륜은 자연스럽게 가보의 종지가 되었다.

명대 보서(譜序), 가법(家法), 족규(族規), 전기(傳記) 등을 살펴보면, 삼강오륜에 대해 충실하게 기록하고 있다. 주희의 고향인 신안(新安)의 가보에는 특히 삼강오륜이 자세히 기록되어 있다.

삼강(三綱)은 군신(君臣)·부자(父子)·부부(夫婦)의 주종관계를 말한다.

(1) 군위신강(君爲臣綱): 이는 신하의 도리로서 황제에게 충성을 다하는 것을 말한다. 『무원무구왕씨통종세보(婺源武口王氏統宗世譜)』 중의 「정훈팔칙(庭訓八則)」은 효(孝)·제(弟)·충(忠)·신(信)·예(禮)·의(義)·염(廉)·치(恥)를 가리킨다. 그중에서 '충'은 벼슬길에 오른 자제들에게 다음과 같이 요구하고 있다. 이르길 "공적인 것을 위해 사적인 것을 잊어야 하고, 나라를 위해 가정을 잊어야 한다."[23] "임금을 섬김에 있어서는 충성을 다해야 하며, 마땅히 왕실이 중심이고, 일에 최선을 다하여야 한다. 대신은 제세(濟世)의 양신(良臣)이어야 하며, 소신(小臣)은 바삐 뛰어다니며 보좌해야 한다. 문신(文臣)은 나라를 빛낼 책략을 구상해야 하며, 무신(武臣)은 나라를 지키는 간성이어야 한다."[24]라고 했다. 『명경호씨용정파종보(明經胡氏龍井派宗譜)』에서는 "주어진 자리에서 맡은 직책을 성실히 수행해야 조정을 지키고 종족을 빛낼 수 있다."[25]라고 했다.

(2) 부위자강(父爲子綱): 이는 자녀가 부모에게 효를 행해야 한다는 것을 의미한다. 『선원왕씨종보(仙源王氏宗譜)』(1927)에 게재된 만력(萬曆) 15년(1587)의 족약(族約)에는 "무릇 부모란 사람의 근본이다. (중략) 부모가 자신을 사랑해주면 기뻐하여 잊지 말며, 부모가 미워한다고 하여도 두려워하며 원망하지 말아야 한다. 부모에게 허물이 있으면 공손한 말로 도리에 맞게 간언하되, 부모의 뜻을 거스르지 말아야 한다. 부모가 돌아가시면, 반드시 어진 사람으로부터 곡식을 얻어 제사를 모셔야 한다."[26]라고 기술하고 있다. 흡현(歙縣)의 『금산홍씨가보(金山洪氏家譜)』에서는 "효는 온갖 행실에 우선으로, 부모에게 효도하고 형제간에 우애가 있는 것이 인(仁)을 이루는 근본이다. 사람이 출세하여 바른 도(道)를 행하고, 명성을 떨쳐 가문에 영광을 가져다주는 것이 효도이다. 그렇지 않으면 일을 하여 애써 부모를 봉양하며 저녁에 잠자리를 봐 드리고 새벽에 문안을 드린다. 부모를 부끄럽지 않게 하는 것도 자식으로서의 마땅한 도리이다."[27]라고 했다.

(3) 부위부강(夫爲婦綱): 이는 부인이 남편의 뜻에 따르는 것을 말한다. 가정(嘉靖) 44

23 『漢書·賈誼傳』: "公爾忘私, 國爾忘家。" (역자 주)

24 「庭訓八則」: "事君則以忠, 當無二無他以乃心王室, 當有爲有守而忘我家身。爲大臣, 當思舟楫霖雨之才; 爲小臣, 當思奔走後先之用; 爲文臣, 當展華國之謨; 爲武臣, 當副干城之望。" (역자 주)

25 『明經胡氏龍井派宗譜』: "在位而恪共乃職, 始不負於朝廷, 乃有光於宗族。" (역자 주)

26 『仙源王氏宗譜』: "夫父母者, 身之所從出也。(中略) 父母愛之, 喜而弗忘; 父母惡之, 懼而無怨; 父母有過, 諫而不逆; 父母旣沒, 必求仁者之粟以祀之。" (역자 주)

27 『金山洪氏家譜』: "孝爲百行之先, 孝弟乃爲仁之本。故人能立身行道, 顯親揚名, 此固孝之大者; 卽不然, 服勞奉養, 昏定晨省, 以無忝所生, 亦不失爲人子。" (역자 주)

년(1565)에 편찬된 『적계적경방갈씨족보(績溪積慶坊葛氏族譜)』에 따르면, "규문(閨門)은 반드시 엄숙하여야 한다. 남자는 밖에서 일을 하고, 여자는 안에서 집안일을 하되, 두 가지가 혼돈되어서는 안 된다."[28]라고 있다. 흡현 담도(潭渡) 황씨(黃氏) 종족의 『담도효리황씨가훈(潭渡孝里黃氏家訓)』에서도 "풍속에 대한 교화(敎化)는 규방(閨房)에서 시작한다. 아들과 조카들은 '삼종사덕(三從四德)'으로 아내를 훈계하여, 조용히 공경하고, 검소하게 지조를 지키도록 한다. 시부모를 효로써 받들어야 하고, 남편을 예로써 섬겨야 하며, 동서들을 온화로써 대해야 하고, 자녀를 자애로 가르쳐야 한다. 집안일에 부지런히 힘쓰고, 길쌈과 봉제, 자수 등의 일을 게을리하면 안 된다. 화려한 옷을 입지 말고, 음식을 먹을 때는 나쁜 생각을 하거나 음식을 탐하면 안 된다. 이간질하지 말고 첩을 괴롭히지 말며, 촌락을 떠나 관극(觀劇), 꽃등, 꽃구경 등과 같은 놀이를 하면 절대로 안 된다. 가르침을 따르지 않으면, 남편에게서 벌을 받는다."[29]라고 규정했다. "여자는 한평생 한 남편을 섬겨야 한다. 남편이 죽은 후 재가(再嫁)해서 쫓겨난 사람이 있었다. 비록 아들이 있었으나, 족보에 수록되지 않았다. 그 남편은 부인으로 여기지 않았고, 그 자식도 어미로 인정하지 않았다. 이는 도의(道義)를 어긴 일로 당연한 것이다."[30]

'부위부강'에서 부인은 '삼종사덕'을 지켜야 하는 것으로 구체화되었다. '삼종(三從)'은 어려서는 아버지를, 결혼해서는 남편을, 남편이 죽은 후에는 자식을 따라야 한다는 것이다. '사덕'은 부덕(婦德)·부언(婦言)·부용(婦容)·부공(婦功)을 말한다. 부덕은 부녀자가 재주가 없고 정조를 지키며 아무런 지식이 없이 끝까지 따르는 것을 말한다. 부언(婦言)이란 부녀자가 평소에 말수가 적고, 악한 말을 하지 않으며, 기뻐도 크게 웃지 않고 화가 나도 목소리를 높이지 않는 것을 말한다. 부용은 부녀자가 나쁜 말을 듣지 않고, 곁눈질을 하지 않으며, 의복을 청결하고 깨끗하게 하고, 머리가 헝클어지고 얼굴이 꾀죄죄해지면 안 된다는 것을 말한다. 부공은 부녀자가 음식을 맛있게 만들고, 길쌈을 잘하며 솜씨가 능숙해야 한다고 말하고 있다. 다시 말하면 봉건사회의 부녀자는 숙녀와 절부가 되어야만 했다.

28 『績溪積慶坊葛氏族譜』: "閨門務要嚴肅, 使男子位乎外, 女正位乎內, 不可淆亂。" (역자 주)

29 "風化肇自閨門, 各堂子侄當以四德三從之道訓其婦, 使之安詳恭敬, 儉約操持, 奉舅姑以孝, 事丈夫以禮, 待娣姒以和, 撫子女以慈, 內職宜勤, 女紅勿怠, 服飾勿事華靡, 飮食莫思饕餮, 毋搬弄是非, 毋淩厲婢妾, 幷不得出村遊戲, 如觀劇玩燈, 朝山看花之類, 倘不率敎, 罰及其夫。" 본문은 趙華富, 『徽州宗族研究』, 安徽大學出版社, 2004, 373쪽에 참조.

30 『(績溪)魚川耿氏宗譜』, 1919: "婦人義當從一而終。有夫亡再醮及有故被出者, 雖有子不書, 蓋不爲其父也妻, 則不爲其子也母, 義所當削也。"

'오상(五常)'이란 '삼강(三綱)'을 부연하는 말로 '삼강'을 실시하는 행위규범을 말한다. 유교에서는 오상이 곧 오륜으로 군신(君臣)·부자(父子)·부부(夫婦)·형제(兄弟)·붕우(朋友) 등의 관계를 말한다. 이는 곧 군신유의(君臣有義), 부자유친(父子有親), 부부유별(夫婦有別), 장유유서(長幼有序), 붕우유신(朋友有信)을 지칭한다.

『적계현남관돈서당(허씨)가보(績溪縣南關惇敘堂(許氏)家譜)』의 가훈(家訓)에서는 '오상'에 대해 다음과 같이 설명하고 있다. 첫째는 군신관계이다. 군주는 인애의 마음으로 백성을 대해야 하고, 신하는 충성을 다하여 나라에 보답해야 한다. 임금은 현명하고 신하는 충성을 다해야 하는데, 이것이 바로 군신유의이다. 둘째는 부자관계이다. 아버지는 자애로워야 하고, 자식은 효도를 해야 한다. 부모는 자녀에게 자애로워야 하고 자녀는 부모에게 효행을 다해야 한다. 이것이 바로 부자유친이다. 셋째는 부부관계이다. 남편은 의로워야 하고, 아내는 현명해야 한다. 의(義)는 아내에 대한 남편의 덕목, 순(順)은 남편에 대한 아내의 덕목이다. 이것이 바로 부부유별이다. 넷째는 형제관계이다. 형은 동생을 아끼고, 동생은 형을 공경해야 한다. 이것이 바로 장유유서이다. 다섯째는 붕우관계이다. 친구를 대할 때 말에 신의가 있어야 하고, 친구와의 사귐에는 믿음이 있어야 한다. 이것이 바로 붕우유신이다.

『(휴녕)송씨족보((休寧)宋氏族譜)』에서 이르길 "오륜은 삼강과 오상의 큰 도리로서 사람이 가야 할 반듯한 길이다. 짐승에게는 오륜이 없다고 하지만 양은 무릎을 꿇고 젖을 먹고, 까마귀 새끼는 늙은 어미에게 먹을 것을 물어다 준다. 승냥이와 수달은 은혜에 보답할 줄 알고, 벌과 개미에게도 군신(君臣)의 구별이 엄연히 있다. 기러기는 한번 짝을 지으면 죽을 때까지 서로 함께한다. 꾀꼬리는 친구를 찾을 줄 알고, 할미새는 형제의 도리를 안다. 짐승도 오륜을 아는데, 사람이 짐승만도 못하단 말인가. 나의 자손은 삼강(三綱)과 오상(五常)을 자기의 임무로 삼고, 날마다 몸으로 행하며, 인륜에 관계되는 모든 일에 인륜의 도리를 다해야 하며, 인륜을 저버리는 모든 일에는 범하는 것이 하나도 있으면 안 된다. 자손이 만일 불효(不孝), 불제(不弟), 불우(不友)를 할 경우, 예를 들어 윗사람을 범하거나 인륜을 어지럽히는 무리가 있으면, 족인은 그를 법정에 불러 가법(家法)으로 다스려야 하고 잘못을 고쳐야 한다. 선을 따르는 자에게는 다시 사람이 될 수 있는 기회를 주고, 잘못을 저지르고도 회개하지 않는 자는 관청에 고발하여 관법으로 다스리게 한다."[31]

---

31 『(休寧)宋氏族譜』: "五倫者, 綱常之大道, 生人之坦途。世間惟禽獸無五倫, 然羊知跪乳, 鴉知反哺, 豺獺知報本, 蜂蟻知君臣, 鴻雁知夫婦, 鶯知求友, 鶺鴒知兄弟, 是禽獸亦知五倫也。可以人而不如物者乎。吾子孫雖以綱常爲己任, 日用躬行, 盡孝盡弟爲先, 凡事有關人倫者, 須思盡人倫道理, 凡事有背人倫者, 一毫不可幹犯。子孫倘

라고 기술했다.

'삼강오륜(三綱五倫)' 내용의 족인 규칙을 비석에 새긴 족인도 있다. 명(明)나라 송렴(宋濂)은 『포양염계왕씨의문비명(浦陽濂溪王氏義門碑銘)』에서 왕씨(王氏)에 대해 다음과 같이 기술했다. 이르길 "「가칙(家則)」 1권을 참고하여 아침저녁으로 이를 지켰으나 행여 실수할까 내내 두려워했다. 말을 다루는 몸에 자질과 실력을 겸비하여 일에 응하고, 안팎을 두루 살피니 태화(太和)[32] 속에 그 향이 퍼져, 근처에 사람들이 그에 감복하여 부러워하지 않는 자가 없었다."[33]라고 했다. 또한 "후세에게 보여 주기 위해 「가칙」을 비석에 새겨, 송렴의 글로 이 일을 설명했다."[34] 송렴은 "기꺼이 받아들여 명(銘)으로 그것을 기록했다."[35] "효로서 천하를 다스리는 조정"[36]에서 『왕씨가칙명문(王氏家則銘文)』을 편찬했다.[37]

후세에게 높음과 낮음의 차례가 있고, 명분의 분별이 있음을 알게 하며, 오래도록 효를 실행하도록 하기 위하여 『무원관원홍씨종보(婺源官源洪氏宗譜)』에서 두루마리 형식의 가보를 만들어 제사 시에 내걸기로 했다. 이르길 "세거관원보계(世居官源譜系)를 그려서 두루마리로 만들어, 외보(外譜)[38] 묘소에 각 세대를 자세히 표시하고 설명하고, 후손이 정확히 알게 한다. 이에 청명절마다 반드시 이 그림을 내걸고 가문의 아이와 어른을 이끌어 성묘하게 한다. 시(詩)에서 '길이 효도하는 마음을 기리고, 그 효도하는 마음을 본받아야 한다.'란 말이 이것이다."[39]라고 했다. 어떤 족인은 식사나 집회를 통해 집안 어른이 족인들에게 삼강오륜(三綱五倫)을 가르쳤다. 예를 들면 포강(浦江) 정씨(鄭氏) 가문은 매일 아침 식사 전에, 족인들이 중당에 모여 엄숙한 분위기에서 집안 어른 혹은 집안 어른이 지정한 사람이 가훈(家訓)과 선조의 말씀 등을 읽은 후에야 식사를 할 수 있었다.[40] 남해

有不孝不弟不友, 如犯上亂倫之類, 許族喚入公堂, 以家法責治。其能改行從善者, 與人自新, 怙惡不悛者, 聞之官, 治以官法。" (역자 주)

32 태화(太和): 고대 중국 철학 용어, 우주만물의 최상층의 조화를 말한다. (역자 주)

33 『浦陽濂溪王氏義門碑銘』: "參定《家則》一卷, 朝夕遵之, 唯恐有所失。馭家之體, 質文之兼, 至應物之務, 內外之齊, 飭薰蒸太和之中, 壹囿範圍之內, 鄉人士莫不感厲而歆艶之。" (역자 주)

34 『浦陽濂溪王氏義門碑銘』: "以示來者, 旣勒《家則》於碑, 而復征濂(宋濂)文以紀其事。" (역자 주)

35 『浦陽濂溪王氏義門碑銘』: "因不辭而記之, 又系之以銘。" (역자 주)

36 『浦陽濂溪王氏義門碑銘』: "聖朝以孝治天下。" (역자 주)

37 『古今圖書集成·氏族典·王姓部』.

38 외보(外譜): 가보(家譜) 혹은 족보(族譜)에 대한 이칭을 말한다. (역자 주)

39 『婺源官源洪氏宗譜』: "將世居官源譜系繪成卷軸, 逐代旁注外譜墓所, 昭示後代子孫, 每年清明節務要張掛此圖, 率集族中少長, 咸集各處墓所拜掃。詩云'永言孝思, 孝思維則', 此之謂也。" (역자 주)

40 鄭文融, 『鄭氏規範』.

(南海) 곽씨(霍氏)는 초하루와 보름날에 모여 선조의 위패에 차례를 지내고, 집안 어른이 가훈과 선조의 말씀을 읽었다.[41] 남해 방씨(龐氏)는 매월 음력 10일과 25일 이틀 동안 저녁에 모여 가훈규칙과 선조의 말씀을 배우고, 각자의 의견을 서로 교환하며 토론했다.[42] 대족인은 족인에게 삼강오륜을 강조했고, 교육도 흥미롭게 오랫동안 지속했다.

어떤 가문은 가법(家法) 중 주희(朱熹)의 오륜 내용뿐만 아니라 가규(家規)에서 족인의 자제에게 주희의 소학(小學)을 배우게 규정했는데, "예의에 어긋나는 행위를 행치 않게 하기 위해서이다."[43] 이르길 "문공(文公)의 소학에는 일상의 인륜과 입신행기(立身行己)의 도리를 담고 있다. 부형(父兄)이 된 사람은 자제들에게 의로운 이치에 통달한 지식을 익혀 슬기롭게 깨닫게 하고, 예의에 어긋나는 짓을 하지 않게 한다. 어리석은 자는 배움을 바라지 않으니, 특히 관심을 가져야 한다. 무릇 족인 모임이라면, 몇몇 부분을 발췌하여 잘하는 자제에게 강독시키거나, 대의(大意)를 발표하게 한다. 혹은 몇 부분을 선택하여 그 필기 여부를 검토하면, 못하는 자제는 부끄러워 반드시 스스로 배우게 된다. 이렇게 귀를 끌어당겨 얼굴을 맞대고 가르치다 보면 결국 깨우치게 된다."[44]라고 했다. 어떤 족인은 별도로 교육 기관을 두고 자제에게 주희의 윤리사상을 주입시켰다. 이르길 "가문에 가훈이 있으면 도리를 알 수 있고, 예절이 있으면 장유유서(長幼有序)를 알게 되며, 가규가 있으면 행동 규범을 알게 되고, 가법이 있으면 징계를 알 수 있는 것이다. 이 같은 가훈(家訓), 가례(家禮), 가규(家規), 가법(家法)은 '왕도(王道)'에 도움을 주므로 없으면 안 되는 것들이다. 우리 가문의 요재공(了齋公)과 왈인공(日人公)은 성리학으로 명성을 떨치시고, 족인 교육으로 후손을 일으키니 그 의의가 심오하다."[45]라고 했다.

"왕도(王道)의 전승"이란 봉건통치를 공고히 하는 데 도움이 되었다. 따라서 명대가보 편찬의 취지 역시 '삼강오상'이고, 다양한 수단을 동원해 이런 주자의 윤리사상을 실현하려 했다. 또한 사회풍속을 교화해 충(忠)·효(孝)·절의(節義) 등의 사상을 널리 전파하려 했다. 이처럼 명대 가보 편찬의 목적은 종족제도를 공고히 하고, 정치적으로 통치를

---

41 霍韬, 『霍渭厓家訓』.

42 龐尙鵬, 『龐氏家訓』.

43 "不爲非禮之事。" (역자 주)

44 『新州蔡氏家乘』: "文公小學書, 凡人倫日用之常, 立身行己之道, 備載於此。爲父兄者, 當教子弟熟讀通曉義理, 斯能有所感悟, 不爲非禮之事。然愚者不肯向學, 尤當致意。凡於宗族長少聚會之時, 或摘切數條, 令敏達子弟講讀, 申明大意, 或摘問數事, 驗其記否, 其不能記者, 慚愧於心, 退必自學, 如此耳提面命, 終不至懵然無知。"

45 『黃山仙源杜氏宗譜』, 光緒 21年(1895): "家有訓, 則知義, 家有禮, 則知序, 家有政, 則知體, 家有法, 則知戒。此家訓家禮家政家法, 所以有裨於王道, 而不可不講。我族了齋公、曰人公先後以理學名世, 設立家教, 興起後進, 意甚深遠。"

강화하는 것에 있었다.

4. 가보의 체례와 내용의 개선

송원(宋元) 시기의 가보 체례와 내용은 주로 보서(譜序)·보례(譜例)·과제(科第)·은영(恩榮), 그리고 조상에 대한 고증과 세계도(世系圖)·세계록(世系錄)·전기(傳記)·조묘(祖墓)·지파(支派)와 문한(文翰) 등이 있다. 명대(明代)에 이르러 특히 명(明)나라 중기 이후에 가보 체례와 내용이 더욱 확대되었다. 종합적으로 명대 가정(嘉靖) 시기 이후 편찬된 가정 16년(1537)의 『왕원사씨맹종보(王源謝氏孟宗譜)』, 가정 20년(1541)의 「기문선화정씨속보서(祁門善和程氏續譜序)」, 가정 44년(1565)의 『적계적경방갈씨족보(績溪積慶坊葛氏族譜)』, 만력(萬曆) 7년(1579)의 『사제엽씨가보(沙堤葉氏家譜)』, 만력 35년(1607)의 『신안왕씨통종세보(新安王氏統宗世譜)』, 만력 40년(1512)의 『호돈최씨족보(虎墩崔氏族譜)』, 만력 43년(1515)의 『조씨통종세보(曹氏統宗世譜)』, 천계(天啟) 원년(1621)의 『중수유씨통종보(重修俞氏統宗譜)』, 천계 3년(1623)의 『무구왕씨통종세보(武口王氏統宗世譜)』, 숭정(崇禎) 3년(1630)의 『휘성양씨종보(徽城楊氏宗譜)』, 숭정 4년(1631)의 『주씨통종보(朱氏統宗譜)』, 숭정 5년(1632)의 『휴녕대씨족보(休寧戴氏族譜)』 등 10여 부의 가보 체례로 내용은 주로 다음과 같다. 보서, 보례, 성씨의 기원, 고칙(誥勅),[46] 세계도(世系圖), 세계전(世系傳), 사당, 이주, 사환(仕宦), 은륜(恩綸), 신상(神像), 문헌, 가전(家傳), 행장(行狀), 가훈(家訓), 가규(家規), 성씨를 받은 경위(經緯), 선조에 대한 고증, 보변(譜辨), 저택, 구묘(丘墓), 예문(藝文), 풍습, 유적, 이사(里社),[47] 속후(續後),[48] 항렬자, 항렬, 가보의 표제어, 수보(修譜) 목록과 속수(續修) 등이 있었다. 송원 시기의 족보와 비교하여 내용이 더욱 풍부해졌고, 체례도 더욱 완벽해졌다. 특히 다음과 같은 몇 가지 측면에서 많은 내용을 추가했다.

---

46 고칙(誥勅): 당대(唐代) 주로 사용한 문서형식으로 중앙에서 관리를 임명할 때 사용한 칙서를 지칭한다. (역자 주)

47 이사(里社): 중국 고대시기 거리나 마을에서 토지신(土地神)을 모신 사당을 지칭한다. 사를 중심으로 25가구의 부락을 일컬어 사(社)라고도 했다. 사(社)는 규모에 따라서 대사(大社), 국사(國社), 이사(里社)로 나뉘었다. (역자 주)

48 속후(續後): 백지를 두어 첨부해서 후대 후손들이 이어 쓰게 하는 일종의 메모와 기록 공간을 지칭하는 듯하다. (역자 주)

1) 세계(世系)

명대의 가보는 여전히 구양수와 소순의 오세도식(五世圖式) 체례에 따라 증조부터 현손까지 한 장의 도표에 배치했고, 5대 이외는 근친소원의 관계에 따라 수록했다. 대종(大宗)의 법도를 받아들여, 세계표(世系表)에 수십 내지 수백 세대까지 기록했다. 예를 들어 만력 40년(1512)에 편찬된 『호돈최씨족보』의 '보례'에서 "구양씨와 소씨 및 근대 명가의 보례를 따른다."[49]라고 했고, 또한 "현재 상황을 고려해 추가하거나 축소한다."[50]라고 했다. 이처럼 가보는 "시조(始祖)를 시작으로 자손을 총괄하고, 증조부터 그의 현손까지가 5세(五世)로 일괄한다. 5세가 끝난 후, 현손부터 또 다른 5세로 시작된다. 즉 제5세대부터 제9세대까지가 다른 하나의 5세가 되고, 제9세대부터 제13세대까지는 다른 별도의 5세가 된다."[51]라고 했다. 계속해서 "시조로부터 가계(家系)는 반드시 적장자(嫡長子)가 계승하며, 장손이 하나의 종파(宗派)를 이루고, 서출(庶出)의 방계는 지파로 수록해 직계(直系)가 어지럽지 않게 되었다."[52]라고 했다. 따라서 가보는 특정 족인이 백대(百代)에 이르는 강기(綱記)를 형성했고, 구양수와 소순의 오세도식이란 체례를 크게 극복할 수 있었다.

만력(萬曆) 7년(1579)에 편찬된 『사제엽씨가보』 범례(凡例)에서는 세계(世系)와 도보(圖譜)에 대해 『호돈최씨족보』와 유사한 규정을 두었다. 한편으로는 "오세(五世)를 한 장의 도표에 배치하여 주문공(朱文公)과 구양씨와 소순의 보례(譜例)를 따른다."[53]라고 했고, 다른 한편으로는 '대종(大宗)의 법도'에 의거하여 "오세를 한 장의 도표에 배치하여 수록하되 반드시 대종을 먼저하고, 다음에 소종(小宗)의 순서로 수록함에 나이에 구애받지 않는다. 이를 '종자법(宗子法)'이라 부른다."[54]라고 했다. '종자법'은 대종을 기준으로 세계와 도보를 수십 내지 백여 세대까지 거슬러 기술할 수 있었다.

정덕(正德) 4년(1509)에 편찬된 『신안필씨족보(新安畢氏族譜)』의 범례는 세계와 도보를 대종법의 기준으로 기술했고, 구양수 오세도식의 기술방식과 차이가 있다. 구양수의 오세도식은 고조부터 현손까지를 한 장의 도표에 배치했다. 즉 한 장의 도표에서 제1대는 고조, 제2대는 증조, 제3대는 조부, 제4대는 부친, 제5대는 고조의 현손으로, 모두 5대

49 『虎墩崔氏族譜』: "依歐陽氏蘇氏及近代名家譜例。" (역자 주)
50 『虎墩崔氏族譜』: "酌以時宜, 或增或損。" (역자 주)
51 『虎墩崔氏族譜』: "始祖爲主, 統其子孫, 曾玄是爲五世, 五世派盡, 仍以第五世擡頭復統五世, 自五而九, 九而十三, 例而衍之。" (역자 주)
52 『虎墩崔氏族譜』: "自始祖而下必以嫡長相承, 支庶別出, 長子一支派盡, 然後支系以次序派庶倫序相當, 支派不紊。" (역자 주)
53 『沙堤葉氏家譜』: "圖定爲五世一提行, 準朱文公及歐陽譜。" (역자 주)
54 『沙堤葉氏家譜』: "五世提行必先大宗, 而後小宗, 循此周而復始, 不拘年齒, 寓宗子法也。" (역자 주)

를 포함했다.[55] 제5대는 두 번째 도표에서 다시 고조가 되었다. 즉 제1대부터 제5대까지는 첫 도표에, 제5대부터 제9대까지는 두 번째 도표에, 제9대부터 제13대까지는 세 번째 도표에 배치했을 것이다. 하지만 『신안필씨족보』의 범례를 보면 제1대부터 제5대까지 첫 도표에, 제6세부터 제10대까지 두 번째 도표에, 제11대부터 제15대까지 세 번째 도표에 배치했다. 후손들이 도표 속의 관계를 쉽게 이해하도록 돕기 위해서, 제6대와 제11대 및 제16대의 이름에는 조그마한 동그라미를 그렸다. 이에 대해 이르길 "사람들이 편리하게 볼 수 있도록 구양수의 오세도식과는 달리 모모의 장남 또는 모모의 차남이라고 표기한다."[56]라고 했다. 건륭(乾隆) 21년(1756)에 편찬된 『무남운천왕씨세보(婺南雲川王氏世譜)』에는 숭정(崇禎) 11년(1638)에 수록된 세보(世譜) '범례'에서도 "제6세대 위에는 모공(某公), 모모의 후대라고 표기했다."[57]라는 유사규정이 있다.

일부 대종족의 경우 각 종파(宗派)를 통합한 통보(統譜)를 편찬하기 위하여, 각 종파의 세계를 수록하는 비교적 개방적인 방식을 취했다. 예를 들면 정덕 3년(1508)에 편찬된 『적계중수왕씨가승(績溪重修汪氏家乘)』의 '범례' 규정에서 "우리 신안(新安)에는 10명 중 9명이 성이 왕(汪)이고, 이들 모두들 한꺼번에 수록하기는 어려우니, 각 종파에 호인이 있으면 전례대로 수록해 추후에 가보에 수록했다. 이는 통종회의 기원이 되는 가보라 할 수 있다."[58]라고 했다. 즉 같은 한 종족이면서, 세계(世系) 도보에 수록되지 않은 종파가 생기는 경우가 있었다. 그래서 통보 세계의 도식에 따라 본 종파의 세계가 이어질 수 있도록 방계 종파의 가보를 세계 도보에 포함시켜 대통보(大統譜)의 유기적인 구성요소로 삼았다.

2) 세전(世傳)

세전은 세계표(世系表)의 이름 아래에 써넣은 주(注)를 말한다. 자·호·생몰연월·관직·혼인·자녀·묘지 등의 내용을 수록했다. 어떤 세전은 세계표의 이름 밑에 바로 주를 달기도 했고, 어떤 세전은 온전한 세계표 뒤에 별도로 목록에 따라 일일이 소개하기도 했다. "이름 밑에 주해를 달 때, 먼저 자와 호를 기입했다. 그다음에 행실·출생·혼인 및 사망과 관

---

55 원서의 오류로 판단된다. 즉 고조-증조-조부-부친-현손이 맞다. (역자 주)

56 『新安畢氏族譜』: "書曰某人長子, 某人次子, 欲人便於觀覽, 與歐譜異也。" (역자 주)

57 『婺南雲川王氏世譜』: "於六世之上注某公, 知某人爲某後也。" (역자 주)

58 『績溪重修汪氏家乘』: "吾新安十姓九汪, 一時收錄未盡, 各派有好事者, 依樣以續, 其後增人於此, 卽成統宗會源之譜矣。" (역자 주)

련된 내용을 적고, 끝으로 후손을 수록했으니, 질서와 순서가 있다는 뜻이다."[59]라고 했다. 그리고 "이름 밑에 생몰의 연월을 적어 후세에게 어느 시대의 사람인지를 알렸다. 또한 묘지의 위치를 밝혀 후세 사람이 알고 배알하도록 했다. 간혹 묘지를 밝히지 않은 것은, 후손이 세상에 알리고 싶지 않았기 때문이다."[60]라고 했다.

명대(明代)의 가보는 세계표를 확대했을 뿐만 아니라, 세전 내용도 보완했다. 구양수와 소순의 체례(體例)에 따르면, 딸과 재혼한 처 및 첩은 수록하지 않았다. 명대의 세전 내용에 있어 두드러진 특징이 나타나기 시작했다. 예를 들면 만력(萬曆) 연간에 편찬된 『여요손씨가보(余姚孫氏家譜)』 '범례(凡例)'의 규정에 "누구와 결혼하고 누구와 재혼했는지 순서대로 수록했다. 누구와 결혼했는지, 처첩의 자녀들을 수록하고, 적서(嫡庶)의 관계도 명확히 표시한다. 첩의 아들이 장자이면 적자 앞에 위치하는데, 이것은 장유의 순서에 따른 것이다. 재혼하여 아들을 낳으면 반드시 생모를 수록해야 한다. 여자가 시집을 가면, 그 여자의 가문을 반드시 기록해야 하는데, 이것은 혼인관계로 맺어진 친족관계를 알려야 했기 때문이다. 또 사위의 이름뿐만 아니라 작위, 그 가문의 고관대작을 지낸 사람들 역시 기록하게 하므로, 명문대가와 혼인을 중히 여기는 것이다."[61]라고 했다. 이것은 명대의 가보에 딸과 사위는 물론, 사위의 관작을 수록했을 뿐만 아니라 후처 및 첩, 심지어 정실과 첩이 같이 수록되었음을 설명하고 있다. 만약 첩의 아들이 장자라면 적자의 앞에 수록했다. 명대 이러한 가보 규정은 구양수와 소순의 세전 방식과 충돌한다.[62] 그러나 상술한 『여요손씨가보』의 자녀 기록은 명대 가보의 보편적인 방식을 따르지 않았다. 적지 않은 가보가 '삼강오상(三綱五常)'의 윤리에서 출발했기 때문에 세전에서 여성의 수록은 일정한 한계가 있었다. 예를 들어 정덕(正德) 4년(1509)의 『신안필씨족보(新安畢氏族譜)』 '범례(凡例)'의 규정에서는 "본처는 수록하나 첩은 기록하지 않는다. 첩은 아들을 낳아야 가보에 수록된다. 어머니는 아들에 의해 귀하게 대우를 받을 수 있다. 정절(貞節)을 굳게 지키고, 재색을 겸비하여 옛사람과 나란히 할 수 있는 여성은 자세하게 기술한다. 이에 미치지 못하는 부인은 대략적으로 기술한다. 이보다 더 못한 부인은 성씨

59 『績溪積慶坊葛氏族譜·凡例』, 嘉靖 44年(1565): "名下分注先字及別號, 次行實, 次生娶卒葬, 又次子女, 示有序也。"

60 『新安畢氏族譜·凡例』, 正德 4年(1509): "名字之下各書所生所卒之年, 欲後人知其爲何時人也, 書葬地, 欲後人知其葬所而省視之, 間有不書者, 其子孫不以告也。"

61 『余姚孫氏家譜』: "書娶某氏繼某氏, 明先後也。娶某氏生子某, 妾某氏生子某, 明嫡庶也。妾子長, 其本圖必位於嫡子前, 序長幼也。再娶皆生子必書其所出, 示各有本也。凡女子適人, 必書其族里, 識姻黨也。又必書其夫之名與爵, 或祖父著聞者, 或甥之顯達者亦書之, 重貴姻也。其書娶者, 亦如之。" (역자 주)

62 張海瀛, 「明代譜學概說」, 『譜牒學研究』(第三輯), 書目文獻出版社, 1992.

만 수록된다."[63]라고 했다. 여성에 대해 구분하여 수록했음을 설명하고 있다. 천계(天啟) 3년(1623)의 『무구왕씨통종세보(武口王氏統宗世譜)』 규정에는 "부인의 덕행을 기록하는 것은 도덕, 품행을 바르게 하여 사회 풍속을 정화하기 위함이다. 품성이 곱고 덕이 있는 부인, 정절(貞節)을 지킨 여성이 있으면 그의 이름과 사적을 기록하고, 그렇지 못한 부인은 성씨만 기록한다. 통상 이런 예를 따른다."[64]라고 했다.

정덕(正德) 4년(1509)에 편찬된 『신안필씨족보』에서는 권선징악에서 출발하여 착한 자와 악한 자를 세전(世傳)에 어떻게 기록했는지, 다음과 같이 구체적으로 규정했다. 이르길 "사람은 선이나 악으로 유명해지면 그의 이름 뒤에 악이나 선을 달아 주고 사람을 권계하도록 한다. 선인(善人)은 그 선행을 자세히 기록하여 선을 행하는 풍조를 만들었다. 악인에 대해서는 그 악행을 직접 기록하지 않고, 그 행위가 드러나지 않게 한다. 이는 그를 기록한 그의 친족들이 고의로 기록을 누락한 것이다. 이름도 작게 써서 선인과 구별한다. 이 악인으로 인해 족인의 풍기에 나쁜 영향을 미칠까 봐 걱정되기 때문이다. 가난한 족인 성원이 있다면, 그 언행이 잘 드러나지 않는다고 적고, 이름도 조금 작게 써서 선인과 구별한다. 이런 사람도 족인 풍기를 해칠 우려가 있기 때문이다. 이 두 종류의 사람들은 가보에 기록하지 않고, 그들의 가보를 단절시킨다. 출가한 사람이면 직접 승려로 기록하거나 도(道)로 기재하고, 이름도 약간 작게 적어 선인과 구별한다."[65]라고 했다.

따라서 명대(明代) 가보 세전의 내용은 송대(宋代)보다 한층 더 상세하고 풍부해졌다.

3) 가훈(家訓)

명대의 가훈은 송대의 가훈이 내포하고 있는 공명을 추구하고, 기개를 숭상하며, 가정을 화목하게 하고, 자손의 교육을 시키며 청렴한 가풍을 유지한다는 내용을 다수 계승했다. 명대에서 편찬된 적지 않은 가보에는 송대 사마광(司馬光)의 『가범(家範)』과 범중엄(范仲淹)의 『가규(家規)』 등 저명한 가훈들이 수록했다. 그러나 명대 가보의 가훈은 송대와 비교하여 수량, 내용과 형식 등 모든 측면에서 큰 발전을 이루었다. 명대 통치자는 봉건적

---

63 『新安畢氏族譜』: "婦人書嫡不書妾, 正名也。妾之有子者, 書之, 以子貴也。貞節之婦, 凜然卓異, 可與古人並稱者, 則詞煩不殺。次者, 概書其行。又次者, 直紀名氏而已。" (역자 주)

64 『武口王氏統宗世譜』: "紀婦德, 蓋以著內行, 敦風俗也。有賢德之婦、貞烈之女, 則揭其名而紀其實, 餘止書姓氏, 從常例云。" (역자 주)

65 『新安畢氏族譜』: "人以善惡著名者, 注之名下, 所以示勸戒也。善者, 詳書善, 善之意長也。惡者, 不直言, 其實而書曰'行微', 爲親者諱也。其名小書, 以別之者, 惡其亂族也。貧乏不支而爲隸丐者, 則書曰'人微', 亦小書其名, 以別之, 惡其辱族也。皆不書世系, 絕之也。事方外, 則直書曰爲'僧'爲'道', 名亦小書者, 外之也。" (역자 주)

전제주의 강화를 위해서 가훈은 전반적으로 성리학(性理學) 사상을 더욱 강조했다.

강희(康熙) 32년(1693)에 편찬된 초본인 『휴녕송씨종보(休寧宋氏宗譜)』에 명대의 대표적인 '가훈'이 수록되어 있다. 『휴녕송씨종보』의 '가훈'은 총 10가지 조항이 있는데, 제시하면 다음과 같다.

(1) 조상의 존경과 친족의 화목을 가장 우선한다.
(2) 인륜과 도덕의 이치를 지킨다.
(3) 본분을 지키며 생계를 우선으로 한다.
(4) 법을 준수하고 도리를 지키는 것을 중시한다.
(5) 독서를 우선으로 한다.
(6) 흉년에 대비하여 식량 창고에 곡식을 저장한다.
(7) 자손의 교만함과 사치를 막고, 부지런히 깨우치게 한다.
(8) 다양한 방식의 임관을 인정한다.
(9) 학전(學田)[66]을 마련함으로써 후세 사람들을 흥하게 한다.
(10) 부모 없는 자제는 가문에서 입양해 다른 족인이 입양되지 않도록 한다.[67]

상술한 10가지 가훈은 모두 주희(朱熹)의 '삼강오상(三綱五常)'이란 윤리사상의 영향을 받았다. 특히 "인륜과 도덕의 이치를 지킨다."는 제2조는 족인 구성원에게 '삼강오륜(三綱五倫)'의 윤리사상을 주입하는 명확한 지침이 되었다. 그리고 "오륜이란 삼강오상의 궁극적 진리이자 인생의 진리이다. 나의 자손은 삼강오상을 자기의 임무로 삼고, 날마다 몸소 행하며 효도를 다한다. 인륜에 관계되는 모든 일에는 인륜의 도리를 다해야 하며, 인륜을 저버리는 일은 일체 범하지 말아야 한다. 자손이 만일 불효(不孝)·불제(不弟)·불우(不友)한 경우, 즉 윗사람을 범하거나 인륜을 문란하게 하는 무리가 있으면 족인은 그를 가문 법정에 세워 가법으로 다스린다. 반성하여 잘못을 고치고 선을 따르는 자는 다시 사람이 될 수 있는 기회를 주고, 잘못을 저지르고도 회개하지 않는 자는 관청에 고발

66 학전(學田): 지세(地稅)를 통해 학교나 서원의 비용으로 충당하는 토지를 지칭한다. 학전은 송대 학교 교육이 활성화되면서 등장한 일종의 토지소유 방식의 하나이다. 북송 건흥(乾興) 원년(1022)에 학전제도가 시작했다. 학전은 당시 관료, 신사(紳士), 지주와 상인 등이 헌납한 토지를 족인이 운용하거나, 혹은 지방 정부가 관련 토지를 매입해 공공으로 운용하기도 했다. 송대 이후 원대와 명청까지 학전은 발전을 거듭했다. (역자 주)

67 『休寧宋氏宗譜』: "1. 敬宗睦族爲先; 2. 敦倫理爲尙; 3. 安分務生爲急; 4. 守法循理爲要; 5. 讀書向上爲先; 6. 儲義倉以備兇荒; 7. 子孫須戒驕奢, 勤教誨; 8. 分途進取皆可; 9. 置學田以興後人; 10. 子孫之無後者, 親房及門族須急收養, 毋使過房賣身於異性。" (역자 주)

하여 관법으로 다스린다."[68]라고 했다. 이런 가훈은 족인에게 윤리도덕의 이치를 설명하는 교육과 징계의 수단이 되었다. 이를 어길 시 가볍게는 가법으로 처벌했고, 엄중하게는 관부가 처벌하게 만들어 가훈의 위엄을 강화했다.

4) 정절(貞節)

명대(明代) 가보는 '삼강오륜'의 내용을 특히 강화했고, 이에 '삼종사덕(三從四德)', '남존여비(男尊女卑)'의 원칙으로 여성에 대한 기록들은 극히 제한적이고 여성의 언행을 단속했으며, 정절에 대해서는 크게 다루며 '정절전(貞節傳)'을 별도로 수록했다.

숭정(崇禎) 3년(1630)의 『휘성양씨종보(徽城楊氏宗譜)』에 여성의 규정에 대하여 구체적으로 기록하고 있다. 보통 여성은 성씨만 기록했다. 예를 들면 이씨(李氏), 장씨(張氏) 등으로 성(姓)만 기록하고, 이름을 수록하지 않았다. 그 이유에 대해서는 "보편적으로 여자는 성씨만 부르고, 규문(閨門)을 나가지 않았기 때문이다."[69]라고 했다. 보통 여성이 출가하면 "어디로, 누구에게 시집가는지."[70]라는 내용만 기록했다. 만약 출가한 여자가 사별하여 재혼을 하면 '일부종사'를 위반했다 하여 가보에 수록하지 않았다.

가정(嘉靖) 44년(1565)의 『적계적경방갈씨족보(績溪積慶坊葛氏族譜)』에서는 "아녀자의 말을 절대 가볍게 들어서는 안 된다."[71]라며 크게 과장했고, "족인의 불화는 반드시 부인에 의해 발생하는 것이므로 부인의 말은 가벼이 듣지 말아야 한다. 함부로 여자의 말을 듣고 시비를 헤아리지 못하면 분쟁이 일어날 것이고, 가까운 사람을 남으로 여길 것이다. 혹은 맺힌 원한은 수년 동안 풀리지 않고, 서로 양보하지 않으며 논쟁하여, 큰 화근을 남길 것이다. 일찍이 옛사람이 시를 지었는데, 이르길 '당당한 팔 척의 몸을 가지고 세 치밖에 안 되는 혀로써 참소함을 들으랴. 혀끝에는 용천금 같은 칼이 있어서 사람을 죽여도 피도 나오지 않는다.'고 했다. 이것은 부인의 말을 듣는 사람에게 귀감이 될 것이다."[72]라고 했다. 이 가보는 남녀 간의 차이를 통하여 여성의 언행에 대한 요구를 수록했다. "규

---

68 『休寧宋氏宗譜』: "五倫者, 綱常之大道, 生人之坦途。吾子孫要以綱常爲己任, 日用躬行盡孝盡悌爲先。凡事有關於人倫者, 須思盡人倫道理, 凡事有背於人倫者, 一毫不可幹犯。子孫倘有不孝不悌不友如犯上亂倫之類, 許族喚入公堂, 以家法責治, 其能改行從善者, 與之自新, 怙惡不悛者, 聞之官, 治以官法。" (역자 주)

69 『徽城楊氏宗譜』: "女子通行稱氏, 蓋內闈不出於閨也。" (역자 주)

70 『徽城楊氏宗譜』: "適何處何人。" (역자 주)

71 『績溪積慶坊葛氏族譜』: "婦人之言不可輕聽。" (역자 주)

72 『績溪積慶坊葛氏族譜』: "家人睽, 必起於婦人。故婦人之言不可輕聽, 苟輕聽婦言而不察理之是非, 則將起釁紛爭, 視至親如陌路人, 或至結怨數年不解, 而攘訟以逞, 貽錮之烈, 有如此者, 古人有詩云: 堂堂八尺軀, 莫聽三寸舌, 舌上有龍泉, 殺人不見血。此可爲聽婦言者之龜鑒。" (역자 주)

문(閨門)은 반드시 엄숙하여야 한다. 자고로 남자는 밖에서 일을 하고, 여자는 안에서 살림을 해야 한다. 양자를 혼란시키면 안 될 것이다."[73] "평소에는 열녀전(烈女傳)에 기록된 이야기를 여성들에게 들려주어 글자를 익히게 하고, 대의(大義)를 훤히 깨닫도록 한다."[74] '대의'란 '삼강오륜(三綱五倫)', '삼종사덕(三從四德)'의 대의를 말하는 것이다.

명대의 가보 중 가훈(家訓)과 족규(族規)가 여성 언행을 제한함과 동시에 여성의 정절(貞節)을 널리 알리기 시작했다. 가정 16년(1537)의 『왕원사씨맹종보(王源謝氏孟宗譜)』에서는 특히 「정절사략(貞節事略)」을 두어, 족인 가운데 정절 있는 여성을 소개했다. 『김씨통종보(金氏統宗譜)』에는 별도로 「절열전(節烈傳)」이 편찬했다. 그중 「절열전」에 언급된 김씨(金氏) 가문 중 여성의 정정과 관련된 내용은 다음과 같다.

> "이씨(李氏)는 김전(金傳)의 처로, 남편이 죽은 뒤 장남을 키우며 칼로 머리를 자르고 얼굴도 망가뜨려, 구혼하는 남자를 거절하여 마침내 평생 절개를 지키다 죽었다."
>
> "주씨(朱氏)는, 김전의 조카 명조(鳴朝)의 처로 남편이 죽은 후, 비석을 품에 끌어안고 7일 동안 곡기와 물을 끊어 결국 죽었다. 만력(萬曆) 무술(戊戌)년에 진대수(陳大綬)가 그녀를 위해 『쌍절전(雙節傳)』을 지었다."
>
> "김씨(金氏) 집안의 난옥(蘭玉)이라는 여성은 서우(西隅) 생원(生員) 황가동(黃家棟)의 처이다. 반란군에게 납치당해 강제로 배에 태워졌다. 배가 깊은 곳에 다다르자, 그녀는 갑자기 배에서 뛰어내려 죽었다."
>
> "계씨(計氏) 집안의 금화(金花)라는 여성은, 스무 살쯤 과부가 되어 혼자서 아들을 키웠고, 아들이 죽은 후 손자를 부양했는데 고생이 아주 많았다."
>
> "김씨 집안 영계(英溪)의 딸인 법경(法京)은 장도상(張道相)의 처로 23살에 과부가 되어 수절을 하며, 시어머니를 모시고 모진 고생을 참고 견디며 7세 아들 공익(孔弋)을 성인으로 키웠다. 향년 85세를 누렸다."
>
> "범씨(范氏) 집안의 여성 내제(來弟)는, 북우(北隅) 김덕윤(金德允)의 처로, 21세 때 남편을 잃었다. 며느리가 아직 젊다고 생각한 시어머니가 그녀를 재가(再嫁)시키려 하자 죽음으로 맹세하니, 그녀를 후계자로 세웠다. 화려한 옷을 입지 않고, 맛있는 음식도 먹지 않으며, 알뜰하게 아들을 부양하여, 공부를 시키고, 결혼시키어 가정을 이루도록 해 주었다. 숭정(崇禎) 임오년(壬午年)에 기근이 들어 도적이 창궐하고 성 안에 계엄령이 내려졌는데, 그녀가 말하

---

73 『績溪積慶坊葛氏族譜』: "閨門務要嚴肅, 使男正位乎外, 女正位乎內, 不可混淆。" (역자 주)

74 『績溪積慶坊葛氏族譜』: "每平居時, 當常以烈女傳所載者, 與聰慧女子講解, 使之識字, 通曉大義。" (역자 주)

길 '망설일 필요도 없이, 나는 망인(亡人)이니 떠나지 않겠다.'고 했다. 단식하다 죽으니 그녀의 나이 30세였다. 주원장(朱元璋)이 세상에 널리 드러내어 알리라고 했다."[75]

이상과 같이 가보는 「절열전」에서 정절(貞節) 여성의 이름과 이야기를 생동적으로 묘사했다. 이는 가보 세전(世傳)에서의 언급한 여성에 대한 기록과 선명한 대조를 이루었다.

5) 파면

명대의 가보는 '삼강오륜(三綱五倫)'을 위배하고, 가규(家規)를 어긴 사람에게 종종 "선을 기록하고 악은 기록하지 않는다. 선량함을 표창하고 사악함을 꾸짖는다. 이름을 지워 본적에서 파면한다."[76]라는 범례(凡例)를 실행해 종족 혈통의 순수성을 유지했다.

정덕(正德) 3년(1508)의 『적계중수왕씨가승(績溪重修汪氏家乘)』의 '범례'에서 이르길 "보서(譜書)는 사(史)와 다르지 않다. 국사는 한 나라의 일을 담고, 선과 악 모두를 볼 수 있다. 허나 가보는 한 집안 일만 기록하며, 선만 기록하고 악은 기록하지 않는다. 이는 친척들이 선조의 악행을 숨기기 위해서였다. 간악한 자와 악한 자, 문란한 자, 조상의 묘를 팔아 버리는 자가 있으면, 마땅히 그를 내쫓아 후세 사람에게 경고해야 한다."[77]라고 했다.

홍치(弘治) 11년(1498)의 『휴녕배곽엽씨세보(休寧陪郭葉氏世譜)』란 가보에서 이름이 제적되는 범위가 광범위하게 기록되어 있다. 이르길 "자손 중에 악행을 하고 회개하지 않는 자, 같은 성(씨)을 멸시한 자, 윤리에 어긋나는 자, 조상의 무덤을 침범하는 자, 보첩(譜牒)을 파는 자, 조상의 유물과 저술을 버리는 자, 도둑질 하는 자 등을 추방해 파면한다."[78]라고 했다.

---

75 『金氏統宗譜』, 光緒 3年(1877): "李氏金傳妻, 夫亡撫伯子以存祀, 引刀斷發毁容, 以拒求聘者, 矢節而終。" "朱氏金傳侄鳴朝妻, 夫亡懷片石於胸, 絕漿七日而死。萬曆戊戌旌表, 陳大綬爲著《雙節傳》。" "金氏蘭玉, 西隅生員黃家棟妻, 爲亂兵所掠, 強載舟中 (中略) 舟至深處, 忽躍以沒。" "計氏金花, 二十餘而寡, 撫孤, 孤夭撫孫, 備極艱苦。" "金氏英溪女法京, 張道相妻, 二十三歲守節, 孝事舊姑子孔弋七歲, 茹苦服勞撫訓成立。壽八十五。" "范氏來弟, 北隅金德允妻, 年二十一歲, 允卒。姑以其年少, 欲令再適。以死自誓, 遂爲立繼, 屏華絕甘, 儉約以撫嗣子, 教讀婚娶。崇禎壬午饑, 土寇猖獗, 城中戒嚴。氏曰: 設有不虞, 我爲亡人, 不可出走。遂不食而死, 卒年三十。朱令旌之。"

76 "書善不書惡, 彰善癉惡, 黜名削籍。" (역자 주)

77 『績溪重修汪氏家乘』: "譜書與史無異, 史錄一國之事, 善惡俱見, 譜錄一家之事, 書善不書惡, 爲親者諱也。有惡逆亂倫、棄賣祖墓者, 宜當黜之, 以警來裔。" (역자 주)

78 『休寧陪郭葉氏世譜』: "過惡不悛、蔑視同姓、傷悖倫理、侵犯先墓、鬻賣譜牒、毁棄手澤及昏不計良賊者, 并黜不書。" (역자 주)

족보에서 파면은 매우 중대한 처벌로, 일부 가보는 어떻게 파면할지에 대해서도 명시했다. 예를 들면 건륭(乾隆) 21년(1756)에 편찬된 『무남운천왕씨세보(婺南雲川王氏世譜)』의 범례(凡例)에서는 이르길 "선량함을 표창하고 사악함을 꾸짖는다. 기록의 법칙은 엄격해야 하나 때로는 잘못을 후회하는 자에게 새로운 길을 열어 줘야 한다. 즉, 예를 엄하게 세웠으나 법은 행동을 용서하는 역할도 한다. 우연히 실수를 한 사람은 항렬, 자호, 사주를 삭제한다. 행실이 좋지 않은 사람도 그의 항렬, 자호를 삭제하는데 이는 족인에서 파면되었음을 나타내고, 이를 통해 잘못을 뉘우치고 선을 행하기를 바란다."[79]라고 했다. 족인이 법규를 어겼을 때 경죄의 경우는 반성과 참회하는 자는 가보에 이름은 수록하나 항렬과 자호를 삭제하고, 반성하고 고치는 경우에 다시 기회를 주었다.

6) 예문(藝文)

명대의 가보는 조상의 조공(祖功)과 종덕(宗德)을 알리는 것을 목적으로, 이들의 시문(詩文)과 사전(史傳) 및 금문(金文) 등 문장을 수록했다. 이후 내용이 광범위해지면서 예문이 차지하는 비중도 크게 증가했다.

숭정(崇禎) 4년(1631)의 『주씨통종보(朱氏統宗譜)』 범례는 조상의 문장에 대한 의의와 내용 등을 언급했다. 이르길 "문한(文翰)을 기록하여 선조의 이름과 덕행을 널리 알린다. 고로 역대의 사전(史傳), 금석(金石), 시문(詩文) 및 본종(本宗)의 뛰어난 탁물(托物) 등 눈에 띄는 것은 수집·정리해 등급에 따라 가보 뒤에 기록한다. 그리고 『주씨문집(朱氏文集)』이란 제목으로 후세 전한다."[80]라고 했다.

홍치(弘治) 11년(1498)에 편찬된 『휴녕배곽엽씨세보(休寧陪郭葉氏世譜)』에서 「유방록(遺芳錄)」을 수록한 이유를 기재했는데, 이르길 "구보(舊譜)에는 사한(辭翰)이 수록되어 있지 않아, 오늘날 가문의 모든 명경시문(名卿詩文)을 가보에 기록해 영원히 전해지길 바란다. 제목은 「유방록」이라 한다. 전에는 사한을 간략하게 실어 그 내용이 협소했다. 이에 후대에 이를 계승하려 함이다."[81]라고 했다.

『휴녕배곽엽씨세보』의 목록을 보면 다음과 같다.

---

79 『婺南雲川王氏世譜』: "彰善癉惡, 書法當嚴, 但有一時偶誤而追悔靡及者, 終無自新之路, 故例以嚴立, 法以恕行, 今偶誤者, 削其行第、字號、年庚, 行不端者, 亦削其行第、字號, 以示置之族外, 而猶望遷善之圖。" (역자 주)

80 『朱氏統宗譜』: "錄文翰, 蓋以顯祖功、揚宗德也。故歷世以來史傳、金石、詩文及本宗英俊托物屬興有可觀者, 收采品第, 載諸譜後, 題曰《朱氏文集》, 以遺來世。" (역자 주)

81 『休寧陪郭葉氏世譜』: "舊譜不收辭翰, 今以家所有名卿詩文, 附譜以傳, 名曰《遺芳錄》。上世辭翰載於簡冊者, 尚賴博古君子采之, 以登是錄, 而後世來者, 宜繩繼焉。" (역자 주)

(1) 제1권: 「엽씨구보대표(葉氏舊譜代表)」, 「구보기실(舊譜記實)」

(2) 제2권: 「엽씨속보대표(葉氏續譜代表)」, 「속보기실(續譜記實)」

(3) 제3권: 「엽씨구보각지대표(葉氏舊譜各支代表)」

(4) 제4권: 「헌달수명기(獻達垂名記)」

(5) 부록(상): 『유방록(遺芳錄)』: 「유춘헌시(留春軒詩)」, 「호천추월시(壺天秋月詩)」, 「수중소공팔십시(壽仲昭公八十詩)」, 「수희윤육십시(壽希潤六十詩)」, 「송소윤엽상절지사현시(送少尹葉尙節之沙縣詩)」, 「반씨만시(潘氏挽詩)」, 「소윤엽상절만시(少尹葉尙節挽詩)」, 「지인공상찬(至仁公像贊)」, 「숭수공상찬(嵩壽公像贊)」, 「능씨유인상찬(淩氏孺人像贊)」, 「존경공상찬(存耕公像贊)」, 「엽모능씨상찬(葉母淩氏像贊)」, 「중소공상찬(仲昭公像贊)」, 「중기공상찬(仲起公像贊)」, 「유춘거사상찬(留春居士像贊)」, 「행악소상찬(行樂小像贊)」, 「엽모반유인상찬(葉母潘孺人像贊)」, 「종걸공상찬(宗傑公像贊)」, 「엽모오유인상찬(葉母吳孺人像贊)」

(6) 부록(중): 『유방록(遺芳錄)』: 「수존경공육십서(壽存耕公六十序)」, 「유춘헌시존(留春軒詩存)」, 「유춘헌거사서(留春軒居士序)」, 「기증은자엽사공서(寄贈隱者葉思恭序)」, 「향산구로도시서(香山九老圖詩序)」, 「송이윤엽군지임사현서(送貳尹葉君之任沙縣序)」, 「증사현승엽군치정남환서(贈沙縣丞葉君致政南還序)」, 「만시서(挽詩序)」, 「유춘헌시발(留春軒詩跋)」, 「유춘헌기(留春軒記)」, 「호천춘월기(壺天秋月記)」, 「나산운은기(蘿山雲隱記)」, 「유춘거사전(留春居士傳)」, 「반씨행장(潘氏行狀)」, 「반씨묘지명(潘氏墓志銘)」, 「이윤엽상절행장(貳尹葉尙節行狀)」, 「이윤엽상절묘지명(貳尹葉尙節墓志銘)」, 「제엽모반씨문(祭葉母潘氏文)」

(7) 부록(하): 「고금지리도(古今地理圖)」, 「신안지리도(新安地理圖)」[82]

위의 목록 내용을 통하여 두 가지를 알 수 있다. 첫째는 예문의 종류과 내용이 매우 풍부해졌다는 것이다. 시존(詩存) · 수시(壽詩) · 만시(挽詩) · 상찬(像贊) · 수서(壽序) · 전기(傳記) · 행장(行狀) · 묘지명(墓志銘) · 제문(祭文), 심지어 지리 등이 포함했다. 그리고 조상의 문

82 『休寧陪郭葉氏世譜』: "卷之一: 葉氏舊譜代表, 舊譜記實; 卷之二: 葉氏續譜代表, 續譜記實; 卷之三: 葉氏舊譜各支代表; 卷之四: 獻達垂名記。

附錄上: 遺芳錄: 留春軒詩、壺天秋月詩、壽仲昭公八十詩、壽希潤六十詩、送少尹葉尙節之沙縣詩、潘氏挽詩、少尹葉尙節挽詩、至仁公像贊、嵩壽公像贊、淩氏孺人像贊、存耕公像贊、葉母淩氏像贊、仲昭公像贊、仲起公像贊、留春居士像贊、行樂小像贊、葉母潘孺人像贊、宗傑公像贊、葉母吳孺人像贊。

附錄中: 遺芳錄: 壽存耕公六十序, 留春軒詩存、留春軒居士序、寄贈隱者葉思恭序、香山九老圖詩序、送貳尹葉君之任沙縣序、贈沙縣丞葉君致政南還序、挽詩序、留春軒詩跋、留春軒記、壺天秋月記、蘿山雲隱記、留春居士傳、潘氏行狀、潘氏墓志銘、貳尹葉尙節行狀、貳尹葉尙節墓志銘、祭葉母潘氏文。

附錄下: 古今地理圖、新安地理圖。" (역자 주)

한(文翰)도 일일이 수집해 수록함으로써 가보의 내용은 풍부해졌고, 분량 역시 늘어났다. 둘째는 가보에서 예문이 차지하는 비중이 크게 증가했다. 가보 정문은 제1권에서 제4권까지이고, 주로 구보(舊譜)와 속보(續譜) 및 기실(記實), 그리고 각 지파의 인명록을 수록했다. 목록의 글자 수는 30여 자에 불과했다. 「유방록(遺芳錄)」은 비록 부록에 불과하지만 목록의 모든 제목을 수록해 약 200자에 달했다. 이는 가보 내용의 중시와 예문이 차지하는 비중을 나타낸다.

7) 가보의 보관과 관리

명대의 경우 편찬을 마친 가보를 족인은 엄격히 관리했다. 아울러 보관 규정을 제정했는데, 이르길 "오직 족인에게만 배포하고, 가보에 번호를 새겨, 어느 번호의 가보를 누구에게 주었는지 모두 기록했다. 만일 외부인에게 빌려주면 대역무도(大逆無道)의 죄가 된다."[83]라고 했다.

예를 들어 명대 성화(成化) 연간 왕양(汪讓)이 편찬한 『휴녕성북왕씨족보(休寧城北汪氏族譜)』의 범례(凡例)에서 "가보는 외부인 소장할 수 없고, 우리 성북원(城北源) 지파에게만 배포한다. 가보는 모두 세 차례 수정되었고, 거금을 들여 인쇄했다. '종(宗)'자를 번호로 만들어 순서대로 배포함에 반드시 소중하게 관리하고 남에게 밀매해서는 안 된다. 그와 같은 행위를 하는 자는 가문에서 벌을 내리고 가보를 회수한다. 만일 반성을 한다면 온 족인에게 알리고 족보를 다시 그에게 주도록 한다."[84]라고 했다. 타인에게 가보의 밀매를 엄격하게 규정함에 이를 어길 경우 "가문에서 벌을 내리고 가보를 회수한다."[85]라고 했다.

명대 가정(嘉靖) 연간에 편찬된 『홍씨가승(洪氏家乘)』의 가례(家禮) 규정에는 "번호를 매기는 것은 가보의 분실을 방지하기 위함이다. 가문의 어른이 여덟 글자의 배열로 번호를 매기고, 각의 번호별로 가보를 누구에게 보냈는지 기재한다. 매년 모임 때마다 가보를 하나하나 검증함에 분실하거나 심하게 훼손한 자가 있으면 모두 함께 성토한다."[86]라고 했다.

---

83 "只頒族人, 於是積而編有譜號, 注有頒譜人名, 借與外人便成爲大逆不道。" 본문은 楊殿珣, 「中國家譜通論」, 『圖書季刊』(新3輯, 第1~2號), 1944를 참조.

84 『休寧城北汪氏族譜』: "譜不外收, 但吾城北源一派耳。稿凡三易始成, 率好事者裒金壽梓, 立宗字爲號, 次第分給, 俾其謹藏, 毋容私鬻別系。有此許族衆經公懲治責贖, 若能改過, 使衆周知, 仍持原帙付給。" (역자 주)

85 『休寧城北汪氏族譜』: "許族衆經公懲治。" (역자 주)

86 『洪氏家乘』: "譜之有號, 防散撇也, 以某悌八字排, 某字號某人收, 每歲聚會一次, 各將譜書出驗, 如有失落及妄費者, 衆共攻之, 以聲其罪。" (역자 주)

명대 천계(天啟) 연간에 편찬된 『신안휴녕산두정씨본지속보(新安休寧山斗程氏本支續譜)』의 말미에는 "각 방이 수령하는 종족 세보(世譜)의 번호와 수령인"[87]이란 구절이 있다. 제1호, 제2호, 제3호, 제4호 등을 서(序)로 했다. 산두 정씨(程氏)는 모두 44방으로 44호로 되어 있다. 예를 들면 제1호 하남방(河南房), 세보를 받은 자는 극인(克仁)이다. 제2호 덕흥봉황방(德興鳳凰房), 세보를 받은 자는 부(傅), 복량(福良), 상(尙), 복(復), 성(盛), 양(讓), 복빈(福賓)이다. 제3호 덕흥노구방(德興盧口房), 세보를 받은 자는 영녕(永寧), 춘(椿), 당(棠), 숭(崧)이다. (중략) 총 44방으로 세보를 받은 자는 400여 명에 달했다.[88](〈경편 그림 6-2〉 참고) 세보를 받은 자의 자호와 이름을 가보에 기재했을 뿐만 아니라 가보 보관 상태와 검사를 엄격히 요구했다.

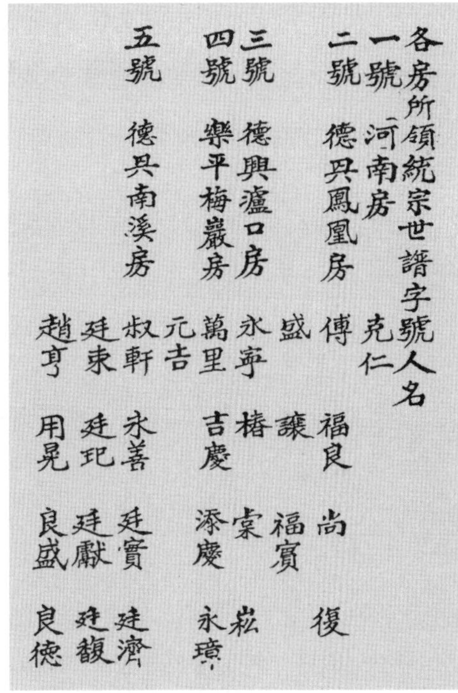
各房所領統宗世譜字號人名
一號 河南房 克仁
二號 德興鳳凰房 傳 福良 尚 復
盛 讓 福賓
三號 德興瀘口房 永寧 椿 棠 崧
四號 樂平梅巖房 萬里 吉慶 添慶 永璜
元吉
五號 德興南溪房 叔軒 永善 廷賓 廷濟
廷東 廷玘 廷獻 廷馥
趙亨 用晃 良盛 良德

<경편 그림 6-2> 『신안휴녕산두정씨본지속보(新安休寧山斗程氏本支續譜)』에 수록된 세보(世譜)를 수령한 자의 자호와 이름

천계 3년(1623)에 편찬된 『무구왕씨통종세보(武口王氏統宗世譜)』는 가보의 위조를 막기 위하여, 가보를 배포할 때 반드시 간인(刊印)을 찍었다. "가보는 후세에 널리 전해질 수 있다. 가보의 각 지파(支派)에 따라 천간(天干)으로 번호를 부여해 지파와 번호를 정하고, 그 번호대로 가보를 수령한다. 제본 접선에 누가 받는지를 표기하고 도장을 찍는다. 이는 후세에 전함과 동시에 가짜를 막기 위해서이다."[89]라 했다. 숭정(崇禎) 5년(1632)의 『휴녕대씨족보(休寧戴氏族譜)』는 철저한 위조 방지를 위해 가보 편찬이 끝난 후 가보의 목각 원판을 즉시 폐기했다. 그리고 가보의 번호를 관청에 보관해 검증할 때 대조해 가보의 위조를 철저히 방지했다. 범례 규정에 이르길 "가보를 편찬하면 위조를 방지하기 위해 목각 원판을 바로 폐기한다. 가보 한 부를 작성할 때마다, 제본 날인을 한 다음 배포 목록을 작성한다. 그리고 가보를 배포한 목록은 관아의 도장을 찍어

87 『新安休寧山斗程氏本支續譜』: "各房所領統宗世譜字號人名." (역자 주)

88 程履初 撰修, 『新安休寧山斗程氏本支續譜』(明抄本).

89 『武口王氏統宗世譜』: "譜所以垂世者也。今給譜各派以十幹編立號數, 定某派某字號, 某收執, 別刻條記於所領譜裝釘交縫之處一鈐印, 則庶後之人得有所考據, 且以防冒濫之弊也." (역자 주)

서 향후의 검토와 대조를 위해 보관소에 비치한다. 후의 도장 문제 및 가보의 부재자 발생 시 즉시 위조를 확인하고 철저히 조사한다."[90]라고 했다.

8) 속수(續修)

명대 가보의 경우 속수가 매우 빈번해져서 수십 년에 한 번씩 속수하는 것이 전통이 되었다. 천계(天啟) 3년(1623)에 편찬된 『무원무구왕씨통종세보(婺源武口王氏統宗世譜)』의 「회수통종보서(會修統宗譜序)」에서는 "무구왕씨통종보는 명대 말기까지 전해지며, 한 갑자(甲子)에 한 번씩 가보를 편찬했다."[91]라고 했다. 즉 60년을 주기로 속수를 한 것이다. 숭정(崇禎) 연간 강소(江蘇) 『조씨종보(趙氏宗譜)』는 속수의 시간이 더욱 짧았다. 이르길 "나의 자손은 30년이나 50년에 한 번씩 가보 속수를 하길 바란다. 같은 족인을 행인으로 보지 않도록 미리 준비해야 한다."[92]라 했다. 「무원동씨속수종보서(婺源董氏續修宗譜序)」를 보면 유산(遊山) 황씨(黃氏) 족인은 원대 대덕(大德) 연간에서 민국까지 총 9차례 속수를 했다. 그중 세 차례는 원대 대덕 7년(1303), 명대 정통(正統) 6년(1441)과 정덕(正德) 6년(1511)이었다. 『제양강씨통종보(濟陽江氏統宗譜)』(1919)에 따르면 한대(漢代)에는 『강씨총록(江氏總錄)』이 있었고, 대를 거쳐 속수를 했는데, 이르길 "정치가 안정된 시대에 자료를 수집해 가보 속수를 한다."[93]라 했다. 제양(濟陽) 강씨(江氏)의 가보는 한(漢)으로 거슬러 올라갔고, 왕씨(汪氏)는 진대(晉代)에서 기원을 했다. 이르길 "우리 종족의 가보 역사는 매우 오래되었다. 진(晉)에서 시작해 당(唐)에 이르러 책으로 저술되었다. 송원(宋元) 시기는 혈통이 가까운 친척은 같은 가보를 보유했다. 명대에는 전체 족인의 가보, 특정한 가보, 친척의 가보, 먼 친척의 가보와 기원 가보 등 여러 가지가 가보가 등장하기 시작했다."[94]라고 했다. 도광(道光) 30년(1850)에 편찬된 『소강가승(蕭江家乘)』, 1919년에 편찬된 『흡서왕씨중집지보(歙西汪氏重輯支譜)』의 편찬자를 도표로 정리하면 〈경편 도표 6-1〉, 〈경편 도표 6-2〉와 같다.

이상의 표에 따르면 흡서(歙西) 왕씨(汪氏) 족인의 수보(修譜)는 동진(東晉) 시기부터

---

90 『休寧戴氏族譜』: "譜成散訖後, 原板俱削, 以防私僞。且每譜一部, 必編某號, 注付某人圖書封固, 然後散給, 仍開總單。請府縣照印交貯公所存驗。日後如有圖書混錯及總單內無名者, 定系假譜, 卽當窮治。" (역자 주)

91 「會修統宗譜序」: "傳至有明之季, 每當周甲一修。" (역자 주)

92 『趙氏宗譜』: "願我子孫豫蓄公需, 或三十年一修, 或五十年修, 庶不至視一族爲途人也。" (역자 주)

93 『江氏總錄』: "有明之世, 累經續修。" (역자 주)

94 (明)汪道昆, 「十六族譜序」, 『古今圖書集成·氏族典·汪姓部』: "吾宗之譜舊矣。防於晉, 著於唐, 二表足征, 載之天府。宋元之季, 近屬有譜存焉。迄我明興, 諸譜互出, 或聚族, 或專成, 或戚, 或疏, 或源, 或委, 質之若操右券, 其有不合也者, 幾希。"

<경편 도표 6-1> 『소강가승(蕭江家乘)』 역대 가보 속수의 연대 및 편찬인 일람표

시대	편찬 시기	편찬인
송(宋)	원풍무오보(元豐戊午譜)(1078)	총수(總修)
	가정임오보(嘉定壬午譜)(1222)	정견(廷堅)
	함순병인보(咸淳丙寅譜)(1266)	윤신(潤身)
원(元)	대덕을사보(大德乙巳譜)(1305)	원진(元珍)
	연우병진보(延祐丙辰譜)(1316)	준(濬)
명(明)	홍무계축보(洪武癸丑譜)(1373)	유조(裕祖)
	가정신축보(嘉靖辛丑譜)(1541)	전(銓)
	가정신유보(嘉靖辛酉譜)(1561)	문식(文式)
	융경기사보(隆慶己巳譜)(1569)	진(珍)
	만력갑진보(萬曆甲辰譜)(1604)	응두(應斗)
	만력을사보(萬曆乙巳譜)(1605)	응한(應翰)
청(清)	건륭무신보(乾隆戊申譜)(1788)	대림(大林)
	가경을해보(嘉慶乙亥譜)(1815)	원위(元煒)와 동생 원황(元煌)
	도광무신보(道光戊申譜)(1848)	원위(元煒)와 조카 원응(元膺)

청(淸)나라 초기까지 1400년에 걸쳐 총 21차례 이루어졌다. 즉 동진 시기 2회, 당대 3회, 송대 3회, 원대 3회, 명대 9회와 청대 1회로 모두 21차례 속수(續修)했다. 그중 명대 속수가 가장 많았다. 명대 이전에도 비록 속수를 했지만, 수십 년에 한 번 속수하는 전통은 명대에 생겨 청대까지 계승되었다.

9) 정사 편찬을 모방한 가보

명대 가보 체례 중 가장 큰 변화는 바로 정사 편찬을 본받은 가보의 탄생이다. 정사를 참고하여 편찬한 가보는 이미 송원(宋元) 시기에 존재했다. 1930년에 편찬된 『약갱방씨백운당가보(瀹坑方氏白雲堂家譜)』에 수록된 송(宋)나라 정화(政和) 연간의 보서(譜序)에서 가보와 정사를 비교했다. "집에 가보가 있는 것은 마치 나라에 사서(史書)가 있는 것과 같다. 그러나 사서를 편찬하는 방법은 간명하고 엄하다. 공훈이 현저하지 않거나 작위와 봉록(俸祿)이 높지 않으면 모두 생략하고 기록하지 않는다. 그러나 족보에는 조상에 대한 언행을 빠짐없이 기술하여 빠뜨리지 않는다. 이래서 가보에는 사서(史書)에는 없는 내용이 기록되어 있다고 한다."[95]라고 했다.

95 『瀹坑方氏白雲堂家譜』: "家之有譜, 亦由國之有史也。然史則立法簡嚴, 苟非功勛之顯著, 爵秩之崇尚, 則略而

<경편 도표 6-2> 흡서 왕씨(歙西汪氏) 역대 수보 시기와 가보명칭

시기	보명	편찬자와 자
동진(東晉) 성제(成帝) 함강(咸康) 2년(336)	구보혼환직장(舊譜婚宦職狀)	회안후(淮安候) 왕욱(汪旭) 상주(上奏)
성제 함강 2년(336)	구보혼환직장	원언숙(袁彥叔) 발문
당 태종(太宗) 정관(貞觀) 12년(638)	구보혼환직장	월국공(越國公) 왕화(汪華) 상주
고종(高宗) 건봉(乾封) 원년(666)	구보혼환직장	이종선(李宗羨) 칙명 고정(考定)
문종(文宗) 개성(開成) 4년(839)	왕씨족보(汪氏族譜)	왕분(汪芬) 자 지고(志高)
송 고종(高宗) 소흥(紹興) 3년(1133)	왕씨구보(汪氏舊譜)	왕극일(王克一) 자 칠봉(七峰)
효종(孝宗) 순희(淳熙) 15년(1188)	무신대족보(戊申大族譜)	주자(朱子) 자 회암(晦庵)
도종(度宗) 함순(咸淳) 6년(1270)	중수경원보(重修慶源譜)	왕고오(汪高梧) 자 상봉(翔鳳)
원 태정제(泰定帝) 태정(泰定) 3년(1326)	연원록(淵源錄)	염희정(廉希貞) 자 개부(介夫)
	연원록	왕송수(汪松壽) 자 정심(正心)
태정제 태정 5년(1328)	경원종보(慶源宗譜)	왕요(汪垚) 자 자당(子堂)
명 태조(太祖) 홍무(洪武) 원년(1368)	왕씨가승(汪氏家乘)	왕예(汪叡) 자 중로(仲魯)
태조 홍무 31년(1398)	속종보(續宗譜)	왕적경(汪積慶) 자 처선(處善)
	조서본지도보(稠墅本支圖譜)	왕태래(汪泰來) 자 부형(復亨)
영종(英宗) 천순(天順) 7년(1463)	왕씨연원보(汪氏淵源譜)	방면(方勉) 자 무덕(懋德)
천순 8년(1464)	조서왕씨족보(稠墅汪氏族譜)	정맹(程孟) 자 문실(文實)
	중수연원보(重修淵源譜)	왕조경(汪祖慶) 자 문해(文海)
헌종(憲宗) 성화(成化) 원년(1465)	연원보	조금룡(趙金龍) 자 담헌(覃軒)
	중수보(重修譜)	왕선경(汪善慶) 자 세재(世才)
	중수왕씨족보(重修汪氏族譜)	왕불선(汪佛善) 자 희원(希原)
청 성조(聖祖) 강희(康熙) 57년(1718)	중수조서대리왕씨연원보(重修稠墅大里汪氏淵源譜)	왕융(汪瀜) 자 불분명

명대(明代)에 이르러 가보는 정사와 비교하여 기록했다. 예를 들면 가정(嘉靖) 44년(1565)에 편찬된 『적계적경방갈씨족보(績溪積慶坊葛氏族譜)』에 따르면 "보서(譜書)는 사서와 다르지 않다. 다만 사서는 국가의 일을 기록하는 데 선악을 가리지 않는다. 가보는 선행만 기록하고 악행은 기록하지 않는다. 이것은 선인(先人)의 죄를 감추기 위함이다."[96]라고

不錄。譜則紀事詳明, 而祖宗一言之善, 一行之美, 必謹書之而不遺, 此譜所以佐史之不及也。" (역자주)

96 『績溪積慶坊葛氏族譜』: "譜書與史無異, 史錄一國之事, 善惡具見, 譜錄一家之事, 書善不書惡, 爲親者諱也。" (역자주)

했다. 명(明)나라 중엽 광동(廣東) 신회(新會) 사람인 진헌장(陳獻章)은 「탕씨족보서(湯氏族譜序)」에서 "가문의 가보는 곧 나라의 역사이다."[97]라고 했다.

만력(萬曆) 연간에 편찬된 『휴역촌이씨족보(休易村李氏族譜)』에서는 가보를 정사와 비교하여 "나라에는 국사가 있고, 집에는 가보가 있다. 가보는 역사의 흐름이다. 국사는 지혜를 알려 주고, 가보는 족인의 이야기를 기록한다. 가보가 없으면 자손들은 자신의 뿌리를 모른다."[98]라고 했다.

천계(天啟) 3년(1623)에 편찬된 『무구왕씨통종세보(武口王氏統宗世譜)』의 「휴녕등계왕씨세보서(休寧藤溪王氏世譜序)」에서는 정사와 가보의 중요성과 그 의의를 한층 더 비교하여 기술했다. 이르길 "무릇 나라에는 반드시 역사가 있어야 하고, 집에는 반드시 가보가 있어야 한다. 비록 둘의 이름은 다르지만, 세상의 교화(敎化)에 미치는 영향은 동일하다. 역사는 정치의 성패와 세상 흥망성쇠의 기록으로 성군과 현명한 재상들에 의해 편찬되었다. 가보는 족인의 원류와 친척의 혈통관계에 대한 기록이며, 후대 자손들이 기록한 것이다. 같은 이치를 칭하기는 어려우나 풍속을 교화시키는 데는 큰 의미가 있다."[99]라고 했다.

명대 말기 주세실(朱世室)은 숭정(崇禎) 4년(1631)의 『주씨통종보(朱氏統宗譜)』에서 "나라에는 역사가 있고, 가문에는 가보가 있으니, 모두 기록으로 남겨 잊지 않기 위함이다. 태사씨(太史氏) 세가열전(世家列傳)으로부터 가보의 편찬이 발전하기 시작했고, 구양수와 소순 등 보학자들이 나타남으로써 가보의 편찬은 성숙기에 접어들었다."[100]라고 했다.

명대에는 가보를 정사에 비교하며 직접적으로 정사의 체례(體例)를 모방하여 편찬했다. 『고금도서집성(古今圖書集成)·씨족전(氏族典)』 제282권에 실린 명(明)나라 왕도곤(汪道昆)의 「십육족보서(十六族譜序)」에서 이 족보 내용을 10개 항목으로 간단히 소개했다. 10개 항목은 주본씨략(周本氏略)을 제1항으로 하여 제2항 노세가략(魯世家略), 제3항 월국세가(越國世家), 제4항 용양(龍驤) 이하 세표(世表), 제5항 본가세표(本家世表), 제6항 분가세표, 제7항 소전(小傳), 제8항 열전(列傳), 제9항 묘지(墓志)와 제10항 전적지(典籍志)였다. 즉

---

97 「湯氏族譜序」: "家之譜, 國之史也。" (역자 주)

98 『休易村李氏族譜』: "國有國史, 家亦宜, 然譜者, 史之流也。國有史籍以昭明, 家有譜而會敘, 孝子慈孫非此不能以致如在之。" (역자 주)

99 「休寧藤溪王氏世譜序」: "夫國必有史, 家必有譜, 二者名雖殊, 而其所關世教之大, 則一也。史以紀政治之得失, 世運之污隆, 而明君賢相之所繇起, 譜以敘世系之源流, 本支之疏戚, 而孝子慈孫之所繇作, 豈非一道德同而風俗世教之大因之也歟。" (역자 주)

100 『朱氏統宗譜』: "國有史, 家有譜, 皆以記載, 示不忘也。自有太史氏世家列傳, 而譜之義起, 自有歐蘇收族立譜, 而譜之說倡。" (역자 주)

제1항은 기(記), 제2, 3항은 세가, 제4, 5, 6항은 표(表), 제7, 8항은 열전, 제9, 10항은 지(志)로 기·세가·표·전·지의 순으로 사마천(司馬遷)의 『사기(史記)』의 체례와 같았다. 이는 『십육족보(十六族譜)』가 정사의 체례를 모방하여 편찬한 것이다.

명대 일부 가보는 더 나아가 정사 내용을 가보에 인용했다. 예를 들어 광서(光緖) 원년(1875)의 『흡신관포씨선존당가보(歙新館鮑氏善存堂家譜)』 범례(凡例) 규정에서는 "역대 조정은 관직과 작위에 관한 칙서(勅書)를 정중히 모두 수록한다. 이는 영광스럽게 황제께서 하사한 것이다. 정사의 채록으로 가보는 더욱 빛을 발할 수 있다. 명인의 수필이나 글을 다루는 후손을 통하여 조상의 덕행을 알린다."[101]라고 했다. 어떤 가보는 정사 내용을 통하여 가보를 고변(考辨)했다. "만력(萬曆) 갑진(甲辰)가보는 태학생(太學生) 욱기(旭奇)의 손에서 시작되어, 수년에 걸친 제작 과정을 통해 정본이 되었다. 따라서 사실과 상이한 부분이 있을 수 있으니 한당열전(漢唐列傳)을 통하여 자세히 고변하고, 역사서에서 관련된 내용을 찾아 오류를 바로잡아야 한다."[102]라고 했다.

10) 가보의 판별

가보 편찬 과정에서 발생하는 유착과 사칭 등의 폐단을 막기 위해 수보(修譜) 시 엄격한 고증을 강조했다. 예를 들면 문천상(文天祥)은 일찍이 덕우(德祐) 2년(1276)에 편찬된 『무구왕씨금원산두파지보(武口王氏金源山頭派之譜)』에 '불인부지(不仁不智)'의 예에 대하여 열거했다. 내용은 다음과 같다. 이르길 "세상에 다른 사람의 조상을 자기 조상이라고 함부로 부르는 것은 지혜롭지 못한 것이고, 자신의 조상을 몰라보는 것은 어질지 못한 것이다. 어질고 지혜롭지 못한데, 무엇으로 세상에 우뚝 설 수 있겠는가? 서주(西周) 왕씨(王氏)의 자손은 대대손손 청백(淸白)을 계승했고, 이를 가보에 기록했으니, 원류를 고증하여 조금도 틀리지 않았다. 후세 자손들은 이것을 귀중히 여겨야지, 낡은 흔적으로만 간주해서는 안 될 일이다."[103]라고 했다.

명대에 이르러 가보 편찬이 점차 증가함에 따라 많은 학자와 가보 편찬자들은 구보

---

101 『歙新館鮑氏善存堂家譜』: "歷朝暨國朝誥勅, 皆恭錄之, 榮君賜也。史傳正乘, 悉采錄之, 以增家譜之光。若家傳經名人手筆或子孫狀略者, 亦錄之, 以彰德行, 而備采訪。" (역자 주)

102 『蕭江家乘』, 道光 30年(1850): "考萬曆甲辰譜, 出太學生旭奇之手, 經數載成集, 奉爲定本, 顧所載本始不無年訛, 翻閱漢唐列傳, 詳加考辨, 並錄史傳人譜, 以訂其謬。"

103 『武口王氏金源山頭派之譜』: "世有妄視他人之祖爲己祖, 是謂不智, 棄其己祖而莫之顧, 是謂不仁, 不有不智, 奚以立於世? 王氏西周子孫, 奕世遞傳, 淸白載在譜牒, 溯考源流舉無二者之非, 凡在後嗣當世, 珍之, 重之, 勿視爲陳跡已也。" (역자 주)

(舊譜)에 대해 고증을 중시했다. 그리하여 조상의 세계(世系)와 사적(事蹟)은 반드시 국사에 수록된 자료를 근거로 함부로 이를 늘이거나 줄일 수 없도록 했다. 이는 수보를 통해 조상 숭배와 족인의 화합을 이루고자 함에 있다. 예를 들면 성화(成化) 3년(1467)에 편찬된 『신안소씨족보(新安蘇氏族譜)』의 범례(凡例) 규정에는 "조상의 관직이나 사적은 국사에 수록한 것을 기준으로 삼고, 국사에 남아 있지 않으면 기타 서적을 근거로 서술함에 감히 함부로 내용을 증감할 수 없다."[104]라고 했다. 가정(嘉靖) 44년(1565)에 편찬된 『적계적경방갈씨족보(績溪積慶坊葛氏族譜)』의 범례에도 "숭도공(崇道公)에 의하면 수보는 육십이공(六十二公)을 일세의 조상으로 삼았으며, 육십이공 이상의 조상들은 감히 언급하지 못했다. 글에서 과장이 심하면 반드시 검토한 후 엄격하게 수록해야 한다. 문한(文翰)에 과장된 내용은 수록하지 않는다. 문과(文果)한테 반드시 세교(世教)를 확인하여 신중히 수록하도록 했다."[105]라고 했다. 『적계적경방갈씨족보(績溪積慶坊葛氏族譜)』에서 수보는 "소실된 선대 내용"은 언급할 수 없고, '과장된 내용' 역시 수록할 수 없다고 했다.

진개(陳塏)는 영락(永樂) 15년(1417)에 편찬된 「기문선화정씨속보서(祁門善和程氏續譜序)」에서, 수보의 목적은 조상 숭배와 족인의 화목이라고 했다. 이르길 "보첩(譜牒)은, 위로는 뿌리를 거슬러 올라가 조상을 공경하고, 아래로는 각각의 분파와 결합하여 종족의 화목을 이끌기 위함이다."[106]라고 했다. 그는 서에서 정방달(程邦達)의 "부귀와 비천(卑賤)을 기준으로 취하지 않는다."[107]라는 수보 방식을 높게 평가했다. 이르길 "기문(祁門)의 정방달은 부유하면서도 예의를 알며 교양이 있고 사리에 밝다. 그 족인 관계를 탐구하여 이전 족보의 불완전한 부분을 새로 짜임새 있게 보완했다. 또 세상 사람들이 모두 부귀한 사람을 존경하고 비천한 자를 경멸하는 것을 한탄하며, 기존 기록의 대부분이 사실과 일치하지 않으므로 기준을 재정립하여 선인(善人)과 선사(善事)를 기록하고 부귀비천을 기준으로 취하지 않았다. 이에 그의 뜻을 알 수 있다."[108]라고 했다. 정방달은 "선인(先人)의 충렬을 경모하며 선인의 정신을 계승하기 위해 그들의 이야기를 서술했다. 기존 가보의 미약한 부분을 보완하고, 오류를 바로잡고, 누락된 곳을 고증하고 보충하여 가보를

104 『新安蘇氏族譜』: "祖宗官宦事跡, 以國史所載爲準, 史無載, 始依雜書錄人, 不敢妄有增損." (역자 주)

105 『績溪積慶坊葛氏族譜』: "修譜據崇道公所編, 以六二公爲一世祖, 自六二公以上世次湮沒者, 皆不敢匯及." "文翰凡涉誇張, 不敢泛錄, 必其文果核實有關世教者, 謹書而備錄之." (역자 주)

106 「祁門善和程氏續譜序」: "譜牒之作, 上原乎本之一, 所以示尊祖也, 下聯其支之繁, 所以示睦族也." (역자 주)

107 「祁門善和程氏續譜序」: "不以富貴分賤而爲去取." (역자 주)

108 「祁門善和程氏續譜序」: "祁門程邦達富而好禮, 能讀書屬文, 嘗念其族屬之蕃, 而舊譜之闕略也。遂以重編爲已任, 又嘗慨夫世俗蓋有崇富貴而鄙貧賤者, 其於記錄多失其實, 故其立例也, 有善則書之, 不以富貴貧賤而爲去取, 此亦可見其存心之厚矣." (역자 주)

다시 제작했다. 이에 중수한 자를 어찌 대단하지 않다고 하겠는가? 조상을 공경하기 위해 뿌리를 찾아 거슬러 올라가고, 대대로 족인의 화목을 유지하며 가문을 지키고자 노력했다. 그의 뜻은 취할 만하다. 포부가 표창할 만하다."[109]라고 했다. 진개는 수보를 할 때 "기존 족보에서 미약한 부분을 보완하고, 오류를 시정했으며 누락된 곳은 실정을 고찰하여 보충했다."[110]라고 했으며, 가보 편찬 시 폐단의 시정을 중시했다.

만력(萬曆) 35년(1607)에 편찬된 『신안왕씨통종세보(新安王氏統宗世譜)』에서는 당시 수보의 4가지 폐단에 대하여 열거했다. 첫째는 "상고(上古) 시대까지 조상을 소급하여 존귀하게 한다."[111] 둘째는 "미천한 자는 권력자에게 빌붙는 것을 영광으로 여긴다."[112] 셋째는, "간사하고 아첨하여 간신(奸臣)으로 이름난 조상은 그 이름을 삭제한다."[113] 넷째로, "어떤 족인이 뿔뿔이 흩어져서 가보에 처음에는 기록되지 않던 일부 분파들이 중간에 다시 추가되는 경우가 있다."[114] "수보(修譜)를 하는 데에 4가지 폐단이 있다. 황당한 자는 상고 시대까지 조상을 소급하여 존귀하게 한다. 예를 들어 순안(淳安) 왕씨(王氏)는 노후(魯候)를 시조(始祖)로 삼았고, 반양(潘陽) 오씨(吳氏)는 계찰(季札)을 시조로 삼았는데, 그야말로 허위 날조인 것이다. 미천한 자는 권력자에게 빌붙는 것을 영광으로 여긴다. 예를 들어 두정륜(杜正倫)은 집안이 가난하고 출신이 비천하여, 성남(城南) 두씨(杜氏)에 의존했다. 류자영(柳自榮)은 출신이 미천하여 회음(淮陰) 류씨(柳氏)라고 자칭했는데, 이야말로 아첨이 아니고 무엇이겠는가? 간사하고 아첨하여 간신(奸臣)으로 이름난 조상은 그 이름을 삭제한다. 오흥(吳興) 진씨(秦氏)는 회(檜)의 사악함을 부끄러워하여 그가 조상이 아니라고 했다. 절수(浙水) 채씨(蔡氏)는 채경(蔡京)의 알랑거림을 부끄러워하여 그가 조상이 아니라고 했다. 이런 방식으로 조상을 지워 낸 것이다. 이 또한 부끄러운 일이 아닌가? 어떤 족인이 뿔뿔이 흩어져서, 일부 분파들은 처음에는 쓰지 않다가 결국 다시 추가하는 경우도 있었다. 안어(晏御)는 하인일 때는 족인에게 업신여김을 당하고, 부귀해지자 다시 족인으로 인정을 받았다. 비천하면 버리고 귀하면 취하는 행위는 옳지 못한 방식이다. 처음에 종언(鐘彥)이 궁핍하니 버려 두었다가 후에 부해지니 찾아보는 것은 처지에 따라

---

109 『祁門善和程氏譜』, 嘉靖 20年(1541): "仰前人之烈, 思有以繼其志而述其事焉。此譜牒之所以重編也。重編者何? 舊譜之略者詳之, 訛者正之, 脫漏者, 稽其實而補之, 上有以尊祖而究其原, 下有以睦族而示夫遠, 是其志之可取也。"

110 『祁門善和程氏譜』: "舊譜之略者詳之, 訛者正之, 脫漏者, 稽其實而補之。" (역자 주)

111 『(新安)王氏統宗世譜』: "援引上古以爲尊。" (역자 주)

112 『(新安)王氏統宗世譜』: "依附貴顯以爲榮。" (역자 주)

113 『(新安)王氏統宗世譜』: "厭其祖考之儉壬而滅厥名。" (역자 주)

114 『(新安)王氏統宗世譜』: "厭本宗之散逸, 始而棄之, 終而附之。" (역자 주)

태세가 바뀌는 것이 아니고 무엇이겠는가? 고로 가보를 고치는 사람은 이런 것들을 경계하여야 한다. 인용에 주의하되, 이는 계통의 필서이기 때문이다. 의부(依附)를 주의하되, 이는 집안을 도와 번성하게 하기 위함이다. 비루함을 없애는 것을 경계하되, 간사한 자들은 반드시 기록하여야 한다. 쉽게 버리는 것을 경계하되, 미천한 것들은 반드시 수정하여야 하는데, 이는 진위여부를 확실히 하여야 좋은 가보라 할 수 있지 아니하겠는가!"[115]라고 했다. 『(신안)왕씨통종세보((新安)王氏統宗世譜)』의 편찬자는 편찬 시 반드시 4가지 사항을 유의해야 한다고 여겼다. 원인(援引)·의부(依附)·출비(黜鄙)·경기(輕棄) 4가지를 유의하면, 좋은 가보가 완성된다고 생각했다. 『(신안)왕씨통종세보』는 당시 수보상의 문제점을 종합적으로 언급하며 명대 이후 수보에 중요한 귀감이 되었다.

5. 사당과 사산

명대 중기 이후 많은 가보에 '사당(祠堂)', '사산(祠產)' 등의 내용을 추가했다. 이후에도 이는 가보의 중요한 부분이 되었다.

한 족인에게 사당을 세우는 것과 제사를 지내는 것은 매우 중요한 활동임이 분명할 것이다. 이르길 "사당을 세우는 것은 조상을 찾아 초심으로 돌아가고자 하는 마음인 동시에 조상을 존경한다는 의미이다. 이는 족인 명분의 우선이자 창시되고 대대로 전해 내려오는 근본이다."[116]라고 했다. 이전 규정을 따르면 가례(家禮)는 조(祖)·고(考)만 제사를 지낼 수 있었으며, 시조(始祖)와 선조를 받드는 제사는 드릴 수 없었다. 그러나 실제로는 족인 제사 시 종종 옛 법을 어기는 경우가 있었다. 예법에는 어긋났지만 인정에는 적합했기 때문이다. 명대 송렴(宋濂)의 『국청임씨중건선사당기(國淸林氏重建先祠堂記)』에서 "옛 사람들은 묘에 사당이 없었으며, 서인들은 망부의 제사만 지내는 것이 예의였다. 한(漢)나라에 이르러 사묘(祠墓)가 시작되었고, 제사는 고조(高祖)를 위한 것이다. 이것이 예의

115 『(新安)王氏統宗世譜』: "修譜之弊又有四焉。誕者, 援引上古以爲尊, 若淳安汪氏以魯傾爲祖, 潘陽吳氏以季札爲祖, 不幾於誣祖乎? 微者, 依附貴顯以爲榮, 若杜正倫家世寒微而自托於城南諸杜, 柳自榮出身麼麼而自稱爲淮陰諸柳, 不幾於諂乎? 且有厭其祖考之儉壬而滅厥名焉, 如吳興秦氏恥檜之奸而謂非其祖, 浙水蔡氏羞京之佞而孫日非其裔, 不幾於黜祖乎? 又有厭本宗之散逸, 始而棄之, 終而附之, 若晏禦因其爲仆從而輕之, 旣而因貴顯而附之, 始因鐘彥之窘而棄之, 見其富盛而媚之, 不幾於炎凉乎? 故修譜者, 戒援引, 卽世系之邇必書; 戒依附, 卽盛族何援; 戒黜鄙, 卽儉王必錄; 戒輕棄, 卽微賤必修, 斯眞贋不爽而爲良譜矣!" (역자주)

116 『會稽顧氏族譜·祠堂例禁』: "祠堂之設, 所以盡追本返始之心, 尊祖敬宗之意, 實有家名分之首, 開業傳世之本也。"

에 어긋난다고는 할 수 없을 것이다. 지금 평양(平陽) 개죽(蓋竹)의 임씨(林氏)가 시조 묘소 앞에 사당을 세워 제사를 지내려 하는데, 이것이 예의를 지키지 않는 것인가? 때에 따라 예도 바뀐다. 비록 하려는 예가 다르더라도 인정에 부합된다면 다른 것도 시도해 볼 만하다. 하는 행위도 반드시 옛 것과 같을 필요는 없다. 도리에 맞으면 모두 취할 점이 있다."[117]라고 했다.

명대 방효유(方孝孺)는 『천대진씨선사기(天臺陳氏先祠記)』에서 "한나라 이래 민간에서는 이미 고조에게 제사를 지내기 시작했는데, 사람들이 범례(凡例)를 숭상하지 않는 것이 아니라, 그 예가 이미 상황에 맞지 않아 지킬 수 없게 된 것이다. (중략) 오늘날, 세상의 예의는 이미 옛것과 다른 것이 많다. 오늘날의 정서에 맞는다면 굳이 옛사람과 같을 필요는 없다. 성인이라고 해도 이를 바꿀 수는 없을 것이다."[118]라고 했다. 천대(天臺) 진씨(陳氏)는 일찍이 송원(宋元) 시기부터 시천조(始遷祖)에게 제사를 지내 왔다. 이르길 "병이(秉彝)의 조상은 족인이 굴복하고 투항하여 뿔뿔이 흩어지는 것을 두려워했다. 이에 족인의 단결을 위하여 사당을 세워서 시천조에 제사를 지내기 시작했고, 족인은 합제(合祭)로 단결을 도모했다. 원대 말기에 전란이 일어나 사당이 화재로 소실되었다. 병이의 아버지 언성(彦聖)은 새로운 사당을 세우려고 했지만, 뜻을 이루지 못하고 죽었다. 홍무(洪武) 10년(1377)에 병이는 선친의 유지를 받들어 사촌 동생과 재산을 모아 옛터에 사당을 세웠다."[119]라고 했다.

이상의 두 가지 인용문을 보면, 명대 중기 이전 일반 족인이 사당에서 제사를 지낼 때 증조까지만 제사를 지내는 옛 법을 준수하지 않았음을 알 수 있다. 오히려 족인들의 인정을 중시하고 가문 사람들의 마음을 이어 주기 위하여 증조뿐만 아니라 고조, 심지어 시천조에게까지 제사를 지냈던 것이다. 비록 옛 가례(家禮)에는 어긋나지만 인정에는 맞는 것이었다. 명대 중기에 들어서자 상황이 변하게 되었다. 가정(嘉靖) 15년(1536) 예부상서(禮部尙書) 하언(夏言)은 민간에 퍼져 있는, 시조(始祖)에게 제사하는 상황을 근거로 「청정공신배향급신민득제시조입가묘(請定功臣配享及臣民得祭始祖立家廟)」라는 상소를 올렸다.

---

117 『古今圖書集成·氏族典·林姓部』: "古者, 墓無祠, 庶人惟祭其稱, 禮也。至漢, 嘗祠墓矣, 祭嘗及高祖矣。不可謂之非禮也。今平陽蓋竹之林氏, 立祠於其始遷之祖之墓而祭之, 烏得謂之非禮乎? 時不同, 禮亦不同, 禮雖不同而因其人情而立教者, 未嘗不同也。(中略) 凡其所爲未必合於古, 而余獨有取者, 以其得禮之義也。"

118 『天臺陳氏先祠記』: "自漢以來, 民之祭已上及高祖, 非人不由禮也, 不合於情勢, 不可守也。(中略) 今天下之禮不合於古者多矣。不合於古而合於人情, 雖聖人出不能易也。" (역자 주)

119 『遜志齋集』卷16: "秉彝之祖恐其族大服降, 其情或離而不屬, 乃爲祠祀始遷祖, 而使族人合祭, 以維其心。元末兵亂, 祠毁於火。秉彝之父彦聖欲作新之, 未果而卒。國朝洪武十年, 秉彝以爲先人之志奚可不承? 乃謀於堂弟集財聚工爲祠於故址。"

내용은 다음과 같다. 이르길 "백성들은 그들의 시조, 선조에게 제사를 지낼 수 없습니다. 그러나 종묘제도에는 이러한 규정이 없습니다. 천하의 효심이 깊은 자손들은 여전히 선조에게 제사를 지내고자 청하고 있습니다. (중략) 백성들에게 동지(冬至)에 시제(時祭)를 허락한다는 조서(詔書)를 청하옵니다. (중략) 백성에게 가묘(家廟)를 세우도록 허하는 조서를 청하옵니다."[120]라고 했다. 이에 명세종(明世宗)은 하언(夏言)의 상소를 받아들여 "백성들에게 시제를 지내라는 조서를 내렸다."[121] 다시 말해, 명(明)나라 중기 이후 민간에서의 시조에 대한 제사는 이제 단순히 인정뿐만 아니라 예법에도 부합하게 된 것이다. 정부의 정책에 따라 가묘가 건립되었고, 명나라 중기 이후 세가대족(世家大族)들이 곳곳에 사당을 세우는 붐이 일어나게 되었다.

명나라 중기 이후 가보는 제사와 사당 건축, 사당 도록(圖錄)에 대한 기록을 중시하게 되었다. 『오월전씨칠수류광종보(吳越錢氏七修流光宗譜)』 중에서 가훈(家訓)의 제1칙이 바로 '제사의 중시'이다. 더불어 '존조(尊祖), 경종(敬宗)'의 효의를 높이고 "가장 큰 효는 조상을 공경하는 것이고, 조상을 공경하는 가장 좋은 방식은 제사를 지내는 일이다. 제사에 있어 가장 중요한 것은 사당을 세우는 일이다. 사당이 있어 조상을 공경하는 것을 행하는 것은 그 정성이다."[122]라고 했다. 건륭(乾隆) 12년(1747)에 편찬된 『신안흡서계남오씨통종보(新安歙西溪南吳氏統宗譜)』 보서(譜序)에, 만력(萬曆) 연간의 사당 건설 과정에 대한 기록이 남아 있는데 내용은 다음과 같다. "여러 가문의 어른께서 모두 돌아와, 힘을 기울여 출자하여, 효렴(孝廉)에게 그 책임을 맡겨 땅을 개간하고 사당을 짓기 시작했다. 만력 기묘년(1579)에 정당이 지어져 정당 앞에서 성씨를 얻은 시조인 태백(泰伯)을 비롯하여, 중옹(仲雍), 계찰(季札)을 모셨다. 기해년(己亥年)(1599)에 후당, 침실의 시공이 완료되자, 시조 광공(光公)에게 제사를 지냈다."[123]고 적고 있다. 많은 가보에 사당도(祠堂圖)를 그려 넣고 더불어 설명까지 수록했는데, 이 두 가지가 모두 훌륭했다. 예를 들면 『호남유현녹전채씨족보(湖南攸縣淥田蔡氏族譜)』 중의 사당도가 그러했다.(〈경편 그림 6-3〉 참고)

그리고 사당도 뒤에 사당의 위치와 대략적 모양과 건립 과정을 소개하는 두 단락의

---

120 「請定功臣配享及臣民得祭始祖立家廟」: "臣民不得祭其始祖先祖, 而廟制亦未有定則, 天下之爲孝子慈孫者, 尙有未盡申之情。乞詔天下臣民冬至日得祭始祖。(中略) 乞詔天下臣工建立家廟。" (역자 주)

121 許重熙, 『憲宗外史續編』(上): "詔天下臣民祀始祖。"

122 『吳越錢氏七修流光宗譜』: "孝莫大於敬祖, 敬祖莫在於修祀, 祀莫先於祠祭, 有事於祠, 所以尊祖、敬宗而致其如在之誠也。" (역자 주)

123 『新安歙西溪南吳氏統宗譜』: "諸宗老皆歸之, 各量力捐貲, 孝廉遂董其任, 辟地若幹廟爲祠。萬曆已卯(1579), 經始正堂, 特祀得姓始祖泰伯, 而配以仲雍、季札。己亥(1599)後堂、寢室告成, 則祀始遷祖光公。" (역자 주)

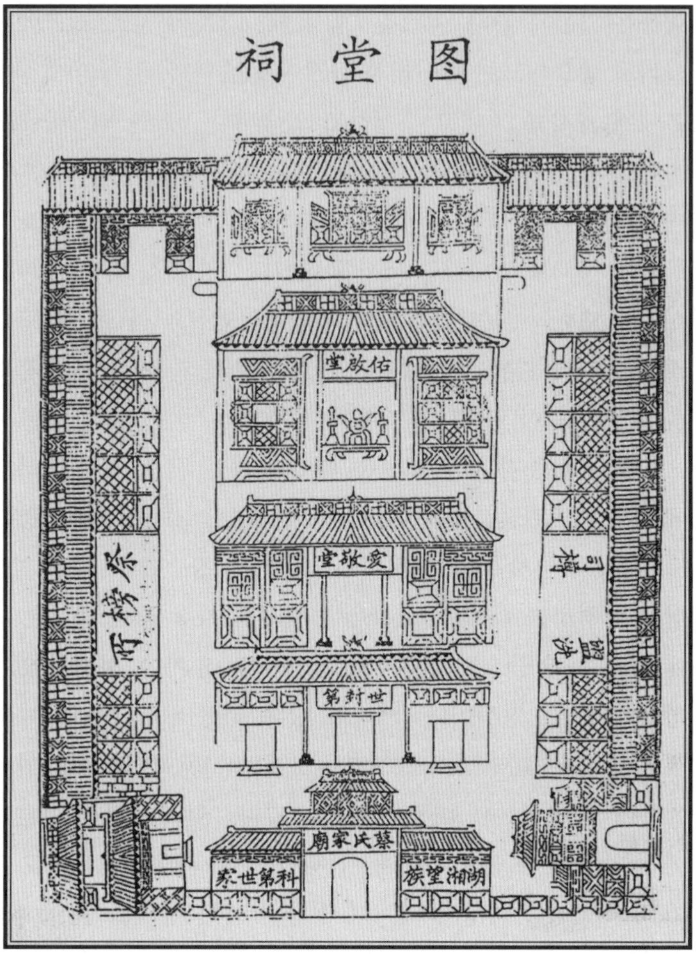

<경편 그림 6-3>
「호남유현녹전채씨족보사당도
(湖南攸縣淥田蔡氏族譜祠堂圖)」

문장을 다음과 같이 수록했다.

『사당기(祠堂記)』

사당 설치의 목적은 제사를 통해 그 기원을 돈독히 하는 것으로써, 장유유서(長幼有序)의 예절을 알게 하고, 덕의를 서로 권하는 것이니, 관련이 없는 자가 아니면 모두 이에 연유해야 하므로 매우 중요하다고 할 수 있다. 나의 선조는 길(吉)이며, 상채현(上蔡縣)에서 왔고, 14대 조상 휘충(諱忠)으로 이어졌다. 휘충의 자는 조단(朝端)이며, 호는 설송(雪松)이다. 본적은 안유(安攸)이고, 안(安)의 익상리(益相里)에 거주했다. 지명은 녹전(淥田)으로 상전(桑田)이라고도 불리는 곳인데, 유현(攸縣)과 이웃하고 있다. 아들 둘이 있는데 맏아들은 원례(元禮), 둘째 아들은 원도(元道)이고, 원계(元棨)라는 조카가 있으며 후대 자손이 번성했다. 원례는 좌측 방에, 원도는 우측 방에 살고, 중청은 침실이었다. 후손이 번성하여 각기 거처를 세우고, 중청 침실을 사당으로 바꾸어 조단(朝端)에서 1세조를 받드니, 이때부터 이 사당이 시작되었다. 5세조 채무(蔡懋), 별호는 악기(嶽氣)와 6세조 국저(國佇), 별호는 황강(黃岡)이 뒤이어 계속 사당을 보수했다. 그러나 후청에는 전곽(前廓)과 방패(坊牌)가 없는 초기 단계로, 자손이 제사를 지낼 곳이 없었다. 사당은 있지만 제사도 못 지내고, 연회도 못 하는 채로, 위패만 모셔 놓고 자손들은 제사를 시작할 엄두도 내지 못했다. 나의 조부 추(樞), 호는 녹천(淥川)과 숙조부 상(相), 호는 원교(元橋)께서 같이 제전, 제기 등을 상의하게 되는데, 이때에 비로소 삼정삼경헌(三鼎三敬獻)의 규제가 기본적으로 설치되었다. 만력(萬曆) 기축년(己丑年)에 나의 아버지 사주(思周), 호는 숙계(淑溪)와 숙부 사위(思位), 호는 시재(時齋)께서 전곽을 건설하고 방패를 세우기 시작하자, 앞뒤가 받쳐져 조금은 보기가 좋아졌다.

종사의 옛터로 나의 조상 설송(雪松)은 사당의 위치를 안유(安攸) 상전(桑田)으로 선택했다. 황강령(黃崗嶺)이 모두 포함되었다. 사당에는 대청이 있고, 대청 후면에는 6개의 기둥이 있으며, 현판은 '계우(啟佑)'라고 씌어 있어 위패를 배치한다. 중앙에 8개의 기둥이 있고, 편액에는 '애경(愛敬)'이라고 씌어 있다. 사진사(賜進士), 향진사(鄉進士), 공생(貢生) 모두 이곳에서 자신의 이름을 서명했다. 벼슬아치의 기록도 있고, 학교를 다닌 사람의 기록도 있다. 대청 서쪽은 제사음식을 준비하는 곳과, 목욕재계를 하는 곳이다. 앞에는 복도가 있고, 네 개의 기둥과 3개의 문이 있어 출입이 편리하다. 문밖에는 제수용 가축을 선별하는 곳으로 방패를 만들고 4개의 기둥이 있으며, 남쪽에는 형주태수(衡州太守)가 쓴 '과제세가(科第世家)'란 현판이 걸려 있다. 방패의 밖에는 넓은 공터가 있고, 마치 침대처럼 가지런하여 의관(儀館)이라고 하며 의식을 거행하는 곳이다. 밖에는 높이가 2장(丈)인 벽이 있어서, 외부인을 차단할 수 있다. 동문 대문 위에는 호광학사(湖廣學使) 유씨(劉氏)가 쓴 '호상망족(湖湘望族)' 현판이 있는데, 문과 옥봉(玉峰)이 마주 보고 있어 마치 서로 공손히 인사하는 모습이다. 그 바로 앞이 송(宋)나라 태학사 주익공(周益公)이 책을 읽던 곳으로, 앞에 강이 흐르고, 강물이 서쪽에 있는 형산(衡山)으로 흘러나와 상강(湘江)과 합류한다. 사당의 건설 경위(經緯)를 글로 편찬한 책이 『형남조사당기(衡南祖祠堂記)』이다.[124]

---

124 『湖南攸縣淥田蔡氏族譜祠堂圖』: "宗祠之設, 所以明世視敦本源, 且使奕世子孫知齒序相先, 德義相勸, 不若路人者, 皆由此也, 所系蓋綦重矣。予先世祖吉, 來自上蔡, 傳至十四世祖諱忠, 字朝端, 號雪松, 籍安攸, 卜居安之益相里, 地名淥田, 小地名桑田, 隴界連攸縣。擧二子, 長元禮, 次元道, 撫侄元棨, 厥後子孫蕃息。元禮居左, 元道居右, 而以中廳爲家寢。數傳而子孫益蕃, 各立居址, 改家寢爲宗祠, 奉朝端爲一世祖, 此宗祠之所以由創也。五世祖蔡懋, 別號嶽氣, 六世祖國佇, 別號黃岡, 先後修葺。然有後廳, 無前廓, 無坊牌, 僅僅草創, 而子孫之拜立

이상과 같은 내용을 통해 채씨(蔡氏) 사당의 건립과 발전 과정을 알 수 있었다. 선조 원례(元禮), 원도(元道) 때 집을 짓고 "집의 침실을 개조하여 종사(宗祀)로 만들었다."[125]라고 했다. 녹전(渌田)으로 이주해 정착한 시조(始祖)를 1대로 삼아 제사를 지내고, 수차례 보수했다. 종사가 협소하여 자손이 제사를 지내지 못해, 1589년에는 사당에 "전랑(前廊)을 짓고, 패방과 위패를 세웠다."[126]라고 했다. 그러자 사당이 비로소 우아하고 웅장해 보였다고 했다.

명대 중기 이후 각지의 사당 건설이 활성화되었고, 특히 휘주(徽州) 지역에서 성행했다. 그리고 안휘(安徽) 상인에 의해 황금기에 접어들었고, 이들 상인은 거액을 고향의 사당 건설에 헌납했다. 그리하여 각지에 세워진 사당은 수량과 수준에서 휘주가 가장 앞섰다. 조화부(趙華富)의 『휘주종족연구(徽州宗族研究)』는 휘주 가보의 사당 자료를 분석했다. 그 결과 휘주에는 총 47개의 사당이 있었는데, 송대의 것이 3개, 원대는 5개, 명대는 39개가 각각 세워졌다. 명대는 주로 가정(嘉靖)과 만력(萬曆) 연간에 세운 것이다.[127]

명대 가보는 각 사당의 기본 윤곽을 소개했을 뿐만 아니라 사당을 건설할 때 들어간 재료, 문과 창문의 개수는 물론 담장 등의 시설 등도 소개하고 있으며, 사당 내의 조상 위패의 배열, 제사 의식 등도 두루 언급했다. 사당의 조향은 송대의 장재(張載), 정이(程頤)가 제시한 고대 종법제도 중 종묘의 조향 해석을 근거로 서쪽에서 동쪽을 바라보는 방향으로 설계했다. 명대 민간 사당은 보통 주희(朱熹)의 『주자가례(朱子家禮)·사당(祠堂)』에 따라 북에서 남을 바라보는 방향으로 설계했다. 사당의 대전(大殿)인 중앙에 감실(龕室)을 두었고, 좌우에도 역시 감실을 비치했다. 감실은 본래 벽에 있는 조그마한 전각이다. 조상의 위패를 가운데 두고, 앞은 천으로 가려 두었으나 후에 일종의 특수 제작한 장방형의 나무 탁자로 간략화되어 탁자 중앙에 위패를 모셨다. 신주는 나무로 만든 장방형의 조그마한 목판으로, 하얀 종이 바탕에 검은색으로 글을 쓰거나 혹은 빨간 종이에 노

未有處也; 有宗祠, 無祭祀, 無宴席, 僅僅棲神, 而子孫之苹藻未有將也。嗣後予祖樞, 號渌川;叔祖相, 號元橋, 始議祀典, 設祭器, 而三鼎三獻稍稍有軌。萬曆已丑歲, 先考思周, 號淑溪; 叔思位, 號時齋, 始建前廊, 造坊牌, 而前關後衬稍稍雅觀。宗祠舊址, 我雪松祖卜築安攸之界, 蓋相里桑田隴之地。地負黃岡嶺。桐有堂, 後爲檻六, 扁曰"啟佑"以棲神。中爲楹八, 扁曰"愛敬"。賜進士題名於斯, 鄉進士題名於斯, 歲進士題名於斯。其歷宦途者, 籍記焉, 其列黌序者, 籍記焉。堂之西爲祭廚, 爲齋沐之室。前有廓, 爲楹四、門三, 以通出入。門以外爲省牲所, 建坊牌, 其檻四, 正南向衡州太守陳題"科第世家"額。坊以外有敞地, 方如布枰, 爲義館, 以課文藝。爲屏墻, 以障行人, 高二丈暨而垣之。轉向東大門一重, 湖廣學使劉題"湖湘望族"額, 門與玉峰相望, 若高拱深揖。於其前卽宋太學士周益公讀書處, 前臨江, 水西流至衡山與湘流會。其興建托文字以傳者, 詳《衡南祖祠堂記》。" (역자 주)

125 『湖南攸縣渌田蔡氏族譜祠堂圖』: "改家寢爲宗祠。" (역자 주)

126 『湖南攸縣渌田蔡氏族譜祠堂圖』: "建前廊, 造坊牌。" (역자 주)

127 趙華富, 『徽州宗族研究』, 安徽大學出版社, 2004, 242~246쪽.

란색으로 글을 쓰는데, 내용으로는 선조의 이름, 생몰연도, 처첩의 성씨, 아들, 손자, 증손의 이름 등을 부부는 같이 적었다. 정감실의 신주는 족인 시조로 좌우 양측에 좌목우소(左穆右昭)의 원칙에 따라 비치하고, 족인의 현재 가장 윗대인 고·조·증조·고조의 4대 신주를 모신다. 4세대가 넘은 경우 신주를 감실 위쪽으로 올렸고, 시조의 위치는 가운데에서 변하지 않는다. 이를 통해 명대 민간의 '백세불천(百世不遷)'과 '오세칙천(五世則遷)'을 이해할 수 있다.

사당은 선조의 신위를 모시는 곳일 뿐만 아니라 족인이 제사를 지내는 곳이기도 하다. 명대 가보 예의에 관한 규정에는 매년 봄과 가을에 제사를 지내며, 족인 사당에 가장 혹은 적자가 주관하여 제사를 지낸다고 하고 있다. 청명절 성묘할 때, 먼저 사당의 신주를 모시고 제사를 드리고 각방 각 집의 성묘를 실시한다. 일부 족인 규정에는 매 초하루, 보름에 제사를 지내 사당 활동이 자주 있었다. 사당 기일에는 종종 족인친지들에게 가보의 일을 알렸다. 많은 족인의 제사 의식은 시작 전에 가장이나 각 파의 사람이 선현의 어록(語錄), 가규(家規)·가법(家法)을 이야기함으로써 족인들에게 가보의 내용과 봉건 예법을 이해시켰다.

명대 족인의 중대사, 예를 들어 수보(修譜), 사당 수리, 족장(族長)의 선출, 선산 매입 등은 족장을 중심으로 사당에서 모여 토의하여 결정했다. 족인의 가법, 가규 위반 시 사당은 가정 법정이 되기도 했다. 족장은 사당에서 안건을 심의할 때 일반적으로 족인 중의 권력가를 배심원으로 했으며, 사람들이 방청할 수 있게 하여 아울러 이 과정을 통해 족인을 교육했다. 결과적으로 명(明)나라 사당은 족인의 중심 역할을 했다. 이를 통해 알 수 있듯이 명대의 사당은 이미 족인의 중심이 되었고, 족인의 단결을 상징하는 곳으로, 족인을 연결하는 중요한 역할을 했다. 또한 사당 제사 및 기타 활동을 통하여 족인들을 공고히 단합시켜 엄밀한 족인조직을 유지했다.

6. 방대한 규모의 회통보(會通譜)와 통종보(統宗譜)

명대 가보 편찬에 큰 규모의 회통보와 통종보가 나타나기 시작했다. 전체 사회에서의 가보 편찬의 발전과 족인 수의 증가에 따라, 명대 중기 이후부터 유행하기 시작했다. 소위 회통보와 통종보란 각 지역 각 종가를 통괄해서 분포되어 있는 가보를 말한다. "회통보란 여러 족보를 모아서 만든 것이다. '회(會)'란 각양각색의 가보를 모아서 한 권으로 귀결한다는 것이다. '통(通)'이란 일파를 한 권으로 관통해서 만수(萬殊)에 도달하게 한다."[128]라고 했다. 회통보와 통종보는 종족 조직의 발전 결과 만들어졌고, 가보 체례(體例) 편찬의 완벽한 지표라 할 수 있을 것이다. 명대(明代), 특히 명대 중엽 이후에 일부 회통보(會通譜)와 통종보(統宗譜)가 출현했다. 예를 들어 경태(景泰) 연간에 편찬된 『신안정씨제보회통(新安程氏諸譜會通)』, 홍치(弘治) 연간에 편찬된 『황씨회통보(黃氏會通譜)』, 『신안정씨통종세보(新安程氏統宗世譜)』, 『신안황씨통보(新安黃氏通譜)』, 가정(嘉靖) 연간에 편찬된 『왕씨통종보(汪氏統宗譜)』, 『영남장씨회통보(嶺南張氏會通譜)』, 『장씨회수통종세보(張氏會修統宗世譜)』, 『장씨통종세보(張氏統宗世譜)』, 융경(隆慶) 연간에 편찬된 『왕씨통종정맥(汪氏統宗正脈)』, 『무구왕씨통종세보(武口王氏統宗世譜)』, 『허씨통종세보(許氏統宗世譜)』, 만력(萬曆) 연간에 편찬된 『고금만성통보(古今萬姓統譜)』, 『중수유씨통보(重修俞氏統譜)』와 『유씨통회대종보(俞氏統會大宗譜)』 등이 그것이다.

회통보와 통종보의 가장 큰 특징으로는 규모가 방대하다는 점이다. 예를 들어 홍치 연간에 편찬된 『황씨회통보』는 동진(東晉) 시기에 신안태수(新安太守)를 지낸 황원집(黃元集)을 시천조(始遷祖)로 한 신안(新安) 황씨(黃氏)의 총 25개의 지파를 수록했다. 규모가 가장 큰 것은 가정 연간 장헌(張憲), 장양휘(張陽輝) 등이 편찬한 『장씨통종세보』이다. 황제(黃帝)가 성을 하사한 때를 시작으로 가정 연간까지 수천 년에 걸친 족인 역사를 수록하고 있다. 『장씨통종세보』 내기(內記)에는 총 117개의 장씨 지파를 수록했다. 언급된 지파로는 진류파(陳留派), 대량파(大梁派), 두릉파(杜陵派), 패국파(沛國派), 무양파(武陽派), 남양파(南陽派), 양국파(襄國派), 용호산파(龍虎山派), 세양파(細陽派), 범양파(范陽派), 하규파(下邽派), 오군파(吳郡派), 청하파(淸河派), 강좌파(江左派), 양양파(襄陽派), 낙양파(洛陽派), 창악파(昌樂派), 김화파(金華派), 적산진파(赤山鎭派), 윤전파(潤田派), 신장파(新莊派), 당두파(직례휘주부)(塘頭派)(直隷徽州府), 읍북파(邑北派), 상계파(湘溪派), 황금탄파(黃金坦派), 선화방파(宣化坊派), 갑로파(甲路派), 유정파(遊汀派), 동계파(東溪派), 벽산파(碧山派), 환주파(環珠派), 어탄파(漁灘派), 만안파(萬安派), 수남파(水南派), 수각파(水閣派), 남원파(南園派), 요두파(料頭派), 임계파(臨溪派), 만전파(滿田派), 좌차파(左汊派), 설갱파(薛坑派), 영산파(岺山派), 석령파(石嶺派), 우차파(右汊派), 차구파(汊口派), 동원파(東源派), 무양파(武陽派), 황비파(黃備派), 소전파(紹前派), 가구파(佳口派), 소촌파(邵村派), 전전파(旃田派), 정담파(定潭派), 장담파(漳潭派), 주방파(朱方派), 상로파(上路派), 백탑파(白塔派), 하동파(河東派), 곽촌파(郭村派), 진방파(進坊派), 가회파(嘉會派), 허충파(許衝派), 성담파(省潭派), 석산파(石山派), 서마두파(西馬頭派), 서

128 「新安程氏會通譜序」, 景泰 2年(1451): "會通譜者, 會諸譜而作也。會者, 會其源萬殊而歸一本也通者, 通其派一本而達之萬殊也。"

문파(西門派), 백사파(白沙派), 조경파(曹逕派), 창오파(倉塢派), 차판파(車阪派), 중전파(中田派), 봉서파(鳳棲派), 중경파(中京派), 소항구파(小港口派), 장갱파(章坑派), 유구파(流口派), 양담파(梁潭派), 옥경파(玉京派), 담서파(潭西派), 주촌파(朱村派), 매호파(梅湖派), 신옥파(新屋派), 형담파(荊潭派), 파원파(芭園派), 팽차파(彭車派), 남호파(南湖派), 서충파(西充派), 삽목오파(插木塢派), 왕가원파(王家源派), 숭자부파(嵩子埠派), 오원파(吳園派), 수차파(水車派), 요판파(窯畈派), 당두파(강서요주부)(塘頭派(江西饒州府)), 상화파(上禾派), 매림파(梅林派), 투전파(投田派), 후전파(候田派), 황강파(黃崗派), 대원파(大園派), 계계파(界溪派), 색재원파(索梓源派), 대주파(大舟派), 이서피파(鯉瑞陂派), 도만파(島灣派), 정전파(呈田派), 항동파(港東派), 동호파(東湖派), 번해원파(翻蟹源派), 마담파(馬潭派), 곡강파(曲江派), 성도파(成都派), 면죽파(綿竹派), 정흥파(定興派), 숭화파(崇化派)와 수림파(繡林派) 등이다.

언급한 범위를 보면 『장씨통종세보(張氏統宗世譜)』는 전국 각지에 영향을 끼쳤음을 알 수 있다. 이 가보를 도표로 제작한 것이 『장씨고금천거지리도(張氏古今遷居地理圖)』이다. 이 지리도는 북경(北京)의 120여 개 지역, 남경(南京)의 170여 개 지역, 강서(江西)의 90여 개 지역, 절강(浙江)의 80여 개 지역, 호북(湖北)과 호남(湖南)의 140여 개 지역, 사천(四川)의 140여 개 지역, 섬서(陝西) 130여 개 지역, 하남(河南) 110여 개 지역, 산동(山東) 100여 개 지역, 산서(山西) 100여 개 지역, 복건(福建) 60여 개 지역, 광동(廣東) 70여 개 지역, 광서(廣西) 70여 개 지역, 운남(雲南) 80여 개 지역, 귀주(貴州) 10여 개 지역 등, 총 15개 성(省) 1,470여 개 지역을 도표화했다. 실로 방대한 규모의 거작이 아닐 수 없다.[129]

명대(明代) 중엽 이후 거대한 규모의 회통보(會通譜)와 통종보(統宗譜)가 나타난 배경에 대해서는 정확히 이해할 수 있다. 첫째, 원대(元代)를 거쳐 명대에 이르기까지 장기간의 평화 시기를 거치며, 종족의 족인 수가 계속 증가했고 세력이 강화되었다. 이에 각 파의 대종보(大宗譜)가 출현하게 된 것이다. 둘째, 송대(宋代)부터 변화가 시작된 중국 가보 편찬이 원대를 거치고 명대까지 발전했다. 100~200여 년 동안의 편찬 경험, 편찬 내용과 체례(體例)가 더욱 완벽해짐에 따라 거대한 규모의 가보 편찬을 가능하게 했던 것이다. 셋째는 명대 정부가 주원장(朱元璋)의 '성유육조(聖諭六條)'를 민간의 가보 편찬에 실거나 게재하는 것을 장려했다.

명대 휘주(徽州) 지역은 휘주 상인들로 인해 매우 번영했고, 이 때문에 이 지역의 종족 세력이 확장할 수 있었다. 섬서 지역은 지리적으로도 산으로 둘러싸여 있어, 전쟁이 적었으며, 학문이 융성하여 가보 편찬이 매우 발달했다. 이로 섬서 지역의 사당은 물론

---

129 張海瀛, 「明代譜學概說」, 『譜牒學研究』(第3輯), 書目文獻出版社, 1992, 108쪽.

명대의 수보(修譜) 현황도 모두 전국에서 앞 순위를 차지했다. 명(明)나라의 왕도곤(汪道昆)은 「장원정씨본지보서(長原程氏本支譜序)」에서 이르길 "신안(新安)은 부유한 집이 많아 가보가 없는 집이 없었다. 본지에는 고증할 수 있는 세계(世系)가 있고, 검증할 수 있는 문헌이 족하니, 모두에게 보여 줄 수 있는 것이다."[130] "나는 산중에 살고 있지만, 기세는 이러하다. 이 시기의 사람들은 대부분 종족끼리 모여 살았다. 세월이 오래 지나면서 족인마다 대성(大姓)이 생겨났고, 세계(世系)의 수록이란 필요로 가보가 흥성했다."[131]라고 했다. 조길사(趙吉士)의 『기원기소기(寄園寄所寄)』에는 더욱 자세히 묘사되어 있는데 "신안에서는 각각 성씨별로 모여 살았고, 결코 다른 성씨와 섞인 적이 없다. (중략) 신안에는 다른 읍에 비해 다양한 풍속이 있다. 예를 들면, 천 년의 묘소는 한 줌의 흙도 옮기지 않으며, 천 명 인구가 있는 종족은 절대 흩어져 살지 않는다. 이로 천 년의 계보(系譜) 또한 조금도 흐트러짐이 없이 온전하다."[132]라고 했다. 이로써 휘주 지역에서 회통보와 통종보 편찬이 유행했음을 알 수 있다. 그중 명대 편찬된 회통보와 통종보는 홍치(弘治) 14년(1501)의 『(안휘황산)태원왕씨회통세보((安徽黃山)太原王氏會通世譜)』, 만력(萬曆) 35년(1607)의 『(안휘황산)왕씨통종세보((安徽黃山)王氏統宗世譜)』, 『신안왕씨통종세보(新安王氏統宗世譜)』(명초본), 천계(天啟) 3년(1623)의 『무구왕씨통종세보(武口王氏統宗世譜)』, 가정(嘉靖) 33년(1554)의 『(안휘흡현)주씨통종세보((安徽歙縣)朱氏統宗世譜)』, 숭정(崇禎) 4년(1631)의 『(안휘흡현)주씨통종보((安徽歙縣)朱氏統宗譜)』, 『신안소강대통종보(新安蕭江大統宗譜)』(명초본), 『신안오씨통종세보(新安吳氏統宗世譜)』(명초본), 가정 14년(1535)의 『장씨통종세보(張氏統宗世譜)』, 가정 11년(1532)의 『장씨회통보(張氏會通譜)』, 만력 43년(1615)의 『장씨통종세보(張氏統宗世譜)』, 만력 3년(1575)의 『(안휘흡현)왕씨통종보((安徽歙縣)汪氏統宗譜)』, 명(明)나라 말기의 각본인 『홍씨통종보(洪氏統宗譜)』, 가정 30년(1551)의 『청화호씨통회족보(淸華胡氏統會族譜)』, 만력 43년의 『안휘흡현조씨통종세보(安徽歙縣曹氏統宗世譜)』, 홍치(弘治) 14년(1501)의 『신안황씨회통보(新安黃氏會通譜)』, 성화(成化) 18년(1482)의 『신안정씨통종세보(新安程氏統宗世譜)』와 만력 연간의 각본인 『고흡사씨통종지(古歙謝氏統宗志)』 등 수십 부가 넘었다. 휘주(徽州) 지역의 대성(大姓) 종가는 거의 회통보(會通譜)와 통종보(統宗譜)로 가보를 편찬했다.

---

130 『古今圖書集成·氏族典·程姓部』: "新安多閭右世家, 莫不有譜。本支有世可考, 而知要以文獻足征, 視四方備矣。"

131 『重修新安東關江氏家譜』, 乾隆 54年(1789): "吾歙在萬山中, 蓋奥如也, 生其間者多聚族而居, 歷年旣遠, 其故家大姓, 則必有紀夫世系, 而譜牒興焉。"

132 『寄園寄所寄』: "新安各姓, 聚姓而居, 絕無一雜姓攙人者。(中略) 新安有數種風俗勝於他邑: 千年之冢, 不動一抔; 千丁之族, 未常散處; 千載之譜系, 絲毫不紊。" (역자 주)

편찬의 수월을 위하여 명대 세가대족은 보국(譜局)이란 가보 편찬 기구를 두어 전문적으로 가보 편찬 작업을 진행했다. 큰 보국은 수십 명의 인원을 보유했다. 예를 들어 무원(婺源)의 『무구왕씨통종세보(武口王氏統宗世譜)』를 보면, 명대 융경(隆慶) 연간(1567~1572)에 무원 무구 왕씨(王氏) 가문에서 통종세보를 편찬했는데 "수많은 사람들이 10여 년에 걸쳐 해냈다."[133]라는 기록이 있다. 명나라 천계 연간(1621~1627)에 이어진 편찬에서도 "편찬자는 30여 명이고 12년에 걸쳐 완성되었다."[134]라는 기록이 있다. 『신안정씨통종세보』에 있는 '편찬자, 속수자(續修者), 교정자의 명단'을 보면, 휘주 흡현(歙縣), 휴녕(休寧), 기문(祁門), 이현(黟縣), 무원(婺源), 적계(績溪) 정씨(程氏) 26방, 총 57명에 달했다. 규모가 가장 큰 가정 연간의 장헌(張憲), 장양휘(張陽輝)가 편찬한 『장씨통종세보』에 따르면 책임자 2명, 동수(同修) 32명, 배열 29명, 교정 38명, 등사(謄寫) 22명, 창수(倡首) 75명, 협찬(协赞) 16명, 동치(董治) 11명, 회화 2명, 전각(鐫刻) 15명, 인쇄 3명, 장정(裝訂) 3명 등 총 248명에 달했다.

명대 회통보와 통종보의 유행에 따라, 옛날부터 내려오는 가보를 모아 만든 대통보(大統譜)가 탄생했다. 명대 만력(萬曆) 7년(1579) 공부원외랑(工部員外郎) 능적지(凌迪知)가 편찬한 『고금만성통보(古今萬姓統譜)』가 바로 그것이다. 이 책은 『만성통보(萬姓統譜)』라고도 불리고 속칭 『만가성(萬家姓)』이라고도 한다. 총 140권으로 3,700여 개의 성을 수록했다. 이 외의 부록으로 『역대제왕성계통보(歷代帝王姓系通譜)』 6권과 『씨족박고(氏族博考)』 14권이 있다. 이 책은 고금 성씨를 운순(韻順)에 따라 배열하고, 임보(林寶)의 『원화성찬(元和姓纂)』을 참고했는데, 성을 제목으로 하여 각 성의 앞에 군망(郡望)과 음평(陰平)·양평(陽平)·상성(上聲)·거성(去聲)·입성(入聲)이란 오음(五音)에 따라 성씨의 연원을 주석했다. 시대 전후에 따라 각 성씨의 유명인물을 분별하여, 고대부터 만력까지 인물의 생애와 사적을 수록했다. 이 책은 이름을 성보(姓譜)로 하여 인물 소전(小傳), 보첩(譜牒)과 전기(傳記)를 하나로 편찬했다.

능적지는 『고금만성통보』의 서언(序言)에서 "내가 『소씨족보인(蘇氏族譜引)』을 보고 느낀 바가 많다. 거기에 씌어 있는 '모든 인정은 친척 관계에서 비롯되고, 친척 관계는 항렬로 표현되며, 대대로 떨어져 지내면 서로 낯선 사람이 되는 것이다. 처음에 형제는 한 사람에게서 분화되었다. 한 사람에서 시작해 점점 낯선 사람으로 분화되어 가는 추세는 나도 어쩔 수 없다. 다만 후세 자손이 이런 흐름을 파악하여 잊지 않았으면 하고 바라는

133 『武口王氏統宗世譜』: "濟濟多人, 經營十載有餘." (역자 주)
134 『武口王氏統宗世譜』: "修者三十餘人, 歷十二年而後成." (역자 주)

바이다.'라는 이 말이 나의 생각과 일맥상통하는 것이다. 그러나 종족을 한마음으로 아우르는 방법이 없는 걸까? 오직 족보를 기록하면 된다. 소순(蘇洵)이 말했듯이, '가보를 보면 자연스럽게 효심이 생겨난다.'고 했다. 천하는 한 집안에 또 한 집안을 더한 집안들의 조합으로 이루어진 것이다. 족보가 족인과 족인을 연결시키면 천하를 하나로 이어 주는 것이니 천하의 성씨가 곧 가보인 것이다. (중략) 어찌 만천 집이 모두 같은 근본에서 왔고, 만천 파벌의 근원이 하나인 것을 알겠는가? 『세보(世譜)』에서 말하길, 오제삼왕(五帝三王)이 모두 황제(黃帝)의 후대이며 황제는 15명의 아들이 있었는데, 성을 하사받은 자가 14명이었다. 품행이 같은 자는 같은 성이고, 품행이 다르면 성도 달랐다. 그래도 모든 사람이 한 사람으로부터 분화되어 나왔다는 것을 알 수 있다. (중략) 이것을 알게 되면 천하를 하나로 연결하기 쉬울 것이다. 고로 내가 쓴 가보를 보는 사람도 혹시 효심을 품을 수 있을지도 모르겠다. 이것이 내가 족보를 편찬하는 의도이다."[135]라고 했다.

이상의 내용에 의하면 능적지는 사상적으로 소순의 『소씨족보인』의 영향을 받아 『만성통보』를 편찬하였음을 알 수 있다. 그리고 그는 천하의 모든 성이 황제로부터 시작되었다고 여겼고, 소씨 족인의 근원을 『소씨족보(蘇氏族譜)』로 묶은 것처럼 천하의 성씨도 하나의 가보로 묶을 수 있다고 여겼다. 또한 그는 "소순이 말하길 가보를 보면 자연스럽게 효심이 생긴다고 했으니, 천하의 성을 볼 수 있는 『만성통보』를 보게 되면 당연히 자연스럽게 효심이 우러나오지 않겠는가?"라고 했다. 이것이 능적지가 『만성통보』를 편찬한 의의였다.

만력(萬曆) 시기 가의대부(嘉議大夫)이자, 도찰원우부도어사(都察院右副都禦史)인 저명한 학자 왕세정(王世貞)은 「고금만성통보서(古今萬姓統譜敘)」 중에 『고금만성통보(古今萬姓統譜)』를 찬양하며, 이르길 "당송(唐宋) 이래 가보가 있는 가문은 대략 수십 개에 달한다. 오흥(吳興) 능적지(凌迪知) 대부가 그들을 하나로 묶어 각각 원별(源別), 군망(郡望)을 기록하고, 성씨의 명성을 증명할 수 있는 사적도 뒤에 달았다. 능적지 대부가 말하길 '내가 내 자신을 과시하는 것이 아니라, 이 만성통보는 자신의 성씨 연원을 알게 하고, 두 번 다시

---

135 『古今萬姓統譜』: "余讀眉山《蘇氏族譜引》, 感而輯姓譜云。《引》之言曰: '凡人情見乎親, 親見乎服, 至無服而遂途人焉。其初兄弟也, 一人分焉者也。'又曰: '一人分而至途人, 勢吾無如之何也。先其勢而圖之, 使無忽忘焉可也。'夫卽其言而繹之, 將以聯蘇氏一家之心已也。然握其機以聯之者庸他術乎, 僅惟族譜之一書。蘇氏自謂觀吾譜者, 油然而生孝弟之心焉。夫天下, 家積也。譜可聯家矣, 則聯天下爲一家者, 蓋以天下之姓譜。(中略) 豈知萬千一本, 萬派一源也。考之《世譜》曰, 五帝三王, 無非出於黃帝之後, 黃帝一十五子, 而得姓者十四, 德同者姓同, 德異者姓異。則知凡有生者, 皆一人之身所分也。(中略) 知此則聯天下爲一家反掌耳。故觀吾之姓譜者, 孝弟之心或亦可以油然而生矣, 此余輯譜意也。" (역자 주)

악을 행하지 않게 하며, 세상을 위해 작은 도움이 될 것이다.'라고 했다."[136]

능적지는 수십 개의 가보를 하나로 합쳤다. 『고금만성통보』를 편찬할 때, 그는 그가 볼 수 있었던 많은 저작들을 참고하고 인용했다. 참고 도서를 『고금만성통보인용서목(古今萬姓統譜引用書目)』에 소개했고, 이는 대략 셋으로 나눌 수 있다. 첫 번째는 성씨와 관련한 도서이다. 예를 들면, 전명일(錢明逸)의 『성찬(姓纂)』 6권, 오가기(吳可幾)의 『천성편(千姓編)』 1권, 양신민(楊信民)의 『성원주기(姓源珠璣)』 4권, 『씨족대전(氏族大全)』 16권, 『통지서(通志書)·씨족략(氏族略)』 8권, 『백공육첩(白孔六帖)·씨족문(氏族門)』 1권, 『한인희성(漢人希姓)』 1권, 『문원영화(文苑英華)·성씨(姓氏)』 4권과 『합벽사류(合壁事類)·씨족(氏族)』 22권 등이 있다. 두 번째는 이십이사(二十二史)의 열전(列傳) 및 통지(統志)와 읍지(邑志) 관련 저술이다. 예를 들면, 『대명일통지(大明一統志)』, 『십삼성통지(十三省統志)』와 『각군현지(各郡縣志)』 등이 있다. 세 번째는 명대 문인의 저술이다. 예를 들면 『사서인물고(四書人物考)』, 『황명진사고(皇明進士考)』, 『오중왕철기(吳中往哲記)』와 『오흥명현록(吳興名賢錄)』 등이 있다. 능적지는 저명한 성명학 학자로 광범위하게 사료를 모아 『고금만성통보』를 집대성했고, 이는 명대 및 중국 가보의 연구에 커다란 영향을 끼쳤다.

7. 정민정의 보법(譜法)과 보변(譜辨)

명대에 편찬된 회통보(會通譜)와 통종보(統宗譜) 중에서 품질이 우수하고 후대에 많은 영향을 끼친 저술로는 당연히 정민정(程敏政)이 성화(成化) 18년(1482)에 편찬한 『신안정씨통종세보(新安程氏統宗世譜)』가 있다.

정민정(1445~1499)은 안휘(安徽) 휴녕(休寧) 사람으로 자는 극근(克勤)이며, 호는 황돈(篁墩)이다. 그는 10살 때 신동(神童)으로 한림원(翰林院)에 천거되어 수학했다. 성화 2년(1466)에 진사에 급제하여 한림원 편찬에 임명되었고, 직접 황태자를 가르치기도 했다. 홍치(弘治)황제가 즉위하자 소첨사(少詹事) 겸 시강학사(侍講學士)로 승진하고, 후에 예부우시랑(禮部右侍郎)까지 지냈다. 그는 한림원에서 가장 박학다식해서 오랫동안 역사편찬을 담당했다. 『신안문헌지(新安文獻志)』와 『황명문형(皇明文衡)』 등을 편찬했고, 『영종실록

---

136 『古今萬姓統譜敘』: "蓋自唐宋而來, 其譜姓毋慮數十家, 而吳興淩大夫始合而爲一, 其源別、郡望, 條著臚列, 而諸能以姓顯者咸或附焉。淩大夫之言曰, 我非以眩靡也, 將使夫探源者, 油然而毋胥戕賊也, 介然而毋至爲禽亂也, 於世道將小補哉!" (역자 주)

(英宗實錄)』과 『송원강목(宋元綱目)』 편찬에도 참여했다. 또한, 정민정은 『신안정씨통종세보(新安程氏統宗世譜)』와 『휴녕배곽정씨본종보(休寧陪郭程氏本宗譜)』 등 많은 가보를 편찬했고, 수많은 족보의 서문을 썼다. 족보와 관련된 그의 성과는 그의 문집 『황돈문집(篁墩文集)』에 수록했다.

정민정(程敏政)은 조정에서 수많은 역사 문헌을 접했다. 그리고 역사에 대해 많은 식견과 흥미가 있었고, 전대의 역사 서적 고증에 열중하여 전인의 사서(史書)에서 많은 오류를 찾아 수정했다. 정민정은 족인의 역사, 족인 세계(世系)에 대하여 많은 관심을 가졌다. 그는 보학(譜學)에 대하여 천순(天順) 연간부터 20여 년간 깊이 연구하고 정리하여, 성화(成化) 18년(1482)에 『신안정씨통종세보(新安程氏統宗世譜)』를 편찬했다.[137]

『신안정씨통종세보』는 총 20권으로 구성되어 있고, 책의 서두에는 정민정의 서언(序言)과 구보(舊譜) 38편의 보서(譜序), 목록(目錄), 범례(凡例)와 보변(譜辨) 등이 실려 있다. 정민정은 서문에서 이르길 "민정(敏政)은 보를 편찬하고자 한다. (중략) 각 가보의 이동(異同)을 파악하는 데 20년이 걸렸다. 그리고 그 결과물이 『보변(譜辨)』 37조와 「범례」 10조이다. 그러나 이에 만족하지 못해 성화 임인년(壬寅年) 봄에 망부의 상복을 벗고, 종족에 편지를 보내 각자의 가보를 가져오게 했다. 그것들을 6개월 동안 정리하고 시정하여, 책으로 만들고 보니 20개가 넘게 다른 것이 있고, 44방계에 이르다 보니 기록 인원이 만 명이 넘었다. 선산을 공동소유하고 있는 자들도 53세대나 되어 선묘(先廟)에 대해 서로 알리고자, 이를 『신안정씨통종세보』라고 했다."[138] 이로써 정민정이 가보 편찬 시 20여 년간의 구보(舊譜)에 대한 고증을 바탕으로, 부친상으로 6개월 정도 집에 있을 때 가문의 지지를 받아 44개의 방계를 포함했고, "수록한 인원이 만 명이 넘었다."[139]라는 정씨(程氏) 대통종보(大統宗譜)를 편찬했다.

『신안정씨통종세보』는 휴보(休父)를 시조(始祖)로 한다. 휴보는 주(周)나라 선왕(宣王)을 보좌하고 공이 있어, 정백(程伯)으로 봉해지고 나라 이름을 성씨로 하사받았다. 원담(元譚)은 시천조(始遷祖)로 한다. 원담은 동진(東晉) 초기에 동아(東阿)에서 신안(新安)으로 이주하여, 흡(歙)의 황돈(黃墩)에 거주했다. 그의 후손은 기문(祁門), 휴녕(休寧), 적계(績溪),

---

137 程敏政(輯), 『程氏貽範集』(卷首) 「序」.

138 『新安程氏統宗世譜』: "敏政有志於編修是 (中略) 積之二十年, 頗盡得諸譜異同之故, 因定著爲《譜辨》三十七條, 《凡例》十條, 猶未敢自足也。成化壬寅春, 先公之服既除, 乃發書以告諸宗人, 諸宗人是之, 各以其譜來會, 理淆伐舛將六逾月, 始克成, 編爲卷, 凡二十有畸, 會者四十四支, 名之登於譜者逾萬人, 先墓之可以共業者五十三世, 相與告之先廟, 而命之曰《新安程氏統宗世譜》。" (역자 주)

139 "登於譜者逾萬人。" (역자 주)

무원(婺源) 등의 지역에 살았고, 방계도 44개에 달했다. 『신안정씨통종세보』 20권은 44개의 방계 족인을 세계 보도의 순서대로 수록했다. 먼저 세계도(世系圖) 위에 이름을 기재하고 아래 주석에 자·생몰연도·관직·학업·혼인·자녀·묘지(墓地) 등을 수록했고, 그 인원수가 만 명이 넘었다. 이 44개의 방계는 흡현(歙縣)에 4곳, 즉 괴당(槐塘), 선원(仙源), 잠산도(岑山渡), 장한산(長翰山)에 있고, 무원에 모두 13곳, 즉 용수산(龍首山), 봉령(鳳嶺), 고안(高安), 장경(長徑), 금죽(金竹), 환계(環溪), 사양(沙陽), 창목(彰睦), 향전(香田), 향산(香山), 주계(周溪), 성동(城東), 계원(溪源)에 있다. 기문에는 총 4곳으로 선화(善和), 우암(寓岩), 백계(柏溪), 정촌(程村) 등이다. 적계에는 4곳으로 정리(程里), 방시(坊市), 인리(仁里), 소곡(小谷)이 있고, 휴녕에는 7곳으로 차천(汊川), 당미(塘尾), 솔구(率口), 산두(山斗), 임계(臨溪), 부계(富溪), 배곽(陪郭) 등이 있다. 개화(開化)에는 한 곳으로 옥전(玉田)이 있고, 부량(浮梁)에 2곳으로 경덕진(景德鎭), 정산(程山)이 있다. 덕흥(德興)에 4곳으로 봉황(鳳凰), 노구(瀘口), 남계(南溪), 신건(新建)이 있다. 귀계(貴溪)에는 정원(程源) 한 곳이 있고, 악평(樂平)에는 매암(梅岩), 석성(石城), 하충(河衝), 소창목(小彰睦) 4곳이 있다.

정민정은 보법(譜法)에 따라서 44개의 방계와 만여 명의 사람들을 『신안정씨통종세보(新安程氏統宗世譜)』에 수록했다. 이 보법에 대한 내용은 범례(凡例) 10조항에 집중적으로 기록되어 있다. 내용은 다음과 같다.

(1) 신안 정씨(程氏)의 여러 태수(太守) 및 충의지사를 구별 없이, 당송(唐宋) 이래의 구보 및 선산 공유자와 선산에 있는 묘지를 모두 취합한다.

(2) 가보에 다른 점이 있거나 오류가 있으면 역대 가보들을 서로 참고하고, 독단으로 처리하는 잘못된 폐단을 답습하지 말며, 개인적 의견으로 전체의 조롱을 사지 말며, 아는 이가 보게 함으로써 과실이 생기지 않도록 한다.

(3) 구보(舊譜)의 6세를 위주로 한 도표는 소종(小宗)의 의의를 잃어버렸다. 소전(小傳)으로 각계 본지도를 만든 후에, 통종보(統宗譜)의 의의도 잃어버렸다. 지금의 오세도표는 구양수(歐陽修)의 소종의 법도에 따라 『사기(史記)』 연표(年表)와 『당서(唐書)·세계표(世系表)』에 주석을 단 것이다. 명대(明代)로 넘어와 주석을 단 이가 다르니 그 출처를 조심해야 한다.

(4) 양자는 생부 밑에도 올리고 계부 밑에도 올려, 그 소속의 경중에 대해 다루지 않는다. 그의 이름을 생부 밑에 쓰고, 가보의 경우 계부 밑에 올린다. 다른 성씨의 양자는 본 종보에만 올리고, 다른 성씨의 양자로 간 자는 기재하지 않는다.

(5) 자손이 없는 자는 그의 이름을 아버지 밑에만 쓰고 가보도에는 올리지 않는다. 이는 사

당의 부주(祔主)와 같다. 예전에는 '지(止)'라 했는데, 이주하여 그 후대를 만날 수 없으면 '실전(失傳)'이라고도 표기했다. 있어도 보지 못하거나 만날 수 없는 경우에도 "본 종보는 계속 이어져 갈 것이다."라고 하여 후대가 없음을 남기지 않았다.

(6) 자손을 물어보지 않아도 숨어서 드러남에, 그중에 악행을 행한 자, 화목하게 지내지 않는 자, 산소를 해친 자, 보첩(譜牒)을 매매한 자, 선조를 능멸한 자, 선조의 유물을 파기한 자, 혼혼하고 천한 자 등은 수록하지 않는다.

(7) 이름 밑의 주에 자, 행장(行狀), 생몰월일, 장례, 혼인, 관직, 학업, 예의, 절부, 열녀 등의 내용을 기록한다. 확실한 내용만 기록하되 허황된 말과 과장된 칭송은 수록하지 않는다.

(8) 각 지파(支派)는 오류를 정정하고, 찾아낸 근거를 별도의 보변(譜辨)으로 만들어 편찬에 두어 참고할 수 있게 준비한다.

(9) 황제로부터 하사받은 선조의 묘지(墓地)와 사당은 별도로 그림을 그려 가보 뒤에 첨부해야 한다. 어떻게 관리·수리하는지 수록해서 유지(諭旨) 공경의 마음을 나타낸다.

(10) 각 지파가 얻은 명령이나 공문, 송(頌), 애장, 사전(史傳), 금석(金石), 시문(詩文) 등을 모아 『이범집(貽範集)』으로 명명하여 가보와 함께 전한다.[140]

이상과 같은 10개 조항의 범례를 살펴보면 정민정의 『신안정씨통종세보(新安程氏統宗世譜)』의 보법(譜法)의 사용했다. 그 내용은 크게 4가지로 나눌 수 있다.

---

140 『新安程氏統宗世譜』: "1. 新安程氏多稱太守、忠壯之後, 本無可別, 今定著凡家有唐宋以來舊譜及共業唐宋以來先墓者, 方取入會。

2. 譜系有異同者, 有舛誤者, 悉以歷代諸譜參較, 不專主舊說, 蹈因襲之弊; 不自出意見, 取附會之譏; 同者書之, 正其舛誤者書之, 否則闕之。

3. 舊譜六世爲圖, 失小宗之義。小傳各系本支圖後, 失統宗之義。今圖五世, 準歐譜例下註事實, 準《史記》年表、《唐書·世系表》例旁註世次, 明傳代也; 朱註遷居, 朱書派名, 謹其自出也。

4. 家譜繼子, 旣書本生父下, 又書所後父下, 殊無服屬輕重之義; 今注其名於生父下, 列圖於所後父下, 異姓來繼者書具本宗譜而止, 出繼異姓者不書。

5. 無後者, 注其名於父下, 不列圖, 如祠之祔主也。有故列圖者書"止", 遷徙不相聞有後不與會者書"失傳", 有後不及會與會而未盡者, 書"具本宗譜聽其自續", 從釋老者比無後例。

6. 子孫無問隱顯, 有作過者、不睦者、有侵祖墓者、鬻譜牒者、蔑視先祠者、毁棄手澤者、昏不計良賤者, 并黜之不書。

7. 小注書字、書行, 書生歿時月壽年, 書葬, 書娶, 書宦績, 學業、行義, 書節婦、烈三女, 書必據可知者, 其不知者闕之, 浮詞溢美一切不書。

8. 各派訂誤, 其所從出, 其所取證, 別爲"譜辨", 置編首, 以備參考。

9. 先墓先祠之顯者, 賜葬者, 別爲圖, 置編後, 附以經理方向及修復之事, 重遺體也。

10. 各派凡所得制命公移, 及贈頌、哀輓、史傳、金石、詩文, 別爲《貽範集》, 輔譜以傳。" (역자 주)

첫째, 사법(史法) 원칙의 준수이다. 정씨(程氏) 통종보(統宗譜)를 편찬할 때, 정민정은 정씨(程氏)의 모든 방계를 무분별하게 보에 수록하는 것을 반대했다. 당송(唐宋) 이후의 정씨 종가만을 인정했고, 고증을 거쳐 구보(舊譜), 공업(共業),[141] 선산의 증명이 있는 종가만 보에 올려 주었다. 구보에 대해서도 사학가의 시선으로 고증하여, 구보의 일치하는 부분과 다른 부분은 물론 나아가 오류 등을 찾아냈다. 옛날의 폐습을 밟지 않고 역대 가보에 대하여 비교·분석했다. 예를 들어 가보 비교 분석 시 일치하는 내용도 믿을 수 있어야 취하고 오류 부분은 수정을 거친 뒤에 취했다. 정민정은 사법 원칙에 따라 종가 족인의 인명 아래의 주에 대하여 사실적인 내용을 구체적으로 기술했다. "기록된 내용은 반드시 사실이어야 하며, 근거가 없는 것은 쓰면 이는 잘못된 것이다. 허황된 말과 과장된 칭송은 일체 기록하지 않는다."[142]

둘째, 소종(小宗)의 의미와 통종(統宗)의 의미를 포함한 보도(譜圖)의 법이다. 『신안정씨통종세보』의 보도는 정민정이 원래의 6세대를 한 도표로 하는 보도를 바꾼 것으로, 구양수(歐陽修)의 5세대를 한 도표로 하는 소종의 법도를 채용했다. 즉 고조에서 현손까지 5세대를 한 도표로 배치하고, 제5세대는 두 번째 도표에서 증조가 되었다. 이런 첫 번째, 두 번째 도표 총 9세대는 오복(五服)의 정과 구족지친이 있다. 예를 들어 '신안흡황돈파사(新安歙篁墩派四)' 세계도(世系圖)에 삽입된 도표에는 13세부터 17세대의 영선(靈洗), 문계(文季), 향(鄕), 육(育), 개(皆)를 한 도표에 배치했다. 개는 두 번째 도표의 고조가 되어 18세대부터 21세대의 홍(弘), 대변(大辨), 문영(文英), 호(皓)를 두 번째 도표에 배치했다. 영선에서 호까지 총 9세대는 정씨흡황돈파사(程氏歙篁墩派四) 계통의 오복의 정과 구족지친을 포함한다.(〈경편 그림 6-4〉 참고) 한 부의 통종보를 만들 때, 구양수의 5세대를 하나의 도보(圖譜)로 하는 소종의 법도만으로는 수만 명의 족인들을 기록하기에는 힘들었다. "소전(小傳)으로 각계의 본지도를 만들기에는 통종보의 의의를 잃어버리기 쉽다."[143] 그러기에 정민정은 통종지의의 대종법(大宗法)을 이용하여 기술했다. 즉 '조별자(祖別子)'의 대종법에 의거하여, 『사기(史記)』 연표(年表) 및 『당서(唐書)』 재상표의 방식을 채용했다. 이를 통하여 휘주(徽州)의 시천조(始遷祖) 정원담(程元譚)을 중심으로 44개의 방지를 포함한 휘주 정씨 대보계(大譜系)를 만들었던 것이다.

---

141 공업(共業): 여러 사람이 공동으로 선악의 업을 짓고 공동으로 고락의 인과응보를 받는 일을 의미한다. (역자 주)

142 "書必據可知者, 其不知者闕之, 浮詞溢美一切不書。" (역자 주)

143 "小傳各系本支圖後, 失統宗之義。" (역자 주)

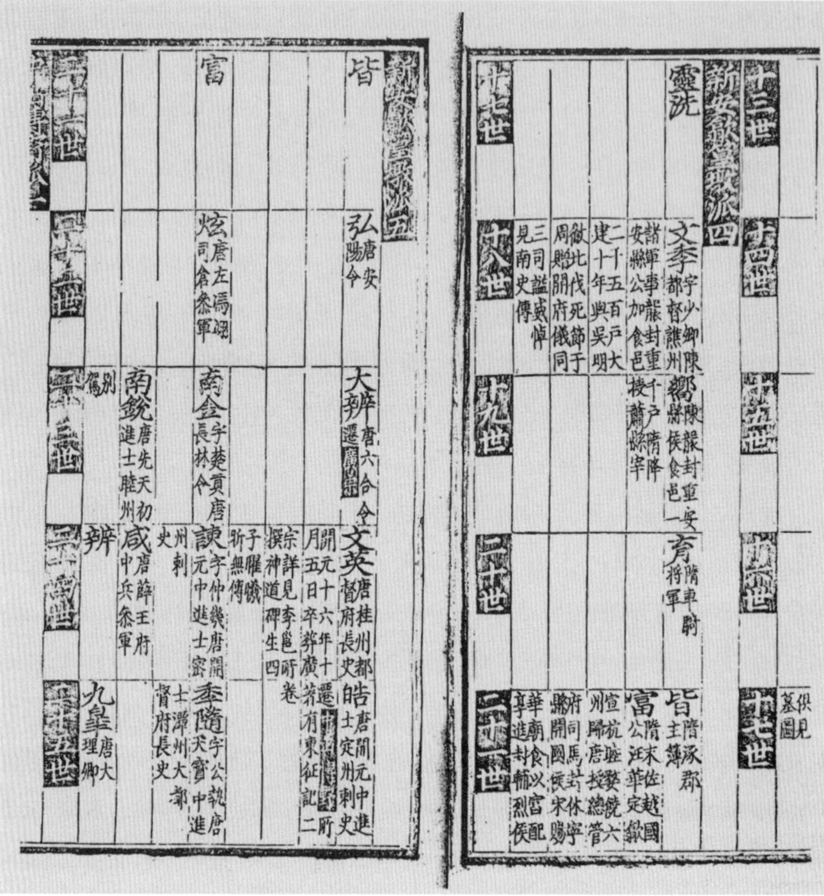

<경편 그림 6-4>
『신안정씨통종세보(新安程氏統宗世譜)』 '신안흡황돈파(新安歙篁墩派)' 세계도

셋째, 보도 세계명록(世系名錄) 밑의 주에 교화(敎化)의 사실 내용을 수록했다. '범례(凡例)' 2조에서 7조까지 보도의 족속(族屬) 이름 밑에 쓴 주(注)에 대한 자세한 규정을 수록했다. 주주(朱注)에 기록된 이주와 파명(派名), 자손이 있을 때와 없을 때, 잘 하는 것과 잘 못하는 것에 관한 규정, 출계(出系)와 입계(入系)에 관한 규정, 자손이 악행을 행한 자, 화목하게 지내지 않는 자, 산소를 해친 자, 보첩을 매매한 자, 선조를 능멸한 자, 조상의 유물을 파기한 자, 혼혼하고 천한 자 등은 보첩에서 제명하였다. 작은 글자의 주(注)로는 일반적인 규정 외에 행위, 절개, 열녀 등을 기록했다. 이런 규정은 명대의 주류 사상인 삼강오상(三綱五常), 삼종사덕(三從四德)과 밀접하게 관련되어 있으며, 윤리도덕 교화의 의미를 담고 있다.

넷째, 족보를 배열하는 체례(體例)에 있어 권수(卷首) 부분에 일반 보서(譜序)와 범례(凡例)를 제외하고, 『보변(譜辨)』을 참고하여 각 분지의 세계(世系)를 고정했다. 권말 부분에 선조의 선산과 사당도(祠堂圖), 종족 예문(藝文) 등으로 『이범집(貽範集)』을 만들어 넣어 보로 전해지도록 했다.

이와 같이 정민정이 편찬한 『정씨통종보(程氏統宗譜)』의 핵심은 두 가지 보법(譜法)의 통합된 결과물이었다. 첫째는 철저하게 사법(史法) 원칙을 준수했고, 가보 편찬 시 종법 정신과 학술적 정신을 유기적으로 결합했다. 둘째는 통종보(統宗譜) 편찬의 요구에 따라 소종(小宗)의 법도와 대종(大宗)의 법도를 유기적으로 결합하여, 엄격한 학술 고증을 거친 규범성 통보(統譜)인 『신안정씨통종세보(新安程氏統宗世譜)』를 완성한 것이다. 정민정은 『신안정씨통종세보』의 보서 결말에서 자신의 심정을 드러냈는데, 이르길 "내가 이 보를 편찬한 목적은 다음과 같다. 같은 종족 사람들이 본원을 잊지 않고, 충실하게 조상을 공경하며, 친족끼리 화목하게 지내야 한다. 조상의 가업을 지키고 조상의 유지를 받들어 조상의 정신을 보존하고 지켜야 한다.

조상의 명분이 흐트러지지 않게 한다. 종법이 세워졌으니 불변의 도덕이 더 빛나고 교화(敎化)가 이루어져 풍속이 더 크게 발전할 수 있을 것이다. 불만이 있는 자가 있어 안 좋은 것이 아니고, 단정한 자가 많다고 멀어지지 않는 것이 아니다. 이것은 한 종족만의 행운이 아니다. 천하의 모든 집안에서 비록 정씨(程氏)의 법을 따르지 않더라도, 이 가보를 본받기 위해 노력해야 한다."[144]라고 했다. 정민정은 천하에 『신안정씨통종세보』가 가보 편찬의 본보기가 될 수 있다는 심정을 드러냈다.

정민정(程敏政)은 엄밀한 역사연구 원칙에 따라 가보를 편찬하다 보니 정씨(程氏) 구보(舊譜)를 고증하는 데에 20년이나 걸렸다. 결국에 『보변(譜辨)』 37조를 완성했는데, 이것은 『신안정씨통종세보』 권수에 수록했다. 즉 『신안정씨통종세보』는 『보변』 37조에 의거하여 완성했다. 그리고 『신안정씨통종세보변(新安程氏統宗世譜辨)』은 대략 만여 자에 달하는데 조목은 다음과 같다.

(1) 기보(祁譜) 세차(世次)를 고증함에 주(周)나라와 진(秦)나라부터 오대(五代)까지 아무런 의문점을 발견하지 못했다.

(2) 기보를 고증함에 정씨가 최초로 강남(江南)으로 이주해 온 때가 오도(吳都) 정후(亭侯)의

144 『新安程氏統宗世譜』: "凡我宗人其因是毋忘水木本原之思, 篤尊祖敬宗睦族之義, 守其世業, 誦其遺書, 保其體魄之藏而不失, 謹其名分之稱而不紊, 宗法旣立, 則彝倫益明, 風教益興, 可詰者雖而弗晦也, 可齊者雖多而弗離也。若然又豈獨一宗之幸而已, 駭者安, 疑者釋, 天下後世之有家者, 將不取法於程氏也哉, 奉斯譜者其共勖之。" (역자 주)

가보 이후인 것을 모르니 『원화성찬(元和姓纂)』에 의하여 위(魏)나라 안향후(安鄕侯) 욱(昱)에서 기원했다고 오인했다. 문충공(文忠公) 구양수(歐陽修)의 비명(碑銘)도 그 오류를 따랐다.

(3) 기보를 고증함에 기재된 신안태수(新安太守) 원담(元譚) 이하의 세차가 『진류보(陳留譜)』와 다르다. 기록된 충장공(忠壯公)의 22명 아들이란 내용이 의심스럽다.

(4) 기보를 고증함에 원호(元皓)와 호(皓)가 같은 사람인 것을 모르니 창주(滄州)와 중산(中山) 두 방계로 잘못 나누었다. 또한 형기(荊杞)를 하남(河南) 방계의 조상으로 잘못 기록했다.

(5) 기보를 고증함에 행포(行褒) 이전 세계(世系)의 오류를 바로잡았고, 이후 세계는 명백히 이를 따라야 한다. 이로 기보 속보(續譜)에 많은 방계가 기재되어 있었지만 많이 보이지 않고, 잘못 추가하거나 삭제하며, 이에 설명을 추가한다.

(6) 용산보(龍山譜)를 고증함에 지공(沚公)이 시천조(始遷祖)로 개화에 이주한 것과 소재지에 오류가 있다.

(7) 중절(仲節)을 고증함에 거주지가 휴녕(休寧) 고성암(古城岩)이 아니라 흡의 고성산(古城山)였다.

(8) 덕흥조(德興祖)를 고증함에 종(琮)은 당대 충신인 종초(宗楚)인데 다른 족보의 오류도 교정해야 한다.

(9) 무원(婺源) 종덕방(種德坊), 덕흥해구(德興海口), 악평동호(樂平東湖), 호주(湖州)의 네 곳의 정씨를 고증함에 모두 서북에서 이주해 온 것으로 충장공의 후대가 아니다.

(10) 하남 정씨와 황돈(篁墩) 정씨를 고증함에 하남 정씨의 새 거주지는 휴녕과 건강(建康)이며, 황돈 정씨의 옛 거주지가 휴녕이고 이주 및 전승과 기원을 기술했다.[145]

145 『新安程氏統宗世譜辨』: “辨祁譜世次自周秦迄五代了無一闕可疑;
辨祁譜不知程氏初遷江南出吳都亭侯普之後, 誤據《元和姓纂》以爲出魏安鄕侯昱, 歐陽文忠公碑銘亦從其誤;
辨祁譜書新安太守元譚以下世次絕與《陳留譜》不同及書忠壯公二十二子可疑;
辨祁譜不知元皓與皓爲一人, 誤分滄州、中山爲二房, 及謬增荊杞一人爲河南房祖;
辨祁譜行褒以上世系訛舛當正, 行褒以下世系明白當從, 及祁續譜所載者諸房多不之見, 或誤加增損, 亦略辨之;
辨龍山譜稱沚公始遷開化及所載諸錯誤;
辨仲節徙居歙之古城山非休寧古城巖;
辨德興祖琮卽唐忠臣宗楚, 諸譜更置之誤;
辨婺源種德坊、德興海口、樂平東湖及湖州四程氏皆自西北來遷, 非出忠壯公後;
辨河南程氏新居休寧、建康, 篁墩程氏舊居休寧及遷徙繼承之由。” (역자 주)

이상과 같이 보변(譜辨)은 주로 신안(新安) 정씨(程氏)의 세계와 방계 및 이주지, 시간, 인명, 사건 등을 고증했고, 주로 '기보(祁譜)'에 대하여 기술했다.

송대 도관(都官) 정기(程祁)는 『정씨세보(程氏世譜)』 30권을 편찬하여, 초기 정씨 가문 가계(家系)와 오계(五季) 시기의 세계의 분합과 소목(昭穆)을 분명히 했다. 정기의 기보 탄생 이후 정씨는 이것을 기본으로 수보(修譜)했다.

정민정(程敏政)은 사관(史觀)의 시선으로 기보를 보았다. 한편으로는 정씨의 공로에 대하여, 다른 한편으로는 의문점을 가지고 보았다. 정씨의 초기 세계는 경사(經史)에 보이지 않는다. 그래서 정민정은 옛 가보와 기타 서적을 비교 고증하여 정씨가 성을 얻은 후의 초기 세계를 체계적으로 기술했다.

정민정은 북송(北宋) 시기에 수보한 정씨의 가보 『진류보(陳留譜)』를 찾아내서, 송나라 시대에 편찬된 『문원영화(文苑英華)』와 대조했다. 그 결과 『문원영화』 중 당(唐)나라 개원 16년(728), 이옹(李邕)의 '정장사비(程長史碑)'에 기재된 충장공(忠壯公)의 후손 향부터 대변(大辨)까지 5대의 이름이 『진류보』의 내용과 일치했다. 즉 향(鄉)-육(育)-개(皆)-홍(弘)-대변(大辨)의 순서였다. 그러나 기보 편찬자 정기는 『진류보』와 『문원영화』 속의 정장사비를 보지 못했기 때문에 기보에는 충장공 자손 대변을 5세 손으로 한 중간 세계(世系)를 기록하지 못했다. 정민정은 『진류보』, 초기 『원화성찬(元和姓纂)』, 백여 년 후 이옹의 『정장사비』를 모두 참고했다. 따라서 일반인이 성씨학의 교과서라고 여기는 임보(林寶)의 『원화성찬』에 전적으로 의존하지 않고, 기보가 『원화성찬』에 의거한 오류를 찾아냈다. 이러한 고증을 통하여 정민정은 오래전부터 내려온 기보에 대하여 부정했다. 그래서 정민정은 스스로 『신안정씨통종세보(新安程氏統宗世譜)』를 편찬하고, 『보변』에 "기보에 기록된 주(周)나라와 진(秦)나라 간의 세계를 감히 구체적으로 기재하지 않았다. 이것으로 이보의 신빙성을 증명한다."[146]라고 했다.

정민정은 가보 편찬 시 신뢰할 수 있는 사료를 통하여 세계를 고증하는 방법을 사용했다. 북송 시기에 정기가 만든 송나라 이전 세계를 버리고, 학술적 관점에 따라 엄격하게 편찬하여 학술연구의 표준에 부합시켰다. 그러나 초기의 세보(世譜)는 이미 정씨 가문의 표준으로 이어져 내려오고 있었기 때문에 초기 기록을 포기할 경우, 가문에서는 심정적으로 받아들이기 쉽지 않았을 것이다. 따라서 정민정의 『보변』은 휘주(徽州) 정씨 가문에 큰 반향을 일으켰다. 어떤 정씨 지파(支派)는 정민지 수보 주장을 받아들이면서도 여

146 『新安程氏統宗世譜·譜辨』, 成化 17年(1481): "凡祁譜所述世次出於周秦之間者, 皆不敢具載, 以明此譜之可信。"

전히 기보의 세계를 따랐다. "개국 후부터 오계에 이르기까지, 송나라 도관상서(都官尙書) 기(祁)에 의지하므로, 감히 글자 하나도 함부로 증감하지 못했다."[147]라 했고, 심지어 『신안정씨통종열파천도주각찬(新安程氏統宗列派遷徙注腳纂)』의 편찬자는 정민정의 『보변』을 직접적으로 "기보와 보변을 상호 고증하여, 내용이 정확하면 따르고, 거짓이면 수정하고, 누락됐으면 보충한다.[148]"라며 협의했다. 이것은 정민정의 『신안정씨통종세보』에 대하여 "정확한 내용이라면 따르고 거짓이라면 고치며 누락되었으면 보충한다."[149]라는 태도를 지지한 것으로 표면상으로는 수용하지만 "기보(祁譜)와 보변(譜辨)을 상호 고증한다."라는 것을 전제로 했다. 따라서 근본적으로는 정민정 『보변』의 고증에 대한 여러 가지 관점들을 모두 반대한 것이었다.

정민정은 명대(明代)의 저명한 문인으로, 그의 족보 편찬 내용, 찬서, 보변 성과 등이 그의 문집 『황돈문집(篁墩文集)』에 수록되어 있다. 그는 후대 사람에게 크나큰 영향을 끼쳤다. 휘주(徽州) 정씨(程氏) 사람들은 정민정의 학술은 높이 추앙하면서도, 『보변』의 고증 결과를 받아들이지 않았다. 이것은 당시 정민정의 학술 고증과 휘주의 종가문화 사이에 존재하는 모순을 나타낸 것이다. "개국 이후 오계(五季)에 이르기까지 백 세대를 찬란하게 기술했다."[150]라는 정씨 가보의 초기 세계는 비록 정확한 기록은 아니지만 정씨 종가 문화에서는 꼭 필요했고 정씨 종가의 발전의 필요에 이용되었다. 이런 상황에서 정씨의 각 파는 자연스럽게 비교적 거리가 먼 정기(程祁)의 기보를 따르게 되었다. "비록 신안(新安) 정씨는 정민정을 존경하고, 학문과 고증에 대하여 수긍했지만 그의 고증 내용은 받아들이고 싶어 하지 않았다. 이것은 가보 편찬의 역사에서 비극적인 일이라 하지 않을 수 없다."[151]라고 했다.

---

147 『奉東程氏重修家譜加凡例』(嘉靖刻本): "自開國迄五季, 一依宋都官尙書祁, 不敢妄增損一字."

148 (明)程項 纂修, 『新安程氏統宗列派遷徙注腳纂·凡例』(乾隆間抄本): "人纂派系幷照祁譜與諸房世續之舊, 酌而眞者人焉。學士統宗之書, 是者從之, 訛者改之, 遺者補之。"

149 『中華黃氏通譜·世系卷』: "是者從之, 訛者改之, 遺者補之。" (역자 주)

150 『篁墩文集』: "上溯開國, 下迄五季, 本支百世, 燦然可述。" (역자 주)

151 常建華, 「程敏政〈新安程氏統宗世譜〉譜學問題初探」, 『河北學刊』, 2005年 11月.

7
중국 가보의 보급

청(淸)나라와 민국시기는 중국 가보의 절정기라고 할 수 있다. 이 시기에 가보의 양이 가장 풍부하고, 질이 가장 우수하며, 내용도 가장 방대하고 종류 또한 가장 많았다. 그러나 기본적으로 가보의 내용과 체례(體例)가 명(明)나라의 것들과 일치하여 단순히 명나라의 가보를 계승했다고 할 수 있다. 중국 가보의 발전사에서 청나라와 민국시기 가보의 가장 큰 특징은 바로 충분한 보급이라고 할 수 있다.

1. 명청(明淸)과 민국 시기 가보 체례의 비교

위의 관점에 대한 설명으로 우선 청나라와 민국시기 가보의 체례와 내용을 명나라의 그것들과 일일이 비교해 보고자 한다.(〈경편 도표 7-1〉 참고)

〈경편 도표 7-1〉에서 제시한 휘주(徽州) 지역의 가보 목록 총 19부 중에 명대 가보는 7부, 청대는 7부, 민국 시기는 5부가 있다. 특히 휘주 지역의 가보를 선택해서 비교한 이유는 다음과 있다. 첫째, 휘주 지역은 휘상(徽商)의 발전에 따른 문화의 흥성으로 가보 편찬의 질과 양 모두 전국에서 선두를 차지하여 대표적 의미를 지니기 때문이다. 둘째, 같은 지역 여러 시기의 가보를 비교함으로써 비교성이 더욱 높아질 뿐만 아니라 이를 통해 가보 편찬의 발전 궤적을 찾고 나아가 규칙성을 알 수 있기에 전형적인 의의를 도출해 낼 수 있다.

〈경편 도표 7-1〉의 목록을 통해 명나라의 가보가 주로 보서(譜序)·범례(凡例)·보변(譜辨)·성씨원류(姓氏源流)·세계도(世系圖)·소전(小傳)·전기(傳記)·행장(行狀)·상찬(像贊)·묘도(墓圖)·묘지명(墓志銘)·사도(祠圖)·시문(詩文)·기(記)·부(賦)·가훈(家訓)·고칙(誥敕)·정

<경편 도표 7-1> 명청과 민국 시기 가보 체례의 비교

보명	편찬 시기	주요 내용	권수
신안소씨족보 (新安蘇氏族譜)	1467	제1권: 구보서문(舊譜序文) 제2~7권: 각지세계도(各支世系圖)(소전(小傳)) 제8~9권: 민건경소씨족보서(閩建京蘇氏族譜序), 보도(譜圖) 등 제10권: 묘지(墓志) 제11권: 행장(行狀) 제12권: 찬(贊), 시(詩) 등 제13권: 기(記) 제14권: 서(序) 제15권: 잡문(雜文)	15권
휴녕배곽엽씨세보 (休寧陪郭葉氏世譜)	1498	제1권: 엽씨구보대표(葉氏舊譜代表), 구보기실(舊譜記實) 제2권: 엽씨서보대표(葉氏緒譜代表), 서보기실(緒譜記實) 제3권: 엽씨구보각지대표(葉氏舊譜各支代表) 제4권: 헌달수명기(獻達垂名記) 부록상: 시문상찬(詩文像贊) 등 부록중: 유방록(流芳錄) 서(序), 시(詩), 문(文), 전(傳), 행장(行狀), 묘지명(墓志銘) 등을 포함 부록하: 신안지리도(新安地理圖), 영보호병발어(領譜號幷跋語)	4권, 부록 (상·중·하)
신안필씨족보 (新安畢氏族譜)	1509	보전서(譜前序), 범례(凡例), 지방지(地方志) 제1~8권: 세계지(世系志), 시문지(詩文志) 부록: 묘도(墓圖), 영보자호(領譜字號) 등	8권 부록
왕원사씨맹종보 (王源謝氏孟宗譜)	1537	고증2 제1권: 성씨기략(姓氏紀略) 제2권: 통종표략(統宗表略) 제3~5권: 세계(世系) 제6권: 통종사략(統宗事略) 제7권: 전(傳), 맹종사략(孟宗事略) 제8권: 칙명(勅命), 서(序) 제9권: 기(記) 제10권: 훈(訓), 설(說), 찬(贊), 명(銘), 전(傳), 묘지(墓志), 부(賦) 부록: 정절사략(貞節事略)	10권 부록
기문선화정씨보 (祁門善和程氏譜)	1541	범례(凡例), 구보문(舊譜文), 보변(譜辨), 보도(譜圖) 제1~14권: 각파세계(各派世系), 총광록(寵光錄) 족정록(足征錄): 총 4권이 있는데 사(祠), 묘(墓), 거지도(居址圖), 보호(譜號) 등을 포함	14권
기문사제엽씨가보 (祁門沙堤葉氏家譜)	1579	제1권: 보서(譜序), 원류고(源流考), 가훈(家訓) 제2~5권: 세계도(世系圖), 열전(列傳)	13권 존권5
휴녕대씨족보 (休寧戴氏族譜)	1632	제1권: 고(誥), 칙(敕), 첩(牒), 전(傳), 기(記), 개원표서(開源表序), 원류행실(源流行實), 등사록(登仕錄), 의행록(懿行錄), 유상도(遺像圖), 종영도(宗塋圖), 분지고(分支考) 제2~15권: 세계도(世系圖)	15권

<경편 도표 7-1> 명청과 민국 시기 가보 체례의 비교(계속)

보명	편찬 시기	주요 내용	권수
고목청계자봉하씨종보(古睦清溪紫峰夏氏宗譜)	1679	제1권: 보서(譜序), 범례(凡例), 거지(居址) 등 제2~6권: 보계도(譜系圖) 제7권: 고칙(誥敕), 시(詩), 서(序), 명(銘), 찬(贊), 전(傳), 기(記) 제8권: 고칙(誥敕), 서(序), 찬(贊), 전(傳), 기(記), 시사(詩詞), 인물지(人物志), 보발(譜跋)	8권
무원삼전이씨중수종보(婺源三田李氏重修宗譜)	1771	권수: 보서(譜序) 제1~36권: 각파세계(各派世系) 제37권: 종보고서(宗譜古序) 제38권: 각파고잡서(各派古雜序) 제39권: 각파고행장(各派古行狀) 제40권: 각파고전(各派古傳) 제41권: 각파신전(各派新傳) 제42권: 각파신서행장(各派新序行狀) 제43권: 의관지고명(衣冠志誥命) 제44권: 원류(源流), 상찬(像贊) 제45권: 종보기(宗譜記), 묘지도(墓址圖) 제46권: 제문(祭文), 묘지(墓志) 제47~48권: 묘도(墓圖) 권말: 구보범례(舊譜凡例), 시사(詩詞), 연수방명(捐輸芳名), 영보자호(領譜字號), 발(跋)	48권
적계왕씨세수보(績溪汪氏世守譜)	1772	제1권: 구서(舊序) 제2권: 묘자호(墓字號), 제문(祭文) 제3권: 원시(原始), 원성(原姓) 제4~9권: 각파세계(各派世系) 제10권: 수보성씨(修譜姓氏), 영보자호(領譜字號)	10권
무원신안경원첨씨종보(婺源新安慶源詹氏宗譜)	1784	제1권: 각파분천(各派分遷), 원시(原始), 세계(世系) 제2~17권: 각파세계(各派世系) 제18권: 기도(基圖), 묘도(墓圖), 후발(後跋)	18권
이현손씨가보(黟縣孫氏家譜)	1812	제1권: 범례(凡例), 보원(譜原), 촌도(村圖), 가전(家傳), 득성시말(得姓始末) 제2~3권: 세계도(世系圖) 제4권: 사(祠), 묘(墓), 영보자호(領譜字號)	4권
흡신관포씨선존당종보(歙新館鮑氏善存堂宗譜)	1875	제1권: 범례(凡例), 고칙(誥敕), 사전(史傳) 제2권: 지승(志乘), 가전(家傳), 잡저(雜著) 제3권: 사규(祠規), 상도(像圖), 묘도(墓圖), 사도(祠圖) 제4~5권: 세계도(世系圖) 제6~15권: 각파도보(各派圖譜) 제16권: 천파(遷派), 보유(補遺), 간오(刊誤), 증보(增補)	16권

<경편 도표 7-1> 명청과 민국 시기 가보 체례의 비교(계속)

보명	편찬 시기	주요 내용	권수
기문왕씨중수종보(祁門王氏重修宗譜)	1889	제1권: 가승지보(家乘之寶), 수원목본(水源木本), 자호(字號), 보서(譜序), 성유십육조(聖諭十六條), 고칙(誥敕), 범례(凡例), 가규(家規), 가례도(家禮圖), 육조분주(六條分註), 종설(宗說), 족설(族說) 제2권: 보인(譜引), 상찬(像贊), 행장(行狀), 묘지(墓志), 원류(源流) 등 제3~9권: 각지세계(各支世系) 제10권: 경지도(境地圖), 묘도(墓圖), 사당도(祠堂圖), 찬질류(贊秩類), 절전(節傳), 항렬, 집보자호(執譜字號), 발(跋) 등	10권
흡현북안오신덕당족보(歙縣北岸吳慎德堂族譜)	1921	제1권: 계(啟), 찬(贊), 선유보설(先儒譜說), 범례(凡例) 제2~13권: 각지세계(各支世系) 제14권: 세계(世系), 영보편호(領譜編號), 서(敘) 전편: 구서(舊序) 외편: 지(志)	14권
적계탄천월국왕씨족보(績溪坦川越國汪氏族譜)	1925	권수: 서(序), 범례(凡例), 보설(譜說) 제1권: 고칙(誥敕) 제2권: 상찬(像贊) 제3권: 전장(傳狀) 제4권: 문원(文苑) 제5~17권: 각파세계표(各派世系表) 제18권: 일고(佚考) 제19권: 천사(遷徙) 제20권: 사규(祠規), 부가규(附家規), 사산(祠產), 촌도(村圖) 제21권: 구묘(丘墓) 제22권: 잡기(雜記) 권말: 영보자호(領譜字號), 후서(後序), 발	22권
비산홍씨종보(飛山洪氏宗譜)	1931	권수: 서문(序文), 조훈(祖訓) 제1권: 범례(凡例), 이거도(裏居圖), 사도(祠圖), 사규(祠規), 도상(圖像), 세차행렬(世次行列), 원류(源流) 제2권: 원시세계(原始世系), 소전(小傳) 제3~5권: 총계도(總系圖), 총계소전(總系小傳) 제6~10권: 각당지보(各堂支譜) 제11권: 조영록(祖塋錄), 묘도(墓圖) 제12권: 영보총호(領譜總號), 장부(賬目) 권말: 서후(書後), 보성고묘문(譜成告廟文)	12권
흡현문정방씨종보(歙縣問政方氏宗譜)	1937	제1권: 보서(譜序), 예언(例言), 도상(圖像), 본원(本源), 원시세계도(原始世系圖), 소전(小傳) 제2권: 천옹세계도(前翁世系圖), 소전(小傳), 본종세계도(本宗世系圖), 열전(列傳) 제3권: 본종세계역대소전(本宗世系歷代小傳) 제4권: 묘도(墓圖), 묘명(墓銘), 발후(跋後), 보성고묘문(譜成告廟文) 등	4권

<경편 도표 7-1> 명청과 민국 시기 가보 체례의 비교(계속)

보명	편찬 시기	주요 내용	권수
흡현하남방씨종보(歙縣河南方氏宗譜)	1945	권수: 신서(新序) 제1권: 구서(舊序), 범례(凡例), 가규(家規), 이거도(裏居圖), 원류도(源流圖), 세계도(世系圖) 제2권: 비기(碑記), 사환지(仕宦志), 인물지(人物志) 제3권: 보법(譜法), 시집(詩集), 묘지(墓志) 등 제4권: 상찬인(像贊引), 상도(像圖) 등 제5~9권: 각파세계도(各派世系圖) 제10권: 묘도(墓圖), 발보편호(發譜編號), 발문(跋文) 등	10권

절사략(貞節事略)·거지지리도(居址地理圖)·영보자호(領譜字號)와 발문(跋文) 등을 포함했다. 이는 명나라 가보의 내용이 더욱 풍부해지고 체례(體例)가 더 개선되었음을 말해 준다. 7부의 청대, 5부의 민국시기 가보의 비교 결과, 청대와 민국시기 가보의 내용과 체례는 명대와 거의 일치했고, 창의적인 발전이 적었다. 즉 명대에 이르러 중국 가보는 발전을 거듭하며 완비되었고, 정형화 단계에 진입했다. 청대와 민국시기의 가보는 명대를 계승한 수준에 머물렀다.

2. 청대와 민국 시기 가보 수량의 급증

비록 체례와 내용 면에서 청나라와 민국시기의 가보가 명나라와 비교하여 큰 변화는 없지만 가보의 양은 급격히 팽창했다. 어떤 사람들은 이를 '가보의 범람'이라고도 일컫는다. 상해도서관(上海圖書館)은 전 세계에서 중국 가보를 가장 많이 보관하고 있는 기관으로 총 2만 1,000종(새로 편찬된 가보도 포함)의 가보를 보관하고 있는데, 이는 전 세계에 현존하는 중국 가보의 1/3에 해당한다. 상해도서관이 소장한 명대와 청대, 그리고 민국시기의 가보 수량을 비교하면 〈경편 도표 7-2〉와 같다.

〈경편 도표 7-2〉에서 언급한 바와 같이, 상해도서관에 소장된 명나라의 가보 중 안휘 지역의 가보가 가장 많은데, 주로 휘주(徽州)의 흡현(歙縣), 휴녕(休寧), 기문(祁門), 적계(績溪), 이현(黟縣)에 집중되어 있다. 두 번째로 많은 가보를 배출한 지역은 절강인데 주로 순안(淳安), 무의(武義), 김화(金華) 등 현시(縣市)에 집중되어 있으며, 세 번째로 강서 지역으로 주로 무원(婺源)이다. 명나라 때 무원은 휘주 지역에 속했다. 다음은 강소 지역으로

<경편 도표 7-2> 상해도서관 소장 명대 가보의 통계

지역	수량(종)	지역	수량(종)	지역	수량(종)
안휘(安徽)	151	강소(江蘇)	9	산서(山西)	1
절강(浙江)	58	호남(湖南)	3	지역불명	9
강서(江西)	19	산동(山東)	1	합계	251

<경편 도표 7-3> 상해도서관 소장 청대와 민국 시기 가보의 통계(2002년 6월까지)

지역	수량(종)	현시(縣市)	지역	수량(종)	현시(縣市)	지역	수량(종)	현시(縣市)
절강(浙江)	6,365	70	사천(四川)	42	22	섬서(陝西)	7	6
호남(湖南)	2,709	44	산동(山東)	26	21	북경(北京)	5	3
강소(江蘇)	2,067	49	하남(河南)	20	9	대만(臺灣)	4	5
강서(江西)	569	53	귀주(貴州)	15	7	천진(天津)	4	2
안휘(安徽)	544	38	산서(山西)	14	12	감숙(甘肅)	4	2
상해(上海)	396	10	운남(雲南)	12	6	해남(海南)	2	2
복건(福建)	115	30	하북(河北)	11	8	요령(遼寧)	2	2
호북(湖北)	89	22	중경(重慶)	10	6	길림(吉林)	2	2
광동(廣東)	82	22	광서(廣西)	7	6	흑룡강(黑龍江)	1	1

대부분이 소남(蘇南)의 곤산(昆山), 단양(丹陽), 소주(蘇州) 등 현시에 집중되어 있다. 통계에 따르면 중국에 현존하는 명나라의 가보는 1,000종 가까이 되는데, 그중 1/4이 상해도서관에 소장되어 있다.

〈경편 도표 7-2〉와 〈경편 도표 7-3〉에서 보이듯이 명대와 비교했을 경우 청대와 민국시기 가보의 수량이 급격하게 늘어나 총 1만 3,124종에 달함으로써 명나라 가보 수량의 50배에 달했다. 절강(浙江), 호남(湖南), 강소(江蘇), 강서(江西), 안휘(安徽) 등 5개 성씨의 가보 수량은 각각 500종 이상이며 특히 절강은 그보다도 훨씬 많아 6,000여 종에 달한다. 명나라의 가보는 7개의 성에 분포되어 있지만 청나라와 민국시기에는 그 분포지역이 내몽골(內蒙古)·청해(青海)·서장(西藏)·영하(寧夏)·신강(新疆)을 제외한 27개 지역에 달한다. 단 한 개의 성을 보더라도 아주 광범위하게 분포하고 있다. 절강 70개, 강서 53개, 강소 49개, 호남 44개, 안휘 38개, 복건(福建) 30개 현시(縣市)에 분포되어 있다. 그리고 호북(湖北), 광동(廣東), 사천(四川), 산동(山東) 등의 성에도 20개 이상의 현시에 분포되어 있다.

청대와 민국 시기의 가보는 수량만 증가한 것이 아니라 가보에 수록된 성씨의 수량도 대폭 증가했다. 통계에 따르면 상해도서관에 소장된 명나라의 가보는 총 251종으로

<경편 도표 7-4> 상해도서관 소장 명대 가보 성씨의 통계

성씨	수량	성씨	수량	성씨	수량	성씨	수량	성씨	수량
오(吳)	25	사(謝)	7	유(俞)	3	팽(彭)	2	하(何)	1
정(程)	24	황(黃)	6	갈(葛)	3	동(童)	1	두(杜)	1
왕(汪)	20	호(胡)	6	대(戴)	3	종(鐘)	1	소(邵)	1
왕(王)	13	이(李)	6	모(毛)	2	마(馬)	1	육(陸)	1
장(章)	9	반(潘)	5	위(韋)	2	공(孔)	1	주(周)	1
방(方)	9	정(鄭)	5	필(畢)	2	노(盧)	1	축(竺)	1
주(朱)	7	조(曹)	4	엄(嚴)	2	석(石)	1	류(柳)	1
강(江)	7	엽(葉)	4	여(余)	2	유(劉)	1	하(賀)	1
장(張)	7	서(徐)	4	고(顧)	2	화(華)	1	조(趙)	1
홍(洪)	7	손(孫)	3	항(項)	2	장(蔣)	1	가(賈)	1
김(金)	7	소(蕭)	3	양(楊)	2	포(鮑)	1	전(錢)	1
진(陳)	7	허(許)	3	나(羅)	2	한(韓)	1	고(高)	1

<경편 도표 7-5> 상해도서관 소장 청대 및 민국 시기 100종 이상의 가보 성씨 통계

성씨	수량	성씨	수량	성씨	수량	성씨	수량
장(張)	748	호(胡)	291	사(謝)	139	전(錢)	108
진(陳)	728	김(金)	221	여(余)	137	나(羅)	108
왕(王)	659	조(趙)	213	허(許)	135	대(戴)	105
이(李)	492	심(沈)	209	부(傅)	135	원(袁)	100
유(劉)	489	장(蔣)	181	누(樓)	132	정(丁)	100
오(吳)	476	정(鄭)	174	유(俞)	123	당(唐)	100
주(周)	434	하(何)	169	홍(洪)	113	장(章)	100
주(朱)	378	손(孫)	160	반(潘)	112	팽(彭)	100
서(徐)	377	방(方)	151	엽(葉)	110	/	/
황(黃)	363	왕(汪)	145	곽(郭)	109	/	/

60개 성씨를 수록하고 있다.

휘주(徽州) 지역의 가보가 명나라 가보의 큰 비중을 차지하고 있기 때문에 위 통계표의 성씨 배열에서도 정(鄭), 왕(汪), 방(方) 등 성씨가 앞자리를 차지한다. 이는 휘주 지역의 특성을 나타낸다고 할 수 있다. 통계에 따르면 상해도서관에 소장된 청나라와 민국 시기 가보의 성씨가 총 335개에 달하는데 이는 명나라 가보의 5배가 넘는다. 그중 100종 이상의 성씨도 38개나 된다.(<경편 도표 7-5> 참고)

100종 이상을 소장한 38개 성씨의 가보는 총 9,324종으로서 상해도서관에 소장된 가보의 85%를 차지한다. 기타 모(毛)·석(石)·전(田)·사(史)·여(呂)·임(林)·범(範)·시(施)·강(姜)·축(祝)·요(姚)·마(馬)·육(陸)·도(陶)·조(曹)·고(高)·갈(葛)·풍(馮)·증(曾)·등(鄧)·소(蕭)·노(盧)·종(鐘)·응(應)·엄(嚴)·담(譚)·고(顧) 등 28개 성씨는 모두 50종 이상이다. 나머지 성씨의 가보 종류 수는 50종 이하이다.

이상 가보 성씨의 순서는 현재 중국 성씨의 인구 수 순서와 거의 일치했다. 이는 상해도서관이 소장한 가보가 갖는 일정한 대표성이 있음을 말해 준다.

상해도서관에 소장된 가보의 성씨 중에는 상관(上官), 신도(申屠), 사도(司徒), 사마(司馬), 단목(端木), 황보(皇甫), 구양(歐陽), 문인(聞人), 제갈(諸葛), 소속(疏束) 등 복성(復姓)뿐만 아니라, 애신각라씨(愛新覺羅氏), 완안씨(完顔氏), 마가씨(馬佳氏), 박이제길특씨(博爾濟吉特氏) 등 소수민족 성씨도 포함했다.

청나라와 민국 시기에 편찬된 가보의 수량 및 포함된 성씨의 수량은 명(明)나라보다 훨씬 많았지만, 지역적으로도 선명한 차이가 있었다. 전체적으로 봤을 때, 남방 사람들이 북방 사람보다 가보 편찬을 더 중요시했다. 남송(南宋) 이후에 특히 원(元)나라, 명나라를 거치며 강남(江南)지역은 북방보다 훨씬 더 경제적 발전을 이루었다. 경제적 번영은 문화 수준을 높여 남방의 가보 편찬을 더욱 확산시켰다. 남송 이래, 특히 청나라 시기 족인들이 모여서 생활하는 종족제도가 남방 지역에서 급격히 발전했다. 저명한 사학자 여사면(呂思勉)은 『중국제도사(中國制度史)』에서 "모여서 생활하는 풍속이 고대에는 북쪽 지역에서 더 번창했지만 근대에 이르러 남쪽 지역에서 더욱 홍성했다."[1]라고 했다. 청나라 때 강남지역에는 "종족은 반드시 사당이 있어야 했고, 종가에는 반드시 가보가 있어야 했다."[2] 남쪽 지역에서 성행하던 종족제도가 가보 편찬에 있어 제도적인 뒷받침이 되어 주었다. 그 외에 남송(南宋) 이래 수많은 북방 사람들이 남방으로 이주하여 현지에 객가(客家)나 토가(土家)와 같은 종족 세력을 형성했고, 객가와 토가 사이의 갈등을 더욱 부추겼다. 객가와 토가를 불문하고 종족의 이익을 위해 '존조(尊祖)·경종(敬宗)·수족(收族)'의 기능이 있는 가보 편찬에 적극 참여했는데 이것이 남쪽 지역의 가보 편찬 발전의 촉매 역할을 했다.

청대 초기에 강서(江西) 사람인 주식(朱軾)이 이르길 "북방 연(燕)나라나 진(晉)나라의 사대부이더라도 5대조 이상에 대해 잘 모를 수도 있다. 하지만 남쪽 지역에서는 시골

1 呂思勉, 『中國制度史』: "聚居之風, 古代北盛于南, 近世南盛於北。" (역자 주)

2 呂思勉, 『中國制度史』: "族必有祠, 宗必有譜。" (역자 주)

에서 농사짓는 농부일지라도 '자기 가문의 송(宋)·당(唐)·주(周)·진(秦)·한(漢)의 조상이 누구인지'에 대해 잘 알고 있다."[3]라고 했다. 이런 현상에 대해 종기(鐘琦)는 『황조쇄설록(皇朝瑣屑錄)』에서 더 구체적으로 설명했다. 이르길 "촉(蜀)·농(隴)·전(滇)·검(黔) 등의 성(省)에서는 보첩(譜牒)에 대해 잘 모른다. 이는 참으로 태만하고 천박한 일이 아닐 수 없다. 양절(兩浙), 양강(兩江), 양호(兩湖) 등의 성에서는 인후한 미풍을 추앙하고 서로 단결하여 각 촌의 가가호호에 보첩이 있다."[4]라고 했다. 확실히 그러한 바, 청나라와 민국 시기에는 강남지역의 거의 모든 마을에서 가보를 편찬했고 가보를 연이어 계속 편찬해 왔다. 가보 편찬은 강남지역 모든 이들의 문화 풍습으로 발전되었다.

청대 가보 편찬은 전국 각지, 심지어 산간벽지까지 펴져 나갔다. 이는 청나라가 중원에 들어온 후에 자신들의 통치권을 유지하고 중국 전통문화를 계승하기 위하여 명대 통치 이념인 '효도로써 천하를 다스린다.'는 윤리정책을 계승하고 민간인이 적극적으로 가보 편찬에 나서도록 독려한 것과 직접적인 관계가 있다. 순치(順治) 9년(1652) 즉 청이 북경(北京)을 수도로 정한 지 9년째 되던 해에 주원장(朱元璋)의 「성유육언(聖諭六言)」 즉 "부모에 효도하고, 윗사람을 존경하고, 이웃과 화목하게 지내고, 자손을 교육하고, 자신의 분수를 지키고, 나쁜 짓은 하지 마라."[5]는 내용을 팔기(八旗) 및 전국 각 지역에 다시 반포해 시행했다. 강희(康熙) 9년(1670)에는 「상유십육조(上諭十六條)」를 전국에 반포했다. 이르길 "효제를 돈독히 하여 인륜을 중시여기고, 종족끼리 관계를 돈독히 화목을 유지하고, 향당에 화합함으로 논쟁을 종식시킨다. 농사와 누에를 중시함으로써 의식을 풍족하게 하라. 재산의 낭비를 막기 위하여 절약과 검소를 생활화하라. 선비로서 올바른 행위를 익히기 위하여 학교를 번창하게 하라. 올바른 학설을 숭상하기 위하여 이설을 근절시켜라. 무지몽매함을 깨우치기 위하여 법을 일러주어라. 풍속의 교화를 위해 예의와 양보의 미덕을 밝혀라. 민의를 안정시키기 위하여 본업에 성실하도록 힘써라. 자식과 형제들이 나쁜 짓을 하지 않도록 하기 위하여 그들을 훈육하여라. 정직과 선량함을 유지하기 위하여 무고하지 마라. 도망자들과 공범이 되지 않기 위하여 그들을 은닉하지 마라. 관청으로부터 독촉을 받지 않도록 세금을 완납하라. 도적과 약탈자를 진압하기 위하여 보갑제를 결성하라. 육신과 생명이 중하다는 것을 보이기 위하여 분노와 해묵은 원한을 풀

---

3 『朱文端文集』 卷1 「高氏家譜序」: "北方燕晉士大夫不能言五世以上祖, 而南方田夫野老都能講'吾宋祖某, 唐祖某, 周秦漢祖某'。"

4 "蜀、隴、滇、黔諸省於譜牒茫然不解, 殊屬疏漏鄙俗, 兩浙、兩江、兩湖諸省, 崇仁厚, 聯渙散, 各村族皆有譜牒。" 본문은 劉黎明, 『祠堂·靈牌·家譜』, 四川人民出版社, 2003, 190쪽에서 재인용.

5 朱元璋, 『聖諭六言』: "孝順父母, 尊敬長上, 和睦鄉里, 教訓子孫, 各安生理, 毋作非爲。" (역자 주)

어라."[6]고 했다. 이런 16개 조항 중에 "효제를 돈독히 하여 인륜을 중히 여기고."라는 것을 첫 번째 조항으로 지정하고 "종족 관계를 돈독히 하여 소로 화목을 유지한다."라는 항목을 두 번째 조항으로 지정했다. 이는 청조가 효로 천하를 다스리고 화목한 종족 관계 유지를 아주 중요시했음을 말한다. 옹정제(雍正帝)는 「상유십육조」를 매우 중요시하여 각 조항마다 해석을 달아 매우 방대한 『성유광훈(聖諭廣訓)』을 편찬해, 옹정 2년(1724)에 전국에 반포했다. 옹정제가 "화목과 친절을 보이며 종족에게 돈독히 하라."는 해석에서 분명하게 이르길 "족보를 편찬해서 소원해진 종족과 단결하라."[7]라고 하여 민간의 가보 편찬을 권장했다. 이와 같이 청조는 「성유육언」과 「상유십육조」 및 『성유광훈』의 전파를 위해 여러 수단을 동원해 홍보했다.

청조는 효로써 천하를 다스리는 윤리정책을 실행하자, 일부 사대부는 가보 편찬을 효치사상을 실행하는 수단으로 삼았다. 옹정 5년(1727)의 「중간오씨원류서(重刊吳氏源流序)」에서 "천자는 '인(仁)'과 '효(孝)'로써 나라를 다스린다. 선조의 자초지종의 경위(經緯)를 밝히고 족인 간에 친한 관계를 유지하도록 백성들에게 가보를 편찬할 것을 제창한다. 옹정(雍正) 3년(1725)에 우리 족인들이 모여 방보(房譜)를 편찬한다."[8]라고 했다. 시기적으로 보면 '성유광훈'의 이념을 계승해 편찬한 것이다. 즉 옹정 2년(1724)에 '성유광훈'이 반포되었고, 이에 오씨 족인들은 이 이념을 수용해 호응했고, 옹정 3년(1725)에 족인들을 모았다. 그리고 "족보를 편찬해 족인의 소원(疏遠)을 분명히 한다."라는 청조의 지침에 적극적으로 호응했다. 건륭(乾隆) 3년(1738)에 편찬한 호남(湖南) 상담(湘潭)의 『석련증씨육수족보(石蓮曾氏六修族譜)』「증씨족보서(曾氏族譜敘)」에서 "오늘날 우리 조정은 효로써 나라를 다스린다. 옥첩(玉牒)을 편찬하라는 칙명(勅命)이 곳곳에 널리 알려졌다. 무릇 사대부 집안이라면 가승(家乘)을 편찬해 후손에게 정확하게 알려야 한다."[9]라고 했다.

가보를 편찬하는 과정에서 많은 족인은 「성유육언」과 「상유십육조」를 족보 권수(卷首)에 수록했고, 이를 가보를 편찬하는 핵심 사상으로 삼았다.(〈경편 그림 7-1〉 참고) 이 밖에 「상유십육조」를 따르는 것을 가규(家規)의 첫째 항목에 두었다.

---

6 『祁門王氏宗譜』, 光緒 15年(1889): "敦孝弟以重人倫, 篤宗族以昭雍睦, 和鄉黨以息爭訟, 重農桑以足衣食, 尚節儉以惜財用, 隆學校以端士習, 黜異端以崇正學, 講法律以儆愚頑, 明禮讓以厚風俗, 務本業以定民志, 訓子弟以禁非爲, 息誣告以全善良, 誡匿逃以免株連, 完錢糧以省催科, 聯保甲以弭盜賊, 解仇忿以重身命."

7 『聖諭廣訓』: "修家譜以聯疏遠." (역자 주)

8 『吳氏家譜』(同治本): "幸聖天子以仁孝治天下, 諭民輯譜尊親, 一以稽本末, 一以聯疏遠, 雍正三年, 余等卽爲糾集, 相率宗人, 設修房譜."

9 「曾氏族譜敘」, 『石蓮曾氏六修族譜』: "方今聖朝以孝治天下, 纂修玉牒固已布告中外矣, 下至士大夫家, 莫不紀其家乘, 以昭示子孫." (역자 주)

"칙명은 백성들로 하여금 반드시 지키도록 한다. 무릇 「상유십육조」는 인간으로서의 모든 도리를 포함하고 있다. 충신·효자·효손과 태평시기의 양민(良民)은 모두 여기서 나온다. 현명함과 우둔함을 막론하고 그 도리를 이해하는 것은 어렵지 않으나, 다만 확실히 실행하지 않는다면 나쁜 길로 빠지기가 쉽다. 후손들이 그렇게 되지 않도록 우리 일족은 이를 알린다. 후손들이 겸허히 잘 준수하여 아름다운 미풍양속을 이루길 바란다."[10]라고 했다. 그리고 많은 가보들이 「상유십육조」 중의 '효치'와 '족인 화목'을 핵심사상으로 삼고, 이의 실천을 강조했다. 광서(光緖) 25년(1899)에 편찬된 『도원홍씨가보(桃源洪氏家譜)』에 실린 건륭 12년(1747)의 「도원구서(桃源舊序)」에서 "나라에 국사가 있듯이 가문에는 가보가 있다. 족보를 만드는 목적은 세계(世系)를 잘 설명하고 명분이 흐트러지지 않게 하며, 선조의 은덕을 널리 알려 아름다운 도리를 후손들에게 물려주는 것이다. 올바른 가정의 도리를 보계(譜系)의 근본으로 삼는다. 그러므로 가보 편찬은 인효의 마음에서 출발하여 종족의 화목을 도모하기 위함이다."[11]라고 했다. 청조의 '효치'과 '족인 화목' 정책은 사찬가보 발전에 커다란 영향을 끼쳤으며, 사회 각 계층과 각 지역에서 가보 편찬의 사업이 폭넓게 전개되었다.

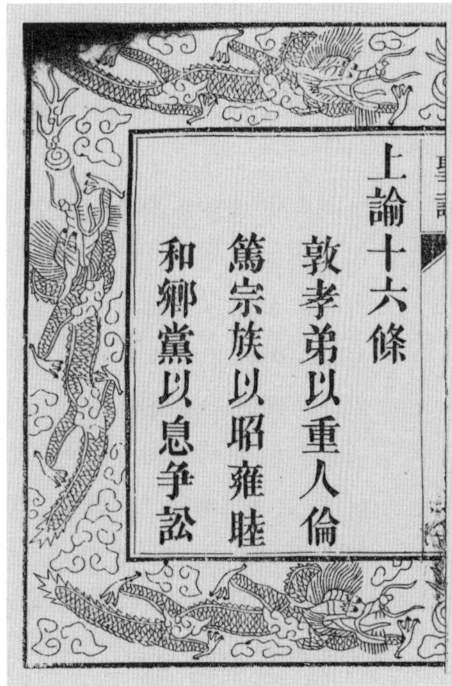

<경편 그림 7-1> 강희(康熙) 「상유십육조(上諭十六條)」

3. 가보의 정기적인 편찬

청대 가보 편찬은 족인 세계(世系)의 연속성과 총체성을 유지하기 위해, 더 넓은 지역으로 확대되었고 가보의 정기적인 편찬을 더욱 중시했다. 청대의 경우 "역대 가보를 30년

10 『豐氏家譜』, 光緖 32年(1906): "聖諭當遵, 所諭十六條, 包盡立身處世道理。凡爲忠臣, 爲孝子, 爲順孫, 爲盛世良民, 皆由此出。無論賢愚, 皆易知易曉, 只因不肯著實遵行, 故甘自陷於過惡。吾祖宗一脈, 豈可使子孫如此, 故特開示, 願後人恪恭遵守, 以成美俗。"

11 「桃源舊序」: "從來國有史, 家有譜。譜也者, 所以詳世系, 正名分, 揚先德, 裕後昆也。正家之道, 莫善於譜, 而修譜之志, 大抵發其仁孝之思, 以講夫親睦之道者也。" (역자 주)

주기로 다시 편찬하는 것을 관례"[12]로 삼았다. 그 원인을 『여요주씨종보(余姚朱氏宗譜)』에서 볼 수 있다. 이르길 "부자(父子)가 서로 이어져 내려오는 것이 일세(一世)이다. 부모 세대와 자녀 세대 간의 차이가 불과 30년이므로 가보도 30년마다 다시 편찬한다. (중략) 이전 세대는 오래되어 사라져 가고, 다음 세대는 날로 성장한다. 앞에서 이끌어 주지 않으면 아무리 훌륭한 점이 있어도 빛을 발할 수 없고, 뒤에서 전승하지 않으면 업적이 아무리 많아도 그 업적이 후대로 전해질 수 없다."[13]라고 했다. 30년은 한 세대가 성장하는 시간이다. 30년을 주기로 가보 편찬을 하는 이유는 족인의 혈연 관련 자료를 적시에, 즉 전 세대가 아직 건재하고 차세대가 성장하는 시기에 수록하기 위함이다. 시간이 너무 오래 지나면 족인 세계(世系)·방계·족인들의 사적(事迹)을 잊거나 혼동할 수도 있기 때문이다. 남송(南宋) 시기 주희(朱熹)가 "한 집안에 3대가 가보를 편찬하지 않으면 불효(不孝)가 된다."라고 지적했듯이 3세대가 지나도록 가보를 편찬하지 않으면 이를 불효로 여겼다. 그러나 청대에 이르러 "한 집안에서 30년 동안 가보를 편찬하지 않으면 불효가 된다."[14]라고 하여 가보 편찬의 주기가 훨씬 짧아졌다. 이처럼 청대 사대부는 전대와 비해 더욱 가보 편찬을 중시했다.

청대의 "가보를 30년마다 편찬한다."라는 경향이 비교적 보편적이긴 했지만, 그렇다고 모두 이를 따른 것은 아니었다. 가보는 30년마다 소폭으로 편찬하고, 50년마다 대폭으로 편찬해야 한다는 주장도 있었다. 이르길 "우리 족인의 유제(遺制)에 따라 가보는 30년마다 소폭 편찬하고, 50년마다 대폭 편찬하도록 한다. 무릇 30년을 일세(一世)라고 하고, 50년을 일전(一傳)이라 한다. 청년은 성인이 되고, 성인이 늙어 감에 따라 가보를 편찬하는 자가 없고 시간이 흐른다면 잊혀진다. (종족에는) 벼슬을 지낸 자도 있고, 장사를 한 자도 있으며 다른 곳으로 이주한 자도 있을 것이다. 빈곤하든 현달하든, 요절을 하든, 장수를 하든 자주 대규모 이전을 하면 반드시 그 본원을 명확히 알 수가 없고 그 기원도 모를 수 있다."[15]라고 했다. 가보는 20년마다 소폭 편찬하고, 40년마다 대폭 편찬해야 한다는 주장도 있었다. 이르길 "우리 종족이 가보를 편찬하는 데에는 규정이 있다. 20년마다 소폭 편찬하는 것은 비용을 절약하여 종족 모두에게 보여 주기 위함이다. 그리고 명

12 『雙杉王氏宗譜』, 光緒 17年(1891): "淸代歷屆修譜, 以三十年爲期。"

13 『余姚朱氏宗譜』: "父子相繼爲一世, 前後相告大約不過三十年, 故譜必三十年一修。(中略) 前者已故, 來者日新, 莫爲之前, 雖美弗彰, 莫爲之後, 雖盛弗傳。" (역자 주)

14 「古皖劉氏重修宗譜序」, 『古皖劉氏重修宗譜』, 同治 10年(1871).

15 『歙縣雁門佘氏宗譜』, 1920: "吾祖制必以三十年爲一小修, 五十年爲一大修。蓋三十年爲一世, 五十年爲一傳。前之少者已壯, 向之壯者已老, 設無人以纂修之, 則代遠年湮, 宦遊者有之, 經商者有之, 遷移他處者又有之, 窮通夭壽遷徙無常, 勢必不辨其本源, 而莫知其所之矣。"

망이 있는 사람은 흐트러짐이 없이 모두 수록했다. 40년마다 대폭 편찬하여 연보를 통일할 때는 명망이 없는 사람이라도 빠짐없이 수록하고 있다."[16]라고 했다. 가보는 20년마다 소폭 편찬하고, 60년마다 대폭 편찬해야 한다는 주장도 있었다. 이르길 "가보는 20년을 주기로 다시 편찬하며 명망이 있는 족인 한두 명을 불러 국(局)에서 감수하도록 한다. 가보를 총체적으로 정리한 후에 따로 제본하여 정보(正譜) 뒤에 붙이도록 한다." 그리고 "20년이 지난 후 다시 편찬하여 정보를 완성하여 다시 뒤에 붙인다."라 했고, "또 20년 후 즉 대폭 편찬되는 60주년째에 정보를 계속 완성하고 두 번째로 편찬된 보와 합쳐 이를 인쇄한다."[17]라고 했다. 편찬 주기의 규정에 대한 다양한 주장을 통해 청대와 민국시기 가보의 지속적인 편찬이 이미 매우 보편화되었음을 알 수 있다.

비록 몇 십 년 만에 한 번씩 가보를 편찬한다는 규정이 있었지만, 여러 사회·경제적 요인과 전쟁과 족인 내부의 원인으로 정기적 편찬은 어려웠다. 이르길 "갈씨(葛氏) 족보는 상공(湘公)에 의해 송대 건흥년(乾興年)에 편찬된 이후 170여 년 동안 재차 편찬이 없었다. 가유공(家喻公)이 재편했고, 다시 200여 년이 지났다. 명대 명종공(明宗公)이 다시 편찬한 후 편찬이 없이 다시 300여 년이 지났다. 광서(光緒) 기묘년(己卯年)에 다시 편찬을 시작했지만 비용 문제로 출간되지 못했다. 이후 기묘년부터 신해년(辛亥年)까지 30여 년이 지났다."[18]라고 했다. 그리고 "보첩(譜牒)을 방치하고 편찬하지 않으면 안 된다. 우리 족보는 지난번의 편찬 이후 가경(嘉慶) 경오년(慶午年)까지 270여 년이 되었다. 경오년부터 지금까지 다시 100년의 세월이 흘렀다."[19]라고 했다.

1917년에 편찬된 『청화호인덕당속수세보(清華胡仁德堂續修世譜)』에서는 "가보를 제때 편찬하지 않아 족인들은 매우 두려워했다. (중략) 지금 후손들이 해야 할 일은 조상의 기개를 이어받아 편찬하는 것이다. 그중에서도 가보 편찬은 지금 후손들이 직면한 급선무인데 족인들을 모으고 종족을 돈독히 하기 위함이다."[20]라고 했다. 계속해서 "첫 번째 편

---

16 『歙縣河南方氏宗譜』, 1945: "我族修譜, 素有定例, 二十年一小修, 節財用, 而人皆見, 而知者皆無絲紊之亂。四十年一大修, 統聯譜, 而人尚聞, 無知者無拾遺之失。"

17 『婺源韓溪程氏梅山支譜』, 宣統 元年(1909): "二十年爲小修之期, 請族內有名望老成一二人, 在局監修。匯敘譜稿另行裝訂, 附正譜之後。" "再二十年又小修一次, 亦吊齊正譜, 再附於後。" "再二十年, 則爲六十年大修之期, 吊齊正譜, 與二次小修之譜, 一并總修, 翻盤刷印。"

18 『績溪泉塘葛氏宗譜』, 1911: "葛氏之譜, 湘公始修於宋乾興, 越一百七十年, 家喻公續修之, 又二百餘年, 明明宗公復修之, 又三百餘年, 光緒已卯續修之, 因經費未梓, 自己卯迄辛亥又三十餘年矣。"

19 『婺源韓溪程氏梅山支譜』, 宣統 元年(1909): "譜牒之書, 不可曠修也。吾家譜牒自嘉慶庚午, 以前相隔者二百七十餘年, 由庚午至今, 又復相距百載。"

20 『清華胡仁德堂續修世譜』: "族中少長鹹爲此懼 (中略) 繼志述事, 此本後人之所當務, 而其大者, 尤莫如纂修譜牒, 以萃宗而惇族焉。" (역자 주)

찬은 강희(康熙) 경신년(庚申年, 1680)에, 두 번째는 건륭(乾隆) 경진년(庚辰年, 1760)에, 세 번째는 도광(道光) 무술년(戊戌年, 1838)에 하는 등 모두 세 차례 편찬되었다. 지금까지 80년이나 경과했음에도 지금도 여전히 편찬하지 않는다면 조상의 기개를 어떻게 이어받을 수 있겠는가? (중략) 시간이 오래 지날수록 검증이 어려워지니 가까운 친족끼리 관계를 유지하기가 어렵구나!"[21]라고 했다.

시기에 맞추든 아니면 지연을 하든 어떻게 가보 편찬 작업을 진행했을까? 기본적인 원칙은 "조상의 가르침을 지키며 기개를 계승한다."라는 것이다. 1919년에 편찬된 『(안휘적계)어천경씨종보((安徽績溪)魚川耿氏宗譜)』는 이르길 "가보에 수록된 사실은 정본을 근거해 가감 없이 기록하고, 첨삭으로 진실이 왜곡될까 우려된다."[22]라고 했다. 1917년에 편찬된 『청화호인덕당속수세보(清華胡仁德堂續修世譜)』는 가보 편찬의 원칙과 구체적인 방식을 언급하며 이르길 "조상의 훈령을 준수해야 하며 전례(前例)에 따라 세계(世系)와 체례를 상세히 기술한다. 무릇 생몰과 혼인 등 누락된 것은 확인해 보충한다. 오늘날 자손이 번성하니 (족인을) 총괄하고 가보를 확대해, 잘못을 바로잡고, 의심스러운 것을 삭제한다. 이는 현존하는 사람뿐만 아니라 후세 사람을 납득시키기 위함이다. 이른바 기록에 오류가 없고, 이를 잊지 않는 것은 옛 법을 따르고 조상의 기개를 이어받기 위함이다."[23]라고 했다.

편찬의 작업은 주로 족인 구성원의 생몰과 혼인 등을 검증해 보충했다. 그렇다면 어떻게 검증해 보충을 했을까? 이에 두 가지 방법이 있었다.

첫째, 평소 기록을 모아서 축적하는 방법이다. 『무성증씨중수족보(武城曾氏重修族譜)』, 『신주채씨가승(新州蔡氏家乘)』 등에서 족인들로 하여금 자녀, 출생연월, 향년(享年), 묘지(墓址), 혼인 및 이주 상황 등을 사당에 일 년에 한 번씩 보고하고 '기년부(記年簿)'나 '비수가보록(備修家譜錄)'에 기록함으로써 가보 편찬에 대비하는 규정을 두었다. 『비릉장씨족보(毗陵莊氏族譜)』은 족인의 출생 시의 이름, 혼인, 사망 등의 상황을 백지에 기록했고, "3년

---

21 『清華胡仁德堂續修世譜』: "一修之於康熙庚申(1680), 再修之於乾隆庚辰(1760), 又修之於道光戊戌(1838), 凡三續矣。由是而至於今, 閱年八十, 脱再弗修, 將繼志述事之謂何? (中略) 且年代愈遠, 聞見鮮征, 而欲親者不失其親, 戛戛乎其難矣。" (역자 주)

22 『(安徽績溪)魚川耿氏宗譜』: "譜中事實, 悉依原稿, 不加損益, 筆削者, 恐失本眞也。" (역자 주)

23 『清華胡仁德堂續修世譜』: "恪守祖宗成訓, 於世系、體例, 遵前例而詳覆之, 凡生歿葬娶等事, 前譜所未全者, 查而補之, 系姓之繁術於今者, 匯而增之, 訛者正之, 疑者闕之, 以期信今而信後矣, 此所謂不愆而忘, 率由舊章也, 此所謂繼志敘事也。" (역자 주)

에 걸쳐 수집해서 원고를 만들었고, 30년 후에 가보로 출판해 반포했다."[24]라고 했다. 한족(漢族)의 영향을 받아 만주족도 평소에 자료를 모아 편찬을 대비했다. 만주족의 『오씨족보(吳氏族譜)』에서 이르길 "일곱 지파에서 족장이 한두 명을 추천해 소책 한 권씩을 소지하고, 가보에 수록되지 않은 자를 자세히 조사해서 소책에 수록했다. 그리고 해마다 태어난 아이를 소홀히 하지 않고 분명하게 소책에 기록해 재편의 근거로 삼았다."[25]고 했다.

둘째, 이른바 "급하면 부처 다리에도 앉는다."라는 급조 방식이다. 1917년에 편찬된 『청화호인덕당속수세보』는 이르길 "구보(舊譜)는 건륭(乾隆) 경진년(庚辰年)에 편찬되어 지금까지 79년으로 매우 오래되었다. 가문이 번창해서 세계(世系)의 기술이 어려워지니 산자와 망자를 구분하지 못하고, 분묘(墳墓)가 분실된 경우도 많았다."[26]라고 했다. 이런 상황을 어떻게 하면 좋겠는가? 호인덕당(胡仁德堂)의 5개 방(房)이 상의해 사당 안에 보국(譜局)을 두고 빨간색 모눈종이 다섯 장으로 나누어 스스로 족인을 조사하도록 했다. 그리하여 "단지 세계가 분명하고 분묘가 있다면 자손은 전승되어 계속될 것이다."[27]라고 했다. 이에 이름 밑에 주해를 달아 보국에 넘겼다. 이르길 "자손에 관련된 내용이 특히 중요하다. 친자식이 아닌 경우 가훈(家訓)에 따라 계자(繼子)나 양자(養子)로 사실대로 수록한다. (중략) 글을 모르는 자가 있으면 속히 다른 족인에게 부탁하는 것이 좋다."[28]라고 했다. 실제로 가보가 편찬된 지 오래되었고, 구보의 산실로 대다수는 호인덕당(胡仁德堂)의 경우처럼 급조하는 방식으로 가보를 편찬했다.

4. 가보의 수령과 소장 및 검수

청대와 민국시기 가보 편찬 후 수령과 소장 및 검수는 모두 명대 방식을 답습했지만, 그

---

24 『毗陵莊氏族譜』: "三年合成一稿, 三十年後梓而頒之。" (역자 주)

25 "七支之中各宜推舉一二人爲族長, 手備小册一本, 詳查本支中有未載入譜書者, 照依此書式樣記於小册。并經整理每年增添人丁均記入册中, 務須清楚, 不可草率, 以便續修之考據。" 본문은 張其卓, 『滿洲族在岫巖』, 遼寧人民出版社, 1984, 63쪽 참조.

26 『清華胡仁德堂續修世譜』: "老譜自乾隆庚辰至今七十九載, 可謂遠矣。人丁繁盛, 世系難敘, 現有存歿不爽, 墳墓遺失。" (역자 주)

27 『清華胡仁德堂續修世譜』: "只要世系分明, 墳墓有著, 子孫相傳不替。" (역자 주)

28 『清華胡仁德堂續修世譜』: "子嗣一節, 尤關重要, 如非自出, 或繼, 或養, 當遵祖訓, 據實直書 (中略) 不能筆墨者, 宜早遷親屬代爲查明。" (역자 주)

규정은 더 구체적이고 엄격해졌다.

첫째, 가보 수령에 관한 내용이다. 가보 편찬이 완료된 후에 각 족인은 보통 번호와 순서를 정해 가보를 수령했다. 옹정(雍正) 8년(1730)에 편찬된 『강촌홍씨가보(江村洪氏家譜)』에서 "가보가 완성된 후에 지나치게 욕심내거나 과하지 않게 적정 인원을 고려해 34부를 인쇄하고 가보에 번호를 부여해 배부했다. 가보를 인도받는 사람은, 일족의 선조와 성대하게 빛나던 명예가 그곳에 있음을 자각하고, 마땅히 세상을 지키는 집안의 소중한 보물로 받들도록 했다. 가보의 번호나 자호(字號)를 정하고 각 집의 수령 부수와 소장인의 이름을 일일이 가보의 권말에 열거했다."[29]라고 밝혔다. 편제된 번호는 일정하지 않았다. 어떤 것은 갑(甲)·을(乙)·병(丙)·정(丁)·무(戊)·기(己)·경(庚)·신(辛) 등을 순번으로 했고, 어떤 것은 천(天)·지(地)·현(玄)·황(黃)·우(宇)·주(宙)·홍(洪)·황(荒) 등을, 어떤 것은 하나(一)·둘(二)·셋(三)·넷(四)·다섯(五)·여섯(六)·일곱(七)·여덟(八) 등으로 번호를 배열했으며, 또 어떤 것은 중요한 의미를 지닌 특별한 문구를 만들어 수령 번호로 삼았다. 그 예로 가경(嘉慶) 17년(1812)에 편찬된 『고축손씨가보(古築孫氏家譜)』에서는 이르길 "효(孝)·우(友)·목(睦)·인(姻)·임(任)·휼(恤) 여섯 글자를 자호로 삼아 자(字)당 10개 번호로 모두 60부로 규정했다."[30]라고 했다. 가보를 수령하는 사람은 반드시 서명을 하도록 철저히 관리했다. 또 다른 예로 1931년에 편찬된 『(기문)경조김씨종보((祁門)京兆金氏宗譜)』의 수령 문자 번호에 대해 이르길 "가보에 의거해 30부를 만들었고, 특히 '효도와 공경을 대대로 집안의 근본으로 삼고 충과 신을 치세관(治世觀)으로 규정한다. 예절과 의리는 사람으로서 지켜야 할 도리를 깨닫게 하고, 청렴과 부끄러움을 아는 태도는 입신의 기초를 세운다. 시서(詩書)와 검소(儉素)를 가훈(家訓)으로 삼아 자손을 편안하게 하고 조상의 덕과 공업을 계승하도록 한다.'[31]고 하며 의미가 담긴 30개의 서로 다른 자호를 부여하여 각 집에 배부했다."라고 했다. 충·효·절의·예의와 겸허의 가치를 자호 속에 불어넣었다. 더욱 심한 예로 어떤 족인들은 가보를 수령할 때, 자호에 따라 서명하고 수령하도록 규정했을 뿐만 아니라, 간인을 찍어 가보가 위조되지 않도록 했다. 동치(同治) 13년(1874)에 편찬된 『방씨종보(方氏宗譜)』는 가보 수령자로 하여금 본 자호(字號) 아래 여백의 중심을 접어, '하

29 『江村洪氏家譜』: "於譜成之余, 限以定額編以字號, 計列三十四部, 斟酌適中, 不欲過多, 亦不欲過少也。領之者, 自念宗祖赫濯之聲靈在焉, 當奉爲世守之家珍矣。其所編定字號並各房收領部數及藏貯人名, 一一開列於譜末。" (역자 주)

30 『古築孫氏家譜』: "以孝友睦姻任恤六字爲號, 每字十號, 共六十部。" (역자 주)

31 『(祁門)京兆金氏宗譜』: "孝弟傳家本, 忠信治世規。禮義生道德, 廉恥立身基。詩書貽燕翼, 儉讓紹裘箕。" (역자 주)

남방씨종보(河南方氏宗譜)'의 도장을 추가로 찍도록 규정하며 이르길 "수령자들의 문자 번호 밑에 도장 뒷부분이 찍히고, 가보 번호의 아래는 도장 앞부분이 찍히도록 하여 위조를 방지했으며, 수보자(修譜者)로 하여금 가보 수령 시 도용 방지를 위해 지속적으로 근거를 조사한다."[32]라고 했다.(〈경편 그림 7-2〉 참고) 이처럼 족인마다 자호로 순서를 정하여 족보를 수령시킨 목적은 가문의 순수성을 지키기 위해서였다. 즉 "일련번호가 없는 것은 위조된 가보로 보아 종파(宗派)에 속할 수 없다."[33]라고 했고, 위조 가보의 근절을 위해 족인은 별도의 상응 조치를 취하기도 했다. 즉 "가보를 인쇄한 후 즉시 목판을 제거해 위조를 방지했다."[34]라고 했고, "이것으로 120부의 인쇄를 추정할 수 있고, 모두 자호를 붙여서 배포했다. 그 목판을 선친 묘소 앞에서 소각함은 부친의 뜻을 기리기 위함이다."[35]라고 했다. 또한 "각본(刻本)의 판본 수가 차고 넘치니 도난의 폐단이 초래하지 않도록 목판에 절하고 소각했다."[36]라고 했다.

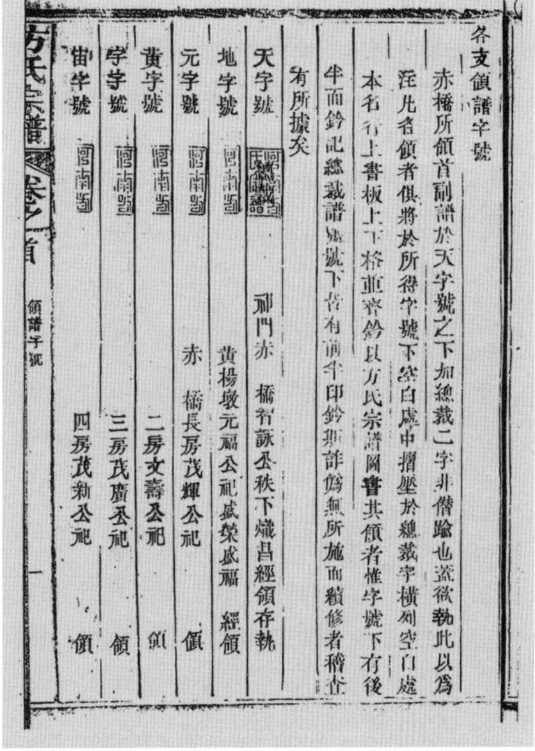

<경편 그림 7-2> 『방씨종보(方氏宗譜)』 권수(卷首) 각 지류의 영보자호(領譜字號)

가보의 자호는 일반적으로 소(昭), 목(穆), 방(房), 지(支)의 순으로 문자 번호를 정하며, 어떤 종족은 제비뽑기를 통해 가보를 수령했다. "종보는 집안의 진귀한 보물이므로 반드시 조심해서 다루고 신중하게 보관해야 한다. 천(天), 지(地), 인(人)과 번호를 섞은 추첨을 통해 소장했다."[37] 비록 문자 번호를 정하고 그 차례가 되어야만 가보를 수령할 수

32 『方氏宗譜』: "其領者, 惟字號下有後半面鈐記, 總裁譜號號下皆有前半鈐記, 斯作僞所施, 而續修者稽查有所據." (역자 주)

33 『紫莊朱子族譜』, 康熙 29年(1690): "如無編號圖書, 卽同僞譜, 不準聯屬宗派."

34 『續溪城南方氏宗譜』, 1919: "玆譜印刷後, 卽行撤盤, 以杜假冒."

35 『新安大程村程氏支譜』, 乾隆 5年(1740): "是譜計印一百二十部, 俱編忠字號給發。其板隨於先府君墓前焚銷, 亦所以告成先府君之意也."

36 『新州葉氏家乘』, 1925: "所刻譜板應印數滿, 卽將板片告廟焚毁, 以防偷印致滋弊濫."

37 『吳興姚氏宗譜』, 乾隆 14年(1749): "宗譜乃家之珍寶, 須宜謹愼收貯。編立天地人和四號, 拈鬮收藏."

있음에도 불구하고, 흔히 돈이 있는 사람이 우선적으로 가보를 받을 수 있었고, 그 문자 번호 또한 앞자리를 배당받을 수 있었다. "가보 수령을 원하는 사람은 부수(인쇄 수량)를 결정하고 일련번호를 작성할 수 있도록 먼저 국에 신청해야 했다."[38] 그러나 가보를 수령하기 전에 먼저 돈을 지불해야 했다. "무릇 은(銀) 닷 냥만 내면 수령받기 원하는 자에게 가보를 한 부씩 주었다."[39]라는 말은 족인 방지(房支) 자격에 따라 가보에 오를 수는 있지만 종사(宗祠)에 지불할 돈이 없으면 여전히 가보를 받기가 어려웠다는 뜻이다. 가보를 수령받는 순서인 자호를 정하는 것도 돈이 많은 자가 앞자리의 자호를 부여받을 수 있었다. 그 예로 1917년에 편찬된 『청화호인덕당속수세보(清華胡仁德堂續修世譜)』를 보면 "가보를 편찬할 때 상당한 비용이 소요되기 때문에 족인의 기부를 필요로 한다. 나이순으로 수령 순서를 정하더라도 같은 나이일 경우 먼저 비용을 내는 사람에게 우선권이 주어진다."[40]라고 했다.

둘째, 가보의 소장에 관한 내용이다. 각 족인 구성원이 가보를 수령한 후 가보를 어떻게 잘 관리해야 하는지에 대한 규정은 매우 엄격했다. 광서(光緒) 15년(1889)에 편찬된 『(기문)왕씨종보((祁門)王氏宗譜)』은 이르길 "가보는 집안 대대로 상속되어 오는 매우 중요한 서적이므로 그것을 겹겹이 싸서 소중히 보관해야 하고 소홀히 관리하지 못하도록 규정하여, 기문왕씨종보를 각각 하나씩 상자에 넣어 보관한다. 이로 인해 먼지와 좀의 해를 입지 않도록 햇볕에 말려야 한다."[41]라고 규정했다. 광서 3년(1877)에 편찬된 『(기문)경조김씨종보((祁門)京兆金氏宗譜)』를 보면 각 족인의 족보는 "각자 수령 후에 벌레나 쥐와 기름얼룩, 먹물이 묻지 않도록 신중하게 잘 보관해야 하고, 변조·필사·매도 등을 금지하고, 만약 위반하면 불효(不孝)로 처벌을 받는다."[42]라고 했다. 어떤 가문은 "만약에 예상치 못한 분실이나 파손이 있을 경우, 즉시 보고해야 한다."[43]라고 했고, "각 족인이 소장한 가보에 각각의 자호를 부여했다. 가보는 반드시 세심하게 보관해, 벌레와 쥐에 의한 훼손 및 장마와 화재로 산실되지 않도록 관리한다. 만일 예기치 못한 파손이 있을 경우 다

38 『清華胡仁德堂續修世譜』, 1917: "願領譜者須早到局報名, 以便計副數(印刷數量), 編連環字號。"

39 『古築孫氏家譜』, 嘉慶 17年(1812): "凡輸銀五兩, 願領譜者, 給譜一部。"

40 『清華胡仁德堂續修世譜』: "修譜費巨, 丁費難敷, 惟賴各支下有力者踴躍捐助, 譜成之日標名垂後, 不論齒分, 其序以歲數居前, 並者以先交居前。" (역자 주)

41 『(祁門)王氏宗譜』: "家譜系傳家巨典, 宜藏之什襲, 毋許輕忽。各置廂一個, 祁門王氏宗譜將譜盛於其內。凡遇霾霑, 取譜一曬, 以免蠹魚其譜。" (역자 주)

42 『祁門京兆金氏宗譜』: "自領之後, 務宜愼重珍藏, 毋得蟲傷、鼠咬、油汙、墨漬、塗改、抄寫、變賣等弊, 如違, 鳴公理論, 以作不孝懲治。" (역자 주)

43 "如有不測遭廢。" (역자 주)

음날 반드시 사수(祠首)[44]에게 통지해 사실 확인을 한 후 다수가 성명하고 철회된 날짜와 시간을 등록해야 한다.

만약 사실을 숨기고 알리지 않거나, 설령 나중에 빌려서 채워 놓을지라도 보첩의 불법 매매 행위로 간주해 가보에서 이름을 지워 축출한다."[45]라고 했다. 어떤 가문의 규정은 더욱 엄격했는데, 가보 분실을 매우 중대한 일로 간주해 "관청에 의뢰해 조사후 처리를 소청했다."[46]라고 했다. 광서(光緒) 31년(1905)에 편찬된 『(무원)평양군왕씨종보((婺源)平陽郡汪氏宗譜)』에서는 "각 파는 번호대로 가보를 수령한 후, 반드시 소중히 관리하고, 내용삽입·도포·분실·불법 판매 등의 폐해가 없어야 한다. 훗날 규정을 위반하는 자는 각 자파에게 규정을 알린다. 만약 힘을 믿고 규정을 따르지 않는 자가 있다면, 관청에 신고해 조사 처리를 소청할 한다. 이에 각자 신중을 기해서 보관한다."[47]라고 했다.

셋째, 가보의 검수에 관한 내용이다. 각 족인은 또한 가보의 검증을 매우 중요하게 여겼다. 어떤 가문은 오로지 검증을 준비하기 위한 공보(公譜)로서 가보 한 부를 사당에 남겨 두었다. "종사(宗祠)에 보관하는 가보 한 부는 일족 전체의 공보를 위한 것이고, 해마다 제사를 지내는 사람이 관리한다. 가보는 공적인 장소에 보관하기 때문에 원래의 상황을 찾아보거나, 먼 곳으로 옮겨와 조상에게 절을 하러 오는 자가 있거나, 혹은 스스로 특정한 방계라고 여기는 자가 있을 때, 가보를 참조하여 과실과 시비의 분석 및 판단을 하도록 한다."[48]라고 했다. 어떤 족인은 가보를 3년에 한 번 검사하도록 규정하고 있다. 예를 들면 1917년에 편찬된 『학산이씨종보(鶴山李氏宗譜)』에서 "매 자오년(子午年)과 묘유년(卯酉年)의 청명 전날에 각각 가보를 종사에 보내 검사하고 연유 없이 분실했을 경우 이 계보(系譜)를 파악해서 추후에 가보를 편찬할 때 그 방계의 세계(世系)를 제외하고 수록하지 않는다."[49]라고 했다. 비교적 자주 볼 수 있는 규정으로 매년 제사를 지낼 때, 가보를 수령한 사람이 직접 가보를 들고 사당에 가서 함께 검수를 받았다. "가보는 관리가

---

44 사수(祠首): 사당에 관련된 사무를 관리하는 인원을 일컫는다. (역자 주)

45 『婺南雲川王氏世譜』, 乾隆 21年(1756): "各家收藏譜書, 各有字號。存譜須要細心包貯, 謹防蟲鼠屋漏損壞, 以及水火急難遺失, 如有不測遭廢, 務卽於次日通知祠首, 眼同驗實, 對衆聲明, 登記時日銷交。若隱匿不報, 事後借端塘塞者, 卽以鬻譜論出族。"

46 "呈官究治。" (역자 주)

47 『(江西)婺源平陽郡汪氏宗譜』: "各派照號領執, 務宜珍重收藏, 無塡寫、塗抹、遺失、盜賣等弊, 日後如有犯者, 通知各派理論, 倘敢恃強不遵, 呈官究治, 各宜愼之。" (역자 주)

48 『桂溪項氏族譜』, 嘉慶 16年(1811): "宗祠譜一部, 爲闔族公貯之公譜, 向系交値年司祠者收管。譜只貯公處, 原所以便查閱, 其或有遠遷年久歸來拜祖者, 亦或有自稱某支認爲一族者, 果是果非, 查譜立辨。"

49 『鶴山李氏宗譜』: "每逢子午卯酉年清明前一日, 各將原譜送宗祠呈驗, 如無故遺失, 則將該支丁逐出, 日後續修宗譜, 幷將該支世系幷除不錄。" (역자 주)

매우 중요하니 각 족인은 가보를 수령해서, 반드시 소중히 보관해 훼손되지 않도록 한다. 이듬해 설날에 각 족인의 어른은 수령한 가보를 명사와 장로가 모여 있는 종사(宗祀)로 보내 검수를 받는다. 그리고 제사가 끝난 후 자호(字號)에 따라 돌려받아 분실의 폐해를 방지한다."[50]라고 했다. 어떤 가문에서는 가보가 훼손되면 벌금을 부과한다고 규정했는데, 광서(光緖) 15년(1889)에 편찬된 『(기문)왕씨종보((祁門)王氏宗譜)』는 이르길 "해마다 제삿날, 수령받은 자가 사당으로 가보를 들고 와 서로 같이 검수한다. 만약 가보를 파손시킨 자가 있으면 은(銀) 다섯 푼으로 벌하고, 소홀히 한 자는 은 열 냥의 벌금에 처한다."[51]라고 했다. 심지어 어떤 족인들은 가보를 훼손한 자를 "불효(不孝)로 여겨 벌한다."[52]라고 하며, "반드시 추궁하라."[53]고 했다. 『휴녕선인왕씨가보(休寧宣仁王氏家譜)』의 규정에서는 "선조의 함자와 사적이 모두 가보에 실려 있고, 자손들이 이를 보존하는 것은 마땅한 일이다. 매년 청명절 전날이면 각 집의 호주가 먼저 가보를 검수한다. 청명절 기일에 모여 가보를 종사(宗祠)에 제출하고, 많은 족인과 함께 검수한다. 만약 파손 및 친족이 아닌 자가 있다면 불효로 여겨 벌할 것이며, 반드시 추궁한다. 그리고 종사와 족보에서 이름을 삭제하고, 명분에 따라 마땅히 징계한다."[54]라고 했다. 광서 연간에 권세를 통해 편찬한 『방하종보(方何宗譜)』를 매우 잘못된 가보로 여겼다. 불효와 흉포가 횡행하고, 대역무도하며, 타인을 기만하고, 나라에 해를 끼치며, 오륜(五倫)에 어긋나는 죄와 동일시하는 가보로 간주했다.[55]

민국시기에 들어서며 가보의 소장과 보관에도 변화가 생겼다. "유럽 및 서양 학술·문화의 영향을 받아 족인에 대한 사람들의 개념이 이전과 많이 달라졌다. 이른바 족인이란 단지 사회를 구성하는 하나의 일원에 불과하고, 가보는 이러한 한 족인의 역사이므로, 자연히 사회에 공개될 수도 있어서 사실 극단적으로 은밀히 보전하여 지킬 필요가 없다. 설령 일족을 사칭하여 가문의 폐단을 인정하는 일이 생길까 염려된다고 하더라도, 이는 당연히 법률로 보장받을 수 있다. 단지 그 이유로 가보를 엄수하는 것은 별 의미가 없다.

---

50 『祁西若溪春琊王氏家譜』, 光緒 21年(1895): "譜牒關系甚重, 各房領去之譜, 務必珍重收藏, 勿令損壞。迭年春祭, 紳耆鹹集祠內, 各將所領之譜齊送入祠, 以憑查驗, 祭畢仍依字號領回, 以杜遺失之弊。"

51 『(祁門)王氏宗譜』: "遞年祭祀, 領譜之人, 捧至祠堂, 公同查驗。倘有損壞者, 罰銀五錢, 疏虞者, 罰銀十兩。" (역자 주)

52 『(祁門)王氏宗譜』: "罪坐不孝。" (역자 주)

53 『(祁門)王氏宗譜』: "定加考究。" (역자 주)

54 『休寧宣仁王氏家譜』: "祖宗名諱事跡, 皆載族譜, 子孫萬宜保藏。每年清明前日, 各房長先自稽考。至清明會祭日, 帶付宗祠 (中略) 衆共查驗。如有損壞及鬻非族者, 罪坐不孝, 定加考究。祠、譜先削其名示戒。" (역자 주)

55 楊殿珣, 「中國家譜通論」, 『圖書季刊』(新3輯, 第1-2號), 1944.

게다가 수재와 화재 및 전쟁 등의 재난으로 사가 유물이 영구적으로 훼손되어 그 존재가 모두 사라졌지만, 가보는 개인이 소중히 보관했다. 사적으로 보관하면 훼손이 쉬우니 차라리 공가(公家)에 보관하는 것이 더욱 안전하다. 더군다나 사가에 숨겨진 가보를 자손이 반드시 잘 관리한다는 보장이 없고, 공가에 두면 이러한 걱정을 할 필요가 없다. 따라서 민국시기에 편찬된 가보들은 산실을 막기 위해 항시 각종 도서관에 나누어 보관했고, 이런 규정을 개선하여 자연스럽게 시대의 변화를 따라갈 수 있었다."[56]라고 했다. 예를 들어 1925년에 편찬된 『신주엽씨가승(新州葉氏家乘)』의 범례(凡例)는 "이번에는 모두 50부를 출간한다. 마흔여덟 집이 각각 한 부씩 소장하면 두 부의 여유분이 남는다. 이에 시품(詩品) 두 글자를 자호로 삼아 시(詩)의 자호는 강남도서관(江南圖書館)에 두고, 품(品)의 자호를 절강도서관(浙江圖書館)에 각각 보내 영구히 보관한다."[57]라고 했다.

5. 장학성의 계보학(系譜學) 이론

장학성(章學誠)의 자는 실재(實齋)이고, 호는 소암(少巖)이며, 회계(會稽) 즉, 지금의 절강(浙江) 소흥(紹興) 출신이다. 건륭(乾隆) 3년(1738)에 태어나 가경(嘉慶) 6년(1801)에 사망했다. 건륭 43년(1778)에 진사(進士)에 급제해 일찍이 국자감전적(國子監典籍)을 지냈고, 정주(定州)의 정무(定武), 보정(保定)의 연지(蓮池), 귀덕(歸德)의 문정(文正) 등의 서원에서 학생들을 가르쳤다. 이후 안휘학정(安徽學政) 주균(朱筠)의 막료(幕僚)를 지내며 다방면의 많은 글을 읽었다. 후에 다시 호광총독(湖廣總督) 필원(畢沅)의 막부(幕府)에 들어갔다. 그는 일생이 순탄하지 못하고 생활이 어려웠고, 남을 대신해 지방지(地方志)나 가보를 편찬하며 생계를 유지했다. 비록 일생을 불우하게 살았지만, 그의 학술과 문화 방면에서는 중요한 성과를 거두었다.

장학성은 뛰어난 사학 이론가였다. 청소년 시기부터 사학에 대한 애착이 깊었고, 노

---

56 "受歐風東漸之影響, 一般人之家族觀念, 較之往昔, 已稍有變動。所謂家族者, 不過組成社會之一分子, 家譜既系記載一家之史, 自可公諸社會, 實無極端保守秘密之必要, 即恐有冒族認宗之弊, 此自有法律爲之保障, 徒知嚴守家譜, 仍無濟於事也。加以水火之災, 兵燹之擾, 私家文物恒致摧殘, 爲之蕩然無存, 家譜之皮藏於私人, 不如兼藏於公家, 藏於私人者易毁, 藏於公家者易保也。再者藏於私家, 子孫未必能世守, 藏於公家, 則可無慮及此矣。故民國年來所修諸譜, 恒分送各大圖書館, 以防散失, 其法至善, 斯亦時代變遷, 有以使之然也." 본문은 楊殿珣, 「中國家譜通論」, 『圖書季刊』(新3輯, 第1-2號), 1944를 참조.

57 『新州葉氏家乘』: "此次共印五十部。四十八房各藏一部外, 尚餘兩部。即用詩品二字編號, 以詩字號交江南圖書館, 品字號交浙江圖書館分別保存, 俾垂永久." (역자 주)

년에도 사학 연구를 포기하지 않았다. 주요 사학 저술로는 『문사통의(文史通義)』, 『교수통의(校讎通義)』, 『사적고(史籍考)』 등이 있다. 그는 자신의 역사학적 업적에 대해 자부심을 갖고, "사학에 있어서, 나는 하늘로부터 가르침을 받아 스스로 예를 들어 설명할 수 있는 범례(凡例)를 만들었고 후세를 위해 사학의 초창기를 개척했다."[58]라고 자평했다. 장학성이 자신의 사학을 '후세 사학의 창시'라고 칭한 것도 결코 지나친 것이 아니다. 그가 '명도(明道)'와 '경세지용(經世之用)'이라고 명백히 정의한 사학의 취지, '육경개사(六經皆史)'에 대한 고창, 최초로 창안한 '사의(史義)', '사덕(史德)'의 개념, 사학·사료·사적의 분류 등은 중국 전통 사학에 새로운 내용과 의미를 부여한 것들로, 중국 전통시기 사학 이론의 집대성자라 불릴 만하다.

장학성은 출중한 방지학(方志學)의 전문가이기도 하다. 그는 사학 이론에 있어서 다소 독창적인 견해를 가지고 있었지만, 생계에 밀려 그 사학 이론으로 완전한 통사(通史)를 쓸 수 없게 되자, 자신의 사학 이론을 지방지 편찬에 응용하여, 『화주지(和州志)』, 『박주지(亳州志)』, 『영청현지(永清縣志)』, 『호북통지(湖北通志)』 등 여러 부의 지방지를 편찬했다. 지방지의 기원, 변천, 체례(體例), 자료의 선집 및 고증, 그리고 수보자(修譜者)의 소양 등에 관한 하나의 체계적인 이론을 제시하여 비교적 완전한 중국 고대 방지학(方志學) 이론 체계를 구축했다.

그리고 장학성은 뛰어난 보학자로도 불린다. 그는 서른 살부터 말년까지 늘 사람들을 위해 가보를 편찬하거나, 가보를 편찬하는 자에게 도움을 주었다. 예를 들어 건륭 31년(1766), 즉 29세에 국자감에 재직할 때, 그의 족형인 원업(垣業)이 그에게 여러 번 자문하여 『회계장씨지보(會稽章氏支譜)』를 편찬했다. 건륭 43년(1778), 41세에 친구 주진영(周震榮)이 가보 체례 편찬 시 조언을 구하자 상세히 지도했을 뿐만 아니라 그에 대한 부분적인 보전(譜傳)도 집필해 주었다. 건륭 54년(1789), 장학성은 52세 때 안휘학사(安徽學使) 서입강(徐立綱)으로부터 『서씨종보(徐氏宗譜)』의 편찬을 부탁받았다. 가경 원년(1795), 58세 때에는 양주(揚州)에서 고우(高郵) 심씨(沈氏)의 『가보(家譜)』를 교정하고 「서(序)」와 「서례(敘例)」 등을 편찬했다. 가경 4년(1798), 그의 나이 61세 때에 오난정(吳蘭庭)은 가보 편찬을 위하여 그와 서신으로 논의했다. 이러한 일련의 과정에서 장학성은 자신의 사학과 방지학(方志學)의 실천적 이론을 결합하여 보학(譜學)에 관한 선인의 이론들을 종합적으로 개괄하고, 중국 가보의 성질, 체례(體例), 편찬 원칙, 가보의 가치와 보존 등의 많은 중요

58 "我於史學, 蓋有天授, 自信發凡起例, 多爲後世開山。" 본문은 「家書2」, 『章學誠遺書』 卷9, 文物出版社, 1985를 참조.

한 문제를 깊이 있게 연구하여 비교적 완전한 보학 이론을 제시함으로써 한 세대에 훌륭한 성과를 이룬 보학자가 되었다. "근대에 이르기까지 보학에 가장 큰 공헌자로 간주되는 인물은 장학성임이 틀림없다."[59]라고 했다. 장씨(章氏)의 보학 이론은 중국의 가보 편찬에 깊은 영향을 끼쳤다.

다음은 장학성이 주장한 가보 이론에 대해 간략히 기술하고자 한다.

1) 가보의 본질

장학성(章學誠)은 가보의 본질에 관하여 여러 번 언급했다.

그는 「의흥진씨종보서후(宜興陳氏宗譜書後)」에서 "보(譜)는 한 가문의 역사이다."라고 지적했고, 「풍추산과 보서의 편찬에 대해 논함(與馮秋山論修譜書)」에서도 "무릇 가보는 한 가문의 역사이다."[60]라고 언급했다.

「장길보 사마를 위해 편찬한 대명현 서(爲張吉甫司馬撰大名縣志序)」에서 그는 "무릇 가문에는 가보가 있고 주현(州縣)에는 지(志)가 있으며 국가에는 국사가 있다는 말은 사실 같은 뜻이다."라고 했다.[61]

그는 「주현청립지과의(州縣請立志科議)」의 글에서 말하길 "더욱이 천하의 역사가 있고, 한 나라의 역사가 있으며, 한 집안의 역사가 있다. 전(傳), 행장(行狀), 묘지(墓志)와 행술(行術)은 한 개인의 역사라 할 수 있고, 가사(家史)와 가보는 한 가문의 역사라 할 수 있다. 군현(郡縣)의 지방지(地方志)는 한 나라의 역사이고 왕조를 종합적으로 기술한 것은 천하의 역사라 할 수 있다. 사람이 있어야 가정이 생기고, 가정이 있어야 나라를 세울 수 있으며, 나라가 있어야 천하가 있을 것이다. 다만 그것을 아주 상세히 나눈 후에 총체적으로 정리할 때 좋은 것을 선택해야 아쉬움이 없을 것이다."[62]라고 했다.

또한 그는 「유충개공연보서(劉忠介公年譜序)」에서 "위진(魏晉) 이래 가보와 도적(圖籍) 및 전기(傳記)와 행장(行狀)은 경위(經緯)와 같이 모두 역사의 한 분지로 한 가문의 글로 저술된 것이다."[63]라고 했다.

---

59 "論至近代, 以爲譜學最有貢獻者, 自莫若實齋章氏者。" 본문은 潘光旦, 「章實齋之家譜學論」, 『人文學刊』(第2卷, 第8~9號), 1931을 참조.

60 『章學誠遺書』 卷13.

61 『文史通義校注』 卷8 外篇3: "夫家有譜, 州顯有志, 國有史, 其義一也。"

62 『文史通義校注』 卷6 外篇1: "且有天下之史, 有一國之史, 有一家之史。傳狀志述, 一人之史也; 家乘譜牒, 一家之史也, 部府縣志, 一國之史也; 綜紀一朝, 天下之史也。比人而後有家, 比家而後有國, 比國而後有天下。唯分者極其詳, 然後合著能擇善而無憾也。"

63 『章學誠遺書』 卷21: "魏晉以還, 家譜圖籍, 與狀述傳志, 相爲經緯, 蓋亦史部支流, 用備一家之書而已。"

위의 설명에서 장학성은 가보의 본질을 매우 분명하게 제시했다. 즉 가보를 '한 집안의 역사'로 여기며, 가보와 사학, 방지학의 관계를 명확히 밝혔고, 이로써 가보는 "사부(史部)의 한 지류이다."라고 했다. 그는 많은 글에서, 『오제계보(五帝系譜)』와 『상서(尙書)』에 근거하여 지은 사마천(司馬遷) 『사기(史記)』의 「삼대세표(三代世表)」, 구양수(歐陽修) 편찬 『신당서(新唐書)』 중의 「재상세계표(宰相世系表)」 등이 보학(譜學)의 범위에 속한다고 지적했다. 장학성은 각 방면에서 사학의 관점을 견지로 삼아 가보가 '한 집안의 역사'임을 명확히 밝혀, "사부(史部)의 한 지류이다."라는 점을 천명했다. 이는 장학성이 밝힌 모든 보학 이론의 근간이라 할 수 있다.

하지만 장학성 이전에 가보가 '한 집안의 역사'로, "역사의 한 지류이다."를 밝힌 학자가 이전에 이미 있었다. 당대 유지기(劉知幾)가 저술한 『유씨가사(劉氏家史)』 15권의 주장처럼, 가보를 가사(家史)로 보는 견해가 있었다. "당대 유지기는 사지(史志)를 논함에 족보라는 서책은 당연히 역사서에 포함됨이 타당하다."[64]라고 했다. 남송을 거쳐 명대에 이르러 보례(譜例)와 보서(譜序)에 유사한 내용이 더욱 많아졌다. 남송의 주희(朱熹)가 『호남안화호씨족보(湖南安化胡氏族譜)』를 위해 저술한 「향성족보원서(薌城族譜原序)」에서 "마치 나라에 역사가 있듯이 가문에는 가보가 있다. 나라에 역사가 없으면, 천만 년의 제왕의 전설과 정윤(正閏), 나라의 흥망성쇠를 어찌 증명할 수 있겠는가? 가문에 가보가 없다면, 누가 누구인지 분명하지 않으며 누구를 공경해야 하는지, 세계(世系)의 본원과 어느 파의 자손인지, 어찌 스스로 그 진실을 검증할 수 있겠는가?"[65]라고 했다. 주희는 「갈씨경원속수보서(葛氏慶元續修譜序)」에서도 "무릇 가승(家乘)이란 한 집안의 역사이다. 사실에 부합하지 않거나 조작이 있어서는 안 된다."[66]라고 더욱 명확하게 밝혔다. 명대 왕세정(王世貞)도 「영천이공족보서(榮泉李公族譜序)」에서 이르길 "무릇 가보란 집안의 역사인 것이다."[67]라고 했다. 그리고 왕도곤(汪道昆) 역시 「계남강씨족보서(溪南江氏族譜序)」에서 "고대시기 나라에 국사가 있었던 것처럼, 가문에도 마땅히 가보가 있어야 하는데, 가보는 역사의 흐름이기 때문이다."[68]라고 말했다. 만력(萬曆) 34년(1606) 패지고(貝志臯) 등이 펴낸 「패씨침수가보서(貝氏鋟修家譜序)」에서도 "무릇 나라에는 역사가 있으며, 군현(郡縣)

---

64 劉知幾, 『劉氏家史』: "唐劉知幾討論史志, 以謂族譜之書, 允宜入史。" (역자 주)

65 『湖南安化胡氏十修族譜』, 1998: "家有譜, 猶國有史也。國無史, 千萬載帝王之傳說、正閏、隆替, 何從而驗其實? 家無譜, 某昭某穆, 世系本源, 某派子孫, 亦何自而考其眞?"

66 『安徽績溪泉塘葛氏宗譜』, 1911: "夫家乘者, 一家之史也。失實不可, 厚誣也不可。"

67 王世貞, 『弇州山人四部稿』 卷70 「榮泉李公族譜序」: "夫譜, 家史也。"

68 汪道昆, 『太函墨副』 卷5 「溪南江氏族譜序」: "古者國有國史, 家亦宜然, 譜者, 史之流也。"

에는 지(志)가 있고, 가문에는 가보가 있으며, 그 유래가 아직도 전해 오고 있다."[69]라고 했다.

장학성(章學誠)은 가보의 본질에 관한 이전 학자들의 논술을 정리하고, 자신의 사학과 방지학(方志學), 그리고 보학에 대한 편찬과 실천을 결부시킴으로써 가보의 본질에 대한 이론을 좀 더 체계적으로 심화시켰다. 이로써 후세에 미치는 영향은 선인을 능가하기에 이르렀다. 성청기(盛清沂)가 「장학성이 논한 보학(論章學誠的譜學)」에서 "가보는 가문의 역사다."라고 지적한 바와 같이 "그는 과거에 상당히 무게를 두었던 관련 역사 이론을 축적하여, 보론(譜論)과 서로 결부시켜 보다 체계적으로 서술하고, 확대 발전시켜, 사람들이 보다 더 명확히 이해할 수 있도록 제시했다. 지금까지도 가보를 편찬한 사람들 대부분이 여전히 장씨(章氏)의 개념 규정을 높이 평가한다. 가보가 가문의 역사를 기록하는 역할을 하도록 이끈 장씨의 공헌은 실로 칭찬할 만하다."라고 했다.

2) 가보의 연혁(沿革)

가보의 기원에 대한 장학성이 주장한 내용은 다음과 같다.

그는 「고우심씨가보서(高郵沈氏家譜序)」에서 이르길 "옛날에는 사람이 출생하면 황제로부터 성씨를 하사받음에 그 뜻은 분봉으로 나라를 세우는 봉방건국(封邦建國)과 일맥상통한다. 따라서 인간의 근원을 찾아 거슬러 올라가 보면 보학(譜學)의 시초는 하늘에서 나오게 되는 것이다."[70]라고 했다.

그는 『가보잡의(家譜雜議)』에서 "고대에 나라를 개국하여 가문을 승계하고, 천자는 성을 하사하며 제후는 씨를 명했다. 살아서는 그 속에 예속되어 구별되고, 죽어서는 묘비에 시호(諡號)를 기록했다. 제후국에서는 친소원근(親疏遠近)과 소목존비(昭穆尊卑)를 관장했다. 종인(宗人)과 왕조, 소사(小史)가 세계를 보첩에 수록해 제사를 지냈다. 비록 많은 세대가 지났을지라도 같은 종파(宗派)의 자손을 분별할 수 있었다."[71]라고 했다.

그는 「호북통지족망표서례(湖北通志族望表敍例)」에서 "『주관(周官)』에서 이르길 '소사가 세계(世系)를 보첩에 수록해 제사를 지냄에 소목(昭穆)을 분별한다. 이를 보면 고대에도 보첩을 담당하는 사관(史官)이 설치되어 있었다.'고 했다. 사마천(司馬遷)이 『오제계첩

---

69 「續修義烏一都貝氏宗譜引明序」: "夫國之有史, 郡之有志, 家之有譜, 其所由來尚矣." 본문은 盛清沂, 「論章學誠的譜學」, 臺灣 『故宮學術季刊』(第1卷, 第1號), 1983에 재인용.

70 『章學誠遺書』 卷21: "古者錫姓命氏, 義與封建相爲表裏, 故譜牒之學, 溯自生民之初, 大原出於天也."

71 『章學誠遺書』 卷23: "古者開國承家, 天子錫姓, 諸侯命氏, 生則別其屬, 死則紀以廟謚, 親疏遠近, 昭穆尊卑, 侯國掌之, 宗人王朝, 小史奠之系世, 故雖百世, 宗支可辨別也."

(五帝系牒)』과 『상서(尙書)』를 근거로 세계를 수집해 「삼대세표(三代世表)」를 집대성했듯이 씨족의 연원은 유래가 있는 것이다."[72]라고 했다.

그는 더 나아가 「사성운편서(史姓韻編序)」에서 "옛날의 제후들이 환적(宦蹟)에서 제거되어 가까스로 주보(周譜)에만 남게 되었는데, 이를 근거로 사마천이 세가계표(世家系表)를 만들었다. 여기서 내가 다시 언급하지는 않겠다. 『세본(世本)』이 세상에 널리 알려지고, 육조(六朝)까지도 여전히 그 책이 남아 있었다. 두예(杜預)가 『좌씨춘추(左氏春秋)』를 정리하여 소위 『세경공자제후(世卿公子諸侯)』를 편찬함에 여기에 여러 사실이 담겨 있어, 이런 성씨명부를 경사(經史)의 전문적인 학문으로 삼았다."[73]라고 했다.

「고우심씨가보서(高郵沈氏家譜序)」에서의 "그 근원이 하늘에서 나온다."[74]라는 장학성(章學誠)의 견해는 당연히 타당하지 않다. 하지만 가보가 "인류 발생 초기에 기원하고 있다."[75]라는 관점은 역사적 사실에 부합한다. 사마천의 『오제계첩』에서 '사성명씨(錫姓命氏)'의 분봉제(分封制)와 '소목친소(昭穆親疏)'의 종법제(宗法制)를 언급한 데서 발원했다는 주장과 "(의미는) 봉건(封建)과 서로 표리를 이루었다."[76]라는 주장, 그리고 『세본』, 『세경공자(世卿公子)』 등의 저술은 모두 당시의 보첩으로 "고대에도 가보를 담당하는 사관이 설치되어 있었다."[77]라는 등의 주장은 역사사실에 부합되는 비교적 정확한 견해이다.

위진남북조와 수당으로 접어들면서 중국 가보의 발전은 절정기에 이르렀다. 장학성은 「화주지씨족표서례상(和州志氏族表序例上)」에서 위진남북조의 가보가 흥성하게 된 원인과 발전된 상황에 대해 개괄적으로 논술했다. 이르길 "위진(魏晉)으로부터 육조(六朝)에 이르러 명망이 점차 중시되면서, 사대부들은 자진하여 사마천의 『세가(世家)』에 마음을 두고 가전(家傳)으로 삼았다. 그 명칭은 다양했는데, 예를 들어 왕숙(王肅)의 『가전(家傳)』, 우람(虞覽)의 『가기(家記)』, 범왕(范汪)의 『세전(世傳)』, 명찬(明粲)의 『세록(世錄)』, 육희(陸熙)의 『가사(家史)』 등이 이에 속한다. 가보와 더불어 전문 서적으로 채록하기 위해 이를 삽입하기도 했다. 지우(摯虞)의 『소목기(昭穆記)』와 왕검(王儉)의 『백가보(百家譜)』, 그리고 하승천(何承天)의 『성원(姓苑)』과 가희경(賈希鏡)의 『씨족요상(氏族要狀)』 등의 여러 작품은 같

---

72 『章學誠遺書』 卷24: "《周官》小史奠世系, 辨昭穆, 譜牒之掌, 古有專官。司馬遷以《五帝系牒》、《尙書》集世紀, 爲《三代世表》, 氏族淵源, 有自來矣。"

73 『章學誠遺書』 卷8: "昔者諸侯去籍, 周譜僅存, 史遷因之, 以作世家系表, 而余文遂不復究。《世本》流傳, 六朝尙有其書, 杜預之治《左氏春秋》, 所爲《世卿公子諸侯》, 多所取質, 此姓系名錄所以爲經史專門之學也。"

74 章學誠, 「高郵沈氏家譜序」: "大原出於天。" (역자 주)

75 章學誠, 「高郵沈氏家譜序」: "溯自生民之初。" (역자 주)

76 章學誠, 「高郵沈氏家譜序」: "與封建相爲表裏。" (역자 주)

77 『文史通義校注』 卷6 外篇1: "譜牒之掌, 古有專官。" (역자 주)

은 주제의 논술로 종합했다. 이를 다시 분류하면 위로는 역사서에 도움이 되고, 아래로는 유서(類書)에 유입될 수 있고, 그 차이가 매우 넓어 구분하지 않을 수 없었다. 동족 관계가 이미 엄격해졌으니, 군망(郡望)은 갈수록 중요해졌다. 예를 들어 패국(沛國)의 유씨(劉氏), 농서(隴西)의 이씨(李氏), 태원(太原)의 왕씨(王氏), 진군(陳郡)의 사씨(謝氏) 등은 비록 후손들이 흩어져 살거나 원래 함께 생활하지 않았지만, 족망(族望)은 반드시 근원이 같은 곳에서 시작했을 것이라 볼 수 있다. 후위(後魏)가 수도를 낙양(洛陽)으로 천도했을 때에 8종 씨(氏), 10가지 성(姓), 36개의 족(族), 그리고 92가지의 성이 하남(河南)의 낙양에 살고 있었다. 반면 중원의 명망 있는 사람들은 각기 집안의 서열을 정하고, 사해대성(四海大姓)과 주성(州姓), 군성(郡姓), 현성(縣姓)을 따서 보록을 기록했다. 제(齊)나라와 양(梁)나라에서는 이 분위기가 더욱 성행하여 관부가 관장하는 가보와 함께 전문 서적도 있었다. 예를 들어 왕검과 왕승유(王僧孺)가 저술한 『기주성족(冀州姓族)』과 『양주보초(揚州譜鈔)』가 이에 속하며, 일일이 기술할 수 없어 모두 주군(州郡)으로 세족을 맺었다."[78]라고 했다.

장학성(章學誠)은 「고우심씨가보서례(高郵沈氏家譜敍例)」에서 당시 가보는 관부에 진상되었고, 관부는 낭령사(郎令史)를 설치해 이를 별도로 관장했다고 했다. 이르길 "한위(漢魏)와 육조의 명망 권세 가문은 여전히 사회적 지위를 구분했다. 그 가보도 관부에 올라갔고, 낭령사가 이를 관장했으며, 그 제도도 여전히 옛날 것과 비슷하다."[79]라고 했다. 동시에 장학성은 또 위진남북조와 수당 시기 가보에는 이치에 맞지 않게 억지로 끌어다 붙이거나 남의 것을 훔치는 폐해가 있다고 날카롭게 지적했다. 이르길 "수당에 낭령사를 두어 가보를 관장하고 사관(史官)에게 인도했으나, 『주보(周譜)』[80]가 중간에 산실되어 그 근원도 알 수 없게 되었다. 그리하여 사대부는 서로 가세를 내세우고자 억지로 끌어다 붙이거나 신분을 사칭하고, 관직을 밀매하며, 공공연히 뇌물 수수가 행해져 가보에 폐단이 생기니 오히려 그 존재가 없는 것만 못했다."[81]라고 했다.

---

78 『文史通義校注』 卷6 外篇1: "自魏晉以降, 迄乎六朝, 族望漸崇, 學士大夫輒推太史公《世家》遺意, 自爲家傳。其命名之別, 若王肅《家傳》、虞覽《家記》、范汪《世傳》、明粲《世錄》、陸煦《家史》之屬, 并於譜牒之外, 勒爲專書, 以俟采錄者也。至於摯虞《昭穆記》、王儉《百家譜》, 以及何氏《姓苑》、賈氏《要狀》諸編, 則總匯群倫, 編分類次, 上者可裨史乘, 下或流入類書, 其別甚廣, 不可不辨也。族屬既嚴, 郡望愈重。若沛國劉氏、隴西李氏、太原王氏、陳郡謝氏, 雖子姓散處, 或本非同居, 然而推言族望, 必本所始。後魏遷洛, 則有八氏、十姓、三十六族、九十二姓, 并居河南、洛陽。而中國人士, 各第門閥, 有四海大姓、州姓、郡姓、縣姓, 撰爲譜錄。齊、梁之間, 斯風益盛, 郡譜州牒, 并有專書, 若王儉、王僧孺之所著錄, 《冀州姓族》、《揚州譜鈔》之屬, 不可勝紀, 俱以州郡系其世望者也。"

79 『章學誠遺書』 卷13: "漢魏六朝, 郡望門閥, 猶爲流品區分。其譜牒亦上於官, 有郎令史掌之, 其制猶近古。"

80 주보(周譜): 주왕실(周王室)의 보록(譜錄)을 가리킨다. (역자 주)

81 『章學誠遺書』 佚篇 「嘉善茜涇浦氏支譜序」: "隋唐設郎令史掌其屬籍事, 雖領於史官, 而周譜中遭放佚, 上失淵

송대에 들어서면서 중국의 가보는 새로운 발전을 맞이했다. 이 시기의 편찬 취지는 "관리를 선발하고 혼인을 정하며 신분을 구별한다."[82]라는 기존의 사회정치적 기능에서 "조상을 존경하고 종족 사이의 화목과 응집을 꾀한다."[83]라는 윤리 도덕적 기능으로 전환되었다. 가보 편찬의 내용, 형식 모두에 중요한 변화가 있었다. 이 시기의 가보는 더 이상 관청에 올릴 필요가 없었다. 장학성이 지적했듯이, "고대의 보첩은 관에서 관장했고, 후세 사람들은 스스로 가보를 기록했으며, 더이상 낭령사의 명을 받지 않았다."[84]라고 했다.

송대 이후 가보는 "가문이 사적으로 편찬했고, 사람들이 이를 자연스럽게 여겼다."[85]라고 했는데 이에 여러 가지 폐단이 발생했다. 장학성은 "관부가 더 이상 보계(譜系)를 관장하지 않아 가문이 사적으로 편찬하고 스스로 기록하게 되었다. 자손이 선조를 과찬하거나 국사와 일치하지 않고 어긋나는 경우가 많았다. 품행이 방정하지 않은 자들이 빌붙거나 사칭하고, 종보를 밀매하며, 가짜를 진짜처럼 속이고, 근거가 없는 일을 황당하게 기록하는 등 이루 다 말할 수가 없다. 명문대족(名門大族)의 후손들은 가세를 서로 과시하고 사사로이 이름을 자작했다. 강좌(江左)의 왕씨(王氏)와 사씨(謝氏) 등 가문에서 관직 계급이 있는 것으로 속여 열전(列傳)에 써넣었는데 사관(史官)이 붓을 물고 심사숙고할지라도 진의를 구별할 수 없었다. 이씨(李氏)는 반드시 농서(隴西)에서 기원하고 유씨(劉氏)는 반드시 패국(沛國)에서 기원했다고 자칭하며 그저 지위와 명망만을 추구하고 그 유래를 묻지 않았다. 보에 나타나는 폐단을 보니 없는 것만 못하구나!"[86]라고 했다.

이처럼 장학성은 여러 글에서 중국 가보의 발전 연혁(沿革)을 개략적으로 기술했다. 역대 가보 편찬에서 나타난 폐단을 중점적으로 지적하고 그 원인을 분석하여 후세 가보의 편찬자로 하여금 이를 경계토록 했다. 중국 계보학(系譜學)에 대한 그의 관점은 수천 년 중국 가보를 편찬하는 과정에서 등장한 득실을 종합하고 정리하여 계보학 이론을 제시했다.

源, 士大夫以門第相矜, 遂多依托附會, 至於私售官譜, 賄賂公行, 有譜之弊, 轉不如無譜矣。"

82 『通志·氏族略序』: "別選擧、定婚姻、明貴賤。" (역자 주)

83 "尊祖、敬宗、收族。" (역자 주)

84 『章學誠遺書』 卷13 「論修史籍考要略」: "古者譜牒掌於官, 而後世人自爲書, 不復領於郎令史。"

85 『文史通義校注』 卷6 外篇一 「和州志氏族表序例中」: "家自爲書, 人自爲說。" (역자 주)

86 『文史通義校注』 卷6 外篇一 「和州志氏族表序例中」: "譜系之法, 不掌於官, 則家自爲書, 人自爲說, 子孫或過譽其祖父, 是非或頗謬於國史。其不肖者流, 或謬托賢哲, 或私鬻宗譜, 以僞亂眞, 悠謬恍惚, 不可勝言。其清門華胄, 則門閥相矜, 私立名字。若江左王謝諸家, 但有官勛, 卽標列傳, 史臣含毫, 莫能裁斷。以至李必隴西, 劉必沛國, 但求資望, 不問從來。則有譜之弊, 不如無譜!"

3) 가보의 체례

장학성은 가보의 체례에는 표(表)·첩(牒)·도(圖)·전(傳)·문정편(文徵篇)·구보서례(舊譜序例) 등을 포함하는 것으로 보았다.

첫째, 표는 다시 말해 세계표(世系表), 일명 도(圖)나 보(譜)라고 부른다. 그는 세계표에 대해 "세계(世系)가 단지 묵선(墨線)으로만 연결되어 있고, 명칭이 표이지만 사실은 그림이다."[87]라고 했다. 그리고 "가보의 계표(系表)는 일반적으로 뒤에 도표를 배열하는 것이 『주보(周譜)』의 옛 형식이며, 이 형식은 후세까지 이어졌다."[88]라 했고, "세계표에는 명휘와 항렬만 붙이고 주석을 달지 않는다. 표에 주석이 없고 자폭 사이에 부수적인 글자가 많지 않아, 20~30세대까지 수록할 수 있다."[89]라고 했다. 요약하면 장학성은 가보에 수록한 세계표는 도(圖)라고 보았다. 즉 주보의 도표 형식을 사용해 묵선으로 연결하며 세계는 사람의 이름과 항렬을 수록한, 주석을 달지 않는 도로 보았다.

장학성은 『가보잡의(家譜雜議)』와 「고우심씨가보서례(高郵沈氏家譜敘例)」에서 가보에 표를 넣는 방법에 대해서도 구체적인 의견을 제시했다. 표는 주로 족인 가계(家系)를 기술하는 것으로, 위에서부터 아래로, 처음부터 끝까지 철저히 실행해야 하며, 20~30대는 거슬러 올라가도 좋다고 여겼다. 또한 "무릇 세계(世系)는 표로 기술하며 지파별로 세대 간을 연결하고 항렬이 분명히 나타나게 한다. 하지만 세계에는 명휘만 기록하여 지면을 크게 차지하지 않기 때문에 자폭을 위에서 아래까지 기술할 수 있다."[90]고 주장했다. 그는 당시의 가보에 5세대만 기술하고 5세대 이상은 표로 기술하지 않은 것은 그 계보(系譜)가 명확하게 나타나지 않을 수 있어서 적절치 않다고 생각했기 때문이다. 장학성은 또한 방지(方志) 중에 표를 넣을 것을 주장했고, 그는 몸소 실천하여 직접 담당한 방지에는 모두 많은 표를 넣었다. 예로 「인물표(人物表)」, 「직관표(職官表)」, 「선거표(選擧表)」, 「부역표(賦役表)」, 「씨족표(氏族表)」, 「사족표(士族表)」, 「족망표(族望表)」 등으로 표의 역할이 충분히 발휘될 수 있게 했다. "보표(譜表)를 방지에 적용한 것은 장씨(章氏)가 최초라고 할 수 있다."[91]

---

87 『章學誠遺書』 卷13 「宜興陳氏宗譜書後」: "世系僅用墨線鉤聯, 名雖爲表, 其實圖也。"

88 『章學誠遺書』 卷13 「高郵沈氏家譜敘例」: "家譜系表, 旁行斜上, 乃是周譜舊式, 後世所本者也。"

89 『章學誠遺書』 卷23 「家譜雜議」: "世系之表, 但書名諱、輩行, 不復須加子注。表無子注, 則尺幅之間, 約字無多, 而二三十世可繩貫矣。"

90 『章學誠遺書』 卷13 「高郵沈氏家譜敘例」: "夫世系設表, 惟取其分別支派, 使蟬聯系屬, 皎若列眉, 但書名諱, 占地無多, 故尺幅可以徹上下矣。"

91 倉修良·葉建華, 『章學誠評傳』, 南京大學出版社, 1996, 371쪽.

둘째, 첩(牒)이다. 장학성은 "첩은 표의 주석이다. 표에 명휘만 기록하고 항렬, 자호(字號), 관직, 생몰, 처첩, 성씨, 자녀 상황, 묘지(墓地) 방향 같은 내용을 모두 이름 밑에 기록하는데 이는 경력과 같다. 표에 다 넣을 수 없기 때문에 첩을 만들어 구체적으로 설명하는 것은 옛 형식을 따른 것이다."[92]라고 했다. "표는 지파를 중심으로 장지(長支)의 후손들을 모두 기술해야 이지(二支)의 조상을 기술할 수 있는데 이것이 이른바 경선(經線)이다. 첩은 항렬을 위주로 하여 한 세대를 다 기술해야 장지의 후손의 세계를 기술할 수 있는데 이것이 이른바 위선(緯線)이다. 경선과 위선을 결합시켜 인륜의 도리를 표현한다."[93]고 했고, "이른바 자호(字號), 관작, 생몰연월, 처첩의 성씨, 자녀의 상황, 매장한 장소를 본래 도표 형식으로 하지는 않는다. 다만 서열이 확실하고 다른 항렬이 존재하지 않는다면 그 순서 뒤에 첩의 형식으로 바로 적는다."[94]라고 했다. 그러므로 모르는 사람이 이 표를 보고서도 그 소목친소(昭穆親疏)의 관계를 한눈에 알아볼 수 있는 것이다. 그리고 표의 이름을 보고 첩의 주를 살펴보면 그 순서를 모를 리 없으니 이 또한 배열 순서를 만드는 방법일 것이다. 장학성의 주장을 요약하자면, 첩은 표의 주석이고, 자호(字號)·생몰·처첩·자녀의 내용을 담고 있으며, 표의 뒤에 설명되어 있다고 했다. 표와 첩의 관계는 경선(經線)과 위선(緯線)이며, 첩은 항렬 위주로 기록하고, 선이 없이 연결된다. 장학성은 나아가 가보 중에 분류 목록과 가보의 우월성에 대해 논했다. 이르길 "모르는 자가 표를 보고 소목친소에 대해 한눈에 알아볼 수 있고, 표의 이름 순서에 따라 첩의 주석을 보면, 어찌 배열 규칙의 순서를 보지 못할 수 있겠는가? 이것이 순서 배열의 방법인 것이다. 지금은 각각 표와 첩을 종이로 10번 정도 사용해서 구별하니 한 번에 알 수 있을 것이다."[95]라고 했다.

셋째, 도(圖)이다. 즉 인물초상화나 묘지(墓地) 형세도(形勢圖)를 말한다. 장학성이 "사서 편찬 시 그림은 빠져서는 안 될 구성 부분이다. 가보도 마찬가지로 그림이 필요하다. 그림의 역할은 표나 첩으로 대신하기 어렵기 때문이다."라고 했다. 또한 "도는 무언(無言)

---

92 『章學誠遺書』 卷13 「高郵沈氏家譜敘例」: "牒者, 表之注也。表僅列名, 而人之行次、字號、歷官、生卒、妻妾、姓氏、子女所出、塋墓方向, 皆當注於名下, 如履貫然。表線所不能容, 故著牒以詳之。蓋古法也。"

93 『章學誠遺書』 卷13 「高郵沈氏家譜敘例」: "表以支派爲主, 伯支末世子孫未盡, 不能書仲支之祖宗, 所謂經也。牒以行輩爲主, 一輩兄弟叔季未盡, 不能書伯支之子系, 所謂緯也。一經一緯, 所以表人倫之道也。"

94 『章學誠遺書』 卷13 「與馮秋山論修譜書」: "所謂字號、官階、生卒年月、妻妾姓氏、子女嫡庶、窆葬處所, 本不待旁行斜上之體;而始能分明, 例須無其輩行, 排列於後, 直書爲牒。彼觀之者, 見表而昭穆親疏, 了如指掌。然後循表之名, 考牒之注, 豈不觀覽有序, 編次可法也哉。"

95 『章學誠遺書』 卷13 「與馮秋山論修譜書」: "彼觀之者, 見表而昭穆親疏, 了如指掌, 然後循表之名, 考牒之注, 豈不觀覽有序, 編次可法也者! 今分別表、牒, 用紙不過十番, 而一望可曉。"

의 역사이고, 보첩(譜牒)은 문장이 없는 책이므로 서로 보완 관계로, 하나라도 없어서는 안 되는 것이다."[96]라고 했다.

장학성은 가보에 나오는 도는 주로 두 가지 종류가 있다고 주장했는데, 하나는 선조의 인물초상화이다. 초상화는 부암(傅岩)에 위치한 영당(影堂)에서 기원했고, 제사는 처음에 당(唐)나라 시기에 시작되어 송대에 행해졌다고 보았다. 송나라의 정자(程子)는 "초상화는 매우 신중을 기해야 한다. 조금이라도 실제 모습과 다르면 바로 남이지, 내 친족이 아니다."[97]라고 주장했다. 이에 대해 장학성이 "옳은 말이지만 다 그렇지는 않다. 옛사람이 성현(聖賢), 선불(仙佛), 명인(名人)과 선비를 그려 저술에 넣었는데, 그들도 본 적이 없고 다 상상을 통해 선조의 초상화를 구성했다. 이를 어찌 꾸짖을 수 있겠는가? 이미 그런 이름이 붙여졌는데, 어찌 존경하지 않을 수 있겠는가?"라고 반문했다. 그는 선조의 초상이 조정의 관복을 입고 채색이 현란하며 장식이 화려해도 걸어서 잘 모시기만 하면 되는데, 오랜 시간이 지나 유실될까 두려우니, "훌륭한 인재를 모아 백묘(白描)를 한 뒤에 판에 새겨 인쇄하고 보첩에 첨부하여 오랫동안 잊지 않도록 해야 한다."라고 했다.[98]

다른 하나는 조상의 묘지 형세도이다. 장학성은 가보에 조상의 묘지 지도를 기재하는 것이 매우 중요하다고 보았다. 만약 조상의 고분이 수세대 동안 기록되지 않으면 나중에 검증하기가 어렵기 때문에 "보록은 빠지면 안 된다. 지금까지 대대로 고분의 방향이 어떻게 자리를 잡고 있는지를, 만약 제를 지내는 전답이 있으면 그 형세를 묘사하여 그리고, 이어 대체적인 규모와 윤곽까지 모두 열거하여 오래되었다는 것을 보여 주어야 한다."[99]라고 했다.

넷째, 전(傳)이다. 장학성은 "세전(世傳)은 가보를 만드는 사람이 세로로 표시된 표와 가로로 표시된 첩 중에 본받을 만한 좋은 말과 행실을 선택하여 규범으로 만들고 열거하여 전할 수 있고, 이때 생사와 같은 일반적인 일은 기록하지 않으며, 규정된 형식이 있으면 전이라 할 수 있다."[100]라고 했다. 즉 족인이라 해서 누구나 보전(譜傳)을 쓸 수 있는

---

96 『文史通義校注』 卷6 外篇1 「和州志與地圖序例」: "圖象爲無言之史, 譜牒爲無文之書, 相輔而行, 雖欲闕一而不可者也。"

97 "影圖不可不愼, 如有絲毫不愼, 便是他人, 非吾親也。" (역자 주)

98 『章學誠遺書』 卷13 「高郵沈氏家譜敘例」: "募佳手白描, 鐫板以爲印本, 附於譜牒, 則愈久而不忘。"

99 『章學誠遺書』 卷13 「高郵沈氏家譜敘例」: "譜錄不可少也。今取累葉塋墓方向坐落, 若祀田頃畝, 繪其形勢方面, 及其四至八到, 悉譜列之, 以示久遠。"

100 『章學誠遺書』 卷13 「宜興陳氏宗譜書後」: "世傳自是作譜人於橫表縱牒之中, 擇其嘉言懿行, 可以爲法則者, 羅列爲傳, 非字行生卒之類, 人所同具, 而式有一定者, 可稱傳也。"

것은 아니고, 족인 중에 "훌륭한 언행을 지녔거나 모범이 될 수 있는 자"[101]로 한정했다. 그래서 보전을 표의 주석인 첩과 구별했다. 첩은 항렬과 생사 등 모든 사람이 갖고 있는 내용으로 규정된 형식이 없어 전이라 할 수 없고, 첩이라 일컫는다. 그는 보전이 매우 중대하다고 생각했으며 나아가 보전은 사전(史傳)보다 더욱 상세하고 구체적인 자료로 이루어져야 한다고 했다. 이런 이유로 가전(家傳)이 사전에 채택되어 쓰일 수 있는 것이다. 장학성은 당시 가보에 나오는 "자손이 조부를 표양함"에 대하여 사실보다 과장되게 말하거나, "당대에 벼슬을 지낸 것으로 거짓 묘사하거나 축원의 내용"[102]을 보전에 기록하는 등 "저작의 요지와 편집의 격식이 순수하지 못함" 등의 여러 폐단이 존재한다고 말하고, 가보를 작성할 때에는 "모든 기록에는 반드시 믿을 수 있는 증거가 있어야 하고, 감히 허위 사실을 날조해서는 안 된다."[103]라고 했다.

장학성은 또한 사전과 방지(方志)를 인용해 '열녀편(烈女篇)'이 표 안의 항렬 이론의 근거를 가지고 있다고 보았다. 그래서 가보에서 내전(內傳) 확대를 주장하고, 후세 부녀 교육의 본보기로 삼고자 했다. 출가한 여인이 그 내훈을 전승하고, 절행을 표상할 만한 인물을 외전(外傳)에 기록해 내전과 표리를 이루고자 했다. 출가하지 않은 여인의 효행은 '내전'에 수록하도록 했다. 장학성은 특히 가보의 '내전'은 사지(史志) 중의 열녀편과 다르기 때문에 '정효절열(貞孝節烈)'의 여인으로 제한하지 말고, '무릇 정숙한 여자는 남편을 내조하고, 현명한 어미는 자식을 훈계하며, 슬기로운 부인은 집안을 돌보고, 규수는 글짓기에 탁월한 재주가 있고, 첩실은 착한 천성을 가지고 있어야 한다.'는 덕목을 갖춘 부녀자는 모두 내전에 열전(列傳)할 수 있고, 수록된 범위는 사지보다 비교적 넓어야 하기에 "방지가 사전보다 넓고, 가보가 방지보다 넓어야 한다."[104]라고 했다.

다섯째, 문정편(文征篇)이다. 장학성은 「고우심씨가보서례(高郵沈氏家譜敍例)」에서 문정편에 수록된 내용과 그 의미를 다음과 같이 논했다. 이르길 "가보는 가사(家史)로서 선인의 본받을 만한 좋은 말과 행동을 모두 수록해야 한다. 따라서 편찬자는 박학다식한 사람이어야 된다. 춘부장에 관한 상주문은 가장 앞에 두고 구보(舊譜)의 전장(傳狀)은 추리고 다듬어서 신보(新譜)의 열전에 싣고 하나의 체례로 그려 선인들의 미덕에 흠을 내서는 안 된다. 제존문(第存文)의 형식이 아니라 문정을 실어서 신보를 여러 사람들이 자세

101 "佳言懿行, 可以爲法則。" (역자 주)

102 "奪取時人投贈之筆、祝嘏銘誄之辭。" (역자 주)

103 『章學誠遺書』 卷13 「高郵沈氏家譜敘例」: "事必信而有征, 不敢矯誣失實。"

104 『章學誠遺書』 卷13 「高郵沈氏家譜敍例」: "方志寬於史傳, 家譜自當寬於方志。"

히 본 후에 의견을 달도록 해야 할 것이다. 문장을 교정함에 선인들과 다른 의견이 생긴다면 의심의 여지를 두고 보첩(譜牒)의 방식에 따라 두 번째에 기술하도록 한다. 시(詩)·부(賦)·사(詞)·장(章)이나 서발(序跋)문에 대해 감명을 받았다면 선인들의 것은 귀한 것이니 부와 시를 지로 보아 두 번째에 두도록 한다. 이러한 문장이 그리 많지는 않겠으나 자손들이 선인들의 작품을 읽을 수 있도록 곳곳에 기록하여 충과 효를 가르치고, 조상의 이름을 널리 알리며, 대의를 이룰 수 있다면 그것으로 충분하다."[105]라고 했다. 이를 통해 장학성이 가보 체례에 '문정편'에 수록할 문장은 춘부장의 상주문(上奏文), 구보(舊譜)의 전장(傳狀), 교정한 문장과 시부(詩賦)와 사장(詞章) 등을 포함하는 것으로 매우 조예가 깊은 자의 글을 중시했다. 이로써 중요한 문헌 자료를 잘 보존할 수 있을 뿐만 아니라 보전(譜傳)의 표리를 통해 충과 효를 가르칠 수 있고, 더욱이 후손을 교육하는 효과도 있었을 것이다.

문정편은 또 내편과 외편으로 나눌 수 있는데, 내편은 선조의 저작물을, 외편은 족인 외부 문인들이 선조나 그 집안을 위하여 쓴 글을 수록한 것이다. "일시적으로 보수를 받고 써 주는 것인데, 어찌 미사여구가 없겠는가? 그럼에도 군자의 친구인 까닭에 글의 본질은 변하지 않는다. 외편의 이름과 관직을 검증하고, 내편에 기재된 내용과 반복하여 상호 비교, 검토한다."[106]고 했다 즉, 자손이 가보 내편과 외편에 기재된 글을 서로 참조해 검증해야 했다.

여섯째, 구보서례(舊譜序例)이다. 장학성은 서적 중에서 끊임없는 집필과 편찬이 방지(方志)와 가보에서 많이 이루어졌다고 여겼으며, 선인이 집필에 심혈을 기울였기 때문에 후손들이 가보를 편찬할 때 선인이 집필했던 가보의 서례(序例)를 새로 편찬한 가보에 주요 내용으로 기재했다고 생각했다. 또한 구보의 서례뿐만 아니라, 구보의 의례를 게재해야 비로소 음수사원(飮水思源)[107]이라 할 수 있다고 주장했다. "자손이 그 책을 물려받고도 선인의 서례를 저술하지 아니하거나 서문(序文)과 발문(跋文)만을 간직하고 이전 가

---

105 "譜爲家史, 前人嘉言懿行, 諸傳旣已載之; 文則言之尤雅者也。奏疏尊君, 列於首矣, 舊譜傳狀, 多刪取爲新譜列傳, 取畫一於體例, 非敢掠前人之美也, 原本錄於文徵, 非第存文, 且使新譜諸傳詳略互見, 亦史家旁證之遺意也。考訂論辨之文, 有關先世傳聞異同, 嫌介疑似, 尤爲譜牒指南, 則次列之。詩賦詞章, 或有所抒發, 或中有感遇, 古人所貴, 賦詩以見志也, 則又次列之。(中略) 然文不貴多, 子孫能讀前人之書, 卽區區所錄, 敎忠敎孝, 顯親揚名, 大義已無所不備矣。" (역자 주)

106 『章學誠遺書』 卷13 「高郵沈氏家譜敘例」: "一時應酬投贈, 豈無藻飾腴辭, 然君子之交, 文不離質。試取外篇辭事, 與內篇所載, 反復互勘。"

107 음수사원(飮水思源): 중국 남북조 유신(庾信)의 징조곡(徵調曲)에서 유래된 성어로, 물을 마실 때는 그 근원을 잊지 않는다는 말이다. (역자 주)

보의 의례가 어떠한지를 기록하지 않으면 거의 식수의 근원을 잊는 것과 같다."[108]라고 했다.

장학성은 가보 체례의 구성 요소를 제기했을 뿐만 아니라 그가 참여한 가보의 편찬에도 철저히 실행되기를 원했다. 가경 원년(1796)에 그는 양주(揚州)에서 『고우심씨가보(高郵沈氏家譜)』를 교정했고, 가보를 위해 설계한 편목은 다음과 같다. (1) 고칙(誥敕), (2) 세계원류도(世系源流圖), (3) 지계표(支系表), (4) 세첩(世牒), (5) 열전(列傳), (6) 내전(內傳), (7) 외전(外傳), (8) 인물초상화, (9) 영역도(塋域圖), (10) 문정내편(文征內篇), (11) 문정외편(文征外篇), (12) 구보서례로 모두 12편이다. 그는 「고우심씨가보서(高郵沈氏家譜序)」에서 이 가보의 각 편목에 대해 다음과 같이 소개하고 있다.

> 고칙(誥敕)에서는 숭왕(崇王)의 제도를 근거로 성씨를 하사한다. 계도(系圖)에는 그 근원을 돌이켜 봄에 의심스러운 설이 잔존하고, 의견은 분분하나 내포된 의미는 미미하다. 계표(系表)는 주보(周譜)의 법도를 따라 표의 양식으로 배열하고 종전의 관례를 철저히 이행하고 있으므로, 5대가 별도의 관례를 따르지 않는다면 소목친소(昭穆親疏)의 관계가 매우 분명할 것이다. 세첩(世牒)은 주석의 뜻을 인용하여, 명료하게 분석하고 조목별로 나누어, 표와 함께 참고하는 번잡한 문장을 사용하지 않아도 되며, 자손의 생사에 관한 모든 조항들을 분명하게 알 수 있다. 열전(列傳)은 좋은 말과 훌륭한 행실을 기술하고, 장하고 큰 뜻이 담긴 거친 잡문(雜文)을 품고 있는 본뜻이 잘 드러나고 체례(體例)에 부합하도록 다듬고 고친다. 내전(內傳)은 부덕의 수양과 연마를 나타내고, 외전(外傳)은 여훈의 근엄함을 현양하며, 특히 조리가 있으면서도 함부로 꾸며내지 않는다. 예는 의로움으로부터 시작되고, 초상화는 용모의 보전을 목적으로 하고 방위가 점차 미약해지면 영역에 침략의 증후가 깃들게 된다. 수집 원고는 고찰에 대비하여 헌납하고, 내편에서는 선인들이 남기신 저작들을 볼 수 있고, 외편은 동인의 칭송을 나타낸다. 만일 선인들이 심혈을 기울여 창조하고, 계속하여 편찬하여 원서원례가 공존하고, 오로지 한 가문만 보고 저술하여 후손에게 계승하면, 그 유래가 분명할 것이다. 대체로 바르고 경위(經緯)의 소목(昭穆)이 분명하며, 구양수의 편집방법을 따르는 데 어려움이 없고, 소순의 사존(私尊)에 대한 폐해가 없을 것이다. 거슬러 올라가 『주관(周官)』의 소리(小吏)부터 당전의 영사까지 선인들의 뜻이 부합되지 않는 곳이 없다. 비록 한 가문의 책이라고는 하나 그 의미를 알고 내용을 충실히 하면 천하의 모든 후세들에게 알려 함께 저

108 『章學誠遺書』 卷13 「高郵沈氏家譜敘例」: "後人襲其書, 而不著前人之序例, 或僅存序跋, 而不著前書之義例如何, 則幾乎飲水而忘源矣."

술할 수 있을 것이다.[109]

이상을 통해 알 수 있듯 『고우심씨가보』는 실제로 장학성의 가보체례 이론을 적용해 편찬한 것이다.

4) 가보 편찬의 원칙

장학성의 가보 편찬에 관한 원칙은 역대는 물론 당시 사회적으로 가보 편찬에 나타난 몇 가지 폐단에 대해 언급한 것이다.

장학성은 위진남북조와 수당 시기에 관부가 수보를 독점한 관찬보첩가 성행했고, 그로 인해 '의탁(依託)과 부회(附會)'의 폐해가 발생했다고 생각했다. 그는 "수당은 낭령사(郎令史)를 두어 호적을 관장하게 하고, 사관(史官)에게 인도했으나 『주보』에서 산실되어 가보의 근원을 잃게 되자, 사대부 집안에서는 가문 내력을 과시하고자 결국 다른 이의 명의를 사칭하거나 억지로 끌어다 붙이는 경우가 많아졌고, 관보를 밀매하고 공공연하게 뇌물을 주고받는 등 여러 폐해가 발생했으니 차라리 가보가 없느니만 못하다."[110]라고 한탄했다.

계속해서 그는 남송(南宋) 이래 관찬보첩은 쇠락하고 사찬가보는 발전했으나, "본인 집안을 위해서 기록하고, 자신을 위해서 말한다."라는 사찬가보는 "한쪽으로 편향된 경향이 있고, 내용도 빈약하다."라는 단점을 지적했다. "사찬가보는 흔히 유명한 현인을 부회하고, 덕업을 과시하며, 그들의 잘못을 뇌물로 기만한다. 종종 자손들은 고조, 증조의 이름을 기억하지 못하고, 간혹 기록이 있더라도 조잡해서 고찰하기 어려우니, 그들의 과실을 은닉하는 것이다."[111]라고 했다.

---

109 『章學誠遺書』 卷21 「高郵沈氏家譜序」: "誥敕以崇王制, 則推受姓之遺。系圖以溯本原, 則存缺疑之說, 所見大而命意微矣。系表追周譜之法, 旁行斜上, 貫徹始終, 而不循五世別起之俗例, 則昭穆親疏之屬, 朗如列眉。世牒仿傳之意, 條明款析, 比類分區, 而不用隨表夾註之繁文, 則生卒子女諸條, 明於指掌。列傳以述嘉言懿行, 而鎔裁狀志雜文, 以協於體例, 則文指無岐。內傳以表婦德之修, 外傳以彰女訓之謹, 尤爲有倫有脊。禮以義起, 則影圖存容貌之瞻; 杜漸防微, 則塋域著侵陵之戒。征文以備考獻, 內篇見手澤之留貽, 外篇表同人之推許。至若前人草創苦心, 中經續修增撰, 并存原序原例, 以見壹門作述, 先後繼, 其來有自。大體旣正, 經緯昭宣, 無歐陽刊削之嫌, 無蘇氏私尊之弊。上溯《周官》小史, 唐典令史, 古人之意, 時有所符。則雖先生壹家之書, 知其意者, 擴而充之, 雖爲天下後世, 共著其文可也。"

110 『章學誠遺書』 佚篇 「嘉善茜涇浦氏支譜序」: "隋唐設郎令史掌其屬籍事, 雖領於史官, 而周譜中遭放佚, 上失淵源, 士大夫以門第相矜, 遂多依托附會, 至於私售官譜, 賄賂公行, 有譜之弊, 轉不如無譜矣。"

111 『文史通義校注』 卷7 外篇2 「永淸縣志士族表序例」: "私門譜牒, 往往附會名賢, 侈陳德業, 其失則誣。(中略) 往往子孫不志高曾名字, 間有所錄, 荒略難稽, 其失則陋。"

장학성은 관찬보첩에는 '의탁(依託)과 부회(附會)'의 단점이 있고, 사찬가보에는 '한쪽으로의 치우침과 빈약한 내용'이라는 폐단이 존재함을 밝힘으로써 시대적 병폐를 정확히 지적했다. 또한 "가보에 폐단은 없느니만 못하다."며 적극적으로 가보의 사활이 걸린 문제를 거론했다. 그는 수많은 가보의 폐해를 지적함과 동시에 가보가 '사학의 한 지류'라는 관점에서 출발하여, 사학 편찬의 고도에서 다음과 같은 가보 편찬의 원칙을 제시했다.

첫째, 편찬 방법의 통일이다. 장학성은 「가보잡의(家譜雜議)」에서 당시 사회에서 편찬한 가보에 '기재의 오류'와 '많은 부분이 일치하지 않는 점'이 존재하는 상황에 대해 다음과 같이 지적했다. "원래 가보 편찬란 한 집안의 역사를 기록하는 것으로, 응당 규정된 체례(體例)가 있는데 어찌 제멋대로 사사로이 기재할 수 있단 말인가? 최근에 남쪽 주현의 여러 가보를 살펴보니 많은 부분이 통일되지 않고 제각각이다. 비록 문필이나 기예가 뛰어난 사람이 기록한다고 하더라도, 종종 실수가 따르는 법이다. 그러므로 근본을 규명하기 위해서 체례를 자세히 살펴보아야 한다."[112]라고 했다. 장학성은 가보를 편찬하는 것은 전문적인 학문으로, 그 기록 방법은 반드시 규범화되어야 하며 통일되어야 한다고 생각했다. 그러나 개개의 가문에서 사적으로 가보를 편찬하고 사람마다 서로 생각이 다르니, 필시 체례가 제각각일 수밖에 없다. 이에 보법을 통일하기 위하여 가보 편찬자의 수준 향상이나 일부 학자의 개인적인 노력에만 의존할 것이 아니라 반드시 조직적인 계획과 제창이 필요하다고 주장했다. 이를 위해 장학성은 첫째로 주현(州縣)에 방지과(方志科)를 두어 가보를 함께 관리해야 한다고 했다. 둘째, 전문가와 학자들을 모집하여 방지과에 소장된 가보의 체례를 통일시키고 기록 내용에 법도와 관련된 지식을 포함시키기를 원했다. 셋째는 주현이 방지(方志)를 편찬할 때 '씨족표(氏族表)'와 '망족표(望族表)' 등의 항목을 추가하여 가보 편찬 체례를 통일해 한목소리를 내야 한다고 주장했다. 장학성의 이런 주장들은 모두 보고 듣거나, 배워서 얻은 지식과 견문에 바탕을 둔 것이다. 예를 들어 방지 속의 '씨족표'와 '망족표'는 모두 직접 실행한 듯하다. 하지만 학자들을 모아 각 가보의 체례를 통일하는 것은 분명히 어려웠던 일로 보인다.

둘째, 여러 사람에게 숨김없이 명백히 공개해야 한다. 장학성은 "가보를 편찬하는 사람은 스스로를 역사학자라 여기고 가보를 편찬하는 과정에서 서술과 의론은 객관적이

112 『章學誠遺書』 卷23 「家譜雜議」: "惟修譜本爲家史, 體例自有一定, 豈得出入任情, 茫無成法歟? 匯觀近日南州諸譜, 於此等處, 多不畫一。雖經名手裁訂, 亦往往不免。故爲推本而究言之。"

고 공적인 것을 추구해야 하며, 조금도 사사로운 견해가 있어서는 안 된다. 즉 가보가 한 집안의 공론으로 본 족인의 객관적이고 공평한 기록이어야 한다."라고 주장했다.

그는 구양수(歐陽修)가 편찬한 『구양씨보도(歐陽氏譜圖)』의 결함은 바로 '공언불휘(公言不諱)'하지 않은 것이라고 했다. "구양(歐陽) 가보에는 선조 중에 오대십국(五代十國) 시기에 벼슬을 지낸 사람이 있는데, 종종 관직 등급을 강등시키기도 하여 이미 가보의 본래 의미를 잃게 되었다."[113]라고 했다. 구양수의 조상은 오대십국 시기에 "하찮은 일로 소신을 버린 일"[114]이 있었는데, 구양수가 가보를 편찬할 때 '은폐'라는 수법을 써서 조상의 일을 삭제했다는 것이다. 장학성(章學誠)은 이런 '은폐'가 "가보의 실제 의미를 잃게 하고, 사서 체례를 상세히 알지 못하게 한다."[115]라고 주장했다. 가보의 실의를 잃게 한다는 것은 즉 그것을 숨겨서는 안 된다는 것을 의미한다. 또한 그는 가보를 편찬할 때 사마천(司馬遷)과 반고(班固)에게 배워야 한다고 주장했다. "사마천은 가보를 저술할 때 모든 것을 공적으로 서술했으므로 다른 저술과 다른 점이 없었다. 고로 공정한 덕을 세상에 알릴 수 있었고 사적으로 그 조상을 과장하지 않았다."[116]라고 했다. 실제로 구양수는 사학자로서 자신 족인의 족보를 편찬했으나 사마천과 반고처럼 '공언불휘'를 하지 않았다.

장학성은 당시 가보에서 본가 족인 중에 있는 무직자, 법을 어겼거나 출가한 사람에 대해 꺼려서 숨기거나 삭제하여 기록하지 않는 행위도 옳지 않다고 보고 "가세를 공가(公家)의 말로 서술하여 기록해야 하며, 거리끼는 것이 있어서는 안 되고 여러 사람 앞에 숨김없이 명백하게 공개해야 한다."라고 주장했다.

셋째, 자신 종족의 조상만을 공경해서는 안 된다. 장학성은 가보를 편찬할 때 오직 자신의 조상만을 존중할 것이 아니라 방계 조상도 차별 없이 대해야 한다고 했다. 또한 본지(本支)와 방지(旁支) 조상 호칭을 하나로 통일하고, 조상의 지위나 신분의 높고 낮음을 따지지 말아야 한다고 했다. 즉 본가의 선조만을 존중하고 방계의 선조를 멸시해서는 안 되며, 나아가 '소친불존(所親不尊)'을 주장했다.

장학성은 소순(蘇洵)이 편찬한 가보는 '소친불존'을 이루지 못했다며 다음과 같이 지적했다. "소씨(蘇氏) 족보를 소씨 일족의 가보라 자칭하고, 본가의 선조만을 존대하여, 동

---

113 『章學誠遺書』 卷21 「高郵沈氏家譜序」: "歐陽之譜, 於其先世, 有仕於五季十國間者, 往往削其所署官階, 既失書實之義."

114 "爲五斗米折腰之事." (역자 주)

115 "失書實之義", "太不諳史例." (역자 주)

116 『章學誠遺書』 卷23 「家譜雜議」: "遷、固敘其家世, 書至談、彪, 猶作公家之言, 與他稱述無異, 所以公其道於天下, 而不以私尊私貴褻其親也."

족의 사가 기록 필법의 상략(詳略)과 존비의 체례에 어긋난다. 이는 본인이 집필하다 보니 자신의 조상을 내세울 수 있었기 때문일 것이다. 그러나 이것은 어린아이의 소견과 다름없으니, 사람들로 하여금 제각기 자신의 의견을 내세울 수 있도록 해야 한다. 방계의 선조를 멸시하면, 곧 가보는 의론의 발판이 될 것이다."[117]라고 했다. 장학성은 또 편찬된 가보들에서 사존(私尊)의 폐해를 종종 볼 수 있다고 했다. 그는 기효람(紀曉嵐)의 『기씨가보(紀氏家譜)』 서례(序例) 규정을 언급했다. 이르길 "13대 이상은 공(公)이라 칭하고, 14대는 단지 자(字)로 불리고, 15대 이하는 모두 이름을 쓴다. 그 선조의 존비에 따라 역시 별도의 지파로 다루고, 별도의 지파 13대 역시 자로만 불린다. 이 규정에 따르면 무릇 한 세대가 바뀌면 수보(修譜)를 해야 하고 이렇게 되면 4세대의 호칭이 달라지니, 그 절차가 복잡하여 사람들이 능히 감당할 수 없다."[118]라고 했다. 즉 사존(私尊)의 폐해는 사학과 같은 취급을 하고, 존비에 관계없이 객관적으로 서술하는 방법에 위배될 뿐만 아니라, 후대 가보를 편찬하는 자에게 많은 불편을 준다.

넷째, 간결하고 적절해야 한다. 장학성은 가보를 편찬할 때 "간결하고 적절해야 한다."라는 관점을 주장하고, 그 뜻이 풍추산(馮秋山)의 책에 담겨 있다고 했다. 당시 풍추산은 일찍이 동성(桐城)의 요석포(姚惜抱)에게 가보의 서례 작성을 부탁했는데 요씨가 서례 중에 말하기를 "나와 우서(右書) 여자(汝咨)와 더불어 근인의 가보 기록을 논하는 것은 복잡하고 적절하지 않다. 무릇 가보란 간단명료하면서 서적이 적어, 자손 백대가 온 천하에 널리 전파할 수 있고, 항렬을 연결하기가 쉬우며 그 체례(體例)는 옛날 세표의 방법과 같아야 한다."[119]라고 했다. 후에 풍추산은 실재(實齋)에게 "가보를 편찬할 때 간결함이 중요하다."라는 견해에 서한을 보냈다. 장학성은 「복함풍추산(覆函馮秋山)」이라는 글에서 "가보를 편찬하는 데에 간결한 것이 중요하다."라는 말을 강하게 질타했다. 이르길 "서(序)에서는 수보를 할 때 간결해야 한다고 했지만, 자손들이 후일 다른 곳으로 이주를 원한다면 휴대에 편해야 한다고 함은 답이 될 수 없다. 가보란 한 집안의 역사로 반드시 수록해야 할 적절한 내용이 있는데 어찌 사사로이 간략하게 줄일 수가 있겠는가? 단순히 이주할 때 휴대의 편리함 때문이라면 더 이상 논할 것이 없다. 다시 말해 집안에 전해 내

117 『章學誠遺書』 卷23 「家譜雜議」: "蘇氏族譜, 自謂譜蘇之族, 而尊其自出, 與通族書法詳略尊卑體例有別; 以爲譜乃吾作, 故尊吾之所出。此尤無異兒童之見, 使人人各尊所出, 而卑視旁支, 則譜乃聚訟之階矣。"

118 『紀氏家譜』: "十三世以上稱公, 十四世惟字, 十五世一下皆名, 其尊卑態度亦旁及別支, 別支十三世亦惟字。按此規定, 凡易一世修譜, 則易稱謂者涉及四世, 其手續之繁復, 非常人所能堪。" (역자 주)

119 『惜抱軒集』 卷3 「代州道後馮氏世譜序」: "余與右書、汝咨論近人作譜, 繁而非法。夫譜欲簡要而卷册少, 俾子孫百世流轉海內, 易攜以行, 其體當略如古世表之法。"

려오는 고서도 간략하게 수록하지 않았는데, 어찌 자손이 이주한 사실을 기록하지 않을 수 있겠는가? 고서 내용을 자손에게 전할 때 삭제하고 축약해 전하는 것이 마땅한가? 이것은 묻지 않아도 이 말의 옳고 그름을 알 수 있다."[120]라고 했다.

장학성은 가보를 편찬할 때 기록 내용을 간단하게 기재할지 아니면 많이 구체적으로 기재할지는 사적 자체의 수량과 신뢰도에 근거하여 고려되어야 한다고 주장했다. 만일 자료가 많고 모두 근거가 있다면 임의로 삭제하는 것은 바람직하지 않으며, 더욱이 자료가 부족하거나 완전히 미덥지 못한 이의 경우에 내용을 부풀리거나 여러 곳에서 억지로 끌어대어 맞추는 것은 좋지 않다고 했다. 또한 그는 가보를 편찬할 때는 "간결하고 적절해야 한다."라는 실사구시적인 주장을 했다.

5) 가보의 효용

장학성은 저서 『화주지씨족표서례중(和州志氏族表序例中)』에서 가보의 10가지 가치를 언급하고, 후에 집필한 「호북통지족망표서례(湖北通志族望表敘例)」에서도 다음과 같은 10가지 가치를 강조했다.

(1) 가보의 내용을 더욱 타당하게 만든다.
(2) 가보의 편찬 통일해서 참고할 수 있다.
(3) 같은 족인의 여부를 구분할 수 있다.
(4) 족인의 기록이 있어 다른 호적을 가진 자를 쉽게 구분할 수 있다.
(5) 족인 간의 친소관계를 분쟁 없이 알 수 있다.
(6) 조상의 혈통이 분명해 다른 지역으로 이주해도 족인 관계를 서로 증명할 수 있다.
(7) 성과 이름이 바뀌는 이유나 결혼 상황에 대해서 알 수 있다.
(8) 명문 귀족과 관료는 가보로 자신의 덕행을 후대에 전할 수 있다.
(9) 지위와 명망을 중시하고, 방표(坊表)를 통해 지역의 명성을 알 수 있다.
(10) 문헌이 정부나 기관에 보관되어 쉽게 파악할 수 있다.[121]

---

120 『章學誠遺書』 卷13 「與馮秋山論修譜書」: "夫序云修譜貴簡, 庶幾子孫他日遷移便於攜挈。此說已不可訓。夫譜乃一家之史, 史文宜簡宜繁, 各有攸當, 豈得偏主簡之一說, 以概其凡? 至云便於遷移攜挈, 則尤不成議論。充其所言, 家藏六經三史, 其文不爲簡矣, 一遇子孫遷移, 必當拋擲而棄毀之邪? 抑六經三史, 傳示子孫, 必當刪節而簡括之邪? 此則不問而知說之非也。"

121 『章學誠遺書』 卷24 「族望表敘例」:
"一則書登柱下, 史權不散, 私譜有所折衷。其便一也。

이상과 같이 10가지 측면에서 알 수 있듯이, 장학성은 가보의 가치가 다양하다고 여겼다. (1)과 (2)는 보법(譜法)의 통일화에 대한 언급이고, (3)과 (4) 및 (7)는 조상의 사회적 지위를 분별하고, 임관과 혼인의 역할에 대한 언급이다. (5)와 (6)은 가보와 사회질서 및 법률과 인구 유동의 관계에 대한 언급이다. (8)과 (9)는 명문 귀족에 대해 본받을 점과 가보가 갖는 사회 교육적 기능에 관한 내용이다. (10)은 가보가 후세에 유용하게 사용 가능한 참고 자료를 제공한다는 내용이다. 장학성은 이상 10가지 측면에서 가보의 가치를 언급했다. 이는 비교적 포괄적이고 객관적이며 지금도 참고할 만한 가치가 있다.

6) 가보의 소장과 관리

장학성은 각 주현(州縣)에 지과(志科)를 설립하고 방지(方志)편찬 기구를 설치하여 이 지역 가보의 수집·보존 및 편찬을 관리해야 한다고 주장했다. 그는 『주현청립지과의(州縣請立志科議)』에서 "집에서 가보를 편찬하고, 전하는 뜻을 자세히 설명하여 기록하면, 반드시 그 부관에게 제출하고, 학교의 스승이나 학자의 공론을 거쳐 지과에 보관하여야 한다."[122]라고 했다. 더 나아가 그는 「영천현지사족표서례(永清縣志士族表序例)」에서 "가보를 관청이 관리하면 일을 관할하는 조직이 생기게 되고, 이에 사람들은 호적을 가질 수 있으며 천하의 대세는 평탄해질 것이다."[123]라고 했다.

장학성이 주현의 지과에서 가보를 수장하고 관리해야 한다고 주장하는 데는 다음과 같은 두 가지 이유가 있다.

一則譜法畫一, 私譜凡例未純, 可以參取。其便二也。
一則清濁分塗, 非其族類, 不能依托, 流品攸分。其便三也。
一則著籍已定, 衡文取士, 自有族屬可稽, 非其籍者, 無難勾檢。其便四也。
一則昭穆親疏, 秩然有序; 或先賢奉祀之生, 或絕祠嗣續之議, 爭爲人後, 其訟易平。其便五也。
一則祖系分明, 或自他邦遷至, 或後遷他邦, 世表編於方志, 其有譜牒散亡, 可以借此征彼。其便六也。
一則改姓易氏, 其時世前後, 及其所改之故, 明著於書, 庶幾婚姻有辨。且修明譜學者, 得以考厥由來。其便七也。
一則世系蟬聯, 修門望族, 或科甲仕宦, 系譜有書, 而德行道義, 列傳無錄, 沒世不稱, 志士所恥。是文無增損, 亦兼勸懲。其便八也。
一則地望著重, 坊表都裏, 不爲虛設。其便九也。
一則征文考獻, 館閣檄收, 按志而求, 易如指掌。其便十也。

122 『文史通義校注』 卷6 外篇1 「州縣請立志科議」: "家修其譜, 人撰其傳志狀述, 必呈其副, 學校師儒, 采取公論, 覆正而藏於志科也。"

123 『文史通義校注』 卷7 外篇2 「永清縣志士族表序例」: "譜牒掌之於官, 則事有統會, 人有署籍, 而天下大勢可以均平也。"

첫째, 일종의 사서인 가보는 분실되기 쉬우므로 지과에 맡겨 소장하면 오래도록 보존할 수 있다. 그는 "가보의 기록은 집에 두면 산실되기 쉽고, 국사에 실으면 너무 방대해지니, 주현의 지(志)로 분류하여 편으로 두면 여러 집안을 아우르게 되어 국사의 자료가 필요할 때 그 역할을 할 수 있다."[124]라고 했다. 즉 가보가 지과에 보관됨으로써 "집에 두어 산실되기 쉽다."라는 단점을 극복할 수 있을 뿐 아니라, 가보가 국가 역사나 방지를 편찬할 때 풍부한 자료로서 참조할 수 있다는 것이다.

둘째, 가보가 지과에 의해 관리하면 '인자위설(人自爲說)'한 가보를 '사유(師儒)'를 만들어 일괄해 편찬하고 공론을 통해 내용을 규범화할 수 있다고 했다. 장학성은 개인이 편찬한 가보에는 많은 오류가 있다고 여겼다. 이르길 "사적으로 편찬된 가보의 서문(序文)에는 관등 표기에 와전된 오류가 매우 많아 각자 부르는 호칭이 다 다르니 어떤 것이 맞다고 할 수 있겠는가? 금의천호는 관대장군·어전장군·성금오 등으로 부르는데, 하나로 통일된 호칭이 없으니 어떤 것이 어떤 것인지를 알 수 없다."[125]라고 했다. 또한 그는 사찬가보를 분석하여 많은 폐해가 있는데, 그 원인을 일컬어 '가자위서(家自爲書)'와 '인자위설(人自爲說)'이라 했다. 이르길 "관부가 더 이상 보계(譜系)를 관장하지 않아 가문이 사적으로 편찬하고 스스로 편찬했다. 자손이 조상을 과장해 국사와 맞지 않고 어긋나는 경우가 많았다. 품행이 단정하지 않은 자들이 빌붙거나 사칭하고, 종보를 밀매하며, 가짜를 진짜처럼 속이고, 근거가 없는 일을 황당하게 기록하는 등 이루 다 말할 수가 없다. 명문대족의 후손들은 서로 가세를 과시하고 사사로이 이름을 개명했다. 강좌(江左)의 왕씨(王氏)와 사씨(謝氏) 등 가문에서 관직을 사칭하여 열전(列傳)에 써넣었는데 사관(史官)이 머리를 싸매고 심사숙고해도 그 진위를 구별할 수 없었다. 이씨(李氏)는 반드시 농서(隴西)에서, 유씨(劉氏)는 패국(沛國)에서 기원했다고 사칭하고, 그저 지위와 명망만을 추구하며 유래는 묻지도 않았다. 가보에 나타난 폐단을 보니 없느니만 못하구나!"[126]라고 했다. 장학성은 사찬가보의 이와 같은 폐해를 극복하기 위해 각 주현에 지과(志科)를 설치하여 문헌을 보관하고, 지서(志書)의 편찬을 관장하는 한편, 소장된 가보를 일괄해 편찬해야 한

124 『文史通義校注』 卷6 外篇1 「和州志氏族表序例上」: "譜牒之書, 藏之於家, 易於散亂, 盡入國史, 又懼繁多, 是則方州之志, 考定成篇, 可以領諸家之總, 而備國史之要刪, 亦載筆之不可不知所務者也。"

125 『文史通義校注』 卷7 外篇2 「永淸縣志士族表序例」: "私譜自序官階封贈, 訛謬甚多, 如同知通判, 稱分府, 守備稱守府, 猶循流俗所稱也。錦衣千戶則稱冠帶將軍, 或禦前將軍, 或成金吾, 則鄙倍已甚, 使人不解果爲何官也。"

126 『文史通義校注』 卷6 外篇1 「和州志氏族表序例中」: "譜系之法, 不掌於官, 則家自爲書, 人自爲說, 子孫或過譽其祖父, 是非或頗謬於國史。其不肖者流, 或謬托賢哲, 或私鬻宗譜, 以僞亂眞, 悠謬恍惚, 不可勝言。其淸門華胄, 則門閥相矜, 私立名字。若江左王謝諸家, 但有官勛, 卽標列傳, 史臣含毫, 莫能裁斷。以至李必隴西, 劉必沛國, 但求資望, 不問從來。則有譜之弊, 不如無譜!"

다고 했다. 이르길 "학교의 스승이나 학자들의 공론을 채택하여 바르게 기록하여 보관하여야 한다."[127]라고 했다. 이른바 "공론을 취하여 바르게 기록하여 보관한다."라는 것은 가문의 기록인 가보를 통일적으로 정리하는 것이 가보의 사실을 정확히 하고 신빙성을 높이는 것이고, 특히 관직과 인물의 평론을 공정하고 타당히 해야 하며, 편찬 체례는 더욱 규범화되고 통일해야 한다는 것이다. 즉 장학성은 관부 역량을 이용하고 '학교의 스승과 학자'의 도움으로 가보를 획일적으로 정리 수정하여 바르게 기록하고 보관함으로써 사적으로 편찬한 가보에서의 신분을 사칭하거나 선조를 과장하여 꾸미거나, 지위를 속이거나, 사실보다 부풀려서 기록하거나, 분실 등의 폐단을 극복하려 했다. 그러나 그의 심혈을 기울인 노력은 참으로 가상하나, 이 일을 해내는 것은 얼마나 어려웠겠는가!

장학성의 주장에 대해 반광단(潘光旦)은 "실재(實齋)의 이론은 옛날 도보국(圖譜局)의 명성이고, 이는 미래의 가보국(家譜局) 또는 도서관특벽보첩부(圖書館特辟譜牒部)의 서막이라고 할 수 있다. 실재의 창의의 목적은 첫째로 사료(史料)의 제공, 둘째로 옥송(獄訟)을 평정하고자 한 것으로 그 또한 편협한 생각이다. 그러나 그 목적의 범위가 얼마나 넓고 많건 간에 그 실제 성과는 각 주현에 가보 수집과 정리를 기구를 설치했을 뿐만 아니라, 반드시 가보를 올리게 하여 수집과 보관을 하고, 스승이나 학자를 통해 바르게 기록하여 정리하도록 한 것이다. 비록 일이 실행되기는 쉽지 않지만 그 식견은 원대하다고 하지 않을 수 없다."[128]라고 지적했다. 반광단의 평가 역시 비교적 적절했다.

이처럼 장학성의 보학(譜學) 이론은 매우 체계적이고, 가보의 성격, 연혁, 체례, 편찬 원칙, 효용과 수집 등 여러 가지 가보의 핵심 문제를 심도 있게 논술하고 있다. 장학성의 가보 이론에 관한 논술은 근거가 분명하고 뚜렷한 목표를 가지고 있다. 그는 가보 편찬 과정에서 얻은 자신의 경험에 근거하여 역사적으로는 물론 당시 사회의 가보 편찬 과정에서 생긴 많은 날조와 저속함의 폐해를 비판하여 확실한 이론을 도출했다. 특히 구양수의 보학 사상에 대해서는 "송(宋)나라의 보첩(譜牒)이 오늘날까지 제대로 전해지고 있지는 않으나, 구양수와 소순의 이름은 매우 유명하여, 보첩의 부에 실린 글들이 전해지고 있고 세차(世次)가 너무 오래되어 함부로 부회할 수 없으며 또한 추론하려고 해도 그 또

127 "學校師儒, 采取公論, 覆正而藏。" (역자 주)

128 "實齋此議, 謂爲中古圖譜局之遺響可, 謂爲未來家譜局或圖書館特辟譜牒部之先聲亦可。實齋創議之目的, 一日供史料, 二日平獄訟, 亦甚隘矣。然不論其目的之廣狹多寡, 其實際之結果則不啻每一州縣設立家牒收藏所與整理所, 日"必呈其副"者, 收藏也, 日"師儒覆正"者, 整理也。事雖不易實行, 其識見亦不爲不遠大矣。" 본문은 潘光旦, 「章實齋之家譜學論」, 『人文月刊』 第2卷(第8·9期), 1931을 참조.

한 어려우니 『춘추(春秋)』를 통해 짐작해 봄이 바람직할 것이다."[129]라는 긍정적인 의견도 있다. 이와 동시에 다른 한편으로는 구양수의 가보는 본래의 취지를 잃었고, 소순의 가보는 본가의 선조만을 존중한다는 결점이 있다는 것을 엄중히 지적하여, 후대의 편찬자에게 구양수와 소순의 보례(譜例)를 인용하여 그 뜻을 전함과 동시에 질타했다. 이르길 "옛사람의 가보가 전해지지 않아 학자들은 그 경위(經緯)를 모르는 반면 구양수와 소순은 열렬히 칭송받았으며 그 이름은 위세를 떨쳤다. 그들을 알지 못하면 역사학에 통달했다고 할 수 없으니, 지금 존재하는 구양수와 소순의 가보에 결점이 매우 많은데도 불구하고 세인들은 다투어 따르고 칭하니 그 말을 그대로 받아들일 수밖에 없다."[130]라고 했다. 표현이 다소 날카롭고 예리하지만 있는 방도를 말하지 않을 수 없고, 시대적 병폐와 타협할 수는 없는 것이다. 무엇보다도 장학성은 뛰어난 사학자로서 가보를 논했고, 가보는 사학의 한 지류라는 인식에 따라 사학의 이론, 사학의 관점, 사학의 방법으로 여러 가보의 이론에 나타난 문제에 대해 논했다. 장학성의 사학 이론은 보학으로 구현한 것이고, 그의 보학 이론은 그의 사학 이론의 유기적 요소를 갖추었다. 장학성은 사학 이론에 기반해 보학의 윤리적 기초를 세우고, 보학의 윤리를 사학의 이론 구조에 포함시켰다. 이는 그의 보학 이론에서 가장 혁혁한 공로이며, 이런 이론은 위진남북조 이래로 어떤 가보 학자의 주장보다 심오하고 종합적인 것이다.

장학성의 계보학(系譜學) 이론은 후대 가보 편찬에 중대한 영향을 미쳤으며, 특히 '가보는 족인의 역사'이자 '가보는 사학의 한 분지'라는 관점은 후세 가보 편찬자에게 광범하게 응용되었다. 그러나 마음을 가다듬고 보면, 장학성의 가보학 이론이 후세 가보 편찬에 미친 영향력은 오히려 구양수와 소순이 만든 '오세도식(五世圖式)' 보법(譜法)과 주희(朱의 '삼강오상(三綱五常)' 윤리 사상이 미친 영향력만큼 지대하지는 않았다. 문학가로서의 구양수와 소순은 각각 『구양씨보도(歐陽氏譜圖)』와 『소씨족보(蘇氏族譜)』를 저술한 바 있으며, 그들은 당과 송의 유명한 문학가로서 그들의 보는 문집에 실려 널리 전파되었다. 특히 '오세도식' 보법은 각 종족에 '존조(尊祖)·경종(敬宗)·수족(收族)'의 수요를 만족시킬 수 있었기 때문에 후세에 가보 편찬의 기본 틀이 되어 매우 지대한 영향을 미쳤다. 이학자(理學者)인 주희는 중국 봉건사회 후기에 가장 큰 영향을 미친 사상가로 그의 '삼강오상'

129 『章學誠遺書』 卷21 「高郵沈氏譜序」: "宋人譜牒, 今不甚傳, 歐、蘇文名最盛, 譜附文集以傳, 其以世次荒遠, 不敢漫爲附會, 凡所推溯, 斷自可知之代, 最得《春秋》謹嚴之旨, 可謂善矣。"

130 『章學誠遺書』 卷9 「與吳胥石簡」: "古人之譜不傳, 學者不知源委, 而盛稱歐、蘇, 乃震於其名也。不知歐、蘇文人而未通史學, 今存歐、蘇之譜, 疵病甚多, 而世競稱之, 不免於耳食矣。"

윤리 사상은 사회의 주류 의식이 되었고, 후세의 편찬자들은 가보 편찬의 정신적 지주로 '삼강오상' 사상을 꼽지 않을 수 없었을 뿐만 아니라 가보 편찬에도 깊은 영향을 주었다. 사학자로서의 장학성의 보학 이론은 구양수·소순·주희의 이론보다 더 포괄적이고 심오하며 합리적이다. 그럼에도 후세 가보 편찬에 미친 영향은 이들에 비해 크게 뒤떨어진다. 장학성이 주장한 편찬 원칙은 '보법획일(譜法畫一)', '공언불휘(公言不諱)', '소친불존(所親不尊)', '간번유당(簡繁攸當)' 등으로 '존조·경종·수족'이라는 각 가문의 수보(修譜) 취지에 어긋난다. 각 가문이 가보 편찬을 통해 종족 조직을 강화하려는 의지와는 거리가 있었으며, 또한 '오복지정(五服之情)', '구족지친(九族之親)'을 강화했던 종족의 의지와 갈등을 빚은 만큼, 가보 편찬에 끼친 그의 영향력이 구양수·소순·주희의 영향력에 이르지 못하는 것도 어쩌면 당연한 결과라고 할 수 있다. 이는 엄밀한 방법으로 가보의 편찬을 주장한 학자 입장에서 보면 안타까운 일이 아닐 수 없다.

필자는 앞서 명대 가보에서 정민정(程敏政)[131]의 가보 편찬 방법과 고증에 대해 전문적으로 언급한 바 있다. 정민정의 보법(譜法)에도 합리적인 부분이 많았으나, 장학성(章學誠)과 같은 이유로 정씨(程氏) 가문의 계속되는 가보 편찬에서 채택되지 못했다. 우리는 정민정이 학자로서 안타까운 결말을 맞은 것에 깊은 동정을 표한다. 그러나 그는 명대(明代)의 대관료이자 방대한 『신안정씨통종세보(新安程氏統宗世譜)』를 집필한 바 있다. 한편 장학성의 처지는 훨씬 더 비참했다. 이르길 "30년 동안 굶주림에 시달리고, 늘 글로써 생계를 유지해야 했으며, 다른 사람의 보첩(譜牒)을 대필해 주고, 항상 다른 사람을 위해 옷을 지어 주지만 정작 내가 입을 옷은 없다고 한탄했다. 죽기 전에 자신의 글들을 모아 책으로 출판해 남기고자 태수와도 상의했지만 상황이 어렵고 여력이 부족하여 뜻을 이루지 못했다."[132]라고 했다. 중국 보학의 이론적 기초를 다졌지만 재능을 펼치지 못한 장학성이란 인물에 대해, 그가 직면한 인생의 굴곡과 빈곤을 생각하며 우리는 안타까운 눈물로 깊은 경의를 표할 뿐이다.

---

131 정민정(程敏政): 명대 휘주(徽州) 출신의 문신으로 자는 극근(克勤)이며, 성화(成化) 2년(1466) 진사에 급제하여 편수(編修)에 임명되었다. 학문이 박학해 직접 황태자를 가르치기도 했고, 문장도 고아(古雅)했다. 효종(孝宗) 홍치(弘治) 12년(1499)에 회시(會試)를 주관했는데, 시제(試題)가 외부로 유출되어 탄핵을 받고 체포되어 투옥되었다. 이후 오래지 않아 출옥했지만 병으로 사망하고 말했다. 문집으로 『황돈집(篁墩集)』 93권과 『송유민록(宋遺民錄)』 15권, 『영시집(咏詩集)』이 있다. (역자 주)

132 『章學誠遺書』 卷29 「與宗族論撰滑公家傳書」: "三十年來, 苦饑謀食, 輒籍筆墨營生, 往往爲人撰述傳志譜牒, 輒嘆寒女代人作嫁衣裳, 而己身不獲一試時服。嘗欲自輯墟裏遺聞逸獻, 勒爲一書, 以備遺亡, 竊與守一尙木言之, 而皆困於勢不遑, 且力不逮也。"

6. 소수민족의 가보 편찬

청대와 민국시기 한족(漢族)뿐만 아니라 몽골족·만주족·회족(回族)·이족(彝族)·여족(畲族)·묘족(苗族) 등 소수민족들도 한족의 영향을 받아 적극적으로 족보를 편찬에 참여했다.

1) 몽골족

몽골족의 가보는 역사가 오래되어, 가장 원시적인 구전가보까지 거슬러 올라갈 수 있다. 이 책의 제1장 「중국 가보의 기원」의 '구전가보' 부분에서 이미 언급한 바와 같이, 『몽골비사(蒙古秘史)』에는 칭기즈칸(成吉思汗) 이전 20여 세대의 세계(世系) 6~7백 년에 관한 기술이 있는데, 이는 주로 몽골족에서 유행하던 구전가보를 근거로 한 것이다. 『몽골비사』와 『원사(元史)』 및 『신원사(新元史)』 등의 사서에 테무친(鐵木眞), 즉 칭기즈칸의 가문을 비롯해 다른 여러 가문의 족보와 세계에 대한 기록이 적지 않다. 17세기 몽골이 청나라에 예속된 이후 청나라는 몽골에서 맹기제도(盟旗制度)[133]를 시행했다. 이 새로운 봉건체제를 유지하기 위해서 각 기주(旗主)의 세계에 대한 완전한 기록이 반드시 필요했다. 청조의 몽골족 업무를 관장하는 이번원(理藩院)에서는 반드시 모든 몽골 봉건 귀족들의 상세한 족보를 보존해야 했는데, 이는 유산상속이나 이와 관련된 분쟁 등을 처리하기 위해서였다. 다음은 이번원에 기록된 내몽골(內蒙古) 세네딘우익기(蘇尼特右翼旗)에 관한 세계이다. 이르길 "세네딘우익기, 찰살극다나두릉군왕(紮薩克多羅杜棱郡王)으로, 숭덕(崇德) 7년(1642)에 등길특(騰吉特)의 족형인 수새(叟塞)가 처음으로 오늘의 작위를 받았고 조서(詔書)에 따라 세습망체(世襲罔替)[134]를 취했다. 순치(順治) 4년(1647)에 차남 사희대(沙希岱)가 계승했고, 강희(康熙) 9년(1670)에 장남 공격(恭格)에게 계승되었으며, 12년(1673)에 장남 노창(勞彰)에게 계승되었고, 14년(1675)에 사부대(沙不岱)의 차남 아옥십(阿玉什)에게 계승되었고, 32년(1693)에 장남 달이찰포(達爾札布)에게 계승되었다, 옹정(雍正) 7년(1729)에 장남 왕청제소롱(旺靑齊蘇嚨)이 계승했고, 건륭(乾隆) 6년(1741)에 장남 단진차릉(丹津車凌)이 계승했고, 9년(1744)에 왕청제소롱(旺靑齊蘇嚨)의 차남 낭곤차릉(郎袞車凌)이 계승했고, 16년(1751)에 달이찰포의 셋째 아들 차릉다이제(車凌多爾濟)가 계승했고, 34년(1769)에 장남 차릉곤포(車凌袞布)가 계승했으며, 가경(嘉慶) 7년(1802)에 장남 나특나석제(喇特那錫第)가 계

133 맹기제도(盟旗制度): 유목민의 이동을 행정 단위별로 제한함으로써 그들의 힘이 결집되는 것을 막기 위해 청(淸)나라가 실시한 제도를 일컫는다. (역자 주)

134 세습망체(世襲罔替): 즉, 집안 대대로 작위를 계승하며, 작위는 변하지 않는다. (역자 주)

승했고, 도광(道光) 6년(1826)에 아들 포이니십리(布爾呢什哩)에게 계승되었고, 함풍(咸豐) 5년(1855)에 아를 포달망갈랍(布達莽葛拉)이 계승했으며 동치(同治) 2년(1863)에 아들 나목제륵왕초극(那木濟勒旺楚克)이 계승했다."라고 했다.

위에서 보듯이 이 세계(世系)의 마지막 사람이 나목제륵왕초극이다. 그의 외아들인 덕목초극련로보(德穆楚克棟魯普)는 광서(光緒) 34년(1908)에 작위를 계승했고 민국 2년(1913)에는 친왕으로 봉작되었다. 덕목초극련로보는 보통 덕왕(德王)이라고 불린다. 위의 세계에서 알 수 있듯이 칭기즈칸 제31대손이라는 그의 신분으로 인해, 그는 민국시기 풍운아의 삶을 살았다.[135]

몽골족(蒙古族)의 각 기(旗) 자체에서는 작위의 계승 문제로 인해 반드시 각 귀족의 세계를 명기해야 했다. 원칙적으로 3년마다 한 번씩 정리하여 이번원(理藩院)에 보고했다. 이것들은 모두 가보의 가장 기본적인 세계 자료이지만, 매우 애석하게도 전란 등으로 인해 많은 것이 산실되었다.

다행히도 몽골의 몇몇 혁혁한 가문의 가보는 오늘날까지 온전히 보존되어 있다. 예를 들어 『몽골박이제금씨족보(蒙古博爾濟錦氏族譜)』는 몽골 객라심(喀喇沁) 나밀(羅密)이 청대 옹정 13년(1735) 8월에 편찬한 것으로 원고는 처음에는 몽골 문자로 작성되었고, 후에 저자가 한문(漢文)과 만문(滿文)으로 번역했다. 청나라 건륭 48년(1783) 8월에 그의 먼 후손인 박청액(博清額)이 그의 책을 기초로 다시 편찬했다.

몽골 박이제금 족인은 원(元)나라 황제의 후예이다. 나밀은 「몽골박이제금씨족보서(蒙古博爾濟錦氏族譜序)」에서 자신이 이 가보를 편찬한 경위(經緯)를 집필할 때 다음과 같이 지적했다.

> 무릇 나라에는 국사가 있고, 가문에는 가승(家乘)이 있다. 몽골이 변방으로 나간 후 수차례 위륵특(威勒忒) 사변을 겪으며, 전해져 내려오던 사서들이 산실되어 많이 소실되었다. 각 가문의 기록은 서로 모순되고 오류가 발생했으나, 노인들이 잇따라 세상을 떠나고, 문헌도 찾을 길이 없었다. 그리고 오랜 세월이 흘러 옛사람들의 사적을 알 길이 없다.
>
> 미천한 몽골 후손으로서 비록 부족하지만 줄곧 선인의 기원과 발전, 그리고 지파를 기술하여 후세에게 알려 주려고 했다. 전에는 공무로 바빠서, 줄곧 뜻을 이루지 못했다. 그러다 올해 이미 60세가 넘었으니 공무 외에 각종 서적을 폭넓게 읽고, 자세히 고증하여 번거로운

135 札奇斯欽, 「蒙古族譜概說」, 『第三屆亞洲族譜學術研討會會議記錄』, 聯合報文化基金會國學文獻館, 1987.

내용을 삭제하고, 중요한 내용을 발췌하여, 가문의 기원과 순서를 기록하여 전승하고자 한다. 그리고 만문과 한문으로 번역하여 편히 열람할 수 있게 했다. 후대 자손이 조상의 지파 원류(源流)가 궁금할 때, 이 가보를 보면 한눈에 알 수 있다. 성세의 은혜를 생각하며, 성은에 감사하고, 충효를 다하도록 격려하며, 윤리에 어긋나지 않으면서 가보를 편찬하는 본의를 저버리지 않기를 바라는 바이다.[136]

『몽골박이제금씨족보(蒙古博爾濟錦氏族譜)』의 몽골어, 만문(滿文) 사본은 지금까지도 찾지 못했고, 한문(漢文) 초본은 중국국가도서관(中國國家圖書館), 내몽골사회과학원도서관(內蒙古社會科學院圖書館), 내몽골자치구도서관(內蒙古自治區圖書館) 등 기관에 소장되어 있다. 비교적 온전한 것은 내몽골자치구도서관의 청(淸)나라 초본인데 총 3권으로 내용은 다음과 같다.

첫째, 제1책의 제목은 『몽골박이제길특씨족보(蒙古博爾濟吉忒氏族譜)』로 상·하 두 권으로 나누어져 있다. 권수(卷首)에는 옹정(雍正) 13년(1735) 8월에 편찬한 나밀의 서문(序文)에 이어 건륭 46년(1781) 8월 15일 박청액이 재편찬한 서문 두 편이 실려 있다. 상권은 족인 조상의 세계(世系)를 원(元)나라까지 거슬러 올라간다. 액눌특가(額訥特珂) 즉 천축국(天竺國)의 마합살마체칸(嘛哈薩嘛諦汗)과 도백(圖伯), 즉 티베트의 고순삼탑리도칸(庫諄三搭里圖汗)까지 멀리 거슬러 올라가며, 원순제(元順帝) 시대 타환특목이오합합도칸(拖歡忒睦爾烏哈哈圖汗)까지의 각 세대의 세계를 기술했다. 하권은 몽골 필력극도칸(必力克圖汗) 즉 북원(北元) 소종(昭宗) 애유식리달랍(愛猷識里達臘)부터 찰합이국(察哈爾國) 영단호도극도칸(靈丹呼圖克圖汗), 그리고 청나라 초기 외번(外藩) 부족과 경기(京旗) 몽골까지의 각 세대의 세계를 기술했다.

둘째, 제2책의 제목은 『몽골세보도고(蒙古世譜圖考)』이고, 박청액이 권을 구분하지 않고 편찬했다. 게재한 내용은 다음과 같다. (1) 『원조비사(元朝秘史)』 세계 보첩(譜牒), (2) 『철경보(輟耕譜)』 원나라 세계 보첩, (3) 『원사(元史)』에 실린 세계 보첩, (4) 『몽골족보(蒙

136 "夫國有史, 家亦有乘。蒙古自出邊以後, 屢遭威勒忒之變, 遺編散佚, 缺略殊多, 各家記載, 每至互相舛錯, 老成凋謝, 文獻無征, 世遠年湮, 前人事迹, 或致廢墜。密忝蒙古裔孫之列, 不揣愚陋, 欲述先人支派源流, 以垂後祀。緣王事馳驅, 未能如願, 今年逾六十矣。爰於公事之餘, 廣覽博稽, 詳加考證, 删繁摘要, 錄其次第源流, 以備家乘; 譯以清、漢文字, 以便披覽。後之子孫, 欲求先世支派原委, 展閱斯編, 了然在目。因以念世澤之綿長, 感聖恩之高厚, 勉爲忠孝, 毋至隕越, 亦不負餘區區述譜之意, 是又餘之所厚望也夫。" 본문은 「蒙古博爾濟錦氏族譜」, 『歷史檔案』(第3期), 1996을 참조.

古族譜)』에 실린 세계 보첩, (5) 몽골 임금 세계 보첩(상), (6) 몽골 임금 세계 보첩(하), (7) 몽골 자손 분파도(分派圖). 모든 보도(譜圖) 아래에 박청액이 쓴 문장을 부가했다.

셋째, 제3책의 제목은 『격륵박라특보전(格勒博羅特譜傳)』이고, 한 권으로 되었다. 덕곤(德坤)이 편찬했는데, 저작 연대는 불분명하다. 나미가 편찬한 족보의 속수(續修) 저작이기도 한 이 책은, 주로 달연칸(達延汗)의 아홉 번째 아들인 격륵박라특(格勒博羅特) 이후의 세계를 기술했으며 그 내용은 『청사고(淸史稿)』에 실린 것보다 훨씬 풍부하다.[137]

이상과 같은 내용을 보면 『몽골박이제금씨족보』는 몽골 종족 가보의 귀중한 사료(史料)를 많이 보존하고 있어 몽골 역사 연구에 중요한 자료로서의 가치를 지니고 있다.

한족은 가보를 계승해서 편찬하는 문화 풍습의 영향으로 몽골족의 가보 역시 여러 차례 편찬했다 예를 들면 『복건복주안문살씨족보(福建福州雁門薩氏族譜)』의 경우, 복주에 있는 몽골족 살씨(薩氏)의 선조는 서역색목인(西域色目人) 답실만씨(荅失蠻氏)로, 시조(始祖)인 살랍포합(薩拉布哈)과 아로적(阿魯赤) 부자(父子)는 전공(戰功)으로 집안을 일으켜 원나라 세조(世祖) 쿠빌라이(忽必烈)의 중시를 받아 진북(晉北) 대동로(大同路)부터 대주(代州)까지의 일대를 지켰다. 아로적의 아들 살도자(薩都剌)는 대주의 안문(지금의 산서(山西) 대북현(代北縣) 북서쪽)에서 태어나 안문인으로 간주되며, 후에 복주에 정착한 살씨 사람들도 안문을 본 족인의 군망(郡望)으로 삼았다. 살도자는 원나라 영종(英宗) 때 살(薩)이라는 성을 하사받았고 한명(漢名) 천사(天賜)를 따서 호를 직재(直齋)라고 불렀는데, 이것이 살씨 성을 얻은 기원이다. 살도자의 둘째 동생 야지자중례(野芝子仲禮)는 원통(元統) 원년(1333)에 진사(進士)가 되어 복건(福建) 행중서성(行中書省) 검교(檢校)를 지냈다. 이때부터 복주(福州)에서 거주하기 시작하여 안문 살씨(薩氏)의 복건 시조(始祖)가 되었다. 복주 살씨는 명·청부터 민국까지 여덟 차례에 걸쳐 가보를 계속 편찬했다. 이를 시대별로 나열하면 다음과 같다.

첫 번째, 명대 융경(隆慶) 원년(1657)에 처음으로 살씨 족보를 편찬했다. 편찬자는 복건성에 이주해 온 이후의 6대손 살과(薩錁)로, 그의 자는 소원(少園)이고 호는 백유(伯柔)이며 강서(江西) 광신부(廣信府) 옥산현(玉山縣) 지현(知縣)의 보좌관이었다. 족보에 「안문살씨색목시조총도(雁門薩氏色目始祖總圖)」, 「안문입민시조분지도(雁門入閩始祖分支圖)」를 게

137 納古單夫, 「〈蒙古博爾濟吉忒氏族譜〉版本述略」, 『文獻』(第2期), 1988.

재했는데 정식으로 간행되지는 않았다.

두 번째, 청대 강희(康熙) 15년(1676)에 살씨 족보를 한 차례 더 편찬했다. 편찬자는 복건에 이주해 온 후의 8대손 살희량(薩希亮)으로 자는 경명(景明)이며 호는 갈재(葛齋)이다. 이 족보에서 융경 원년(1657)의 족보 내용을 제외하고 제8대손과 제9대손의 세계(世系)를 기술했다. 이 족보는 이미 산실되었다.

세 번째, 청대 가경(嘉慶) 5년(1800)에 살씨 족보를 한 차례 더 편찬했다. 편찬자는 복건에 이주해 온 후의 12대손으로, 제1분파의 차남 살국림(薩國霖)이었다. 그의 자는 계설(啓雪)이고 호는 제금(霽襟)으로 건륭(乾隆) 36년(1771)의 우공생(優貢生)이 되었다. 이 족보는 살랍포합(薩拉布哈) 시조 이후의 각 종파(宗派)를 기술한 다음에 복건으로 이주해 온 후의 8대손 살희량을 본 지파의 시조로 삼았다. 이것은 제9대손과 제12대손의 각 지파 세계를 기술한 초본이다.

네 번째, 청대 도광(道光) 3년(1823)에 『안문살씨족보(雁門薩氏族譜)』를 한 차례 더 편찬했다. 편찬자는 복건에 이주해 온 후의 12대손 살지시(薩知時)로 자는 계운(啓運)이고 호는 내한(耐寒)이며 지주(知州)를 역임했다. 이 족보는 4권으로 나누어져 있으며 순서대로 보서(譜序), 종사도(宗祠圖), 세계도(世系圖), 묘지명(墓志銘), 회시록(會試錄), 상찬(像贊), 비기(碑記) 등이 수록되어 있고, 이전 족보보다 많은 내용이 추가된 초본이다.

다섯 번째, 청대 광서(光緒) 32년(1906)에 『안문살씨족보』를 한 차례 더 편찬했다. 편찬자는 복건에 이주해 온 후의 15대손 살승옥(薩承鈺)으로 자는 회악(懷鍔)이고 호는 우항(又恒)이다. 관직은 통의대부(通議大夫)이며 중헌대부(中憲大夫)에 봉해졌다. 이 족보는 세계를 한 권으로 편찬했는데 이미 산실되었다.

여섯 번째, 청대 선통(宣統) 2년(1910)에 『안문살씨족보』를 한 차례 더 편찬했다. 편찬자는 복건으로 이주해 온 후의 16대손 살가희(薩嘉曦)로 자는 다희(多禧), 호는 기농(寄農)이다. 살가희는 족보를 편찬할 때 전의 족보를 상세하게 고증하고 많은 서적을 검증하여 체계를 다시 정했다. 그는 족보를 팔록(八錄)이라는 여덟 부분으로 나누었다. 팔록은 순서대로 은륜(恩綸), 사영(賜塋), 세계(世系), 과명(科名), 서증(敍贈), 영애(榮哀), 길광(吉光), 전신(傳信)이며 민국 2년에 편찬되었다.

일곱 번째, 민국 24년(1935)에 『안문살씨족보』를 한 차례 더 편찬했다. 편찬자는 복건에 이주해 온 후의 16대 후손인 자가 정명(鼎銘)인 살진빙(薩鎭冰)인 살가희이다. 이 족보는 총 8권으로 기존의 족보에 있는 기원과 발전, 및 역대 족보의 서는 보류했다. 살진빙이 편찬한 「속수족보서(續修族譜序)」도 함께 수록하여 민국 24년에 활자본으로 출간했다.

여덟 번째, 민국 35년(1946)의 『속편세계고본(續編世系稿本)』으로 편찬자는 복건에 이주해 온 후의 16대손 살가희(薩嘉曦)이다. 이 족보는 복건에 이주해 온 이후 18대손까지의 세계를 기술했는데, 새로 추가된 자가 272명이었다. 족보는 상하 두 권으로 나누어져 편찬한 필사본이다.[138]

이상과 같이 수차례에 걸쳐 편찬된 『안문살씨족보(雁門薩氏族譜)』는 안문(雁門) 살씨(薩氏)가 복건으로 이주한 이후 족인의 기원과 발전, 족속(族屬), 세차(世次), 인구분포, 이주상황, 명인의 사적事迹) 등의 내용을 상세하게 기술했고, 체례 역시 비교적 완비되었다. 족보의 내용은 중요한 연구 가치를 지니면서도 몽골족과 한족이 융합하는 역사적 흐름을 생생하게 수록했다.

요령(遼寧) 객라심(喀喇沁) 좌익(左翼) 몽골족자치현(蒙古族自治縣)에서 발견된 『도림고영족보(圖臨固英族譜)』는 특색 있게 족인 세계를 긴 두루마리에 수록한 몽골가보이다. 양하족보(梁哈族譜)라고도 불리는 이 가보는 칭기즈칸의 세가대족(世家大族)의 마지막 부마(駙馬)인 도림고영 족인의 족보이다. 길이가 8m, 폭이 1.7m에 달하며 몽골 문자로 탑식(塔式) 구조에 따라 손으로 작성한 가보이다. 평소에는 가보를 말아 보관하고, 명절 때는 펼쳐서 걸어 놓고 절을 올린다. 이 가보에는 천총(天聰) 9년(1635)부터 선통 원년(1909)까지의 도림고영 후손의 이름과 사회적 지위를 수록했다. 이 족보에서 확인 가능한 사람은 총 14세대, 1,904명으로 이들 중에 청(淸)나라의 봉작을 받은 자는 1,153명에 달했다. 자세히 보면 1등 탑포낭(塔布囊)이 22명, 2등이 3명, 3등이 43명, 4등이 1,019명에 달하고 찰살극(扎薩克) 13명, 군주(郡主) 1명, 패륵(貝勒) 63명, 패자(貝子) 2명, 진국공(鎭國公) 4명, 협리(協理) 22명, 탁색도맹장(卓索圖盟長) 4명, 내무대신(內務大臣) 1명, 이번원대신(理藩院大臣) 8명, 어전행주(御前行走) 8명, 관직을 못 받은 자가 386명, 라마가 365명이었다. 이 족보에는 약 300년의 몽골 역사를 수록했고, 몽골족 1,000년 역사를 체계적으로 추적해 몽골족 정권 및 원(元)나라 순제(順帝) 이후 왕조 연혁(沿革)의 공백을 보충할 수 있어 비교적 높은 문화적 가치를 지닌다.[139]

2) 만주족(滿洲族)

만주족의 가보 역사도 매우 유구해서 가장 원시적 가보인 결승(結繩)가보로 거슬러 올라

---

138 章彦, 「蒙古族雁門薩氏編撰志略」, 『福建民族』(第3期), 2004.

139 張文廣, 「悠悠族譜民族瑰寶」, 『今日遼寧』(第6期), 2003.

간다. 원시 만주족 가문은 모두 자손승(子孫繩)을 가지고 있었는데 이는 오색 실로 꼬아 맨 수십 미터나 되는 끈이다. 끈의 매듭의 수는 조상의 세대 수를 나타낸다. 사내를 낳으면 끈에 대나무로 만든 작은 활과 화살을 묶고, 여자를 낳으면 끈에 색칠된 천 한 조각을 맨다. 자손승은 평소에 자손대(子孫袋)에 넣어 서쪽 벽의 조종판(祖宗板)에 매달아 간직한다. 매년 제삿날이 되면 온 족인이 자손승에 무릎을 꿇고 제사를 지낸다. 이 '자손승'이 바로 만주족의 가장 원시적 가보인 결승가보인 것이다.

만주족의 결승가보로부터 서적 형식 가보로의 발전은 청대 팔기(八旗)제도의 성립과 밀접한 관계가 있다. 팔기제도가 확립된 후 원래의 씨족, 즉 목곤(穆昆)이란 조직으로 급속히 분화되었고, 고산(固山) 우록(牛錄), 즉 좌령(佐領)의 팔기(八旗) 조직으로 대체되었다. 이렇게 씨족 관계가 관민(官民) 관계로 바뀌었다. 인구의 조사와 족보의 편찬을 통한 신분을 등록하는 자료는 모두 그 소속된 관아에서 보관했다. 『만문노당(滿文老檔)』은 바로 청태조(淸太祖) 누르하치(努爾哈赤) 족인의 활동을 기록한 최초의 가보이다. 청태종(淸太宗) 황태극(皇太極) 때 칙서(敕書)로 세습 좌령과 공중(公中) 좌령 관직을 수여했고, 17세기 이후에는 관직을 계승할 때 가보를 통해 그 가세를 증명해야 했다. 이러한 모든 것들이 가보의 편찬을 촉진시켰다.

청조는 입관(入關)한 이후부터 만주족의 문자로 대량의 가보를 편찬하기 시작했다. 청대 통치자는 '효'로 천하를 다스리고자 했다. 강희(康熙)는 "소목(昭穆)으로 화목을 유지시켜 종족을 돈독히 한다."라는 조서(詔書)를 반포했다. 옹정(雍正)은 더 나아가 "가보를 편찬하여 소원(疏遠)을 나타내어라."라는 명을 내렸다. 이렇게 최고 통치자의 정책하에 입관 후의 만주족 생활양식과 풍속이 한화되었고, 한족의 족보 편찬 문화와 풍습을 수용해 수많은 만주족 가보가 등장했다. 만주족 가보에는 만주 문자의 것도 있고, 만(滿)·한(漢) 두 문자로 함께 편찬한 것도 있지만, 한문(漢文)으로 편찬한 가보가 제일 많았다.

만문(滿文) 가보의 대표적인 사례 『오라국세계(烏拉國世系)』가 있다. 오라(烏拉)는 명대 말기 동북쪽 여진(女眞)의 한 지파로, 후에 청 태조에게 합병되어 종족이 팔기로 편입되었다. 이 가보는 오라 부족 사람들이 쓴 것인데 그 만주 문자의 내용은 다음과 같다.(〈경편 그림 7-3〉 참고)

만문의 내용을 한문의 뜻으로 바꾸면 아래와 같다.

> 오라국(烏拉國)의 본명은 호륜(呼倫)이고, 성은 납라(納喇)이다. 나중에 오라강(烏拉江) 기슭에 살았기 때문에 오라라고 불렸다. 시조(始祖)는 납제복록(納齊卜祿)으로 상견다이화제(商堅

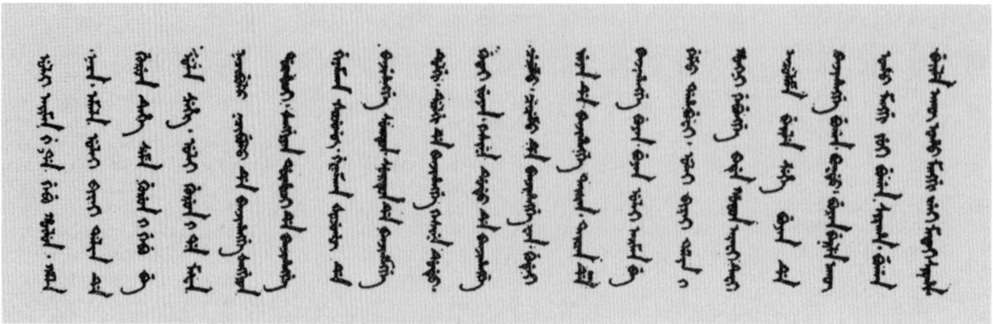

<경편 그림 7-3> 오라(烏拉) 부족 사람들이 편찬한 만문(滿文) 가보

多爾和齊)를 낳았다. 상견다이화제는 가마객석주고(嘉瑪喀碩珠古)를 낳았다. 가마객석주고는 수둔(綏屯)을 낳았다. 수둔은 도이기(都爾機)를 낳았다. 도이기는 두 아들을 낳았는데 장남의 이름은 극석납도독(克錫納都督)이고, 차남의 이름은 고대주연(古對珠延)이었다. 극석납도독은 철철목(徹徹木)을 낳았다. 철철목은 만(萬)을 낳았다. 고대주연은 태란(太蘭)을 낳았다. 태란은 포안(布顔)을 낳았다. 포안은 오라의 여러 지파를 다 거두어 오라강 홍니(洪尼)라는 곳에 성을 쌓고 왕으로 자처했다. 포안이 죽은 후 그의 아들 포간(布干)이 계승했다. 포간이 죽은 후 그의 아들 만태(滿泰)가 계승했다.[140]

다른 사례를 보면, 『팔기만주씨족통보(八旗滿州氏族通譜)』는 건륭 9년(1744)에 만주 문자로 완성된 만주족 가보로 총 80권이다. 이 가보는 원본 문서와 명문 귀족이 가지고 있는 가보 서적에 근거하여 편찬했는데 내용이 풍부하고, 자료가 상세하다. 특히 팔기(八旗) 만주 씨족의 원류(源流)를 상세히 기록하고 서로 같은 부분과 다른 부분을 검증하여 세계(世系)를 분류했다. 이는 팔기 만주 씨족의 원류를 연구하는 데 가장 중요한 참고 문헌으로 별도로 한문본이 따로 있다.

만주족 가보에는 만한(滿漢) 두 가지 문자를 함께 사용해 편찬한 것도 있다. 예를 들어 『타탑라씨가보(他塔喇氏家譜)』는 길림의 만주족인 타탑라괴승(他塔喇魁陞)이 광서 23년(1897)에 편찬한 것이다. 이 가보의 서문과 범례 및 족인의 기원 등은 한문으로 기술했고, 가경 15년(1810)의 보서(譜序)와 도광 18년(1838)의 보도원서(譜圖原序) 및 광서 6년(1880)의 원서(原序) 등은 만한의 두 가지 문자로 기술했다. 그리고 만주문자 옆에는 모두 한자

140 陳捷先, 「談滿洲族譜」, 『第三屬亞洲族譜學術研討會會議錄』, 聯合報文化基金會國學文獻館, 1987.

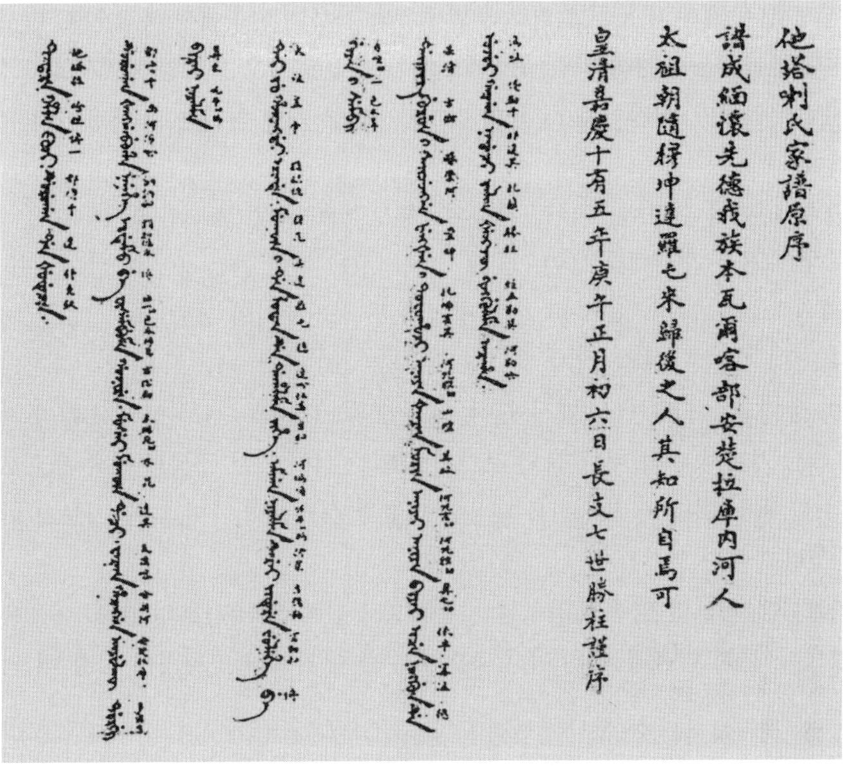

<경편 그림 7-4>
만한(滿漢) 문자로 편찬한 『타탑라씨가보(他塔喇氏家譜)』

발음을 주석했다.(〈경편 그림 7-4〉 참고) 이는 청대 말기에 이르러 만주족의 만주문자 활용 빈도가 매우 낮아졌음을 말해 준다.

만주족들 사이에서 다량의 족보가 한문으로 편찬되었다.

예를 들면 『양황기뉴호록씨홍의공(훈적)가보(鑲黃旗紐祜祿氏弘毅公(勛迹)家譜)』는 청대 가경 연간에 15책으로 편찬되었다. 가보에는 서·범례·보인(譜引)·홍의공(弘毅公)의 가전(家傳)·세계(世系) 등의 내용이 있고, 자료도 풍부하다. 체례를 보면 한족이 편찬한 족보로부터 비교적 많은 영향을 받았다.

그리고 도광 17년(1837)에 편찬된 『홍씨가보(洪氏家譜)』에는 홍씨(洪氏)의 본관, 기속(旗屬), 성씨의 유래, 기(旗)의 변동 과정, 거주, 족인의 명인(名人), 분산(墳山), 제전(祭田), 족인 간의 서열을 정할 때 쓰는 글자 등을 수록했다. 1935년에 홍여준(洪汝浚)이 재차 편찬했다.

『마가씨족보(馬佳氏族譜)』는 전후 세 차례 편찬했는데, 첫 번째는 석복(錫福)이 도광 2년(1821)에 두 번째는 광서 13년(1877)에, 세 번째는 민국 16년(1927)에 길림의 마연희(馬延禧) 등이 총 5권으로 속수(續修)했다. 민국시기 편찬에 조이손(趙爾巽)과 원금개(袁金鎧)

등이 서문을 작성했다. 체례 내용을 살펴보면 만주족의 가보는 단순에서 복잡으로, 다시 간략에서 상세로 변천했음을 명확히 알 수 있다. 초기 만주족 가보는 족인 세계도표(世系圖表)가 주요 내용이었지만, 시간이 흘러 청대 말기와 민국시기에 와서는 그 내용이 비교적 규범화되었다.

예를 들면 1940년에 편찬된 『이이근각라씨족통보(伊爾根覺羅氏族通譜)』의 체례는 비교적 체계화했다. 내용을 순서대로 보면 (1) 보서(譜序), (2) 역대 편찬 종보의 원서(原序), (3) 이이근각라씨족통보, (4) 국초(國初) 지방 명칭과 부락 거주지의 고증, (5) 편찬한 지파 가보의 명목, (6) 가훈편(家訓篇), (7) 전고(篆古) 가훈, (8) 족장(族長) 목록, (9) 족장의 집행 규칙, (10) 종파편(宗派篇), (11) 제사 규칙, (12) 오복도(五服圖), (13) 성속(省屬)의 족인 거주 상황, (14) 가보의 주석 예시, (15) 보도편(譜圖篇), (16) 가보 주석의 편목 등으로 구성되었다. 이에 대해 "해당 가보의 편목 내용은 대표적 성격을 지니며, 다수 가보가 이와 유사하다."[141]라고 했다.

만주족 가보를 살펴보면 만주족 가보는 기본적으로 한족(漢族) 가보의 체례, 내용을 따라 편찬되었으며, 특히 다음과 같은 여러 측면에서 한족 가보의 영향력은 점점 더 커졌다.

첫째, 가보를 편찬하는 취지이다. 『오씨보서(吳氏譜書)』에 5대 후손 오종아(吳宗阿)가 강희(康熙) 42년(1703)에 썼던 서(序)는 다음과 같다. 이르길 "나라에는 역사가 있고, 집에는 가보가 있다는 말을 자주 듣는다. 가보로 성실을 보여 주고 실제의 상황을 기록한다. 족인을 중요시하여 족인과 친척을 끔찍이 사랑하게 하고 세세손손이 자기의 조상이 누군지를 소연히 알도록 하는 바이다."[142]라고 했다. 광서(光緖) 16년(1890)에 편찬된 『색작라씨보서통종(索綽羅氏譜書統宗)』의 「원서(原序)」는 "어떤 사람이 나한테 왜 보서(譜書)를 편찬하느냐 물었는데, 가보를 편찬하면 위로는 선인을 추서하고, 아래로는 후세에 전할 수 있다. 사람은 모두 본원을 중시하는데, 하물며 우리 만주족임에야, 더욱 이를 중요시 여겨 절대 잊어서는 안 된다."[143]라고 했다. 광서 8년(1882)에 편찬된 『백씨원류족보(白氏源流族譜)』의 「백씨원류족보도찬자서(白氏源流族譜圖纂字序)」의 서두에서 다음과 같은 요지

141 張德玉, 「淺論滿洲族家譜的文化特征」, 『北方民族』(第3期), 2006.

142 『吳氏譜書』: "嘗聞國有史, 家有譜, 所以昭信紀實, 重本篤親, 使世世子孫, 乃昭然知所自出焉。" (역자 주)

143 「原序」, 『索綽羅氏譜書統宗』: "客有問余: 何爲而集譜書也! 余應之曰: 此編一成, 上之可以追述先人, 下之可以流傳後世。凡人皆宜重本源, 況我滿人尤宜鄭重, 而不容遺忘也!" (역자 주)

를 밝혔다. 즉 "보서를 편찬하지 않으면 선인을 추서할 수 없고 세대종친(世代宗親)을 알 수 없으며, 그 아래 후대에 전해지지 않으니 어찌 장유존비(長幼尊卑)의 서열을 명확히 알 수 있겠는가?"[144]라 했다. 이런 만주족 가보는 편찬 취지에서 한족식 가보 용어를 사용했다.

둘째, 범례(凡例), 즉 가보 편찬의 규칙이다. 예를 들면 『신수부찰씨지보(新修富察氏支譜)』에는 범례 14개 조항이 있다. 그중 제3항에는 "기술하는 방법은 성명을 중심으로 정했다. 성명을 큰 글씨로 쓰고 아래에 본인의 자·호·공명(功名)·생몰연도와 장소(葬所)를 수록한다. 그다음에 배우자는 줄을 바꾸어 기술함에 큰 글씨로 성명을 쓰고 아래에 어느 곳의 사람, 누구의 딸인지, 생몰연도, 남편과의 합장여부를 적는다. 첩실은 따로 반 칸 낮은 위치에 기술하는데, 자녀가 몇 명인지를 그 어머니의 성명 아래에 표시한다. 자식을 낳은 첩이 더 있는 경우에도 그 어머니의 성명 아래에 자녀가 몇 명인지를 표시한다. 딸이 누구에게 시집을 갔는지, 그 시집의 상황도 표시한다. 이처럼 구별이 분명하니, 한눈에 들어온다."[145]라고 했다. 그 제5항에서는 "부부는 만물 화육(化育)의 시조라 명분을 엄하게 해야 한다. 정실부인의 경우에는 '모씨(某氏)에게 장가들다.'라 적고, 약혼녀가 죽고 다른 여자와 결혼한 경우 '모씨를 초빙하다.'고 적는다. 아내가 죽은 후 다시 장가든 경우 '후처를 얻다.'라 적고, 세 번째나 네 번째 장가든 경우는 순서대로 적는다. 만일 이미 정실에 장가들고 첩을 두었거나, 몸종을 첩으로 삼았으면 모두 첩으로 적는다."[146]라고 했다. 다른 출계(出系)나 무덤 및 사당 등의 기술도 범례가 정한 규칙이 있었고, 이는 한족 가보 범례와 거의 일치했다.

셋째, 세계도(世系圖)이다. 이은 가보에서 가장 중요한 부분으로, 만주 족보도 이 같은 내용을 담고 있다. 각 족인이 채택한 형식은 모두 한족 가보를 모방한 것이다. 다수의 족인이 구양수가 창시한 보도(譜圖)를 채택했다. 예를 들면, 광서 33년(1907)에 편찬된 『신수부채씨지보(新修富蔡氏志譜)』는 구양수의 '오세도표(五世圖表)' 사용을 주장했다. 이르길 "경위도(經緯度)가 있는데 경도는 위에서 아래까지 오격(五格)으로 조(祖)·부(父)·자(子)

144 「白氏源流族譜圖纂字序」, 『白氏源流族譜』: "譜牒不修, 無以昭愼終追遠, 名字不纂, 何以序長幼尊卑?" (역자 주)

145 『新修富察氏支譜』: "書法今定以名爲綱, 用大字書, 下註本人字號、功名、生卒及葬所畢, 妻室另行, 亦大字平書, 下注明某某處人, 某人女, 次書生卒, 與其夫合葬否亦載明。側室則另行低半格書, 子女幾人, 卽於其母名下註明, 其再娶側室有出者, 各於名下注明。女適某或待字亦標出。如此條分縷晰, 庶可一覽了然。" (역자 주)

146 『新修富察氏支譜』, 光緒 33年(1907): "夫婦爲萬化之始, 名分宜嚴。凡元配曰娶某氏; 未娶而夭別娶者曰聘某氏; 娶某氏續配曰繼娶某氏; 有三四娶者俱依次直書; 若已娶正室而又置小星及收媵從者, 皆書側室。"

·손(孫)·증(曾)을 일직선으로 나열한다. 위도는 좌우를 잇는 줄로 병렬을 이루어 형제와 사촌 형제 등을 나란히 배열한다. 이런 경위도로 구족(九族)을 구별하여 오복(五服)을 확실히 알도록 한다."[147]라고 했다. 계속해서 『타탑라씨족보(他塔喇氏族譜)』에서는 "사마천(司馬遷)과 반고(班固)가 창설한 후표(候表)는 모두 고대 도표 형식의 보첩)을 모방한 사례이다. 도표는 오격으로 하나의 격에 한 세대를 기술하여, 모두 5세대를 수록한다. 위에서 아래로 부자(父子)를 기술하고, 좌우로 형제를 기술한다. 이것은 장유의 순서를 뜻하는 것이다."[148]라고 했다. 이것 또한 구양수의 '오세도표'를 수용한 것이다.

넷째, 항렬의 순서이다. 원래 만주족(滿洲族)의 이름에는 항렬이 없었는데, 이후 한화의 영향으로 이름 음역에서 한자를 항렬자로 사용하기 시작했다. 강희(康熙) 시기의 황실은 한자나 한자의 편방(偏旁)을 써서 자손의 촌수를 구분하며, 같은 종족의 지파와 세계(世系) 차례를 분명하게 표기했다. 그러자 만주족의 다른 종족 역시 이를 모방해 가보 항렬자 규정을 만들었다. 예를 들면, 『마가씨족보(馬佳氏族譜)』는 다음과 같은 32개 한자로 자손의 촌수를 배열했다.

천(天), 경(經), 국(國), 위(緯), 재(在), 덕(德), 종(宗), 공(功).
가(嘉), 유(猷), 무(懋), 적(績), 선(宣), 근(勤), 효(效), 충(忠).
균(鈞), 횡(衡), 정(鼎), 홀(笏), 대(代), 유(有), 전(傳), 인(人).
현(顯), 양(揚), 번(蕃), 연(衍), 승(承), 택(澤), 존(存), 인(仁).

그리고 후에 "이상 32개의 한자는 우리 족인의 20대 후손부터 세대마다 한 글자씩 사용한다. 남녀 구분이 없이 사용하도록 한다. (중략) 혼란을 막기 위하여 임의로 변경해서는 안 된다."[149]라는 주석을 달기도 했다. 그리고 민국 20년에 편찬한 『길도니찰씨족보(吉圖呢察氏族譜)』의 범례(凡例) 제7항에는 자손이 함부로 이름을 짓지 않도록 "열여섯 글자를 정했으니 족인들은 반드시 지켜야 한다. 글자 순서는 진흥국가(振興國家), 운한유제(雲漢維濟), 정명현요(鼎銘顯耀), 세영연속(世榮延續)이다."[150]라고 각별히 규정했다. 이와 같

147 『新修富察氏支譜』: "有經有緯, 經則上下五格, 祖父子孫曾一線直接; 緯則左右同行, 挨行平列, 兄弟從堂, 一類橫推。經之緯之, 而九族以辨, 五服以明。" (역자 주)

148 『他塔喇氏族譜』: "遷固創侯表, 蓋仿古旁行邪上例。今表列五格, 格書一世, 服窮五世之意也。上下列父子, 橫列兄弟, 長幼一序之經也。" (역자 주)

149 『馬佳氏族譜』(民國 25年) 卷首 「擬訂紀世字」: "以上三十二字自二十世起, 凡我苗裔一代用一字以記事, 男女一致遵守排用 (中略) 不得任意更改, 以免混亂。"

150 『吉圖呢察氏族譜』: "玆將所擬定十六字, 凡我族人, 各宜遵守, 謹列於下: 振興國家, 雲漢維濟, 鼎銘顯耀, 世榮

이 만주족 가보에도 항렬글자가 등장했고, 항렬이 내포하고 있는 사상 역시 한족 가보와 유사했다.

이 밖에도 만주족 가보는 가훈(家訓)·족규(族規)·제사(祭祀)·예문(藝文) 등의 방면에서도 한족 가보의 영향을 크게 받았다.

이와는 별도로 만주족 가보는 만주족이 편찬한 만주족의 세계(世系)와 인물 및 사적을 밝히는 족보이기 때문에 편찬 내용과 형식 등 여러 면에서 만주족의 특유의 민족적 특색도 내표했다.

첫째, 족보 편찬의 취지이다. 족인의 근본을 탐구하고 조상을 빛내며 후손에게 알린다는 취지는 한족 가보와 유사했다. 그러나 만주족 가보편찬에는 또 다른 중요한 이유가 있었다. 즉 청조의 팔기 제도에서 신분·지위·관직의 계승은 모두 가보를 중요한 증빙자료로 활용했다는 점이다. 팔기제도에 의하면 칸(汗)·패륵(貝勒)·대신(大臣)과 각급의 액진(額眞)은 통치계층이고, 제신(諸申)·이이근(伊爾根)·아합(阿哈) 등은 통치를 받는 계층이었다. 청조는 계층 간의 혼란과 문란을 막기 위해 철저하게 호적 제도를 유지했고, 팔기 호적은 3년에 한 번 편집해서 심사하도록 규정했다. 그리고 각 좌령(佐領)은 호적 등기 대장을 만드는 책임을 담당했다. 호적 등기 대장에는 부형의 관직 명칭, 자제 및 형제의 아들, 족인이 보유한 하인의 수량 등을 기재했다. 건륭(乾隆) 연간에 편찬된 『대청회전(大清會典)』에서 "무릇 팔기 씨족은 명부에 등록된 자는 '정호(正戸)'라고 부르고 주인의 허락으로 호적이 생긴 하인은 '개호(開戸)'라고 부른다. 좌령은 종족의 지파를 구분하여 진위를 확인하며 멀고 가까움을 고증하고 사람의 보계(譜系)를 검사한다."[151]라고 명확히 언급했다. 가보가 신분을 명확히 밝히고 관직을 계승하는 일과 밀접한 관계가 있기 때문에 청나라가 입관(入關)한 후 각 족인 특히 명문 귀족은 가보 편찬을 매우 중시하기 시작했다. 옹정(雍正) 연간에 시작해 건륭 9년(1744)에 정식으로 출간된 『팔기만주씨족통보(八旗滿州氏族通譜)』는 만주족의 가보 편찬을 더욱 자극했다.

둘째, 족보 내용 면에서 만주족의 특색이 많이 내포했다. 예를 들면 제사는 언제나 만주족이 중시하는 일이라 많은 족보에 제사에 대해 전문적으로 한 부분을 전재했다. 이미 여러 의식에서 한화(漢化)의 흔적이 나타나고 있지만 그래도 만주의 원시 문화는 여전

延續." (역자 주)

151 "凡八旗氏族, 載在册籍者曰正戸, 僮僕而本主聽出戸者曰開戸, 由所隷佐領別宗支, 核眞僞, 稽遠近, 考其譜系." 본문은 李林, 『滿洲族家譜選編·序言』, 遼寧民族出版社, 1988, 7쪽에 참조.

히 보존했다. 광서 33년(1907)에 편찬된 『신수부찰씨지보(新修富察氏支譜)』 중의 제사 규칙은 다음과 같다. 이르길 "제사를 지낼 때마다 길일(吉日)을 택하여 (중략) 짐승을 사는 것이 중요하다. 털은 잡색이 없고, 꼬리를 자르지 않고, 귀를 뚫지 말아야 한다. 통통한 짐승을 골라 깨끗한 방에서 기르고, 주사를 등에 바르고, 일 처리에 온당한 사람을 파견하여 음식을 반드시 정결하게 잘 관리한다. 이는 정성을 다하는 바이다. 향불을 들고 방으로 들어가 짐승을 정방(正房) 밖으로 데려온 후, 먼저 주제자(主祭者)가 세 번 머리를 땅에 대고 절을 하고 다음 주제자(主祭者)가 똑같이 절을 한 후에, 집행자가 짐승을 정방(正房)에 데리고 들어간다. 대야 앞에서 일곱 척(尺)의 흰 천으로 얽맨 칼로 짐승을 죽이고, 피가 땅에 넘치지 않게 한다. (중략) 털을 깨끗이 제거하고 오장(五臟)을 깨끗이 씻은 후에 5단, 즉 머리는 1단, 등은 2단, 허리는 2단으로 한다. 뜨거운 물에 완전히 담가서, 제물을 제반에 나누어 오장을 바친다. (중략) 집행자가 가축의 오장을 치우고, 고기에 쌀을 넣어 고기밥을 만드는데, 이 밥은 오직 족인 성원만이 먹을 수 있는 것이다."[152]라고 했다. 이상의 내용을 통해 보면 제사 때에 향초를 태우는 것과, 무릎 꿇고 세 번 머리가 땅에 닿도록 하는 세 번 절하는 의식 등은 한화의 결과이다. 그러나 살아 있는 짐승을 제물로 삼아 제사를 지내는 것 역시 명백히 만주의 관습이며 샤머니즘 제사의 유풍이었다.

셋째, 만주족 단어의 사용이다. 만주족 가보의 민족적 특색은 가보 명칭과 내용에 만주족의 단어를 사용한 것이다. 만주족 가보의 명칭은 한족 성씨로 불리는 경우가 많다. 예를 들면, 완안씨(完顏氏)는 『왕씨종보(汪氏宗譜)』, 동가씨(佟佳氏)는 『동씨보서(佟氏譜書)』, 이이근각라씨(伊爾根覺羅氏)는 『조씨보단(趙氏譜單)』, 과이가씨(瓜爾佳氏)는 『관씨보서(關氏譜書)』, 부차합잡씨(富叉哈卡氏)는 『부씨보서(傅氏譜書)』 등이 있다. 그럼에도 여전히 많은 족보 가운데는 가보 명칭을 만주족 성씨를 사용했다. 즉, 광서 16년(1890)에 편찬된 『색작라씨보서(索綽羅氏譜書)』, 가경 12년(1807)에 편찬된 『복릉각이찰씨보서(福陵覺爾察氏譜書)』, 광서 23년(1897)에 편찬된 『영릉희탑납씨보서(永陵喜塔臘氏譜書)』, 민국 13년(1924)에 편찬된 『살마라씨보서(薩嘛喇氏族譜)』 등이 그 예다.[153] 왜 만주족의 성씨를 보존해야 하는지

152 『新修富察氏支譜』: "每逢祭祀, 選擇吉日 (中略) 購牲爲緊要, 毛無雜色, 不剪尾、不穿耳, 選其肥大養於淨室, 以紅硃塗於背頭間, 派妥人經管飲食, 必潔必淨, 所以昭誠敬也。(中略) 持香赴淨室引牲, 迨至堂門外, 主祭者行三叩首禮, 復位; 陪祭以次, 均復位, 執事者引牲至堂中, 盆前以白布七尺纏刃宰牲, 不使血溢於地雲。(中略) 俟牲毛去淨, 五臟洗潔, 剖牲五段(頭段首, 二、三、四、五段系由背脊剖成兩塊, 再由腰中分爲四塊, 共成五段)。用熱水全浸, 將牲品於祭盤分獻五臟。(中略) 執事者撤牲暨五臟, 各取上分加米作小肉飯, 此飯只準族人吃。" (역자 주)

153 李林, 『滿洲族宗譜硏究』, 遼寧民族出版社, 2006, 12쪽.

에 대한 답으로 광서 23년(1897)에 송소렴(宋小濂)이 『타탑라씨족보(他塔喇氏族譜)』의 서(序)에서 '조상을 잊어서는 안 된다.'고 한 지적을 참고할 수 있다. "타탑라씨는 만주족의 유명한 가문이다. 아무리 세상이 변화무쌍하더라도 한 성씨의 연원은 없어지면 안 되고 또 세속적인 견해에 얽매어 당씨(唐氏)로 바꾸면 절대 안 된다. 내가 이 가보의 서문(序文)을 써 준 본심은 바로 타탑라씨의 자손이 대대손손 타탑라 씨가 되게 하고, 당씨가 되지 않도록 하는 것이다."[154]라고 했다.

만주족 가보의 내용을 살펴보면 다수의 만주족 단어를 볼 수 있다. 예를 들면, '아마(阿瑪: 아버지)', '아낭(鵝娘: 어머니)', '달조모(達祖母: 대조모(大祖母), 즉 증조할머니)', '목곤(穆昆: 족장(族長))', '목곤달(穆昆達: 총족장)', '우록액진(牛錄額眞: 좌령(佐領))', '갑라액진(甲喇額眞: 참령(參領))' 등의 단어는 만주족 가보가 갖는 고유한 특성이다.

청나라 시대와 민국시기에는 만주족이 편찬한 족보가 상당히 많아 거의 한 족인에 한 부씩 가지고 있었다. 1984년에 출판된 『수암의 만주족(滿族在岫岩)』에 의하면 수암은 요동반도(遼東半島) 북쪽에 위치하고, 만주족 위주의 다민족 현(縣)으로 만주족 인구가 24만 명에 달했다. 저자는 조사과정에서 다수의 만주족 가문이 족보를 보유하고 있음을 발견했다. 이번 조사를 통하여 모두 28종의 족보가 발견되었다. 제씨(齊氏)·부씨(傅氏)와 같은 일부 가보는 만주어와 한자 두 문자로 되어 있으나 나머지 대부분은 모두 한자로 편찬된 것이다. 요령(遼寧) 전체로 보면 만주족 가보의 수량은 더욱 놀라울 정도였다. 관련 연구자는 "요령 지역의 각 족인은 대량의 가보를 보존하고 있다. 만주족은 17세기 중반부터 가보를 편찬하기 시작했다. 그 후로 가보를 편찬하는 기풍이 나날이 번성했다. 대략 100부 내외의 만주족 가보의 목각본과 배인본(排印本)이 전해진다. 그리고 수많은 필사본도 남아 있는데, 한 번에 수십 권을 필사하지 못했다. 1차 조사 결과, 요령의 본계(本溪)·요양(遼陽)·신빈(新賓)·수암(岫岩)·봉성(鳳城)·개현(蓋縣)·심양(瀋陽)·환인(桓仁)·장하(庄河)·와방점(瓦房店)·철령(鐵嶺)·개원(開原)·무순(撫順)·북진(北鎭)·신금(新金)·의현(義縣)·해성(海城)·흥성(興城) 지역에 있는 만주족 가보는 500여 부에 달했지만, 실제 보존 수는 이보다 더 많을 것으로 추정된다."[155]라고 했다. 또한 길림(吉林)·흑룡강(黑龍江)·화북(華北) 및 전국 각 지역에서도 일정한 수의 만주족 가보를 소장하고 있다.

만주족 가보는 특징적인 내용을 수록했고, 수량도 풍부해서 중국 가보의 중요한 구

---

154 『他塔喇氏族譜』: "蓋他塔喇氏滿洲名族, 卽使世變無常, 而一姓淵源自不可泯, 萬勿泥世俗之見, 改而爲唐, 使他塔喇之子孫, 十世百世終爲他塔喇氏, 而不爲唐氏, 則序斯譜者之意也。" (역자 주)

155 李林 主編, 「滿洲族家譜選編」, 遼寧民族出版社, 1988, 9쪽.

성 요소라고 할 수 있다.

3) 회족(回族)

회족은 중국 소수민족의 하나로 주로 영하(寧夏)·감숙(甘肅)·청해(青海)·하남(河南)·하북(河北)·산동(山東)·운남(雲南)·안휘(安徽)·신강(新疆)·요령(遼寧)·광서(廣西)·북경(北京) 지역에 비교적 광범위하게 분포한다. 소수의 회족 가보는 전국 각지에 산재해 있다

영하도서관(寧夏圖書館)에 따르면 현재 이 도서관에 가보 및 참고자료가 23부 있으며 이 중에서 회족 가보는 14부로 60% 이상을 차지한다. 이들 회족 가보 중 가장 오래된 것은 『육잠당장씨가보(六箴堂張氏家譜)』, 『철씨가보(鐵氏家譜)』로 지금으로부터 600여 년 전 것이다. 『대씨가보(戴氏家譜)』는 570년 이전의 가보이고, 『탈씨가보(脫氏家譜)』와 『풍씨가보(馮氏家譜)』 및 『흑씨가보(黑氏家譜)』는 300여 년의 역사를 갖는다. 『육잠당장씨가보』·『대씨가보』·『철씨가보』·『흑씨가보』 및 『탈씨가보』는 민족사와 관련한 사료가치가 있고, 『마씨족보전집(馬氏族譜全集)』는 가장 지방적인 특색을 지닌 가보이다.[156]

중국민족도서관의 통계에 따르면 해당 도서관에는 『취진당마씨종보(聚眞堂馬氏宗譜)』 등 회족 가보 17종이 소장되었다. 이르길 "이들 가보들 중 가장 오래된 것은 지금으로부터 수천 년 전의 『흑씨가보』, 630년 전의 『육잠당장씨가보』, 600년 전의 『대씨가보』, 560년 전의 『탈씨가보』, 『풍씨가보 및 『철씨가보』 등이 있다."[157]

그리고 「광서 회족의 족보 및 사료 연구 가치(廣西回族的族譜及其史料價值)」에 따르면 광서(廣西) 지역에서 이미 수집된 회족 족보는 모두 14종이 있다. 편찬 시기가 가장 이른 것은 『백씨가보(白氏家譜)』로 명대 영락(永樂) 16년(1419)에 편찬되었다. 비교적 후에 편찬된 가보는 1989년에 편찬된 『녹채해씨가보(鹿寨海氏家譜)』이다. 나머지 12종은 대부분 청대와 민국시기에 편찬되었다.[158]

운남(雲南)의 소통(昭通) 지역 조사 결과에 의하면, 이 지역에 18만 명의 회족(回族)이 거주하고 있으며, 이는 운남성 전체 64만 회족 인구의 1/4 이상에 해당한다. "우리의 실제 통계에 따르면 이 도시의 회족 성씨는 총 118개이다. 전통적인 회족 마(馬)·새(賽)·산(撒)·호(虎)·납(納)·장(張)·이(李)·양(楊)·미(米)·소(所)·철(鐵)·공(孔)·완(阮)·척(戚)·견(甄) 등 20여 개 성씨가 있다. 각 대성(大姓)은 바로 한 종족으로 모두 자기의 족보와 가규를 보유

156 謝梅英·藺煒麗, 「寧夏圖書館回族家譜文獻的史料價值及其特點分析」, 『陝西當代圖書館』(第4期), 2003.

157 王華北·王蘋, 「回族家譜與文化」, 『北方民族』(第4期), 2005.

158 翁乾麟, 「廣西回族的族譜及其史料價值」, 『回族研究』(第3期), 2001.

했다. 한자로 편찬한 회족 가보는 수량과 역사에서 운남에서 수위를 차지했다. 그중 마씨 회족의 인구가 제일 많다."[159]

앞서 열거한 자료에서 회족 가보는 비교적 광범위하게 분포했고, 그 역사 또한 유구하고 수량도 방대했다. 청대와 민국 시기는 회족 가보 편찬의 절정기에 해당한다.

연구 성과를 분석해 보면 회족 가보의 가장 큰 특징은 족보에 이슬람 문화의 정신이 스며 있다는 점이다. 이는 회족의 발전 역사와 밀접한 관련이 있다. 중국의 회족은 원래 중국 내의 씨족과 부족이 융합·발전해 형성된 민족이 아니고, 외래 이민 집단이 주체로 중국적 성격을 흡수하며 형성되었다. 회족은 다원 문화적 배경, 특히 유가 문화가 주도하는 한문화(漢文化)의 영향 속에서 형성되었다.

건륭 33년(1769)에 편찬된 『태사마가보역사계통도고(太師馬家譜歷史系統圖考)』의 서문(序文)에 회족 가보의 특징이 구체적으로 잘 드러나 있다. "우리 비조(鼻祖)는 서역(西域)에서 왔다. (중략) 조상이 대대로 섬서(陝西) 고원(固原) 류수항(柳樹巷)에 거주했다. 대대로 충성스럽고 후덕한 도덕 품성을 이어 가고, 벼슬을 해 나가야 한다. 홍무(洪武) 16년(1383)에 한림원(翰林院)에 임직한 마사(馬沙)가 있었는데 비조의 후손이다. 서축(西竺)이 조공한 천경(天經) 8권을 해설해 주자 명나라 황제가 그를 보고 기뻐하며 칙령을 내려 태사(太師)로 임명했다. (중략) 아버지가 자식을 가르치고 형이 동생을 일깨우는 까닭은 바로 충성스럽고 후덕한 도덕의 품성을 대대로 이어 가 끊임없이 책과 경서(經書)를 공부하고 교리를 지키며 알라를 빛나게 하기 위해서이다."[160]라고 했다. 이 서문은 우리에게 다음과 같은 사실을 알려 준다. 회족은 서역에서 왔고 이민 집단이며 섬서 지역에 와서 오랜 세월 유가 문화인 "대대로 충성스럽고 후덕한 도덕의 품성을 이어 가야 하고, 벼슬을 해 나가야 한다."[161]라는 것을 받아들였다. 그와 동시에 이슬람 문화적 특징을 보유하고 있으며 "교리를 지키며 알라를 빛나게 한다."로 보아 회족 문화가 자신의 신앙체계에 충실하면서도 한족(漢族)의 유가 문화를 인정한다는 것을 보여 주고 있다.

회족 가보에 담겨 있는 이슬람 문화 정신이 가보의 가법(家法), 가규(家規)에서 더욱 뚜렷이 드러난다. 민국 27년에 편찬된 『부씨종보(傅氏宗譜)』의 가규는 "족인 내에서 어른

---

159 胡青·馬良燦,「回族家譜的三個維度: 族源、族規與人倫」,『回族研究』(第2期), 2007.

160 『太師馬家譜歷史系統圖考』: "考吾鼻祖系出西域 (中略) 祖居陝西固原柳樹巷, 要皆忠厚傳家, 簪纓繼世。迨至洪武十六年, 有編修翰林院馬沙者, 系鼻祖之後裔, 因講解西竺所貢天經八卷, 蒙明主見喜, 仍敕封太師之職。(中略) 父之所以教子, 兄之所以戒弟, 務忠厚傳家、經書繼世、恪守教規, 葆發以嫣乃之光亮; 刻志於前, 不負祖先之培積, 以相延於千萬世而與一日也。" (역자 주)

161 『太師馬家譜歷史系統圖考』: "忠厚傳家、簪纓繼世。" (역자 주)

과 어린이는 각각 본분을 지켜야 하고, 어른은 어린이를 능욕해서는 안 되며, 어린이는 어른을 거역하지 말아야 한다."[162]라고 규정하고 있는데 이것은 전형적인 유가 사상이다. 그러나 동시에 『부씨종보』는 "자손이 어리석더라도 경서(經書)를 읽혀야 한다. 과거(科擧)를 바라지 않지만, 원래 독서는 사리를 알고, 독경은 종교를 분명히 알기 위해서이다. 우리는 마땅히 해야 할 일을 경전에 담으며 하나도 어기지 말아야 한다."[163]라고 하며, 상제(上帝)를 섬길 것을 신신당부했다. "천지만물은 상제에 달려 있다. 염(念)·예(禮)·재(齋)·과(課)·조(朝)가 주님의 명령이기 때문이다."[164]하고 했고, "경전 읽는 것은 종교를 밝게 함이라 멈춰서는 안 된다."[165]라는 문구도 있다. 회족은 신앙고백, 예배·단식·자카트[166]·성지순례 등을 오공(五功)이라 부르는데 이는 이슬람교에서 모든 신앙인에게 주어진 가장 기본적인 요구이다.

그리고 『하패마씨가보(下壩馬氏家譜)』에는 아래와 같이 10개 조항의 가규를 수록했다.

> 이슬람을 신앙하면 한 족인의 가르침으로는 신앙고백·예배·단식·자카트·성지순례를 행해야 하고 백성을 위한 교육으로는 경독(耕讀)과 안분(安分)이 있다. 아울러 족인의 규약을 고려해 정한다. (중략) 전 족인의 자제 및 후손들은 징계가 두려워 감히 죄를 범할 수 없다. 경독은 의식의 근원이다. (중략) 그러므로 족장(族長)은 반드시 아래의 10가지 이슬람 조항에 근거하여 자제에게 큰 도리를 가르치고 훈계해야 한다. 완고함과 나태함을 경계하여 어리석음을 감화시킨다. 선비는 나라의 인재가 될 수 있고, 농민은 성세의 선량한 백성이 될 수 있다. 태사(太師) 자손의 신분을 저버리지도 않도록 한다. (중략) 10개 조항의 가규는 다음과 같다.
>
> (1) 조상의 규정을 잘 따라야 하고 윗사람을 거역하면 안 된다. 만일 족인 중에 위를 거역하는 자가 있으면 족장은 범죄를 범하는 즉시 법에 따라 처벌한다.
>
> (2) 각 족인의 부형은 마땅히 자제를 단속하여 함부로 다른 종교에 들어가지 못하게 해야 한다. 만일 다른 종교에 들어가게 되면, 법에 따라 자제를 다스리고, 부형을 중책한다. 엄중히 처리하여 다른 사람에게 경고한다.

---

162 『傅氏宗譜』: "族中尊卑長幼各宜安分, 尊長不可淩辱卑幼, 卑幼不得違抗忤逆尊長。" (역자 주)

163 『傅氏宗譜』: "子孫雖愚, 經書不可不讀。雖科第難期, 讀書原以明理, 念經以明宗教, 吾教當行可止之事, 載在經典, 關系匪輕, 不可絲毫違反。" (역자 주)

164 『傅氏宗譜』: "天地萬物本乎主, 念、禮、齋、課、朝乃主命也。" (역자 주)

165 『傅氏宗譜』: "念經以明宗教, 吾教當行可止之事。" (역자 주)

166 자카트(zakāt): 이슬람교의 교리에 정해진 교도의 5대 의무 중 하나인 자선의 의무를 지칭한다. 원래의 의미는 "정결"이고, 이는 국가가 세금의 형태로 징수해 이슬람을 위한 여러 가지 자선 목적에 사용한다. 주로 가난한 자·고아·여행자·걸인·노예 등을 위한 구빈 활동에 사용한다. (역자 주)

(3) 족인의 자제들은 마땅히 잘못을 고치고 선한 것을 따라야지, 비적에 붙어서 길을 막고 강탈해서는 안 된다. 만일 면종복배(面從腹背)하면 반드시 열심히 조사하고 관청에 보내어 다스리게 한다.

(4) 어린 자제는 마땅히 성실하고 규칙을 지켜야 하며 트집을 잡아 사건을 일으키면 안 된다. 만일 삼삼오오 무리를 지어 고의로 사람을 해친다면 족인이 조사하여 관청에 보내어 다스리게 한다.

(5) 족인의 자제들은 간음과 사악한 도둑질을 범하면 안 되고 거역하는 자는 관청에 보내어 다스리게 한다.

(6) 족인의 성원이 남에게 모욕을 당할 때는 온 족인이 나서야 하고, 먼저 예의를 갖춰 상대방과 합의하고, 소통이 안 될 때 강경한 수단을 써야지, 사람이 많음을 믿고 함부로 행동해서는 안 된다.

(7) 권세를 등에 업고 남을 업신여겨서는 안 되며, 큰 힘으로 작은 것을 억누르고, 부로 가난을 기만하거나 가난으로 부를 속이면 안 된다. 위반하는 자는 법에 따라 처벌해야 한다.

(8) 족인의 자제들은 술에 취해 사건을 일으키면 안 되고 위반하는 자는 종교의 규칙에 따라 처벌한다.

(9) 족인의 자제들에게 예의를 근본으로 삼아, 올바른 길을 가도록 가르쳐야 한다. 무릇 믿지 않으면 관청에 보내어 처벌한다.

(10) 경독(耕讀)할 때도 농업에 종사한다. 공부만 한답시고 농사에 종사하지 않으면 안 된다.[167]

---

167 "一族之教, 認淸眞則有念、禮、齋、課、朝, 論民教, 則有耕讀與安分。並酌定族議規（中略）合族子弟後生有所懲戒, 無敢逾越。耕讀爲衣食之源。(中略) 故爲族長, 必據下列十件淸眞正條, 各教之大道, 以訓誡子弟。儆頑惰以化愚蠢。士可作國家之楨幹, 農可作盛世之良民。斯不負我太師之根。(中略) 十大正條如下:
一、議論公祖之規定須認眞講究, 不得以小犯上, 若族有忤逆犯上者, 族長照犯罪過大小依法處之。
二、各家父兄應約束各家子弟, 不準擅入邪門, 倘故入邪門, 照法處治子弟, 重責戒父兄, 從重認罰, 以警其余。
三、族中子弟宜悔遷善, 不準附合匪人, 攔路搶劫。若陽奉陰違, 務須認眞查拿, 送官處治。
四、年幼子弟宜安分守紀, 不準借故生端, 若三五成群借故敲磕於人, 族中查拿送官處治。
五、族中子弟不準奸淫邪盜、通婚估娶, 抗違者送官處治。
六、族中受人過分欺侮時, 齊族理論, 但須各帶用費, 先禮後從, 勿恃衆妄爲。
七、族中不準占勢, 以大壓小, 以富欺貧或以貧騙富, 違者依法處治。
八、族中子弟不準酗酒滋事, 若違者, 以教規處治。
九、各族中子弟務須教以禮爲本, 指從正路, 若凡不信, 送官處治。
十、念經耕讀, 或習耕種, 不可慣習不種。" 본문은 胡青·馬良燦, 「回族家譜的三個維度: 族源、族規與人倫」, 『回族研究』(第2期), 2007을 참조.

이상의 10개 조항의 가규는 인륜·교문(敎門)·혼인·본분·교칙·치가(治家) 등과 연관된다. 그중에서 족인이 종교 신봉, 다른 종교를 믿지 못하게 하는 것, 교칙에 의한 처분 등의 내용을 담고 있는데, 이는 이슬람 문화의 영향을 내포하고 있음을 보여 준다. 이와 동시에 효도와 예의를 지키는 것, 길을 막고 강도짓을 해서는 안 되고, 간음과 사악한 도적질을 해서는 안 되며, 술에 취해 문제를 일으키면 안 되는 것들은 유교 문화의 요체이자 이슬람 문화의 정신이기도 하다. 이러한 마씨 가보의 가규는 유기적으로 두 가지를 결합했다.

회족(回族)은 주로 외래 집단을 중심으로 중국 본토의 민족과 문화를 자신의 것과 융합했다. 그렇기 때문에 회족 가보에는 이슬람 문화의 정신이 담겨 있고, 종교와 종족의 관계를 적절하게 결합시켰다. 그 결과 회족 가보의 체례와 내용은 한족 가보에 비하면 간략한 편이다. 이에 대해 이르길 "광서(廣西) 회족의 대다수 족보는 일반적으로 '서언' '족규(族規)·족훈(族訓)' '세계표(世系表) 혹은 세계도(世系圖)'의 세 부분으로 나뉜다."[168]라고 했다. 특히 회족 가보는 체례나 목록이 한족 가보에 비해 현저히 적을 뿐 아니라, 그 근원의 탐구와 세계(世系)를 배열하는 등도 비교적 간단하다. 세계 배열만 수록한 회족 가보 역시 적지 않다. 단 한 장의 백지(白紙)에 세계를 기록한 가보도 있다. 심양(瀋陽) 백가(白家)의 5대 백문운(白雯雲)과 백향운(白香雲)을 수록한 『백씨가보(白氏家譜)』가 바로 그런 사례이다. 즉 가로 88cm, 세로 38cm인 종이로 백씨가 심양으로 이주한 후 7대를 모두 수록했고, 이곳에 총 144명이 기록했다. 그럼에도 중국의 중요한 소수민족 중 하나인 회족의 가보는 중국 가보 가운데 특유의 이슬람 문화 정신의 선명한 색채를 내재하고 있다는 점은 분명한 특징이라 하겠다.

아쉬운 점은 몽골족, 만주족의 일부 가보가 자신의 민족 문자를 사용해 편찬했던 것과 달리, 회족 가보는 모두 한자로 편찬했다. 회족이라는 특정한 민족이 성립하기 이전에 아랍어와 이란어 등 여러 언어를 사용했다. 그러나 이는 하나이 민족이 된 후에는 한족과 함께 공통의 중국어를 사용했기 때문이다. 회족 가보의 일부 표지는 드물게 아랍 문자로 표시를 했지만 전체 내용은 한자로 편찬했다.

4) 이족(彝族)

이족은 주로 중국 남서쪽 지역에 거주하며, 오랜 역사와 문화적 전통을 지닌 소수민족이

168 翁乾麟, 「論廣西回族的族譜及其史料價值」, 『回族研究』(第3期), 2001.

다. 이 책의 제1장 '중국 가보의 기원'에서 구전(口傳)가보를 언급할 때 이족은 다른 민족과 마찬가지로 예로부터 구전가보를 전하는 전통이 있다고 지적한 바 있다. 이족 가보는 중국 가보 발전사에서 중요한 위치를 차지한다.

중국 서남지역은 심산종곡(深山縱谷)으로 공간이 폐쇄되고 지리적 환경이 열악하여, 이 지역에 사는 이족은 생존과 발전을 위해 강한 씨족의 관념과 족인 관념을 가지고 있다. 이와 상응하여 이족 조상은 오래전부터 가보를 편찬하는 문화적 전통이 있었다. 귀주민족지편찬위원회(貴州民族志編纂委員會)가 편찬한 『민족지자료회편(民族志資料匯編)』 제8회(이족)에서 "보(譜)는 보첩(譜牒)이다. 조상의 유래를 기록한 것은, 후세 사람들에게 그 본시(本始)를 알리기 위해서이다. 조상의 원적을 기록한 것은 후세 사람들에게 그 창고(創考)를 알리기 위해서이다. 조상의 본적을 기록하는 것은 후세 사람들에게 본을 잊지 않도록 하기 위함이다. 조상의 기업(基業)을 기록하는 것은 후세 사람에게 그 지파를 알리기 위함이다. 이른바 사물의 근원을 잊지 않고 조상을 잊지 않는 자이다."[169]라고 명시했다. 가보는 이족 족인의 혈육 관계에 있어서 중요한 역할을 했다.

이족의 족보는 두 가지 형식의 가보가 있는데, 하나는 문자가보이고 또 하나는 구전가보이다.

먼저 문자가보를 소개하면 다음과 같다. 문헌에 의하면, 한진(漢晉) 시기 이족은 이미 본 민족의 이문(彝文)을 창제했으나, 이문을 장악한 사람은 주로 소수의 제사장과 이족의 상류 계층이었다. 그러므로 이문으로 편찬한 족보의 수량은 적었지만 이문 가보 일부가 오늘날까지 남아 전해지고 있다. 운남(雲南) 아산현(峨山縣) 차하구(岔河區) 안기향(安基鄕) 옥복촌(玉福村) 이족 시가무(施嘉武) 집에는 조상 대대로 전해 내려오는 옛 이문으로 된 『시씨종보(施氏宗譜)』가 있다. 이 가보는 벚나무로 만든 나무상자에 보관되어 있어 매우 잘 보존되었다. 이 외에도 또 양산(凉山) 이족의 『십열야고계보(什列惹古系譜)』, 귀주(貴州) 이족의 『패란고(貝蘭考)』 등이 있다. 중국 국가도서관에도 『서가보경(敍家譜經)』, 『서가보영조령(敍家譜迎祖靈)』, 『봉가의 계보(鳳家的系譜)』, 『아교파가의 계보(阿教頗家的系譜)』, 『고후곡열보계(古侯曲涅譜系)』 등 이문(彝文) 가보를 소장하고 있다. 이들 이문 가보는 대부분 백면지에 쓰여 있다. 어떤 이문 가보는 한자 가보와 유사하게 돌에 각인해 놓았다. 즉 족보가 석벽에 새겨져 있다. 운남 녹권현(祿勸縣) 법의촌(法宜村) 절벽에 보존된 무정(武定) 봉씨(鳳氏) 토사(土司)인 명(明)나라 경태년(景泰年) 초에 찬(撰)한 『나무현대명(羅婺賢代

---

169 『民族志資料匯編』: "譜者, 牒也。所以記祖宗之由來, 使後人知其本始; 所以記祖宗之籍貫, 使後人知其創考也; 所以記祖宗之基業, 使後人知其支派也, 傳所謂數典之不忘祖者歟!" (역자 주)

銘)』이 바로 그런 예이다. 이 밖에도 어떤 이문 가보는 이문 사적에 보존되어 있다. 예를 들어서 『이족창세지(彝族創世志)』 중의 '보첩지(譜牒志)'는 족인이 6명의 조상으로 분종(分宗)한 뒤의 항(恒) 지파의 22개 종족 계보(系譜), 포(布) 지파의 24개 종족 계보, 묵(默)지계의 39개 종족 계보를 수록했고, 대종보계(大宗譜系)와 소종보계(小宗譜系)도 있다.[170] 청대(淸代) 하정인(夏正寅)이 저술한 『애뇌이웅열전(哀牢夷雄列傳)』에도 남조(南詔) 몽씨(蒙氏) 후손의 이문 가보 3점이 수록했다.[171]

이족가보의 대부분은 구전가보, 즉 말로 전해 내려온 가보이다. 씨족계보의 암송은 양산(涼山) 이족 남자들이 그 사회에 뿌리를 내리는 기본 조건 중의 하나였다. 따라서 수십 세대 조상의 이름을 유창하게 암기할 수 있었고, 또한 이런 조건을 구비한 이들은 사회생활에서 많은 편리를 제공받기도 했다. 양산 이족의 속담에 이르길 "씨족, 혹은 지파가 있는 곳을 돌아볼 때에는 건량(乾糧)을 휴대하지 않아도 된다. 씨족에 의탁하면 3대가 모두 평안할 수 있다."라는 말이 있을 정도였다. 양산의 많은 이족 남자들은 부계 조상뿐만 아니라 모계친족인 외삼촌의 계보도 암송했다. 이와 관련한 양산 이족의 속담에는 "부친 계보를 암기하지 못하면 씨족이 너를 인정하지 않고, 외삼촌의 계보를 암기하지 못하면 친척이 너를 인정하지 않는다."[172]라고 했다.

이는 구전가보가 이족의 사회생활에서 얼마나 중요한 의미를 갖고 있는지를 단적으로 보여 주는 사례이다. 외우기 편하고 기억하기 쉽도록 이족 구전가보는 대부분 부자(父子) 연명제(連名制)로 되어 있다. 부자연명(父子連名)이란 아버지 이름의 끝음절이나 끝에서 두 번째, 혹은 세 번째 음절을 아들 이름 앞에 두는 형식을 취한 것이다. 대량산(大涼山) 이족에 다음과 같은 가보가 있다.

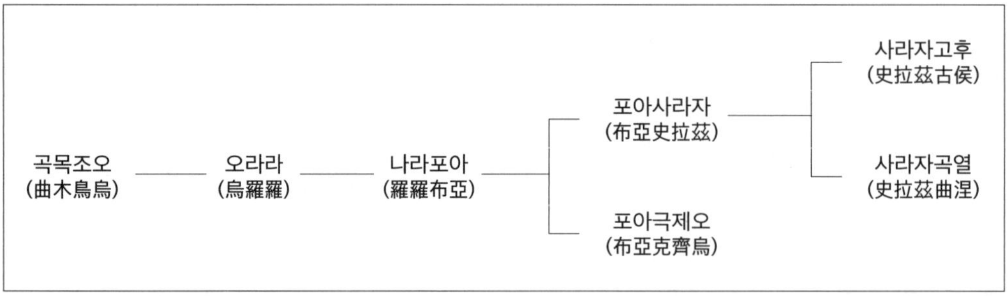

170 華林, 「彝文歷史譜牒檔案探析」, 『思想戰線』(第3期), 1997.

171 劉堯漢, 「南詔統治者蒙氏家族屬於彝族之新證」, 『彝族社會歷史調查研究文集』, 民族出版社, 1980.

172 劉堯漢, 「從涼山彝族系譜看它的父系氏族制和氏族奴隸制」, 『彝族社會歷史調查研究文集』, 民族出版社, 1980.

또 『서남이지(西南彝志)』라는 문헌을 보면 전체가 오언구(五言句)의 형식으로 작성되었다. 이 중 '보첩지(譜牒志)'라는 장에서 소절마다 사람의 이름을 언급할 때, 거의 부자가 연명되는 구절이 있다. 예를 들면 다음과 같다.

> 1세 도맹니(道孟尼), 2세 맹니적(孟尼赤), 3세 적아색(赤阿索), 4세 색아덕(索阿德), 5세 덕세소(德洗所), 6세 세소다(洗所多), 7세 다필액(多必額), 8세 필액도(必額堵), 9세 도세사(堵洗寫), 10세 세사탈(洗寫脫), 11세 탈아달(脫阿達), 12세 달아무(達阿武), 13세 아무보(阿武補), 14세 보주루(補珠婁), 15세 누주무(婁珠武), 16세 무락섭(武洛攝), 17세 섭주독(攝珠篤), 18세 독모(篤慕)[173]

이족의 구전가보는 대다수가 부자연명(父子連名)의 가보이지만, 모녀연명(母女連名)의 가보도 일부 존재한다. 모계씨족 사회로부터 부계씨족 사회로 발전했던 것처럼, 부자연명의 가보는 모녀연명의 가보에서 발전했다. 예를 들면, 양산(凉山) 이문(彝文) 사시(史詩) 『늑아특의(勒俄特依)』에서 "먼 옛날에 1세 철시남(哲施南)은 자식을 낳았는데 아비를 만나지 못했고, 2세 시남자액(施南茲額)은 자식을 낳았는데 아비를 만나지 못했으며, 3세 자액지열(茲額地列)은 자식을 낳았는데 아비를 만나지 못하고 (중략) 6세 아서아아(阿書阿俄)는 자식을 낳았는데 아비를 만나지 못했고, 7세 아아석이(阿俄石爾)는 자식을 낳았는데 아비를 만나지 못했다. 석이아특(石爾俄特)은 아버지를 찾아가고 싶어, 아버지를 사고 싶어 (중략)"[174]라고 했다. 나중에 석이아특은 드디어 "결혼해서 자식도 낳았고 아버지를 만나게 되었다." 그리고 그로부터 가보가 다시 시작되는데 '1세 석이아틀, 2세 아특오륵(俄特吾勒), 3세 오륵곡포(吾勒曲布) (중략)'.[175] 이상의 기술에서 알 수 있듯이, 석이아특 전의 7세대에는 자식을 낳아도 아버지를 만나지 못하는데, 이는 모녀연명의 가보임을 나타내고 있다. 석이아특 이후 "아들을 낳으면 아버지를 만나게 된다."라는 말은 분명 부자연명의 가보로 발전했음을 보여 주고 있다.

---

173 "一世道孟尼, 二世孟尼赤, 三世赤阿索, 四世索阿德, 五世德洗所, 六世洗所多, 七世多必額, 八世必額堵, 九世堵洗寫, 十世洗寫脫, 十一脫阿達, 十二達阿武, 十三阿武補, 十四補珠婁, 十五婁珠武, 十六武洛攝, 十七攝珠篤, 十八乃篤慕." 본문은 王光榮, 「從民族民間文化談彝族譜牒家支」, 『貴州民族硏究』(第3期), 1991을 참조.

174 『勒俄特依』: "遠古的時候, 吾哲施南一代生子不見父, 施南茲額二代生子不見父, 茲額地列三代生子不見父 (中略) 阿書阿俄六代生子不見父, 阿俄石爾七代生子不見父, 石爾俄特啊要去找父親, 要去買父親 (中略)" (역자 주)

175 華林, 「彝文歷史譜牒檔案探析」, 『思想戰線』(第3期), 1997.

이족 가보는 다음과 같은 측면에서 독특한 특징을 나타냈다.

첫째, 유구한 역사를 가지고 있다. 17세기 말에서 18세기 초에 완성된 이족 문헌인 『서남이지(西南彝志)』에는 많은 곳에 시조(始祖) 희막차(希幕遮)부터 독모까지의 31세대, 그리고 독모 이후의 각 주요 지파의 세계(世系), 지파 간의 관계, 중요한 인물과 중대한 역사 사건 등을 수록했다. 그중 '덕시씨원류(德施氏源流)'란 장절에서는 "희막차부터 독모까지는 31대에 이른다."[176]라고 언급했다. 이 책에서 독모는 홍수가 한창이던 시절에 태어났다고 기술되었는데, 그렇다면 적어도 지금으로부터 4,000여 년 전의 일이 된다.

양산 이문 가보에 의해 정리된 『용운과 납길씨족보계(龍雲及其納吉譜系)』는 '이족 공통의 시조, 1세 아보도목(阿普都木), 2세 도목등륜(都木登倫) (중략)'부터 시작하여 151세 와철달사(瓦鐵達史) 즉 용운(龍雲)까지 약 3,700여 년 된 납길씨족 부자연명의 세계 역사를 기록했다.

사천(四川) 양산의 이족자치주(彝族自治區)의 이족 사람 보첩은 과거로 70~80대까지 거슬러 올라갈 수 있다. 심지어 신화시대까지 소급되며 140대까지 소급해 올라갈 수 있다. 2002년 8월, 정위강(鄭偉强)는 사천에서 현지조사 고정에서 이족 노인을 만났다. 이름은 고특열(古特涅)이고, 나이는 60세, 사는 곳은 감락현(甘洛縣) 이촌(彝村)이었다. 그는 자기 집안의 140대 보첩을 암기할 수 있을 뿐 아니라, 다른 집의 보첩도 암기함에 무려 여덟 집이나 되었다. 현재 양산에 보존된 이족 보첩은 80대까지 거슬러 올라갈 수 있다. 이는 25년을 한 세대로 보면 2,000년의 시간으로, 이족의 역사를 고증하는 귀한 자료이다.[177] 유구한 역사의 이족 가보는 이족 조상이 일찍이 중국의 일원으로 함께 발돋움했음을 보여 주는 분명한 자료이다.

둘째, 비교적 광범위하게 분포한다. 남서쪽의 주요 이족(彝族)의 생활 지역은 이족 가보를 풍부하게 보존하고 있다. 사천(四川)에는 양산주(涼山州) 이문편역국(彝文編譯局)에 『필마가보(畢摩家譜)』 3권과 지파 가보 20여 권이 보관되어 있고, 염원현(鹽源縣) 민족사무위원회는 수십 권의 양산 지역 이문(彝文) 가보를 수집하여 현재 정리, 출판 중이다. 또, 양산주 이족 학자들은 『용운과 납길씨족보계(龍雲及其納吉譜系)』, 『영씨공부선무사계보(嶺氏邛部宣撫司系譜)』, 『열가씨족수령열가아로자족보(熱柯氏族首領熱柯阿魯子族譜)』, 『파차가족계보(巴且家族系譜)』, 『고후가지보계(古侯家支譜系)』, 『곡열가지보계(曲涅家支譜系)』,

176 王光榮, 「從民族民間文化談彝族譜牒家支」, 『貴州民族研究』(第3期), 1991.
177 鄭偉強, 「彝族譜牒之研究」, 『江西財經大學學報』(第1期), 2004.

『십열야고계보(什列惹古系譜)』등 귀중한 이족 가보를 번역·주해하여 출간했다.

귀주(貴州)에도 대량의 이문 보첩(譜牒) 문헌이 분포되어 있다. 필절(畢節) 이문번역팀이 수집한 『군역근원(君域根源)』, 『서모계(敍母系)』, 『서독모실작(敍篤慕實勺)』, 『극박세가(克博世家)』, 『아자간사(阿者簡史)』, 『서보계(敍譜系)』, 『서독모천군(敍篤慕天君)』, 『서파륵(敍播勒)』, 『이족대보(彝族大譜)』, 『덕피족보(德彼族譜)』, 『차륵세계(扯勒世系)』, 『덕포간사(德布簡史)』, 『덕시씨보(德施氏譜)』, 『차륵간사(扯勒簡史)』 등 이족 가보 10여 종이 있다. 혁장현(赫章縣), 위령현(威寧縣), 육반수시(六盤水市) 등 민족사무위원회도 이족 가보를 다수 수집했다.

운남(雲南)에도 이문 가보가 풍부하게 보존되어 있으며, 보첩은 각 이족이 사는 지역에 널리 분포되어 있다. 초웅(楚雄) 이족문화연구소는 무정(武定)·원모(元謀)·녹권(祿勸)·쌍백(雙柏) 등의 이족 지역에서 수집한 이문 가보 30여 점을 소장했다. 그중에 비교적 희귀한 것으로는 『아본파보(阿本頗譜)』, 『이족가보(彝族家譜)』, 『양씨가보(楊氏家譜)』(4권), 『차보보계(且保譜系)』(2권), 『조선명차(祖先名次)』(3권), 『조선대서(祖先代序)』(2권), 『신조보(神祖譜)』, 『필마보계(畢摩譜系)』(4권), 『김씨가보(金氏家譜)』, 『단정장씨가보(團丁張氏家譜)』, 『세포씨보서(世布氏譜序)』, 『납옹장씨가보(納雍張氏家譜)』(3권), 『납옹주씨가보(納雍朱氏家譜)』, 『매라조선명차(罵拉祖先名次)』, 『봉씨가보(鳳氏家譜)』, 『장씨가보(張氏家譜)』, 『양씨조선명차(楊氏祖先名次)』, 『이씨가보(李氏家譜)』 등이 있다. 초웅주(楚雄州) 당안관(檔案館), 무정현(武定縣) 민족사무위원회, 아산현(峨山縣) 민족사무위원회, 건수(建水) 민족연구소, 곡정(曲靖)지역 민족사무위원회, 석병현(石屏縣) 민족사무위원회, 영랑현(寧蒗縣) 언어 문자 사업 위원회, 소통(昭通)지역 민족사무위원회와 운남의 다른 이족 지역도 각각 이문 가보를 다수 소장하고 있다.[178]

셋째, 부자의 연명(連名)의 형식으로 세대마다 구전으로 전승해 내려온다는 점이다. 앞에서도 언급했듯이 이족은 자기 민족의 문자가 있으나 소수의 필마(畢摩)와 상류 인사에게만 사용되어, 이문으로 편찬된 가보는 소수에 불과하고, 대다수는 구전(口傳)된 부자 연명 가보이다.

부자연명은 원래 고대 강인(羌人)들에 의해 발명되었다. 고대 강인에서 파생되어 나온 이족으로서 이 문화관습을 보존했다. 『신당서(新唐書)·남조전(南詔傳)』에 따르면 이족의 남조(南詔) 통치자 몽씨(蒙氏) 족인의 세계(世系)는 "몽씨 부자는 이름이 겹치는 방식을

178 華林, 「彝文歷史譜牒檔案探析」, 『思想戰線』(第3期), 1997.

채택했는데 시조(始祖) 사룡(舍龍) 이래의 세계를 모두 검증할 수가 있다."[179] 이는 남조 통치자인 몽씨 족인이 부자연명의 가보를 시행한 것을 보여 주고 있다.

부자연명의 가보는 남성만을 기억하고 여성은 기억하지 않는다. 즉, 이족 가보는 남자 중에서만 전해지고 여자들 사이에서는 전해지지 않는다. 만약 성인 남자가 아들을 낳지 못한다면, 이 지파의 세계는 더 이상 전승되지 않았을 것이다.

많은 이족(彝族) 주민들이 이문(彝文)을 모르기 때문에 부자의 연명 가보는 주로 한 세대 한 세대 말로 전해진다. 자기 족인의 가보를 익히는 것은 이족 사람들이 사회 활동에 참가하는 중요한 조건이다. 자기 족인 가보를 전혀 모르는 사람은 그 족인 구성원에게 인정받지 못한다. 그래서 이족은 일반적으로 본인이 족인 가보를 익혀야 할 뿐만 아니라 자신의 자녀가 어려서부터 집안 가보를 외우고 본 족인의 출처와 분포상황 등 기본 정보를 익힐 것을 요구했다. 이족의 부자연명 구전가보의 문화적 관습은 수천 년 동안 유지되어 왔다. 정위강(鄭偉强)의 2002년 조사에 의하면 사천(四川) 양산(涼山) 200만 인구 대부분은 약 1,000여 갈래의 크고 작은 씨족의 배경을 지니고 있었으며, 또한 부자연명의 구전가보를 통하여 본가 조상의 이름을 찾았다. 이는 이족의 수천 년 동안의 문화적 관습이 새로운 시대에서 적응해 발전하고 있음을 보여 준다.

전체적 보면 이족 가보는 역사가 길고, 널리 분포되어 있으며, 구전되어 원시성이 강한 특징을 가지고 있을 뿐만 아니라, 내용이 매우 풍부하여, 부자연명의 세계, 조상의 이전 노선, 제조(祭祖) 분종(分宗)의 상황, 가문의 중요 인물, 족인의 중요 사건 등을 포함한다. 이는 사회 각 분야의 역사를 다루고 있으며 이족 조상의 철학 사상, 사회형태, 경제 발전, 정치제도, 민족원류, 문화습관을 연구하는 데 매우 귀중한 자원이자 중국 가보 자원 보고(寶庫)의 중요한 부분을 차지하고 있다.

5) 여족(畲族)

여족은 현재 중국 동남지역에 주로 분포하는 소수민족이다. 최초의 여족은 지금의 민(閩)·월(粤)·감(贛) 3성의 접경 지역 산간지방에 거주하며 해 뜨면 일하고 해 지면 쉬는, 자급자족의 폐쇄적인 생활을 유지했다. 당대 중기에 이르러 조정은 이곳에 군현(郡縣)을 설치했고, 대량의 한족이 이주했다. 이에 여족은 당나라 정권의 억압과 차별 대우를 견디지 못해 이리저리 이주해 거주했다. 결국 일부의 여족은 민·월·공의 접경 지역으로 이

179 『新唐書』 卷222(上) 「南蠻上·南詔上」: "蒙氏父子以名相屬, 自舍龍以來有譜次可考。"

주했다. 여족 마을과 한족 마을이 이웃하여 분포되어 있고 인구가 적은 여족이 한족의 거대한 문화에 둘러싸인 형국이다 보니, 여족의 경제적·사회적인 삶과 사상적 관념이 심각하게 변화하기 시작했다. 문자가 없던 여족은 자연스럽게 한족 봉건 문화에 교화되어, 봉건화의 정도가 갈수록 심해지면서 여족과 한족의 문화, 관습이 점차 융합되어 갔다. 그럼에도 불구하고 한편 여족은 자신의 민족적 특색을 유지했고, 여족의 보첩 문화가 이 특징을 여실히 보여 주고 있다. 특징을 몇 가지로 정리하며 다음과 같다.

첫째, 여족은 족인 원류(源流)와 혈연관계는 물론 족보 편찬을 매우 중시했다. 여족과 한족의 왕래 과정에서 여족은 약세에 처했고, 강렬한 민족의식은 여족 사람으로 하여금 조상 숭배를 매우 신뢰하게 했다. 한족 문화의 영향으로 이런 의식은 족보를 편찬하는 실제 행동으로 나타나게 된다. 청(淸)나라 초본인 『(절강경녕)남씨종보((浙江景寧)藍氏宗譜)』에는 "조상의 그림을 그려 모시지 않는 것을 불효(不孝)라 하고, 칙서(敕書) 족보를 편찬하지 않는 것을 불순(不順)이라 한다."[180]라고 했고, 광서(光緒) 31년(1905)에 편찬된 『(절강여수)선읍종씨종보((浙江麗水)宣邑鐘氏宗譜)』에서는 "족보는 집안의 보물이니 반드시 다른 물건보다 먼저 소중히 여겨서 잃어버리면 안 된다."[181]라고 했다. 따라서 적지 않은 명청과 민국 시기의 여족(畬族) 가보와 기타 보첩(譜牒) 자료가 전해 내려오고 있다.

연구조사에 의하면, 지금까지도 일정한 수의 여족 족보가 남아 있다. 이르길 "복건성도서관(福建省圖書館)에 소장 중인 여족 족보로는 진강(晉江) 뇌씨(雷氏)의 『진강두산뇌씨족보(晉江斗山雷氏族譜)』의 초본, 청대 남세황(藍世煌) 등이 편찬한 『복건진강풍산남씨족보(福建晉江豊山藍氏族譜)』 초본 1권, 청대 종대곤(鐘大昆)이 광서 27년(1901)에 편찬한 『복건영천종씨족보(福建潁川鐘氏族譜)』 각본 5권 등이 있다. 2000년 5월에 성립된 상항현(上杭縣) 객가성씨보첩관(客家姓氏譜牒館)에는 초장(抄藏)·인장(印藏)된 상항현 여족 족보 20여 종이 있다. 하문대학(夏門大學) 역사학과는 『복건진강뇌남소삼성족보(福建晉江雷藍蘇三姓族譜)』 초본 약간을 소장하고 있다. 건구시(建甌市) 문서보관소는 『뇌씨족보(雷氏族譜)』 3권 18책을 소장하고 있다. 북경도서관(北京圖書館), 남경도서관(南京圖書館)과 같은 복건 외의 많은 공공 도서관과 학교 도서관에서도 여족 족보를 소장하고 있다. 대만에도 일부 여족 족보가 있다. 그 예로 명대 만력(萬曆) 44년(1616)에 간행된 복건 영화(寧化)의 『남씨협충공방보(藍氏協忠公房譜)』 2책, 청대 동치(同治) 6년(1867)에 간행된 장포(漳浦)의 『남씨세계족보

180 『浙江景寧藍氏宗譜』: "不晝祖圖爲供奉者謂之不孝, 不修敕書族譜者謂之不順。" (역자 주)

181 『浙江麗水宣邑鐘氏宗譜』: "族譜實乃家寶, 必須先於他物而珍重弗失。" (역자 주)

(藍氏世系族譜)』 1책, 청대 도광(道光) 27년(1847)에 간행된 복건 장락(長樂)의 종광휘(鐘光輝) 초본 『영천종씨족보(潁川鐘氏族譜)』 1책 등이 있다.”[182]

허욱요(許旭堯)는 「여족 보첩문화의 기본 특징에 대하여(談畲族譜牒文化的基本特點)」에서 “절강(浙江)의 여족은 대부분 각 성씨의 지파 가보를 갖고 있는데, 이들 가보는 어떤 것은 절강에 오기 전의 옛 가보를 근거로 편찬되었고, 어떤 가보는 각지로 옮겨 간 후 후속 편찬했다. 청나라 건륭(乾隆), 가경(嘉慶) 이전에는 가보를 필사본으로 썼으나, 그 후에는 선장(線裝) 각인본(刻印本)을 사용했다. 현존하는 가장 오래된 여족 가보는 명대 중기에 편찬된 것이고, 나머지 대부분은 청대 후기와 민국 연간에 편찬되었다.”[183]라고 했다.

여족은 가보의 편찬을 마치면 각 집의 대표를 모아 제보(祭譜) 의식을 거행한 후 정식으로 인쇄하여 간행했다. 의식은 족장(族長)이 족인의 전권대표를 맡고 사공(師公)이 구체적인 진행을 담당한다. 사당 본청에는 도교의 여러 신선과 지장보살(地藏菩薩), 토지신(土地神), 지부(地府) 10명의 염라대왕 등의 위패를 두어 제사용으로 쓰이는 소·양·돼지 등의 제물을 바친다. 먼저 야외에서 본 지파 조상의 신령을 모셔 위패에 안치하여 제사를 올리고 칭송한다. 다음에 정당에서 선조를 위해 경서(經書)를 읽고 노래하여 선조를 제도해 드린다. 사공은 춤을 추며 노래하고, 나머지는 음악을 연주하며 금(琴)을 울리고 노래를 부른다. 이어서 조상의 신령 위패 앞에서 족보 중 높은 이의 이름을 순서대로 낭독하고, 읽으면서 족보의 상하대 사이에 붉은 선을 그어 각 지파, 각 집의 혈연 자손의 연줄을 표시한다. 마지막 신령을 보내고 의식을 마무리한다. 제보 의식은 아침에 시작하여 다음 날 새벽에 마치는데 여족의 전통 공덕 도장(道場)과 다름없다. 제보 풍습이 수백 년 동안 지속되어 올 수 있었던 이유는 제보의 목적이 여족의 평안과 발전을 위한 조상 신령의 보우하심을 기원하는 것이기 때문이다.

둘째, 여족 가보는 체례와 내용에서 한족의 영향을 크게 받았다. 여족 가보의 체례와 내용에는 서문, 범례(凡例), 원류고(源流考), 가훈가규(家訓家規), 임관 명부, 조상의 초상, 사당 및 조상의 분묘도(墳墓圖), 전기(傳記), 항렬, 세계도(世系圖), 항렬 순서 등이 포함한다. 이는 한족 가보와 거의 비슷하다.

수보(修譜)의 취지에 대하여 여족족보에서는 “가문의 가보는 마치 국가의 사서와 같다. 족보는 지파를 연결하여 소목(昭穆)을 구별하고, 친소와 존비, 장유(長幼)를 구분할 수 있다. 족보의 존재는 자손을 창성하게 만들고 질서 있게 할 수 있다. 그래서 족보는 상

---

182 謝濱, 「福建畲族族譜檔案及其價值」, 『福建檔案』(第4期), 2001.

183 許旭堯, 「談畲族譜牒文化的基本特點」, 『圖書館研究與工作』(第3期), 2003.

당히 중요한 것이다."[184]라고 했다. 이런 내용은 한족의 가보 서문과 비교해 차이가 거의 없다.

여족 가보에서도 구양수와 소순의 가보편찬 방법을 주장했다. 예를 들면, 광서(光緖) 30년(1904)에 편찬된 『절강(여수)선읍류씨종보(浙江(麗水)宣邑類氏宗譜)』의 범례에서 "가보 계도(系圖)는 『사기(史記)』 연표에 따라 만든 구양수의 경인위지법(經人緯之法)과, 다음은 『예(禮)』를 표방한 소순의 가종도(家宗圖)로 친속을 연결했다. 이런 양자를 결합해 가보를 체계화했다."[185]라고 했다. 편찬 과정에서 구양수와 소순의 편찬법과 한족의 가보 규정을 참고한 것으로 민국 22년의 『절강(여수)여남군남씨족보(浙江(麗水)汝南郡藍氏族譜)』가 있다. 이르길 "구양수와 소순의 방법으로 보첩(譜牒)을 편찬했다. 사실을 추구하고, 자세히 원류(源流)를 구했다. 범례를 새로 두지 않고, 규정도 옛것을 따르도록 했다. 그럼에도 잘못된 바가 있을까 조심하는 바이다. 소목을 행마다 따져 보았고, 지도는 대대로 내려오던 것이다. 재사로 하여금 감독하게 하고, 이를 마치며 마음에 남긴다."[186]라고 했다.

여족은 가보의 편찬 과정에서 현지의 저명한 한족에게 가보 편찬을 의뢰하거나, 전문가를 초빙하기도 했다. 즉 서언·전기·문장·시의 작성을 의뢰했다. 예를 들어서 진강(晉江)의 『뇌씨족보(雷氏族譜)』는 진씨(陳氏)의 서당 선생에게 부탁하여 편찬했다. 민동(閩東)의 복정(福鼎)과 하포(霞浦) 등의 『종씨족보(鐘氏族譜)』는 정씨(鄭氏)와 장씨(張氏) 출신 한족 지식인에게 의뢰해 편찬했다. 민동의 『뇌씨족보』는 절강(浙江) 온주(溫州), 처주(處州)의 한족 선비를 초빙해 편찬한 것이다. 이런 행태는 여족 가보의 한화를 더욱 촉진시켰다.

셋째, 여족 가보는 자신의 민족 특색을 간직하고 있다. 여족은 산거해 거주하는 소수민족으로 한족의 전통문화에 비해 여족의 전통문화는 약세임이 틀림없다. 약한 문화적 지위는 여족에게 자존감과 동시에 열등감도 느끼게 하여, 한문화(漢文化)에 대하여 모방과 함께 저항하는 민족 문화 심리를 형성했다. 강한 민족 보호 자아의식으로 그들은 한족 문화를 받아들이는 동시에 자기 민족의 문화, 관습의 독립성을 유지하려고 노력했다. 여족 가보에 「조도(祖圖)」와 「고황가(高皇歌)」 등의 내용을 별도로 설치한 것은 자민족 문화의 독자성을 유지하려 했기 때문이다.

---

184 『(浙江麗水)馮翊雷氏宗譜』, 道光 3年(1823): "族之有譜, 猶國之有史。譜者, 所以聯支派、別昭穆、明尊卑、分長幼、使瓜瓞綿綿, 秩然而不紊者, 皆賴譜有以統之, 是則譜之所系大已哉。"

185 『浙江(麗水)宣邑類氏宗譜』: "家譜系圖遵歐式仿《史記》年表示經人緯之法, 而行第則遵蘇氏仿《禮》家宗圖派聯系屬之義, 今合二氏方爲盡善。" (역자 주)

186 『浙江(麗水)汝南郡藍氏族譜』: "竊取歐蘇意, 將增譜牒修。辛勤推本實, 仔細探源流。懿範非新立, 規條本謀舊。小心虞有錯, 謹理免天尤。昭穆行行究, 支圖代代口。庸才司監督, 告竣以心留。" (역자 주)

<경편 그림 7-5> 복건 하포현(霞浦縣) 숭유여족향(崇儒畲族鄉)에 보존한 청대 가경(嘉慶) 14년「조도(祖圖)」의 일부

「조도」는 백포에 채색 물감으로 그려졌고, 완전한 하나의 조도는 삼청(三靑), 십왕(十王), 사렵사왕, 사냥꾼 할아버지, 본가 시조, 좌우문신, 금계(金鷄), 옥토(玉兎), 그리고 연대 등의 그림을 포함한다. 그 주체는 여족(畲族)의 시조(始祖)인 반호(盤瓠)의 전설과 반(盤)·남(藍)·뇌(雷)·종(鐘) 등 4개 성씨의 유래를 묘사하고 해석한 두 폭의 그림책 형식의 장권(長卷)이다. 여족은 이를 장련(長聯)이라고 부른다.(〈경편 그림 7-5〉 참고)

「고황가」는「반호가(盤瓠歌)」라고도 불린다. 반호(盤瓠)의 전설을 기초로 하여 창작되었고, 반호의 출생과 성장, 오랑캐를 평정한 과정, 변신과 결혼, 자녀 출산과 육아, 성씨를 얻은 과정, 관직의 은퇴, 사냥과 헌신 등에 관한 서술했다. 그 내용은「조도」와 같다. 현재「고황가」는 각종 필사본이 전해져 내려오고 있고, 대대로 전승되어 여족의 기원을 수록한 민족시와 영웅시로 칭송받고 있다.

「조도」와「고황가」는 여족의 기원을 각각 미술과 문학의 형식으로 해석한, 독특한 가보로 순수한 문자 중심의 가보에 비해 이해가 쉽고, 용이하게 기억할 수 있다.

이 밖에도 여족은 본 민족의 관습에 따라 지은 이름과 항렬에 있어서도 나름대로의 특징이 있다. 여족의 족인 구성원은 일반적으로 아명과 서명(書名)이라고도 하는 본명, 그리고 법명(法名), 휘자(諱字)를 가지고 있다. 법명은 전사학사(傳師學師)라는 제조(祭祖) 활동을 거친 남녀에게 전문적으로 지어 준 이름이고, 휘자는 사후에 장례를 치를 때 쓰는 이름이다. 또한 여족에게는 특별한 항렬 방법이 있고, 성씨마다 약간씩 다르다. 종씨는 '대(大)·소(小)·백(百)·만(萬)'의 네 글자를, 뇌씨(雷氏)는 '대·소·백·천·만'의 다섯 글자를, 남씨(藍氏)는 '대·소·백·천·만·념'의 여섯 글자를 각각 항렬자로 삼았다. 그리고 이상의 항렬자를 끊임없이 순환해서 장유의 표식으로 삼았다. 그리고 민족의 성와 혈연의 원근을 식별하는 곳에 사용했다. 여족의 작명법과 항렬을 세우는 방법은 한족의 것과는 차이가 있다.

이상에서 볼 수 있듯이 여족과 한족은 기나긴 문화적 교류를 통해 여족은 한문화의 영향을 크게 받았다. 즉 역사적으로 한족의 영향을 많이 받은 소수민족 중의 하나가 여족이었다. 그러면서 동시에 자신의 민족문화 유지에 필요한 민족 신앙과 사회풍습은 유지하며 발전시켰다.

6) 묘족(苗族)

묘족은 중국의 중요한 소수민족 중의 하나로 주로 귀주(貴州)·호남(湖南)·운남(雲南)·광서(廣西)·사천(四川)·호북(湖北)·광동(廣東) 등지에 분포한다. 묘족은 오랜 역사를 가지고 있으며, 이런 문화 전통에서 가장 독특한 풍습이 바로 '무자가보(無字家譜)'이다.

2000년 호북민족학원(湖北民族學院) 묘족 연구팀의 조사 결과에 따르면, 호북 은시토가묘족자치구(恩施土家苗族自治州) 선은현(宣恩縣)에 위치한 소모파영촌(小茅坡營村)과 묘채촌(苗寨村), 그리고 호남 상서토가묘족자치구(湘西土家苗族自治州) 화원현(花垣縣)에 위치하는 항채촌(夯寨村) 등 묘족들의 거주지에 여전히 다음과 같은 문화적 풍습이 남아 있었다. 이 지역에 살고 있는 묘족들은 문자가 없는 정갈한 청색 천이나 검은 천 한 폭을 작은 죽통에 밀봉하여 이것을 일컬어 '표(表)'라고 한다. 사람이 출생하거나 사망하는 경우에 성대한 '입표'와 출표'의 행사를 치른다. 아이가 출생한 후에 '표'를 순전(順轉)으로 두 번 돌려 이른바 '입표'라고 한다. 해당 족인 내에 사람이 사망한 후에 '표'를 역전(逆轉)으로 두 번 돌려 '출표'라고 한다. '표'는 묘족에게 있어 가장 중요한 신물(信物)이다. '입표'와 '출표' 행사에서 보듯이 묘족은 혈연관계를 중요시하면서도 문자 기록을 남기는 것을 원하지 않았다. 묘족 내에서는 사람마다 자기 민족의 기원과 자신이 '입표'했다는 것을 늘 기억해야 하는데 본 민족 외의 다른 사람들은 이것을 알지 못한다. '표'라는 신물이 가보의 역할을 했는데 '표'로 불린 정교한 천이 사실상 바로 '무자가보'가 되는 것이다.[187]

고증에 의하면, 호북 선은현 소모파영촌의 묘족은 호남 화원현의 항채촌 일대에서 옮겨 왔는데, 두 지역은 300킬로미터 이상 떨어져 있어, 각각 두 개의 성에 속해 있다. 그럼에도 200여 년 후에는 언어도 완전히 통하고, 풍습도 완전히 일치한다. 특히 그들은 모

187 周與茂,「湖北苗族的無字族譜」,『貴州民族學院學报』(第4期), 2004.

두 '무자가보'를 온전히 유지하고, '무자가보'라는 혈연의 유대로 민족과 족인을 긴밀히 연결시켰다. 이는 묘족의 내적 응집력을 잘 드러내는 동시에 묘족의 무자가보가 갖는 보편성을 말해 준다.

묘족의 전통적 문화풍습인 '무자가보'의 전승은 묘족의 아픈 역사와 긴밀한 연관이 있다. 묘족은 오랜 역사를 지닌 민족으로 많은 재난을 겪으며 계속 이주 생활을 한 민족이기도 하다. 묘족의 선조 염황(炎黃)[188]과 동시대의 치우(蚩尤)[189] 구려(九黎) 부족과 삼묘(三苗) 부족까지 거슬러 올라갈 수 있다. 그들은 염황 부족과 공동으로 황하 유역과 장강 유역을 개발하여 훌륭한 중화 문명의 발판을 마련해 주었다. 그 후의 긴 세월 동안, 묘족은 염황 부족과 천하를 다투었다. 치우 구려 부족이 하북(河北) 탁현(涿縣)에서 참패하여 치우가 살해되고 치우 부족 전체가 황하 유역에서 쫓겨나 대부분 남쪽으로 이주하면서 온 민족이 뿔뿔이 흩어졌다. 묘족의 이주에는 주로 두 가지 경로가 있다. 하나는 남향으로, 즉 북방에서 산동(山東)을 거쳐 계속 동정호(洞庭湖) 일대로 옮겨 갔고, 또 동정호에서 호남 상서(湘西)와 무릉(武陵) 산간 지역으로 계속 이주했다. 두 번째 경로는 서북쪽, 즉 섬서(陝西)에서 감숙(甘肅) 일대로, 그리고 운남, 귀주, 사천의 일부 지역으로 이주했다. 역사를 보면 역대 왕조들이 계속하여 묘족을 진압하고 토벌해 왔으며, 특히 명(明)나라 초기부터 관군이 포위하고 주둔하고 있어 묘족은 늘 민족 존립의 위험에 직면해 있었다. 청(淸)나라 건륭(乾隆), 가경(嘉慶) 연간에 상서 등지의 묘족은 봉건 왕조에 의한 억압을 참지 못해 무장 혁명을 일으켰으나 봉건 왕조에게 피비린내 나는 진압을 당했고, 청(淸)나라 정부는 묘족(苗族)을 대규모로 포위, 숙청을 단행했다. 이러한 끝없는 전쟁과 도처를 떠도는 상황에 문자로 족보를 상세히 기록하는 것은 아주 위험한 일이었다. 따라서 묘족은 민족을 보호하기 위해 어쩔 수 없이 '무자가보(無字家譜)'의 형태로 이어 온 가보를 굳은 신앙으로 마음속에 간직하고 '입표'와 '출표'의 간단한 의식(儀式)만으로 가보를 편찬하여 족인 세계(世系)를 전승해 왔다. 이는 민족의 혈연이 끊어지고 혼란스러워지는

---

188 염황(炎黃): 중국 상고시대 전설에 의하면 황하와 장각 유역에 많은 부락이 거주했고, 그중에 하나가 염제와 황제(黃帝)였다. 황제와 염제가 협력해 탁록(涿鹿)에서 치우를 격퇴한다. 이후 황제는 중원의 부락연맹의 수령이 되어 황하 문명의 꽃을 피웠다. 그래서 중국인은 스스로 염제와 황제의 후손, 즉 '염황자손(炎黃子孫)'이라 한다. 사마천의 『사기(史記)·오제본기(五帝本紀)』는 염제를 신농씨(神農氏)로, 황제를 헌원씨(軒轅氏)로 언급했다. (역자 주)

189 치우(蚩尤): 중국 고대신화에 등장하는 인물로 구려족의 수령이며 황제(黃帝)와 탁록(涿鹿)에서 남방의 묘족(苗族)과 연합해 풍백과 우사를 동원해 비바람을 이용해 황제 군대를 공격했다. 이에 황제는 천둥소리를 내는 뇌신(雷神)과 방향을 분별하는 지남차(指南車)를 만들어 치우 군사를 격퇴하며 결전을 승리로 이끌었다. (역자 주)

것을 방지하면서 자신의 진면목을 감추고 대외적으로 비밀을 지키는 역할을 했다.

이와 같이 이름을 숨겨서 민족을 보호하는 '무자가보'의 탄생과 전승은 묘족의 기구한 역사를 반영한 것으로 중국 가보에서 볼 수 있는 하나의 독특한 새로운 변화였다.

묘족에게는 문자가 없는 무자가보도 있고, 문자가 기재된 서본(書本)가보도 있다. 실례로 귀주(貴州) 동남쪽 묘족동족자치주(苗族侗族自治州) 금병현(錦屏縣) 문두묘채(文斗苗寨)에 완전하지는 않지만 가치가 있는 『강씨가보(姜氏家譜)』가 보존되어 있다.

『강씨가보』는 강좌경(姜佐卿)이 광서 2년(1876)에 편찬한 것으로 같은 해에 편찬된 『세계기략(世系記略)』을 실었고, 아울러 문양(文勷)이 건륭 12년(1747)에 쓴 「보서(譜序)」, 건륭, 가경 시기에 쓴 「기(記)」, 그리고 재위(載渭)가 도광(道光) 20년(1840)에 편찬한 「사당서(祠堂序)」를 함께 실었는데 모두 3,000여 자에 달했다.[190] 200년 가까이 족인이 쓴 가보 등을 게재한 것으로 보아 강씨가 청(淸)나라 시대에 족보를 몇 차례 편찬했다고 볼 수 있으며 광서 2년(1876)의 이 『강씨가보』는 속수보(續修譜)이다.

이 가보는 강춘려(姜春黎)를 문두에 옮겨 온 이후의 묘족 시조(始祖)로 삼고 『강씨가보』를 편찬한 좌경까지 9대에 걸쳐 기록하고 있다. 즉, 춘려(春黎)—봉대(鳳臺)—상우(相宇)—군녕(君寧)—남교(南橋)—사조(仕朝)—흥위(興渭)—육췌(毓萃)—좌경(佐卿), 약 200여 년으로 이 보첩(譜牒)은 많은 중요한 자료를 보존했다.

일례로 문두 지역의 임업에 관한 자료를 들 수 있다. 문두 지역의 하늘에 닿는 삼나무는 조정에 조공하는 황목(皇木)이었다. 『강씨가보(姜氏家譜)·기(記)』에 따르면 명(明)나라 신종(神宗) 만력(萬曆) 연간에 문두의 주민들은 "둑을 열고 밭을 메우고 산을 파서 전나무를 심어" 조정에 좋은 목재를 제공했다. 『강씨가보·세계기략』에는 "교공(橋公)은 사조를 낳았는데 어릴 때 아버지를 잃었다. 어머니를 따라 성장해서 사업을 일으켜 번창했다. 노년에 다른 사람과의 분쟁으로 2년 동안 사업을 못하니, 조상이 주신 것을 다 버리고, 나무만 쌓아 두었다. 분쟁이 끝나고 강가의 절반 나무가 우리의 것이 되었다. 첫해와 둘째 해에 구입한 많은 나무를 40~50일 사이에 모두 팔아 몇 배의 이익을 보았다."라고 했다. 이 자료는 강씨 6대 사조가 목재장사로 큰 이익을 얻었다는 사실을 말한다. 한편, 당시 귀주 묘족 지역이 목재 수송으로 중원 왕조와 밀접한 관계를 유지했음을 말해 준다.

또 다른 사례를 보면, 청대 문두 지역의 묘족 문화의 발전 상황에 관한 자료이다. 문두는 명대에도 여전히 "4가지 예(禮)를 물어도 이를 알지 못한다."라고 할 정도로 한문화

---

190 楊有賡, 「文門苗族地區的明淸社會經濟發展狀況: "姜氏家譜"剖析」, 『貴州民族學院學報』(第4期), 1989.

의 영향을 거의 받지 않은 지역이었다. 문두 묘족의 시천조(始遷祖)인 강춘려는 청대 순치(順治) 연간에 동고(銅鼓)에서 문두로 이주해 한문화를 유입시켰다. 그는 동고지역의 예절을 문두에서 단계적으로 추진해 결혼·장례·제사 등 한문화 풍습을 현지에 수용했다. 이르길 "구혼을 할 때에는 중매를 청하고, 신부는 가마로 데려오며, 초상에는 슬픔을 다하고, 반드시 제전(祭奠)을 설치했다."라는 한족 풍습을 현지도 따르도록 했다. 그는 남에게 공부를 장려하고 학교를 설립하여 적극적으로 묘족(苗族)의 문화적 소양 함양에 힘썼다. 강씨(姜氏)는 "지식과 재주를 모두 겸비하면 자연스럽게 벼슬에 나간다."라는 생각을 중시했기 때문에 도광(道光) 연간에 문두 강씨 중 3명이 향시(鄕試)에 급제했고, 23명의 수재(秀才)가 나왔다. 이렇게 현지의 민족 문화는 점차 한문화와 유사해졌다.

이상에서 기술한 묘족 가보의 유형과 내용은 묘족의 무자가보(無字家譜), 혹은 문자가보를 불문하고 모두 중요한 가치를 갖는다.

이와 같이 청대와 민국시기의 몽골족·만주족·회족·이족(彝族)·여족(畲族)·묘족(苗族) 등 소수민족의 가보를 간략히 소개했다. 조선족(朝鮮族)과 백족(白族) 등 다른 소수민족도 일정 수량의 가보를 보유했다. 전체적으로 중국 소수민족 가보의 역사는 유구하고, 종류도 다양했고, 수량도 많았다. 역사적으로 민족 간의 교류가 촉진되며 소수민족 가보는 한족 가보의 영향을 많이 받았다. 그럼에도 소수민족 자체의 특색을 상실하지 않았다. 소수민족 가보는 중국 가보의 내용을 광범위하고 풍부하게 해 주는, 중국 가보에서 빼놓을 수 없는 중요한 구성 요소이다. 소수민족 가보를 보면 중국 각 소수민족 역사의 발전 과정과 문화풍습을 알 수 있다. 그리고 중국인 형성 과정의 흔적을 찾아볼 수 있다.

7. 청대의 옥첩(玉牒)

청나라의 옥첩은 청나라 황실 가문의 족보이다. 청나라의 옥첩을 편찬하는 제도는 주로 명대 옥첩의 편찬 방법을 받아들여 만들었다.

명나라 홍무(洪武) 원년(1368)에 대종정원(大宗正院)을 설치했는데, 23년(1390)에 종인부(宗人府)로 바꾸고 종인령(宗人令), 좌우 종정(宗正), 좌우 종인(宗人) 등 관직을 두어 황실 구족(九族)의 호적을 관리하고 제시간에 옥첩을 편찬하도록 했다. 명나라는 매년 8월에 각 왕부(王府)의 신생 자녀의 생년월일, 적서(嫡庶)의 구분과 생모의 성씨를 종인부에 제출하도록 규정했다. 종인부는 10년에 한 번씩 사람을 모아 옥첩을 편찬했는데 자녀·적서·봉호·계승·생몰·혼인·시호(諡號) 및 장사(葬事) 등의 내용을 모두 구체적으로 수록했다. 홍치(弘治) 5년(1492)에 명나라가 문연각(文淵閣) 근처에 여러 시기 실록과 황족(皇族) 옥첩 등 중용한 국가 문서를 보관하는 건물을 건설했다. 명대로부터 『천황옥첩(天潢玉牒)』, 『옥첩』, 『명종지(明宗支)』, 『대명보계(大明譜系)』, 『대명종보(大明宗譜)』, 『종속친소복도(宗屬親疏服圖)』 등 다양한 형태의 옥첩이 편찬되었다. 하지만 아쉽게도 전란 등으로 지금까지 전승된 것은 오로지 『천황옥첩』 한 권뿐이다.[191]

청조가 입관(入關)한 후에 통치의 공고화와 황권(皇權)의 강화를 위해 봉건제도를 계승했다. 특히 명대의 통치 경험과 교훈을 살려 황족(皇族)의 관리 제도를 개선해 완비했다. 청조의 통치자는 황족 내부의 단결을 유지하고, 황족 각 지파의 봉작 질서를 안정시키며, 봉급과 봉미(俸米) 등의 정기적 배포를 위해 명조를 참고해 옥첩을 편찬하는 제도를 시행했다.

순치(順治) 9년(1652)에 조정은 공식적으로 종인부(宗人府)를 설치해 "종령(宗令) 한 명, 좌우 종정(宗正)과 좌우 종인(宗人) 각각 한 명씩"[192]을 두고 모든 황족을 관리했다. 종인부는 "황족의 호적을 관리하고, 옥첩을 편찬하며, 소목(昭穆)을 구별하고, 작위의 녹봉을 기록하며, 교양과 상벌을 하고, 무릇 그 혈연에 속하면 모두 그 제약을 받는다."[193]라고 했다. 종인부는 주로 황족 구성원을 기록하고, 정기적인 옥첩편찬을 통해 황족관련 사무를 관리했다.

청조의 황족은 개국 황제인 청태조(清太祖) 누르하치(努爾哈赤)의 조부 각창안(覺昌安)의 직계(直系) 자손에 한하여 누르하치와의 근친(近親)에 따라 종실과 각라(覺羅)로 양분했다. 이르길 "천황종파(天潢宗派)는 현조(顯祖) 선황제(宣皇帝)의 본지(本支)를 종실로 하고, 사촌형제의 지파를 각라로 삼았다. 종실은 금색 띠를 묶고, 각라는 붉은 띠를 맨다."[194]라고 했다. 즉 청태조 누르하치의 아버지 탑극세(塔克世)를 본지로 삼고, 이를 대종(大宗)이라 하여 종실이라 칭했다. 이들은 허리에 금색 띠를 하여 속칭 황대자(黃帶子)라 했다. 반면 탑극세의 사촌 형제들은 방지(房支)로 각라라고 불렀고, 허리에 붉은 띠를 착용해 속칭 홍대자(紅帶子)라 불렀다. 그리고 종실과 각라가 죄를 지어 파직된 자가 생기면, 평민과 구별을 위해서 붉은 띠를, 각라의 경우 자색의 띠를 착용하도록 했다. 이런 구분에 맞

---

191 楊冬荃, 「歷代皇族譜牒述略」, 『歷史檔案』(第1期), 1988.

192 『明史·職官志一』: "宗令一人, 左右宗正各一人, 左右宗人各一人。" (역자 주)

193 『欽定大清會典(乾隆朝)』 卷1 「宗人府」: "掌皇族之屬籍, 以時修輯玉牒, 辨昭穆, 序爵祿, 均其惠養, 而布之敎令、凡親疏之屬, 胥受治焉。"

194 『欽定大清會典(光緒朝)』 卷1 「宗人府」: "天潢宗派以顯祖宣皇帝本支爲宗室, 叔伯兄弟之支爲覺羅。宗室束金黃帶, 覺羅束紅帶。"

춰 청대 옥첩은 종실과 각라 옥첩으로 양분된다. 전자의 노란색으로 후자는 붉은색으로 표시해 친족 관계를 구분했다.

청나라 옥첩은 종실 옥첩과 각라 옥첩 외에 황권(皇權)의 지고무상을 표현하기 위해 제계(帝系) 옥첩을 편찬했는데, 다시 말해 황제 직계를 단독으로 책으로 편찬했다. 이런 옥첩의 내용은 비교적 간단하게 황제 본인과 황자들만을 수록했다. 그리고 각각의 황제 이름 아래 황자들의 이름, 행차, 작위를 나열했는데 왕위를 이어받는 황자의 위치를 가운데에 두고 다른 황자의 위치를 차례대로 좌우에 배치했다. 오른쪽을 큰 순으로 하고, 각 세대마다 황제 및 황자를 한 페이지로 수록했다.

순치 12년(1655)에 옥첩(玉牒)은 10년마다 편찬하는 것으로 정했다. 이런 규정은 청말까지 계속 유지되었다. 옥첩이 편찬된 연대는 다음과 같다. 순치 18년(1661), 강희(康熙) 9년, 18년, 27년, 36년, 45년, 54년, 옹정(雍正) 2년, 11년, 건륭(乾隆) 7년, 12년, 22년, 32년, 42년, 52년, 가경(嘉慶) 2년, 12년, 22년, 도광(道光) 7년, 17년, 27년, 함풍(咸豊) 7년, 동치(同治) 6년, 광서(光緒) 3년, 13년, 23년, 33년과 부의(溥儀)가 집권했던 선통(宣統) 13년(1921)이다. 이상의 편찬시기에서 알 수 있듯이, 청대 옥첩은 10년마다 편찬되었다. 그러나 예외도 있었는데, 순치·강희·옹정 시대에는 계산법이 달랐다. 즉 지난번 편찬한 해를 계산에 포함시켰기 때문에 편찬한 시기별로 1년씩 줄어, 실제로는 9년 간격이 되었다. 건륭 때에는 이런 방법을 수정함으로써 두 번의 예외가 생기게 되었다. 첫째는 건륭 7년(1742)에 편찬한 후 17년(1752)에 다시 했지만, 5년(1740) 간격으로 건륭 12년(1747)에 한 차례 앞당겨 편찬했다. 둘째는 청조 멸망 후에 부의(溥儀) 소조정(小朝廷)이 1921년 마지막으로 옥첩을 편찬했다. 순치 18년(1661)에 처음 옥첩을 편찬한 이래 총 28회 옥첩을 편찬함으로써 12대, 260여 년까지 지속했다.

매번 옥첩을 편찬할 때마다 10년 동안의 황족 관련 자료를 근거하여 증보(增補)하고 개정했다. 이르길 "황제의 세계(世系)를 단서로 장유의 순서에 따라서 생존자는 붉은색, 사망자는 검은색으로 수록했다."[195]라고 했다. 즉 붉은색을 사용해 새로 태어난 황족을 추가하고, 사망한 자의 경우 묵필로 성명을 기록했다. 순치 18년(1661) 옥첩에는 모두 약 1,000명을 등록했다. 선통 13년(1921), 제28회 편찬에 이르는 동안 등록된 자는 약 15만 명에 달했다. "이렇게 10년마다 편찬된 옥첩은 전근대의 인구와 관련한 가장 체계이고 정확한 사료를 제공한다."[196]

---

195 『欽定大清會典(光緒朝)』卷1「宗人府」: "以帝系爲統, 以長幼爲序, 存者朱書, 歿者墨書。"

196 劉素芬·李中清 等, 「清代宗人府玉牒資料初探」, 『第六屆亞洲族譜學術研討會會議記錄』, 聯合報文化基金會國

10년마다 옥첩을 편찬하기 위해서는 반드시 엄격한 신고 제도를 수립해야 한다. 숭덕(崇德) 3년(1638)에 황태극(皇太極)은 다음과 같이 하명했다. 이르길 "친왕 이하 종실에서 낳은 자녀가 만 1세가 되면 그의 이름, 연월과 일시, 모친의 성명, 산파의 성명 등을 하나하나 보고하고, 이를 명부에 상세히 기재하도록 한다."[197]라고 했다. 그만큼 황족(皇族)은 어렸을 때부터 이미 혈통을 중시해 엄격한 신고 제도를 만들었다. 더 나아가 순치 9년(1652)에는 종실과 각라(覺羅)에서 낳은 자녀의 경우 각 기(旗)의 수령(首領)이나 족장(族長)이 직접 확인한 후 매년 정월 초닷새 이전에 조서(調書)를 만들어 종인부(宗人府)에 보내도록 했다. 이후 황족의 인구가 급증했고, 건륭 29년(1764)에 규정을 개정해서 종실과 각라의 자녀는 3개월에 한 번씩, 1년에 모두 4차례에 걸쳐 확인하고, 책자를 만들어 종인부에 보고하도록 했다. 종인부는 이를 상세히 조사하고 등록했다. 무릇 자녀를 낳았는데 안 낳았다고 하거나, 혹은 자식이 없는데 거짓을 타인의 아이를 자기 자식처럼 키우면 거짓말 한 사람의 죄로 다스린다. 뿐만 아니라 담당관이나 족장에게도 모두 책임을 추궁한다. 종인부는 보내온 이 자료들에 대해 반드시 정확하게 확인을 해야만 했다. 그리고 종실의 호구책(戶口冊), 홍명남책(紅名男冊), 홍명녀책(紅名女冊), 생남생녀책(生男生女冊), 졸남책(卒男冊), 졸녀책(卒女冊), 혼가책(婚嫁冊), 취처책(娶妻冊), 성원집경(星源集慶) 등 각종 책자를 작성했는데 이는 종인부 편찬 옥첩(玉牒)의 기본 소재가 되었다. 옥첩을 편찬할 때에는, 먼저 종인부가 편찬을 요청하고, 황제의 허락을 받은 후 임시 전담 기구인 옥첩관(玉牒館)을 설립하고 황제가 흠차대신(欽差大臣)을 파견하여 옥첩을 편찬하도록 했다. 일반적으로 "종령(宗令), 종정(宗正) 및 만한대학사(滿漢大學士), 예부상서(禮部尙書), 시랑(侍郞), 내각학사(內閣學士)는 정(正), 부(副) 총재관(總裁官)을 담당하며 1명의 대학사(大學士)는 감독하고 독촉하며 부승(府丞)은 총교관(總校官)을 맡는다. 1명의 부속이사관(府屬理事官) 및 만한내각(滿漢內閣) 시독학사(侍讀學士)나 시독(侍讀) 1명은 제조관(提調官)으로 임명된다. 또, 부속이사관, 부이사관(副理事官) 각각 1명씩, 만주족(滿洲族) 주사(主事) 1명, 한족(漢族) 주사 2명 및 한림원(翰林院) 관리 3명, 내각시독(內閣侍讀) 1명, 예부사관(禮部司官) 2명이 찬수관(纂修官)을 담당한다. 부속필첩식(府屬筆帖式) 12명은 수장관(收掌官)을 맡고 만주족, 한족 내각중서(內閣中書) 각각 8명, 예부필첩식(吏部筆帖式) 8명, 각 부(部)와 원(院)의 필첩식(筆帖式) 12명은 등록관(謄錄官)으로 임명한다. 총재관(總裁官)은 황제가 파견하

學文獻館編印, 1993.

197 『欽定大淸會典(光緖朝)』 卷1 「宗人府」: "凡宗籍記載, 親王以下宗室所生子女, 年及一歲, 許將其名並所生年月日時, 母氏某, 收生婦某, 開列人府, 詳載册籍。"

고, 총교관은 옛 방법대로 임명되며, 제조관 이하의 관리들은 당관(堂官)이 재량으로 파견하며 나머지는 각 관청에서 교서로 송부한다."[198]라고 했다.

청(淸)나라 옥첩에는 이름, 작위, 관직, 생몰의 연월일시, 혼인, 향년(享年), 생모의 성씨, 자녀의 이름, 아내와 첩의 성씨, 장인과 사위의 이름과 관직 등이 기록되어 있다. 처음에 옥첩을 편찬할 때는 내용이 완전하지 않았지만, 옥첩 편찬이 계속되며 수록한 내용도 계속 증가했고, 점차 규범화했다. 순치 18년(1661)에 처음 옥첩을 편찬할 당시에는 남녀 황홍(黃紅) 명부가 만들어지지 않았다. 때문에 개인의 생몰, 혼인 및 범죄의 사유, 장인의 성명과 사위의 생몰연월 등을 미쳐 수록하지 못한 것도 있었다. 강희 9년(1670)에 옥첩을 편찬할 때 관직의 승강 사유, 생몰과 혼인, 사위의 관직 품급 등을 상세히 기록했다. 순치와 강희 시기에 편찬된 옥첩은 만주족의 문자로만 작성했다. 옹정(雍正) 원년(1723)에 옥첩관(玉牒館)의 허락하에 한족 주사 2명을 보완했다. 그 후부터 매년 종실과 각라(覺羅)의 자녀 정보를 종인부(宗人府)에 보낼 때 만주와 한자 두 가지를 사용해 각기 명부에 올렸다. 이후 청대 옥첩은 만한(滿漢)의 두 가지 문자로 각각 편찬되었고, 형식이 완전히 동일했다. 이전은 종실에서 자식이 없어 양자(養子)를 들일 경우 본인 밑에 자식이 없다고 기록했었다. 그러나 건륭(乾隆) 12년(1747) 옥첩 편찬 때부터 양자의 이름을 밑에 적는 것으로 바뀌었다. 또 종실과 각라의 모족(母族)·처족(妻族)·사위의 성씨에 역시 『팔기만주씨족통보(八旗滿州氏族通譜)』에 따라 수정했다. 도광(道光) 17년(1837)에 옥첩을 중수할 때에 황후는 자녀의 유무와 상관없이 모두 옥첩에 올렸고, 나머지 비빈(妃嬪)의 경우 자녀가 있으면 수록하고, 없으면 싣지 않았다. 이상은 청대 옥첩 편찬 때의 체례와 내용상의 변화이다.

청대 옥첩의 종류는 직격(直格)과 횡격(橫格) 옥첩으로 나뉘는데, 직격은 항렬을 나타내고, 횡격은 지파를 표시했다. 양자의 서술 방법은 크게 달랐고, 각각 중시하는 바가 달라서 서로 보완하는 관계에 있다

직격옥첩(直格玉牒)은 페이지마다 세로 15~16행의 칸을 그렸다. 보통 한두 칸에 한 사람의 정보를 기재했고, 같은 항렬의 종실과 각라 남녀의 상세한 상황을 수록했다. 원칙적으로 한 세대에 한 권씩 수보(修譜)하도록 되어 있지만, 여러 세대를 함께 합본한 비

198 『欽定大清會典(光緒朝)』 卷1 「宗人府」: "以宗令、宗正暨滿漢大學士、禮部尚書、侍郎、內閣學士充正副總裁官, 以大學士一員督催, 以府丞充總校官, 以府屬理事官一人暨滿漢內閣侍讀學士或侍讀一人充提調官, 以府屬理事官、副理事官各一人、滿主事一人、漢主事二人暨翰林院官三人、內閣侍讀一人、禮部司官二人充纂修官, 以府屬筆帖式十二人充收掌官, 以滿漢內閣中書各八人、禮部筆帖式八人、各部院筆帖式十二人充謄錄官。總裁官欽點, 總校官例充, 提調以下官由堂官酌派, 余由各衙門咨送。"

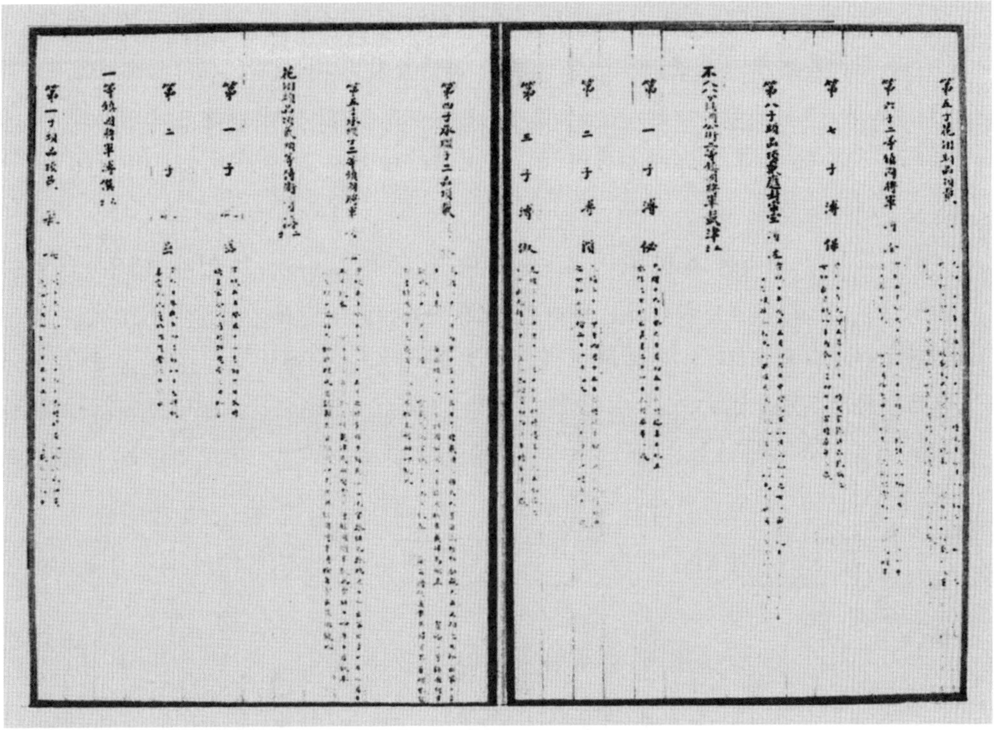

<경편 그림 7-6>『인종예황제위하화석친왕가보(仁宗睿皇帝位下和碩親王家譜)』

교적 두꺼운 옥첩도 있었다. 청대 옥첩은 남녀에 따라 권을 달리했다. 직격 옥첩의 경우 종실자손·각라자손·종실여손(女孫)·각라 여손 등 모두 4가지 종류의 직격옥첩이 있고, 그 형식은 서로 대동소이했다.(〈경편 그림 7-6〉 참고)

횡격(橫格)옥첩은 쪽마다 13~20줄의 가로획을 그렸고, 가로획은 한 세대를 대표한다. 서열이 가장 높은 사람은 권두 첫 번째 횡격에 기술하고, 자손은 세대별로 차례로 기술한다. 수록한 내용은 이름·관직·봉호 등으로 지극히 간략했다. 횡격 옥첩도 종실과 각라 두 가지 종류로 나뉜다. 종실 횡격 옥첩에는 현조(顯祖)부터 문종(文宗)까지 각 황자의 후대 상황을 수록했다. 그리고 문종 이후의 여러 황제는 모두 후대가 없었다. 이때는 한 황자가 하나의 지파가 되었고, 현조와 태조(太祖)의 황자 지파마다 한 권씩 편찬했다. 태종의 첫째 아들부터 넷째 아들까지 합쳐 편찬했고, 다섯째 아들부터 11번째 아들까지를 다시 합쳐서 한 권으로 합수했다.

세조(世祖) 이하는 황제의 모든 황자가 한 권씩 합수되어 있으나, 여전히 장유의 순서로 각각 지파가 되어 혼동되지 않는다. 종실 횡격 옥첩은 황제 본인의 상황은 기재하지 않고, 황제의 직계(直系)는 단독으로 제계(帝系) 옥첩을 편찬했다. 조조(肇祖) 원(原) 황제부터 당시 조정의 황제까지 서열에 따라 대대로 황제와 그 황자를 한 페이지에 기록했다.

각라 횡격옥첩에는 흥조(興祖), 경조(景祖) 아들들의 후대 상황(흥조의 넷째 아들 경조 각창안(覺昌安)과 경조의 넷째 아들 현조 탑극세(塔克世)는 포함되지 않았다)이 기록되어 있는데 한 페이지에 한 아들로 단독 지파가 되었다. 이 책의 형식은 모두 종실과 동일하며 표지 및 포장만 붉은색이다.[199]

청대 옥첩의 크기를 보면 대자, 소자 두 가지 종류로 나눌 수 있다. 대옥첩(大玉牒)은 가로 약 90cm, 세로 약 45cm, 두께가 보통 50~80cm로 두껍고, 가장 두꺼운 것은 140cm, 400여 근에 이른다. 소옥첩(小玉牒)은 가로 약 54cm, 세로 약 31cm, 보통 두께가 10cm로 종이가 가벼워 사용이 편리하다. 옥첩을 편찬한 뒤에는 황릉(黃綾)이나 홍릉(紅綾)으로 빈틈없이 포장하여 궤에 담아 보관했다. 건륭 25년(1760) 전에는 북경(北京)의 황사성(皇史宬)에 한 부를 보관하고 종인부(宗人府)와 예부에 각각 한 부씩 소장했다. 건륭 25년 이후, 황사성은 한 편을 계속 소장했고, 다른 한 편은 성경(盛京)의 경전각(敬典閣)으로 옮겨졌다.

청대 옥첩의 분류, 내용, 편찬 방법은 봉건적 등급 질서를 잘 보여 준다. 봉건사회에서 황제는 지고무상의 존엄을 향유했다. 황제의 지고한 지위를 부각시키기 위해 황제를 위해 제계(帝系) 옥첩을 따로 편찬하여 일반 황족(皇族) 구성원의 종실 옥첩과 차별화했다. 종실 옥첩에도 제계를 중심으로 항렬에 따라 순서를 정하여 대대로 황제를 첫 번째로 하고 가까운 지파에서 먼 지파까지 배열했다. 황제의 이름은 반드시 피해야 했으며, 옥첩에 황제의 이름이 나오는 곳은 반드시 작은 황릉으로 덮어 경의를 표해야 했다. 황제 연호나 묘호(廟號)만 쓰고 황제의 이름을 직접 쓰지 않는 경우가 많았다. 강희(康熙) 시기부터 황제의 자손은 대대로 항렬자를 써서 이름을 지었는데 황자의 첫 글자는 모두 '윤(胤)'자를, 두 번째 글자는 편방(偏旁)이 '시(示)'인 글자를 쓰고 황손의 첫 글자는 '홍(弘)'자를, 두 번째 글자는 편방이 '일(日)'인 글자를 사용해야 했다. 이후 건륭(乾隆)은 '홍'자 아래 친히 '영(永)·면(綿)·혁(奕)·재(載)' 네 개의 항렬자를 골라 이 순서대로 이름을 짓도록 했다. 도광(道光)은 또 '재'자 아래 직접 '부(溥)·육(毓)·항(恒)·계(啓)' 4개의 항렬자를 골랐다. 함풍(咸豊)은 다시 '계'자 아래 직접 '도(燾)·개(闓)·증(增)·기(祺)' 4개의 항렬자를 골랐다. 그래서 청대 옹정(雍正)부터 그 항렬자가 순서대로 윤(胤)·홍(弘)·영(永)·면(綿)·혁(奕)·재(載)·부(溥)·육(毓)·항(恒)·계(啟)·도(燾)·개(闓)·증(增)·기(祺)이었다. "무릇 종

199 屈六生, 「清代玉牒」, 『歷史檔案』, 1984.

실의 이름은 황제가 하사한 것이 아니면 종인부에 보고해야 한다. 가까운 지파는 항렬에 따라야 한다. 예를 들어서 '재'자 이하의 항렬은 부(溥)·육(毓)·항(恒)·계(啟)·도(燾)·개(闓)·증(增)·기(祺) 8개의 글자를 써야 하고 가까운 종실 지파의 명(名) 앞의 글자도 모두 항렬에 따라서 주어진 글자를 써야 한다."[200] 위반하면 엄한 처벌을 받는다. 가경(嘉慶) 초년에 영군왕(榮郡王) 면억(綿億)은 종실의 명명 규정을 어기고 개인적으로 편방이 '금(金)'인 글자를 사용하여 장남은 '혁명(奕銘)', 차남은 '혁횡(奕鐄)'이라는 이름을 지었는데 가경의 비난을 받았다. 이에 '혁명', '혁횡'을 각각 '혁회(奕繪)', '혁빈(奕纘)'으로 개명한 것 외에도, 면억을 건청문(乾清門)에서 물러나게 하고 영시위내대신(領侍衛內大臣)과 관위대신(管圍大臣) 관직을 파직시켰다. 처벌 규정은 상당히 엄했다.

청대 옥첩(玉牒)의 내용은 삼종사덕(三從四德), 남녀유별(男女有別), 어머니는 아들의 지위에 의해 귀해진다 등의 봉건 관념을 충분히 볼 수 있다. 중국 고대의 여성들은 독립적인 정치적 지위가 없었고, 그들의 남편이나 아들의 이름 아래 종속했다. 황실 족인 역시 마찬가지였다. 도광(道光)황제 이전에는 황제의 후비가 자식을 낳아야만 옥첩에 실릴 수 있었다. 국모(國母)인 황후라도 자식이 없으면 옥첩에 실릴 수 없다는 얘기다. 도광 시대에 와서야 "황후는 자녀가 있든 없든 옥첩에 기록한다."[201]로 바뀌었는데, 비자(妃子)는 "자녀를 둔 자는 기록하고 자녀가 없는 자는 싣지 않는다."[202]라고 했다. 설사 실리더라도 거의 간단히 언급만 하고 지나가는 정도였다. 그러나 친왕(親王) 등 남자들에 대한 기록은 많이 달랐다. 함풍(咸豐) 9년(1859)에 편찬된 옥첩에는 혁소(奕訢) 및 그의 집안 세계(世系)를 다음과 같이 기록하고 있다. "여섯 번째 아들인 화석(和碩) 공친왕(恭親王) 혁소는 도광 12년(1832) 임진(壬辰) 11월 21일 축시(丑時)에, 효정강자황후(孝靜康慈皇后) 박이제길특씨(博爾濟吉特氏) 원외랑(員外郎) 화량(華良)의 딸에게서 태어났다. (중략) 정실부인은 과이가씨(瓜爾佳氏) 대학사(大學士) 계량(桂良)의 딸이고 측실부인은 설씨(薛氏) 문회(文匯)의 딸이다."[203]라고 했다. 이처럼 혁소에 관한 기록은 백여 자를 거침없이 썼다. 직격(直格) 옥첩에 수록된 여자 후손들도 마찬가지로 남자 후손들에 비해 간단하게 기록되어 있다. 또 옥첩에는 여자 후손의 이름이 나오면 안 되었고, 모모(某某)의 몇 번째 딸이라고만 부

---

200 『欽定大清會典(光緒朝)』 卷1 「宗人府」: "凡宗室之名, 非欽賜, 則會報名於府。近支得依字輩。如載字輩以下溥、毓、恒、啟、泰、闓、增、祺八字, 近支宗室之名上一字, 皆得按其行輩取用。"

201 『玉牒』, 咸豐 7年(1857): "皇后無論有無所出, 俱著載入玉牒。" (역자 주)

202 『玉牒』, 咸豐 7年: "有所出者著載人, 無所出者蓋毋庸載入。" (역자 주)

203 『玉牒』, 咸豐 7年: "第六子和碩恭親王奕訢, 道光十二年壬辰十一月二十一日丑時孝靜康慈皇后博爾濟吉特氏員外郎華良阿之女。(中略) 嫡福晉瓜兒佳氏大學士桂良之女, 側福晉薛氏文匯之女。" (역자 주)

를 수 있었으며, 작호(爵號)가 있으면 뒤에 작호를 쓸 수 있었다.[204]

옥첩은 천황보계, 황권추존의 상징물이다. 옥첩의 편찬이 완성되면 성대한 공탁 의식(儀式)을 거행했다. 순치(順治) 13년(1656)에는 황제의 비준을 거쳐 옥첩을 3부로 편찬했고, 황사성(皇史宬), 종인부(宗人府), 예부에서 각각 한 부씩을 소장했다. 건륭(乾隆) 25년(1760)에 2부 편찬으로 바꾸어 황사성(皇史宬)[205]과 성경(盛京)[206]에 각각 보관했다. 같은 해에 종인부·예부 등에서 황제의 지시를 받아 옥첩 공송의제(恭送儀制)를 제정했다. 그리고 회전(會典)에 수록해 관례가 되도록 했고, 반드시 엄격하게 집행하도록 했다. 옥첩은 의례에 따라 소장하기 전에 흠천감(欽天監)에서 길일(吉日)을 택해서, 종인부에 채정(彩亭)을 설치했다. 이대 황룡기(黃龍旗)를 들고 악부(樂部)가 음악을 연주했다. 옥첩관(玉牒館) 총재(總裁)가 조복(朝服)을 입고 옥첩을 받들고 세 번 무릎 꿇고 아홉 번 절을 하며, 온 한족과 만주족의 문무관이 오문(午門) 밖에서 무릎을 꿇고 맞이한다. 황제가 다 읽은 후, 내감(內監)들이 들어 올리면, 다시 왕공(王公)들이 태화문(太和門) 밖에 있는 금수교(金水橋)에서 무릎을 꿇고 배웅한다. 이후 채정은 동화문(東華門)을 나와 황사성으로 호송한다. 옥첩은 성경까지 보내는데, 배웅할 때 성대한 예식을 거행했고, 지나는 도로와 주요 거리를 청소하고 물을 뿌려 노면 상황을 정돈하고, 채색 천막을 설치해 안치했다. 산해관(山海關)을 지나면 녹기(綠旗) 장병은 성경 장군에서 파견된 장병이 영접했다. 지방의 문무 관리는 모두 조복을 입고 성(城) 밖으로 나가 무릎을 꿇고 영접과 배웅을 하는데, 숭정전(崇政殿)의 경전각(敬典閣)으로 보내어 보첩을 공경히 보관한다.[207]

북경(北京)의 황사성에 보관되어 있던 청대 옥첩은 현재 중국역사당안관(中國歷史檔案館)에 소장되어 있으며, 수량은 2,600여 권에 달한다.[208] 심양(瀋陽)의 경전각에 보관되어 있던 일부는 현재 요령성단안관(遼寧省檔案館)에 소장되어 있으며, 모두 청대시기 27차례 편찬된 옥첩(玉牒) 1,060권이다.[209] 이 밖에 중국국가도서관(中國國家圖書館)과 상해도서관

204 趙彦昌·李國華, 「從清代玉牒看清代的宗法制度」, 『滿洲族研究』(第1期), 2007.

205 황사성(皇史宬): 명청시기 황제의 당안관으로 일명 표장고(表章庫)라고 부른다. 현재 북경 천안문 동편의 남지자(南池子)에 위치한다. 명대 가정(嘉靖) 13년(1534)에 만들어진 중국에서 현존하는 가장 보존이 잘된 황제 당안관에 속한다. 원래 성(宬)이란 장서를 보관하는 서고를 지칭했다. 황사성은 주로 황족의 옥첩(玉牒) 외에도 역대 황제의 실록, 성훈(聖訓) 등을 보관했다. (역자 주)

206 성경(盛京): 중국 청대에 동북 요령성 도시인 심양(瀋陽)을 지칭하던 호칭이다. 1625년 누루하치가 요양(遼陽)에서 심양으로 천도하면서 이름을 성경(盛京)으로 개칭했다. (역자 주)

207 張虹, 「清代玉牒如何運至盛京」, 『滿洲族研究』(第1期), 2006.

208 屈六生, 「清代玉牒」, 『歷史檔案』(第1期), 1984.

209 張虹, 「清代玉牒如何運至盛京」, 『滿洲族研究』(第1期), 2006.

(上海圖書館) 및 청화대학(清華大學), 길림대학(吉林大學), 남개대학(南開大學) 등 대학도서관에서도 소량의 청대 옥첩을 소장하고 있다. 청대 옥첩은 기록이 상세하고 글씨가 반듯하며, 장정(裝幀)이 화려하고, 수량 역시 상당히 많다. 중국에서 유일하게 오늘날까지 온전히 보존된 황족(皇族) 가보이고, 또한 만한(滿漢) 두 문자로 저술되어 왕가 옥첩의 최상품으로 인정받고 있다. 옥첩의 보관 환경은 방화(防火)·방조(防潮), 온도와 습도가 일정하게 유지되는 등 매우 우수해서 겉표지가 새것처럼 빛이 날 정도이다. 옥첩은 청대 황실의 인구증가, 작위계승, 궁정역사, 문물제도, 만한(滿漢) 문화와 가보 문화를 연구에 매우 진귀한 사료이다.

8. 손중산이 저술한 3편의 보서(譜序)

손중산(孫中山)은 근대시기 위대한 혁명가로 평생을 헌신했다. 삶 속에서 그는 가보 편찬을 매우 중요하게 여겼다. 임시 대통령을 사임한 후, 손중산은 1912년 5월에 광주(廣州)의 손씨종친회(孫氏宗親會)에 참석하여 다음과 같은 연설을 했다. 이르길 "4억 동포 여러분은 모두 황제의 자손으로 처음에는 씨족이란 것이 없었습니다. 하지만 자손들의 번성으로 성씨가 생겨났고, 성씨가 생겨나자 족인을 중시하게 되고 씨족이 형성되었던 것입니다. 이런 족인도 좋지만 결국 이런 무수한 족인이 합쳐 나라가 되는 것입니다."[210]라고 했다. 관련 문헌을 근거하면 그는 가보 편찬과 관련해 중요한 의견을 제시했다. 후에 그는 민족주의와 관련한 연설 중에 족인의 기원, 족인, 종족과 국족(國族)에 관해 깊이 있는 견해를 발표했다. 손중산은 일찍이 1916년, 1920년, 1923년에 각각 손씨(孫氏)·감씨(闞氏)·첨씨(詹氏) 세 성씨 족보의 보서를 작성하기도 했다.

첫째, 1916년 겨울, 손중산은 호북(湖北) 효감시(孝感市) 한천현동맹회(漢川縣同盟會) 회원인 손가외(孫可畏)와 손아교(孫亞翹)의 요청으로 호북 효감시 한천현의 『손씨종보(孫氏宗譜)』의 보설을 저술했다. 「손씨종보서(孫氏宗譜序)」의 전문의 내용은 다음과 같다.[211]

---

210 "四萬萬同胞, 皆黃帝之子孫, 其始均無所謂氏族者。自人民繁衍, 而姓氏生; 姓氏生, 而家族之見重, 由是家族以起。然此家族亦甚好, 合無數之家族而卽成爲國家。" 본문은 「在廣州孫氏宗族歡迎會上的演說」, 『孫中山集外集』, 上海人民出版社, 1990年 7月 참조.

211 饒嵩喬, 「一篇新發現的孫中山佚文」, 『廣東史志』(第1期), 1997: "予抱民族主義, 號召海外者凡數十年矣, 辛亥秋, 此志獲成。予因厭棄人間事, 放浪江湖, 輒欲自屏于歐風美雨之外。顧念時局孔亟, 而于天下後起英才, 未

나는 민족주의의 뜻을 품고, 수십 년간 해외를 떠돌다 신해년(辛亥年) 가을에 그 뜻을 이루게 되었다. 나는 인간사에 관여하기 싫어 해외를 떠돌며 유럽과 미주에 자신을 격리했다. 다급한 시국을 염려하여 천하에 걸출한 인재가 나타나 주기를 바라는데 아직은 때가 아닌 듯하다. 지난겨울에 상해(上海)의 한 숙소에서 족인인 가외(可畏)와 아교(亞翹)과 함께 세상사를 논했다. 이때 나는 여전히 이들이 등등한 국사의 기풍을 간직하고 있어 놀라워했다. 수일 후에 그의 춘부장이 가보를 편찬하며 나에게 서(序)를 써 줄 것을 청해 왔다. 내가 읍하며 아뢰길 "저는 천하에 큰 뜻을 품은 사람인데 어찌 이런 작은 일에 쓰시려 하십니까?" 하자 대답하기를 "무릇 일이란 반드시 그 시작점이 있지요. 족인주의가 민족주의를 이끌고, 민족주의가 결국 오족공화[212]를 이끌어 천하의 대동포주의를 만들어 내는 것이 아닌지요. 무릇 선생께서는 이 일을 하신 게 아닙니까! 선생께서 성씨를 논하지 않으신다면 어찌 인으로 백성들에게 다가갈 수 있다는 말씀이신지요? 그 뜻을 보여 주십시오!"라고 했다. 이에 내가 놀라 경의를 표하며 말하길 "저는 아직 그만한 재량을 가지고 있지 못합니다. 세상을 구하려는 기개를 인(仁)이라 하고, 먼저 구자(九子)의 관계를 잘 파악하는 것을 의(義)라고 합니다. 웃어른의 명을 잘 받들어 그 순서를 명확히 함을 예(禮)라 하고, 가족주의로 민족과 천하 공화주의를 깨우치는 것을 지(智)라 합니다." 맹자가 이르길 "무릇 4단을 발단시키려는 사람은 반드시 이를 널리 알려야 할 것이다! 나는 그렇게 되리라 믿는다."라고 했으니 나는 그 큰 기개를 말로 널리 알리며 순서가 있는 것을 칭찬할 따름이다. 이에 붓끝을 적실 뿐이다. 민국 5년(1916) 병신년 10월 중산 손문(孫文)이 서(序)를 작성한다.[213]

嘗不時與周旋。去冬, 族可畏、亞翹與余晤於滬上旅邸, 縱談時事, 咄咄然有國士風, 子欣握久之。越數日, 彼以尊大人所撰家乘來屬作序。子揖曰: '予志在天下大局人也, 顧乃縮小範圍而斤斤于此乎?' 渠曰: '凡事必有起點, 由家族主義推為民族主義; 由民族主義推為五族共和而成天下大同胞主義。夫子今日已然事也!' 子與氏不云乎 '親親而仁民'? 翹蓋仿斯意耳!' 予聞之愕然起敬, 曰: '子眞未可以拘墟之士量哉! 持救世之志, 仁也; 先九子之親, 義也; 遵尊長之命而請序于子, 禮也; 由家族主義而悟民族及天下共和主義, 智也。' 孟子云: '凡有四端於我者, 智皆擴而充之矣! 吾子信可人也。' 予嘉其志大而言又施之有序也, 因濡毫而爲此。民國五年丙辰冬孟。中山孫文序。"

212 오족공화(五族共和): 1911년 신해혁명을 전후로 손문이 제시한 소수민족에 대한 정치적 입장이다. 그는 중국 내의 여러 민족 가운데 한족·만주족·몽골족·회족·티베트족 등 5개 민족이 협력을 해서 공화국을 건설해야 한다는 '오족공화'를 통해 민족평등을 주장했다. (역자 주)

213 「孫氏宗譜序」: "予抱民族主義, 號召海外者凡數十年矣, 辛亥秋, 此志獲成。予因厭棄人間事, 放浪江湖, 輒欲自屏於歐風美雨之外。顧念時局孔亟, 而於天下後起英才, 未嘗不時與周旋。去冬, 族可畏、亞翹與余晤於滬上旅邸, 縱談時事, 咄咄然有國士風, 子欣握久之。越數日, 彼以尊大人所撰家乘來屬作序。子揖日: '予志在天下大局人也, 顧乃縮小範圍而斤斤於此乎?' 渠日: '凡事必有起點, 由家族主義推爲民族主義; 由民族主義推爲五族共和而成天下大同胞主義。夫子今日已然事也! 子與氏不雲乎 '親親而仁民? 翹蓋仿斯意耳!' 予聞之愕然起敬, 日: '子眞未可以拘墟之士量哉! 持救世之志, 仁也; 先九子之親, 義也; 遵尊長之命而請序於子, 禮也; 由家族主義而悟民族及天下共和主義, 智也。' 孟子云: '凡有四端於我者, 智皆擴而充之矣! 吾子信可人也。' 予嘉其志大

둘째, 1920년 4월에 손중산이 합비(合肥)의 감균(闞鈞)의 요청으로 『합비감씨가보(合肥闞氏家譜)』의 서문인 「합비감씨중수보첩서(合肥闞氏重修譜牒序)」를 저술했다. 이 가보는 1921년 감언민(闞彦閔) 등에 의해 30권, 24책의 목판 활자본으로 출간되었다. 손중산의 쓴 보서(譜序)의 전문을 소개하면 다음과 같다.

> 합비의 감씨는 옛 치우(蚩尤)의 후예들이다. 치우의 성은 감으로 중국의 첫 혁명가이자 최초로 병기 주조법을 사용했다. 헌원씨(軒轅氏)가 신농씨(神農氏)로부터 천하를 빼앗으려 할 때, 치우는 그의 무리 81명을 모아 전술을 연구하고 천우신조의 도움으로 수년간 헌원씨와 혈전을 벌이며 절대 굴복하지 않았다. 치우를 물리친 후, 헌원씨는 군주제를 실행하고 치우를 폭도로 몰아 부도덕한 시호(謚號)까지 붙여 주었다. 그럼에도 치우의 신기가 두렵고, 민심을 수습하기 위해 사당을 지어 그의 초상화를 그려 모셔 두었다. 지금까지 4,000여 년이란 시간이 흘렀지만 전국 각지에서 그의 사당을 심심치 않게 찾아볼 수 있다. 치우의 자손들은 치(蚩), 우(尤)와 감(闞)을 씨로 삼아 역대에 의를 중시하는 무사들을 많이 배출해 내었다. 예로 제(齊)나라에는 감지(闞止), 후위(後魏) 때는 감상(闞爽), 당(唐)나라에는 감능(闞稜)이 원(元)나라에는 감문홍(闞文興)과 오월(吳越) 전씨(錢氏)의 감번(闞璠) 등이 있고 모두 민간 출신이었지만 명성이 높아 사료에 기록되어 있다. 심지어 문학성이 뛰어난 감택(闞澤)과 감인(闞駰)도 무공으로 나랏일을 도와 모두 조상인 치우씨(蚩尤氏)의 용맹과 충성스러움에 뒤지지 않았다. 합비(合肥)의 일가는 원조(元朝) 때 강남(江南)으로 이주하여 500여 년간을 살았고, 1,000여 가구가 넘었으며, 남녀 모두 농사에 능할 뿐 아니라 남녀노소 모두 예교를 갖추었다. 그중에 가장 우수한 자가 문장과 무예를 가르치는 데 일반 대중에게도 제한을 두지 않았다. 최근에는 스스로 학교를 세우고, 족규(族規)를 만들며, 보첩을 편찬하고, 공공자산을 축적하며, 자치 정신을 키우는 등 향촌의 모범이 되고 있다. 감란계(闞蘭溪) 군은 나를 따라 군에서 수년간 나랏일에 충실한 공이 있으나 이를 입 밖에 내지 않으니 풍이(馮異)와 같은 대인의 기풍을 지닌 것이다. 그 족인 중에 용보(容甫)·곽초(霍初)·초경(楚卿)·조백(調伯)·진구(震球) 등이 새로 편찬하는 가보의 서문(序文)을 부탁하러 찾아왔다. 나는 흔쾌히 허락하며 다음과 같이 말했다. 우리 민족을 위해 가장 우선시되어야 할 방침은 스스로를 고무하고 협력을 추구하는 두 가지 일이다. 오늘 여러분들이 힘을 합쳐 풍습을 개선하고 교육을 중요시하며 협력을 도모하는 모든 일은 백성을 위한 가장 근본적인 일이며 스스로 분발하며 어떠한 어려

而言又施之有序也, 因濡毫而爲此。民國五年丙辰冬孟。中山孫文序。”

움 속에서도 굴하지 않았던 우리 조상들의 기개를 보여 주는 것이기도 하다. 이는 나라를 위한 일이며 또한 후에 감씨 집안에 큰 공을 세운 자가 나와 그 공이 서책에 기록되어 끊임없이 전해진다면 세상 모두가 우러러볼 것이다. 나는 이를 끝까지 지켜볼 것이고 이에 조금이나마 도움이 되길 바란다. 중화민국 9년(1920) 4월 남해(南海) 손문(孫文)이 상해(上海) 숙소에서 서문을 쓴다.[214]

손중산(孫中山)은 이 보서에서 감균(闞鈞)을 극도로 높이 평가했다. 감균은 신해혁명(辛亥革命) 후에 단장, 참모장과 금연국장 등의 직무를 역임했다. 1915년에 손중산이 이끄는 반원조화(反袁肇和)[215] 전투에 참여했다. 그는 호탕하고 의로우며 전장에서 용감하여 그 누구보다도 출중했다. 손중산은 "난계군은 나를 따라 군에서 수년간 나랏일에 충실하여 공이 있으나 이를 입 밖에 내지 않으니 풍이와 같은 대인의 기풍을 지닌 것이다."[216] 라고 칭찬했다. 풍이로 말할 것 같으면 동한(東漢) 시기 유수(劉秀) 휘하의 장군으로 전공(戰功)이 혁혁했지만 사람됨이 겸손하여 전쟁 후에 포상을 내릴 때마다 매번 나무 아래로 피해 있었다. 이에 사람들은 그를 '나무장군'이라고 칭했다. 손중산은 풍이를 빗대 감균의 사람됨을 칭찬했다.

셋째, 1923년 초에 손중산이 『오수첨씨종보(五修詹氏宗譜)』에 수록한 서문이다. 1922년 호북(湖北) 황강(黃岡) 기춘현(蘄春縣) 첨대비(詹大悲) 족인은 5차례에 걸쳐 가보 편찬을 준비했다. 당시 손중산은 대비의 부탁을 받고, 1923년 1월에 해당 서문을 작성했다. 『오

214 「合肥闞氏重修譜牒序」: "合肥闞氏, 古蚩尤之後裔也。蚩尤姓闞, 爲中國第一革命家, 首創開礦鑄械之法。因軒轅氏奪其祖神農氏之天下, 乃集其黨徒八十一人, 精究戰術, 能爲風雨霧霾以助戰, 與軒轅氏血戰多年, 至死不屈。軒轅氏旣滅蚩尤, 實行帝制, 稱蚩尤爲亂民, 加以不道德之道號。然心畏蚩尤之神異、民心之思念, 乃令人圖畫其像, 建祠祀之。至今四千餘年, 大河南北, 祠宇尙多有存者。蚩尤子孫有以蚩爲氏、尤爲氏者, 有仍以闞爲氏者, 歷代多好義尙武之士。如齊之闞止, 後魏之闞爽, 唐之闞棱, 元之闞文興, 及吳越錢氏之闞璠, 皆特起草莽, 錚錚史册。卽文學昭著之闞澤、闞駰, 亦多贊襄武功, 之曹之事, 蓋皆能不失其遠祖蚩尤氏雄邁忠實之流風焉。合肥一族, 于元季遷自江南, 五百年來, 丁戶逾千, 男女皆悉力耕織, 老幼鹹秉其禮教。其秀者率修文講式, 不甘以庸衆自限。近又自辨學校, 議立族規, 纂續譜牒, 儲集公產, 自治精神, 卓然爲一鄉楷模。闞君蘭溪, 從余治軍有年, 勞於國事, 口不言功, 有馮異大樹之風。頃偕其族人容甫、霍初、楚卿、調伯、震球諸君, 呈其新纂譜稿, 注爲弁言。余欣然嘉許, 且謂之日: 勵志、合群二事, 吾民族首要之方針也。今諸君一心以改良風俗爲任, 註重教育, 組合群力, 皆爲民治最優厚根柢, 又能守其祖先發憤自雄百折不撓之心志, 以出而效力于國家, 則將來闞氏之立功業于宇內、著勛績于史册者, 必能接踵而起, 爲世欽仰。余不禁罩然望之, 而願有所助力爾。中華民國九年四月上澣, 南海孫文敘于滬上行館。" (역자 주)

215 반원조화(反袁肇和): 1915년 12월 5일 상해(上海)에 정박한 주둔했던 조화(肇和號) 순양함이 원세개(袁世凱)의 황제 등극을 반대하는 2차 혁명인 호법(護法)운동에 호응해 강남제조국(江南制造局)을 포격한 사건을 지칭한다. 조화호의 기의는 원세개의 진압으로 실패했다. (역자 주)

216 「合肥闞氏重修譜牒序」: "闞君蘭溪, 從余治軍有年, 勞于國事, 口不言功, 有馮異大樹之風。" (역자 주)

수첨씨종보』는 1923년에 첨영규(詹映奎) 등에 의해 총 19권 권수는 1권으로 편찬되었다. 손중산의 「오수첨씨종보서(五修詹氏宗譜序)」[217]의 전문은 다음과 같다.

첨대비 동지가 윗대와 그 위로 3대까지의 족보 편찬을 위해 내게 서언을 부탁했다.

내가 이르길 무릇 천하는 한집안이라 그 족인끼리만 친하면 안 되며 세상을 극진히 다스려야 한다. 스스로를 굽히고 지극한 다스림에 도달하지 못한다면 언급할 필요조차 없는 것이다. 서방 국가들의 정치는 국가와 국민이 서로 연계되어 있어 누가 어느 곳에 사는지, 누구와 결혼하는지, 언제 태어나고 사망하는지, 어느 업계에 종사하는지를 파악하고 있다. 약간의 구속이 있을 뿐, 개개의 국민을 담당하는 공직자가 있어, 나라에서 함부로 간섭할 수 없다. 집안이 간소하여 2대 이상은 자세히 기록하지 않는다. 사람이 그 족인을 보는 것은 언제나 그 족인만을 위한 것이 아니니, 그를 극진히 다스리고 나아가 나라를 다스리고자 한다면, 백성들의 상황을 훤히 꿰뚫고 있어야 한다. 우리나라는 수천 년간 뭇사람의 일을 담당하는 관리를 두지 않았고, 가정교육으로는 족약(族約)이 우선시되었으니 집에 전해질 만한 글이 있는 사람들이 있는데, 그들이 관리는 아니라도 가보에 자세히 기록되어 있으니 관리라 해도 믿을 만한 것이다. 누가 어디에 살고, 언제 태어나고 사망했는지, 누가 결혼하고 헤어졌는지 등의 전체 상황은 가보가 아니면 도저히 알 수가 없는 것이다. 이는 정치적 부실을 탓하는 것이지 결코 잘못된 자치라는 의미는 아니다.

우리 당의 이념은 3가지인데, 민족주의를 으뜸으로 친다. 민족은 오직 독립과 병존하며, 각자가 독립을 위해 노력하여 얻은 가치를 세계와 공유함으로써 다 같이 발전할 수 있는 것이며 함께 극치에 달하는 통치의 영역에 다다를 수 있는 것이다. 오늘날 갑·을·병이 똑같이 강함과 약함이 없어 서로 적이 되지 않기를 바랄 뿐이다. 예전에는 다르다는 이유로 서로를 비판했다. 우선 각자 적의를 없애고 서로 우정을 도모해야 한다. 민족으로서의 친밀함을 쌓으면 모든 인류가 적이 되지 않을 수 있고, 족인의 친밀감을 쌓으면 한 나라 한 민족끼리는 더 이상 적이 되지 않는다는 것이다. 나는 첨씨의 선대 중에 누가 세상 사람을 위해 최선을 다했는지를 살펴보려 한다. 지금 이 가보를 보니 가장 뛰어난 부족 사람들이 이 친밀함의 도리 실천의 효시임을 알 수 있었다. 그것이 더 나아가서 민족끼리 서로 잡아먹는 비루함마저 사라지게 했다. 단지 친밀함을 쌓았을 뿐이다. 더 나아가 천하는 한 집안이라는 기초를 마련해 주었다. 단지 이렇게 할 뿐이다. 이와 같이 이는 우리 동지들의 끝없는 책임이니 힘을 실어 줄

217 『孫中山全集』 卷7, 中華書局, 2006年 11月.

뿐이다. 나는 또한 여러 귀족 군자들도 내 소식을 듣고 모두 힘을 합해 줄 것을 바란다. 중화민국 12년 1월 길일(吉日)에 손문(孫文) 삼가 적는다.[218]

손중산이 첨대비(詹大悲)의 청에 응해 그 족보의 서(序)를 저술하게 된 이유로, 신해혁명(辛亥革命)을 통한 첨대비와 손중산과의 친분 관계를 빼놓을 수 없다. 첨대비는 1887년에 기춘(蘄春) 전가교(田家橋)의 한 명문 선비 집안에서 태어났다. 1910년 첨대비가 한구(漢口)에서 『대강보(大江報)』를 편집하게 되었고, 이에 당시의 혁명파들이 무한(武漢)을 가장 중요한 선전기지로 삼게 되었다. 무창(武昌)에서의 첫 봉기 후, 첨대비는 한구군정(漢口軍政)의 분부(分府)를 설립하고 주임을 맡아 신해(辛亥) 첫 혁명의 중요한 공신 중 하나가 되었다. 무창 봉기 승리 후에 첨대비와 손중산은 직접적인 연락망을 구축했다. 1912년 8월, 첨대비는 한구의 교통부장으로 임명되었고 사천(四川), 호남(湖南), 안휘(安徽)과 하남(河南)의 연락 업무를 책임졌다. 1913년에 첨대비는 호북성의회(湖北省議會) 의원으로 당선되었고 후에 손중산을 따라 감녕지역(贛寧之役)[219]에 참가했다. 호법전쟁(護法戰爭)[220] 중에도 첨대비는 손중산의 조직군 정부에 적극적으로 협조했으며, 손중산의 명령에 따라 사천으로 들어가 사천군을 접수했다. 1918년 5월, 손중산이 강압에 못 이겨 사퇴하고

---

218 「五修詹氏宗譜序」: "同志詹大悲以其族敔先、敔全祖及大三祖支下續修家乘征余言升。
余曰: 夫天下一家, 則人不獨親其親, 子其子, 是世之極治也。抑自治非臻于是, 則亦不足以言其至也。歐政使國與民相系而不離。某居、某婚、某生歿、某何業, 逮則若幹, 公之籍各具, 無或取征于家。其爲家也簡, 二世以上恒異處。人視其族, 亦恒不獨親, 是去極治乃甚修, 而于國之治, 爲能範圍其民而不渙者也。吾國家天下數千年, 群之事不備於有司, 家敎而族約以爲一, 家有人事業文章可傳者, 官史或不具, 惟家乘所詳, 視官史且信。若裏居、生歿、婚異, 凡爲群之狀, 非家乘一無所稽焉。是爲政之敝, 而固無謬于自治之意也。吾黨主義三, 民族主義冠焉。民族惟獨立幷存, 各貢其工作之値于世界, 然後可使進化同程, 以共趨于極治之域。今欲甲乙或丙無強弱不更爲敵, 異昔之人相食, 則必先使之各去敵意而互謀親愛, 是故積民族之親, 則一人類之非敵也; 積家族之親, 則一國一民族之非敵也。余稽詹氏先代, 時有人能爲天下之人盡瘁, 今茲家乘之作, 其將於是萃族人謀所以大先烈者, 而姑以親親之事爲之嚆矢也。其進而革民族相食之陋也, 將惟是; 其益進而樹天下一家之基也, 將亦惟是。若是, 固亦吾同志無盡之責也, 願共勉之, 余尤願貴族諸君子聞余言而皆有所以共勉也。中華民國十二年一月谷旦, 孫文謹撰。" (역자 주)

219 감녕지역(贛寧之役): 제2차 신해혁명을 지칭하며, 일명 토원지역(討袁之役), 계축지역(癸丑之役) 등으로 불린다. 1930년 3월30일 국민당의 송교인(宋敎仁)이 피살되고, 4월 원세개는 내전을 일으켜 신해혁명 세력을 제거해 황제 등극을 도모했다. 이에 손중산은 무장력을 결집해 반원투쟁을 전개했지만 군사력의 부족과 외세의 간섭으로 실패하고 말았다. (역자 주)

220 호법전쟁(護法戰爭): 손중산이 1912년 반포한 「중화민국임시약법」을 회복하자는 운동을 말한다. 1915년 원세개는 황제 등극 후 남방 혁명당의 궐기와 열강의 지지 상실로 1916년 3월 퇴위했고, 6월에 사망한다. 이후 여원홍(黎元洪)이 임시 총통에 오르자 남방 혁명세력은 다시 1912년 「임시약법」에 따라 국회의 회복을 주장했다. 여원홍은 호법의 여론을 수용해 일단락되었지만, 이후 남북의 군벌이 할거해 대치하는 단초가 되었다. (역자 주)

상해(上海)로 돌아간 연후에 첨대비도 이를 따라 사천을 떠나 동쪽으로 내려갔다. 1920년 11월에 손중산이 재기하여 광주(廣州)로 돌아와 군정부를 조직하고 비상 대총통에 부임하자 첨대비도 수행하여 총사령 기지의 선전부원이 되어 두 번이나 사천에 들어가 사천군을 쟁취하는 임무를 수행했다. 1922년 6월, 진형명(陳炯明)이 배신하여 총통부를 폭파하자 위험 속에 50여 일을 군함에서 지냈는데 첨대비가 항시 보좌하여 같이 어려움을 견뎌내며 전진과 후퇴를 거듭했다. 같은 해 8월에 손중산이 상해로 돌아왔을 때 첨대비도 수행하여 같이 돌아왔다. 위에서 말한 바와 같이 첨대비가 손중산을 따라 혁명의 여정마다 참가하면서 얼마나 깊은 우정을 쌓았는지를 잘 알 수 있다.[221]

첨씨(詹氏)는 호북(湖北) 기춘의 명망 있는 가문으로 보첩(譜牒)편찬 작업을 매우 중요시했다. 1922년 첨씨가 5차례의 가보 편찬을 준비하고 있을 적에 전통문화의 깊은 영향과 동시에 가문의 걸출한 대표적 인물인 첨대비로 인해 더욱 가보는 중시되었다. 첨대비가 당대의 위인으로 민국의 총통인 손중산과 깊은 관계를 유지하고 있었으니 그에게 족보의 서(序)를 부탁하는 것은 가문의 영광이자 당연지사였다. 손중산도 이에 흔쾌히 동의하여 「오수첨씨종보서(五修詹氏宗譜序)」가 탄생한 것이다.

위에 언급된 손중산의 보서(譜序)를 반복하여 연구하다 보면 이 보서들이 손중산의 보학(譜學) 사상에 대한 중요한 연구 자료일 뿐만 아니라 나아가 그의 정치사상의 연구에도 중요한 문헌임을 알 수 있다.

첫째, 손중산은 가보의 기능을 종족의 결집에서 민족단결과 국가통일까지 확대해 중국 보학이론에 새로운 활력을 불어넣었다. 손중산(孫中山)은 '삼민주의(三民主義)·민족주의(民族主義)'에 관한 강연에서 "중국에는 견고한 족인과 종족 단체들이 있는데, 중국 사람들의 족인과 종족에 대한 관념은 매우 깊다."라고 했다. 또한 "중국 국민과 국가 사이의 연결고리는 우선 족인이 있고, 다음에 종족이 있으며, 그다음에야 비로소 국족(國族)이 있으니 이렇게 점진적으로 한 단계씩 커지는 질서정연함이 크기 구조의 관계에서 보면 매우 당연한 것이다. 만일 종족을 단위로 이 조직을 개량하고, 다시 국족과 연결 지으려 했다면 외국의 개인 단위와 비교해 연결하기 쉬운 점이 당연히 많았을 것이다."라고 지적했다. 그는 "종족을 기초로 삼아 국족으로 확대시켜야 할 것이다. 우선 각 성씨의 종족 단체를 연합시키고 다시 이런 종족 단체를 결합하여 민족의 단결을 이루자."라고

221 劉清, 「研究孫中山的一篇重要文獻」, 『黃岡師專學報』, 1999年 4月.

주장했다.[222]

그럼 어떻게 족인과 종족을 연합시킬 수 있을까? 손중산은 가보를 편찬하는 것이 적절한 조치라고 생각했다. 「오수첨씨종보서」 중에서 그는 "고로 민족으로서의 친밀함을 쌓으면 모든 인류가 적이 되지 않을 수 있고, 족인의 친밀함을 쌓으면 한 나라 한 민족끼리는 더 이상 적이 되지 않는다는 것이다. 나는 첨씨의 조상 중에 누가 세상 사람을 위해 최선을 다했는지를 살펴보려 한다. 지금 이 가보를 보니 그중 가장 뛰어난 부족 사람들이 이 친밀함 쌓기의 효시임을 알 수 있었다. 그것이 더 나아가서 민족끼리 서로 잡아먹는 비루함마저 사라지게 했다. 단지 친밀함을 쌓았을 뿐이다. 더 나아가 천하는 한 집안이라는 기초를 마련해 주었다. 다만 이렇게 할 뿐이다."[223]라고 했는데 이는 가보 제작을 통해 족인이 친밀함의 도리의 효시를 이루길 바랐으며 천하가 모두 한 족인이라는 인식의 기초가 세워지고 인류 대동(大同)의 경지에 이르러 "천하는 한 집안이므로 자기 족인끼리만 친하면 안 된다."라고 했다.

손중산은 가보의 편찬을 통해 족인의 단결은 물론 종족의 단결까지 실현하고자 가보의 편찬을 주장했다. "가족주의로 민족주의를 지향하며 민족주의로 오족공화를 목표로 나아가 천하 대동포주의를 실현하고자 한다."[224]라며 이상적인 대동을 꿈꾸었다. 여기에서 손중산은 족인 단결의 전통을 유지해 오던 '수족(收族)' 수보(修譜) 기능에 혁명의 내용을 주입시킨 것이다. 그는 신해혁명(辛亥革命)의 실패와 국민혁명의 불발 등 좌절의 시련 속에서도 흔쾌히 손씨(孫氏), 감씨(闞氏)와 첨씨(詹氏)의 세 족보의 보서(譜序)를 지어 수보 전통에 대해 존중을 표했다. 하지만 더욱 중요한 것은 손중산이 수보의 전통적인 관념에서 삼민주의(三民主義)의 실현에 도움이 되는 내용을 찾아내어 가족주의가 국족주의를 바꿀 것이라고 명확히 제시했다는 것이다. 그리고 사람들 마음속 깊이 뿌리내리고 있는 가족주의의 힘을 이용하여 혁명의 대업을 완성했다. 이렇듯 이제는 수보가 단순히 종족을 유지시켜 주는 협의적인 행동도 아니고 봉건 종법을 유지시켜 주는 수단도 아닌, 혁명을 달성한 하나의 수단이 되었던 것이다.

손중산은 이상 3편의 보서를 통해 전통의 '존조(尊祖)·경종(敬宗)·수족(收族)'의 수보 기능에 혁명의 내용을 주입하여 승화시켰다. 이로써 가보 편찬을 자본계급의 민주혁명

---

222 「三民主義·民族主義」, 『孫中山全集』 卷9, 中華書局, 2006.

223 「五修詹氏宗譜序」: "是故積民族之親, 則一人類之非敵也; 積家族之親, 則一國一民族之非敵也。余稽詹氏先代, 時有人能爲天下之人盡瘁, 今茲家乘之作, 其將于是萃族人謀所以光大先烈者, 而姑以親親之事爲之嚆矢也。其進而革民族相食之陋也, 將惟是; 其益進而樹天下一家之基也, 將亦惟是。" (역자 주)

224 「孫氏宗譜序」.

수단으로 발전시켰다. 이는 중국 보학(譜學) 이론의 중대한 혁신이라고 볼 수 있다.

둘째, 손중산은 종족을 지방자치 조직으로 승격시키면 자치정신을 발현하는 모범이 될 것이라 보았다. 그가 손씨(孫氏)·감씨(闞氏)·첨씨(詹氏)의 가보에 보서(譜序)를 지어 준 때는 신해혁명이 끝난 후로 시대에 대한 반성과 함께 정치 투쟁의 고조기에 간헐적으로 혁신적인 이론이 요구되는 정국이었다. 손중산이 건설하고자 한 민국은 "국민이 소유하고, 국민에 의해 다스려지며, 국민이 누린다."라는 국가 형태이다. 그러나 민국이 성립된 이래 그는 민국 정치와 민국의 관리·집행에 대단히 실망하여 "혁명의 결과로 얻은 현상은 청대 때보다 더 엉망이구나."라고 했다. 민국의 관리들은 사람들을 함부로 죽이고 압박이 극에 달했으며 부패할 대로 부패해 더 이상 의지할 곳이 없었다. 이에 손중산은 눈을 4억의 백성들에게 돌린 것이다. "이런 실정을 바로잡으려면 다른 방법이 없다. 반드시 사람들로 하여금 자치를 연구하고 이를 실행하게 함으로써 진정한 자치를 이루도록 해야 한다."[225]

1920년 3월 1일 감씨의 보첩(譜牒) 서문(序文)을 작성하기 한 달여 전, 손중산은 『지방자치실행법(地方自治實行法)』을 저술했다. "지방자치의 범위는 하나의 현(縣) 정도면 충분하다. 한 현의 정도가 되지 않으면 여러 마을을 연합하여, 종횡으로 2~3십 리 정도의 구역을 하나의 시범지역으로 만들면 된다."[226]라고 했다. 그 자치 내용으로는 (1) 호구의 정리, (2) 기관의 설립, (3) 땅값 설정, (4) 도로 설치, (5) 황무지 개간, (6) 학교 설립 등을 언급했다. 그 자치 방법은 아래부터 위로 현(縣)까지 추진하며, 현에서 성(省)까지 다시 전국으로 이어지는 "민국의 기반 설립"의 기초로 삼고자 했다.

이상과 같은 배경하에 합비(合肥) 감씨의 고향이 손중산의 눈에 들어왔다. 손중산은 감씨 족인의 일들을 나열하며 위에서 언급했던 6가지 자치사항을 직접 강하게 주장했다. 앞서 언급한 사업의 실행 기반을 만든 것이다. 손중산은 「합비감씨중수보첩서(合肥闞氏重修譜牒序)」에서 "합비의 일가는 원(元)나라 때 강남(江南)으로 이주해 와서 500여 년간을 살았고, 1,000여 가구가 넘었으며, 남녀 모두 농사에 능할 뿐 아니라 남녀노소 모두 예교를 갖추었다. 그중 가장 우수한 자가 문장과 무예를 가르치는 데 일반 대중에게도 제한을 두지 않는다. 최근에는 자체적으로 학교를 세우고, 족규(族規)를 만들며, 보첩을 편찬하고, 공공자산을 모으며, 자치 정신을 키우는 등 향촌의 모범이 되고 있다."[227]라고 지적

---

225 「在上海民治學會的演說」, 『孫中山全集』 卷5, 中華書局, 2006.

226 「地方自治實行法」, 『孫中山全集』 卷5, 中華書局, 2006.

227 「合肥闞氏重修譜牒序」: "合肥一族, 于元季遷自江南, 五百年來, 丁戶逾千, 男女皆悉力耕織, 老幼鹹秉其禮

한 바 있다. 그는 합비 감씨의 종보 활동에서 지방 자치에 대해 깊이 있게 다루었고, 다른 한편으로는 합비 감씨를 격려했다. "오늘날 제군들이 한마음 한뜻으로 풍습을 개선하고 교육을 중요시하며 힘을 합치는 것은 모두 민치를 위해 가장 좋은 기초를 마련하기 위한 것이며 또한 그 긴 세월 동안 어려움 속에서도 굴하지 않은 조상들의 의지를 받들어 국가를 위해 일하기 위함이다. 즉 이후에 감씨의 공훈이 사책(史册)으로 남아 길이 전해지면 세상이 우러러볼 것이다."[228]

손중산은 지방자치의 6개 항목의 내용에 대해 각 족인이 가보 편찬 등의 활동에 참여하는 것이 발전의 여지가 있다고 보았다. 호구정리를 예로 들면, 역대 정부에서 이 방면의 조사는 실로 부족했기 때문에 족보를 활용하여 보완할 수 있을 것이다. 손중산은 "우리 중국에 통계 방법이 없는 것이 아니라 각 족과 각 성씨를 들여다보면 모두 매우 정확하게 기록한 가보가 있으니 이것이야말로 증거라 할 수 있는 것이다."[229]라고 했다.

1923년 손중산이 「첨씨종보서(詹氏宗譜序)」를 지을 때, 다시 한 번 족인 자료를 보존하고 있는 가보의 우월성을 인정하고 지방자치를 실행하기 위해서는 '정치적 허술함'을 극복해 나가야 한다고 주장했다. "우리나라는 수천 년간 뭇사람의 일에는 관리를 두지 않았고, 가정 교육으로는 족약(族約)이 우선시되었으니 집에 소개할 만한 글을 쓴 사람이 있다. 그가 관리는 아니지만 가보에 자세히 수록했으니, 관리라 봐도 믿을 만한 것이다. 누가 어디에 살고, 언제 태어나고 사망했는지, 누가 결혼하고 헤어졌는지 등의 전체 상황은 가보가 아니면 도저히 알 수가 없는 것이다. 이는 정치적 허술함을 지탄하는 것이지 결코 잘못된 자치라는 의미는 아니다."[230]라고 했다.

이를 통해 알 수 있듯, 손중산이 지은 3편의 보서(譜序)는 족보 편찬의 취지로 가족주의·종족주의·국족주의까지 이어지는 새로운 비전과 함께 종족 활동에 대해 지방자치를 위해 나아갈 방향도 제시했다. 지방자치의 실행은 손중산이 신해혁명을 겪으며 얻은 교훈으로부터 찾아낸 정책적 수단이었다. 역사적 조건의 한계로 합비(合肥) 감씨(闞氏)

敎。其秀者率修文講武, 不甘以庸衆自限。近又自辦學校, 議立族規, 纂續譜牒, 儲集公產, 自治精神, 卓然爲一鄉楷模。" (역자 주)

228 「合肥闞氏重修譜牒序」: "今諸君一心以改良風俗爲任, 注重教育, 組合群力, 皆爲民治最優厚根柢, 又能守其祖先發憤自雄百折不撓之心志, 以出而效力于國家, 則將來闞氏之立功業于宇內、著勛績于史册, 必能接踵而起, 爲世欽仰。" (역자 주)

229 「在上海民治學會的演說」, 『孫中山全集』 卷5, 中華書局, 2006.

230 「詹氏宗譜序」: "吾國家天下數千年, 群之事不備于有司, 家教而族約以爲一家, 有人事業文章可傳者, 官史或不具, 惟家乘所詳, 視官史且信。若裏居、生歿、婚異, 凡爲群之狀, 非家乘一無所稽焉。是爲政之敝, 而固無謬于自治之意也。" (역자 주)

의 고향은 지방자치의 시범지역이 되지는 못했다. 하지만 그가 제시한 백성들로부터 시작하는 지방자치는 매우 식견이 높은 정책이었다. 그가 제시한 종족 활동과 지방자치의 연계적 실행이 가보 편찬에 새로운 활력을 부여했음은 의심할 여지가 없다. 또한 긍정할 수밖에 없는 것이기도 하다.

셋째, 손중산은 보서에서 황제(黃帝)와 치우(蚩尤)를 평가하며, 황제의 '군주제의 실행'을 비판하며 역사상 최악의 악인을 "중국 제일의 혁명가"로 둔갑시켰다. 중국의 전통문화 사상에서 치우는 중국 고대의 최고 악인이라 칭할 수 있을 것이다. 사마천(司馬遷)의 『사기(史記)·오제본기(五帝本紀)』를 보면 "치우는 아주 폭력적이라 대적할 수 없고, 황제의 명을 듣지 않고 반역을 저질렀다."라고 했다. 치우는 중국의 황제에게 가장 강하게 저항한 적수였다. 이르길 "황제는 군사를 거느리고 치우와 탁록(涿鹿)의 들판에서 전쟁을 벌여 드디어 치우를 주살했다."[231]라고 했다. 치우를 제거한 후에 황제는 그의 시신을 둘로 가르고, 머리를 잘라 따로 매장하라고 명했다. '치(蚩)'와 '우(尤)' 두 글자는 발(悖), 유(謬), 위(違), 난(亂), 이(異) 등으로 해석되었고, 치우(蚩尤)는 후대 악인의 대명사가 되었다.

손중산은 「합비감씨중수보첩서」에서 감씨(闞氏)의 성에 대한 연원을 소급하다가 치우를 발견하고 그를 봉건전통에 반대하는 "중국 제일의 혁명가"로 둔갑시켰다. 이르길 "합비(合肥)의 감씨는 옛 치우의 후예들이다. 치우의 성은 감으로 중국의 첫 혁명가이자 처음으로 병기 주조법을 사용했다. 헌원씨(軒轅氏)가 신농씨(神農氏)로부터 천하를 빼앗으려 할 때, 치우는 그의 무리 81명을 모아 전술을 연구하고 천우신조의 도움으로 수년간 헌원씨와 혈전을 벌였지만 절대 굴복하지 않았다. 헌원씨는 치우를 물리치고 군주제를 실행하고 치우를 폭도로 간주해 부도덕의 시호(謚號)까지 붙여 주었다."[232]라고 했다. 손중산은 보서에서 치우의 창조 정신과 불굴의 정신을 지극히 찬양했고, 동시에 황제(黃帝)가 "군주제를 실행"하며 부도덕한 '난민(亂民)' 굴레의 시호를 치우에게 씌운 것을 비판했다.

손중산이 보서에서 황제와 치우에 대한 긍정적 평가의 배경은 그의 혁명의 일대기를 보면 쉽게 이해할 수 있다. 그가 일찍이 청조를 타도하는 민주혁명에 뛰어들었을 때, 홍수전(洪秀全)은 반청의 제일영웅이라 칭송했고, 자신은 자칭 두 번째 영웅이라 했다. 신

---

231 "黃帝乃征師諸侯, 與蚩尤戰於涿鹿之野, 遂禽殺蚩尤。" 본문은 「五帝本紀第一」, 『史記』 卷1, 中華書局, 2000을 참조.

232 「合肥闞氏重修譜牒序」: "合肥闞氏, 古蚩尤之後裔也。蚩尤姓闞, 爲中國第一革命家, 首創開礦鑄械之法。因軒轅氏奪其祖神農氏之天下, 乃集其黨徒八十一人, 精究戰術, 能爲風雨霧霾以助戰, 與軒轅氏血戰多年, 至死不屈。軒轅氏旣滅蚩尤, 實行帝制。稱蚩尤爲亂民, 加以不道德之謚號。" (역자 주)

해혁명이 끝난 후 겉으로 청조가 물러났지만 군주제는 여전히 강하게 잔존했다. 원세개(袁世凱)가 황제를 칭한 사건이나, 부의(溥儀)가 등극하는 추악한 일들이 계속되었다. 이에 손중산은 군주제가 사라지지 않는 한, 민국은 하루도 편할 날이 없음을 깊이 각성했다. 그리고 군주제 타도를 위한 혁명의 기치를 표방하며 더욱 강한 저항 정신을 고무하고자 했다. 이러한 정치적 배경하에 황제의 '군주제 실행'을 배척하고, 치우를 '중국 제일의 혁명가'로 칭송했고, 이를 「합비감씨중수보첩서」에 수록해 세상을 놀라게 한 것이다.

이상과 같이 손중산은 3편의 보서에서 전통적인 중국 보학의 편찬과 삼민주의(三民主義) 혁명의 목표를 결합시키면서 보학 이론을 새롭게 승화했다. 이는 중국 보학이론의 중요한 이론적인 시도이며 혁신이다. 3편의 보서는 삼민주의의 혁명사상과 지방자치 정책 및 군주제에 저항하는 혁명정신을 토로했다. 이것이 바로 손중산의 위대함이다.

9. 20세기 중국의 주요 보학 연구자

20세기에 이르러 중국에서 체계적으로 보학을 연구하는 학자들이 등장하기 시작했다. 중요 인물로 양계초(梁啓超)·반광단(潘光旦)·나향림(羅香林)과 일본의 다카 아키오로(多賀秋五郎)·성청기(盛清沂)·고정룡(顧廷龍) 등이 있다. 이들 학자는 중국 가보문헌의 가치에 대해 새로운 견해를 제시했고, 서양의 과학적인 관점을 통해서 가보이론의 수준을 제고했다. 또한 중국 가보의 발전 과정을 거시적으로 기술했고, 가보문헌의 수집과 정리에도 심혈을 기울였다. 이런 상황을 근거로 반광단·나향림·다카 아키오로의 연구를 중점적으로 소개하고자 한다.

반광단(1899~1967)은 중국의 저명한 우생학과 사회학 연구자이며, 동시에 보학자이다. 자는 중앙(仲昂)이고, 상해 보산현(寶山縣) 출신이다. 1913년에서 1922년까지 청화대학의 전신인 청화학교(清華學校)에서 수학했다. 1922년 미국유학을 통해 생물학·동물학·유전학 방면의 석사학위를 취득했다. 이후 미국 우생학기념관에서 인류학과 우생학에 관한 연구 작업을 진행, 생물학 기초를 다졌다. 1926년에 귀국해 청화대학과 중앙민족학원 등에서 연구 활동을 지속했다.

그의 학문은 넓고 깊었으며, 중서 학문을 융합하고, 수많은 저서를 남겼다. 『반광단문집(潘光旦文集)』의 서문에서 간단히 그의 학술적 성과와 평가를 소개했다. 이르길 "일생 동안 우생학과 사회사상사, 족인제도, 인재학, 성심리학(性心理學), 민족학 등의 교학과 연구 활동에 종사했고, 보학(譜學)과 우생학 연구에 크게 공헌을 했다. 그리고 유학사상도 깊이 연구해 독창적인 교육사상으로 발전시켰다. 또한 서양의 수많은 학술명저를 역주하고 번역했는데, 대략 600만 자가 넘는다."[233]라고 했다.

반광단의 600만 자에 이르는 방대한 저술과 번역 가운데 보학관련 저술은 상대적으로 많지는 않다. 그럼에도 보학자로 평가받는 이유는 '뛰어난 공헌' 때문이다. 그의 대표적인 보학관련 저술 몇 편을 분석하면 다음과 같다.

첫째, 「중국가보학약사(中國家譜學略史)」는 1929년에 저술하여 『동방잡지(東方雜志)』에 실린 논문이다. '약사'이기 때문에 중국 가보의 발전과정을 비교적 간략하게 서술하고 있지만, 문장에서 중국 보학의 발전궤적을 꿰뚫고 있음을 알 수 있다. 맥락도 분명하여 이르길 "보학은 오랜 역사를 지니고 있다. 고대 제왕과 제후들의 세계(世系)는 전문 관리의 책임이었다. (중략) 주(周)나라 말기에 제후들이 서로 침략하고 난폭해졌다. (중략) 지금 우리가 알 수 있는 것은 『대대기(大戴記)』「제계성(帝系姓)」의 내용이거나 완전하지 않은 『세본(世本)』이 전부이다. (중략) 전국(戰國)시대의 초(楚)나라에서는 삼려대부(三閭大夫), 왕족 전문기구와 굴원(屈原) 등을 찾아볼 수 있다. (중략) 한대(漢代)에는 평민의 보학은 중요시하지 않았고 왕실과 제후들의 보계(譜系)도 기록하고 전해오는 전통은 있었지만 자세히 기록되어 있지는 않았다. (중략) 위(魏)나라부터 당(唐)나라까지 약 700여 년 동안이 중국 보학의 최고 전성기였다. (중략) 이 시기 중국 보학의 발전은 크게 5가지 특징으로 구별하여 말할 수 있다. (1) 국립보관보국(國立譜官譜局), (2) 보학 및 성씨학 전문가의 대체 인력이 등장, (3) 서고에서 보학이 차지하는 그 특수한 지위와 그 내부의 세분화, (4) 보학 저술의 다양화, (5) 보학과 사학과의 관계. (중략) 당조의 멸망과 오대의 혼란시기에 구보(舊譜)는 거의 소멸했고, 관부도 더 이상 가보 편찬을 강조하지 않으면서 보학은 중단되고 말았다. (중략) 송대에서 지금까지 1,000년 동안 사찬가보와 가보 편찬의 전통이 사라진 것은 아니었다. 하지만 자신의 의견만 주장하는 가보의 성과는 조잡하고 초라하기만 했다. 그래서 전문적인 학문으로 발전할 수 없었다. (중략) 송대 이래의 보학과 수당의 보학을 서로 비교해 보면 확연히 다른 몇 가지 경향을 볼 수 있다. 첫째는 보학 관리가 관에서 개인으로 바뀌면서 공개적인 것에서 은밀하게 바뀌었다. (중략) 둘째는 보학의 실용적인 가치를 모두 잃었다. (중략) 셋째는 사학에서 차지하던 보학의 지위를 상실했다."[234]라

---

233 『潘光旦文集』卷1, 北京大學出版社, 2000.

234 "譜系之學, 由來已久。古者帝王諸侯之世系掌于專官 (中略) 周末, 諸侯相侵暴 (中略) 見于今者惟《大戴記》之《帝系姓》, 及已亡而搜輯不完之《世本》。(中略) 戰國時, 楚有三閭大夫, 專掌王族, 屈原嘗爲之 (中略) 漢代平民

고 했다. 이상과 같이 반광단의 짧은 문장은 당이 망하고 오대(五代)의 혼란으로 "보학은 중단되었다."라고 했다. 이전에는 이런 주장을 담은 저술이 없었다. 이러한 이유로 「중국 가보학약사」가 많은 사람들의 주목을 받았고, 중국 보학연구에 창의적 관점을 제시했다는 점은 논쟁의 여지가 없다.

둘째, 『명청 양대 가흥(嘉興)의 망족(明清兩代嘉興的望族)』은 1937년에 저술되어 1947년 상무인서관(商務印書館)에서 출판되었다. 이 저서의 '자서'에서 반광단은 "학생들을 가르치고 남는 시간에 내가 가장 흥미를 느끼는 연구 주제는 첫째가 가보이고 둘째는 인재이다."[235]라고 솔직하게 밝히고 있다. 『명청 양대 가흥의 망족』은 바로 대량의 가보 자료를 운용한 것으로 명문 가문의 형성 및 인재의 탄생 관계를 그려 내어 가보와 인재란 이 두 가지 요소를 연계시킨 연구의 시도라 할 수 있다. 여기서 나열한 97종의 '참고서목' 중에 가보류는 46종, 과거(科擧) 시험지는 17종, 이 두 가지를 합치면 모두 63종에 달한다. 그는 이러한 대량의 문헌 자료를 끈기 있게 하나하나 따져서 분류하고 정리하여 전면적으로 조직했다. 구체적인 작업 순서는 우선 인물과 관련된 자료를 수집하고, 다음에 인물의 혈연관계를 97개의 혈통으로 분류한 후에 끝으로 "수많은 크고 작은 혈연관계들을 그 혼인 관계와 연결하여 혈연망을 구축한다." 반광단은 이렇게 만들어진 혈연망으로 유전과 인재의 탄생 관계를 연구하면서 명문 가문의 형성과 인재의 탄생과는 관련이 있으며, "명문 집안의 사람들 중에는 인재가 많다." 그들이 인재가 될 수 있었던 이유는 "문화유산"의 계승에 있을 수도 있고, '일생의 경험' 등이 작용했을지도 모른다. 하지만 "유전적 요인이 가장 기본이 되는 것이다."라고 했다. 그가 연구하던 혈연망 안에 이미 망라되어 있는 인재들은 적어도 문사의 사원으로는 전국의 2.6%로 전 군의 42.1%를 차지하고, 외과(巍科)에 등극한 인물로는 전국의 6.0%로 전 군의 67.5%를 차지한다. 홍박(鴻博)에 합격한 인물은 전국의 6.5%로 전 성의 26.0%를 차지하고, 청대 학자인 엽씨(葉氏)의 『상전(象傳)』에 이미 인쇄된 것은 11.0%로 전체의 7.0%에 달한다.[236] 이를 통해 "혈연망

之譜學不重, 帝室及諸侯王之譜系, 則事關繼世傳統, 自不容不詳盡。(中略) 自魏至唐, 約七百年, 爲中國譜學最盛之時期。(中略) 此時期中譜學進步之大較分五端言之: 一、國立譜官譜局。二、譜學及姓氏學專家之代有其人。三、譜學在書庫中之特殊地位與其內部之分化。四、譜學作品之多。五、譜學與史學之關系。(中略) 唐亡, 繼以五代喪亂, 舊譜十九散亡, 官家亦不復提倡, 譜學乃中絕。(中略) 自宋迄今, 一千年間, 私家修譜與夫作統譜者, 非無其人, 然家自爲說, 草率簡陋, 不復成專門之學。(中略) 以宋以來之譜學與隋唐而上者相較, 可得顯然不同之若幹傾向焉。其一曰譜學由官而私, 由公開而隱秘。(中略) 二譜學之實用意義盡失。(中略) 三曰譜學之史學身分不可復保。" 본문은 潘光旦, 「中國家譜學略史」, 『東方雜志』(第26卷, 第1號), 1929를 참조.

235 「明清兩代嘉興的望族·自序」, 『潘光旦文集』 卷3, 北京大學出版社, 2000.

236 『潘光旦全集』 卷3, 382쪽.

은 단순히 한 인재가 탄생한 그룹을 말하는 것이 아니다. 가흥이 인재의 온상이라면 이 혈연망이야말로 명실상부한 인재를 이어 주는 하나의 망이라고 할 수 있겠다."라는 점을 입증했다.[237] 그는 『명청 양대 가흥의 망족』에서 본래 자연과학에 속하는 우생학을 보학에 응용했고, 가보 자료를 인재 연구의 첫 번째 자료로 활용함으로써 보학과 인재학을 하나로 결합했다. 이와 같이 이 글의 자료가 방대하고 견해가 독창적이며 자연과학과 사회과학을 결합시킨 특색으로 학계의 존경을 받았다.[238]

셋째, 「가보는 또 어떤 의미가 있는가(家譜還有些什麼意義)」는 1947년에 저술하여 『동방잡지(東方雜志)』에 실린 논문이다. 이 글은 『황강왕씨가보(黃岡王氏家譜)』를 위해 지은 대서(代序)이다. 그는 이 글 첫머리에 이르길 "설령 가정의 제도가 하루를 간다고 할지라도 가보 또한 하루 동안은 버려지면 안 된다. (중략) 가보도 그 존재하는 이유가 있는 것이다."라고 했다. 가보는 여전히 체제, 범위와 내용 등의 문제점이 있다. 하지만 가장 먼저 해결해야 할 것은 바로 의의의 문제이다. 이전에 언급된 의의란 항상 (1) 존조(尊祖), (2) 경종(敬宗), (3) 수족(收族), (4) 혼인과정 중 동일 성씨와 통혼 금지, (5) 관리의 선출, (6) 가문의 중시, (7) 혼인 대상의 선택 등이었다. 하지만 근대 사회에는 사회구조의 질적 변화로 종법제도는 이미 와해되었고 가족 의미도 점차 약해되었다. 때문에 이상의 7가지 기능은 이미 시대와 맞지 않는 것이 되었다. 예를 들어 경종(敬宗), 관리 선출, 동성 통혼의 방지 등은 결국엔 의미를 상실했다. 또한 존조(尊祖), 수족(收族), 혼인 대상의 선택 및 가문 중시의 등은 수정을 통해 적용이 가능하다. 가보의 이런 오랜 의의와 기능을 분석했고, 생물학과 인문학적 소양을 결합해 4가지 가보가 갖는 현대적 의의와 새로운 기능을 제시했다. 이르길 "첫째는 신중하게 우생의 인식으로 양육하고, 둘째는 개인의 품성을 높이고, 셋째는 유전학의 연구에 일조하고, 넷째는 사학 연구 분야의 확대"라고 했다. 이처럼 보학의 실용적 의미를 구현하기 위해서는 역사 연구에 유전학·생물·심리·사회·인류 등 여러 학문과 결합해 전문화된 보학 연구가 필요하다. (중략) 독립된 과학적 연구를 통해 사학이 생물학과 사회과학이 결합할 수 있기를 바란다. 보학이 진정 한 학술적 경지에 오르고, 실용적 의의를 갖기 위해서는 (중략) 더 이상 대충해서는 안 될 것이다."라고 했다.[239] 반광단(潘光旦)은 20세기 40년대 보학 연구의 최고 경지와 방향에 대해 구체적으로 언급했다. 이는 지금도 보학 연구의 커다란 의의를 갖는다.

---

237 『潘光旦全集』 卷3, 375쪽.

238 陳樹德, 「潘光旦和中國譜學」, 『中華之根: 海峽兩岸譜牒研討會文集』, 中國文史出版社, 2005.

239 潘光旦, 「家譜還有些什麼意義?」, 『東方雜志』(第43卷, 第12號), 1947.

이상과 같이 20세기 20~30년대 및 40년대까지 반광단의 보학 관련 저술을 살펴보았다. 그의 보학 관련 저술은 주로 다음과 같이 4가지로 요약이 가능하다. 첫째, 통론적 성격의 저술로는 『가보와 종법(家譜與宗法)』, 『장실재의 가보학설(章實齋之家譜學說)』, 『통보신해(通譜新解)』 등이 있다. 둘째, 보학을 통한 인재 문제에 대한 연구로는 『중국 화가의 분포와 이주 및 유전(中國畫家的分布、移植與遺傳)』, 『중국 영인 혈연의 연구(中國伶人血緣之研究)』, 『근대 소주의 인재(近代蘇州的人才)』 등이 있다. 셋째, 특정 인물에 대한 연보이다. 예를 들면, 『최동벽연보(崔東壁年譜)』, 『장실재연보(章實齋年譜)』, 『원추연보(袁樞年譜)』와 『돈부연보(鈍夫年譜)』 등이 있다. 넷째, 인물가계(家系)와 관련한 자료 편찬이다. 즉 『문헌에 수록된 역사인물의 세계표고(存入書屋歷史人物世系表稿)』는 『삼국지(三國志)』, 『진서(晉書)』, 『남사(南史)』, 『북사(北史)』, 『수사(隋史)』, 『구당서(舊唐書)』, 『세설신어(世說新語)』, 『문선(文選)』, 『한위육조삼백명가집(漢魏六朝三百名家集)』 등 문헌의 자료를 수집하여 모은 책으로, 이 책은 도보(圖譜)의 형식으로 찾아볼 수 있게 하였다.[240]

반광단은 저명한 우생학 학자로 보학을 연구할 때, 사학을 통한 통론적 저술이든, 혹은 보학을 근거한 인재에 관련 저술이든 결코 우생학의 기본입장을 벗어나지 않았다. 그의 이르길 "생물학을 사회에 적용할 때 유전선택을 통해 세상의 발전을 도모한다."라고 했다. 이러한 창의적인 견해를 근거로 보학관련 저술을 완성했다. 매이보(梅貽寶) 교수는 반광단 탄생 100주년을 기념하며 "중국 보학에 많은 업적을 남겼으며, 세계적 권위자라 할 수 있다."[241]라고 했다.

나향림(羅香林, 1906~1978)의 자는 원일(元一)이고, 호는 을당(乙堂)이며 광동 흥녕(興寧)의 객가(客家) 출신이다. 1924년 승천영문학교(承天英文學校), 오송(吳淞)의 국립정치대학(國立政治大學), 북경의 청화대학(清華大學) 등에서 수학했다. 졸업 후에 지방지(地方志), 민족사와 보첩 연구에 종사했다. 1936년 광주시의 중산도서관(中山圖書館) 관장을 역임했다. 1951년부터는 홍콩대학 중문과의 초빙을 받아 이후 계속 홍콩에 거주했다. 나향림은 스스로 "나는 대학 졸업 후 줄곧 가보 수집에 빠졌고, 이런 가승(家乘) 자료를 정리해 논문과 저서를 출간했다."[242]라고 했다. 그의 저술은 40종이고, 논문은 200여 편에 이른다. 나향림은 평생을 보첩자료 수집에 매진했고, 이론을 연구해 중국가보 연구에 지대한 공헌

240 陳樹德, 「潘光旦和中國譜學」, 『中華之根: 海峽兩岸譜牒研討會文集』, 中國文史出版社, 2005.

241 『中和位育: 潘光旦百年誕辰紀念』, 中國人民大學出版社, 1999, 106쪽.

242 羅香林, 『乙堂文存續編』, 香港中國學社, 1977. 본문은 廖慶六, 『族譜文獻學』, 臺灣南天書局有限公司, 2003에 재인용.

을 했다.

나향림은 방대한 장서를 갖춘 명문 집안 출신으로 부단히 가보를 필사하고 소장하는 습관을 길렀다. 나향림이 족보의 내용을 연구하고 명가의 전기(傳記)를 저술하기 위해 수집한 각 성씨의 족보자료가 200여 종에 달했다. 그중 『포수경가보(蒲壽庚家譜)』, 『자금충패손씨족보(紫金忠垻孫氏族譜)』, 『말라카[243] 화교 갑필단의 계보(馬六甲華人甲必丹的系譜)』 등은 모두 그가 직접 손으로 필사한 것이다. 또한 그는 적극적으로 중국의 족보목록을 정리했다. 『광동성도서관소장 광동보족 간목(廣東省立圖書館所藏廣東譜族簡目)』은 그가 광주(廣州)에서 일할 때 손으로 필사한 책이다. 1963년 나향림은 미국으로 휴가를 갔을 때 『하버드 연경학사 한화도서관 소장 중국족보 목록(哈佛燕京學社漢和圖書館所藏中國族譜目錄)』을 다시 정리했다. 이렇게 정리한 족보목록은 『홍콩대학 풍평산도서관소장 중국족보서목(香港大學馮平山圖書館所藏中國族譜敘目)』과 『중국족보택요서록(中國族譜擇要敘錄)』에 삽입되었다. 위에서 말한 족보목록은 모두 나향림 본인이 저술한 『중국족보연구(中國族譜研究)』 하편에 수록되었다.

나향림은 족보자료를 이용하여 족보로 역사를 증명하며 학술적 혐의점을 해결해 나갔다. 그는 『중국족보연구』에서 "중국족보연구의 사학적 의의"에 대해 아래와 같이 언급했다.

> 예를 들면, 민국 22년(1932)에 광동(廣東) 중산현(中山縣) 취정향(翠亭鄉)에서 손중산이 이전에 거주하며 소장하고 있던 『손씨열조생몰기념부(孫氏列祖生沒紀念簿)』를 찾아볼 수 있었다. 이것은 이전 사학자나 문사들이 알지 못하던 사항이었다. 그리고 민국 26년(1937) 광주 화현(花縣) 관록포(官祿埗) 홍족(洪族)이 소장한 홍수전(洪秀全) 가보 『화현홍씨종보(花縣洪氏宗譜)』를 발견했다. 이를 통해 태평천국의 천왕인 홍수전 등이 모두 객가(客家) 출신임을 증명할 수 있었다. 1939년 운남 곤명(昆明)에서 이사후(李士厚)가 지은 『정화가보고석(鄭和家譜考釋)』을 발견했고, 이를 통해 정화의 조상이 이슬람인임을 알게 되었다. 1940년 광서(廣西) 계림(桂林)에서 문하생인 가원(賈援)과 팽임명(彭林蓂)의 도움으로, 복건 덕화(德化)에서 발견된 『포수경가보(蒲壽庚家譜)』는 송말 천주(泉州)에서 시박사(市舶司)를 지낸 포수경(蒲壽庚)이고, 그의 조상은 서역(西域) 출신의 이슬람인임을 증명했다. 그리고 1941년 광동 자금(紫

243 말라카(Malacca): 해상 실크로드의 요충지에 위치한 항구도시이다. 중국 문헌에는 만랄가(滿剌加)·만랄(滿剌)·마육갑(麻六甲)·마랄갑(麻剌甲)·마육갑(馬六甲)·문노고(文魯古) 등으로 등장한다. 15세기 초 중국 명나라 정화(鄭和) 선단이 이곳을 방문하고 조공관계를 맺기도 하였다. (역자 주)

金)의 충패(忠壩)에서 지인의 도움으로 발견한 손중산 조상의 『족보』를 발견했고, 구서(舊序)를 통해 그의 조상은 동강(東江) 자금에서 향산(香山)으로 옮겨 거주했고, 이 지역 역시 객가 계통임을 알게 되었다. 또한 1949년 광주에서 발견한 남해(南海) 감초(甘蕉)의 『포씨족보(蒲氏族譜)』 및 애현(崖縣)의 『삼아항통촌포씨간보(三亞港通村蒲氏簡譜)』를 통해 송원(宋元) 시기에 상당수의 아랍인이 광동에 입적(入籍)한 사실을 밝혀냈다. 이처럼 나는 중국 족보연구를 통해 발견하지 못할 것이 없다는 점을 알게 되었다."[244]

나향림은 족보자료를 이용하여 객가사 연구에 창의적인 저술을 남겼다. 객가는 한민족의 중요한 일파로 이주—거주—재이주—재거주를 반복했다. 그러면서 그들만의 독특한 생존 방식과 강한 생명력을 유지했고, 그들의 독특한 문화를 형성했다. 한민족 중에서 인구도 많고, 비교적 넓게 분포했으며 뛰어난 인재를 배출해 낸 우수한 혈통임이 분명하다. 본인도 객가 출신이었던 나향림은 객가 역사 연구에 유난히 강한 애정을 가지고 있었다. 그는 보첩 자료를 활용하여 수많은 작품들을 남겼다. 첫 번째는 『객가연구도론(客家研究導論)』(希山書藏, 1933)으로 중국 내 최초의 객가 역사와 전통 문화에 관한 체계적인 연구를 진행한 역작이다. 이 책에는 객가의 기원, 사회 조직, 생활 풍습, 문화 양식, 언어 계통, 객가의 분포와 역사 속에서의 지위 등 중요한 주제를 총체적으로 심도 있게 다루었다. 두 번째는 『객가원류고(客家源流考)』로 서론과 중국인의 구성과 연변, 중국인과 객가의 이주와 계통, 객가의 분포 및 그 자연환경 등 4가지로 나누어 기술했다. 세 번째 저술은 『객가사료회편(客家史料匯篇)』(香港中國學社, 1956) 출판은 그가 친히 수집한 손(孫)·오(吳)·정(鄭)·왕(王)·하(何)·진(陳)·장(張)·화(華)·추(鄒) 등 40여 족보를 종합해 저술로 사료적 가치가 매우 높다. 그래서 『객가 연구 도론』과 『객가원류고』 및 『객가사료회편(客家史料匯篇)』은 나향림 객가 연구의 3부작이며, 객가 연구의 창시자라 칭할 수 있다고 했다.[245]

나향림이 중국 보학 이론에서 이룩한 가장 중요한 업적은 『중국족보연구(中國族譜研究)』의 저술이다. 이 책은 그가 홍콩대학에 재직할 때 발표했던 영문원고를 모은 것으로, 홍콩대학의 『헌보(憲報)』 제14권 제1기에 실렸으며, 1971년 홍콩학사출판사를 통해 중문판으로 출판되었다. 내용은 서론, 상편, 중편, 하편과 결론의 다섯 부분으로 구성되어 있으며, 중국족보연구의 사학적 의의, 중국 보학의 원류(源流) 변천과 특징, 중국 보적(譜籍)

244 羅香林, 『中國族譜研究』, 香港中國學社, 1971, 2~3쪽.

245 吳建華, 「羅香林對譜牒研究的貢獻」, 『學術論壇』(第4期), 2001.

의 계승과 보존 및 중국 족보의 학술적 지위 등을 담고 있다. 『중국족보연구』에서 그는 특히 중국 족보가 지닌 의의에 관한 연구를 강조했다. 나향림은 "중국에서 말하는 정사(正史)나 방지(方志)는 거의 조정에서 관리한 것들로 제도의 설립, 지방의 설치, 재무의 풍요, 인물의 득실, 변경 주민들의 거주상황 등이 전부였다. 그러므로 각 족의 성씨들의 이주나 여러 민족의 혼합이나 동화에 관한 내용은 각 성씨의 족보를 통해서만 알 수 있었다."[246]라고 지적했다. 그럼 『중국족보연구』는 중국 역사 연구에 얼마나 중요한 가치가 있을까? 이에 대해 나향림은 "무릇 역사란 시간, 지역, 사람과 사실 이 4가지와 관련 있는데, 각 성의 족보를 통해 이들 모두에 대한 정보를 얻고 이를 증명할 수 있다. 더욱이 송대와 명대 이래의 역사는 각 성의 족보를 통해 증명할 바가 많다."라고 했다. 그는 더 나아가 "사람에 대해 말하자면, 송나라와 명나라 이래의 정사나 방지에 실렸던 인물들은 그 족성의 가보에서 모두 찾아볼 수 있다. 그러나 그 족성의 가보에 실린 인물들을 정사나 방지에서 필히 찾을 수 있는 것은 아니다. 즉 인물사의 연구에 관해 말하자면 족보 연구야말로 인물 연구의 기능을 널리 보급하는 것이다. 사실의 요소를 본다면, 무릇 정사나 방지에 기록되어 있는 사실들이 각 성의 족보의 내용과 연관이 없다면 반드시 각 성의 족보 영향을 살펴야 한다. 이처럼 족보 연구를 통해 다양한 사실을 역사학 연구의 소재로 삼아서 그 가치를 널리 알 수 있다. 시간적 관점에서 역사 연구의 대상은 인류의 활동이고, 그 내용 인류의 활동과 긴밀하게 연관된다. 각 성의 족보에는 각 족의 성씨들이 어디에 거주했는지, 특정 시대의 족인의 수량의 변화를 수록해서 그 시대의 상황을 알 수 있다. 이를 근거로 다른 문헌과 대조하면, 즉 족보를 통해 연구 대상의 시간적 거리 확인이 가능하다. 지역 요소의 경우 각 족보마다 족인과 성씨의 지리분포를 수록하고 있다. 이를 통해 이주 상황의 추적과 지역 교통과 경제 상황 등도 확인이 가능하다. 이처럼 족보 연구로 역사와 지리 관계를 파악할 수 있다. 나향림의 결론은 "족보 연구는 중국 사학 연구의 확대는 물론 양자는 분리할 수 없는 밀접한 관계가 있다."[247]라고 했다.

나향림은 『중국족보연구』의 "중국 보학의 원류와 변화의 특징"이라는 장절에서 주대(周代)에서 한대(漢代)까지 중국 보첩의 시작과 계승, 위진(魏晉)부터 당대(唐代)를 관부와 민가까지 모두 보학을 중시했던 점, 송대(宋代)에서 원대(元代)까지 관부에 없던 사찬 보학의 등장, 청대(淸代) 관학에서 보첩을 중시하지 않았던 원인과 영향 등 중국 보첩학의 발전과 변화의 추이 등 총체적으로 기술했다.

---

246 羅香林, 『中國族譜研究』, 香港中國學社, 1971, 2쪽.

247 羅香林, 『中國族譜研究』, 香港中國學社, 1971, 12쪽.

나향림은 보학의 이론 정립을 위해 많은 공을 세웠고, 이런 업적은 20세기 중국 보첩학 연구에서 이정표를 제시했다.

다카 아키오로(多賀秋五郎, 1912~1990)는 중국을 연구하는 일본의 전문가이다. 일본의 주오대학(中央大學)과 고쿠시칸(國士館)대학의 교수를 역임했고, 일생 대부분을 중국연구에 매진했다. 특히 중국 가보의 연구에 애정을 기울이며 놀라운 성과를 거두었다. 다카는 장기간 가보의 연구에 종사했고, 1960년 동양문고(東洋文庫)에서 『종보연구(宗譜研究)·자료편(資料篇)』을 출판했고, 그 후 20여 년 역시 보학연구를 지속했다.[248] 다카의 보학사상은 쇼와(昭和) 55년(1980) 일본 문부성(文部省)의 연구기금으로 학술진흥회가 1981년에 출판한 『중국종보연구(中國宗譜的研究)』(상권)과 1982년 『중국종보연구』(하권)에 집중적으로 기술했다.

『중국종보연구』(상권)은 606쪽에 달하며, 서장(序章) 「중국 종보의 기본 개념과 문제(中國宗譜的基本概念和問題)」, 제1장 「종보 기원의 단서로 본 고적연구(作爲宗譜起源引子的古譜研究)」, 제2장 「종보 기원과 발전의 연구(宗譜起源和發展的研究)」, 제3장 「명대 사회와 종보 발전에 관한 연구(明朝社會宗譜發達的研究)」, 제4장 「청대 후기 종보 성행에 관한 연구(清朝後宗譜盛行的研究)」, 제5장 「종법으로 본 국법과 족덕 관계의 연구(通過宗譜看到的國法和族德關系的研究)」로 구성되었다. 『중국종보연구』(하권)는 463쪽에 달하며, 제6장 「구룡의 종보편찬 연구(九龍編修宗譜研究)」, 「현존하는 종보목록(現存宗譜目錄)」, 「맺음말」, 「색인」으로 구성되었다. 다카의 방대하고 뛰어난 저술은 중국 보학사상 연구에 크게 공헌을 했다. 그 내용을 구체적으로 살펴보면 다음과 같다.

첫째, 중국 보학관련 자료 수집과 정리에 크게 공헌했다. 중국 가보의 인쇄는 한계가 있으며 외부로 판매나 유출을 금지했기에 가보는 장시간 민간에 묻혀 있을 수밖에 없었다. 근대 이후에 점차 도서관 등의 기관에서 중국 가보를 수집하기 시작했으나, 일부는 해외로 반출되어 수집에 어려움이 있었다. 그리고 수집도 매우 산만하여 온전한 목록은 더더욱 기대하기 힘들었다. 이렇게 사료정리가 부재한 상황하의 연구 진행에 많은 어려움을 동반했다. 다카는 세계 각지에 흩어진 중국 가보를 체계적으로 조사했다. 일본과 미국 등에 산재한 3,000여 종의 중국 가보의 소장상황을 조사했고, 전 세계를 포괄하는 가보목록을 만들기도 했다. 그리고 『중국종보연구』(하권)에 관련 내용을 수록했다. 즉 중

248 多賀秋五郎, 「序言」, 『中國總譜的研究』(上卷), 日本學術振興會出版, 1981, 1쪽.

국 가보를 성씨·서명·권수·부수(部數)·연도·편집자 성명·편호와 수집 장소에 따라 정리했다. 또한 가보를 인쇄 형식, 즉 목활자·활판본·석판본·동활자·복사본·필사본·전각본 등으로 분류했다. 미국과 일본에 있는 가보의 판식과 크기도 모두 통계를 내어 가보 이용자에게 편리를 제공했다. 『중국 종보에 대한 연구』(하권)의 「현존 종보목록」은 「일본 공공기관 소장 현존 종보목록(日本公藏機關現存宗譜目錄)」, 「미국 공공기관 소장 현존 종보목록(美國公藏機關現存宗譜目錄)」과 「중국 공공기관 현존 종보목록(中國公藏機關現存宗譜目錄)」의 세 부분으로 구성되어 있는데 이는 국내외로 분산되어 있던 중국 가보의 수집 상황을 알린 최초의 종합적인 목록이 되겠다.[249]

둘째, 중국 가보의 발전과정을 분석했다. 『중국 가보연구(中國家譜的研究)』(상권)의 목록에서 송대 이전의 종보를 '고보(古譜)'로 불렀고, 송대 구양수(歐陽修)와 소순(蘇洵)이 처음 만든 '오세도보' 형식의 종보를 '근세종보(近世宗譜)'라 칭했다. 송대 이전의 종보는 귀족 사회의 산물로 관부의 관리하에 편찬되었고, 통치 강화와 종법의 안정을 위한 목적을 두었기에 이를 관찬보첩으로 보았다. 당말(唐末)과 오대(五代)의 사회 혼란을 겪은 후에 엄격한 과거제를 실시했고, 이후 관찬보첩의 가치는 이전과 달라졌다. 사대부 세력이 발전하며 '수족(收族)'을 위한 사찬가보가 매우 중시되었다. 이로 인해 남송(南宋)의 가보 편찬은 수량은 대폭 증가했다. 원대에 이르러 가보 편찬의 바람은 더욱 크게 유행했다. 명대 가보 편찬은 더 이상 사대부와 경제력을 보유한 서민만의 특권이 아니었다. 즉 점차 일반 서민에게까지 침투되었다. 다카는 많은 문헌 분석을 통해 명대 문화가 발전한 강남(江南)에서 수보는 더 이상 특별하지 않은 문화 현상이라고 했다. 이 시기의 종보는 대체로 판각 인쇄본이었다. 다카는 일본학자 다치바나(橘樸關)가 주장한 중국 가보는 명대 성행하다 건륭(乾隆) 시기에 이르러 쇠퇴했다는 주장을 부정했다. 이유로 청대부터 종보는 더욱 유행했다는 사실과 광서(光緖)와 선통(宣統)에 극성기에 달했다는 점을 지적했다. 신중국 건국 후에는 중국 내지 외에 홍콩·대만·싱가포르와 말레이시아 등지의 화교 역시 여전히 종보의 편찬이 유행했고, 종친회 조직도 생겨났다. 다카의 종보 발전에 관한 주장은 역사적 사실에 부합했다.

셋째, 종보의 지역적 특성에 관한 연구이다. 다카는 중국의 종보 편찬은 계보(系譜)

---

249 20세기 말에 국내와 해외에 분실되어 있는 중국 가보의 보존 상황을 제시한 종합적인 목록은 다음과 같다. 1983년 미국가보학회에서 편집한 『미국가보학회중국족보목록(美國家譜學會中國族譜目錄)』, 1992년 산서사회과학원(山西社會科學院) 가보 자료 센터에서 편집한 『중국가보목록(中國家譜目錄)』, 1997년 중국국가당안관(中國國家檔案館) 등에서 편집한 『중국가보종합목록(中國家譜綜合目錄)』 등이 있다. 위에서 제시한 저서들이 다카가 1982년에 편집한 『중국종보연구(中國宗譜的研究)』(하권)보다 다 늦게 나타났다.

의 일종으로 종족 결합과 활동 강화가 목적이고, 문자를 통해 시조를 구분하고 혈연관계를 판단하는 가장 정확한 역사기록이라 보았다. 종족에게 종보란 종교의 경전과 같아 매우 신성한 종교적 색채를 내포한다. 중국 종보는 명·청 시기까지 발전하며 일정한 지역적 특색을 갖게 되었다. 다카는 각 지역마다 종보 체례와 내용을 분석하고 이를 4가지 유형으로 구분했다. 첫째는 중보(中譜)이다. 강소(江蘇)의 가보는 의장(義莊)관련 기록이 비교적 많고, 절강(浙江)과 강서(江西)는 사당과 제사에 대한 기록을 중시했다. 안휘(安徽)는 성유(聖諭), 가례(家禮)와 가훈(家訓)이 비교적 많았고, 호북(湖北)과 호남(湖南) 가보에는 가훈, 오복도(五服圖)와 진설도(陳設圖)가 비교적 많았다. 둘째는 화남보(華南譜)이다. 광동지역은 종지보(宗支譜), 은영보(恩榮譜), 사우보(祠宇譜), 분영보(墳塋譜), 예문보(藝文譜)와 가전보(家傳譜) 등을 주로 수록했다. 복건(福建)은 화중(華中) 가보처럼 종족의 역사와 전통과 관련된 내용을 다수 수록했다. 셋째는 화북(華北) 가보이다. 현존하는 것이 적고 종보 체례도 비교적 단순하다. 산동(山東) 가보의 경우 현존하는 목록은 소량이고, 범례(凡例)는 비교적 많다. 하북(河北) 가보는 목록이나 범례가 모두 완비되고 내용도 산동에 비해 상세한 편이다. 산서(山西)와 하남(河南) 가보는 하북에 비해 보다 규범적이고 상세하다. 넷째는 동북(東北) 가보이다. 화북 가보의 영향으로 기본 체례를 구비했지만 내용이 간단하고, 형식도 비교적 투박하다. 동북 가보로는 한족 외에 만주족과 몽골족 족보가 일부 있다.[250]

넷째, 중국 가보의 발전과 보급에 대한 연구이다. 다카는 종보의 발전과 유행 및 보급이 인구이주에 따라 문화와 경제의 중심에서 사방으로 확대했고, 주변 지역이 이를 흡수했다고 주장했다. 중국 화남(華南) 가보의 특색은 한족 문화의 남하와 밀접한 관계가 있다. 동북 가보는 화북 가보의 북상 결과이고, 동북 만주족과 몽골족의 종보 편찬은 결국 한(漢)문화에 동화된 결과라고 했다. 중국 종보는 북방과 남방, 그리고 동방으로 전파되며 베트남과 한반도 및 유구(琉球)에도 가보가 편찬되었다. 또한, 일본도 근대에 들어 가보가 유행하는 데 큰 영향을 주었다고 했다. 물론 지역과 영향력의 차이도 있고, 현지의 문화적 특색도 내재하고 있다. 그래서 베트남 가보는 내용이 비교적 간략하고 분량도 적고, 가규(家規) 등이 부재한다. 한반도 가보는 체례와 내용이 비교적 상세하고, 보서(譜序)·범례(凡例)·세표(世表)·전기(傳記)·묘지명(墓志銘)·분묘도(墳墓圖) 등이 중국과 커다란 차이가 없다. 유구 가보는 중국 영향을 더욱 크게 받아서 체례와 내용이 유사하고, 심지

250 熊遠報, 「多賀秋五郎的中國宗譜問題研究」, 『中國社會經濟史研究』(第4期), 1994.

어 가정(嘉靖)·강희(康熙)·건륭(乾隆) 및 가경(嘉慶)의 연호까지 그대로 사용했다.

이 밖에도 다카는 『중국종보연구』에서 중국 종보의 가규와 족인교육 및 1949년 이후 중국 내지를 제외한 다른 지역에 거주하는 중국인 가보 편찬 상황 등도 상세히 기술했다. 다카의 『중국종보연구』는 그 학술적 가치를 인정받아 일본 학술계에서 최고의 권위를 자랑하는 학사원상을 수상하기도 했다.

8
중국 가보의 새로운 편찬

최근 50년 동안 중국 본토와 대만은 물론 중국인이 사는 해외 어느 곳이든 민간에서 새롭게 가보를 편찬하는 붐이 일었다. 이러한 신보(新譜)편찬은 역사상 계속된 수보(修譜)의 전통의 계승과 발전이며 변화와 혁신을 대변한다. 불과 몇 십 년 사이에 형성된 신보편찬의 붐은 그 기세가 왕성하고, 수량도 많아서 이전의 어떤 시기와 비교해도 그 영향력도 매우 크다.

1. 대만 지역의 가보 편찬

최근 50년간 일어난 가보 편찬 열풍은 중국 대만에서 먼저 등장했다. 대만은 예로부터 중국 영토의 일부였다. 현재 대만인 대다수가 본토에서 이주해 왔기 때문에 본토와 강한 혈연관계를 맺고 있다. 그래서 내지에 종친(宗親)에 대한 인정과 조상을 추모하는 정서는 매우 깊고, 자신의 거주지 사당(祠堂), 묘우(廟宇) 등을 건설하기도 했다. 대만인은 매우 우수한 수보전통을 지니고 있다. 최근 50년 동안 대만인 본토와 격리되면서 종친의 조직과 가보 편찬을 활성화했다.

일찍이 1945년 대남(臺南)의 진인덕(陳仁德)은 대만족보학회(臺灣族譜學會)를 발족해 창설했다. 이때부터 대남 지역을 대상으로 현존하는 대만 족보를 수집·조사했고, 후에 대북(臺北)까지 포함해 관련 자료를 수집했다.

1956년 대만성문헌위원회(臺灣省文献委員會)는 민간이 소장하는 대만의 족보에 대해 전면적인 조사에 착수했다. 이보다 먼저 마씨(馬氏)와 백씨(白氏) 가보를 우선 수집해 표본을 만들고, 후에 종친회가 인원을 파견해 조사하고 가보를 편찬하는 방법을 사용했다.

1957년 대중뇌씨종친회(臺中賴氏宗親會) 역시 종친을 파견해 조사와 편찬을 병행했다.

가보수집 과정에서 대만의 저명한 인사 가운데 사학자인 대염휘(戴炎輝) 교수를 초빙했고, 1977년에는 대만에 '종친보계학회(宗親譜系學會)'를 설립되었다. 이로써 대만의 가보수집과 편찬 및 연구는 더욱 촉진되었다. '종친계보학회'는 1978년 대북에서 종친계보 자료전시회를 개최했고, 1982년부터는 각지를 순회하며 수차례 가보세미나를 열었다. 1985년 출간된 『계보와 종친모임(譜系與宗親組織)』은 대만에 분포된 19개 세계종친회와 58개 성시(省市) 종친회의 상황을 체계적으로 소개했다.

1977년 대중(臺中)에서 성씨연원 연구회를 설립해서 족보보고회와 학술심포지엄 및 전시회를 개최했다. 아울러 『대만원류(臺灣源流)』 계간지를 출간했고, 현재까지 40여 회 출간하며 족보와 성씨의 연원에 관한 논문을 다수 발표했다.

1981년 연합보문화기금회(聯合報文化基金會)는 국학문헌관(國學文獻館)을 창립하고, 족보를 중심으로 중국 문헌자료를 수집해 학술연구와 사회 각층이 검색해 활용할 수 있도록 했다. 또한 무료로 진행하는 한 달 과정의 족보학습반 제4기까지 운영해 가보 편찬 지식을 전수했고, 관련 인재를 양성하며 대만지역 보첩사업의 개발과 연구에 박차를 가했다. 국학문헌관은 1983년부터 1996년까지 모두 7차례에 걸쳐 아시아 족보 학술세미나를 개최했다. 회의 후 바로 논문집 7권을 출간해 대만과 아시아 지역의 족보 편찬과 연구를 활성화시켰다.

2003년 대북시문헌회(臺北市文獻會)에서는 "동족은 가족 같은 친척이고, 가보는 대대로 이어지는 친족을 향한 정(情)이다."를 주제로 '족보 연구', '가보의 소장과 성시 시조화상의 전시', '성시기원을 찾아 떠나는 여행놀이', '종사(宗祠) 찾아 떠나는 여행' 등을 전시해 시민들의 호평을 받았다. 이를 통해 가보의 소장과 기능, 후대로 전수하는 방법 등을 알렸다. 또한, 족보의 학술적 연구와 역사에 대한 관심 및 성씨들이 융합과는 과정에 대한 '족보 연구', '족보 간직 및 성씨 시조(始祖) 화상 전시회', '성씨 원류 친자 관문 통과 놀이마당' 및 '종묘의 뿌리 찾기 여행' 등을 내용으로 하는 '족군 한 가족 보계(譜系) 대물림' 행사를 개최하여 많은 시민들로부터 환영을 받았다. 사람들에게 족보 보관과 기능, 정확한 족보 편찬 방법을 알렸고, 이를 통해 족보의 학술적 연구 및 역사에 대한 관심을 유도하고 성씨의 교류와 조화를 촉진시키는 등의 목적을 달성했다.

최근 50년 동안 대만에서는 주로 다음과 같은 가보관련 저술들이 출판되었다.

(1) 창피득(昌彼得), 『대만공장족보해제(臺灣公藏族譜解題)』(133부), 대북중앙도서관(臺北中央圖書館), 1969.

(2) 왕세경(王世慶) · 왕금설(王錦雪), 「대만공사장족보목록초고(臺灣公私藏族譜目錄初稿)」(1,218부), 『대만문헌(臺灣文獻)』(第29輯, 第4號), 대만성문헌회(臺灣省文獻會), 1978.

(3) 성청기(盛清沂), 『중국족보자료목록초집(中國族譜資料目錄初輯)』(1,900부), 국학문헌관(國學文獻館), 1982.

(4) Ted A. Telford, 『미국가보학회중국족보목록(美國家譜學會中國族譜目錄)』(3,140부), 성문출판사(成文出版社), 1983.

(5) 진미계(陳美桂), 『대만구족보목록(臺灣區族譜目錄)』(10,613부), 대만지역성보연구사(臺灣區姓譜研究社), 1987.

(6) 요경육(廖慶六), 「만만재장족보목록(萬萬齋藏族譜目錄)」(375부), 『민족학연구소자료회편(民族學研究所資料匯編)』(제5집), 중연원민족소(中研院民族所), 1991.

(7) 황문신(黃文新), 『대만문헌서목해제(臺灣文獻書目解題): 족보류(族譜類)1』(43부), 대북중앙도서관(臺北中央圖書館), 1992.

(8) 진미혜(陳美惠), 『대북시문헌회족보자료도서목록(臺北市文獻會族譜資料圖書目錄)』(662부), 대북시문헌회(臺北市文獻會), 1994.

(9) 요경육(廖慶六), 「성씨원류보첩전람도서목록(姓氏源流譜牒展覽圖書目錄)」(1,014부), 『대만성문헌위원회성씨원류보첩전람특간(臺灣省文獻委員會姓氏源流譜牒展覽特刊)』, 대만성문헌회(臺灣省文獻會), 1995.

(10) 요정웅(廖正雄), 「의란현사관보계기본자료목록(宜蘭縣史館譜系基本資料目錄)」(439부), 『의란문헌(宜蘭文獻)』(제47집), 의란현문화국(宜蘭縣文化局), 2000.

(11) 진용귀(陳龍貴), 『대북고궁박물원소장족보간목(臺北故宮博物院所藏族譜簡目)』(10,300부), 대북고궁박물관(臺北故宮博物院), 2001.

(12) 진위원(陳威遠), 「대북시문헌위원회족보목록(臺北市文獻委員會族譜目錄)」(835부), 『대만문헌(臺北文獻)』(直字제140집), 대북시문헌회(臺北市文獻會), 2002.

(13) 엽균배(葉鈞培), 「금문의 족보자원(金門的族譜資源)」, 『신서자신월간(新書資訊月刊)』(第56輯), 한학연구중심(漢學研究中心), 2003.

(14) 한학연구중심특장조(漢學研究中心特藏組), 『대만지역가보연합목록자료고(臺灣地區家譜聯合目錄資料庫)』.

(15) 대만사범대학사회교육계(臺灣師範大學社會教育系), 『대만족보자신망족보목록(臺灣族譜資訊網族譜目錄)』.[1]

---

1 廖慶六, 『族譜文獻學』, 臺灣南天書局有限公司, 2003; 『臺灣漢學研究中心編新書資訊月刊』(第1輯), 2003.

이상 15종 족보목록 중에는 적게는 43종, 최대 1만 613종에 달했고, 모두 3만 6,600여 부의 목록을 수록했다. 그러나 기관마다 중복된 복본이 많고, 몇몇 목록은 중복 계산되어 실제 수량 대략 1만여 종으로 파악된다.

이들 15종 족보 목록에서 가장 중요한 것은 1987년 문화대학보계연구소(文化大學譜系研究所) 소장 조진적(趙振績)이 주관하고 진미계(陳美桂)가 편집하여, 대만구성보연구사(臺灣區姓譜硏究社)가 발간한 『대만구족보목록(臺灣區族譜目錄)』은 대만에서 만든 보첩자료 중 가장 중요한 성과이다. 이런 목록 저술의 등장은 뿌리를 찾아 조상을 알현하려 했던 종친과 개인들이 미국 유타가보학회의 지원을 받아 적극적으로 가보자료를 수집한 결과이다.

미국 유타가보학회는 미국 솔트레이크시티(Salt Lake City)에 있고, 미국 모르몬교의 문화기관이다. 1894년 각국의 사망자에 대한 자료 수집과 보존을 취지로 족보학회 도서관을 정식으로 출범시켰다. 1938년부터 100여 명의 연구원을 세계 각지로 보내 마이크로 필름을 사용해 각국 사망자의 자료를 복사해 수집했다.

유타가보학회는 중국 가보 자료의 수집과 정리를 매우 중시했다. 이 학회가 중국 가보 자료를 수집해 촬영했던 과정은 다음과 같이 몇 가지 단계로 나누어 진행했다. 첫 번째 단계로는 미국 국회도서관, 컬럼비아대학 도서관, 하버드대학 연경(燕京)도서관, 일본의 동양문고(東洋文庫), 국립국회도서관, 동양문화연구소 등에 소장된 가보를 촬영했다. 이를 기초로 1983년 대만성문출판사유한공사(臺灣成文出版社有限公司)가 『미국가보학회중국족보목록(美國家譜學會中國族譜目錄)』을 출판했다. 이곳에는 모두 3,140종의 마이크로필름으로 제작된 중국 가보 목록을 수록했다. 이는 중국 본토와 대만을 제외한 곳의 중국 가보 소장상황을 반영하는 중요한 목록이다. 두 번째 단계로는 1974년 이후에 해당 학회는 대만중화학술학원계보학연구소 등 기관 관련 전문가와 협력해 대만의 대북(臺北)·대중(臺中)·대남(臺南)의 각 지방과 도시를 대상으로 마이크로 촬영기술로 민간 족보를 수집했다. 모두 7년을 걸쳐 대만의 700여 권의 족보를 촬영했다. 현재 이 필름은 유타주 가보학회의 전문 보관소에 저장되었다. 필름의 복사본은 대만과 기타 지역의 관련 기관과 연구자가 자유롭게 사용할 수 있도록 했다. 대만성보연구사(臺灣姓譜硏究社)는 해당 필름을 편집해 『대만구족보목록』으로 편찬해 1987년 출간했다. 이후 대만의 족보 소장상황을 대표하는 가장 체계적인 목록서가 되었다.

『대만구족보목록』을 살펴보면 다음과 같은 몇 가지 특징이 있다.

첫째, 대만이 소장한 족보 수량이 전체 중국에서 수위를 차지하고 있다. 족보는 본가의 계통과 사적을 기재한 역사 도적이며, 족보를 편찬하거나 속수(續修)하는 것은 중화 민족의 훌륭한 전통이고, 종수가 수만에 달하는 족보는 중화역사문헌의 중요한 구성 부분이다. 이미 출판된 『중국가보총목(中國家譜總目)』 편집위원회에 따르면, 지금까지 현존하며 색인 가능한 족보는 주로 공공기관이 소장한 5만 2,401종이고, 여기에는 대만과 홍콩을 포함한 각지의 족보를 포함한다. 미국·일본·한국·캐나다·영국·프랑스 등지에도 일정 수량의 중국 족보를 소장한다. 소장이 가장 많은 곳은 상해로 2만 종에 달하고, 다음은 북경 8,100종, 그다음은 절강 6,600종, 산서 5,000종, 강소·광동·복건 등의 순서로 각기 3,000여 종 이상이다. 반면 『대만구족보목록』은 주로 민간에서 소장한 것을 포함해 1만 종 이상에 달해서 상해 다음으로 상위를 차지한다. 대만은 족보 소장에 중요한 위치를 차지한다. 청대의 저명한 사학자 장학성(章學誠)은 이르길 "무릇 집에는 족보가 있고, 주현(州縣)에는 방지(方志)가, 국가에는 정사(正史)가 있으니, 그 뜻이 하나다."[2]라고 했다. 족보·방지·정사는 중국인을 지탱하는 3가지 기둥이다. 족인은 족보를, 주현은 방지를, 국가는 정사를 각각 편찬하는 문화전통은 수천 년 중국인의 유구한 전통이 되었다. 손중산은 "중국은 매우 견고한 족인과 종족이 있고, 중국인은 매우 강한 족인과 종족 관념이 있다. 예를 들면 각 성씨는 가보 편찬은 몇 십 세대에서 몇 백 세대, 심지어 몇 천 년 전까지로 거슬러 올라간다."[3]라고 했다. 대만이 많은 족보를 소장한 것은 중국 내지 사람과 같이 중국인의 유구한 문화와 전통을 계승하고 있기 때문이다. 족보를 편찬하는 문화 전통 역시 대만에서도 빛을 발하고 있다.

둘째, 대만인과 중국 내지는 매우 밀접한 혈연관계를 유지하고 있다. 『대만구족보목록』은 가보마다 본적을 세밀하게 고증해서 집계했고, 권말에 '구역분포색인(區域分布索引)'을 첨부했다. 관련 통계를 보면 『대만구족보목록』에 수록된 가보 1만 613종에는 본관이 미상인 것이 2,754종이고, 중국 내지의 것이 7,757종에 달했다. 반면에 대만이 본적인 것은 102종에 불과했다. 다시 말해 본적지가 분명한 것 중 내지가 98% 이상을 차지했다. 102종의 대만이 본적인 가보에서 홍씨(洪氏)가 13종, 이씨(李氏)가 12종, 왕씨(王氏)가 9종, 황씨(黃氏)가 9종, 임씨(林氏)가 6종, 진씨(陳氏)가 5종, 그리고 유씨(劉氏)·소씨(蘇氏)·곽씨(郭氏) 각기 4종, 오씨(吳氏)는 3종으로 나타났다. 이런 대만의 성씨 역시 그 기원을 소급하면 그 조상은 내지인이다. 『대만구족보목록』의 대만 성씨 시조 가운데, 예를 들면 왕씨

2 "夫家有譜, 州縣有志, 國有史, 其義一也." 본문은 章學誠, 「爲張吉甫撰大名縣志序」, 『章氏遺書』, 商務印書館, 1936, 36쪽에 참조.

3 『孫中山全集』 卷9, 239쪽.

(王氏) 시조인 자교(子喬), 임씨(林氏) 시조인 비간(比幹), 이씨(李氏) 시조인 이정(利貞), 오씨(吳氏) 시조인 태백(泰伯) 등 모두 내지 성씨와 같은 시조이다. 이처럼 대만인의 조상은 대다수 내지에서 기원했음을 알 수 있고, 대만과 중국 내지와 매우 밀접한 혈연관계를 맺음을 알게 한다. 가보에 수록된 내지의 본적 가운데 복건이 4,510종으로 가장 많았고, 광동이 2,132종으로 뒤를 이었다. 이렇게 보면 민월(閩粵)에 본적을 둔 가보는 60% 이상에 달한다. 나머지는 내지의 다양한 지역에 분포한다. 대만 가보의 본적이 복건이 주류가 된 것에 대해서 대만의 보학자인 조진적(趙振績)은「민계의 원류와 대만과의 관계(閩系源流與臺灣之關系)」라는 저술을『대만구족보목록(臺灣區族譜目錄)』서문에 두었고, 민계의 기원은 역사상 민족의 이주경로가 복건의 장주(漳州)와 천주(泉州) 사람이 대만으로 이주하며 주류를 형성했다고 했다. 이는 민월과 대만과의 각별한 관계를 예리하게 분석했다.

셋째, 대다수는 최근 50년 동안 속수(續修), 혹은 편찬한 족보이다.『대만구족보목록』에는 명·청시기의 귀한 족보들도 있지만 최근 50년간 편찬된 족보가 압도적으로 많다. 이씨(李氏) 족보는 목록에서 570종이고, 그중 정확한 편찬 연대의 것은 322종이다. 이들 중 명·청대의 것은 13종이고 1949년 이전 것은 35종이고, 나머지 274종은 모두 최근 50년 사이에 새롭게 편찬한 족보로 85% 이상을 차지했다. 목록에서 임씨(林氏) 가보는 767종이고 그중에 371종은 출판 연대가 분명했고, 명대와 청대의 것이 각기 2종, 1949년 이전에 것이 48종이고, 321종은 1950년 이후 출간되어 84% 이상을 차지했다. 소씨(蕭氏)의 경우 모두 285종인데, 그중 157종이 편찬 연대가 명확하고, 청대의 것이 4종, 1949년 전 것은 12종, 50년 이후의 것은 141종으로 90%를 차지했다. 가보 수량이 적은 경우에는 남씨(藍氏)는 총 27종인데 19종만이 편찬시기를 표기했고, 청대 2종, 1949년 이전 1종, 나머지 16종은 최근 50년 사이에 편찬해서 84%를 차지했다. 위씨(魏氏)의 가보는 모두 36종으로, 19종이 연대를 표기했지만, 모두 50년 이후에 편찬되었다. 이상과 같이『대만구족보목록』은 최근 50년 사이에 편찬된 족보는 80% 이상이고, 수량은 8,000종에 달했다. 이를 통해 최근 50년 동안 대만에서 일었던 민간의 가보 편찬 붐을 가히 짐작해 볼 수 있다. 뿌리를 찾아 조상을 숭배하는 중국인의 이런 전통은 강한 응집력을 보여 주는 대표적인 사례이다. 비록 다양한 원인으로 50년간 중국 내지와 대만이 갈라졌지만, 많은 대만은 가보 편찬 방식으로 뿌리를 찾아 조상을 공경했고, 내지에 대해 온정의 마을 갖고, 고향으로 귀향을 하고 싶다는 강한 염원을 표현했다.

2. 중국 내지의 가보 편찬

최근 50년 동안 중국 내지 역시 가보 편찬의 붐이 불었다. 이는 1978년 제11기 3중전회[4] 이후의 일이다. 이전에는 좌파주의의 영향으로 가보를 봉건적 잔재로 간주해 대량으로 훼손했고, 도서관에 소장된 족보 역시 구석에 처박혀 벌레가 먹거나 먼지가 쌓인 채로 방치되었다. 당시 사람들 입에서는 가보라는 말을 꺼내기만 해도 안색이 변할 정도였고, 때문에 가보의 수정이란 당연히 꿈도 못 꿀 일이었다.

1978년 제11기 3중전회 이후 '낡은 전통이나 관습에서 벗어나고, 있는 그대로의 사실에 토대하여 진리를 탐구하자.'라는 사상노선이 확립됨에 따라 학술연구 분야는 '좌파'의 영향을 신속히 극복하고 발전하는 모습을 보였다. 한때 황폐화되어 감히 묻지도 못했던 보첩연구가 중국 내지에서 다시금 사람들의 관심을 끌면서 중요시되었다.

1980년대에는 많은 보첩 연구자들이 신문에 보첩연구에 관한 글을 게재했다. 1988년 7월 11일 국가당안관(國家檔案館)과 중국사회과학원(中國社會科學院)의 지지와 산서사회과학원(山西社會科學院)의 주도로 '중국보첩학연구회'가 공식 출범했고, 1988년과 1991년 2차례에 걸쳐 전국규모의 보첩학술회를 개최했다. 이를 통해 전국적인 보첩 연구의 활성화를 강력히 추진했다. 중국보첩연구회는 총 4집의 『보첩학연구(譜牒學研究)』를 출간했고, 가보 연구와 성씨기원원에 대한 80여 편의 글을 발표했고, 내지의 보첩연구의 발전을 촉진하는 역할을 했다. 1994년 2월에는 산서사회과학원에서 '가보자료연구센터'를 설립했다. 중국보첩학연구회와 산서가보자료연구센터의 설립 이후 강서(江西)·복건(福建)·상해(上海) 등에서도 보첩 연구회를 설립했고, 호남(湖南)·광서(廣西)·사천(四川)·북경(北京) 등의 출판기관들도 『중화성씨보(中華姓氏譜)』·『중화성씨통사(中華姓氏通史)』, 『화하성씨총서(華夏姓氏叢書)』 등의 저술을 연이어 출판했다.

20세기 말 상해도서관은 가보 자료의 정리와 연구로 중국 내외 연구자의 이목을 끌었다. 상해도서관은 중국에서 국가도서관 다음으로 규가 방대한 공공도서관으로 모두 1,200만 권의 장서를 소장했다. 상해도서관은 수십 년 동안 고연용(顧延龍) 전임관장이 "사람들이 버리면 내가 취한다."라는 구매 원칙에 따라, 가보 수집을 중시했고, 지금까

4 3중전회(三中全會): 중국공산당 제3회 중앙위원회 전체회의의 약칭이다. 이 회의에서 중국의 향후 5년간의 주요 경제정책 방향을 제시하고 결정한다. 제11기 3중전회는 1978년 12월 18일에서 22일까지 개최되었다. 여기서 개혁개방 노선을 천명하고 개혁개방과 함께 사회주의 현대화건설 시대의 개막을 알렸다. 특히 개혁개방의 총설계자로 등소평이 권력의 주도권을 장악한 개혁체제가 등장하게 되었다. (역자 주)

지 모두 2만 1,000종, 19만 권을 수집해 세계에서 가장 많은 원본을 가보를 소장한 기관이 되었다. 그러나 여러 가지 제약으로 가보 정리를 진행되지 못했다. 그러던 중 1996년 말 상해도서관이 신관 개관을 계기로 소장한 가보의 정리와 연구를 중요한 대상으로 삼았다. 상해시의 전폭적인 지원으로 1년에 수만 원씩 경비를 들여 낡은 족보를 4만 부 가까이 복원했다. 그리고 상해도서관은 가보의 정리와 개발과 자문 및 연구를 전담하는 보첩학술연구센터를 설립했다. 동시에 중국 내지에서 처음으로 가보 열람실을 설치해 독자가 조회·열람할 수 있도록 했다. 계속해서 상해도서관은 1998년 11월 '전국 보첩 개발 및 이용에 관한 학술연구토론회'를 개최하고 가보의 학술적 가치와 체계, 개발과 이용 등에 대한 열띤 토론을 벌였고, 이를 『중국보첩연구(中國譜牒研究)』로 출간했다. 이 책에는 모두 36편의 논문을 수록했다. 상해도서관은 2000년 5월 '신세기 중국족보 국제학술토론회'를 개최했고, 이곳에 일본·싱가포르·미국·베트남·중국 대륙·대만·홍콩 등 여러 국가와 지역에서 100여 명이 학자가 참여했다. 이번 회의에서 『중국가보총목(中國家譜總目)』의 편찬과 가보의 디지털화, 가보의 신수(新修), 중외 보첩의 비교 등의 주제로 열띤 토론을 벌였다. 이번 토론회 이후 35편의 논문이 실린 『중화보첩연구(中華譜牒研究)』를 출간했고, 논술 주제가 이전보다 더욱 심화되었다. 이는 중국 내외 보첩 연구가 새로운 수준으로 격상되었음을 말해 준다.

2003년 12월 하문(廈門)의 정치협상회의(政治協商會議)와 상해도서관 보첩학술연구센터, 하문대학의 대만연구센터는 하문에서 연합으로 '중화의 뿌리(中華之根): 양안 해협의 보첩학술토론회(海峽兩岸譜牒學術研討會)'를 개최했다. 중국·대만·홍콩·금문 등에서 참여한 140여 명의 전문가들이 하문에 모여 가장 규모가 큰 학술대회를 열었다. 100여 편의 논문 및 논문 제요를 통해 족보의 가치와 연구, 족보의 수집·정리·편목, 족보의 분야별 연구와 대만의 신보(新譜)편찬과 조사내용 등을 둘러싸고 열띤 토론을 벌였다. 이번 회의는 대만과 중화보첩학회가 공동으로 추진했다.

최근 30년 동안 중국 내지의 보첩연구는 중요한 성과를 거두었고, 가보의 기초 자료 정리 작업도 커다란 진전을 보였다. 1984년 국가당안관 2처(處)와 남개대학(南開大學) 역사학과, 중국사회과학원(中國社會科學院) 도서관이 함께 『중국가보종합목록(中國家譜綜合目錄)』을 공동 편찬했고, 그 과정에서 정부 부처의 전폭적인 지지를 받았다. 같은 해 국가당안관은 문화부와 교육부와 합동으로 내지의 도서관·박물관·문관회(文管會)·문화관·당안관 등에 「중국가보종합목록의 작성을 위한 협조 공지문(關於協助編好'中國家譜綜合目錄'的通知)」을 발송했다. 그 후, 중국 내지의 400여 개 기관에서 소장한 목록과 각 지역목록을 함께 보내왔다. 이 목록서는 1949년 이전 중국 가보목록 1만 4,719종을 수록했다. 이는 당시 가보수집 상황을 반영하는 가장 중요한 서목이고, 전국의 400여 도서·기록물·박물·문화 등 각 분야의 다양한 기관의 협력을 통해 만든 가보 목록의 최대성과였다.

상해도서관은 1998년부터 복단대학(復旦大學) 역사학과, 화동사범대학(華東師範大學) 고적연구소(古籍研究所), 안휘사회과학원(安徽社會科學院) 역사연구소 등에서 전문가를 초빙했다. 이후 상해도서관 역사문헌센터 연구자와 함께 통합된 체계에 따라 2년의 노력 끝에 드디어 『상해도서관소장가보제요(上海圖書館館藏家譜提要)』를 편찬했다. 이는 2000년 5월에 상해고적출판사(上海古籍出版社)에서 정식으로 출판했다. 이 책은 가보 서목이면서도 가보의 요지를 간술한 전문서적이다. 이 책에는 1만 1,700종 가보를 수록했고, 수량은 10만 권에 달한다. 저술 항목에는 성씨·책명·편찬자·출판연대 외에도 가보별로 시조(始祖)·시천조(始遷祖)·이주과정·명인(名人)과 사적(事迹) 등의 내용을 하나하나 열거했다. 이 책은 중국 가보 정리에 시발점을 제시한 학술저술이라 할 수 있다.

최근 30년 동안 중국 내지에서 활발하게 전개된 보첩연구와 가보자료의 정리 작업은 내지의 민간 수보(修譜)에 커다란 원동력을 제공했다.

중국 내지의 성(省)과 시(市)에서 보첩 연구와 민간수보가 가장 활발한 지역은 복건(福建)이다. 복건은 비교적 일찍 성씨연원연구회(姓氏淵源研究會)를 발족했고, 장주(漳州)·하문(廈門)·진강(晉江) 등에 연구회와 보첩학회를 설립했다. 최근 20여 년간 복건은 『최근 500년 복건의 종친사회와 문화(近500年福建的宗族社會與文化)』, 『명청시기 복건의 가족조직과 사회변천(明淸福建家族組織與社會變遷)』, 『삼포와 조지(三胞與祖地)』, 『남정과 대만(南靖與臺灣)』, 『진대지(晉臺志)』, 『복건과 대만의 족보자료선편(閩臺關系族譜資料選編)』 등 저작이나 자료집을 연이어 발간하는 등 보첩연구와 관련 사업에서 큰 성과를 거두었다. 화교와 대만·홍콩·마카오 동포들의 적극적인 참여와 지원으로 복건에서도 신보(新譜)편찬의 붐이 일어났다. 대만과 가장 근접한 진강시(晉江市)는 1997년 진강시 보첩연구회를 설립했고, 중국 내외 보첩 자료 500여 종을 수집·정리했고, 회보인 『진강보첩연구(晉江譜牒研究)』 20여 편 출간했다. 그리고 중국 내외 학자들이 참가한 '보첩을 통해 본 복건과 대만의 관계', '보첩연구와 화교' 등의 학술 세미나도 수차례 개최했다. 진강시 보첩연구회는 민간 차원의 가보 편찬을 적극 추진해서 2000년 12월 29일 진강가보전시회를 개최했다. 이곳에 전시된 신형 가보는 400여 종에 달했다. 복건의 다른 지역도, 예를 들면 장주(漳州)와 하문(廈門) 등지의 민간 가보 편찬 업무도 급속히 발전했다. 복건성의 이 같은 활동은 대륙 보첩 학술연구 분위기를 활성화시켰을 뿐만 아니라, 다른 성(省)과 시(市)의 민간 가보 편찬 업무도 추진시켰다.

최근 30년간 대륙에서 신보편찬이 집중된 지역은 복건성에 이어 강소(江蘇), 절강(浙

江), 안휘(安徽) 등이다. 이곳은 명·청 시기에는 풍부한 재력과 문화 발달 및 강한 종족 관념 등을 근거로 족보 편찬이 전국 가장 보편화했다. 최근 30년 동안 신보편찬은 주로 농촌에서 진행되었다. 중국 개혁개방 정책의 실행으로 농촌 경제가 크게 변화했다. 강소·절강·안휘 등의 농민은 빠르게 먹고사는 문제를 해결하며 소강사회(小康社會)[5]로 성큼 다가섰다. 농민의 물질적 삶이 개선되면서 정신과 문화생활의 향유라는 새로운 요구가 생겼다. 이러한 새로운 여건 속에서 전통적인 가보 편찬의 문화 활동이 되살아나고, 자발적인 신보편찬 활동으로 연결되었다. 농촌경제의 발전과 농민 소득의 향상은 또한 신보를 편찬하는 문화 활동을 위한 좌담·출장·통신·집필·인쇄와 같은 각종 비용 지출이 가능해졌다. 강소·절강·안휘 등에서 신보편찬의 활성화는 강소의 무석(無錫)과 양징호(陽澄湖) 지역으로 이어졌다. 이곳의 신보편찬 활동을 소개하면 다음과 같다.

무석은 역사가 유구하고 문화적 저력이 깊으며 역사상 가보 편찬이 활발해 수량도 많았던 곳이다. 『상해도서관소장가보제요』에 따르면, 무석 지역의 성씨는 77개에 달하며 현존 족보는 800여 종으로 파악되었다. 무석의 매촌(梅村)은 오씨(吳氏)의 발원지로, 1999년 오씨는 오위훈(吳偉勛) 선생을 주관으로 『중국오씨대통보(中國吳氏大統譜)』 편위회를 결성했다. 이후 전 세계 오씨가 연합해 대규모의 통보(統譜)를 편찬했다. 이번 편찬 작업은 중국 내외 오씨의 전폭적인 지지 속에 전8권으로 기획했고, 현재까지 3권까지 펴냈다. 『중국오씨대통보』의 편찬은 무석의 신보편찬 사업의 주도했다. 2007년 12월 11일 『신민만보(新民晩報)』는 무석 지역 편찬 신보에 "난세에는 황금을 모으고, 태평성세에는 가보를 편찬 — 무석 시민이 가보를 편찬의 열기를 이끌다(亂世藏金, 盛世修譜—無錫市民興起續修家譜潮)"라는 제목으로 관련 기사를 보도했다. 기사에서 '무석시는 2004년에 '종사문화연구회(宗祠文化研究會)'를 설립하고 32개 성(姓)과 53개 지파를 통해 모두 194권의 각종 가보를 기증받았고, 대다수는 2005년 이후 편찬된 것이라 했다. 관련 통계에 의하면 화씨(華氏)·마씨(馬氏)·영씨(榮氏)·범씨(范氏) 등 16개의 성씨가 가보를 편찬 중에 있다. 이처럼 무석(無錫)에서 가보편찬 붐이 한창 일고 있다.

---

5 소강사회(小康社會): 1979년 12월 6일 등소평(鄧小平)이 처음 사용한 용어이다. 의식주 문제가 해결되는 단계와 부유한 단계의 사이의 생활수준을 지칭한다. 등소평은 중국현대화의 목표로 소강상태(小康狀態)를 제기하였으며, 20세기 말까지 1인당 GDP 800달러를 달성해 소강사회의 실현을 하자고 천명했다. 1997년 강택민(江澤民)은 제15차 전국인민대표대회에서 소강사회 건설의 새로운 임무를 제기했고 21세기 들어 전면적인 소강사회로 진입하면서 새로운 단계의 사회주의 현대화에 박차를 가했다. 제16차 전국인민대표대회에서는 2020년까지 전면적인 소강사회를 건설한다는 목표를 제시했다. 이처럼 소강사회는 중국식의 현대화를 의미를 함축하고 있다. 등소평은 『예기(禮記)』 권21 「예운(禮運)」에서 나오는, 요순(堯舜)이 다스리는 대동사회(大同社會)와 구분해 소강사회를 언급했다. (역자 주)

무석과 인접한 강음시(江陰市)도 역사적으로 가보 편찬의 전통이 유구한 곳이다. 이곳은 명·청시기 100여 개의 성씨가 있었고, 200여 부의 가보가 도서관과 개인에 의해 소장되고 있다. 개혁개방 이후 황(黃)·소(蘇)·진(陳)·변(卞)·조(曹)·강(江)·이(李)·장(張)·화(華)·오(吳)·당(唐)·반(潘)·유(劉)·승(承)·단(段)·포(浦) 등의 성씨가 가보를 편찬했고, 무(繆)·사(沙)·서(徐)·왕(王)·설(薛)·장(張)·오(吳)·방(方)·허(許)·고(高)·장(章) 등의 현재 편찬 중에 있다. 가보 편찬사업의 지속적인 활성화를 위해 2007년 6월 강음시의 기양명현연구원(暨陽名賢研究院)·도서관·박물관·당안관 등이 연합해 문화국(文化局)과 민정국(民政局)의 허가를 받아 '보첩문화연구회(譜牒文化研究會)'를 정식으로 설립했다. 이는 강음시의 보첩이론의 연구와 편찬사업이 새로운 단계로 접어들었음을 말해 준다.

복건·강소·절강·안휘뿐만 아니라 신보(新譜) 편찬 열풍은 전국 곳곳으로 퍼져 갔다. 상해도서관 족보 열람실이 소장하고 있는 신보의 수량이 이런 경향을 충분히 반영한다. 족보열람실은 1996년 12월 정식으로 대외에 개방했고, 이후 약 10만 명의 독자가 다녀갔다. 그중 일부는 보첩을 연구하는 대학과 연구기관의 연구자였고, 그 외 대다수는 신보편찬을 목적으로 구보(舊譜)를 참고하려는 일반 독자가 대다수였다. 족보열람실은 수천 명의 독자로부터 편지와 전보도 접수하는데, 신보 편찬과 관련한 질의에 답변을 요청하는 경우가 대부분이었다. 최근 10년간 상해도서관 가보서고에는 각 가보 편찬위원회에서 기증받은 가보가 2,000여 부에 달했다. 지역을 보면 홍콩·대만·마카오 등 전국의 각 성(省)과 시(市) 및 자치구(自治區)로 널리 퍼져 있다. 최근 30년 동안 광활한 대지에 가보 편찬의 꽃이 만발해 바야흐로 힘차게 밀려오는 새 물결이 새로운 변화를 예고하고 있다 해도 과언이 아니다.

3. 중국과 대만 및 해외 종친집단의 신형 가보 편찬

최근 50년 동안 대만과 중국 내지에서 등장한 신보를 편찬하는 붐의 가장 큰 특징은 대만과 중국 내외 종친이 긴밀히 협력해 추진하는 것이다.

이처럼 신보를 편찬 과정의 이런 특징은 대만과 내지가 하나로 연결된 지연관계에 있고, 또한 물보다 진한 혈연관계를 갖고 있기 때문이다. 대만은 모두 2,300만 명의 주민이 있는데, 이 중 대부분은 한족이고, 소수민족은 대략 45만 명으로 2%에 불과하다. 한족이든 소수민족이든 내지와는 깊은 혈연관계가 있다. 대만 초기 거주민은 내지에서 이주했다. 문자로 기록된 대만의 역사는 약 230년으로 거슬러 올라간다. 당시 삼국 중 오

(吳)의 손권(孫權)은 1만 명 병사를 '이주(夷州)', 즉 대만에 파견했고, 이때 심영(沈瑩)을 통해 264년부터 280년까지 대만 상황을 상세히 기록한 『임해수토지(臨海水土志)』를 저술했다. 이 책은 최초의 대만 관련 귀중한 문헌으로 지금까지 남아 있다. 내지의 한족이 대만으로 대량 이주했던 시기는 주로 송원(宋元) 시기였다. 그러다가 명·청시기에 이르러 이민 현상이 대규모로 출현했다. 명나라 말기 안사제(顏思齊)·정지용(鄭芝龍) 등이 북항(北杭) 일대에 거점을 두고 해상 무역 집단을 형성하면서 내지 주민들을 대만으로 불러들였다. 이후 정지용이 청(淸)에 항복한 후 복건에 가뭄이 극심했고, 이에 이재민을 대만으로 보내 종자와 우경에 종사시키자는 간언을 했다. 이것이 대규모 이민을 대만으로 보낸 시초가 되었다. 청대 초기 정성공(鄭成功)이 2만 5,000명의 장병을 통솔해 금문(金門)을 통해 대만을 진출했다. 그는 네덜란드 침략자를 물리치고 대만을 수복했고, 이때 정성공을 따라간 군민이 수십만 명에 달했다. 청조가 해금(海禁) 정책을 풀자, 내지의 이주는 날로 증가했다. 이들은 대다수 밀입국 이주민이었다. 건륭(乾隆) 54년(1789)에 정식으로 항구를 건설하며 내지인의 대만 이주에 새로운 시기가 도래했다. 정성공이 대만을 수복했을 때, 내지인 수량은 대만 전체 인구의 91.6%를 차지했다. 최신 통계에 따르면 대만의 성씨는 1,694종에 달하고, 그중에 진(陳)·임(林)·장(張)·왕(王)·황(黃)·이(李)·오(吳)·채(蔡)·유(劉)·양(楊) 등을 10대 성씨로 분류했다. 진씨(陳氏)와 임씨(林氏)는 복건에서 인구를 가장 많이 가진 성씨로 진씨와 임씨는 천하의 절반을 차지한다는 말이 있을 정도다. 대만 역사학자 연횡(連橫)은 『대만통사(臺灣通史)』에서 "대만인은 중국인이자 민월(閩越)의 후대이다."[6]라고 언급했다. 중국 내지의 이민자를 통해 선진 생산기술이 대만으로 유입되면서 대만은 신흥 농업지로 급부상했다. 쌀과 설탕을 대량 생산하자, 내지와 대만 간 양안 교역의 중요한 토대가 되었다. 중국과 대만의 경제유대가 강화되자 봉건 왕조 역시 대만을 관리하는 데 심혈을 기울였다. 그리하여 행정기구를 설치하며 대만을 중앙 정부 관할 구역으로 편재했다.[7]

1970년대 대만도 뿌리 찾기 열풍이 일어났다. 대만의 『청년전사보(青年戰士報)』는 1978년 10월 16일부터 「당산(唐山)에서 대만으로 이주한 이야기(唐山過臺灣的故事)」를 게재하며 대만의 성씨·종교·문화·풍속 등을 상세히 소개했다. 즉 내지와 대만 간의 혈연 관계를 밝히면서 당산 출신 대만인에게 당산이 바로 자신의 고향임을 강조했다. 1979년

6 『臺灣通史』: "臺灣之人, 乃中國之人, 閩越之族也。" (역자 주)

7 1732년 옹정제 시기에 완전히 정복되었고 1865년 개항되었다. 이때 복건성 관할에서 벗어나 대만성으로 편재되었다. (역자 주)

6월 11일 대만의『중국시보(中國時報)』는「향토(鄕土)·혈통(血統)·뿌리」라는 기사를 통해 "대만은 우리의 직접적인 뿌리이지만 이것은 더욱 근본적 뿌리와 연결되어 있는데, 바로 중국의 내지"라는 점을 분명히 밝혔다. 그리고 1987년에 이르러 대만이 내지의 친척방문 정책을 내세우자 뿌리 찾기 운동의 열풍이 본격적으로 일어났다. 최근 20년 동안 대만 동포가 매년 내지로 친척 방문·관광·사업 등을 하는 수가 무려 100만 명을 넘었고, 2000년에는 285만 명에 달했다. 내지로 친척 방문을 하는 다수의 대만 동포는 족보를 들고 뿌리를 찾거나, 조상의 묘지를 방문하여 제사지내거나, 성씨를 갖고서 조상을 찾거나, 회의와 모임을 조직해 조상을 알현하거나, 편지나 전보를 보내 자신의 고향을 찾는 등의 경우도 빈번해졌다. 하남(河南)은 중국 성씨가 발원했던 곳으로 "뿌리 찾기의 시작은 민남(閩南)이나 종점이 하남인 것은 의심할 바 없다."라는 말이 있을 정도이다. 내지 출신 대만 동포 중에 복건과 광동에 이어 하남을 방문에 조상을 찾는 경우가 특히 많았다. 하남을 방문해 뿌리를 찾으려는 대만 동포는 매년 10만 명이 넘었다. 수많은 귀향 동포가 뿌리 찾기 열기를 통해 고향을 방문해 이해를 증진시키고, 고향 건설에 적극적으로 기여했다. 이들 동포는 고향을 위해 학교와 병원, 교량과 도로의 건설, 명승지의 조성 및 고향의 경제 건설에 투자했다. 이를 통해 고향의 경제문화와 교육 사업의 발전을 촉진시켰다. 예를 들면, 소씨(蘇氏) 종친회가『세계소씨대족보(世界蘇氏大族譜)』를 장춘(長春)에서 출판한 것을 계기로 길림에 10억 위안을 투자해 고향의 현대화 발전을 주도했고, 대만의 왕광아(王廣亞)는 1억 2,000만 위안을 헌납해 헌원황제(軒轅黃帝)의 고향인 신정(新鄭)에 승달경제무역관리학원(升達經濟貿易管理學院)을 세우기도 했다. 뿌리 찾기 행사에 참여한 대만의 정계·군계·학술계 및 경제계의 거물들도 다수였다. 대만에 거주하는 국민당 원로인 진입부(陳立夫)는 94세의 고령으로 영춘현(永春縣) 문화관 부연구원이자 말레이시아 4세대 화교이며 영춘현 진씨친목원류연구회(陳氏聯誼源流研究會) 회장 진시충(陳詩忠)에게 "근본을 잊지 말고 은혜를 잊지 않는 것이 도덕의 영원한 근간이다."라는 친필 작품을 보냈다. 영춘현 후묘(後廟)에 본적을 둔 현 대만 해협교류기금회(海峽交流基金會)의 회장인 고진보(辜振甫)는 1993년 8월 27일 후묘의 친지에게 편지를 보내 "뿌리를 찾고자 하는 마음은 모두 있고, 인연이 된다면 다시 만날 날을 기약해 본다."라고 했다. 대만의 저명한 변호사 여전승(呂傳勝)은 여수연(呂秀蓮)의 친형이고, 중국 문화에 공감하며 중국인임을 부인하지 않고 자랑스럽게 여겼다. 1989년, 1991년, 1993년 세 차례 팀을 이끌고 내지 장주시(漳州市) 남정현(南靖縣)을 방문해 조상을 알현했다. 2001년 3월 23일에는 도원(桃園) 여씨(呂氏)는 종친 50여 명과 함께 귀향해 조상묘지인 방원지(芳園池)에서 성대히 제례를 올렸다. 방원지 앞에는 우물이 있는데, 그 물을 마시며 뿌리를 생각하는 의미로 여씨 족인은 줄을 서서 함께 물을 마셨다. 대만 동포의 뿌리 찾기 열풍에는 개인과 종친을 포함해서 성씨나 족인별로 뿌리를 찾는 경우도 많았다. 이런 뿌리 찾기에 열중하는 것은 중국계 미국인 조호생(趙浩生)의 언급처럼 "천 마디 말을 한 마디로 말하면, 나는 중국인이고 몸에는 중국인의 피가 흐른다."라고 했다.

대만 동포의 조상 찾기 열풍의 중요한 이유는 족보 편찬에 있다. 족보의 핵심은 족인의 역대 가계표(家系表)로 시조(始祖)로 부터 세대가 어떻게 계승되었는지를 담고 있기 때문이다. 이주한 족인의 경우 종가의 가계를 계승하고자 뿌리를 찾아 내지 본가의 종친과 적극적으로 협력하여 옛 족보를 수집했다. 그래서 특히 복건과 광동에서 신보(新譜)가 편찬되었다. 내지의 종가 역시 대만으로 이주한 후손과 신보 편찬을 통해 자신의 족인이 발전된 상황을 반영하고자 했다. 그래야만 가보 편찬이 완성되는 것이라 보았다. 1928년 편찬된 『옥산임씨종보(玉山林氏宗譜)』는 대만의 석사석비촌(石獅石鼻村) 임씨(林氏)가 내지의 임씨 종친과 공동 편찬한 것이다. 이곳에 10대를 걸쳐 916명의 족인이 대만으로 이주한 상황을 상세히 기술했다. 양안의 교류가 깊어지며 대만 족인과 내지의 종친이 함께 편찬한 족보는 무수히 많다. 예를 들면, 대만 의란현(宜蘭縣) 진씨종친회(陳氏宗親會)의 이사장인 진문융(陳文隆)은 『감호진씨원류(鑒湖陳氏源流)』의 편찬을 위해 1988년부터 11차례 고향인 복건의 장포(漳浦)와 감호(鑒湖)를 방문해 진씨(陳氏) 종친의 전폭적인 지지를 받았다. 이후 전 11권의 진씨 구보(舊譜)가 실린 『감호진씨원류』를 편찬했다. 그리고 양안의 진씨 종친은 공동으로 『장포여대만진씨족보(漳浦與臺灣陳氏族譜)』를 1995년에 정식으로 출판했다. 2001년 대만에서 출판된 『신장자동해당서씨족보(新莊子東海堂徐氏族譜)』의 경우 편찬위원회가 서씨(徐氏) 구보 수십 부를 수집했고, 그중에는 광동육풍도대후서붕공(廣東陸豐渡臺後瑞鵬公)의 묘지도가 있고, 광동의 제양(揭陽)·진평(鎮平)·장악(長樂) 등의 천혜공(天惠公) 등 묘지도도 있었다. 이는 양안에 산재한 서씨 구보를 종합해 참고한 것으로, 이를 근거로 비교적 정확한 『신장자동해당서씨족보』를 편찬했다. 대만의 사씨(謝氏) 종친회는 2002년 사씨 족보 편찬을 위해 편찬위원회를 구성했다. 이를 위해 '대만편집위원' 9명과 '중국내지편집위원' 20명을 각각 구성했고, 사소헌(謝紹軒)이 편집을 주관하며 대만을 방문, 2년여에 걸쳐 '600년 만에 최초로 양장본 족보를 편찬하는 쾌거'를 이루었다. 이후 2002년 연초에 『초령사씨대족보(蕉嶺謝氏大族譜)』를 정식 출판했다. 이곳에 사씨 족인은 중국 내지와 대만 및 전 세계 각지에 분포했다.

대만과 공동으로 편찬한 가보는 복건과 광동의 것이 비교적 많지만, 내지의 다른 곳도 있다. 1948년 대만으로 이주한 정적관(程積寬)은 안휘 서성현(舒城縣) 효천진(曉天鎮) 포도촌(葡萄村) 출신이다. 이주 후에 대만 부풍(阜豐)기업 회장이자 서성현 동향회 상무이사

겸 간사장과 중화양안 혼인조정회 이사 등을 역임했다. 그는 1979년 안휘성 서성현 여대동향회(旅臺同鄕會)를 설립했고, 1993년 퇴임 후 서성현을 15차례 방문해 친지를 만나고, 고향에 수도관과 용수설비를 설치했고, 삼원(三元)중학교에 도서를 기증하기도 했다. 그는 정씨(程氏) 족보 편찬에 매진했고, 정씨 족인을 수차례 초빙해 정관을 개정하고, 많은 재력을 들여 『용서정씨종보(龍舒程氏宗譜)』를 완성했다. 2007년 5월 30일 상해도서관(上海圖書館)에 『정씨종보(程氏宗譜)』를 기증해서 정씨 족인의 뿌리 찾기와 가보 연구자에게 편의를 제공했다.

수천 년 동안 중국인은 대만뿐 아니라 동남아시아 심지어 세계 각지로 이주했다. 세계 각지에 퍼져 있는 중국의 후예는 모두 중국 내지와 강한 혈연관계를 갖고 있다. 그래서 최근 50년간의 가보 편찬에 양안 종친과 중국 내외의 교포가 함께 참여해 중국인 함께 신보(新譜)를 편찬하는 새로운 국면을 전개했다. 이런 사례도 수없이 많다.

『추보편찬간신(鄒譜編纂簡訊)』에 소개된 『중화추씨족보(中華鄒氏族譜)』의 편찬은 중국 내외 추씨(鄒氏) 족인의 전폭적인 지지를 받았다. 1992년 10월 26일 호북(湖北) 동남 4현 5지계의 대표 18명이 추씨(鄒氏) 족보 편찬을 제안했다. 처음에는 호북(湖北) 지역으로 국한했다가 양안의 추씨 족인의 호응으로 2001년 6월 추씨 종친대표대회를 열었다. 이때 내지 15개 성(省)과 시(市), 대만과 한국에서 모두 98명이 참석했다. 회의에서는 추씨 족보를 모두 규합해서 편집위원회와 편집부를 구성하기로 했다. 추씨 족보의 편찬은 중국 내외 종친의 지지로 2007년 『중화추씨족보(中華鄒氏族譜)』 제1권이 출간되었다. 이때 지계는 2,000여 개에 달했고, 편찬 실무에 참석한 종친 대표는 599명이고, 내지 28개 성시(省市)·자치구(自治區)와 홍콩·호주·대만을 비롯해, 말레이시아·한국·태국·싱가포르·캐나다·덴마크 등의 종친도 포함했다. 『중화추씨족보』의 편찬은 중국 내외의 모든 추씨 족인의 뿌리를 찾고, 조상을 소급하고, 추씨의 역사와 문화를 발굴해서 염황문화(炎黃文化)를 고양하고, 중국인의 응집력 강화에 일조하는 과정이다.

『장씨족보(莊氏族譜)』 편찬 과정에서 중국 내외 장씨 족인이 함께 참여했다. 2000년 1월 8일 중국 8개 성시(省市)와 홍콩의 장씨 등 총 100여 명이 심천(深圳)에 모여 종친회의를 개최했고, 회의를 통해 『장씨족보』 편찬을 결정했다. 회의 후에 전국 21개 성시와 자치구 및 400여 개의 현(縣)과 중국 내외 종친이 장씨연종보(莊氏聯宗譜)의 편찬에 참여의사를 밝혔다. 『장씨족보』 편찬위원회는 중국 내외 종친이 보낸 가보와 관련 사료 1,000여 권을 받았고, 족인의 분포에 따라 11권으로 편찬하기로 했다. 즉 제1권 복건(福建), 제2권 광동(廣東), 제3권 산동(山東) 노거(魯莒), 제4권 강소(江蘇)의 비주(邳州), 제5권 절강(浙江), 제6권 호남(湖南), 제7권 호북(湖北), 제8권 강서(江西), 사천(四川), 중경(重慶)과 광서(廣

西), 제9권 기타 지역, 제10권 대만, 제11권 해외의 태국·필리핀·싱가포르·말레이시아·인도네시아·베트남·라오스·캄보디아 그리고 미국·캐나다·영국·호주등으로 각기 편재했다. 이상 11권의 『장씨족보』는 중국 내외 장씨 족인의 단결과 협력을 통해 장씨 족인의 문화 수준을 고양은 물론 조화로운 사회 건설을 과정을 보여 주었다.

족보 편찬 과정에서 수년간의 짧은 기간에 중국 내외의 종친교류가 일상화했고, 교류와 협조를 촉진하기 위해 가보 편찬과 관련한 종친회와 친목회 등 조직되었다. 그중에 '세계엽씨친목총회(世界葉氏聯誼總會)'는 이런 사례이다. 현재 엽씨(葉氏)는 1,000만 명 이상이 세계 47개국에 분포한다. 2000년 10월 6일 하남 엽현(葉縣)에서 '세계엽씨친목총회'를 창립했고, 해외 8개국, 국내 13개 성시에서 총 323명의 대표가 참석, 만장일치로 총회를 조직하고 대표와 규약을 채택했다. 정관에는 국가의 법을 수호하고, 규정의 준수를 천명했다. 전 세계 엽씨 모임을 연계해 네트워크를 구축해 시조(始祖)를 모시고 조상의 은덕을 함양하며, 족인들과 화목을 도모하고, 족인의 공조와 호혜를 강조했다. 본 총회의 주요 임무를 소개하면 다음과 같다.

첫째, 세계 평화와 인류 발전에 이바지하고, 사회봉사와 국가의 부강을 위해 공헌한다.

둘째, 전 세계 엽씨(葉氏) 족인을 통해 기부금을 모아 엽씨 공원묘지를 조성하고, 엽공사(葉公祠)를 복원하며 각지의 엽공의 문화연구와 종사(宗祠)의 복원을 주관한다.

셋째, 매년 1회 청명절 제사와 9월 9일의 의례를 조직해 거행한다.

넷째, 엽씨 기업을 위해 경제무역 정보를 제공고 기업 발전에 협력한다.

다섯째, 글로벌 엽씨 조직과 족인의 네트워크를 확대해서 관련 소식과 정보를 공유하며, 우수한 인재 양성을 독려하고, 친목과 교류 및 엽공문화를 연구하는 『세계엽씨친목총회회간(世界葉氏聯誼總會會刊)』을 발간한다.

'세계엽씨친목총회' 결성에 이어 2004년 10월 엽현(葉縣)에서 제2회 총회대표대회를 개최하여 600여 명의 대표가 제례와 관광 및 경제 무역 시찰 등을 통해 13억 위안에 달하는 18개 경제협력을 체결해 엽씨 고향의 경제적 번영을 촉진시켰다. 2007년 3월 총회는 하문(廈門)에서 연례회의를 열었고, 2008년에는 총회를 엽현에서 개최했다. 이처럼 총회의 조직을 통해 종보를 편찬해 중국 내외 족인과 친지 관계는 화목해지고 돈독해졌다. 이런 친목과 교류는 경제협력과 무역 연관되며 한층 더 일상화되었다.

4. 신형 가보의 계승과 창조

최근 50년 동안 대만과 중국 내지에서 편찬된 신형 가보를 과거의 구보(舊譜)와 비교하면 체례와 내용에서 계승한 것과 비판을 통해 새로 창조한 부분도 있다. 고로 시대의 필요성에 부응해 왔다고 할 수 있다.

최근 50년 동안 대만의 가보 편찬에 대해 대표적인 견해가 진소경(陳紹罄)의 관점이다. 그는 1958년 『대만문헌(臺灣文獻)』(9.3)의 「진씨가족종친회(陳氏家族宗親會)」에서 다음과 같이 말하고 있다. 즉 "우리는 가능한 가보의 원래의 체제를 유지해야 한다. 수정이 많으면 종친의 반감을 사고, 또한 흥미를 잃게 할 수도 있다. 그럼에도 족보에 현대적인 의미를 부여하면서도 족인의 역사를 수록해야 한다. 특히 내용은 과학적인 조사연구 자료로 구성되어야 한다."라고 했다.

성청기(盛淸沂)는 1963년 『대만문헌』(14.3)의 「대만가보 편찬의 연구(臺灣家譜編纂之研究)」에서 현대가보는 구보를 계승하면서도 현대적 의미를 가져야 한다고 했다. 이를 위해 현대가보의 체례를 19개 항목으로 제시했다. 즉 정명(定名)·제사(題詞)·영전(榮典)·서(序)·범례(凡例)·고(考)·세계(世系)·세록(世錄)·도상(圖像)·지(志)·가훈(家訓)·영묘제천(塋墓祭天)·사묘(祠廟)·승적(勝蹟)·종족단체(宗族團體)·잡기(雜記)·통계(統計)·창작연구·수보본말(修譜本末) 등이 그것이다. 이를 구보(舊譜)와 비교하면 앞의 14개 항목은 구보를 계승했고, 뒤의 5개 항목은 현대 의미를 추가하거나 원래 내용을 확대한 것이다. 예를 들면, '창작연구'은 구보의 '예문(藝文)'을 확대 보완한 것이다.

대만의 의란현(宜蘭縣)의 요정웅(廖正雄)은 2000년 9월 『의란문헌(宜蘭文獻)』의 「의란현사관이 소장한 가보의 소개: 가보를 어떻게 편찬해야 하는가(宜蘭縣史館館藏諸系簡介: 兼談如何制作家譜)」에서 현대 가보의 기본형식을 다음과 같이 나열했다.

(1) 성족의 기원과 발전: 성씨의 기원과 변천과 중요한 발전 과정을 고찰한다.
(2) 이주와 분포: 내지에서 대만을 이주한 과정과 현재 종친분포 상황을 중점으로 수록한다. 예로 들면 대만의 의란으로 이주한 시조(始祖)의 이주 시기, 원인과 경과 등을 수록한다.
(3) 세계표(世系表): 고대로 소급한 성씨세계, 혹은 근대 세계를 지칭한다. 즉 '구례(歐例)', '소례(蘇例)', '보탑례(寶塔例)'와 인류학 관련 부호를 결합해 만든 것도 포함한다.
(4) 주요사건: 학력·약전(略傳)·혈액형과 병력·매장 시기와 장소 등 모두 수록가능

하다.

(5) 족보부록: 개별수요에 따라 표를 만들어 후대가 편리하게 작성하게 한다.

(6) 족인 연락처: 친족과 평소 연락이 가능하도록 편의를 제공한다.

(7) 지도와 사진: 거주지 관련 지도, 표식 및 오래된 사진과 가족사진을 수록한다.

(8) 편찬후기: 족보 편찬의 동기와 과정 및 느낌 등을 수록한다.

이상과 같이 요정웅이 제시한 현대적 족보 편찬에 관한 조건은 비교적 간단하다. 즉 구보의 다수 체례를 통합했고, 현재 필요한 족인과의 연락처와 지도 등의 내용을 추가해 현실적 필요성에 부응했다. 이를 구보와 비교하면 확실히 매우 혁신적이다.

대만에서 이 시기에 편찬한 가보를 보면, 일부 규모가 방대한 것도 있다. 1983년 국민당 원로인 진입부(陳立夫)가 서문을 쓴 『세계진씨종친대종보(世界陳氏宗親大宗譜)』에는 1대부터 45대까지 가계도를 수록했다. 일부 족보는 가계가 간략하거나, 심지어 필사한 원고 형태로 세계를 수록했고, 대만 이주 후에는 추가해서 족인의 분포 상황을 부가하기도 했다. 이는 후손들에게 조상의 기원과 근원을 강조하기 위함이다. 이때 가보는 규모의 대소를 떠나서 체례와 내용이 질적으로 향상되었고, 남녀평등의 원칙에 따라 여성도 가보에 기록했고, 개가나 재혼한 여성도 수록했다. 이 시기 편찬된 대만 가보는 보통 백화(白話)와 함께 현대식 문장부호를 사용했다. 인쇄는 모두 평장으로 했고, 문자는 과거의 세로에서 가로쓰기로 바꾸었다. 다시 말해 형식부터 내용까지 시대요구에 부응하는 혁신이 가보편찬에서 일어났다.

요경육(廖慶六)은 『족보문헌학(族譜文獻學)』[8]에서 최근 50년 동안 대만의 족보 편찬에 대해 "최근 반세기 동안 대만은 내지인이 몰려들었고, 먼저 이주한 민월(閩粵) 후손이 민족 구성과 사회 관념에 영향을 미쳤다. 족보 편찬은 새로운 기술을 도입해 수보 방식·체제·내용, 그리고 판식에서 변화가 있었다. 이 시기 족보 문헌의 품질이 변해서 학자를 초빙해 협조를 받아서 종친(宗親)이 직접 편찬하거나, 가보를 편찬한 편집자를 위촉해 만드는 등 방법이 다양했다. 가보의 장정은 정장이 많고, 컬러 사진의 삽입도 보편화했다. 엄밀히 말하자면, 이 시기 동안 보학에 관심이 있는 일부 사람들이 추진하여, 편찬의 기풍이 사회 각 계층으로 파고들어 갔다. 족보를 제작하는 업자는 각 성시(省市)에서 족보를 수집해서 세계(世系) 관련 자료를 축적했다. 그리고 족보학회를 만들어 전시회와 학술 대

8 廖慶六, 『族譜文獻學』, 臺灣南天書局有限公司, 2003.

회를 개최하고, 내지의 족인을 후원하며 공동으로 족보를 편찬하도록 하는 경우도 있다. 이로 인해 보첩학은 중국과 대만 학계의 주목을 받았고, 족보 출판도 계속 증가했으며, 족보 편찬의 체례와 내용이 더욱 완비되었다."라고 했다. 이는 최근 반세기 동안 대만의 수보 방식·체제·내용·판식 등 여러 방면에서 일어난 변화를 기술한 것으로, 대만의 가보 편찬을 개괄적으로 요약한 것이다.

최근 50년 동안 대륙 지역에서 불고 있는 민간의 가보 편찬의 열기는 수량적 증가뿐만 아니라, 내용과 체례에서 사회적 요구에 부응을 했고, 역사유물주의를 핵심으로 구보(舊譜)를 비판적으로 계승했다. 즉 새로운 관점과 새로운 체계 및 새로운 자료와 새로운 방식으로 신보(新譜)를 편찬했다.

양씨통보편위회(楊氏通譜編委會)가 편찬하고 양청(楊靑)이 주관, 2007년 출판한 『중화양씨통보(中華楊氏通譜)』는 이러한 방식으로 편찬한 특색 있고 성공한 신보로 평가받는다.

양씨(楊氏)는 중국 백가의 성씨 중 10개의 가장 큰 성씨 중 하나이다. 인구조사에 따르면, 양씨 인구는 약 4,600만 명으로, 전국 인구의 약 3%인 6위를 차지하며, 해외의 화교 양씨까지 합치면 약 5,000만으로 추정된다. 중국인의 유구한 역사 속에 각 세대를 거치며 양씨 족인의 노력으로 번성했고, 대대로 충성하고, 영웅이 가득하고, 나라에 충성하고, 청렴을 가훈(家訓)으로 삼는 가문의 전통을 유지했다. 시대의 요구에 맞춰 신형 가보 편찬을 통해 유구한 역사와 오래된 기원과 수많은 족인으로 번성한 양씨 가문, 양씨통보 편찬위원 역시 이런 가문을 대변하는 가보의 편찬이란 결코 용이한 일이 아니다.

신보의 틀을 어떻게 짜느냐가 오늘날 가보 편찬에 가장 먼저 마주하는 난제이다. 중국 가보는 수보의 전통이 계승되고 있다. 구보의 속수의 체례에는 보서(譜序)·범례(凡例)·유영(遺影)·은영록(恩榮錄)·성씨원류(姓氏源流)·족규가법(族規家法)·사당(祠堂)·세계(世系)·전기(傳記)·족산(族產)·계약(契約)·분묘(墳墓)·예문(藝文)·항렬·영보자호(領譜字號) 등이 있다. 족인과 관련된 세계(世系)와 세전(世傳) 등의 자료를 보충해서 족보의 편찬이 완성되고, 이를 출판하며 곧 중수(重修)된 가보가 된다. 오늘날 신보(新譜)의 편찬은 분명히 구보의 항목을 그대로 옮겨서 보충할 수는 없다. 그렇다면 어떤 순서에 따라 신보를 구성했을까? 『중화양씨통보(中華楊氏通譜)』 편찬위원회는 거듭된 연구를 통해서 양씨 족인의 현실적 관점을 중시했다. 즉 족보를 '조근족원(祖根族源), 천사번연(遷徙繁衍), 열조전록(列祖傳錄), 비명묘지(碑銘墓志), 조훈가풍(祖訓家風), 역사휘황(歷史輝煌), 문화풍채(文化風采), 시문회췌(詩文薈萃)' 등 8개의 항목으로 편목을 구성했다. 이는 보첩의 기본요구에 부합했고, 새로운 시대적 요구에 부응했다. 또한, 양씨 후손의 애국주의와 민족교육, 그리고 중국 내외 양씨 족인의 뿌리를 찾아 조상의 알현에도 부합했다.

구보에 수록된 풍부한 자료를 어떻게 사용해야 할까? 이는 신보편찬 중 직면하는 난제이다. 구보에는 서발, 성씨연원), 족인이주, 세계세전(世系世傳), 가훈족규, 풍속예의, 사당묘지, 인물전기, 시문회췌(詩文薈萃), 경제계약(經濟契約), 의장의숙(義莊義塾) 등의 자료가 매우 풍부하고, 분량도 상당히 많다. 구보가 속수될 때는 흔히 구보라는 이유로 한 글자도 틀리지 않고 속보(續譜)로 흡수한다. 반면에 자료의 진위에 관해서는 "믿는 것은 사실로 전해지고, 미심쩍은 것은 의심스러운 채로 전해진다."[9]가 될 수밖에 없다. 『중화양씨통보』는 각지에서 제공한 구보를 "실사구시(實事求是) 정신으로 진위를 판단하고, 원칙에 입각해서 엄격하게 고증해 분석해야 한다. 정사에서 인정하는 사람은 모두 정사와 각 성지(省志), 부지(府志), 현지(縣志)의 원래 기록을 기준으로 한다. 만약 정사와 방지의 근거가 없거나, 비록 기재되었지만 결론과 사실이 현저히 다르다면 정정해야 한다. 학계에서 논란의 논란으로 결론이 확정되지 않는 경우 의심을 하고 후손의 판단을 기다린다."라고 했다. 양씨의 조근족원(祖根族源)에 대해 의견이 분분한 점을 감안하여, 편찬자는 "정사의 기록과 발굴된 실물자료를 근거로 연구와 분석을 진행한다. 자신의 의견을 개진하는 동시에 타인의 의견도 수용하는 방식을 취해야 한다."라고 했다. 양씨 통보는 구보 자료의 진위를 판단하고, 공통점을 발견하며 다른 점을 유보하는 방식의 바람직한 것이라 볼 수 있다.

어떻게 하면 신보가 새로운 시대적 의미를 갖게 할 수 있을까? 이는 신보가 직면한 또 하나의 난제이다. 신보편찬은 원래 구보의 단점을 버리고 장점을 취하고, 거짓을 버리고 사실만을 남겨야 한다. 또한 시대적 요구에 부응하는 창의성이 있어야 한다. 이를 위해 『중화양씨통보』 편찬자는 다음과 같은 몇 가지 방법을 채택했다. 첫째, 족보의 편찬 취지를 명확하게 했다. 즉 "우리 조상은 강건함과 자강불식, 애국충정, 청렴결백한 가풍과 국가와 민족에 대한 헌신, 애국주의의 강조 등의 민족정신을 족보의 편찬 취지로 삼는다. 둘째, 『중화양씨통보(中華楊氏通譜)』를 고대권(古代卷), 당대권(當代卷), 해외권(海外卷)으로 분류하고, 당대와 해외 권의 인물편은 신해혁명(辛亥革命) 이후 조국통일과 중화민족의 진흥에 공헌한 열사·영웅·공신 등을 중점적으로 수록했다. 셋째, 남녀평등의 정신에 따라 여성의 성명권과 수록권리를 존중했고, '당대권'에서 아들과 손자의 며느리 성명과 출신지·출생연월·직업·학력 등의 명시를 권장했다. 출가한 딸은 물론 사위의 이름까지 일일이 수록했다. 넷째, 세계편찬에서 "우리 족인은 각 지파로부터 이주해 번창한 상

9 『華陽邵氏宗譜』, 1947: "信以傳信, 疑以傳疑。"

황과 대세를 거시적으로 정리한다."라고 했다. 이런 취지에 따라 각 지파의 세계(世系)를 간략하게 개괄할 뿐 상세히 수록하지 않았다. 이런 방식은 중국 내외 양씨(楊氏) 족인이 조상을 찾는 데 도움이 되었고, 독창성을 갖는 신보편찬이란 시대적 요구에 시사하는 바가 크다.

『중화양씨통보』는 제목 그대로 통보 성질의 계보(系譜)이다. 통보(通譜)는 통보(統譜)라고도 하는데, 각 지방을 통관하여 하나로 모은 계보이다. 통보는 명대 중엽 이후 사회가 장기적인 평화가 전개되며 족인 인구의 증가로 등장하게 된 대형가보이다. 오늘날 양씨는 인구 5,000만의 대족으로, 전국 각지에 분산되었다. 이런 "1,000만 명을 한곳(一家)으로 통합하고, 1,100세(世)가 1명에게 통했다."[10]라는 것처럼 통보편찬의 그 난이도를 짐작하고도 남음이다.

양씨 가보 편집자가 양씨의 모든 계보를 가보에 수록하는 것은 불가능했고, 양씨가보에 수록할 세계는 다음과 같이 기준으로 선택했고, 선택된 방족(房族) 세계는 다음과 같다.

(1) 선진(先秦)·양한(兩漢)·위진남북조(魏晉南北朝) 시기 양씨 족인 발전에 큰 영향을 미친 명문가와 공족(公族).
(2) 수당(隋唐)·송원(宋元) 시기 전국 각지로 이주해 국가와 민족에 공헌한 방족.
(3) 명청(明淸) 이래 중국 내외 각지로 이주해 번창한 후손으로 가보에 수록되길 원하는 방족.
(4) 세계가 분명해 혼란이 없고, 일부 혼란이 있지만 편집자와 협의해 정정을 원하는 방족.
(5) 전쟁과 재난으로 조상의 기원이 불확실하거나, 중간에 단절되었지만 가보에 수록되길 원하는 족인이나 개인.
(6) 정사나 방지에 수록된 소수민족 중 양씨 족인으로 가보편집에 참여하려는 자는 각권의 「세계」편에 수록한다.

이상과 같은 양씨가보의 원칙은 통보 편찬의 기본 원리에 부합하면서도 활용성 또한 높다.

현재 중국 내지의 가보 편찬 흐름은 새로운 체례와 내용으로 신형의 가보를 편찬하

10 『中華楊氏通譜』: "合千萬人于一家、統千百世于一人。" (역자 주)

려고 노력했고, 많은 성공경험을 축척했다. 앞서 제시한 『중화양씨통보(中華楊氏通譜)』의 편찬 방법을 상세하게 소개한 것은 사회주의 시대 신형 가보의 편찬을 어떻게 할 것인가에 대한 답변 모색에 대표성과 참고 가치가 있기 때문이다.

5. 초대형 가보 회통보와 통종보의 편찬

가보를 새로 편찬하면서 규모가 방대하고 내용도 풍부하며, 또 혁신적인 체례로 중국 내외를 포괄하는 초대형 회통보(會通譜)와 통종보(統宗譜)가 등장했다. 이에 대해 몇 가지를 선별해 하나씩 소개하고자 한다.

1) 『공자세가보(孔子世家譜)』

『공자세가보』는 5차례 편찬한, 중국에서 가장 오래 보존된 가보이다. 이 책은 원래 필사본으로 북송(北宋) 원풍(元豐) 3년(1080)에 최초 각판(刻版)되었다. 이후 명대 천계(天啓)와 청대 강희(康熙) 및 건륭(乾隆), 그리고 민국 연간까지 모두 4차례 속수했다. 4차 수보는 1928년 공부(孔府)에서 『공자세가보』 편찬을 요청해 이를 비준하며 시작되었다. 생후 100일인 연성공(衍聖公) 작위를 계승했고, 8살의 공덕성(孔德成)이 회장이 된 후에 2년간 자료를 수집, 7년간 편찬해 1937년에 완성했다. 이 가보는 109권, 154책으로 79대, 56만 명의 공씨(孔氏) 족인을 수록했다. 1987년 홍콩의 공덕용(孔德墉)은 곡부(曲阜)에서 열린 국제공자문화연토회(研討會)에 참석해 공자재단의 창시자인 곡목(谷牧)과 광아명(匡亞明)을 만났다. 광아명은 이르길 "『공자세가보』는 2,500년 동안 계승되어 송(宋)·원(元)·명(明)·청(淸)까지 부단히 편찬되었다. 그러나 민국 연간에 이르러 대대적인 편찬 작업이 없었다. 만일 이런 전통이 단절된다면 우리는 역사에 죄인이 될 것이다."라고 했다. 그리고 중국 내외 공씨 족인의 가보를 속수(續修)해야 한다는 목소리도 커지고 있어, 공덕용이 편찬의 임무를 담당했다. 1996년 10월 공덕용은 대만을 방문해 공덕성과 논의하고 동의를 얻었다. 1998년 3월 『공자세가보』 편찬협회가 홍콩에서 창립되고 공덕용이 회장을, 공덕지(孔德篪)와 공덕방(孔德坊)이 각각 부회장을, 공덕경(孔德慶)과 공덕위(孔德威)는 분별담임판공실 주임과 편집부 주임을 담임했다. 1998년 6월, 고족인서(告族人書)를 발표하며 본격적인 다섯 번째 속수 작업을 시작했다. 77대 '덕(德)'자 항렬인 원로가 전국을 순회하며 꾸준한 노력 끝에 제남(濟南)에 『공자세가보』 편찬사무실을 만들고 중국의 연락 및 자료 수집과 정리를 맡고, 각지에 지회(支會)와 연락 사무소도 설치되었다. 이번 속수에는 새 시대의 새로운 의미가 담겨 있다. 첫째, 성별과 관계없이 '남녀평등' 원칙에 따라 여성도 가보에 수록했다. 이는 공자가보 편찬 중 최초였고, 지난 2,500여 년간 여성의 가보 수록 금지라는 구습을 타파했다. 현재 120만 공씨(孔氏) 후손 중 여성은 약 20만 명에 달한다. 둘째, 민족을 따로 구분하지 않았다. 일부 후손이 소수민족과 통혼했을 경우 역시 수록이 가능했다. 더불어 국적도 불문해서 해외에 정착한 다수의 후손들 역시 가보에 수록했다. 1987년 한국의 인구 통계에 따르면 공씨는 1만 7,207호(戶) 7만 2,382명에 달했고, 그 중 5만 명을 가보에 수록했다. 이번 편찬에서 공씨의 최고 항렬은 68세대인 '전(傳)'자이며, 최저 항렬은 83세대인 '념(念)'자로 무려 15세대의 차이를 있었다. 편찬협회의 자료에 따르면 130여 만 족인 자료와 민국시기 56만 명 및 사망한 후손까지 합치면 전체 족인은 200만 명을 훨씬 넘고, 사용한 글자 수는 5,000여 만 자에 달한다고 한다. 이번 5차 속수는 2009년 공자 탄생 2,560주년에 완성될 예정이다.[11, 12]

2) 『중화오씨대통종보(中華吳氏大統宗譜)』

『중화오씨대통종보』는 "중국오씨대통종보" 편찬위원회가 편찬했고, 오위훈(吳偉勛)이 편집장을 담임했다. 이 통종보는 2000년 초에 본격적으로 편찬이 시작되어 7권으로 출판될 예정이었다. 「서(序)」는 역대 제왕과 명가의 제사(題詞), 그리고 이들의 서문을 수록했다. 제2권 「원류(源流)」에는 황제(黃帝)·고공단보(古公亶父)·태백(泰伯)·부차(夫差)를 근원으로 삼아 부차에서 청대에 이르는 지파를 수록했다. 제3권 「세계(世系)」는 황제부터 태백의 후손까지 하나도 빠짐없이 열거해 수록했다. 제4권 「번연(繁衍)」에는 각 족인의 이주 과정과 발전 내용이 수록했다. 제5권의 「인물(人物)」은 진한(秦漢)에서 근대까지 5,000여 명의 족인과 해외 유명 종친(宗親) 150여 명을 수록했다. 제6권 「문물(文物)」은 오씨의 고적(古迹)·옛터·사당·고분 등을 포함했고, 이 외에도 출토유물·옥기·서화·도기·자사(紫砂)·비각 등도 수록했다. 제7권 「후기(後記)」은 족인의 사진, 전체사진, 개별 사진, 방명록 등을 수록했다. 오위훈 주임은 『중화오씨대통종보』 제1권 「서」에서 이르길 "『중화오씨대통종보』 편찬은 모택동(毛澤東) 주석이 주창한 역사유물주의 관점을 근거했고, 정사(正史)를 귀감으로 삼고 족보를 근간으로 해서 실사구시(實事求是)에 따라 진실을 밝혀 계

---

11 張奕姿, 「世界最長家譜: '孔子世家譜'第五次修訂」, 『天津檔案』(第11輯), 2006.

12 『공자세가보』는 2009년 9월에 공덕용(孔德墉)이 주편하고 공자세가보소수공작협회(孔子世家譜續修工作協會)의 편찬해 북경에 소재한 문화예술출판사(文化藝術出版社)에서 모두 80책(冊) 4,192페이지의 분량으로 출간했다. (역자 주)

속 발전을 도모해야 한다. 등소평(鄧小平)의 개혁개방 노선을 견지해 국내는 물론 해외의 태백의 후손도 총괄해 수록한다. 더불어 강택민(江澤民) 주석의 혁신 정신 발양은 민족의 희망이자 국가 강성의 원동력이다. 따라서 낡은 것을 버리고 새로운 유형의 가보를 창조해야 한다. 족보 편찬에 세계가 정확하고, 진실을 근거해 번영을 창조하고, 인재를 규합하고, 다양한 가보를 포괄하고, 그림과 문자를 결합해 중국 내외를 물론 고금에도 적합하게 편찬하는 것이 목표이다."라고 했다. 『중화오씨대통종보』 제1권은 2002년 4월 상해 원동출판사(上海遠東出版社)에서 정식 출판했다.

3) 『정씨족계대전(鄭氏族系大典)』

『정씨족계대전』은 "정씨족계대전" 편찬위원회가 편찬했고, 정자수(鄭自修)가 편집장을 담임했다. 2001년 11월 16일 하남 형양(滎陽)에서 '정씨 역사문화 심포지엄 및 『정씨족계대전』 편찬위원회 제1차 확대회의'를 개최했다. 이를 계기로 본격적인 족보 편찬을 시작했다. 이 족보는 전 세계 정씨 족인 공동경전으로 편집위원회는 자료를 중시해 광범하면서도 대대적인 자료수집 작업에 돌입했다. 제1차 수집은 2002년 3월 16일부터 4월 18일까지 총 34일에 걸쳐 4개 성(省)을 시찰하며 수백 건의 관련 자료를 모았다. 제2차는 2002년 5월 13일부터 7월 6일까지 55일간 호북(湖北)·강서(江西)·복건(福建)·절강(浙江)·강소(江蘇)·상해(上海)를 일주하며, 총 7,000여 km에 걸쳐 수천 건의 관련 자료를 수집해 족보 편찬의 튼튼한 기틀을 다졌다. 『정씨족계대전』은 총 8부 19권으로 다음과 같이 구성되었다.

제1부 제1권 「서론(緒論)」
제2권 「시조(始祖)」
제2부 제3권 「시조(始祖)」
제4권 「전기(傳奇)」
제3부 제5권 「제사보덕(祭祀報德)」
제6권 「술기(述記)」
제7권 「천사술총(遷徙述叢)」
제8권 「보서발(譜序跋)」
제4부 제9권 「역대문고정화(歷代文庫精華)」
제10권 「좌우명(座右銘)」
제5부 제11권 「촌사정화(村史精華)」

제12권「가사정화(家史精華)」

제13권「업적사정화(業績史精華)」

제6부　제14권「현대인물정영(現代人物精英)」

제15권「현대인물준영(現代人物俊英)」

제7부　제16권「족계(族系)」

제8부　제17권「족계(族系)」

제18권「정문화연구(鄭文化研究)」

제19권「백화원(百花苑)」

현재 중주고적출판사(中州古籍出版社)는 『정씨족보대전』의 제1부·제2부·제3부를 이미 정식 출판했다.

4) 『중화추씨족보(中華鄒氏族譜)』

『중화추씨족보』는 중국 내외 추씨(鄒氏) 족인 대표 98명이 2001년 6월 25일부터 28일까지 무창시(武昌市)에서 회의를 열고, 가보 편찬을 결정했다. 편찬위원회는 추종빈(鄒宗彬)을 명예 주임으로 초빙하고, 추목생(鄒木生)이 부주임 겸 사무총장 및 편집부주임을 담임했다. 족보 편찬 취지에 대해 "조상을 섬기고 화목을 추구하며, 근본을 바로 잡고, 공경으로 제사지낸다."[13]라고 했다. 가보 편찬은 족인과 민족, 사회와 국가의 유익함을 지도사상으로 "역사를 근거로 가보를 근간으로 혈연을 유대관계로 삼는다."라고 했다. 가보 편찬의 지침을 전승·통일·실사구시(實事求是)·혁신으로 했다. 통계에 의하면 중국 내지에서의 29개의 성시(省市)와 자치구(自治區) 및 홍콩과 대만을 비롯해 8개국을 포함하는 수백만의 추씨(鄒氏) 후손과 1,000여 개의 방계도 가보 편찬에 참여했고, 추씨 종친대표 599명도 수록되었다. 『중화추씨족보』는 모두 8권으로 구성되었다. 제1권은 추씨의 연원과 계승 및 인물과 예문(藝文)으로 편재했다. 즉 추씨 이전 원조(遠祖)의 세계(世系)의 전승과 고대 저명한 인물 사적(事蹟) 및 문화를 수록했다. 제2권에서 제6권까지는 추씨 성씨를 획득한 후 시조부터 명말(明末)과 청초(清初)까지 각 분파의 조상 세계와 문화 관련 내용을 강조했다. 마지막 두 권은 당시의 유명한 인물과 그들의 저술 및 예문(藝文) 선집을 수록했다. 『중화추씨족보』는 두 가지 특징이 있다. 첫 번째는 체계적이고 맥락이 분명하

13　『中華鄒氏族譜』: "敬宗睦族, 正本清源, 愼終追遠。" (역자 주)

다는 점이다. 추씨는 두 갈래의 기원이 있다. 하나는 춘추시대 송(宋)에서 기원한 은상(殷商)의 후예이다. 다른 하나는 전국시대 주루국(邾婁國)에서 기원한 것이다. 이런 두 갈래는 모두 황제(黃帝) 후예에 속한다. 이후 각 세계의 관계를 명확하고 체계적으로 수록했다. 두 번째는 『중화추씨족보』는 포괄적이고 체계적이며, 체례가 완비되고 상세하며, 또한 혁신을 추구하는 신형 가보로 전 세계 추씨를 수록한 글로벌한 족보이다. 『중화추씨족보』는 이미 2006년 2월 호북의 숭문서국(崇文書局)에서 정식으로 출간되었고, 2007년 1월 20일 무창(武昌)에서 출판기념회를 개최했다.

5) 『중화양씨통보(中華楊氏通譜)』

『중화양씨통보』는 "중화양씨통보" 편찬위원회가 편찬했고, 양청(楊靑)이 편집장을 담임했다. 2004년 3월 민북(閩北)과 팔민(八閩)의 뜻있는 인사들이 복주(福州)에서 중국 16개 성시(省市)의 양씨 족인 대표 좌담회를 열고, 중국 내외 종친과 협력해 가보 편찬을 결정하고 편찬 작업팀을 구성했다. 『중화양씨통보』는 중국을 근간으로 세계에 산재한 모든 양씨(楊氏)의 뿌리를 찾고, 조상을 파악해 족인을 연결하는 초대형 족보편찬을 천명했다. 지원자의 헌신적인 참여와 중국 내외 양씨 후손의 협력으로 자료를 공유하고, 임무를 함께 분담했고, 권익은 함께 나누었다. 양씨 가보의 구성은 조상의 보첩문화를 계승하고, 시대적 혁신의 요구도 많이 수용해서 고금과 중국 내외를 연결하는 가교역할을 했다. 내용 구성은 『고대권(古代卷)』, 『당대권(當代卷)』, 『해외권(海外卷)』 3권으로 편재했다. 『고대권』은 숙우(叔虞)가 당(唐)에서 책봉을 받고, 양씨의 성을 하사받은 때부터 청대 선통(宣統) 3년(1911)까지 시기를 수록했다. 『당대권』은 신해혁명(辛亥革命) 이후 민주공화국 건국부터 2008년 출판까지를 수록했다. 『해외권』은 각지의 시천조(始遷祖)의 이주와 정착 및 가보의 출판 이전까지 상황을 수록했다. 양씨 가보는 시대적 요구에 부응하고, 후손들의 애국주의와 전통교육의 강조 및 세계 각지 교포의 조상 뿌리 찾는 일에 편리함을 제공하려 했다. 그래서 이를 위해 「조근족원(祖根族源)」, 「천사번연(遷徙繁衍)」, 「열조전록(列祖傳錄)」, 「비명묘지(碑銘墓志)」, 「조훈가풍(祖訓家風)」, 「역사휘황(歷史輝煌)」, 「문화풍채(文化風采)」와 「시문회췌(詩文薈萃)」 등 8편으로 구성했다. 양씨 조상의 강한 의지, 자강불식, 애국충정, 청렴한 가풍과 국가와 민족에 대한 공헌 등의 내용을 상세하고 종합적으로 수록했다. 이를 통해 후손에게 애국심을 함양해 민족정신을 수립하는 데 기여하고자 했다. 『중화양씨통보·고대권』은 이미 2007년 9월에 선장서국(線裝書局)에서 정식으로 출판했다.

6) 『장씨족보(莊氏族譜)』

『장씨족보』는 2000년 1월 8일부터 9일까지 전국 8개의 성시(省市) 및 홍콩 등에서 족인 대표 100여 명이 심천(深圳)에서 종친회의를 열고, 가보 편찬을 결정하고 시작했다. 편찬 위원회를 결성하고 장좌경(莊佐京)이 편집장을 담임했다. 장씨 족보 편찬의 기본 원칙은 근원을 정확히 밝히고, 정사를 연구하며 구보(舊譜)를 근거해로 작성하되 국사를 근거로 편찬한다는 것이다. 그리고 뿌리를 찾고, 조상을 추모하며, 장씨 종친의 유대강화 등을 목적을 삼았다. 『장씨족보』의 편재 구성은 다음과 같다.

(1) 축사와 머리말
(2) 인류문화의 시조(始祖)인 헌원황제(軒轅黃帝)에 대한 역사적 고증 및 사당사진
(3) 성씨의 연원과 고증
(4) 어묵진한(御墨珍翰)
(5) 가보 편찬과 치사(致詞)
(6) 가보 편찬과 장씨 선현의 논조와 보서(譜序)
(7) 장씨의 명현(明賢)·왕후장상(王侯將相)·장원전(狀元傳)
(8) 명현록(名賢錄)
(9) 장씨의 이주(도와 표) 및 상황
(10) 출판에 협찬한 종친들의 사진과 소개
(11) 근대와 현대시기 종친의 사진과 소개
(12) 수성(壽星), 백세수성과 그들의 사진
(13) 역대 제왕 왕릉 및 소개
(14) 역대 주요 선조의 초상과 상찬(像贊)
(15) 역대 선조 사당, 묘지 및 묘지의 사진의 설명
(16) 중국 내외 장씨 후손의 집락지의 지리적 위치와 재단 및 고향의 사진
(17) 예문(藝文)
(18) 보서
(19) 가보 편찬기관의 편찬활동과 상황
(20) 장씨와 관련된 몇 가지 역사적 문제에 대한 토론
(21) 부록

『장씨족보』는 편찬계획에 의하면 모두 11권으로 성시(省市) 및 해외로 나뉘어 편찬

할 예정이다.

7) 『세계엽씨총보(世界葉氏總譜)』

『세계엽씨총보』는 2008년 8월 '세계엽씨친목회'가 심천(深圳)에서 회의를 열고, 고금을 관통하며 해외를 아우르는 『세계엽씨총보』의 편찬을 결정했다. 홍콩태양집단(香港太陽集團) 겸 중기기금관리유한공사(中企基金管理有限公司)의 회장인 엽조부(葉肇夫)는 200만 위안(元)을 수보(修譜) 자금으로 기부했다. 회의를 통해 엽조부를 위원장 겸 편집부 주임으로 추대했고, 관련된 기관도 설립했다. 『세계엽씨총보』는 중국에서 세계로 나아가는 엽씨(葉氏)의 뿌리를 찾고, 조상을 추모하며, 종친 단합을 도모하기 위한 대형 총보이다. 편찬에 자원해 참여한 중국 내외 엽씨는 공동으로 비용을 출자하고 힘을 합하여 자료를 수집하며, 자료 공유와 의무 부담, 그리고 권익의 공유를 실행했다. 이렇게 편찬한 『세계엽씨총보』의 목록은 다음과 같다.

권수(卷首)	전언(前言), 선조의 성상(聖像), 가보에 대한 명가의 언급
서발권(序跋卷)	서언(序言), 구보(舊譜)의 서발 정선(精選)
조원권(祖源卷)	엽씨 시조(始祖), 조덕(祖德), 제요(提要), 전승개요, 종보 원류고(源流考)
세계권(世系卷)	엽씨세계표(葉氏世系表), 상고세계고(上古世系考), 시조인 제량공(諸梁公) 후예와 분파의 역대 이주과정, 제량공 분파의 분포상황, 전국의 성시(省市)와 현(縣)·구(區)의 시조와 사료, 세계 각 지역의 엽씨 시조와 사료, 전국 5대 엽씨 세계도(世系圖), 세계 지역별 5대 엽씨 세계도
인물권(人物卷)	역대 엽씨 조상, 엽공(葉公)의 연구, 역대 엽씨 명사, 당대 엽씨 명사, 해외 엽씨 명사
교육권(教育卷)	엽씨의 조훈(祖訓), 여지편(勵志篇), 효경(孝經)
예문권(藝文卷)	엽성보첩정화록(葉姓譜牒精華錄), 엽성보첩문집, 엽성보첩항렬수집, 엽성(葉姓) 성지(聖地)인 송양(松陽)의 소개, 엽성의 발원
제사권(祭祀卷)	엽공 능원(陵園)의 제례 및 역대 종사(宗祠)의 규법, 제문비사(祭文碑祀), 묘지명정선(墓志銘精選), 역대 명사, 명묘(名墓), 당대 복원한 명사(名祠), 명묘
홍명권(鴻名卷)	세계엽씨연합총회의 소개, 총회 회칙, 역대 대사기록, 역대총회 직원명단, 해외 기부금 납부자 명단
통감권(通鑒卷)	중국 보학, 성명학, 명사, 풍수학, 종교수행, 양생학 등의 연구, 중국 역대 세계기원표(世系紀元表), 역사대사연표(歷史大事年表), 역대 호적인구 총수표

(總數表), 중국 역사의 이해

『세계엽씨총보』는 전체적으로는 선조들의 보첩문화전통을 계승했고, 특히 창의성도 많아 시대변화를 수용해 중국 내외를 연결했다. 이를 통해 엽씨 조상의 강건함과 자강불식, 애국충정, 청렴한 가풍과 국가와 민족에 대한 헌신을 수록해서 후손에게 애국심을 함양하며 민족정신을 고취하도록 했다.

8)『중화구씨종보(中華丘氏宗譜)』

『중화구씨종보』는 '중화구씨대종' 편찬위원회가 편찬했고, 구가유(邱家儒)가 편집장을 담임했다. 2001년 12월 '중화구씨족보연구총회(中華丘氏族譜研究總會)'를 광동 조주(潮州)에서 설립하고, 구가유를 회장으로 추대했다. 2002년 8월 5일 홍콩특별행정구정부의 비준을 얻어, '중화구씨종친친목회'와 '구씨족보연구총회'를 설립했다. 2002년 9월 9일 중국 내외 230여 명의 구씨 종친이 심천(深圳)에 모여, '중화구씨종친연합총회' 설립을 정식 선포했고, 구가유를 회장으로 추대해『중화구씨종보』편찬을 본격화했다. 구가유는 주저 없이 1,000만 위안(元)을 기부했고, 심천(深圳)의 별장을 편찬 사무실로 내주며 편찬사업은 순조롭게 진행했다.『중국구씨대종보』의 편찬은 3,000년에 달하는 조상의 세계(世系)와 중국 내외 지파를 두루 섭렵하는 전 세계 구씨 후예들의 가장 큰 문화계승 사업이고, 중화 구씨의 전무후무한 위대한 사업이다. 이런 대업의 취지를 "역사유물론을 근간으로 역사를 존중하며, 실사구시(實事求是)로 세계를 바로잡고, 족인은 각자 성씨문화를 전승하고, 조상의 은덕을 널리 알린다. 또한 중국 내외의 종친의 조상을 찾는 근거를 제공하며, 민족 정체성과 응집력을 강화시켜 사회경제의 발전과 조국의 평화통일에 힘쓰며, 종친의 화목과 사회의 화합은 물론 세계 평화에 공헌한다."라고 했다. 가보 편찬의 원칙으로는 "구양수와 소순의 보법을 참고하고, 횡으로는 세계의 종친을 배열하고 종으로는 시간을 관통한다. 가보는 가장 오래된 것에 근거해 판단하고, 조상은 아는 것으로 판단한다. 모르는 것을 억지로 하지 말고, 아는 것만 모두 기술한다. 아는 것을 수록하되, 모르는 것을 잘못 적어서는 안 된다. 주관적 억측을 반대하고, 통종(統宗)과 통계(統系)를 반대하며, 별계(別系)·별방(別房)·별파(別派)의 시조를 사칭하지 않는다."라고 했다.『중화구씨종보』는 총보(總譜)와 분보(分譜)로 구성했다. 총보의 내용은 고금을 관통해 위로는 확인이 가능한 시조부터, 아래로 각지로 이주한 시천조(始遷祖)의 5대까지를 수록했다. 고금인물(古今人物)권에서는 현재까지 생몰한 인물을 언급했다. 총보는 편찬권(編首卷), 역대보서권(歷代譜序卷), 각지세계권(各地世系卷), 고금인물권(古今人物卷), 각지의 시조와 후손들의 집거지, 사묘문물권(祠墓文物卷), 구보세계권(舊譜世系卷), 보학론약권(譜學論略卷), 부록권(附錄卷) 등 모두 10개 항목으로 구성했다. 분보는 지파의 지회(支會)가 편찬했다. 구가유 회장의 지지와 중국 내외의 구씨 후손의 노력으로 순조롭게 편찬 사업이 진행되었다. 2008년 말, 통계에 따르면 현재 중국에서 설립된 400여 개 지회 중에 260여 개 현(縣)과 시(市)에서한 부보을 성공적으로 발간했다. 약 100여 개의 지회가 이를 편찬했고, 2011년에 전국 편찬 사업이 완성될 전망이라고 한다. 부보 편찬은 총보 편찬의 자료 기반으로 총보의 편찬 작업도 순조롭게 진행되고 있다. 총보는 이미 2권까지 탈고했고, 나머지 내용도 2011년에 완성할 계획이다.[14] 필자는 2008년 9월 중화구씨종보편찬관소(中華丘氏宗譜編纂館所)의 초청으로 구씨 가보의 편찬 과정을 참관했다. 몇 백만 명이 넘는 구씨를 대상으로 편찬사무실의 편찬 인원은 6년 만에 260여 개의 부보를 발간했다는 사실에 놀라움을 금하지 못했다. 필자는 배운 점도 많았고, 큰 힘을 얻기도 했다. 해당 가보의 편찬의 원칙은 정확했고, 방법도 적절했다. 구가유 회장으로 대표되는 구씨 후손의 수보(修譜) 정신은 경탄할 만했다. 총회가 생긴 지 6년 만에 구가유(邱家儒)는 족보 편찬을 위해 2,000만 위안(元)을 투자했다. 총회가 설립된 후 가보를 편찬하면서도 한편으로 역사적 가치가 살아 있는 조상의 분묘(墳墓)와 사당 2,000여 곳을 보수했다. 또한 구씨(丘氏) 종친은 수억 위안(元)을 기부해 학교를 설립했고, 각 지회는 수천만 위안(元)의 기금을 모아 2,000여 명의 빈곤한 학생들을 돕고, 우수한 학생은 표창했다. 중화 구씨는 역대 많은 인재를 배출했고, 중화구씨수보사업과 종친회 연합활동은 큰 성과를 거두며 회장 구가유는 초대형 민간가보 편찬의 1인자로 꼽혔다.

이상과 같은 초대형 회통보와 통종보의 소개를 통해 최근 50년 동안 중국의 가보편찬 사업 규모, 수보기관의 조직, 체례와 내용상의 혁신, 족보에 수록된 인구 수, 언급한 범위, 수보 기능의 효과 등에서 역사상 가장 뛰어난 성과를 거두었고, 이는 중국의 가보편찬이 새로운 발전 단계에 들어선 것을 사실을 보여 주는 것이다.

6. 역사문화의 계승과 대외 문화교류의 촉진

최근 50년 사이에 양안과 중국의 내외에서 일고 있는 신형 가보 편찬 열풍을 어떻게 받

14 정식 명칭은 『중화구씨대종보(中華丘氏大宗譜)』로 2017년에 발간되었다. (역자 주)

아들여야 할까? 이에 긍정과 반대의 의견이 공존한다. 필자는 비록 열풍과정에 간혹 불건전한 현상도 있지만 전체적으로 가보 편찬의 열기는 인정해야 한다고 생각한다.

최근 50년간 신보(新譜) 편찬의 열기에는 다음과 같은 아쉬운 점도 있다.

첫째, 일부 편집자의 계승과 창조에 대한 이해부족이다. 비록 명칭은 신보이지만 편찬 체례와 내용은 단지 구보(舊譜)의 연속인 경우이다. 심지어 구보에 내폭된 남녀 불평등의 폐단을 그대로 옮겨서 시대에 뒤떨어지고 편찬의 질도 현저히 낮은 경우도 있다.

둘째, 어떤 편찬자는 족인 시조와 시천조의 분명한 세계(世系)의 수록을 위해 회통보의 내용을 일부러 그대로 추가, 혹은 삭제해 세계표(世系表)를 만드는 경우이다. 이는 분명히 실사구시(實事求是)의 태도가 아니다. 공자의 구보 세계표는 비교적 온전하지만, 그럼에도 대부분은 내용이 결핍되거나 날조된 경우도 많다. 그래서 지보(支譜)의 세계표와 대조하면 모순된 곳도 보인다. 이는 충분히 이해할 수 있는 내용으로, 특정 족인이 시조부터 몇 십 대, 또는 몇 백 대를 내려오면서 나타나는 당연한 현상이기 때문이다. 이런 경우 역사적 고증을 통해 대를 잇는 것도 좋지만, 고의로 내용을 추가하거나 삭제할 필요는 전혀 없다. 정리가 안 된 곳을 억지로 하지 말고, 여러 의견을 첨부해 처리하는 방식을 취해야 한다. 대부분의 가보는 송대(宋代)이 경우 비교적 사실에 부합하지만, 이전의 경우는 세계 배열과 불명해서 모순되는 경우가 많았다. 이때 실사구시의 태도를 견지하며 이런 모순을 잠시 보류해 두어야 한다. 특히 억지로 온전한 세계를 만드는 것이 족인과 실제 역사에도 부합되지는 않는다.

셋째, 일부 농촌의 편찬자는 신보(新譜)를 자신의 정치적 영향을 과시하고 족인 세력을 확대하는 수단으로 삼기도 했다. 이로 인해 국가 정책과 법의 집행에 지장을 주기도 했다.

넷째, 일부 가보 편찬자는 민주적·자발적 원칙을 무시하고, 족인에게 편찬 비용을 강요했다. 편찬 비용의 충당은 제약이 없고, 비공개적이며, 감독이 부재하여 일부는 부정축재의 수단으로 전락했다.

다섯째, 일부 지역은 편찬한 가보로 서로를 비교하는 현상이 등장하기도 했다. 일부 족인은 가보가 없을 경우 무시당할 것을 염려해 억지로 가보를 편찬하거나, 편찬 후 연회의 횟수도 비교하기 때문에 "간부가 앞장서 가보 편찬을 종용하면 사람들은 어쩔 수 없이 연회비용을 계산하는 고생을 자처해야 한다."라는 말까지 나오고 있다.[15]

---

15 『北京青年報』, 2005年 2月 14日.

여섯째, 가보 편찬의 열기를 타고 많은 인터넷 사이트가 등장했다. 대다수 성씨를 근거로 뿌리를 찾고는 사이트도 많아졌다. 이런 사이트는 족인 뿌리를 찾고 가보 편찬 경험을 교류하며 보첩연구에 촉진제 역할을 하는 것도 사실이다. 하지만 일부 사이트는 자신의 홈페이지에 세상의 모든 가보를 실으려고 한다. 이런 정신은 가히 대단하지만 현실적으로 불가능한 일이다.

현재 가보 편찬 열기 가운데 이상과 같이 정상을 벗어난 현상도 출현했다. 비록 소수이고 개별적인 현상이나 반드시 바로잡아야 한다. 이를 통해 신보 편찬이 올바른 방향으로 건강하게 성정할 수 있도록 해야 한다.

지금의 가보 편찬 열풍은 이런 문화 전통이 신시대로 계승되어 중국 내외 중국인이 자발적으로 참여해서 만든 문화 활동이다. 그 가치는 다음과 같이 충분히 긍정적으로 평가할 만하다.

무엇보다 우선, 최근 100여 년 동안 민주혁명의 선구자와 당과 국가 고위 지도자가 언급한 족보에 대한 논지를 살펴보면, 현재 이런 가보 편찬의 열기를 이해하는 데 도움이 된다.

중국 민주혁명의 선구자인 손중산(孫中山)은 1905년 일본에서 열린 동맹회에서 이르길 "족보는 중국인을 수록함에 있어 종족의 대단결은 물론 민족 대통합까지 이룰 수 있다. 이는 중국인의 우수한 전통이다. (중략) 내가 보건대 중국 국민과 국가구조의 관계는 족인을 기초로 하고, 이후 종족이 있고, 그다음에 국가가 있다."라고 했다. 1912년 5월 손중산이 임시 대통령을 퇴임한 후 광주로 돌아와 손씨간친회(孫氏懇親會)에서 "4억 명 동포는 모두 황제(黃帝)의 자손으로 원래부터 씨족이란 없었다. 국민이 번창하며 성씨가 등장했고, 성씨가 있고 족인이 중시되었다. 무수한 족인이 합쳐 국가가 세워졌다."[16]라고 했다.

소흥(紹興) 노신(鲁迅) 박물관에 보관된 보우교백세당주씨고본(寶祐橋百歲堂周氏稿本)인 『노팔방제부(老八房祭簿)』에는 1939년 주은래(周恩來)가 친히 붓으로 쓴 "은래(恩來)의 자는 상우(翔宇)이고, 50방 초수공(樵水公)의 증손이며, 운문공(雲門公)의 장손이고, 무신(懋臣)의 장자이며 잠신공(簪臣公)의 양자이다. 광서(光緒) 무술년(1898) 2월 23일 묘시에 태어

16 「在廣州孫氏宗族歡迎會上的演說」, 『孫中山集外集』, 上海人民出版社, 1990年 7月.

났고, 아내는 등영초(鄧穎超)이다."라는 내용이 수록되었다. 2000년 6월 17일 『상우일보(上虞日报)』에 「종보를 통해 분석한 노신과 주은래의 동종 및 본가관계(一份宗譜破譯魯迅周恩來同宗本家)」라는 문장을 실었다. 이 문장에서 "『산음천락주씨종보(山陰天樂周氏宗譜)』에 노신은 시천조(始遷祖)인 주오(周澳)의 23대손이고, 주은래는 24대손이란 내용이 정확하게 언급되었다. 1969년 주은래가 북경호텔에서 주건인(周建人)을 만나 조사해 보니 당신은 저의 손윗사람이니 앞으로 삼촌이라고 불러야 할 것 같습니다."라는 내용이 있다.

모택동(毛澤東)은 젊은 시절 소산(韶山)에 위치한 동모당(東茅塘) 서당에서 수학했고, 모록종(毛麓鐘)이 보존한 『모씨족보(毛氏族譜)』를 읽고 모씨의 기원과 가보의 중요한 가치를 깨닫게 되었다고 한다. 그는 1958년 성도(成都)에서 열린 정치국 확대회의에서 "가보와 족보를 수집해 연구하면 인류사회 발전의 법칙을 알 수 있고, 인문과 주거 지리에 관한 소중한 자료를 구할 수 있다."라고 말했다. 1959년 6월 27일 그는 소산에 있는 부모님의 묘소를 찾아 허리 굽혀 절했다. 그리고 모진공(毛震公)의 사당에 가서 세 차례 절했다. 당시 사당 안은 텅 비었고, 어떤 이가 사당에 조종의 위패가 없다고 권하니 모택동은 "상관없다. 절부터 세 번 하자."라 하며 "조종의 위패는 기념하는 의미이다."[17]라고 답했다.

1989년 10월 등소평(鄧小平)은 다섯째 여동생 등선부(鄧先芙)와 딸 등용(鄧榕)을 데리고 사천 광안(廣安)으로 돌아가서 『등씨가보(鄧氏家譜)』를 근거로 조상을 찾았다. 가보에는 등씨(鄧氏)의 조상이 명대 초에 강서 길안시(吉安市)에서 사천 광안으로 이주했고, 등소평은 19대 후손이라고 했다. 등선부와 등용은 가보를 보고서 등소평 부모의 산소를 참배했다.

강택민(江澤民)은 2000년 5월 4일 상해도서관을 방문한 후 『제양강씨금오파족보(濟陽金鰲派族譜)』를 읽고서 "가보는 일종의 우수한 문화 전통으로 몇 천 년의 문화가 계승되었고, 중국 내외의 화교들이 조상을 찾는 데 역할을 해 주니, 다양하게 판단해야 한다."[18] 라고 말했다. 강택민 친척에 의하면 강택민의 증조부는 휘주(徽州)에서 양주(揚州)로 이주해 왔다. 양주 옛집의 당호(堂號)는 영사당(永思堂)이고 강서 무원(婺源) 강만(江灣)의 강씨(江氏) 당호도 역시 영사당이었다. 즉 본적이 무원 강만임을 할 수 있다. 2001년 5월 21일 강택민이 정덕강(旌德江)을 방문해 강씨의 사당에서 500년 전에는 한 집안이라 했다. 5월 30일에는 무원 강만을 각별히 시찰하기도 했다.[19]

---

17 逢先知·金冲及 主編, 『毛澤東傳』, 中央文獻出版社, 2003, 956쪽.

18 王鶴鳴, 「黨和國家領導人對上海圖書館新館的關愛」, 『波瀾壯闊三十年』(上册), 上海文史資料第129輯, 2008, 81쪽.

19 李俊, 「江灣」, 『徽學研究叢刊』, 安徽大學徽學研究中心, 2002, 2쪽.

호금도(胡錦濤)는 1997년 11월 10일에 상해도서관을 방문해 가보 열람실을 둘러보고, 수행원들에게 자신의 본가인 적계현(績溪縣)에 있는 호씨(胡氏)의 사당의 규모가 아주 크니 시간이 있으면 한 번 가 보라고도 했다. 호 주석은 2005년 5월 대만 친민당(親民黨)의 송초유(宋楚瑜) 주석을 만나 민국 30년(1941)에 새겨진 『상담소산송씨석담방칠수족보(湘潭昭山宋氏石潭房七修族譜)』를 증정했다. 이는 양안 동포의 피는 물보다 진하다는 혈연관계의 표명이기도 하다.

영의인(榮毅仁)[20]은 1997년 5월 5일 상해도서관을 방문해 가보열람실에서 1935년 편집된 『영씨가보(榮氏家譜)』를 오랫동안 읽었다. "의인(毅仁)은 민국 5년생으로 넷째 아들이며 세인트존스대학교(Saint John's University)를 졸업했다."라는 내용을 확인하고 몹시 흥분했다. 직원이 그에게 예전에 가보를 본 적이 있냐고 물어보자, 존재는 알았지만 직접 본 적은 없다고 했다. 이에 직원은 세계표(世系表)를 복사해서 주었고, 영의인은 북경으로 돌아간 후, 상해도서관에서 가보를 봤던 일을 자주 언급하며, 이를 가장 즐거웠던 일로 기억했다고 한다.

이상과 같이 최근 100년 동안 민주혁명의 선구자, 당과 국가 지도자가 언급한 족보에 대한 언급은 조상의 뿌리 찾기 활동과 같이 오늘날 신보 편찬을 이해하는 데 큰 도움이 된다.

그다음 두 번째로는 중국의 문화기관에서 30년 가까이 수집한 중국 가보목록 관련 문서는 작금의 가보편찬 열풍을 이해하는 데 참고 자료가 될 수 있다. 두 차례 진행된 중요 발표 내용은 다음과 같다.

(1) 1984년의 발표 내용이다. 당시 국가당안관(國家檔案館) 2처(處)와 남개대학(南開大學) 역사학과 및 중국사회과학원(中國社會科學院) 역사소도서관 등이 공동으로 편찬한 『중국가보종합목록(中國家譜綜合目錄)』이 있다. 이 책은 중국 내지에서 보존한 가보수집 현황을 수록한 대형 종합목록서이다. 그동안 편찬한 가보 목록이 수십 종임에도 불구하고, 대부분 특정지역에 국한되거나 특정 기관이 보유한 것에 불과했다. 이에 전국의 도서

20 영의인(榮毅仁): 1916년 강소성 무석(無錫) 출신으로 상해의 세인트존스대학을 졸업했다. 1945년까지 상하이를 근거지로 합풍기업(合豊企業)과 삼신은행(三新銀行) 등의 기업을 경영했다. 이후 중화인민공화국이 건국되자 모든 자산을 국가에 기부하며 대표적인 민족자산가의 상징이 되었다. 1957년 상해시의 부시장과 1979년 국제신탁투자공사(CITIC)의 초대 이사장을 역임했다. 1983년 6월에는 전국인민대표자대회의 상무위원회 부위원장을 겸임했다. 그리고 1993년에서 1998년까지 국가부주석을 역임했고, 2004년에 서거했다. (역자 주)

관·기록관·문화기관이 협력해 연합목록을 편집할 때 용이하도록 중국당안관은 교육부·문화부·문화청(文化廳)·문관회(文管會)·당안관(檔案局) 등의 공공기관에 「'국가가보종합목록' 편찬협조에 관한 통지(關于協助編好'中國家譜綜合目錄'的通知)」(국립보존기록관 1984-7호)를 공포했다. 문서 전문의 내용은 다음과 같다.

각 성(省)·자치구(自治區)·직할시(直轄市)·문화청(文化廳)·문화국(文化局)·문관회(文管會)·당안국(檔案局)·북경도서관(北京圖書館) 및 각 고등교육기관:

가보는 중국의 조상들이 우리에게 남겨 준 소중한 문화유산으로 인구학·사회학·민족학·민속학·경제사·인물전기(人物傳記)·종족 제도와 각 지방 역사에 관한 자료들이 많이 수록하고 있다. 이런 자료는 학술 연구에 가치가 있을 뿐만 아니라 현재의 업무에도 큰 영향을 미치는 것이다. 그러나 중국 내에서 소장하는 가보는 분산되어 있고, 전문적인 목록도 없다. 그리고 오랫동안 국내의 가보연구 성과 역지 많지 않았다. 그리고 해외학자와 기관들이 힘을 기울여 중국 가보를 수집한 것에 비해 그 연구성과도 저조한 상태이다. 아울러 대외개방 정책으로 중국 내지에 뿌리를 둔 대만 교포와 해외 교포가 고향에 대한 향수가 깊어지며 가보를 통한 혈연을 찾는 수요도 급증하고 있다. 중국 내외에서 가보에 대한 연구와 이용을 촉진시키고, 가보라는 중국문화의 보물을 발굴하고, 중국 가보연구의 인식을 변화시켜서 가보가 학술연구와 사람을 연결하는 중요한 역할을 해야 한다. 이에 국가당안관 2처, 남개대학 역사학과, 중국사회과학원 역사소도서관 등이 공동으로 도서관·박물관·문화관·단안관에 산재한 가보를 수집해 비교적 체계적인 『중국가보종합목록』을 편찬했고, 1985년 말에 완성해 출판할 예정이다. 이 목록서의 원활한 편찬을 위해 협조를 요청한다. 각 지역의 도서관(실)·박물관·문화관리회·문화관·당안관(실) 등에 있는 가보 목록을 범례(凡例)대로 수집해서 1985년 3월 말까지 국가당안관(國家檔案館)로 보내기 바란다. 규모가 큰 목록은 1985년 6월 말 이전까지는 보내야 한다. 이에 특별히 통지하는 바이다.
별첨: 「중국가보종합목록편찬범례(中國家譜綜合目錄編纂凡例)」

국가당안관

교육부

문화부

1984년 11월 20일

(2) 2001년의 발표 내용이다. 1997년 중화서국에서 출간한 『중국가보종합목록(中國

家譜綜合目錄)』은 중국 내지 400여 개 도서관과 당안관 등이 협력한 성과물이다. 그때 당시 내지의 가보 수집 상황을 보여 준 대표적인 목록서이다. 그러나 여러 가지 객관적인 조건으로 아직도 다수의 가보, 특히 해외에 소장된 가보는 수록하지 못했다. 2000년 6월 중국국가도서관(中國國家圖書館)이 주관하는 "전 세계 중문문헌 자원의 구축과 공유"라는 협력회의가 북경에서 개최되었다. 중국 내외 42개 중문도서관이 참가해 "전 세계 중문문헌 자원의 구축과 공유'에 연구와 협력관계를 논의했고, 상해도서관은 『중국가보총목(中國家譜總目)』의 편찬에 대해 소개를 했다. 이는 『중국가보종합목록』의 편찬 방법을 계승·발전시킨 것으로, 중국과 해외의 가보 목록의 수는 더욱 증가될 수 있다. 2000년 11월 상해도서관에서 열린 제1차 『중국가보총목』 편찬 회의에는 중국 내외 25개 주요 가보 소장기관의 대표가 참석했다. 진기림(陳琪林) 중국국가문화부 사회문화도서관사의 사장(司長)도 참석해 사업을 지원했다. 그리고 이번 회의에 참여한 대표는 문화부에 편찬 촉진을 위한 통지문 선포를 요청했다. 이에 문화부는 2001년 2월에 「'중국가보총목'의 편찬 협조에 대한 통지(關于協助編好'中國家譜總目'的通知)」(문화부 관공서 서신[2001]29호)를 공포했다. 구체적인 내용은 다음과 같다.

각 성(省)·자치구(自治區)·직할시(直轄市) 문화청(국)·국가도서관·상해도서관

가보는 중국의 동일한 종족과 조상을 갖는 혈연 집단의 세계(世系)와 인물 및 사적 등의 내용을 기록한 역사적인 도적(圖籍)이다. 이는 지방지 및 정사와 함께 중국인의 역사를 지탱하는 3가지 기둥이며, 중국의 소중한 문화유산이다. 가보에는 인구학·사회학·경제학·역사학·민족학·교육학·인물전기(人物傳記), 그리고 지방사에 관한 많은 자료를 포함하고 있다. 고로 학술 연구에 중요한 가치가 있을 뿐만 아니라, 중국 내외의 후손들이 조상을 찾고 민족 응집력을 강화에도 매주 중요한 의미를 있다. 그래서 중국당안관·교육부·문화부는 1984년 11월 20일에 「'중국가보종합목록'에 관한 편찬 협조 통지서」(국립 보존 기록관[1984] 7호)를 공포했다. 수십 년간의 노력으로 중화서국이 1997년에 『중국가보종합목록』을 출판했다. 이는 가보 정리사업과 학술연구에 커다란 영향을 주었다. 그럼에도 당시 객관적 조건의 제한 때문에 아직 많은 가보가 수록되지 않았고, 특히 해외에 소장된 중국 가보로 수록되지 못한 것이 매우 많았다.

2000년 6월 중국국가도서관의 주최로 북경에서 열린 중문 문헌자원의 구축과 공유협력회의에서 중국 내지와 대만(臺灣)·홍콩·마카오·싱가포르·미국·네덜란드 등 42개 국가의 중문도서관과 중문자료 수집기관 대표들이 회의에 참석했다. '글로벌 중문문헌자원 구축과

공유의 추진'에 대한 분석과 조율을 통해 상해도서관이 『중국가보총목(中國家譜總目)』의 편찬을 주관하기로 했다. 이는 『중국가보종합목록』 편찬 사업의 계승과 발전으로, 해외에 산재한 중국 가보를 대량 수록하고, 또한 수록범위를 확대해 항목을 증가시키고자 한다. 중국 가보의 자원을 개발하고 활용에서 기초적인 역할을 하는 『중국가보총목』의 완성은 보첩학 연구를 촉진시키고, 중국 내외 사람에게 중화문명에 대한 정체성을 더욱 강화시킨다는 점에서 그 의미는 매우 깊다.

『중국가보총목』은 "나눠서 편찬하고, 일괄적으로 심사받는 방법"으로 지역마다 편찬을 담당하는 부서를 설립해서 해당 지역의 가보 편찬 업무를 담당한다. 편찬 부서는 주로 특정한 성급 도서관과 기타 부서로 구성된다. (첨부 문서를 참고) 원활한 편찬 작업을 위해 각 지역의 도서관(실)과 문화관 등 수집부서는 각 지역의 가보 소장 기구와 관계를 조정해 해당 기관이 가보 조목(條目) 수집의 임무를 확실히 알고, 『중국가보총목』 편찬 부서에 적극적으로 협조하고, 편찬 요청에 따라 『중국가보총목』 편찬 작업이 원활히 진행될 수 있도록 한다.

이에 특별히 공지한다.

문화부 판공청

2001년 2월 7일

이상의 두 문서는 중국의 문화기관이 가보의 종합목록 편찬에 협력을 요청하는 문장이다. 이들 문서는 중국가보연합목록 편찬에 조직을 구성하고, 활동을 촉진시키는 역할을 했고, 중국 가보의 가치에 대한 언급은 현재 신보(新譜)편찬과 인식을 제고시키려는 계도적인 의미가 담겨 있다.

(3) 최근 50년 동안 편찬된 신보는 중국 5,000여 년 수보(修報) 역사를 깊이 고찰해 보면 그 영향력이 충분히 인정된다.

중국 가보의 역사는 유구하고 깊다. 맹아기부터 언급하면 이미 5,000년의 역사를 갖고 있다. 가보는 관념적 형태의 문화 매체로 경제·정치·사회의 산물이며, 또한 경제·정치 사회에 봉사한다. 이런 사회 기능도 끊임없이 변화하며 발전했다. 이 가운데 원시 모계씨족(母系氏族) 사회가 시작할 때 원시 형태의 가보는 우량아를 낳아 정성껏 기르는 사회적 기능을 담당했다. 씨족 혈연 집단이 건강한 자손을 번창하는 데 중요한 역할을 했다. 중국 봉건사회가 한창일 때의 가보는 명문세가의 정치적 수요에 부응하며 발전했다. 가보는 임관과 혼인이란 사회적 기능을 담당했고, 명문의 관직 세습에 적극 활용되면서 국정을 장악하는 데 일익을 담당하기도 했다. 중국 봉건사회가 후기에 접어들고 가보가 민간에 보급되면서, 주자학(朱子學)의 영향을 받아 삼강오상(三綱五常)의 윤리적 기능을 담당했고, 당시의 봉건사회 질서를 공고히 구축하는 데 큰 공헌을 했다. 오늘날 사회에서 벌어지고 있는 신보(新譜) 편찬의 열기는 가보의 계승하고 변혁과 혁신을 통해 사회에 부응하기 위해 민간에서 나타난 문화 활동이다.

특히 중국 내지의 신보 편찬은 사회의 요구에 맞춰 편찬된 내용이고, 자료와 편찬 방법을 새롭게 모색하여 좋은 성과를 거두었다. 신보는 구보(舊譜)에 대한 개조이자 변혁이며, 발전이다. 새로운 관점과 새로운 자료, 그리고 새로운 방법으로 신보를 편찬하는 것으로 요약할 수 있다.

새로운 관점이란 역사적 유물주의 관점을 통해 가보를 편찬하려는 노력이다. 가보는 이념을 대변하는 상부 구조의 산물이다. 그것은 일정한 경제와 정치적 토대에서 세워지고, 또한 일정한 경제와 정치를 위해 봉사한다. 구보는 과거의 경제·정치·문화·교육·인구·사상 등 중요한 역사 자료를 보존하고 있다. 하지만 동시에 시대적 낙후된 잔재도 포함하고 있다. 구보는 당시의 경제와 정치를 옹호하고, 사회 질서를 공고히 하기 위해 만들어진 것이었다. 송대 이전 가보는 임관자를 선별하는 정치 기능을 수행했다면, 송대 이후에는 삼강오상(三綱五常)의 윤리 기능 강화를 위해 사용되었다. 또한 구보는 봉건주의 사상인 '광종요조(光宗耀祖)'의 영향 아래 '높은 사람에게 아첨하고, 악을 숨기고 선만 드러내는' 폐단을 초래하기도 했다. 오늘날 수많은 가보 편집위원회는 마르크스-레닌주의와 모택동사상, 그리고 등소평 이론 등의 '3개 대표 사상'을 지도이념으로 삼았다. 그리고 과학발전관을 고수하며, 역사 유물주의 관점으로 새로운 가보를 편찬했다. 구보 중 무가치한 것을 제거하고, 시대정신을 발양하며, 신보 편찬을 통해 사회 문명 건설을 위해 매진하고 있다. 『중국오씨대통종보(中國吳氏大統宗譜)』는 "역사 유물주의를 지도 이념으로 삼고, 가보를 중심으로 정사를 참고한다. 많은 자료를 수집해 고증을 함에 반복해서 진위를 확인하고, 이를 계승하고 발전시켜 현재를 인식하고 미래를 관망하게 한다. 혁신을 확대해서 중화를 부흥시킨다."를 지도사상으로 삼아 신보편찬의 상징이 되었다.

새로운 자료란 가보의 기본 체례에 따라 족인과 이들의 주요 주거지에 대한 각종 새로운 자료를 널리 수집해서 신형 가보를 편찬하는 것이다. 우리는 현재 새로운 시대 흐름에 처해 있기 때문에 새로운 자료란 당연히 사회주의 내용을 우선 반영해야 하고, 사회주의의 특징을 지녀야 한다. 세계(世系)란 가보 편찬에 없어서는 안 될 내용이다. 최근 30년간 신형 가보 편찬은 '남녀평등' 원칙에 따라 족인의 남녀 구성원 모두의 성명과 생몰 연월 등을 수록했다. 신보는 구보에 비해 많은 족인의 이름 등을 수록했고, 또한 전문대학 이상의 학력의 족인을 중점적으로 소개하기도 했다. 특히 민주혁명과 사회주의 혁명과 건설, 그리고 과학과 교육을 통한 국가 부흥 및 물질과 정신문명의 건설에 공헌했던 족인을 자세히 기술했다. 이는 족인 구성원들 간의 소통을 강화하고, 모범을 세워 자강과 헌신을 장려함은 가정의 미덕을 양성하는 데 도움이 된다.

새로운 방법이란, 민주와 협력의 원칙에 따라 가보 편찬 부서를 설립해 신형 가보를 편찬하는 것이다. 과거의 구보 편찬은 족장이 나서서 편찬 기관을 만들고, 인원을 지정해 비용을 모아 편찬 작업을 진행했다. 지금의 사회는 남녀가 평등하고, 족인의 항렬과 무관하게 정치적으로 누구나 평등하다. 일상생활에서 족장만 업무를 관리하는 것은 바람직하지 않다. 『오운조씨종보(五雲趙氏宗譜)』는 범례(凡例)에서 족장이 사회·정치·경제적 안정을 저해하는 활동을 금지하도록 명시했다. 최근에 들어 각지의 가보 편찬은 보통 족인 중에 명예와 열의를 가진 자가 편찬 기관을 구성하고, 편찬 인원을 지정한다. 그리고 신형 가보의 체례와 자료 수집의 경로를 정하고, 경비 마련 방법을 확정한 후, 가보 편찬을 시작한다. 그리고 편찬 과정에서 종파의식과 미신을 버리고, 족인의 강요가 아닌 자발적 참여를 원칙으로 한다. 이런 일련의 과정에서 경비마련이 가장 큰 문제이다. 경제 사정이 좋은 족인은 일정액을 갹출하고, 다른 족인은 자발적으로 기부하며, 편찬 가보를 판매한 수익금으로 재정 문제를 해결한다. 최근 30년 동안 나타난 가보 편찬 열기는 전반적으로 긍정적인 요소가 충분히 많다.

과거 봉건사상 영향으로 만들어진 가보가 당시의 사회 기반을 공공히 하는 데 일정하게 공헌을 했다면, 오늘날 사회주의 사상의 지도하 가보 편찬은 참가 족인에게는, 자기 가문의 역사를 편찬하는 과정의 참여로 가족애와 애향심을 더욱 촉진시킬 수 있다. 또한 조국을 더욱 사랑하는 마음으로 중국의 역사와 문화를 널리 알리고, 민족 응집력과 자신감을 제고하는 효과도 거둘 수 있다. 중국 내지와 대만은 매우 활발한 족보 편찬 활동을 전개하고 있다. 여기에는 양안의 같은 성씨의 족인이 함께 편찬위원회를 만들고, 조례를 제정하고, 함께 족보 자료를 수집해 발행하는 일련의 과정을 포함한다.

이런 신보 편찬 과정은 양안의 사람들이 모두 염황(炎黃)의 자손임을 인정하고, 중국의 전통문화를 공감하는 과정이기도 하다. 이런 과정은 양안의 교류를 여러 방면에서 촉진시키고 풍부하게 만들어 중국의 평화 통일을 하루빨리 앞당기는 계기가 될 것이다. 주곡성(周谷城)은 1995년 염황문화(炎黃文化)연구회에서 발표한 「조국통일은 역사발전의 필연(祖國統一是歷史發展的必然)」이란 문장에서 "수천 년 동안 중국은 수많은 변화를 겪었음에도 시종일관 민족 대통합과 국가의 대통일을 견지해 왔다. 이런 거대한 응집력은 바로 같은 조상과 같은 문화와 같은 뿌리에서 비롯했기 때문이다. 이런 역사의 흐름은 누구도 막을 수 없다."라고 했다.

위편(緯編)

1
중국 가보의 체례와 내용(상)

중국 가보는 명대와 청대에 이르러 더욱 성숙되며 완비되었다. 체례가 완비되고 내용이 풍부해지면서 수록된 수량과 편찬 형식도 이전과 많이 달라졌다. 이 시기에 비교적 완비된 가보는 대략 아래와 같은 체례와 내용을 포함하고 있다.

1. 보명(譜名)

우리가 가보를 보았을 때 가장 먼저 눈에 들어오는 것은 표지에 있는 보명(譜名)이다. 보명의 명칭은 가보(家譜)·종보(宗譜)·족보(族譜)·방보(房譜)·세보(世譜)·지보(支譜)·보계(譜系)·보전(譜傳)·연원(淵源)·통보(統譜)·통보(通譜)·보첩(譜牒)·옥첩(玉牒)·가승(家乘)·회보(會譜)·합보(合譜)·주보(主譜)·분보(墳譜)·사보(祠譜)·연종보(聯宗譜)·세계도(世系圖)·족계(族系)·세가(世家) 등등 다양해서 모두 나열할 수 없을 정도이다. 그중에 가장 많이 보이는 것이 가보·종보·족보이다.

보명 중에서 가장 중요한 요소는 보적(譜籍)과 성씨인데, 어느 지역의 어떤 성씨 가보인가 하는 점이다. 예를 들면 『환동고령왕씨종보(皖桐高嶺汪氏宗譜)』는 청나라 광서(光緒) 31년(1905)에 왕둔후(汪鈍侯)가 편찬한 것으로, 안휘성(安徽省)의 동성현(桐城縣) 고령(高嶺)이란 지방에 있는 왕성(汪姓)의 종보임을 말해 준다. 『소산사촌조씨종보(蕭山史村曹氏宗譜)』는 청나라 광서 6년(1880)에 조한(曹瀚) 등이 편찬했는데, 이는 절강(浙江)의 소산사촌(蕭山史村)이란 지방의 조성(曹姓)의 종보임을 알 수 있다.

일부 가보의 경우 비록 보적은 표시했지만 촌(村)과 진(鎭)만을 표기하기도 했다. 예를 들면 『장진장씨종보(章鎭張氏宗譜)』는 광서 11년(1885)에 장조량(張祖良) 등이 편찬을 했는데, 서명만을 보고는 어떤 지방의 장진(章鎭)인지 알 수가 없다. 하지만 가보 내용을 살펴보면 절강 상우(上虞)에 있는 장진임을 알 수 있다. 이 외에도 가보에 성씨만을 언급한 경우도 있다. 『하씨종보(夏氏宗譜)』와 『장씨가승(張氏家乘)』 등의 경우는 지역표기가 없어 내용 검색에 어려움을 초래하기도 한다. 그래서 상해도서관은 이 점을 고려해 소장한 가보 목록 작성 때 보적이 없거나 불명한 경우 반드시 일일이 고증을 통해 보명을 표시했다. 예를 들면 『하씨종보(夏氏宗譜)』의 경우 광서 6년(1880) 하학계(夏鶴溪) 등이 편찬했는데, 보적을 확인한 후에 『(강소단양)하씨종보((江蘇丹陽)夏氏宗譜)』로 표시했다. 『장씨가승(張氏家乘)』은 민국 5년(1916) 장원선(張元善)이 편찬했는데, 보적을 분석한 후에 『(절강평호)장씨가승((浙江平湖)張氏家乘)』이라 표시했다. 정확한 보적의 표시는 가보의 검색과 열독에 편리함을 제공한다.

어떤 가보의 경우 자신의 가문에 속한 당호(堂號)와 군망표(郡望標)를 가보의 서명에 넣기도 했다. 예를 들면 건륭(乾隆) 연간의 『(강소소주)삼괴당왕씨속수가승((江蘇蘇州)三槐堂王氏續修家乘)』, 민국 12년(1923)의 『강서평향아적당황씨삼수족보(江西萍鄉雅積堂黃氏三修族譜)』, 광서 34년(1908)의 『(복건상항)청하군장씨종보((福建上杭)清河郡張氏宗譜)』, 광서 23년(1897)의 『(절강선거)악안진수당주씨종보((浙江仙居)樂安珍水堂朱氏宗譜)』 등의 가보가 이런 경우이다. 삼괴당(三槐堂)·청하군(清河郡) 등은 역사상 유명한 명당호(明堂號)인데 군망을 과시하기 위해 이를 가보 이름에 첨부했다. 이는 본가의 귀속을 밝히는 것 외에 가문의 위용을 과시하는 수단으로 활용한 것이다.

그리고 일부 가보는 조상의 이름과 행장을 보명에 표시하기도 했다. 예를 들면 민국 32년(1943) 『(호남)무강요씨덕행공예사수합보((湖南)武岡廖氏德行公裔四修合譜)』에 의하면 시조는 명나라 초기에 이르러 아들 덕행(德行), 덕문(德文), 덕정(德貞), 덕거(德據) 등과 함께 강서태(江西泰)에서 무강(武岡)으로 이주했고, 후에 덕문, 덕정, 덕거 등의 지파가 다시 차례로 다른 곳으로 옮겨 갔다고 했다. 하지만 덕행 지파만은 여전히 무강에 거주했기 때문에 보명을 그대로 덕행지보(德行支譜)라고 했다. 다른 사례를 들어 보면 『(강소단도)대항조씨제팔대분대이공예하한체미괴분종보((江蘇丹徒)大港趙氏第八大分大二公裔下漢杕渼槐分宗譜)』의 경우는 시조인 자치(子褫)는 단(丹)에서 대항진(大港鎭)으로 이주했고, 7대에 이르러 18개의 지파로 나뉘었다. 8대가 되면서 항렬이 대이공(大二公)인 조유수(祖由壽) 자손을 가보에 수록하면서, 한체(漢杕)와 미괴(渼槐) 두 지파가 편찬했다고 했다.[1] 이상과 같이

---

1 『江蘇丹徒大港趙氏第八大分大二公裔下漢杕渼槐分宗譜』: "傳至七世支分十八, 是譜專記第八大分祖由壽(行名大二公)位下世系, 系漢杕、渼槐兩支所修." (역자 주)

보명에 나타나는 조상의 이름과 행장을 통해 보가 속한 지파를 알 수 있다.

중국 가보는 전통적으로 전대를 계승해 지속적으로 편찬되었다. 때문에 다수의 가보는 보명에 편찬 횟수를 보명에 표시하기도 했다. 예를 들면 광서(光緖) 5년(1879)의 『(강소진강)윤동엄장엽씨중수족보((江蘇鎭江)潤東嚴莊葉氏重修族譜)』와 광서 15년(1889)의 『(호남)영향도림장씨구수족보((湖南)寧鄕道林蔣氏九修族譜)』, 민국 10년(1921)의 『(절강김화)동산부씨십구수종보((浙江金華)東山傅氏十九修宗譜)』 등은 중수(重修), 9수(修), 19수 등 편찬 횟수를 보명에 표기했다.

보명 중에는 가보·종보·족보 등 명칭의 구분이 있지만 대다수는 성(姓)—종(宗)—방(房)—지(支)의 순서로 내용을 표기했고, 일부는 통보(通譜), 혹은 통보(統譜)라고 했다. 이는 각 지역에 분포한 종지(宗支)를 망라하는 대형 족보에 해당한다. "통보(通譜)란 여러 족보를 모아서 만든 것이다."라 했고, "회(會)란 각양각색의 가보를 모아서 한권으로 귀결한다는 뜻이고, 통(通)이란 일파를 한 권으로 관통해서 만수(萬殊, 모든 것이 여러 가지로 다다름)에 도달한다."[2]라고 했다. 통보란 명나라 중기 이후 사회가 장기간 안정되어, 평화국면이 지속되고 인구가 급격히 증가하면서 등장했던 대형 가보이다. 예를 들면 광서 20년(1894) 『왕씨통보(王氏通譜)』는 각지에 산거한 왕씨 지파의 세가 중에서 주로 태원 왕씨(太原王氏), 낭야 왕씨(琅琊王氏), 삼괴 왕씨(三槐王氏) 등의 종파를 체계적으로 수록해 한 권의 보(譜)로 편찬한 것이다. 전체 분량은 102권 82책으로 규모가 상당히 방대했던 가보에 속한다. 이 외에도 명대 가정(嘉靖) 14년(1535)의 『장씨통종세보(張氏統宗世譜)』 역시 기문(祁門)·무원(婺源)·휴녕(休寧)·흡현(歙縣)·적계(績溪)·과현(夥縣)·정덕(旌德)·경현(徑縣)·남릉(南陵)·석대(石臺)·귀지(貴池)·부량(浮梁)·덕흥(德興)·악평(樂平) 등 지역에 분포했던 장씨의 종지(宗支)를 총망라하여 편찬한 대통보(大統譜)이다.

여러 종파가 연합해서 만들었다는 것이 보명에 나타나는 가보도 있다. 이런 유형은 두 개의 성씨가 연합해서 편찬한 가보를 말한다. 예를 들면 도광(道光) 30년(1850) 『(강서무원)소강가승((江西婺源)蕭江家乘)』의 경우 원래는 소(蕭)라는 성(姓)으로 초대 조상은 정(禎)씨였는데 당(唐) 말기에 강(江)씨로 바꾸어 흡현(歙縣)의 황돈(黃墩)이란 곳에 은거했다. 후에 환남(皖南)과 외성(外省) 각지에 산거하면서 소강(蕭江)의 종파 후손들과 함께 거주하기도 했다. 이와 유사한 가보로는 『장료간씨족보(張廖簡氏族譜)』, 『강로기씨족보(姜盧紀氏族譜)』, 『뇌라부련종대족보(賴羅傅聯宗大族譜)』 등이 있다. 이런 연종보(聯宗譜) 형식의 가보는

2 「新安程氏通譜序」, 明 景泰 2年(1451): "通譜者, 會諸譜而作也。" "會者, 會其源萬殊而歸一本也。通者, 通其派一本而達之萬殊也。"

비록 성씨는 다르지만 역사적으로 일정한 혈연적인 연원관계를 유지하며 편찬된 가보라고 볼 수 있다.

2. 조상의 초상과 찬어

우리가 가보의 표지를 펼쳤을 때 가장 먼저 눈에 띄는 것은 권수(卷首)에 배치된 조상의 초상(肖像)과 찬어(贊語)[3]일 것이다. 송대 이후 중국 가보는 '존조(尊祖), 경종(敬宗), 수족(收族)'을 편찬의 종지(宗旨)로 삼아서 가문의 열조(列祖)와 열종(列宗)의 도상(圖像), 즉 초상을 가보 전면에 배치했다. 이런 배치 의도는 충분히 이해할 수 있다.

일부 가보는 조상의 초상이 수십 폭(幅)에 달하기도 했다. 이러한 초상들을 분류하면 대략 3가지 형태로 나눌 수 있다.

첫째, 초상이 해당 가보의 시조(始祖)나 시천조(始遷祖)일 경우이다. 중국에서 가장 유명한 성씨인 왕씨(王氏)를 사례로 들면, 왕씨는 주(周)나라 영왕(靈王)의 태자인 진(晉)에서 기원했다. 태자 진의 후예들은 진한(秦漢) 시기에 이르러 태원(太原)과 낭야(瑯琊) 등지에 거주하며 명망을 얻었다. 그리하여 왕씨 가보의 서두에는 초상으로 주영왕(周靈王)과 태자진(太子晉), 낭야왕(瑯琊王) 등을 배치했다. 그리고 『(절강)산음전매왕씨종보((浙江)山陰前梅王氏宗譜)』의 서두의 경우 '태조주선영왕상(太祖周宣靈王像)'을 두었고, 『(강서무원)단령왕씨종보((江西婺源)檀嶺王氏宗譜)』 역시 서두에 '주영왕태자진공상(周靈王太子晉公像)'을 배치했다. 또한 찬어에 이르길 "용모가 비범한 태자는 왕씨 성(姓)의 시조이신데, 학을 타고 생황을 불면서 하늘로 승천하시네."[4]라고 했다. 또한 『(절강섬현)왕씨가보((浙江)剡縣)王氏家譜)』의 서두에는 채색으로 그린 '낭야왕왕도공유상(琅琊王王悼公遺像)'을 배치했고, 찬어에 이르길 "낭야 왕씨의 비조이시네."[5]라고 했다.

다른 예를 들어 보면 『(안휘기문)방씨종보((安徽祁門)方氏宗譜)』는 강성(姜姓)인 염제(炎帝)와 신농씨(神農氏) 9대 자손인 제유망(帝榆罔)의 태자인 뇌(雷)를 시조로 삼았다. 그래서

---

3 찬(贊): 찬이란 원래 인물이나 사물을 찬양하는 내용을 담은 옛날 문체의 일종을 지칭한다. 본문에서는 초상을 설명한 문장을 말한다. (역자 주)

4 『(江西婺源)檀嶺王氏宗譜』: "仙骨太子, 肇姓王氏。乘鶴吹笙, 飛升天市。" (역자 주)

5 『(浙江剡縣)王氏家譜』: "琅琊王氏之鼻祖也。" (역자 주)

가보의 서두에서 '방씨 득성 시조인 태자뇌공의 초상(方氏得姓始祖太子雷公像)'이라는 표어를 썼다. 『(절강)상우영풍전씨종보((浙江)上虞永豐田氏宗譜)』의 경우 송나라 경제(景帝) 시기 여원(汝源) 출신으로 자(字)가 세본(世本)인 자가 상우(上虞) 지역으로 이주하여 시조가 되었는데, 초상의 표어는 '우(虞)의 천시조 세본공의 초상(遷虞始祖世本公像)'이라 했다. 『(복건포성)발해서오종보((福建浦城)渤海西吳宗譜)』에서는 송나라 시기 자(字)가 기운(起雲)인 오룡(吳龍)을 포성(浦城)의 천시조라 했고, 초상의 표어에는 '송대 절강에서 포성으로 이주한 시조 상의관대(尙義冠帶) 기운공의 초상(宋由浙遷浦始祖尙義冠帶起雲公遺像)'이라 했다. 즉 오용이 살았던 시기인 송대, 거주했던 지역인 절강의 포성, 그리고 '시천조'라는 지위를 표어를 사용해 나타냈다.

둘째, 오복(五服)을 범위로 해서 가까운 세대의 조상 초상일 경우이다. 이를 다시 분류하면 제사를 지내는 해당 족인의 시조, 시천조의 시조, 그리고 오복 범위 내에서 제사를 지내는 고조, 증조, 조부와 부친 등의 4대 조상을 포함한다. 이런 범위의 적용을 위해 가보의 초상은 시조와 시천조 외에도 여러 세대를 포함하는 조상의 초상화를 수록해야 했다. 예를 들면 광서(光緖) 10년(1884)에 왕형첨(王亨添)이 편찬한 『(절강)섬북영지향왕씨속수종보((浙江)剡北靈芝鄕王氏續修宗譜)』의 경우는 오복 이내에 초상의 길이가 모두 30여 폭에 달했다. 그중에서 가장 오래된 것은 석(錫)자 항렬의 석능공유상(錫能公遺像)인데, 석능공은 건륭(乾隆) 7년(1742)에 출생했다. 원(元)자 항렬 초상의 길이는 3폭, 형(亨)자 항렬은 12폭, 이(利)자 항렬은 11폭, 정(貞)자 항렬은 각각 3폭에 달했다. 그중에 최근의 정(貞)자 항렬의 초상에는 '정찬공희용(貞燦公喜容)'이라는 표어를 두었는데, 그는 동치(同治) 원년(1862)에 출생했다. 만약 시조와 시천조의 초상이 상상(想像)을 근거로 그려졌다면, 오복 이내의 가까운 조상의 초상은 실제 모습과 가까운 것이라 할 수 있다. 오복 이내 조상의 용모와 미소, 복식 등 그림 속 인물은 직접 보았거나 사람들의 구술에 근거해 그려진 것이다. 당시 절강 섬북(剡北)에 있는 영지향(靈芝鄕) 왕씨(王氏) 족인은 제사 때 이런 조상의 초상을 사용했다. 이런 초상을 보고 조상에 대한 인상을 더욱 선명하게 기억하여 족인의 응집과 단결을 더욱 강화하는 역할을 했을 것이다.

셋째, 자신의 종족 출신으로 명인(名人)의 초상일 경우이다. 시조와 시천조 및 근세의 조상 사이에는 종종 수백 년, 혹은 수천 년의 시간적 간극이 존재하기 마련이다. 따라서 오랜 기간 역대 조상들의 초상을 일일이 모두 준비할 수는 없다. 그래서 각 족인은 일정한 시기 저명했던 명인을 선별했는데, 특히 덕행(德行)·작위(爵位)·공적(功績)·저술 방면에 유명했던 조상의 초상을 택했다. 예를 들면 『(강소곤산)사산왕씨종보((江蘇昆山)砂山王氏宗譜)』의 서언은 본 성씨는 위진(魏晋)부터 청나라 광서 연간 사이의 1,500년의 역사를 간술했다. 그중 중당(中唐) 시기 저명한 문인 왕발(王勃)의 초상을 선별하며 표어로는 '당나라 산랑(散郎) 자안공상(唐朝散郎子安公像)'이라 했다. 또한 『(강소의흥)석탑오씨종보((江蘇宜興)石塔吳氏宗譜)』의 경우 조상 중에 역대 재상을 역임했던 오존혜(吳存惠)와 오우(吳宇) 초상을 수록했는데, 오존혜 초상의 표어는 '후당의 재상인 존혜공의 초상(後唐宰相存惠公遺像)'이라 했고, 오우 초상의 표어는 '후당의 재상인 본허공의 초상(後唐宰相本虛公遺像)'이라 했다. 도광(道光) 13년(1833) 포몽규(包夢奎) 등이 편찬한 『(강소진강)윤주포씨족보((江蘇鎭江)潤州包氏族譜)』의 경우 송나라 시기 포공(包公)의 초상을 수록하고, 표어는 '예부상서 포효숙의 초상(禮部尙書包孝肅公像)'이라고 했다. 광서 18년(1892) 사진(史晉)이 간행한 『(절강)소산사씨종보((浙江)蕭山史氏宗譜)』는 제49대의 조상인 사가법(史可法)의 초상화를 수록하면서 '명나라 동각대학사 사가법의 초상(明東閣大學士諱可法像)'이라는 표어를 달았다.

이상과 같은 초상은 보통 10여 글자의 찬어를 사용해 인물의 모습, 업적, 공덕 등을 간결하게 언급했다. 이런 종류의 찬어는 대다수가 후대 자손이 직접 수록한 것이다. 예를 들면 동치(同治) 8년(1869)에 방금성(方金聲) 등이 편찬한 『(안휘기문)방씨종보((安徽祁門)方氏宗譜)』에는 '청나라 등사랑 본교공의 초상(淸登仕郎本敎公像)'이란 표어에 "품행이 단정하고 집안 대대로 효우가 전승되었고, 우뚝 솟은 인품은 타인의 모범이며, 명성은 금화(金華)에서 중시되었네."[6]라는 찬어를 수록했다. 이는 후손 손국진(孫國進)이 쓴 것이다. 이 밖에 '청나라 등사랑 조린공의 초상(淸登仕郎兆燐公像)'이란 표어에 "몸을 살피어 사욕을 다스리며 남을 충직하게 대하셨고, 덕행을 실천해 인덕으로 장수하시며 풍속을 미화시켜 순박하게 하셨네."[7]란 찬어를 가보를 편찬했던 질손(侄孫)인 금성(金聲)이 기술했다. 후손 이외에 당시 명인이 쓴 초상 찬어도 다수 존재한다. 그중에서 최고로 평가되는 것이 황제가 내린 찬어였다. 예를 들면 송대 저명한 재상이었던 여몽정(呂蒙正)의 경우 『(절강상우)우읍서향려씨종보((浙江上虞)虞邑西鄕呂氏宗譜)』에서 '몽정공의 초상(蒙正公像)' 옆에는 "칙찬에 이르길 선대에 제상을 역임한 허국(許國)의 문목공(文穆公) 여몽정은 도량이 넓었고, 학문에 충실해 기예를 겨룸에 뛰어났으며 진명(奏名)에서는 일등을 했다네."[8]라는 황제의 찬어를 두었다. 그리고 절강 산음(山陰) 출신의 왕좌(王佐)라는 인물은 남송 시기에 호부(戶部)와 공부(工部)에서 상서(尙書)를 역임했었다. 이에 송나라 광종(光宗)은 소희(紹

---

6 『(安徽祁門)方氏宗譜』: "品詣端莊, 孝友傳家, 巍然人表, 名重金華。" (역자 주)

7 『(安徽祁門)方氏宗譜』: "省身克己, 忠恕待人, 德征仁壽, 俗美化純。" (역자 주)

8 『(浙江上虞)虞邑西鄕呂氏宗譜』: "敕贊先相許國文穆公呂蒙正: 度量寬宏, 學問充實, 校藝居先, 奏名第一。大政早參, 中書三人, 相業推隆, 爲今良弼。" (역자 주)

熙) 5년(1194) 2월 10일에 그의 초상에 찬어를 지었다. 칙찬(敕贊)에 이르길 "호걸의 재능과 재상의 도량으로 조정의 대책(對策)에서 장원급제 했다네. (이후) 조정의 중임을 담당하며 후세의 모범이 되었노라."[9]고 했다. 즉 당시 황제가 왕좌를 국가의 기둥이라고 칭송한 평어(評語)는 당시 극찬에 속하는 찬어였다.

각 가보에 수록된 초상의 찬어에는 역대 명신과 명상(名相)의 문장을 적지 않게 사용하기도 했다. 예를 들면 『(절강소흥)소읍소씨종보((浙江紹興)紹邑邵氏宗譜)』의 경우 첫 번째 소평(紹評)의 초상 표어는 '진동릉의 소평인 종형인공의 초상(秦東陵諱平宗衡仁公像)'이라고 했다. 계속해서 한(漢)나라 시기 장사(長沙)의 태수였던 가의(賈誼)의 찬어를 인용해 "진(秦)나라는 호랑이로서 노려보고, 한(漢)나라는 용으로 흥성했네. 후(侯)에 봉작되어 재상을 역임함에 군주의 총애를 받아 종종 하사품을 받았다네. 해가 저물면 베옷을 만들고, 동릉에 박(瓜)을 심었네. 끊임없이 이어진 오색의 은택은 먼 후손까지 이르네."[10]라고 했다. 그리고 『(절강상우)고우송씨종보((浙江上虞)古虞宋氏宗譜)』의 경우 송굉(宋宏)의 초상에 '한나라 의평후 굉공의 포상(漢宜平侯宏公之像)'이라고 했고, 찬어로는 송나라 시기 상서좌복야(尚書左僕射)와 시랑을 역임한 사마광(司馬光)의 문장을 인용해서 "학문은 크고 박학하여, 쌓이고 쌓이면서 진실되었네. 뛰어난 자질로 보좌를 하니 사직의 신하이셨네. 위용과 도량이 넓어 관료 무리도 그를 대적하지 못하니 인물이 넘쳐나도 뛰어나 으뜸이 되셨네."[11]라고 했다.

성리학자 주희(朱熹)의 사상은 남송 시기의 가보 편찬에 커다란 영향을 끼쳤고, 당연히 초상화에 수록한 찬어에 주희 문장을 많이 인용했다. 예를 들면 『(절강소흥)소읍소씨종보((浙江紹興)紹邑邵氏宗譜)』의 소승(邵乘) 초상에 '휘(諱)는 승(乘)이며 자(字)가 원성공인 진(晉)의 산기장군의 초상(晉散騎將軍諱乘字元盛公像)'이라는 표어와 함께 '송나라 매암 주희의 표제(宋晦菴朱熹題)'라고 표시하고 찬어로는 "용기를 북돋우시고 위풍을 펼치자 드러난 의로움은 금석처럼 견고했네. 실제 공로로 인해 명성이 자자했다네. 용맹한 무사들은 제후의 성과 방패인데, 치욕을 막았다 하여 천고에 명성을 떨쳤다네."[12]라고 했다. 특별히 주

---

9 『(浙江上虞)虞邑西鄉呂氏宗譜』: "敕贊: 豪傑之才, 公輔之器。對策大廷, 狀元及第。柱石當朝, 模範後世。" (역자 주)

10 『(浙江紹興)紹邑邵氏宗譜』: "秦以虎視, 漢以龍興。封侯作相, 寵錫頻膺。晚作布衣, 種瓜東陵。綿綿五色, 澤及云仍。" (역자 주)

11 『(浙江上虞)古虞宋氏宗譜』: "學大而博, 積厚而誠。尤資輔翼, 社稷之臣。威容德器, 群僚莫能。中興人物, 分其首稱。" (역자 주)

12 『(浙江紹興)紹邑邵氏宗譜』: "奮武揚威, 義昭金石。實維有功, 標名赫赫。赳赳武夫, 公侯干城。日有御侮, 千古馳名。" (역자 주)

목해야 할 점은 주희 친필이라는 일부 찬어가 위작이라는 것이다. 예를 들면『(강소태현) 왕씨족보((江蘇泰縣)王氏族譜)』 초상 중에 주희가 왕조기(王肇基)의 초상에 썼다는 찬어가 대표적인 사례이다. 주희는 '조기공의 초상(肇基公遺像)'에 찬어로 "도(道)가 사라진 지 천 년이 되자 성군의 시대와 멀어지며 그 말씀도 사라졌네. 만약 선각자가 없다면 누가 우리를 일깨워 주리오. 글은 말을 다 표현하지 못하고, 그림도 그 뜻을 다 나타내지 못하네. 풍월(風月)의 아름다움은 끝이 없고, 뜰의 풀은 푸름을 서로 다투네."[13]라고 했다. 왕조기라는 사람에 대하여 가보에는 분명히 "홍무(洪武) 10년(1377) 정사(丁巳) 2월 3일에 태어나 정통(正統) 14년에 사망했다."[14]라고 했다. 다시 말해 1377년에 태어나 1449년에 사망한 것이다. 하지만 남송 출신 주희의 생몰 시기는 1130년에서 1200년 사이인데, 주희가 어떻게 200년 후인 명나라 초기에 나타나 왕조기의 찬어를 쓸 수 있겠는가? 비록 찬어에는 그럴듯하게 '주희(朱熹)', '회암(晦菴)'이란 인장도 찍혀 있지만 이런 위작은 상식에서 크게 벗어난 것이다.

3. 목록

가보를 펼쳤을 때 조상의 초상과 함께 보이는 것이 목록인데, 가보의 내용구성과 핵심적인 순서를 간결하게 수록하고 있다. 아래에 제시한 가보 목록은 주로 명대와 청대, 그리고 민국시기 안휘 휘주(徽州) 지역의 것들이다.

(1) 정덕(正德) 4년(1509)『(안휘)신안필씨족보((安徽)新安畢氏族譜)』목록
수권(首卷): 보전서(譜前序): 신구보서(新舊譜序) 12편·범례(凡例) 15조항·25개 지역 지방지
1~8권: 세계지(世系志).
권말(卷末): 시문(詩文)·보후발(譜後跋).
부록: 묘도(墓圖)·영보자호(領譜字號).

13 『(江蘇泰縣)王氏族譜』: "道喪千載, 至遠言煙。不有先覺, 孰開我人。書不盡言, 圖不盡意。風月無邊, 庭草交翠。" (역자 주)

14 『(江蘇泰縣)王氏族譜』: "生於洪武十年丁巳二月初三, 壽七十有三, 卒於正統十四年。" (역자 주)

(2) 가정(嘉靖) 16년(1537) 『(안휘기문)왕원사씨종보((安徽祁門)王源謝氏宗譜)』 목록

권수(卷首): 고변(考辨) 2권

1권: 성원(姓原) 기략(紀略).

2권: 통종(統宗)의 표략(表略).

3권: 통종의 세계(世系).

4권: 맹종(孟宗)의 세계.

5권: 맹종의 세계.

6권: 통종의 사략(事略).

7권: 전(傳)과 맹종의 사략.

8권: 칙명(敕命)과 서(序).

9권: 기(記).

10권: 훈(訓), 설(說), 찬(贊), 명(銘), 전(傳), 묘지(墓志), 부(賦).

부록(附錄): 정절(貞節)의 사략(事略).

(3) 강희(康熙) 18년(1679) 『(안휘흡현)고목청계자봉항씨종보((安徽歙縣)古睦淸溪紫峰項氏宗譜)』 목록

제1권: 보서(譜序)·범례(凡例)·역대서(歷代序).

제2~6권: 보계도(譜系圖).

제7권: 고칙(誥敕)·시(詩)·서(序)·명(銘)·찬(贊)·전(傳)·열(說).

제8권: 고칙(誥敕, 도독(渡瀆), 귀계합록(貴溪合錄))·서(序)·찬(贊)·전(傳)·기(記, 귀계(貴溪)·선계(仙溪)·자계합록(慈溪合錄))·서(書)·소(疏)·시(詩)·전(傳)·기(記, 기에는 고금제문한(古今諸文翰) 보집(補輯))·인물지(人物志)·보발(譜跋) 등.

(4) 건륭(乾隆) 53년(1788) 『(강서무원)관원홍씨총보((江西婺源)官源洪氏總譜)』 목록

권수상(卷首上): 관원총서(官源總敘)·목록(目錄)·각파구서(各派舊敘).

권수하(卷首下): 성원의변(姓原疑辨)·보설(譜說)·범례(凡例)·임관(仕官)·고명(誥命)·용상(容像)·잡저(雜著)·각파묘도(各派墓圖)·사도(祠圖)·묘도(墓圖)·제전록(祭田錄)·연은(捐銀)·자형대소박수(字型大小薄數).

1권~18권: 각파의 세계.

권말상(卷末上): 각파의 시가(詩歌)·무전찬(婺傳贊)·기전찬(祁傳贊).

권말하(卷末下): 유전(休傳)·흡전(歙傳)·효자전(孝子傳)·횡계전(橫溪傳)·신도공(神道功)·각

파의 묘도(墓圖)·행장(行狀)·묘문(墓文)·묘지(墓志)·구송안권(構訟案卷) 등.

(5) 광서(光緖) 15년(1889)『(안휘기문)왕씨종보((安徽祁門)王氏宗譜)』 목록

1권: 수원본말(水源本末)·예의가풍(禮儀家風)·보기(譜記)수집·자형대소(字型大小)·목록(目錄)·신구보서(新舊譜序)·성유십육조(聖諭十六條)·고칙(誥敕)·범례(凡例)·가규(家規)·가례도(家禮圖)·보(譜)·종설(宗說)·족설(族說).

2권: 족보인(族譜引)·상찬(像贊)·행장(行狀)·묘지(墓志)·삼괴변고(三槐辨考)·원류인(源流引)·연원도(淵源圖)·세계(世系).

3권~9권: 각파의 세계.

10권: 세계(世系)·경지도(境地圖)·묘도(墓圖)·사당도(祠堂圖)·찬질류(贊秩類)·항렬(排行)·잡보자형대소(執譜字型大小)·발(跋) 등.

(6) 민국 17년(1928)『(안휘기문)문당진씨가보((安徽祁門)文堂陳氏家譜)』 목록

권수(卷首): 신서(新序)·범례(凡例)·구서(舊序)·세계고(世系考)·묘지(墓地)·문권규장(文卷規章)·사묘(祠廟)·촌묘도(村墓圖)·분산도(墳山圖)·초상(肖像)·십경지(十景志).

1권~13권: 족도(譜圖).

14권: 문헌록(文獻錄)·과제선거(科第選擧)·유림문원(儒林文苑)·예문서목(藝文書目)·효우충의(孝友忠義)·의행은덕(義行隱德)·환적(宦績)·약법(約法)·고적지목(古跡志目)·명승지목(名勝志目) 등.

(7) 민국 29년(1940)『(안휘적계)적계정리정서륜당세보((安徽績溪)績溪程里程敘倫堂世譜)』 목록

권수(卷首): 목록(目錄)·서례(序例)·범례(凡例)·묘사도(墓祠圖)·묘도(廟圖)·조상 초상(祖先像)·묘도(墓圖)·계거(契據)·고시(告示).

1권~10권: 세계(世系).

11권: 고칙(誥敕)·소(疏)·전기(傳記)·시(詩)·명(銘)·서(書).

12권: 보서(譜序)·규범(規範)·가훈(庭訓)·가원(家苑)·항렬(排行)·제사(祭祀)·후서(後序)·수사이보직원표(修祠理譜職員表)·반령세보단(頒領世譜單).

권말: 산업(產業)·묘도(墓圖) 등.

앞서 언급한 명대에서 민국 시기까지의 7가지 가보 목록들을 서로 비교하면 다음과 같은 몇 가지 사실을 알 수 있다.

첫째, 명나라 정덕 4년(1509)부터 민국 29년까지 400여 년을 거치는 동안 가보 목록은 거의 유사했다. 명대 가보 목록에는 신구(新舊)의 보서(譜序), 범례(凡例)·성원(姓原)·세계(世系)·묘도(墓圖)·고칙(誥敕)·전기(傳記)·시문(詩文)·상찬(像贊)·가훈(家訓)·영보자형대소(領譜字型大小) 등이 주를 이루었다. 그리고 청대와 민국 시기의 가보 목록은 기본적으로 유사한 내용을 보이면서 차서(次序)와 명칭에 약간의 변화를 보였을 뿐이다. 특히 명대 중국 가보는 발전을 거듭하며 성숙과 완비, 그리고 정형화 단계에 이르렀고, 또한 가보의 기본형식이 완성된 시기였다. 이에 비해 명대의 가보를 계승한 청대와 민국 시기 가보는 내용과 체례에서 별다른 독창성은 발견되지 않는다.

둘째, 세계는 중국가보의 중심이 되었다. 가보의 시조를 기점으로 가보가 편찬되는 시기까지 역대 조상의 이름을 수록했다. 즉 인물의 자호(字號), 생년월일, 임관 약력, 배우자와 자녀, 분묘위치 등의 내용을 함께 기록했다. 세계는 가보에서 차지하는 비중이 가장 큰 부분으로, 앞서 언급한 7가지 가보에서 세계 내용이 차지하는 분량은 전체의 3/4에 이른다. 세계의 비중이 이보다 더 많은 가보도 있다. 예를 들면 건륭 13년(1748) 『(안휘휴녕)휴녕김씨족보((安徽休寧)休寧金氏族譜)』의 경우, 목록과 함께 1권부터 19권까지 달했다. 1권부터 종족이 산거했던 지역에 따라 각파의 세계(世系)를 소개했다. 1권에서 경조(京兆)·남양(南陽)·건강(建康)·고소(姑蘇)·동려(桐廬) 등 5파로 나누어 거주 지역에 따라 각파의 세계를 소개했다. 그리고 계속해서 18권은 탕진파(湯鎮派)·죽림파(竹林派)를, 19권에는 가전(家傳)만을 수록했다. 이상과 같이 각 종파의 세계가 가보에서 차지하는 비중은 95%에 달했다. 『휴녕김씨족보(休寧金氏族譜)』의 경우 별칭으로 '휴녕김씨세계도(休寧金氏世系圖)'라고 부르기도 했다.

셋째, 편집 체례의 측면에서 보면 가보는 정사와 방지의 편찬 방법을 계승했다. 그래서 가보에는 사(史)·도(圖)·표(表)·지(志)·전(傳) 등 다양한 형식을 함께 겸용해서 사용했다. 종족과 관련된 내용을 기술하면서 수록 방법상 유상(遺像)·택기(宅基)·사당(祠堂)·분묘(墳墓) 등 그림과 문자가 함께하는 방식을 채용하여 가보만의 편찬 특색을 더욱 선명하게 드러냈다.

4. 수보(修譜) 목록

다수의 가보에는 목록 뒤에 "수보 목록"을 나열해 가보를 수보한 시기와 그 시기별로 참여한 사람들의 명단과 담당했던 업무 등을 수록했다. 예를 들면 선통(宣統) 3년(1911) 『(안휘적계)천당갈씨종보((安徽績溪)泉塘葛氏宗譜)』에는 '고금수보명목(古今修譜名目)'이라는 제목으로 종보의 수보에 참가했던 인물을 아래와 같이 나열했다.

시기	가보 편찬 담당자
송대 건흥(乾興) 원년(1022) 편찬	상공(湘公)
송대 경원(慶元) 2년(1196) 속수(續修)	종유공(宗喩公)·번공(蕃公)·방공(芳公)
명대 홍치(弘治) 5년(1492) 속수(續修)	태수공(泰壽公)·명종공(明宗公)
청대 광서(光緖) 기묘(己卯, 1879)	승욱공(承煜公)

선통 3년(1911) 『(안휘적계)천당갈씨종보』는 참여 인물의 명단을 아래와 같이 상세하게 기록했다.

독리(督理): 이계(履桂), 승정(承錠).

사리(司里) 출납: 명담(明湛).

분수정연(分修丁捐): 명한(明漢)·승장(承樟)·명의(明義)·대감(代鑒).

편찬(編修): 광한(光漢).

총핵(總核): 명담(明湛)·명의(明義).

교간(校刊): 이계(履桂)·명의(明義)·명담(明湛)·광승(光升)

도광 30년(1850) 『(강서무원)소강가승((江西婺源)蕭江家乘)』에는 '수집명차(修輯名次)'의 표어에 역대 수보 작업에 참여한 명단을 아래와 같이 수록했다.

편찬 시기와 보명		연대	수보(修譜) 담당자
송대	원풍무오보(元豐戊午譜)	1078	총(總)
	가정임오보(嘉定壬午譜)	1222	정견(廷堅)
	함순병인보(咸淳丙寅譜)	1266	윤신(潤身)
원대	대덕을사보(大德乙巳譜)	1305	진원(珍元)
	연우병진보(延祐丙辰譜)	1316	준(浚)
명대	홍무계축보(洪武癸丑譜)	1373	유조(裕祖)
	가정신축보(嘉靖辛丑譜)	1541	전(銓)
	가정신유보(嘉靖辛酉譜)	1561	문식(文式)
	융경기사보(隆慶己巳譜)	1569	진(珍)

편찬 시기와 보명		연대	수보(修譜) 담당자
	만력갑진보(萬曆甲辰譜)	1604	응두(應鬥)
	만력기사보(萬曆己巳譜)	1605	응한(應翰)
청대	건륭무신보(乾隆戊申譜)	1788	대림(大林)
	가경을해보(嘉慶乙亥譜)	1815	원위(元煒)의 동제(同弟) 원황(元煌)
	도광무신보(道光戊申譜)	1848	원위(元煒)의 동질(同侄) 갱(賡)

이상의 『(강서무원)소강가승』에 나열된 역대 수보자 명단을 보면 해당 가보를 속수했던 상황을 간략하게나마 알 수 있다. 해당 본문에는 주희(朱熹)가 3대에 이르러 수보하지 않으면 이를 불효라고 언급한 이래로 60년마다 가보를 수보해야 한다는 주장 등을 언급했다. 『(강서무원)소강가승』은 송나라 원풍보(元豊譜)에서 시작해 청나라 도광의 무신보(戊申譜)까지 무려 770년을 거치면서 모두 14차례에 걸쳐 수보를 지속했다. 이는 수보시기가 평균 55년에 달하는 것으로 주희의 주장과 거의 부합했다.

민국 8년 『(안휘흡현)흡서왕씨중집지보((安徽歙縣)歙西汪氏重輯支譜)』는 역대 수보 시기와 보명 및 편찬·서문의 필자명을 별도로 표를 만들어 아래와 같이 나열했다.

수보	시기	보명	편찬 서문 필자명
2차	동진 함강(咸康) 2년(336)	구보혼관직상(舊譜婚官職狀)	진의 회안후(淮安侯) 왕욱(汪旭) 상표(上表)
	동진 함강 2년(336)	구보혼관직상	진의 원숙(袁叔) 발(跋)
3차	당 정관(貞觀) 12년(638)	구보혼인직상(舊譜婚姻職狀)	당의 월국공(越國公) 왕화(汪華) 상표
	당 건봉(乾封) 원년(666)	구보혼인직상	당의 계종이(季宗渼) 봉칙(奉敕)고정(考定)
4차	당 개성(開成) 4년(839)	왕씨족보(汪氏族譜)	당의 왕분(汪芬)(지고(志高))
	송 소흥(紹興) 3년(1133)	왕씨구보(汪氏舊譜)	송의 왕극일(王克一)(칠봉(七峰))
5차	송 순희(淳熙) 15년(1188)	왕씨대족보(汪氏大族譜)	송의 주자(朱子)(회암(晦庵))
6차	송 함순(鹹淳) 6년(1270)	중수경원보(重修慶源譜)	송의 왕고오(汪高梧)(상풍(翔風))
7차	원 태정(泰定) 3년(1326)	연원록(淵源錄)	송의 염희정(廉希貞)(개부(介夫))
	원 태정 3년(1326)	연원록	송의 왕송수(汪松壽)(정심(正心))
	원 태정 5년(1328)	경원종보(慶源宗譜)	원의 왕예(汪垚)(자당(子堂))
8차	원 지순(至順) 원년(1330)	중수보(重修譜)	원의 왕예(자당)
9차	명 홍무(洪武) 원년(1368)	왕씨가승(汪氏家乘)	명의 왕예(汪睿)(중로(仲魯))
10차	명 홍무 31년(1398)	속종보(續宗譜)	명의 왕적경(汪積慶)(처선(處善))
	명 홍무 31년(1398)	조서본지도보(稠墅本支圖譜)	명의 왕태래(汪泰來)(복형(復亨))
11차	명 천순(天順) 7년(1463)	왕씨연원보(汪氏淵源譜)	명의 방면(方勉)(번덕(樊德))

수보	시기	보명	편찬 서문 필자명
	명 천순 8년(1464)	조서왕씨족보(稠墅汪氏族譜)	명의 정맹(程孟)(문실(文實))
	명 천순 8년(1464)	중수연원보(重修淵源譜)	명의 왕조경(汪祖慶)(문해(文海))
	명 성화(成化) 원년(1465)	연원보(淵源普)	명의 조금룡(趙金龍)(단헌(亶軒))
	명 성화 원년(1465)	중수보(重修譜)	명의 왕선경(汪善慶)(세재(世才))
	명 성화 원년(1465)	중수왕씨족보(重修汪氏族譜)	명의 왕불선(汪佛善)(희원(希原))
12차	청 강희(康熙) 57년(1718)	중수조서대리왕씨연원보(重修稠墅大里汪氏淵源譜)	청의 왕척(汪滌)

역대 『(안휘흡현)흡서한씨중집지보』를 수보했던 보명의 목록을 하나하나 나열해 기록한 위의 도표는 다소 번거롭게 보일 수도 있다. 하지만 이런 도표에는 매우 중요한 사실을 수록하고 있다는 점에 주목할 필요가 있다. 첫째, 『(안휘흡현)흡서한씨중집지보』의 가보 수보는 유구한 역사를 갖고 있다. 동진(東晉)의 함강(咸康) 연간에서 민국 초기까지 가보의 속수 시기는 무려 1,600여 년에 이른다. 게다가 한 번도 수보를 중단하지 않았는데, 이는 다른 가보에서는 찾아보기 힘든 경우이다. 가장 먼저 수보가 시작된 동진 시기의 '혼관직장(婚官職狀)'[15]과 당대의 '혼관직장'에는 '보(譜)'라는 명칭이 없었다. 하지만 당시에 본족과 관련된 '직장(職狀)'을 수록할 때 반드시 본족의 성씨 기원, 족인 이주, 역대 세계(世系)를 일일이 나열해 수록했다. 그리하여 '직장'에는 이미 가보의 중요한 내용들이 포함되어 있었고, 결국 이것은 가장 오래된 왕씨(汪氏) 가보의 근거이며 합리적인 가보의 구성요건에 부합했다. 둘째, 동진과 당대에 편찬한 가보의 경우 일반적으로 조정의 관료였던 족인 대표가 조정에 보고해 황제의 허가를 받는 '봉칙고정(奉敕考定)'의 과정을 거쳤다. 이런 부류의 가보는 조정에 보고를 통해 출간 여부를 황제가 결정을 했다. 따라서 가보는 결국 직접적으로 정치적 기능을 수행하기 시작했다. 특히 위진남북조 시기 구품중정제를 실시하면서 관료는 명문 대족이 세습했고, 혼인 역시 자연히 문벌과 가문이 중시되었다. 그래서 "관리의 선발은 반드시 부장(簿狀)에 근거했고, 집안 사이의 혼인은 반드시 보계에 근거했다."[16]라는 현상이 나타나면서 가보와 임관, 혼인은 밀접한 관계를 갖게 되었다. 족인 혈연의 순수성을 지키기 위해 다른 성씨나 유사 성씨와의 혼재 방지를 목적으로 국가는 보국(譜局)을 설치해 전문적으로 보첩의 편찬을 관리하기도 했다. 그러므

15 혼관직장(婚官職狀): 혼인, 관직역임, 관직의 승진, 임관과 포상에 관한 문서를 지칭한다. 특히 직장은 원해 지방의 말단 관리로 선발될 때 받는 일종의 임명장으로 그 기원은 송대(宋代)로 거슬러 올라간다. (역자 주)

16 『通志·氏族略』: "官之選擧, 必由於簿狀, 家之婚姻, 必由於譜系。" (역자 주)

로 사찬(私撰)가보는 반드시 조정에 보고해서 허가를 받아야 했다. 송대에 이르러 과거시험 제도가 한층 더 완비되면서 임관과 혼인에 이용되던 가보의 정치적 기능은 점차 윤리적 기능으로 대체되기 시작했다. 이로 인해 사찬가보 역시 더 이상 조정의 편찬 허가가 필요 없게 되었다. 이런 변화는 이후 가보의 보급과 발전에 중요한 조건으로 작용하였다. 셋째, 어떤 가보는 가보 편찬에 참여한 사람의 명단 대신에 역대 가보의 보서(譜序)를 저술한 사람의 이름만을 수록하기도 했다. 또 어떤 가보는 본족의 공(功), 작(爵), 저술 등에 뛰어났던 사람만을 수록하기도 했다. 동진 시기 회안후(淮安侯)인 왕욱(汪旭), 당대 월국공(越國公)인 왕화(汪華) 등이 그런 사례다. 어떤 경우 사회적으로 널리 알려진 명인만을 수록하기도 했는데, 남송의 주희, 원대의 염개부(廉介夫) 등이 이런 경우이다. 이는 가보의 가치를 높이고자 했던 하나의 수단이었다.

모든 가보가 수보에 참여했던 역대 모든 사람의 명단을 수록한 것은 아니었다. 일부 가보는 해당 시기의 인물만을 상세히 언급하고 있다. 예를 들면 민국 14년(1925) 『(안휘적계)탄천월국왕씨족보((安徽績溪)坦川越國汪氏族譜)』의 경우 '속수직명(續修職名)'에 근거해 핵심자를 열거했다. 즉 총리(總理)·부리(副理)·주수(主修)·찬수(贊修)·편집(編輯)·탐방(探訪)·도회(圖繪)·선록(繕錄)·교대(校對)·감인(監印)·징수(徵收)·서무(庶務)·승간인(承刊印) 등 수보에 참여한 관련자를 하나하나 수록했다. 해당 가보는 민국 시기에 속수한 것으로 수보에 참여한 인원을 직무에 따라서 세분한 정도가 지금과 거의 흡사하다.

어떤 가보의 경우 역대 수보 명단은 물론이고 최근의 명단조차 없이, 다만 보서(譜序)에 수보의 취지와 수보 명단만 언급한 사례도 있다. 예를 들면, 광서 26년(1900) 『(안휘기문)도원홍씨종보((安徽祁門)桃源洪氏宗譜)』는 '종보를 새로 편찬하는 발기문(記新修宗譜緣起)'의 서문을 통해 간략하게 수보에 참여했던 사람에 대해 언급했다. 즉 "광훈(光薰)과 도선(道善)은 가보 편찬에 능숙하여 감독을 담당하니 노력한 공로가 있다. 소문(紹聞)과 소선(紹宣)은 재간이 있어 망유(網維)와 출납을 관장하게 하니 매우 적합했다. 기부금 모금에는 환문(煥文)의 힘이 컸다. 잠시 머물 집을 마련하는 데 함여(咸與)의 노고가 있었다. 가보의 편집, 자료의 수집, 자료의 대조, 자료의 교정, 내용 수정, 보충과 교정 등은 유검(惟釗)이 주관했다. (중략) 적혜(迪惠)는 그림을 잘 그려서 회화를 담당하도록 했다. 이렇게 하여 수보의 사업이 완료될 수 있었다."[17]라고 했다. 여기서 수보에 참여한 감수(督修)·출

17 『(安徽祁門)桃源洪氏宗譜』: "光薰、道善老練者也, 爲之督, 以勵厥功。紹聞、紹宣有幹濟者也, 以之理其網維、綜其出納, 無不宜。至於勸捐, 煥文之力多。一時之家居者, 咸與有勞。若夫編之, 輯之, 校之, 正之, 修明之, 補訂之, 惟釗是司。(中略) 迪惠善畫, 命以繪圖, 而譜之事, 備矣!" (역자 주)

납(出納)·권연(勸捐)·주수(主修)·회도(繪圖) 등의 인원을 하나하나 열거했다. 또한, 이런 직무 설치의 이유를 언급하면서 단순히 이름만 나열한 기존의 사례와는 달리 담당한 직무 내용을 더욱 구체적으로 기록했다.

5. 보서(譜序)

보서는 가보의 구성에서 중요한 위치를 차지한다. 보서는 성씨의 기원과 족인의 이주, 수보의 취지, 수보의 목적, 수보의 과정 및 수보의 이론 등 수보와 관련한 다양하고 중요한 문제를 열거해 설명하는 글이다. 이런 내용은 민국 16년(1927) 『(안휘)적계왕천조씨종보((安徽)績溪旺川曹氏宗譜)』의 사례를 통해서 살펴보면 다음과 같다.

(1) 성씨의 기원. 본 가보의 보서에는 조씨(曹氏)의 기원이 나라 이름에서 유래했다고 분명히 언급했다. 즉, "우리 성씨는 저명한 성씨로 그 유래가 아주 깊다. 희성(姬姓)인 주문왕의 아들 진봉(振鋒)이 조(曹)나라에 분봉되었고, 후대인이 나라 이름을 성(姓)으로 삼은 것이다. 조씨의 시조는 이로부터 시작되었다."[18]라고 했다.

(2) 족인의 이주. 보서를 보면 왕천조씨(旺川曹氏)는 만당(晩唐) 시기 산동의 청주(青州)에서 신안(新安)의 흡현(歙縣)으로, 송대에 이르러 다시 적계(績溪)로 이주했다고 언급했다. 서문에는 "한(漢)에서 당(唐)까지 자손들이 번성해 사방으로 흩어져 거주했다. 멀리 거주해 잘 모르는 후손은 상세히 기술할 수가 없을 정도였다. 선대의 조상께서 산동 청주에 거주할 때 전정공(全政公)이 아들 익공(翊公)에게 명하여 흡현(歙縣)의 황돈(篁墩)에 출몰한 도적을 소탕하도록 했다. 이것이 휘주(徽州) 시천조의 시작이다. 8대인 대구공(大九公)은 대송(大宋)에서 다시 적계(績溪)의 북쪽으로 이주했다. 이것이 칠도(七都)의 시천조 조상이다. 이곳에서 아들 2명을 낳았는데, 장자인 소육공(小六公)과 차남인 소구공(小九公)이다. 왕천(旺川)은 장자의 종파이다. 수백 년이 지난 지금에도 이런 사실은 보첩에 수록되어 있어 분명히 알 수 있다."[19]라고 했다.

(3) 수보의 취지. 조씨는 만력(萬曆)의 을묘년(乙卯年, 1615)에 족보를 수보하였지만 완

18 『(安徽)績溪旺川曹氏宗譜』: "吾氏之著姓由來遠矣。肇自姬周文王之子振鋒受封于曹, 後人因以國爲姓。曹氏之祖於此始焉。" (역자 주)

19 『(安徽)績溪旺川曹氏宗譜』: "曆漢及唐, 子孫蕃衍散處四方, 其遠而難知者不可悉述。至若先世卜居山東青州, 自全政公命其子翊公剿寇於歙之篁墩, 是爲徽州始遷之祖。爰及八世大九公于大宋又遷績溪之北, 是爲七都始遷之祖。所生二子, 長曰小六公, 次曰小九公, 予旺川乃其長派也。越今數百年, 載在譜牒, 歷歷可考。" (역자 주)

벽하지 못했다. 그래서 50년이 지난 후인 강희(康熙) 초기에 속수를 결정했다고 보서에서 언급했다. 이에 대해 서문에 "우리 성씨가 거주하는 지역은 (인구가) 조밀하고 (지역이) 협소해서 타향으로 이주하는 사람도 있었다. 하지만 만력 을묘년에 편찬한 가보에는 이런 사실을 제대로 수록하지 못했다. 후손이 멀어질수록 (사실) 채증의 어려움을 고려해 부득이 속보(續補)를 통해 사실을 바로잡으려 한다."[20]라고 했다. 그리하여 결국 강희 5년(1666)에 가보의 속수를 결정했던 것이다.

(4) 수보의 목적. 강희 초기에 조씨는 수보의 목적에 대해 족인들과 함께 다음과 같은 점을 강조했다. 즉 "종족에 가보가 있기 때문에 조상을 존중하고, 소목(昭穆)을 순서를 정하고, 친소를 판단하고, 성씨의 동이(同異)를 구분할 수 있다. 족보를 수보하지 않으면 사람이 죽고 여러 세대가 지난 후에는 무엇으로 조상의 근원을 알 수 있겠는가? 만약 명분만으로 주장한다면 친족들은 소원해지고, 종파와 지파를 가볍게 저버리고 다른 종족과 연대할 수도 있다. 어찌 수원이 없는 물과 뿌리가 없는 나무가 있을 수 있겠는가?"[21]라고 했다. 계속해서 "족보의 수보란 (가문의) 명성을 널리 알리는 것이고, 조상을 공경하고 동족을 화목하게 하는 근본인 것이다."[22]라고 했다. 마지막으로 "존조(尊祖)·경종(敬宗)·수족(收族)과 일맥상통하는 한 가문의 선정(善政)은 모두 여기에 있다."[23]라고 했다.

민국 16년(1927) 속수된 조씨 가보는 청조를 멸망시킨 신해혁명을 이해하지 못하고 "수천 년 전통의 국기(國紀)와 종법"[24]을 파괴시킨 것이라고 기록했다. 그리하여 보서는 '경종수족(敬宗收族)'을 재차 강조했고, 수보를 통해 "종법으로 나라의 기강을 바로잡는"[25] 것을 강조했다. 그뿐만 아니라 "보첩의 수보를 통해 족인들이 부친은 부친답고 자식은 자식답고, 형은 형답고 동생은 동생답고, 지아비는 지아비답고, 부인은 부인다워짐에 종법으로 무너진 나라 기강을 확립해야 한다. 무릇 족보의 기능인 경종(敬宗)과 수족(收族)을 통해서 효(孝)와 제(悌)를 가르쳐야 한다."[26]라고 했다. 그리고 "맹자가 이르길 천하의

---

20 『(安徽)績溪旺川曹氏宗譜』: "吾族人稠地狹, 必有徙居外鄉者, 且萬曆乙卯(1615)之譜究未詳備, 恐世傳漸遠, 難以征信, 不可不續修以厘正之也." (역자 주)

21 『(安徽)績溪旺川曹氏宗譜』: "族之有譜, 所以尊祖宗、序昭穆、辨親疏、別同異也。族譜不修, 則人亡世遠, 何由知祖考之所自來, 名分之所由敘, 親者反疏, 疏者反親, 輕棄宗支, 謬聯他族, 不幾若無源之水, 無根之木乎." (역자 주)

22 『(安徽)績溪旺川曹氏宗譜』: "族普之修, 彰其名者也然, 而敬祖睦族之實寓焉." (역자 주)

23 『(安徽)績溪旺川曹氏宗譜』: "所謂尊祖、敬宗、收族, 一家之善政, 胥於此乎." (역자 주)

24 『(安徽)績溪旺川曹氏宗譜』: "數千年來國紀與宗法." (역자 주)

25 『(安徽)績溪旺川曹氏宗譜』: "以宗法維國紀." (역자 주)

26 『(安徽)績溪旺川曹氏宗譜』: "修譜牒, 使族人父父子子、兄兄弟弟、夫夫婦婦, 以宗法維國紀之窮。蓋譜也者, 所以敬宗、收族, 而教孝敎弟者." (역자 주)

근본은 국가이고, 국가의 근간은 족인이라 했다. 사람들인 친족을 가까이하고, 어른이 어른다우면 천하가 태평하게 된다. 그래서 가보를 편찬하는 것이고, 종법으로 곤궁한 국기(國紀)를 바로 세워야 한다. 이 어찌 경종과 수족만을 언급한 것이겠는가?"[27]라며 수보를 강조했다.

(5) 수보의 과정. 강희(康熙) 초년 조씨의 수보는 23대 자손인 응성(應星)과 응시(應試) 형제가 함께 준비했다. 이에 대해 이르길 "하루는 응성의 동족 형인 응시와 족형제인 응상(應翔), 국운(國運), 응참(應參) 등이 다른 사람에게 이르길, 우리 동족은 세대가 오래되고 지파가 번잡해서 서열 순서의 파악이 쉽지 않다. 다행히 지금 조상이 남겨 주신 기록이 아직 남아 있으니 널리 세계 탐방도 하고 장로들의 이야기도 많이 들어 제때 수보의 사업을 시행한다."[28]라고 했다.

수보 과정에서 23대 후손인 취소옹(聚所翁)이 크게 공헌하였다. 이에 대해서 "취소옹은 평소 호학에 뜻을 두어 전고(典故)에 심취했다. 그리하여 특히 동족의 일에 대해 상세히 알고 널리 고증했으며, 성격이 강직하여 함부로 부귀영화에 편승하지 않았다. 그는 수보에 있어 조종이 수록한 묵본을 근거로 삼고, 무덤과 비명(碑銘)의 실제 기록을 고증해서 사실 만을 전하는 것에 힘쓰니 누구도 감히 이를 의심하지 않았다. 위로는 대구공(大九公)에서 아래로는 지금의 동손(童孫)과 유자(幼子)까지 원류와 지파를 상세하게 분석하여 생몰과 혼인을 세밀하게 고증했으니, 오호라 가히 전심전력을 다했다고 할 수 있다."[29]라고 했다.

기타 족인 구성원 역시 수보 사업에 적극적으로 참여하며 지원했다. 이에 대해 이르길 "금일 우리 형인 응성 등은 널리 생각하고 상세히 살피며 흔쾌히 보수사업을 담당했다. 또한 많은 사람들이 교정 작업에 참여해 그들 모두의 도움으로 수보를 완성했다."[30]라고 했다.

아쉬운 점은 강희보가 병오(丙午)년(1666)에 완성이 되었지만 인쇄를 하지 못했다. 수보에 수십 년 헌신했던 취소옹 역시 정미(丁未)년(1667) 봄에 사망하면서 가보 출간을 보

27 『(安徽)績溪旺川曹氏宗譜』: "孟子有言, 天下之本在國, 國之本在家。又云, 人人親其親, 長其長, 而天下平。然則譜之作也, 正以宗法維國紀之窮, 豈僅敬宗收族云爾哉!" (역자 주)

28 『(安徽)績溪旺川曹氏宗譜』: "一日, (應星)同族兄應試、族兄弟諱應翔、國祚、應參等謂餘日: 吾族世遠支繁, 序次不易, 幸今日祖宗所貽筆墨猶存, 兼系廣搜博訪, 多聞長老之言, 修譜之事宜及時舉行." (역자 주)

29 『(安徽)績溪旺川曹氏宗譜』: "聚所翁素志好學, 沈酣典故, 而于餘族之事尤爲詳識博考, 性質直, 不喜妄附榮利, 其修譜一以祖宗手錄墨本爲據, 而又考證于安厝之墳塋, 碑銘之紀實, 務期傳信, 不敢存疑。上至大九公, 下迫今日之童孫幼子, 源流子派分晰詳明, 生歿婚娶考核精至, 嗚呼, 亦可謂殫厥心力矣。" (역자 주)

30 『(安徽)績溪旺川曹氏宗譜』: "今吾兄(應星等)博考精詳, 慨任乃事, 而又偕衆參訂, 共襄厥成。" (역자 주)

지 못했다. 이에 이르길 "수보는 강희 병오년 겨울에 완성되었지만 취소옹이 정미년 중춘(仲春, 음력 2월)에 별세함에 따라 판목 작업도 끝낼 수 없게 되었다. 옹의 수십 년 노력은 결국 가보가 인쇄되어 책으로 출판되는 것을 보지 못하고 끝났다. 결국 수보 사업은 누구도 어떻게 해 볼 도리가 없게 되었다."[31]라고 했다.

이상과 같이 서문에는 조씨의 강희보 편찬 과정의 전후 과정을 비교적 분명하게 기술했다.

(6) 보학이론. 『(안휘)적계왕천조씨종보((安徽)績溪旺川曹氏宗譜)』는 보론에서 구양수(歐陽修)와 소순(蘇洵)의 공헌을 추앙하면서 보학에 끼친 공헌에 대해서 다음과 같이 언급했다. 즉 "보학은 한당(漢唐) 이래로 거듭 흥성하면서 보첩은 모두 비부(秘府)에서 관장했다. 송대의 구양수와 소순이 각기 자신의 족보를 편찬하자 천하 사대부 역시 족보를 저술하기 시작했고, 이미 수백 년이 되었다. (중략) 당나라 태종이 처음으로 고사렴(高士廉)과 잠문본(岑文本)에게 명하여 민간에서 보첩을 수집하고 사전(史傳)을 참고해 『씨족지(氏族志)』를 편찬하게 하여 종법을 확립시켰다. 이것은 송대에까지 영향을 미쳐 구양수가 『한서(漢書)』의 연표를 준거로 삼게 되고, 소매산(蘇眉山)이 『예기(禮記)』를 근거로 대종과 소종의 순서를 확정하자 세상에는 가보가 흥성했다. 그럼에도 구공(歐公)이 보서에서 이르길 '성씨(姓氏)가 기원한 곳과 소목(昭穆) 순서를 잘 알지 못함에 금수(禽獸)도 그렇지 아니하다.'고 하니 사람들이 (가보) 읽기를 두려워했다. 무릇 혈연관계의 근본을 밝히려는 가보 편찬의 뜻은 결코 소보(小補)에 있지 않음을 말해 준다."[32]라고 했다.

민국 16년(1927) 『(안휘)적계왕천조씨종보』 제1편의 '왕천조씨속수종보서(旺川曹氏續修宗譜序)'는 족보가 간행되었을 때 한림원(翰林院)의 편찬을 역임한 강지이(江志伊)가 작성했다. 그리고 보서에는 역대 수보 시기의 보서와 발(跋) 등 관련 자료를 함께 수록했다. 예를 들면 강희 5년(1666) 「강희족보원서1(康熙族譜原序一)」, 같은 해의 「강희족보원서2(康熙族譜原序二)」, 같은 해의 「강희족보원서3(康熙族譜原序三)」, 같은 해의 「강희족보원발(康熙族譜原跋)」, 강희 6년(1667)의 「역대가선진보설인언(歷代家先進譜說引言)」, 송대 원풍(元豊) 시

31 『(安徽)績溪旺川曹氏宗譜』: "是譜修成於康熙丙午之冬季, 而聚所翁以丁未仲春卽世, 梓工尙未竣也。翁以數十年之勞心勞力, 竟未及見是譜之刷印成帙而卒, 亦事之莫可如何者矣。" (역자 주)

32 『(安徽)績溪旺川曹氏宗譜』: "譜學自漢唐以來, 更廢迭興, 大抵掌乎秘府, 洎宋歐、蘇二氏各譜其族, 而天下士大夫始家自爲譜, 凡數百年矣。(中略) 自唐太宗始命高士廉、岑文本等博采民間譜牒, 參以史傳, 作《氏族志》, 而宗法立。洎宋歐陽公依《漢》年表爲法, 蘇眉山准《禮》之大宗小宗爲次, 而世譜興。乃歐公譜序, 至謂人不知姓之所自出, 而昧昭穆之序, 則禽獸不若, 使人讀之竦然。凡皆以明敦本親親之義, 而譜事之修所關非小補也。" (역자 주)

기의 「조씨천휘수수종보서(曹氏遷徽首修宗譜序)」, 강희 8년(1669)의 「정수신안조씨통종보인(征修新安曹氏統宗譜引)」, 강희 12년(1673)의 「합수신안조씨통종보서(合修新安曹氏統宗譜序)」, 강희 12년(1673)의 「부변의사칙(附辨疑四則)」, 같은 해의 「회수신안조씨통종보서(會修新安曹氏統宗譜序)」, 건륭(乾隆) 22년(1757)의 「왕천화악헌참계족보서(旺川華萼軒參稽族譜序)」, 도광 5년(1825)의 「왕천종사중록패보기(旺川宗祠重錄牌譜記)」와 「왕천안당분수지보서(旺川雁堂分修支譜序)」, 도광 26년(1847)의 「왕천묵장속수가보서(旺川墨莊續修家譜序)」, 함풍(咸豐) 원년(1851)의 「조씨역대분천고략(曹氏歷代分遷考略)」과 「조씨역대보첩고략(曹氏歷代譜牒考略)」, 광서 2년(1876)의 「왕천종사중집배보서(旺川宗祠重集配譜序)」, 광서 21년(1895)의 「왕천종사속찬패보서(旺川宗祠續纂牌譜序)」 등등 모두 19편으로 대략 1만 2,000자에 달하는 비교적 방대한 분량이다.

가보를 수보할 때 역대 수보 서문을 새로운 서문에 첨부하는 방식은 중국 가보 편찬에 보편적으로 사용되었다. 또한 이를 통해 수보의 발전과정 및 수보의 취지와 그 변화 등을 이해할 수 있는 중요한 근거 자료이기도 하다. 신판과 구판의 보서 분량이 대단히 방대한 경우도 있다. 예를 들어 민국 시기 목활자본인 『(강서)만재전하곽씨족보((江西)萬載田下郭氏族譜)』 서문에 수록된 내용을 열거하면 아래와 같다.

「신서(新序)」·「신수족보인명(新修族譜人名)」·「역수족보인명(曆修族譜人名)」·「구양수서(歐陽修序)」·「증조서(曾肇序)」·「반서(潘序)」·「동서(董序)」·「위서(韋序)」·「만붕서(萬鵬序)」·「만육서(萬育序)」·「사진서(士珍序)」·「고서(高序)」·「방서(龐序)」·「엄서(嚴序)」·「소서(巢序)」·「만원서(萬寃序)」·「사패사진서(士佩士進序)」·「사제서(士第序)」·「방형서(邦珩序)」·「종약서(鐘躍序)」·「진서(陳序)」·「능서(淩序)」·「소서(昭序)」·「사걸서(士傑序)」·「안서(顏序)」·「방성서(邦城序)」·「구서(嶇序)」·「광홀서(光笏序)」·「치경서(治慶序)」·「발(跋)」 등 신구의 서문은 모두 39편으로 대략 4만 자 분량에 달했다.

그렇다면 이와 같은 서문은 누가 작성한 것일까? 대개는 해당 족인으로 주로 가보 편찬을 주도했던 사람이나 명성이 높은 자가 작성했다. 이 외에 당시 저명한 사람들에게 의뢰하는 경우도 있는데, 주로 덕망, 작위, 공훈, 문장 등이 뛰어난 인물의 이름을 빌려 작성하기도 했다.

특히 역대 명인 가운데 중국 가보 서(序)를 작성한 유명한 인물로는 안진경(顏眞卿)·구양수(歐陽修)·소순(蘇洵)·주희(朱熹)·문천상(文天祥)·육수부(陸秀夫)·왕도곤(汪道昆)·이선장(李善長)·왕십붕(王十朋)·왕세정(王世貞)·조맹부(趙孟頫)·방효유(方孝孺)·송렴(宋濂)·왕명성(王鳴盛)·장지동(張之洞)·이홍장(李鴻章)·호적(胡適)·원세개(袁世凱)·장병린(章炳麟)·손중산(孫中山)·이종인(李宗仁) 등을 들 수 있다.

역대 명가의 가보에 수록된 보서 가운데 3가지 서(序)가 후세에 큰 영향을 주었다. 첫째는 소순(蘇洵)이 지화(至和) 2년(1055)에 편찬한 『소씨족보(蘇氏族譜)』의 「소씨보인(蘇氏譜引)」이다. 그는 이곳에서 "소씨의 족보는 소씨 족인의 가계도이다. (중략) 우리 족보를 보면 효제(孝悌)의 마음이 가히 저절로 샘솟는다."[33]라고 했다. 소순은 수보 행위를 조상에 대한 존경과 족인의 단결을 도모하는 중요한 수단으로 보았다. 둘째는 구양수가 가우(嘉祐) 4년(1059)에 자신의 족보인 『구양씨보도(歐陽氏譜圖)』를 편찬하면서 「서」에서 구양씨 족인과 자손은 "충성으로 군주를 보필하고, 효도로 부모를 모시며, 청렴으로 직관을 역임하고, 학문으로 입신한다."[34]라고 했다. 즉 조상의 유덕을 널리 알려서 조상을 빛내야 함을 강조했다. 셋째는 주희가 순희(淳熙) 10년(1183)에 『(강서)무원다원주씨세보((江西)婺源茶院朱氏世譜)』에서 언급한 서(序)이다. 이곳에서 주희는 "계묘년(1183) 5월 신묘(辛卯)일에 구보(舊譜)를 열독하면서 세대 순차가 쉽게 멀어지고, 부자와 형제가 쉽게 소원해져서 그 무덤도 쉽게 보존할 수 없게 되었음을 깨달았다. 그리하여 세계(世系)의 순차를 바로잡아 『무원다원주씨세보(婺源茶院朱氏世譜)』라 정하고 아울러 그의 후손을 기록했다."[35]라고 했다. 이와 같이 소순·구양수·주희가 보서에서 주장한 수보의 취지와 원칙·방법 등이 널리 알려지면서 이후 천여 년 동안 후대의 수보에 큰 영향을 주었다.

역대 명인이 저술한 보서를 상세하게 분석해 보면 진품인 것도 있지만, 일부는 명인의 이름을 의탁해 작성한 위작도 있다. 이렇게 진위가 혼재하는 현상은 주희가 작성했다는 보서에서 특히 자주 나타났다. 주희는 중국 봉건사회 후기에 큰 영향력을 행사했던 사상가인데, 그의 이학(理學) 사상은 중국 가보 편찬에 지대한 영향을 주었다. 앞서 언급했듯이 주희 자신은 가보 편찬을 매우 중시했을 뿐만 아니라 이를 몸소 실천하면서 『(강서)무원다원주씨세보((江西)婺源茶院朱氏世譜)』라는 자신 족인의 가보를 편찬하기도 했다. 그래서 사람들은 가보를 편찬할 때 주희를 초청해 서문을 부탁했는데, 이는 당시 매우 자연스러운 일이었다.

필자의 수중에도 주희가 저술했다는 보서가 20여 종 있다. 이렇게 타인을 위해 작성한 보서 가운데는 주희가 작성한 『(강서)무원다원주씨세보』의 서(序)보다 한층 더 보학 사상을 발전시킨 내용도 있다. 예를 들면 그가 작성한 『(호남안화)호씨구수족보((湖南安化)胡

33 「蘇氏譜引」: "蘇氏族譜, 譜蘇氏之族也。(中略) 觀吾之譜者, 孝悌之心可以油然而生矣!" (역자 주)

34 『歐陽氏譜圖·序』: "以忠事君, 以孝事親, 以廉爲吏, 以學立身。" (역자 주)

35 『(江西)婺源茶院朱氏世譜』: "癸卯(1183)五月辛卯, 因閱舊譜, 感世次之易遠, 骨肉之易疏, 而墳墓之不易保也, 乃更爲敘次, 定爲《婺源茶院朱氏世譜》, 而並書其後。" (역자 주)

氏九修族譜)』의 서(序)에서 가보의 역사적 지위를 국사(國史)와 비교하면서 다음과 같이 언급했다. 즉 "집안에는 가보가 있으니 이는 마치 나라에 사서(史書)가 있는 것과 같다. 나라에 사서가 없다면 수천 년간 이어 온 제왕의 전통과 정통성 및 흥망성쇠를 어디서 알 수 있겠는가? 만약 집안에 가보가 없다면 소목(昭穆)의 질서와 세계(世系)의 기원, 후손들의 종파 등 이와 관련된 사실을 어디서 고찰하겠는가?"[36]라고 했다. 또한 경원(慶元) 시기 『제남신씨가보(濟南辛氏家譜)』의 원서(原序)에서 수보의 취지를 강조하며 이르길 "무릇 수보의 뜻은 소목의 서열을 통해 장유(長幼)를 밝히고, 사서(士庶)를 구분하여 가도(家道)를 지키는 것에 있다."[37]라고 했다. 그리고 『(강서)안원염강구양씨통보((江西)安遠濂江歐陽氏通譜)』의 발(跋)에서 앞서와 같이 "보첩은 소목의 서열로 장유를 밝혀서 사람들의 마음을 가다듬어 흐트러지지 않게 하는 데 있다. 풍속을 후덕하게 함은 사람들로 하여금 근본을 망각하지 않도록 하기 위함이다."[38]라고 했다. 또한 『(호남안화)호씨구수족보((湖南安化)胡氏九修族譜)』의 서(序)에서 주희는 구양수와 소순의 체례를 추앙하면서 "족보는 옛부터 중시되었다. 구양수와 소순이 만든 족보는 족보의 본보기로 족보 저술에 많은 도움을 주었다. 본보기라 한 것은 성씨의 근원을 밝히고, 존비의 차례를 정하고, 친소를 구별하고, 성씨의 동이(同異) 판별 등을 말한 것이다. (중략) 구양수와 소순이 숭상한 바를 사족(士族)들도 따랐다."[39]라고 했다. 계속해서 선통 3년(1911) 『(안휘적계)천당갈씨종보((安徽績溪)泉塘葛氏宗譜)』의 서에서 주희는 수보 편찬자가 반드시 사실과 진실을 추구하려는 소양을 구비할 것을 강조하며 이르길 "무릇 가승(家乘)이란 일가의 역사서이기 때문에 신빙성을 잃어서는 안 되고, 과장하는 것에 주력해도 안 된다."[40]라고 했다. 위와 같은 그의 높은 식견을 수록한 보론은 이후 중국 보학이론을 더욱 풍부하게 만드는 보고가 되었다.

그러나 주희가 작성했다는 일부 가보의 보서는 사실상 그를 사칭한 위작일 경우도 있다. 이런 상황을 말해 주는 분명한 보서로는 옹정(雍正) 8년(1730)에 편찬한 『(안휘휴녕)강촌홍씨가보((安徽休寧)江村洪氏家譜)』와 『(복건심양)오씨종보((福建潯陽)吳氏宗譜)』, 그리고 민국 23년(1934)에 편찬한 『(안휘휴녕)대씨형돈가보((安徽休寧)戴氏荊墩家譜)』·『중수형양정씨

36 『(湖南安化)胡氏九修族譜』: "家有譜, 猶國有史也。國無史, 千萬載帝王之傳統、正閏、隆替, 何從而驗其實? 家無譜, 某昭某穆、世系本源、某派子孫, 亦何自考其眞?" (역자 주)

37 『濟南辛氏家譜』: "蓋修譜之意, 所以序昭穆, 明長幼, 分士庶, 別親疏, 以維持家道也。" (역자 주)

38 『(江西)安遠濂江歐陽氏通譜』: "譜牒所以序昭穆, 明長幼, 攝人心者也; 厚風俗, 使人不忘本也。" (역자 주)

39 『(湖南安化)胡氏九修族譜』: "譜, 古所重也。歐蘇作譜, 而典益著。是典也, 將以明本源, 序尊卑, 別親疏, 辨異同 (中略) 歐蘇尙矣, 仕族踵之。" (역자 주)

40 『(安徽績溪)泉塘葛氏宗譜』: "夫家乘者, 一家之史也, 失實不可, 厚誣亦不可。" (역자 주)

세보(重修滎陽鄭氏世譜)』·『김화태상주씨종보(金華太常周氏宗譜)』·『도창황씨종보(都昌黃氏宗譜)』·『온릉유씨종보(溫陵劉氏宗譜)』 등 7가지가 있다. 이렇게 소위 주희가 저술했다는 위작 보서는 사실상 판본과 내용이 거의 동일했다. 그 구체적인 내용은 다음과 같다.

“나는 일찍이 천체의 형상 우러러 관찰함에, 북진(北辰)은 하늘의 중심이라 삼원(三垣)[41]과 구요(九曜)[42]는 방향을 바꾸며 돌고 있다. 이는 마치 군주를 존중하듯이 공경의 예를 표하지 않은 이가 없는 것과 같았다. 지리를 살펴보면 곤륜(昆侖)은 천하의 요충지로 오악(五嶽)[43]과 팔방의 땅끝으로 뻗은 구불구불한 모습은 마치 곤륜을 굽어보는 듯했다. 마치 이는 조상의 친족에 뿌리가 없을 수 없는 것과 같고, 군주와 친족에 대한 큰 이치와도 같다. 충효라는 도리를 망각하는 자를 일컬어 배반한다고 하고, 버리는 자를 포기한다고 하고, 방종한 자를 추잡하다고 말한다. 군주에게 불경(不敬)한 것에는 불충(不忠)보다 큰 것이 없고, 오형(五刑)에 속한 죄목에 불효보다 큰 것이 없다. 신하가 되어서는 몸과 마음을 다해서 군주에게 헌신해야 한다. 후대인으로 마땅히 신중하게 조상의 덕을 추모함에 공양에 조금이라도 소홀함이 있어서는 안 된다. 지금 일부 성씨의 보첩을 보면 위로는 성씨의 원류까지 거슬러 올라갔고, 아래로는 세계(世系)를 계승한 종주(宗主)까지 이어졌다. 소목(昭穆)을 밝혀 조상을 숭상했고, 같은 혈통에서 출생한 자를 적자(嫡子)로 숭상했고, 장유의 질서를 연령으로써 숭상했고, 조상의 초상에 찬어를 작성해 사모하는 마음을 더했다. 이것은 대충(大忠)과 대효(大孝)가 없이 어찌 가능한 일이겠는가?”[44]라고 했다.

앞서 언급한 7개 가보에 수록된 주희 ‘서’의 “지금 모 씨의 보첩을 본다.”[45]라는 구절의 모 성씨(某姓氏)에 ‘황(洪)’·‘오(吳)’·‘대(戴)’·‘정(鄭)’·‘주(周)’·‘황(黃)’·‘유(劉)’ 등 다른 성씨가 쓰인 것 외에 나머지 내용은 거의 같았다. 이들은 분명히 주희를 사칭한 위작이다.

---

41 삼원(三垣): 천문학의 별자리 3곳을 말한다. 즉 자미원(紫微垣)은 북극 부근, 태미원(太微垣)은 사자궁(獅子宮) 부근, 천시원(天市垣)은 사견궁(蛇遣宮) 부근을 각각 지칭한다. (역자 주)

42 구요(九曜): 낙서(洛書)의 수에 대응하는 9개의 별을 말한다. 즉 일백(一白)·이흑(二黑)·삼벽(三碧)·사록(四綠)·오황(五黃)·육백(六白)·칠적(七赤)·팔백(八白)·구자(九紫) 등을 지칭한다. (역자 주)

43 오악(五嶽): 중국 역사상의 5대 명산을 말한다. 동악(東岳)인 태산(泰山), 서악(西岳)인 화산(華山), 남악(南岳)인 형산(衡山), 북악(北岳)인 항산(恒山), 중악(中岳)인 숭산(嵩山)을 각각 지칭한다. (역자 주)

44 『(安徽績溪)泉塘葛氏宗譜』: “余嘗仰觀乾象, 北辰爲中天之樞, 而三垣九曜旋繞歸向, 譬若君之尊, 無不拱焉; 俯察地理, 昆侖爲華夏之鎭, 五嶽八表逶迤顧盼, 譬猶祖之親, 無不本焉。此君親之大理。忠孝一道, 忘之者謂之逆, 遺之者謂之棄, 慢之者謂之褻。無上之戒莫大於不忠, 五刑之屬莫大於不孝, 爲人臣所當鞠躬盡瘁, 爲人後所當愼終追遠, 而不可一毫或忽也。今閱某氏譜牒, 上溯姓原之始,下逮繼世之宗, 明昭穆以尙祖也, 系所生以尙嫡也, 序長幼以尙齒也, 列像贊以尙思也, 非大忠大孝而能之乎?” (역자 주)

45 『(安徽績溪)泉塘葛氏宗譜』: “今閱某氏譜牒。” (역자 주)

이와 유사한 상황은 문천상(文天祥)이 저술했다는 '보서'와 '발'에서도 나타난다. 예를 들면 건륭 47년(1782) 『(안휘휴녕)여씨족보((安徽休寧)余氏族譜)』, 민국 6년(1917) 『(강서무원)청화호인덕당속수세보((江西婺源)淸華胡仁德堂續修世譜)』, 강희 33년(1694) 『(절강순안)강씨효자대민공파종보((浙江淳安)畺氏孝子大民公派宗譜)』 등의 서문은 이와 같은 동일한 위작이다. 서문 중에 '모성족보(某姓族譜)' 부분에 '여(余)'·'호(胡)'·'강(畺)' 등의 성씨만이 다를 뿐 나머지 문장은 거의 동일하다. 상식적으로 생각해 보면 문천상(文天祥)이 같은 시기에 몇 개의 가보에 같은 내용의 보서(譜序)와 발(跋)로 작성할 수 없는 것이기 때문에 이들 중에는 분명히 위작이 있을 수밖에 없다.

그렇다면 보서 위작이나 본문에서 세계를 소개하면서 명인을 사칭하여 자신의 시조를 위작하는 현상을 어떻게 이해할 수 있을까? 우리가 주지하듯이 중국가보는 명·청과 민국 시기에 이르러 이미 정형화되고 일반화되었다. 특히 경제가 비교적 발전한 지역에서는 거의 가가호호 가보를 보유했고, 서로의 것을 비교하기도 했는데 이는 사람들 사이에서 이미 문화적인 습관이 되었다. 이러한 시기에 수만 권의 가보가 등장하였고, 그중 일부는 소양을 갖춘 지식인이 편찬해 관련 자료가 풍부하고, 문필 역시 수려하여 상품(上品)에 속하는 것도 적지 않았다. 하지만 상당수의 가보는 평범한 민중이 저술한 것으로, 이는 일반 백성의 수요에 부응하기 위한 것이었다. 당시에는 가보 편찬과 관련해 '보장(譜匠)'과 '보사(譜師)'라는 직업이 생겨날 정도였고, 이들은 주로 일반인의 가보를 편찬했다. 또한 백성들이 가보를 통해 자신의 지위를 높이려는 심리를 이용해 이들은 종종 명인의 보서와 시가(詩歌)를 접목시켜 가보를 편찬하기도 했다. 그리하여 다수의 가보에서 위작의 흔적이 출현하기 시작했고, 가보의 질적 수준에 크게 영향을 주기도 했다. 오늘날 우리가 이전 시대의 가보를 정리하고 연구할 때, 보서의 진위뿐만 아니라 세계(世系) 전승 내용의 진위도 역시 실사구시의 태도로 분석해야 한다. 특히 중요한 것은 이전 시기 가보의 체례와 내용 및 관점 등의 연구에는 반드시 역사 유물주의적 태도를 근거로 이를 비판하고 계승해야 한다는 점이다. 이를 통해 봉건적인 잔재를 버리고 정화(精華)만을 흡수해야 한다. 그래야만 가보라는 전통적인 역사문화의 결정체가 새로운 환경에서 사람들을 융합시키고 조화로운 사회를 건설하는 데 공헌할 수 있다. 일부 가보의 진위 문제에 대해서는 이를 두고 편찬한 사람을 반박할 필요는 없다. 다만 중국가보를 "사실은 사실로 전하고, 의혹은 의혹 그대로 전한다."라는 편찬 원칙에 근거해 관용적인 태도로 이와 유사한 문제를 다루어야 할 것이다. 그 이유는 전통적인 중국가보 문화라는 범위에서 등장하는 현상으로 충분히 이해가 가능한 문제이기 때문이다.

6. 범례(凡例)

범례란 보례(譜例), 규조(規條), 예언(例言) 등으로도 부른다. 주로 가보 편찬의 원칙과 체례 및 내용 등을 간단하게 설명한 것으로 가보에서 중요한 위치를 차지한다. 범례는 보통 보서의 앞이나 뒤에 배치한다. 천계(天啓) 3년(1623)의 『(강서무원)무구왕씨통종세보((江西婺源)武口王氏統宗世譜)』의 「범례」에서 다음과 같이 분명하게 언급하고 있다. "범례란 도리와 정의를 고려해 조목을 만들어 약속한 것으로 고정불변임을 보인 것이다. 이주가 빈번하고 문화가 융성해지면서 세계가 많아졌지만 범례가 없었다. 상세한 것은 왜 그렇게 한 것이고, 생략한 것은 또 왜 그런 것인지 준거가 없다면 가보를 보는 사람은 반신반의하며 의심할 것이다. 지금 범례를 정해 서두에 배치한 이유는 종파가 번잡해지며 (가보 내용이) 어떤 경우 이해가 쉽지 않은 점이 있거나, 자신의 견해만을 고집하여 변화가 없는 것처럼 보이거나, 문장의 상략(詳略)에 따라서 분간하기 어려운 것도 있기 때문이다. 이 범례를 보첩의 핵심으로 삼는다."[46]라고 했다. 그리고 건륭(乾隆) 시기 『(안휘흡현)삼전이씨중수종보((安徽歙縣)三田李氏重修宗譜)』의 권두에 배치한 「이씨종보범례(李氏宗譜凡例)」에서 역시 다음과 같이 언급했다. "범례란 도리와 정의를 고려해 조목을 만들어 약속한 것으로 고정불변임을 보인 것이다. 법(法)이란 법례(法例)를 말하고, 향(鄕)이란 향례(鄕例)를 말한다. 종보에는 종파의 세계(世系)와 함께 천사(遷徙)한 내용도 있다. 만약 일정한 범례를 두지 않는다면 '소목(昭穆)의 순서는 어디서 나올 수 있겠는가? 그리고 친소는 무엇으로 구분하겠는가? 또 시비는 무엇으로 가리겠는가? 상세한 것은 무엇 때문에 그렇게 한 것이고, 간략한 것은 또한 무엇 때문에 그렇게 한 것인가?' 하며 종보를 보는 사람마다 모호하다고 여길 것이다. 그래서 지금 범례를 정해 서두에 배치한 것이다. 범례를 보면 종보 내용을 간단명료하게 이해할 수 있을 것이다."[47]라고 했다. 이상의 두 가지 유사한 설명은 가보 범례의 기능과 내용을 간단하게 언급하고 있다. 즉 가보의 범례란 예의와 관련된 조약과 규정인데, 구체적으로 어떻게 소목을 구분하고, 친소를 나누며, 시시비비를 판단하고, 내용 기술의 상세와 간략을 어떻게 정할지를 결정한 강령에 해당한다.

---

46 『(江西婺源)武口王氏統宗世譜』: "例也者, 酌理義之中而條約之, 以示一定而不可移也。遷徙繁, 人文盛, 世系夥, 設不定例, 詳者何以獨詳? 略者何以獨略? 觀譜者難免疑信相參。今定凡例於前, 宗派之繁, 斯有所不易, 狗己之見, 斯有所不移, 詳略之文, 斯有所不議, 茲爲譜牒之要領云。" (역자 주)

47 『(安徽歙縣)三田李氏重修宗譜』: "例也者, 酌禮義之中而條約之, 以示一定不可移也。故法曰法例, 鄕曰鄕例, 矧譜有宗派, 有世系, 有遷徙, 設不定例, 則昭穆何由而敘? 親疏何由而別? 是非何由而分? 詳者何以獨詳? 略者何以獨略? 展譜者人人或憒饋焉。今定凡例於前, 庶覽者如挈綱而振領云。" (역자 주)

『(강서무원)청화호씨문민공종보((江西婺源)清華胡氏文敏公宗譜)』의 「범례」에는 가경(嘉慶) 23년(1818)에 가보를 편찬할 때 수정한 범례를 수록했고, 이와 함께 「선정구편범례(先正舊編凡例)」·「속편범례(續編凡例)」·「건륭신사속증범례(乾隆辛巳續增凡例)」 등 이전 가보의 범례도 함께 첨부했다. 이상의 4가지 범례의 내용을 종합해 보면, 주로 해당 가보를 편찬할 때 범례에 따라 아래와 같은 몇 가지 원칙들이 반드시 준수되었음을 알 수 있다.

(1) 비조(鼻祖)의 유래. 호씨(胡氏)라는 성씨의 유래는 만공(滿公)에서 시작되었고, 마땅히 만공을 비조로 삼는다.[48]

(2) 선악(善惡)의 상세한 기록. 가보는 일가의 사서(史書)로 사실을 기록하고 미화를 숭상하지 않는다. 따라서 선악을 기록해 권선징악의 귀감으로 삼는다.[49]

(3) 친족(親族)의 구분. 과거의 수보는 본종(本宗)만을 수록하고 처족은 수록하지 않아서 유족을 알 수 없었다. 이번 수보에는 박애 정신을 근거로 처의 일족도 상세히 수록하여 친속의 관계를 분명히 했다.[50]

(4) 장유(長幼)의 구분. 장유의 구분은 항렬을 근거로 한다. 고로 세계의 상하와는 별도로 항렬을 더해 장유의 윤리와 존비의 질서를 정하고, 만세토록 혼란을 방지할 수 있는 근거로 삼는다.[51]

(5) 동성(同姓)의 존중. 동성이 문란해져서는 안 된다. 그러므로 같은 족성일 경우 수량이 적다고 누락하거나, 유명한 족성이라고 해서 수록해서는 안 된다. 같은 친속(親屬)임을 분명히 밝혀 이런 실수를 방지해야 한다.[52]

(6) 조상 이름의 사용 회피. 조상 이름의 사용을 회피함은 하늘을 범할 수 없는 것과 같이 하고, 후대 자손에게 신중을 기하도록 한다.[53]

(7) 도보(圖譜). 도보를 통해 중심에서 가지로 뻗어 가는 세계(世系)와 서열을 밝히고,

---

48 『(江西婺源)清華胡氏文敏公宗譜』: "鼻祖。胡氏得姓, 原自滿公, 當以滿公爲鼻祖。" (역자 주)

49 『(江西婺源)清華胡氏文敏公宗譜』: "善惡備載。譜爲一家之史, 所以紀實, 而匪以崇美觀也。故善惡備載, 使知勸懲。" (역자 주)

50 『(江西婺源)清華胡氏文敏公宗譜』: "明族屬。以前修譜只及本宗, 而于妻女不著者、考覆不及以致遺耳。本次修譜凡妻党女族, 悉詳細注, 所以廣愛而明有親也。" (역자 주)

51 『(江西婺源)清華胡氏文敏公宗譜』: "辨長少。長少之別, 惟以行次。故明系之上而加行次以別之, 使長少之倫、尊卑之序, 秩然不紊, 使萬世而下有所考據耳。" (역자 주)

52 『(江西婺源)清華胡氏文敏公宗譜』: "尚同姓。同姓不可混。是吾族者, 雖微不棄。非吾族者, 雖顯不錄。蓋以明一本之親, 而杜謬援之失也。" (역자 주)

53 『(江西婺源)清華胡氏文敏公宗譜』: "避名諱。先人名諱, 猶天之不可犯, 後之命名於其子者, 宜慎之。" (역자 주)

세대에 따라서 행차(行次)를 정리해 서열을 명확히 구분한다. 관직을 역임했다면 '모관(某官)'이라 하고, '작(爵)'으로 존귀를 표시한다. 관직이 없으면 '모공(某公)'을 사용해 존귀함을 분명히 표시한다.[54]

(8) 도보의 관계표 아래에 이름과 휘(諱), 자(字)와 호(號), 행차(行次)를 사실대로 상세하게 기록한다. 그리고 모관(某官), 모씨(某氏)의 방식으로 처족(妻族)을 밝히고, 사위의 관직과 성씨를 수록해 딸의 가족을 기록한다.[55]

(9) 시조를 숭상한다. 본지(本枝)와 근지(近枝)에 따라서 휘를 수록하고, 방지(旁枝)와 원지(遠枝)에 근거해 항렬을 적는다. 존경받는 분과 연장자의 공적(公)을 기록하고, 신분이 낮은 자와 어린 사람은 이름을 적고, 관직이 있고 존귀한 사람의 작을 수록한다. 이것은 소순(蘇洵) 보첩의 범례(凡例)이다.[56]

(10) 고인(故人)으로 대를 이를 후손이 없을 때 '모(某)'·'요(夭)'·'지(止)'·'무자자(無子者)'로 표기한다. 이는 구양수(歐陽修) 수보의 범례이다.[57]

(11) 예(禮)에는 삼상(三殤)이 있다. 미성년으로 사망하면 장(長)·중(中)·하(下)의 삼상으로 나눈다. 장상(長殤)이란 19세에서 16세까지로, 장상의 경우 장가를 갔거나 갈 만한 자는 상복을 성인의 것으로 하고 항렬(行列)을 기록한다. 중상(中傷)은 15세에서 12세까지로, 중상의 경우 가보에 기록하고 '요(夭)'라고 표시하고 항렬은 기록하지 않는다. 하상(下殤)은 11세에서 8세 이하로, 하상의 경우는 어디에도 기록하지 않는다.[58]

(12) 이성(異姓)을 수록하는 3가지 경우가 있다. 양가(良家)의 아들은 기록하고, 천가(賤家)와 도가(道家)의 자식은 기록하지 않는다. 걸식으로 기생하며 출신이 분명하지 않은 자는 수록하지 않는다.[59]

(13) 양자와 출가(出家)한 자를 수록하는 3가지 경우가 있다. 외성(外姓)에게 양자로

---

54 『(江西婺源)清華胡氏文敏公宗譜』: "譜圖。譜圖由幹而枝, 以明世系, 昭有序。逐世而修行次, 明有別也。有官職曰某官, 尊有爵也。無官書曰某公, 明有尊也。" (역자 주)

55 『(江西婺源)清華胡氏文敏公宗譜』: "圖系下, 詳書名諱、字型大小、行次, 紀其實也。取某官某氏女, 昭妻族也。女適某官某氏, 昭女族也。" (역자 주)

56 『(江西婺源)清華胡氏文敏公宗譜』: "尊所自出。系本枝近枝, 書諱; 旁枝遠枝, 書行; 尊者壽者, 書公; 卑者少者, 書名; 有官貴者, 書爵。此蘇洵譜例也。" (역자 주)

57 『(江西婺源)清華胡氏文敏公宗譜』: "亡諱無嗣系, 書某, 書夭, 書止, 書無子者, 此歐陽修譜例也。" (역자 주)

58 『(江西婺源)清華胡氏文敏公宗譜』: "禮有三殤。未成年去世, 分長、中、下三殤。長殤, 自十九歲至十六歲, 爲長殤, 已娶可娶者, 則服之爲成人, 編入行第。中殤, 自十五歲至十二歲, 爲中殤, 編人譜, 亡者注夭, 不入行第。下蕩, 自十一歲至八歲以下, 爲下殤, 不注。" (역자 주)

59 『(江西婺源)清華胡氏文敏公宗譜』: "異姓來繼者有三: 良家子則書;賤家道家子不書; 乞覓寄生子不明不書。" (역자 주)

간 자는 양자 성씨를 기입하고 그의 아들은 기록하지 않는다. 위로부터 아래로, 혹은 아래에서 위로 혈연관계를 검토해서 서열이 문란하면 수록하지 않는다. 출가한 자와 이주자는 모두 수록하고, 매우 악한 짓을 한 자와 신분이 낮은 자는 아래에 표시만 하고 기록하지 않는다.[60]

(14) 양자로 갔던 자가 귀종(歸宗)하는 3가지 경우가 있다. 부친을 계승할 후손이 있고 귀종을 원하는 자는 수록한다. 후손이 없어서 부친과 조부를 계승했던 자는 이치상 귀종할 수 없으므로 수록하지 않는다. 조부를 계승하여 귀종할 수 없는 그 자손은 수록하지 않는다.[61]

(15) 가보는 고귀함과 숨은 미덕의 빛을 은은하게 드러내듯 조종(祖宗)의 성덕을 남김없이 모두 기록하는 것이다.[62]

(16) 가보에는 수록하지 않는 6가지 경우가 있다. 무릇 이런 6가지는 조상에게 누를 끼치는 것이기 때문이다. 만약 이런 자들이 있다면 파면시키고 족보에서 삭제한다.

첫째, 조상을 버린 자이다. 즉 타인에게 묘지를 팔거나, 족보를 다른 성족에게 팔아버리는 자로, 이를 일컬어 조상을 버린 자라고 한다.

둘째, 친족을 배반한 자이다. 이전에 배반 행위로 재산을 몰수당했음에도 나머지 친척들은 그럭저럭 세대를 유지하는 자들로, 이들을 반당(反黨)이라 한다.

셋째, 형벌을 범한 자이다. 대대로 악행을 행하고 타인에게 형옥(刑獄)을 대신 살도록 하는 자를 형벌을 범한 자라고 한다.

넷째, 패륜(敗倫)을 행한 자이다. 영구불변의 도덕을 어지럽히고, 남녀를 분별하지 못하고 금수처럼 행동하는 것을 패륜이라고 한다.

다섯째, 의리를 배반하는 자이다. 조상이 중시한 의리를 무시하고 오로지 작은 이익만을 도모하는 자를 미화해 하류(下流)라고 한다. 이것이 바로 배의(背義)이다.

여섯째, 인물이 잡되고 천한 자이다. 못나고 어리석어 부끄러움도 모르며, 서슴없이 천인과 혼인을 하는 자를 일컬어 잡천(雜賤)이라 한다.[63]

---

60 『(江西婺源)淸華胡氏文敏公宗譜』: "出繼出家者有三: 出繼外姓者書, 只於其下注繼某氏, 其子則不書; 所覓以上降下, 或以下升上者, 亂序不書; 出家出遷者, 皆書, 大惡下賤者只於其下標注, 不書。" (역자 주)

61 『(江西婺源)淸華胡氏文敏公宗譜』: "出繼歸宗者有三:所繼父有後, 願歸宗者書; 如無後者, 已承重, 理不可歸宗者, 不書; 如祖父, 子孫不可歸宗者不書。" (역자 주)

62 『(江西婺源)淸華胡氏文敏公宗譜』: "譜貴發潛德之幽光, 祖宗之盛德, 並書不遺。" (역자 주)

63 『(江西婺源)淸華胡氏文敏公宗譜』: "譜有六不書。凡此六者, 皆有玷於祖宗, 有一於此, 黜而削之。一曰棄祖。棄賣祖墳地於異姓, 貨鬻族譜於非族者, 謂之棄祖。二曰叛黨。前人叛逆抄沒, 而餘黨苟全於世者, 謂之叛黨。曰犯刑。積世恣惡, 代遭刑獄者, 謂之犯刑。四曰敗倫。彝倫瀆亂, 男女無別, 禽心獸行, 謂之敗倫。五曰背義。不思祖

(17) 각 종파마다 지류의 연속과 단절을 수록한다. 각 종파의 지류는 무릇 구보(舊譜)에 이미 수록되어 있다. 하지만 이주로 인해 내용이 상세하지 않아 여러 대가 지난 뒤의 자손에 대한 고증이 어려운 경우도 있으니 이때는 구보에 근거한다. 이름 아래에 '미속(未續)'이라는 두 글자로 주석하고 후대 자료의 취합을 기약한다. 이후에 후손이 없다는 사실이 증명되면 '지(止)'라는 글자를 표기해 타인이 성씨를 사칭하는 것을 방지한다.[64]

(18) 이전 사람은 관 뚜껑을 덮은 후에 일을 결정했다고 한다. 그러므로 찬전(贊傳)을 저술함에 후손은 조상의 공덕을 과시하고 찬양하며 자신을 과장하지 말아야 한다. 선행을 베풀며 살아가는 이유는 자손에게 전승시키기 위함이니 이를 남용해 수록해서는 안 된다.[65]

(19) 절개와 효도는 조정에서 특별히 중시해 기표(旌表)를 하사함에 생사를 불문했다. 곧은 의지와 옥처럼 깨끗하고 얼음처럼 맑은 성품의 청년이든, 50세가 가까운 경험과 뜻이 확고한 자이든, 이들을 칭찬하며 좋은 행실은 표창했다. 만약 집 밖으로 쫓겨난 부인과 의절을 한 경우 아들이 없으면 '출(出)'이란 글자로 표기하고, 있다면 적당한 성씨로 바꾸어 모성(某姓)으로 기록했다. 효자가 많고, 조부모를 잘 모시는 손자들이 많을 경우는 후일에 관련 자료를 통해 관계를 살폈다. 만약 자손을 숨기고 등재하지 않아서 모친만 알거나 부친을 모를 경우가 발생한다면 스스로 불효의 죄를 저지르는 것이었다.[66]

(20) 족보 편찬과 인쇄가 완료된 후에 판목(板木)을 없앤다. 칠언율(七言律)로 번호를 매기고, 모파(某派)의 모공(某公)에 속한 모인(某人)이 소유함을 표기하고 난 후에 각 친족(親族)에게 알린다. 또한 배포한 족보의 수량을 별도로 기록하고 주묵(朱墨)으로 수량을 덧칠해 가리는데, 이는 사사로이 밀거래 되는 것을 방지하기 위함이다. 그리고 소장자에게 쥐, 좀, 벌레 등에 족보가 훼손되지 않도록 보관의 중요성을 일깨운다.[67]

宗義重, 惟圖苟行微驅, 甘爲下流者, 謂之背義。六曰雜賤。不肖無恥, 甘與下賤爲婚者, 謂之雜賤。" (역자 주)

64 『(江西婺源)清華胡氏文敏公宗譜』: "各派分支續止。各派分支, 凡舊譜已載, 有遷徙未詳, 或子姓難稽者, 姑仍其舊, 只於名下注"未續"二字, 以待日後統會,其考實無後者, 乃注止字以杜頂冒之弊。" (역자 주)

65 『(江西婺源)清華胡氏文敏公宗譜』: "古人云事蓋棺而後定, 故贊傳之作乃子孫所以闡揚其宗功祖德, 非自爲誇譽也。有善行而生存者, 留貽孫子, 概不濫入。" (역자 주)

66 『(江西婺源)清華胡氏文敏公宗譜』: "節孝朝廷所重, 特恩旌表, 不論存歿, 有青年矢志玉潔冰清者, 年近五旬則事久志定者, 概加讚揚, 以彰懿行。若下堂之婦, 固屬義絕, 然無子者注一出字, 有子者則注改適某姓, 俾孝子順孫後日得以稽考。倘有隱諱而不書者, 是只知母而不知父, 自蹈不孝之罪。" (역자 주)

67 『(江西婺源)清華胡氏文敏公宗譜』: "譜成印畢, 卽毀其板。以七言律編號, 注某派某公下某人領, 俾各族通知。散譜之數, 另刻條記, 用朱墨鈐蓋, 庶私鬻者不得行奸, 收藏者亦知任重, 以免磨壞鼠蠹之患。" (역자 주)

앞서 언급한 『(강서무원)청화호씨문민공종보((江西婺源)淸華胡氏文敏公宗譜)』의 「범례」는 명·청 시기를 대표할 수 있는 가보이다. 상술한 20가지 범례 중에서 다음과 같은 몇 가지 중요한 사항을 파악할 수 있다.

(1) 내용이 매우 상세하고 구체적이다. "만공(滿公)을 비조로 삼았다."[68]라는 항렬로 서열을 구분했고, 미성년자가 사망할 때 연령에 따라서 장상(長殤)·중상(中殤)·하상(下殤)으로 분류하기도 했다. 그리고 타성 출신이 가문을 계승할 경우와 출계(出繼)와 출가(出家) 등을 명확히 구분했고, 구체적으로 관련 내용을 규정하기도 했다. 이런 규정이 가보 편찬과 체례를 통일화하는 규범으로 작용하도록 했다.

(2) 봉건적인 등급 사상을 구체적으로 드러냈다. 범례는 조상의 이름 사용에 대해 하늘도 범할 수 없는, 반드시 지켜야 할 도리로 여겼다. 조상이 벼슬을 했다면 작(爵)으로, 존자(尊者)라면 공(公)으로, 비자(卑者)라면 이름으로 기록함으로써 존비 서열의 질서가 문란하지 않도록 했다. 또한 대악(大惡)을 범해 천민이 된 자는 그 이름 아래에 표시는 하지만 관련 내용은 기록하지는 않는다는 등 봉건적인 존비의 윤리관을 분명히 드러내기도 했다.[69]

(3) 봉건적인 충효 관념을 분명히 나타냈다. 앞서 언급한 19조의 규정에서 "절조와 효성은 조정이 중시한 바로 특별한 은혜로 정표(旌表)를 받기도 했으니, 이를 더욱 칭찬해서 좋은 행실은 표창한다. (중략) 만약 자손을 숨기고 등재하지 않아서 모친만 알거나 부친을 모를 경우가 발생한다면, 이는 스스로 불효의 죄를 저지르는 것이다." 등이 이런 사실을 말해 준다.

(4) 봉건적인 종법사상을 반영했다. 앞서 열거한 범례 규정에는 자신의 가문 출신은 한미(寒微)해도 누락하지 않지만, 자신 족인이 아닐 경우는 비록 저명해도 족보에 수록하지 않았다. 그리고 무릇 조상을 버리거나, 반당(反黨), 범법(犯法), 패륜(敗倫), 배의(背義), 잡천(雜賤)한 행위를 저지른 자의 경우에도 모두 가보에서 삭제했다. 가보 편찬이 완성되고 인쇄를 마치면 목판을 없애고, 칠언율시로 번호를 정하고, 번호에 따라서 서명을 하고 수령하도록 하여 가보의 외부 유출을 방지했다. 이러한 등등의 내용은 모두 봉건 족

68 『(江西婺源)淸華胡氏文敏公宗譜』: "以滿公爲鼻祖。" (역자 주)

69 『(江西婺源)淸華胡氏文敏公宗譜』: "體現封建等級思想。凡例規定, 祖先名諱, 猶天之不可犯, 必須慎而避之; 家族祖先成員, 凡當官的稱爵, 尊者稱公, 卑者書名; 尊卑之序, 秩然不紊; 大惡下賤者, 只於其下標注, 不書, 等等, 凸顯封建尊卑倫理。" (역자 주)

인의 순수성과 안정성을 지키기 위한 조치였다.

(5) 구양수와 소순의 가보 연구 성과를 충분히 활용했다. 송대 저명한 문학가인 구양수와 소순은 일찍이 자신 가문의 족보인 『구양씨보도(歐陽氏譜圖)』와 『소씨족보(蘇氏族譜)』를 편찬해 후대에 큰 영향을 주었다. 앞서 언급한 범례 중에 "고인이 된 자로 후사가 없을 경우"[70]의 규정에 이르길 "이는 구양수 수보의 범례이다."[71]라고 했다. 그리고 "시조 조상을 숭상한다."에서 역시 "이는 소순 보첩의 범례이다."[72]고 했다. 이것은 세계도식(世系圖式) 등의 형식적인 측면에서 구양수와 소순의 체례를 참고했을 뿐만 아니라 가보를 편찬하는 구체적인 편찬 방법에서도 역시 이들의 경험을 받아들였다는 것을 말해준다.

(6) 편찬의 내용적 측면에서 독창성을 보였다. 가보 편찬의 경우 다수의 가보는 다음과 같이 규정하고 있다. 즉 "사서(史書)는 선악을 모두 기록했고, 보첩은 선만을 수록하고 악을 기재하지 않는데, 이는 친족의 잘못을 은폐하기 위함이다."[73]라고 했다. 앞서 기술한 호씨(胡氏) 가보 범례에서도 분명히 규정하길 "가보는 일가의 사서로 사실을 기록하고 미화를 숭상하지 않는다. 그래서 선악을 기재하여 권선징악을 귀감으로 삼는다."[74]라고 했다. 호씨 가보는 다른 가보에 비해서 권선징악의 규범을 강조했고, 가보에는 "선악을 수록한다."[75]라는 것을 분명히 강조했는데, 이런 점은 비교적 긍정적인 측면이라 할 수 있다.

7. 은영록(恩榮錄)

은영록은 가보에서 은론(恩綸)·고칙(誥敕)·고신(告身) 등으로도 불린다. 이는 주로 황제가족 출신의 관료, 친척, 열녀 등에게 칙서(勅書)·고명(誥命)·사편(賜匾)의 형식으로 내린 문장을 가보에 수록한 것이다. 가보에 이를 수록한 이유로 첫째는 조상의 영광스런 역사를

70 『(江西婺源)清華胡氏文敏公宗譜』: "亡諱無嗣." (역자 주)
71 『(江西婺源)清華胡氏文敏公宗譜』: "此歐陽修譜例也." (역자 주)
72 『(江西婺源)清華胡氏文敏公宗譜』: "此蘇洵譜例也." (역자 주)
73 『(江西婺源)清華胡氏文敏公宗譜』: "史則善惡俱載, 譜則書善不載惡, 爲親者諱也." (역자 주)
74 『(江西婺源)清華胡氏文敏公宗譜』: "譜爲一家之史, 所以紀實, 而匪以崇美觀也。故善惡備載, 使知勸懲." (역자 주)
75 『(江西婺源)清華胡氏文敏公宗譜』: "善惡備載." (역자 주)

나타내기 위함이고, 둘째는 후손에게 군주의 은혜를 일깨우려는 교육적인 목적에서였다. 그러므로 고칙(誥敕) 등이 가보에 수록되면서 점차 중요한 지위를 차지하게 되었다.

예를 들면 민국 24년 『(강소무석)영씨종보((江蘇無錫)榮氏宗譜)』의 1권에 「보서(譜序)」·「목록(目錄)」·「범례(凡例)」를 수록했고, 2권의 「은륜(恩綸)」이란 곳에 칙명(敕命)·고명(誥命) 등의 문장 18편을 수록했다. 이를 간단히 도표로 만들어 내용을 설명하면 다음과 같다.

명칭	시기	내용
칙명 (敕命)	수 대업(大業) 3년(607)	봉천승운황제(奉天承運皇帝)가 명을 내려 이르길 "대략 들으니 문덕(文德)이 드러나 스스로 빛을 발하고, 신령한 위엄이 함께하니 세상의 일들이 더욱 새로웠다. (중략) 일찍이 병부상서(兵部尙書) 영권(榮權)이 나라를 빛낸 기록이 있다. 온 도성이 불길에 휩싸인 것을 가까이 목도함에 오직 경(卿)만이 재앙과 고통을 막는 데 나섰다. (중략) 이런 충정을 칭송하며 특별히 우대하는 혜택을 내리고 자손에게 현인을 배우도록 권면하노라."[76]
		어사중승 영비(榮毗)는 행실이 방정했고, 도량이 넓고 강직하며 정직한 기질의 현자였다. 명석하고 영민한 재능이 있어 당시 정사를 족히 수행할 수 있었다. (중략) 법률을 분명히 밝히고, 간사한 관리를 바로잡았으며, 조정에 나아감에 충성을 다할 것만을 생각했다. 고관을 두려워하지 않고 한 사람에게라도 더 자문하는 것을 무한한 보람으로 여겼다.[77]
	당 정원(貞元) 2년(786)	"무릇 자식을 가르치며 임금을 섬기는 자가 은혜가 두텁지 않은 것을 짐은 보지 못했다. 하물며 오랜 옛 신하의 은혜가 특별히 돈독함에 짐이 어찌 추존하는 의식을 아깝다 여기겠는가? 병과급간(兵科給諫)인 영존심(榮存審)의 부친 영정(榮梃)은 (중략) 비록 생전에 만나지는 못했지만 사후에라도 진심으로 사례할 수 있기를 바랐다. 이에 그에게 대중대부(大中大夫)를 특사(特賜)하고, 아들이 관직에 나갈 수 있도록 했다." 황제께서 특별히 기표(旌表)을 내리시니 그 영예가 샘물처럼 솟아나는 듯하노라.[78]
		병과급간인 영존심은 상중에도 예의를 다하여 부친의 가르침을 실행했고, 무덤 근처에 거처를 만들기도 했다. 청년 시절 정벌에 참여했고 효자로 입신했다. 한창나이 때 조정은 그에게 충신이라 실호(實號)를 내리기도 했다. 그는 마음가짐에 거짓이 없고, (퇴직 후) 동쪽에 지낼 누대를 준비하기도 했다. (중략) 그를 대중대부(大中大夫)로 봉하니, 총애와 명예를 존중하며 지조를 지키는 데 힘쓰도록 하라.[79]

76 『(江蘇無錫)榮氏宗譜』: "奉天承運, 皇帝制曰: 蓋聞文德旣彰, 自他有耀, 靈威斯在, 閱世常新。(中略) 兵部尙書榮權, 向有華國之文, 近睹全城之烈, 惟卿桿災御患。(中略) 嘉爾忠貞, 特頒異數, 凡諸子姓各勉象賢。" (역자 주)

77 『(江蘇無錫)榮氏宗譜』: "御史中丞榮毗, 趨操端方, 器度凝遠, 有勁直之氣之賢, 有明敏之才, 足周當世之務。(中略) 推明法律, 糾正官邪, 進思盡忠, 無憚大吏, 則予一人以諮爾亦有無窮之功。" (역자 주)

78 『(江蘇無錫)榮氏宗譜』: "凡能敎子以事君者, 朕未嘗不篤於恩, 況於故舊之臣尤所加厚, 則追崇之典朕何愛焉。爾兵科給諫榮存審之父榮梃。(中略) 雖未得於生前, 願實克伸於身後, 可特贈爾爲大中大夫, 如子官, 寵錫褒榮, 以光泉琅。" (역자 주)

79 『(江蘇無錫)榮氏宗譜』: "兵科給諫榮存審, 居喪盡禮, 克紹父風, 築室塚場, 青年早征, 孝子立身, 朝宣壯歲, 實號忠臣, 處心不欺,堪備東台之選。(中略) 是用封爾爲大中大夫, 爾宜欽玆寵名, 益勵操守。" (역자 주)

명칭	시기	내용
칙명(敕命)	송 함평(咸平) 2년(999)	짐은 옛날 덕이 높은 임금의 귀덕(貴德)과 상치(尙齒)의 기풍을 흠모하여 군국(君國)에 조서를 보내 연장자에게 존례(尊禮)를 거행하도록 명했다. 그리고 자식을 교육하여 과거에 급제시키거나, 건강히 장수하는 자에게 조서를 내려 포상했다. 영융(榮融)은 연산현(鉛山縣)의 영종범(榮宗范)의 부친으로 품성이 순박하고 교우(交友)에 도리를 다했다. 풍채 있는 문장으로 자식을 훈계함에 한 읍(邑)의 자혜로운 스승이 되었고, 그 교화가 백 리까지 알려졌다. 평안하고 위엄 있는 태도로 자손을 유지했고, 서둘러 재산을 자손에게 증여하는 방법을 도모하지 않았다. 하물며 관직을 부끄럽게 여겼다면 어찌 가장 먼저 어진 정사를 펼 수 있었겠는가? 이에 그에게 특별히 연산현 지현의 관직을 하사하고 자손을 관직에 나갈 수 있게 하노라.[80] 그대 조씨는 연산현의 지현인 영종범의 모친으로 닭이 울면 공경으로 부모를 섬기고, 지아비를 보필한 지 이미 오래되었다. 성실하게 자식을 교육하며 훈계해서 모친의 은덕을 널리 알렸다. 살펴보면, 이전 은덕이 아직 남아 있지만 부모를 잘 모시는 것에는 미치지 못한다. 모친의 총애가 없었다면 그가 어찌 목숨을 유지할 수 있었겠는가? 이에 특별히 남양현군(南陽縣君)을 제수함에 구천(九天)의 영화뿐만 아니라 천하의 모친이 되기를 격려하는 바이다.[81]
		연산현(鉛山縣)의 지현(知縣)인 영종범은 한 읍의 재능꾼이요 백 리 간의 인재이다. □□□□, 자신의 마음에 심한 고통을 받았다. 감옥은 풀들만이 무성하니 자애롭고 선량한 업적을 드러냈다. (중략) 이에 칙령을 내림에 오로지 명훈(明訓)을 가슴에 품고 청렴과 근면에 힘쓰고, 나라에 준엄한 품계가 있으니 이를 따름에 인색하지 말기를 바라노라.[82] 나약한 나의 신하가 몸을 바쳐 능히 군주를 섬길 수 있는 것은 모두 집안에서 살림을 잘 관장했기 때문이다. (중략) 연산현 지현 영종범의 처 진씨(陳氏)는 명성과 덕망이 있는 집안 출신이다. 남편을 도와서 정사에 수많은 업적을 쌓았고, 백성들에게 보여준 자애로움은 들판에서 악기에 맞춰 노래를 부를 정도였다. 그리하여 그녀를 특별히 봉하여 복창현군(福昌縣君)으로 삼는다.[83]
	송 경력(慶曆) 원년(1041)	비서성(秘書省)의 저작좌랑(著作佐郎)인 영방(榮昉)에게 칙서를 내리노라. 3년마다 실시되는 과거에 사람들은 선비들이 입신출세만 생각한다고 말한다. 태조 황제께서 이르시길 "과목(科目)를 설치해 선비를 등용시키고, 현자를 중용해 천하를 함께 다스려라"고 하셨으니 크도다! 천자의 말씀이시여. 짐은 이를 법으로 삼고 회시(會試)를 거듭한 끝에 비로소 그대를 얻었노라. 그대는 일찍이 예문에 밝아서 능히 문서를 작성

80 『(江蘇無錫)榮氏宗譜』: "朕慕古昔盛王貴德尙齒之風, 每詔郡國尊禮高年, 其有敎子成名、身享眉壽者, 則錫命以褒嘉之。爾榮融, 乃鉛山縣知縣榮宗范之父, 賦性朴淳, 敦行孝友義方, 訓子展采詞曹, 作一邑慈惠之師, 播百里弦歌之化, 苟非燕翼維嚴, 早裕貽謀於作牧, 安得官方無忝, 克彰報最於循良? 茲特贈爾爲鉛山縣知縣, 如子官。" (역자 주)

81 『(江蘇無錫)榮氏宗譜』: "爾趙氏, 乃鉛山縣知縣榮宗范之母, 鳴雞交敬, 相夫旣著, 勤勞畫荻, 載昭訓子, 益彰聖善。顧遺澤猶存, 而榮養未逮, 可無寵命以恤之哉! 茲特贈爾爲南陽縣君, 非獨九京之榮, 亦以勵天下之爲母者。" (역자 주)

82 『(江蘇無錫)榮氏宗譜』: "爾鉛山縣知縣榮宗范, 一邑之器, 百里之才。□□□□, 恫瘝深在己之懷;囹圄草滿, 慈惠箸循良之績。(中略) 錫爾敕命, 爾宜祗膺明訓, 益勵廉勤, 國有峻階, 不爾吝也。" (역자 주)

83 『(江蘇無錫)榮氏宗譜』: "凡我臣能奉身以事君者, 是皆有中饋相在室焉。(中略) 爾鉛山縣知縣榮宗范之妻陳氏, 出自名門, 來嬪望族。相其君子, 播政績於琴堂; 惠彼黎元, 致弦歌於草野。茲特封爾爲福昌縣君。" (역자 주)

명칭	시기	내용
칙명(敕命)	송 경력(慶曆) 원년(1041)	하니 상주(上奏)는 이내 자애로운 황제의 귀를 감동시켰다. 직접 전시(殿試)를 살피고 태조의 뜻을 기리며 재능이 뛰어난 자를 발탁하노니, 아마도 하늘이 점지하여 짐에게 남겨 준 것 같았다. 특히 이런 고사(故事)를 따라서 군사의 일을 보좌함에 위업(偉業)이 더욱 융성하니 반드시 등용해야 한다.[84]
	송 소흥(紹興) 13년(1143)	보문각학사(寶文閣學士)인 영숭문(榮崇文)에게 칙서를 내리노라. 학사(學士)인 영숭문은 도량과 함께 사려가 깊고, 재능과 식견이 있어 영민했다. 그의 뛰어난 재능과 훌륭한 행실은 조정을 보좌하기 충분했고, 뛰어난 문장은 당세(當世)를 독려하기 충분했다. 황제 옆에서 재능을 드러내며 총애와 우대를 받았다. 근신(近臣)이기 때문에 잇달아 교학을 총괄하는 요직을 역임했다. 교수 방법을 널리 힘써 알리고 실행에 밤낮으로 노력하며 인재를 양성하니 명망 있는 선비들이 많이 모였다. 그리하여 짐이 마음을 둔 곳에 여론도 귀속하게 되었노라.[85]
	명 홍치(弘治) 10년(1497)	절강도(浙江道)의 감찰어사(監察御史)인 영화(榮華)는 과거에 급제한 훌륭한 인재로 짧은 시간에 어진 정사로 업적을 쌓아서 마침내 헌직(憲職)으로 파격 승진했다. 사악한 세력을 제압하고 기풍을 바로잡아 조정이 아무런 근심이 없도록 했다. 악을 제거하고 선을 선양하며 조정에서는 엄격하게 어명을 수행했다. 또한 도덕 수양에 게으르지 아니하고 종족에게 은덕을 많이 베풀었다. 따라서 마땅히 두터운 은혜로 칭찬과 격려를 보내노라. 특진(特進)으로 그대에게 문림랑(文林郞)의 품계를 내리노라.[86] 절강도(浙江道) 감찰어사(監察御史)인 영화(榮華)의 처 허씨(許氏)는 예의 바른 모습과 미덕을 갖추었으며 품성이 온화했다. 제사를 지냄에 음식(준비)에 힘썼고, 살면서 『시(詩)』와 『서(書)』의 교훈을 버리지 않았다. 그리고 지아비를 귀히 여겨 나라의 은총을 알렸다. 고로 그대를 특봉하여 유인으로 삼으니 성심으로 공경의 기풍을 더욱 돈독히 하여 경사스럽고 상서로운 일이 이르도록 하라.[87]
		봉천승운황제(奉天承運皇帝)가 칙서를 내려 이르길, 짐은 군신(群臣)을 총애함에 열심히 그 공적을 기록하여 반드시 친족에게 알리고, 그 후덕함을 숭상토록 했다. 그대 영개(榮愷)는 산동 하진현(夏津縣) 지현인 영세승(榮世承)의 부친으로 품행이 바르고 엄격하며, 행동이 의롭고, 타인을 힘써 도왔다. 자식에게 거문고 연주를 가르쳐 대대로 전승시켜 집안이 풍요롭고 현감이 되는 방책이 되었다. 또한 불쌍하고 가난한 사람을 구제해 향당에 선행을 베풀었고, 백성의 생활을 안정시키고 풍속을 개선하였으니,

84 『(江蘇無錫)榮氏宗譜』: "敕秘書省著作佐郎榮昉: 三年大比, 人徒知爲布衣進身之途。藝祖皇帝有言曰: "設科取士, 欲得賢以共治天下。" 大哉王言, 朕所當法也。廷策者再, 乃始得汝。爾早以藝文首賢能之書, 旋以論奏動慈宸之聽。親閱大對, 嘉其淵源, 擢置舉首, 殆天留以遺朕也。尙循故事, 往佐師幕, 益茂遠業, 以須登用。" (역자 주)

85 『(江蘇無錫)榮氏宗譜』: "敕寶文閣學士榮崇文: 爾學士榮崇文, 器度凝遠, 資識明敏。宏才懿行, 足以羽翼王朝; 大册高文, 足以鼓勵當世。涉揚禁近, 被遇眷知, 由侍臣之邇, 聯總師儒之要職。推行敎法, 茂宣夙夜之勞; 作成人才, 藹集譽髦之士。朕心所屬, 輿論攸歸。" (역자 주)

86 『(江蘇無錫)榮氏宗譜』: "爾浙江道監察御史榮華, 詩書世業, 科第良才, 頃效績於循良, 遂超升於憲職。抑邪扶正, 在闕廷輸獻納之枕; 激濁揚清, 在藩省嚴按行之令。矧操修之靡懈, 屬上最之分施。宜有渥恩, 以申褒勸。特進爾階文林郎, 錫之敕命。" (역자 주)

87 『(江蘇無錫)榮氏宗譜』: "爾浙江道監察御史榮華之妻許氏, 儀容淑懿, 德性柔嘉。職能供饋祀之勤, 居不廢詩書之訓。爰因夫貴, 用示國恩。玆特封爾爲孺人, 益敦祗順之風, 以迓嘉祥之至。" (역자 주)

명칭	시기	내용
칙명(敕命)	명 만력(萬曆) 22년(1594)	이는 조상의 세심한 훈계를 계승한 것이다. 이에 그대에게 은혜를 내려 특별히 문림랑과 산동 하진현의 지현으로 삼는다. 영예롭게 조장(朝章)을 잘 관리해 가승(家乘)의 영광을 더하라.[88] 소씨(邵氏)는 산동 하진현 지현인 영세승의 모친으로 평소에 덕을 베풀면서도 근검했으며, 품행에 절조가 있었다. (중략) 이에 그대에게 은혜를 내려 유인으로 삼고 표창을 하니 모든 모친의 모범이 되어라.[89]
		봉천승운황제(奉天承運皇帝)가 칙서를 내려 이르길, 넓은 천하는 읍(邑)으로 나누어 다스림에 백성을 아끼는 관리가 아니라 읍인이 주관하도록 했다. 덕의(德意)로 널리 백성들을 은혜로 보살피니, 천하가 안정되지 않음이 없었다. (중략) 산동 하진현 지현의 영세승은 백 리를 담당하며 화봉(華封)에서 벼슬을 했다. 거문고를 잘 연주하는 것은 목민의 재능이고, 비단을 잘 만드는 것은 어진 정사의 모범이다. (중략) 그대에게 은혜를 내려 문림랑(文林郎)에 봉하는 칙령을 내린다. 무릇 한 고을의 관리는 그 책임이 중한데 이후로는 그 책무가 더욱 막중해질 것이다. 그럼에도 그대는 일찍이 재능을 다해 짐을 실망시키지 않았다. 산동 하금현 지현 영세승의 처자인 전씨(錢氏)는 품행이 바르고 조숙했다. 여자의 도리를 다했으며 지아비를 도와 큰 공을 이루어 내외가 명성이 자자했다. (중략) 이에 특증하여 유인으로 삼으니 지아비를 도와 은혜를 경축하고 행복을 더욱 돈독하게 하라.[90]
	함풍(咸豐) 2년(1852)	그대 영량좌(榮良佐)는 직예보정부(直隸保定府) 웅현(雄縣)의 지사인 장대용(蔣大鏞)의 외조부로 근본이 있는 집안 출신으로 후에 수재(秀才)로 천거되었다. 가문에는 종경(鍾磬)이 있는 귀족 후손으로 고을을 빛냈고, 그 은택이 널리 퍼졌다. (중략) 그대에게 문림랑과 직예보정부 웅현의 지현을 사여한다. 그대 양씨(楊氏)는 직예보정부 웅현의 지사인 양대용의 외조모로 의제(儀制)에 익숙했고, 품격이 있고 재능이 뛰어났다. (중략) 그대에게 유인을 사여한다.[91]
고명(誥命)	동치(同治) 9년(1870)	그대 영승익(榮勝益)은 연직동지(捐職同知)인 영광우(榮光宇)의 부친으로 몸소 후한 덕행을 실천했고, 후손에게 전하는 교훈은 바르고 엄정했다. (중략) 자식이 조정을 보좌함에 그대를 봉정대부(奉政大夫)에 임명하고 고명(誥命)을 내리노라.[92]

88 『(江蘇無錫)榮氏宗譜』: "奉天承運皇帝, 敕曰: 朕寵群臣, 敘其勞績, 必推及其親, 所以崇厚道也。爾榮愷, 乃山東夏津縣知縣榮世承之父, 立品端嚴, 義方勵翼。教子箸彈琴之治, 傳家裕制錦之方。濟困憐貧, 好施於鄉黨; 宜民善俗, 密訓於趨庭。茲以覃恩, 特贈爾爲文林郎、山東夏津縣知縣, 沐朝章之寵, 增家乘之光。" (역자 주)

89 『(江蘇無錫)榮氏宗譜』: "爾邵氏, 乃山東夏津縣知縣榮世承之母, 德維勤儉, 操履冰霜。(中略) 茲以覃恩, 贈爾爲孺人, 以昭獎勵, 益表母儀。" (역자 주)

90 『(江蘇無錫)榮氏宗譜』: "奉天承運, 皇帝敕曰: 天下之廣, 皆分治於邑, 而親民之吏, 莫要於宰, 使邑宰得人, 則廣布德意以保惠黎元, 天下未有不安者也。(中略) 爾山東夏津縣知縣榮世承, 分符百里, 職任華封。彈琴彰作牧之才, 制錦表循良之吏。(中略) 茲以覃恩, 封爾爲文林郎, 錫之敕命。夫一邑專司, 其責已重, 自茲而上, 任寄彌隆, 爾尚益殫才猷, 無負朕望。爾山東夏金縣知縣榮世承之妻錢氏, 懿質夙成, 婦道克盡, 相夫懋績, 中外馳聲。(中略) 茲特贈爾爲孺人, 益敦黽勉之休, 以嘉相夫之寵。" (역자 주)

91 『(江蘇無錫)榮氏宗譜』: "爾榮良佐, 乃直隸保定府雄縣知縣蔣大鏞之外祖父, 出自有基, 後來稱秀, 宅鐘華胄, 光閭澤衍。(中略) 贈爾爲文林郎、直隸保定府雄縣知縣。爾楊氏, 乃直隸保定府雄縣知縣蔣大鏞之外祖母, 軌儀嫻習, 風範淑駕。(中略) 贈爾爲孺人。" (역자 주)

92 『(江蘇無錫)榮氏宗譜』: "爾榮勝益, 乃捐職同知榮光宇之父, 禔躬仁厚, 垂訓端嚴。(中略) 茲以爾子克襄王事, 封爾爲奉政大夫, 錫之誥命。" (역자 주)

명칭	시기	내용
고명 (誥命)	동치 9년 (1870)	그대 주씨(朱氏)는 연직동지인 영광우의 모친으로 의례에 밝고 신중하여 온화하면서도 원칙이 있었다. (중략) 그리하여 자식이 조정의 일을 보좌함에그대를 의인(宜人)으로 봉하노라.[93]
		그대 영석원(榮錫源)은 광록사(光祿寺) 서정함가이급(署正銜加二級) 영유항(榮維恒)의 조부로 부친의 유업을 계승하여 『시(詩)』와 『예(禮)』를 후손에게 전승했다. (중략) 그대의 손자가 조정의 일을 보좌함에 추증하여 그대를 봉직대부(奉直大夫)로 삼고 고명을 사여하노라.[94] 그대 임씨(任氏)는 광록사(光祿寺) 서정함가이급인 영유항의 조모로 부귀한 집안 출신으로 뛰어난 인물을 양성했고, 빼어난 아름다움과 명성을 후대에 전했다. (중략) 그대의 손자가 조정을 보좌함에 추증하여 의인(宜人)을 사여하노라.[95]
		그대 영지영(榮志瀛)은 광록사 서정함가이급 영유항의 부친으로 한평생 청빈한 생활을 하였고, 대를 이어 수양한 높은 교양을 전승해 가풍이 후덕했다. (중략) 아들이 조정을 보좌함에 그대를 봉직대부(奉直大夫)로 임명하고 고명을 내리노라.[96] 그대 손씨는 광록사 서정함가이급 영유항의 모친으로 인내심이 강하고 덕행의 모범이었으며 특히 넓은 자애로 아들을 교육했다. (중략) 아들이 조정을 보좌함에 그대를 의인으로 봉한다.[97]
	동치 10년 (1871)	봉천승운황제(奉天承運皇帝)가 제서를 내려 이르길, 부친을 돕고, 군주를 섬기는 신하의 돈독함이란 자신의 몸을 돌보지 않는 충성의 도리이다. 충성과 효도로 나라와 집안을 포용함에 이런 은혜를 내리노라. 그대 영굉학(榮宏學)은 주동함가이급(州同銜加二級) 영봉고(榮鳳皐)의 부친이다. 몸소 선행을 쌓아서 상서롭게 그 후손을 일으켰다. 자식에게 의(義)를 행하도록 교육했고, 대대로 조상의 유업을 후손에게 계승시켰다. 아들이 조정을 보좌함에 그대를 봉직대부에 봉하고 고명(誥命)을 내리노라.[98] 그대 손씨는 주동함가이급 영봉고의 모친이다. 부녀의 의례는 집안에 적합했고, 평소 집안과 화합하며 부녀의 품성과 덕을 계승했다. 모친의 예법과 조상의 유업을 계승하고 이에 비추어 자식을 교육하여 이름을 빛냈다. 아들이 조정을 보좌하니 그대에게 의인을 봉한다.[99]

93 『(江蘇無錫)榮氏宗譜』: "爾朱氏乃捐職同知榮光宇之母, 淑愼其儀, 柔嘉維則。(中略) 玆以爾子克襄王事, 封爾爲宜人。" (역자 주)

94 『(江蘇無錫)榮氏宗譜』: "爾榮錫源, 乃光祿寺署正銜加二級榮維恒之祖父, 箕裘紹緖, 詩禮垂聲。(中略) 玆以爾孫克襄王事, 貤贈爾爲奉直大夫, 錫之誥命。" (역자 주)

95 『(江蘇無錫)榮氏宗譜』: "爾任氏, 乃光祿寺署正銜加二級榮維恒之祖母, 高門毓秀, 華閥傳芳。(中略) 玆以爾孫克襄王事, 貤贈爾爲宜人。" (역자 주)

96 『(江蘇無錫)榮氏宗譜』: "爾榮志瀛, 乃光祿寺署正銜加二級榮維恒之父, 世擅淸門, 代傳素養, 家風淳厚。(中略) 玆以爾子克襄王事, 封爾爲奉直大夫, 錫之誥命。爾孫氏, 乃光祿寺署正銜加二級榮維恒之母, 克樹芳型, 尤多慈敎。(中略) 玆以爾子克襄王事, 贈爾爲宜人。" (역자 주)

97 『(江蘇無錫)榮氏宗譜』: "爾鄭氏, 乃光祿寺署正銜加二級榮維恒之母, 克樹秀型, 尤多慈敎。(中略) 玆以爾子克襄王事, 封爾爲宜人。" (역자 주)

98 『(江蘇無錫)榮氏宗譜』: "奉天承運, 皇帝制曰: 資父事君臣子篤, 匪躬之誼; 作忠以孝國家宏, 錫類之恩。爾榮宏學, 乃州同銜加二級榮鳳皐之父。善積於身, 祥開厥後。敎子著義方之訓, 傳家裕堂構之遺。玆以爾子克襄王事, 封爾爲奉直大夫, 錫之誥命。" (역자 주)

명칭	시기	내용
고명(誥命)	동치 10년(1871)	사은의 은혜를 내리는 것은 조정의 성대한 전례이다. 공직에 종사해 직무를 수행함은 신하의 마땅한 도리이다. 주동함가이급인 영봉고(榮鳳皐)는 타고난 소양이 착하고 선량해서 몸가짐이 정중하고 예의 발랐다. (중략) 조정을 보좌함에 봉직대부에 봉하고 고명을 사여한다.[100] 주동함가이급 영봉고의 처인 장씨(張氏)는 아름다운 기질을 숨기며 덕행으로 화합하며, 정숙하고 위엄 있는 몸가짐을 보였다. (중략) 지아비가 조정을 보좌하니 그대를 의인에 봉한다.[101]
	광서(光緖) 2년(1876)	그대 영승일(榮勝溢)은 공부주사가삼급(工部主事加三級) 영광세(榮光世)의 부친으로 한 평생 청빈한 가문을 물려주었고, 대를 이어 평소 수양한 교양을 전승해 가풍이 후덕했고, 조상의 가업을 계승하는 훌륭한 모범이다. 집안의 가르침은 엄격했고, 『시(詩)』와 『예(禮)』의 커다란 뜻을 일깨웠다. 그대에게 은혜를 내려 조의대부(朝議大夫)로 추증하는 고명을 내린다.[102] 그대 주씨(朱氏)는 공부주사가삼급인 영광세의 모친으로 참고 견디며 덕행의 모범이 되었고, 특별히 넓은 자애로 교육했다. (중략) 그대에게 사은하여 공인(恭人)으로 봉한다.[103]

상술한 『(강소무석)영씨족보』에 수록된 칙명과 고명은 모두 18편으로 수나라 대업(大業) 3년부터 청나라 광서(光緖) 2년까지 대략 1,200여 년에 이른다. 칙명과 고명의 내용을 분석하면 다음과 같은 몇 가지 사항을 알 수 있다.

(1) 강소무석양계영씨(江蘇無錫梁溪榮氏)라는 족인은 역사상 유명한 명문 가문에 속했다. 수나라에서 시작해서 당송과 명청 시기를 거치는 동안 중앙의 관직을 역임했고, 그 동안 황제의 칙명(勅命)과 고명(誥命)을 통해 표창을 받았다. 이런 은총은 친족에게도 이르렀고, 시기적으로 1,000여 년에 달했다. 이런 가보는 실제로 몇 안 되는, 매우 보기 힘든 경우이다.

(2) 황제로부터 받은 칙명과 고명의 범위는 계속 확대되었다. 예를 들면 수나라 시

99 『(江蘇無錫)榮氏宗譜』: "爾孫氏, 乃州同銜加二級榮鳳皐之母。壼範宜家, 夙協承筐之微; 母儀貽穀, 載昭畫獲之芳。茲以爾子克襄王事, 封爾爲宜人。" (역자 주)

100 『(江蘇無錫)榮氏宗譜』: "錫類推恩, 朝廷之大典; 奉公效職, 臣子之常經。爾州同銜加二級榮鳳皐, 賦質純良, 持身恪謹。(中略) 茲以爾克襄王事, 授爾爲奉直大夫, 錫之誥命。" (역자 주)

101 『(江蘇無錫)榮氏宗譜』: "爾州同銜加二級榮鳳皐之妻張氏, 含章協德, 令儀夙著。(中略) 茲以爾夫克襄王事, 封爾爲宜人。" (역자 주)

102 『(江蘇無錫)榮氏宗譜』: "爾榮勝溢, 乃工部主事加三級榮光世之父, 世擅清門, 代傳素業。家風淳厚, 垂弓冶之良模; 庭訓方嚴, 啟詩書之令緒。茲以覃恩, 贈爾爲朝議大夫, 錫之誥命。" (역자 주)

103 『(江蘇無錫)榮氏宗譜』: "爾朱氏, 乃工部主事加三級榮光世之母, 克樹芳型, 尤多慈教。(中略) 茲以覃恩, 封爾爲恭人。" (역자 주)

기 칙명은 임관한 관료만을 대상으로 했다. 그래서 병부상서인 영권(榮權)과 어사중승인 영비(榮毗)만 이를 받았고 친족과는 무관했다. 당나라 시기에 이르러 그 범위가 확대되며 병과급간(兵科給諫)인 영존심(榮存審)도 칙명의 대상이 되었고, 그의 부친 영정(榮梃) 또한 칙명을 받았다. 송대 이후에는 그 범위가 더욱 넓어졌는데, 관료의 부친과 모친 및 처자까지 고명의 대상이 되었고 나아가 관료의 조부도 그 대상이 되었다. 청대에는 심지어 외조부까지 확대되었다.

(3) 칙명과 고명의 표창 내용과 형식에는 허와 실이 있다. 수나라 시기의 두 칙명에 "이런 충정을 칭송한다."라는 말은 있지만 (어떤 벼슬을 내린다든지 하는) 실질적인 표창 내용에 대해 언급하지 않았다. 반면에 당나라 정원(貞元) 2년의 두 칙령은 비교적 사실적인 내용을 담고 있다. 병과급간(兵科給諫) 영존심(榮存審)의 부친 영정(榮梃)에게 대중대부(大中大夫)를 추증하면서 영존심에게 "고사를 따라서 군사의 일을 보좌하니 위업이 더욱 융성함에 반드시 등용해야 한다."[104]라며 그의 중용을 언급했다. 명나라 만력(萬曆) 22년(1594) 칙령에서는 산동성 하진현의 지현인 영세승(榮世承)의 부친인 영개(榮愷)를 "문림랑과 산동 하진현의 지현"으로 봉한다는 사실 내용을 언급했다. 이들은 사실적 내용을 언급한 칙령에 속한다. 송나라 이후의 칙령을 통해 보통 관직 임관자의 처와 모친, 조부를 '유인(孺人)'·'의인(宜人)'·'공인(恭人)' 등으로 봉하기도 했다. 비록 명·청 시기 7품관의 모친과 처자는 '유인' 등에 봉해졌지만, 이는 단지 명목상의 존칭 의미에 불과하고 실질적인 물질적 대우는 전혀 없었다.

(4) 칙령과 고명의 표창 이유에 변화가 발생했다. 수나라 시기 칙령의 표창 대상은 주로 조정의 공신이었다. 그래서 병부상서인 영권(榮權)은 "법률을 분명히 밝히고, 간사한 관리를 바로잡았다."라고 했다. 당나라와 특히 송대 이후에는 표창의 대상이 주로 과거에 급제한 인재로, "상중에도 예의를 다하여 효자로 입신했다."라고 했다. 관료의 부친과 조부 표창에는 후손의 교육과 관련해 "행동은 의리에 적합했으며 힘써 타인을 도왔고, 자식에게 거문고 연주를 가르쳐 집안 대대로 전승시켰다." 등의 내용을 강조했다. 처와 모친 및 조모 표창의 경우 '삼종사덕(三從四德)'을 강조하며, 소위 "예의 바른 용모와 미덕을 지니고 덕성이 온화했다." 혹은 "의제(儀制)에 익숙했고, 품격이 있고 재능이 뛰어났다." 또는 "여자의 도리를 다했으며 지아비를 도와 큰 공을 이루게 했다." 등의 이유를 들었다. 이렇게 1,000년이 지나는 동안 칙령과 고명에서 나타난 내용상의 변화는 봉

---

104 『(江蘇無錫)榮氏宗譜』: "循故事往佐師幕, 益謀遠業, 以須登用。" (역자 주)

건 통치자의 치국방략의 목적을 실현하는 방향으로 발전을 거듭했다. 송대에 이르러 주자의 성리학이 사회를 주도하는 의식으로 자리 잡으며 봉건 통치자는 과거제를 강조하는 동시에 '효치천하(孝治天下)'를 더욱 강조했다. 이를 근간으로 송대 이후 고명의 내용과 조건은 계속 확대해 나갔다. 이는 당시 봉건왕조가 관철하고자 했던 '효치천하'라는 치국방략을 고명을 통해 나타낸 것이다.

8. 보론(譜論)

보론은 가보에서 보설(譜說), 보법(譜法)으로도 불리고, 선유보설(先儒譜說), 선현보론(先賢譜論), 술고보략(述古譜略), 가보인의(家譜引義), 보학논략(譜學論略) 등의 편명을 포함한다. 주로 고대의 경전을 수집한 것으로, 특히 역대 문인과 학자가 논술한 가보 편찬의 취지와 의의, 원리와 방법과 관련한 어록이다. 필자가 수집해서 소장한 이와 관련한 자료에는 다음과 같은 것이 있다. 건륭 37년(1772) 『(안휘적계)왕씨세종보((安徽績溪)汪氏世宗譜)』 권3 「보론(譜論)」, 민국 10년(1921) 『(안휘흡현)북안오신덕당족보((安徽歙縣)北岸吳愼德堂族譜)』 정편(正編) 「선진보설(先儒譜說)」, 광서 22년(1896) 『(안휘휴녕)평양군왕씨종보((安徽休寧)平陽郡汪氏宗譜)』 권수(卷首) 「보설(譜說)」, 동치 원년(1862) 『(안휘기문)기서도원진씨통공가보((安徽祁門)祁西桃源陳氏通公家譜)』 권1 「보설인(譜說引)」, 가경 23년(1818) 『(강서무원)청화호씨문민공종보((江西婺源)淸華胡氏文敏公宗譜)』 권수 「선현보론(先賢譜論)」, 민국 6년(1917) 『(안휘과현)고이환산여씨종보((安徽黟縣)古黟環山余氏宗譜)』 권1 「술고보략(述古譜略)」, 『(강서무원)괴계왕씨지보((江西婺源)槐溪王氏支譜)』 권6 「보학원류고(譜學源流考)」, 건륭 17년(1752) 『(안휘)신안황씨대종보((安徽)新安黃氏大宗譜)』·『삼씨보법(三氏譜法)』, 건륭 3년(1738) 『(안휘)신안서씨종보((安徽)新安徐氏宗譜)』 권2 「종보인의(宗譜引義)」, 민국 14년(1925) 『(안휘흡현)흡서범천사씨지보((安徽歙縣)歙西范川謝氏支譜)』 권1 「보설(譜說)」, 민국 8년(1919) 『(안휘정덕)제양왕씨통종보((安徽旌德)濟陽汪氏統宗譜)』 권1 「유선보설(儒先譜說)」, 건륭 53년(1788) 『(강서무원)관원홍씨총보((江西婺源)官源洪氏總譜)』 권수 「보설(譜說)」, 민국 8년(1919) 『(안휘흡현)흡서왕씨중집지보((安徽歙縣)歙西汪氏重輯支譜)』 「보론(譜論)」 등 10여 편이 있다. 이런 10여 편의 보론 내용을 비교해 보면 공통적인 특징을 발견할 수 있다. 즉, 전대에 역대 문인과 학자들이 언급한 보론과 그 내용이 기본적으로 유사했고, 특별히 다른 의견을 주장한 경우는 극히 일부에 불과했다는 점이다. 이상의 가보 자료는 그 편찬 시기는 주로 청대와 민국 시기에 집중했는데, 이 시기 보론과 관련 어록은 전대의 것을 그대로 채록한 것으로 보인다.

그리고 앞서 언급한 대다수의 가보는 「보론」을 '권일'이나 '권수' 등 주로 서두에 배치를 했다는 점이다. 이는 가보 편찬 중 선현과 선유에 언급한 보학 관련 논술의 중요성을 말해 주는 것이다. 동치 원년 『(안휘기문)기서도원진씨통공가보』에 수록된 「보론」은 문두에 「보설인(譜說引)」을 두고 명유(名儒)와 달사(達士)의 보론 집록의 중요성을 언급하기도 했다. 즉 이르길 "명유와 달사(達士)가 언급한 보서에 관한 것은 하나하나 서두에 집록해 두었다. (중략) 열람자가 책을 펼치고 검색을 함에 있어 (중략) 효경(孝敬)의 마음을 깨닫게 함은 여기로부터 생겨난다."[105]라고 했다.

다음은 광서 22년(1896) 『(안휘휴녕)평양군왕씨종보』에 수록된 「보설」을 소개하고자 한다. 특별히 왕씨(汪氏) 가보를 선택한 이유는 이 「보설」에 수록된 여러 문인과 학자들의 보론과 어록이 상대적으로 풍부했기 때문이다. 관련 내용을 살펴보면 다음과 같다.

(1) 전(傳)에 이르길, 종가에 법(法)이 없음은 마치 조정에 세신(世臣)이 없는 것과 같다고 했다. 또한 이르길 법을 정하는 목적은 중요한 근본을 사람이 알게 하는 것이라 했다. 만약 종법이 폐지되어도 보계(譜系)는 계승되기 때문에 부족한 곳을 충분히 보완할 수 있는데, 『사기(史記)』에 세가를 기술한 것 역시 이런 뜻에서였다.[106]

(2) 고대 제후 연표와 경대부의 세가는 길게 이어진 사첩(史牒)으로 백세(百世, 3,000년을 의미함)가 되어도 사라지지 않았다. 이는 아마도 「보계」가 존재했기 때문이다. 족인은 서로 교류하며 따르고, 상사(喪事)와 혼인을 반드시 알렸기 때문에 보계는 단절되지 않았다. 수당(隋唐) 이후 벼슬은 세습되지 않고 세계(世系)도 전하지 않게 되자, 가보 역시 크게 쇠락하게 되었다.[107]

(3) 한 고조가 패(沛)에 입성해 부형에게 서신으로 알리고 의기투합했다. 사마상여(司馬相如)는 촉(蜀)의 사신으로 갈 때 서신으로 부로(父老)에게 알렸다. 이는 고대 사람들이 근본의 중요성을 알았기 때문이다. 보첩이 없었다면 종자(宗者)를 모를 수도 있겠지만, 보첩이 있음에도 종자(宗者)를 모르는 것은 미혹이 아닐 수 없다.[108]

---

105 『(安徽休寧)平陽郡汪氏宗譜』: "名儒達士凡有論及譜書者, 一一輯錄於前。(中略) 俾觀者開卷檢閱之際 (中略) 啟夫孝敬之心, 油然以生也。" (역자 주)

106 『(安徽休寧)平陽郡汪氏宗譜』: "傳日: 宗子無法, 則朝廷無世臣。又日, 法立, 則人知重本。蓋宗法廢, 而譜系繼起, 猶足以補其所不及。《史記》敘世家, 亦此意也。" (역자 주)

107 『(安徽休寧)平陽郡汪氏宗譜』: "古者諸侯年表、卿大夫世家綿延史牒, 得百世而不泯者蓋賴譜系之存, 而其族人相與爲服, 死喪婚娶之必告而不絕。隋唐以後, 仕者不世, 紀序失傳, 而譜遂大壞矣。" (역자 주)

108 『(安徽休寧)平陽郡汪氏宗譜』: "漢高祖入沛, 以白書與父兄, 翕然趨之。司馬相如使蜀, 只移書喻父老而已。古之

(4) 당나라 시(詩)에 이르길 "훤히 빛나고 아름다운 상제시여 백세(百世)는 어디로 흘러가는가. 잘 알려진 곳도 도달하기 힘든 것이니 그림을 그려서 상세히 기록하네."라고 했다. 이는 보계(譜系)는 없어서는 안 된다는 점을 말한 것이다.[109]

(5) 석림공(石林公)이 이르길 무릇 지금의 사대부는 문망(門望)의 고하를 비교하고, 작위(爵位)와 녹봉(祿俸)으로 갑을(甲乙)을 정한다. 문망과 작위가 높은 사람이 있으면 가보를 참고해 상세히 기록하고, 그렇지 않으면 가보에 근거해 생략해 누락시킨다. 가보는 이처럼 사람을 생략하거나 전할 수 있었다.[110]

(6) 또한 이르길, 무릇 후대에 조금이라도 후손이 있는 사람이라면 마땅히 보첩을 참고해 주의해야 한다. 단지 조상이 어떻다고 해서 보첩에 수록하지 않는 것은 그의 시조를 알지 못하기 때문이다. 이는 어떤 유감이 있어서가 아니다. 또한 후대 자손이 어떻다고 해서 보첩에 수록하지 않음은 동족과 자식이 후손에게 죄를 짓는 것과 같다. 이런데도 보첩의 편찬을 지체할 수 있겠는가?[111]

(7) 정자(程子)가 이르길, 천하 사람의 마음을 통솔하는 것은 종족을 거두고, 풍속을 너그럽게 하고, 사람들이 근본을 잊지 않게 하는 것이다. 이를 위해서는 반드시 보계(譜系)를 밝혀서 종법을 세워야 한다.[112]

(8) 또한 이르길, 종법이 폐지되었어도 보첩은 오히려 후대까지 남아 있다. 보첩이 없다면 사람들은 그 기원을 알지 못해 백 년이란 세계는 있을 수 없게 된다. 또한 같은 혈통의 부자와 형제의 혈연관계도 사라지고, 비록 가까운 사이일지라도 그 관계 역시 멀어질 수밖에 없게 된다.[113]

(9) 주자(朱子)는 사람이 3대 동안 가보를 편찬하지 않으면 불효가 된다고 했다. 또한 자신의 이전 조상을 공(公)이라 칭하고, 이하를 낭(郎)이라 부르는데, 이는 가보를 편찬하는 법도라고 했다.[114]

人其知重本也。如此譜牒不存, 而不知宗者, 有矣。譜牒存, 而不知有宗, 吾惑焉。" (역자 주)

109 『(安徽休寧)平陽郡汪氏宗譜』: "唐人詩曰: 昭昭穆穆柾, 百世又何疏。戶曉應難及, 作圖爲細書。蓋謂譜系之不可無也。" (역자 주)

110 『(安徽休寧)平陽郡汪氏宗譜』: "石林公曰: 凡今之士夫, 以門望相高下, 以爵秩爲甲乙。有其人, 則譜隨而詳以存; 無其人, 則譜隨而略以遺。譜其可略且遺也耶!" (역자 주)

111 『(江蘇無錫)榮氏宗譜』: "又曰: 凡爲人後稍有知識者, 當以譜牒留心。苟前乎此而譜不立, 吾不知其誰始, 固不能無憾。後乎此而不立, 乃同姓與子若孫之罪也。譜牒之作可緩乎哉!" (역자 주)

112 『(江蘇無錫)榮氏宗譜』: "程子曰: 管攝天下人心, 收宗族, 厚風俗, 使人不忘本, 須是明譜系立宗法也。" (역자 주)

113 『(江蘇無錫)榮氏宗譜』: "又曰: 宗法廢, 後世譜牒尚有遺風, 譜牒廢, 人家不知來處, 世無百年, 骨肉宗族無統, 雖至親也薄也。" (역자 주)

114 『(江蘇無錫)榮氏宗譜』: "朱晦庵曰: 人家三代不修譜, 則爲不孝矣! 又曰: 己身以上稱公, 己身以下稱郎, 此作譜

(10) 도연명(陶淵明)은 일찍이 장사(長沙)의 공족(公族)인 조부에게 "같은 동족의 분파라도 사람들이 바뀌면 세계(世系)는 소원해집니다. 이에 감개무량하여 탄식하며 우리의 옛날 시조를 생각해 봅니다."라고 했다. 노천(老泉)[115]이 편찬한 『가보인(族譜引)』에서는 "조상의 기원과 쇠락, 상복을 입지 않는 먼 친척까지 그 시초는 오로지 한 분이다."라고 했다. 아! 정말로 한 사람에서 시작하여 후손이 번성하고 성대해져 지금까지 이름에 시종일관 연결되어 있다는 점을 생각하면 어찌 상복(喪服)의 원근으로만 헤아릴 수 있겠는가?[116]

(11) 『남사·왕의전』에서 "북방 사람은 동성을 중시함에 '골육'이라 불렀다."라고 했고, 안지추(顏之推)는 『가훈』에서 "(종족 촌수는)형제 친족일 경우 조부로부터 하고, 관직이 높은 경우는 보통 존(尊)이라 칭했다. 그리고 같은 조종일 경우 백세(百世) 떨어진 관계도 형제라고 불렀다. 하북의 사인은 비록 20~30세(世)의 떨어진 관계라도 종백(從伯), 혹은 종숙(從叔)으로 불렀다. 이는 오늘날 속어로는 종족으로 백세(百世)라도 그렇게 부른다."라고 했다.[117]

(12) 소동파가 이르길 양민 집안과 사대부 종족은 효제(孝弟)가 없는 것은 아니다. 친족 상호간에는 종족이 있다. 하지만 종자(宗子)가 없으면 이들을 규합해 통솔할 수가 없다. 비록 종자가 있더라도 지금은 이를 실제로 실천하기가 힘들 경우에는 보계(譜系)에서 그림으로 기술하니 이를 통해서 고찰하기 바란다고 했다.[118]

(13) 또한 이르길 백성이 서로 친목하고 사이가 좋은 것이 왕도의 시작이고, 이는 사리에 맞는 말이라고 했다.[119]

(14) 여동래(呂東萊)[120]는 다음과 같이 언급했다. 삼대(三代, 하상주 시대를 의미함)에는 성(姓)이란 돌아가신 조부의 분파에서 나왔던 자를 지칭했고, 오랜 세월이 지나도 이는 불변

之法也。" (역자 주)

115 노천(老泉): 소순(蘇洵)의 호를 말한다. (역자 주)

116 『(江蘇無錫)榮氏宗譜』: "陶淵明贈長沙公族祖云'同流分派, 人易世疏', 慨然寤歎。念茲厥初, 老泉《族譜引》'以自始而衰, 至於無服, 其初隻一人也。' 吁, 果念厥初知自一人, 而蕃衍盛大以至於今日始終相聯, 又何計之服之遠近?" (역자 주)

117 『南史·王懿傳』: "北人重同姓, 謂之骨肉。顏之推《家訓》: 兄弟族自從祖之外, 高秩者通稱爲尊, 同昭穆者百世猶兄弟也。河北族人二三十世稱從伯從叔, 今俗語曰宗族, 百世眞有所謂也。" (역자 주)

118 『(安徽休寧)平陽郡汪氏宗譜』: "蘇東坡曰: 良民之家, 士大夫之族, 未必無孝弟, 相親有族, 無宗子莫爲之糾率也。雖然族之有宗, 在今日爲難行, 而圖述譜系, 亦庶幾於此考也。" (역자 주)

119 『(江蘇無錫)榮氏宗譜』: "又曰: 民相與親睦者, 王道之始也。誠知言矣。" (역자 주)

120 여동래(呂東萊): 여조겸(1137~1181)을 지칭한다. 남송(南宋)의 학자로 주자·육상산(陸象山) 등과 함께 강학에 매진했고 『근사록(近思錄)』을 주자와 함께 편찬하기도 했다. (역자 주)

했다. 씨(氏)라는 것은 별도로 그 자손이 나누어져 나온 것을 말했다. 이는 여러 세대마다 한 번씩 변했다. 천자가 덕(德)을 세워 생전에 성을 하사함에 이때 얻은 성은 하나였는데, 자손들이 다시 이를 씨로 삼은 경우가 매우 많았다. 그래서 그 분파를 연구하면 그 원류(源流)를 알 수 있고, 가지를 탐구하면 그 뿌리를 알 수 있다. 그러한데 어찌 근원이 갑자기 바뀌겠는가? 진한 이래로 민족 구분은 그 차이가 거의 없어져 간단하고 알기도 쉬웠다. 그래서 그 기원을 쉽게 판단할 수 있는 자가 극히 드물어졌다. 왕씨(王氏)는 하나인데 우리가 어떻게 원성(元城)에서 기원한 왕씨와 의춘(宜春) 왕씨, 곡성(郤城) 왕씨 등에 대해서 알 수 있겠는가. 유씨(劉氏)는 하나인데 우리가 어떻게 도당(陶唐)의 유씨, 봉춘(奉春)의 유씨, 원해(元海)의 유씨에 대해서 알 수 있겠는가? 미혹되지 않고 이를 분별할 수 있는 자는 매우 드물었다. 씨는 마(馬)인데 마복(馬服)의 마(馬)인지, 마원(馬援)의 마(馬)인지 구분해 낼 수 없게 되었다. 씨가 석(石)인 경우 주위(周衛)의 석(石)과 복조(復趙)의 석을 구분해 내지 못했다. 고대에는 씨족이 번성했음에도 오히려 그 기원을 아는 자가 많았고, 지금은 씨족이 간략해졌어도 오히려 이를 아는 자가 적어졌다. 보첩만이 씨족의 흥망을 수록하고 있으니, 보첩이란 학문을 탐구하지 않으면 안 되는 이유라고 했다.[121]

(15) 왕형공(王荊公)[122]은 다음과 같이 말했다. 나는 소순(蘇洵)이 언급한 보첩에 대해 들었다. 아는 것만을 계속 언급하고 잘 모르는 것에 대해서는 누락시키니 이런 보첩에는 많은 문제점이 있다. 무릇 사람이란 공상(空桑)[123]처럼 태어날 수 없거늘 어찌 조상을 모르겠는가. 아는 자는 확실하게 계승하는 것이고, 모르는 자도 밤새 궁리하면 아침에는 찾아내기 마련이다. 모양에 맞추어 그림자를 잡는 것처럼, 만약 짐승을 잡으려 한다면 어찌 못 잡을 수가 있겠는가. 확실하게 알고도 구차하게 모르는 체하니 이보다 더 큰 불

---

121 『(江蘇無錫)榮氏宗譜』: "呂東萊曰: 三代之時, 曰姓者, 流其祖考之所自出者也, 百世而不變者也; 曰氏者, 別其子孫所自分者也, 數世而一變者也。天子建德, 因生以賜姓, 其得姓雖一, 而子孫別而爲氏者, 不勝其多焉。尋其流, 可以知其源, 尋其葉, 可以知其根, 抑何易耶。自秦漢以來, 民族之別, 絕無僅有, 可謂簡而易知者矣, 然人罕有能辨其源者。王之氏一也, 吾不知其出於元城之王耶? 宜春之王耶? 郤城之王耶? 劉之氏一也, 吾不知其出于陶唐之劉耶? 奉春之劉耶? 元海之劉耶? 其能辨而不惑者, 鮮矣。氏之馬者, 未必能辨其爲馬服之馬及馬援之馬也。氏之石者, 未必能辨其爲周衛之石及復趙之石也。古之氏族繁而知之者反多, 今之氏族簡而知之者反少, 由譜牒之明與廢而已, 以是知譜牒之學不可不講也。" (역자 주)

122 왕형공(王荊公): 북송(北宋)의 문장가이자 정치가인 왕안석(王安石). 형공(荊公)은 그의 봉작을 지칭한다. (역자 주)

123 공상(空桑): 마른 뽕나무. 옛날에 유선씨(有侁氏)가 뽕을 따다가 이윤(伊尹)을 마른 뽕나무 속에서 얻었다는 고사(故事)가 있는데, 곧 부모 없이 태어났다는 말을 뜻한다. (역자 주)

효는 없다고 했다.[124]

(16) 정이천(程伊川)[125]은 다음과 같이 말했다. 보첩의 요체는 한 권으로 기원을 명확히 밝히는 것이고, 조상을 존경하는 것이 곧 종족를 경외하는 것이다. 또한 수많은 지파를 탐구해 그 유파를 분명히 밝히는 것이 곧 종족 추존의 전례(典禮)라고 했다.[126]

(17) 구양수(歐陽修)는 다음과 같이 언급했다. 족(族)이란 족(簇)이고, 지아비의 서열을 숭상해 구분해 만들었다. 성(姓)이란 생(生)으로 원래부터 태어났다는 뜻이다. 씨(氏)는 시(是)인데 별도로 구분함을 말한 것이다. 냇물은 계속 흘러 갈래가 나뉘지만 그 근원은 같은 것과 같다. 사람은 세대가 바뀌면서 흩어져 살지만 조상은 하나라는 점을 알고 있다. 기원이 같음을 알기에 서로의 차이를 비웃어서는 안 된다. 조상이 같다는 사실을 알기에 서로를 모른 척해서는 안 된다. 보첩 편찬에 원칙을 두지 않으면 세대가 멀어짐에 이를 증명할 증거가 없으니 문장의 근간이 풍문에 있었는지 그 여부를 어찌 알겠는가? 또한 진(晉)나라 공자(公子)의 근본이 희성(姬姓)임을 어찌 알 수 있겠는가? 이를 두고 보계가 없어서는 안 된다고 하는 것이다.[127]

(18) 소순은 다음과 같이 말했다. 천자께서 덕을 세우셨고, 다음으로 공훈(功勳)을 두셨음에 보첩 역시 후대에 교훈이 될 만한 말로 엮은 것이다. 또한 이르길 3대가 지나도 수보하지 않으면 소인(小人)과 같다고 했다.[128]

(19) 사마광(司馬光)은 『종파기(宗派記)』에서 다음과 같이 말했다. 옛날에 어떤 자가 육료(六蓼)[129]가 기원한 곳을 물었지만 멍하니 답변을 하지 못했다. 사람들이 오망기(吳罔記)

---

124 『(江蘇無錫)榮氏宗譜』: “王荊公曰: 余聞老蘇論譜牒, 謂可知者續之, 不可知者闕之, 此語極有病。夫人不生於空桑。豈無祖宗。可知者, 固可續矣, 其不知者, 必夜而思, 旦而求, 挨形捉影, 如今之捕獸, 豈有不得者焉, 苟委於知而又安於不知, 其爲不孝也益大矣!” (역자 주)

125 정이천(程伊川): ‘정이(程頤)’의 성과 호를 함께 이르는 말로 호가 이천(伊川)이다. 그의 형 정호(程顥)와 함께 주돈이에게 수학했고, 이들 형제를 ‘이정자(二程子)’라 불렀는데 후에 정주학(程朱學)의 창시자가 되었다. (역자 주)

126 『(江蘇無錫)榮氏宗譜』: “程伊川曰: 譜之要, 在明一本而浚其源, 所以尊祖而敬宗也; 究萬派而清其流, 所以別親疏之遠近也; 辨昭穆等降之殊, 所以識尊卑之次第也; 行吉凶慶吊之禮, 敦孝友睦姻任恤之行, 所以崇宗族之典禮也。” (역자 주)

127 『(江蘇無錫)榮氏宗譜』: “歐陽修曰: 族之爲言簇也, 尙夫序而有別; 姓爲言生也, 本其所生; 氏之爲言是也, 別其所自分也。又曰: 川流派別, 當知同源; 人代散居, 當知同祖。知同源, 必不笑咸淡清濁之異; 知同祖則不學秦越魯杞之爲。然非圖譜以紀, 則世遠無證, 安識須句之本於風也, 安識晉公子之本諸姬也。是謂譜系之不可無也。” (역자 주)

128 『(江蘇無錫)榮氏宗譜』: “蘇老泉曰: 太上立德, 其次立功, 譜牒者, 亦立言之一端也。又曰: 三世不修譜, 則同小人矣。” (역자 주)

129 육료(六蓼): 『좌전·문공』에 의하면 춘추시기 작은 소국으로 기원전 622년에 초나라에 의해서 멸망되었다. (역자 주)

를 주나라의 후손이라 말하니, 마땅히 고요(皐陶), 정견(庭堅)[130]을 받아들여 제사 지내지 않음을 나무라야 한다고 했다. 또한 성계(成季)[131]의 소(昭)와 선맹(宣孟)의 목(穆)은 5세까지 이르렀지만 서로 경조(慶弔)하지 않았고, 사람들은 담자(郯子)[132]를 기이하게 생각하고, 오로지 소고(少皐)의 친속만을 돈독하게 여기며 조상 직관에 대해서도 찬미하지 않았다. 나는 이런 폐단을 경계하면서 마침내 종파를 그림으로 그려 선후 친족의 항렬을 표시하고 전당(殿堂) 중앙에 내걸었다. 그리고 이를 해서(楷書)로 100여 권을 써서 족속에게 한 권씩 보내고, 조석으로 펼쳐 보게 했다. 이를 통해 종족 간에 화목을 돈독하게 하려고 했다. 아울러 오복(五服)이 아닌 곳에서 조상을 찾는 자에게 두려움을 알게 해 세속의 일부를 더욱 돈독하게 할 수 있다. 이 또한 보첩이 없어서는 안 되는 이유라고 했다.[133]

(20) 황산곡(黃山谷)[134]은 다음과 같이 언급했다. 대대로 씨(氏)를 족(族)으로 삼은 자는 보첩을 통해 그 유래와 그 분파를 알 수 있다. 하지만 세대가 점차 멀어지고, 족이 날로 번성하여 흩어지면서 서로 연락하며 관계를 유지하는 것이 어렵게 되었다. 그래서 소목(昭穆)의 분별이 흐려지게 되었다.[135]

(21) 여본중(呂本中)[136]은 다음과 같이 말했다. 나라는 나라가 아닌 도리로 혼란해지고, 집안은 집안이 아닌 이치로 문란해진다. 고로 예악과 기강은 나라의 근간이고, 종법과 보첩은 집안의 근본이다.[137]

---

130 정견(庭堅): 고요(皐陶)의 자(字)이다. (역자 주)

131 성계(成季): 춘추시기 노나라 사람으로 장공(莊公)의 동생을 말한다. (역자 주)

132 담자(郯子): 소호(少昊)의 후손으로 춘추시기 담국(郯國)의 군주를 지칭한다. (역자 주)

133 『(江蘇無錫)榮氏宗譜』: “司馬溫公《宗派記》曰: 昔有問六蓼之所自出, 懵然不知所對。人謂諸吳罔記爲周之裔, 宜取皐陶庭堅不祀之譏。又有成季之昭、宣孟之穆, 至若五世而不相慶吊, 人謂異郯子篤少皐之親, 且無言稱先職之美。吾監茲弊, 遂作宗派一圖, 揭諸中堂, 以示諸後進輩。復楷書百餘册, 凡我族屬, 各送其一, 庶朝夕披覽, 可以起其敦族之義, 不以服屬疏遠間而從尋爷焉者, 因知所懼, 可以厚流俗之一端, 是亦謂譜系之不可無也。” (역자 주)

134 황산곡(黃山谷): 이름은 정견(庭堅), 자는 노직(魯直)으로 송나라 신종(神宗)에게 발탁되었다. 강서시파(江西詩派)의 창시자로 『산곡집(山谷集)』이 있다. (역자 주)

135 『(江蘇無錫)榮氏宗譜』: “黃山谷曰: 世之有氏爲族者, 惟有譜識其所從由, 考其所由分, 世日益遠, 族日益繁, 必至於不相維繫, 而昭穆辨淆矣。” (역자 주)

136 여중본: 송나라 휘종(徽宗)과 고종(高宗) 시기 문관으로 자는 거인(居仁)이고 본명은 대중(大中)이다. 당시 동래선생(東萊先生)으로 불리었고 저서로는 『춘추해(春秋解)』, 『동몽훈(童蒙訓)』, 『사우연원록(師友淵源錄)』 등이 있다. (역자 주)

137 『(江蘇無錫)榮氏宗譜』: “呂本中曰: 國無國之道, 而後國亂; 家無家之道, 而後家亂。故禮樂綱紀者, 國之道也; 宗法譜牒者, 家之道也。” (역자 주)

(22) 육상산(陸象山)[138]은 다음과 같이 말했다. 보첩 편찬은 반드시 명백해야 한다. 예를 들어 어느 지역의 어떤 조상에서 분화해 나왔고, 어떤 사람과 어느 곳으로 이주했는지 가지와 줄기라는 맥락에 흐트러짐이 없어야 한다. 그래야 이것을 보첩이라 할 수 있다. 만약 진실을 후손에게 전하지 못하고, 고찰할 근거가 없다면 이는 망자를 업신여기고 세계(世系)를 무시하는 것이다. 사실을 기록함에 숨김이 없어야 하며 이에 대해서는 사마공의 도계(圖系)와 구양공의 보례(譜例)를 가히 참고할 만하다.[139]

(23) 진북계(陳北溪)[140]는 다음과 같이 언급했다. 보계란 사람의 근본이다. 근본이 분명하지 않으면 근거가 없어져 전도되거나, 함부로 성(姓)을 속여서 멋대로 호적에 등록하거나, 혹은 마음대로 다른 호적에 의탁하여 종지(宗枝)를 흐리게 할 수 있다. 어찌 한(漢)의 사위를 빙자하여 유성(劉姓)을 사칭하고, 오랑캐 종족인 주야(朱邪)[141]가 이성(李姓)의 호적에 올라갈 수 있단 말인가?[142]

(24) 또한 이르길, 모친은 알면서 부친을 모르는 자는 금수가 되는 것과 같은 이치이고, 부친을 알면서 조부를 모르는 것은 날짐승이 되는 것과 같은 이치이다.[143]

(25) 호오봉(胡五峰)[144]은 다음과 같이 말했다. 너무 심하구나! 보첩은 만들지 않으면 안 되는 것이다. 보첩에는 소목이 질서 정연하게 기록되어 있어 소척(疏戚)을 하나도 빠트리지 않았으니, 백세(百世) 후에도 한 권으로 이를 분별하기에 충분하다. 그래서 보첩을 만들지 않으면 기뻐도 축하하지 않았고, 상(喪)이 있어도 조문하지 않았으며, 또한 친척 보기를 객(客)처럼 하지 않은 경우가 거의 없었던 것이다.[145]

---

138 육상산(陸象山): 송나라 시기 학자로 육구연(陸九淵)을 말한다. 그의 자는 자정(子靜), 호는 상산(象山)이다. 같은 시기의 주희와 서로 다른 학설을 주장하며 후에 양명학의 시조가 되었다. (역자 주)

139 『(江蘇無錫)榮氏宗譜』: "陸象山曰: 作譜須要明白, 如某祖某處分來, 某人某處分去, 枝幹脈絡, 條理不紊, 方才是譜。如或相傳失眞, 考求無據, 則亡諱亡世, 眞書無隱, 此司馬公之圖系、歐陽公之譜例可仿也。" (역자 주)

140 진북계(陳北溪): 송나라 학자인 진순(陳淳, 1159~1223)을 지칭하고, 북계는 그의 호이다. 그는 주희에게 『근사록』 등을 배웠고, 주희의 어록을 기록하기도 했다. 저술로는 『논맹학용의(論孟學庸義)』, 『성리자의(性理字義)』 등이 있다. (역자 주)

141 주야(朱邪): 오대 시기 후당(後唐)의 장종(莊宗)을 지칭하고, 주야는 원래 그의 본성으로 당나라에 와서 이(李)로 고쳤다. (역자 주)

142 『(江蘇無錫)榮氏宗譜』: "陳北溪曰: 譜系者, 人身之根本也, 根本不明, 則顚倒無據, 或妄委其姓而盲入戶, 或妄附戶貫而溷其宗枝, 何止於托漢婿而冒姓劉, 以狄種朱邪而附李屬籍者耶!" (역자 주)

143 『(江蘇無錫)榮氏宗譜』: "又曰: 知有母不知有父者, 走獸之道也, 知有父而不知有祖者, 飛鳥之道也。" (역자 주)

144 호오봉(胡五峰): 송대 성리학자 호굉(胡宏, 1106~1162)을 지칭하는데, 오봉은 그의 호이다. 호안국(胡安國)의 아들로 저서에는 『지언(知言)』, 『오봉집』 등이 있다. (역자 주)

145 『(江蘇無錫)榮氏宗譜』: "胡五峰曰: 甚矣, 譜牒之不可不作也。譜牒作, 則昭穆有序而疏戚不遺, 百世之下猶足以知其分殊而一本, 不作則喜不慶、憂不吊, 不以至親相視如途人者, 鮮矣!" (역자 주)

(26) 유묵재(遊默齋)는 다음과 같이 말했다. 사람의 출생은 부모에서 시작된다. 이를 크게 미루어보면 세대는 비록 멀어졌어도 그 기운은 모두 같다. 어느 누가 측은지심(惻隱之心)과 상로지감(霜露之感)[146]이 없었겠는가? 또한 어찌 흥을 부추기는 마음이 없었겠는가? 다만 특별히 이를 생각하지 않을 뿐이다. 일찍이 종법이 붕괴되면서 종자(宗子)가 사라졌으니 무엇을 통해 친목을 이룰 수 있겠는가? 오직 보첩이 있어야만 종족이 조금씩 모이고 분파를 수습할 수 있다. 이것이 전대 사람들이 가장 많이 유념했던 것들이다.[147]

(27) 석씨(石氏)는 다음과 같이 말했다. 보첩에 기록된 관계를 통해 조종(祖宗)의 기원과 자손의 분화를 고찰할 수 있으므로 보첩은 매우 중요하다. 보첩이 없다면 곽숭도(郭崇韜)[148]가 곽자의(郭子儀)와 민(閔)씨 성에게 고하며 자신이 민자건(閔子騫)[149]의 후손이라 말하는 편이 더 나을 수도 있는데, 이는 있을 수 없는 일이다.[150]

(28) 증씨(曾氏)는 다음과 같이 말했다. 옛날 국(國)과 가(家)란 것은 소종과 대종의 법도로 족성(族姓)을 거두었다. 그 덕분에 비록 백세(百世)가 지난다 해도 증상(蒸嘗)[151]의 제사는 없어지지 않았다. 그래서 친소(親疏)의 쇠락과 존비(尊卑)의 등급, 절제(節制)와 예문(禮文) 등을 모두 고찰해서 볼 수 있다.[152]

(29) 동심산(董深山)은 다음과 같이 말했다. 조상의 선행이 있음에도 알지 못하는 것을 불명(不明)이라 하고, 알지만 전하지 못하는 것을 불인(不仁)이라 한다. 이것이 보첩을 만드는 까닭이다.[153]

---

146 상로지감(霜露之感): 돌아가신 부모나 조상을 서글프게 사모함을 이른다. 『예기·제의(祭義)』에 가을 제사 때에 "서리나 이슬이 내리면 군자가 이것을 밟고 반드시 서글퍼지는 마음이 있으니, 이는 추워서 그러한 것이 아니다.(霜露既降, 君子履之, 必有悽愴之心, 非其寒之謂也。)"에서 유래했다. (역자 주)

147 『(江蘇無錫)榮氏宗譜』: "遊默齋曰: 人之生, 始于父母, 推而大之, 世數雖遐, 皆同一氣也。誰無惻隱之心、霜露之感? 寧不興懷, 特未之思耳。宗法既壞, 則無宗子, 何由以致其親睦之意? 獨有譜牒一事, 猶能稍合宗族而收其流, 是以前輩多留心焉。" (역자 주)

148 곽숭도(郭崇韜): 오대 시기 후당(後唐)의 재상을 역임했다. 그는 문벌이 한미해서 근본을 잘 알 수 없었는데, 당나라의 명신인 곽자의(郭子義)를 자신의 조상이라 사칭하며 무덤에 절을 해서 사람들의 비웃음을 사기도 했다. (역자 주)

149 민자건(閔子騫): 공자(孔子)의 제자로 효자로 유명했고, 10철(哲) 중의 한 사람이다. (역자 주)

150 『(江蘇無錫)榮氏宗譜』: "石氏曰: 譜之書關係甚重, 祖宗之所自出, 子孫之所自分, 胥此由考, 否則不如崇韜之哭子儀、姓閔者謂己出子騫者, 未之有也。" (역자 주)

151 증상(蒸嘗): 겨울 제사를 증(蒸)이라 하고 가을 제사를 상(嘗)이라 한다. (역자 주)

152 『(江蘇無錫)榮氏宗譜』: "曾氏曰: 古之爲國爲家者, 有大宗小宗之法以收其族姓, 雖至百世之遠, 而蒸嘗不廢, 親疏之殺、尊卑之等, 節制禮文, 皆可考而見也。" (역자 주)

153 『(江蘇無錫)榮氏宗譜』: "董深山曰: 先祖有善而弗知, 曰不明; 知而弗傳, 曰不仁。此譜所由作也。" (역자 주)

앞서 기술한 보론 관련 역대 어록은 모두 29개로 12명의 문인과 학자들이 언급했다. 이러한 어록은 수보에 대한 다양한 측면의 기술이다. 수보 방법에 대해서 주희(朱熹)는 "자신의 이전 조상을 공(公)이라 칭하고, 이하를 낭(郎)이라 부른다. 이는 가보를 편찬하는 법도이다."라고 했다. 그리고 육상산은 "만약 진실을 후손에게 전하지 못하고, 고찰할 근거가 없다면 이는 망자를 업신여기고 세계(世系)를 무시하는 것이다. 사실을 기록하며 숨김이 없어야 함에 사마공의 도계(圖系)와 구양공의 보례(譜例)를 가히 참고할 만하다."라고 했다. 하지만 대다수의 어록은 주로 수보의 취지와 의의에 대한 것으로 그 중요성을 강조했다. 예를 들면 정자(程子)가 이르길 "천하 사람의 마음을 통솔하는 것에는 종족을 거두고, 풍속을 너그럽게 하고, 사람들이 근본을 잊지 않게 하는 것이다. 이를 위해서는 반드시 보계를 밝혀서 종법을 세워야 한다."라고 했다. 정이천(程伊川)은 "보첩의 요체는 한 권으로 기원을 명확히 밝히는 것이고, 조상을 존경하는 것이 곧 종족을 경외하는 것이다. 또한 수많은 지파를 탐구해 그 유파를 분명히 밝히는 것이 곧 종족 추존의 전례이다."라고 했다. 여본중(呂本中)은 이르길 "나라는 나라가 아닌 도리로 혼란해지고, 집안은 집안이 아닌 이치로 문란해진다. 고로 예악과 기강이란 나라의 근간이고, 종법과 보첩은 집안의 근본이다."라고 했다. 진북계(陳北溪)는 이르길 "보계란 사람의 근본이다."라고 했다. 이상은 수보의 중요성을 언급한 것이다. 다시 말해 역대 문인들은 "보계는 없어서는 안 된다."라고 했고, "보첩의 편찬을 지체할 수 있겠는가?" 혹은 "보첩이란 학문을 탐구하지 않으면 안 된다."라고 했고, 또한 "보첩은 만들지 않으면 안 되는 것이다."라고 했다. 남송 성리학의 대가인 주희(朱熹)는 수보를 효(孝)의 경지를 한층 더 높이는 것으로 보고 "사람이 3대 동안 가보를 편찬하지 않으면 불효가 된다."라고까지 했다.

이상과 같이 많은 문인과 학자들이 언급했던 보학 관련 논술은 가보에서 보론이 자치했던 중요성과 함께 이를 핵심 사상으로 가보 편찬이 이루어졌음을 말해 주는 것이다. 그리고 보론은 역사상 등장했던 가보 편찬의 이론 탐구에 중요한 자료를 제공하기도 한다. 그럼에도 조사한 바에 의하면 역대 보학논술에 반드시 첨부해야 할 것이 또 있는데, 이는 다름 아닌 사마천(司馬遷)의 보첩에 대한 논술이다.

사마천이 저술한 사학 명저 『사기(史記)』에서 이미 당시 참고했던 다수의 보첩 자료를 인용하면서, 보첩이 갖는 중요성에 대해 수차례 언급하기도 했다. 하지만 사마천의 보학 관련 논술은 『보론』에 수록되지 않았다. 이는 대단히 유감스러운 일이다. 일찍이 우리의 선학이 가보 편찬에 관한 역대 명인의 보론을 수집해 집대성하면서 이 점에 주목했다. 그래서 일부 가보에서는 「보론」과 「보법(譜法)」을 수록할 때 이를 보충하기도 했다. 예를 들면 건륭 17년 『(안휘)신안황씨대종보((安徽)新安黃氏大宗譜)』의 경우 별도로 『삼씨

보법(三氏譜法)』편을 만들어 태사공의 「사마천보인(司馬遷譜引)」, 구양수의 「구양씨보인(歐陽氏譜引)」, 소명윤(蘇明允)의 「소씨보인(蘇氏譜引)」 등 3편의 문장을 수록했다. 그리고 문장 서두에 이르길 "종법의 흥성은 태사공 사마천에서 시작했다. 그 후에 구양수와 소순이 각기 세보를 편찬했다. 구양수는 『한서(漢書)』의 연표에 근거했고, 소순은 『예기』의 대종과 소종의 체례를 참고했다. 지금 세 사람의 종법은 보첩에 수록해서 후손에게 계승시켰고, 보학이 기원한 곳이라고 언급했다."[154] 이와 같이 보학 이론은 사마천으로부터 시작했음을 분명히 알 수 있다. 구양수와 소순 등 역대 문인과 학자 등을 포함하는 이들의 보학 이론은 우리가 열심히 연구 분석을 통해 집대성할 만한 가치가 있는 소중한 문화적 유산이다.

9. 성씨원류(姓氏源流)

나는 어디서 온 것일까? 나의 뿌리는 어디에 있나? 중국인들이 흔히 말하는 염황(炎黃)의 자손이고 중화(中華)의 자녀라는 생각은 이런 문제에 대한 관심의 표현이다. 「성씨원류」는 가보에서 이런 문제에 대한 내용들을 수록하고 있고, 가보에서 가장 중요한 부분이다. 예를 들면 건륭(乾隆) 14년 『(강서무원)성원엄전이씨종보((江西婺源)星源嚴田李氏宗譜)』 중 「어계옹이 자술한 가문의 기원(漁溪翁自敘源流家紀)」에서 "나무는 반드시 뿌리가 있고, 물은 반드시 수원이 있다. 이는 만고불변의 이치이다. 근원이 분명하지 않으면서 어찌 조상이 유래한 곳을 알 수 있고, 그 분파가 분명하지 않은데 어찌 그 유파의 유래를 알 수 있겠는가?"[155]라고 했다. 여기서 말하는 '원(源)'이란 성씨의 기원과 성(姓)의 획득, 시천조(始遷祖) 등에 관한 내용을 포함한다. 그리고 '유(流)'란 족인의 변천과 분지(分支)와 분류(分流) 상황에 관한 것이다.

대다수의 가보는 별도로 성씨의 기원에 관한 장절을 마련하거나, 혹은 보서(譜序) 등에서 해당 족인의 성씨기원에 관한 내용을 기술하고 있다. 가보에서 이와 관련된 내용을 몇 가지 선별해 설명하면 아래와 같다.

---

154 『(江蘇無錫)榮氏宗譜』: "宗法之興, 出自太史司馬公爲始, 厥後歐陽文忠公、蘇明允各爲世譜, 文忠公依《漢》年表, 明允以《禮》大宗小宗爲次, 今以三氏宗法備錄於譜, 俾後之繼之者識譜學之所自出云。" (역자 주)

155 『(江西婺源)星源嚴田李氏宗譜』: 木必有本, 水必有源, 此萬古不易之常道也。不明其始, 何以知祖之所自出, 不晰其流, 何以知派之所由分。" (역자 주)

(1) 광서 21년(1895) 『(안휘적계)적계삼도오천왕씨종보((安徽績溪)績溪三都梧川汪氏宗譜)』의 「왕씨의 성씨 취득과 본지 이주의 기략(汪氏得姓受氏及本支遷居紀略)」에서 왕성(汪姓)의 기원은 고대 신화와 전설에서 기원했다고 했다. 이르길 "우리 종족의 시조는 왕공(汪公)으로 노나라 성공(成公)의 아들이며 양공(襄公)의 동생이다. 태부인(太夫人)인 사씨(姒氏)가 임신해 1년 만에 태어났고, 태어날 때 손에 '좌수우왕(左水右王)'이란 문자가 있어 이름을 왕(汪)이라 지었다고 전한다. 어려서는 총명했고, 성장해서는 인정이 많고 민첩하여 노나라에서 공적을 세워 영천(潁川)에 분봉되었다. 3대 도사마(都司馬)인 송공(誦公)에 이르러 처음으로 조부의 이름을 씨(氏)로 삼았다."[156]라고 했다.

(2) 도광 26년(1847) 『(강서무원)용지왕씨속수종보((江西婺源)龍池王氏續修宗譜)』에 수록된 「태원왕씨보첩서(太原王氏譜牒序)」에서는 왕성(王姓)이 당나라 시기 높은 지위에 있었던 상황과 함께 그 기원을 간단히 소개했다. 아울러 당태종(唐太宗)은 이부상서(吏部尙書)인 고사렴(高士廉)에 명하여 보첩을 편찬하도록 했다. 이르길 "개원 초에 류충(柳沖)[157]과 설눌(薛訥)[158]이 재차 간행함에 26개 성(姓)을 고증해서 나라의 기둥으로 삼고, 16개 성(姓)을 나라의 근본으로 삼았으니 그중에는 태원(太原)과 낭야(瑯琊)의 왕씨(王氏)가 있었다. 왕씨의 조상은 주나라 영왕(靈王)의 태자인 진(晉)의 후손으로 대다수의 자손이 현명했다."[159]라고 했다.

(3) 민국 20년 『(안휘기문)경조김씨종보((安徽祁門)京兆金氏宗譜)』의 「중수종보서(重修宗譜序)」에서 김씨가 기문(祁門)의 동읍(東邑)으로 이주해 시천조(始遷祖)가 된 정구공(廷甌公)을 간략히 소개했다. 이르길 "우리의 시조는 일제공(日磾公)으로 한(漢)에서 성(姓)을 사여받았다. 45대 정렬공(廷烈公)에 이르러 당으로부터 신안통판(新安通判)을 제수받고서야 비로소 가문이 형성되었다. 49대 화공환(華公宦)에 이르러 기서(祁西)로 이주해 터전을 잡고 거주함에 이름을 금계(金溪)라고 했다. 그리고 기(祁)에서 동읍(東邑)으로 이주한 것이 74대 정구공(廷甌公)에 이르러서였다."[160]라고 했다.

---

156 『(安徽績溪)績溪三都梧川汪氏宗譜』: "吾族始祖汪公, 魯成公之子, 襄公之介弟, 太夫人姒氏相傳懷孕期年而生, 生而有文在手, 左水右王, 因名曰汪。少而穎慧, 長而敦敏, 有功于魯, 食采潁川, 至三世都司馬誦公, 始以王父名爲氏。" (역자 주)

157 류충(柳沖): 당나라 태종의 명으로 『대당성계록(大唐姓系錄)』 200권을 편찬했다. (역자 주)

158 설눌(薛訥): 설인귀(薛仁貴)의 아들로 당나라 현종 시기의 저명한 무관이다. 안동경략사(安東經略使)를 역임했고, 거란과 돌궐을 토벌해 공을 세웠다. (역자 주)

159 『(江西婺源)龍池王氏續修宗譜』: "開元初, 柳沖與薛訥復加刊纂, 考定二十六姓爲國之柱, 十六姓爲國之宗, 太原瑯琊王在焉。王氏之先, 出於周靈王太子晉之後, 子孫多賢。" (역자 주)

160 『(安徽祁門)京兆金氏宗譜』: "我始祖日磾公受姓於漢, 至四十五世廷烈公, 唐授新安通判, 遂家焉。越四十九世

(4) 건륭 원년(1736) 『(안휘휴녕)신안소씨족보((安徽休寧)新安蘇氏族譜)』의 「소씨세보서(蘇氏世譜序)」에서는 소씨가 분봉에 기원한 성씨임을 언급했다. 이르길 "소(蘇)의 조상은 고양(高陽)에서 기원했고, 6대인 번(樊)은 곤오(昆吾)[161]에 살다가 소(蘇)로 분봉되었다. 업군(鄴郡) 서쪽에 소성(蘇城)이 있는데, 바로 이곳을 말한다."[162]라고 했다.

(5) 건륭 14년(1749) 『(강서무원)성원엄전이씨종보((江西婺源)星源嚴田李氏宗譜)』의 「이씨원류지(李氏源流志)」에서 이씨는 고대 신화와 전설에서 기원했다고 언급했다. 이르길 "이씨는 영성(嬴姓)인 전욱(顓頊)의 고양씨(高陽氏)에서 기원했다. 고양씨가 대업(大業)을 낳고, 업은 여화(女華)를 낳고, 화는 고요(皐陶)를 낳음에 고요는 정견(庭堅)으로 요제(堯帝) 시기에 대리(大理)가 되었다. 고요는 익(益)을 낳고, 익은 은성(恩成)을 낳음에 그는 하상(夏商) 시기 대리를 역임하자 관명(官命)으로 족(族)을 삼고 이씨(理氏)라고 했다. 주(紂)의 시대에 이르러 자(字)가 덕허(德虛)인 이미(理微)는 주(紂)를 용서할 수 없다고 직언하여 죄를 받아 사망했다. 그의 처인 진국(陳國)의 계화(契和)와 아들 이정(利貞)은 이후(伊侯)라는 폐허로 도망하여 목자(木子), 즉 초목으로 목숨을 연명했다. 이에 이름을 이씨(李氏)로 개명했다."[163]라고 했다.

가보에서 언급한 「성씨 기원」은 해당 성씨의 기원뿐만 아니라 성씨를 획득한 이후 족인의 이주와 분파의 형성에 대해서도 간략히 기술하였다. 아래에서 몇 가지 가보를 들어 설명하면 다음과 같다.

(6) 광서 21년 『(안휘적계)적계삼도오천왕씨종보((安徽績溪)績溪三都梧川汪氏宗譜)』에 수록된 「성씨 취득과 본지 이주의 기략(姓受氏及本支遷居紀略)」에서는 왕씨가 안휘의 신안(新安)으로 이주한 과정에 대해서 설명하고 있다. 이르길 "4대 공족대부(公族大夫)인 월공(鉞公)이 낙양으로 이주했다. 23대 무열장군(武烈將軍)인 고공(高公)은 마원(馬援)에서 출병해 공적을 세웠다. 26대 운공(雲公)은 어양태수(漁陽太守)가 되어 항상 사람에게 효를 이야기함에 친척과 어긋남이 없었고, 충직하여 환란을 회피하지 않으며 한나라 순제(順帝)의 명신이 되었다. 31대 문화공(文和公)은 한에 임관하며 황건적을 격파하는 공적을 세워 관직

華公宦游祁西, 卜宅而居, 名曰金溪, 其自祁遷於吾東邑者, 則七十四世廷甌公。" (역자 주)

161 곤오(昆吾): 현재 하남성 복양(濮陽)에 위치한 지역을 지칭한다. (역자 주)

162 『(安徽休寧)新安蘇氏族譜』: "蘇之先, 出於高陽, 六世樊爲昆吾, 受封于蘇, 而命之氏。鄴郡之西有蘇城, 卽其地也。" (역자 주)

163 『(江西婺源)星源嚴田李氏宗譜』: "李氏出自嬴姓帝顓頊高陽氏, 生大業, 業生女華, 華生皐陶, 字庭堅, 爲堯帝大理, 生益, 益生恩成, 曆虞夏商世, 爲大理, 以官命族, 爲理氏。至紂之時, 理微, 字德虛, 以直道不容於紂, 得罪而死, 妻陳國契和氏與子利貞逃難于伊侯之墟, 食木子, 得全其生, 遂改名李氏。" (역자 주)

이 용양장군(龍驤將軍)에 이르렀다. 건안(建安) 2년 중원이 혼란에 빠지자 공은 남도하여 이흡(黟歙)의 산적을 평정하면서 가문이 새롭게 시작되었다. 33대 신도후철공(新都侯徹公)이 처음으로 신안에 거주함에 신안의 시조가 되었다. 36대 이현령(黟縣令)인 도헌공(道獻公)의 가문이 흡(歙)으로 이주한 후에 이곳에서 수많은 지파가 발흥했다."[164]라고 했다.

(7) 건륭 14년(1749) 『(강서무원)성원엄전이씨종보((江西婺源)星源嚴田李氏宗譜)』의 「어계옹자서원류가기(漁溪翁自敘源流家紀)」에서 이씨가 무원으로 이주한 상황을 간단히 소개했다. 이르길 "우리 시조이신 경공(京公)은 황소가 난을 일키자 흡(歙)의 황돈(黃墩)으로 피난했다. 후량(後梁)이 개국하여 난을 평정하자, 기사(己巳)년에 부(浮)의 계전(界田)으로 다시 이주하여 아들 3명을 낳아 중고(仲皐)·중안(仲安)·중형(仲亨)이라 했다. 다시 중고가 아들 3명을 낳아 덕붕(德鵬)·덕란(德鸞)·덕홍(德鴻)이라 했다. 덕란공(德鸞公)은 계전(界田)에서 무읍(婺邑)의 엄전(嚴田)으로 이주해 거주하며 아들 3명 즉 호(湖)·허(滸)·해(海)를 낳았다. 해공(海公)은 아들 2명 즉 인정(仁政)과 인감(仁監)을 낳았고, 인감은 중촌(中村)에 거주하면서 중촌의 시조가 되었다."[165]라고 했다.

(8) 가정(嘉靖) 44년(1565) 『(안휘적계)적계적경방갈씨족보((安徽績溪)績溪積慶坊葛氏族譜)』의 「보계원류(譜系源流)」에서는 갈씨가 안휘의 적계로 이주했던 과정을 간략하게 기술했다. 이르길 "갈(葛)은 원래 갈천씨(葛天氏)의 후손으로 이후 국명으로 성을 삼아서 강남의 구용(句容) 집안에 전승되었다. 당나라 명종(明宗) 시기 이름이 응상공(應祥公)이란 자가 장부(帳簿)를 엮는 일을 담당했고, 장자인 무도공(武道公)이 양계(楊溪)에 남아 거주했다. 12대부터 62대까지 지나는 동안 송나라 소흥(昭興) 연간에는 도읍의 서쪽 모퉁이에 있는 적경방(積慶坊) 오른편에 거주했다. 자손은 가업을 계승하며 지금까지 이르렀다. 송나라 보경(寶慶) 시기에 종유공(宗喻公)이 명경(明經)을 통해 동려학록(桐廬學錄)에 임관하여 가보를 편찬함에 무도공(武道公)을 적계의 시조로 삼았다. 성씨를 사여받은 이래로 49대 무덕공부터 종유공까지 62대가 되었다. 보첩은 전란으로 산실되어 완전하지 않게 되었다. 원나라 지정(至正) 연간에 이르러 숭덕공(崇道公)이 수보(修譜)를 통해 세대의 순서

164 『(安徽績溪)績溪三都梧川汪氏宗譜』: "四世公族大夫鉞公始遷洛陽。越二十三世武烈將軍高公從馬援出征有功。二十六世雲公爲漁陽太守, 常與人言孝不違親, 忠不避難, 爲漢順帝名臣。三十一世文和公仕漢破黃巾賊有功, 官至龍驤將軍。建安二年, 中原亂, 公南渡江平黟歙山賊, 遂家於始新。三十三世新都侯徹公始居新安, 爲新安始祖。三十六世黟縣令道獻公遂家於歙, 千支萬派由是興焉。" (역자 주)

165 『(江西婺源)星源嚴田李氏宗譜』: "予始祖京公, 因黃巢作亂, 避難于歙之黃墩, 後梁開平己巳遷浮之界田, 生三子, 曰仲皐、仲安、仲亨。仲皋生三子, 曰德鵬、德鸞、德鴻。德鸞公由界田遷居婺邑之嚴田, 生子三, 曰湖、曰滸、曰海。海公生二子: 仁政、仁監, 仁監居中村, 爲中村之始祖也。" (역자 주)

를 정함에 62대 이상은 인멸되어 고증이 어렵게 되자 결국 62대 공을 시조로 삼았다."[166] 고 했다.

(9) 광서 18년(1892) 『(강서무원)사씨족보((江西婺源)查氏族譜)』의 「명좌춘방정민정서(明左春坊程敏政序)」에서 사씨가 구강(九江)에서 선성(宣城)으로 이주했다가 마지막에 강서의 무원에 정착하는 상황을 간략히 언급했다. 이르길 "신안 사씨는 자연공(自延公)에서 시작되어 나라에 공적을 세워 사읍(查邑)을 분봉받고 이를 씨(氏)로 삼았다. 당나라에 이르러 유격장군사(遊擊將軍)인 사예공(師詣公)께서 구강에서 선성으로 이주했지만, 황소의 난을 만나자 다시 흡(歙)의 황돈(篁墩)으로 이주했다. 사예공의 소자인 문정공(文征公)은 남당에서 임관해 관찰사(觀察使)가 되었고 성원(星源)의 서산(西山)에 은거했다. 그의 아들 원수공(元修公)은 이곳 봉산(鳳山) 아래에 거주했는데, 지금의 호사촌(號查村)이 바로 이곳이다. 이때부터 가문이 일어나며 알려졌고, 후손도 크게 번창했다."[167]라고 했다.

(10) 건륭 연간 『(안휘휴녕)등계왕씨적지세보((安徽休寧)藤溪王氏摘支世譜)』의 「천사록(遷徙錄)」에는 제1대 조상인 희상공(希翔公)이 처음 무구(武口)에 거주했고, 이후 각 종파가 다른 지역으로 이주하는 상황을 기술했다. 왕성(王姓)은 대성으로 해당 인구도 많았다. 해당 가보는 무구에서 각지로 이주한 왕성의 지파 수가 매우 많음에도 이들을 하나하나 열거해 수록했다. 예를 들면 이부군(二府君)에는 이주 조상의 지파에 대해 제원파(濟源派)와 매전파(梅田派) 등 모두 104개 지파를 수록했다. 삼부군(三府君)에는 이주 조상의 경우 동문파(東門派), 장촌장수리파(張村長壽里派) 등 60개 지파를 기록했다. 사부군(四府君)에는 중파(中派)와 절원파(浙源派) 등 모두 85개 지파를 수록했다. 오부군(五府君)에는 이주 조상의 경우 중목민방파(中牧民坊派)와 강촌파(江村派) 등 모두 17개 지파를 수록했다. 육부군(六府君)에는 이주 조상인 무구파(武口派)와 읍서적교파(邑西吊橋派) 등 104개 지파를 기록했다. 칠부군(七府君)에는 이주 조상인 무남소계파(婺南紹溪派)만을 기술했다. 팔부군(八府君)에는 이주 조상인 송파(松派)와 대갱파(大坑派) 등 11개 지파를 기술했다. 구부군(九府君)에는 이주 조상인 등계파(藤溪派), 홍수원파(洪水原派) 등 모두 194개 지파를 기록했다.

---

166 『(安徽績溪)績溪積慶坊葛氏族譜』: "葛本葛天氏之裔, 後以國爲姓, 相傳家江南句容。唐明宗時, 名應祥公者, 來任績簿, 長子武道公留居楊溪, 曆十二世至六二公, 宋紹興間遷居邑之西隅積慶坊右, 子孫世業至今焉。宋寶慶時, 宗喻公以明經任桐廬學錄, 嘗修家譜, 以武道公爲績溪始祖。自受姓以來, 至武道公爲四十九世, 宗喻公爲六十三世。譜經兵燹, 散逸不完。元至正間, 崇道公重修世次,六二公以上湮沒難稽, 遂以六二公爲始祖。" (역자 주)

167 『(江西婺源)查氏族譜』: "新安查氏, 始自延公, 有功于國, 受封查邑, 因以爲氏。至唐, 有遊擊將軍師詣公者, 自九江徙宣城, 値黃巢亂, 遷於歙之篁墩。師詣公孫文征公, 仕南唐, 爲觀察使, 隱居星源之西山, 子元修公居本里鳳山之下, 卽今號查村是也, 自是以來, 門地光顯, 生齒蕃盛。" (역자 주)

십부군(十府君)에는 이주 조상인 영북파(穎北派)·악전파(樂田派) 등 11개 지파를 수록했다. 열한 번째, 십일부군(十一府君)에는 이주 조상인 덕흥남원파(德興南源派)·오석파(烏石派) 등 10개 지파를 기록했다. 이상과 같이 시조의 발원지인 무구에서 출현한 지파는 그 수가 무려 500개 지파에 달했다. 이들 지파는 환남(皖南)과 환북(皖北), 강소(江蘇)와 강서(江西) 등 지역에 분포했다.

(11) 민국 17년(1928) 『(안휘)신안정씨통종렬파천사주각찬((安徽)新安程氏統宗列派遷徙注腳纂)』의 『원계(原系)』에는 정씨 성을 얻은 이후에 군에서 명망을 얻는 과정을 기술했다. 이르길 "우리 신안 정씨는 시조이신 백부(伯符)에서 기원했다. 그는 주나라 성왕(成王) 시기 임관하여 광평정국(廣平程國)에 분봉되어 국명으로 성을 삼았다. 광평은 고군(故郡)으로 군망이 시작된 곳이다. 14대 손영공(孫嬰公)은 진(晉)나라의 태원석주(太原析州)로 이주해 대대로 분하(汾河)에 거주하며 다시 군망을 얻었다. 영(嬰)의 차남인 백선(伯先)을 2대 종손으로 삼았다. 후에 조(趙)는 국명을 얻고 임성군(任誠君)에 분봉되니, 이곳이 산동의 고연주(古兗州)이다. 그의 후손은 대대로 동하(東河)에 거주했으며 이곳이 세 번째 군망을 얻은 곳이다. 45대 후손인 태수(太守) 원담부군(元譚府君)은 동진(東晉)을 섬기다가 동아(東阿)의 남으로 남도하여 가랑(假郎)의 직책으로 신안(新安)을 지켰다. 백성들이 그의 이주를 만류함에도 다시 해양(海陽)과 황돈(黃墩)으로 이주하여 네 번째 군망을 얻었다. 이처럼 신안 정씨의 각 유파들은 황돈(黃墩)에서부터 분화해 나왔다."[168]라고 했다.

대다수 가보는 본족(本族)의 기원과 지파 형성에 대해서도 고증했다. 예를 들면 광서(光緒) 원년(1875) 『(안휘흡현)흡신관포씨저존당종보((安徽歙縣)歙新館鮑氏著存堂宗譜)』의 「성씨채지군망고(姓氏埰地郡望考)」에는 역대 포씨와 관련된 저술들을 하나하나 인용하며 열거해 후대에게 비교 분석이 편리하도록 했다. 예를 들면 다음과 같다.

(12) 『제어(齊語)』: 포(鮑)는 사성(姒姓)의 후손이다.[169]

(13) 『원화성찬(元和姓纂)』: 사성(姒姓)인 하우(夏禹)의 후손으로 포경숙(鮑敬叔)이 있는데, 그는 제(齊)나라에서 벼슬을 하다가 채읍으로 포(鮑)를 하사받고 이를 성씨(姓氏)로 삼았다.[170]

---

168 『(安徽)新安程氏統宗列派遷徙注腳纂』: "我新安程氏, 原于始祖伯符, 仕周成王, 得封廣平程國, 以國得姓, 故以廣平爲故郡, 始望之地也。十四世孫嬰公遷晉之太原沂州, 世家汾河, 再望之地也。嬰次子伯先爲本支系次, 趙後得國而封任誠君爲山東古兗州, 其後世居東河, 又爲三望之地也。四十五世孫太守元譚府君仕東晉, 自東阿南渡江假郎來守新安, 百姓遮留, 遂家海陽黃墩, 又爲四望之地也。由是新安程氏世著, 而列派遷徙悉出黃墩。" (역자 주)

169 『齊語』: 鮑, 姒姓之後。(역자 주)

170 『元和姓纂』: 姒姓, 夏禹之後, 有鮑敬叔, 仕齊, 食采于鮑, 因氏也。(역자 주)

(14) 『고금성씨서변증(古今姓氏書辨證)』: 포씨는 사씨로 하나라 제후국 자손의 씨(氏)이다.[171]

(15) 『운부군옥(韻府群玉)』: 사성으로 하우의 후손으로 포경숙이 있다. 그는 제나라에서 벼슬을 하다 포를 채읍으로 받아 이를 씨로 삼았다. 경숙은 숙아(叔牙)를 낳았고 증손인 국대(國代)는 제(齊)나라의 경(卿)이 되었다.[172]

(16) 『성씨찬(姓氏纂)』: 포는 사성으로 제나라 대부의 후손이다.[173]

(17) 『씨족지(氏族志)』: 주나라 시기 하우 후손 출신의 경숙(敬叔)이란 자가 있었는데 제나라에서 벼슬을 시작하면서 포를 채읍으로 사여받아 이를 씨로 삼았다.[174]

(18) 『씨성보(氏姓譜)』: 포는 사성으로 그 기원을 알 수가 없다. 혹자는 하우의 후손이라 했다. 그리고 사력씨(俟力氏)를 포(鮑)로 삼았는데 노성(虜姓)이기 때문이다. 상당(上黨)과 동해(東海) 지역에서 명망이 있었다.[175]

(19) 숭정 5년(1632) 『(안휘휴녕)휴녕대씨족보((安徽休寧)休寧戴氏族譜)』의 「분지고(分支考)」에서는 지파인 강남 지역의 대씨(戴氏)를 구체적으로 분석하여 다음과 같이 기술했다. 이르길 "송나라 때 대공자(戴公子)인 문(文)은 우리 성의 시조이다. 그의 후손으로는 초국(憔國)·제음(濟陰)·광릉(廣陵)이 있어 이들을 삼망(三望)이라 하니 얼마나 성대한 것인가! 이는 진실로 조상이 흥망을 정한 것이니 속된 말로 다시 조사할 필요가 없다. 강남 지역의 대(戴)는 진(晉)나라 영가(永嘉) 초기에 시랑(侍郎)인 제공(濟公)이 금릉(金陵)으로 이주하면서 시작되었다. 제공 이전에 형공(荊公)이 산음(山陰)으로 이주했고, 준공(遵公)이 회계(會稽)로 이주하면서 많은 사람들이 은둔했다. 하지만 족인들이 모이는 곳이 일정하지 않았고, 제공의 후손인 곤(昆)의 후예처럼 면면히 가문의 명성을 드러내지는 못했다. 이윽고 오랜 바람으로 남종과 북종으로 나뉘며 번성했다. 이에 정관(貞觀) 연간 『씨족지(氏族志)』는 제공(濟公)을 강남의 대(戴)씨의 조상으로 파악했으니, 이는 사실이며 거짓이 아니다."[176]라고 했다.

---

171 『古今姓氏書辨證』: 鮑出自姒姓夏諸侯國, 子孫氏焉。(역자 주)

172 『韻府群玉』: 姒姓, 夏禹之後, 有鮑敬叔, 仕齊, 食采于鮑, 因氏。敬叔生叔牙, 曾孫國代, 爲齊卿。(역자 주)

173 『姓氏纂』: 鮑, 姒姓, 齊大夫後。(역자 주)

174 『氏族志』: 鮑出夏禹之後, 周時有敬叔者, 仕齊, 食采于鮑, 因以氏焉。(역자 주)

175 『氏姓譜』: 鮑, 姒姓, 不知所出。或云夏禹之後。又俟力氏改爲鮑, 虜姓也。望出上黨、東海。(역자 주)

176 『(安徽休寧)休寧戴氏族譜』: "自宋有戴公子文以肇吾姓, 其後憔國、濟陰、廣陵傳爲三望, 猗歟盛哉, 此固先民之所揚摧而世俗能言者, 也無庸再溯矣。至于江南有戴, 則系晉永嘉初, 侍郎濟公遷金陵始也。濟公之前, 雖有荊公遷山陰, 遵公遷會稽, 而人多嘉遁, 族無聚處, 不若濟公之後昆裔綿而家聲著, 遂與故望分南北宗之爲盛也。此貞觀《氏族志》必以濟公爲江南諸戴之祖, 見誠不誣。" (역자 주)

(20) 광서(光緖) 18년(1892) 『(강서무원)무원사씨족보((江西婺源)婺源査氏族譜)』의 「정종변(正宗辯)」에서는 사씨가 안휘의 신안(新安)으로 유입된 후에 지파의 형성 과정을 언급했다. 이르길 『신안명족지(新安名族志)』에 의하면 신안으로 유입된 사씨는 두 지파가 있었다. 첫째는 무원봉산(婺源鳳山)에 거주했던 관찰사(觀察使)인 문정(文征)의 지파이다. 소위 "휴녕에는 사씨가 매우 많았다."거나 혹은 "이성(李姓)이 사성(査姓)을 사칭했다."라는 주장을 논증하여 사실로 밝히기도 했다. 이러한 고증의 목적은 진위를 밝히려는 것인데, 이에 대해서 "위로는 우리 지파(支派)를 문란하게 하고, 아래로는 나의 자손을 미혹시킨다." "무릇 우리 종파(宗派)는 다행히도 조롱받지 않았다."라고 했다. 이와 같이 가보에서 자신 조상의 기원 문제에 대하여 엄격하고 신중한 태도로 다루었다는 점은 매우 중요한 것이다.

10. 세계(世系)

세계란 다른 말로 세전(世傳)·세계표(世系表)·세계도(世系圖)·수사도(垂絲圖) 등으로도 불린다. 계(系)에는 한 세대의 조상에 대한 가보를 편찬할 때 당시 구성원의 성명 자형의 대소, 생몰의 연월, 직관의 역임, 처와 자녀, 장지(葬地)와 분묘(墳墓) 등의 내용을 도표로 기록한 것이다. 그리고 세계는 중국 가보의 중요한 구성 부분으로 후손들이 조상을 알현하고 뿌리를 찾는 중요한 실마리일 뿐만 아니라 지방지, 가전(家傳), 가사(家史) 등의 서적과 구별되는 중요한 근거이기도 하다. 세계는 가보에서 가장 많은 분량을 차지하는데, 보통 3/4 이상을 차지하기도 한다.

세계의 보다 깊은 이해를 위해 민국 9년 『(안휘이현)약갱방씨백운당종보((安徽黟縣)瀹坑方氏白雲堂宗譜)』 속의 세계도를 사례로 들고자 한다.(〈위편 그림 1-1〉 참고)

그림에서 볼 수 있듯이 그림의 우측이 세계의 인명인데, 상하로 배열한 것은 항렬을 나타낸 것이고, 좌우의 배열은 적서(嫡庶)를 표시하는 것이다. 그림 좌측에 수록한 것은 인물의 소전(小傳)으로 인물의 자형 대소와 이력, 생몰연월, 배후자, 묘지 및 자녀 상황에 대해 간단히 기술한 것이다.

보통 세계(世系)는 인명을 소전과 함께 분리해서 배열하는 것이 일반적이지만, 어떤 세계도(世系圖)의 경우 인명과 소전을 하나의 그림 속에 배치하기도 한다. 예를 들면 아래에 열거한 도광(道光) 12년(1832) 『(안휘이현)고축손씨가보((安徽黟縣)古築孫氏家譜)』의 「고축손씨세계도(古築孫氏世系圖)」가 바로 이런 경우이다.(〈위편 그림 1-2〉 참고)

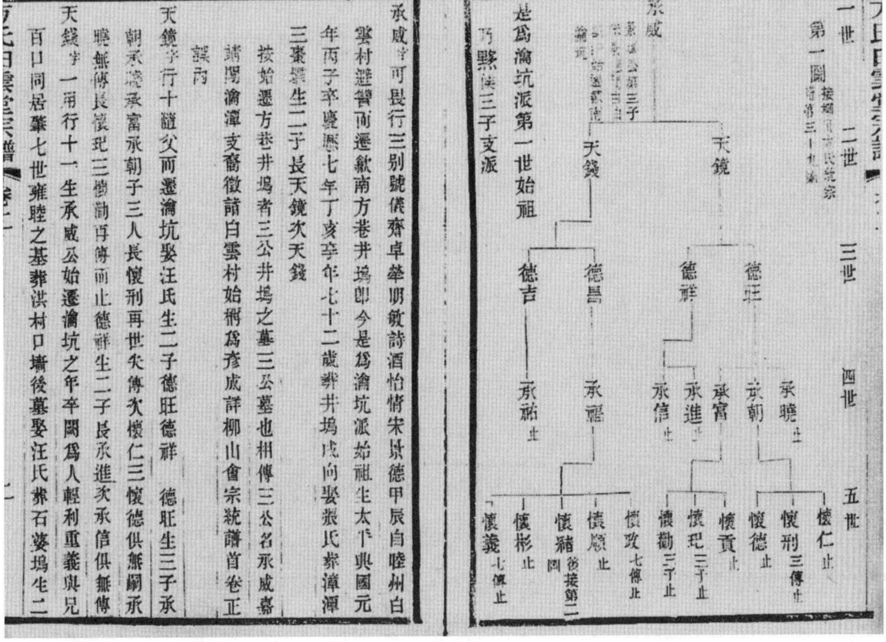

<위편 그림 1-1> 『(안휘이현)약갱방씨 백운당종보』 세계도

앞서 언급한 세계의 인명과 소전(小傳)을 한 장에 배치한 형식은 내용 검색 등이 비교적 편리하다. 오래된 가보의 경우 세계의 인명은 주로 남성만을 수록했고, 여성의 이름은 전혀 수록하지 않았다. 이는 가보에서 볼 수 있는 남성 중심의 봉건주의적 '남존여비' 사상을 반영한 것이다. 청말과 민국 초기에 이르러 비로소 소수 가보의 세계에 여성의 이름이 수록되기 시작했다. 최근 10여 년 사이에 편찬된 가보의 경우 '남녀평등' 사상에 근거해 모든 남성과 여성의 이름이 들어가면서 세계에서 여성의 지위를 찾게 되었다. 이는 가보가 시대적 변화를 수용한 사례라고 볼 수 있다. 세계도(世系圖)는 제1대의 조상을 시작으로 가보 편찬 당시까지의 세대를 순차적으로 배열한 것인데, 일반적으로 수십, 혹은 100세(世)를 초과하기도 한다. 송원(宋元) 시기

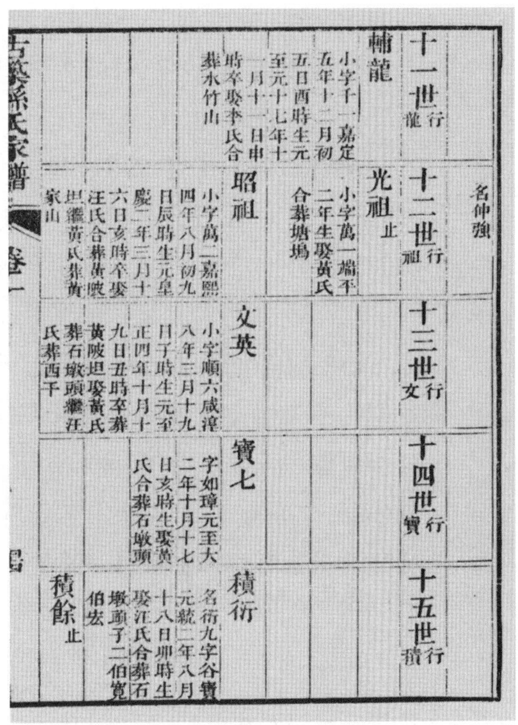

<위편 그림 1-2> 『(안휘이현)고축손씨가보』 세계도

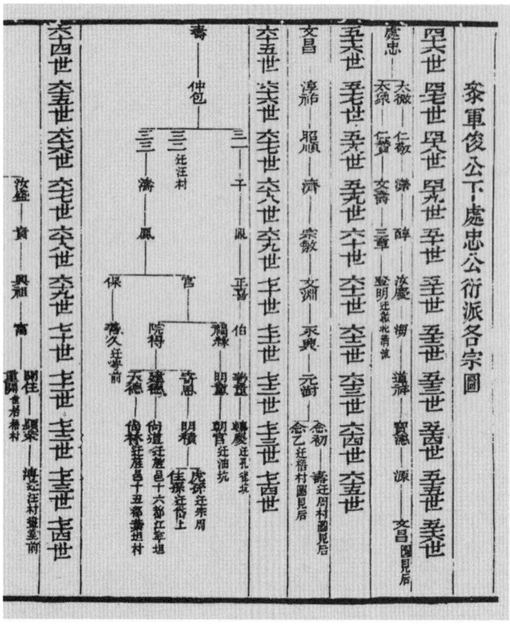

<위편 그림 1-3> 『(안휘)신안왕씨종사통보』 세계도

이전의 연속된 세계의 도표는 몇 개의 세대를 한 장에 수록하기도 했는데, 이에 일정한 규범이 있는 것은 아니었다. 어떤 경우 10세대를 한 장에, 혹은 90세대를 한 장에 수록하기도 했다. 아래와 같이 『(안휘)신안왕씨종사통보((安徽)新安汪氏宗祠通譜)』의 경우가 이런 사례에 속한다.(〈위편 그림 1-3〉 참고)

〈위편 그림 1-3〉인 『(안휘)신안왕씨종사통보』의 세계도(世系圖)에는 45세대에서 56대에 이르는 11대를 한 장에 수록했다. 다시 말해 56대에서 65대, 65대에서 74대와 같이 10대를 합쳐서 한 장에 수록했다. 이는 "도계(圖系)가 매우 번잡해서 검색과 열독이 힘들었다."[177]라는 판단에 따른 조치였다. 송나라 시기 구양수(歐陽修)와 소순(蘇洵)은 『구양씨보도(歐陽氏譜圖)』·『소씨족보(蘇氏族譜)』를 각기 편찬하면서 전대 가보 편찬의 원칙을 집대성했을 뿐만 아니라 당시 등장한 가보 편찬이란 사회적 수요에 부응하여 오세도식(五世圖式)이란 체례를 제시하기도 했다.(〈위편 그림 1-4〉 참고)

〈위편 그림 1-4〉를 보면 경달(景達)에서 순(詢)까지 5대를 한 장에 수록했고, 두 번째 그림을 보면 순(詢)에서 영(瑮)과 경(瓊)까지 다시 5대 단위로 배치했다. 구양수(歐陽修)와 소순(蘇洵)이 제기한 5세대 나열법은 후대 가보 편찬에 큰 영향을 주었다.

명대 정덕(正德) 연간에 간행된 『(안휘흡현)중수왕씨가승((安徽歙縣)重修汪氏家乘)』에서는 다음과 같이 언급했다. 이르길 "구보(舊譜)는 9대를 한 장의 표에 배치함에 소종(小宗)의 의미를 상실했고, 소전(小傳)의 각 세대마다 본지도(本支圖)에 배치했기 때문에 종족을 열람하는 의미를 잃고 말았다. 지금의 표는 5대를 기준으로 삼은 구양수의 체례인데, 대세의 순서를 방주(旁注)해서 전승된 세대를 밝혔다."[178]라고 했다. 동치(同治) 13년(1874)

---

177 『(安徽)績溪三都梧川汪氏宗譜』, 光緒 21年(1895) "圖系太繁, 不免難以查閱."

178 『(安徽)歙縣重修汪氏家乘』: "舊譜九世爲一圖, 失小宗之義, 小傳各系本支圖後, 失綜宗之義, 今圖五世准歐陽例, 旁注世次, 明傳代也." (역자 주)

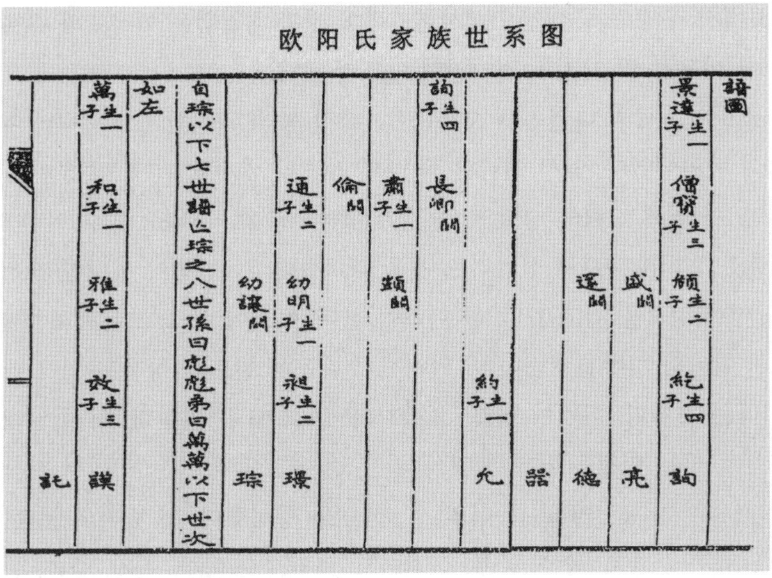

<위편 그림 1-4>
구양씨 족인세계도

『(안휘기문)방씨종보((安徽祁門)方氏宗譜)』에서는 "편찬 형식은 5대를 한 번에 배치해 대종이 소종을 거느리는 구양공의 방식이다. 1대를 시작으로 삼아서 5대까지를 함께 배치하고, 다시 오대의 조상은 6대에서 10대까지 이른다. 이처럼 전후를 후손이 선대를 계승해 연결하니 그 원류가 어찌 문란해질 수 있겠는가?"[179]라고 했다. 민국 6년의 『(강서무원)청화호인덕당속수세보((江西婺源)淸華胡仁德堂續修世譜)』에서는 "원래 보첩은 7대를 하나의 도표에 배치해 항렬의 차례를 강(綱)으로 삼았다. 현재 건륭(乾隆) 경진(庚辰)년에 이르러 각 도표를 5대를 기준으로 삼는 것을 의논함에 자의(字意)를 분명히 하고, 사후 시호의 추증 등을 강(綱)으로 삼았다. 이름 아래에 작은 글씨로 항렬, 자(字), 누구의 자식인지를 기록했다. 또한 생몰, 장(葬), 취(娶), 자녀 등의 기록을 목(目)으로 삼으니 보는 이로 하여금 이해하기 쉽고 고증도 편리하게 했다."[180]라고 했다. 이상과 같이 "구양수와 소순의 보첩이 등장하자 이는 천고의 규범이 되었다."[181]라는 말처럼, 후대 구양수와 소순의 가보는 세계(世系)의 기본 구조를 결정하는 기초가 되었다.

---

179 『(安徽祁門)方氏宗譜』: "編纂格式准歐陽公五世一揭大宗統小宗之法, 揭始於一世之端, 自一世以至五世, 再揭五世之祖于六世之端, 自六世以及十世, 承前接後, 庶幾源流不紊。" (역자 주)

180 『(江西婺源)淸華胡仁德堂續修世譜』: "原譜七世爲圖, 行第爲綱, 今(乾隆庚辰)議每圖惟五世, 俾字義疏朗且易名, 爲綱; 名下細書行第、書字、書某人子, 再書生、歿、葬、娶、子女等項, 爲目, 令觀者明白易曉, 便於考核." (역자 주)

181 『(江西婺源)槐溪王氏支譜』, 咸豐 6年(1856): "歐蘇譜系一出, 遂爲千古矜式。"

중국 보학의 역사에서 구양수와 소순이 제시한 5세대 세계 배열법은 이정표와 같은 역할을 하게 되었다. 그 이유를 몇 가지로 정리하며 다음과 같다.

첫째, 구양수와 소순의 5세대 나열법은 오복(五服)의 정(情)과 구족(九族)의 친(親)이란 전통 윤리 도덕관의 반영이었다. 앞서 언급한 '구양씨 가족의 세계도(歐陽氏家族世系圖)'를 예로 들어 설명하면, 첫 번째 그림의 경달(景達)·승보(僧寶)·영(頠)·흘(紇)·순(詢)이란 5대는 고대 시기의 5대를 내복(內服)으로 삼는다는 것을 의미한다. 즉 친족이 사망할 경우 5대 이내의 친족은 규정한 상복을 입고 효(孝)를 다해야 한다. 이것이 바로 '오복지내(五服之內)'를 의미한다. 5대 이외의 친족관계는 이미 멀어졌기 때문에 반드시 상복을 입고 애도를 다할 필요가 없다는 것이다. 이것이 바로 '오복지외(五服之外)'를 말한다. 다시 말해 5대란 '오복지내(五服之內)'라는 인정을 체현한 것이다. 두 번째 그림에서 순(詢)에서 시작해 순(詢)·통(通)·유명(幼明)·창(昶)·영(璟) 등이 다시 5세대를 형성했다. 첫 번째와 두 번째 그림을 연결하면 위로부터 고조, 증조, 조부, 선친이고, 아래로는 아들, 손자, 증손, 현손까지 9세대를 이룬다. 이 역시 중국 고대 시기에 중시했던 '구족지친(九族之親)'이란 의미를 체현한 것이다. 구양수와 소순의 이런 '오복지정'과 '구족지친'의 5세대 도식은 후대 가보 편찬자에게 추존을 받았다. 예를 들면 건륭 13년 『(안휘흡현)창계태호오씨종보((安徽歙縣)昌溪太湖吳氏宗譜)』는 이에 대해 "도표를 열거함에 5대를 하나로 연결하고, 두 번째 도표는 앞에 있는 제5대 끝에 배치해서 제6대의 시작으로 삼았다. 즉 2개의 도표를 합치면 9대가 되면서 구족의 의미를 알게 했다. 각 도표마다 5대를 배열해서 오복이란 친족을 알 수 있게 했다. 이는 원래 구양수와 소순이 만든 격식이다."[182]라고 했다.

그리고 광서(光緒) 15년(1889) 『(안휘기문)왕씨종보((安徽祁門)王氏宗譜)』에서는 "보첩의 적합한 형식에는 구양의 격식이 있다. 위로는 조부에서 시작해 아래에는 현손까지 이르는 것인데, 5대별로 나누어 본류와 지류를 한 번에 밝히는 것이 바로 오복(五服)이란 뜻이다. 사주(祀主)는 5대가 되면 옮기고, 상복은 5대가 되면 참최(斬衰)로 한다."[183]라고 했다. 계속해서 민국 36년(1947) 『(안휘적계)화양소씨종보((安徽績溪)華陽邵氏宗譜)』에서 이르길 "보첩에서 5대를 하나의 도표로 배열한 것은 오복이란 뜻을 취한 것이다. 도표 뒤에는 4대까지를 배치하고, 제5대를 서두에 배열해 이를 강령으로 삼고, 다시 다음 세대로 연결함

182 『(安徽歙縣)昌溪太湖吳氏宗譜』: "列圖以五世爲一續, 第二續卽以前圖之第五世冠於首, 而以第六世系之, 則二圖合成九世, 可知九族之義, 每圖只序五世, 可知五服之親, 本歐蘇二氏格式." (역자 주)

183 『(安徽祁門)王氏宗譜』: "譜宜法歐陽公之式, 上自爲祖, 下逮玄孫, 以五世爲別者, 將以明一本分, 五服之義也。祀主於五世則遷, 服制於五世則斬。" (역자 주)

에 소전(小傳)이 중복되지 않아서 열람을 편리하도록 했다."[184]라고 언급했다.

둘째, 구양수와 소순의 오대도식은 '근친소원(近親疏遠)'의 원칙을 관철하면서, 장구한 족인사와 자손이 번잡해지며 발생하는 세계(世系) 혼란의 폐단을 극복했다. 이에 대해서 "고법은 보첩을 편찬함에 10대나 9대를 하나의 도표에 두었다. 하지만 도표의 세대가 번잡해지면서 열람의 어려움을 피할 수 없게 되었다. 그리하여 지금은 5대씩 배치하니 번잡하거나 소략하지도 않았고 열람도 편리하게 되었다."[185]라고 했다. 구양수와 소순의 오대도식은 소종의 법도에서 기원했다. 즉 5세(世) 이외는 친족 관계가 다했기 때문에 세계 도표에도 수록하지 않는다는 소종 도식의 전형이었다. 현손에 이르러 별도로 한 세대를 다시 구성하며 그를 도표 서두에 배치했다. 이렇게 함으로써 앞의 세대는 동족 조상에서 기원했지만, 뒤에서는 별도로 친소의 관계로 구분했다. 이것은 족인 중 방계 자손의 경우, 해당되는 본방(本房) 세계 아래에 올바르게 수록하기 위함이었다. 예를 들면 『구양씨가족세계도(歐陽氏家族世系圖)』에서 소순은 해당 방계의 자손만을 수록했다. 즉 양(亮)·덕(德)·기(器)·윤(允) 등의 여러 방계 자손에 대해서는 친족의 관계가 다했다 하여 도표에 더 이상 수록하지 않았다. 이로 인해 "근친소원"이란 목적에도 부합했고, 상세히 수록해도 번잡해지지 않게 되었으며, 또한 생략을 해도 누락되는 일이 없게 되었다. 그리고 친소관계 사이의 이치인 "자손이 비록 많아도 혼잡하지 않고 대대로 전승됨에 (친소가) 멀어져도 관계는 끝없이 이어진다."[186]라는 목적을 실현했다.

셋째, 구양수와 소순의 오대도식 체례가 사용되면서 후대에 더욱 번성하였다. 구양수와 소순이 활동했던 송대에 이르러 중국 보학에 변화가 나타나기 시작했다. 가보 편찬의 취지에 있어서 과거의 "선거를 판별하고, 혼인을 결정하고, 귀천을 분명히 한다."라는 사회·정치 기능의 수행보다는 '존조(尊祖)·경종(敬宗)·수족(收族)'이라는 윤리와 도덕적 기능을 갖기 시작했다. 또한 가보를 편찬하는 형식의 측면에서 보면 송대 이전에 관찬된 공보(公譜)와 이후 등장하는 사찬의 가보가 서로 공존하는 국면이 전개되었다. 특히 송대에 이르러 관찬은 점차 사라지고 사찬 가보가 발흥하기 시작했다. 구양수와 소순이 스스로 자신 가문의 종보를 편찬한 것처럼 당시 대다수의 사대부 역시 잇달아 자신의 가보를 편찬했다. 예를 들면 증조(曾肇)의 『증씨보도(曾氏譜圖)』, 허원(許元)의 『허씨세보(許氏

---

184 『(安徽績溪)華陽邵氏宗譜』: "譜圖世系五世一圖, 取五服之義。圖後卽傳至四世而止。第五世卽首提爲綱領, 而後傳之, 則小傳不疊, 且便觀覽。" (역자 주)

185 『(安徽)歙縣重修汪氏家乘』(正德年間): "修譜古法, 以十世爲一圖, 或以九世爲一圖, 因圖系太繁, 不免難以查閱, 今以五世爲一圖, 不繁不簡, 取閱尤便。"

186 원서에서는 「歐陽修譜圖序」: "子孫雖多而不亂, 世傳雖遠而無窮。"

世譜)』, 범중엄(范仲淹)의 『속가보(續家譜)』, 유구언(遊九言)의 『유씨세보(遊氏世譜)』 등이 이러한 사례이다. 이런 사찬 가보 편찬의 열기가 고조되는 과정에서 사람들은 자연스럽게 이전 시기 가보의 장·단점에 대해 주목을 했고, 그중에 특히 가보에서 중심이 되는 부분, 즉 세계도(世系圖)의 배치 방법에 대해서 득실을 비교·분석하기도 했다. 이러한 시대적 추세를 배경으로 구양수와 소순의 소종 종법을 배열하는 오대도식이란 체례가 등장했던 것이다. 이는 당시 사찬가보의 편찬이란 절실했던 사회적 수요에 대해 부응한 것이었다.

당시 구양수는 소순의 가보 편찬에 대해서 이르길 "이런 형식은 오직 나와 두 사람만이 사용할 수 있는 것이 아니니, 천하 사람들이 모두 사용해도 괜찮을 것이다."[187]라고 했다. 이는 구양수와 소순 두 사람의 가보 편찬은 자신의 종족 조상을 추존하고 지파 일족의 상하관계를 분명히 하는 역할 외에도, 천하에 가보 편찬의 표본을 만들어 보겠다는 의지도 보인 것이다. 구양수와 소순은 당송팔대가에 속한 저명한 학자로 두 사람의 문집은 널리 전승되었고, 편찬한 가보 역시 후대에 커다란 영향을 주었다. 이 점에 대해서 "구양수와 소순의 아들 역시 일찍이 가보를 편찬함에 조부를 계통으로 삼아 편찬했다. 그러자 전국의 사인들이 이 소식을 접하고 이를 따라 하며 이런 방식이 흥하게 되었다. 이는 집안에 사당이 있고, 조상에게 제사 지내며, 친족은 보첩을 통해 존비를 구분할 수 있기 때문이다."[188]라고 했다. 그리고 "문충공 소식(蘇軾)이 구양씨의 세보(世譜)를 저술해 문집에 수록한 후에 천하에 알려졌고, 사람들이 이를 일월처럼 추앙하며 따라했다."[189]라고 했다.

각 가보의 세계도는 모두 시조에서 시작해서 가보 편찬 직전까지의 세계(世系)를 수록했다. 그 세대는 보통 수십에서 많게는 80~90대까지 이르고, 심지어는 100대가 넘는 경우도 있었다. 예를 들면 건륭(乾隆) 19년(1754) 『(안휘흡순)방씨류산진응묘회종통보((安徽歙淳)方氏柳山眞應廟會宗統譜)』에서는 이르길 "방성(方姓)은 복희(伏犧)에서 유래했고, 유망(楡罔)의 아들인 뇌공(雷公)이 방산(方山)에 분봉되면서 방을 성으로 삼았다. 이것이 후대로 전승되어 161대에 도달하면서 수천 년이 되었다."[190]라고 했다. 가보마다 첫 세대의 조상을 '시조'라고 칭하거나, 혹은 특정 지역에 처음으로 이주했다는 의미로 '시천조(始遷

187 『古今圖書集成·氏族典·蘇姓部』: "是不可使獨吾二人爲之, 將天下擧, 不可無也。"

188 『新安黃氏會通譜』(淸抄本): "歐、蘇二子亦嘗作爲家譜, 以統祖屬。由是海內之士, 聞其風而興其焉者, 莫不家有祠, 以祀其先祖, 族有譜, 以別其尊卑。"

189 『吳文正公集』 卷55: "文忠公撰歐陽氏世譜, 載在文集, 行於天下, 如揭日月, 人所共見。"

190 『(安徽歙淳)方氏柳山眞應廟會宗統譜』: "方姓之族, 出自伏羲以來楡罔之子雷公, 封于方山, 以方爲姓, 流傳至今一百六十一世, 數千餘載。" (역자 주)

祖)'로 불렀고, 성(姓)을 얻었다는 뜻의 '시조' 혹은 '비조(鼻祖)'라고도 했다. 그중에 '시조' 혹은 '시천조'를 세계의 시작으로 삼았다. 세계도(世系圖)는 첫 세대에서 시작해서 해당 가보를 편찬하기까지의 인물을 성과 명(名)으로 혈연관계를 분명히 수록했다. 그렇다면 '시조부터 시작되었다는 세계는 모두 사실일까?'라는 의문이 든다. 이에 대한 대답은 어떤 것은 사실이고, 어떤 것은 사실이 아니라는 것이다. 일반적으로 송원(宋元) 이후의 세계(世系)는 편찬 시기가 비교적 가깝고, 편찬 체례 역시 일정한 형식을 유지했기 때문에 그 세계는 비교적 사실일 가능성이 높다. 반면에 송원 이전의 족인 세계는 시기적으로 오래되었기 때문에 사실관계가 불분명할 수 있고, 그 때문에 구체적인 분석이 필요하다.

앞선 '보서(譜序)'에서 언급한 것처럼 각 종족이 가보를 편찬할 때 모두 높은 직위를 사칭하여 조상을 추존하려는 심리가 기저에 깔려 있기 마련이다. 그 때문에 세계의 시조, 시천조 등을 대다수 역대의 황제(皇帝), 열후(列侯), 명현(明賢), 현귀(顯貴)에 의탁해 추앙했다. 그래서 다수의 왕성(王姓)의 가보는 주(周)나라 영왕(靈王)의 태자(太子)였던 진(晉)을, 오성(吳姓)의 경우 주문왕(周文王)의 장자인 태백(太白)을 각각 자신의 시조로 삼았다. 이 외에도 역대 저명한 인물을 자신의 세계에 끌어들여 수록하기도 했다. 예를 들어 이성(李姓)의 경우는 이세민(李世民)을, 장성(張姓)은 장양(張良)과 장비(張飛)를 시조로 삼거나, 혹은 이들을 세계에 삽입하기도 했다. 또한 소성(蕭姓)은 소하(蕭何)를 자신의 조종으로 삼는 경우 등도 있다. 이런 사실에 입각하여 자신의 조상을 미화해 추앙하려는 현상에 대해 구체적인 분석이 필요하다. 가보에서 조상을 미화하려는 심리 현상이 매우 분명히 나타났기 때문에 가보를 편찬할 때 이런 시조 미화를 막으려는 움직임도 역시 있었다. 명청 시기에 등장한 '보사(譜師)'와 '보장(譜匠)'이란 직업의 등장은 이런 심리구조에 편승한 사회 현상 중의 하나였다. 세계의 미화를 방지하기 위해서 "옛사람의 명성에 의탁해 조상을 삼는 자는 계승할 만한 세계가 없었기 때문인데, 담벼락을 향해 알 수도 없는 허구의 인물을 만들었다."[191]라고 지적하기도 했다.

"옛사람의 명성에 기대어 이를 조상으로 삼는 자"[192]라는 현상의 등장은 당연히 일부 가보에 해당하는 것이다. 다수의 가보 편찬자는 엄숙한 태도로 자신의 조상 세계를 다루었다. 예를 들면 주희(朱熹)는 가보의 편찬에 진실을 추구하고 사실을 보존해야 함을

191 王棻 編修, 『柔橋王氏宗譜』(淸稿本): "攀古人之顯者而祖之, 系無所承, 卽向壁虛造不可知之人。" 仇家京, 「家譜"攀附"、"杜撰"現象探析與辨僞」, 中國國家圖書館"第二屆地方文獻國際學術研討會。"에서 재인용했다.

192 『柔橋王氏宗譜』(淸稿本): "攀古人之顯者而祖之。" (역자 주)

강조했다. 즉 "신빙성을 잃어서는 안 되고, 과장하는 것에 주력해서도 안 된다."[193]라고 했다.

주희는 『(강서무원)다원주씨세보((江西婺源)茶院朱氏世譜)』에서 자신의 족인 세계를 저술함에 고증을 통해서 다음과 같이 언급했다. 즉 "우리 가문의 조상은 흡주(歙州)의 흡현(歙縣) 황돈(黃墩)에 거주했다. 군망은 오군(吳郡)으로 전승되었다. 가을 제사에 생선과 자라를 제물로 올렸다."[194]라고 했다. 동시에 논증하길 당대의 "효우(孝友) 선생의 이름은 인궤(仁軌)로 스스로 단양 주씨(丹陽朱氏)로 행세하며 박주(亳州)인 영성(永城)에 거주했다. 효의(孝義)로 사람들에게 칭송을 받았으며 일가의 공로와 경력을 서로 대조해 보니 오군 출신의 친족이 아니다."[195]라며 비교적 실사구시적인 태도를 보였다. 역대 몇몇의 엄격한 태도를 견지한 학자들은 세계에 보인 조상 미화 현상에 대해 일침을 가하기도 했다. 예를 들면 명나라 시기 주상문(周尙文)은 『주씨종보(周氏宗譜)』에서 "근래에 가보를 만드는 자는 지위가 높은 문벌을 좋아해 망령되게 망족에게 매달려 자신의 족(族)으로 삼는다. 특히 보첩은 조상과 시조를 숭상해서 만든다는 점을 간과하고, 오로지 다른 사람의 조상을 자신의 것으로 삼는다."[196]라고 했다.[197]

당연히 이전 사람들이 모두 조상을 미화한 것은 아니었다. 주원장(朱元璋)은 황제에 등극한 후에 사회의 많은 사람이 조상을 미화하거나 추존하는 습속을 목도하고, 한때 주희를 자신의 조상으로 삼으려는 생각도 했다. 어느 날 조정에서 주성(朱姓)을 가진 관리에게 조상을 물으니 그 관리는 주희가 자신의 시조는 아니라고 대답했다. 이에 주원장은 "이런 낮은 직위의 관리조차 주희를 조상으로 삼지 않으려는데 내가 어찌 주희를 시조로 삼겠는가? 황각사(皇覺寺) 출신이 어디가 나쁜가?"라며 주희를 시조로 삼으려던 생각을 버렸다고 한다.

---

193 『(安徽績溪)泉塘葛氏宗譜』: "失實不可, 厚誣亦不可。" (역자 주)

194 『(江西婺源)茶院朱氏世譜』: "吾家先世居歙州歙縣之黃墩。相傳望出吳郡。秋祭率用魚鱉。" (역자 주)

195 『(江西婺源)茶院朱氏世譜』: "孝友先生諱仁軌, 自爲丹陽朱氏而居亳州永城, 以孝義世被旌賞, 一門閥閱相望, 而非吳郡之族。" (역자 주)

196 『周氏宗譜』: "近世作譜者, 好高門第, 妄援與之聞望爲族。殊不知作譜本以尊祖敬宗, 卻援他人之祖宗爲祖宗。" (역자 주)

197 王棻 編修, 『柔橋王氏宗譜』(淸稿本)은 仇家京, 『家譜"攀附"、"杜撰"現象探析與辨僞』, 中國國家圖書館, "第二屆地方文獻國際學術研討會."에서 재인용함.

2

중국 가보의 체례와 내용(하)

1. 전기(傳記)

전기는 가보에서는 전(傳)·행장(行狀)·행실(行實)·지략(志略) 등으로 불리고, 신도비(神道碑)·묘지명(墓志銘)에서는 전기로 분류된다. 이곳에는 주로 해당 족인의 덕(德)·작(爵)·공(功)·문저(文著)로 불리는 사적(事蹟)을 수록했다. 전은 주로 당시의 정치, 경제, 교육, 문화 등과 밀접한 관련이 있기 때문에 편찬자는 종종 당시 사회 명사들과 교류한 내용을 기술하기도 했다. 전기는 구성상 가보에서 중요한 부분이며, 또한 많은 문헌적 가치를 지니고 있는 부분이기도 하다. 이 점에 대해서 예를 들어 설명하고자 한다.

(1) 도광(道光) 5년(1825)『(강서무원)무구왕씨금원산두파지보((江西婺源)武口王氏金源山頭派支譜)』에 수록된「중서공신도비(仲舒公神道碑)」는 당나라 시기 저명한 문학가 한유(韓愈)가 지은 것이다. 문장 가운데 중서공(仲舒公)이 당의 무주자사(婺州刺史)로 부임했을 때를 다음과 같이 언급했다. 이르길 "당시 역병과 가뭄이 심해 사람이 거의 죽음에 이르렀을 때 공(公)이 부임해 다방면으로 구제 활동을 전개하니 하늘이 비를 내려 역병이 안정되었다. 수년이 지나 마을이 복구되었고, 제사(制使)가 순시하니 사람들이 길을 메우고 그를 맞이하며 공덕(公德)을 치하했다. (황제는) 관련 일을 모두 듣고서 금자(金紫)를 내리셨고, 또한 소주(蘇州)로 관직을 옮기도록 했다. (중략) 세상을 다스리는 직무에서 으뜸이 되었다. 천자께서 '왕모(王某)의 문장은 가히 볼 만함에 고(誥)에 가장 적합하고, 고풍(古風)이 있으니 어찌 이직(吏職)에 오래 종사하도록 하겠는가' 하며 그를 다시 중서사인(中書舍人)에 임명했다."[1]라고 하면서 왕중서의 도덕, 문장 등에 대하여 생동감 있게 기술했다.

---

1 『(江西婺源)武口王氏金源山頭派支譜』: "時疫旱甚, 人死亡且盡, 公至多方救活, 天遂雨, 疫定。比數年裡閭完

(2) 선통(宣統) 3년(1911) 『(안휘적계)천당갈씨종보((安徽績溪)泉塘葛氏宗譜)』에 수록된 『상공전(湘公傳)』은 송나라 시기 재상을 역임한 왕안석(王安石)이 작성한 것이다. 문장은 이르길 "상부(祥符) 원년(1008)에 두조사(杜朝使)인 호(鎬)가 이문(里門)을 지날 때 마침 공의 또래 아이들이 길가에서 놀고 있었다. 아이들은 그를 보자 놀라서 모두 도망을 갔지만, 공(公)만은 홀로 그의 손을 마주 잡고 공경을 표했다. 관리는 단아한 모습의 9세밖에 되지 않는 공을 이상하게 여겼다. 잠시 공에게 질문을 하니 공이 물 흐르듯이 막힘없이 응대함에 전혀 오류가 없었다. 이내 거친 '담벼락이 봉황의 꼬리와 같네.'에 대우(對偶)를 짓게 하자 공은 '기왓장이 용의 비늘과 같네.'라 답변했다. 계속해서 오동(梧桐)을 주제로 시를 짓게 하자 이르길 "작은 오동나무와 돌로 울타리를 만드니 숨어 있던 많은 기운이 사람을 오싹하게 하네. 때마침 지금 머리를 숙여 살피니 얼굴을 들고 그를 대할 때 난처해하지 말지어다."라고 했다. 순간순간 발휘하는 민첩한 재능이 보통 사람을 뛰어넘어 신동이란 명성이 한동안 자자했다. 관리가 공을 조정에 추천해 동자과(童子科)에 응시함에 진종(眞宗)은 송죽매(松竹梅)라는 3가지 문제로 시험을 보게 했다. 이에 그 답안 하나하나가 모두 황제 마음에 들어 꽃무늬를 수놓은 화단(花緞)을 하사하고 태학에 입학시켜 상사(上舍)[2]에서 수학하도록 했다. 감사의 뜻으로 공이 준비한 사표(謝表)[3]의 문장 중 "환란 중에도 조정의 기둥이 되는 신하가 되겠노라."라는 문구를 황제께서 보고 더욱 공을 중시하셨다. 상부(祥符) 6년(1013)에 예부사무(禮部司務)를 제수받았고, 8년(1015)에는 동자과(童子科)를 주관했다."[4]라고 했다. 문장 중에 어린 시절 갈상(葛湘)은 재능이 뛰어나고 사고가 민첩해서 진종(眞宗)에게 중용되는 과정을 매우 상세하게 기술했다.

(3) 광서(光緖) 15년(1889) 『(안휘적계)적계현남관돈서당허씨종보((安徽績溪)績溪縣南關惇

復, 制使出巡, 人塡道迎, 顯公德。事具聞, 就加金紫, 轉蘇州。(中略) 成爲天下守之最。天子曰, 王某之文可思, 最宜爲誥, 有古風, 豈可久以吏事役之, 復拜中書舍人。" (역자 주)

2 태학상사(太學上舍): 송대 신종(神宗)은 태학을 설치하고 이곳에 삼사법(三舍法)를 실행했다. 삼사란 외사(外舍), 내사(內舍), 상사(上舍)를 지칭하고, 이곳에 약 2,400명의 태학생을 수용했다. 태학에서 수학한 학생은 과거시험 없이 관료에 임명되었다. 삼사법은 왕안석(王安石)의 신법의 일환으로 실행되었다. (역자 주)

3 사표(謝表): 사표. 사장. 벼슬이 오르거나 하사품을 받았을 때 감사의 뜻으로 임금에게 올리는 글을 지칭한다. (역자 주)

4 『(安徽績溪)泉塘葛氏宗譜』: "祥符元年(1008), 杜朝使鎬過里門, 公適與群兒遊戲道旁, 群兒皆驚走, 公獨拱立致敬, 彬彬儒者, 年才九歲耳, 使異之。傾蓋諮詢公, 應對如流, 了無差謬。乃以'牆毛如鳳尾'屬公對偶, 公對曰'瓦片似龍麟'。繼命作梧桐詩, 詩曰: '小小梧桐石作欄, 已藏淸氣逼人寒。于今正好低頭看, 莫待他時仰面難。' 頃刻立就, 其才之敏捷、量之超邁類如此, 神童之名遂噪一時。使旋薦之朝, 試童子科, 眞宗以松竹梅三題試之, 一一皆合上意, 因賜以花緞, 補太學生, 肄業上舍。公具謝表, 內有'願作中流柱石臣'之句, 上閱之, 益隆重焉。六年(1013)授禮部司務。八年(1015)主試童子科。" (역자 주)

敍堂許氏宗譜)』에 수록된 「송사봉원외랑허공적행상(宋司封員外郞許公逖行狀)」은 송대 유명한 문학가인 구양수(歐陽修)가 작성한 것이다. 문장 중 허적(許逖)에게 내리는 황제의 글에서 다음과 같이 언급했다. 이르길 "허적은 지흥원부(知興元府)에 나아가 산과 하천의 제방을 크게 보수하였다. 제방의 물은 이전에 민전 4만여 경(頃)을 관개했는데, 이는 한(漢)의 소하(蕭何)가 그렇게 만들었다고 했다. 허적이 제방을 쌓을 때 이런 속설을 고려해 다음과 같이 말했다. '찬후(酇侯)[5]는 한(漢)을 도와 천하를 얻도록 했고, 바로 틈을 내어 이곳 농전(農田)에 관개할 수 있게 했다. 고대의 성현은 사람들을 이롭게 하려 했을 뿐 다른 뜻은 없었다. 그러하니 지금 내가 어찌 잠시의 수고로움 때문에 고인이 행한 만세(萬世)의 이로운 뜻을 폐할 수가 있겠는가?'라고 했다. 이내 무리를 이끌고 몸소 목석(木石)을 운반했다. 돌이 떨어지며 좌측 발이 상처를 입었지만, 허적은 더욱 태만하지 않았다. 제방이 완성되고 그해 곡식이 풍년을 맞아 가화(嘉禾) 12경(莖)을 진상했다. 허적은 상서로 직관을 옮겨서 주객원외랑(主客員外郞)과 경서전운사(京西轉運使)를 거쳐 형호남로(荊湖南路)로 임관했다. 형호(荊湖)의 남쪽은 계동(溪洞) 지역의 만족(蠻族)과 인접했기 때문에 해마다 주현(州縣)의 근심이 되었다. 허적은 "금수도 훈계를 할 수 있으니, 만족도 사람인데 불가하겠는가!"라고 했다. 이내 추장을 초무하여 화복(禍福)으로 타이르니 만족들은 모두 허적의 말을 믿을 만하다 여겼다. 그리하여 조정은 3년 동안 만족과 관련된 일을 듣지 않아도 되었다. 허적이 직무를 마치고 조정으로 상경하니 진종(眞宗)은 그를 만나 능력을 칭찬했다."[6]라고 했다. 이상의 내용은 허적이 치수(治水)를 통해 민족융합을 촉진했던 사실을 알려 주는 1차 사료에 해당한다.

(4) 『(강소무진)장씨종보((江蘇武進)張氏宗譜)』는 2002년에 컴퓨터 조판본을 통해서 편찬되었다. 이곳에 수록된 「선공신도비명(宣公神道碑銘)」은 남송 시기 성리학의 대가인 주희(朱熹)가 작성한 것이다. 문장 가운데 장식(張栻)을 소개하며 다음과 같이 언급했다. 이르길 "공의 이름은 식(栻)이고, 자는 경부(敬夫)이다. 옛날 승상 위국(魏國) 충헌공(忠獻公)의 아들이다. 태어나면서부터 기이하고 총명했으며, 또한 조숙하여 충헌공의 총애를 받

---

5 찬후(酇侯): 소하의 호를 지칭한다. (역자 주)

6 『(安徽績溪)績溪縣南關惇敍堂許氏宗譜』: "出知興元府, 大修山河堰, 堰水舊漑民田四萬餘頃, 世傳漢蕭何所爲。君行壞堰, 顧其屬曰: 酇侯方佐漢取天下, 乃暇爲此以漑其農, 古之聖賢, 有利人無不爲也, 今吾豈憚一時之勞, 而廢古人萬世之利? 乃率工徒躬治木石, 石墜傷其左足, 君益不懈。堰成, 歲谷大豐, 得嘉禾十二莖以獻。遷尙書, 主客員外郞、京西轉運使, 徙荊湖南路。荊湖南接溪洞諸蠻, 歲出爲州縣患, 君曰: '鳥獸尙可訓, 況蠻亦人乎!' 乃召其酋長, 諭以禍福, 諸蠻皆以君言爲可信。迄三歲, 不以蠻事聞朝廷。君罷來朝, 眞宗面稱其能。" (역자 주)

왔다. 어려서부터 충효와 인의 실행에 관한 것을 배웠고, 성장해서는 남악(南嶽)의 호공(胡公)인 인중(仁仲) 선생을 따랐으며, 하남(河南) 정씨(程氏)에게 학문의 방법을 묻기도 했다. 선생이 한 번 보고서 그의 넓은 기량을 알아보았다. 그래서 선생이 자신이 들었던 공자 제자들이 언급한 인(仁)에 대해서 친절하게 알려 주자 공이 물러나서 생각하기를 마치 깨달은 바가 있는 듯이 하였다. (중략) 공은 스스로 더욱 분발하여 옛 성현(聖賢)을 기리기 위해서 직접 『희안록(希顔錄)』을 저술하고 주야로 자신을 살피고 경계하는 채찍으로 삼았다. 공의 학문은 이미 깊고 심오했지만, 감히 스스로 만족할 수 없다고 여겨 사방에 벗을 찾아 의견을 구했다. 또한 학문에서 도달하지 못한 바를 이루고자 힘써 생각하며 탐구했고, 강론하며 비판을 했다. 그리고 원칙들을 실천하면서 포기하지 않고 반복하기를 10여 년씩이나 했다."[7]라고 했다. 이곳에서 주희는 장식(張栻)의 학문 방법과 함께 주자학을 잊지 않고 전승했던 사실을 간략히 기술했다.

(5) 도광 5년(1825) 『(강서무원)무구왕씨금원산두파지보((江西婺源)武口王氏金源山頭派支譜)』에 수록된 「소향공묘지명(蔬香公墓志銘)」에서는 청대 동성파(桐城派)의 영수였던 요내(姚鼐)가 쓴 문장이다. 문장 중 이르길 "군(君)의 이름은 정언(廷言)이고 자는 고정(顧亭)이다. 무원 왕씨(婺源王氏)인 평양부동지(平陽府同知)를 역했던 문덕(文德)의 아들이며, 현승(縣丞)의 후보였던 사경(士鏡)의 손자이다. 이들 두 세대에 모두 중헌대부(中憲大夫)라는 작위를 사여받았다. 군은 재능이 있어 세상사를 이해하는 데 막힘이 없고, 성정(性情)이 깊고 문장을 좋아했으며, 선정(禪定)에 탐닉하기도 했다. 일찍이 하곡주(河曲州)의 지주(知州)와 진순덕부(晉順德府)의 지부(知府)를 역임했다. 이미 이 두 곳에서의 명성과 공적은 널리 알려졌다. 순덕(順德)에 재직 시절 마침 기근이 들었고, 공은 공금을 투입해 백성들을 구제하는 동시에 자신의 재물을 출연해 많은 사람을 구했다. 상관(上官)은 이를 일컬어 현장(賢將)이라 부르기도 했다. (중략) 군의 족인은 무원(婺源)의 장계(漳溪)에서 기원을 했는데 요주(饒州)로 이주하여 강녕(江寧)의 서남지역 교외에 정착하였다. 오랫동안 강녕과 무원 지역에서 백성의 이익을 위해 일을 했고, 군은 이를 향리를 위한 마땅한 의무라고 여겼다. 또한 곳간을 세우고 문화를 흥성시켰다. 지금 무원으로 들어가는 길목 몇 곳에 계

7 『(江蘇武進)張氏宗譜』: "公諱栻, 字敬夫, 故丞相魏國忠獻公之哲嗣也。生有異質, 穎晤夙成, 忠獻公愛之。自其幼學而所以敎者, 莫非忠孝仁義之實。旣長, 又命往從南嶽胡公仁仲先生, 問河南程氏學。先生一見, 知其大器, 卽以所聞孔門論仁親切之指告之, 公退而思, 若有得也。(中略) 公以是益自奮勵, 直以古之聖賢自期, 作《希顔錄》一篇, 早夜觀省, 以自警策。所造旣深遠矣, 而猶未敢自以爲足, 則又取友四方, 益務求其學之所未至, 蓋玩索講評, 踐行體例, 反復不置者, 十有餘年。" (역자 주)

곡을 건너는 다리가 있는데, 이 역시 군이 세운 것이다."[8]라고 했다. 가경(嘉慶) 원년에 군(君)은 "도성에 입성해 황극전(皇極殿)의 천수지연(千叟之宴)에 참여함에 황제께서 의구장(倚鳩杖)을 하사하시니 귀경하여 출사하지 말라는 뜻으로 여겼다. 요내(姚鼐)는 강녕(江寧)으로 돌아와 군과 알고 지낸 지 이미 10년이 되었다." 군은 "특별히 나의 시를 좋아해서 그 문장을 열거할 정도였지만, 나는 이미 오래전 잊어버린 것도 있었다. 그의 저서로는 『자오초(自娛草)』 몇 권이 있다."[9]라고 했다. 문장에서 무구(武口) 출신 왕정언(王廷言)의 약력과 관직을 역임하면서 펼친 덕정(德政)과 함께 요내와의 깊은 교류 내용을 생동감 있게 묘사했다.

(6) 광서(光緖) 16년(1890) 『(안휘적계)적계현남관돈서당허씨종보((安徽績溪)績溪縣南關惇敘堂許氏宗譜)』에 수록된 「고봉통봉대부(誥封通奉大夫)」는 곡암공(穀庵公)의 묘지명으로 청말 광서제의 스승이었던 손가내(孫家鼐)가 작성한 것이다. 문장에서 언급하길 "대부(大夫)에 봉해졌고, 이름은 영(瑛), 호는 곡암(穀庵)이며 적계(績溪) 출신이다. (중략) 대대로 명망이 있었고 아들 4명을 낳았다. 그중 둘째 아들은 三品銜(삼품함), 절강지부(浙江知府), 전서방동지(前西防同知)의 상우(上虞) 영해지현(寧海知縣)의 정훈(庭訓)이다. 정훈의 아들 중에 장자는 병부원외랑(兵部員外郎), 가삼품승함(加三品升銜)으로 강서지부(江西知府)의 용(鎔)이다. 둘째는 염대사(鹽大使)의 후선(候選)인 월(鉞)이다. 이들 모두 (재능이) 종인(宗人)을 능가할 만했고, 조부의 공적 덕분에 관작은 진대부(晉大夫)에서 이품장복(二品章服)까지 사여받았다. 조상이 시험을 통해 구주(衢州)에서 임관을 했고, 대부(大夫)가 이를 계승함에 재물이 더욱 넉넉해지고, 생업이 날로 번창했다. 족인은 더욱 많아졌지만, 집안을 검소하게 다스리고 타인에게 은덕을 많이 베풀어, 가혹을 경계하며, 너그럽게 대하도록 했다. (중략) 그리하여 대부인 형 정(挺)은 향시를 감독하는 북위(北闈)[10]로 승진했고, 서촉(西蜀)에서 가보 편찬을 주관하는 것으로 명성이 있었다. 동생인 경(璟) 역시 납속으로 회계승(會稽丞)을 얻고 상우령(上虞令)을 겸직했다. 막내인 장(璋) 역시 박사제자(博士弟子)를 감독했

---

8 『(江西婺源)武口王氏金源山頭派支譜』: "君諱廷言, 字顧亭, 婺源王氏平陽府同知諱文德之子, 候選縣丞諱士鏡之孫, 兩世皆贈中憲大夫。君才通, 曉世事, 而性情遠, 喜文章, 耽禪悅, 嘗仕爲河曲州知州矣, 又晉順德府知府矣。兩地皆有政聲名跡。而在順德, 値歲饑, 君于公帑拯救之外, 又自出財以施貸, 所全者甚衆。上官尤稱之, 以爲賢將。(中略) 君始家婺源之漳溪, 遷居饒州, 旣而定居于江寧之西南郊, 故于江寧、婺源事有當爲民利者, 君皆以鄕里之誼任焉。立積倉, 興文化。今入婺源途中, 有溪橋數處, 皆君建也。" (역자 주)

9 『(安徽績溪)績溪縣南關惇敘堂許氏宗譜』: "入都與皇極殿千叟之宴, 賜倚鳩杖, 自是歸, 不復出。鼐來江寧, 與君知十餘年。君尤喜余詩, 多能擧其辭, 而余或自忘也。所著有《自娛草》若干卷。" (역자 주)

10 북위(北闈): 청나라 시기 당시 수도인 북경에서 실행한 향시(鄕試)를 지칭했다. 원래의 뜻은 궁실과 종묘 옆의 작은 문을 의미했다. 이후 과거제가 보편화되며 시원(試院), 즉 과거를 보는 장소를 지칭했다. (역자 주)

다."[11]라고 했다. 허씨 가문은 대대로 관직을 역임했는데, 손가내는 그 원인을 분석하여 이르길 "이는 오랫동안 대대로 쌓아 왔던 선행의 기풍 때문이고, 또한 대부(大夫)와 효우(孝友)라는 이치가 모두 이들을 도왔기 때문에 뜻을 이룰 수 있었다."[12]라고 하였다.

(7) 민국 24년(1935) 『(안휘적계)준의호씨종보((安徽績溪)遵義胡氏宗譜)』에 수록된 「호문보군전(胡文甫君傳)」은 청나라 광서(光緒)의 갑진(甲辰) 시기에 한림원편수(翰林院編修)를 역임한 허승요(許承堯)가 작성한 것이다. 문장에서 이르길 "군(君)의 성은 호씨(胡氏)이고 이름은 정록(定錄)이며, 자는 문보(文甫)로 청의 국학생(國學生)이었다. 대대로 적계현성(績溪縣城)의 준의방(遵義坊)에서 거주했다. 준의 호씨는 송대 안정(安定) 선생의 후손으로 선생의 이름은 청(清)이고 송이 남천할 때 「당건도형양(當建都荊襄)」의 내용을 상서했지만 받아들여지지 않았다. 그래서 스스로 호주(湖州)에서 적계(績溪)의 호촌(胡村)으로 이주했다. 이후 11대에 이르러 일엄(日嚴)이란 이름의 조상이 도성에 거주하면서 적계에서 망족이 되었다. 군의 조부는 정업(正業)에 종사했고, 부친의 이름은 용(溶)이다. 군의 성격은 근면하고 독실했으며, 어릴 때부터 부모를 따라 어려움을 견디면서 건평(建平)에서 상업에 종사했다. 함풍(咸豐) 11년(1861) 4월에 태평군이 들이닥치자 포로가 되었고, 수년이 지나서야 몰래 도망쳐 적계로 돌아올 수 있었다. 이때 가옥들은 이미 무너져 깨진 기와들이 길을 막았다. 군은 주변을 살펴보았지만 10여 명의 가족들이 하나도 보이지 않았다. 혈혈단신으로 백방으로 수소문을 해 보니 군의 모친 왕씨(汪氏)와 처 이씨(李氏), 그리고 형과 동생은 모두 사망하여 그 유골조차 수습할 수 없었다. 군이 겪은 고통은 이루 다 말로 할 수 없는 지경이었다. 하늘을 우러러보고 땅을 굽어보고 한없이 피눈물을 흘리며 비통함에 평생의 한을 품었다."[13]라고 했다. 이 문장은 태평군(太平軍)이 함풍 12년(1862) 4월에

---

11 『(安徽績溪)績溪縣南關惇敘堂許氏宗譜』: "封大夫諱瑛, 號穀庵, 績溪人 (中略) 世有令德, 生四子, 其仲日三品銜浙江知府前西防同知上虞寧海知縣庭訓, 庭訓之子, 長日兵部員外郎加三品升銜出爲江西知府鎔, 次日候選鹽大使鉞, 皆能亢其宗, 皆以其官晉大夫至二品章服, 祖與考累贈焉。自其先祖考發跡衢州, 大夫嗣爲之, 財益裕, 業益廣, 食指又益以繁, 乃約飭其家, 豐其德, 戒其刻核, 憻如也 (中略) 于是大夫之兄珽, 以監升舉北闈, 宰西蜀有聲治譜, 其弟璟亦納粟得會稽丞, 攝上虞令, 最後小弱弟璋, 又闈博士弟子員。" (역자 주)

12 『(安徽績溪)績溪縣南關惇敘堂許氏宗譜』: "此固由累世積善之遺, 要亦大夫孝友之道助之, 以成其志也。" (역자 주)

13 『(安徽績溪)遵義胡氏宗譜』: "君姓胡氏, 諱定錄, 字文甫, 清國學生, 世居績溪縣城之遵義坊。遵義胡氏爲宋安定先生後, 有諱清者, 値宋南遷, 上書謂當建都荊襄, 不報, 乃自湖州遷績之胡村。傳十一世有諱日嚴者, 始城居, 爲績望族。君祖正業, 父名溶, 君性謹厚, 耐勞苦, 幼卽隨父兄營商于建平。咸豐十一年四月, 太平軍至, 被擄, 越數年, 始得潛逃歸績, 而居室已毀, 瓦礫塞途, 孑身瞠立, 全家十餘口闃無一存, 號呼尋問, 乃知悉歿於難, 而君母汪、君妻李及君兄與弟並遺骸亦不可復得。是時君之所曆, 殆非人境, 仰天俯地, 泣血無從, 終身飮恨, 以爲大戚。" (역자 주)

적계(績溪)에 진입했다는 사실을 알려 주는 제1차 사료에 해당한다.

이상에서 열거한 내용을 볼 때 전기는 중요한 문헌적 가치가 있는 자료를 보존하고 있음을 알 수 있다. 그리고 반드시 지적해야 할 것은 이와 같은 분류의 전기는 가보에 다량으로 편재한다는 점이다. 또한 작성자 역시 당시 사회적으로 유명한 명인이었다. 이러한 내용은 대다수 관련 명인의 문집 중에도 중복해 수록되었지만, 일부는 누락되어 오직 가보에만 산재해 있는 경우도 있다. 이를 하나하나 수집해 집록을 한다면 틀림없이 기존 문헌상의 부족을 보완하기에 충분할 것이다.

2. 가법(家法)

가법이란 가보에서는 가훈(家訓)·족규(族規)·가약(家約)·가계(家戒)·가규(家規)·족약(族約)·사규(祠規)·가전(家典)·가범(家範)·조규(條規)·가의(家議)·사약(祠約) 등으로 불리며 그 종류가 비교적 다양하다. 그 내용은 족인 스스로가 제정한 약속인데, 족인의 교화를 목적으로 만든 일종의 족인 규범에 해당한다.

광서 11년(1885) 『(안휘태평)선원동계항씨족보((安徽太平)仙源東溪項氏族譜)』에 수록된 「사규인(祠規引)」에서 이르길 "집안에 가규가 있음은 나라에 법령이 있는 것과 같다. 나라는 법령이 있어 상벌로 신민을 다스리고, 집안은 가규가 있어 권선징악으로 자제를 훈육한다. 서로의 상황은 다르지만 그 이치는 하나이다."[14]라고 했다. 광서(光緒) 15년(1889) 『(안휘적계)적계현남관돈서당허씨종보((安徽績溪)績溪縣南關惇敘堂許氏宗譜)』의 「가훈(家訓)」에서는 언급하길 "성현의 교훈은 육경(六經)에 구비되어 있으니 어찌 하필 가훈이 필요하겠는가? 가훈의 필요성은 성현의 교훈으로는 구제하지 못한 것이 있기 때문이다. 무릇 육경은 독서인이면 모두 아는 것이다. 그러나 어리석은 남자와 여자는 시서(詩書)를 읽지 않기 때문에 만약 가훈이 없다면 윤리(倫理)를 권면해도 알지 못하니, 이렇게 되면 풍속이 무너지는 것이다. 고로 가훈은 반드시 거친 속어로 만들어 부녀와 아이들이 모두 알게 해야 한다. 또한 매년 춘분(春分)과 동지(冬至)에 조상에게 제사를 지낸 이후에 한 차례 강연을 거행한다. 이를 통해 풍속이 비루해지는 것을 후대 자손에게 경계시켜 사문(死文)이 되지 않도록 해야 한다. 그리고 모든 남녀는 선행을 지향하여 나의 후손이 창성하기

---

14 『(安徽太平)仙源東溪項氏族譜』: "家之有規, 猶國之有典也。國有典, 則賞罰以飭臣民, 家有規, 寓勸懲以訓子弟, 其事殊, 其理一也。" (역자 주)

를 바라도록 해야 한다."[15]라고 했다. 이처럼 가규와 가법은 국가의 법전과 같아서 풍속의 좋고 나쁨과도 무관하지 않다고 보았다. 그리고 매년 제전(祭典) 행사 때 족인들을 향해 한 차례 관련 내용을 설명하기도 했다. 이렇게 해서 가법은 자연스럽게 가보의 중요한 구성 부분이 되었다.

그리하여 명청 시기에 이르러 가보마다 모두 가법에 관한 내용을 수록하게 되었다. 다소 "거친 속어"로 작성된 『(안휘적계)적계현남관돈서당허씨종보((安徽績溪)績溪縣南關惇敍堂許氏宗譜)』 8권에 수록된 「가훈」의 내용을 소개하면 다음과 같다.

본 가보의 가훈은 모두 10개 조항인데 특별히 서두에 '수명윤리(首明倫理)'라는 절(節)을 배치했다. 이르길 "사람과 금수는 다른데, 사람은 인륜이 있지만 금수는 윤리가 없다. 독서의 귀중함은 다름 아닌 윤리를 아는 것에 있다. 그럼에도 농공(農工)과 상고(商賈), 부인과 여자는 책을 읽지 못하니 어찌 능히 윤리를 알겠는가. 모든 일을 윤리에 비추어 행하는 것은 착한 사람이니 독서인과 같은 것이다. 만약 독서인이 마음의 윤리를 알지만 일을 처리함에 윤리에 근거하지 않는다면, 이는 도리어 우리들보다 못한 사람인 것이다. 윤리란 첫째, 군신의 의리이다(君臣有義). 군왕이 백성을 인애하면 인군(仁君)이 되는 것이고, 그렇지 않으면 혼군(昏君)이 되는 것이다. 신하가 충성으로 나라에 보답하면 충신이 되는 것이고, 그렇지 않으면 간신이 되는 것이다. 이를 두고 군명신충(君明臣忠)이라 한다. 둘째, 부자(父子)에는 친(親)함이 있다(父子有親). 부친은 자녀와 며느리를 소중하게 여기며, 반드시 훈계로 자녀와 며느리가 잘 배우도록 가르쳐야 한다. 자녀와 며느리가 효순(孝順)함을 부자자효(父慈子孝)라고 한다. 셋째, 부부유별(夫婦有別)이다. 남편은 반드시 탐욕은 만 가지 죄악의 시작임을 알고 정도(正道)를 지켜야 한다. 만약 자식 출산이 힘들다면 첩(妾)을 취할 수 있지만, 반드시 호색과 사행(邪行)을 경계해야 한다. 부인은 생을 다하도록 일부(一夫)만을 따르고, 정절을 귀하게 여겨야 한다. 이를 부의부정(夫義婦貞)이라 한다. 넷째, 장유유서(長幼有序)이다. 형은 아우를 아끼고 동생은 형을 존경해야 한다. 즉 형은 동생을 사랑하고 동생은 형을 존경해야 한다. 다섯째, 붕우유신(朋友有信)이다. 친구를 사귈 때에는 좋은 사람을 사귀어야지 나쁜 사람을 사귀면 안 된다. 친구를 대할 때는 말에 믿음이 있어야 하고, 말에 믿음이 없으면 말과 마음이 다르게 된다. 친구에게 선행

15 『(安徽績溪)績溪縣南關惇敍堂許氏宗譜』: "聖賢彝訓備載六經, 又何必要家訓? 家訓所以濟聖訓之所不及也。蓋六經惟讀書人知之, 至愚夫愚婦不讀詩書, 若無家訓, 則勸不知倫理。此風俗所以壞也。故家訓必須粗言俗語, 婦孺皆知, 又必每年春分、冬至祭祖以後宣講一次, 其有關風俗非淺, 後世子孫慎勿視爲具文, 庶男女皆知向善, 而我後克昌矣!" (역자 주)

을 하도록 권해야 하고, 나쁜 일을 하려고 한다면 하지 못하게 막아야 한다. 이렇게 신의로 맺어진 관계는 평생 변하지 않는다."[16]라고 했다. 마지막 결론에는 이르길 "나의 자손이 크고 작은 모든 일을 윤리에 따라 하면 좋은 사람으로 하늘과 땅이 그들을 보호한다. 원래 마음이 선한 곳에 있으면 자손은 반드시 번성할 것이다. 멸륜(滅倫)과 패리(悖理)는 금수와 같은 것이라 하늘도 용납하지 못하는 것이니, 어찌 내 자손이 할 수 있겠는가!"[17]라고 했다.

『(안휘적계)적계현남관돈서당허씨종보』에 수록된 가훈(家訓) 10개 조항은 사실상 이 상의 5가지 윤리 덕목을 구체화한 것이다.

(1) 부모에게 효도하라. 고인(古人)들의 말처럼 효(孝)란 백행의 근본이다. 비록 다른 일이 아무리 좋을지라도 모두 거짓된 것으로 오직 효행만이 부모를 섬기는 제일의 것이다. 둘째는 부모를 존경하는 것이고, 셋째는 자기 몸을 지켜 불의에 빠지지 않는 것이다. 자신의 몸을 지킨다는 것은 시시각각으로 선심(善心)을 보존하는 것이고, 가는 곳마다 선행을 행하는 것이며, 부모를 드러내 이름을 알리는 것이 바로 진정한 효자이다. 효란 하늘을 감동시킬 수 있고, 효자는 반드시 그의 후손이 있기 마련이다. 천하의 좋은 일은 모두 '효'라는 글자에서 시작하기 때문에 효를 백행의 근원이라 한 것이다.[18]

(2) 조상을 공경하라. 사람으로 부모에게 효도한다는 것은 부모의 부모를 좇아서 대대로 소급해 올라가면 곧 조상에게 효도하는 것이 된다. 첫째는 분묘를 수리해서 조상의 체혼(體魄)을 편안히 한다. 둘째는 사당(祠堂)을 수리해 조상의 신령(神靈)을 편안히 모

16 『(安徽績溪)績溪縣南關惇敘堂許氏宗譜』: "人與禽獸不同, 皆因人有倫理, 而禽獸無倫理。讀書的貴重, 無非他知道倫理, 爾們農工商賈、婦人女子, 目不知書, 果能知道倫理,一切事都照倫理去做, 便是一個好人, 與讀書人一樣。假如讀書人心知倫理, 做事不依倫理, 反不如爾們了。所謂倫理, 一是君臣有義。君王要仁愛百姓, 要做仁君, 不可做昏君, 臣子要盡忠報國, 要做忠臣, 不可做奸臣, 卽君明臣忠。二是父子有親。父親要愛惜兒女媳婦, 必須敎訓兒女媳婦學好, 兒女媳婦要孝順, 還要自己學好, 卽父慈子孝。三是夫婦有別。做丈夫的須知道淫闖萬惡之首, 必須守正; 如果艱於子息, 可以娶妾, 切不可好色行邪; 婦人要從一而終, 以貞節爲貴, 卽夫義婦貞。四是長幼有序。做兄長要愛惜弟弟, 做弟弟的要敬重兄長, 卽兄愛弟, 弟敬兄。五是朋友有信。交朋友要交好人, 不可交壞人; 待朋友要言而有信, 不口是心非; 非朋友有善事, 當勸他做去, 有壞事當阻擋他不要做, 卽以信義相結, 終身不變。" (역자 주)

17 『(安徽績溪)績溪縣南關惇敘堂許氏宗譜』: "我子孫男婦, 大小肯依倫理做事, 便是個好人, 天地要保佑他, 他本身必有好處, 子孫必然昌盛; 若滅倫悖理, 與禽獸一樣, 天地不容, 算不得我的子孫!" (역자 주)

18 『(安徽績溪)績溪縣南關惇敘堂許氏宗譜』: "孝父母。古人說得好, 孝爲百行之原。人不孝父母, 雖有別樣好事, 都是假的。要做孝子, 第一是愛惜父母, 第二是敬重父母, 第三是要守身。守自己身體, 時時存善心, 處處行善事, 揚名以顯父母, 這才是眞孝子。孝能感動天地, 孝子必定有後。天下好事都從'孝'字做起, 所以說孝爲百行之原。" (역자 주)

신다. 셋째는 때에 따라 가보를 수보(修譜)해서 조상의 내력을 밝힌다. 새롭게 마련한 장지(葬地)는 물과 개미와 돌이 없고, 바람을 막고 땅의 정기가 모이는 명당을 택해야 한다. 술사의 미혹에 현혹되어 상례(喪禮)를 중단하거나 장례(葬禮)를 없애서는 안 된다. 시절에 따라 제사를 지내고 의식을 거행함에 반드시 익거나 익힌 것을 사용해야 하고 날 것과 찬 것은 귀신에게 맞지 않으니 제공해서는 아니 된다.[19]

(3) 경서(經書)는 가르침을 주는 스승으로 이를 중시하라. 이는 성현(聖賢)을 밝히는 도리로 이런 근본을 중시하지 않으면 안 되는 것이다. 하물며 일족의 자제로서 앞으로 독서로 이름을 알릴 사람에게야 말해 무엇하랴! 농공(農工)과 상고(商賈) 역시 약간의 독서의 근본과 대략적인 예의를 알아야 한다. 무릇 스승이라 하면 첫째는 품행이 있고 글과 기예를 겸비한 사람으로 반드시 예모(禮貌)에 빈틈이 없어야 한다. 받은 은혜를 잊지 않고, 은혜를 받지 못해도 원망하지 않으며, 재주와 학문을 빌미로 향당에서 오만해서는 안 되고, 명망가를 끼고서 관아를 출입해서도 안 된다. 만약 품행과 학문이 모두 훌륭하면 통달의 경지에 이르지 못했다 해도 이는 가히 문호(門戶)를 빛낸 것과 같다.[20]

(4) 부인은 정조를 바르게 하라. 남녀의 부부생활은 사람의 커다란 도리이지만, 사람들이 가장 중시하는 것이 가문의 명예이다. 만약 부인의 정조가 바르지 않으면 비록 부귀하다 할지라도 (사람들은 이를) 부끄럽게 여기거나 괘씸하게 생각한다. 남녀 간에 구분이 있다면 비록 빈천(貧賤)하더라도 영광되거나 존경을 받는다. 일족에는 일족마다 족규(族規)가 있고, 가정에는 가정마다 가규가 있으니 친족이 아니면 언급하지 않는다. 부녀는 늙어서도 사원에 가서 향을 피워서는 안 되고, 법사(法事)나 승도(僧道)와 관련한 일 처리를 빌미로 이들의 방에 들어가서도 안 된다. 반면 남편은 처자의 중심이니 규중(閨中)에서 더욱 정숙해야 한다. 남자가 정도를 지키면 부녀가 어찌 감히 바르지 않겠는가?[21]

---

19 『(安徽績溪)績溪縣南關惇叙堂許氏宗譜』: "敬祖宗。人既然要孝父母, 便要從父母的父母, 代代推上去, 便是要孝祖宗。一要修整墳墓, 以安祖宗之體魄; 二要修整祠堂, 以安祖宗之神靈; 三要及時修譜, 以明祖宗之來歷。新擇葬地, 只要無水無蟻無石藏風聚氣, 不可惑術士之言, 停喪不葬。至於時節祭祀供儀, 須熟而有熱氣, 生冷之物鬼神不得而享。" (역자 주)

20 『(安徽績溪)績溪縣南關惇叙堂許氏宗譜』: "重師儒。師儒所以明聖賢之道, 本不可不重, 況一族子弟, 無論將來讀書成名, 卽農工商賈, 亦須稍讀書本, 略知禮義。凡請師, 第一要有品行老成之人, 禮貌必須周到。在讀書人, 受恩不可忘, 無恩不可怨, 不可恃才學而傲慢鄉黨, 不可挾紳衿而出入衙門。如果品學都好, 就不發達, 一樣有光門戶。" (역자 주)

21 『(安徽績溪)績溪縣南關惇叙堂許氏宗譜』: "正閨門。男女居室, 人之大倫, 所以人家最重是門風。如果閨門不正, 雖富貴亦可羞可惡, 如果男女有別, 雖貧賤亦可榮可敬。一族要有族規, 一家要有家規, 非至親不可交談。婦女雖老不許入寺燒香, 不許借做法事任僧道人室。但夫爲妻綱, 閨門之整肅, 又先在男子, 男子守正, 婦女誰敢不

(5) 종족을 화목하게 하라. 종족의 형제에는 조부 항렬의 형제가 있고, 부친 항렬의 형제가 있고, 또는 나와 같은 항렬의 형제가 있다. 동족이란 대가족과 같아서 일가가 화목하면 일족이 화목해진다. 우리 족인의 허(許)와 여(余)라는 두 성(姓)은 실은 하나의 성이다. 당초에 나의 조부는 생질로 외삼촌 집안을 계승했는데, 이는 은혜가 깊고 의리를 중하게 여겼기 때문이다. 이에 자손은 허성(許姓)과 여성(余姓)을 불문하고 여전히 항렬에 따라서 일가로 지냈다. 만약 두 성 사이에 사이가 나빠져서 각기 문호를 세운다면 이는 곧 불효가 된다. 다른 성과 원한 관계를 맺는 것도 불가한 일인데, 하물며 어찌 동족에게 원한을 갖겠는가? 대대로 교양을 갖추고 조상이 베풀어 준 은혜와 의리를 보존하기 바랄 뿐이다.[22]

(6) 정당한 본업에 힘쓰라. 나의 조종이 충효를 전승시킴에 법을 어긴 남자가 없어서 부인을 걱정시키는 일이 없었다. 그리고 후대 자손은 반드시 정당한 본업인 사농공상(士農工商)의 4가지 일에만 종사했다. 풍수와 의술은 비록 사술(邪術)은 아니지만, 순수 학술은 아니라서 적지 않게 사람을 오도할 수 있다. 따라서 절대로 안일하게 일을 도모하거나 경솔하게 배워서 타인에게 해를 끼쳐서는 안 된다. 음식과 재물을 구하기 위해 다른 사람을 해친다면 걸인이 되는 것보다 못한 것이다.[23]

(7) 조세는 일찍 납부하라. 백성이란 군신의 구분 없이 화폐와 곡식을 군왕에게 바쳐야 한다. 하루 먼저 조세를 납부하면 하루 먼저 태평하고 백성은 하루 먼저 행복해진다. 오직 난세에만 조세를 납부하지 않는데, 이는 그 고통이 이루 말할 수 없기 때문이다. 지금은 태평함에도 조세를 내지 않고 징수자가 찾아오기를 기다리고 있다. 그래서 그 비용은 더욱 많아지고, 관아의 질책을 받음에 심한 경우 집안이 파산되거나 기울기도 한다. 해마다 먼저 조세 납부를 위해 힘쓴 다음에 다른 일을 해야 한다. 만약 천재(天災)지변이 많지 않아 조세를 면제받지 못했을지라도 마땅히 완납해야 한다. 그리고 명성이 있는 자는 절대로 항량(抗糧)[24]으로 화를 자초해서는 안 된다. 일시적으로 좋을지는 몰라도 후회

正。" (역자 주)

22 『(安徽績溪)績溪縣南關惇敘堂許氏宗譜』: "睦宗族。宗族便是兄弟, 有祖輩的兄弟, 有父輩的兄弟, 有我同輩的兄弟。一族便是一大家, 一家和睦一族好。我族許、余名爲兩姓, 實是一姓。當初我祖以甥承繼舅家, 是恩深義厚, 子孫無論爲許爲余, 仍照班輩如一家人。倘若以兩姓而生嫌隙, 各立門戶, 便是不孝。與外姓結怨尚且不可, 況同族, 何忍結怨, 願世世知書保全祖宗的恩義。" (역자 주)

23 『(安徽績溪)績溪縣南關惇敘堂許氏宗譜』: "務正業。我祖宗忠孝傳家, 無犯法男子, 無再醮婦人。在後世子孫, 必務正業, 只有士農工商四條路。至於地理醫道, 雖非邪術, 恐學之不精, 誤人不少, 切不可圖其事之安逸, 而輕學以害人。受人飲食財物而反害人, 不如乞丐。" (역자 주)

24 항량(抗糧): 조세 납부를 거부하며 수탈의 부당성을 항의한 투쟁. (역자 주)

해도 소용없게 된다.[25]

(8) 소송을 멈추어라. 무릇 사람의 일생에서 송사에 휘말리는 일이 없으면 복된 사람이다. 나는 신안(新安)에 있는 목주자(沐朱子)의 유택(遺澤)은 문물이 융성한 곳이라 칭했지만 오히려 송사의 풍조는 다른 곳보다 심했다. 그리고 풍수에 따라 거주하는 자가 절반이나 되었다. 만약 장례를 지낸 조상의 무덤이 점유 당해 소송을 하게 된다면 이는 매우 부득이한 경우이다. 조상의 장지(葬地)를 위해서 다른 사람과 송사를 벌인다면 어찌 웃지 않을 수 있겠는가? 내가 살피건대 고래(古來)에 송사로 땅을 얻은 자가 어찌 많았겠는가? 시집온 아내나 며느리를 빼앗긴 것은 있을 수 있는 일이라 해도, 시집온 후 개혼(改婚)하려 한다면 그 집안은 얼마나 파렴치한가. 이미 부정(不貞)한 여자인데 어떤 가치가 있다고 소송을 하려고 하겠는가? 하물며 모두 사소한 일로 소송에 이르니 집안을 망치고 가산을 탕진하며, 또한 자신의 명예를 더럽히고 자신과 남을 해치고 나서야 비로소 후회를 한다. 어찌하여 진작부터 이런 생각을 하지 못하는가?[26]

(9) 사풍(邪風)을 막아라. 무릇 조상을 장사 치르고 제사를 올리는 것은 유교 자체에 예절이 있기 때문이다. 승려와 도사의 사설(邪說)이란 대다수 믿을 것이 못 된다. 근래 승도(僧道)는 악습을 더해 사람을 모아 금고(金鼓)[27]를 치고 비속한 언사로 광분해 외친다. 그리고 모질고 사나운 기운을 만들어 요사스러운 바람을 끌어 오니 이는 왕법(王法)에서 금하는 바로 더더욱 해서는 안 될 일이다. 남녀 사이에서 종교 계율을 가르치는 것은 풍속을 해치고 종당(宗黨)에게 화를 초래하는 것이니 정말로 끔찍한 일이다.[28]

(10) 익녀(溺女)[29]의 풍속을 금하라. 휘녕(徽寧) 제일의 악습은 자신의 여식을 익사시

---

25 『(安徽績溪)績溪縣南關惇敘堂許氏宗譜』: "早完糧。百姓無君臣之分, 只有錢糧是奉君王的。一日完糧, 一日太平, 一日百姓受福。惟亂世不完糧, 苦不忍言。如今太平不完糧, 等糧差上門, 所費更多, 到官受責, 甚至破產傾家。每年錢穀, 務先完糧, 而後做別的事。假如少有天災, 未經奉免, 亦宜完納, 凡有聲名者, 切不可抗糧取禍, 一時好高, 後悔遲了。" (역자 주)

26 『(安徽績溪)績溪縣南關惇敘堂許氏宗譜』: "息爭訟。凡人一生, 不人公門, 便是福人。我新安沐朱子遺澤稱文物之邦, 而訟風反甚於他處, 大抵爲風水居其半。如果已葬祖塋被占而訟, 尙屬萬不得已, 若因求地葬祖而與人結訟, 豈不可笑? 儞看古來那有因訟得地而昌盛的? 至于已聘妻媳被占, 似乎有理, 但已聘而願改婚, 其家無恥, 其女已不貞, 我且不屑, 何訟之有? 況一切小忿致訟, 至于破家蕩產, 辱身失名, 自害害人, 到後始悔, 何不早先思量?" (역자 주)

27 금고(金鼓): 불교 사찰에서 사용하는 금속으로 만든 일종의 타악기로 반자(飯子) 또는 금구(禁口)라고도 한다. 절에서 대중을 불러 모으거나 급한 일을 알리는 데 사용한다. (역자 주)

28 『(安徽績溪)績溪縣南關惇敘堂許氏宗譜』: "杜邪風。凡葬祖祭祖, 儒家自有正禮, 僧道邪說概不可信。近世僧道, 又添出惡習, 聚衆擊金鼓, 以鄙俚言辭, 狂奔呼喊, 作暴戾之氣, 引妖魅之風, 乃王法所當禁者, 更不可行。至於男女人敎持齋, 非但傷風敗俗, 而且貽禍宗黨, 可怕, 可怕!" (역자 주)

29 익녀(溺女): 중국에서 딸을 낳으면 익사(溺死)시키던 관습으로 복건(福建)과 화남(華南) 지역에서 주로 가난

키는 것이다. 그 흉악한 본성은 승냥이와 범에 미치지 못하지만, 아들을 잡아먹지는 않으면서 여식을 익사시키니 승냥이와 범보다 더욱 흉악하다. 만약 이를 금지시키지 않는다면 어떤 종족이 되겠는가? 이들은 익녀의 악습에 대해 딸을 낳지 않으려면 일찍 아들을 낳은 것이 좋다고 하고, 또는 출가 비용을 면하는 것이라 하고, 또 가난해서 양육할 수 없다고 핑계를 대지만 모두 헛된 소리이다. 고인(古人)이 이르길 불효한 사람은 처벌을 받아야 한다고 했다. 지금 익녀를 행하는 자에게 반드시 처벌을 내려야 한다. 나의 자손은 영원히 이를 금계(禁戒)로 삼아서 인수(仁壽)[30]에 이르러야 한다.[31]

앞서 상술한 『안휘계현허씨가보(安徽績溪縣許氏家譜)』 중 10개 항목의 가훈은 일상의 언어를 사용해 이해하기가 쉬웠고, 그 내용 역시 가보 중 일정한 대표성을 갖는다. 중국 고대 전통적 도덕 관념인 가훈과 같은 부류는 오랜 봉건사회에서 잉태되고 형성, 발전된 것이다. 그래서 그 안에는 긍정과 부정적 요소, 및 정수(精髓)와 폐단의 성격을 함께 내포하고 있다. 앞서 언급한 가훈 내용 중 노인 공경과 아이 사랑, 자녀 교육과 직업에 대한 최선과 헌신, 품행 유지, 부귀와 탐욕, 가난 속에 지조 유지 등은 우수한 인품과 덕성을 강조하는 중국의 전통 도덕의 반영이다. 반면에 '군위신강(君爲臣綱), 부위자강(父爲子綱), 부위처강(夫爲妻綱)'과 '삼종사덕(三從四德)' 등은 여성을 경시하는 내용으로, 이는 봉건사회의 계층 의식과 존비 관념의 표현이다. 그러므로 가보 속 가법과 가훈 등의 내용을 대할 때 반드시 현대적 관점에서 기본입장과 연구법을 견지해야 한다. "전통에 대한 비판을 통해 폐단을 버리고 정수를 취해 창조적 내용을 집대성하고, 이를 통해 과거의 장점을 현재에 활용해야 한다."[32]라는 원칙을 중시해야 한다. 폐단의 극복과 정화의 흡수를 통해서만 가보의 가법, 가훈 등에서 새로운 것을 도출해 낼 수 있기 때문이다. 그래야만 우수한 문화를 널리 알리고 중국의 문화발전에 적극적으로 공헌할 수 있을 것이다.

한 가정에서 빈번히 발생했다. 익사란 강 등에 버리는 것이 아니고, 물을 담은 그릇에 얼굴을 빠뜨려 죽이는 악습을 말한다. (역자 주)

30 인수(仁壽): 『논어(論語)』 옹야(雍也)편에 나오는 구절 "知者樂, 仁者壽."(지혜로운 자는 즐겁게 살고 어진 자는 오래 산다.)를 인용했다. (역자 주)

31 『(安徽績溪)績溪縣南關惇敘堂許氏宗譜』: "禁溺女。徽寧第一惡俗在自溺其女。彼本性兇惡, 莫過豺狼虎豹, 尚不自食其子, 人而自溺其女, 比豺狼虎豹更凶, 若不禁止, 成何宗族。彼溺女的解說, 一說不育女好早生男, 一說免賠嫁資, 一說貧不能養, 都是胡說。古人說, 不孝之人, 人人得而誅之, 如今溺女之人, 亦人人得而誅之者也。我子孫永遠禁戒, 同登仁壽。" (역자 주)

32 『(安徽績溪)績溪縣南關惇敘堂許氏宗譜』: "批判繼承、棄糟取精、綜合創新、古爲今用。" (역자 주)

3. 풍속과 예의

가보 중에 풍속과 예의에 관한 부분은 보통 별도로 권수를 할애해 마련했고, 그 명칭 역시 다양했다. 예를 들면 풍속(風俗), 가례(家禮), 혼상습속(婚喪習俗), 제전(祭典), 가례의절(家禮儀節) 등으로 불렀고, 가보를 구성하는 중요한 부분이다.

가경(嘉慶) 16년(1811) 『(안휘흡현)계계항씨족보((安徽歙縣)桂溪項氏族譜)』의 '풍속권(風俗卷)'에서 '가보 편찬과 풍속'의 중요성에 대해 상세히 언급했다. 이르길 "사방의 풍속이 서로 달라도 익히면 풍속이 된다. 그러나 고향이 다르면 풍속도 역시 달라진다. 신안(新安)은 문공(文公)이 거처했던 곳으로 대체로 예교에 의거했다. (중략) 그러나 습속을 서로 모방한 것도 있고, 시기에 따라서 변한 것도 있다. 가보 편찬으로 족인(族人)이 모인다. 예의를 지키는 나라에 살면서 목욕할 때 몸을 가리게 하고, 깨우쳐서 흥성하도록 돕고, 생각을 정결하게 하여 선량(善良)에 힘쓰면 풍속은 아름다워지고, 사람의 가식은 제거되고 순박해진다. 그래서 태사가 풍속을 조사함에 반드시 보헌(輶軒)[33]의 도움으로 수집을 했다."[34]라고 했다.

풍속과 예의에 수록된 내용은 비교적 광범위하다. 허가로(許嘉璐) 선생이 주편한 『중국고대례속사전(中國古代禮俗辭典)』에서는 이와 관련한 내용을 17개로 분류했다. 즉 복식(服飾)·음식(飮食)·거주(居住)·행로(行路)·교왕(交往)·혼인(婚姻)·상장(喪葬)·제사(祭祀)·종족종법(宗族宗法)·성명자형대소(姓名字型大小)·절일(節日)·군사(軍事)·구획(區劃)·직관(職官)·형법(刑法)·교육(教育)·과거(科擧) 등이다. 가보와 관련된 풍속과 예의 중 가장 중요한 것은 4가지 종류의 예(禮)로 귀결된다. 즉 관례(冠禮), 혼례(婚禮), 상례(喪禮), 제례(祭禮) 등이 있다. 남송 이후 각 가보 가운데 4가지 예는 대다수 주희(朱熹)의 『가례』를 참고해서 상응하는 규정을 만들었다. 다음은 민국 6년(1917) 『(안휘이현)고이환산여씨종보((安徽黟縣)古黟環山余氏宗譜)』에 수록된 「가례의절(家禮儀節)」을 사례로 간단히 소개하면 다음과 같다.

첫 번째는 관례(冠禮)이다. 고대 시기 남자는 성년이 된 이후에 관례를 거행했다. 남자는 15세에서 20세가 되면 모두 관례 의식의 거행이 가능했다. 관례는 사당(祠堂)에서

---

33 보헌(輶軒): 수레의 이름을 지칭한다. 한위(漢魏)시기 악부(樂府)의 태사(太史)가 수레를 타고 민가에서 시가를 수집할 때 사용했다. (역자 주)

34 『(安徽歙縣)桂溪項氏族譜』: "五方風氣不齊, 以相習而成俗, 鄕井旣殊, 風俗亦別。新安爲文公之闕里, 大率安於禮教。(中略) 然氣習相效, 亦有與時移易者。輯譜而及風俗, 要使聚族於斯者, 幸生秉禮之邦, 沐浴時雍之化, 仰承啟佑之隆, 咸思磨濯, 勉爲善良, 則風行俗美, 反樸還淳, 而太史陳風必有以副輶軒之采矣!" (역자 주)

행했고, 보통 관례를 받는 자식의 부친이나 어른이 사회를 담당했다. 이 의식은 비교적 복잡했는데 순서대로 나열하면 아래와 같다.

(1) 사흘 전에 의식을 총괄할 빈자(賓者)[35]를 정한다. 즉 친구나 종족의 현자, 혹은 예를 아는 사람 중에서 선별하고, 관을 받을 사람과 줄 빈객을 결정하도록 했다.

(2) 머리를 꼬아서 묶어 올린다. 의식 당일에 관을 착용한다. 주인과 이하 사람들은 서열에 따라서 사당에 서서 빈자를 영접해 사당으로 들인다. 빈자가 준비한 자리에 관을 받을 자를 무릎을 꿇고 앉도록 한다. 빈자는 머리를 빗기고, 머리카락을 말아서 상투 모양으로 만들어 머리 위로 올린다. 다시 가는 실을 사용해서 머리를 묶는다. 그리고 너비 2척 2촌, 길이 6인치의 검은 비단으로 상투를 감싼 후 관을 올린다.

(3) 관을 쓴다. 빈자는 관을 받을 자에게 치사(致詞)하여 이르길 다음과 같이 한다. "좋은 달 좋은 날에 처음으로 원복(元服)[36]을 입히노니, 그대는 이제 어린아이 버릇을 버리고 어른의 규범에 따라 일을 행하고, 건강하게 장수하며 큰 복을 누릴지어다."[37]라고 한다. 이후 관을 쓰는데, 보통 검은 마포로 만든 관건(冠巾)[38]으로 잠(笄), 즉 일종의 비녀로 상투와 관건을 고정했다. 빈자는 관을 받은 자에게 모자(帽子)·복조삼(服皂衫)·혁대(革帶)·계혜(系鞋)를 입힌다. 마지막에 다시 복두(襆頭)·공복(公服)·혁대(革帶)·납화(納靴)·집홀(執笏) 등을 입도록 한다.

(4) 자(字)를 부여한다. 빈자는 우선 관을 받는 자에게 축사를 보내고, 이후에 그에게 부여할 자를 다른 사람에게 공표한다. 이는 존중받아야 할 성인이 되었음을 의미하는 것이다. 이후 자칭이나 존장(尊長)이 호칭하는 경우 이름을 부를 수 있지만, 이 외에는 어떤 사람이든 이름 대신에 반드시 자를 사용해 호칭해야 한다.

(5) 존장(尊長)에게 절하며 알현한다. 자(字)를 받은 후에 관을 쓰고 사당의 열조(烈

---

35 빈자(賓者): 빈(賓)이라고도 한다. 관례 때 남자에게는 삼가(三加)의 절차를 맡아 머리에 관을 씌워 주고, 여자에게는 비녀를 꽂아 주는 의식을 맡은 사람. 고대에는 집안의 어른이 빈자를 선택하였으나, 나중에는 남자의 경우는 친구 중에서 어질고 덕행이 뛰어난 사람을, 여자는 친척 가운데서 현숙한 부인을 골라 위촉하였다. 빈자에 대해 관례를 치르는 당사자는 관자(冠者), 혹은 계자(笄者)라 한다. (역자 주)

36 원복(元服): 봉건시기 중국과 한국에서 남자가 보통 20세가 되면 성년이 되는 의식을 거행했는데, 이때 작용하는 의관을 지칭한다. (역자 주)

37 『儀禮·士冠禮』: "吉月令日, 始加元服。棄爾幼志, 順爾成德。壽考維祺, 以介景福。" (역자 주)

38 관건(冠巾): 옛날 복식에 딸린, 머리에 쓰던 것을 총칭한다. 『의례(儀禮)·사관례(士冠禮)』에 의하면, 남자는 관례(冠禮)를 행한 뒤 이를 쓴다고 하였다. (역자 주)

祖)와 열종(列宗)에게 절을 한 후 부모와 친속 등 연장자를 알현한다. 계속해서 향리의 선생들과 부친의 지인을 뵙는다. 이를 통해 성년이 되었음을 알리고, 사회 각 층에게 성인을 승인받았다는 사실을 알린다.

둘째는 혼례(婚禮)이다. 무릇 남자는 16세에서 30세, 여자는 14세에서 20세가 되면 모두 결혼을 할 수 있다. 이때 반드시 중매자를 통해 결혼 의사를 알리고, 기다렸다가 신부 측의 동의를 얻은 후에 납채(納采)[39]를 한다. 신랑 측은 사람을 파견해 신부에게 예물을 전하면서 정식으로 혼인을 맺자는 의견을 제시한다. 신부 측의 동의를 얻은 이후 신랑 측은 빙례(聘禮)[40]를 보내는데, 이를 납폐(納幣)[41]라고 한다. 이후 길일(吉日)을 정해서 친영(親迎)[42]을 하는데 이는 혼례 중에 가장 중요한 의식이다. 결혼 행사 하루 전에 신부 측은 사람을 보내 신방을 꾸리게 한다. 친영하는 날 주인은 먼저 사당(祠堂)에 사실을 고하고, 아들을 신부 측에 보낸다. 신랑이 말을 타고 도착을 하면, 신부 측의 주인 역시 사당에 사실을 알리고 딸에게 일일이 당부하며 분부한다. 그리고 신부의 관피(冠帔)와 치마를 정돈시켜 신부를 부축하여 가마에 오르게 한다. 신랑은 말을 타고, 신부는 가마에 앉아서 신랑 집에 도착하면 사람이 신부를 맞이하여 안내한다. 부부는 친지와 부모에게 절을 하고, 아울러 서로 마주 보고 교배(交拜)를 한다. 이후 함께 앉아 식사를 하면서 합근례(合巹禮)[43]를 행한다. 근(巹)이란 표주박 술잔을 지칭한다. 즉 온전한 표주박을 절반으로 잘라 만든 두 개의 술잔으로 신랑과 신부가 함께 술을 마시기를 세 차례 행하는 것을 합근(合巹)이라고 한다. 이때 술맛은 씁쓸한데, 이는 부부가 하나가 됨을 상징하고, 동고동락을 함께함을 의미한다. 이날 빈객을 초청해 잔치를 연다. 이튿날 새벽에 신부는 시부모님과 웃어른을 알현한다. 셋째 날에는 주인은 신부를 데리고 사당을 알현함으로써 이미 신랑 측의 정식 구성원이 되었음을 알린다. 넷째 날이 되면 부부는 신부 측의 부모와 웃어른을 찾아뵙는다. 이것으로 혼례 의식은 끝이 난다.

셋째는 상례(喪禮)이다. 사람이 병으로 위험할 때에 정침(正寢)[44]으로 옮겨서 거주하도록 한다. 사망한 후에는 영혼을 부르는 일을 행하는데, 이를 '복(復)'이라고 한다. 복례

39 납채(納采): 전통 혼례 중 신랑 집에서 신부의 집에서 혼인을 구하는 의식을 말한다. (역자 주)

40 빙례(聘禮): 혼례 중에 물건을 선사하는 예의를 지칭한다. (역자 주)

41 납폐(納幣): 전통 혼례에서, 신랑 집에서 신부 집으로 혼서지와 폐백을 함에 담아 보내는 일을 말한다. (역자 주)

42 친영(親迎): 신랑이 신부집에 가서 신부를 직접 맞이하는 의식을 말한다. (역자 주)

43 합근례(合巹禮): 전통 혼례식에서 신랑과 신부가 술잔을 주고받는 의식을 말한다. (역자 주)

44 정침(正寢): 제사를 지내는 몸채의 방(房)을 지칭한다. (역자 주)

를 행할 때는 한 사람이 죽은 사람의 옷을 들고 지붕에 올라간다. 북쪽을 향해 죽은 사람의 이름을 외치며 세 번 부른다. 그 후에 죽은 사람의 옷을 말아서 주검을 덮는다. 이것은 살아 있는 사람이 친족을 차마 죽음으로 보낼 수 없어, 죽은 사람의 영혼이 다시 몸으로 돌아오기를 바란다는 뜻이다.

상례는 보통 장자가 상주가 되고, 장자가 없다면 장손이 이를 대신했다. 사망 당일에는 망자를 목욕을 시키는데 세신(洗身), 머리 감기, 수염 손질, 머리 빗기, 손톱 자르기 등이 포함한다. 다음에는 영전(靈奠)을 준비하고, 그 앞에 명정(銘旌)[45]을 설치한다. 영전에 매단 깃발 위에 망자의 신분과 성명을 적어 대나무 장대로 세운다. 친족과 친우(親友) 등이 영전 앞에서 곡을 하며 절을 한다. 그날 밤 효자는 망자 옆에서 잠을 잔다. 두 번째 날은 소렴(小殮)을 한다. 망자를 들어 이불 위에 눕히고, 수의(壽衣)를 입힌 후에 이불로 단단히 시신을 묶는다. 셋째 날은 대렴(大斂)을 한다. 고인을 관에 넣고 효자와 친족들은 마지막으로 고인의 얼굴을 보고 대성통곡을 하면서 이별을 고한다. 관뚜껑을 덮으면 명정을 관 위에 세우고 영구(靈柩) 앞에 전례(奠禮)[46]의 제사를 지낸다. 넷째 날은 오복(五服) 안의 친척은 친소 관계에 따라 상복을 다르게 입는다. 이를 성복(成服)[47]이라 부른다.(의복에 관한 제도는 〈위편 그림 2-1〉과 〈위편 그림 2-2〉 참고)

대렴(大斂)에서 안장 이전까지 운구가 머물 동안 상주는 매일 조석으로 빈소에 있는 망자에게 한 차례씩 '조석전(朝夕奠)'·'조석곡(朝夕哭)'이라는 제사를 지낸다. 그리고 빈객이 조문을 오면 맞이하고 함께 곡을 한다.

3개월이 되면 영구를 묘지로 보낸다. 안장하는 날에는 혼신을 다해 분향하고, 영구를 수레에 싣는다. 발인 행렬은 상주가 앞장서서 울면서 선행한다. 영구가 묘지에 도착하며 끈으로 견인해 미리 파놓은 묘혈에 평온하게 넣는다. 그리고 명정(銘旌)은 관 위에 놓고, 각종 부장품은 관 양쪽에 놓는다. 관은 관의(棺衣)로 덮은 뒤 마지막으로 흙을 쌓아 봉분을 만든다. "봉분의 높이는 4척(尺)이고, 그 앞에 작은 비석을 세우는데, 전체 높이는 4척이 되도록 한다."[48]라고 했다. 안장할 때 상주는 대성통곡하며 영구(靈柩)에게 마지막 고별을 알린다.

장례를 마친 이후에 일련의 제사를 지낸다. 이에는 다음과 같은 것이 있다.

---

45 명정(銘旌): 상례에서, 일정한 폭과 길이의 천에 죽은 사람의 품계(品階). 관직(官職). 본관(本貫). 성씨(姓氏)를 쓴 기(旗). 장대에 달아 상여(喪輿) 앞에서 들고 가서 널 위에 펴고 묻었다. (역자 주)

46 전례(奠禮): 신위(神位) 앞에 간단한 음식을 차려 놓고 애도의 뜻을 표하는 상례를 지칭한다. (역자 주)

47 성복(成服): 초상(初喪)이 난 뒤에 상제(喪制)와 복인들이 처음으로 상복을 입는 것을 말한다. (역자 주)

48 "墳高四尺, 立小石碑於其前, 亦高四尺。" (역자 주)

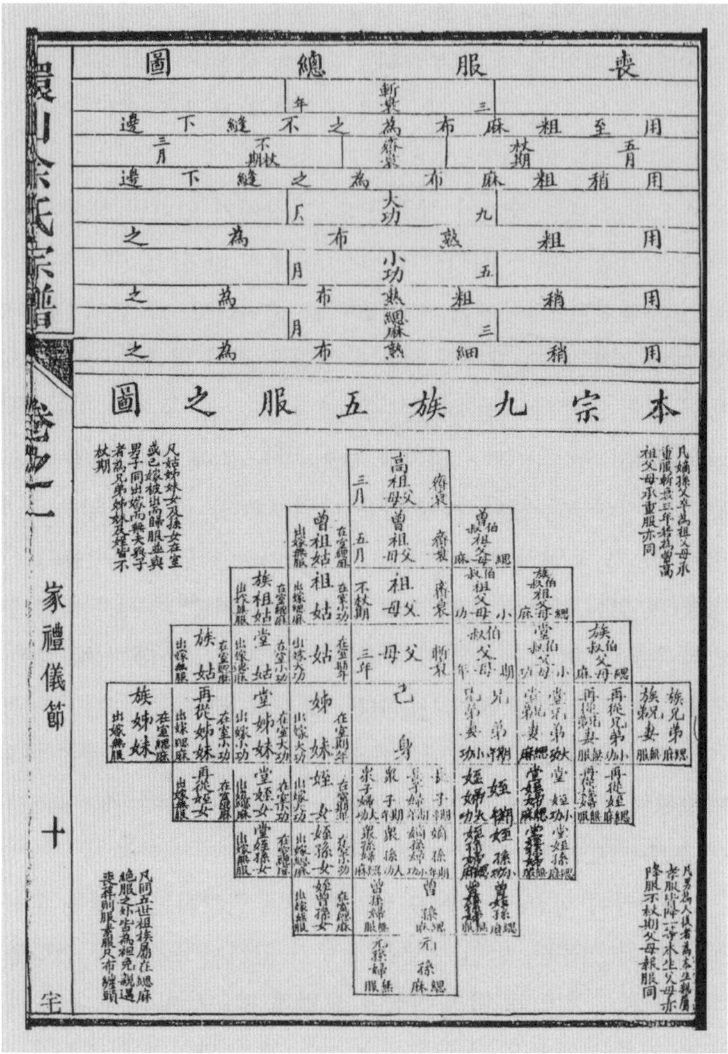

<위편 그림 2-1>
의복도(1) 『환산여씨종보(環山余氏宗譜)』의 경우

(1) 우제(虞祭). 우(虞)는 '안녕(安寧)'이라는 뜻으로, 우제의 목적은 죽은 사람의 영혼을 안정시키는 것에 있다. 우제 때 망자를 위하여 정식으로 신주(神主)를 세움에 뽕나무로 만들고, 그 위에 망자의 관작과 이름을 명기한다. 신주를 모시는 자는 이를 영좌(靈座)를 모시는 자리에 배치한다. 우제는 모두 세 차례 지낸다. 이를 '우제(虞祭)'·'우유일재우(遇柔日再虞)[49]'·'우강일삼우(遇剛日三虞)[50]'라 부른다.

---

49 재우(再虞): 장사를 지낸 후 두 번째 지내는 제사. 초우제를 지낸 그다음 날 아침에 지내는 제사이다. (역자 주)

50 삼우(三虞): 사람이 죽어서 장사(葬事) 지낸 뒤에 세 번째(사흘째 되는 날) 지내는 제사이다. (역자 주)

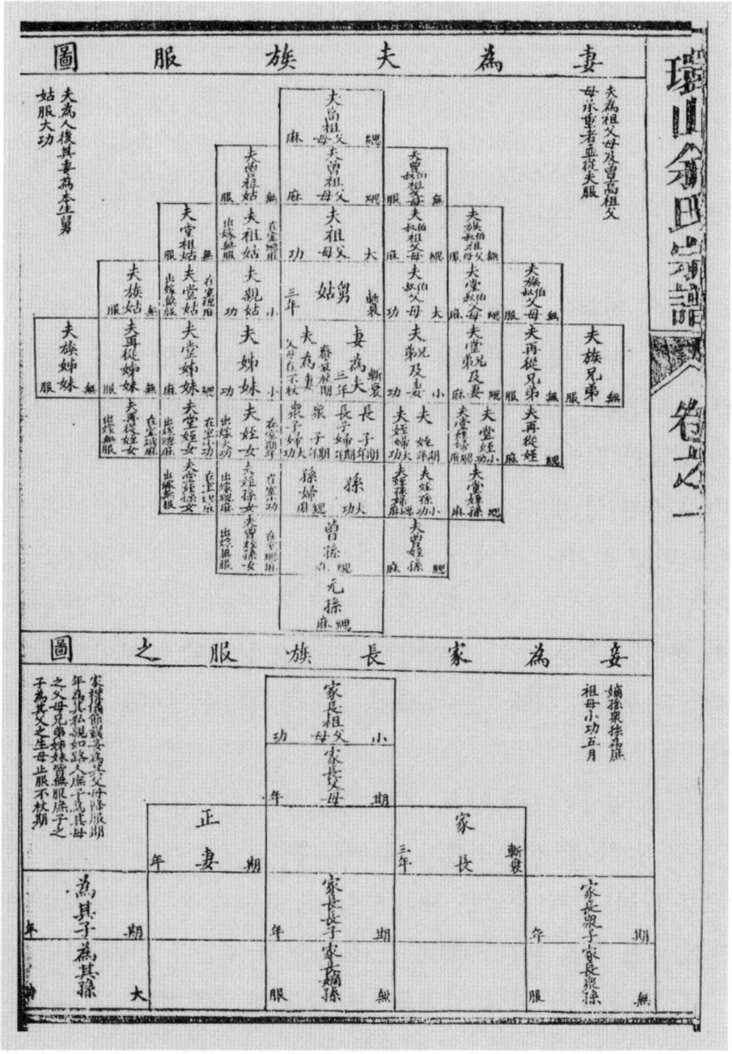

<위편 그림 2-2>
의복도(2) 『환산여씨종보(環山余氏宗譜)』의 경우

(2) 졸곡(卒哭).[51] 이는 "삼우(三虞)가 지난 뒤에 지내는 제사"[52]로 마지막 우제(虞祭)가 끝난 후 홀숫날에 거행한다. 졸곡이란 평소의 곡(哭)을 중지하고 적절하게 슬픔 억제하는 것을 말한다.

(3) 부제(祔祭). 부(祔)란 '연속'을 의미한다. 부제는 신주를 영좌에서 사당의 종묘로

---

51 졸곡(卒哭): 삼우(三虞)가 지난 뒤에 지내는 제사. 사람이 죽은 지 석 달 만에 오는 첫 정일(丁日)이나 해일(亥日)을 가려서 지낸다. (역자 주)

52 『朱子家禮』: "三虞後遇剛日卒哭。" (역자 주)

옮길 때 거행하는 의식이다. 이는 조상과 함께 제사를 받을 수 있도록 하기 위함이다.

사망 후 3개월 만에 안장하고, 세 차례 우제(虞祭)를 지내고, 졸곡을 마치면 정확히 100일이 된다. 이로써 전체 상례는 비로소 끝이 난다.

상술한 상례 중에는 망자의 친척이 상(喪) 중에 효복(孝服)[53]을 해야 하는 경우도 있다. 특히 고인과의 친소 관계에 따라 애도 기간의 상복은 참최(斬衰), 자최(齊衰), 대공(大功), 소공(小功), 시마(緦麻) 등 5가지로 나뉜다. 이를 일컬어 '오복(五服)'이라 부른다. 참최(斬衰)는 오복 중에서 가장 엄중한 것이다. 참(斬)이란 가장자리를 꿰매지 않는 삼베이고, 최(衰)란 상복의 상의를 가장 거친 생 베로 만든 곳을 군데군데 잘라내 살결을 드러내 깊은 슬픔에 가식이 없음을 나타낸 것이다. 하의는 거친 마(麻)를 사용해 앞치마처럼 둘러싸기 때문에 상(裳)이라고 부른다. 짚신을 신고 대나무로 만든 효장(孝杖)을 손에 쥔 것을 일컬어 곡상봉(哭喪棒)이라 한다. 아들은 부친을 위해, 부친은 장자를 위해, 부인은 남편을 위해, 시집가지 않은 여식은 부친을 위해 모두 참최를 입는다. 참최는 3년을 입는다고 하지만 실은 27개월이다.

자최(齊衰)는 참최 다음으로 엄중한 상복인데, 역시 거친 마로 만든다. 자(齊)란 박음질한 것을 의미한다. 즉 옷 가장자리를 박음질했기 때문에 자최라고 부른다. 자최는 기간에 따라 4가지로 등급으로 나뉜다. 제1등급은 자최 3년으로 부친과 장자의 사망 시에 모친이 입는 상복이다. 제2등급은 자최 장기(杖期)로 1년간 상복을 입는다. 장(杖)이란 지팡이를 짚는다는 뜻이다. 부친은 모친을 위해, 남편은 아내를 위한 상복이다. 제3등급은 자최 부장기(不杖期)인데 상복은 1년으로 지팡이를 사용하지 않는다. 이는 아들이 큰아버지의 부모와 형제, 장자 이외의 다른 아들 및 여식이 친정 부모를 위해, 며느리가 시부모를 위해, 혹은 손자와 손녀가 조부모를 위해 입는 상복이다. 제4등급은 자최 3개월인데 이는 증조와 고조부모를 위한 상복이다.

대공(大功)은 자최 다음으로 무겁고, 삼베를 익혀서 만들었다. 이렇게 베를 가공처리했기 때문에 '공(功)'이라 부른 것이다. 남자의 경우는 출가한 자매와 고모와 종형제, 그리고 출가하지 않은 종자매(從姊妹)를 위해, 여자의 경우 시조부모와 백숙의 부모, 친정

---

53 효복(孝服): 상중에 있는 상제(常制)나 복인이 입는 예복을 말한다. (역자 주)

형제, 맏동서 등을 위해 대공(大功)을 입는다. 이 상복은 9개월 동안 입는다.

소공(小功)은 대공 다음으로 무겁고, 역시 삼베를 익혀서 만들었고 더욱 정교하게 가공을 했다. 남자는 증조부와 증조모, 종백숙부모, 종자매, 외조부모를 위하여, 여자는 시고모와 시누이, 형제의 며느리 등을 위해 소공을 입는다. 상복을 입는 기간은 5개월이다.

시마(緦麻)는 오복(五服) 중에 가장 가벼운 상복인데, 삼베를 익혀서 가장 세밀하게 만들어서 시마라 했다. 삼베가 실처럼 가늘었기 때문에 이렇게 불렀다. 남자는 일가의 고조부모, 일가의 조부모, 일가의 백숙부모, 일가의 형제, 외손, 외생(外甥), 사위, 장인과 장모, 외삼촌 등의 경우에 시마를 입는다. 이 상복은 3개월 동안 입는다.

위의 소개에서 알 수 있듯이 상복 제도는 남존여비의 관념을 반영한다. 처는 남편을 위해서 참최 3년이지만, 남편은 처에게 자최 1년의 상복만을 입는다. 그리고 적자와 서자를 엄격한 구분했다. 서자는 적자의 모친을 위해서 참최를, 적자는 서자 모친을 위해서는 상을 지내지 않았다. 적장자가 죽으면 부친은 참최 3년을 지내고, 그 부친이 사망한 때를 기다려 적장의 손자가 그를 계승한다. 이는 혈연관계의 친소의 등급을 반영하는 것이다. 그래서 습관상 오복 이내를 친(親)이라 하고, 그 이외를 소(疏)라고 했던 것이다. 일반적으로 오복의 출현은 동성(同姓) 관계만을 말하는 것이다. 이와 같이 상복제도와 봉건제도는 밀접한 관계를 갖고 있었다.[54]

네 번째는 제례(祭禮)이다. 고대 사람은 제례를 매우 중시했다. 그 범위 역시 매우 넓었으며, 또한 관련 예의 역시 매우 복잡했다. 족인의 제례는 보통 사당에서 거행을 했는데 의식의 주된 내용은 다음과 같다.

(1) 제주(祭主)를 결정한다. 일반적으로 "종주(宗主)가 제례를 주관하는 것이 예(禮)의 도리이다."[55]라고 했다. 또한 "만약 종주가 어리면 (중략) 50세 이상 품행과 도리에 문제가 없고, 원기 왕성하고 건강하며 법도에 익숙한 자 한 명을 선발해 보좌하도록 한다."[56]라고 했다.
(2) 심신을 재계(齋戒)한다. 제례 3일 전부터 깨끗한 심신을 위해 냄새나는 채소를 먹지 않고, 음악도 듣지 않고, 부부 관계도 금지하면서 심신을 안정시킨다.
(3) 하루 전에는 제기(祭器)를 진열한다. 사당 정중앙에 향로를 놓는 탁자를 배치하

54 趙丕傑, 『中國古代禮俗』, 語文出版社, 1996.

55 "宗主主祭, 禮之常也。" (역자 주)

56 "若宗主年幼 (中略) 擇五十以上行誼無過、精力強健、儀嫻習者一人輔之。" (역자 주)

고, 제사상에 술잔을 진열하며 제육 접시와 향로 등의 기물을 배치한다.

(4) 순서대로 진열한다. 제삿날 아침에 제사의 주관자, 실무자, 제사 참여자의 자리를 존비에 따라서 지정한다. 소목(昭穆)의 항렬에 따라 선후를 나누고, 각 항렬의 연령에 따라 좌우로 나누어 서열에 따라서 세운다.

(5) 신위(神位)를 맞이한다. 시조신의 위패와 고조, 증조, 조부, 부친 4대의 신주(神主)를 향을 올리는 탁자에 순서대로 모신다.

(6) 분향을 한다. 탁자 위에 놓인 향로에 세 차례 향을 피운다.

(7) 술을 따르고 강신(降神)을 빈다. 향로 탁자 위에 있는 술잔에 술을 따른다.

(8) 모혈(毛血)[57] 등을 올린다. 먼저 향로 탁자에 모형을 올린다. 먼저 비린내가 있는 날고기를 올리고, 다음에 익힌 고기를, 가장 마지막에 밥과 반찬을 올린다.

(9) 축문을 읽는다. 제주(祭主)가 축문을 읽고 제족과 함께 모두 무릎을 꿇는다.

(10) 예물을 올린다. 분헌례(分獻禮),[58] 아헌례(亞獻禮),[59] 종헌례(終獻禮)[60] 등을 행한다. 향로 탁자 양쪽의 술잔에 술을 따르고, 아울러 간(肝)과 구운 고기 등을 올린다.

(11) 제사가 끝난 후에 음식을 함께 나눈다. 함께 제사를 지낸 사람의 가정과 사람 수에 따라 고기를 나누고, 각자 돌아가서 맛을 보도록 한다. 이를 통해 제례의 끝을 알린다.

4. 사당(祠堂)

사당은 가보 중에서 종묘(宗廟)·종사(宗祠)·가묘(家廟)·종당(宗堂)·향당(享堂)·신단(神壇)·사우(祠宇) 등의 명칭으로도 불린다. 이곳은 조상을 참배하고 족인의 일을 논의하는, 족인에게 매우 신성한 의미가 있는 곳이다. 그리고 신당(神堂)은 가보의 구성에서 중요한 위치를 차지한다.

---

57 모혈(毛血): 제향(祭享)에 쓰는 짐승의 털과 피를 말한다. (역자 주)

58 분헌례(分獻禮): 향교(鄕校)에서 제사를 지낼 때 여러 신위에 따로따로 술을 잔에 부어 놓는 예를 지칭한다. (역자 주)

59 아헌례(亞獻禮): 제향(祭享) 때 아헌관(亞獻官)이 신위 앞에 두 번째 술잔을 올리는 일을 말한다. (역자 주)

60 종헌례(終獻禮): 나라의 제사에서나 그 밖의 제사를 지낼 때에 종헌관(終獻官)이 신위 앞에 마지막 술잔을 올리는 일을 지칭한다. (역자 주)

가보에서 사당과 관련된 내용은 그림과 문장 두 가지 형식으로 표현된다. 둘 중에 그림이 주류이고, 문장은 보조형식으로, 문자로 사당 그림을 설명했다. 한편, 이런 그림을 사당산수도(祠堂山水圖)라고 부른다. 그림에는 사당의 모습뿐만 아니라 사당 주위의 주택과 산수의 모습 등도 그려 넣어서 사당 전체를 한눈에 볼 수 있게 했다. 어떤 사당도는 사당의 제기(祭器)와 조상의 위패를 순서에 따라 그림 안에 그려 넣기도 했다. 사당의 관할 범위를 보면 대부분의 집안에서는 집안마다 한 개의 사당을 보유하고 있었다. 특정 가문의 경우에는 사당산수도 외에 총사도(總祠圖)와 지사도(支祠圖)도 있었다. 그리고 통보(通譜)와 총보(統譜)에도 관련 사당도를 배치했다. 이처럼 사당도의 범위에는 성(省) 전체는 물론 여러 개의 성을 아우르는 큰 족인의 합사도(合祠圖)·통사도(統祠圖) 등을 포함하기도 했다.

그리고 사당도의 전면이나 후면에는 보통 이를 설명하는 문장을 두었고, 또한 사당 건물과 사당의 취지 및 사당 관리에 대한 설명을 부연하기도 했다. 이와 관련한 내용에는 다음과 같은 것들이 있다.

1) 사당 위치와 건축에 대한 간단한 소개

예를 들면, 건륭 3년 『(절강가선)향호정씨가승((浙江嘉善)香湖丁氏家乘)』에 수록된 '정공사(丁公祠)'에 대한 설명에서 이르길 "정공(丁公)의 사당은 남호우(南號圩)의 남정(南汀)에 있고, 거주지에서는 동남으로 1리(里) 떨어진 곳에 있다. 남청(南廳) 방향으로 3-5곳 사당을 지었다. 덕소공(德昭公)과 덕위공(德威公)은 부친이신 해학공(海鶴公)을 효의(孝義)로 천거해서 기울어져 가는 집안을 다시 일으킨 후에 주로 중청(中廳)에서 직무하며 제사를 전담했다. 읍후(邑侯)는 해학공의 좋은 뜻을 속히 깨달았고, 또한 제자들의 효를 칭찬하며 정공사의 현판을 사여했다."[61]라고 했다. 또한 민국 37년 『호남상담중상빈씨오수족보(湖南湘潭中湘賓氏五修族譜)』에 수록된 「중수사당기(重修祠堂記)」에서는 사당의 역사가 오래되어 위태롭고 허물어질 위기를 겪으면서 가경(嘉慶) 연간까지 이르렀음을 설명했다. 이르길 "5년 봄에 재물의 기부를 권유하고 사람들을 모아 건물을 짓고 수리함에 스스로 음식을 휴대해 조석으로 일을 감독했다. 그 집의 기초는 이전에 비해 약간 앞에 위치했다. 가로는 14척, 세로는 8척으로 중간을 정침(正寢)으로 (이곳을) 시조와 돌아가신 부모의 신주를 모

61 『(浙江嘉善)香湖丁氏家乘』: "丁公祠一所, 在南號圩之南汀, 去住宅東南僅一裡許。向南廳猶五三公所建, 後德昭公、德威公以父薦擧海鶴公孝義起家, 奉主於中廳, 專祀之。而邑侯夙感海鶴公好義, 又嘉諸子之孝, 因賜邑丁公祠匾云。" (역자 주)

시는 곳으로 삼았다. 정면에는 회랑(回廊)과 소루(疏樓)가 위치했다. 조상에게 제사 지내는 뜻을 밝히기 위해 신주를 배치함에, 전면 좌측은 문창제군을, 우측은 관성대제(關聖大帝)의 사당을 각기 배치했다. 조상의 뜻을 밝히기 위해서 후에 성(姓)과 연관된 일을 위한 도청(倒廳) 한 곳과 횡청(橫廳) 두 곳을 다시 건축하고, 이곳을 연집(燕集), 즉 제비가 모이는 곳이라 했다."[62]라고 했다. 이상과 같이 전체 사당에 있는 조상의 위패와 각 청실(廳室)의 위치를 체계적으로 소개했다.

2) 사당의 설립과 가보에 언급된 사당의 중요성

사당도의 석문(釋文)은 족인이 사당을 건설한 이유와 그 중요성에 대해 설명했다. 어떤 경우 사당의 중건을 '존조(尊祖)·경종(敬宗)·수족(收族)'을 실현하는 수단으로 파악했다. "『예기(禮記)』에 이르길 조상을 존중하기 때문에 종가를 공경하는 것이고, 종가를 공경하기 때문에 종족이 단합하는 것이다. 종가를 공경함에 제사보다 더 엄한 것이 없다. 종족을 단합함에 사우(祠宇)보다 더 절실한 것은 없다. 사우가 구비되어 제사를 지냄에 자손들은 기쁜 마음으로 화합하고 하나로 뭉친 마음은 더욱 돈독해진다."[63]라고 했다. 어떤 곳에서는 사당을 "도리와 예법을 밝혀서 인륜의 상도(常道)를 바르게 하는"[64] "의미가 깊은 곳"이라 했다. 따라서 "조상을 모시는 곳인 사당의 근본은 인(仁)에 있다. 원래는 인효(仁孝)를 생각하며 가묘(家廟)를 건축하고, 족인의 소목(昭穆)의 순서와 존비를 분별하며, 예법을 밝히고 인륜의 상도(常道)를 바르게 하는 것에 있다. 가법이란 훌륭하고 깊은 뜻이 있고, 그 의의는 매우 심오한 것이다."[65]라고 했다.

사당도의 석문에 이르길 많은 가보가 사당에 대해서 "가보에 기록할 때 그림 형식으로 기술하면서도 이를 부연 설명해야 한다."[66]라고 하면서, 그 중요성을 강조했다. 예를 들면 『(절강순안)(안휘적계)강씨효자대민공파종보((浙江淳安)(安徽績溪)薑氏孝子大民公派宗譜)』

---

62 『(湖南湘潭)中湘賓氏五修族譜』: "五年春, 遂倡捐貲, 鳩工營葺, 自攜飮食, 朝夕督課, 其基址則較前稍上數步, 其經制則經十四丈, 橫八丈, 中爲正寢, 奉始祖考妣神主居之; 中之左偏, 奉累代昭祖考妣神主居之; 中之右偏, 奉累代穆祖考妣神主居之。前爲回廊、爲疏樓。推祀祖之意, 以祀神, 則前之左爲文昌帝君祠, 前之右爲關聖大帝祠。推祖宗之意, 以聯繫姓之歡, 則於後建倒廳一, 橫廳二, 以爲燕集之處。" (역자 주)

63 『(湖南醴陵)醴陵花橋匡氏房譜』, 乾隆 47年(1783): "《禮》有云, 尊祖故敬宗, 敬宗故收族。夫敬宗, 莫嚴於祭祀; 收族, 莫切於祠宇。祠宇備, 祭祀昭, 則子姓之歡心旣合, 卽一本之情誼愈敦也。" (역자 주)

64 『(湖南醴陵)醴陵花橋匡氏房譜』: "明理法, 正倫常。" (역자 주)

65 『(湖南湘潭)龍氏五修族譜』, 宣統 3年(1911): "祖廟, 所以本仁也。本仁孝之思, 建立家廟, 族之人於以序昭穆, 辨尊卑, 明禮法, 正倫常。法甚良, 義甚深, 而意義甚遠也。"

66 『(湖南湘潭)龍氏五修族譜』: "著於譜、圖其式、加以說。" (역자 주)

에서는 “사당은 반드시 가보에 그림으로 표현해야 한다. 이는 조상이 멀면 멀수록 아득해져서 후손이 불법으로 담을 만들까를 염려했기 때문이다. 동서로 배치한 궤(櫃)를 보관하는 방에 한 폭의 그림으로 사당을 상세하게 표기하고, 이곳에 건물이 지어질 때의 처음 모습과 힘들었던 과정을 기록했다. 그리고 옛날 제도를 모방한 가묘(家廟)를 반드시 자손에게 남겨서 옛날 제도를 자세하게 참고하거나 검토할 때 이를 시작으로 구하는 바를 이룰 수 있게 했다. 또한 미비한 바를 보완하여 사당을 유익하게 운영할 수 있으니, 이는 모두 사전(祀典)의 일을 빛내는 것이다.”[67]라고 했다. 계속해서 『(강서만재)창전종씨복방지보((江西萬載)昌田鐘氏福房支譜)』에서 이르길 “사당에는 그림이 있고, 이곳에 다시 설명을 첨가하는 것은 무엇 때문인가? 그림은 형세의 대략만을 표현할 수 있기 때문이다. 무릇 용(龍)은 어디서 왔는지, 모래는 어디로 옮겨 가는지, 시냇물의 근원이 어디에서 시작되었는지 등은 모두 명확하지 않다. 사당의 내력이란 시세(時勢)의 변천처럼 그림만으로는 형용할 수 없다.”[68]라고 했다.

이상의 몇 가지 인용문에서 알 수 있듯이, 각 가문은 가보를 편찬할 때 반드시 족인의 사당을 보첩에 기록했다. 이때 그림을 문자로 부연 설명하는 형식을 취했다. 그 목적은 후대 자손들이 이 그림을 열람하고 사당의 유래와 시대 변천을 쉽게 알게 하기 위함이다. 이를 통해 사당을 설립했을 때의 어려움과 사당 관리에 헌신한 선조의 고난 및 노고를 알리고자 함이다. 그리고 후손들에게 때에 따라 사당을 보존하고 정돈하여 제사를 계승하는 예전(禮典)으로 만들고자 함에 있었다.

3) 사당의 배치

명청 시기 다수의 사당은 주희(朱熹)의 『가례(家禮)·사당(祠堂)』을 근거로 배치했다. 사당의 대전(大殿)에는 정중앙에 신주를 모시는 감실(龕室)을 설치했고, 대전 좌우에도 서로 마주보는 감실을 두었다. 소위 ‘감(龕)’이란 원래 벽에 붙어 있는 작은 누각(樓閣)인데, 조상의 신주인 위패를 이 각(閣) 안에 모시고 그 앞을 장식이 있는 휘장으로 가렸다. 후에는 특별히 제작된 긴 직사각형의 나무 책장에 신주를 놓은 형태로 간소화되기도 했다.

---

67 『(浙江淳安)(安徽績溪)薑氏孝子大民公派宗譜』: “祠堂必具圖於家譜者, 以去祖逾遠, 曆世云遙, 恐後子孫侵繚以周垣之地, 據東西遺櫃之房, 故書一圖, 尤分注詳細, 以見開基時締造艱難, 猶必仿古制之家廟, 以遺後後之人, 可弗想其隱念, 稽諸舊制, 因其所已創, 求其所必至, 成其所未備, 而益經理祠事, 以光昭祀典也乎。” (역자 주)

68 『(江西萬載)昌田鐘氏福房支譜』: “祠堂有圖, 而復加說者, 何也? 蓋圖只能表現形勢大略, 凡龍從何來, 砂從何轉, 溪水之源流從何開闔, 俱缺然不詳。至祠堂之來歷, 與時勢之變遷, 更非圖可得以形容者也。” (역자 주)

신주(神主)란 나무틀에 끼워 넣는 직사각형의 작은 나무패로 백색 바탕에 검은 글씨이거나, 혹은 홍색 바탕에 황색 글씨를 써서 만든 위패이다. 그 바탕에 조상의 성명과 생몰 연월을 명기하고, 정실(正室) 혹은 후실(後室)의 성씨와 자, 손, 증손 등의 이름을 써넣는다. 부부를 단위로 하여 하나의 신위에 조상의 이름을 배치한다.

감실에 비치한 신주는 해당 족인의 시조이고, 좌소우목(左昭右穆)의 순서에 따라 현재 족인의 고조, 증조, 조부, 부친 등 4대의 신주를 배치한다. 만약 4대를 초과하면 신주를 양쪽의 감실로 옮긴다. 이때 시조는 옮기지 않고 영원히 감실 중간에 배치한다. 이것은 명청 시기 민간이 이해했던 '백세불천(百世不遷)'과 '오대칙천(五世則遷)'의 내용이다.

이렇게 평소에 기거하는 공간으로부터 독립된 사당은 그 중심축을 근거로 공간을 배치했다. 대문(大門)과 향당(享堂) 및 침당(寢堂)을 나란히 두었다. 향당은 제당(祭堂)으로도 부르는데 조상의 신주를 모신 곳이다. 또한 이곳은 제사의식 및 족인들이 함께 모이는 장소이기도 했다. 침당은 조상의 신주를 안치하는 곳이다. 어떤 명문 세가의 경우 사당 앞에 조벽(照壁)이나 패루(牌樓)를 세우거나 기둥과 함께 우뚝 솟은 용마루를 그려 매우 웅장한 장관을 만들기도 했다. 예를 들면 흡현(歙縣)의 당월 포씨(棠樾鮑氏)는 효제(孝悌)로 향리에서 유명함에 그 사당을 촌락 입구에 세우고, 사당 앞 도로에 황제가 사여한 7개 석비의 방과 정자를 한곳에 집중하여 설치했다. 그리고 사당 양쪽에 도화(桃花)를 심으니 민간에서는 좀처럼 보기 힘든 웅장한 기세와 수려한 경관을 갖춘 곳이 되었다.

4) 사당의 기능

사당의 가장 중요한 기능은 조상에게 제례를 지내는 것이다. 사람들은 사당을 조상의 신령이 기거하는 곳으로 생각했고, 족인들은 자연히 이곳을 조상에게 제례를 올리는 곳으로 여겼다. 가보에는 사당에 대한 예의와 관련해 다음과 같이 규정했다. 즉 매년 춘추(春秋)로 제사를 지낼 때 반드시 모든 족인들이 사당에 모여야 하고, 족장이나 종자(宗子)의 주도하에 제례를 올리며 이곳에 제물을 진열해야 한다. 또한 청명절에 성묘할 때 가장 먼저 사당의 신주(神主)에게 제사를 지내고, 이후 각자 집안의 묘지에 성묘해야 한다고 했다. 어떤 규정에는 매월 음력 초하루와 보름에 사당을 열고 제례를 거행하도록 했다. 그리하여 사당은 제사를 지내는 분망한 곳이 되었다.

사당은 조상에 대한 제례 외에 족인들에게 봉건적 예법 교육의 장소가 되기도 했다. 제례를 올리는 날에 사당에서는 종종 족인에게 가보에 대한 강습을 거행하기도 했다. 제사의식을 시작하기 전에 족장이나 전문인은 많은 족인에게 선현의 어록 등을 강연하거나, 가규(家規)와 가법(家法) 등을 낭독했다. 이를 통해 족인에게 가보 내용을 이해시키고,

봉건 예법에 근거한 일처리나 사람됨 등을 강조하기도 했다.

명청(明清) 시기에 이르러 가문의 중대한 사건, 즉 가보를 속수하거나, 사당을 복원하거나, 족장(族長)을 추대하거나, 혹은 묘지나 의전(義田)[69]을 장만하는 일은 모두 족장이 족인을 조직하여 사당에서 논의했다. 그리고 족인이 관련 가법이나 족규(族規)을 위반했을 경우 사당은 족인 법정이 되기도 했다.

족장은 사당에서 사건을 심리했고, 족인을 심판할 때는 일반적으로 족인 가운데 사신(士紳)[70]이 배심하기도 했다. 이때 족인을 교육한다는 구실로 다른 족인들의 방청을 허가하기도 했다.

5) 사당과 사묘(祠墓)의 계약문서

광서 13년의 『(호남)예릉과여양씨오수족보((湖南)醴陵瓜畲陽氏五修族譜)』는 종사사묘도(宗祠祠墓圖)를 수록하면서 건륭 6년(1741) '사기옥우계거(祠基屋宇契據)'라는 내용을 언급했다. 그 전문을 소개하면 다음과 같다.

"가옥, 택지, 점방, 공터, 텃밭의 매매계약서를 작성했지만 주인인 이상순(李尙純)·자소(子昭)·동찬(東燦), 그리고 동성(同姓)인 경부(鏡孚)·몽웅(夢熊)은 사정이 있어서 (거래를) 지체를 했다. 이에 모자와 형제 및 시동생과 시숙이 상의하여 스스로 (거래를) 원한다면서 동성(東城)의 부지 중 제일 큰 벽돌집의 중간 가옥 및 양쪽의 점방, 마방을 함께 매매하고자 했다. 하지만 집안의 족인 등에게 문의를 함에 모두 (가격이) 적합하지 않다고 했다. 이에 존자(尊者)보다 좋은 중개인이 없으니 동성의 양건오(陽乾五)·보고(步高)·순방(舜邦)·등송(騰松)·방명(芳明) 등을 고용해 거래토록 하니 당시 세 곳의 적당한 가격은 은(銀) 430냥이라고 했다. 이에 친히 매물을 확인한 결과 (면적이) 모자라지도 않고, 떼였거나, 이미 팔아 버리고 속이거나, 혹은 강제로 갈취하는 등의 상황이 전혀 없었다. 그 부지는 (중략) 동서남북의 (소유지와 경작지의) 경계도 분명했다. 고목·기와·돌덩이 등은 함께 판매했고 (이후) 양(陽)씨가 매입해 관리함에 작은 논밭 하나라도 (몰래) 남기지 않았다. 그리고 텃밭이 하나 있는데 강희 19년 지책(支册)의 기록에는 1두(斗) 7승(升) 4합(合)으로 임의로 차용한 부분은 양씨에게 명의를 이전한다. 매매한 이후 양씨가 담당해 이전 경계를 없애고 새로 경계를 정해 자유롭게 부지를 관리한다. 이 부지는 이번 거래 이전에 저당 잡힌

69 의전(義田): 옛날, 일족 또는 한 마을 중의 극빈자를 구제하기 위한 공동 소유의 전답. (역자 주)

70 사신(士紳): 사족(士族)과 향신(鄕紳)이 결합된 용어로 지방에서 영향력을 행사하는 재산가나 권력가를 지칭하며, 보통 세족(世族), 세가(世家), 거실(巨室), 문벌(門閥), 부상(富商) 등을 포함한다. (역자 주)

적도 없고, 다른 거래에 포함된 적도 없다. 만약 확실하지 않은 점이 있다면 모두 깔끔하게 글로 적어서 양씨와 무관함을 밝힌다. 이번 거래는 모두 스스로 원한 일로 한 점의 이견도 없기 때문에 이 매매계약서를 작성하니, 양씨의 자손과 함께 (이를) 영원히 증거로 삼는다."[71]라고 했다.

이상의 계약서는 양씨(楊氏)에게 있어서는 매우 중요한 것으로, 이씨(李氏)에게서 가옥을 매입한 후에 그 땅에 사당을 건립했다는 내용을 수록하고 있다. 이 계약서는 청나라 초기 호남(湖南) 예릉(醴陵) 지역의 경제교역에 관한 상황을 알려 주는 중요한 자료이다.

6) 사당의 제전(祭田)과 비용 출처

사당을 유지하는 항목에는 사당 건축계획, 사당의 수리와 복원, 제사용 제기의 준비, 제사용 음식과 일상적인 사당 관리 등이 포함된다. 이를 위해서는 반드시 일정한 경제적 지원이 전제되어야 했다. 이에 주희(朱熹)는 『가례(家禮)』에서 사당을 건립하는 방법과 함께 "제전(祭田)의 설치"에 대해 언급했다. 제전(祭田)이란 사당을 유지하는 족인의 경제적 토대였다. 예를 들면 『(강소진강)윤주추씨종보((江蘇鎭江)潤州鄒氏宗譜)』에 수록된 종사도기(宗祠圖記)에서는 제전에 대하여 다음과 언급했다. 즉 "사당 밖의 여분의 땅은 대략 3무(畝)이고, 사방은 모두 둑으로 둘러싸여 있다. 그리고 사당 우측으로 둑 밖에 있는 태평암(太平庵) 앞에는 1무(畝) 2푼(分)의 땅이 있고, 사당 뒤쪽 첫 번째 둑 밖에는 산을 허물어 만든 반푼(半分)의 땅이 있다. 이런 세 곳의 땅을 모두 합치면 4무(畝) 2푼(分)이다."[72]라고 했다. 그리고 『(호남영향)위녕동성이씨족보((湖南寧鄕)潙寧東城李氏族譜)』의 사당도후기(祠堂圖後記)에서도 제전에 대해 "이전에 족인과 함께 공동으로 제전을 마련했다. (이곳은) 읍(邑)의 삼도쌍당(三都雙塘)이란 곳에 있고, 세를 받아 이것으로 제사를 받들고 사당을 보수하는 데 사용했다."[73]라고 했다. 명청 시기 가보를 보면 사당을 건축할 때 제전을 통해

---

71 『(湖南)醴陵瓜畬陽氏五修族譜』: "立契賣屋宇基地店房屋基園土人李尙純、子昭、東燦, 同姓鏡孚、夢熊, 情因遷就, 母子兄弟叔姪商議, 自心情願, 將東城基業一大所, 俱系磚瓦正屋, 幷橫屋店房、馬房, 盡行掃數出售與人。盡問家族人等, 俱稱不受。擄中莫若尊, 召到東城陽乾五、步高、舜邦、騰松、芳明等接買, 當三面得受時值價銀四百三十兩正, 人手親領, 幷未短少分厘, 幷無准折、謀買、逼勒等情。其基地。(中略) 四至淸白。其古木、片瓦、塊石各項一幷出售與陽管理, 未留寸土。再有園土, 照康熙五十九年支册科糧一斗七升四合, 任陽推收過票。自賣之後, 任陽拆舊添新修理, 自便管業。其業未賣之先, 並無重行典當, 又無互混勾絞。如有不明, 俱系出筆人理落, 不幹陽事。此系出自心甘情願, 永無異言, 立此賣契, 與陽子孫永遠爲照。" (역자 주)

72 『(江蘇鎭江)潤州鄒氏宗譜』: "祠外餘地, 共約三畝, 均在四面圍埂之內。又祠右埂外, 太平庵前, 田一畝二分。祠後右首埂外, 山缺田半分。三處共四畝二分零。" (역자 주)

73 『(湖南寧鄕)潙寧東城李氏族譜』: "先是族中公置祭田於邑之三都雙塘中, 歲收租息, 供祀之外, 賴以歲修。" (역자 주)

경비를 마련하거나, 혹은 각 족인에게 경비를 추렴하는 방식을 취했다. 예를 들면 『(강서만재)창전종씨복방지보((江西萬載)昌田鐘氏福房支譜)』에서 이르길 "경종(敬宗)과 수족(收族)의 취지에서 사람 수에 따라서 비용을 추렴하니 본전이 쌓였다. 건륭(乾隆) 무오(戊午)에서 무인(戊寅)까지 (추렴한) 금액이 점차 증가함에 사당 좌측에 정회사(丁會祠)를 지을 수 있게 되었다. 동치(同治) 정묘(丁卯)에 이르러 족인들의 기부로 신주(神主)를 모셨고, 또한 여러 사람들이 힘을 모아서 우측에 다시 패위사(牌位祠)를 건축했다. 두 곳의 사당이 함께 세워진 것은 이렇게 유래한 것이다."[74]라고 했다. 또한 『(호남장사)첨씨육수족보((湖南長沙)詹氏六修族譜)』에서는 이르길 "광서 29년(1904) 계묘(癸卯)에 족인의 장로들이 족인들을 모아 종정(宗庭)에 대해 논의했는데, 사우(祠宇) 건립을 언급함에 족인들이 매우 기뻐했다. (중략) 이를 실행하기로 하고, 전후로 모두 4,200여 냥을 사용했다. 기부금 추렴은 족인의 수, 양식(糧食), 연령 등 3가지 항목을 근거로 삼았다. 그리고 부족한 부분은 제산(祭產)에서 남은 것으로 보충했다."[75]라고 했다.

일부의 경우는 자발적인 기부금 모금의 방식으로 비용을 충당하기도 했다. 예를 들면 『(강소진강)윤주주씨중수종보((江蘇鎭江)潤州周氏重修宗譜)』에서 이르길 "가경(嘉慶)의 기묘(己卯)년에 춘사전(春祀典)을 거행하고 사당 건축을 논의함에 족인들이 매우 기뻐했다. 이날 만화(萬華)와 그의 형인 만육(萬育)은 가장 먼저 은(銀) 400냥(兩)을 기부했다. 만화는 다시 비단으로 250냥을 추가로 기부하길 원했다. 경(景)은 은 200냥을 기부했고, 그의 종형(從兄)인 양(暘)은 초(楚)에 있었는데 경이 서신을 보내자 은 200냥을 기부해 왔다. 이밖에도 각 항목별로 다양한 기부들이 명부에 기록됨에 대략 전체 금액은 총 1천 수백 냥에 달했다. 같은 해 가을 제사에 이르러 계획대로 자금이 헌납되었다."[76]라고 했다. 위와 같이 비용 충당이 전제되어야만 일상적인 사당 활동이 정상적으로 운영될 수 있었다.

7) 사당의 관리

사당을 관리하는 방법에 대해서는 가보마다 사당도(祠堂圖) 후기에 관련 내용을 언급했

74 『(江西萬載)昌田鐘氏福房支譜』: "爲敬宗收族起見, 按丁醵金, 子母累積, 始乾隆戊午, 曆戊寅, 貲漸鉅, 逐創左之丁會祠。迨同治丁卯, 合族捐進木主, 集腋成裘, 復建右之牌位祠, 此兩祠幷立之由來也。" (역자 주)

75 『(湖南長沙)詹氏六修族譜』: "光緒二十九年癸卯, 族長老合族屬謀于宗庭, 復修祠宇, 齊聲踴躍。(中略) 是役也, 前後共費四千二百餘金。款提三項, 一按丁, 一按糧, 一按序, 不及則以祭產贏餘補助之。" (역자 주)

76 『(江蘇鎭江)潤州周氏重修宗譜』: "嘉慶己卯, 擧春祀典, 倡議建祠, 族衆踴躍。是日, 萬華與兄萬育首捐銀四百兩。萬華又以素願益捐二百五十兩。景捐銀二百兩。景從兄暘在楚, 景以書致之, 捐銀二百兩。以及各項另捐, 載明簿內, 約計千數百金。是年秋祀, 俱照數輸將。" (역자 주)

다. 예를 들면 도광(道光) 4년(1824) 『(강서만재)남씨중수족보((江西萬載)藍氏重修族譜)』는 조상에 대한 제례를 거행함에 반드시 준수해야 할 사항을 다음과 같이 언급했다. 즉 "해당 족인은 제례를 거행함에 소양 있는 자가 집행하도록 하고, (그는) 신중하게 그 임무를 다해야 한다. 제례를 거행함에 실소(失笑)를 하거나, 단정하게 서 있지 못하거나, 그 진행 순서가 잘못되었다면 어찌 예법(禮法)을 안다고 할 수 있으며, 조상께서도 어찌 평안할 수 있겠는가? 하물며 어찌 자손이 번성할 수 있겠는가? 그리하여 특별히 규정 조항을 만들어 좌측에 기술하니, 우선 이를 알려서 바로 실행하도록 한다. 만약 이를 경시하고 업신여기면 가법(家法)에 근거해서 경계시키도록 한다."[77]라고 했다.

광서(光緒) 26년(1901) 『(호남장사)주당담씨속수합보((湖南長沙)硃塘譚氏續修合譜)』에 수록된 종사도(宗祠圖)에서는 「가묘규장(家廟規章)」을 만들어 효과적인 실행 방법을 제시했는데, 그 내용이 매우 구체적이다.

(1) 족장은 족인들의 일을 관리하고, 방장(房長)은 방(房)의 일을 관리한다. 성품이 바르고 질박하며, 나이가 많고 명망이 있는 사람을 선발해 총관(總管)으로 삼는다. 총관은 사당의 사무를 관리한다.[78]

(2) 사당에서 사용된 조곡(租穀)과 은전(銀錢) 등은 매년 동제(冬祭) 시기 음복(飮福)[79]을 마친 후에 족장과 방장 등이 일일이 항목을 계산해서 총부(總簿)에 기재한다.[80]

(3) 총리(總理)는 선후 인수인계를 관리한다. 인계자는 넉넉히 금액을 남길 것을 생각하지 말아야 하고, 인수자는 핑계 대고 일을 사양해서는 안 된다.[81]

(4) 매년 조곡(租穀)은 오직 총리만이 관리하고 공동으로 거두고 지급한다. 특히 사사로이 소작농과 거래하지 않는다.[82]

(5) 다른 성씨와의 교류 경험이 풍부하고 신중한 사람을 선발해 사당을 관리하도록

---

77 『(江西萬載)藍氏重修族譜』: "本族擧行祭禮, 執事斯文, 務其恪供乃職, 倘對越之際嬉笑自如, 立不端莊, 擧止失次, 何以成禮法, 而妥先靈? 而裕後昆? 特立條規, 開陳如左, 先期飭知, 以便遵行。苟有違玩, 家法具在, 照例示儆。" (역자 주)

78 『(湖南長沙)硃塘譚氏續修合譜』: "族長經理合族之事, 房長經營一房之事。擇品誼素優、年高望重者一人爲總管, 總理祠中事務。" (역자 주)

79 음복(飮福): 전통 제례의 하나로 제사를 마친 후에 조상에게 올린 술과 고기 등의 제물을 서로 나누어 먹는 잔치를 말한다. (역자 주)

80 『(湖南長沙)硃塘譚氏續修合譜』: "祠中租穀、銀錢等項每歲於冬祭飮福後, 族長、房長等逐一算明, 登人總簿。" (역자 주)

81 『(湖南長沙)硃塘譚氏續修合譜』: "總理經管上下交接, 應交者不要戀充, 應接者不要推諉。" (역자 주)

82 『(湖南長沙)硃塘譚氏續修合譜』: "每年租谷只許總理經管, 公同收放, 不得私向佃戶支取。" (역자 주)

한다. 조석으로 향(香)과 등명(燈明)을 공양하고, 사당 내외를 청소해서 깨끗이 한다.[83]

(6) 사당에 문학장(文學獎)·무학장(武學獎)·신중문거장(新中文擧獎) 등을 설치하여 진취성을 고무시키고, 뜻이 있는 신진의 사인(士人)을 위무한다.[84]

이상과 같이 명청 시기 사당은 한 종족의 중심 역할을 수행하며 종족 단결의 상징이 되었다. 사당은 제례와 기타 활동을 통해 종족을 효과적으로 관리하고, 혈연 유대관계를 공고히 했으며, 족인들을 하나로 단결시켜 매우 강력한 종족 조직을 만드는 역할을 담당했다.

5. 분영(墳塋)

분영이란 가보에 따라서 분묘(墳墓)·분산(墳山)·여묘(廬墓)·조영(祖塋) 등의 명칭으로도 불린다. 이는 조상을 안장한 무덤을 지칭하고, 가보의 취지인 '존조(尊祖)·경종(敬宗)·수족(收族)'의 실현을 위한 중요한 위치를 차지한다. 특히 분영은 종족의 사당을 소개하는 것과 같이 그림과 문자를 통해 관련 내용을 설명하였다. 즉 그림이 중심이 되고 문자로 그 뜻을 설명하는 도문(圖文)이 결합한 방식을 취했다.

가보에 수록된 분묘도의 유형은 비교적 다양한데, 일반적으로 한 사람(부인을 포함)의 묘도(墓圖)와 다수가 함께 안장된 묘도로 구분된다. 예를 들어 호남익양웅씨손(湖南益陽熊氏孫)의 가산합묘도(家山合墓圖)에는 200여 개의 분묘를 수록하고 있다. 그리고 분묘와 사당을 함께 배치해 '묘사도(墓祠圖)'라고 부르기도 하고, 주변 산천을 함께 넣어서 그린 '분묘산수형승도(墳墓山水形勝圖)'라는 것도 있다. 흥미로운 것은 남방과 북방 지역의 가보 내용을 비교하다 보면 남방 분묘도(墳墓圖)의 경우 필공이 매우 섬세하다는 점이다. 특히 남방의 그림에는 의리(義理)가 충만한 반면, 북방의 그림은 비교적 간결하면서도 전체적으로 그림의 선이 거칠다는 것을 발견할 수 있다.

분묘도 다음 페이지에 수록한 분묘를 설명한 석문에는 비교적 풍부한 내용을 수록했는데, 주로 다음과 같은 내용을 포함했다.

---

83 『(湖南長沙)硃塘譚氏續修合譜』: "擇異姓老成謹守者爲看祠人, 朝夕供奉香燈, 內外灑掃潔靜。" (역자 주)

84 『(湖南長沙)硃塘譚氏續修合譜』: "祠中設文學獎、武學獎、新中文擧獎等, 所以助進取, 而慰士志新進。" (역자 주)

첫째, 가보에 수록된 분도(墳圖)의 중요성 언급이다. 『(감숙)임하마씨족보((甘肅)臨夏馬氏族譜)』(1946)에서는 이에 대해 다음과 같이 언급했다. 이르길 "분묘에 왜 도(圖)가 필요한가? 그 이유는 그림에 선인들의 묘지 위치 순서를 표시해서 자손들이 묘의 주인이 누구인지를 알 수 있도록 하여 조상의 덕을 추모하고 제례를 게을리하지 않게 하기 위함이다. 만약 그림이 없다면 자손이 아무리 어질더라도 누가 누구인지를 알지 못해 무엇을 근거로 제례를 행할지 막막하게 될 것이다. 그림이 있다면 누가 어디에 있는지 백세가 지나도 알 수 있으니, 크도다! 그림의 쓰임이여."[85]라고 했다.

광서(光緖) 16년(1890) 『(호남영향)역씨구수가보((湖南寧鄕)易氏九修家譜)』에 수록된 「역씨흥장공부부묘도기(易氏興長公夫婦墓圖記)」에서는 다음과 같이 말했다. 즉 "분도를 서두에 배치하고 (중략) 효도와 공경의 마음을 낳게 하고(중략), 우측의 그림은 지네와 같은 형세로 (분묘는) 유양(瀏陽)의 서쪽 마을에 있는 장군동(將軍峒)에 위치한다. 이곳에 칙명으로 봉인된 충민후(忠愍侯)의 시조인 장공(長公)과 시조의 모친인 반씨(潘氏)를 함께 합장(合葬)했다. (중략) 공의 기개는 산하(山河)와 같이 웅대하고, 공의 충의는 일월과 같이 빛났다. 그러니 그 후손은 어떠했겠는가? 우러러봄이 어떠하고 그 슬픈 심정은 또한 어떠했겠는가? 그래서 그림을 서두에 배치하여 책을 열면 바로 효심과 공경의 마음이 더하도록 했다."[86]라고 했다.

가경(嘉慶) 25년(1820) 『(강소무석)전간포씨속수종보((江蘇無錫)前澗浦氏續修宗譜)』의 「송시조평남대장군묘비기(宋始祖平南大將軍墓碑記)」에서는 조상 숭배를 위해 우선 종주(宗主)를 존중해야 종주에 대한 존경으로 족인이 단결된다고 했다. 또한 가보 편찬 시에 묘지를 상세히 기술해야 한다고 하면서 이르길 "(묘지는) 그림과 기록이 상세해야 서로를 참고할 수 있다. 후대 사람이 족보를 볼 때 그림을 이해하고, 묘지를 확인할 수 있어야 한다. (묘지의) 울타리 보호를 위해 나무를 심었고, 정성껏 청소하며 손실을 방지했다. 이를 두고 그림을 통해 경종(敬宗)을 실행하고 족보로 수족(收族)을 실현한다는 것이다."[87]라고 했다. 이상과 같은 몇 가지 내용은 분도(墳圖)의 중요성을 새삼 강조한 것이다. 가보에서

85 『(甘肅)臨夏馬氏族譜』: "塋何以圖, 圖余先人疾葬地之方向次序, 使子孫得擧其誰某而追遠者焉。" "假使無圖, 子孫雖賢, 其不知誰某者, 則亦付之渺茫矣。使有圖, 則某在斯, 某在斯, 雖百世可知。大矣哉, 圖之爲用也。" (역자 주)

86 『(湖南寧鄕)易氏九修家譜』: "繪圖冠首" "益生孝敬之思": "右圖蜈蚣形坐瀏陽西鄕將軍峒, 葬敕封忠愍侯始祖興長公、始祖妣潘夫人合墓。(中略) 公之氣概, 可以壯山河, 公之精忠, 可以光日月, 況在後嗣, 仰瞻宜何如, 感悼而興起乎, 用是繪圖冠首, 俾開卷而益生孝敬之思云。" (역자 주)

87 『(江蘇無錫)前澗浦氏續修宗譜』: "圖與記詳之, 以備考耳。惟後之人視譜知圖, 視圖知墓, 因之護藩籬, 培薪木, 慎祭掃, 防侵損, 卽謂圖以敬宗, 譜以收族也。" (역자 주)

분도를 "그림과 기록이 상세했다."라고 했던 것은 후대인에게 "족보를 봄에 그림을 이해하고, 그림을 보고서 묘지를 확인할 수 있어야 한다."라는 것과 함께 "책을 열면 바로 효심과 공경의 마음이 더하도록 했다."라는 것을 강조한 것이다. 이는 "울타리를 보호하기 위해 나무를 심었고, 또한 묘지를 정성껏 청소하며 손실을 방지했다."라는 존조(尊祖), 경종(敬宗), 수족(收族)의 목적을 이루기 위함이었다.

둘째, 분주(墳主)와 분묘의 위치에 대한 기술이다. 후손들의 편리한 성묘를 위해 분묘도의 석문(釋文)은 분주와 분묘에 대한 방향과 위치에 대해서 비교적 상세하게 언급했다. 예를 들면 도광(道光) 8년(1828) 『(강소진강)윤주추씨종보((江蘇鎭江)潤州鄒氏宗譜)』에 수록된 「남강대조영도기(南岡對祖塋圖記)」에서는 이르길 "우측의 남강촌적자우조영전도(南岡村赤字圩祖塋全圖)의 분묘는 성(城) 남쪽 17구(區) 15도(都) 4도(圖)인 남강촌(南岡村) 적자우(赤字圩)에 있는 선인산(仙人山)에 흩어져 분포한다. 전면이 누추하고 배경이 없는 무덤 한 곳에 2개의 관(棺)과 2개의 혈(穴)이 있다. 주혈에 있는 2개의 관은 7대 조상인 혜중공(慧中公)과 심부인(沈夫人)의 것으로 이들을 합장한 무덤이다. 좌측 혈에 있는 1개의 관에는 8대 조상인 학지공(鶴知公)이 안치되어 있다."[88]라고 했다. 또한 건륭(乾隆) 45년(1780) 『(강소오현)고오서동정마씨가승((江蘇吳縣)古吳西洞庭馬氏家乘)』에 수록된 「진삼공묘도기(眞三公墓圖記)」에서는 이르길, "진삼공(眞三公)의 휘는 송년(松年)이고, 자는 국수(國壽)이며, 호는 죽계(竹溪)로 우리의 종족인 동산(洞山) 지류의 제6대 조상이다. 부친은 계엄공(桂嚴公)이고, 맏형은 국형(國馨)이며, 둘째는 처사공(處士公)이시다. 마촌(馬村) 땅이 후미지고 사람이 너무 적다고 여겨 계엄공을 동산(洞山)의 양지바른 곳으로 이장을 명함에 국형과 처사공의 후손만이 마촌에 남게 했다. 이후 진삼공은 아들이 없자 처사공의 장자 처(處)를 후손으로 삼고 지금의 동산에 거주하게 했다. 따라서 진삼공의 후손은 사실상 모두 처사공의 적손이다. 묘소는 칠현산(七賢山) 산기슭에 있는데 산동(山洞)에서 반 리 정도 거리에 있고 북쪽을 등지고 남쪽을 향해 위치한다. 합장(合葬)한 자로는 준일(俊一), 길삼(吉三), 길사(吉四), 양일(良一)·양이(良二)·양삼(良三)·양육(良六)·당일(唐一)·당삼(唐三)·당칠(唐七)·가일(可一)·가이(可二)·가사(可四)·가구(可九) 등의 공(公)이 있다."[89]라고 했다.

---

88 『(江蘇鎭江)潤州鄒氏宗譜』: "右南岡村赤字圩祖塋全圖, 塋在城南十七區十五都四圖南岡村赤字圩仙人山, 枝在上, 面醜背未, 一壙三棺二穴。主穴二棺是七世祖慧中公同配沈夫人墓, 左穴一棺是八世祖鶴知公墓。" (역자 주)

89 『(江蘇吳縣)古吳西洞庭馬氏家乘』: "眞三公, 諱松年, 字國壽, 號竹溪, 吾宗洞山支第六世祖也。父桂嚴公, 長兄國馨、仲兄處士公, 桂嚴公以馬村地僻人稠, 命公遷洞山之陽, 而留國馨、處士二公支居馬村。後眞三公無嗣, 遂以處士公長子處和爲嗣, 今居洞山者, 皆眞三公後而實處士公之嫡裔也。墓在七賢山麓之陽, 距洞山半裡而近,

셋째, 분묘의 위치 선택 기준에 대한 언급이다. 옛사람은 풍수를 매우 중시했다. 조상 묘의 방향과 위치는 후대 자손의 창성과 관련이 있다 하여 묘도의 석문에 풍수에 관한 내용을 모두 기재해 자랑하기도 했다. 예를 들면 도광(道光) 19년(1839) 『감숙난주이씨가보(甘肅蘭州李氏家譜)』에 수록된 「이씨시조영도기(李氏始祖塋圖記)」에서는 다음과 같이 언급했다. 즉 "이곳은 시조의 묘지이다. 맥은 용의 발톱을 잡고 정계(丁癸)를 향해 서 있다. 이는 끊임없이 태어나 번성하는 형상을 취하고 있다."[90]라고 했다. 그리고 광서(光緖) 원년 『(안휘흡현)흡신관포씨저존당종보((安徽歙縣)歙新館鮑氏著存堂宗譜)』의 「시조덕창공묘도기(始祖德彰公墓圖記)」에서는 시조묘를 일컬어 '사희수담도(獅戲繡毯圖)'라 했다. 즉 "신관(新館)의 촌락은 여산(礪山)과 뒤로 강을 끼고 있고, 묘지는 움막 끝에 있다. 별칭으로 동목촌(桐木村)이라 부르는데 이곳에 시조와 부모의 묘지가 있다. (중략) 지맥은 마을을 흐르지만 은거해 드러나지 않다가 묘지에 이르러 깨어나 솟아오르고, 구불구불하게 만들어진 산촌을 따라서 마을이 번성했다. 묘지 아래는 적읍(績邑)으로 통하는 도로가 있고, 강폭은 점차 좁아져 구부러져 흐르다가 강과 멀어지며 한 필 명주 같은 길이의 소반 모양을 만들었다. 냇물은 요란하게 쉬지 않고 흘러 물방앗간에 이르면 수레보다 큰 물수레를 쉬지 않고 돌린다. 이전에 공융(孔融)은 이르길 물레방아의 사용은 성인의 단목굴지(斷木掘地)[91]보다 뛰어나다 하니 믿을 만한 말이다. 부로는 이를 일컬어 사희수담도(獅戲繡毯圖)라 했다."[92]라고 언급했다.

호남원강등씨(湖南沅江鄧氏)는 400년 이래 문무관직을 역임한 자가 적지 않았다. 황자평(黃子坪)은 조부였던 문질공(文質公)을 이곳에 안장했다. 그 이유에 대해서 "식자는 이르길 묘의 전후는 눈썹이 가로로 연결된 듯하고, 빛깔은 넓은 하늘을 담고 있는 듯하며 산수(山水)의 정화(精華)를 끌어당기는 듯해야 한다고 했다."[93]라고 하였다.

面離背坎, 其附葬者, 爲俊一、吉三、吉四、良一、良二、良三、良六、唐一、唐三、唐七、可一、可二、可四、可九等公。" (역자 주)

90 『甘肅蘭州李氏家譜』: "此始祖塋也。脈占龍爪, 向立丁葵, 蓋取其生生不息之象也。" (역자 주)

91 단목굴지(斷木掘地): 『주역(周易)』 「계사전하(繫辭傳下)」에 이르길 "나무를 잘라서 공이를 만들고 땅을 파서 절구를 만들어 절구와 공이의 이로움으로 만민이 구제되었으니 모두 소과(小過)에서 취하였다.(厭木爲杵, 掘地爲臼, 臼杵之利, 萬民以濟, 蓋取諸小過)"라고 하였다. 이는 신농씨(神農氏)가 죽은 뒤에 황제(黃帝)와 요(堯)·순(舜) 임금이 나와서 인간 생활에 필요한 이러한 생활 도구를 만들어 주었다는 의미이다. (역자 주)

92 『(安徽歙縣)歙新館鮑氏著存堂宗譜』: "新館之村, 礪山帶河, 墓在廬舍盡處, 別號桐木村, 爲始祖考妣墓。(中略) 脈從領落, 隱而不顯, 至墓始覺墳起, 蜿蜒人村, 遂成里落。墓下爲赴績邑通衢大河, 遂而曲折, 隔河平岡, 長如匹練爲墓之案。河水聒耳無休息, 乃水碓也。輪大於車, 轉旋不已。昔孔融曰: 水碓之巧, 勝於聖人之斷木掘地, 信然。父老謂之獅戲繡毯圖。" (역자 주)

93 『(湖南沅江)鄧氏三修族譜』, 光緖 26年(1900): "識者謂墓之前後眉橫遠岫, 色載長天, 挹山水之精華。"

넷째, 분묘의 관리에 대한 기술이다. 분묘의 방위와 위치는 '존조(尊祖)·경종(敬宗)·수족(收族)'과 관련되어 후대 자손의 번성에까지 영향을 준다고 여겼다. 그리하여 자손들은 부단히 분묘를 수정하면서 "(분묘는) 조상의 영혼께서 편안하게 누리시고, 그 은혜로 자손이 번성하는 우면(牛眠)의 길상을 하고 있으니 그 후손이 창성한다."[94]고 했다. 예를 들면 광서 17년(1891) 『(호남상담)중상주주뇌씨육수지보((湖南湘潭)中湘株州雷氏六修支譜)』에 수록된 「뇌씨양가령묘도기(雷氏楊家嶺墓圖記)」에서는 다음과 같이 언급했다. 즉 "지금 천자(天子)께서 재위하심에 인효(仁孝)로 천하를 다스리고 시종일관 형제 등에게 위엄을 보이셨다. (중략) 선인의 은덕을 받들며 앙모하는 마음을 후세에 전해 조상의 묘소를 창수(倡修)하고 가꾸니 3대 조상의 묘소는 가벼운 돌을 사용해 삼사(三砂)로 축조하여 견고하게 완성하니 만세토록 새롭네. 묘소가 있는 산은 친소를 막론하고 직공을 고용해 보수하고 정비를 모두 끝내니 오랫동안 보존될 것이다. 그리고 묘소의 도랑 주변에 300여 장(丈)을 선별해 소나무와 삼나무 1,000여 그루를 무성하게 심게 하고, 사람들에게 지키게 했으니 이는 쉬운 일이 아니었다. 이로써 조상의 신령이 인식하니 영원히 상서로운 기운을 받아 명당과 화합하니 후세가 창성하리라."[95]고 했다.

안휘적계(安徽績溪) 남관허씨(南關許氏)의 시조인 유공(儒公)은 당나라 말기에 태어났고, 후에 흡현황돈(歙縣篁墩)에 있는 당두산(塘頭山)에 안장되었다. 유공의 후손은 환남(皖南)과 각 성(省)에서 번성하면서 모두 망족(望族)이 되었다. 그러나 송(宋), 원(元), 명(明)을 거치면서 시간이 오래되어 유공(儒公)의 묘지의 위치를 알 수 없게 되었다. 그러다가 강희(康熙) 연간에 이르러 허씨(許氏)의 후손은 가보를 근거로 당두산 부근을 중심으로 지속적인 고증을 통해 시조 유공 묘의 위치를 확정해 냈다. 그리하여 "무덤을 중수(重修)하고 아울러 묘지 앞의 땅을 매입하여 축대를 쌓고, 비석을 세웠다. 그리고 온 집안 자손을 모아 기일을 택해 찾아가 반성하는 모습을 보였다."[96]라고 했다.

다섯째, 묘제(墓祭) 제도에 대한 기술이다. 많은 족인은 묘제 시기를 구체적으로 규정을 했다. 예를 들면 호남영향대씨(湖南寧鄉戴氏) 11지파의 조상인 창공(昌公)은 상산(湘

---

94 『(湖南沅江)鄧氏三修族譜』, 光緒 26年: "祖靈安享, 永錫禎祥, 牛眠葉吉, 後裔榮昌。" (역자 주)

95 『(湖南湘潭)中湘株州雷氏六修支譜』: "今逢聖天子在上, 以仁孝治天下, 震初兄弟等 (中略) 仰荷先人德澤, 聊伸後裔葵忱, 倡修祖墳, 培植墳塋, 三代祖墳以麻石, 築以三砂, 完隆堅固, 萬代常新。各處墳山無論親疏, 雇工整修, 一體修行, 千年不朽。又擢祖善壕基周圍三百餘丈, 廣栽樹木松杉數千餘枝, 雇人看守, 大費周章。祖靈安享, 永錫禎祥, 牛眠葉吉, 後裔榮昌。" (역자 주)

96 『(安徽績溪)績溪縣南關惇敘堂許氏家譜』, 光緒 15年(1889): "重修墳墓, 幷買墓前田地築砌拜台, 豎立碑碣, 集闔族子孫擇期前往, 以展思誠。"

山)의 소걸공(昭傑公)에서 독립해 분파를 형성했다. 분파의 조상이 된 창공은 영읍(寧邑)의 5도(都) 16구(區)인 대가(戴家)의 위쪽, 즉 첫 번째 바위가 있고 그 삼면이 도랑으로 둘러싸인 곳에 안장되었다. 이후 자손이 번성하여 족인들이 이곳에 함께 모여 살았고, 조부였던 창공의 지파 족인들은 규정하기를 매년 청명(淸明)에 원제(元祀)를 이곳에서 지내 선조의 영혼을 안치한다고 했다.[97]

안휘황산(安徽黃山) 현양손씨(峴陽孫氏)의 족인 중 선태사(先太師)를 역임한 희신공(熙侁公)과 부인 조씨(趙氏)는 칙령에 따라 기롱(旗龍) 앞에 있는 노산(蘆山)의 기슭에 안장되었다. 이후 영락지난(永樂之難)[98]을 당하자 태사의 공묘(公墓) 앞에 있는 화표(華表)[99]가 망실되었고, 무덤 앞의 석상인 옹중(翁仲) 역시 없어졌다. 이로 인해 제사를 지내던 예전(禮典) 역시 자연히 사라지게 되었다. 이후 동치(同治) 13년(1874)에 이르러 선조인 도송(道公)은 조상의 뜻을 계승하여 고주(高州)에 사전(祀田) 14무(畝)를 준비하고 특별히 이곳에 비석도 세웠다. 그리고 고주에 있는 돈서당(惇敍堂)의 벽에도 관련 내용을 새기면서, 더불어 묘사(墓祀)[100]에 대한 다음과 같은 구체적인 규정도 정했다. 첫째, 춘사(春社)[101]를 지낸 다음 날 각 방(房)과 파(派)를 대표하여 파견된 사람들은 고주(高州)에 있는 돈서당에서 기숙한다. 둘째, 이튿날 새벽에 의관을 정제하고 고주에서 25리(里) 떨어진 노산의 시조묘에 가서 제사를 지낸다. 셋째, 제례가 끝난 후에 다시 한서당으로 돌아와 함께 모여 연회를 연다. 넷째, 사흘째 되는 날 각자 귀가를 한다. 다섯째, 묘제 후에 남은 비용은 묘사를 지내는 자에게 보내 왕복 비용을 충당하도록 한다.[102]

여섯째, 제전(祭田)에 대한 기술이다. 사당의 건축과 보수 및 일상적인 활동에서 경제적 뒷받침이 필요하듯이, 무덤의 축조와 묘제 행사 역시 경제적 지원이 필요했다. 앞서 언급한 안휘 황산의 현양 손씨의 가보에 언급했듯이 춘사 행사에 각 방과 지파의 대표들은 10여 리 밖의 노산으로 이동하여 묘제를 지냈다. 이때 숙식과 왕복 교통비를 지원했는데, 이런 비용은 14무의 제전에서 충당했다. 만약 지원이 없다면 제전(祭典) 등과

97 『(湖南寧鄕)潙寧戴氏四修族譜』, 光緒 30年(1904).

98 영락지난(永樂之難): 명나라 황실의 내분 1399년에 연왕(燕王)이 간신을 제거하고 제실(帝室)의 난(難)을 다스린다고 하면서 군사(軍士)를 일으켜(靖難之役) 금릉(金陵)을 점령하고 혜제(惠帝)를 몰아내 황제의 자리를 빼앗은 일. 이후 영락(永樂)이라 개원(改元)했다. (역자 주)

99 화표(華表): 묘 앞에 세우는 문으로 망주석(望柱石)이나 무덤 앞 양쪽에 세우는 돌기둥 한 쌍을 지칭한다. 돌받침 위에 여덟 모진 기둥을 세우고, 맨 위에 원형의 승로반(承露盤)이 얹혀 있다. (역자 주)

100 묘사(墓祀): 무덤 앞에서 지내는 제사를 지칭한다. 철에 따라 음력 2월, 5월, 8월, 동짓달에 가묘에 지내는 제사. 음력 시월에 먼 조상의 무덤 앞에 지내는 제사 등을 말한다. (역자 주)

101 춘사(春社): 중춘(仲春)에 토신(土神)에게 농사(農事)의 순조(順調)로움을 비는 제사. (역자 주)

102 『(安徽黃山)峴陽孫氏族譜』, 光緒 23年(1897).

같은 활동은 완전히 공담에 불과했을 것이다. 다른 족인 역시 이와 유사했다. 무릇 정상적인 묘제 활동에는 반드시 전제(田制)의 운영을 통해 비용을 확보했다.

예를 들면 도광(道光) 8년(1828) 『(강소진강)윤주추씨종보((江蘇鎭江)潤州鄒氏宗譜)』에 수록된 「추씨팔세조박재공영전제전도(鄒氏八世祖樸齋公塋前祭田圖)」에서는 다음과 같이 언급했다. 이르길 "(그림)우측의 유장촌(劉莊村) 남자(南字)에 있는 제방은 8대 조상 박재공(樸齋公) 묘소의 제전(祭田) 전도(全圖)이다. 토지는 도성의 서쪽 2구(區) 15도(都)와 서쪽 15도(都)에 있다. 유장촌(劉莊村) 남자 제방의 고려산(高驪山) 자락에 있는 여자만(驢子灣) 왕가산저(王家山咀)에 있다. 묘소 앞의 제전(祭田)은 모두 9계(契)로 모든 토지를 합치면 18무(畝)이다. 그리고 이전에 정송우(丁松友)가 팔았던 산계(山契)의 내전은 1괴(塊)로 모두 3무인데 두 곳을 합하면 모두 21무이다. 안쪽에 묘지 앞의 제방을 파면서 합쳐진 1무 5푼(分)과 우측 머리 사취(砂嘴)를 만들며 쓰인 8푼을 합치면 모두 2무 3푼이다. 온전하게 남은 토지는 18무 7푼으로 7가호에게 경작하도록 했다. 여름에 납부한 건맥(乾麥)이 모두 3담(擔) 3두(斗) 9승(升) 4합(合) 3작(勺)이고, 가을에 납부하는 숙미(熟米)가 모두 7담 5두 5승 5합이다."[103]라고 했다.

광서(光緖) 3년(1877) 『(광동혜안)서하임씨족보((廣東惠安)西河林氏族譜)』에 수록된 「임씨은태사비간묘도설(林氏殷太師比干墓圖說)」에서는 다음과 같이 언급했다. 이르길 "비간공(比干公)은 은(殷)나라 태정(太丁)의 아들로 제을(帝乙)의 동생이며 소사(少師)를 역임하며 충간하다가 죽임을 당했다. (중략) 공의 무덤은 급군(汲郡)에 있는데 현재 하남의 위휘부(衛輝府)에 해당하며, 성의 서북에서 15리 거리에 있어 왕조마다 제사를 지냈다. 무덤의 동남쪽에 있는 7경(頃) 50무(畝)의 토지는 전대로부터 전승되어 제례를 공양하는 비용으로 충당되었다. 현재에도 급현의 백성들은 땅을 일구며 제례를 행하고 있는데, 이는 해가 오래되어 사라질 것을 염려하기 때문이다. 그리하여 비석에 이런 뜻을 새겼다. 매년 4월 4일에 제사를 거행함에 양과 돼지 각각 한 마리와 옥과 비단 및 과주(果酒) 등을 바쳤다. 전호(佃戶)인 장강(張岡), 장완(張琬), 이강(李岡), 이양(李讓), 최승(崔昇) 등은 각기 7경 50무를 경작하면서 탄신(誕辰) 행사의 비용을 충당했다."[104]라고 했다.

---

103 『(江蘇鎭江)潤州鄒氏宗譜』: "右劉莊村南字圩八世祖樸齋公塋前祭田全圖。田在城西二區十四都西十五圖劉莊村南字圩高驪山枝驢子灣王家山咀。塋前祭田共九契, 計田十八畝。又前丁松友所賣山契內田一塊, 計田三畝, 二共祭田二十一畝。內除塋前挑塘同田一畝五分, 又接右首沙咀用八分, 二共用田二畝三分, 淨存田十八畝七分, 七家領種。夏納乾麥共三擔三斗九升四合三勺, 秋納熟米共七擔五斗五升五合。" (역자 주)

104 『(廣東惠安)西河林氏族譜』: "比干公, 殷太丁子, 帝乙弟, 官少師, 忠諫而死。(中略) 公墓在汲郡, 今河南衛輝府, 去城西北十五里, 曆朝祭典。墓東南有田七頃五十畝, 前代傳爲供祭, 今系汲縣民, 佃種辦祭, 恐年久泯滅, 故勒

일곱째, 분묘(墳墓)의 관리에 대한 내용이다. 사당과 유사하게 묘역(墓域), 제전(祭田), 묘사(廟祠), 장옥(莊屋) 등의 관리를 강화했다. 이를 위해 각 가문은 이에 상응하는 관리 제도를 두었다. 예를 들면 호남(湖南) 익양신읍(益陽新邑) 황양산(黃楊山) 공가(龔家)가 소유한 산속의 평지를 공씨의 영(榮)·화(華)·부(富)·귀(貴)의 지파들이 명나라 초기에 조부의 선산(先山)으로 삼아 이곳을 조성했다. 이때 이들 지파는 각기 비용을 나누어 공동매입하고 관리를 강화했다. 이에 대해서 "사방의 지파들은 계약서를 작성하고 각기 이를 근거로 징수함에 후대 자손이 법규를 준수하는 근거로 삼도록 한다."[105]고 했다. 그리고 아울러 다음과 같은 규범을 만들었다.

(1) 장례를 다른 족인과 겸병해 거행하거나, 혹은 조상을 바꾸어 지내지 않는다. 위반자는 귀종(歸宗)[106] 조치한다.[107]

(2) 묘역 안의 나무는 공동으로 기르고 관리한다. 만약 마음대로 벌목하는 사람이 있다면, 관아에 신고해서 처벌을 받도록 한다.[108]

(3) 제전(祭田)의 재산은 4방(房)이 연대해 공동으로 계승함에 소작농을 모아 관리하도록 하고 영구히 매매를 불허한다.[109]

묘제 활동의 정상적 진행을 보장하기 위해 어떤 종족은 제전 외에 묘지관리 제도의 규정을 제정하기도 했다. 그리하여 무덤 옆에 일부러 사(祠)나 장(莊)을 설치하고 일상생활 중에도 묘지의 관리를 강화하고자 했다. 예를 들면 도광(道光) 7년(1827)의 『(절강은현)은서진씨종보((浙江鄞縣)鄞西秦氏宗譜)』에서는 진씨(秦氏)의 주가조(周家漕)에 있는 묘지를 진씨의 과암공묘(果菴公墓)로 삼고 해당 묘의 관리를 강화했다. 이에 묘지의 동남쪽에 별도로 '정원장(靜遠莊)'을 설치하기도 했는데, 이르길 "정원장은 무덤은 동남과 북남에 위치한다. 강을 마주 보는 문옥(門屋)[110] 한 칸과 정옥(正屋) 3칸이 있고 중간에서 향을 피워 올리고, 사방을 담장으로 둘렀으며, 문과 벽을 둘러싸는 목책이 모두 갖추어져 있다. 부

石以志之。每年四月四日致祭, 羊一, 豬一, 玉帛果酒等品。佃戶張岡、張琬、李岡、李讓、崔昇, 每種七頃五十畝, 爲誕辰費。" (역자 주)

105 『(廣東惠安)西河林氏族譜』: "由四房書立合約, 個執收照, 俾世世子孫恪守規議爲據。" (역자 주)

106 귀종(歸宗): 양자로 보냈던 사람을 원래의 본가(本家)로 돌려보내는 것을 말한다. (역자 주)

107 『(廣東惠安)西河林氏族譜』: "進葬不許騎宗跨祖, 違者歸宗處治。" (역자 주)

108 『(廣東惠安)西河林氏族譜』: "界內樹木公蓄公管, 如有擅行砍伐者, 公處送治。" (역자 주)

109 『(湖南益陽)武陵龔氏十二修族譜』, 光緒 34年(1908): "祭產系四房公業, 招佃看守, 永不許典賣。"

110 문옥(門屋): 관아나 사원 입구에 지붕과 기둥만 있고 벽체가 없는 일주문을 지칭한다. (역자 주)

억 안에 있는 책상과 걸상 등의 물건 명세서가 있다. 녹음을 위한 나무를 관리하는 자에게 토지 4무(畝)를 제공하고, 매년 곡식 400근을 징수하여 이를 장(莊)에 귀속시킨다."[111] 라고 했다.

6. 족산(族產)

족산이란 종족이 소유하고 있는 공동재산을 의미하고, 토지·사당·택제(宅第)·창름(倉廩)·묘우(廟宇)·교량·상공 등의 시설과 운용까지를 포함한다. 족산의 운영은 종족의 '존조(尊祖)·경종(敬宗)·수족(收族)'이란 취지의 관철이 목적이고, 이를 위해 종족을 위한 제례 활동, 사당 건축, 가보 편찬, 족인의 교육 및 지원 사업에 공동재산을 지출한다. 족산 중에 족전(族田)이 가장 큰 비중을 차지했다.

이와 관련해 광서 26년(1901) 『(안휘기문)도원홍씨종보((安徽祁門)桃源洪氏宗譜)』에서 언급한 가산의 사례가 있다. 이 가보는 모두 6권으로 1권은 신구보서(新舊譜序)와 범례(凡例)이고, 2권은 고칙(誥敕), 인물과 열녀(烈女), 3~4권은 세계(世系)를, 5~6권은 묘우, 학당(學堂), 사산(祠產), 제전(祭田), 묘도(墓圖) 등의 내용을 수록했다. 그중 5~6권에는 홍씨가 보유한 종족 가산에 대한 내용을 수록했고, 관련 내역을 소개하면 다음과 같다.

1) 묘우(廟宇)

홍씨 종족은 이르길 "우리 족인은 조상의 은혜를 받아서 대대로 예법으로 준수했다. 문창성(文昌星)[112]을 제사 지내며 유교를 숭상했고, 관성제군(關聖帝君)[113]을 제사 지냄으로써 의리를 숭상했고, 왕왕(汪王)을 제사 지냄으로써 남의 은덕에 보답했고, 사변(史卞)을 제사 지내며 충성을 교육했다. (중략) 두공(杜公)을 제사 지내며 불법(佛法)을 고수해서 자비를 깨달았다. 보살을 제사 지내며 종의(從宜)와 종속(從俗)[114]의 뜻을 따랐다."[115]라고

111 『(浙江鄞縣)鄞西秦氏宗譜』: "莊一座, 坐落墓之東南, 坐北朝南。臨河門屋一間, 正屋三間, 中奉香火, 四圍牆垣, 門扇壁絡木柵俱全。內廚灶桌凳物件, 俱有交單, 著莊人看守蔭木, 給田四畝, 每年枰穀四百斤, 歸公莊。" (역자 주)

112 문창성(文昌星): 북두칠성 중 첫 번째 별을 지칭한다. 이 별은 문덕(文德)을 상징하며 인간 세상의 문장을 맡고 있어 뛰어난 문장가는 이 별과 응한다고 여겼다. (역자 주)

113 관성제군(關聖帝君): 무덕(武德)의 신으로 모신 관우(關羽)의 영(靈)을 일컫는 말이다. (역자 주)

114 종의(從宜)·종속(從俗): 『예기』의 구절에서 기원했다. 즉 예는 때에 따라 마땅한 바에 따르고, 남의 나라에 사자로 가서는 그 나라의 풍속에 따른다. 『예기(禮記)·전례(曲禮)』: "禮從宜 使從俗"에서 기원했다. (역자 주)

115 『(安徽祁門)桃源洪氏宗譜』: "我族食德服疇, 世遵禮法。祀文昌以崇儒, 祀關帝以尚義, 祀汪王以報德, 祀史卞以

했다.

계속해서 홍씨는 매년 묘우를 건립했다 하면서 다음과 같이 언급했다.

(1) 문창각(文昌閣): 원래 돈죽산(邨竹山) 아래에 있었다. 선대의 조상과 관아의 기부로 대자당(大紫堂)을 건축하자 조부 사당을 이곳으로 옮겼다. 이곳에 문창제군(文昌帝君)[116]을 모셨고 족인의 선달(先達)[117] 역시 함께 제사를 지낸다.[118]

(2) 관제각(關帝閣): 촌락 입구 문태각(文台閣)에 있다. 조상의 문안(文顏)과 건물을 계승하고, 이곳에서 한수정후(漢壽亭侯)인 관우(關羽)를 제사 지낸다. 주창(周倉)[119]과 관평(關平)[120]의 위패를 함께 모셨다.[121]

(3) 두공묘: 동문(洞門) 밖 우측에 있고, 동치 연간에 중건했다. 여기에 이곳 출신 두공(杜公)을 모시고, 용왕(龍王)과 토지신을 함께 제사 지낸다.[122]

(4) 사·변이후묘(史·卞二侯廟): 이곳은 태위묘(太尉廟) 아래에 있다. 가장 먼저 사후손덕(史侯孫德)과 변후항승(卞侯項勝)을 제사 지낸 이래로 대를 이어 이곳에 모셨다. 송나라 가정(嘉定) 2년(1210)에 조령사장군(助靈史將軍)과 조순변장군(助順卞將軍)으로 봉해졌다. 이후 순우(淳祐) 4년에는 다시 보영후(輔靈侯)와 보순후(輔順侯)로 봉해졌다.[123]

(5) 왕왕묘(汪王廟): 공촌(洪村)의 끝에서 강과 마주한 곳에 있다. 이곳에는 왕왕(汪王)의 아홉 번째 아들을 모셨고, 위로는 왕왕화(汪王華)와 부인 전씨(錢氏)의 초상이 있다.[124]

(6) 관음정(觀音亭): 문대(文台)의 가장 위쪽에 있다. 이곳에는 석가와 관세음보살을

敎忠。(中略) 祀杜公守佛法而悟慈悲, 則祀菩薩于從宜之中寓從俗之意。" (역자 주)

116 문창제군(文昌帝君): 명청 시대에 인기가 높았던 학문의 신을 지칭한다. (역자 주)

117 선달(先達): 과거(科擧)에 급제(及第)하였으나 아직 벼슬하지 않은 사람을 말한다. (역자 주)

118 『(安徽祁門)桃源洪氏宗譜』: "文昌閣。在本邨竹山下。由先祖先廷等捐大紫堂祖屋移建。中祀文昌帝君, 以本族先達附祀。" (역자 주)

119 주창(周倉): 『삼국연의』에 등장하는 허구의 인물로 관우의 부장으로 등장한다. (역자 주)

120 관평(關平): 삼국(三國)시대 때 촉한(蜀漢) 관우(關羽)의 아들을 지칭한다. (역자 주)

121 『(安徽祁門)桃源洪氏宗譜』: "關帝閣。在村口文台閣上。相傳先祖文顏捐建, 祀漢漢壽亭侯關公。以周倉、關平配享。" (역자 주)

122 『(安徽祁門)桃源洪氏宗譜』: "杜公廟。在洞門外右首, 同治年間重建, 中祀本境杜公, 以龍王、土地配享。" (역자 주)

123 『(安徽祁門)桃源洪氏宗譜』: "史、卞二候廟。在太尉廟下。首祀史侯孫德、卞侯項勝, 相傳駐於此。宋嘉定二年封助靈史將軍, 助順卞將軍, 淳祐四年封輔靈、輔順二侯。" (역자 주)

124 『(安徽祁門)桃源洪氏宗譜』: "汪王廟。在洪村垠對河。中祀汪王第九子, 上有汪王華及夫人錢氏像。" (역자 주)

모신다.[125]

이상과 같이 묘우의 설치는 다른 족인과 공동으로 사용하는 곳이지만 홍씨(洪氏) 족인의 지방적인 특색을 내포하고 있다.

2) 교량(橋梁)

교량에 대해서 홍씨 종족은 다음과 같이 언급했다. 즉 "우리가 사는 기문(祁門)은 배산임수의 지형으로 곳곳마다 교량이 있어 이곳을 지나는 사람은 물을 건너는 데 어려움이 없다. (중략) 물을 건너는 곳을 선별해 내용에 열거하니 자손은 대대로 이곳을 건널 때 조상의 은덕을 잊지 말기 바란다."[126]라고 했다.

(1) 도원교(桃源橋): 명나라 시기 홍부(洪傅)가 건설했다.[127]
(2) 옥수교(玉樹橋): 곤(坤)과 견(堅) 두 건물 사이에 있다.[128]
(3) 상남교(上南橋): 홍촌단(洪村鍛)에서 강을 마주하는 곳으로 왕왕묘(汪王廟) 입구에 있다. 감여가(堪輿家)[129]의 말을 따라 지금까지도 바위를 대신해 나무를 사용했다.[130]
(4) 하남교(下南橋): 태위묘(太尉廟)에서 강을 마주하는 곳에 있다. 동치 연간에 나무를 사용해 신축했다.[131]

3) 학당(學堂)

홍씨 종족은 학당에 대하여 다음과 같이 언급했다. 이르길 "옛날 가정에는 숙(塾)이 있고, 마을에는 상(庠)이 있어 인재가 모두 이곳에 모이니 천하에 글을 모르는 사람이 없었다. 그리고 8세에는 소학을 수학했고, 청소를 했으며 응대의 예절을 배웠다. 15세에는 대학

---

125 『(安徽祁門)桃源洪氏宗譜』: "觀音亭。在文台上首。祀釋家和觀世音菩薩。" (역자 주)
126 『(安徽祁門)桃源洪氏宗譜』: "我祁背山面水, 隨處有橋, 行旅之人, 無老厲揭。(中略) 玆擇其有關利涉者, 列於編, 庶幾世世子孫擧步不忘先德。" (역자 주)
127 『(安徽祁門)桃源洪氏宗譜』: "桃源橋, 明時洪傅建。" (역자 주)
128 『(安徽祁門)桃源洪氏宗譜』: "玉樹橋。坤、堅兩大房建。" (역자 주)
129 감여가(堪輿家): 음양설(陰陽說)에 의하여 집터나 묏자리를 잡는 사람을 지칭한다. (역자 주)
130 『(安徽祁門)桃源洪氏宗譜』: "上南橋。在洪村鍛對河汪王廟門口。據堪輿家言, 不能用石, 至今架木爲之。" (역자 주)
131 『(安徽祁門)桃源洪氏宗譜』: "下南橋。在太尉廟對河。同治季年用木新建。" (역자 주)

(大學)을 가르쳐 수신(修身), 제가(齊家), 평천하(平天下)에 힘쓰도록 했다. 이처럼 학당(學堂)이란 오래도록 이어 온 것이다."[132]라고 했다. 차례로 설립했던 학당을 나열하면 다음과 같다.

(1) 상봉서옥(翔鳳書屋): 문창각 아래에 있다.[133]

(2) 청우서사(青友書舍): 문장각 좌측에 있다.[134]

(3) 우태서옥(石埭書屋): 저오(苧塢) 입구에 있던 것으로 지금은 허물어지고 없다.[135]

(4) 송도서사(松濤書舍): 계죽오(桂竹塢)에 있었다. 독서처(讀書處)로 사용되었지만 지금은 허물어지고 없다.[136]

(5) 적산서사(赤山書舍): 적선갱(赤石坑)에 있었지만 지금은 허물어지고 없다.[137]

(6) 석봉서사(石峯書舍): 광오(壙塢)에 있었고 이곳에 '삼우당(三友堂)'이란 표제의 현판이 있었다. 지금은 허물어지고 없다.[138]

(7) 남산서옥(南山書屋): 식곡당(式穀堂) 후편에 있었지만 지금은 허물어지고 없다.[139]

(8) 경업서사(敬業書舍): 도성 동쪽 세마항(洗馬巷)에 있다. 지금도 있다.[140]

(9) 수연재(守硯齋): 사당의 앞에서 우측에 위치하고, 음남(蔭楠)이 개축했으며, 문 앞에 '벽운산관(碧雲山館)'이란 표제의 현판이 있다.[141]

(10) 우신서옥(又新書屋): 도성 동쪽 돈인(敦仁)에 있고, 도선동제(道善同弟)인 찬선(贊善)이 건축했다.[142]

4) 사당(祠堂)

홍씨 종족은 사당에 대해 다음과 같이 언급했다. 이르길 "우리 족인들은 명나라 시기에

---

132 『(安徽祁門)桃源洪氏宗譜』: "古者家有塾, 黨有庠, 故人才皆歸造就, 而天下無沒字碑。又定以八歲入小學, 教以灑掃應對之節, 十五入大學, 進之修齊平。學堂之設, 系來久矣。" (역자 주)

133 『(安徽祁門)桃源洪氏宗譜』: "翔鳳書屋。在文昌閣下。" (역자 주)

134 『(安徽祁門)桃源洪氏宗譜』: "青友書舍。在文昌閣左首。" (역자 주)

135 『(安徽祁門)桃源洪氏宗譜』: "石埭書屋。在苧塢口。今圮。" (역자 주)

136 『(安徽祁門)桃源洪氏宗譜』: "松濤書舍。在桂竹塢, 尙同讀書處。今圮。" (역자 주)

137 『(安徽祁門)桃源洪氏宗譜』: "赤山書舍。在赤石坑。今圮。" (역자 주)

138 『(安徽祁門)桃源洪氏宗譜』: "石峰書屋。在壙塢, 中署三友堂額。今圮。" (역자 주)

139 『(安徽祁門)桃源洪氏宗譜』: "南山書屋。在式穀堂後。今圮。" (역자 주)

140 『(安徽祁門)桃源洪氏宗譜』: "敬業書舍。在城東洗馬巷。承載建。" (역자 주)

141 『(安徽祁門)桃源洪氏宗譜』: "守硯齋。在祠前右首, 蔭楠改建, 門署碧雲山館額。" (역자 주)

142 『(安徽祁門)桃源洪氏宗譜』: "又新書屋, 在城東敦仁里, 道善同弟贊善建。" (역자 주)

이곳으로 이주했고, 3대가 지나서부터 사당 건립을 논의했다. 이때 학사(學士)와 문인(文人)이 다수 등장했고, 민월(閩粵) 지역의 거상(巨商)과 대상(大商)이 계속해서 도움을 주어 수개월 만에 일을 이룰 수 있었다. (중략) 그래서 명망이 있는 성씨(姓氏)가 한곳에 많이 모여 살고 혼사(婚祀) 등을 거행하며 사람이 붐비게 될 것을 고려해 상(相)과 수(壽)로 양분하여 큰 건물을 증축했다. (중략) 권문들은 이런 뜻을 재차 지지하며 각자 저택을 지어서 영예롭게 사람들에게 하사했다. 그리하니 이 시기는 꽃망울이 휘황찬란하고, 대나무와 소나무가 무성했다."[143]라고 했다. 홍씨 사당과 주택에는 다음과 같은 것들이 있었다.

(1) 돈목당(惇睦堂): 명대 가정(嘉定) 무신년(戊申年, 1548)에 중건되었다. 일명 "존조(尊祖)와 경종(敬宗), 서륜(敘倫)과 후족(厚族) 등의 행사는 여기서 거행한다."[144]라고 했다. 이는 홍씨의 총사당(總祠堂)이고, 당나라 때 시조인 경륜공(經綸公)과 기문(祁門)의 천시조인 대남공(大楠公), 택야(鐸墅)의 천시조인 균상공(均祥公)과 고승(高僧) 등의 친족을 이곳에서 제사 지냈다. 나머지 종친은 서열에 따라서 부가했다.[145]

(2) 비승당(丕承堂): 영영(永英) 등이 조부인 상일공(相一公)을 위해 건축했다.[146]

(3) 신휘당(愼徽堂): 여연(汝淵) 등이 명대 공사(貢士)를 역임한 부친 수이공(壽二公)을 위해 건축했다.[147]

(4) 식곡당(式穀堂): 성업(聲業) 형제가 건축했다. 동치 2년(1863)에 전란으로 허물어졌다.[148]

(5) 치곡당(治穀堂): 승문(承文) 등이 공사(貢士)를 역임한 부친 세정공(世鼎公)을 위해 건축했다. 지금은 허물어지고 없다.[149]

(6) 고칙정(誥敕亭): 명대 거인(擧人)인 상동(尙同)이 건축했지만, 지금은 허물어지고

---

143 『(安徽祁門)桃源洪氏宗譜』: "我族明代來遷, 閱三世, 卽議建祠。維時學士文人,彬彬秀茁, 閩粵之間, 又有巨商大賈相接濟, 故不數月告厥成功。(中略) 然以一姓之大, 千百人之衆萃于一區, 遇有婚祀, 恐多擁擠, 於是分相、壽兩大支, 增建大廈。(中略) 而閥閱之家復援此意, 各立第宅以榮君賜。一時榱桷輝煌, 竹松苞茂盛矣。" (역자 주)

144 『(安徽祁門)桃源洪氏宗譜』: "尊祖敬宗, 敘倫厚族, 在此擧也。" (역자 주)

145 『(安徽祁門)桃源洪氏宗譜』: "該祠系洪氏總祠堂, 祀唐始祖經綸公、遷祁始祖大楠公、遷鐸墅始祖均祥公和高曾以下之親, 其餘宗親以次咸附。" (역자 주)

146 『(安徽祁門)桃源洪氏宗譜』: "丕承堂。永英等爲其祖相一公建。" (역자 주)

147 『(安徽祁門)桃源洪氏宗譜』: "愼徽堂。汝淵等爲其父明貢士壽二公建。" (역자 주)

148 『(安徽祁門)桃源洪氏宗譜』: "式穀堂。聲業兄弟建。同治二年毁於兵。" (역자 주)

149 『(安徽祁門)桃源洪氏宗譜』: "治穀堂。承文等爲其父貢士世鼎公建。今圮。" (역자 주)

없다.[150]

(7) 사랑제(仕郎第): 명대 빈주(濱州)의 주판(州判)을 역임한 형언(亨彥)이 건축했지만, 지금은 허물어지고 없다.[151]

(8) 홍려제(鴻臚第): 명대 홍려시(鴻臚寺)의 서반(序班)을 역임한 세의(世義)가 건축했다. 동치 2년에 전란으로 허물어졌다.[152]

(9) 우사제(右史第): 명대 문화전(文華殿)의 중서(中書)를 역임한 사영(士英)이 건축했지만, 지금은 허물어지고 없다.[153]

(10) 중헌제(中憲第): 석천부(石阡府)의 지부(知府)를 역임한 빈(彬)이 조부인 업(業)과 부친인 고(誥)를 위해 건축했다. 동치 2년 병란으로 허물어지고 없다.[154]

(11) 대자당(大紫堂): 해당 촌의 여가단(佘家椴)에 있고, 견공(堅公)이 건축했다. 증손인 광연(光廷) 등이 총사(總祠)에 편입시켰다. 강희(康熙) 무자(戊子) 연간에 정광(廷廣)의 동제(同弟)인 정소(廷素)가 동세마항(東洗馬巷)에 중건함은 조부의 뜻을 계승한 것이다.[155]

(12) 포봉제(褒封第): 주(州)의 동세영(同世迎)이 부친 공매(孔玫)를 위해 건축했다.[156]

(13) 삼세대부제(三世大夫第): 도성 동쪽 돈인(敦仁)에 위치하고, 동지(同知)를 역임한 겸선(兼善)이 조부인 병걸(秉傑)과 부친 택(澤)을 위해 건축했다.[157]

(14) 승은사(承恩堂): 도성 동쪽 돈인에 위치하고, 훈도를 역임한 형(炯)이 건축했다. 함풍(咸豐) 연간에 증국번(曾國藩)[158]이 기문(祁門)의 군사를 통솔하면서 이곳에 머물며 공무를 처리했다.[159]

---

150 『(安徽祁門)桃源洪氏宗譜』: "誥敕亭。明舉人尙同建。今圮。" (역자 주)

151 『(安徽祁門)桃源洪氏宗譜』: "仕郎第。明濱州州判亨彥建。今圮。" (역자 주)

152 『(安徽祁門)桃源洪氏宗譜』: "鴻臚第。明鴻臚寺序班世義建。同治二年毀於兵。" (역자 주)

153 『(安徽祁門)桃源洪氏宗譜』: "右史第。明文華殿中書士英建。今圮。" (역자 주)

154 『(安徽祁門)桃源洪氏宗譜』: "中憲第。石阡府知府彬爲其祖業、其父誥建。同治二年毀於兵。" (역자 주)

155 『(安徽祁門)桃源洪氏宗譜』: "大紫堂。在本村佘家椴。堅公建。曾孫光廷等輸入總祠。康熙戊子, 廷廣同弟廷素重造于東洗馬巷, 以繼祖志。" (역자 주)

156 『(安徽祁門)桃源洪氏宗譜』: "褒封第。州同世迎爲其父孔玫建。" (역자 주)

157 『(安徽祁門)桃源洪氏宗譜』: "三世大夫第。在城東敦仁里, 同知兼善爲其祖秉傑、其父澤建。" (역자 주)

158 증국번(曾國藩): 청(淸)나라 말기의 정치가·학자. 태평천국의 난을 진압한 지도자이며, 근대화 운동인 양무운동(洋務運動)의 추진자이다. 주자학자이며, 문장가로도 유명하다. (역자 주)

159 『(安徽祁門)桃源洪氏宗譜』: "承恩堂。在城東敦仁里。訓導炯建。咸豐年間, 曾侯國藩督師祁門, 就此駐節。" (역자 주)

5) 사당의 사전(祀田)

홍씨 종족은 사전에 대해 다음과 같이 언급했다. 즉 "우리 족인은 원나라에서 기원하여 대대로 경독(耕讀)의 전통을 계승했다. 명나라에 이르러 다소의 재력이 있어 이내 사당을 세우고 사전을 넓혔다."[160]라고 했다. 사당 건립과 수리 및 유지, 매년 거행하는 사당의 제례 활동에는 반드시 일정한 비용이 필요했다. 이런 경비는 사전에서 충당했다. 홍씨의 총사당인 돈목당(惇睦堂)의 사전은 사당 앞 기간(旗竿) 위에 있는 비탈진 땅 세 곳이다. 이곳의 조세는 10칭(秤) 2근(斤)에 달했다. 홍촌단(洪村塅)의 6무(畝)는 동굴이 있는 비탈진 땅인데 이곳의 조세는 7칭 2근이다. 동처계(同處溪) 부근의 비탈진 땅은 조세가 2칭 10근이었는데, 이런 사전을 모두 합하면 395개에 달했다. 이와 같이 홍씨 가산 중에 가장 큰 비중을 차지했던 것은 사전이고, 사전은 족산(族產)을 구성하는 가장 중요한 핵심 부분이었다.[161]

6) 의전(義田)

의전이란 종족을 부양하거나 구휼하기 위해서 준비한 토지를 말한다. 홍씨 종족은 "가난하고 어려운 자에게 음식을 제공한다."라는 목적으로 의전을 만들었다. 의전으로 거전(車田)의 비탈진 땅 24곳과 호전(號田)에 32곳이 있는데, 이곳의 세는 83칭 13근이었다. 거전의 비탈진 땅에는 현청궁단(玄青宮鍛)이 2곳이 있고, 이곳의 조세는 전(錢) 137문(文)이다. 동쪽 7리에 있는 송산(宋山) 아래에 있는 땅의 조세는 20칭이었다. 이런 의전을 모두 합치면 316곳에 달했다. 이러한 의전은 홍씨 사당의 사전(祀田) 중 두 번째로 큰 규모를 차지했다.[162]

7) 영제창(永濟倉)

의전은 원래 홍씨가 평소에 빈곤한 가정을 구제하기 위해서 마련한 땅이었다. 그런데 특별히 '흉년의 구제(以濟荒歉)'를 위해 조성한 것이 바로 영제창이었다. 홍씨 집안은 명대

---

160 『(安徽祁門)桃源洪氏宗譜』: "我族有元肇基, 世傳耕讀, 迄明季家號素封, 乃建祠堂, 廣祀田。" (역자 주)

161 『(安徽祁門)桃源洪氏宗譜』: "洪氏總祠堂惇睦堂祀田, 包括祠堂前旗竿上田三坵(原租十秤二斤)、洪村塅六畝窟田坵(原租七秤二斤)、同處溪邊大坵田一坵(原租二秤十斤)等共有395處, 系洪氏家族數量最多最爲重要的族產。" (역자 주)

162 『(安徽祁門)桃源洪氏宗譜』: "是爲贍養家族或救恤家族設立的田產。洪氏家族爲以膳貧寒設立的義田, 包括車田坷二十四號田三十二坵(原租八十三秤十三斤)、車田坷玄青宮塅二塊(租錢一百三十七文)、東七里宋山下田(原租二十秤)等共316處, 是洪氏僅次於祠堂祀田的家族財產。" (역자 주)

중기에 이르러 남자와 부녀, 노인과 유아, 장정과 노복 등 총인원이 900명에 달했다. 그 중 직업이 있는 자가 많지 않아 풍년이 들면 겨우 생계를 꾸릴 수 있었고, 흉년이 들면 먹을 것을 구해 흩어져 유랑해야 했다. 그리고 기하(祁河) 지역에 일단 수재(水災)와 한재(旱災)가 발생하면 선박 운행이 어려워서 쌀이 공급되지 않을 점을 염두에 두어야 했다. 그래서 많은 사람이 사당에 모여 의창의 설립을 논의하여 은(銀) 2,000냥을 모금했다. 또한 창고를 만들어 곡식을 사들여서 저장했다가 흉년에 방출하는 평조(平糶)[163]를 만들어서 재난에 대비했다. 아울러 3명의 연장자 중 현명한 사람을 선발하여 이사로 삼고 이를 관리하도록 했다. 별도로 저장해 둔 미곡(米穀)으로 족인을 구제하는 영제창 설립에 대해서 족인들은 이를 자선 행위라고 여겼다.

8) 학전(學田)

앞서 언급한 바와 같이 홍씨 종족은 인재 양성을 위하여 일찍이 '상봉서옥(翔鳳書屋)' 등 다수의 학당을 설립했다. 평소 교학 활동의 유지를 위해서 학당에는 일정한 토지 수입이 반드시 필요했다. 홍씨의 학전은 이를 위해 생겨난 것이다. 학전은 금자패(金字牌)의 분정(墳亭) 입구에 두 곳이 있었고, 이곳 조세는 10칭이었다. 소로(小路) 600리에도 한 곳이 있는데, 이곳 조세는 9칭이었다. 그리고 서갱(西坑)에는 조세가 6칭인 곳이 있었다. 이런 학전은 모두 합치면 38곳에 달했다.

9) 흥현문회전(興賢文會田)

홍씨 종인은 "안으로는 집안의 보배이고, 밖으로는 나라의 영광"[164]이 될 만한 뛰어난 인재 양성을 목표하여 영재들이 모인다는 뜻으로 '홍현문회(興賢文會)'를 만들었다. 이는 "뛰어나고 슬기로운 인재의 흥기(興起英賢)"라는 뜻이다. 문회(文會)의 성원들은 종종 모임을 통해 문학을 숭상하고 시례(詩禮)를 숭배했다. 이르길 "하나는 국가와 재상을 도와 인재를 구한다는 뜻이요, 다른 하나는 조상의 뜻을 계승해서 인재를 양성한다는 뜻이다."[165]고 했다. 이를 위해 별도로 흥현문회전을 두고 회원들의 활동을 지원했다. 흥현문회전으로는 홍촌단(洪村塅) 팔분리(八分里)라는 곳에 땅이 있고, 이곳 조세는 8칭이었다. 같은 곳

---

163 평조(平糶): 옛날 쌀 가격 조절을 위해 정부가 비축미를 평소 가격으로 방출하여 판매하던 것을 지칭한다. (역자 주)

164 『(安徽祁門)桃源洪氏宗譜』: "處爲家珍, 出爲國華." (역자 주)

165 『(安徽祁門)桃源洪氏宗譜』: "一則以副國家夢卜求賢之意, 一則以繼祖宗作養人才之志." (역자 주)

칠분리(七分里) 땅의 조세는 7칭이었다. 같은 곳 횡탄(橫坦)의 땅 두 곳의 경우 조세는 20칭이었다. 이런 토지를 모두 합치면 96곳에 달했다.

10) 묘지(墓地)

묘지에 대해서 홍씨 종족은 다음과 같이 언급했다. 즉 "무릇 사람이란 태어나서는 의탁을 해야 하고, 죽어서는 귀속을 해야 한다. 그리고 태어난 생명에는 길고 짧음의 차이가 있고, 죽음은 언제나 예측할 수가 없다. 태어나 의탁하는 것도 중요하지만, 죽어 귀속하는 것 역시 매우 중요하다. 그러므로 반드시 산천이 만나는 곳을 선택해 후하게 의식을 거행하고 관곽(棺槨)을 두텁게 하여 귀속할 곳으로 삼고, 대대로 후손에게 이곳을 지키도록 해야 한다. 또한 묘지가 비바람과 벌채되는 위험이 없게 하고, 벌레와 개미와 황천(黃泉)의 재앙이 없게 해야 한다. 그러면 신령(神靈)이 편안하고, 자손이 복을 받아 오래도록 번성하게 될 것이다. 그러니 어찌 죽음이 더욱 무거운 일이 아니겠는가!"[166]라고 했다. 조상의 묘지(墓地)는 홍씨 일가의 가장 중요한 족산에 속했다. 홍씨 종족의 묘지에는 첫째로 함께 제사를 지내는 공묘(公墓)가 있다. 즉 이곳은 오도(五都)와 오보(五保)에 수(水)라는 글자를 새긴 1080호(號)라는 묘지로 우승(牛繩)이라 불리는 지명 아래에 있다. 둘째로는 유인(孺人)[167]의 묘지가 있다. 즉 오도와 육보에 옥(玉)자가 새겨진 419호와 노적갱(蘆荻坑)이란 지명 아래에 있는 오(塢)라는 곳이다. 셋째로는 상공(相公)의 묘가 있다. 즉 오도와 오보가 있고, 홍가단(洪家椴)이란 지명에 있는 비파당(琵琶塘) 등이 있다. 이런 무덤을 모두 합치면 34곳에 달했고, 22대에서 36대의 열조(列祖)와 열종(列宗)을 이곳에 안장했다.

상술한 『(안휘기문)도원홍씨종보((安徽祁門)桃源洪氏宗譜)』에서 언급한 족산은 다양하면서도 전체적인 내용을 수록했다. 특히 가산 구성의 특색 외에도 가산을 마련한 취지와 운영 방법 등에서 본보기가 될 만했고, 일정한 대표성을 갖기도 한다.

---

166 『(安徽祁門)桃源洪氏宗譜』: "夫人生爲寄, 死爲歸, 蓋生則修短有數, 歸則千秋難料, 是生寄固爲重, 而死歸尤爲重者也。則必擇山川融結之所, 厚其衣食, 培其棺槨, 以歸藏之, 世以宗嗣守之, 使上無風雨鋤伐之驚, 下無蟲蟻黃泉之患, 則神魄安逸, 福子蔭孫于悠久, 豈非死尤爲重者乎!" (역자 주)

167 유인(孺人): 생전에 벼슬하지 못한 사람의 부인 신주(神主)나 명정(銘旌)에 쓰는 존칭(尊稱)을 말한다. (역자 주)

7. 계약(契約)

계약은 가보 중에서는 문계(文契)·합동(合同)·법안(法案)·안권(案卷) 등으로도 불린다. 주된 내용은 가산과 관련된 것이다.

토지는 종족의 가산의 주된 형태이기 때문에 가보에 토지와 관련된 문건 관련 내용을 다수 수록하기도 했다. 예를 들면 도광(道光) 29년(1849) 『(안휘신안)왕씨합수종보(安徽新安王氏合修宗譜)』에 수록된 '매전문계(賣田文契)'에는 다음과 같은 내용을 언급했다.

> 매도인 왕백(王柏)은 혁공파(革公派)에게 손자인 천보(天保)를 보내서, 근래 모친이 사망함에 장례비용이 없어서 원래 구입했던 땅을 매도하는 바이다. 매물은 강과 떨어져 동아산(童兒山)에 있는 뱀 모양의 선산과 산자락 절반 사방에 있는 모든 땔나무와 소나무 및 잡목 등을 포함하고, 동쪽으로는 당만 위까지, 서쪽으로는 당만 아래까지, 남쪽으로는 경작지까지이고, 북쪽으로는 대석탑(大石塔)까지이다. 산을 측량함에 2리(厘)였고, 계약서에 근거해 정량공(廷良公) 자손의 명의로 관리했던 권리도 모두 넘긴다. 당일 매매 가격은 99대전(大錢) 1,100문정(文正)으로 책정되었고 지불되었다. 계약서와 매매 금액이 모두 분명하고, 이번 거래 전에 중복된 거래도 역시 없었다. 그리고 집안과 집 밖의 사람들은 이번 거래에는 간섭하지 않는다. 조세는 계약서에 따라서 분할 납부를 하고, 거래 내역을 관부에 별도로 보고하지 않는다. 계약이 성립한 후에 쌍방은 이의 제기가 없어야 하고, 있다면 이의를 다는 자에게 벌금을 물린다. 계약 가격의 1공(公)의 비용을 본 계약의 보증금으로 한다. 후일 증거가 없어질 것을 대비하여 본 매매계약서를 영원히 보존해 증거로 삼는다. 도광 13년(1833) 6월 28일. 매매 계약자 왕천보(王天保).[168]

족인이 거주하는 주택은 종족의 중요한 가산이다. 그래서 가보에는 저택과 토지와 관련된 문건을 상당수 수록하기도 했다. 주택지의 주변 환경은 한 족인의 번성과 자손의 창성과 관계가 있다고 여겼다. 그래서 가보에는 주택의 그림을 수록하는 동시에 종종 주

---

168 『(安徽新安)王氏合修宗譜』: "立杜賣契人王伯革公派下孫天保, 今因母亡, 葬費無出, 自願將原買離與河土名童兒山蛇形墳山一業, 該身一半, 所有在山柴薪松株雜樹一并在內, 其山四至: 東至當灣直上, 西至當灣直下, 南至田, 北至大石塔橫路, 四至之內, 計丈山二厘, 憑中立契, 盡行賣與廷良公子孫名下管業。當日得受時値價九九大錢一千一百文正, 在手足訖, 錢契兩明, 未賣之先并無重復交易。家、外人言, 有此身當不涉衆事。其糧隨契扒納, 不另立推收。成後二各無悔, 悔者該罰, 照契價一公用, 仍依此契爲准。恐後無憑, 立此賣契, 永遠存照。道光十三年六月二十八日。立杜賣契人王天保。" (역자 주)

택지와 관련된 계약문서를 함께 첨부해 경제적인 분쟁을 최대한 피하려고 했다. 예를 들면 『(호남원강)지수안정호씨속수지보((湖南沅江)芷水安定胡氏續修支譜)』에는 주택도 바로 뒷면에 가옥 관련 문서를 수록하기도 했다. 즉 도광 18년(1838) 형제 사이의 토지매매 문건을 함께 수록한 것인데, 종술(宗述)과 종개(宗鐗)라고 불리는 호씨(胡氏) 형제는 자신의 재산을 처분하면서 계약서에 다음과 같이 언급했다. "나의 가산 중 마토(麻土), 삼상(三廂)에 있는 가옥, 죽산(竹山)과 토지를 친형인 종사(宗仕)가 자신의 명의로 구입하여 생업으로 삼는다."[169]라고 했다. 그리고 "당시 토지 가격은 전(錢)으로 9관(串) 800문정(文正)이다."[170]라고 했고, 또한 "매매한 후에 전주(錢主)가 만약 땅을 마음대로 개발한다면 음양이 사방으로 막혀 후손이 생기지 않고 끊어질 것이다."[171]라고 했다. 그리고 "지금 이를 증거로 삼고 싶으면 전주의 자손은 계약문서를 보관하고, 관련 일의 증거로 삼아 영원히 보존하라."[172]라고 했다.

이전 시대 사람들은 살아 있는 사람이 사는 저택을 양택(陽宅)으로, 조상이 묻힌 분묘를 음택(陰宅)으로 구분했다. 음택 또한 양택과 함께 종족의 중요한 재산이었기 때문에 자연히 묘지 관련 계약서는 가보에서 중요한 비중을 차지하게 되었다. 예를 들면 선통(宣統) 원년 『(강서무원)무원한계정씨매산지보((江西婺源)婺源韓溪程氏梅山支譜)』의 '금선오보조안권(金線塢保祖案卷)'에서 다음과 같이 언급했다.

> 세충사(世忠祠)의 규약에 의하면 36대는 모두 숭력(崧瀝) 보영(保映)에 위치한 금선오(金線塢) 등 생소한 산속에 거주하면서도 다수가 조상의 재산을 가보에 수록했다. (이곳에) 34대의 모친 호씨(胡氏)와 15명의 부인, 35대의 모친인 엽씨(葉氏)와 26명의 부인 및 향현(鄉賢)에 거주했던 조부의 부인, 즉 존영(尊塋)을 낳았던 윤씨(允氏) 등을 안장했다. 그리고 각 방계의 조부 다수를 이곳에 부장(附葬)했다. 송대부터 지금까지 오랜 시간이 흘러 도로가 중첩되고 희미해져서 산의 경계마저 분명히 확정할 수 없게 되었다. 지금 청조가 측량한 등기대장과 각 방계가 보유한 호책(戶冊)을 근거하면 산에는 여전히 정성(程姓)의 재산 10여 무(畝)가 있다. 올해 초에 방씨(方氏)·이씨(李氏)·오씨(吳氏) 등의 무리들이 몰래 나무를 벌목하기도 했다. 이에 족인은 내부적으로 사당의 설치를 논의하고, 돌아가며 조약을 조정해서 처벌과 회유책

---

169 『(湖南沅江)芷水安定胡氏續修支譜』: "召到胞兄宗仕名下承買爲業。" (역자 주)

170 『(湖南沅江)芷水安定胡氏續修支譜』: "時値土價錢拾玖串捌百文正。" (역자 주)

171 『(湖南沅江)芷水安定胡氏續修支譜』: "自賣之後任從錢主開挖蓄禁, 陰陽兩便, 百爲無阻, 斷不外生枝節。" (역자 주)

172 『(湖南沅江)芷水安定胡氏續修支譜』: "今欲有憑, 主此文契一紙, 待與錢主子孫, 永遠收執管業爲據。" (역자 주)

을 세웠고, 은총으로 이들을 용서하고 금령을 비석에 새기도록 했다. 그리하여 삼가 이러한 연유(緣由)를 밝히는 바이다.[173]

이상은 '최초의 향사(初次鄉祠)', '돌에 글씨 새긴 금령의 비문(勒石加禁碑文)', '두 번째 향사(二次鄉祠)' 등의 관련 내용을 모두 가보에 수록했다.

강서무원쌍교(江西婺源雙橋)의 왕씨(王氏) 종족은 광서(光緒) 19년(1893)에 『(강서무원)쌍교왕씨종보((江西婺源)雙橋王氏宗譜)』를 속수하며 '시조산영세업각합동총록(始祖山塋稅業各合同總錄)'을 편찬했는데, 이는 역대의 '중요한 계약서(緊要合同)'를 수집해 수록한 것이다. 이곳에는 '함화 6년 묘지 주인 장사달(張思達)과의 계약서(咸化六年與墓鄰張思達共立合同)', '만력 9년 손성과의 이십오도유자호공업(二十五都維字號共業)에 관한 계약서(萬曆九年與孫姓立二十五都維字號共業合同)', '만력(萬曆) 10년 손씨와의 면립한자호(面立寒字號)의 계약(萬曆十年與孫氏面立寒字號合同)' 등이 있다. 아울러 '명나라 만력 10년 시조의 선산과 손씨(孫氏)와의 송사 본말(明萬曆十年始祖墳山與孫姓結訟本末)'에 대해서는 관련 내용을 1,000여 글자로 소개를 했다. 이처럼 "중요한 계약서"를 족보에 수록한 목적에 대해서 이르길 "지난날 이를 담당했던 자의 근면과 노고를 치하하고, 동시에 금일 가보 편찬자를 경계시켜서 후일의 근심을 대비하기 위함이다. 그렇게 하면 조상의 묘지는 안전하고 영혼도 평안할 것이니 자손은 이런 원칙을 고수하여 바꾸지 말아야 한다."[174]라고 했다.

가보에 수록된 계약서는 대다수 다른 성씨와의 토지와 택지, 묘지 등의 거래에서 발생할 수 있는 경제적 분쟁을 해결하기 위한 문서였다. 그리고 같은 종족 사이의 경제협력과 분쟁 방지를 위한 문서도 있다. 예를 들면 민국 6년 『(강서무원)청화호인덕당속수세보((江西婺源)淸華胡仁德堂續修世譜)』에 수록된 만력 10년(1582)의 「마자배산교단(麻榨背山交單)」이 이런 사례에 속한다. 이 가보의 내용을 보면 호여수(胡汝壽)의 조상은 토명장(土名莊) 앞산에 묘지를 만들어 정공(政公)부터 합장(合葬)을 실행해 왔고, 자호(字號)[175]로 조상

173 『(江西婺源)婺源韓溪程氏梅山支譜』: "按世忠祠規約, 載三十六都崧瀝保映字號金線塢等處生熟山場, 多半系本中祖清業, 安葬三十四世顯妣胡十五夫人、三十五世顯妣葉二十三夫人及鄉賢儒祖允夫生尊塋, 各房支祖仍多附葬。惟自宋迄今, 歷年旣久, 兼以道途鸞遠, 未能劃淸山界。現據國朝丈量淸册及各房衆存戶册, 仍有山十餘畝爲程姓淸業。今年初, 被方、李、吳細小等盜砍蔭木, 族內設祠理論, 旋經中約調停, 着罰戲酒, 呼龍安奠, 勒碑加禁。謹將各緣由。" (역자 주)

174 『(江西婺源)婺源韓溪程氏梅山支譜』: "以表前日當事者辛勤勞頓之苦, 以見今日葺譜者懲戒防後之憂, 則祖墓妥而魂魄安, 子孫可長守而勿失。" (역자 주)

175 자호(字號): 활자의 대소를 나타내는 번호. 토지의 번호나 족보의 장수 따위에 『천자문(千字文)』의 글자를 차례에 따라 붙인 호수. (역자 주)

을 표시했다. 동족인 호영근(胡榮覲)은 조상인 매공(晦公)을 위해 인근 마자배산(麻榨背山)의 5분지(分地)의 묘지를 매입했다. 매자새공(晦子璽公)과 공천경공(公天慶公)은 가정(嘉靖) 6년(1527)에 마자배산(麻榨背山) 사람들과 장목(長木)을 정리해서 조상의 묘를 수습했다. 또한 산기슭 아래 황무지에 있던 무덤들도 정리해서 안장했다. 이런 과정에서 호여수의 조상 묘지와 분쟁이 발생했다. 이로 인해 쌍방은 모두 관아에 호소하며 이르길, "두 성씨는 같은 조상이고, 송사는 화목을 해치니 우리 모두 논쟁이 일소되길 원합니다. 현(縣)의 공정한 판정을 원합니다."[176]라고 했다. 그리하여 협상을 통해 쌍방은 내용을 서로 비교한 후 증서를 두 장 작성하여 한 부씩 나누어 갖고 이를 「마자배산교단」의 증표로 삼았다. 여기서 말하는 「마자배산교단」은 같은 동족이 협상을 통해 분장을 해결한 결과이다.

문자로 작성된 계약서 외에 경제적 분쟁 방지를 위해 도형으로 기록한 계약서를 수록한 가보도 있다. 예를 들면 『(호남상담)중상석씨사수족보((湖南湘潭)中湘石氏四修族譜)』에 수록된 「석씨호전산안권도(石氏湖田山案卷圖)」에는 호전산(湖田山)의 공업당(公業塘) 패주(壩洼)의 음전산(蔭田山) 평지의 경계를 기록했다. 원래 이곳은 석씨(石氏)의 사당에서 100여 년 관리를 했다는 사실을 신구(新舊)의 계약 내용에 분명히 수록했다. 하지만 광서(光緒) 연간에 송씨(宋氏)는 계약한 땅의 도면을 마음대로 바꾸어 송씨와 석씨(石氏)의 산 경계에 도랑을 임의로 만들었다. 이렇게 제방의 물길을 바꾸자 석성의 산전(山田) 80무(畝)가 초토화되고 말았다. 이에 석씨는 관부에 이런 사실을 서면으로 고발했고, 세 차례의 법정 신문을 진행하자 결국 송씨는 재판을 피하기 위해 원래 도안대로 복구를 했다. 즉 분쟁 예방을 위해 "지금 이 그림을 보존함은 전 족인에 열람을 하고 후대 자손에게 보이기 위함이다."[177]라며 도형의 계약서를 수록했던 것이다.

계약문서는 가보에 수록되었지만 그 내용은 소수의 관련된 종족 구성원만이 알 수 있었다. 하지만 경제 분쟁에는 많은 종족들이 연관되기 마련이다. 따라서 어떤 종족은 관아의 소송을 진행하면서 비밀로 했던 계약을 일반에게 공개하도록 요구하기도 했다. 예를 들면 안휘(安徽) 적계 허씨(績溪許氏)인 태구공(太舅公) 간영(艮英)이란 사람이 있었다. 그는 명나라 초기에 적계(績溪) 북태도(北台都) 양계(揚溪)의 엄오(嚴塢)라는, 입구 동쪽에 위치한 곽가원(霍家園)에 안장되었다. 명대에서 청대 중기까지 이곳 묘역은 송백(松柏)이 무성해 묘지를 덮고 있었다. 그러나 태평천국 전란 이후에 "사당의 활동과 의례들이 쇠

176 『(江西婺源)清華胡仁德堂續修世譜』: "縣約里公正勸諭, 兩系一本爲祖, 興訟傷和, 衆議處息。" (역자 주)
177 『(湖南湘潭)中湘石氏四修族譜』: "今存此圖, 以俟合族通閱, 垂示後人。" (역자 주)

하고 묘제(墓祭) 역시 미약해져 간사한 자가 기회를 엿보았다."[178]라고 했다. 광서(光緖) 7년(1881)에 상황이 더욱 악화되면서 장정원(張定元)의 묘역 우측에 있던 나무가 도벌(盜伐)되었다. 게다가 허씨(許氏)가 아닌 관(棺)이 이곳으로 옮겨 안장되기도 했고, 외곽(外槨)을 연결해 구덩이를 만들고 허씨 묘역에서 13개의 관(棺)이 몰래 이장되기도 했다. 이에 허씨 족인은 할 수 없이 적계(績溪)의 현주(縣主)에게 이를 고발했다. 하지만 현의 아문은 장씨(張氏)의 뇌물을 받고서 허씨가 송사하지 못하도록 막았다. 그럼에도 허씨 후손은 환성(皖省)에 한 차례, 남경에 세 차례 간언하기를 8년이나 지속했다. 이런 노력 끝에 결국 "몽황(蒙黃)의 현주(縣主)는 부헌왕(府憲王) 사건 심리를 상세하게 보고했고, 화약(和約)으로 매듭을 짓고, 영구히 금하는 비석을 세우도록 했다."[179]라고 했다. 그뿐만 아니라 "묘지로 사용했던 이 선산은 근방의 사람은 모두 알고 있는 사실이었다. 그리고 허씨(許氏)의 산에 많은 나무를 길렀는데, 불법으로 벌목을 하거나 몰래 암장(暗葬)을 해서는 안 된다. 이런 사실을 밝힌 이후에도 여전히 불법적인 무리들이 기회를 노려 암장하고 벌목을 자행했다. (중략) 발생 사건에 근거해 신속히 조사를 벌이고, 반드시 엄하게 사건을 처리하도록 명령하고, 엄중히 추궁하여 처리하되 결코 관용을 베풀지 않는다."[180]라고 했다. 이후 "간사한 자는 도망갈 수 없다."[181]라고 했다.

원래 계약과 관련 문서를 비석에는 새겼지만 이를 일반에게 공표하지 않았다. 이는 다른 족인 성원으로부터 자신의 이익을 보호하기 위한 조치의 하나였다. 하지만 계약 내용을 공표하는 족인도 있었다. 이는 공공의 구성원이 자신의 자제를 감독해서 남의 이름을 사칭해 토지를 훔쳐 매매하는 경우를 막기 위한 목적에서였다. 이런 경우가 자주 발생하지는 않았다. 민국 14년(1925) 『(안휘흡현)신주엽씨가승((安徽歙縣)新州葉氏家乘)』에는 과거 진행되었던 소송의 법안(法案) 목차를 나열해 수록하기도 했다.

(1) 강희 50년(1711) 기지(基地) 침점안(侵占案).

(2) 도광 3년(1823) 연치의산안(捐置義產案).

---

178 『(江西婺源)清華胡仁德堂續修世譜』: "祠事式微, 墓祭衰替, 致啟奸邪窺伺." (역자 주)

179 『(安徽)績溪縣南關惇敘堂許氏宗譜』 卷9, 光緒 15年(1889): "蒙黃縣主詳請府憲王就案審理, 依和約斷結, 幷給示勒石永禁." (역자 주)

180 『(安徽)績溪縣南關惇敘堂許氏宗譜』 卷9, 光緒 15年: "該墳山屆近諸民人等'知悉', 所有許家墓墳山業內興養蔭木, 不得盜砍盜葬。自示之後, 倘有不法棍徒窺吉盜葬、盜砍墳蔭 (中略) 准該生等指名控究, 定卽飭差嚴拿到案, 從重究辦, 決不姑寬." (역자 주)

181 『(安徽)績溪縣南關惇敘堂許氏宗譜』 卷9, 光緒 15年: "奸邪始莫能遁."

(3) 광서 8년(1882) 금벌음목안(禁伐蔭木案).

(4) 민국 11년(1922) 자성가묘안(紫城家廟案).

(5) 민국 12년(1923) 본족여항보묘회설립안(本族旅杭保墓會設立案).

(6) 민국 계해정월(癸亥正月) 15일 여항보묘회 제1차 임시회의결안(旅杭保墓會第一次臨時會議決案)

(7) 민국 계해(癸亥) 한식절 여항보묘회 제1차 상회의결안(寒食節旅杭保墓會第一屆常會議決案)

(8) 민국 13년(1924) 도매묘지안(盜賣墓地案).

이상의 내용 중에 도광(道光) 3년(1823) 사건의 경우는 사람들이 족인 자제의 계약을 감독한 경우이다. 호부운남사원외랑(戶部雲南司員外郎) 엽도전(葉道傳)의 부친인 엽흔(葉欣)이 이르길 "효우(孝友)가 천성이 되고, 정(情)이 돈독하여 화목하고, 평소에 비용을 절약해 적금으로 생업을 일으키고, 함께 준수할 규정을 만드는 것은 족인을 돌보는 사례이다."[182]라고 했다. 유감스럽게도 그는 "생업이 넉넉하지 못해서 품은 뜻을 이루지 못하고 죽고 말았다."[183] 엽도전은 이런 취지를 계승해 수년간 조세(租稅)로 1천 2~3백을 의산(義產)으로 삼았다. 이에 대해서 이르길 "모든 족인 중에 홀아비와 고아 및 과부에게 매달 식량을 제공한다. 그리고 혼인과 상장(喪葬), 의관(衣棺) 및 독서와 학습 등에 필요한 모든 비용을 해결해 조상의 영혼을 위로한다."[184]라고 했다. 이를 위해 별도로 의산의 지출 규정을 기록해 열거했다. 절강순무(浙江巡撫)는 이를 허가했고, 비석을 세우고 입안하여 영구히 족인 자제가 재산을 훔치거나 명의를 도용해 파는 경우를 금지했다. 그리고 후손 대대로 영구히 이 규정을 준수하고 바꾸지 말도록 했다.

『(안휘흡현)신주엽씨가승((安徽歙縣)新州葉氏家乘)』에는 「민국 21년 본족의 여항보묘회안 설립안(民國十二年設立本族旅杭保墓會案)」과 관련 내용을 수록했다. 내용에는 근대 이후 어떤 종족은 조상 묘지와 관련한 권익을 수호하고, 기구를 만들어 보호하기 위해 보묘회(保墓會) 조직을 창립하기도 했다. 특히 이러한 규칙을 제정하는 과정에서 비교적 현대화된 수단을 채용했다. 앞서 언급한 보묘회안(保墓會案)의 구체적인 내용은 다음과 같다. 원

---

182 『(安徽)績溪縣南關惇敘堂許氏宗譜』: "孝友性成, 敦睦情切, 平時節省日用, 積資置產, 並酌立規條, 爲贍族之舉。" (역자 주)

183 『(安徽)績溪縣南關惇敘堂許氏宗譜』: "產未置足, 齎志以歿。" (역자 주)

184 『(安徽)績溪縣南關惇敘堂許氏宗譜』: "概作族中鰥孤寡獨月給口糧, 並婚嫁喪葬衣棺及讀書習業等一切費用, 庶義產成, 而先靈可慰。" (역자 주)

래 안휘흡현(安徽歙縣) 신주여항주(新州旅杭州)의 엽희명(葉希明) 등의 엽씨 조상 관적(貫籍)은 안휘 흡현의 신주였다. 그러다가 오래전에 흡현을 떠나 항주로 이주를 했다. 이후 후손은 지파를 만들고 살 만한 곳을 찾아 마을을 형성하니 거의 토착민과 같아졌다. 처음에는 현인(賢人)의 뜻에 따라 대를 이어 장례를 지냈다. 이후에 분묘는 쌓여만 갔고, 해당 지역 묘지기에게 부탁해 최근 것만을 관리하도록 했다. 그러자 사산(四山) 지역의 향민(鄉民)이 마음대로 묘지를 훔쳐 파는 일이 다수 일어났고, 앞을 다투어 묘지를 거래하는 풍조가 더욱 심해졌다. 이에 여항의 엽씨는 종족을 대표하는 기구인 보묘회(保墓會)를 조직했고, 정부(正副)의 회장을 선출해 보묘회의 간략한 규정도 정했다. 그리고 이런 내용을 절강성(浙江省)의 원경청청장(員警廳廳長)과 항주현 지사(杭州縣知事)에게 보고하고 규정의 포고를 요청하였다. 보묘회 사무는 원경청(員警廳)과 항주현(杭州縣)의 협력하에 함께 활동하는 것으로 했다. 아울러 엽씨 각 지부의 가보 편찬기구에 알려 여항에 위치한 조상의 묘를 찾아내 오류의 유무를 대조하도록 했다. 그리고 은(銀) 10원(元)을 격려금으로 보내고 함께 알리는 활동을 전개하기도 했다. 여항 지역 엽씨 보묘회 조직은 이렇게 활동을 전개했고, 심지어 절강성의 원경청과 항주 관아가 함께 협력해 묘지를 보호해 달라고 요청하기도 했다. 이는 이미 항주에 조상의 무덤이 빽빽이 들어섰기 때문이기도 했지만, 다른 한편으로 휘상(徽商)의 경제적 영향력 확대와도 무관하지 않았다.

이상과 같이 가보 내용 중 계약 문서와 관련된 내용은 매우 풍부하며 또한 종류도 다양하다. 이는 당시 사회가 봉건사회 후기로 접어들면서 나타난 종족의 경제와 문화 및 풍속을 반영하는 구체적인 사례라고 볼 수 있다. 동시에 이런 문서는 연구자에게는 종족과 관련된 각 지역의 경제 상황을 나타내는 중요한 1차 사료이다.

8. 예문(藝文)

가보의 예문은 한묵(翰墨)과 전방(傳芳) 등으로 불리며 주로 종인과 그와 관련된 저술을 수록했다. 주로 척독(尺牘)·품독(稟牘)·주소(奏疏)·시문(詩文)·비기(碑記)·수서(壽序) 등의 문장으로 나눌 수 있다.

1943년에 편찬된 『(강소상주)용계성씨종보((江蘇常州)龍溪盛氏宗譜)』은 모두 30권인데, 그중에 27~30권이 『한묵지(翰墨志)』로 전체 가보에서 1/7을 차지한다. 이는 예문이 가보에서 차지했던 중요성을 반영하는 것이다.

특히 주목할 점은 예문과 한묵의 내용이다. 『(강소상주)용계성씨종보((江蘇常州)龍溪盛

氏宗譜)』에 수록된 『한묵지』의 전언에서는 다음과 같이 언급했다. "첫째는 격언으로 삶의 이치에 대한 내용이 매우 많았고, 둘째는 가훈으로 성정(性情)의 발현에 대한 것들이 가보 전체에 산재했으며 풍교(風敎)와 관련된 것이 다수를 차지했다. 이런 내용을 한묵(翰墨)에 채록해 선철(先哲)의 뜻을 밝히는 단서로 삼고자 했고, 조상의 재능과 포부를 펼쳐 보이는 것을 명산에 은둔한 사람을 계승하는 것이라 했다. (한묵에) 조상의 저술을 기술하면서 보학의 고정된 체례가 되었다."[185]라고 했다. 『한묵지』에는 첫째 격언으로 당시 저명한 인물의 저술을, 둘째 가훈으로 족인의 저술 등을 각각 수록했다. 『한묵지』의 내용은 일정한 수준의 작품을 선별했는데, 내용이 중복하거나 혹은 풍속 교화와 무관한 작품은 수록하지 않았다. 가보에 수록된 『한묵지』는 자손에게 보여 준다는 측면에서 중요한 의미를 갖는다.

다음은 성씨(盛氏)의 종보에 수록한 저술을 사례로 관련 내용을 설명하고자 한다. 용계 성씨(龍溪盛氏)는 명나라 때 금릉(金陵)에서 상주(常州)로 이주했다. 예(睿)씨는 상주로 이주한 천시조(始遷祖)다. 해당 가보의 『한묵지』에 수록한 내용은 12대의 성륭(盛隆)과 13대 성강(盛康), 14대 성선회(盛宣懷)의 저술들이다. 그중에 성강(盛康)의 저술이 가장 많았다.

성륭이 저술한 『중건고도서원비기(重建古桃書院碑記)』는 그가 주도해서 고도서원(古桃書院)을 중건한 과정을 소개한 것이다. 이르길 "읍지(邑志)에 따르면, 고도서원은 건륭(乾隆) 8년(1743)에 시작했다. 주목(州牧)을 역임한 유공(劉公)인 계식(薊植)에 의해 창건되었고, 오랜 세월 관리되지 못해서 날로 못쓰게 되었다. 갑신(甲申)년에 나는 격문(檄文)을 받들어 이곳에 부임하여 읍의 사인(士人)들과 서원의 중건을 논의했다. (중략) 서원의 흥폐는 인재의 성쇠에 달렸는데 현재의 일 처리를 보면 이를 급히 여기지 않는 자가 없다. (중략) 읍에 나가서 효렴인 서수륜(徐受綸)을 사탁(司鐸)으로 임명하고 기회가 있어 나를 만날 때에 이런 사실을 언급했다."[186]라고 했다. 상인들과 논의하는 과정에서 "이에 양무재(楊茂才)와 건훈(建勳)이 이런 일을 잘 알기 때문에 건축자재를 준비시켰고, 기한을 확정해서 공사를 거행했다."[187]라고 했고, 또한 "도광(道光) 정유(丁酉) 8월에 시작해서 12개월의 공

185 『(江蘇常州)龍溪盛氏宗譜』: "先贈言, 紀文誼之殷, 次家言, 見性情之發, 其以散見譜中及無關風教者不人焉。蓋翰墨所萃, 於是乎發端, 後有繼者闡先哲之緒余, 展平居之蘊抱, 將所謂藏之名山傳之其人 (中略) 以示著述, 於譜學固大有系也。" (역자 주)

186 『重建古桃書院碑記』: "按邑志, 古桃書院始於乾隆八年, 爲州牧劉公薊植創建, 歲久失治, 日就傾廢。甲申歲, 予捧檄來蒞, 與邑中士謀重葺之。(中略) 書院之興廢, 關乎人才之盛衰, 視今日務計, 無急於玆者。(中略) 適邑孝廉徐受綸以司鐸新定, 將行過予, 爲語及之。" (역자 주)

187 『重建古桃書院碑記』: "乃以楊茂才、建勳董其事, 鳩工庀材, 克期而擧。" (역자 주)

사 기간을 거쳤다. (중략) 읍의 사인들은 계속해서 약간의 기부금과 토지를 모집했다. 읍지(邑志)는 서원 건립의 숨은 공로자를 함께 수록했다. 또한 공식적으로 세액을 정하여 공부하는 학생에게 학비를 제공했다. 무릇 성현의 도(道)는 덕성(德成)에 바탕을 두었기 때문에 서원의 부흥은 헛된 것이 아니다."[188]라고 했다.

성륭은 덕청(德淸)·안길(安吉)·산음(山陰)에서 재직할 때 당판(堂判)[189]의 판결 내용을 기록했다. 이를 수집해서 『한묵지』에 수록했는데 「주송고공침계창은점전산일안(朱松高控沈桂昌隱佔田產一案)」, 「이독생공진수침점옥기일안(李篤生控陳燧侵佔屋基一案)」, 「시태여허정당등공쟁분산일안(施泰與許正塘等控爭墳山一案)」, 「반운첨공반굉기쟁계일안(潘雲瞻控潘宏基爭繼一案)」, 「장진조정공장문승장친왕회도탈계일안(張震潮呈控張文昇杖親王會圖奪繼一案)」, 「감생고전공고청췌등쟁계일안(監生高銓控高淸萃等爭繼一案)」, 「서동씨등공동헌기과핍가일안(徐童氏等控童軒欺寡逼嫁一案)」 등 7권의 판결안이 바로 그 내용이다. 이러한 당판 기록은 청대 도광 시기 절강 지역의 경제와 사회 상황을 이해하는 데 중요한 참고 자료이다. 성륭은 「서동씨등공동헌기과핍가일안」에서 다음과 같이 언급했다. 즉 "이곳은 내가 절강에서 근무할 때 당판(堂判)이 이루어지던 곳이다. 송사(訟事)를 처리할 때 날마다 반드시 5~6개의 안건이나, 최소한 2~3개 사건을 처리해야 했기 때문에 기록을 하려고 해도 다 할 수는 없었다. 그런 연유로 읍(邑) 사람에게 입으로 암송시켜 전달해 적폐를 만회하고, 사람의 마음을 바로잡아 풍속을 유지할 수 있다고 여겼다. (중략) 그래서 한두 가지 사건을 선별해 이곳에 남겨 두었다. 나는 일찍이 관아의 대당(大堂)[190]에 다음과 같은 대련(對聯)을 적은 적이 있었다. 즉 정(情)에 얽매이지 않고, 돈에 연연하지 않는 강직함으로 법을 집행한다. 재주를 자랑하지 말고, 기세를 부리지 말고, 마음으로 정성을 다하여, 형벌을 사용하지 않기를 항상 원한다."[191]라고 했다. 부기(附記)는 성륭이 근무했던 절강 지역의 송사 관련 일상 정황을 소개했다. 이런 내용에는 당연히 자신의 능력을 과시하려는 의도가 내포하고 있다는 점도 주의해야 한다.

13대 성강(盛康)은 도광(道光)과 함풍(咸豐), 동치(同治) 연간에 소주·안휘·호북과 호

188 『重建古桃書院碑記』: "經始于道光丁酉年九月, 越十二月竣事。(中略) 邑中士乃集議各捐金若干, 田若干, 凡邑志載書院被隱匿者, 悉歸之。公定歲額爲肄業諸子膏火資。(中略) 夫聖賢之道, 以蘄底于成, 則書院之復爲不虛也。" (역자 주)

189 당판(堂板): 중국 명·청시기 지방관인 부현(府縣) 관리가 행한 판결을 의미한다. (역자 주)

190 대당(大堂): 옛날 관아에서 죄인의 심리를 진행하던 법정을 말한다. (역자 주)

191 『重建古桃書院碑記』: "此予在任浙時堂判也。每聽訟日, 必新舊案五六起, 最少亦二三起, 蓋紀不勝紀矣。緣爲邑中人傳誦, 謂能挽積弊, 正人心, 維風俗 (中略) 摘一二件作擧隅存之。予曾題大堂聯云: 不徇情, 不愛錢, 一副冷面皮, 但知執法; 勿矜才, 勿使氣, 滿腔熱心血, 總期無刑。" (역자 주)

남 및 절강 등의 지역에서 40여 년간 직관을 역임했다. 『한묵지』는 비교적 많은 분량의 그의 저술을 수록했다. 그의 나이 80세가 되었을 때 저술한 『팔십자술사율(八十自述四律)』에서 다음과 같이 언급했다.

손가락으로 80년의 시간을 헤아려 보니,	彈指光陰八十秋,
한가로웠던 지난 일이 주마등처럼 뇌리를 스치네.	閑將往事溯從頭。
부모님은 건강하시어 천륜을 누리시고,	椿萱無恙天倫樂,
계수와 살구 향기는 조상의 은혜와 같이 머무네.	桂杏聯芳世澤留。
타향에서 관리로 지내면서 가보를 바로잡고,	隨宦之江垂治譜,
수부(水部)를 나누니 명류가 부끄러워했네.	分曹水部愧名流。
환공산(皖公山)[192] 아래에서 사람과 노래하니	皖公山下與人誦,
이곳에 일찍이 정(亭) 태수의 마부가 머물렀네.	此地曾停太守騶。

원주(原注): 나는 도광의 경자(庚子) 시기에 다행히도 현서(賢書)[193]가 되었고, 갑진(甲辰)에 진사(進士)가 되었다. 선대의 광록공(光祿公)은 절강에서 주현을 역임했고, 번거롭고 바쁜 중에도 항상 시중을 거느리며 관청에서 직무를 보았다. 이후 공부(工部)에서 환성(皖省)으로 승진하자 여화(廬和) 등의 군(郡)에서 독판(督辦)을 역임했다. 이때 강의 제방을 모두 견고하게 만들자 제방의 백성들은 지금까지 이의 도움을 받고 있다.[194]

성강은 「여주부권조고시(廬州府勸糶告示)」란 문장에서 당시 무위주(無爲州)에 재난이 발생하자 여주부(廬州府)의 환곡(還穀)을 권장하여 실행했던 상황을 기술했다. 당시 무위주의 신사는 다음과 같이 언급했다. 이르길 "성 안에 쌀이 부족하다는 정황을 이용해 사재기 꾼이 쌀을 숨기고 팔지 않는 방식으로 이윤을 노렸다."[195]라 했고, 또한 "이 때문에 도시와 농촌의 신사와 상인에게 이런 사실을 모두 알렸다."[196]라고 했고, 그리고 "너희들은 반드시 타고난 양심에 따라서 이런 근본적인 뜻을 경외하라. 그리고 창고의 상자를

192 환공산(皖公山): 일명 잠산(潛山), 천주산(天柱山)으로 불리며 현재 중국 안휘성 잠산현 서북쪽에 위치한다. (역자 주)

193 현서(賢書): 향시에 합격을 한 사람을 지칭한다. (역자 주)

194 『重建古桃書院碑記』: "原注: 余于道光庚子幸列賢書, 甲辰成進士。先光祿公在浙歷任州縣, 繁劇均隨侍在署。余由工部改官皖省, 歷任廬和等郡督辦, 沿江堤工悉臻完固, 圩民至今賴之。" (역자 주)

195 「廬州府勸糶告示」: "以城內缺米等情具稟, 顯系各囤戶匿不出糶, 希圖重利。" (역자 주)

196 「廬州府勸糶告示」: "爲此示諭城鄉紳士商民知悉。" (역자 주)

모두 방출해 시장에 판매하라. 그렇지 않으면 자본을 마련해 상인을 불러 모으고 조달한 쌀로 굶주린 백성을 구제해야 한다. 만약 그 수량이 3백 석 이상이면 주(州)에서 편액을 내리고, 5백 석 이상이면 부(府)에서 편액을 내리고, 1천 석 이상이면 순무(巡撫)에 보고해 편액을 주고 표창을 할 것이다. 만일 따르지 않는 자가 있다면, 위원(委員)의 조사에 따라 해당 주에서 체포하여 부로 압송할 것이다. 그리고 매점매석의 행위가 있으면 규정과 법에 따라서 그 죄를 다스리되 결코 관용을 베풀지 않을 것이다."[197]라고 했다.

성강의 『상관규수서(上官揆帥書)』에서는 그가 호북 지역에 회하(淮河) 소금의 판매를 주장했던 상황을 수록했다. 이르길 "몰래 조사하니 호북이 회염(淮鹽)의 전매지역으로 나타났다."[198]라고 했다. 그러나 "초(楚)의 접경은 사통팔달(四通八達)하고 사도(私道)로 통하는 도로가 극히 많았다. 예를 들면 천염(川鹽), 노염(潞鹽), 월사(粵私), 정사(井私), 회남각사(淮南脚私), 회북표사(淮北票私) 등은 배와 수레로 운송하기가 매우 편리했다. 비록 엄하게 단속하지만, 간사한 백성은 사익을 꾀하기 위해 법을 어기면서 여전히 언제, 어디서나 소금을 보유했다. 이미 처음에 책정한 판매 수량을 너무 많이 초과해서 그 양을 알 수 없을 정도였다. 최근 수십 년을 근거로 말하면 책정한 제한 액수가 전혀 없는 것과 같았다."[199]라고 했다. 이를 위해 성강은 "임시변통"의 방법을 주장했는데, 이르길 "나는 성(省)마다 소금 전매를 반포하고 과거의 제도를 분명히 했다. 생산량에 근거해 판매지역의 원근(遠近)을 결정했다. 회염 중에서 바닷물을 끓인 소금은 제조가 매우 쉽고, 분포 지역도 비교적 넓어서 회상(淮商)이 큰 이익을 본다. 고로 세금도 가중해 부과해야 한다. 처음이기 때문에 규정 적용이 쉽지 않겠지만 변통을 해도 무방하다. (중략) 천염(川鹽)과 회염의 사용은 백성의 편리를 도모하는 것이다. 우매한 견해에도 불구하고 호북 염에 관한 업무는 여전히 천염, 회염과 함께 운용해야 한다. 급하다고 제도를 바꿔 틈새를 만들어서는 안 된다."[200]라고 했다.

---

197 「廬州府勸糶告示」: "爾等務須共發天良, 仰體此意, 或概出倉箱, 照市糶賣; 或措備資本, 招來客商, 以源源而來之米濟嗷嗷待哺之民, 如數在三百石以上者, 由州給匾; 五百石以上者, 由府給匾; 千石以上者, 詳請撫憲給匾, 以示獎勵。倘有不遵, 一經委員查出, 由該州指拿送府, 定按囤積居之例, 照違制律治罪, 決不姑寬。" (역자 주)

198 『上官揆帥書』: "竊查湖北爲淮鹽引地。" (역자 주)

199 『上官揆帥書』: "楚境四通八達, 透私道路極多, 諸如川鹽、潞鹽、粵私、井私、淮南腳私、淮北票私, 舟車所經轉運甚便。雖曾嚴飭堵緝, 而奸民求利冒法浸灌, 仍隨時隨地有之。定額之初銷數遠莫能考, 以近今數十年而論, 則從無足額之時。" (역자 주)

200 『上官揆帥書』: "我朝頒定各省引地, 系沿前明舊制, 以產數之多寡, 定引銷之遠近, 淮鹽煮海甚易, 故派地極寬, 淮商獲利甚豐, 故加課較重。初非一成不易之例, 不妨因對變通 (中略) 願食川, 願食淮, 似可從民便也。愚昧之見, 湖北鹽務, 仍應川淮并引, 急切不宜更張, 致生他釁。" (역자 주)

『한묵지(翰墨志)』에는 성강의 「품상주단련정형병루진관견(稟常州團練情形並縷陳管見)」과 「흠차대신향군문비(欽差大臣向軍門批)」라는 두 편의 문장을 수록했다. 여기에는 19세기 중기 강소(江蘇)의 상주(常州) 지역에 있었던 단련(團練)[201]의 처리 상황을 언급했다. 당시 상주(常州)에 근무했던 성강(盛康)은 흠차대신 향영(向榮)에게 단련 관리에 대한 자신의 의견을 진술했다. 이르길 "(나는) 직도(職道)[202]에 적을 두고 상주를 조사했다. 앞서 관청의 지시를 받고 지방의 관리와 토호를 훈계하여 자위 훈련을 거행하자 군(君)의 백성 중에 감격하지 않는 자가 없었다. 하지만 수개월 동안 의견이 분분하여 지금까지 성공하지 못했다. 향단(鄕團)을 다스리는 자는 병사 모집에 폐해가 있다고 하고, 병사 모집을 담당하는 자 역시 향단이 무익하다고 말한다. 직도로서 어느 한쪽에 치중해 다른 하나를 폐지할 수는 없다고 본다."[203]라고 했다.

성강의 품독(稟牘)[204]에 대해서 황제는 군문(軍門)[205]을 통해 다음과 같이 회답했다. 즉 "상주를 조사하니 이곳은 강소성의 목구멍과 같은 곳이다. 그러니 단련 관리도 강화해야 할 곳이다. 만약 진지하게 실행할 수 있다면 많은 사람의 의지로 성곽도 만들 수 있을 것이다. 이곳은 천지와 사방이 크게 통하니 단련의 활약이 가능한 곳이다. 여러 차례 적을 물리치는 공을 세우고 고향을 지키니 다스리지 못할 것이 없다. (중략) 이치상 모용(募勇)과 향단의 두 가지 중 어느 한 가지도 폐지해서는 안 된다는 소견은 매우 정확한 지적이다. 향용을 모집하는 곳은 평소 한 번도 도적을 보지 못한 곳으로, 일단 사태가 벌어지면 스스로 힘을 얻기란 기대하기 힘들다. 때문에 상주로부터 기부금과 분우(奔牛) 등의 지역에서 거둔 세금을 월별로 사용해야 한다. 약간의 용병을 모집하여 군대를 따라서 훈련시키고, 위급한 상황이 닥친다면 즉시 투입하여 적을 방어하도록 만든다. 그리고 해당 지역의 향단은 뒤에서 이들과 호응하도록 한다. 이렇게 양자를 서로 보완해서 운영한다면 저절로 실효를 얻을 수 있을 것이다. 이런 이치로 장기간 운영하며 정황에 익숙해진다면 (성강의) 이런 주장이 일리가 없는 것은 아닐 것이다."[206]라고 했다.

---

201 단련(團練): 중국 향촌의 자위 집단으로 당송 시대에도 있었으나 청말(淸末)의 것이 가장 유명하다. (역자 주)

202 직도(職道): 청대의 관명이다. 일명 도대(道臺)라고 부르며 성급의 순무(巡撫)와 총독(總督)과 부급의 지부(知府) 사이에 설치한 지방관이다. (역자 주)

203 『翰墨志』: "職道籍隸常州, 前蒙憲示, 諄飭地方官紳擧行團練, 合郡人民莫不感激。無如數月以來, 議論紛如, 迄無成功。執鄕團之說者, 謂募勇有害; 執募勇之說者, 謂鄕團無益。職道以爲二者不可偏廢也。" (역자 주)

204 품독(稟牘): 상급 기관에 올리는 문서의 한 종류를 지칭한다. (역자 주)

205 군문(軍門): 명나라 시기 총독(總督)이나 순무(巡撫)를 군문이라 일컬었고, 청대에 이르러 제독(提督)이나 제독의 가형을 얻은 총병(總兵)을 군문이라 했다. (역자 주)

206 『翰墨志』: "查常州爲蘇省咽喉, 團練又爲目前要務, 如能認眞擧行, 使衆志成城, 如六合涇太等處團練, 屢次殺

성강의 「응조진언소(應詔陳言疏)」에 대해 광서(光緖) 5년(1879) 12월 4일 청조는 조서를 내려 이르길 "조야(朝野)의 군신과 백관 및 고관에 적을 둔 자를 만약 보았거나, 혹은 행한 바가 있다면 접자(摺子)[207]나 대주(代奏)[208]의 공문으로 모두 사실에 근거해서 직접 진술하면 된다."[209]라고 했다. 이에 성강은 조정의 명에 따라서 주소(奏疏)를 올려 다음과 같이 간언했다. 즉 "외람되지만 주화와 주전론이 서로 갈라져 대치해서는 안 됩니다. 반드시 형세를 먼저 예견할 줄 알아야 합니다. 평소 안일을 추구하지 않음에 일시적으로 미움을 받기가 쉽고, 의로운 분노에 격분한다면 대치 국면은 끝나지 않을 것입니다. 종묘와 사직을 돌아보면 전쟁은 바로 끝날 것입니다. 나라의 치욕이 더욱 커진다면 적의 기세는 더욱 올라갈 것입니다. 이런 폐해는 인재 등용에 전념하지 않았기 때문입니다. 이는 마치 바둑을 둠에 거취가 일정하지 않은 것과 같습니다. 이로 인해서 송(宋)과 명(明)이 멸망한 것입니다."[210]라고 했다. 성강은 당시 국제 정세를 다음과 같이 분석하며 이르길 "선박을 이용해 바다를 건너 동쪽 호시(互市)에 도달할 수 있는 10여 개 나라가 있다. 이들 병선의 예리함과 기계의 정교함은 일찍이 보지 못했던 것들이다."[211]라고 했다. 성강은 유럽의 모든 제국이 중국의 걱정은 아니라고 하면서, 반면에 반드시 경계할 나라는 아시아에 있는 러시아와 일본이라고 지적했다. 이에 대해 이르길 "가장 먼저 대만(臺灣)을 취하고 나면, 두 번째로 조선(朝鮮)을 원할 것이고, 세 번째로는 유구(琉球)를 취할 것이다. 이로써 모든 시도는 끝이 난다. 한시라도 틈만 생기면 기회를 노리고 있으니 대만이 위태롭구나! (대만은) 복건과 절강에서 매우 가까우니 후환은 여기로부터 일어날 것이다."[212]라고 했다. 이러한 성강의 헌책(獻策)에 대해서 이르길 "3가지 말로 결론지을 수 있다. 첫째는 전쟁을 가볍게 말해서는 안 된다. 둘째는 평화스런 국면은 오래가지

賊立功, 未有不能捍衛桑梓之理。(中略) 該道以募勇、鄉團二者不可偏廢, 所見極是。各處所募鄉勇平日未見賊面, 一旦有事, 自難望其得力, 所請由常州捐輸及奔牛等處抽厘款項, 按月解營。募勇若干, 隨軍打仗歷練。如遇有警, 卽時調回, 以當前敵, 本地鄉團爲之後應。如此相輔而行, 自收實效。該道隨營日久, 情形熟悉, 所擬不爲無見。" (역자 주)

207 접자(摺子): 절자(折子)라고도 한다. 천자(天子)에게 아뢰어 올리는 문서를 지칭한다. (역자 주)

208 대주(代奏): 돌아가면서 진언하는 문장을 지칭한다. (역자 주)

209 『翰墨志』: "中外臣工及在籍大員如有所見或自行具摺或呈請代奏, 皆可據實直陳。" (역자 주)

210 『翰墨志』: "竊以爲和戰不宜兩岐, 而形勢必先預審。平日不講求安攘, 臨時又易啟猜嫌。激於義憤, 則和局不終; 回念宗社, 則戰事輒罷。國恥益大, 敵焰益張。其弊由於用人不專, 擧棋不定, 此宋明之世所以取敗也。" (역자 주)

211 『翰墨志』: "自輪舶跨海而東互市者十數國, 其兵艘之利、器械之精爲開闢所未見。" (역자 주)

212 『翰墨志』: "一犯臺灣, 再議朝鮮, 三取琉球, 皆爲嘗試之端。一朝有間可乘, 臺灣岌岌矣! 距閩浙太近, 恐後患從此起矣。" (역자 주)

않을 것이다. 셋째는 방어 대책 수립을 늦춰서는 안 된다."[213]라고 했다. 성강은 19세기 70년대 당시 중국과 세계 각국의 형세를 분석하면서 "국방을 조금이라도 늦춰서는 안 된다."라고 건의했다. 이는 충분히 고려할 만한 가치가 있는 주장이다.

성선회(盛宣懷)는 성씨의 14대 후손으로 윤선초상국(輪船招商局)과 중국전보국(中國電報局)을 창립하는 등 양무운동에 가담했다. 그리고 천진해관도(天津海關道)와 우전부대신(郵傳部大臣) 등의 직관을 역임했던 만청(晩晴) 시기 중신이었다. 하지만 『한묵지』에 수록한 저술은 그다지 많지 않고, 오직 「임호증삼공주의서(林胡曾三公奏議序)」 한 편만을 수록했다. 이곳에서 성선회는 광서(光緖) 2년(1876)에 부친의 명에 따라 『임호증삼공주의(林胡曾三公奏議)』를 저술한 동기에 대해 언급했다. 이르길 "도광 연간에 임공(林公)이 초(楚)지역을 감독함에 그의 훌륭한 선정은 모두 기록할 수 없을 정도였다. 가장 큰 업적은 소금판매 허가증으로 둑을 열고 한수(漢水)를 끌어다 조절하면서 무성한 잡초를 제거했다. 이렇게 상세하게 임공의 정성과 충정을 기술함에 족히 고인과 견줄 만했다. 임공이 황제의 특별한 지시를 받고 성심을 다해서 자신의 임무를 수행함에 그 업적이 초에서만 뛰어난 것이 아니었다. 그리고 호공(胡公)과 증공(曾公)은 동남지역을 평정하고 황제를 내조해 중흥의 업적을 이루었으니 그 공적이 촉에서만 드러난 것이 아니었다. 특별히 3명의 공(公)은 선후로 초에서 역임하며 이루었던 성대한 문치와 무공을 모두 주의(奏議)로 수록했다. 선친께서는 임공을 알현했고, 또한 호공과 증공의 속리이기도 했다. 이때 공들의 변경과 나라와 백성을 편안하게 하려는 책략과 흉악한 도적을 평정하려는 지략 등을 직접 목도했다. 이에 명을 받고 이런 뜻을 널리 알리기 위해서 자료를 선별하여 20권으로 만들고 이를 『삼공주의(三公奏議)』라 한다."[214]라고 했다.

이상에서 볼 수 있듯이 『성씨종보』에 수록된 『한묵지』에는 저술 외에도 성씨의 종보와 관련된 사건을 기록하는 등 그 기술 범위는 단순히 풍속 교화의 범위를 뛰어넘었다. 그래서 『한묵지』는 19세기 중후기를 아우르는 정치, 경제, 군사, 교육, 문화 등 중요한 문제를 이해하는 데 참고할 만한 충분한 가치가 있다.

---

213 『翰墨志』: "三言而決之: 日戰事不可輕言, 和局不可長恃, 防務不可稍緩。" (역자 주)

214 『翰墨志』: "道光間, 林公督楚, 美政不勝書。而尤大者, 在疏鹽引堤襄漢控制鎭革數要端, 其敷陳之公忠委摯, 足與古人比烈。夫林公受成皇帝特達之知, 曆膺疆吏, 不第著績于楚。胡、曾二公戡定東南, 佐毅皇帝成中興之業, 亦不第著績于楚。特以三公先後蒞楚, 其文治武功之盛, 皆於奏議焉具之。而家君及見林公, 又爲胡、曾二公屬吏, 親睹綏靖邊圉之宏猷, 削平劇寇之偉略, 爰命宣懷匯選二十卷, 爲《三公奏議》。" (역자 주)

9. 돌림자와 항렬

가보에서 돌림자와 항렬은 자행(字行), 파행(派行), 행제(行第), 세차행렬(世次行列), 소목서차(昭穆序次) 등으로 부르기도 한다. 이는 족인 세대 간의 이름과 종족 성원을 촌수로 구별해서 기록하기 위한 용어이다. 예를 들어 설명하면 다음과 같다.

『(호남상담)소산모씨족보((湖南湘潭)韶山毛氏族譜)』의 돌림자 배열은 아래와 같다.

입(立) 현(顯) 영(榮) 조(朝) 사(士), 문(文) 방(方) 원(遠) 제(濟) 상(祥);
조(祖) 은(恩) 이(貽) 택(澤) 원(遠), 세(世) 대(代) 영(永) 승(承) 창(昌).
효(孝) 우(友) 전(傳) 가(家) 본(本), 충(忠) 양(良) 진(振) 국(國) 광(光);
기(起) 원(元) 돈(敦) 성(聖) 학(學), 봉(鳳) 아(雅) 열(列) 명(明) 장(章).

예를 들면 모택동(毛澤東)의 '택(澤)'은 돌림자이고, 부친 모이창(毛貽昌)의 '이(貽)'는 항렬이다. 조부인 모은배(毛恩培)의 '은(恩)'은 돌림자에 해당하는데, 이런 돌림자를 근거로 14대·13대·12대를 구분한다.

『(사천광안)등씨종보((四川廣安)鄧氏宗譜)』의 돌림자와 항렬은 다음과 같다.

이(以) 인(仁) 존(存) 심(心), 극(克) 소(紹) 선(先) 형(型).

등소평(鄧小平)은 '선(先)'이 돌림자이고, 부친인 등소창(鄧紹昌)은 '소(紹)'가 돌림자이다. 등소평의 원래 이름은 등선성(鄧先聖)이었다. 하지만 사숙할 때 선생이 성인보다 앞선 사람이란 뜻은 타당하지 않다고 조언하여 등희현(鄧希賢)으로 개명했다. 당시 등소평은 프랑스에서 유학할 때라 여전히 등희현이란 이름을 사용했다. 이후 20년이 지난 후에 다시 등소평으로 개명했다.

민국 15년(1926) 『(안휘정덕)제양강씨금오파종보((安徽旌德)濟陽江氏金鼇派宗譜)』의 돌림자와 항렬은 다음과 같다.

홍(洪) 도(圖) 소(紹) 세(世) 택(澤), 비(丕) 현(顯) 진(振) 가(家) 성(聲).

강택민(江澤民)의 '택(澤)'자는 돌림자이다. 그의 생부는 강세준(江世俊)이었고, 양부는 강세후(江世侯), 즉 강상청(江上靑)으로 '세(世)'자는 돌림자이다. 조부는 강소악(江紹嶽)으로 '소(紹)'자가 돌림자이다. 이들의 돌림자는 가보 중에서 64대, 63대, 62대에 해당한다.

다수의 가보는 종족의 항렬을 공포할 때 돌림자와 항렬의 중요성을 강조했다. 이와 관련해 옹정(雍正) 8년(1730) 『(안휘휴녕)강촌홍씨가보((安徽休寧)江村洪氏家譜)』에서 이르길 "족인에게 항렬이란 소목(昭穆)을 분별하고, 존비를 구분해서 혼란을 방지하기 위함이다. 만약 항렬이 일정하지 않으면 목(穆)이 소(昭)와 같고, 비(卑)와 존(尊)이 같아진다. 그러면 향당에서는 명분을 세울 수 없을 뿐만 아니라, 부친의 형제가 가묘(家廟)에서 서열이 없어지는 것과 같다. 이렇게 된다면 어찌 (종족이) 거족(巨族)의 규모로 흥성할 수 있겠는가."[215]라고 했다.

도광 30년(1850) 『(강서무원)소강가승((江西婺源)蕭江家乘)』에서는 돌림자와 항렬에 대해 다음과 같이 언급했다.

> 옛날에 이름을 지음에 각자 이로운 점을 취하고, 꺼리는 것을 회피함이 적지 않았다. 하지만 한순간 방심하면 아들이 부친의 이름을 범하고, 손자는 작고하신 조부의 이름을 범하기도 했다. 그래서 지금 동족 중 20글자를 정해 세대의 순서로 삼는다. (중략) 이런 순서로 대대로 연속됨에 자손은 이를 준수해 소홀함이 없기를 바란다.[216]

민국 12년(1923) 『(안휘)적계홍천정돈목당세계보((安徽)績溪洪川程敦睦堂世系譜)』에서는 다음과 같이 언급했다.

> 항렬은 명분(名分)을 바르게 하고 소목의 순서를 정해서 형제 관계를 나타낸다.[217]

민국 13년(1924) 『(강서무원)태원쌍삼왕씨종보((江西婺源)太原雙杉王氏宗譜)』에서는 다음과 같이 언급했다.

> 나의 동족 항렬은 일정하지 않아서 종종 족인 스스로가 (항렬을) 바꾸기도 했다. 비록 같은

---

215 『(安徽休寧)江村洪氏家譜』: "族之有排行, 所以辨昭穆, 別尊卑, 使不紊亂也。蓋排行不定, 則或以穆而同于昭, 或以卑而等乎尊, 不惟無以正名分于鄉間, 抑且無以序諸父昆弟于家廟, 其何以成巨族之規模乎!" (역자 주)

216 『(江西婺源)蕭江家乘』: "古之命名, 各有義取, 避忌亦復不少, 一不之謹, 甚至子犯父名, 孫干祖諱, 今同族中酌定二十字爲世次。(中略) 以次蟬聯, 吾願子孫繩繩恪遵毋忽。" (역자 주)

217 『(安徽)績溪洪川程敦睦堂世系譜』: "排行, 所以正名分, 序昭穆, 聯同氣也。" (역자 주)

방(房)이지만 누가 아저씨이고 누가 조카인지 알지 못했다. 그리고 호칭들이 뒤섞이며 학식 있는 사람의 비웃음거리가 되기도 했다.[218]

원래 돌림자와 항렬의 목적은 "아들이 부친 이름을 범한다." "손자가 돌아가신 조부의 이름을 범한다." "아저씨와 조카가 뒤바뀐다." 등의 문란과 폐단을 극복하는 것이었다. 그리고 이를 통해 명분(名分)을 바로잡고, 소목을 분별하며, 존비를 구별하는 등의 대사(大事)를 구분하는 역할을 했다. 그리하여 족인들은 돌림자와 항렬의 수정(修訂)을 매우 중시했다. 예를 들면 민국 13년의 『(강서무원)태원쌍삼왕씨종보((江西婺源)太原雙杉王氏宗譜)』에는 족인의 항렬을 확정한 것에 대해 다음과 같이 언급했다.

많은 족인들이 깊이 생각하고, 수차례 상의한 끝에 적당한 시기에 본방(本房)의 가보를 수보하기로 함에 일단 20개 글자로 20세대의 항렬을 정했다.[219]

항렬에 사용된 20개 글자를 열거하면 다음과 같다.

예(禮) 악(樂) 승(承) 가(家) 학(學), 시(詩) 서(書) 기(起) 후(後) 곤(昆).
이(詒) 모(謀) 굉(宏) 조(祖) 음(蔭), 승(繩) 무(武) 경(景) 전(前) 인(人).

대다수 가보는 『(강서무원)태원쌍삼왕씨종보((江西婺源)太原雙杉王氏宗譜)』와 같이 돌림자와 항렬에 대해서 "많은 족인들이 깊이 생각하고 수차례 상의했던" 것이다. 그리고 항렬의 행간에는 깊은 뜻을 담고 있다. 예를 들면 민국 24년(1935)의 『(안휘흡현)신안대부여씨종보((安徽歙縣)新安大阜呂氏宗譜)』의 항렬은 효(孝), 우(友), 인(仁)이 모두 이루어지고, 시서(詩書)로 가문의 명예가 널리 알려진다는 의지를 담고 있다.

청명한 땅에 원대한 복이 있고, 淸邦宏慶,
준걸과 선비가 함께 조정에 오르니, 俊彥同升,

218 『(江西婺源)太原雙杉王氏宗譜』: "我族字行不一律, 往往家自爲改, 雖同房間, 亦不知誰叔誰侄, 含混稱呼, 致爲有識者之訕笑。" (역자 주)

219 『(江西婺源)太原雙杉王氏宗譜』: "群相研慮, 再四磋商, 適當本房修譜之期, 暫擬行次二十字爲二十世之定稱。" (역자 주)

아름다운 숲의 수려함과 같이　　　　　　　桂林聿秀,
학교에서 재능이 있는 자를 선발한다.　　　庠序掄英

현명해 사리에 밝고 영민해　　　　　　　　賢達明敏,
효도와 우애가 있고 충성과 절의가 있어,　　孝友忠貞,
슬기와 지혜를 계승하니　　　　　　　　　謨猷克紹,
인덕(仁德)과 장수(長壽)가 모두 이루어진다.　仁壽咸登

하늘이 복을 내려 주심에　　　　　　　　　錫茲祉福,
날이 갈수록 (가문은) 융성하며 발전하니,　　日升月恒,
시서(詩書)의 경서가 후대로 전승되어　　　　詩書繼世,
가문의 명예가 널리 알려진다.　　　　　　　永振家聲

그리고 민국 6년(1917)의 『(강서무원)청화호인덕당속수세보((江西婺源)清華胡仁德堂續修世譜)』의 항렬은 시문(詩文)을 통해 '존조경종(尊祖敬宗)'의 취지를 준수했다. 즉 가문의 비조(鼻祖)이며 당말(唐末)에 은청대부(銀青大夫)를 역임했던 관직의 자구를 항렬의 시문에 삽입했다.

상서로운 기운이 봄날처럼 일어나고,　　　　　　　祥瑞起韶光,
예악의 제도는 누세의 덕을 비추네.　　　　　　　文章昭世德,
용이 날고 제비와 사슴이 우니,　　　　　　　　　龍飛燕鹿鳴,
준걸이 조상이 남긴 은택을 전승하네.　　　　　　俊彥承先澤,
시조의 금자(金紫)[220]와 종주(宗主)의 은청(銀青)[221]으로　祖金紫, 宗銀青,
훈현(勳賢)의 후손은 영원히 창성하네.　　　　　　勳賢之後永昌大。

일부 가보는 고시(古詩)의 자구를 모아서 배열해 이를 '소목(昭穆)의 순차'로 삼기도 했다. 민국 23년(1934)의 『(안휘휴녕)휴녕후전오씨종보((安徽休寧)休寧厚田吳氏宗譜)』에는 다

220 금자(金紫): 고대시기 관인의 등급을 나타내는 금인(金印)과 자수(紫綬)를 지칭한다. 벼슬이 높은 사람이 차는 것으로 의장(儀章)이며, 품계가 높은 벼슬을 뜻하기도 한다. (역자 주)

221 은청(銀青): 금자와 같은 맥락으로 은인(銀印)과 청수(青綬)를 지칭한다. (역자 주)

음과 같이 항렬을 수록했다.

여(如) 일(日) 지(之) 승(升)(『詩經·小雅·天保篇』)
성(成) 인(人) 재(在) 시(始)(『張華勵志詩』)
자(資) 충(忠) 이(履) 신(信)(『劉琨答盧湛詩』)
용(用) 석(錫) 이(爾) 차(扯)(『詩經·大雅·江漢篇』)

또한 일부 가보의 돌림자는 남녀를 구분해 설정하기도 했다. 광서(光緖) 30년(1904) 『(안휘적계)면곡정씨종보((安徽績溪)綿谷程氏宗譜)』의 경우 "선조는 안(安)자 돌림자를 시작으로 계속 늘어나 40자가 되었고 이를 대대로 고수했다. 여성의 항렬 역시 40개로 남편 이름을 피해서 증가했으며 유명한 이름으로 통일하기도 했다."[222]라고 했다. 남성의 항렬은 다음과 같다.

안(安) 응(應) 국(國) 종(宗) 연(延), 건(建) 립(立) 유(維) 선(先) 지(志)
돈(惇) 영(永) 무(懋) 굉(宏) 기(基), 창(昌) 명(明) 진(振) 현(顯) 사(仕)
원(元) 덕(德) 시(時) 극(克) 승(承), 가(家) 도(道) 자(自) 융(隆) 기(起)
간(刊) 언(彦) 책(策) 대(大) 정(廷), 명(名) 언(言) 기(期) 수(壽) 세(世)

그리고 여성의 돌림자는 다음과 같다.

교(嬌) 정(貞) 지(芝) 용(容) 방(芳), 흠(欽) 현(賢) 봉(鳳) 원(媛) 수(秀).
서(瑞) 상(祥) 수(粹) 애(藹) 화(和), 연(娟) 한(嫻) 경(慶) 숙(淑) 무(茂).
연(蓮) 혜(蕙) 소(素) 화(華) 연(姸), 옥(玉) 주(珠) 해(諧) 호(好) 우(偶).
단(端) 경(敬) 미(美) 영(英) 규(閨), 정(靜) 순(順) 성(成) 가(佳) 조(助).

민국 14년(1925) 『(안휘적계)탄천월국왕씨종보((安徽績溪)坦川越國汪氏宗譜)』의 돌림자와 항렬 역시 각각 남녀를 구분해서 배열했다.

남성의 돌림자는 다음과 같다.

---

222 "從先祖安字輩起, 衍成四十字, 以爲世守, 女排行亦四十字, 從夫諱而衍之, 有以知名分之劃一也。" (역자 주)

국(國) 가(家) 덕(德) 확(廣) 대(大), 굉(宏) 치(治) 사(士) 항(恒) 강(康).
영(英) 준(俊) 의(依) 시(時) 발(發), 천(天) 개(開) 세(世) 운(運) 창(昌).

여성의 돌림자는 다음과 같다.

음(音) 순(順) 화(和) 호(好) 조(助), 성(成) 가(家) 미(美) 옥(玉) 용(容).
완(婉) 유(蝓) 연(娟) 숙(淑) 원(媛), 장(莊) 정(靜) 선(羨) 휘(徽) 종(綜).

이상과 같이 남녀의 항렬의 뜻을 보면 그 차이를 분명히 할 수 있다. 즉 남성은 국가를 안정시키고 공고히 하며, 집안을 일으키는 중임을 담당한다는 내용이고, 반면에 여성은 반드시 '삼종사덕(三從四德)'[223]하면서 단정하고 얌전하게 남자를 내조한다는 뜻이다.

주목할 점은 중국 가보는 지속적인 속수(續修) 과정을 거치면서 돌림자와 항렬 역시 계속 확대되었다는 점이다. 예를 들면 민국 24년(1935) 『(안휘적계)준의호씨종보((安徽績溪)遵義胡氏宗譜)』는 건륭(乾隆) 40년(1775)에 편찬되었고, 제24대 후손부터 종사(宗祠)의 항렬을 아래와 같이 다시 확정했다.

정(正) 명(名) 정(定) 입(位), 속(裕) 사(嗣) 영(榮) 창(昌).
현(顯) 조(祖) 석(錫) 조(祚), 계(繼) 서(序) 영(永) 강(康).

그리고 민국 24년(1935)에 가보를 속수하면서 "제41대부터 항렬을 16개 글자로 이어서 정한다."[224]라고 했는데, 그 내용은 다음과 같다.

유(由) 상(常) 입(立) 본(本), 상(尙) 채(采) 숭(崇) 실(實).
자(自) 이(爾) 대(大) 동(同), 혁(奕) 기(其) 번(蕃) 길(吉).

민국 20년(1931) 『(안휘흡현)비산홍씨종보((安徽歙縣)飛山洪氏宗譜)』는 '세차항렬(世次行

---

223 삼종(三從): 여자가 따라야 할 3가지 도리. 어려서 어버이께 순종하고 시집가서는 남편에게 순종하고, 남편이 죽은 뒤에는 아들을 따르는 도리를 말한다. '사덕(四德)'이란 여자가 준수해야 할 4가지 덕목으로 부덕(婦德)·부언(婦言)·부용(婦容)·부공(婦功)을 말한다. (역자 주)

224 『(安徽績溪)遵義胡氏宗譜』: "自四十一世續定排行十六字。" (역자 주)

列)'에서 제31대부터 제40대까지의 항렬을 아래와 같이 10글자로 나열했다.

광(廣) 준(俊) 희(喜) 명(明) 화(華), 덕(德) 안(安) 서(瑞) 길(吉) 성(昌).

해당 시기 수보의 항렬은 이미 '길(吉)'에 도달했기 때문에 별도로 10글자를 더 추가했던 것이다.

돈(敦) 인(仁) 부(敷) 경(敬) 예(禮), 승(承) 조(祖) 수(樹), 기(基) 상(祥).

그리고 제41대의 '돈(敦)'의 항렬에서 제50대 '상(祥)'까지는 후대인이 계승할 수 있도록 미리 준비해 두었다.

중국 가보에 수록된 종족의 세대 수를 보면 적게는 수십 대이고 많게는 수백 대까지 달했다. 하지만 돌림자와 항렬이 시조나 천시조에서 시작된 것은 아니었다. 예를 들면 민국 15년 『(안휘정덕)제양강씨금오파종보((安徽旌德)濟陽江氏金鼇派宗譜)』의 '금오강씨연명백세도(金鼇江氏聯名百世圖)'란 편목에 이와 관련된 내용을 수록했다. 제1대 조상인 혁공(革公)부터 20대 소공(韶公)의 이름에는 연속관계가 없을 뿐만 아니라 돌림자 역시 없다. 제21대부터 돌림자와 항렬이 시작되었지만, 제59대까지도 아직 규범화되지 않았고 자구(字句) 역시 별다른 의미가 없었다. 그 항렬의 순서를 나열하면 다음과 같다.

지(知), 영(永), □, 집(執), 전(全), 천(天); 종옥방(從玉旁), 약(若), 종(從), 자두종우(字頭從雨), 종금방(從金旁), 종산방(從山旁), 종(宗), 종옥방(從玉旁), 정(政), □, 여(汝), 종목방(從木旁), □, 손(孫), □, □, □, 윤(允), 덕(德), 흥(興), 음(蔭), 생(生), 종(宗), 원(元), 정(廷), 경(景), 일(一), 유(有), 지(之), 일(日), 기(起), 봉(逢), 무(懋)

제61대부터 제100대까지의 돌림자와 항렬은 점차 규범화되었고, 문장도 일정한 의미를 갖게 되었다. 이를 나열하면 다음과 같다.

홍(洪) 도(圖) 소(紹) 세(世) 택(澤), 비(丕) 현(顯) 진(振) 가(家) 성(聲).
승(承) 조(祖) 훈(訓) 석(錫) 가(嘉), 명(名) 훈(勳) 이(爾) 작(作) 가(奇).
영(英) 학(學) 도(道) 희(希) 견(堅), 성(聖) 경(經) 방(邦) 송(頌) 태(泰).
평(平) 문(文) 명(明) 창(昌) 국(國), 조(祚) 상(上) 달(達) 내(乃) 광(光) 영(榮).

함풍(咸豐) 6년(1856) 『(강서무원)괴계왕씨지보((江西婺源)槐溪王氏支譜)』에 수록된 「항제인언(行第引言)」에서는 돌림자와 항렬이 송원(宋元) 이후에 시작되었다고 언급했다. 이르길 "송원(宋元) 이전 여러 종족 중 첫 번째 세대의 경우 '일(一)'자를 항렬로 삼고 생일에 따라서 장유의 순서를 결정했다. 그리고 (항렬의) 순서를 낱낱이 숫자로 표시했다. 이후 종족이 번성하여 인구가 늘어나면서 편제에 어려움이 생겼다. 그러다가 명나라에 이르러 항렬 순서에 따라 이름을 배열하는 방식으로 바꾸자 이름만 들으면 어느 세대에 속했는지를 알게 되었다. 그리하여 (분별하는) 일은 비교적 간단해지고 위아래의 질서가 확립되었다."[225]라고 했다. 이상의 내용에서 분명히 언급한 것처럼 송원 이전에는 돌림자와 항렬은 없었다. 종족 세계(世系)와 그 선후는 종종 항렬의 순서에 따라서 숫자로 표시했다. 그러다가 명대에서부터 돌림자와 항렬을 이용해 "이름만 들으면 어느 세대에 속하는지 알게 되었다."라고 했다.

이처럼 돌림자와 항렬의 내용이 매우 다양해지면서 중국 가보를 구성하는 중요한 요소로 자리 잡았다. 그리고 중국 성씨 문화를 구성하는 유기적인 요소로 작용했다. 중화인민공화국 건국 이후에는 사람들이 작명할 때 더 이상 돌림자와 항렬을 고려하지 않았지만, 그럼에도 일부 사람들은 여전히 지정된 돌림자를 넣어 이름을 짓기도 한다. 최근 10여 년 전부터 가보를 편찬하는 일이 유행하면서 일부 사람들은 이름을 지을 때 새로 편찬한 가보의 규정된 돌림자와 항렬을 참고하기도 했다. 예를 들면 추씨족인(鄒氏族人)의 경우 16년의 노력 끝에 2007년 1월에 모두 5권의 『중화추씨족보(中華鄒氏族譜)』를 간행했다. 이후 각지 추씨 종친의 의견을 수렴해서 새롭게 '백자파(百字派)'를 만들었는데, 이를 나열하면 다음과 같다.

동(東) 노(魯) 고(高) 풍(風) 원(遠), 범(范) 양(陽) 덕(德) 택(澤) 장(長).
희(希) 성(聖) 숭(崇) 예(禮) 의(義), 상(象) 현(賢) 병(秉) 충(忠) 양(良).
계(繼) 서(序) 승(承) 은(恩) 무(茂), 연(延) 갱(賡) 영(榮) 세(世) 창(昌).
육(睦) 린(鄰) 돈(敦) 효(孝) 우(友), 기(期) 언(彥) 윤(胤) 화(華) 장(章).
보(寶) 수(樹) 회(懷) 우(宇) 성(盛), 난(蘭) 규(桂) 만(滿) 정(庭) 방(芳).
근(勤) 위(爲) 서(書) 산(山) 경(徑), 지(智) 도(導) 학(學) 해(海) 항(航).
홍(弘) 의(毅) 견(鵑) 풍(鵬) 익(翼), 도(圖) 신(新) 용(龍) 봉(鳳) 상(翔).

---

225 『(江西婺源)槐溪王氏支譜』: "宋元以前, 合族中一代之人, 以一字爲行, 照生辰之先後, 以數目敘之而爲第, 族大人蕃難于編載, 故自有明來易一字之行冠於名上, 聞其名則知系屬某代, 事較簡而齒亦易序也。" (역자 주)

민(緐) 성(星) 랑(朗) 건(乾) 곤(坤), 금(金) 과(科) 혼(焜) 옥(玉) 당(堂).
문(文) 도(韜) 치(致) 효(堯) 순(舜), 무(武) 약(略) 진(振) 가(家) 방(邦).
경(敬) 조(祖) 건(建) 공(功) 업(業), 만(萬) 대(代) 도(鑄) 휘(輝) 황(煌).

아울러 가보 편집위원회는 추씨(鄒氏) 중에 읍의 이름을 씨(氏)로 삼은 족인의 경우 제81대부터, 국(國)을 성(姓)으로 삼는 경우는 69대부터 사용한다는 규정을 만들기도 했다.[226] 『중화추씨족보』의 '백자파'는 역사적인 전환기에서 돌림자와 항렬이 어떻게 새로운 시대에 계승·발전되었는지를 보여 주는 귀중한 자료이다.

상술한 바와 같이 돌림자와 항렬은 다양한 중화전통의 문화적 의미를 내포하고 있다. 이것은 우리가 비판을 통해 계승하고, 혁신을 통해 발전시켜 나가야 할 귀중한 역사 문화적 유산임에 틀림없다.

10. 가보를 수령하는 일련번호

종족의 순결성을 보호하고 외부 성씨와 족인을 사칭하는 자의 유입을 방지하기 위해 가보를 완성한 후 방(房)과 일련번호에 따라 내부 족인에게만 일정 수량을 배포했고, 타인에게는 보여 주지도 않았다. 각 방(房)과 지파는 번호에 따라 서명을 한 후에 가보를 수령했고, 또한 가보의 소장과 신속한 검증을 위한 관련 규정을 두기도 했다.

대다수의 가보는 『천자문(千字文)』의 '천(天), 지(地), 현(玄), 황(黃) (중략)' 등을 일련번호로 사용했다. 각 방(房)과 지파는 이 번호를 근거로 하여 가보를 수령했다. 예를 들면 동치 13년 『(안휘기문)방씨종보((安徽祁門)方氏宗譜)』의 경우에, 해당 족인이 속한 방(房)과 지파가 모두 40개이었기 때문에 "천지현황(天地玄黃), 우주홍창(宇宙洪昌), 일월영측(日月盈昃), 진숙열장(辰宿列張), 한래서왕(寒來暑往), 추수동장(秋收冬藏), 윤여성세(閏餘成歲), 율여조양(律呂調陽), 운등치우(雲騰致雨), 노결위상(露結爲霜)." 등의 40개 글자를 일련번호로 삼았다. 그리고 지파에게 일련번호를 근거로 가보를 지급하였고, 만약 도서에 일련번호가 없다면 위조된 가보로 판단하여 종파(宗派)와의 연락을 허가하지 않았다. 함풍(咸豐) 6년(1856) 『(강서무원)괴계왕씨지보((江西婺源)槐溪王氏支譜)』와 강희 29년(1690) 『(안휘휴녕)자장

226 『鄒譜編纂簡訊』(第18期).

주씨종보(安徽休寧紫莊朱氏宗譜)』 등의 가보는 '천지현황'이란 천자문의 문자를 일련번호로 삼아 가보를 배부했다.

어떤 가보의 경우 '삼강(三綱)'·'오상(五常)'을 바탕으로 일련번호를 삼아서 각 방과 지부에 배포하기도 했다. 예를 들면 민국 21년(1932) 『(안휘기문)경조김씨종보((安徽祁門)京兆金氏宗譜)』의 경우 "효제전가본(孝弟傳家本), 충신치세규(忠信治世規), 예의생도덕(禮義生道德), 염치입신기(廉恥立身基), 시서이연익(詩書貽燕翼), 검양소구기(儉讓紹裘箕) 등 30개의 문자를 수령번호로 정했다. 그리고 각 방은 이를 근거로 가보를 수령했다."[227]라고 규정했다. 그리고 가경(嘉慶) 17년(1812) 『(안휘이현)고축손씨가보((安徽黟縣)古築孫氏家譜)』의 경우 "효우목인임휼(孝友睦姻任恤)이라는 6개 문자를 번호로 각 글자마다 10개씩 모두 60부의 수령번호를 기입했다."[228]고 했다.

어떤 가보의 경우 수보의 종지(宗旨)를 일련번호로 하여 각 방과 지부에 자형 대소로 배포하기도 했다. 예를 들면 동치(同治) 7년(1868) 『(강서무원)도계반인사종보((江西婺源)桃溪潘仁仕宗譜)』의 경우 24개의 문자, 즉 "보첩유래최중(譜牒由來最重), 친소일맥상련(親疏一脈相聯), 존조경종수족(尊祖敬宗收族), 계후즉이승선(啟後卽以承先)." 등의 순서로 수령 번호를 정했다. 어떤 경우 수령 번호를 해당 족인이 거주하는 지역이나 사당 건축의 이름으로 정하기도 했다. 예를 들면 민국 25년(1936) 『(안휘적계)대곡정씨세영당가승((安徽績溪)大谷程氏世榮堂家乘)』은 52개의 문자를 사용했는데, 이를 나열하면 다음과 같다. 즉 "적계사도(績溪四都), 대곡정씨(大谷程氏), 세영지사(世榮支祠), 세서봉경오(歲序逢庚午), 융동다우설(隆冬多雨雪), 당우수리성(堂宇修理成), 조손득안첩(祖孫得安帖), 기국중휘황(氣局重輝皇), 문전척유장(門前拓有場), 나산환북경(羅山環北境), 금수달서강(錦水達西江)"[229] 등을 사용했다.

가보 수령의 자형을 간단하게 숫자를 사용해 나열하는 경우도 있었다. 예를 들면 명초본(明鈔本) 『신안휴녕산두정씨본지속보(新安休寧山斗程氏本支續譜)』에서 "각 방(房)이 수령하는 종족 세보의 번호와 수령인"[230]이라 언급했다. 즉 1호·2호·3호·4호 등의 순서로 나열하여 모두 44호에 달했다. 그리고 청초본(淸抄本) 『(강서무원)성원장씨세보((江西婺源)星源張氏世譜)』 경우는 갑자(甲字) 1호·을자(乙字) 2호·병자(丙字) 3호·정자(丁字) 4호 등의 순

227 『(安徽祁門)京兆金氏宗譜』: "孝弟傳家本、忠信治世規、禮義生道德、廉恥立身基、詩書貽燕翼、儉讓紹裘箕三十號, 各房照字分領。" (역자 주)

228 『(安徽黟縣)古築孫氏家譜』: "孝友睦姻任恤六字爲號, 每字十號, 共六十部。" (역자 주)

229 『(安徽績溪)大谷程氏世榮堂家乘』: "績溪四都, 大谷程氏, 世榮支祠。歲序逢庚午, 隆冬多雨雪, 堂宇修理成, 祖孫得安帖, 氣局重輝皇, 門前拓有場, 羅山環北境, 錦水達西江。" (역자 주)

230 『新安休寧山斗程氏本支續譜』: "各房所領統宗世譜字號人。" (역자 주)

서로 수령 번호를 배열하기도 했다.

각 종족은 일련번호에 따라 서명을 한 후에 가보를 수령하도록 했고, 계속해서 어떻게 가보를 보관하는지에 대해서도 구체적으로 기술했다. 그리고 가보의 인쇄 수량 역시 제한을 했는데, 어떤 가보의 경우 문파(門派)와 지파(支派)를 하나로 묶어 편찬해 한 부만을 제공했기 때문에 별도로 보관하는 방법을 구체적으로 제시하기도 했다. 이에 대해 이르길 "이주로 인해 외지에서 가보를 수령하거나, 혹은 여러 문파가 한 부를 공유하거나, 혹은 한 문파가 한 부를 공유하거나, 혹은 한 지파가 한 부를 공유할 수 있다. 하지만 가보를 여럿이 함께 수령하든, 각자 수령하든, 아니면 모공(某公)의 지파에서 단체로 수령하든 모두 공공(公共)의 가보이다. 그 관리는 누구에게 맡겨야 하는지, 혹은 누가 돌아가면서 관리해야 하는지 등은 각자 처한 상황에 따라 정한다. 그리고 상황을 헤아려 그의 임무와 책임을 다하게 하고, 또한 관리가 적절한지를 조사해서 물에 젖거나 훼손되지 않도록 한다."[231]라고 했다. 어떤 족인은 다음과 같이 언급하기도 했다. 이르길 "가보를 수령한 후에 소중하게 소장해야 한다. 습기를 피하고, 물과 불, 벌레와 쥐 등에 대해서도 예방 조치를 해야 한다. 그리고 해마다 한 차례 햇볕을 쬐고, 좀벌레를 쫓고, 연기를 피워서 보존하는 것이 중요하다."[232]라고 했다. 계속해서 이르길 "무릇 가보란 역사의 갈래이니 수록한 내용을 어찌 가볍게 여기겠는가? 수령 번호를 정한 후에 별도로 글자를 적어서 본인이 수령하도록 한다. 가보는 대대로 전승되는 가문의 존귀한 경전이니 마땅히 소중히 보관해야 하고 이를 경솔히 해서는 안 된다. 그리고 각기 하나씩의 상자를 준비하고 그 속에 가보를 보관해야 한다. 만약에 먼지가 쌓이면 가보를 햇볕에 쪼여 좀벌레의 훼손을 막는다."[233]라고 했다.

각 족인마다 소장하는 가보를 어떻게 검증하는지에 대한 관련 규정을 두기도 했다. 족인은 가보를 규정된 수량만큼 인쇄한 후에 별도로 각 방과 지파에 따라 한 부를 더 인쇄했다. 그리고 이를 사당(祠堂)에 비치하고 검수용으로 사용했다. 예를 들면 가경 16년(1811) 『(안휘흡현)계계항씨족보((安徽歙縣)桂溪項氏族譜)』에서는 다음과 같이 규정했다. 이르

231 『(安徽歙縣)桂溪項氏族譜』, 嘉慶 16年(1811): "遷寄在外分收各譜, 或數門而共一部者, 或一門而共一部者, 或一支一派而共一部者, 凡書同收公收某公支下某等收者, 皆公共之譜也, 其應交何人收管或該何人輪管, 聽各處因地制宜, 斟酌至當, 務使責有攸歸, 稽查妥善, 不至沈沒損壞。"

232 『(安徽績溪)大谷程氏世榮堂家乘』, 民國 25年: "領譜愼收藏, 避潮濕, 水火、蟲場、鼠齧均宜防範。每年檢曬一次, 驅蠹魚, 出霧氣, 以保存爲重。"

233 『(安徽祁門)王氏宗譜』, 光緒 15年(1889): "夫譜, 史之流也, 所系詎容輕哉", 宗譜"編定字號, 每副注一字, 給付本人收執, 此系傳家鉅典, 宜藏之什襲, 毋許輕忽, 各置箱一個, 將譜盛于其內, 凡遇霾沾, 取譜一曬, 以免蠹魚侵損。"

길 "종사(宗祠)에 가보 한 질을 공보(公譜)로 비치하고 온 가문이 공동으로 관리한다. 지파별로 1년씩 교대로 사당 관리자를 두어 이를 관리함에 나무상자에 넣어 보관하고 매년 돌아가면서 인수인계를 한다. 매년 동지(冬至)에 조상의 제사를 지내는 날에 각 가문의 연장자들이 회동하여 함께 가보를 검사한다."[234]라고 했다. 가보를 검수할 때 만약 훼손이 발견되면 벌금을 부과하기도 했다. 광서 15년(1889) 『(안휘기문)왕씨종보((安徽祁門)王氏宗譜)』에서는 "해마다 제사를 지낼 때 가보를 관리하는 자가 사당에 이르면 함께 검사한다. 만약에 훼손시킨 자가 있으면 5전(錢)의 벌금을 부과하고, 관리를 소홀히 했을 경우에는 은(銀) 10냥(兩)을 부과한다."[235]라고 규정했다. 민국 6년(1917) 『(안휘이현)학산이씨종보((安徽黟縣)鶴山李氏宗譜)』에서는 다음과 같이 규정했다. 이르길 "천(天)이란 글자가 부호가 쓰인 가보는 상자에 넣어서 선반에 보관한다. 해마다 제사를 진행하는 자는 가보를 수령하는 것 외에 각 지파 호구의 수에 따라서 은(銀) 8원(元)을 비용으로 수령한다. 매년 자오(子午)의 묘유(卯酉)인 청명절 전날에 가보를 종사(宗祠)로 보내서 검사를 받는다. 만약 이유도 없이 유실했다면 해당 지파의 사람을 추방하고, 이후 종보 수보할 때 그 후손을 더는 수록하지 않는다."[236]라고 했다. 그리고 민국 20년(1931) 『(안휘기문)경조김씨종보((安徽祁門)京兆金氏宗譜)』에서는 이르길 "각 방(房)은 번호에 따라서 (가보를) 수령하고, 수령 이후에는 보관에 신중을 기해야 한다. 벌레나 쥐가 먹거나, 기름에 더럽혀지거나, 먹물 흔적이 있거나, 글자를 수정하거나, 내용을 베끼거나, 돈을 목적으로 판매하는 등의 폐해가 있어서는 안 된다. 만약 이를 위반할 경우 모두에게 알려서 논의를 통해 불효(不孝)로 징계한다."[237]라고 규정했다. 광서 31년(1905) 『(강서무원)평양군왕씨종보((江西婺源)平陽郡汪氏宗譜)』에서는 가보를 검수할 때 규정을 따르지 않을 경우 이를 더욱 엄격하게 처벌했다. 이르길 "각 지파는 번호에 따라서 수령을 하고 이를 신중히 보관하는 것에 힘써야 한다. 함부로 내용을 삽입하거나, 수정하거나, 분실하거나, 몰래 팔아 버리는 폐해가 있어서는 안 된다. 이후 만약 이를 범한다면 각 지파에 알리고 논의를 한다. 만약 자

---

234 『(安徽歙縣)桂溪項氏族譜』: "宗祠譜一部, 爲闔族公貯之公譜, 向系交值年司祠者收管, 用木箱藏貯遞年輪流交代。每逢冬至祭祖日, 會同各門長查驗。" (역자 주)

235 『(安徽祁門)王氏宗譜』: "遞年祭祠, 領譜之人捧至祠堂, 公同查驗, 倘有損壞者罰銀五錢, 疏虞者罰銀十兩。" (역자 주)

236 『(安徽黟縣)鶴山李氏宗譜』: "天字號譜庋藏會匣, 遞年由司會者領藏外, 餘概由各支丁出費洋八元收領。每逢子午卯酉年清明前一日, 各將原譜送宗祠呈驗, 如無故遺失, 則將該支丁逐出。日後續修宗譜, 并將該支世系迭除不錄。" (역자 주)

237 『(安徽祁門)京兆金氏宗譜』: "各房照字分領, 自領之後務宜愼重珍藏, 毋得蟲傷、鼠咬、油污、墨蹟、塗改、抄寫、變賣等敝, 如違, 鳴公理論, 以作不孝懲治。" (역자 주)

신의 힘을 믿고 규정을 준수하지 않는다면 관아에 알려서 처벌할 것이니 각파는 이점에 각별히 주의해야 한다."[238]라고 했다.

사당에 비치한 검증용 가보는 평소에는 열람용으로 사용되기도 했다. 이에 대해 다음과 같이 규정을 했다. 이르길 "가보를 공적인 장소에 보관함은 원래 편리하게 열람하기 위해서다. 만일 오랫동안 먼 곳으로 이주를 했다가 돌아와 조상을 알현하는 자가 있거나, 혹은 자칭 지파라고 하는 일족이 있을 경우 그 시시비비는 가보를 통해 판단한다. 이런 조사에 응하는 자는 반드시 가보를 통해 조사한다. 각 방협(房協) 동문(同門)의 족장은 친히 궤(匱)를 담당하는 곳을 찾아 가보의 열람을 요청하고, 사당을 알현한 후에 공동으로 가보를 열람한다. 열람할 때는 가보를 소중하게 다룬다."[239]라고 했다.

앞서 언급한 20여 개의 비교적 다양한 가보의 체례와 내용에 대해서 하나하나 소개를 했다. 이를 통해 중국 가보의 개괄적인 모습을 대략적으로 이해할 수가 있었다. 중국 가보는 전체적인 면모를 종횡으로 자세히 살핀 이후에야 비로소 그 기본적인 특징을 파악할 수 있다.

첫째, 중국 가보가 수록한 내용은 종족성이 강했다. 보명을 통해서 알 수 있듯이 가보가 수록한 내용은 특정 지역 성씨에 대한 역사 도록(圖錄)이라 할 수 있다. 가보는 보통 해당 족인들로 구성된 편찬위원회가 편찬 작업을 담당했다. 그리고 수록된 내용은 매우 광범위해서 성씨의 유래, 종족의 이주, 세계(世系)와 전승, 인물의 전기, 풍속과 예의, 사당과 분묘, 가규와 가법, 예문과 잡지(雜志), 돌림자와 항렬 등을 모두 포함한다. 이는 모두 동일 족인을 아우르는 내용을 체계적으로 기술한 것으로 해당 족인과 연관된 사적(事蹟)의 기록이다. 가보 내용은 특정한 족인을 다양한 측면에서 기술한 것이지만, 사실상 해당 족인 전체와 관련된 백과사전적인 기록이라 할 수 있다.

둘째, 중국 가보의 기록 방식은 연속성을 갖고 있다. 중국 가보의 연속성이란 전통을 내재한 것으로 후대 족인이 전대 가보를 근거로 체례와 내용 등을 보완해 편찬을 계승한 것에서 시작했다. 세계의 도표, 족인의 이주, 인구의 성쇠 등과 관련된 내용을 대를 이어 전승한다는 특성을 갖고 있다. 예를 들어 성선회(盛宣懷)[240] 족보인 『(강소상주)용계성

238 『(江西婺源)平陽郡汪氏宗譜』: "各派照號領執, 務宜珍重收藏, 無塡寫、塗抹、遺失、盜賣等敝, 日後如有犯者, 通知各派理論。倘敢恃強不遵, 呈官究治, 各宜愼之。" (역자 주)

239 『安徽歙縣桂溪項氏族譜』, 嘉慶 16年(1811): "譜貯於公處, 原所以便查閱。其或有遠遷年久歸來拜祖者, 亦或有自稱某支認爲一族者, 果是果非, 查譜立辨。其有此等應須查閱者, 各親房協同門族長至司匣處, 請譜詣祠堂, 公同觀看。展閱之時, 幸須珍愛。"

240 성선회(盛宣懷: 1844~1916): 자는 행손(杏蓀)이고 강소성 상주(常州)에서 태어나 수재(手才)로 임관했던 청나

씨종보(((江蘇常州)龍溪盛氏宗譜)』의 경우 전후로 7차례 편찬되었다. 첫 번째는 건륭(乾隆) 27년(1763)에 9대 후손인 성시현(盛時賢)이 주편했고, 두 번째는 가경(嘉慶) 8년(1803)에 11대 후손 성홍인(盛洪仁)이, 세 번째는 도광 13년(1833)에 12대 후손 성륭(盛隆)이, 네 번째는 함풍 4년(1854)에 12대 후손 성륭이, 다섯 번째는 동치 12년(1873)에 13대 후손 성강(盛康)이, 여섯 번째는 광서 19년(1893)에 13대 후손 성강이, 마지막으로 민국 32년(1943)에 15대 후손 성문이(盛文頤) 등이 각각 주편했다. 이상과 같이 계산해 보면 가보는 평균 30년마다 한 차례씩 편찬을 했다. 성씨(盛氏) 가보의 연속성은 내용에서 뿐만이 아니라 체례에서도 "여전히 선인과 같은 심정으로 편차(編次)를 증감하지 못하고 이전의 체례와 동일하게 했다."[241]라고 할 수 있다. 그럼에도 중국 가보의 속수(續修) 빈도와 체례상의 규범은 보통 역사 서적과는 비교할 수 없는 작은 규모에 속한다.

셋째, 중국 가보의 체례가 매우 다양했다. 앞서 언급한 20여 개 항목에서 관련 내용을 기술한 것처럼 중국 가보의 체례 형식은 매우 다양했다. 예를 들어 사서(史書)라는 형식에는 성씨의 기원, 족인의 이주 등이 있고, 표(表)라는 형식에는 세계세전(世系世傳)이, 그리고 그림 형식에는 사당도, 분묘도, 거주도 등이 있다. 그리고 지(志)의 형식으로는 사묘지(祠廟志)와 서원지(書院志) 등이 있다. 전(傳)의 형식으로는 인물소전(人物小傳), 전기(傳記), 형장(形狀) 등이 있다. 이러한 체례 외에도 상찬(像贊)·명찬(銘贊)·시문(詩文)·돌림자와 항렬 등의 형식도 포함하고 있다. 특별히 지적하고 싶은 점은 가보의 체례는 정사(正史)와 방지(方志)의 다양한 편찬 방식을 흡수했다는 것이다. 예를 들어 가보에서 가장 중요한 세계라는 도표는 『사기(史記)』와 『한서(漢書)』 등 정사(正史)의 인물을 도표로 배열하는 방식을 참고한 것이다. 그리고 가보 중에 비교적 전문적인 내용은 바로 '지(志)'로 명명을 했고, 서술방식은 방지 편찬의 특색을 사용했다는 점이다. 이상과 같이 가보를 기술하는 체례가 매우 다양했고, 수용과 겸용의 방식으로 종족의 역사와 모습을 총체적으로 기술했다.

중국은 유구한 역사 문화와 전통을 계승하면서, 국가는 정사(正史)를, 지방은 방지를, 종족은 가보를 각각 편찬했다. 청대 저명한 사학가인 장학성(章學誠)은 "족인은 가보를, 주현은 지방지를, 국가는 정사를 편찬했는데, 그 뜻은 모두 같다."[242]라고 했다. 만약

라 후기의 관료이다. 그는 관독상판(官督商辦) 출신의 상인으로 양무운동의 대표적인 인물이며 정치가, 자선가로 알려졌고 일명 중국 '상보(商父)'로 불리었다. (역자 주)

241 『江蘇常州龍溪盛氏宗譜』: "仍以先人之心爲心, 不敢增損編次, 一如舊例。" (역자 주)

242 "家有譜, 州縣有志, 國有史, 其義一也。" 본문은 章學誠, 「爲張吉甫撰大名縣志序」, 『章氏遺書』 卷14, 商務印書館, 1936, 36쪽을 참조.

국가의 정사와 지방의 지방지와 종족의 가보가 중국의 역사를 구성하는 3가지 기둥이었다면, 그중에 수량이 가장 많고, 역사가 오래되고, 민간에 영향을 가장 많이 주었던 것은 당연히 가보라고 할 수 있다. 그러므로 중국 가보는 중국의 유구한 역사문화를 구성하는 중요한 부분이고, 또한 가보에 능통한 학자들이 연구를 통해 집대성해야 할 매우 중요한 역사문화 유산이라 할 수 있다.

3
중국 가보의 수량

1. 중국 가보의 수량은 어느 정도일까?

중국 역사문화의 핵심을 구성하고 있는 중국 가보의 수량은 과연 얼마나 될까?

"중복된 복본(復本)을 제외하면 현재 중국, 일본, 미국 등 3국에 산재한 중국 족보의 전체 수량은 대략 1만 5,000여 종에 달한다."라고 했다. 이는 상건화(常建華) 교수가 자신이 파악한 중국 가보의 기본적인 상황을 근거로 「중국족보의 소장과 연구개황 소개」[1]라는 글에서 밝힌 수량이다.

"고대부터 지금까지 우리의 선조들은 수량을 헤아리기 어려울 정도의 다양한 가보를 편찬했다. 그리고 오랜 세월의 훼손에도 불구하고 지금까지 대략 2만여 종의 가보가 전해진다."라고 했다. 이는 국가도서관과 민족출판사가 1999년 출판한 『중화각성조선상전집(中華各姓祖先像傳集)』의 서언에서 언급한 내용이다.

이상의 수량은 모두 대략의 예상치에 해당한다. 현존하는 중국 가보의 정확한 수량은 반드시 국내외 공공기관과 개인의 소장 상황에 대한 체계적인 조사 후에야 비로소 파악할 수 있을 것이다. 하지만 이러한 작업이 그리 쉬운 일이 아니다.

하지만 마침내 기회가 왔다. 2000년 6월 중국국가도서관은 '경제의 세계화와 지식 네트워크 환경 적응을 위한 중국어 문헌 자료의 발전 방향'이란 주제로 국제 대회를 개최했다. 북경에서 주요한 중국어 문헌 자료를 소장하고 있는 전 세계의 기관이 참가하여, 지구상에 존재하는 중국어 문헌 자원을 공유하고 사용하며 협력하는 방안에 대해 함

1 常建華, 「中國族譜收藏和硏究概況簡說」, 『譜牒學硏究』, 書目文獻出版社, 1989.

께 토론했다. 이번 회의에서 중국어 문헌 자원의 공동구축과 공동사용을 위한 8개 항목의 협력 사업안이 확정되었다. 그중의 하나로 상해도서관이 주관한 『중국가보총목(中國家譜總目)』이란 사업안이 선정되었다. 해당 사업안은 세계 각지에서 소장하고 있는 중국 가보, 즉 주된 대상은 공공기관이 소장한 가보이지만, 개인이 소장한 가보도 최대한 함께 수집해서 이들을 제요(提要) 형식의 연합목록으로 편찬한다는 내용이다. 이 사업은 전 세계에서 한자 가보를 소장하고 있는, 1,000개에 달하는 기관과 1,000여 명의 개인 소장가의 지지에 힘입어 8년 동안 계속했다. 수집한 자료는 상해고적출판사가 편찬 과정을 통해 정식으로 출판했다. 2003년 말에 상해도서관이 집계한 통계에 따르면 국내외 지역에서 소장한 중국 가보의 총수량은 7만 6,781부(部)[2]에 달했다.

76,781이란 숫자는 가보의 부수를 가리킨다. 다시 말해 각 지역의 기관이 소장하고 있는 중국 가보의 전체적인 부수이다. 그중에 중복 소장된 가보를 제외하면 그 수량은 5만 2,401종(種)[3]이다.

현존하는 중국 가보는 5만 2,401종으로, 이는 국내외 기관과 개인 소장자를 대상으로 8년 동안의 심혈을 기울인 조사와 편찬을 통해 얻어낸 비교적 정확한 수량이다. 이렇게 파악된 5만 2,401종의 가보 수량을 통해 다음과 같은 몇 가지 특징을 알 수 있다.

1) 중국 가보의 방대한 수량

앞에서 현존하는 중국 가보의 수량에 대해 1만 5,000종, 2만 종 및 3만 종 등으로 언급한 바가 있다. 하지만 이번 『중국가보총목』의 조사와 편찬 과정에서 집계된 비교적 정확한 수량은 5만 2,401종으로 밝혀졌다. 이는 예상했던 수량을 크게 초과하는 분량이었다.

과거 현존하는 중국 가보의 수량을 가장 많이 언급했던 자료로 『중국가보종합목록(中國家譜綜合目錄)』이 있었다. 이 목록서는 국가당안국(國家檔案局)의 2처(處)와 남개대학(南開大學) 역사학과, 그리고 중국사회과학원역사연구소(中國社會科學院歷史研究所) 도서관이 1984년부터 공동으로 조사해서 편찬했다. 해당 사업의 순조로운 진행을 위해서 국가당안국(國家檔案局)과 문화부(文化部) 및 교육부는 중국 전역의 도서관과 박물관, 문관회(文管會)·문화관(文化館)·당안관(檔案館) 등의 기관에 연합성명을 내고 「"중국가보종합목록"편찬과 협력에 대한 공지사항」이란 협조문을 발송하기도 했다. 이후 13년에 걸쳐서 중국

---

2 부(部): 원문에서는 분(份)이란 단위로 표기했다. 원래 분(份)이란 세트(Set)의 뜻으로 통상 부(部)와 의미가 일백상통하다고 판단해 부(部)로 표시했다. (역자 주)

3 종(種): 여기서 말하는 종(種)이란 중복을 제외한 가보를 세트(Set)로 파악한 단위를 말한다. (역자 주)

전역 400여 도서관, 당안관, 박물관, 문화관 등이 소장한 가보를 조사하기 시작했다. 이와 동시에 대만과 일본 및 미국 등에서 출판된 중국 가보목록도 구분해서 별도로 작성하여, 이를 1997년에 중화서국이 정식으로 출판하기도 했다. 13년에 걸쳐 조사한 중국 가보의 수량은 모두 1만 4,719종으로 파악되었다. 하지만 현재 『중국가보총목』에 수록된 가보는 모두 5만 2,401종으로 『중국가보종합목록』에 비해 무려 3배나 많은 분량이다.

지방지와 가보는 중국 고적의 범주에 근접하는 것으로 파악하고 있다. 방지(方志)가 한 지방을 기술한 백과사전이라면, 가보는 같은 조상을 모시는 한 종족을 수록한 역사도록(圖錄)에 해당한다. 1958년 상무인서관(商務印書館)이 출판하고, 주사가(朱士嘉)가 주편한 『중국지방지종록(中國地方志綜錄)』의 통계에 따르면 중국 내지에 분포한 도서관이 소장하는 지방지는 모두 7,413종(種)이고, 대만의 지방지가 232종, 미국의 것은 80여 종으로 모두를 합치면 대략 7,725종에 달한다. 이는 중국의 방지 상황을 보여 주는 비교적 객관적인 수량이다. 1985년에는 중국과학원북경천문대(中國科學院北京天文臺)가 주편하고 중화서국이 출판한 『중국지방지연합목록(中國地方志聯合目錄)』과 주사가의 『중국지방지종록(中國地方志綜錄)』을 기초로 전국 30개 성(省)과 시(市), 자치구(自治區)의 190개 공공도서관, 연구소, 전문대학 도서관, 박물관, 문사관, 당안관 등이 소장한 지방지를 조사했다. 그 결과 지방지는 총 8,200여 종에 달했고, 이는 『중국지방지종록』과 비교해 500여 종이 증가한 수량이었다. 8,200여 종이란 중국 방지의 수량을 비교적 정확하게 나타낸 것이다. 이에 비해 『중국가보총목』에 수록한 가보의 수량은 방지보다 6배가 많은 것으로 파악되었다. (해당 목록에는 전체가 아닌 일부 낱권의 가보도 포함했다) 이를 통해 중국 가보는 중국의 역사문화를 구성하는 중요한 요소이고, 중국 역사의 보고이며 귀중한 자산임을 다시 한 번 확인하는 기회가 되었다.

2) 중국 가보의 광범위한 분포

『중국가보총목』에 수록된 5만여 종의 가보에는 세계 각지에서 소장하고 있는 중국 가보도 포함되어 있다. 중국 내지의 31개 성(省), 시(市) 외에도 대만, 홍콩, 마카오 지역의 가보 역시 목록에 수록했다. 국외의 경우, 미국의 워싱턴, 뉴욕, 샌프란시스코, 로스앤젤레스, 유타와 캐나다의 토론토, 오타와, 일본의 도쿄(東京), 교토(京都), 오사카(大阪), 한국과 베트남, 싱가포르, 호주, 그리고 유럽의 프랑스, 영국, 독일, 네덜란드, 스웨덴 등지에 산재한 대략 5만 종의 중국 가보 역시 목록에 포함했다. 전 세계에서 중국인이 비교적 집중적으로 거주하고 있는 지역에 소장된 중국 가보는 모두 이 총목에서 검색이 가능하다.

2000년 당시 『중국가보총목』이란 사업안이 정식으로 결정된 후에 상해도서관은 여러 해 동안 국내외 도서관과 긴밀히 교류했고, 그 결과 해외 상당수의 기관이 중국 가보를 소장하고 있다는 사실을 확인했다. 예를 들면 미국의 경우는 유타주의 가보도서관, 컬럼비아대학도서관, 미국국회도서관, 하버드대학 연경도서관 등이 중국 가보를 소장하고 있었다. 일본의 경우는 동양문고, 국회도립도서관, 교토대학도서관 등이 있었다. 그리고 베트남의 호치민시, 호주 시드니와 싱가포르의 관련 기관 등도 중국 가보를 소장하고 있었다. 이에 여타의 다른 국가도 중국 가보를 소장하고 있을 것이라 예상했다. 2003년에 상해도서관의 연구원이 캐나다를 방문했을 때 오타와, 밴쿠버, 토론토 등의 지역 도서관은 모두 중국 가보를 소장하고 있었다. 특히 토론토시의 대다수 도서관이 가보를 소장하고 있었는데 그 수량이 대략 100여 종에 달했다. 그리고 2004년 연구원이 한국을 방문했을 때 한국의 국가도서관, 국회도서관 역시 중국 가보를 소장하고 있었다. 계속해서 2005년 유럽을 방문했을 때 중문 문헌을 소장하는 기관 중, 예를 들면 프랑스와 영국의 국가도서관, 독일의 하이델베르크대학 한학(漢學)연구소 도서관, 네덜란드의 라이튼대학 한학연구원의 중문도서관 등 역시 모두 중국 가보를 소장했다. 필자가 2005년에 스웨덴의 스톡홀름을 탐방했을 때, 북유럽의 중요한 중문문헌 소장기관 중의 하나인 중문도서관은 무려 10여 만 권의 장서를 보관하고 있었다. 필자는 이곳의 책을 열람하다 중국 가보 3종을 발견하기도 했다. 그중에 한 종은 『중국가보총목』에 수록되지 않은 것이었다. 이처럼 해외의 중문 문헌 소장기관을 수차례 탐방하면서 도처에서 중국 가보의 흔적을 발견할 수 있었다. 중국 가보가 전 세계 각지에 광범위하게 분포하고 있다는 말이 결코 과장된 말이 아님을 확인할 수 있었다.

3) 중국 가보를 다량 소장한 상해, 대만, 북경

『중국가보총목』에 수록된 가보를 지역별로 분류하면 상해, 대만, 북경의 세 지역에 소장된 가보 수량이 다른 지역보다 월등히 많았다.

상해시 가보의 대부분이 상해도서관에 소장되어 있다. 이는 이전에 관장을 역임했던 고정룡(顧廷龍) 선생의 덕분이다. 그는 1950년대부터 사람들이 거의 버리다시피 했던 가보에 주목하고, 구매를 원칙으로 가보, 방지, 주권(朱卷)[4] 등의 문헌 수집에 심혈을 기울였다. 당시 좌파(左派) 사상의 영향을 받아서 가보 등의 역사 문헌은 하찮게 여겨져서 버려지거나 종이공장에서 폐품으로 처리되기도 했다. 이때 고(顧) 선생은 고물상이나 종

4 주권(朱卷): 청나라 시기 향시(鄉試)·회시(會試)에서 채점의 공정을 위해 시험자의 필적을 판별할 수 없도록 답안을 주필(朱筆)로 다시 쓴 것. 당시 시험자의 원래 답안은 '흑권(黑卷)'이라 했다. (역자 주)

이공장에서 다량의 가보 문헌 등을 구해 냈다.

1995년 이후 상해도서관의 신관은 역사 문헌을 보존하는 작업에 시(市) 정부의 전폭적인 지지를 얻기 시작했다. 그래서 신관은 이후부터 가보를 포함하는 다량의 역사 문헌을 구입하거나 수집했다. 그 덕분에 현재 상해도서관이 소장한 가보는 2,000종의 신보(新譜)를 포함하여 대략 2만 1,000종에 달할 수 있었다. 이 수량은 중국 전체 가보의 1/3 정도를 차지하는 분량이다.

대만이 소장하고 있는 가보 역시 방대하여 그 수량이 대략 1만 종이었다. 대만지역의 중국 가보를 살펴보면 타지역에 비해 두 가지 분명한 특징을 지닌다. 첫째는 대만 가보에 수록된 조상의 대다수가 중국본토 출신이라는 점이다. 특히 복건(福建)과 광동(廣東) 출신이 가장 많았다. 이는 대만 가보의 시작은 기본적으로 중국본토에서 시작했고, 대만에 거주하는 사람역시 본토와 불가분의 혈연관계에 있다는 점을 나타낸다. 둘째는 이런 이유로 대만 가보의 대다수가 최근 1950년을 전후로 편찬되었다. 예를 들어 이씨(李氏) 가보의 경우 『중국가보총목』에 323종(種)의 대만 이씨 가보가 수록되어 있는데, 편찬 시기를 보면 명청(明淸) 시대의 것이 13종이고, 민국 시기에 해당하는 1912년에서 1949년 사이에 편찬된 것은 35종이다. 나머지 275종은 1950년대 이후에 편찬된 것으로 전체 85% 이상을 차지했다. 이런 상황은 대만의 기타 성씨에서도 유사하게 나타났다. 이런 특성이 나타난 원인으로 사람에 의한 대륙과 대만의 50년에 걸친 분단을 들 수 있다. 이런 상황에서도 대만 사람들은 적극적으로 가보를 편찬했는데, 이는 자신의 뿌리인 대륙의 고향을 그리워하며 본토로 돌아가려는 강한 갈망과 심정의 반영으로 보인다. 북경은 3번째로 많은 가보를 소장하고 있는 곳이다. 주로 중국 국가도서관, 중국사회과학원 역사연구소 도서관, 북경대학도서관, 중국과학원 도서관, 중국 인민대학도서관 등이 핵심 소장기관에 속한다. 그중에 중국 국가도서관이 가장 많은 가보를 소장하고 있는데, 그 수량이 대략 3,000여 종에 이르러 거의 상해도서관에 버금간다. 중국 국가도서관이 소장한 가보는 수량뿐만이 아니라 그 품질 역시 매우 높다는 특징이 있다.

4) 중국 가보 중 절강 지역이 본적인 가보의 수량

통계에 따르면 절강에 본적(本籍)을 두고 있는 가보는 1만 2,778종에 달했다. 이는 전체 중국가보의 1/4을 차지하는 수량으로 절강 지역이 1위를 차지했다. 『중국가보총목』에 수록된 성씨는 608종인데, 그중에 절강을 본적으로 삼는 성씨가 299종에 달해 거의 절반을 차지했다. 그리고 본적이 절강인 1만 2,000여 종의 가보 중에 절반 이상이 절강 지역에 소장되었고, 나머지 절반은 기타지역에 보관되고 있다. 절강이 소장한 가보에는 다수의 명인이 수록되어 있다. 예를 들어 강산시(江山市) 당안관과 강산시의 석문진(石門鎭) 계패촌(界牌村) 난계(蘭溪) 자연촌의 모우상(毛友祥)이 소장한 『절강강산청양모씨족보(浙江江山清漾毛氏族譜)』는 청나라 동치(同治) 8년(1869)에 편찬된 것으로 모택동의 먼 조상의 세계(世系)를 기록했다. 강산의 모씨(毛氏)는 당나라에서 기원한 이래 그 일파는 강서(江西)의 길안(吉安)에 이주해 거주했다. 송대에 이르러 후손인 모태화(毛太華)가 다시 호남의 소산현(韶山縣)으로 이주했다. 모택동은 이곳 소산 모씨의 20대 후손에 해당한다. 그리고 소흥(昭興) 노신기념관에 소장된 소흥 보우교(寶祐橋) 백세당(百歲堂)의 주씨고본(周氏稿本)인 『노팔방제부(老八房祭簿)』에는 1939년에 주은래가 친필로 작성한 "은래의 자는 상우(翔宇)이고 50방(房)인 초수공(樵水公)의 증손이고, 운문공(雲門公)의 장손이며, 무신(懋臣)의 장자였지만 잠신공(簪臣公)의 양자가 되었다. 광서(光緒) 무술(戊戌)년 2월 13일 묘시(卯時)에 태어났고, 등영초(鄧穎超)를 아내로 삼았다."[5]라는 기록이 남아 있다. 이런 가보는 모두 중요한 유물에 해당한다.

가보 중에 본적이 절강이 가장 많은 이유는 대략 두 가지가 있다. 첫째는 절강 지역에서 인문이 흥성하면서 역대로 가보 편찬의 수량이 가장 많았기 때문이다. 남송이 임안(臨安), 즉 항주에 수도를 정한 후에 경제 중심이 한층 더 남방으로 옮겨 가게 되었다. 이로 인해 강남지역의 번영이 더욱 가속화되었고, 특히 오월(吳越) 지역의 경제는 전국에서 수위를 차지하기도 했다. 경제발전과 도시의 번영, 대족(大族)의 흥성은 필연적으로 문화사업의 흥성을 불러왔다. 남송 이후 절강은 강남의 중심지역으로 서원이 집중하고, 사당이 세워지며, 문인의 활동이 흥성했다. 그 결과 과거에 급제하는 비율이 타 지역에 비해서 월등히 앞서기도 했다.

성리학을 발전시킨 대학자인 주자는 '존조(尊祖)·경종(敬宗)·수족(收族)'을 주장하며 가보를 편찬했는데, 이후 강남지역의 가보 편찬은 전국에서 수위를 차지했다. 명청 시기에 이르러 절강(浙江), 강소(江蘇), 안휘(安徽), 강서(江西) 등에서는 거의 모든 촌락마다 가가호호 가보를 편찬했고, 이는 사람들의 문화 풍속으로 자리를 잡으며 후대로 전승되었다. 이것은 오늘날 가보 중에 절강이 본적의 다수를 자치하게 한 배경이 되었다. 두 번째는 절강도서관이 『중국가보총목』의 편찬과정에 적극적으로 참여했기 때문이다. 절강도서관은 세부적인 작업들을 담당하며 편찬과정에 동참했는데, 특히 절강 지역에 분포한 가보 조사에 문화청과 당안국의 전폭적인 지지를 받았다. 그리하여 도서관, 당안관, 박

5 "恩來, 字翔宇, 五十房樵水公曾孫, 雲門公長孫, 懋臣長子, 出繼簪臣公爲子。生於光緒戊戌年二月十三日卯時。妻鄧穎超。" (역자 주)

물관, 문물관, 방지관, 전문대학 등 모두 102개 기관의 200여 명이 4년 동안 조사 작업을 지속할 수 있었다. 그 결과 절강 가보의 기본적인 상황을 비교적 분명하게 파악할 수 있게 되었다. 특별히 언급하고 싶은 것은 일부 조사원은 직접 농촌을 가가호호 방문하여 개인이 소장한 가보를 조사하기도 했다. 이처럼 지속적인 홍보와 폭넓고 세밀한 조사과정을 통해 민간이 소장한 3,000여 종의 가보를 발굴해 내기도 냈다. 이 수량은 절강성이 소장한 가보의 절반에 이르는 수량으로 이는 가보의 목록작업 과정에서도 보기 힘든 경우에 속한다. 마치 티끌 모아 태산이란 속담처럼 이런 많은 노력들이 다른 지역보다 절강에 본적을 둔 가보가 많게 된 직접적인 원인이 되었다.

5) 중국 가보 중 진(陳)·장(張)·왕(王)·이(李)·유(劉) 성씨가 수위를 점유

『중국가보총목』의 통계에 따르면 현존하는 중국 가보 성씨 가운데 진성(陳姓) 가보의 수량이 2,990종으로 가장 많다. 그다음으로 장성(張姓)이 2,597종, 왕성(王姓)이 2,512종, 이성(李姓)이 2,157종, 유성(劉姓)이 2,029종에 달해 상위 5개 성씨의 가보는 평균 2,000종을 초과했다.

가보의 수량이 1,001종에서 2,000종 사이에 분포한 성씨를 순서대로 열거하면 다음과 같다. 즉 황성(黃姓) 1,733종, 오성(吳姓) 1,631종, 주성(周姓) 1,222종, 양성(楊姓) 1,197종, 서성(徐姓) 1,091종, 임성(林姓) 1,028종으로 나타났다.

가보의 수량이 501종에서 1,000종 사이의 성씨를 순서대로 나열하면 다음과 같다. 주성(朱姓) 941종, 호성(胡姓) 815종, 정성(鄭姓) 806종, 애신각라성(愛新覺羅姓) 791종, 허성(許姓) 685종, 엽성(葉姓) 636종, 하성(何姓) 596종, 사성(謝姓) 596종, 조성(趙姓) 550종, 소성(蕭姓) 531종, 나성(羅姓) 511종으로 나타났다.

가보의 수량이 101종에서 500종 사이의 성씨가 비교적 다수를 차지하는데, 이를 순서대로 나열하면 다음과 같다.

왕성(汪姓) 466종, 손성(孫姓) 466종, 채성(蔡姓) 466종, 곽성(郭姓) 444종, 팽성(彭姓) 441종, 증성(曾姓) 441종, 방성(方姓) 387종, 정성(程姓) 380종, 종성(鍾姓) 377종, 김성(金姓) 371종, 장성(蔣姓) 362종, 등성(鄧姓) 359종, 반성(潘姓) 343종, 여성(呂姓) 336종, 고성(高姓) 328종, 당성(唐姓) 305종, 마성(馬姓) 299종, 강성(江姓) 292종, 홍성(洪姓) 289종, 원성(袁姓) 288종, 요성(廖姓) 285종, 대성(戴姓) 284종, 정성(丁姓) 283종, 조성(曹姓) 275종, 부성(傅姓) 253종, 풍성(馮姓) 244종, 노성(盧姓) 241종, 장성(章姓) 236종, 범성(范姓) 234종, 요성(姚姓) 229종, 양성(梁姓) 227종, 전성(錢姓) 224종, 뇌성(賴姓) 220종, 송성(宋姓) 202종, 담성(譚姓) 195종,

소성(蘇姓) 195종, 유성(俞姓) 192종, 낭성(郎姓) 186종, 동성(董姓) 185종, 육성(陸姓) 185종, 탕성(湯姓) 182종, 모성(毛姓) 182종, 시성(施姓) 178종, 위성(魏姓) 175종, 안성(顏姓) 165종, 고성(顧姓) 158종, 강성((姜姓) 156종, 한성((韓姓) 149종, 공성(龔姓) 148종, 엄성(嚴姓) 145종, 누성(樓姓) 140종, 웅성(熊姓) 140종, 첨성(詹姓) 134종, 남성(藍姓) 132종, 임성(任姓) 132종, 구양성(歐陽姓) 130종, 온성(溫姓) 123종, 뇌성(雷姓) 121종, 도성(陶姓) 121종, 역성(易姓) 121종, 고성(古姓) 119종, 여성(黎姓) 115종, 석성(石姓) 115종, 윤성(尹姓) 114종, 동성(童姓) 111종, 유성(遊姓) 111종, 진성(秦姓) 110종, 예성(倪姓) 108종, 문성(文姓) 104종, 사성(史姓) 104종, 공성(孔姓) 104종, 간성(簡姓) 101종으로 나타났다.

이상과 같이 현존하는 가보 중 다량으로 분포하는 성씨는 현재의 다수의 인구를 점유하고 있는 성씨와 비교해 그 분포가 비교적 일치한다.

2000년도 중국의 제5차 인구조사 통계 결과 전국에 모두 3,490개의 성씨가 있는 것으로 확인되었다. 그중에 100위권 안에 속하는 성씨를 나열하며 다음과 같다.

1. 이(李), 2. 왕(王), 3. 장(張), 4. 유(劉), 5. 진(陳), 6. 양(楊), 7. 조(趙), 8. 황(黃), 9. 주(周), 10. 오(吳), 11. 서(徐), 12. 손(孫), 13. 호(胡), 14. 주(朱), 15. 고(高), 16. 임(林), 17. 하(何), 18. 곽(郭), 19. 마(馬), 20. 나(羅), 21. 양(梁), 22. 송(宋), 23. 정(鄭), 24. 사(謝), 25. 한(韓), 26. 당(唐), 27. 풍(馮), 28. 우(于), 29. 동(董), 30. 소(蕭), 31. 정(程), 32. 조(曹), 33. 원(袁), 34. 등(鄧), 35. 허(許), 36. 부(傅), 37. 심(沈), 38. 증(曾), 39. 등(彭), 40. 여(呂), 41. 소(蘇), 42. 노(盧), 43. 장(蔣), 44. 채(蔡), 45. 가(賈), 46. 정(丁), 47. 위(魏), 48. 설(薛), 49. 엽(葉), 50. 염(閻), 51. 여(余), 52. 반(潘), 53. 두(杜), 54. 대(戴), 55. 하(夏), 56. 종(鐘), 57. 왕(汪), 58. 전(田), 59. 임(任), 60. 강(姜), 61. 범(范), 62. 방(方), 63. 석(石), 64. 요(姚), 65. 담(譚), 66. 요(廖), 67. 낭(郎), 68. 웅(熊), 69. 김(金), 70. 육(陸), 71. 학(郝), 72. 공(孔), 73. 백(白), 74. 최(崔), 75. 강(康), 76. 모(毛), 77. 구(丘), 78. 진(秦), 79. 강(江), 80. 사(史), 81. 고(顧), 82. 후(侯), 83. 소(邵), 84. 맹(孟), 85. 용(龍), 86. 만(萬), 87. 단(段), 88. 뇌(雷), 89. 전(錢), 90. 탕(湯), 91. 윤(尹), 92. 여(黎), 93. 역(易), 94. 상(常), 95. 무(武), 96. 교(喬), 97. 하(賀), 98. 뇌(賴), 99. 공(龔), 100. 문(文).

이상의 순위에서 상위 5위권을 차지한 성씨는 이(李)·왕(王)·장(張)·유(劉)·진(陳)이었다. 그리고 현존하는 가장 많은 가보 역시 순위만 다를 뿐, 이 5개의 성씨가 차지했는데, 그 순위는 진(陳)·장(張)·왕(王)·이(李)·유(劉)씨의 순서로 나타났다. 진씨 가보의 수량이 1위를 차지한 이유는 『중국가보총목』에 수록된 복건, 대만지역 진씨의 비중이 매우 켰기 때문이다. 그래서 복건과 대만에서 진성(陳姓)과 임성(林姓)이 천하의 절반을 차지한다는 말이 있을 정도이다. 예를 들어 1987년 대만지역의 성보(姓譜)연구소에서 발행한, 대만에 현존하는 온전한 가보목록을 수록한 목록서 『대만구족보목록(臺灣區族譜目錄)』에는 모두 1만 613종의 252개 성씨를 수록했다. 상위 10위의 성씨를 순서대로 나열하면 진(陳)·임(林)·장(張)·황(黃)·이(李)·유(劉)·왕(王)·오(吳)·양(楊)·소(蕭) 순이다. 그중에 진성(陳姓)의 가보는 1위로서 모두 1,068종에 달했는데, 이는 『대만구족보목록』의 1/10을 차치하는 수량이다. 복건, 대만지역 가보에서 1위를 차지한 진성(陳姓)은 『중국가보총목』에도 수록되는 위세에 힘입어 최고 상위를 차지했던 것이다.

가보의 종류가 1,001종에서 2,000종 사이에 있는 6개의 성씨로는 황(黃)·오(吳)·주(周)·양(楊)·서(徐)·임(林) 등이 있다. 그중 현재 상위 등급에 있는 100개의 성씨에서 각각 8위, 10위, 6위, 11위, 16위를 차지했다. 양자는 비교적 밀접한 관계에 있다고 할 수 있다.

가보의 종류가 501종에서 1,000종에 이르는 11개의 성씨에는 주(朱)·호(胡)·정(鄭)·애신각라(愛新覺羅)·허(許)·엽(葉)·하(何)·사(謝)·조(趙)·소(蕭)·나(羅) 등이 있다. 그중 현재 100위 등급 안에 있는 성씨로는 애신각라 외에도 각기 14위, 13위, 23위, 35위, 49위, 17위, 24위, 7위, 30위, 20위 등을 차지했고, 이런 순위는 비교적 수위를 차치한 편에 속한다. 『중국가보총목』에 수록된 성씨 중에 애신각라 가보의 종류는 791종으로 주로 청나라 왕족의 옥첩(玉牒)과 관련이 있다.

가보의 종류가 101종에서 500종 사이에 있는 45개 성씨의 대다수가 100개의 성씨를 포함한다. 위에서 살펴본 순위 비교를 통해 지금까지 현존하는 가보의 성씨 순위와 현재의 성씨별 인구 수의 순위가 서로 비교적 근접하고 있다는 점을 알 수 있다.

2. 중국의 주요 가보 소장 기관

현존하는 가보의 수량과 분포에 대한 심층적인 이해를 위해 미시적 관점에서 전 세계의 주요 소장 기관을 하나씩 분석하고자 한다. 우선 중국의 기관을 소개하면 다음과 같다.

1) 상해도서관

중국 가보를 가장 많이 소장하면서도 그 품질이 비교적 높은 곳이 상해도서관이다.

상해도서관은 1952년 7월에 설립되었고, 1995년 9월에 이르러 상해과학정보연구소와 합병되면서 중국 최초의 성시급(省市級) 도서관이 되었다. 주소는 상해 회해중로(淮海

中路) 1555호(號)이며, 전체 면적이 12만m^2인 이곳에 소장한 문헌자료는 모두 5,000만 책(冊)으로 그중에 도서는 1,200만 책에 달한다. 그중에 고적은 170만 책이고 선본(善本)은 17만 책이며, 다양한 종류의 가보를 소장한 곳으로 유명하다. 많은 사람들의 노력 가운데, 특히 상해도서관의 명예 관장인 고정룡(顧廷龍) 선생은 중화인민공화국 건국 초기에 폐지공장에서 수만 권의 가보를 구입하여 보존했다. 아울러 많은 경로를 통해서 광범위하게 가보를 수집하여 상해도서관을 전 세계를 통틀어 가보를 가장 많이 소장한 기관으로 만들었다. 통계에 따르면 이곳은 1949년 이전의 가보 1,900여 종, 이후의 신형 가보 1만 9,000여 종, 모두 2만 1,000종의 19만 책을 소장하고 있다. 상해도서관의 가보는 다음과 같은 특징이 있다.

첫째, 소장한 가보의 분포지역이 비교적 넓다는 점이다. 이곳에 소장된 가보는 거의 전국 전역의 성(省), 구(區)를 포함하고 있다. 그중에 절강(浙江)과 안휘(安徽)의 것이 가장 많고, 다음이 강소(江蘇)·호남(湖南)·사천(四川)·복건(福建)·산동(山東)·하북(河北)·호북(湖北)·강서(江西) 순이다. 반면에 감숙(甘肅)·귀주(貴州)·광동(廣東)의 것이 비교적 적은 편에 속한다. 절강 가보는 주로 김화(金華)·여요(余姚)·상우(上虞)·자계(慈溪) 일대의 것이 집중으로 소장되었고, 안휘의 경우 휘주(徽州) 지역의 것이 가장 많았다.

둘째, 성씨(姓氏)가 비교적 다양하다는 점이다. 2000년 통계에 의하면 상해도서관에는 모두 328개 성씨의 가보가 있었다. 그중에 장씨(張氏)의 것이 가장 많았는데, 모두 638종에 달했다. 다음은 진성(陳姓) 622종, 왕성(王姓) 542종, 오성(吳姓) 424종, 유성(劉姓) 420종, 이성(李姓) 418종, 주성(周姓) 366종 등으로 나타났다. 기타의 경우 서(徐)·황(黃)·주(朱)·호(胡)·양성(楊姓)이 모두 200종 이상에 달했다. 비교적 생소한 성씨도 80여 종이 있는데, 즉 오(吾)·승(承)·심(尋)·사(師)·생(生)·위(危)·심(諶)·항(港)·후(後)·평(平)·양(陽)·거(璩)·청(青)·사(斜)·게(揭) 등이다. 가장 많은 성씨의 배열순서에 있어서 중국국가도서관이 소장한 가보와 미국 유타가보학회가 소장한 마이크로필름의 중국 가보와는 약간의 차이가 있다. 이처럼 상해도서관의 가보는 자기만의 특성이 있다.

셋째, 가보의 품질이 비교적 높다는 점이다. 상해도서관은 청대와 민국 시기의 간본(刊本)과 목활자본도 다량 소장하고 있다. 이 밖에도 200여 종의 명대 간본이 있는데 다수의 채색 화상(畫像)을 포함하고 있다.

특히 소장 가보 중에는 고본(稿本)과 저본(底本) 및 명인(名人)의 가보도 적지 않다. 그중에 가장 오래된 것은 송대의 『선원류보(仙源類譜)』로 비교적 높은 사료적 가치를 지니고 있다.

넷째, 상해라는 지역 특색을 내재하고 있다는 점이다. 상해도서관이 소장하는 상당수의 가보는 상해 개항 후 외지에서 유입된 인구에 의해 발전한 이후 세대의 것이다. 예를 들면 『진해동관향침랑교엽씨가보(鎭海東管鄕沈郎橋葉氏家譜)』의 경우 상해 최초의 매판자본가 엽징충(葉澄衷)이 상해에 설립한 양행(洋行)과 견사 공장 설립과 관련된 내용을 수록하고 있다. 이는 근대 상해사 연구에 귀중한 사료적 가치를 갖는다. 그리고 1928년에 편찬한 『합비이씨종보(合肥李氏宗譜)』, 1943년의 『용계성씨종보(龍溪盛氏宗譜)』, 1935년의 『무석영씨종보(無錫榮氏宗譜)』 등에는 각기 경제관련 자료를 수록해 보존하고 있다. 이런 자료를 통해 19세기 말부터 20세기 초까지의 상해 근대 공업의 발전 과정을 엿볼 수 있다.

이상과 같이 상해도서관이 소장하는 가보는 수량과 품질뿐만 아니라 현존 가보 중에 중요한 사료적 가치를 지니고 있다.

2) 중국국가도서관

중국국가도서관의 전신은 북경도서관으로 소장한 중국 가보의 수량은 상해도서관 다음으로 많고, 가보의 품질도 비교적 높은 편에 속한다. 북경도서관은 1909년에 설립되었고, 17만m^2의 면적에 모두 2,200만 책의 도서를 소장하고 있는 중국의 총서고이다.

북경도서관이 설립된 이후 양계초(梁啓超) 관장의 영향으로 가보 자료의 수집을 중시하기 시작했다. 그리하여 1928년 도서관은 사회 각계로 서신을 보내 폭넓게 가보를 수집했고, 1950년에 이르러 소장한 가보의 수량은 348종에 달했다. 이후에 '토지개혁' 등의 과정에서 북경도서관은 "사람들이 버린 가보를 수집한다."라는 원칙을 세우고 구매를 통해서 다양한 가보를 광범위하게 수집했고, 그 수량도 계속 증가했다. 그리고 지방지와 가보 정리 작업에 매진을 하여 1990년대에 이르러서는 별도로 '지방지와 가보문헌센터(地方志與家譜文獻中心)'를 설립했다. 당시 가보의 수량은 이미 3,006종에 이르렀고, 현재 소장하고 있는 것 중에 특히 1949년도 이전 가보가 3,200종에 달한다. 북경도서관이 소장한 가보는 수량이 많을 뿐만 아니라 품질도 매우 높다. 그 특색을 열거하면 다음과 같다.

첫째, 소장하는 가보의 지역 범위가 비교적 넓다는 점이다. 가장 많은 지역은 소주(蘇州), 절강(浙江), 안휘(安徽)의 3개 성(省)이고, 그다음은 화중(華中), 화남(華南)의 각 성과 하북(河北), 산동(山東), 동북(東北) 지역이다. 가장 적은 지역은 서북(西北) 지역이다.

둘째, 가보의 성씨가 모두 268성으로 비교적 풍부하다는 것이다. 50개 이상을 초과하는 성씨는 12종으로 그중에 왕성(王姓)이 가장 많아 142종이고, 진성(陳姓)이 134종, 장성(張姓)이 101종에 달했다.

셋째, 판본의 질이 비교적 높다는 점이다. 송대의 것이 2종으로 가장 오래된 것은 사호(史浩)가 편찬한 『선원류보(仙源類譜)』이다. 그리고 원명(元明) 시기 내부(內府)의 초본(抄本)이 322종이다.

『중국고적선본서목(中國古籍善本書目)』의 통계에 의하면 가보는 사부(史部)의 전기류(傳記類)에 속하며 선본으로 평가되는 종보는 북경도서관의 것이 거의 절반을 차지한다. 특히 소장 번호 79호인 돈황당사본(敦煌唐寫本)은 희귀본으로, 그 제목이 '성씨록잔권(姓氏錄殘卷)'이다. 내용은 두 가지로 구성되었는데 전반부는 각 군의 군성(郡姓)을 수록한 것으로 모두 66개 군의 266개 성씨를 수록했다. 예를 들면 서두에서 "□양군(□陽郡)의 3성과 병주(并州)의 의경어(儀景魚)"[6]라고 했다. 그리고 후반부는 정관(貞觀) 8년 5월 10일 임진(壬辰)에 올린 고사렴(高士廉)의 주소(奏疏)와 조칙(詔敕)이다. 잔권(殘卷)의 끝에는 사람들이 베껴 쓴 제목들이 있고, 구체적인 연대는, 토번(吐蕃)의 연대로 병진(丙辰) 3월 경오(庚午)의 삭(朔) 16일 을유(乙酉)이고, 이는 당나라 문종(文宗) 개성(開成) 원년에 해당한다. 학자들 사이에서 '성씨록잔권'의 성립연대와 성격에 대한 이견은 있지만 문헌 자료의 가치에 대해서는 이론의 여지가 없다.

넷째, 소수민족 가보는 특징을 가지고 있다는 점이다. 우선, 한문을 사용해 작성된 소수민족의 가보는 팔기보(八旗譜)가 19종, 몽골 가보가 2종, 황실 가보 등 다수를 소장하고 있다. 소수민족의 문자로 기록된 가보로는 만문(滿文)의 가보가 21종, 몽골, 이족(彝族), 장문(藏文) 등으로 작성된 가보가 11종으로 모두 진귀한 가치를 갖는다.

3) 산서성(山西省) 사회과학원 가보자료연구센터

1988년 7월에 국가당안국과 중국사회과학원 등의 지원으로 산서성 사회과학원은 중국보첩학연구회(中國譜牒學研究會)를 발족시키고 『보첩학연구(譜牒學研究)』라는 학술지도 창간했다. 1994년 2월에 산서성 사회과학원은 가보자료연구센터를 정식으로 설립했다. 센터를 설립한 이후 가보 자료의 수집과 정리 작업에 매진함과 동시에 기초 이론연구와 학과 건설에도 심혈을 기울였다. 최근 20년 동안에 출판된 저술이 20여 종이고, 발표한 논문은 50여 편에 이른다. 그리고 수차례 국내는 물론 국제 학술대회에도 초청되었고, 국내외 화교를 대상으로 조상의 뿌리 찾아주기 서비스를 제공해 호평을 받기도 했다. 센터는 모두 400여 종의 성씨와 6,000여 부의 가보를 소장하고 있고, 그중의 일부는 마이크로필름 형태로 보관했다. 본 센터의 소장 수량은 전국에서 두 번째로 많다. 센터는 2003

6 "□陽郡三姓, 並州, 儀景魚。" (역자 주)

년에 '뿌리 찾기(尋源)'라는 홈페이지(www.xun-yuan.com)를 개설하여 보첩학 연구자와 애호가 및 보첩 소장기관이 서로 교류하고 토론할 수 있는 창구를 마련하기도 했다.[7] 그리고 2006년부터 가보자료연구센터는 『보첩학논총(譜牒學論叢)』이란 총서형태의 보첩학 연구 학술지를 매년 한 차례 산서출판에서 출간하고 있다.

4) 호남도서관(湖南圖書館)

호남도서관은 1904년도 3월에 건립되었는데, 당시 호남 순무(巡撫)인 조이손(趙爾巽)이 창립한 중국에서 가장 오래된 공공도서관 중의 하나였다. 1984년 5월에는 장사(長沙)의 소산로(韶山路)에 신관을 증축했고, 총면적은 4만 3,700m^2에 달한다. 1990년 말에 소장한 장서는 316만 책이고, 그중에 고적이 95만 책, 선본이 5,000부(部)의 5만 책이었다. 그중에 송각본(宋刻本)인 『설문해자(說文解字)』 15권(卷)과 오대(五代)시기 각본(刻本)인 『뇌봉탑장경(雷峰塔藏經)』 장권(長卷) 등의 희귀본을 소장하고 있다. 통계에 따르면 호남도서관이 소장한 가보는 1,176부(部)로 이는 상해도서관과 국가도서관에 버금가는 수량이다. 그중에 『주원공세계유방집(周元公世系遺芳集)』(15권), 『공씨조정광기(孔氏祖庭廣記)』(20권), 『풍성이씨족보(豐城李氏族譜)』, 『중각몽담강씨족보(重刻蒙潭康氏族譜)』 등의 6종은 『중국고적선본서목(中國古籍善本書目)』에 수록되었다.

5) 안휘성도서관(安徽省圖書館)

안휘성도서관은 1913년에 건립된 비교적 오래된 공공도서관 중의 하나이다. 본관은 합비(合肥) 무호로(蕪湖路) 76호(號)에 있고, 240만 책을 소장하고 있다. 그중 고적이 40만 책, 선본이 3,121종의 3만 707책이고 특히 원각본(元刻本)인 『증광주석음변당류선생집(增廣注釋音辨唐柳先生集)』과 청대 저명한 서예가인 양동서(梁同書)의 수고본(手稿本)인 『빈라잠존고(頻螺暫存稿)』, 청대 요형(姚瑩)의 고본(稿本) 『강위기행(康衛紀行)』 등은 비교적 진귀한 소장품에 속한다. 휘주(徽州) 지역 가보는 현존하는 가보에서도 중요한 위치를 차지한다. 안휘성도서관은 이런 유리한 조건 속에서 환남(皖南)의 휘주 지역을 수차례 방문해 가보 조사 사업을 진행했다. 그 후 200여 종의 가보를 소장할 수 있게 되었고, 그 품질도 비교적 높다. 특히 휘주 가보는 이 지역만의 독특한 특징을 갖고 있다는 점에 주목할 필요가 있다. 이곳 도서관이 소장한 『왕사세가(王謝世家)』(30권), 『왕씨세범록(汪氏世範錄)』, 『신

---

7 역자의 조사결과 해당 홈페이지는 이후 계속 유지되지 못한 듯하고, 해당 도메인은 2016년 3월부터 한 결혼정보 업체가 선점해 사용하고 있다. (역자 주)

안명족지(新安名族志)』(2권), 『왕씨연원록(汪氏淵源錄)』(10권), 『휴녕범씨족보(休寧范氏族譜)』(9권) 등 31종의 가보는 모두 『중국고적선본서목(中國古籍善本書目)』에 수록되어 있다. 그중의 2/3가 고본(孤本)이고 고적선본목록에 수록된 가보의 수량 역시 국가도서관과 상해도서관에 버금간다.

6) 절강도서관(浙江圖書館)

절강도서관은 역사가 유구한 공공도서관 중의 하나로 절강성 전역을 대상으로 소장한 문헌 정보를 제공한다. 해당 도서관은 서광로(曙光路)에 신관(新館)이 있고, 고산로(孤山路)와 대학로숙사(大學路宿舍) 및 호주시(湖州市) 남심가업당(南潯嘉業堂)의 장서루(藏書樓) 등에도 분관이 있다. 건축면적은 4만 7,000m^{2}이고 절강성 전역에 6개의 분관과 27개의 이동도서관이 있다. 절강도서관은 470만 책의 장서를 보유하고 있다. 현존하는 『사고전서(四庫全書)』 중의 문란각(文瀾閣) 판본이 바로 이곳에 가장 귀중한 장서로 소장되어 있다. 절강도서관에는 1,076종의 다양한 가보가 소장되어 있고 그중에 다수가 선본(善本)과 진본(珍本)이다. 절강도서관은 가보 정리 작업을 매우 중시했고 『중국가보총목』의 편찬 기회를 통해서 문화청과 당안관의 전폭적인 지원을 받을 수 있었다. 이에 도서관과 당안관의 전문가가 함께 가보자료에 대한 조사연구와 목록작업을 진행했고, 4년간의 노력 끝에 『절강가보총목제요(浙江家譜總目提要)』를 완성했다. 2005년에 절강인민출판사가 출판한 이 목록서에 절강 지역의 가보 1만 2,778종이 255만 자로 수록되어 있다. 아울러 이 책은 절강문화연구 사업의 성과를 나타낸 첫 번째 목록 문헌이다.

7) 천일각장서루(天一閣藏書樓)

명대 가정(嘉靖) 11년(1532)에 세워진 천일각(天一閣)은, 중국에서 현존하는 가장 오래된 사가 장서루(藏書樓)로 절강 영파시(寧波市)에 위치한다. 천일각의 주인인 범흠(范欽, 1506~1585)은 절강 은현인(鄞縣人)으로 가정 11년에 진사(進士)로 임관해 관직은 병부우시랑(兵部右侍郎)까지 올랐다. 범씨는 평생 학문과 장서를 좋아하고 소장한 도서가 매우 많아 별도로 보관하는 장소를 마련했는데, 이를 '천일각(天一閣)'이라 명명했다. 소장한 장서의 특징으로 지방지(地方志), 등과록(登科錄) 및 향시(鄉試), 회시(會試), 무시록(武試錄) 등이 특히 많고, 통계에 의하면 소장한 가보도 403종이나 된다. 그중에 명나라 가정 9년(1530)의 각본(刻本)인 『황명은명록사권(皇明恩命錄四卷)』과 명대 전봉래(錢鳳來)가 편찬한 가경(嘉慶) 3년(1798)의 각본(刻本) 『무구왕씨통종세보불분권(武口王氏統宗世譜不分卷)』, 명대 증공화(曾孔化)가 편찬한 가정(嘉靖) 시기 각본인 『여릉증씨가승(廬陵曾氏家乘)』 등 11종의 가보가 진귀한 소장품으로 『중국고적선본서목(中國古籍善本書目)』에 수록되었다.

8) 길림대학도서관(吉林大學圖書館)

길림대학도서관은 1946년에 건립되었다. 장춘시(長春市) 해방대로(解放大路) 83호에 위치하고, 면적은 2만 5,000m^{2}이며, 소장된 장서는 217만 책에 달했다. 그중에 중문도서는 149만 책, 외국도서는 68만 책이다. 길림대학도서관은 중국 가보를 가장 많이 소장하고 있는 대학도서관 중의 하나이다. 통계에 의하면 소장한 가보는 861종이고 『고흡방씨종보(古歙方氏宗譜)』(6卷), 『중수제양강씨족보(重修濟陽江氏族譜)』(8권), 『이씨족보(李氏族譜)』(3권), 『석산주씨종보(錫山周氏宗譜)』(4권) 등 12종의 가보가 『중국고적선본서목』에 수록되었다.

9) 중국사회과학원역사연구소(中國社科院歷史研究所) 도서관

중국사회과학원역사연구소 도서관은 1954년에 건립되었고, 북경시 건국문(建國門) 5호(號)에 위치한다. 이곳에 소장한 도서는 70만 권으로 중국 내 사회과학원 중에서 가장 많은 도서를 보유한 곳이다. 주로 역사 분야의 문헌을 많이 소장했고, 그중에 3만 책은 고적선본(古籍善本)이다. 이 도서관의 특징은 송원과 명청의 시기별로 휘주(徽州) 지역의 계약문서를 소장하고 있다는 것이다. 통계에 의하면 가보는 모두 980종을 소장했고, 이는 사회과학 분야의 도서관 중에서 가장 많은 가보를 소장한 것이다. 원칙대로라면 본 도서관의 가보 소장 목록에 훨씬 더 많은 가보가 있어야 타당하다. 그러나 『중국고적선본서목』에는 『나씨양간원귀결시말(羅氏楊幹院歸結始末)』(1권)만 수록되어 있다. 본관의 『마이크로필름목록』에 수록된 통계에 근거하면 2,000여 종을 소장했고, 주로 명청(明淸)과 민국시기의 가보가 주류를 이루고 있다.

10) 대만의 '중앙도서관(中央圖書館)'

'중앙도서관'은 1933년 남경에서 설립되었고, 항일전쟁 시기에 중경(重慶)으로 이전되었다가 승리 이후 다시 남경으로 돌아왔다. 1949년에 재차 대북시(臺北市)로 옮겨 가서, 처음에는 남해로(南海路)의 식물원 내에 있었는데 독자와 장서의 필요에 따라 1978년에 신관 건립이 추진되었다. 현재 신관은 대북시 중산북로(中山北路) 20호에 위치한 7층 건물로 전체 면적은 3만m^{2}에 달한다. 1986년 9월에 신관이 정식으로 완공되며 대외에 개방했다.

신관이 소장한 장서는 200만 책으로 그중 선본은 1만 2,000부의 12만 5,000책에 달한다. 가보 소장과 관련해 "중앙도서관"은 두 곳으로 나누어 가보를 보관하고 있다. 한

곳은 일반 서고로 이곳에는 일반 도서로 분류된 약 160종을 소장하는데, 대다수가 최근 20여 년에 출간한 보통 책 형태이다. 다른 한 곳은 선본 서고로 선장(線裝)의 고적 27종을 소장하고 있는데, 그중 25종이 선본(善本)에 속한다. 『석보위족고(石譜衛族考)』는 명나라 천순(天順)[8] 연간에 저자가 손으로 작성한 고본(稿本)이다. 『황씨회통보(黃氏會通譜)』, 『장씨회수통종세보(張氏會修統宗世譜)』, 『택부왕씨종보(澤富王氏宗譜)』, 『휴녕솔구정씨속편본종보(休寧率口程氏續編本宗譜)』 등은 명대 간행본이고, 『고우봉서진씨가보(高郵奉西陳氏家譜)』, 『대씨족보(戴氏族譜)』는 명대 초본(抄本)으로 품질이 비교적 높다.

11) 대북 '고궁박물원(故宮博物院)' 도서문헌관

대북 '고궁박물원' 도서문헌관은 대북시 사림구(士林區) '고궁박물원' 안에 있는 단독 건물로 박물원 행정청사 우측에 위치한다.

이곳은 중국의 역대 선본 고적과 청대 당안문헌으로 더욱 유명하다. 소장품을 전시하기 위해서 대북 '고궁박물원'은 1996년 4월에 정식으로 도서문헌관을 개방했다. 이곳에 소장하고 있는 선본 고적 중에서 문연각(文淵閣) 『사고전서(四庫全書)』, 무영전각본(武英殿刻本), 내각대고(內閣大庫) 등의 장서가 가장 유명한데, 그 수량은 대략 18만 권에 달한다. 청대 당안(檔案)의 경우 주비주접(朱批奏摺)·내각대고(內閣大庫)와 군기처(軍機處)의 당안 등 모두 합치면 대략 40만 건이 넘는다. 이곳은 마이크로필름 형태로 다양한 가보를 소장하고 있다는 것이 특징이다. 대만 『연합보(聯合報)』는 1996년 3월 해당 관의 마이크로필름 자료를 기부했는데, 모두 3,132권(卷)으로 중국과 한국 및 유구(流球) 족보로 양분해서 분류했다. 전자는 모두 9,970종이고, 후자는 92종으로 모두 1만 162종에 달했다. 그중 중국 족보의 경우 대만 것이 약 3,200여 종이고, 기타 지역의 것이 6,000여 종이었다. 중국 족보에는 한족을 중심으로 소수의 만주족과 기타 소수민족의 가보도 포함했다. 이런 마이크로필름에 수록된 가보 원본은 현재 중국 내지의 각 도서 당안관 및 대만, 일본의 동양문고, 일본국립국회도서관, 미국컬럼비아대학 동아시아도서관, 미국국회도서관, 홍콩대학 풍평산(馮平山)도서관 등에 소장되고 있다. 본 도서관이 소장한 마이크로필름 가보 수량은 미국 유타주의 가보도서관에 버금갈 만한 수량이다.

8 천순(天順): 명(明) 영종(英宗)의 연호(1457~1464)이다. (역자 주)

12) 대만중앙연구원의 민족학연구소도서관

민족학연구소도서관(民族學研究所圖書館)은 1955년 9월에 개관했고, 건축면적은 2,000m^2에 15만 9,000책(冊)을 소장하고 있다. 중점 도서는 민족학·사회학·심리학·대만연구(臺灣研究)·종교연구·화교연구 등이고 이외에 기타 관련 학과의 자료도 소장하고 있다. 그 중 특색 있는 장서로는 일본통치 시기의 대만 자료, 종교조사자료, 사원(寺院) 장부, 토지(土地) 신고서, 고문(古文) 계약서, 선본서 등이 있다. 그리고 본관은 마이크로필름 롤(roll) 1,100권(卷)을 소장하고 있는데, 그중 중국 가보 관련 자료는 대략 수천 종에 이르는 것으로 파악된다. 이곳은 대만 관련 마이크로필름 형태의 가보 자료를 가장 많이 소장한 곳이다.

13) 홍콩대학도서관(香港大學圖書館)

홍콩대학도서관 중에 특히 풍평산(馮平山)도서관은 홍콩에서 가보를 가장 많이 소장하고 있는 곳이다. 본 도서관은 1931년 풍평산 선생이 홍콩대학에 기부한 도서관으로 모두 49만 권의 장서를 보관하고 있다. 1997년 6월에 풍평산도서관이 출간한 『중문족보목록(中文族譜目錄)』의 통계에 따르면 홍콩대학도서관이 소장한 가보는 373종인데, 그중 300여 종을 풍평산도서관이 소장하고 있다. 그중의 1/4은 청대와 민국 시기에 출간한 것이고, 1949년 이후 것이 3/4에 달했다. 비교적 진귀한 것은 명나라 만력(萬曆) 35년(1607)에 출간한 『신계대포갱구하포촌림씨족보(新界大埔坑口下蒲村林氏族譜)』와 만력 44년(1616)에 구작성(邱作聖)과 구작태(邱作泰)가 편찬한 『하남당구씨족보(河南堂邱氏族譜)』이다. 이상 두 가지 가보는 내지의 기관에도 없는 것으로, 미국에 동일본이 있다. 그리고 강희(康熙) 27년(1688)에 포송령(蒲松齡)이 편찬한 『포씨족보(蒲氏族譜)』가 있다. 이것 역시 내지에는 없고 일본에만 동일본이 있다. 이 외에 마이크로필름 형태의 가보 300여 종도 소장하고 있는데, 주로 미국의 유타주와 기타 주에서 소장한 것을 복사해 온 것이다.

3. 외국의 주요 가보 소장 기관

다음은 중국 가보를 소장하고 있는 외국의 기관을 소개하고자 한다.

1) 일본국립국회도서관

일본국립국회도서관은 1948년 2월에 건립되었고, 도쿄의 지요다구(千代區) 나가타초(永田

町)에 위치한다. 이곳의 전신은 1872년에 설립된 문부성(文部省) 산하의 제국(帝國)도서관과 1890년에 설립된 제국(帝國)의회의 귀족원(貴族院)·중의원(衆議院)도서관이다. 이 양대 도서관이 소장한 도서가 국회도서관의 주요 근간이 되었다. 국립국회도서관은 일본 유일의 국가도서관으로 국회를 위한 것이며 또한 국회의 조사기능을 겸비한 대형종합 도서관이다. 해당 도서관은 780만 책을 소장한 일본 최대의 공공도서관이다. 특색 있는 장서로 첫째, 헌정(憲政) 관련 자료이다. 소장 자료는 모두 23만 건으로 19세기 말 일본의 근대정치가 발달하는 과정에서 발생한 문헌 자료 외에도 일본 근대의 정치, 외교, 군사, 기업인 등과 관련한 개인 소장품도 있다. 둘째, 의회(議會) 관련 자료이다. 일본을 포함하는 30개 국가의 국회 의사록과 100여 국가 정부의 관보(官報) 등 중요한 자료로 모두 45만 책(冊)을 소장하고 있다. 셋째, 과학 관련 자료이다. 외국의 과학기술 관련 정기간행물과 특허보고서 및 박사 논문 자료 등을 2만 5,500종 소장하고 있다. 이 밖에 39만 장에 달하는 국내외 지도자료, 40만 장에 이르는 음악 자료, 일본과 관련한 외국어 자료, 고적 도서, 아시아 자료 등도 있다.

그중에 중문 고적과 도서 및 관련 자료 등은 약 25만 권에 이르고, 이는 청대 문헌, 지방지, 족보, 도서잡지와 신문 등을 포함한 수치이다. 통계에 따르면 해당 도서관이 소장한 중국 가보는 모두 403종으로 다수가 청대와 민국 시기의 것이다. 건륭(乾隆) 이전의 각본(刻本)과 초본(鈔本)은 모두 15종이고, 그중에 명대 각본(刻本)은 3종이 있다. 융경(隆慶) 4년 왕선(王銑)의 간본(刊本) 『무구왕씨통종세보(武口王氏統宗世譜)』와 사마석(司馬晰)이 편찬한 만력 간본인 『속수사마씨원류집략(涑水司馬氏源流集略)』과 가정(嘉靖) 시기 간본인 『휴녕서문왕씨족보(休寧西門汪氏族譜)』 등 명대 각본 3종이 비교적 가치가 높은 가보에 속한다.

2) 동양문고(東洋文庫)

동양학 전문 도서관인 동양문고는 일본 도쿄의 분쿄구(文京區)에 위치하고, 대지 3,687m^2에 건축면적은 총 7,134m^2에 달하는 4층 건물이다.

동양문고는 일본 미쓰비시(三菱) 그룹의 이와사키 히사야(岩崎久彌, 1865~1955)가 1917년 호주인 조지 어네스트 모리슨(George Ernest Morrison, 1862~1920)의 장서를 구입하여 설립한 곳이다. 모리슨은 1911년 신해혁명 이후에 중화민국 총통부의 정치고문으로 직업적인 필요성과 취미로 중국의 외국어 도서를 다량으로 구입하며 당시 매우 명성이 높았다. 동양문고의 설립 후에 모리슨의 장서를 근간으로 중국 도서를 비롯해 아시아 각국의 서적을 다량으로 구매하기 시작했다. 이후 1924년 동양문고 산하에 도서부를 설립했고,

연구부도 신설해 전문적으로 관련 도서를 수집했다. 그리고 일본학계의 연구 성과를 출간하며 동양학 관련 지식을 보급하여 일본의 동양학 연구를 촉진시키는 역할을 했다. 제2차 세계대전 후에 동양문고의 경제적 어려움으로 일본국회도서관의 분관으로 편제되었다.

동양문고는 80만 책의 도서를 소장하고 있고, 그중에 중국과 한국의 도서는 42만 5,000권, 서방 도서는 32만 5,000권에 달한다. 소장한 아시아 자료는 중국과 한국 이외에 일본, 몽골, 시베리아, 중앙아시아, 서아시아, 인도, 동남아시아 등의 것도 있다. 동양문고는 아시아 자료를 집중적으로 수집해서 일본뿐만 아니라 세계적으로도 비교할 도서관이 없을 정도이다. 중문 장서 중에는 4,000여 종의 중국의 지방지가 있고, 20여 본의 『영락대전(永樂大典)』과 청대 전시(殿試)의 장원권(壯元卷) 및 『대장경(大藏經)』 등이 있다. 이곳은 800여 종의 중국 가보와 500만 장의 마이크로필름 자료 등을 소장하고 있다. 이는 일본에서 중국 가보의 원본과 마이크로필름본을 가장 많이 소장한 기관 중의 하나다. 소장한 가보 중에 명각본(明刻本)인 『신안정씨통보(新安程氏統譜)』이 있는데 품질이 비교적 높다. 각 성씨의 가보는 모두 개별 보관함에 비치하는 바 보존상태가 매우 우수하다.

3) 도쿄대학(東京大學) 동양문화연구소(東洋文化研究所)

동양문화연구소는 동양문화의 종합적인 연구라는 설립 취지하에 1941년 11월 26일 도쿄대학 교내에 창립되었다. 창립 초기에 철학부, 문학부, 사학부를 통합하는 분과와 법률정치부, 경제상업부 등 3개 분과를 설치하였고, 연구의 중점 방향을 문헌연구와 현지조사를 통한 종합연구와 고전과 현대도서를 병행하여 연구하는 데 두었다. 연구소의 도서관에는 연구실, 서고, 사무실 등을 두었다.

그리고 동양학 관련 문헌을 수집하여 국내외 연구자에게 관련 문헌 정보를 제공하기도 했다. 1966년에 부속 동양문화연구소에 동양학문헌센터를 설치했고, 이곳에 중국과 한국 도서 및 중국의 신문·잡지의 영인본과 아랍어 초본(抄本)의 참고문헌 등 아시아 각국의 문헌 간행물을 소장하기 시작했다. 아울러 고적목록과 현대도서목록 및 고적 조사와 고적 진위에 관한 강의, 총서(叢書) 출판도 병행하고 있다.

동양문화연구소가 소장한 중국 도서는 50만 책이고 그중에 청대의 경제자료, 법제재판자료, 음악서적, 희극자료 등 특색 있는 진귀한 도서가 매우 많이 포함되어 있다. 해당 연구소의 『한적분류목록(漢籍分類目錄)』에 따르면 중국 가보는 344종이 있다. 그중에 일부 가보는 총서(叢書)로 분류되었고, 가보 원본은 대략 270여 종이다. 그리고 대다수는 청대와 민국 시기에 편찬된 중국 가보인데, 그중에 『오흥덕효리반씨세보(吳興德孝裏潘氏世

譜)』 등 9종은 명대의 간본(刊本)과 초본(抄本)이다.

4) 교토대학(京都大學) 동양학문헌센터

일본 교토대학의 동양학문헌센터는 1965년 4월에 설립되어 현재 교토대학 인문과학연구소에 편제되어 있다. 해당 문헌센터는 교토의 기타시라카와(北白川)에 위치하고, 4,223m^2 면적에 건축면적은 2,428m^{2}이다. 1930년 일본 외무성의 문화사업부는 경자(庚子) 배상금[9]으로 본관을 설립했다. 해당 문헌센터는 주로 동양학 관련 문헌 자료를 수집하고 정리해서 교토대학 내외의 연구자에게 편리를 제공하고 있다. 아울러 적극적으로 동양학 문헌정보 관련 업무를 진행하고 있다.

동양학문헌센터가 소장하고 있는 중국 도서는 약 30만 권으로 민국 시기의 도서, 도상(陶湘)이 소장했던 2만 8,000책과 명대 문집, 지방지 등을 포함한다. 이 외에도 용문(龍門)과 운강(雲岡) 석굴 자료 10만 건, 3,600건의 은대(殷代) 갑골문, 1만 건에 달하는 금석 탁본과 민국 시기 중국 각지의 지도, 전통사진 5만 권 등도 있다. 중국 가보는 50여 종과 일부 마이크로필름 복사본을 소장하고 있다. 이곳에서는 『동양학문헌유목(東洋學文獻類目)』이란 간행물을 출간하고 있다.

5) 컬럼비아대학 동아시아도서관

컬럼비아대학의 동아시아도서관은 미국 콜롬비아대학 교내에 있고 브로드웨이와 웨스트 116번가(Broadway and 116th West Street)에 위치한다. 동아시아도서관은 1901년 창립되었고, 북미에서 최초로 동아시아 문헌을 소장하기 시작한 도서관이다. 이곳은 본관 설립 초기부터 중문 도서를 집중적으로 수집하기 시작했고, 일찍이 이홍장이 기부한 『고금도서집성(古今圖書集成)』도 소장하고 있다. 현재 소장한 중문 도서는 40여 만 권에 이르고, 이중 다수는 역사와 철학, 문학 관련 도서이다. 본 도서관의 특징으로 중국의 지방지와 가보 및 갑골문의 소장을 들 수 있다.

관련 보도에 의하면 동아시아 도서관이 소장한 가보는 모두 2,000여 부로 미국 전체에서 가장 많은 수량이다. 해당 도서관의 가보 수량은 사실상 이보다 더욱 많을 것으로 예상되며, 여기에는 중국, 한국, 일본의 가보 등을 포함한다. 중국, 한국, 일본의 모든 가보 문헌을 일정한 분류법에 따라서 특정한 목록 아래의 같은 곳에 함께 비치했다. 일정

9 경자 배상금: 1900년 의화단사건(義和團事件)의 배상금(賠償金)을 말한다. (역자 주)

한 목록에 따라 편제하지 않았기 때문에 중국 가보의 정확한 수량이 아직 파악되지 않은 상태이지만 중국의 구(舊) 가보의 수량은 대략 1,000여 종에 달할 것으로 예상한다. 더욱이 동아시아 도서관은 최근 20여 년간 세계 각지의 화교가 기증한 신형의 가보도 계속 수집하고 있다. 중국 가보는 선본(善本) 서고와 일반 서고로 분리하여 소장하고 있다. 선본 서고의 경우, 다수가 명대의 판본(版本)으로 『등계진씨족보(藤溪陳氏族譜)』 등이 있다. 해당 가보는 별도로 제작된 보관함에 소장하고 있는 바 권질(卷帙)의 상태가 양호하고 품질도 우수하다.

6) 하버드대학 연경(燕京)도서관

하버드대학 연경도서관은 미국 보스턴 케임브리지시의 하버드대학 내에 있고, 1928년에 설립되었다. 최초의 명칭은 중일문도서관(中日文圖書館)이었다가 후에 하버드대학 연경(燕京)기관에 편제되었다. 1965년에 이르러 정식으로 하버드대학 연경도서관으로 개명했다. 해당 도서관은 동아시아 문헌을 가장 많이 소장한 서방의 대학도서관으로 장서는 대략 90만 책에 달한다. 그중에 중문 서적은 약 56만 책으로 미국에서 두 번째로 많은 곳이다. 본 도서관이 소장한 중문 자료의 특색은 고적과 지방 문헌에 있다. 개관 후에 구개명(裘開明) 관장의 주도하에 중국 고적을 대량으로 수집했는데, 송원과 명청 시기의 진귀한 간본(刊本)이 주를 이루었다. 수년간의 자료수집 과정을 통해서 현재는 소장한 고적 선본이 1,500여 권에 달하고, 그중 186부(部)의 명대 각본 대다수는 희귀한 고본(孤本)에 속한다. 본 도서관의 핵심 소장도서인 중국 지방지는 모두 3,800여 부이고, 그중 명대의 각본이 28종으로 비교적 높은 품질을 유지하고 있다.

중국 가보의 수집은 1930년대부터 시작되었다. 하버드대학의 교우(校友)가 북경에서 대량의 가보를 구입했다. 하지만 구입한 가보의 대다수를 컬럼비아대학 동아시아도서관에서 소장하고 하버드대학 연경도서관에는 일부 소량만을 보관했는데, 그 수량은 200여 종이었고 다수가 청대와 명대의 목활자본이었으며 10여 종은 초본(抄本), 고본(稿本)이었다. 그중에 다수가 소산(蕭山) 지역의 족보이고, 명대 각본(刻本)은 정전(程典)이 편찬한 『(휴녕)정씨족보((休寧)程氏族譜)』 1종이었다. 그리고 200여 종의 가보는 선본 서고와 일반 서고에 나누어 소장하고 있다.

7) 미국의회도서관

미국의회도서관은 워싱턴에 소재하고 1800년에 설립되었으며, 30만m^2의 건축면적에 직원 4,200명으로 소장도서와 시설 규모가 세계에서 가장 큰 도서관이다. 그리고 세계에서 중국 외에 중문 도서가 가장 많은 도서관이기도 하다. 본 도서관의 중문 자료 소장의 역사는 1869년으로 거슬러 올라간다. 이때 중국의 동치(同治) 황제가 미국의회도서관에 109부의 저작 933책을 기증했다. 이처럼 미국의회도서관은 창립 시기부터 아시아 문헌을 수집하기 시작하여, 현재 세계에서 아시아 문헌을 가장 많이 소장한 기관이 되었다.

1928년에 성립된 미국의회도서관의 중문부(中文部)는 현재 5만 4,300책의 중문 도서를 소장하고 있으며 고적과 지방지 사료는 본 도서관의 특색이다. 중국의 고적선본은 2,000여 종이고 명대 각본(刻本)은 1,500여 종이다. 중국 지방지는 약 4,000여 종으로 대다수가 명청 시기의 각본이고 중국의 구(舊) 가보의 수량은 약 500여 종이며, 다수가 이미 미국 유타주 가보협회에서 촬영한 것이다.

8) 미국 유타주(Utah) 가보도서관

유타주 가보도서관은 미국 솔트레이크시티(Salt Lake City)에 소재한 몰몬교(Mormons), 즉 말일성도 예수그리스도 교회(Church of Jesus Christ of Latter-Day Saints)에 소속된 문화 기관이다.

몰몬교의 교리는 가정을 매우 중시하여 영원히 하나 되는 결혼을 강조했다. 그리고 조상의 뿌리를 찾고 망자의 영혼을 위로하고자 하는 많은 신도들의 요구에 부응하여 1894년에 가보도서관을 설립했다. 해당 도서관은 100여 년 동안 세계 각지에서 광범위하게 관련 자료를 수집하고 촬영해 왔다. 현재 27만 4,000책의 도서와 200만 롤에 달하는 마이크로필름을 제작했고, 수록한 성씨는 무려 3억 명을 초과했다. 특히 각국 사망자의 문서나 자료를 수집하는 도서관이라는 점에서 주목할 필요가 있다.

해당 도서관은 중국 가보 1만 7,099종, 지방지 5,043종, 동북지역 호구책 4,375책(册), 청대 과거(科擧) 자료 1,293책 등을 소장하고 있다. 이 자료의 대다수는 마이크로필름으로 제작된 것으로 1만 7,099종의 가보 가운데 불과 300여 책만이 원본이다. 청대 『오씨가보대전(伍氏家譜大全)』 등이 원본이다. 비록 본 도서관이 소장하고 있는 중국 가보 원본의 수량은 적지만 마이크로필름은 매우 방대하다. 현재까지 중국 가보를 가장 많이 소장하고 있는 상해도서관에는 2만 1,000종, 두 번째인 중국국가도서관에는 3,200종이 있다. 이에 비해 유타주 가보도서관의 마이크로필름 복제본의 수량이 1만 7,000종이라는 점을 고려하면 그 수량이 상당한 것이라고 할 수 있다.

9) 캐나다 토론토시 공공도서관

캐나다 토론토(Toronto)시 공공도서관은 1884년에 건립되었으며, 소장한 장서는 1,200만

권으로 100여 종의 문자언어 도서를 포함하고 있다. 해당 도서관의 중문 도서는 각 분관에 산재하며, 대략 10만여 권에 달한다. 이들 도서는 대다수 홍콩, 대만에서 출판한 도서로 내용이 풍부하여, 전체적으로 이민자의 독서 수요를 만족시킬 수 있는 도서들이다. 또한 이곳은 캐나다에서 가장 많은 중국 가보를 소장한 기관으로, 대략 100여 종이 있다. 이들 다수는 대만지역의 것으로 최근 50년을 전후로 편찬된 것이다.

10) 네덜란드 레이던대학 한학연구원 중문도서관

레이던대학(Leiden University)의 한학연구원 중문도서관은 1930년 12월 20일에 설립되었다. 이곳 중문도서관은 도서 수량이나 전공의 성격, 관리 수준 등에서 볼 때 유럽에서 일류에 속한다. 이곳에는 30만 권의 자료가 있고, 중문 외에 다수의 일본어와 한국어 장서도 구비하고 있다. 그뿐만 아니라 당대(當代)의 중문 도서는 물론이고, 다수의 고적 진본(珍本)도 소장하고 있다. 기타 자료로 4,000종의 정기간행물이 있고, 현재 간행 중인 것은 1,000종에 이른다. 그리고 신문과 마이크로필름 및 슬라이드 등도 있다. 소장도서는 문사철(文史哲)이 주류를 이루고 천문, 중국의학, 생물 등 기타 학과의 것도 있다. 본 도서관의 특색으로 한학 연구자인 반 훌릭(Robert Hans van Gulik: 1910~1967)의 장서와 명말과 청조에 예수회가 중국에서 활동한 자료 및 중국 연근해와 관련 자료를 소장하고 있다는 점이다. 그리고 본관은 유럽에서 중국 가보를 가장 많이 소장하고 있는 기관 중의 하나로 통계에 의하면 모두 49종에 이른다. 이들 대다수는 1950~1970년 사이에 대만지역에서 출간된 가보로 연인본(鉛印本)이 다수를 차지한다. 가보는 주(周)·장(莊)·반(潘)·여(呂)·곽(郭)·조(趙)·소(蕭)·임(林)·간(簡)·왕(王)·진(陳)·엽(葉)·사(謝)·홍(洪)·유(劉)·정(鄭)·이(李)·장(張)·대(戴)·조(曹)·첨(詹)·노(盧)·후(侯)·양(楊)·설(薛)·호(胡)·손(孫)·송(宋)·가(柯)·종(鐘)·서(徐)·범(范)·남(藍)·비(費) 등 40여 개의 성씨를 수록했다. 그중에 장마(張摩)·가채(柯蔡)·뇌라(賴羅)·강노기(姜盧紀) 등은 연종(聯宗)한 형태의 성씨다.

11) 독일 하이델베르크대학 한학연구소 도서관

독일의 하이델베르크대학 한학연구소 도서관은 1962년에 설립되었고, 독일에서 중문 문헌을 소장하고 있는 주요 기관 중의 하나이다. 현재 12만 권의 단행본과 330종 정기간행물, 12종의 신문(2만 부의 정기간행물 1,000부의 신문)을 소장하고 있다. 이 외에 1만여 건의 마이크로필름과 필름 자료가 있다. 특색 있는 장서로는 청대의 문헌과 불교와 도교 문헌, 현대 중국의 음악과 영상자료 등이 있다. 이 외에도 중국본토와 대만에서 출간된 많은 고적의 디지털 데이터를 구비하고 있다. 즉 『사고전서(四庫全書)』·『십삼경(十三經)』·『이십오사(二十五史)』와 정기간행물의 전문을 수록한 데이터 자료 등이 이에 속한다. 해당 도서관이 소장한 중국 가보는 『(산동복현)임계시씨족보((山東濮縣)臨溪施氏族譜)』·『(섬서무공)무공소주연씨족보((陝西武功)武功蘇周連氏族譜)』·『(호북운현)호북운현진씨가보((湖北鄖縣)湖北鄖縣陳氏家譜)』·『주씨족보(周氏族譜)』 등으로 최근 50년을 전후로 대만지역에서 편찬된 것이다.

12) 프랑스국가도서관

프랑스국가도서관은 1368년에 건립된 이래, 지금까지 600년에 이르는 세계에서 가장 유구한 도서관 중의 하나이다. 건축면적은 36만m^2이고 장서는 1,130만 권에 달한다. 해당 도서관의 중문 도서는 두 곳으로 나뉘어 소장된다. 하나는 수고부(手稿部)인 동방문헌부이고, 다른 하나는 동방문헌부의 중문실이다. 수고부는 17세기 말부터 중문 문헌을 소장했고, 현재는 15만 종의 목판각본 인쇄와 활자 인쇄본 고적, 수백 종의 원고와 500여 종의 정기간행물이 있고, 이외에 다양한 지방지를 소장하고 있다. 동방문헌부의 중문실은 1976년에 설립되었고, 주로 19세기부터 현재까지의 중문 문헌을 수집해 소장하고 있다. 이곳에는 1만 권의 중문 장서가 소장되어 있고, 문학과 언어 분야의 장서가 주를 이룬다. 1949년 이후에는 중국대륙에서 출판한 도서를 중심으로 소장했고, 동시에 중국 역사와 현대문화 연구와 관련된 문헌도 소장하고 있다. 본 도서관이 소장하고 있는 중국 가보는 많은 수량은 아니지만 품질이 비교적 우수하다. 청대 종실부 옥첩관(玉牒館)에서 편찬한 『황청족보(皇清族譜)』가 그 예이다. 이곳에는 청대 초기의 초본(抄本)으로 태조(太祖)인 고황제의 두 번째 아들 친왕대(親王代)와 일곱 번째 아들 친왕아파태(親王阿巴泰), 열다섯 번째 아들 친왕다탁(親王多鐸) 등과 조상인 선황제(宣皇帝)의 세 번째 아들 서이합제(舒而哈齊) 등의 종실 가계를 수록했다. 『(강소상주)비릉왕씨지보((江蘇常州)毗陵汪氏支譜)』는 청대 건륭 52년(1787) 삼석당(三錫堂)의 목활자본이다. 가장 진귀한 것은 『감숙돈황돈황명족지(甘肅敦煌敦煌名族志)』로 유일하게 현존하는 당대의 사본(寫本)이다.

13) 영국국가도서관

영국국가도서관은 세계에서 가장 오래된 도서관 중의 하나다. 가장 중요한 부속 기관은 대영박물관도서관으로 1753년에 설립되었고, 지금까지 250여 년의 역사를 지닌다. 1972년 영국의회는 「영국도서관법」을 통과시켜 대영박물관도서관, 국립중앙도서관, 국립과학기술대출도서관, 과학참고도서관, 기술정보국, 영국국가도서관 등을 영국국가도서관으로 합병했다. 본 도서관의 기구는 방대하여 근무자는 2,300명이고, 장서는 2,000만 권에 달한다. 그리고 각종 언어의 정기간행물은 5만 4,000종이고 아울러 60여 국가의 400여 개 도서관과 관계를 맺고 있다. 본 도서관의 특징은 국내 단행본, 당안(檔案)과 합법적으로 송부된 출판물, 풍부한 해외 도서, 영국과 해외 초기 인쇄물, 문자 등장 이전의 동서양의 원고 등을 소장한다는 점이다. 또한 이곳은 유럽에서 중국 가보가 가장 많은 곳인데, 품질이 우수한 60여 종의 가보를 소장하고 있다. 예를 들어 『홍콩신계유전촌서씨족보(香港新界攸田村徐氏族譜)』는 명대의 초본이고, 『(광동)하씨여강군가보((廣東)何氏廬江郡家譜)』는 청대 강희(康熙) 연간의 초본 가보이다. 『(광동보안)정씨보((廣東寶安)鄭氏譜)』와 『(광동보안)임씨족보((廣東寶安)林氏族譜)』 역시 청대 초본에 속한다. 이들은 모두 중국에는 없는 고본(孤本)이다. 주목할 것은 매우 진귀한 가보에 속하는 당나라 시기 개인이 편찬한 씨족보(氏族譜)의 사본(寫本)이 대영박물관 도서관에 소장되어 있다는 것이다. 예를 들면 스타인 돈황문서(敦煌文書) 5801호 잔권(殘卷)은 모두 4단 30행으로 이루어졌다. 이 문서는 당대 천보(天寶) 연간에 이림보(李林甫) 등이 편찬한 『천하군망성씨족보(天下郡望姓氏族譜)』의 잔본(殘本)으로 보인다. 또한 스타인 돈황문서 2052호로 씨족보의 잔권인 『신집천하성망씨족보(新集天下姓望氏族譜)』 1권의 경우 왕중락(王仲犖)의 고증을 통해 대력(大曆) 14년(779) 이후부터 원화(元和) 원년(806) 이전의 것임이 밝혀지기도 했다.

4
중국 가보의 성씨

성씨(姓氏)는 사회를 구성하는 구성원의 가장 기본적인 식별 부호로 사람들의 사회 교류에 가장 중요한 요건이며, 또한 인류가 혈족을 유지하고 종족을 구분하는 중요한 근거이기도 하다. 중국인의 성씨는 유구한 역사와 함께 그 종류가 다양하고 내용도 풍부하다. 성씨마다 모두 각자 의미 있는 내력과 함께 생동감 있는 이야기를 포함한다.

이번 장에서는 현존하는 중국 가보 성씨에 역점을 두고 중국 성씨의 기원과 연혁 및 특징을 탐구하고, 이를 통해 성씨 안에 폭넓고 심오한 중국 역사와 문화의 유기적인 요소가 내재한다는 사실을 밝히고자 한다.

1. 현존하는 중국 가보의 성씨(姓氏)

중국 가보의 성씨를 논하기 위해서는 우선 현존하는 중국 가보의 기본 상황을 분명히 파악할 필요가 있다. 『중국가보총목(中國家譜總目)』의 편찬이 이런 문제에 대한 답변을 가능하게 했다. 전 세계를 대상으로 중문 문헌을 함께 수집해 공유하자는 취지의 일환으로 전개한 사업이 바로 『중국가보총목』의 편찬이었다. 이 사업은 2006년 6월에 정식으로 확정된 후에 전 세계 중문 문헌을 소장한 1,000여 주요 기관의 전폭적인 지지로 8년에 걸쳐서 완성되었다. 이를 통해 전 세계에 소장된 중국 가보의 연합목록을 완성하고 그 안에 총 5만 2,401종의 가보를 수록했다.

『중국가보총목』이 출간됨에 따라서 현존하는 중국 가보의 성씨 역시 비교적 온전하게 파악되었는데, 모두 608개 성씨에 달했다. 이를 필획 순서에 따라서 나열하면 다음과 같다.[1]

2획

정(丁)·도(刀)·조(刁)·내(乃)·복(卜).

3획

간(干)·우(于)·재(才)·촌(寸)·천(千)·산(山)·상관(上官)·궁(弓).

4획

왕(王)·기(亓)·정(井)·원(元)·목(木)·지(支)·우(尤)·거(巨)·과(戈)·우(牛)·모(毛)·구(仇)·월(月)·공(公)·공야(公冶)·구(勾)·변(卞)·육(六)·문(文)·문가(文佳)·항(亢)·방(方)·화(火)·호(戸)·윤(尹)·파(巴)·이(以)·공(孔)·무(毋)·수(水).

5획

감(甘)·세(世)·애(艾)·점(占)·고(古)·좌(左)·석(石)·포(布)·평(平)·잡극타(卡克他)·신(申)·신도(申屠)·용(用)·전(田)·사(史)·염(冉)·타탑눈(他塔嫩)·인(印)·동(仝)·영호(令狐)·과이가(瓜爾佳)·포(包)·생(生)·구(丘)·백(白)·현(玄)·강(江)·사(司)·사마(司馬)·사도(司徒)·피(皮).

6획

형(邢)·광(匡)·융(戎)·박(朴)·길(吉)·열(列)·성(成)·광(光)·여(呂)·동(同)·곡(曲)·곡목(曲木)·죽(竹)·연(年)·주(朱)·오(伍)·복(伏)·중(仲)·임(任)·앙(仰)·화(伙)·이(伊)·이이근각라(伊爾根覺羅)·자(自)·향(向)·후(後)·전(全)·다(多)·위(危)·의(衣)·양(羊)·미(米)·강(江)·지(池)·여(汝)·우문(宇文)·안(安)·기(祁)·나(那)·나랍(那拉)·완(阮)·우(羽)·모(牟).

7획

두(杜)·병(邴)·패(孛)·패이지근(孛爾只斤)·예(芮)·화(花)·이(李)·이가(李佳)·오(吾)·무(巫)·차(車)·속(束)·부(扶)·파(把)·구(求)·초(肖)·별(別)·오(吳)·오서륵(吳西勒)·오아이격(吳俄爾格)·오아(吳雅)·잠(岑)·패(貝)·이(利)·하(何)·하사리(何舍裏)·단(但)·전(佃)·동(佟)·구(邱)·조(皂)·사(佘)·여(余)·곡(谷)·적(狄)·저(邸)·황(況)·냉(冷)·언(言)·신(辛)·흔(忻)·왕

1 검토해 보건대 성씨 첫 글자의 필획 수에 따른 분류인 것 같다. (역자 주)

(汪)·사(沙)·심(沈)·완안(完顏)·송(宋)·초(初)·아(阿)·사(姒)·소(邵).

8획

청(青)·봉(奉)·무(武)·임(林)·항(杭)·행(幸)·묘(苗)·구(苟)·범(范)·모(茅)·욱(郁)·내(來)·초(招)·탁(卓)·호(虎)·상(尙)·호연(呼延)·니마찰(呢嗎察)·명(明)·창(昌)·역(易)·과(果)·화(和)·계(季)·축(竺)·책(迮)·이(佴)·악(岳)·김(金)·채(采)·붕(朋)·주(周)·승(冼)·어(於)·부(府)·법(法)·종(宗)·관(官)·완(宛)·복(宓)·낭(郎)·방(房)·문(門)·거(居)·굴(屈)·규(糾)·맹(孟)·승(承).

9획

가(柯)·상(相)·백(柏)·류(柳)·정(政)·호(胡)·봉(封)·학(郝)·형(荊)·남(南)·구(苟)·여(茹)·사(査)·시(是)·성(星)·모(冒)·배(拜)·고(郜)·후(侯)·수(修)·단(段)·수(帥)·황보(皇甫)·우(禹)·치(郗)·유(俞)·추(龹)·방(逄)·시(施)·계(計)·언(彥)·혁(奕)·수(首)·강(姜)·홍(洪)·선(宣)·환(宦)·궁(宮)·조(祖)·축(祝)·비(秘)·두(陡)·위(韋)·서(胥)·요(姚)·기(紀).

10획

반(班)·오(敖)·진(秦)·계(桂)·백(栢)·경(耿)·헌원(軒轅)·도(都)·진(眞)·공(貢)·원(袁)·화(華)·막(莫)·장(莊)·소(索)·연(連)·하(夏)·하후(夏侯)·원(原)·진(晉)·시(柴)·마(馬)·마가(馬佳)·시(時)·강(剛)·원(員)·조(晁)·안(晏)·필(畢)·봉(俸)·예(倪)·윤(倫)·사(師)·오(烏)·오아(烏雅)·서(徐)·은(殷)·옹(翁)·경(卿)·유(留)·곽(郭)·고(高)·고가(高佳)·석(席)·고아라(庫雅喇)·당(唐)·능(凌)·익(益)·포(浦)·해(海)·도(塗)·용(容)·열(悅)·전(展)·섬(閃)·육(陸)·진(陳)·도(陶)·희(姬)·상(桑)·손(孫).

11획

도(堵)·매(梅)·매화륵(梅和勒)·황(黃)·언(焉)·조(曹)·맥(麥)·구(區)·성(盛)·척(戚)·상(常)·휴(畦)·최(崔)·누(婁)·과(過)·국(國)·부(符)·제오(第五)·설(偰)·종(從)·탈(脫)·어(魚)·허(許)·상(商)·장(章)·장가(章佳)·마(麻)·유(庾)·강(康)·녹(鹿)·청(淸)·감(淦)·점(粘)·구(寇)·양(梁)·호(扈)·호십합리(扈什哈理)·장(張)·도(屠)·위(尉)·속(速)·문(問)·수(隋)·괴(隗)·양(陽)·융(隆)·습(習)·소(巢).

12획

박이제길특(博爾濟吉特)·박이제금(博爾濟錦)·항(項)·식(植)·사(斯)·경(敬)·팽(彭)·요(堯)·희탑라(喜塔喇)·엽(葉)·만(萬)·갈(葛)·갈철륵(葛哲勒)·동(董)·고(辜)·담(覃)·속(粟)·혜(惠)·달(達)·양(揚)·게(揭)·운(雲)·유(喻)·경(景)·귀(貴)·단(單)·흑(黑)·집(戢)·혜(嵇)·정(程)·교(喬)·답(答)·부(傅)·교(鄡)·초(焦)·수(須)·서(舒)·흠(欽)·두(斜)·뉴(鈕)·뉴호록(鈕祜祿)·추(鄒)·풍(馮)·동(童)·보(普)·증(曾)·노(勞)·도(道)·담(湛)·탕(湯)·온(溫)·유(遊)·휘(揮)·부(富)·부찰(富察)·영(甯)·강(強)·심(尋)·비(費)·개(開)·민(閔)·소속(疏束)·하(賀).

13획

호왕제아이(瑚旺濟雅爾)·양(楊)·근(靳)·견(甄)·언(鄢)·은(鄞)·부(蒯)·개(蓋)·창(蒼)·포(蒲)·몽(蒙)·가(賈)·초(楚)·뇌(雷)·돈(頓)·구(裘)·우(虞)·목(睦)·노(路)·농(農)·소(筱)·애신각라(愛新覺羅)·해(解)·첨(詹)·정(靖)·옹(雍)·자(資)·염(廉)·신(慎)·원(源)·저(褚)·경(經).

14획

벽로(碧魯)·혁(赫)·혁사리(赫舍里)·수(壽)·모(慕)·울(蔚)·채(蔡)·장(蔣)·조(趙)·기(綦)·여(厲)·장(臧)·배(裴)·창(暢)·단(團)·도문(圖門)·관(管)·은(銀)·풍(風)·단목(端木)·제(齊)·요(廖)·영(榮)·한(漢)·칠(漆)·정(鄭)·빈(賓)·문(聞)·문인(聞人)·여(閭)·등(鄧)·적(翟)·웅(熊).

15획

누(樓)·구(歐)·구양(歐陽)·공(鞏)·살합랍(撒哈拉)·폭(暴)·계(稽)·여(黎)·악(樂)·위(衛)·반(盤)·번(樊)·여(餘)·등(滕)·유(劉)·노(魯)·제(諸)·제갈(諸葛)·담(談)·경(慶)·잠(潛)·조(潮)·반(潘)·전(翦)·현(禤)·지(遲)·연(練).

16획

뇌(賴)·낙(駱)·설(薛)·소(蕭)·살(薩)·살극달(薩克達)·살이도(薩爾圖)·연(燕)·여(勵)·곽(霍)·조(操)·기(冀)·노(盧)·전(戰)·목(穆)·형(衡)·전(錢)·포(鮑)·심(諶)·용(龍)·광(鄺)·마(磨)·염(閻).

17획

거(璩)·환(環)·단(檀)·한(韓)·남(藍)·대(戴)·교(矯)·위(魏)·저(儲)·종(鍾)·선(鮮)·사(謝)·응(應)·미(糜)·복(濮)·새일특(賽一特)·건(蹇)·예(禮)·무(繆).

18획

섭(聶)·풍(豐)·총(叢)·광(曠)·전(顓)·구(瞿)·간(簡)·귀(歸)·변(邊)·쇄(鎖)·안(顏)·안찰(顏紥)·한(閑).

19획

거(遽)·노(蘆)·소(蘇)·인(藺)·나(羅)·엄(嚴)·담(譚)·방(龐)·감(闞)·관(關).

20획

난(蘭)·풍(酆)·당(黨)·등(騰)·석(釋)·요(饒)·적(籍)·각이찰(覺爾察)·두(竇).

21획

역(酈)·권(權)·철(鐵)·고(顧)·속(續).

22획

양(穰)·공(龔)

23획

난(欒).

24획

양(讓).

이상 608개 성씨 중에 단성(單姓)은 552개이고 복성(復姓)은 56개이다. 복성을 다시 유형별로 분류하면 다음과 같다.

두 글자의 성씨는 모두 30개로 나타났다. 즉 상관(上官)·곡목(曲木)·공야(公冶)·문가(文佳)·신도(申屠)·영고(令孤)·사마(司馬)·사도(司徒)·우문(宇文)·나랍(那拉)·이가(李佳)·오아(吳雅)·완안(完顏)·호연(呼延)·황보(皇甫)·헌원(軒轅)·마가(馬佳)·오아(烏雅)·고가(高佳)·하후(夏侯)·제오(第五)·장가(章佳)·부찰(富察)·소속(疏束)·벽로(碧魯)·도문(圖門)·단목(端木)·문인(聞人)·구양(歐陽)·제갈(諸葛) 등이 있다.

세 글자 성(姓)은 모두 18개로 파악되었다. 즉 잡극타(卡克他)·타탑라(他塔喇)·과이가

(瓜爾佳)·하사리(何舍里)·오서륵(吳西勒)·니마찰(呢嗎察)·고아라(庫雅喇)·매화륵(梅和勒)·희탑라(喜塔喇)·갈철륵(葛哲勒)·뉴호록(鈕祜祿)·혁사리(赫舍里)·살합랍(撒哈拉)·살이도(薩爾圖)·살극달(薩克達)·새일특(賽一特)·안찰씨(顔紮氏)·각이찰(覺爾察) 등이다.

네 글자 성(姓)은 모두 5개이다. 즉 패이지근(孛爾只斤)·오아이격(吳俄爾格)·호십합리(扈什哈里)·박이제금(博爾濟錦)·애신각라(愛新覺羅) 등이다.

다섯 글자 성(姓)은 이이근각라(伊爾根覺羅)·박이제길특(博爾濟吉特)·호왕제아이(瑚旺濟雅爾) 등 모두 3개이다.

이상의 608개 성씨는 지금까지 현존하는 가보의 성씨이다. 옛날부터 지금까지 중국 가보의 성씨는 가보의 대량 산실로 인해서 정확한 통계의 도출이 힘들었다. 이러한 산실이 없었다면 그 수량은 지금보다 훨씬 많을 것이다. 하지만 현재 파악된 608개의 성씨 역시 적지 않은 수로, 그 의의는 매우 크다.

다음은 이런 수량과 관련해 몇 가지 사항을 함께 비교하고자 한다.

1) 이전에 출간된 가보목록에 수록된 성씨와의 비교

1987년에 대만성보연구사(臺灣姓譜研究社)가 발행한 『대만구족보목록(臺灣區族譜目錄)』에는 대만이 소장한 가보의 상황이 비교적 체계적으로 수록되어 있다. 즉 목록에 수록된 가보는 총 1만 613종이고 언급된 성씨는 252개에 달했다.

1997년 중화서국(中華書局)에서 출간한 『중국가보종합목록(中國家譜綜合目錄)』의 경우 중국 내지 가보를 소장한 기관 400여 개의 상황을 수록했다. 이 책은 13년의 조사를 통해 가보 1만 4,719종과 451개의 성씨를 수록했다.

상해도서관은 세계적으로 중국 가보를 가장 많이 소장한 기관이다. 2000년 상해고적출판사(上海古籍出版社)가 출간한 『상해도서관관장가보제요(上海圖書館館藏家譜提要)』의 경우 수록된 가보는 모두 1만 1,700종이고, 성씨는 328개에 달했다.

이상은 수록한 가보의 수량이 가장 많은 3가지 목록서이고, 파악된 성씨는 평균 350여 개에 달한다. 반면 『중국가보총목』의 성씨는 608개로 이는 수적으로 이미 위에서 언급한 분량을 크게 초과했다.

2) 『백가성(百家姓)』의 수량과 비교

송대에 편찬된 『백가성』은 일찍이 후대에 가장 큰 영향을 주었던 가보 편찬에 관한 저술로 이곳에 모두 440개의 성씨를 수록했다. 이를 구체적으로 열거하면 다음과 같다.[2]

趙錢孫李(조전손이) 周吳鄭王(주오정왕) 馮陳褚衛(풍진저위) 蔣沈韓楊(장심한양)

朱秦尤許(주진우허) 何呂施張(하여시장) 孔曹嚴華(공조엄화) 金魏陶姜(김위도강)

戚謝鄒喻(척사추유) 柏水竇章(백수두장) 雲蘇潘葛(운소반갈) 奚范彭郎(해범팽낭)

魯韋昌馬(노위창마) 苗鳳花方(묘봉화방) 俞任袁柳(유임원류) 酆鮑史唐(풍포사당)

費廉岑薛(비염잠설) 雷賀倪湯(뇌하예탕) 滕殷羅畢(등은나필) 郝鄔安常(학오안상)

樂于時傅(악우시부) 皮卞齊康(피변제강) 伍余元卜(오여원복) 顧孟平黃(고맹평황)

和穆蕭尹(화목소윤) 姚邵湛汪(요소담왕) 祁毛禹秋(기모우추) 米貝明臧(미패명장)

計伏成戴(계복성대) 談宋茅龐(담송모방) 熊紀舒屈(웅기서굴) 項祝董梁(항축동양)

杜阮藍閔(두완남민) 席季麻強(석계마강) 賈路婁危(가노수위) 江童顏郭(강동안곽)

梅盛林刁(매성임조) 鐘徐邱駱(종서구낙) 高夏蔡田(고하채전) 樊胡淩霍(번호능곽)

虞萬支柯(우만지가) 昝管盧莫(잠관노막) 經房裘繆(경방구무) 干解應宗(간해응종)

丁宣賁鄧(정선분등) 郁單杭洪(욱단항홍) 包諸左石(포제좌석) 崔吉鈕龔(최길뉴공)

程嵇邢滑(정혜형활) 裴陸榮翁(배육영옹) 荀羊于惠(순양우혜) 甄曲家封(견곡가봉)

芮羿儲靳(예예저근) 汲邴糜松(급병미송) 井段富巫(정단부무) 烏焦巴弓(오초파궁)

牧隗山谷(목외산곡) 車侯宓蓬(차후복봉) 全郗班仰(전치반앙) 秋仲伊宮(추중이궁)

寧仇欒暴(영구난포) 甘鈄厲戎(감두여융) 祖武符劉(조무부유) 景詹束龍(경첨속용)

葉幸司韶(엽행사소) 郜黎薊薄(고여계박) 印宿白懷(인숙백회) 蒲邰從鄂(포태종악)

索咸籍賴(색함적뇌) 卓藺屠蒙(탁인도몽) 池喬陰鬱(지교음울) 胥能蒼雙(서능창쌍)

聞莘黨翟(문신당적) 譚貢勞逄(담공노방) 姬申扶堵(희신부도) 冉宰酈雍(염재역옹)

郤璩桑桂(극거상계) 濮牛壽通(복우수통) 邊扈燕冀(변호연기) 郟浦尚農(겹포상농)

溫別莊晏(온별장안) 柴瞿閻充(시구염충) 慕連茹習(모연여습) 宦艾魚容(환애어용)

向古易慎(향고역신) 戈廖庾終(과요유종) 暨居衡步(기거형보) 都耿滿弘(도경만홍)

匡國文寇(광국문구) 廣祿闕東(광녹궐동) 歐殳沃利(구수옥이) 蔚越夔隆(울월기융)

師鞏厙聶(사공사섭) 晁勾敖融(조구오융) 冷訾辛闞(냉자신감) 那簡饒空(나간요공)

曾毋沙乜(증무사먀) 養鞠須豐(양국수풍) 巢關蒯相(소관괴상) 查後荊紅(사후형홍)

游竺權逯(유축권녹) 蓋益桓公(개익환공)[3] 萬俟司馬(만사사마) 上官歐陽(상관구양)

夏侯諸葛(하후제갈) 聞人東方(문인동방) 赫連皇甫(혁련황보) 尉遲公羊(위지공양)

---

2 『백가성』은 마치 한시(漢詩)처럼 4글자씩 암송하기 편하도록 성씨를 배열하였다. 성씨를 볼 때 한글보다는 한자를 먼저 확인하는 것이 관례이기 때문에 한자(한글) 방식을 택하였다. (역자 주)

3 여기서부터는 두 글자씩 복성이다. (역자 주)

澹台公冶(담태공야) 宗政濮陽(종정복양) 淳于單于(순우선우) 太叔申屠(태숙신도)
公孫仲孫(공손중손) 軒轅令狐(헌원영호) 鐘离宇文(종리우문) 長孫慕容(장손모용)
鮮于閭丘(선우여구) 司徒司空(사도사공)

현존하는 가보 속 608개의 성씨와 앞서 언급한 『백가성』과 비교를 하면 다음과 같은 특징을 보인다. 608개의 성씨 속에 『백가성』에 수록된 371개의 성씨가 포함하고, 그 비율이 대략 84%에 이른다. 다시 말해 『백가성』에 포함된 절대다수의 성씨가 현존하는 가보의 성씨에서도 보존되고 있다.

『중국가보총목』에 수록되지 않았던 『백가성』의 65개 성씨는 주로 극소수에 해당하는 희귀한 성씨에 해당한다. 이들을 구체적으로 나열하면 다음과 같다.

잠(昝)·활(滑)·곡(曲)·가(家)·예(羿)·급(汲)·송(松)·추(秋)·목(牧)·봉(蓬)·소(韶)·계(薊)·박(薄)·숙(宿)·회(懷)·태(邰)·악(鄂)·함(咸)·음(陰)·능(能)·쌍(雙)·신(莘)·재(宰)·극(郤)·통(通)·겹(郟)·충(充)·종(終)·기(暨)·보(步)·만(滿)·굉(宏)·광(廣)·녹(祿)·동(東)·수(殳)·옥(沃)·월(越)·기(夔)·융(融)·자(訾)·공(空)·먀(乜)·양(養)·국(鞠)·환(桓)·만사(萬俟)·동방(東方)·혁련(赫連)·위지(尉遲)·공양(公羊)·담태(澹台)·종정(宗政)·복양(濮陽)·순우(淳于)·선우(單于)·태숙(太叔)·공손(公孫)·중손(仲孫)·종리(鐘离)·장손(長孫)·모용(慕容)·선우(鮮于)·여구(閭丘).

3) 현대 인구를 구성하는 성씨와의 비교

2000년 제5차 중국의 전국인구 센서스 통계를 보면, 중국 전역에 3,490개의 성씨가 있는 것으로 파악되었다. 그중 인구 점유율이 비교적 많은 100개의 성씨를 순서대로 나열하면 다음과 같다.

1. 이(李), 2. 왕(王), 3. 장(張), 4. 유(劉), 5. 진(陳), 6. 양(楊), 7. 조(趙), 8. 고(高), 9. 주(周), 10. 오(吳), 11. 서(徐), 12. 손(孫), 13. 호(胡), 14. 주(朱), 15. 고(高), 16. 임(林), 17. 하(何), 18. 곽(郭), 19. 마(馬), 20. 나(羅), 21. 양(梁), 22. 송(宋), 23. 정(鄭), 24. 사(謝), 25. 한(韓), 26. 당(唐), 27. 풍(馮), 28. 于(우), 29. 동(董), 30. 소(蕭), 31. 정(程), 32. 조(曹), 33. 원(袁), 34. 등(鄧), 35. 허(許), 36. 부(傅), 37. 심(沈), 38. 曾(증), 39. 팽(彭), 40. 여(呂), 41. 소(蘇), 42. 노(盧), 43. 장(蔣), 44. 채(蔡), 45. 가(賈), 46. 정(丁), 47. 위(魏), 48. 설(薛), 49. 엽(葉), 50. 염(閻), 51. 여(余), 52. 반(潘), 53. 두(杜), 54. 대(戴), 55. 하(夏), 56. 종(鐘), 57. 왕(汪),

58. 田(전), 59. 임(任), 60. 강(姜), 61. 범(范), 62. 방(方), 63. 석(石), 64. 요(姚), 65. 담(譚), 66. 요(廖), 67. 추(鄒), 68. 웅(熊), 69. 김(金), 70. 육(陸), 71. 학(郝), 72. 공(孔), 73. 백(白), 74. 최(崔), 75. 강(康), 76. 모(毛), 77. 구(邱), 78. 진(秦), 79. 강(江), 80. 사(史), 81. 고(顧), 82. 후(侯), 83. 소(邵), 84. 맹(孟), 85. 용(龍), 86. 만(萬), 87. 단(段), 88. 뇌(雷), 89. 전(錢), 90. 탕(湯), 91. 윤(尹), 92. 여(黎), 93. 易(역), 94. 상(常), 95. 무(武), 96. 교(喬), 97. 하(賀), 98. 뇌(賴), 99. 공(龔), 100. 문(文).

통계에 의하면 위의 100개 성씨는 전국 한족 인구의 87% 이상을 차지한다. 그리고 현존하는 가보 608개의 성씨와 이상의 100개의 성씨를 비교하면 여전히 현존하는 가보에서도 100개의 성씨를 볼 수 있다.

이상과 같은 비교를 통해서 알 수 있는 것은 608개로 파악된 현존하는 가보 성씨의 수가 대단히 많다. 그리고 무엇보다 이런 608개 성씨는 중국 역사에 등장했던 중요한 성씨를 대다수 포함하고 있고, 특히 현재 성씨의 구성을 볼 때 과거에 주를 이뤘던 중국 성씨들이 여전히 현재의 성씨를 대표한다.

2. 중국 성씨의 기원

현존하는 가보 중의 608개의 성씨는 중화 성씨의 기원을 보여 준다.

사람마다 성(姓)이 있고, 성씨는 족인 구성원의 부호이다. 사람들이 서로 교류할 때 가장 먼저 성씨를 묻고 알리는 것부터 시작한다. 다량의 고고학 자료는 중국인이 이미 100만 년 전부터 이곳 중국이란 땅에 거주했다는 사실을 알려 준다. 하지만 초기 원시 인류는 이름만 있었고 성씨는 없었다. 성씨가 없었을 때 사람들은 모친만을 알고 부친을 몰랐다. 그때 인류는 동물적인 세계에서 벗어나 원숭이에서 유인원(類人猿), 그리고 다시 유원인(類猿人)을 통해 인류의 시대로 진입했다. 다시 말해 이는 시기적으로 고고학에서 말하는 구석기 시대의 초기와 중기에 해당한다. 이때는 생산력이 낮아서 사람이 군거(群居)하며 살았던 시기로 상고(上古)의 몽매한 형태로 생활을 영위했다. 다시 말해 남녀 간에는 성교와 출산을 제한하지 않을 뿐만 아니라 친소노소도 구분하지 않았고, 이성(異姓)이면 누구나 성교할 수 있었던 일반적인 군혼제 시대였다. 이 시기 원시 인류의 생활에 대해 『열자(列子)·탕문(湯問)』에서는 다음과 같이 묘사했다. 즉 "어른과 아이가 함께 살며 임금도 없고 신하도 없다. 남자와 여자가 뒤섞여 놀 뿐 중매도 하지 않고 결혼도 하지 않는다."[4]라고 했다. 대략 구석기 시대 후기에 이르러 생산력이 발전함에 따라서 원시 인류의 인식 수준도 점차 높아졌고 동일 혈연의 성교가 후손에게 불리하다는 점을 발견했다. 그래서 직계 친족 간의 무제한적인 난교에 혐오감을 느끼게 되었고, 점차 "남녀가 성이 같으면 자손이 번성하지 않는다."[5]라는 유전적인 사실을 깨닫게 되었다. 그러자 우선 혈통이 서로 다른 씨족과 부족에 대한 구분이 요구되었다. 동시에 종족이 지속적으로 번성하면서 거주 지역 역시 분산되기 시작했다. 친소(親疏)의 번성과 거주 지역의 원근에 따라 규모가 큰 씨족과 부족의 경우 자연히 몇 가지 갈래로 분화되기 시작했다. 이때 각기 분화된 씨족을 구분하는 표식이 바로 성(姓)이었다. 시간으로 따져 보면 성의 역사는 대략 지금으로부터 5,000~6,000년쯤 모계씨족 사회에서 시작되었다.

모계사회의 특징은 여성이 씨족 내부를 관리하는 주도적 위치에 있었고, 동시에 씨족별로 서로 다른 씨족과 통혼하고 동일 씨족 간에는 혼인을 금하는 제도를 실행했다.

이런 족외(族外) 혼인제의 실행 때문에 사회 구성원 개개인은 서로 직접적인 혈연관계의 여부를 판별해야 할 필요성이 생겼다. 그래서 동일 혈연관계를 식별하는 부호, 즉 성(姓)이란 것이 나타난 것이다. 이렇게 보면 성(姓)이란 원시 인류가 군혼제에서 족외혼으로 발전하는 과정에서 그 필요에 부응해 만들어진 것으로, 인류사회가 일정한 단계로 발전하며 등장한 역사적 산물임을 알 수 있다.

『백호통·성명』에서 다음과 같이 "사람에게 성이 있는 것은 무엇 때문인가? 은애(恩愛)를 높이고, 친친(親親)을 두텁게 하며, 금수와 멀게 하고, 혼인을 구별하기 위함이다."[6] 라고 언급했다. 여기서 말하는 "혼인 구별"이란 간단한 뜻으로 "성"이 등장한 원인과 작용을 언급하고 있다.

'성(姓)'이란 한자의 구조상 회의자(會意字)이고 형태상 '인(人)'과 '생(生)'이 조합하고 있다. 의미로는 사람에 의해 태어난다는 뜻으로 태어나서 성(姓)이 된다는 것이다. 동한(東漢) 시기 허신(許愼)이 저술한 『설문해자』에서는 "성(姓)이란 사람이 태어나는 것이다. (중략) 여성을 따라 태어난다."[7]라고 했다. 즉 '여(女)'와 '생(生)'이 결합해서 만들어진 것이 '성(姓)'이고, 진국(秦國)의 석문(石文)인 『저초문(詛楚文)』에서 처음 등장했다. 그 뜻은 여성

---

4 『春秋左傳·僖公23年』: "長幼濟居, 不君不臣。男女雜游, 不媒不聘。" (역자 주)

5 "男女同姓, 其生不蕃。" 이상의 『좌전(左傳)』의 내용은 汪澤樹, 『姓氏·名號·別稱』, 四川人民出版社, 2003, 5쪽에서 재인용함.

6 『白虎通·姓名』: "人所以有姓者何? 所以崇恩愛, 厚親親, 遠禽獸, 別婚姻也。故紀世別類, 使生相愛, 死相哀, 同姓不得相娶者, 皆爲重人倫也。" (역자 주)

7 『說文解字』: "姓, 人所生也。(中略) 從女生。" (역자 주)

이 낳은 바로 성을 삼으니, 태어난 자는 성이 있게 되었다는 뜻이다. 그래서 초기 중국에는 다수의 성이 있었다. 예를 들면 '호(好)'·'사(姒)'·'요(姚)'·'강(姜)'·'희(姬)'·'영(嬴)' 등은 모두 '여(女)'의 부수(部首)가 있다. "여자를 따라 생겨난다."란 의미는 "성"이 처음 등장했던 사회의 발전단계는 모계사회 단계였다는 것을 설득력 있게 설명하고 있다.

오늘날 '성(姓)'과 '씨(氏)'는 함께 사용되면서 같은 뜻으로 쓰인다. 즉 성은 씨를, 씨는 성을 의미한다. 하지만 선진(先秦) 시기에는 '성'과 '씨'가 엄격하게 구분되었다. 아울러 다른 의미에서 동일개념으로 변화하기까지 오랜 우여곡절을 겪어야 했다.

성(姓)이 모계씨족에서 유래한 것과는 달리 씨(氏)는 오히려 남성혈통에 기반을 두고 있다. 정초(鄭樵)는 『통지(通志)·씨족략(氏族略)』에서 "삼대 이전에 성씨(姓氏)는 구분되어 둘이었다. 남자는 씨(氏)로 호칭하고, 부인은 성(姓)으로 호칭했다."[8]라고 했다. 그리고 『좌전(左傳)·은공(隱公)』 8년의 기록에서는 "천자는 유덕자를 제후로 세울 때 그의 출생지에 따라 성(姓)을 하사하고 토지를 내려서 그 지명을 씨(氏)로 삼았다."[9]라고 했다. 여기서 언급된 "토지를 내린다."라는 것은 경작과 수확이 가능한 토지의 부여를 말한다. 즉 재물과 신민(臣民)을 사여하고, 이런 재물을 사용해서 신민을 통치하는 권력의 할양을 지칭한다. 씨(氏)를 정하는 제도가 등장한 원인은 모계씨족의 인구가 자연히 증가하며 생존에 필요한 토지의 수량이 부족했기 때문이다. 그래서 씨족(氏族) '분가(分家)'의 필요성이 등장했다. 모계씨족 사회에서 씨족을 주관하는 것은 여성임에도 불구하고, 여성은 아이의 임신과 수유 및 양육 등의 일을 담당해야 했다. 상대적으로 전쟁이나 수렵 및 외교 등의 임무는 남성이 담당해야 했다. 당시 모계씨족은 분가의 필요성으로 인해 종종 일부 강한 남성이 지도자가 되어 씨족을 통솔해 새로운 지역에서 터전을 마련하기도 했다. 하지만 이런 새로운 씨족과 원래의 동성의 씨족 간에 구분이 생겼고, 분가한 씨족을 새롭게 명명해야 할 필요성이 나타났다. 이것이 바로 씨(氏)였다. 이 점에 대하여 『통감(通鑒)·외기주(外紀注)』에서는 이르길 "성(姓)이란 조상이 기원한 계통의 것이고, 씨란 별도로 자손이 스스로 분화된 것이다."[10]라고 했다. 이처럼 씨족의 지속적인 분화로 인해 새로운 씨(氏)가 차례로 끝임없이 등장했고, 시기적으로 보면 씨의 탄생은 성의 출현보다 대략 1,000~2,000년 늦은 것으로 파악된다.

성과 씨는 기원이나 탄생 시기로 볼 때 모두 선후의 차이를 갖는다. 그뿐만 아니라

---

8 『通志·氏族略』: "三代之前, 姓氏分而爲二, 男子稱氏, 婦人稱姓。" (역자 주)

9 『左傳·隱公』: "天子建德, 因生以賜姓, 胙之土而命之氏。" (역자 주)

10 『通鑒·外紀注』: "姓者, 統其祖考之所出; 氏者, 別其子孫所自分。" (역자 주)

기능적으로 양자는 서로 구분된다. 성의 주된 사회적 기능은 혈연의 구분을 통해 친족 간의 혼인을 막는 역할을 수행했다. 즉 소위 말하는 "혼인을 구분한다."라는 말은 "성이란 혼인을 분명히 하는 것으로 (이는) 대대로 변하지 않았다."[11]라는 역할 수행을 의미했다. 반면에 씨의 주된 사회적 기능은 적서(嫡庶)를 구분해서 귀천(貴賤)의 지위를 확립하는 것에 있었다. 그러므로 "귀천의 구분"이란 "씨란 귀천을 분별하는 것으로 때에 따라서 변화한다."[12]라는 기능을 수행했다. 이 점에 관해서 정초는 『통지·씨족략』에서 매우 분명하게 언급했다. "씨(氏)란 귀천을 구분하기 위함으로 귀(貴)한 자는 씨가 있고, 천(賤)한 자는 이름만 있고 씨가 없다. (중략) 그래서 성(姓)은 씨로 부를 수 있지만 씨는 성으로 불릴 수 없다. 성은 혼인을 구별하는 것이기 때문에 동성(同姓), 이성(異性), 서성(庶姓)으로 구분된다. 씨가 동일하고 성(姓)이 다르면 혼인이 가능하다. 하지만 성이 같고 씨가 다르면 혼인은 불가능하다. 3대 이후에 성씨는 하나가 되어서 혼인을 구분함에 모두 지역적 명망에 근거해 귀천을 구분했다."[13]라고 했다.

이상과 같이 성과 씨의 기원과 기능에 대해 서로 비교를 해 보았다. 이를 통해 성과 씨의 분화는 원시공동체의 산물이고, 그 기초는 혈연관계에 있었다는 사실을 알 수 있었다. 중국의 하(夏), 상(商), 주(周) 3대의 종법제는 원시 씨족 사회제도에서 직접적으로 탈바꿈하며 유래한 것이다. 그래서 성씨의 구분 역시 비교적 분명하게 그 흔적을 보존하고 있다. 선진(先秦) 시기의 종법제의 사성(賜姓)과 사씨(賜氏) 제도란 사실상 원시 씨족사회가 성(姓)으로 혈연을 통치했고, 씨(氏)로 권력을 표시했던 방법을 계승, 발전시킨 것이었다.

하지만 전국시기에 이르러 생산력이 발전하면서 원래의 종법제도에 커다란 변화가 도래했다. 보수적인 귀족이 쇠락했고, 노예는 해방되어 자유민이 되었다. 평민은 상업을 통해 부를 축적하거나, 혹은 전쟁을 통해 공적을 세워 비약적인 사회적 신분 상승을 도모해 일부는 귀족이란 칭호를 획득하기도 했다. 천자(天子), 제후(諸侯), 경대부(卿大夫), 사(士)라는 4등급의 신분으로 구성된 엄격한 봉건적 종법제도는 점차 쇠락하면서 와해되었다. 이로 인해 사회적인 귀천과 등급에는 변화가 발생했고, 원래 유지되었던 씨를 통

11 "姓明婚姻, 世代不變。" (역자 주)

12 "氏辨貴賤, 隨時更移。" (역자 주)

13 『通志·氏族略』: "氏所以別貴賤, 貴者有氏, 賤者有名無氏。" "故姓可呼爲氏, 氏不可呼爲姓。姓所以別婚姻, 故有同姓、異姓、庶姓之別。氏同姓不同者, 婚姻可通, 姓同氏不同者, 婚姻不可通。三代之後, 姓氏合而爲一, 皆所以別婚姻, 而以地望明貴賤。" (역자 주)

한 귀천 구별의 기능 역시 상실되고 말았다. 특히 진(秦)이 천하를 통일하면서 군현제(郡縣制)가 주대의 "봉토를 분할해 주는 분봉제"라는 봉건제를 대신했다. 진의 군현제는 국(國)·읍(邑)·향(鄕)·정(亭)·리(里)라는 5등급의 토지 세습제를 폐지했다. 이로써 공(公)·후(侯)·백(伯)·자(子)·남(男)의 5등급의 작제(爵制) 역시 자연히 소멸되었다. 즉 황제의 친척, 혹은 외척들은 더는 자신의 봉토를 소유할 수 없게 되었다. 봉토가 소멸되면서 분봉 받던 씨족(氏族)의 지위와 권력의 상징성도 사라졌다. 다시 말해 씨(氏)란 단순한 혈연가족을 나타내는 표식이 되면서 씨는 다시 성(姓)으로 변화하기에 이르렀다. 이로써 씨가 다시 성이 되었고, 이런 성씨(姓氏)의 일체화가 제도로 정책하게 되었다. 진(秦)나라 이후에 성씨는 혼용되거나 혹은 씨로 호칭되었고, 혹은 성씨가 함께 호칭되기도 했다. 이에 대해서 『통지(通志)·씨족략(氏族略)』에서 다음과 같이 언급했다. 이르길 "진은 6국을 멸하고 그의 자손을 모두 서민으로 하고, 국(國)·성(姓)·씨(氏)로 삼으니 이때부터 성씨의 기원은 소실되고 말았다. (중략) 이로부터 성과 씨는 섞이면서 하나가 되었다."[14]라고 했다. 고염무(顧炎武)는 그의 저술인 『일지록(日知錄)』 23권 「씨족」에서 이르길 "성과 씨의 명칭은 태사공 때부터 처음으로 혼용되다가 하나가 되었다. 진시황의 『본기(本紀)』에서는 '성조씨(姓趙氏)'라고 했고, 한나라 고조 시기에는 '성유씨(姓劉氏)'라고 했다."[15] 이와 같이 일체화된 성씨 제도는 지금까지 계속 이어지고 있다.

부연 설명이 필요한 부분은 중국 성씨 중에 성과 씨가 등장하기 이전의 고대 전설과 문헌 중에 다수의 씨로 불리는 부락의 명칭이 많았다는 사실이다. 그중 가장 오래전에 등장한 부락은 반고씨(盤古氏)·천황씨(天皇氏)·인황씨(人皇氏)·오룡씨(五龍氏) 등이다. 그 이후는 거영씨(鉅靈氏)·황신씨(黃神氏)·귀외씨(鬼隗氏)·공상씨(空桑氏)·차거씨(次居氏) 등 22개 씨의 순비기(循蜚紀) 시기이고, 그다음은 진방씨(辰放氏)·촉산씨(蜀山氏)·혼돈씨(混沌氏)·유소씨(有巢氏)·수인씨(燧人氏)·용성씨(庸成氏) 등 13개 씨의 인제기(因提紀) 시기이다. 이후에 공공씨(共工氏)·백황씨(柏皇氏)·주양씨(朱襄氏)·호영씨(昊英氏)·율육씨(栗陸氏)·학서씨(郝胥氏)·곤오씨(昆吾氏)·갈천씨(葛天氏)·음강씨(陰康氏)·중황씨(中皇氏)·여와씨(女媧氏) 등 복희씨(伏羲氏)의 시대로 진입했다. 여와씨 이후에는 신농씨(神農氏)와 유웅씨(有熊氏)가 있다. 신농씨는 염제(炎帝)이고, 유웅씨는 황제(黃帝)이다. 복희씨 이후에 중국 최초

14 『通志·氏族略』: "秦滅六國, 子孫皆爲民庶, 或以國爲氏, 或以姓爲氏, 或以氏爲氏, 姓氏之失自此始, (中略) 茲姓與氏渾而爲一者也。" (역자 주)

15 『日知錄』 卷23 「氏族」: "姓氏之稱自太史公始混而合一。《本紀》于秦始皇則曰'姓趙氏', 于漢高祖則曰'姓劉氏'。" (역자 주)

의 성이 등장하기 시작했다.[16] 이상에서 기술한 것은 중국 원시 인류 시기의 씨족, 부락, 씨족연맹 등의 호칭에 관한 내용이다. 주의할 점은 중국의 '성(姓)'이 탄생한 이후 '귀천 구분'의 필요에 따라서 등장한 것이 '씨(氏)'라는 것과는 서로 다른 별개의 내용이다.

3. 중국 성씨의 발전 자취

현존하는 중국 가보의 성씨는 중국의 '성'과 '씨'의 기원과 양자가 일체화하는 우여곡절의 반영이다. 중국 성씨의 발전은 대략 3단계의 역사적 과정을 거쳤다.

제1단계: 고성(古姓)이 출현하는 단계

청대 고염무는 『일지록(日知錄)』 23권에서, 선진시기 문헌에서 22개의 고성(古姓)의 존재를 확인하며 다음과 같이 언급했다. 이르길 "성(姓)의 근본은 오제(五帝)에 있고, 『춘추』에 보이는 것이 22가지가 된다."[17]라고 했다. 즉 규(嬀)·사(姒)·자(子)·희(姬)·풍(風)·영(嬴)·이(已)·임(任)·고(姞)·기(祁)·미(芈)·조(曹)·운(妘)·동(董)·강(姜)·언(偃)·귀(歸)·만(曼)·웅(熊)·외(隗)·칠(漆)·윤(允) 등이 그것이다. 이러한 22개의 성씨 가운데 사(姒)·희(姬)·임(任)·기(祁)·조(曹)·동(董)·강(姜)·웅(熊)·칠(漆) 등의 성씨(姓氏)는 현존하는 가보 속에도 등장한다.

중국의 고성(古姓)은 주로 토템에서 기원했다. '토템'이란 말은 북미대륙 토착민 오지브와(Ojibwa)족 언어에서 유래했고, "씨족의 호칭, 표식, 휘장과 자신의 친족을 의미한다."[18]라고 했다. 마르크스는 『모건 고대사회 노트』에서 분명하게 이르길 "토템의 뜻은 씨족의 표식이며 부호이다."라고 했다. 다시 말해 토템이란 원시 인류가 각기 다른 집단이나 개체를 표시하기 위해 사용한 상징물이고, 토템은 씨족제도가 성숙된 후에 등장했다.

원시 인류는 당시 생산성이 낮고 생활환경이 열악했으며 사람들은 친지(親知)와 상상력을 통해 세상을 인식했다. 이를 위해 자신의 삶과 생산에 밀접하게 관련된 어떤

---

16 袁義達·張誠, 『中國姓氏: 群體遺傳和人口分布』, 華東師範大學出版社, 2002, 3~4쪽.

17 『日知錄』 卷23 「氏族」: "言姓者, 本于五帝, 見于春秋者, 得二十有二。" (역자 주)

18 王大有, 『尋根萬年中華』, 中國時代經濟出版社, 2005, 213쪽.

동·식물이나 별자리를 자기 씨족의 상징으로 삼아 공동의 조상, 즉 공동의 토템으로 삼았다. 그리고 이를 바탕으로 각 씨족을 표시하거나, 다른 씨족과 구별하거나, 혹은 씨족의 내력과 품격 등을 설명하고자 했다. 그들은 토템을 씨족의 보호자로서 숭배했고, 심지어 씨족이 특정 생물이나 자연현상과 혈연관계에 있다고 여겼다. 즉 자신을 해당 토템의 후손으로 인식하기도 했다.

성씨가 토템에서 기원했다는 사실은 고사(古史)의 전설로 증명된다. 중국의 후손은 염황(炎黃)의 후손으로 불린다. 염제(炎帝)와 황제(黃帝)는 중국인의 인문적인 시조로 염제와 황제 모두 토템과 관련이 있다. 염제의 성은 강(姜)이고, 양(羊) 모양의 머리 장식을 했던 토템 부족이었다. 황제는 희(姬)가 성이고 웅씨(熊氏)로, 곰을 토템으로 삼았다. 그의 후손은 지금의 하남 중부인 웅허(熊墟)와 웅산(熊山) 사이에서 활동했다.

원시 인류는 동물뿐만 아니라 식물을 토템으로 삼은 경우도 있었다. 예를 들어 동성(董姓)의 경우 그 기원은 황제(黃帝) 후손이었던 고양씨(高陽氏)의 전욱(顓頊)까지 거슬러 올라간다. 전욱의 아들은 자칭(子稱)이고, 자칭의 아들은 노동(老童)이고, 노동의 아들은 오회(吳回)이고, 오회의 아들은 육종(陸終)이다. 육종은 아들 6명이 있었는데, 후에 각각 6개의 큰 부족으로 성장했다. 그중에서 둘째 아들 혜련(惠連)은 새끼줄을 잘 만드는 부족이었다. 기름새 풀[19]은 새끼를 만들 수 있는 여러해살이 갈대로 부족은 이를 토템으로 삼았다. 이윽고 동(董)을 성씨로 삼았다. 다른 사례를 보면 조성(曹姓)의 경우 기원은 황제(黃帝)의 후손인 고양씨의 전욱 후손까지 거슬러 올라간다. 그의 후손인 육종(陸終)의 다섯 번째 아들은 안(安)이고, 그의 부족은 섬서(陝西)에 있는 주지(周至)라는 곳에 거주했다. 이곳은 대추가 풍성해서 안(安)의 부족의 주식은 대추였고, 그리하여 대추를 부족의 토템으로 삼았고 마침내 이 부족은 조(曹)를 성씨로 삼았다. 이후 대추는 원시 씨족 조(曹)씨의 상징이 되었다.

원시 인류는 별자리를 토템으로 삼기도 했다. 예를 들면 희성(姬姓)에서 갈라져 나온 장씨(張姓)가 있다. 그 시조는 황제(黃帝) 아들 소호(少昊) 청양씨(靑陽氏)의 다섯 번째 아들인 휘(揮)인데, 그는 희성 부족에서 천문을 담당했다. 그래서 이 씨족은 천문 28개의 별자리에서 남방에 위치한 7개 중 다섯 번째인 장성(張星)[20]을 씨족의 토템으로 삼았다. 그리고 활과 화살을 발명해서 황제 부족 중에서 그 지위가 매우 높았다. 휘씨족(揮氏族)은 장

---

19 기름새 풀: 한자로는 동(董) 혹은 정(薡)으로 표기된다. 벼과(Gramineae)에 속하는 다년생 풀로 1.5m까지 자라고, 가지를 치지 않는다. (역자 주)

20 장성(張星): 별자리 28수의 하나로 현재 뱀자리의 일부이다. (역자 주)

성(張星)에 제사를 지내며 토템으로 삼고, 활과 화살의 도형을 씨족의 표식으로 삼았다. 이런 씨족의 유래에서 장(張)이란 성을 획득했다.

중국의 고성(古姓)은 토템에서 기원한 것도 있지만, 오래된 전설에서 성(姓)이 유래한 경우도 있다. 예를 들면 임성(任姓)의 경우, 전설에 의하면 황제(黃帝)와 그의 네 번째 비(妃)인 모모(嫫母)와의 사이에서 아들 2명, 즉 창림(蒼林)과 우양(禺陽)이 태어났다. 우양은 임(任)이란 지역에 분봉을 받았는데, 현재 하남 임구(任丘)의 서북쪽에 해당한다. 임씨족(任氏族)은 황제(黃帝) 시대 중요 씨족 12개 중의 하나로 동쪽으로 동이족과 인접했다. 우양은 임씨족의 수령으로 임성(任姓)의 시조가 되었다. 다른 사례로 자성(子姓)이 있다. 전설에 따르면 옛날에 한 여인이 강에서 목욕을 하다가 제비 알을 주워 먹고 임신해 아이를 낳았다. 그의 후손은 번성해 마침내 큰 부족이 되어 '자(子)'를 성(姓)으로 삼았다고 한다. '자(子)'에는 '난(卵)'의 뜻이 있어 오늘날까지 일부 사람은 '계란(鷄卵)'을 '계자(鷄子)'로 부르기도 한다. 현존하는 가보에 등장하는 송성(宋姓)·소성(蕭姓) 등은 모두 자성(子姓)에서 분화한 지파이다.

중국의 고성에는 지명(地名)에서 유래한 성(姓)도 있다. 정초(鄭樵)는 『통지(通志)·씨족략(氏族略)』에서 다음과 같이 언급했다. 즉 "거주하는 곳의 이름을 따라 지은 성을 하사받았다. (중략) 요허(姚墟)에 거주하는 자에게는 요성(姚姓)을 사여했고, 영빈(嬴濱)에 거주한 자는 영성(嬴姓)을 사여했다. 희(姬)는 희수(姬水)에 거주함에 하사받은 성이고, 강(姜)은 강수(姜水)에 거주함에 사여된 성이다. 그래서 태어난 곳을 근거로 성씨를 사여했다고 한 것이다."[21]라고 했다. 예를 들면 요성은 원래 규성(嬀姓)에서 기원했다. 순(舜)의 부족은 산서(山西)에 있는 영제(永濟)의 규수(嬀水) 부근에 거주해서 규성으로 삼았다. 그리고 순은 요허(姚墟)에서 출생해서 요성이 되었다. 요허는 지금 하남 복양(濮陽) 서쪽에 있는 복성진(濮城鎭)으로 복숭아 산지로 유명한 곳이다. 이 지역은 복숭아를 토템으로 삼고 요(姚)를 성(姓)으로 삼았던 것이다. 다른 사례를 보면 황제(黃帝)의 모친인 부보(附寶)는 천둥과 번개가 북두칠성의 첫 번째 별을 감도는 것을 보고 임신을 했다고 한다. 그리고 황제가 희수의 물가에서 태어났기 때문에 희(姬)를 성으로 삼았던 것이다. 염제(炎帝)는 소전(少典)이 유교씨(有蟜氏)를 맞이해 낳은 인물로 열산씨(烈山氏)로 부르기도 하는, 바로 신농씨(神農氏)다. 염제는 지금의 섬서 기산현(岐山縣) 서쪽에 위치한 강수(姜水)에서 태어났는데, 강을 근거해서 성을 강(姜)으로 삼았다.

21 『通志·氏族略』: "因所居而命得賜者爲姓." "居于姚墟者賜以姚, 居于嬴濱者賜以嬴, 姬之得賜居於姬水, 姜之得賜居於姜水故也, 故曰因生以賜姓." (역자 주)

진나라 이후 중국의 성(姓)이 씨(氏)와 병합되기 시작되면서 많은 중국 고대의 성은 분화되어 씨(氏)가 성(姓)으로 호칭되었다. 그럼에도 일부 사람은 고성(古姓)을 그대로 고수하기도 했다. 예를 들면 앞에서 언급한 현존하는 가보에 등장하는 사(姒)·희(姬)·임(任)·기(祁)·조(曹)·동(董)·강(姜)·웅(熊)·칠(漆) 등의 성을 씨로 삼았다. 이렇게 하여 혈연의 표식인 성씨는 오늘날까지 전승되어 이어지게 되었다.

제2단계: 씨족사회가 계급사회로 이행하는 과도기 단계

하상에서 진한에 이르는 시기에 중국 성씨는 크게 발전했다. 이 시기의 특징은 성(姓)의 종류가 매우 많았을 뿐만 아니라 수량도 방대했다는 점이다. 이 단계는 성씨(姓氏)가 서로 분리되어 독립적으로 발전하다가 양자가 하나로 합쳐지는 시기였다.

송대 정초는『통지·씨족략』에서 성씨의 기원을 대략 32가지 유형으로 분류했다.

(1) 국(國)을 씨로, (2) 읍(邑)을 씨로, (3) 향(鄕)을 씨로, (4) 정(亭)을 씨로, (5) 지(地)를 씨로, (6) 성(姓)을 씨로, (7) 자(字)를 씨로, (8) 명(名)을 씨로, (9) 차(次)를 씨로, (10) 족(族)을 씨로, (11) 관(官)을 씨로, (12) 작(爵)을 씨로, (13) 흉(凶)을 씨로, (14) 길(吉)을 씨로, (15) 기(技)를 씨로, (16) 사(事)를 씨로, (17) 시(諡)를 씨로, (18) 작계(爵系)를 씨로, (19) 국계(國系)를 씨로, (20) 족계(族系)를 씨로, (21) 명씨(名氏)를 씨로, (22) 국작(國爵)을 씨로, (23) 읍계(邑系)를 씨로, (24) 관명(官名)을 씨로, (25) 읍시(邑諡)를 씨로, (26) 시씨(諡氏)를 씨로, (27) 작시(爵諡)를 씨로, (28) 대북(代北)의 복성(復姓), (29) 관서(關西)의 복성, (30) 제방(諸方)의 복성, (31) 대북(代北)의 삼자성(三字姓), (32) 대북(代北)의 사자성(四字姓).

상술한 32가지 성씨의 기원은 주로 이 단계에서 발생한 성씨에 해당한다. 성씨 발생의 핵심 내용을 몇 가지로 정리하면 다음과 같다.

1) 국명(國名)에 근거한 성씨

이에 대하여『통지·씨족략』에서는 "천자와 제후가 나라를 건국함에 국명으로 씨를 삼았다. 우(虞)·하(夏)·상(商)·주(周)·노(魯)·위(衛)·제(齊)·송(宋) 등이 여기에 속한다."[22]라고 했다. 하상주 3대에는 모두 봉국(封國)과 사지(賜地)를 통한 종법제를 실행했다. 크고 작은

22 『通志·氏族略』: "天子諸侯建國, 故以國爲氏, 虞、夏、商、周、魯、衛、齊、宋之類是也。" (역자 주)

제후의 봉국이 전국 각지에 분포했고, 이 국명은 제후들 후손에게 성씨(姓氏)로 사용되며 전승되었다.

고사(古史)와 전설에 따르면 하대(夏代)에 이미 분봉제가 시작되었고, 상대(商代)에는 봉국(封國)과 사지(賜地)가 계속 유지되었다고 한다. 현존하는 가보의 성씨 가운데 정(程)·방(房)·호(扈)·두(杜)·뇌(雷)·요(廖)·고(顧)·완(阮)·팽(彭) 등은 하상(夏商) 시기의 국명을 성씨로 삼은 것인데 이중 다수가 사(姒)라는 성에서 분화된 지파들이다.

분봉제가 대규모로 보급되어 실행된 시기는 주대(周代)였다. 서주(西周)시기 "토지를 나누어 분봉"하는 원칙을 근거로 주왕이 동성(同姓)과 공신에게 토지를 분봉하자 국명(國名)을 성(姓)으로 삼는 성씨들이 다수 등장하기 시작했다. 이때 동성과 이성(異姓) 제후의 수는 1,300여 명까지 달했다. 이렇게 국명을 사용한 성씨는 지금까지 전승되어 현존하는 가보의 성씨가 되었다. 예를 들어 주나라 문왕(文王)의 아들 계재(季載)의 후손은 '염(冉)'을 성씨로 삼았다. 그리고 문왕의 다른 아들은 필(畢)이란 곳에 분봉되어 그 후손은 "필"을 성씨로 했다. 주공(周公)인 희단(姬旦)의 아들 백금(伯禽)은 주나라 성왕(成王)에 의해 노(魯)에 분봉되었다. 전국(戰國)시기 종횡가인 노중련(魯仲連)과 삼국 시기 오나라 재상을 지낸 노숙(魯肅) 등은 바로 이곳 출신의 후손이다. 주나라 무왕(武王)은 천하를 평정하고 숙도(叔度)를 채(蔡)라는 곳에 분봉했다. 그의 후손은 채(蔡)를 성씨로 삼았다. 무왕의 형제인 숙탁(叔鐸)이 조(曹)라는 곳에 분봉되자 그 후손은 조(曹)를 성씨로 삼았다. 그리고 진성(陳姓)의 경우, 무왕이 상(商)을 멸한 후에 고대 성인의 후손을 각기 분봉했다. 이에 순(舜)의 후손인 호공만(胡公滿)은 진(陳)이라는 지금의 하남 회양(淮揚) 땅에 분봉되었다. 이곳이 바로 진국(陳國)이고, 후손은 진(陳)을 성씨로 삼았다. 이 외에도 진(晉)·정(鄭)·오(吳)·허(許)·설(薛)·강(江)·등(滕)·한(韓)·장(蔣)·연(燕)·가(賈)·초(焦)·응(應)·양(楊)·관(管)·축(祝)·여(呂)·위(魏) 등은 현존하는 가보의 성씨로 모두 주대 봉건제 성씨에 해당한다. 이처럼 혈연의 기원을 찾아 올라가다 보면 대다수는 희성(姬姓)에서 분화된 지파들임을 알 수 있다.

2) 읍명(邑名)에 근거한 성씨

『통지·씨족략』에서 이르길 "경대부가 읍에 임관을 함에 읍으로 씨를 삼았다. 최(崔)·노(盧)·포(鮑)·안(晏)·장(臧)·비(費)·류(柳)·양(楊) 등이 이러한 부류이다."[23]라 했다. 이런

23 『通志·氏族略』: "卿大夫立邑, 故以邑爲氏。崔、盧、鮑、晏、臧、費、柳、楊之類是也。" (역자 주)

상황은 여전히 종법제와 관련이 있다. 즉 제후의 강성(姜姓)에서 유래했다. 염제의 후손인 백이(伯夷)는 여국(呂國)을 개국한 시조였다. 제후는 서자(庶子)인 그의 후손 여상(呂尙)을 경대부(卿大夫)로 재차 분봉하고, 채읍(采邑)과 식읍(食邑)을 나누어 주었다. 그 후에 후손은 채읍의 이름을 성씨로 삼았다.

예를 들면 최성(崔姓)은 원래 강성(姜姓)에서 유래했다. 염제의 후손인 백이(伯夷)는 여국(呂國)의 개국 시조였다. 그의 후손인 여상(呂尙)은 강자아(姜子牙)로 불리기도 했는데, 주나라 문왕을 보좌해 상(商)을 멸하고 제(齊)나라에 분봉되어 주나라 동쪽의 중요한 제후국이 되었다. 그의 아들 정공(丁公)은 제나라 제위를 계승했고, 적자인 계자(季子)가 동생 숙을(叔乙)에게 양보함에 숙을이 군주가 되었다. 계자는 최읍(崔邑)이란 곳에 식읍을 받았는데, 이곳은 현재 산동 추평(鄒平) 서북쪽으로 계자 이후 후손은 최(崔)를 성씨로 삼았다.

노성(盧姓)도 최성(崔姓)과 같은 기원을 갖는다. 즉 강성(姜姓)인 백이와 여국의 후손인 여상의 후손이다. 강자아는 제나라에 분봉된 이후 정공(丁公)·을공(乙公)·계공(癸公)·애공(哀公)·호공(胡公)·헌공(獻公)·무공(武公)·여공(厲公) 등을 거치며 제10대 제문공(齊文公)인 강적(姜赤)에 이르렀다. 문공의 아들인 공자 고(公子高)와 고(高)의 손자인 계(傒)는 제나라 정경(正卿)을 역임하며 노(盧)라는 읍(邑)에 분봉되었다. 이곳은 산동 장청(長靑) 서남쪽에 위치한 곳으로 계의 자손은 노를 성씨로 삼았다.

다른 사례를 보면 단성(檀姓)은 강성(姜姓)에서 유래했고, 제나라의 채읍(采邑)[24]에서 성씨를 얻은 것이다. 제나라의 원래 성은 강(姜)이었다. 공족(公族)들은 하구(瑕丘)에 있는 단성(檀城)에 채읍이 있었고, 이에 후손들은 단(檀)을 성씨로 사용했다. 단성의 기원을 고찰하면 강성의 지파에 속함을 알 수 있다.

소성(蕭姓)은 원래 자성(子姓)에서 기원했다. 송(宋)나라의 채읍에서 얻은 성씨로 당시 송나라 환공(桓公)은 대심(大心)에서 일어난 반란을 평정한 공로로 대심에 있는 소(蕭)라는 지역에 분봉되었다. 사서에 따르면 '소숙(蕭叔)의 대심(大心)'이라 했고, 이에 자손은 소(蕭)를 성씨로 삼았다.

읍(邑)의 이름을 성씨로 삼은 경우로 채읍을 받은 경대부의 후손이 읍을 성씨로 삼기도 했다. 예를 들면 증성(曾姓)은 주나라 목왕(穆王)의 후손으로 지금의 하남 방성(方城) 북쪽에 위치한 증국(鄫國)에 분봉되었다. 평왕(平王)을 보좌한 공로로 후작(侯爵)이 되었

24 채읍(采邑): 고대 중국 주나라의 경(卿)과 대부(大夫)에게 하사된 봉읍(封邑)이다. (역자 주)

고, 그의 자손은 분봉을 받은 읍의 이름을 성씨로 삼았다. 이와 유사한 경우가 장성(章姓)인데, 원래는 장(鄣)이었는데 읍을 사여받고 장(章)이 되었다. 그리고 우성(于姓)도 원래 우(邘)이었지만 우(于)라는 읍을 사여받고서 우성이 되었다. 이들 증(曾)·장(章)·우(于) 등은 모두 현존하는 가보에 존재하는 성씨이다. 이와 같이 종족이 성씨를 바꿀 때는 받은 분봉과 채읍이 상실되거나, 상황이 이전 같지 않았을 때였다. 이는 공자(公子)의 왕손이 나라가 망한 후에도 여전히 국명을 성씨로 삼았던 상황과 같은 심정이었을 것으로 보인다.

3) 조상의 이름과 자(字)에 근거한 성씨

고대에는 특히 귀족이 태어나면 이름을 짓고, 성인이 되면 자(字)를 사용하고, 사망 후에는 시호(謚號)를 사용했다. 이런 명(名), 자(字), 시호 등은 모두 족인의 성씨가 될 수 있었다. 시조의 명호(名號)를 성씨로 삼아서 시조의 공덕을 기리고, 또한 조상의 영광스러운 기원과 유구한 역사를 자랑하기도 했다. 시조의 명호를 성(姓)으로 삼은 것은 고대 사람이 널리 행한 방법이다. 현존하는 가보에도 조상의 이름과 자에서 유래한 성씨가 몇 가지 있다. 예를 들면 다음과 같다.

(1) 백성(白姓): 그 기원은 강성(姜姓)에 있고, 진(秦)나라 명장인 백을병(白乙丙)에서 시작했다. 춘추 시기 우국(虞國) 사람인 백리해(百里奚)는 진(秦)의 재상이 되어 아들 맹명시(孟明視)를 낳았다. 맹명시는 아들 백을병을 낳았고, 백을병은 명(名)과 자(字)를 병칭해 사용했다. 즉 병(丙)은 이름이고 백을(白乙)이 자(字)였다. 백을병은 진나라에서 혁혁한 공적을 세웠고, 그의 후손은 백(白)을 성씨로 삼았다.

(2) 고성(高姓): 강성(姜姓)에서 기원했고, 제(齊)나라 문공(文公)의 아들인 공자 고(公子高)에서 시작되었다. 공자 고의 손자인 계(傒)는 제나라에서 재상을 역임하면서 내란을 평정한 후에 공자인 소백(小白)을 옹립해 군주로 내세웠다. 그가 바로 제환공(齊桓公)이다. 공자 고의 손자인 계가 환공이 패업을 이루는 데 큰 공적을 세우자, 환공은 그의 공적에 답례하면서 조부인 공자고의 자(字)였던 고(高)를 하사해 성씨로 삼도록 했다.

(3) 어성(魚姓): 자성(子姓)에서 기원했고, 시조는 춘추 시기 송나라 양공(襄公)의 동생인 자어(子魚)이다. 지모가 출중한 자어는 늘 송양공을 위해서 지혜로운 계책을 세우고 건의했지만, 고루하고 진부한 양공은 전쟁에서 항상 패전을 면치 못했다. 이후 송(宋)과 초(楚)가 홍수(泓水)를 사이에 두고 전쟁을 벌일 때, 자어가 양공에게 초군(楚軍)이 강을 건너는 틈을 타서 공격하도록 권했지만 이를 따르지 않았다. 이에 초군이 홍수를 건너자 자어는 재차 양공에게 초군이 전열을 정비하지 못한 불안한 틈을 이용해 공격하도록 권했다. 하지만 이번에도 양공은 따르지 않았다. 자어의 전법(戰法)에는 인의(仁義)가 없다

고 여겼기 때문이다. 결국에 송나라는 전쟁에서 패배하고 말았다. 자어의 후손은 자어의 전쟁론은 청사(靑史)에 길이 남을 명언이라 여겼고, 이에 그의 이름인 어(魚)를 성씨로 삼아 어성(魚姓)이 되었다.

(4) 장성(張姓): 당나라 시기 임보(林寶)가 저술한 『원화성찬(元和姓纂)』에 다음과 같은 언급이 있다. 이르길 "진(晉)나라에 자가 장후(張侯)인 해장(解張)이란 사람이 있었다. 이로부터 진국(晉國)에서 대대로 장씨(張氏)가 되었다. 장후(張侯)라는 자로 성씨를 삼은 것이니, 이는 의심할 여지가 없다."[25]라고 했다. 다시 말해 장성(張姓)은 춘추 시기 진(晉)나라의 해장(解張)에서 시작했다는 뜻이 된다. 해장은 진나라의 대부로 이름이 해후(解侯)이고, 장(張)은 그의 자(字)였다. 고대 사람은 이름과 자를 병칭해서 자를 앞에, 이름을 뒤에 두기도 했기 때문에 장후라고도 했던 것이다. 장후는 유명한 안지전(鞌之戰)에서 진후(晉侯) 전차를 몰고 진의 대군을 통솔해 제나라 군대를 대파하는 전공을 세우기도 했다. 이후 장후의 후손은 자(字)를 성씨로 삼아 장씨(張氏)가 되었던 것이다.

(5) 유성(游姓): 유성의 시조는 춘추 시기 정(鄭)나라의 공자 언(公子偃)이다. 공자 언은 정나라 목공(穆公)의 아들로 자(字)가 자유(子游)였다. 자유의 후손은 그의 자로 성씨를 삼았다.

조상의 이름이나 자를 성씨로 삼는 일은 공경대부(公卿大夫)의 족인 사이에서도 매우 성행했다. 상술한 경우 외에도 송나라 문공(文公)은 이름이 명간(名旰), 자는 향문(向文)이란 아들을 두었는데, 그의 손자는 향(向)를 성씨로 삼았다. 송나라 공자 독(公子督)의 자는 화보(華父)였는데 그의 손자 역시 화(華)를 성씨로 삼았다. 송나라 공손가(公孫嘉)의 자는 공보(孔父)인데 후손은 공(孔)을 성씨로 삼았다. 진(秦)나라 목공(穆公) 시기 대장을 역임했던 맹명시(孟明視)의 자는 명(明)이었고, 후손은 명을 성씨로 삼았다. 조상의 이름과 자를 성씨로 삼은 경우로 이 밖에 포(包)·단(段)·원(員) 등이 있다.

4) 조상 시호(諡號)에 근거한 성씨(姓氏)

소위 '시호'라는 것은 국왕, 귀족, 문신(文臣) 등이 사망한 후에 생전의 사적을 근거로 부여한 칭호이다. 예를 들면 제(齊)나라 선왕(宣王)의 '선(宣)'과 초나라 장왕(莊王)의 '장(莊)'이 그것이다. 이에 대해서 『통지(通志)·씨족략(氏族略)』은 다음과 같이 언급했다. 이르길 "주나라 사람은 휘(諱)를 신처럼 받들었는데, 여기에서 시호가 유래했다. 살아서는 작위

25 『元和姓纂』: "晉有解張, 字張侯, 自此晉國世有張氏, 則因張侯之字以命氏可無疑也。" (역자 주)

(爵位)가 있고, 죽어서는 시호가 있으니 존귀한 자는 이를 섬긴다. 씨는 귀함을 호칭하는 것이라 시(諡)를 씨(氏)로 삼을 수가 있다. (중략) 장씨(莊氏)는 초나라 장왕(莊王)에서 나왔고, 희씨(僖氏)는 노(魯)나라 희공(僖公)에서 나왔다. 강씨(康氏)는 위(衛)나라 강숙(康叔)의 후손이고, 선씨(宣氏)는 오선백(吾宣伯)의 후손이며, 문씨(文氏)와 무씨(武氏), 애씨(哀氏), 무씨(繆氏) 등의 성씨도 모두 시호에서 기원했다."[26]라고 했다. 다음은 현존하는 가보의 성씨를 근거로 이와 관련된 사례를 들어 설명하고자 한다.

(1) 문성(文姓): 문성의 기원은 주문왕(周文王)인 희창(姬昌)까지 거슬러 올라간다. 문(文)은 희창의 시호이고 그 자손은 문(文)을 성씨로 사용했다.

(2) 강성(康姓): 강성은 주문왕 아들인 무왕이 상(商)나라를 멸하고 동생을 강(康)이란 땅에 분봉하고 강숙(康叔)이라 불렀다. 이곳은 현재 하남 우주(禹州) 서북쪽 하왕소강(夏王少康)이란 고성(古城)이다. 후에 주나라 성왕(成王) 시기에 다시 위(衛)에 분봉했는데 사서(史書)는 위강숙(衛康叔)이라 했다. 현재 이곳은 하남 기현(淇縣) 동북쪽에 해당한다. 위강숙의 아들인 왕손모(王孫牟)는 시호를 강백(康伯)이라 했고, 후손은 이 시호를 성씨로 사용했다.

(3) 정성(丁姓): 정성은 강성(姜姓)에서 기원했다. 염제는 강수(姜水) 근처에서 태어나 성을 강(姜)이라 했다. 염제의 후손인 백이(伯夷)는 하우(夏禹) 시기에 우(禹)의 치수를 보좌한 공로로 여(呂)를 분봉받았다. 백이는 여국(呂國)의 개국 시조로 하(夏), 상(商), 주(周) 3대를 거쳤다. 백이 후손인 여상(呂尙)은 강자아(姜子牙), 강태공(姜太公)으로 불리며 주(周)나라 초기 제(齊)를 분봉받았다. 강태공의 아들 급(伋)이 제나라를 계승했고, 사후 시호를 정공(丁公)이라 하니 후손들이 정(丁)을 성씨로 삼았다.

(4) 대성(戴姓): 대성은 자성(子姓)에서 나왔다. 주나라 성왕 시기 주공인 단(旦)은 은(殷)나라 제후인 무경(武庚)과 삼감(三監)의 반란을 평정한 후에 옛 송나라 영토를 미자(微子) 계(啓)의 손자인 계(稽)에게 분봉하여 송공(宋公)으로 삼았다. 송공의 아들 정공(丁公) 신(申)이 제위를 계승한 후에 상탕(商湯)의 옛 지역인 상구(商丘)로 남천했다. 이후 7대 후손인 송나라 대공(戴公)은 인자하고 백성을 귀하게 여겼다. 고대의 시법에 만민이 존경하는 것을 대(戴)라고 했다. 대공의 손자인 선공(宣公)은 조부의 시호로 성씨를 삼았다. 대공 이후 직계 후손은 대(戴)를 성씨로 삼았다.

---

26 『通志·氏族略』: "周人以諱事神, 諡法所由立。生有爵, 死有諡, 貴者之事也。氏乃貴稱, 故諡亦可以爲氏。" "莊氏出於楚莊王, 僖氏出於魯僖公, 康氏者, 衛康叔之後也, 宣氏者, 吾宣伯之後也, 文氏、武氏、哀氏、繆氏之類皆氏諡者也。" (역자 주)

이 외에 목성(穆姓)은 송나라 목공(穆公)에서 기원했다. 모성(慕姓)은 모군(慕君)이 시호인 진(晉)나라 태자 신생(申生)에서 유래했고, 성성(成姓)은 위(衛)나라 성공(成公)에서 유래했다. 목성(穆姓), 모성(慕姓), 성성(成姓)은 모두 조상의 시호에서 유래한 성씨이다.

5) 시대 풍속에 근거한 성씨

(1) 왕성(王姓): 주나라 영왕(靈王)의 태자인 진(晉)은 15세에 왕을 보좌하며 나라를 다스렸다. 영왕 22년(기원전 550)에 수도인 낙읍(洛邑) 부근에 홍수가 발생하자, 왕에게 치수 방법이 옳지 않다고 간언하다 미움을 사서 서인으로 강등되고 말았다. 이후 진의 아들인 종경(宗敬)이 관직을 받아 주나라 왕실에 편입되었고, 이후 난을 피하여 태원(太原)으로 이주했다. 이에 태원 사람들은 종경 일가를 '왕가(王家)'로 호칭했다. 즉 왕자의 집안, 왕실의 집안이라 하여 왕(王)을 성씨로 삼은 것이다. 태원의 왕성(王姓)은 이후 여러 왕성의 기원이 되었다.

(2) 주성(周姓): 주나라 평왕(平王)이 낙읍으로 동천한 이후 서자(庶子)들을 여주(汝州)에 분봉했다. 당시 사람들이 이를 '주가(周家)'라고 부르며, 평왕의 서자 자손들은 점차 주(周)를 성씨로 삼았다.

이 외에도 춘추 시기 노나라 소정경(少正卿)은 '문인(聞人)'이라 불리었다. 이는 명성이 있는 사람이란 뜻으로 후대 사람은 문인을 성씨로 삼았다.

6) 관직(官職)에 근거한 성씨

『통지(通志)·씨족략(氏族略)』에 "관명을 성씨로 삼은 경우는 태사(太史)·태사(太師)·사마(司馬)·사공(司空)이 있다."[27]라고 기록했다.

하(夏)·상(商)·주(周) 3대 시기에 모두 관직을 설치했고, 후손들은 조상이 역임했던 관명을 성씨로 삼았다. 『통지·씨족략』의 통계에 따르면 관직에서 기원한 성씨는 대략 100여 개에 달한다. 현존하는 가보 중의 사마(司馬)·사도(司徒)·위(尉)·상관(上官)·적(籍)·산(山)·양(羊)·전(錢)·사(師)·복(卜)·악(樂)·운(雲)·사(史)·석(席) 등의 성씨는 모두 관직과 관련된 성씨에 해당한다. 이와 관련한 구체적인 사례를 살펴보면 다음과 같다.

(1) 사성(史姓): 그 기원은 관직에 있다. 사(史)란 기사(記事)의 관직이다. 전설에 의하면 역사상 최초의 저명한 사관(史官)은 황제(黃帝) 시기의 창힐(蒼頡)이고, 그를 사황씨(史皇氏)라고 칭하기도 했다. 그가 한자를 발명했다고도 하는데, 이는 역사를 기록하는 사관

27 『通志·氏族略』: "以官爲氏者, 太史、太師、司馬、司空之類是也。" (역자 주)

은 문자가 등장한 이후에나 가능했기 때문이다. 주나라 왕실에는 태사(太史), 내사(內史)를 설치했고, 노(魯)나라에는 태사(太史), 외사(外史)를, 진(晉)과 정(鄭), 위(衛)에서는 태사(太史)를, 제(齊)나라는 태사(太史), 남사(南史), 어사(御史)를, 초(楚)나라는 좌사(左史)를, 진(秦)나라는 내사(內史) 등을 각각 설치했다. 이런 사관은 세습이 되었고, 이에 후손들은 관명인 사(史)를 성씨로 삼았다.

(2) 전성(錢姓): 팽성(彭城)에서 기원했고, 관명에서 나왔다. 전(錢)이란 재정을 관장하는 관직을 지칭했다. 황제(黃帝)의 후손인 전욱(顓頊)이 제위를 계승한 후 중원 부락을 통치했다. 전욱은 아들 칭(稱)을 낳고, 칭은 아들 노동(老童)을 낳고, 노동은 아들 오회(吳回)를 낳고, 오회는 아들 육종(陸終)을 낳았다. 육종의 3번째 아들 팽조(彭祖)는 팽성(彭姓)의 시조가 되었다. 팽조의 세력이 강성했던 시기는 하상(夏商) 시대로 강력한 방국(方國)을 형성하며 대팽(大彭)이라 불렸다. 그 후손인 팽부(彭孚)는 주(周)나라 시기 전부(錢府)에서 상사(上士)를 전담하며 재정을 관리했다. 이후 팽부의 자손은 관명인 전(錢)을 성씨로 삼았다.

(3) 사마(司馬): 글자 그대로 사마의 원래 뜻은 마필(馬匹)을 관리하는 직관이었다. 고대 마필은 군대와 대외 정벌의 중요한 수단이었고, 사마는 실제로 군대를 관장하는 관직에 속했다. 국왕의 군정(軍政)과 군부(軍賦) 등을 담당했던 사마씨 중에는 고대로부터 저명한 인물이 많이 있다. 예를 들면 서한(西漢) 시기 위대한 역사가로 『사기(史記)』를 저술한 사마천(司馬遷), 문장가로 유명한 사마상여(司馬相如), 송나라 시기 저명한 사학자로 『자치통감(資治通鑑)』을 저술한 사마광(司馬光) 등이 있다.

(4) 사도(司徒): 사도는 국가의 지도와 인구통계를 담당하는 직관이었다. 원래 '도(徒)'란 군대와 인구 등을 의미했고, 춘추 시기 제후국과 후대에도 모두 사도를 설치했다. 이 관직을 역임한 후손들은 사도를 성씨로 삼았다. 예를 들어 춘추 시기 위(衛)나라 대부인 하무(夏戊)의 아들은 사도를 역임했고, 그의 후손은 이를 성씨로 삼아서 지금까지 이르고 있다.

(5) 위성(尉姓): '위(尉)'는 원래 고대의 감옥과 형벌 등 사법을 관장했던 직관이었다. 위성(尉姓)은 이런 위관(尉官)에서 기원했다.

(6) 적성(籍姓): '적(籍)'이란 원래 전적(典籍)과 문헌(文獻)을 의미했다. 춘추 시기 진(晉)나라는 적관(籍官)을 설치하고 국가의 전적을 관리하도록 했다. 진나라 대부 백염(伯黶)이 이 관직을 역임함에 그 자손들이 적(籍)을 성씨로 삼았다. 적담(籍談)[28]이 그의 후손

28 적염(籍谈): 생몰 미상. 희성(姬姓) 출신으로 씨는 적(籍)이고 이름은 담(談)이다. 일명 적보(籍父)라고도 하며

이다.

7) 항렬의 순서에 근거한 성씨(姓氏)

고대에는 형제와 자매의 선후 항렬을 정할 때 종종 맹(孟)·백(伯)·중(仲)·숙(叔)·계(季) 등을 사용해 장유의 순서로 삼기도 했다. 이후 이런 항렬의 글자를 성씨로 삼기도 했다.

현존하는 가보에도 맹(孟)·백(伯)·중(仲)·숙(叔)·계(季) 등 성씨를 찾아볼 수 있다. 예를 들어 노나라 환공(桓公)의 아들 경보(慶父)는 서자(庶子)의 항렬에서 맏이였다. 그래서 그의 후손은 맹손씨(孟孫氏)라고 부르거나, 혹은 간단히 맹씨(孟氏)라고도 했다. 경부의 동생 숙아(叔牙)는 국왕을 시해함에 숙아도 죄에 연루되어 사약을 받고 죽었다. 이에 손자인 자(玆)를 옹립해 숙씨(叔氏)로 삼았다. 노나라 환공의 막내아들 우(友)는 후에 '계(季)'로 성씨를 바꾸어, 일명 계손씨(季孫氏)라 불렸다. 그리고 주나라 태왕(太王)의 장자인 태백(太伯), 일명 태백(泰伯)은 태왕(太王)이 막내 계력(季曆)을 군주로 옹립할 때 둘째 중옹(仲雍)과 오(吳)나라 땅으로 피신했다. 그리고 이곳 풍속을 바꾸어 문신을 금지하며 이 지역에서 군장(君長)이 되었다. 그 후손들은 '태백(太伯)'을 성씨로 삼았다.

8) 기예(技藝)에 근거한 성씨(姓氏)

중국 고대 시기 공예 기술은 부자 전승을 통해서 계승되었다. 독점을 하기 위하여 직업 명칭을 성씨로 삼고 후대로 전승했다. 이에 대해 『씨족략(氏族略)』에서는 다음과 같이 언급했다. 이르길 "기예를 성씨로 삼는 경우로 이는 행업(行業)이 아닌 능력에 근거한 것이다. 무인(巫人)의 후손은 무씨(巫氏)를, 백정의 후손은 도씨(屠氏)를, 점을 치는 자의 후손은 복씨(卜氏)를, 장인의 후손은 장씨(匠氏)를 각각 성씨로 삼았다."[29]라 했다. 현존하는 가보에서도 볼 수 있는 도(陶)·복(卜)·견(甄)·단(段)·위(韋)·혁(弈)·무(巫)·종(鐘) 등은 모두 이런 부류에 속하는 성씨이다.

(1) 도성(陶姓): 도성의 기원은 두 가지로 모두 유구한 역사를 갖고 있다. 첫 번째 기원은 제요(帝堯)에 있다. 전설에 의하면 제요 씨족은 원래 질그릇을 만들었다. 제요의 성(姓)이 당(唐)인 것은 그 씨족이 도당씨(陶唐氏)로 명명되었기 때문이다. 도당씨의 후손은 도(陶)를 성씨로 삼았다. 두 번째 기원은 제순(帝舜)에서 기원했다는 설이다. 제순 씨족 역

진국(晉國)의 대부였다. (역자 주)

29 『通志·氏族略』: "以技爲氏, 此不論行而論能, 巫者之後爲巫氏, 屠者之後爲屠氏, 卜人之後爲卜氏, 匠人之後爲匠氏。"

시 질그릇을 만드는 기술이 뛰어났다. 사서(史書)에는 순(舜)은 "강가에서 질그릇을 만들었다."[30]라고 언급했다. 순의 후손은 주대에 이르러서도 계속 질그릇을 만들었고, 그의 후손인 우사(虞思)가 주나라의 도정(陶正)으로 임용되었다. 이후에도 그 관직과 수공 기술은 아들에게 전승됨에 후손들은 도(陶)를 성씨로 삼았다.

(2) 복성(卜姓): 복성의 기원은 점복(占卜)이란 기예에서 유래했다. 복(卜)의 원래 의미는 점복(占卜)을 지칭한다. 갑골 점복은 갑골의 정돈, 구멍 파기, 불에 달구기, 점의 확인, 내용의 기록 등 일련의 복잡한 과정을 거쳤다. 이는 보통 사람이 담당할 수 있는 것이 아니었다. 그래서 상주(商周)시기에는 전문적으로 복사를 담당하는 자가 있었고, 이를 가업으로 세습했다. 이에 점복을 담당했던 후손은 복을 성씨로 삼았다. 진(晉)의 복언(卜偃)·진(秦)의 복도부(卜徒父)·노(魯)의 복초구(卜楚丘) 등은 모두 복서(卜筮)를 담당했고, 그의 후손은 복을 성씨로 삼았다. 그중 중니(仲尼)의 제자 중에도 복상(卜商) 등의 인물이 있다.

이 외에도 견(甄)·혁(弈)·무(巫) 등의 성씨 역시 원래는 직업과 기예에서 기원한 것들이다. 견(甄)이란 도기(陶器)의 명칭으로 이를 성씨로 삼은 경우로 일종의 도기를 제작했던 후손이고, 혁씨(弈氏)의 조상은 바둑돌을 제작했고, 무씨(巫氏)는 무당을 가업으로 삼았다.

하상(夏商)에서 진한(秦漢)에 이르는 시기가 제2단계인데,[31] 이 단계는 중국 성씨의 발전 과정에서 가장 중요한 시기에 해당한다. 그래서 원의달(袁義達)·장성(張誠)이 저술한 『중국 성씨: 군체유전과 인구분포』에서는 이 점을 중시하며 이 시기에 1,800여 개에 달하는 성씨가 출현하며 중국 성씨의 기본 골격과 기초를 마련했다고 주장했다.

제3단계: 진한(秦漢)부터 청(淸)나라의 멸망 전후까지

2,000여 년에 달하는 이 기간은 중국 성씨의 변화와 발전의 극성기에 달했던 시기이다. 이 시기의 특징은 새로 증가한 성씨는 적었던 반면에 개성(改姓)의 기회가 많아졌고, 다른 성씨와 융합되거나 같은 성씨에서 분화되어 착종(錯綜)되는 복잡한 현상이 출현했다는 점이다. 그리고 민족 간의 교류가 활발해지면서 한족(漢族)과 소수민족의 성씨가 융합되는 새로운 현상이 급증하기도 했다. 이렇게 성씨의 기원이 변화하는 사례를 구체적으

30 『呂氏春秋』 卷14: "舜耕於歷山, 陶於河濱。" (역자 주)

31 원서에서는 제1단계라고 하고 있는데, 문맥상 제2단계가 맞다. (역자 주)

로 열거하면 다음과 같다.

1) 사성(賜姓)

소위 '사성'이란 황제가 자신의 성(姓)을 신하에게 하사하는, 일종의 포상으로 가장 빈번하게 일어났다. 신하는 사성을 받으면 조상의 성을 버릴 수밖에 없었고, 종주(宗主)를 바꾼다는 것이 근본을 망각하는 것으로 여겨질 수도 있었다. 그러나 황가(皇家)의 성을 얻고서 본가(本家)에 이름이 오른다는 것은 조상을 빛내고 자손에게 복을 부르는 일로 받아들였다. 그러므로 모두 사성을 원했다.

진한 이후의 '사성'과 선진시기의 '사씨(賜氏)'와는 큰 차이가 있다. 주대의 사씨 목적은 새로운 사회조직의 건립에 있었다. 즉 봉건 정치와 경제 제도가 병존하며 실행한 '분봉(分封)'의 성질이 강했다. 이런 취지 때문에 앞서 언급했듯이 "군국으로 성씨를 정한다." "읍지로 성씨를 정한다." "시호로 성씨를 정한다." 등이 출현한 것이다. 그러나 진한 이후 '사성'의 목적은 사성 대상의 성씨 지위를 높이고 은혜를 베풀어 황가(皇家)를 위해 충성을 다하라는 뜻이 내포되었다. 아울러 '천하의 신민(臣民)은 황실을 위해 충성을 바친다.' 라는 노고에 대한 보답과 그런 덕행을 알린다는 성격을 갖고 있었다.

진한 이후 사성의 현상은 시대별로 항상 등장했었다.

한(漢)의 개국 황제인 유방(劉邦)은 이성(異姓) 출신 공신에게 유씨(劉氏) 성을 사여하여 유성(劉姓) 대족이 크게 증가하는 계기를 마련했다. 유방은 천하를 통일한 후에 수도를 정하는 대사를 논의했다. 당시 유방의 수하들은 모두 동방 출신이라 낙양을 수도로 삼아야 한다고 했으나, 오로지 제나라 출신 누경(婁敬)만 반대를 했다. 그는 유창한 언변으로 다수의 의견을 물리치고 결국 유방을 설득해 장안에 수도를 정했다. 이로써 천하 형세의 요충지를 확보함으로써 수백 년간 한 황실의 안정된 기초를 마련했다. 유방은 장안을 수도로 정한 후에 특별히 누경에게 유성(劉姓)을 사여하고, 이름을 유경(劉敬)으로 바꾸도록 했다.

당나라 시기 황족은 농서(隴西) 귀족 출신의 이성(李姓)이었다. 당을 건국한 후에 이성을 따라서 천하를 통일했던 많은 공신에게 이씨 성을 사여했다. 예를 들면 고종(高宗) 시기 이밀(李密)의 부장인 서세적(徐世績)은 이밀이 패한 후에 당으로 투항해 누차 공적을 세움에 이성(李姓)을 사여받고 이세적(李世績)이 되었다. 이 밖에 연군(燕郡)의 왕라예(王羅藝)와 오왕(吳王)인 두복위(杜伏威) 및 병원굉(邴元紘)·호대은(胡大恩)·기자화(祁子和)·동충신(董忠臣) 등은 모두 개국의 훈신으로 이씨 성을 사여받았다. 그리하여 서(徐)·나(羅)·두(杜)·병(邴)·호(胡)·기(祁)·동(董) 등의 성씨 자손들 역시 모두 이성(李姓)으로 바꾸었다.

성당(盛唐) 시기 대외적인 문호교류가 빈번해졌다. 이때 이족(異族)과 소수민족 성씨는 한족(漢族)과 융합하지 못하고, 자신의 성씨를 한족 성씨로 바꾸었다. 그리고 일부 귀순한 이족의 수령에 대해서 당나라 정부는 이성(李姓)을 하사하기도 했다. 예를 들면 당나라 정관(貞觀) 초기 말갈(靺鞨) 출신의 돌지계(突地稽)를 우위장군(右衛將軍)에 임명했고, 태종은 그에게 이씨 성을 하사했다. 선비(鮮卑)의 탁발(拓跋) 출신인 적벽(赤辟)이 부락민을 이끌고 투항하자 태종 역시 이씨 성을 사여하고 하주(夏州)에 정주시켰다. 태종 역시 거란의 수령인 고극(庫克)을 송막도독부(松漠都督府)의 도독(都督)으로 삼고 이씨 성을 사여했다. 현종 시기 사타족(沙陀族)의 수령인 주사적심(朱邪赤心)이 귀부하자 역시 성씨를 사여했다. 현재 이씨 성은 중국에서 여러 성씨 가운데 수위를 차지하는 대성(大姓) 중의 하나이다. 이는 당나라 시기 이성에 대한 사성정책과 무관하지 않은 듯하다.

이런 사성 제도는 송(宋)·원(元)·명(明)을 거처 청대까지 지속되었다. 예를 들어 명말청초의 명장인 정성공(鄭成功)의 원래 이름은 정삼(鄭森)으로, 수재(秀才)였던 그는 15세 때 태학에 합격했고, 21세 때 남경 국자감에서 수학했다. 이때 황제의 총애를 받아 황제의 주성(朱姓)을 사여받고 이름을 성공(成功)으로 개명해 '국성성공(國姓成功)'이라 하였다. 후대 사람은 그를 '국성야(國姓爺)'라 부르기도 했다.

황제의 사성은 주로 황족 성씨를 공신에게 주는 것이지만 다른 성씨를 공신에게 사여하는 경우도 있었다. 당(唐)과 오대(五代)를 거치며 군주를 섬긴 원반산(員半山)의 조상은 원래 유씨(劉氏)였다. 양(梁)나라에서 위(魏)로 건너가 청렴결백한 덕행을 행함에 마치 전국시기의 오원(伍員)[32]과 같다 하여 결국 원(員)이란 성씨를 하사받고, 그 후손 역시 이를 따랐다. 또 다른 사례로, 중국 역사상 저명한 항해가인 정화(鄭和)는 원래 정씨가 아닌 마씨(馬氏)였다. 그는 아랍 혈통의 원대 공신인 섬사정(贍思丁)의 후손이었다. 정화는 명나라 군대의 포로가 되어 황궁에서 태감(太監)을 지내며 정씨를 사성받았다. 황제의 사성은 아무에게나 마음대로 주어지는 것이 아니었는데, 황제 성씨의 사성을 남발하였다.

역대 군주 중에서 측천무후는 중국 역사상 사성을 가장 많이 사용한 군주 중의 하나였다. 주(周)를 건국한 후에 그녀는 황제 옹립에 공로가 있는 공신에게 무씨(武氏)를 사성했고, 아울러 그의 미남자였던 풍소보(馮小寶)를 설회의(薛懷義)로 개명하기도 했다. 이 외에도 사성을 통해서 자신의 정적을 견제하기도 했다. 예를 들면 중종(中宗)의 황후인 왕씨(王氏)를 망(蟒)으로 개명했다. 고종이 일찍이 총애하던 소비(蕭妃)의 성씨를 '효(梟)'로

32 오원(伍員): 오자서(伍子胥)를 지칭한다. 그는 초나라 초읍(椒邑) 출신으로 이름은 원(員)이고, 자는 자서(子胥)였다. (역자 주)

바꾸었다. 원래 "효"란 목을 베어 백성에게 보인다는 의미를 지니고 있다. 정적을 견제하기 위해서 그녀는 개성(改姓)뿐만 아니라 이름을 바꾸는 방법도 사용했다. 예를 들면 장송막(將松莫)의 도독(都督)인 이진충(李盡忠)을 이진멸(李盡滅)로 바꾸었고, 진주(陳州)의 자사(刺史)인 손만영(孫萬榮)을 손만참(孫萬斬)으로 개명하기도 했다. 비록 한 글자 차이지만 그 뜻은 천양지차였다.

2) 피휘(避諱)를 위한 개성(改姓)

휘(諱)라는 것은 이름을 의미한다. 여기서 말하는 '휘(諱)'란 주로 황제의 성명을 지칭한다. 피휘제(避諱制)는 이미 선진시기에 시작되었지만, 본격적으로 엄격히 실행되어 성씨 문화에 깊은 영향을 준 것은 진(秦)나라 이후부터다. 봉건사회에서 휘명제(諱名制)는 정치 수단으로 사용되면서 분명하게 봉건왕조의 권위를 반영했다. 진(秦)의 전국 통일 이후 누구든지 제왕의 이름을 사용하거나, 심지어 그 발음과 자형만 유사해도 성씨(姓氏)로 사용되지 못했다. 따라서 황제가 등극할 때나 왕조가 바뀔 때마다 사람들은 피휘를 이유로 성씨를 바꾸었다. 현존하는 가보 가운데 이와 같은 피휘와 관련된 성씨 사례를 들어 보면 다음과 같다.

진나라의 멸망 후에 항적(項籍)이 패왕을 칭하니 그가 바로 서초패왕(西楚霸王)이다. 원래 '적(籍)'이란 패왕의 이름을 회피하기 위해서 당시 '석씨(席氏)'로 바꾸었다. 한나라 경제(景帝) 시기 황후의 자(字)가 아유(阿渝)였기 때문에 이 시기 유(渝)씨 성은 모두 '유(喻)'로 개명해야 했다. 원제(元帝)인 유석(劉奭)이 재위하자 북해태수(北海太守)인 석포(奭苞)는 성씨를 '성(盛)'으로 바꾸었다. 안제(安帝)인 유우(劉祐)가 등극한 후에 부친인 유경대(劉慶大)의 이름 역시 피해야 했으므로, 당시 경(慶)이란 성씨는 하(賀)로 바뀌었다. 삼국시기 오나라 황제 손권(孫權)의 부친 이름은 견(堅)이었다. 당시 유사한 발음도 피휘되어 견(堅)과 발음이 동일한 '견(甄)'은 '진(眞)'으로 바뀌었다. 당나라 헌종(憲宗)의 이름은 '순(純)'으로 당시 복성인 '순어(純於)'와 발음이 유사해 피휘하여 성씨를 '어(於)'로 바꾸기도 했다. 오대(五代)시기 왕심지(王審知)는 민(閔)과 민(閩) 지역에서 일어났는데, 심(審)은 심(沈)과 동음(同音)이므로 심(審)씨는 피휘하여 성씨를 '우(尤)'로 바꾸었다. 이상과 같이 피휘 사례는 시대별로 매우 다양했다.

피휘에 근거해 바뀐 대부분의 성씨는 기존의 것을 선택해 사용하거나, 혹은 새로운 성을 만들기도 했다. 그리고 어떤 경우는 원래의 성씨와 일정한 관계를 유지하기도 했다. 예를 들면 서한 시기 명제(明帝)의 이름이 유장(劉莊)이라 장(莊)씨 성은 모두 피휘해서 엄(嚴)으로 바뀌었다. 이에 따라 장자릉(莊子陵)은 엄자릉(嚴子陵)이 되었다. 그런데 '장(莊)'과

'엄(嚴)' 사이에는 의미상 상통하는 점이 있다. 안제(安帝) 시기에 '경(慶)'이란 성은 '하(賀)'로 바뀌었는데 '경(慶)'과 '하(賀)'도 역시 의미상 유사한 뜻을 갖고 있다.

3) 이주로 인한 개성

역사상 족인 성원들이 이주했던 형태는 대략 3가지로 나뉜다. 첫째는 이민(移民)이다. 역대 군주는 왕조 통치를 공고히 하기 위해서 종종 강력한 수단으로 호강(豪强) 세력을 특정한 지역으로 강제 이주시켜 관리를 했다. 이 외에도 행정 명령과 물질적 수단을 결합해 농민을 황무지로 이주시켜 토지를 개간하도록 했다. 이런 형태의 대규모 이민정책은 진한(秦漢) 시기에 시작되어 후대 왕조 역시 계속 이를 답습했다. 예를 들면 유방(劉邦)은 6국의 후손과 호강 세력을 관중의 방릉(房陵)으로 이주시켰다. 제(齊)나라 대족(大族)인 전성(田姓)은 8개 분류로 나누어 이주시켰고, 이주지 사람들은 전성(田姓)의 서열에 따라서 이들을 호칭했다. 후대 자손은 이런 풍속을 따라 '제일(第一)', '제이(第二)'에서 '제팔(第八)' 등을 성씨로 사용했다. 그래서 현존하는 가보의 복성(復姓) 중에 '제오(第五)'라는 성씨를 볼 수 있다. 둘째는 유민(流民)이다. 전쟁이 발발하거나 정국 혼란, 자연재해 등으로 인해 종족의 일부 혹은 전체를 이끌고 다른 지역으로 이주하는 형태를 말한다. 이런 종족 유민의 이주 방향은 대다수 서쪽에서 동쪽, 혹은 북쪽에서 남쪽을 향했다. 이때 새로운 정착지와 이전에 거주했던 지역의 이름은 성씨를 바꾸는 근거로 작용했다. 진한 교체기에 '한성(韓姓)'은 다수가 강회(江淮) 지역으로 이주했다. 해당 지역 토착 발음으로 '한(韓)'은 '하(何)'로 발음되었고, 발음이 변화하면서 점차 '하성(何姓)'으로 고착되었다. 이와 유사한 사례로 '괵(虢)'은 '곽(郭)'으로, '원(轅)'은 '원(袁)'으로 변했다. 이런 부류는 모두 풍속에 근거한 것으로, 발음에 따라서 새로운 성씨가 등장한 상황을 보여 준다. 셋째는 망명(亡命)이다. 봉건시대 잔혹한 법령으로 일부 가문은 정치적 박해와 형벌을 받고 온 집안이 참수당하거나, 혹은 유배를 당하기도 했다. 종종 이런 처벌에 처자(妻子)가 연좌되거나 구족(九族)이 멸족되기도 했다. 따라서 처벌 당사자와 족인들은 망명을 통해 살길을 도모해야 했다. 예를 들면 복성인 완안(完顔)은 일찍이 요(遼)·송(宋)·금(金)이 대치하는 시대에 여진족 성씨 중의 하나였다. 원나라가 금(金)을 멸한 후에 무고한 사람을 살육하자 다수의 완안씨(完顔氏)는 살아남기 위해서 '완안(完顔)'이란 성씨를 완성(完姓)으로 바꾸었다. 이와 유사하게 '구(仇)'는 '구(求)'로, '소(疎)'는 '속(束)'으로, '웅(熊)'은 '능(能)' 등으로 성씨를 바꾼 것도 모두 피난을 위한 것이었다.[33] 이상과 같은 3가지 종류의 이주형태는 모두

33 完顔紹元, 『中國姓名文化』, 上海古籍出版社, 2001, 24쪽.

새로운 성씨가 등장하는 계기가 되었다.

4) 민족융합 중의 개성

진한(秦漢) 정권의 계승이란 중국의 각 씨족이 오랜 역사 과정을 통해 융합되었기 때문이고, 이 시기에 한족(漢族) 정권의 기본 원형이 탄생했다. 이후 한족 정권과 소수민족의 교류가 지속되었고, 선후로 위진남북조(魏晉南北朝)와 성당(盛唐), 송요(宋遼) 및 서하(西夏)와 금원(金元) 등의 대립 시기를 거쳐, 청나라에 이르러 4개 민족이 대융합하는 극성기가 전개되었다.

민족융합 과정에서 한족은 계속해서 소수민족의 많은 경제·문화적 요소를 흡수했고, 소수민족 역시 중원의 경제·문화로부터 많은 선진문화를 받아들였다. 이런 교류는 성씨문화 측면에서 성씨 융합을 더욱 촉진시키는 작용을 했다.

성씨 융합의 내용은 매우 다양했다. 일부는 원래 한족 고유의 성씨였다가 후에 소수민족의 것을 수용했고, 그로 인해 한자 성씨의 수용 방식도 더욱 다양해졌다. 이와 관련해 만주족의 예를 들면 일부는 자신의 민족 언어로 된 성씨를 음역(音譯)해서 한자로 표기하는 과정에서 머리글자 혹은 머리글자의 발음을 성씨로 삼기도 했다.

즉 만주족의 관성(關姓)은 만주어의 과이가(瓜爾佳)에서, 동성(董姓)은 자회가(自悔佳)에서, 서성(徐姓)은 서목록(舒穆祿)에서, 복성(卜姓)은 복이찰(卜爾察)에서 각각 유래한 사례이다. 어떤 경우는 자신의 민족 언어로 성씨를 직접 의역해서 이에 상응하는 단음절의 한자를 사용했다. 예를 들면 아극점(阿克占)의 뜻은 뇌(雷)이기 때문에 뇌를 성씨로 삼았다. 필랍(畢拉)의 뜻은 '하(河)'이므로 하(河)와 발음이 같은 '하(何)'로 성씨를 삼기도 했다. 파안(巴顔)은 부(富)라는 뜻이기 때문에 부(富)를 성씨로 삼았다.[34]

성씨의 융합 과정에서 많은 소수민족 특유의 성씨가 한족 성씨 속에 녹아들었다. 그리고 이들은 한자를 매개로 한족 성씨 문화의 일부가 되며, 한자와 불가분의 관계를 갖게 되었다. 중국의 장(張)·옥(玉)·이(李) 등과 같은 일부 대성(大姓)의 경우 소수민족이 다수 유입되면서 중국인이란 대가족 속으로 융합되었다. 예를 들면 장성(張姓)은 한당(漢唐) 시기 흉노(匈奴)·갈(羯)·고려(高麗)·선비(鮮卑)·회흘·거란 등의 소수민족과 융합되었다. 금(金)나라의 여진족(女眞族)과 송나라의 당항족(黨項族), 원나라의 몽골족, 청나라 시기 만주족 등도 장씨(張氏)로 성씨를 바꾸면서 장씨의 인구가 급격히 증가하기도 했다. 이 외

---

34 劉宗迪, 『姓氏名號面面觀』, 齊魯書社, 2000, 67쪽.

에도 이성(李姓)에는 당대 소수민족인 사타(沙陀)·저(氐)·회흘(回紇)·거란(契丹)·토번(吐蕃) 등이 포함되었고, 송대 서하(西夏)의 당항족(黨項族), 금대의 여진족, 명청 시기 몽골족과 만주족 등도 이와 같았다. 또한, 서북 지역의 토사(土司)와 서남의 토저(土著) 등은 민족융합 과정에서 다수가 개명하면서 이성(李姓)의 인구 증가를 촉진시켰다. 왕성(王姓)으로 성씨를 바꾼 소수민족의 사례는 다음과 같다. 한나라 시기 흉노족인 서강족(西羌族)에 속한 겸이족(鉗耳族), 남북조 시기의 고려(高麗)와 탁왕족(拓王族)·선비의 오환족(烏丸族), 그리고 수당 시기 서역의 월지국(月支國)의 호인(胡人)과 회흘의 하포사족(河布思族), 거란족, 금대 여진족의 완안부(完顔部), 야율족(耶律族), 북송 시기 서하의 당항족, 원대의 몽골족, 청대 만주의 완안부, 이라씨(伊喇氏) 등이 왕성으로 개명했다. 이런 소수민족은 시대 변화에 따라서 중국 북방민족의 왕성과 동화했고, 현재 왕성의 수량은 이미 이성(李姓)을 초과해 중국 제일의 성씨로 발전했다.

현존하는 가보 중에 왕(王), 이(李), 장(張)을 제외하고 우문(宇文), 호연(呼延) 등의 복성과 강(康), 미(米), 안(安), 축(竺), 석(石), 욱(薩), 염(廉), 안(顔), 화(火) 등의 단성(單姓)은 모두 민족융합의 과정을 통해 등장한 것이다. 이로 인해 한족 성씨에 새로운 기운을 불어넣었다.

5) 복성(復姓)의 간화

선진(先秦) 시대 봉건적인 종법제도가 자연스럽게 발전하면서 일부 귀족들은 몇 개의 지파로 분화했고, 이런 지파들은 자신을 나타내는 '씨(氏)'의 필요성이 등장했다. 이런 지족(支族)의 수량은 더욱 증가일로에 있었다. 씨족의 증가는 유사한 성씨 출현을 초래했다. 이런 유사한 성을 방지하기 위해서 등장한 것이 바로 복성(復姓)이다. 복성이란 두 개 이상의 한자로 표시된 성씨를 지칭한다. 춘추 말기에 이르러 복성(復姓)이 다량으로 출현하기 시작했다. 예를 들어 공자의 72명 제자 중에는 복성이 23명으로 전체 1/3을 차지할 정도였다.

성씨는 사회교류의 중요한 수단이었다. 족성마다 자신을 부르는 족호(族號)가 있고, 이는 한 사람을 호칭하는 표식과도 같았다. 그래서 만약 '복성(復姓)'이 지나치게 많아진다면 사회교류에 있어 개인에 대한 호칭 역시 불편해질 수밖에 없다. 이로 인해 복성의 간편화에 대한 필요성이 다시 등장하게 되었다.

춘추시대 이후 성씨를 명명하는 풍속은 안정화 추세로 접어들었다. 성씨가 증가하는 현상은 수그러들었고 제후(諸侯)와 경대부(卿大夫) 상호 간의 끊임없는 투쟁으로 공족(公族)의 수도 계속 감소했다. 이런 이유로 과거 사용된 복성과 새로 등장한 복성(復姓)을 서로 구별할 필요와 의의도 점차 사라지게 되었다.

이런 원인으로 복성(復姓)의 간소화는 전체 성씨 영역에서 커다란 사회현상으로 나타났다. 진한(秦漢) 이래로 복성의 수량은 계속 감소하는 추세를 보였다. 간소화 유형은 대략 3가지로 구분할 수 있다.

첫째, 복성을 분리하여 두 개의 단성(單姓)으로 나누는 경우이다.

구양(歐陽) →구(歐)·양(陽)

제갈(諸葛) →제(諸)·갈(葛)

맹손(孟孫) →맹(孟)·손(孫)

사마(司馬) →사(司)·마(馬)

좌구(左丘) →좌(左)·구(丘)

곡양(谷梁) →곡(谷)·양(梁)

둘째, 한 글자를 제거하여 단성으로 만드는 경우이다.

사도(司徒) →사(司)

칠조(漆雕) →칠(漆)

공백(公伯) →백(伯)

좌인(左人) →좌(左)

보숙(步叔) →보(步)

동곽(東郭) →곽(郭)

악정(樂正) →악(樂)

함구(咸丘) →구(丘)

셋째, 사용하지 않고 소멸시키는 경우이다.

공치(公治)·공석(公晳)·공서(公西)·공견(公肩)·공의(公儀)·호생(浩生)·양사(壤駟) 등이 있다.[35]

다량의 복성이 단성으로 간소화되면서 성씨 중에 복성 씨족이 차지하는 비중도 점차 감소했다. 동한(東漢) 말기에 응소(應劭)가 저술한 『풍속통의(風俗通義)·성씨편(姓氏篇)』에는 당시 흔히 볼 수 있는 성씨 약 500개 정도를 수록했다. 그중에 복성은 160개 정도로 전체 33%를 차지했다. 북송 시기에 저술된 실명씨의 『백가성(百家姓)』에는 440개의 성씨를 수록했는데, 그중에 복성은 겨우 32개로 전체 수량의 8%밖에 안 되었다. 현재 한족이

35 汪澤樹, 『姓氏·名號·別稱』, 四川人民出版社, 2003年, 43쪽.

사용하는 성씨는 전체 3,500개로 복성은 불과 250개에 지나지 않아 점유 비율은 7%밖에 되지 않는다.

4. 중국 성씨의 특징

수천 년 중국 성씨의 발전 과정을 종합하면 다음과 같은 몇 가지 특징이 있다.

1) 유구한 역사

중국 성씨의 시작은 고성(古姓)에서 기원했고, 지금까지 5,000~6,000년의 역사를 가지고 있다. 다량의 성씨가 출현한 때는 하상(夏商)부터 진한(秦漢)에 이르는 시기로 지금까지 3,000~4,000년에 이른다. 중국은 세계에서 최초로 성씨를 사용한 국가였다.

세계적으로 보면 역사적으로 각 지역에서 성씨가 출현한 시기는 기원후 1000년부터였다. 이후 일정한 발전 과정을 거치면서 보편적으로 사용되었다.[36] 유럽에서는 이름이 보편적으로 사용되기 이전에 먼저 등장한 것이 성(姓)이었다. 이런 상황은 600년을 지속했고, 400년 전부터 비로소 유럽 대륙에는 성(姓)의 사용이 보편화되었다. 유럽의 성씨 기원은 그리스(Greece), 히브리(Hebrew), 튜턴(Teutones), 라틴(Latin) 등의 언어 계통에서 기원했고, 또한 종교적 성격을 농후하게 내재하고 있다. 프랑스와 유럽 동부의 유태인은 19세기에 이르러 비로소 성씨를 사용하기 시작했다. 18세기 이전의 유태인은 이름만 있었고 성은 없었다. 『성경(聖經)』에는 1,000명에 달하는 유태인과 그의 조상을 기록했다. 예를 들면 아브라함, 야곱, 다윗, 솔로몬 등은 이름만 있고 성은 없었다. 18세기 후기에 오스트리아와 헝가리 제국의 합스부르크 왕조는 강제로 유태인을 동화시키기 위해서 반드시 일정한 성씨의 사용을 강제했다. 유럽 각국도 역시 이런 방법을 모방해 유태인을 엄격한 관리의 목적으로 형벌을 적용해 단기간 안에 유태인에게 성씨를 갖도록 했다. 아울러 행정부 역시 아무런 법적 근거도 없이 유태인의 등록을 강제했다. 이때 일부 유태인은 황당무계한 성씨를 갖기도 했다. 예를 들면 '깡마른 원숭이'·'소꼬리'·'당나귀 머리' 등 모욕적 성씨로 가득했다. 20세기 30년대 독일의 나치 정권은 유태인을 압박해 성씨를 바꾸게 하였는데, 이는 유태인의 성씨 사용에 더욱 혼란을 야기했다. 이후 10년이 지나

---

36 袁義達·張誠, 『中國姓氏: 群體遺傳和人口分布』, 華東師範大學出版社, 2002, 1쪽.

이스라엘 국가가 건립된 후에야 비로소 이런 인신 모욕적인 성씨를 제거할 수 있었다.

중국과 문화가 유사한 일본은 중국의 영향을 받았음에도 기원후 5세기에 이르러서야 비로소 성(姓)이 등장했다. 하지만 그 후에도 성씨는 사회와 정치를 대표할 만한 지위에 있는 자만이 보유하며 세습했다. 즉 귀족(貴族)·신관(神官)[37]·무사(武士)만이 성을 보유할 수 있었고, 보편화되지 않았다. 그러다가 1875년 메이지유신(明治維新)을 계기로 정부는 법령을 반포해 호구를 등록하는 제도를 실행했다. 이로써 일본인은 모두 성을 갖게 되었고, 이때 대다수 일본인은 급히 성씨를 찾았고, 자신이 거주하는 지명의 한자로 성씨를 삼기도 했다. 이렇게 하여 3만여 개의 성씨가 등장했다.[38] 이처럼 일본에서 성씨가 보편적으로 보급된 시기는 지금부터 불과 100여 년에 지나지 않는다. 당시 많은 일본인은 어떤 성을 선택해야 할지 몰랐고, 신관이 가지고 있는 표식에 따라 스즈키(鈴木)를 성으로 삼아 길상(吉祥)을 열망하기도 했다. 그래서 현재 스즈키는 일본 제일의 성씨가 되었다.

이상과 같이 역사와 민족, 그리고 다양한 문화적 전통에 따라서 서로 다른 특징의 성씨 문화가 등장했다. 이들을 비교해 볼 때 중국인은 그 성씨의 기원이 유구하고, 오랜 역사를 지녔기 때문에 충분히 염황(炎黃)의 자손이란 자부심과 긍지를 가질 만하다.

2) 풍부한 의미

중국 성씨는 유구한 기원뿐만 아니라 풍부한 의미 역시 내포하고 있다.

중국 성씨는 기원이 분명하고, 그 형성원인도 다양하며, 내용 역시 매우 다채롭고, 품고 있는 문화적 의미도 매우 깊다. 앞에서 언급한 송나라 시기 정초(鄭樵)가 저술한 『통지(通志)·씨족략(氏族略)』에서는 중국 성씨의 기원을 대략 32가지로 분류를 했다. 또한 이보다 앞서 한나라 시기 응소(應劭)가 지은 『풍속통의(風俗通義)·성씨편(姓氏篇)』과 왕부(王符)의 『잠부론(潛夫論)·지씨성(志氏姓)』는 당시 성씨의 기원을 9가지로 분류하기도 했다. 즉 씨의 기원을 호(號), 작(爵), 거(居), 시(諡), 관(官), 국(國), 사(事), 서(序), 직(職) 등으로 분석했다. 정초의 32가지와 응소, 왕부의 9가지 성씨 분류 등에서 볼 수 있듯이 중국 성씨의 기원은 매우 다양했고, 일정한 체례를 구비하면서도 깊은 문화적 의미를 내포했다.

중국 성씨의 탄생은 5,000~6,000년 전 이전인 모계사회에서 시작했다. 그 후 성과

---

37 신관(神官): 일본 고유의 민족 종교인 신도(神道)에서 신과 인간을 매개하는 종교인을 지칭한다. 초기에는 제정일체의 씨족이 역임했다가, 후에 신직(神職)이란 관료가 등장해 신관을 대신했다. (역자 주)

38 袁義達·張誠, 『中國姓氏: 群體遺傳和人口分布』, 2쪽.

씨가 선후로 출현하더니 나중에 양자가 하나로 통일되며 혼용되었다. 그리고 고성(古姓)과 하상(夏商)에서 진한(秦漢), 그리고 진한에서 청말에 이르는 3단계의 발전 과정을 거쳤다. 그 기간 속에 성씨는 계속 창조되고, 변화했으며, 일부 성씨는 소멸하기도 했다. 이러한 성씨의 변화는 다른 지역으로 확산되며 영향력이 확대되었다. 성씨의 번성은 당시 정치, 경제, 문화와 관계가 있었고, 특히 성씨 변화는 중국의 민족융합과도 밀접한 관련이 있었다. 이런 것들은 모두 깊이 검토할 가치가 있는 문제이다.

성씨는 중국의 역사, 문화와 관련해 흥미롭고 다양한 내용들을 담고 있다. 예를 들어 인류의 진화, 인구의 발전, 민속의 변화, 혼인의 변천, 종족제도, 민족융합, 도덕과 윤리, 유전적인 문제 등은 모두 성씨와 밀접한 관계가 있다. 중국 성씨는 비교적 온전한 인문학적 체계를 구성하고 있고, 중국 역사와 문화 가운데 영원히 빛날 귀중한 보배이다.

중국 성씨가 내재하는 의미가 이렇게 크기 때문에 시대별로 끊임없이 성씨를 연구한 저술이 등장했다. 선진(先秦) 시기에 이미 별도로 제왕(帝王), 제후(諸侯)의 혈연과 세계(世系) 및 성씨를 관장하는 사관(史官)을 설치되기도 했다. 초(楚)나라의 삼려대부(三閭大夫)인 굴원(屈原)은 특별히 왕족인 굴(屈)·소(昭)·경(景)의 성씨 관리 임무를 수행하기도 했다. 당시 『세본(世本)』은 황제(黃帝)부터 춘추 시기 제후와 대부의 성씨 및 세계를 수록한 저술이었다. 동한(東漢) 시기에 이르러 문벌 제도가 형성되기 시작했고, 이런 상황의 반영을 위해 반고(班固)는 『백호통의(白虎通義)』를, 왕부(王符)는 『잠부론·지씨성』을, 응소는 『풍속통의·성씨편』 등과 같은 성씨 관련 저작을 저술했다. 위진남북조와 수당 시기는 중국의 보학이 발전하며 흥성한 시기에 해당한다. 이 시기에 다수의 성씨 관련 저술이 등장했다. 위진남북조 시기의 가장 중요한 보학(譜學) 저술로 가필(賈弼)의 『성씨부장(姓氏簿狀)』이 있다. 이는 모두 712권으로 동진의 18주(州) 116군(郡)에 분포한 세가 대족을 문제(門第)에 따라 등급을 구분하기도 했다. 그리고 하승천(何承天)의 『성원(姓苑)』, 왕검(王儉)의 『성보(姓譜)』, 서면(徐勉)의 『백관보(百官譜)』 등이 있다. 당나라 시기 성씨 관련 저술로는 태종(太宗) 시기에 편찬된 『씨족지(氏族志)』와 무측천(武則天) 시기의 『성씨록(姓氏錄)』, 류충(柳沖)의 『대당성족계록(大唐姓族系錄)』 등이 있다. 임보(林寶)의 『원화성찬(元和姓纂)』의 경우 1,232개의 성씨를 수록해 후대 성씨 연구에 큰 영향을 주기도 했다. 송나라 시기 저술로는 등명세(鄧名世)의 『고금성씨변증(古今姓氏辨證)』과 정초(鄭樵)의 『통지(通志)·씨족략(氏族略)』, 그리고 무명씨의 『백가성(百家姓)』 등이 있다. 이 3가지 저술 역시 후대 성씨 저술에 지대한 영향을 주었다.

명대에는 『속통지(續通志)』·『속통고(續通考)』 등이 있고, 청대의 경우 『청조통지(清朝通志)』, 『팔기만주씨족통보(八旗滿洲氏族通譜)』 및 장주(張澍)의 『성씨심원(姓氏尋源)』 등이 있다. 근대 이후의 저술로는 유신파(維新派) 인물인 담사동(譚嗣同)의 『유양담씨보(瀏陽譚氏譜)』·양계초(梁啓超)의 『음빙실합집(飮冰室合集)』에서 성씨의 기원과 연혁 및 중요한 내용을 논술했다. 1950년대 이후로는 정치적 혼란과 좌파의 영향으로 성씨 연구는 상대적으로 침체기를 맞이해야 했고, 1978년 개혁개방의 단행과 사상이 해방되며 성씨 관련 저술과 총서(叢書), 그리고 연구 성과들이 등장하면서 바야흐로 중국 성씨 연구의 새로운 발전 시기가 도래했다.

3) 다양한 측면의 사회적 안정성

명말 청초의 저명한 사상가인 고염무(顧炎武)는 다음과 같은 중요한 주장을 제기했다. 즉 "성씨는 천만년이 되어도 변하지 않는다."[39]라고 했다. 소위 '불변(不變)'이란 쉽게 변하지 않는다는 '안정성'을 의미한다. 안정성에 대해 몇 가지 관점에서 해석이 가능하다.

첫째, 개인의 성명(姓名)이란 관점이다. 개인의 성씨는 태어나면서부터 주어지며, 부친에 의해서 정해진다. 그리고 위급한 상황이 없는 매우 안정적인 구조로 유지되며, 죽어서도 변화가 없다. 반면에 개인의 이름은 그렇지 않다. 이름에는 부명(乳名)·학명(學名)·관명(官名)·예명(藝名)·필명(筆名)·화명(化名) 등 다양한 종류가 있다. 그리고 자신의 자(字), 호(號) 등은 언제든지 변할 수 있다. 예를 들어 노신(魯迅)은 부친의 성(姓)을 따라서 성은 주(周)인데 이는 고정불변하나 필명은 10여 개에 이르렀다. 이름이란 노신(魯迅)이 갖는 주(周)라는 성과 비교해 안정성을 논하면 분명한 차이가 드러난다.

둘째, 개인의 성씨라는 관점이다. 수많은 성씨는 태어나서부터 매우 안정된 형태로 지금까지 전승되었다. 고성(古姓)의 기원이 된 염제(炎帝)와 황제(黃帝) 등의 사례를 들면 다음과 같다. 염제는 강수(姜水)에서 유래하여 성이 강씨(姜氏)였고, 이후 강씨에서 다수의 성씨가 분화되었다. 그럼에도 강씨는 지금까지도 여전히 존재하고 있다. 황제(黃帝)는 희수(姬水)에서 기원해서 성을 희씨(姬氏)로 삼았다. 주대(周代)에 이르러 국성(國姓)이 되었고 여기에서 많은 수의 성씨가 분화되어 나왔다. 그럼에도 희씨 역시 지금도 존재한다. 이처럼 성씨는 수천 년이 지나도 불변함을 유지하고 있다. 현존하는 가보에 있는 608개의 성씨 중에 고대의 성씨에서 유래한 것이 적지 않고, 그중 다수가 하상(夏商)에서 진한(秦漢) 사이에 탄생하여 지금까지 2,000여 년을 내려오고 있다. 이는 중국 성씨가 갖는 안정성을 충분히 설명한다고 할 수 있다.

---

39 『日知錄·氏族』: "姓千萬年而不變。" (역자 주)

<위편 도표 4-1> 2,000년간 각 왕조별 인구 중 한족(漢族) 성씨의 예상 수

	시대	연대	전국인구(만 명)	한족 성씨 수
1	서한(西漢) 초기	BC.87년	3,200	1,800
2	동한(東漢) 중기	AD.188년	5,960	2,020
3	서진(西晉) 초기	300년	2,240	1,680
4	당조(唐朝) 초기	752년	6,000	2,020
5	북송(北宋) 초기	980년	3,530	1,830
6	원조(元朝) 초기	1279년	5,520	1,990
7	명조(明朝) 초기	1381년	6,720	2,060
8	청대(淸代) 건륭(乾隆)	1762년	21,040	2,540
9	민국(民國) 초기	1912년	40,660	2,850

셋째, 성씨의 전체적인 구조라는 관점이다. 앞서 언급했듯이 중국 성씨는 고성에서 기원해 하상과 진한, 그리고 청말에 이르는 3단계 발전 과정을 거쳤다. 그중 하상에서 진한은 가장 중요한 시기였고, 이때 고성을 기반으로 다양한 성씨가 등장하는 과정을 통해서 오늘날 현존하는 성씨의 기본 골격을 만들었다.

그렇다면 중국 역사상 존재했던 성씨의 수량은 얼마나 될까? 이런 질문에 구체적인 통계를 제시한 연구는 없는 듯하다. 다만, 원의달(袁義達)·장성(張誠)이 저술한 『중국성씨: 군체유전과 인구분포』에서 다음과 같은 수치를 제시하고 있다.

〈위편 도표 4-1〉에서 알 수 있듯 한(漢)에서 민국 초까지 비록 중국의 전체 인구는 3,200만에서 4억 660만까지 증가를 거듭했다. 이에 비해서 당시 중국의 성씨는 1,800개에서 2,850개까지 그 수량은 2,000년 동안 대략 2,000개의 성씨를 유지했다. 이는 기본적인 성씨는 하상과 진한 시기에 이미 등장했다는 사실을 반증하는 것이다. 다시 말해 2,000여 년 동안의 중국 성씨는 하상에서 진한 시기에 형성된 1,800개 성씨를 기초로 증가와 감소를 거듭했음을 나타내고 있다. 따라서 전체적으로 중국 성씨는 비교적 안정적인 기저를 유지해 왔음을 알 수 있다.

4) 불평등한 차별성

성씨는 탄생의 순간부터 성(姓)과 씨(氏), 성과 성 사이에는 불평등을 동반하는 차별성이 존재했다. 성씨마다 고저(高低) 구분으로 차별되었다.

앞서 언급한 것처럼 중국 최초의 성과 씨는 결코 평등하지 않았다. 먼저 성이 출현한 후에 씨가 등장했고, 성을 근거로 혼인을 했으며, 씨를 통해서 귀천을 구분하였다. 다시 말해 씨의 출현에는 원래부터 신분의 고저(高低)와 귀천(貴賤)이 내포되어 있었다. 이것은 씨의 내력을 통해서 분명히 확인할 수 있다.

씨는 출현 당시부터 자손을 번식하며 부단히 발전했다. 거주 지역이 계속 확대되면서 동성 부족의 일부는 각각 지역에 따라 지류(支流)의 명칭을 갖고서 분화했다. 하상(夏商)과 춘추전국 시기 등장한 새로운 씨의 호칭은 대다수 군국(君國)에서 분봉을 받는 과정에서 등장했다. 주대 종법제도하의 분봉은 작위에 따라서 공(公)·후(侯)·백(伯)·자(子)·남(男) 등 5등급으로 나뉘었다. 그리고 씨로 명명된 봉지(封地)는 다시 국(國)·읍(邑)·관(官)·향(鄕)·정(亭) 등으로 구분되었다. 당시 국(國), 읍(邑), 관(官)으로 씨를 삼으며 새로운 명칭의 씨(氏)가 부단히 출현했고, 이들 사이에는 서로 다른 등급의 차별이 존재했다. 이런 현상을 두고 "씨에 근거해 귀천을 구분함에 귀한 자는 씨가 있고, 천한 자는 씨가 없다."[40]라고 했다. 일부 출신이 낮은 사람은 이름만 있거나, 혹은 성(姓)만을 보유했다. 씨가 없는 사람의 사회적인 지위는 더욱 낮았다.

진한 이후 성씨가 점차 일체화했다. 그럼에도 성과 씨 사이에는 여전히 분명한 등급이 존재했다. 위진남북조 시기 '구품중정제(九品中正制)'를 실행하면서 문벌제도는 더욱 완비되기 시작했고, 결국 "상품에는 한문(寒門)이 없고, 하품에는 사족(士族)이 없다."[41]라는 국면이 등장하기에 이르렀다. 여기서 말하는 '한문'이란 지위가 낮은 성씨를 지칭한다. 원래 '사족'이란 고귀한 혈통의 성씨를 의미했다. 한문과 사족 사이에는 천양지차의 구분이 존재한다. 당시 관직에 종사하는 족인은 서로 자신의 가문을 과장하며 경쟁했다. 노(盧)·최(崔)·정(鄭)·왕(王) 등의 호문(豪門)은 사회적으로 추앙을 받으며 무수한 특권을 향유했다. 그리하여 다수의 황족(皇族)과 조정의 고관은 이들과의 혼인을 통한 혈연관계를 맺기 위해 서로 치열하게 경쟁하기도 했다.

당나라의 이성(李姓), 송나라의 조성(趙姓), 명나라의 주성(朱姓) 등의 국성(國姓)은 일반적인 성씨와 비교해 한층 더 높은 정치적 지위를 누렸다. 당시 국성으로 지정된다는 것은 최고의 은총과 포상을 받는 것을 의미했다.

송원 시기 이후에 주자의 성리학이 사회의 주된 가치로 정착되면서 '삼강오상(三綱五常)'·'삼종사덕(三從四德)' 등의 봉건 윤리 사상이 사람들에게 큰 영향을 주었다. 그리하여 족인 성원 사이에 남존여비(男尊女卑)라는 신분 차이를 유발했다. 이로 인해 여성은 무자비하게 성씨를 박탈당하며 종속적인 지위에 머물게 되었고, 부부의 관계 역시 여성은

40 鄭樵, 『通志·氏族略』: "氏所以別貴賤, 貴者有氏, 賤者有名, 無氏。"

41 『晉書·劉毅傳』: "上品無寒門, 下品無士族。" (역자 주)

남자에게 복종해야 했고, 여성은 어떤 성씨도 보유할 수 없었다. 『홍루몽(紅樓夢)』 중에서 여성들은 모두 왕흥(王興), 내개(來開), 왕아(旺兒) 등의 아내, 혹은 뇌(賴)의 집안, 임지효(林之孝)의 집안, 장자방(莊自芳)의 여자, 진현(秦顯)의 여자 등으로 불렸던 사례가 이를 반증한다. 여성들은 성과 이름이 무엇인지 전혀 알 수도 없었다. 이 외에도 여성은 출가하기 이전에는 부친의 성씨를 따르고, 출가한 후에는 남편의 성씨를 따르며, 남편이 사망한 후에는 다시 부친의 성씨를 따르는 것이 사회규범으로 자리 잡기도 했다

예를 들어 청말 4대 장편 희곡 중 하나인 『양내무여소백채(楊乃武與小白菜)』에서 갈품렴(葛品廉)의 아내는 갈필씨(葛畢氏)로 불렸는데, 갈(葛)이란 남편의 성이고, 필(畢)은 그녀 부친의 성이었다. 이는 당시 여성의 지위가 어디에 귀속했는지를 분명히 밝힌 사례이다. 즉 가장 먼저는 남편이고, 다음은 부친이었다. 이같이 여성은 독립적인 지위가 없었고, "혼인 전에는 부친에게 속하고", "혼인 후에는 남편에게 속한다."라는 종속적 지위에 머물렀다.

5) 분명한 종족성

성과 씨는 선명한 종족적 성격을 갖는다. 원래 성이란 동일한 여성을 시조로 하는 족속이 다른 부족과 서로를 구분하기 위한 일종의 부호 표식이었다. 이에 비해 씨는 성에서 시작되어 분화된 부성(父姓)이 동일한 족인이 다른 지파와의 구분을 위해 사용한 표식 부호였다.

성씨가 형성된 이후 여성 시조의 부족이든, 부성의 새로운 씨족이든, 실제로는 모두 가장제를 바탕으로 성립되었다. 그리고 씨족 가장제와 국가 제도가 일체화되면서 하상(夏商)을 시작으로 분봉제가 등장했다. 주대에 이르러 이러한 분봉제는 더욱 발전해 최고조에 이르렀다. 주나라 천자는 천하의 맹주이며 왕의 지위는 적장자가 계승하였다. 그리고 적장자의 적자는 대대손손 대종이 되었고, 천자의 서자는 제후로 분봉을 받으며 그의 적장자 역시 대대로 지위가 계승되었다. 이런 방식으로 각 제후의 서자는 경대부(卿大夫)로 분봉을 받고, 그의 적장자로 세습되며 지위를 후대로 계승해 나갔다. 이들은 이렇게 주나라 천자의 혈연적 유대관계를 강화하며 그물망과 같은 종족 관계를 후대에도 유지하며 주나라의 통치를 확고히 했다.

성씨의 이런 종족적 성격은 진한(秦漢) 이후, 특히 위진남북조와 수당 시기에 이르러 더욱 선명하게 드러났다. 구품중정제의 실행으로 노(盧)·최(崔)·정(鄭)·왕(王) 등 명문 세족은 대대로 요직을 세습했다. 그리고 문벌 간의 등급을 강조했던 혼인은 강한 배타성을 보이며 명문세족의 영향력을 강화시켰다. 이러한 명문세족은 자신의 고귀한 지위를 유

지하기 위해서 종보를 편찬하고, 가보를 속수(續修)하며 성씨를 전승해 혈연적 순수성을 유지하고, 다른 성씨의 등장과 유입을 방지하려 했다.

가보 편찬을 통한 성씨 종족의 순수성을 유지하는 방법은 송원(宋元) 시기에 이르러 새로운 국면을 맞이했다. 송원 이후 종족 가보는 성리학의 사상적인 영향으로 '존조(尊祖)·경종(敬宗)·수족(收族)'이란 사회적 관념을 가보 편찬의 핵심으로 삼았다. 여기에 가보의 체례가 심화되며 가규(家規)와 가법(家法) 등의 내용이 첨가되었다.

이런 족규(族規) 성격의 가법은 해당 종족 성원에게 군주에게 대한 충성과 효행, 그리고 처세술과 마땅히 행해야 할 행동규범 등을 규정했다. 또한 무엇을 배우며 어떻게 수신(修身)을 하며, 어떻게 가정을 유지하고 예법(禮法)를 행하는지에 대해서 상세하게 규정하고, 이에 대한 실천을 요구했다. 결국 이런 가법의 최종 목적은 종족을 단결하고, 자손을 번영시켜, 종족을 발전시키는 것이었다. 그리고 각 족인은 가보의 편찬 수량과 가보를 검증하는 방법에 대해 구체적으로 규정했다. 족인의 비밀 누설을 막기 위해서 모두 방지(房支)의 수에 따라서 가보 인쇄의 수량을 한정했고, 인쇄한 이후에 원판은 반드시 소각했다. 매년 족인 모임 시 각 방지는 가보를 지참하고 사당(祠堂)으로 모였고, 사당에 보관한 검수용 가보와 대조를 통해 진위를 확인했다. 특히 종족을 사칭해서 족인이 되려는 자의 여부를 더욱 엄격히 검증했다. 만약 가보를 훼손하거나 분실했을 경우, 혹은 이런 사실을 거짓으로 보고했을 경우에는 가볍게는 해당 족인을 징벌·징계를 하고, 무겁게는 관아에 신고하여 죄를 처벌하기도 했다. 이러한 규정과 처벌의 목적은 모두 성씨의 종족적 순수성을 유지하기 위해서였다. 봉건사회 후반에 종족제도가 강화됨에 따라 중국 성씨의 종족적 성격 역시 새로운 발전 국면을 맞이했다.

이상의 설명과 같이 수천 년 동안 중국 성씨는 상하의 수직적 방식으로 대대로 전승되었고, 중국의 역사가 이를 증명해 주고 있다. 성씨는 혈연문화의 특수한 형식으로 중국민족의 형성과 발전 과정의 기록이다. 중국인 혈통의 명맥, 국가의 명맥, 그리고 문화의 명맥을 이어 가며 중국의 문화적 유전인자를 형성했다. 성씨는 중국 전통문화의 중요한 구성요소로서 풍부하고 깊은 문화적 의미를 내포한다. 그뿐만 아니라 인류학, 인구학, 유전학, 고고학, 문헌학, 역사학, 민족학, 민속학, 언어학 등 다양한 학문과 깊은 관련이 있다. 성씨는 구체적으로 중국인의 기원과 중국 역사 속 사회형태 및 변화 과정의 반영이고, 중국 문화의 동화과정과 국가의 통일과정에서 종족을 응집시키는 특수한 역할을 했다. 중국의 성씨 문화는 세계문명사에서 독자적인 영역을 구축하며 중국인의 유구한 역사문화를 구성하는 핵심 요소가 되었다.

5

중국 가보의 체(體)와 혼(魂): 휘주 가보를 중심으로

이번 장절에서 언급할 휘주 가보는 주로 명·청과 민국 시기 휘주를 구성하는 주요 6개 지역의 현(縣), 즉 흡현(歙縣)·이현(黟縣)·적계(績溪)·기문(祁門)·휴녕(休寧)·무원(婺源) 등의 가보를 대상으로 했다.

휘주 가보는 중국 가보의 중요한 구성 요소이다. 최근 10여 년간 필자는 관련 자료를 수집하고 정리하여 『중국가보자료선집(中國家譜資料選輯)』을 편찬하는 과정에서 휘주 지역 가보에 주목했다. 그리고 선후로 상해(上海)·북경(北京)·안휘(安徽) 등에 분포한 500여 권의 휘주 가보를 비교 분석했고, 이를 통해 다음과 같은 인식에 도달했다. 즉 송나라 시기 구양수(歐陽修)와 소순(蘇洵)이 창립한 오세도식(五世圖式) 체례는 "휘주 가보 체례"라고 할 수 있을 정도로 휘주 가보의 기본 골격을 이루고 있다. 남송 시기 주희(朱熹)의 성리학 사상은 휘주 가보의 정신적 지주가 되면서 다양한 측면에 영향을 주어서 "휘주 가보의 영혼"으로 불리기도 했다.

1. 구(歐)·소(蘇)의 오대도식 체례와 중국 가보

가보는 가보(家譜)·족보(族譜)·종보(宗譜)·가승(家乘)·통보(統譜)·세보(世譜)·방보(房譜) 등 호칭의 총칭이다. 이것은 공통의 종주와 조상으로 조직된 남성 혈연 집단의 도표이고, 특수한 형식으로 해당 족인 세계(世系)와 사적의 역사를 기록한 도적(圖籍)이다. 그 내용은 성씨의 원류·종족의 이주·세계의 도록(圖錄)·인물의 사적·풍속과 예속·사당과 묘장(墓葬)·문헌 자료 등을 포함한다. 그중에 세계(世系)란 해당 종족이 최초로 성(姓)을 획득한 시조, 천사시조부터 수십 대까지 면면히 계승된 혈연관계의 도록이다. 일부 가보의 경우 내용의 3/4 이상을 차지하면서 가보의 기본 골격이 되었고, 가보에서 가장 중요하고 핵심이 되는 부분이다. 세계의 도록은 가보라고 부를 수 있는 기본 특징과 필수요건을 판단하고 감별하는 핵심 요소이다.

중국 가보의 기원은 유구하다. 그 기원을 추적하면 중국이 문명사회로 진입하는 시기와 때를 같이한다. 중국에서 가장 최초의 문자 기록인 갑골문(甲骨文)·금문(金文)에는 이미 특정한 족인 세계 일부를 기록한 내용이 출현하기도 했다. 이는 사실상 가보의 초기형태라 할 수 있다. 중국 사학의 창시자인 사마천(司馬遷)은 불후의 명작인 『사기(史記)』를 저술할 때 당시 접했던 보첩에서 많은 진귀한 자료를 수집했다. 시간이 흐름에 따라 보첩의 사회적 기능과 편찬 방식에도 많은 변화가 생겼고, 내용과 편찬 체례도 날로 다양해지면서 점차 체계화되었다. 수천 년간 유지된 가보의 편찬 활동을 분석해 보면 송대는 중국 보첩이 눈부신 발전을 이룬 중요한 시기이다. 중국 봉건사회 초기에는 문벌사족(門閥士族)이 발전하며 막대한 영향력을 행사했던 시기였다. 이때 관료의 선발과 승진, 인재 선발의 우열을 판단할 때 성씨(姓氏)의 고하를 중요한 판단의 근거로 삼았다. 그리하여 "관리를 선발할 때는 반드시 보적(譜籍)을 검사해야 한다."[1]라고 하며 가보의 편찬을 관아에서 독점했다.

송대에 이르러 조광윤(趙匡胤)은 학문과 재능에 근거한 인재 선발을 강조하며 문벌과 가문을 더는 중시하지 않았다. 이때 가보는 이전의 "관리를 선별하고, 혼인을 결정하고, 귀천을 밝힌다."[2]라는 사회·정치적 기능 대신에 '존조(尊祖)·경종(敬宗)·수족(收族)'의 윤리·도덕적 교화의 기능으로 변화했다. 그리고 족보는 성씨(姓氏)·세계(世系)·임관(仕宦)·혼인(婚姻) 등의 범위로 확대하여 전체 종족에 관한 제도를 기록했다. 편찬 방식 역시 과거의 정부 주도에서 사가의 편찬으로 바뀌었다. 주목할 점은 송대 저명한 학자인 구양수와 소순은 각기 『구양씨보도(歐陽氏譜圖)』·『소씨족보(蘇氏族譜)』 등을 편찬하며 과거 가보 편찬의 사례를 집대성했다는 점이다. 또한 그 과정에서 처음으로 '오대도식'이란 새로운 가보 체례를 발명하기도 했다. 이를 '구소체(歐蘇體)'로 칭하기도 했는데, 후대인에게 가장 추존을 받으며 점차 후대 가보 편찬의 기본 형식으로 정착했다.

구양수(1007~1072)는 자가 영숙(永叔), 호는 취옹(醉翁) 혹은 육일거사(六一居士)이고 길주(吉州)의 여릉(廬陵) 출신, 즉 현재의 강서(江西) 길안(吉安) 사람이다. 그는 가우(嘉祐) 4년(1059)에 자신 집안의 가보인 『구양씨보도』를 편찬했다. 『구양씨보도』의 서(序)에서 그

1 『新唐書·柳沖傳』: "有司選擧, 必稽譜籍。"

2 『通志·氏族略』: "別選擧、定婚姻、明貴賤。" (역자 주)

는 가보 편찬의 목적을 기술했다. 원래 그의 족인은 여릉의 대족으로 종족이 번성하며 직관을 역임했다. 이르길 "충성으로 군주를 섬기며, 효심으로 친지를 모시고, 청렴으로 관리에 임하고, 배움으로 입신(立身)을 했다."[3]라고 하며, 조상이 남긴 은덕을 통해 구양 씨의 후손이 조상의 유업을 계승하고 빛내기를 바랐다. 『구양씨보도』의 내용에 관해 간단히 언급하면, 첫째로 「보서(譜序)」에서 종족의 역사를 간략히 서술했다. 둘째로 「보도(譜圖)」에서 세계도(世系圖)의 수록과 함께 역대 족인의 자호(字號), 임관(任官), 배우자, 생몰시기, 묘지 등을 수록한 소전(小傳)인 세계록(世系錄)을 기술했다. 셋째는 「보례(譜例)」로 해당 족인의 족보편찬 원칙을 간략히 언급했다.

소순(1009~1066)은 자가 명윤(明允), 호는 노천(老泉)으로 미주(眉州)의 미산(眉山), 즉 지금의 사천(四川) 출신이다. 소순은 지화 2년(1055)에 자신의 족보인 『소씨족보』를 편찬했다. 그는 「소씨보인(蘇氏譜引)」에서 "소순의 족보는 소씨 족인의 족보로 이 족보는 소씨를 위해서 저술되었다. 따라서 오로지 자신이 유래한 곳을 상세하고 존귀하게 기술했다. 그 이유는 무엇 때문인가? 이는 내가 족보를 저술했기 때문이다. 오호라! 그러하니 나의 족보를 보면 부모에 대한 효심과 형제에 대한 우애가 저절로 생겨날 수가 있는 것이다."[4]라고 했다. 분명한 점은 소순은 족보의 편찬을 조상을 공경하고 종족을 단결시키는 중요한 수단으로 파악했다는 점이다. 『소씨족보』의 내용을 보면, 첫째로 「보례」에서 족보 편찬의 의미를 간략히 기술했다. 둘째로 『소씨족보』에서 족보 편찬의 기본 원칙과 소씨의 세계표(世系表)를 기술했다. 셋째는 「족보후록(族譜後錄)」에서 조상에 대한 고증과 인물 소전 및 대종의 보법(譜法)과 사당의 건립과 관련된 '정기(亭記)' 등의 내용을 기술했다. 특히 소순이 편찬한 『소씨족보』는 구양수의 편찬 체례를 추존했기 때문에 족보의 내용에서 이르길 "아울러 구양수의 족보를 수록하고 이를 족보의 사례로 삼았다."[5]라고 했다.

구양수가 편찬한 『구양씨보도(歐陽氏譜圖)』와 소순의 『소씨족보(蘇氏族譜)』는 거의 동일한 시기에 출현했고, 모두 경조(敬祖)와 수족(收族)의 도덕적 기능 수행을 강조했다. 그리고 편찬 체례에는 다음과 같은 다양한 공통점이 있다.

첫째, 도(圖)와 소전(小傳)이 함께했다. 즉 특정 족인의 세계도(世系圖)와 함께 그 족인 세대의 인물의 소전을 가보를 통해 반영했다. 이전의 가보는 단순히 세계도만을 수록했

---

3 『歐陽氏譜圖·序』: "以忠事君, 以孝事親, 以廉爲吏, 以學立身。" (역자 주)

4 『蘇氏族譜』: "蘇氏族譜, 譜蘇氏之族也。譜爲蘇氏而作, 而獨吾之所自出得詳與尊, 何也? 譜, 吾作也! 嗚呼, 觀吾之譜者, 孝悌之心可以油然而生矣!" (역자 주)

5 『蘇氏族譜』: "幷載歐氏之譜, 以爲譜例。" 이는 常建華, 『宗族志』, 上海人民出版社, 1998, 263쪽에서 재인용.

다. 즉 해당 족인의 시조에서부터 세대별로 번영하며 계승된 세계도표이다. 이것은 해당 족인 세계 인물의 간단한 상황을 소전의 형식으로 나타냈고, 이를 세계전(世系傳)으로도 부른다. 그리고 족인의 가보에 수록되지 않은 부분은 별도의 책, 즉 세계도와 세계전이란 곳에 수록했다.

예를 들어 『세설신어(世說新語)』 유효표(劉孝標)[6]의 주석을 보면 이씨가전(李氏家傳)을 주석하면서 이씨보(李氏譜)를, 원씨가전(袁氏家傳)을 주석하면서 원씨보(袁氏譜)를 각각 인용했다. 『수서(隋書)·경적지(經籍志)』에서는 가전을 전기류(傳記類)로, 가보는 보계류(譜系類)로 분류했다.[7] 구양수와 소순이 가보를 편찬할 때 다음과 같은 점을 혁신했다. 『구양씨보도』에서 구양씨 종족 세계를 연속된 세계도로 나타냈고, 세대별 인물의 자호(字號), 임관(任官), 배우자, 묘지 등을 수록한 소전을 설치했다. 그리고 세계도와 세계전을 함께 가보에 수록했다. 『소씨족보』의 체례는 더욱 진일보했다. 즉 세대에 따라서 세계도에 수록된 조상 이름 아래에 간략히 그 조상을 소개했다. 내용은 자호, 임관, 배우자, 묘지 등이 포함되었다. 그리고 세계도와 세계전을 하나로 파악해 가보에 수록했고, 이를 동일한 도표(圖表)에 기록했다. 구양수와 소순에 이르러 처음으로 도(圖)와 전(傳)이 함께 수록된 가보의 체례가 등장했다.

둘째, 5대를 도(圖)로 삼았다. 이전의 가보는 세계의 연속성을 나타내는 도표(圖表)를 그릴 때, 몇 개의 세대를 도(圖)에 수록할지에 대한 통일된 규범이 없었다. 그래서 일부 가보는 10개 세대를, 일부는 9개 세대를, 어떤 것은 7개 혹은 8개 세대를 하나의 도표에 기술하기도 했다. 그 결과 "도계(圖系)가 너무 번잡해서 열람하기가 어렵다."[8]라는 불편함이 초래되기도 했다. 구양수는 『구양씨보도』의 서(序)에서 당나라 말기 현족(顯族)과 명족(名族)이 장유유서(長幼有序)를 상실했던 원인을 분석하며 이들 가보에 도표가 없었기 때문이라 했다. 이에 구양수는 가보에 도(圖)가 없는 폐단을 극복하기 위해서 정식으로 5대 세대를 하나의 도표로 수록하는 방식을 제시했다. 이를 구양씨의 종족 세계표(世系表)에 적용했다.(〈위편 그림 5-1〉 참고)

그림에서 볼 수 있듯이 만(萬)·화(和)·아(雅)·효(效)·탁(託) 등의 5대를 하나의 도표에 배열했다. 구양만(歐陽萬)은 탁에게는 고조(高祖)이고, 탁은 만(萬)의 현손(玄孫)이다. 중

6 유효표(劉孝標): 중국 남조시기 양(梁)나라의 문학가로 본명은 법무(法武)이고, 자는 효표(孝標)이다. 그는 유의경(劉義慶)이 편찬한 『세설신어(世說新語)』를 주석하며 이름을 알렸고, 문장도 수려했다. (역자 주)

7 常建華, 『宗族志』, 上海人民出版社, 1998, 261쪽.

8 『績溪三都梧川汪氏宗譜』, 光緒 21年(1895): "圖系太繁不免難以查閱。"

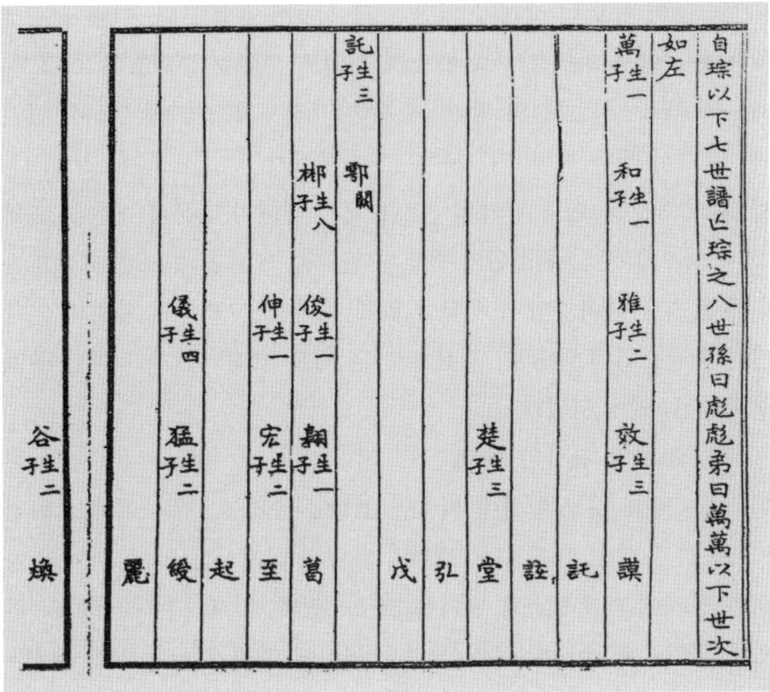

<위편 그림 5-1>
「구양씨가족오세도식세계도(歐陽氏家族五世圖式世系圖)」

국 고대에는 5세대 이내를 내복(內服)이라 불렀는데, 현재 구양수가 창립한 '오세일도(五世一圖)'는 이런 내복의 관계를 구현한 것이다. 제5대인 탁을 기점으로 새로운 도표에 나열해 가를 서두에 배치했고, 다시 탁(託)·빈(彬)·준(俊)·고(翺)·창(菖) 등의 5대를 두 번째 도표 서두에 배치한다. 첫 번째와 두 번째 도표는 모두 9대로 위로부터 고조, 증조, 조부, 부친이고, 아래로는 아들, 손자, 증손, 현손까지 모두 9대에 이른다. 이는 중국 고대의 구족(九族)이란 친족 관계를 체현한 것이다. 소씨의 족보 역시 '오세일도'를 기본 체례로 삼았다.

셋째, 혈연의 근친과 소원의 관계를 반영했다. 구양수와 소순의 '오세일도'는 사실상 소종(小宗)의 방법이다. 이는 원래 이전 가보가 오랜 시간의 경과로 자손이 번성하며 내용이 문란해지는 폐단의 극복을 위해 등장한 것이다. 이런 '오세일도' 체례는 5대를 별도로 배치하고 이를 도표 서두에 배치하는 방법이다. 위로는 조부를 계승한 현손, 즉 도표에는 탁(託)은 만(萬)의 현손에 해당한다. 그리고 아래로는 손자의 고조(高祖), 즉 탁(託)은 창(菖)의 고조로, 만(萬)에서 탁(託)까지 모두 9세대이다. 이로써 오복(五服)의 정(情)과 구족(九族)의 친(親)의 관계를 도표로 체현할 수 있게 되었다. 5대를 벗어나는 관계는 상복의 예와 친족 관계가 다한 것이기 때문에 도표에 수록하지 않았다. 이는 전형적인 소종

(小宗)의 체례이다. 현손(玄孫)이 독립된 세대가 되면 도표 서두에 배치했다. 이렇게 위로는 동일한 조상에서 기원했지만 후대로 갈수록 친소(親疏)의 구분이 가능해졌다. 이를 통해 여러 방(房)의 세계도(世系圖)에서 자신의 방(房)과 후손이 적재적소에 배치될 수 있었다. 예를 들면 탁(託)은 반드시 해당 방(房)의 자손으로 기록해야 하고, 모(謨)·당(堂)·홍(弘)·무(戊) 등 여러 방(房)의 자손은 이미 혈연의 친소관계가 다했기 때문에 더는 도표에 수록하지 않았다. 이런 방식으로 근친과 소원의 분명한 관계를 표시했고, 또한 세계도는 상세하지만 번잡하지 않았고, 간략하지만 누락됨이 없게 되었다. 그리하여 친소의 인륜은 "자손은 비록 많지만 혼잡스럽지 않았고, 세전(世傳)은 비록 오래되었지만 막힘이 없었다."[9]라는 원칙을 실현할 수 있게 되었다.

구양수와 소순은 도전(圖傳)의 결합과 '오세일도' 및 근친과 소원을 분명히 밝히는 방법을 처음 만들었다. 이는 후대 가보 편찬에 커다란 영향을 주었고, 기본 체례를 확정하는 데 크게 공헌했다. 특히 오식(五式)과 도식(圖式)의 영향에 대해서는 첫째, 과거의 가보편찬 방법을 종합하는 동시에 가보편찬의 열기를 고조시켰다. 둘째, 당송팔대가의 하나이며 저명한 학자였던 구양수와 소순의 문집이 더욱 세상에 알려지는 계기가 되었다. 이르길 "문충공(文忠公)이 편찬한 구양수의 세보(世譜)를 문집에 수록하니 세상에 널리 알려졌고, 사람들은 마치 이를 해와 달을 보듯이 함께 접할 수 있었다."[10]라고 했으니, 이들의 영향력을 충분히 이해할 수 있다.

구양수와 소순이 창립한 '오세도식(五世圖式)'의 체례가 후대 가보에 끼친 영향은 매우 크고, 깊었으며 영향력도 장기간 지속되었다. 이는 특히 휘주(徽州) 지역의 가보에서 비교적 분명하게 나타난다. 다음은 휘주 가보 가운데 선별한 일부 성씨에 나타난 사례들이다.

1) 왕씨(汪氏)

이전 가보는 9개 세대를 하나의 도표에 배치해 소종(小宗)의 의미를 잃고 말았다. 그리고 소전(小傳)은 각 계파의 본류와 지류를 (분리해) 나열하면서 통종(統宗)의 의의를 상실했다. 지금은 구양수(歐陽修) 체례에 근거해 5대를 순서에 따라 방주(旁注)를 달아서 세대 전승을 분명히 했다. 이주와 종파의 이름을 붉은색으로 주석하여 유래한 곳을 강조했고, 각 종파를 각기 다른 도표에 배치했으며, 특정한 지역에 정착한 종파는 하나의 도표에

9 歐陽修, 『歐陽文忠公文集』 卷17 「歐陽修譜圖序」: "子孫雖多而不亂, 世傳雖遠而無窮。"
10 『吳文正公集』 卷55: "文忠公撰歐陽氏世譜, 載在文集, 行於天下, 如揭日月, 人所共見。"

만 수록하여 편리하게 열람하도록 했다.[11]

족보를 편찬했던 고법(古法)의 경우 10대, 혹은 9대를 하나의 도표에 나열했기 때문에 세계(世系)가 매우 번잡해져서 열람이 불편했다. 지금은 5대만 배치하여 과도하게 번잡하거나 간략하지 않아 열람에 편리를 더했다. 도표 위쪽에 있는 네모 칸에 '모공자(某公子)'로 표시했고, 아래는 실선으로 전(傳)이 있는 곳을 표시하였다. 따라서 실선이 없으면 전도 없는 것이라 책을 보는 것이 일목요연해졌다.[12]

보계(譜系)는 5대를 하나의 도표에 배열하고 선행 도표의 끝이 후행 도표의 시작이 되어 계속 이어짐에 따라 그 형식이 매우 상세하고 분명했다. 이는 본 종파가 편찬했던 명대 가정(嘉靖) 방식의 가보를 모방한 것이다. 세계(世系)를 작은 글씨로 주석하는 방식은 이전 청대 건륭(乾隆) 연간의 방식을 모방한 것으로 앞에 있는 도표의 끝이 아니라 뒤에 오는 도표의 처음에 주석했다.[13]

2) 호씨(胡氏)

원래 가보는 7대를 한 도표에 배열해서 항렬의 순서를 중심으로 삼았다. 오늘날, 즉 건륭 경진(庚辰) 시기에 이르러 5대를 표기하는 방식을 논의함에 그렇게 하면 기록한 뜻이 분명해지고 이름 바꾸기도 용이하다고 해서 이를 중심으로 삼았다. 이름 아래에 작은 글씨로 항렬의 순서와 자(字), 그리고 "누구의 아들"임을 기록했고, 아울러 출생, 사망, 묘지, 결혼, 자녀 등의 항목도 수록했다. 이를 통해 관람자는 쉽게 내용을 이해할 수 있고, 열람도 더욱 편리하게 할 수 있다.[14]

체례는 여러 가보마다 다양해서 대유군자(大儒君子)로 자신의 가보를 내세우지만, 실은 구양수와 소순의 것에 이르지 못한다. 보도(譜圖)로 말하면 소순의 것이 가장 이치에 가까워 전후가 연결되고 지파들과 계승 관계가 잘 드러난다. 구양수의 도보 격식은 상하의 경계가 구분되어 세대가 순서에 따라 차례로 이어졌다.[15]

---

11 『歙縣重修汪氏家乘』, 正德年間: "舊譜九世爲一圖, 失小宗之義; 小傳各系本支圖後, 失統宗之義。今圖五世准歐陽例, 旁注世次, 明傳代也。朱注遷居及派名, 謹其自出也。或一派爲一圖, 或一處爲一圖, 以便觀覽也。"

12 『績溪三都梧川汪氏宗譜』, 光緒 21年(1895): "修譜古法, 以十世爲一圖, 或以九世爲一圖, 而圖系太繁, 不免難以查閱。今以五世爲一圖, 不繁不簡, 取閱猶便。圖之上另餘一格注某公子, 圖之下有線者固有傳, 無者則無傳, 俾開卷一目了然。"

13 『(績溪)汪氏世宗譜』, 1915: "譜系以五世爲圖, 前圖之末, 卽爲後圖之始, 繩繩相繼, 法極詳明, 仿本宗明嘉靖譜式也。世系小注, 則仿前清乾隆譜式, 不書于前圖之末, 而書于後圖之始焉。"

14 『(婺源)淸華胡仁德堂續修世譜』, 1917: "原譜七世爲圖, 行第爲綱。今(乾隆庚辰)議每圖惟五世, 俾字義疏朗且易名, 爲綱; 名下細書行第、書字、書某人子, 再書生、歿、葬、娶、子女等項, 爲目, 令觀者明白易曉, 便于考核。"

15 『(績溪)遵義胡氏宗譜』, 1930: "諸家譜例多矣, 其爲大儒君子所稱道者, 莫若歐、蘇二譜。以譜圖言之, 蘇畫爲道,

3) 왕씨(王氏)

가보란 종족에 대한 사서(史書)다. 사건별로 이름 밑에 주석을 표기하니 마치 『동관한기(東觀漢紀)』의 연표와도 같았다. 도표는 소종을 나열하니 구양수의 것과 같았고, 체계적으로 종파를 나열하니 마치 소순의 가보와 같았다. 그러하니 어찌 가보를 대강 만들 수 있겠는가.[16]

가보는 반드시 구양수의 체례를 본받아 위로는 조부에서 시작해 아래로는 현손(玄孫)까지 수록한다. 이렇게 5대를 근거로 구분하니 종주와 지파가 분명해지니 이것이 오복(五服)의 뜻이다. 사주(祀主)는 5대가 되면 옮기고, 복제(服制)는 5대가 되면 참최(斬衰)로 한다.[17]

가보의 형식은 구양수의 것을 준수하여 '오세일도(五世一圖)'를 체례로 삼았다. 이름은 단행을 사용해 두 줄로 주석을 달았고, 한 줄 이름 아래는 글자 4개씩 배열했고, 두 줄 이름 밑에는 글자 3개씩 배열했다. 부자(父子)는 직접 기술했고, 형제(兄弟)의 항렬은 장유와 존비에 따라 배열해 어떤 혼란도 용납하지 않았다. 도표의 격식으로 종파를 나누고 기사(紀事)를 수록했다. 기사는 사실관계에 근거해 일체 거짓은 기록하지 않았다. 특히 문장이 간단명료해서 열람하는 사람이 자신의 손바닥을 보는 듯했다.[18]

4) 정씨(程氏)

구양수와 소순의 '오세일도' 방식으로 편찬했다. 각 이름 밑에 휘(諱), 자(字), 관명, 정실, 후처, 첩, 아들, 행실, 이주, 묘장, 적자(嫡子) 등의 내용을 기록했다. 아울러 고증이 필요한 곳은 반드시 한 글자도 누락하지 않고 수록했다. 행간을 누락해 기록하지 않거나 기록은 했지만 상세하지 않은 곳은 미해결로 남겨 둔 것이니 억측할 필요가 없다.[19]

이전 가보는 서두에서 가문의 기원을 먼저 언급한 후에 세계(世系)를 나열했고, 다음

前後聯絡, 使支派之相承; 歐畫爲格, 上下界別, 使世次之相繼。"

16 『婺源雲川王氏世譜』, 乾隆 21年(1756): "世譜, 家史也。分注事蹟於名下, 仿漢史年表。圖列小宗, 仿廬陵(歐陽修)。系連派屬, 仿眉山(蘇洵)。不敢苟且。"

17 『(祁門)王氏宗譜』, 光緒 15年(1889): "譜宜法歐陽公之式, 上自爲祖, 下逮元孫, 以五世爲別者, 將以明一本分, 五服之義也。祀主于五世則遷, 服制于五世則斬。"

18 『祁西若溪舂琊王氏宗譜』, 光緒 21年(1895): "譜式遵歐陽文忠公, 以一行五世爲式。名用單行, 注用雙行, 單名之下排列四字, 雙名之下排列三字。父子直敘, 兄弟排行, 長幼尊卑, 不容稍紊。格以分派, 注以紀事, 紀事務據其實行, 登注不敢少飾以虛, 字句尤宜簡括顯明, 俾閱者瞭若指掌。"

19 『(績溪)錦谷程氏宗譜』, 光緒 30年(1904): "茲譜歐蘇兼修五世一提, 于各名下, 書諱、書字、書頭銜、書娶氏、書繼室、書側室、書生子、書行實、書遷徙、書葬墓、書嫡繼, 其或乏嗣失考者, 亦必書明, 以照劃一, 不得遺漏。間有略而未書、書而未詳者, 悉從存疑, 無庸臆造。"

으로 행실을 수록했다. 원래 조상의 기원과 세계, 행실 등 3가지는 전후로 일정한 거리가 있는 내용이다. 그럼에도 가보 편찬자는 이런 순서의 번잡함을 인지하지 못했고, 열람자 역시 검색의 불편함에서 벗어날 수 없었다. 그래서 모두 구양수의 소종을 전승하는 방식을 모방해서 적자는 직서(直書)했고, 형제는 좌측 옆에 수록했다. 그리고 기원은 작은 글자로 약간 높은 도표의 머리 위에, 행실은 작은 글자로 도표의 아래에, 이름과 휘(諱)는 좌측에 수록했다.[20]

5) 사씨(謝氏)

도계(圖系)는 '오세일도'로 정했다. 이는 구양수가 언급한 것처럼 위로는 고조에서 아래로는 현손까지를 한 세계(世系)로 삼았다. 1대에서 5대까지, 다시 5대에서 9대까지 계속되는 체례를 모방했다.[21]

가보 형식은 '오세일도'로 정했는데 이는 구양수와 소순의 가보 체례를 모방한 것이다.[22]

6) 방씨(方氏)

가보 편찬의 형식은 구양수의 '오세일도'를 따라 대종이 소종을 통솔하는 방식을 사용했다. 시조인 1세를 시작으로, 1세에서 5세까지를 수록하고, 다시 5세의 조상을 6세 앞에 배치한 후에 6세에서 10세까지 이르게 했다. 그러한즉 선후가 연결되며 그 기원도 문란하지 않게 되었다.[23]

본 체례는 소순(蘇洵) 형식을 근간으로 구양수의 것을 간략히 참고했다. 세계도(世系圖)와 소전(小傳)은 모두 분리해서 수록했다. 다만 이주와 계승과 관련한 내용은 필요에 따라 작은 글자로 도계(圖系) 안에 명백히 기록했다.[24]

---

20 『績溪仁里程世祿堂世系譜』, 1911: "舊譜首敘源流, 次列世系, 次記行實, 夫源流、世系、行實三者前後相越, 在修者未覺繁于整次, 觀者又未免倦于按索。茲則悉仿歐陽公小宗法傳, 嫡屬直書, 昆季向左橫書, 其源流先用小字高一層書于每圖提首之上, 其行實卽用小字低一格注名諱之左。"

21 『(祁門)王源謝氏孟宗譜』, 嘉靖 16年(1521): "圖系定爲五世一揭, 卽歐陽公所謂上自高祖下至玄孫而別自爲世者, 故自一世至五世, 復以五世下至九世以及無窮, 皆仿體例。"

22 『歙西茫川謝氏支譜』, 1925: "譜式定爲五世, 仿歐陽修、蘇老泉二公家譜例。"

23 『(祁門)方氏宗譜』, 同治 13年(1874): "編集格式, 准歐陽公五世一揭大宗統小宗之法, 揭始祖于一世之端, 自一世以至五世; 再揭五世之祖于六世之端, 自六世以及十世, 承前接後, 庶幾源流不紊。"

24 『(歙縣)問政方氏宗譜』, 1937: "本體例以蘇式爲主, 略參歐式, 系圖與小傳概行分別記載之, 惟遇遷徙暨繼承等, 于必要時則仍以小注記明圖系之內。"

7) 조씨(曹氏)

가보의 격식은 구양수와 소순의 족보인 '오세위도(五世爲圖)'와 사마광(司馬光)의 '칠세위도(七世爲圖)'를 사용했다. 오늘날 지파들이 많아짐에 따라 두 가지 형식을 모두 사용하며 열람의 편리를 도모했다.[25]

이런 가보는 '오세일도'로 5대(五代)에서 복식의 의미를 취했고, 각 도식의 서두는 반드시 '모모공파(某某公派)'로 기록해 열람을 편리하게 했다.[26]

8) 사씨(查氏)

가보에서 가로선은 중심이 되는 항렬이고, 수직선은 세계(世系)를 지칭한다. 5대를 1세대로 하고 6대부터 새로 시작하는 형식은 원래 구양수와 소순의 형식인데, 이를 참고해서 활용했다. 네모 칸 위에 부친의 휘(諱)를 적어 전후를 연결했고, 이름 아래에는 오복일도(五服一圖)의 형식을 사용하지 않았다. 이는 직접 수록해 열람의 편리를 고려한 것이다.[27]

가보는 횡묵(橫墨)을 강행(綱行)으로 직묵(直墨)을 기계(紀系)로 삼아서 5대를 하나의 세계로 삼고, 6세에서 다시 시작했다. 이는 원래 구양수와 소순의 형식인데, 이를 참고해 활용했다.[28]

9) 진씨(陳氏)

세계를 '오세일도'로 나열하고 그 행간에 출생·사망·배우자·묘지 등을 기록했다. 그 아래 각 도표가 끝나는 옆에 연속된 글자로 주석을 했다. 그리고 다시 서두에는 '모공의 자(某公之子)'로 수록해 열람을 편리하도록 했다. 이런 표시를 표제로 삼아 전승 관계를 분명히 했다.[29]

가보의 도표 형식은 구양수의 '오세일게(五世一揭)' 체례를 모방했다.[30]

---

25 『(徽州)曹氏統宗世譜』, 萬曆 43年(1615): "譜式驗于歐陽文忠公譜、蘇氏譜, 以五世爲圖, 有司馬溫公以七世爲圖, 今支派繁多, 兩圖幷式, 以便觀賞。"

26 『(績溪)曹氏宗譜』, 1927: "斯譜五世一圖, 取五代有服之義, 每圖起首必書某某公派, 以便查閱。"

27 『婺源查氏族譜』, 光緒 18年(1892): "譜以橫墨爲綱行也, 直墨爲紀系也。五代一系, 六世再起, 本歐蘇譜式而參以活法也。格外上書父諱, 使前後聯屬, 名下不用五服一圖之式者, 此取直截易于觀覽。"

28 『黟北查氏族譜』, 1920: "譜以橫墨爲綱行也, 直墨爲紀系也, 五代一系, 六世再起, 本歐蘇譜式, 而參活法也。"

29 『祁西桃源陳氏通公家譜』, 同治 元年(1862): "世系列五世一圖, 大書其行, 各載生、卒、配、墓, 於下每一圖終旁注續字, 復又於始首上注某公之子, 以便考閱, 所以標其目, 明傳代也。"

30 『(祁門)文堂陳氏家譜』, 1928: "譜圖程式, 仿歐陽公五世一揭之例。"

10) 오씨(吳氏)

5세대를 하나로 파악해 도표를 연속해서 나열한 후에 앞선 도표의 5대를 다시 서두에 배치해 두 번째 도표로 삼고 다시 6대를 수록했다. 이러한즉 두 도표가 연결되며 9세대가 되어 구족(九族)의 의미를 갖게 한다. 각각의 도표마다 5대를 배열함에 오복(五服)의 친족을 알게 했다. 이는 원래 구양수와 소순(蘇洵)의 형식이다. 우측에는 세계(世系)를 순서대로 나열했고, 좌측에는 주석으로 신사(紳士), 임관, 혼인과 자식의 출생 등을 기록하니 세대별로 검색이 일목요연해졌다.[31]

이 가보는 소순의 격식을 참고하여 '오세일도'를 근거로 우측에서 좌측 방향으로 기록했다. 제5세의 아래에 '자모(子某)'라고 기록해서 다음 도표와의 연결을 표시했다. 다음 도표는 6세에서 시작해서 연결되고, 5세의 조상은 6세와 함께 배치해 서로 부합하게 했고, 동일 이름과 뒤섞이지 않도록 했다. 나머지도 이렇게 했다.[32]

11) 소씨(蘇氏)

송나라 이래로 관리들이 그 직분을 다하지 못함에 보첩은 산실되고 성씨는 뒤섞이게 되어 고증할 근거가 없게 되자 식자는 이를 아쉽게 여겼다. 그리하여 우리 가문의 천(泉)선생은 고래의 보첩을 모방하여 소씨 족보를 처음 만들었다. (중략) 사대부와 군자는 지금 이를 법도로 삼지 않는 자가 없다.

가보의 도표에 표시된 형제간의 순차는 노천공(老泉公) 소순의 방식에 근거해 우측에서 세어보면 일(一), 이(二), 삼(三), 사(四)이고, 좌측에서 순서대로 가니 구양수의 족보 역시 이러했다.[33]

12) 주씨(周氏)

5세마다 한 번 옮기는 구양수와 소순의 가보 체례를 모방했다. 다른 가보는 7대를 한 도

---

31 『(歙縣)昌溪太湖吳氏宗譜』, 乾隆 30年(1765): "列圖以五世爲一續, 第二續卽以前圖之第五世冠於首, 而以第六世系之。則兩圖合成九世, 可知九族之義; 每圖只序五世, 可知五服之親, 本歐蘇二氏格式。右列世次, 左注字某及紳士、履歷、娶氏生子, 俾閱者挨世推尋, 一目了然。"

32 『(歙縣)石潭吳氏宗譜』, 1930: "是譜效蘇式, 以五世爲一圖, 自右而左。其第五世下注子某, 以蟬接下圖。下圖卽從六世起遞相連貫, 而以第五世之祖注于六世上旁, 與上圖相符合, 以別同名者之相混, 餘者如此類推。"

33 『新安蘇氏族譜』, 成化 3年(1467): "趙宋以來, 官失其守, 譜牒散逸, 姓氏混淆, 無所考據, 識者惜之, 此吾老泉先生所以仿古譜牒, 創爲蘇氏族譜 (中略) 士大夫君子有於是者, 莫不法焉。譜圖兄弟位次, 依老泉公譜法, 於右邊數起, 一二三四, 從左順去, 歐譜亦然。"

표에 수록함에 친밀과 소원의 순차를 상실하여 지금은 5대 방식을 체례로 삼았다.[34]

종족을 함께 수록한 과거 가보의 도표는 세계를 5대로 나누었고, 이는 구양수의 족보를 따른 것이다. 즉 5대로 삼은 근거는 친진(親盡)을 의미한 것이다. 5대가 다한 후에 다시 도표를 연결하고, 큰 글자를 사용해 사서(史書)의 연표와 세계(世系)처럼 수록했다. 지금은 이 형식을 따랐다.[35]

세계의 수록은 구양수의 방식에 근거해 5대를 하나로 나열해 오복(五服)의 뜻을 나타냈다. 두 개의 도표는 9대로 구족(九族)의 의미를 나타낸다.[36]

13) 허씨(許氏)

지파의 세계도(世系圖)는 왕안석(王安石)과 사마광(司馬光)의 체례를 근거로 모두 9대를 하나의 도표에 수록했다. 하지만 지파가 번성하자 더는 이들을 검색할 수 없게 되었다. 그리하여 지금은 구양수와 소순(蘇洵)의 족보에 근거해 5대를 단위로 수록하여 열람의 편리를 도모했다.[37]

14) 장씨(張氏)

가보 체례는 5대를 단위로 도표에 수록했는데, 이는 구양수의 족보의 체례에 근거한 것이다. 이곳에 출생·사망·혼인·사망 등을 열람할 수 있게 했고, 세대 순서를 기록해서 전승 관계를 분명히 했다. 그리고 이주로 생겨난 종파의 이름을 수록해 기원한 곳을 분명히 했다. 또한 행실이 뛰어난 자는 별도로 보기(譜紀)를 마련하여 참고할 수 있도록 했다.[38]

15) 엽씨(葉氏)

5대를 단위로 계승하는 구양수의 체례를 따랐고, 관련된 사적들은 별기(別紀)에서 상세

34 『(績溪)周氏宗譜』, 康熙 55年(1716): "五世一遷, 仿歐蘇二公修譜之例, 他譜有以七世者, 未免疏密失次, 今以五世爲例。"

35 『(績溪)梁安城西周氏宗譜』, 光緒 31年(1905): "統宗舊譜圖, 世系次五世一提, 准歐陽譜, 取五世親盡之意。盡則復提, 大書之, 注亦准列史年表及世系, 今遵之。"

36 『績溪仙石周氏宗譜』, 1911: "世系仿歐式, 五世一提, 乃五服之義; 兩圖九世, 乃九族之義。"

37 『休寧續修孚潭許氏族譜』, 康熙 61年(1722): "支圖王荊公例、司馬溫公式, 皆以九世爲一圖, 然支派繁多, 不能檢尋, 玆依歐陽文忠公譜、蘇氏譜, 以五世爲圖, 以便觀覽。"

38 『(婺源)星源張氏世譜』(淸抄本): "譜系以五世迭遷爲圖, 准歐陽文忠公譜例圖, 其生、卒、娶、葬, 便觀覽也。旁注世次, 明傳代也。注遷居注派名, 謹所自出也, 於其行實顯著者, 則又另具譜紀, 備參考也。"

하게 수록했다.[39]

세계를 수록한 도표에서 5대를 한 단위로 배치함은 5대라는 친(親)의 관계가 다했음을 의미하기 때문이다. 다시 5대를 다음 서두에 배치하니 위로부터 고조, 증조, 조부, 부친을 계승하고, 아래로는 아들, 손자, 증손, 현손으로 이어졌다. 이후 항렬의 끝을 다시 서두에 배치해 계승토록 하니 끊어짐이 없게 되었다. 그리하여 족속의 분파가 분명해져 한 번에 열람이 가능했다.[40]

16) 경씨(耿氏)

도계에 수록한 세계는 선으로 5대를 하나의 표에 수록하니, 이는 구양수의 방식에 근거한 것이다. 5세를 수록한 다음 다시 이전 5대를 서두에 배치함은 윗대 부친과의 전승 관계를 단초로 소속된 세대의 순서를 분명히 하려 함이다.[41]

17) 첨씨(詹氏)

도계에 5대를 수록하는 구양수의 체례를 사용했다. 도표 아래의 주석은 『사기(史記)』의 연표와 『당서(唐書)』의 세계표(世系表)를 참고한 것이다. 세계(世系)에 따라 배열하여 전승 세대를 분명히 했다. 이주로 형성된 지파의 명칭을 붉은색으로 기록함은 그 기원한 곳을 중시한 것이다.[42]

18) 황씨(黃氏)

우리 족보의 도표는 5대를 수록하는 구양수의 형식에 근거했다. 도표 아래의 주석은 『사기』의 연표와 『당서』의 세계표를 참고한 것이다. 옆에 세대 순서를 기록함으로써 대종과 소종을 표시하여 세대의 전승을 분명하게 했다. 이주로 형성된 지파 명칭을 붉은색으로 기록함은 그 기원한 곳을 중시한 것이다.[43]

---

39 『休寧陪郭葉氏世譜』, 弘治 2年(1489): "五世一宗, 准歐譜例, 事實詳載別紀."

40 『新州葉氏家乘』, 1925: "世系圖以五世爲一行者, 蓋取五世親盡之意也。復以第五世冠于次行之首, 則上可以繼高、曾、祖、考, 下可以統子、孫、曾、玄, 後凡行末復冠起如前, 如此相承, 綿綿未艾, 則族屬分明, 一覽可見。"

41 『(績溪)魚川耿氏宗譜』, 1919: "圖系用線五世一圖, 仿歐式也。五世盡而復始, 仍以前圖第五世冠首分識其父于上, 以次續之端, 委屬世次明矣。"

42 『(婺源)慶源詹氏族譜』, 乾隆 50年(1785): "圖五世, 法歐譜例; 下注實等, 法『史記』年表、『唐書』世系表例; 旁注世次, 明傳代也; 朱注遷居派名, 謹所自出也。"

43 『新安黃氏大宗譜』, 乾隆 17年(1752): "吾譜圖五世, 法歐譜也; 下注事實, 法『史記』年表、『唐書』世系表也; 旁注世次, 法大宗小宗之義, 明傳代也; 朱注遷居派名, 謹各所自出也。"

19) 손씨(孫氏)

족보의 세계는 도표에 5대를 함께 수록했다. 제5대에는 '자모모(子某某)'라고 기록하고, 선행의 도표는 뒤따르는 도표의 시작에 배치했다.[44]

20) 이씨(李氏)

보첩의 학문은 원래 전문가가 있어서 수당 이래로 관련 저술이 많았다. 송대의 구양수와 소순(蘇洵), 그리고 청대의 기효람(紀曉嵐)의 가보 등은 그 형식이 매우 엄격했다. 특히 기씨(紀氏)는 보학에 박학하고 뛰어났으며 당시 여러 사람의 주장을 다양하게 비교·수집해 그 장점을 취했다.[45]

21) 강씨(江氏)

지금은 구양수와 소순의 체례를 사용하여, 도표 격식에 따라 나열하고, 5대를 단위로 제한했다. 그리하여 고조, 증조, 조부, 부친에서 자신까지를 하나의 표에, 그리고 자신에서 시작해 아들, 손자, 증손, 현손까지를 또 다른 도표에 수록한다. 하나의 도표에 5대를 표기해 오복(五服)의 친속(親屬)을 나타내고, 또한 두 개의 도표를 합치면 모두 9대인데 이는 구족(九族)의 친속을 나타낸 것이다.[46]

22) 대씨(戴氏)

가보의 편차와 도식은 구양수와 소순의 형식에 근거했다. 1세에서 5세까지를 하나로 삼고, 6세부터 시작을 해서 10세까지 다시 하나로 삼았다. 수직으로 부자 계승을 나타내 세계(世系)의 전승을 분명히 하고, 좌우의 횡으로 형제를 순서대로 배열해 소장(少長)의 질서를 나타냈다.[47]

---

44 『(黟縣)古築孫氏家譜』, 嘉慶 17年(1812): "譜系以五世爲圖, 其第五世書子某某, 前圖之末爲後圖之始也。"

45 『(黟縣)鶴山李氏宗譜』, 1917: "譜牒之學, 厥有專家, 隋唐以來, 著錄非一。宋之歐陽氏蘇氏及淸景城紀氏家譜, 皆嚴謹有法, 紀氏譜例尤精博絕倫, 今雜采諸家之說, 參互而損益之。"

46 『(婺源)濟陽汪氏統宗譜』, 1919: "今用歐蘇譜法, 惟以行格敘列, 每行以五世爲限, 蓋自高、曾、祖、父而至本身各一格, 又至本身而至子、孫、曾、玄各一格。自一行觀之, 則爲世者五, 而五服之親見矣; 合兩行觀之, 則爲世者九, 而九族之親見矣。"

47 『戴氏宗譜』, 光緒 27年(1901): "譜編次圖式取法歐蘇, 自一世至五世爲一截, 六世再提, 至十世爲一截。直爲經, 父子上下相承, 明世系也; 橫爲緯, 兄弟前後並列, 序少長也。"

23) 송씨(宋氏)

5대를 하나의 도표에 수록했고, 이름과 자, 생몰의 시기와 일시, 배우자와 묘지 등을 기록했다. (중략) 종보(宗譜)는 구양수와 소순 및 황돈(篁墩)[48]의 체례에 따라서 기록했다.[49]

24) 홍씨(洪氏)

도계는 6대로 편재함에 이는 구양수의 체례를 모방한 것이다. 도표 옆에 사적을 기록한 것은 『당서(唐書)』의 세계표(世系表)를 참고한 것이다. 6대 조상 이름을 기록하고 7대조 앞에 배치하여 상하 전승 관계를 표시하고, 편리하게 열람할 수 있도록 했다.[50]

25) 갈씨(葛氏)

도계의 체례는 구양수의 소종법(小宗法)에 근거하여 5대를 한 도표에 수록했고, 이전 도표 다음에 5대의 아들을 현손으로 두었고, 다시 다음 5대를 서두에 두었다.[51]

26) 여씨(餘氏)

족보는 도표로 종법을 확고히 했다. 구양수와 소순의 가보에 근거하여 모두 5대를 도표에 수록해서 열람이 편리하도록 했다.[52]

27) 나씨(羅氏)

가보는 제1대에서 5대를 한 도표에 수록했고, 다시 제5대에서 9대까지를 한 도표에 수록했다. 5대 이상에는 부친·조부·증조·고조가 있고, 5대 이하는 아들·손자·증손·현손으로 이어지는 계승 관계를 근본으로 삼았다. 횡으로는 지파를 나타냈는데, 본가와 지파를 밝히는 것은 종법이 갖추어야 할 바이다.[53]

---

48 황돈(篁墩): 명대 유학자 정민정(程敏政)을 지칭한다. 황돈은 그의 호이다. 그는 휘주부(徽州府)의 휴녕(休寧) 출신으로 육구연(陸九淵)의 학파에 속하며 진덕수(眞德秀)의 『심경(心經)』에 주석을 달기도 했다. 당시 학문이 해박해서 당대 으뜸이라 불리기도 했다. (역자 주)

49 『歙西金山宋村宋氏族譜』, 康熙 50年(1785): "五世爲圖, 書名, 書字, 書生卒年月日時, 書配某、葬某, 書 (中略) 宗譜征歐蘇譜及篁墩譜例。"

50 『(祁門)桃源洪氏家譜』, 光緒 26年(1900): "圖編六世, 法歐系譜例; 旁注實事, 法《唐書》世系表。注六代祖于父名下, 起六代祖于七代祖位上, 承上接下, 以便觀焉。"

51 『(績溪)泉塘葛氏家譜』, 1911: "列圖仿歐陽公小宗法, 五世一遷之圖; 次圖又以前圖下五世之子爲其玄孫, 又爲五世。"

52 『(婺源)下邳余氏宗譜』, 光緒年間: "譜圖之立宗法。依歐陽文忠公譜、蘇氏譜例, 皆以五世爲圖, 以便觀覽。"

53 『(歙縣)豫章羅氏宗譜』, 1922: "仿譜以第一世至第五世爲一圖, 又自五世至第九世爲一圖, 由五以上而父、祖、

28) 요씨(姚氏)

도표는 소순의 족보를 따라서 5대를 하나의 도표에 수록했다. 지금은 구양수의 방법을 사용해서 역시 5대를 하나의 도표에 수록하고, 행실은 도표 중에 수록했다. 5대를 나열한 후에 앞선 도표 끝의 이름으로 두 번째 도표를 시작했다. 모파(某派)의 이름 아래에 선행 도표를 연결해 편리하게 열람하도록 했다. 도표에 5대를 단위로 수록함은 5대가 되면 상복의 예(禮)가 다하기 때문이고, 이는 친족의 정(情)이 다했다는 의미를 나타낸 것이다.[54]

29) 필씨(畢氏)

필씨는 경공(憬公)에서 지금까지 모두 32대에 이른다. 지금은 5대를 하나의 종(宗)으로 삼으니 모두 6개의 종이 되었다. 세계(世系)의 기술은 반드시 5대의 이름을 기록한다. 그 후에 두 번째 종은 5대를 두고, 이상 종은 소권(小圈)으로 삼아 '모인장자(某人長子)', '모인차자(某人次子)'로 기록해 사람들이 편리하게 열람하도록 했다.[55]

30) 소씨(邵氏)

가보 도표는 5대를 하나의 도표에 수록해서 오복(五服)의 의미를 표시했다. 뒤의 도표는 4대까지 이른다. 제5대의 서두를 중심으로 이후 세대를 연결하니 소전(小傳)은 중첩되지 않아서 열람이 편리해졌다.[56]

31) 반씨(潘氏)

족보의 세계는 5대를 하나의 도표에 수록하는 구양수의 방식을 사용했다. 그리고 『사기(史記)』의 연표와 『당서(唐書)』의 세계표(世系表)의 체례를 사용했고, 옆에 세계의 순서를 기록해 전승되는 세대를 분명히 밝혔다.[57]

曾、高, 由五以下而子、孫、曾、玄, 正承爲本, 旁出爲支, 本支昭而宗法具是矣。"

54 『績溪姚氏家譜』, 光緒 16年(1891): "例圖依蘇氏家譜法, 五世爲一圖。今改爲歐修式樣, 亦是五世爲一圖, 行實書於圖中。五世滿後, 似以前圖末名借起第二圖, 以接前圖某派名下, 蓋便於觀覽。然圖以五世者, 五世則服窮, 服窮則情盡, 其義蓋本於此。"

55 『新安畢氏族譜』, 正德 4年(1509): "畢氏自憬公至今, 凡三十一世。今以五世爲一宗, 凡六宗。世系之敘必盡書五世之名, 而後書第二宗之五世, 宗之上爲小圈, 書曰某人長子, 某人次子, 欲人便於觀覽。"

56 『(績溪)華陽邵氏宗譜』, 1947: "譜圖世系五世一圖, 取五服之義。圖後卽傳至四世而止。第五世各首提爲綱領, 而後傳之, 則小傳不疊, 且便觀覽。"

57 『(婺源)桃溪潘三仕宗譜』, 同治 7年(1868): "譜系五世爲圖, 准歐譜例, 注事實, 准《史記》年表、《唐書》世系表例,

32) 유씨(俞氏)

세계(世系)의 도표는 구양수(歐陽修)의 형식을 근거로 각 항은 5개로 나누었고, 5대에는 고조, 증조, 조부, 부친 및 자신까지 언급해서 전승 관계를 분명히 했다. 5대 이외의 경우는 다시 이곳에서 시작했고, 이름 아래에 "모공(某公)의 아들"이라 기록했다. 장자의 아들은 비록 어릴지라도 반드시 우선 배치하고, 동생 아들이 비록 나이가 많아도 반드시 뒤에 배열해야 한다. 적손에서 내려온 것은 소종(小宗)이란 의미에서 보존한 것이다.[58]

앞에서 인용한 휘주의 일부육현(一府六縣)의 족보는 모두 48부(部)였고, 이곳에 언급된 33개 성씨에는 대다수 휘주의 중요한 성씨들이 포함되었다. 족보의 편찬 시기를 보면 가장 빠른 것은 『신안소씨족보(新安蘇氏族譜)』로 명나라 성화(成化) 3년(1467)에 편찬되었다. 가장 늦은 것은 1947년에 편찬된 『(적계)화양소씨종보((績溪)華陽邵氏宗譜)』로 시기적으로 전후 500여 년간 가보 편찬은 계속되었다. 이를 통해 알 수 있듯이 구양수와 소순이 처음 만든 '오세도식(五世圖式)'의 체례가 휘주 가보에 끼친 영향은 실로 깊고 넓으며, 또한 오랫동안 이어졌다.

휘주의 보첩은 전체적으로 구양수와 소순의 '오세도식'에 따라서 편찬했다. 하지만 그 내용을 상세히 비교하면 대략 4가지 유형으로 분류가 가능하다.

첫째, '오세도식'의 유형이다. 이는 제5대를 다음 도표 서두에 배열하고, 독립된 세대를 만드는 방법이다. 또한 세계(世系)와 세전(世傳)을 도표에 함께 기술했다.(〈위편 그림 5-2〉 참고)

공(積公)·심공(尋公)·원혁공(元奕公)·공곤공(公袞公)·벽선공(碧璿公) 등 1대에서 5대에 이르는 5세대를 동일한 도표에 배치했다. 그리고 각 시조에 해당하는 세계의 인물 이름 아래에 문자로 간단히 족인의 자(字)와 호(號), 관직, 배우자, 자녀, 묘지 등을 소개했다. 세계(世系)와 세전(世傳)을 함께 도표에 수록해서 그 내용이 일목요연했다. 이런 체례는 구양수의 가보 편찬 방법에 근거한 것으로 제5대인 벽선공에서 다른 세대가 시작하도록 행을 바꾸고, 그를 서두에 배치했다. 즉 벽선공은 위로는 조상을 계승하여 적공의 현손이 되었고, 아래로는 자손인 덕함공과 연결되어 별도의 도표에서 고조가 되었다. '일

旁注世次, 明傳代也。"

58 『(婺源)泗水俞氏幹同公支譜』, 1922: "世系圖准歐譜式, 每行分五段, 以載五世高曾祖考與身, 相隸甚明; 五世之外, 卽復提起, 于諱某下旁注某公之子。伯之子雖幼, 必先; 叔之子雖長, 必後。蓋從嫡而下, 存小宗意也。"

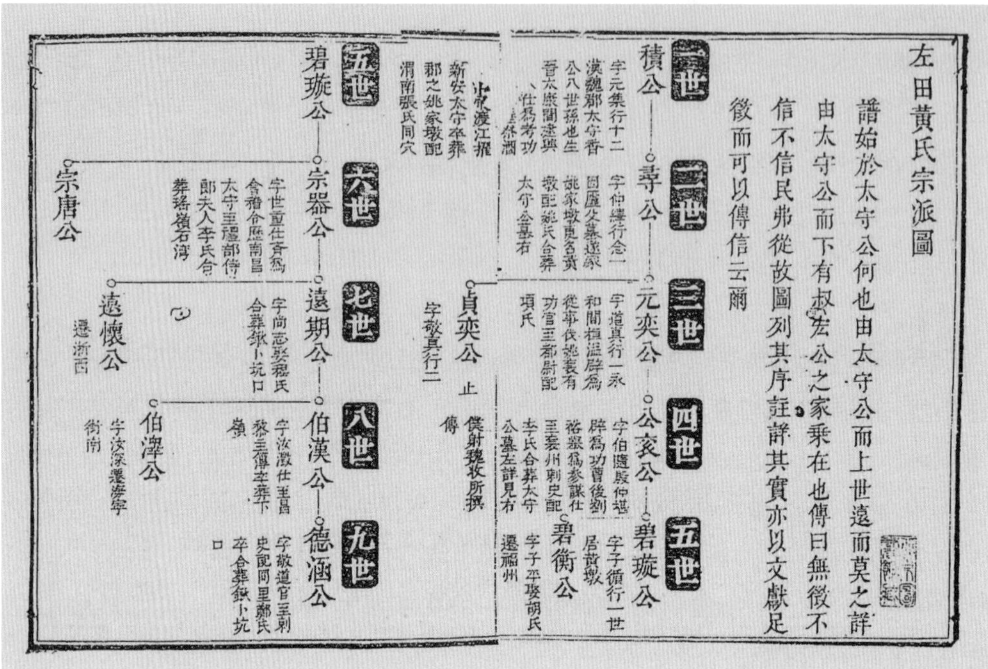

<위편 그림 5-2> 좌전황씨종파(田黃氏宗派) 세계도

도오세(一圖五世)'는 2개의 도표가 합쳐지면 모두 9세가 된다. 그리하여 오복(五服)의 의의와 구족(九族)의 이치를 도표 안에 구현했던 것이다.

둘째, '오세도식(五世圖式)'의 첫 번째 변종 유형이다.[59] 특징은 제6대를 다음 도표에 배치해서 독립된 세대를 만들었고, 세계와 세전을 함께 도표에 배치했다.(〈위편 그림 5-3〉 참고)

셋째, '오세도식'의 두 번째 변종 유형이다. 제5대를 다음 도표의 서두에 배치해 독립된 세대를 형성했지만, 세계와 세전(世傳)은 서로 구분했다.(〈위편 그림 5-4〉 참고)

소미(少微)·공(鞏)·천(泉)·전(銓)·숙진(叔溱) 등 제1대에서 제5대까지 하나의 도표에 배치했고, 숙진(叔溱)·구(矩)·명(明)·도륭(道隆)·진(晉) 등 제5세에서 제9세까지 다른 도표에 배열했다. 이는 첫째 유형과 동일한 것으로 제5대인 숙진(叔溱)을 도표 서두에 배치했다. 이와 같이 숙진은 첫째 도표에 있는 소미의 현손이면서, 또한 다음 도표에 있는 진

59 '변종 유형'이란 뜻은 저자가 직접적으로 언급하지 않았다. 이는 초기 '오세도식'과 이후의 변화된 '오세도식'을 구분하고자 역자가 사용한 것이다. '변종'에는 '차이'와 '적응과 응용'의 뜻을 내포한다. (역자 주)

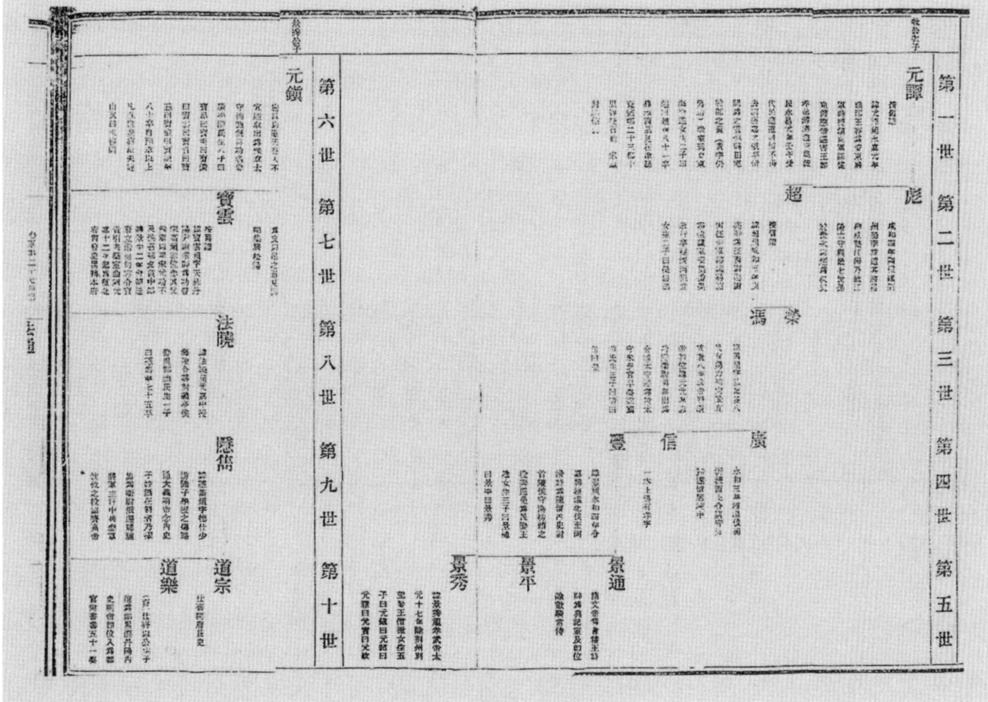

<위편 그림 5-3> 『적계정리정서륜당세보(績溪程里程敘倫堂世譜)』 세계도

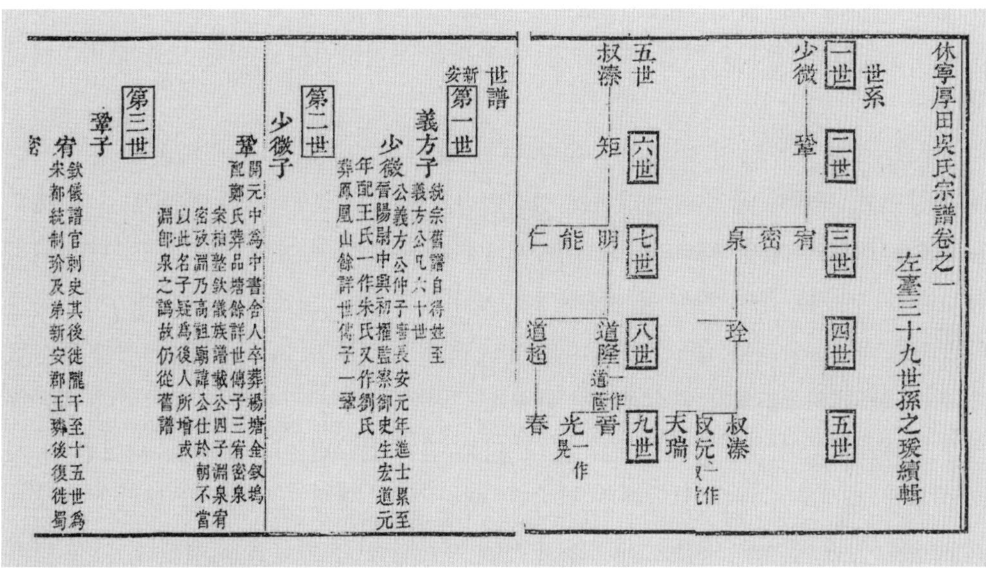

<위편 그림 5-4> 『휴녕후전오씨종보(休寧厚田吳氏宗譜)』 세계도

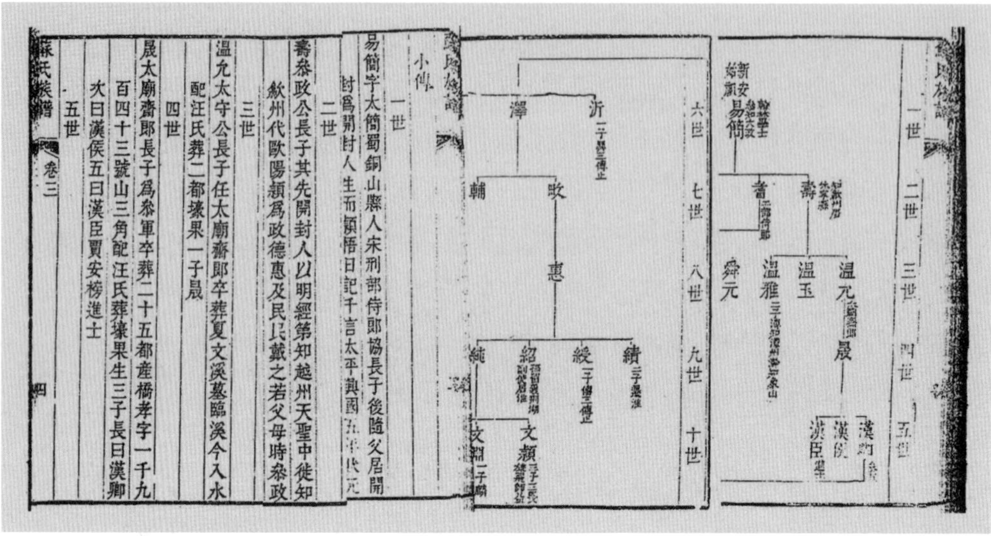
蘇氏族譜 卷三

小傳

一世

易簡字太簡蜀銅山縣人宋刑部侍郎協長子後隨父居開
封爲開封人生而頴悟日記千言太平興國五年狀元

二世

壽叅政公長子其先開封人以明經第知越州天聖中徙知
歙州代歐陽頴爲政德惠及民民戴之若父母時叅政

三世

溫允太守公長子任太廟齋郎卒葬夏文溪墓臨溪今入水
配汪氏葬二都塚果一子晟

四世

晟太廟齋郎長子爲叅軍卒葬二十五都產橋孝字一千九
百四十三號山三角配汪氏葬塚果生三子長曰漢卿
次曰漢侯五曰漢臣賈安榜進士

五世

<위편 그림 5-5>『소씨족보(蘇氏族譜)』세계도

(晉)의 고조가 된다. 이 역시 '일도오세'의 형식이고, 두 개의 도표는 합쳐서 구족을 형성한다. 다만 다른 점이 있다면 이런 유형의 도표는 각 세대별 시조 이름에는 별도로 소개하는 해설을 두지 않았고, 전체 세계도표(世系圖表)의 뒷면에 별도로 세보(世譜), 혹은 세전(世傳)란 표제로 이름을 배열한 것이다. 세전에는 순서에 따라서 소미(少微)·공(鞏)·천(泉)·전(銓)·숙진(叔溱)의 인물을 간단히 소개했고, 자호(字號), 관직, 배우자, 자녀, 묘지 등의 내용을 포함했다. 이처럼 세계(世系)와 세전을 분리하면서도 이를 도표에 배치하지 않았다.

넷째, '오세도식'의 세 번째 변종유형이다. 제6세를 도표의 서두에 배치해 다음 세대를 형성했고, 세계와 세전을 분리하는 방식이다.(〈위편 그림 5-5〉 참고) 역간(易簡)·수(壽)·온윤(溫允)·곤(昆)·한경(漢卿) 등 제1대에서 제5대까지 한 도표에 배치하고, 택(澤)·전(畋)·혜(惠)·순(純)·문영(文穎) 등 제6세에서 제10대를 다른 도표에 배열했다. 이런 유형의 도표는 두 번째 것과 같은 것으로 제6대인 택(澤)을 서두에 두어 다른 세대를 형성했다. 특히 제6대와 제5대가 연결된다는 사실을 실선을 사용해서 별도로 표시했다. 즉 제6세인 택(澤)과 제5대인 한경을 연결시켰다. 다른 점이 있다면 이런 도표는 세대별 각 시조 이름에 소개하는 내용이 없다는 점이다. 대신 전체 세계도(世系圖)의 뒷면에 별도로 '소전(小傳)'이란 표제로 세전을 세계를 순서에 따라서 관련 인물을 소개했다. 다시 말해 역간·수·온윤·성(晟)·한경 등을 순서에 따라서 소개했고, 세계(世系)와 세전(世傳)을 분리해서 한 도표에 배치하지 않았다.

그렇다면 앞서 설명한 4가지 유형의 '오세도식'이 휘주 지역 가보에서 차지하는 비율은 과연 어느 정도나 될까? 〈위편 도표 5-1〉은 임의로 선별한 가보 50개를 편찬 시기에 따라서 분류해 나열한 것이다. 도표에서 제시한 가보 50개의 대부분을 휘주 가보에서 선별하였다. 그중에 첫 번째 부류에 속하는 것은 15개로 전체의 30%를 차지했다. 두 번째 부류는 10개로 20%를, 세 번째 부류는 15개 종류로 30%를, 네 번째 부류는 5개로 10%를, 4가지 부류에 속하지 않은 것은 5개로 10%를 각각 차지했다. 그리고 도표에서 기타로 분류된 5개의 가보는 기본적으로 구양수와 소순의 체례를 사용하지 않고 3대나 4대, 혹은 7대, 8대를 한 도표에 나열하기도 했다. 세계(世系)와 세전(世傳)에 대해서는 하나로 파악을 하거나, 혹은 분리해서 수록하기도 했다. 이런 유형의 가보들은 정형화되지 않은, 비교적 자유로운 형식을 사용했다. 앞서 언급한 가보 50개 중에서 전체적으로 구양수와 소순의 오세도식 체례를 사용한 것은 45개로 전체에서 90%를 차지하며 절대 우위를 차지했다. 다시 말해 송나라 이후 가보 편찬자는 대체적으로 '오세도식'의 체례를 사용했다. 이러한 통계를 통해 휘주 가보는 역시 전체적으로 구양수와 소순의 '오세도식'의 체례를 주로 채택했음을 알 수 있다.

"보첩의 학문은 이전부터 전문가가 있어서 수당 이래 관련 저술이 많았다."[60]는 지적과 "구양수와 소순의 보첩이 출현하자 천고의 모범이 되었다."[61] 등의 언급에서 알 수 있듯이, 구양수와 소순의 '오세도식'은 새로운 천여 년을 열었고 가보 발전단계에서의 새로운 이정표가 되었다.

2. 중국 가보와 주희 성리학의 영향

주희(1130~1200)는 남송 시기 휘주(徽州)의 무원(婺源) 출신으로 자는 원회(元晦), 혹은 중회(仲晦)이고 호는 회암(晦庵), 회옹(晦翁)이며 별호는 자양(紫陽)이다. 주희는 공자를 계승했던 위대한 인물로 중국 봉건사회 후기에 가장 큰 영향을 주었던 사상가이다. 특히 주자의 성리학은 휘주 보첩 편찬에 지대한 영향을 주면서 정신적인 지주이자 영혼이 되었다. 이런 평가는 단순히 주자가 봉건사회 후기에 영향이 컸던 사상가라는 추론에만 근

---

60 『鶴山李氏宗譜』, 1917: "譜牒之學, 厥有專家, 隋唐以來, 著錄非一。"

61 『槐溪王氏支譜』, 咸豐 6年(1856): "而歐蘇譜系一出, 遂爲千古矜式。"

<위편 도표 5-1> 휘주가보오세도식분류표(徽州家譜五世圖式分類表)

제1유형	제2유형	제3유형	제4유형	기타
『조씨통종세보(曹氏統宗世譜)』(만력 43)	『왕원사씨맹종보(王源謝氏孟宗譜)』(가정 16)	『김씨종보(金氏宗譜)』(건륭 31)	『신안소씨족보(新安蘇氏族譜)』(성화 3)	『예씨가보(倪氏家譜)』(건륭 16)
『(기문)좌전황씨종파도((祁門)左田黃氏宗派圖)』(명말)	『신안휴녕청산장씨세보(新安休寧青山張氏世譜)』(강희 23)	『(적계)왕씨세수보((績溪)汪氏世守譜)』(건륭 37)	『신안소씨중수족보(新安蘇氏重修族譜)』(건륭연간)	『신안황씨회통보(新安黃氏會通譜)』(건륭연간)
『담도효리황씨족보(潭渡孝里黃氏族譜)』(옹정 9)	『창계태호오씨종보(昌溪太湖吳氏宗譜)』(건륭 30)	『흡서왕충차원홍씨종보(歙西王充車源洪氏宗譜)』(청 중기)	『휴녕조씨족보(休寧曹氏族譜)』(함풍 원년)	『채씨족보(蔡氏族譜)』(가경 22)
『휴녕서문왕대공방휘첨공지보(休寧西門汪大公房揮僉公支譜)』(건륭 4)	『경원첨씨종보(慶源詹氏宗譜)』(건륭 50)	『신안왕씨종사통보(新安汪氏宗祠通譜)』(도광 20)	『흡현북안오신덕당족보(歙縣北岸吳慎德堂族譜)』(1921)	『우중록제씨종보(羽中鹿齊氏宗譜)』(광서 12)
『신안흡서계남오씨통종보(新安歙西溪南吳氏統宗譜)』(건륭 12)	『괴계왕씨지보(槐溪王氏支譜)』(함풍 6)	『휴녕후전오씨종보(休寧厚田吳氏宗譜)』(도광 23)	『흡현석담오씨종보(歙縣石潭吳氏宗譜)』(1930)	『흡서왕씨중집지보(歙西汪氏重輯支譜)』(1919)
『여씨족보(余氏族譜)』(건륭 47)	『백천우씨지보(柏川尤氏支譜)』(동치 5)	『소강가승(蕭江家乘)』(도광 30)		
『고축손씨가보(古築孫氏家譜)』(가경 12)	『왕씨세수보(汪氏世守譜)』(1915)	『방씨종보(方氏宗譜)』(동치 13)		
『(흡현)정씨족보((歙縣)鄭氏族譜)』(광서 28)	『학산이씨종보(鶴山李氏宗譜)』(1917)	『대씨지보(戴氏支譜)』(광서 7)		
『(적계)천당갈씨족보((績溪)泉塘葛氏族譜)』(1911)	『흡현예장나씨종보(歙縣豫章羅氏宗譜)』(1922)	『무원사씨족보(婺源查氏族譜)』(광서 18)		
『(적계)선석주씨종보((績溪)仙石周氏宗譜)』(1911)	『적계정리정서륜당세보(績溪程里程敘倫堂世譜)』(1940)	『대씨종보(戴氏宗譜)』(광서 27)		
『주씨속수족보정종(周氏續修族譜正宗)』(1912)		『한초이계왕씨가승(韓楚二溪汪氏家乘)』(선통 2)		
『제양강씨통종보(濟陽江氏統宗譜)』(1919)		『이북사씨족보(黟北查氏族譜)』(1920)		
『채씨족보(蔡氏族譜)』(民國初)		『신주엽씨가보(新州葉氏家譜)』(1925)		
『준의호씨족보(遵義胡氏族譜)』(1935)		『약갱방씨백운당종보(瀹坑方氏白雲堂宗譜)』(1930)		
『화양소씨종보(華陽邵氏宗譜)』(1947)		『문정방씨종보(問政方氏宗譜)』(1937)		

거한 것은 아니다. 이는 수백 개의 휘주 보첩에 대한 분류와 정리 작업 과정에서, 주자와 관련된 주장과 사상, 그리고 영향의 분석 결과 필연적으로 도출한 합리적인 결론이다.

몇 년 전 필자는 가보 자료의 수집을 통해서 『중국가보자료선집(中國家譜資料選輯)』 편찬에 참여했다. 이때 지역별, 시대별로 여러 가보, 특히 휘주 지역 가보 중에서 주자가 작성했다는 보서(譜序)·발(跋)·행장(行狀)·묘지명(墓志銘)·서신(書信)·상찬(像贊) 등 40여 편을 수집했다.(중복으로 합병된 것은 한 편으로 계산) 이들 중 대다수가 2003년에 출판된 『주자전서(朱子全書)』에는 수록되지 않은 것이었다. 이에 대한 납득이 가능한 것이, 당시 주자가 가까운 친척과 절친한 친구를 위해서 보서 등을 썼을 때 원본을 전부 보존한 것은 아니었다. 그리고 가보의 인쇄 수량도 제한되었기 때문에 해당 족인 성원만 가보를 보존할 수 있었고, 그 밖의 일반 사람들은 이를 쉽게 볼 수가 없었다. 그래서 역대 주자 전집의 편찬자가 수만 권의 가보에서 산실된 주자의 문장을 찾기란 모래에서 바늘 찾기 식으로 거의 불가능했을 것이다. 게다가 가보에 집록된 주자의 문장은 위작일 가능성이 높기 때문에 더욱 세밀한 고증이 필요하다. 보통 족보에도 위작이 많은데 하물며 주자의 경우는 어떠하겠는가? 예를 들면 주희(朱熹)가 작성했다는 『강촌홍씨가보(江村洪氏家譜)』와 『대씨형돈가보(戴氏荊墩家譜)』 및 『중수형양정씨세보(重修滎陽鄭氏世譜)』 등에 수록된 보서는 그 내용이 매우 유사한데, 홍씨(洪氏)를 대씨(戴氏)나 정씨(鄭氏) 등으로 바꾼 것에 불과한 위작이다.

일찍이 주자는 가보의 역사적 지위를 국사와 대등한 것으로 설명하기도 했다. 이르길 "가문에 가보가 있음은 마치 나라에 사서(史書)가 있는 것과 같다. 나라에 사서가 없다면 천만년 제왕의 전통과 그 정통성 그리고 흥망성쇠는 어디서 그 사실을 알 수 있겠는가? 가문에 족보가 없다면 소목(昭穆)의 질서와 세계(世系)의 기원과 어떤 종파의 후손인지 무엇으로 고증할 수가 있겠는가?"[62]라고 했다. 주자는 가보와 국사를 같은 지위로 논술하면서 가보 편찬의 의의를 강조했다. 청대 저명한 학자인 장학성(章學誠)은 이런 논점을 더욱 발전시켜서 다음과 같이 언급했다. 이르길 "가문에는 족보가, 주현에는 지방지가 나라에는 국사가 있는 그 뜻은 하나이다."[63]라고 했다. 그의 주장처럼 가보(家譜)·방지(方志)·국사(國史)는 중국 역사를 지탱하는 3개의 기둥이며 중국의 역사문화를 구성하는

---

62 「薌城族譜原序」, 『胡氏十修族譜』, 1998: "家有譜, 猶國有史也。國無史, 千萬載帝王之傳統、正閏、隆替, 何從而驗其實? 家無譜, 某昭某穆、世系本源、某派於孫, 亦何自考其眞?"

63 「爲張吉甫司馬撰大名縣志序」, 『文史通義校注』(卷8外篇3), 中華書局, 1985: "家有譜, 州縣有志, 國有史, 其義一也。"

핵심임에 틀림이 없다.

당시 가보 편찬 과정에서 등장했던 "조상의 부귀를 과시할 뿐이고 가문의 강대함을 자랑할 뿐이다."[64]라는 편파적인 말로 가보 편찬의 심오한 뜻을 폄훼하는 측도 없지 않았다. 이에 대해 주희는 다음과 같이 언급했다. 이르길 "무릇 족보 편찬의 뜻은 소목의 질서를 세우고, 장유와 적서를 밝히고 친소를 구별해서 가장의 도리를 지키는 것에 있다."[65]라고 했다. 또한 「구양씨통보발(歐陽氏通譜跋)」(1993)에서 언급하길 "보첩은 소목의 질서와 장유를 밝혀서 사람의 마음을 다스리는 것에 있다. 풍속을 후하게 하여 사람들이 자신의 근본을 잊지 않도록 함에 있다."[66]라고 했다. 계속해서 이르길 "자성(子姓)을 수호하면 수신(修身)과 정가(正家)할 수 있고, 나아가 이를 확대하면 임금을 섬기고, 사람을 다스릴 수 있다. 그러한 후에야 유학이 전해지고, 관직은 대대로 이어진다. 이것으로 인륜이 중시되고 풍속이 후해지는 것이니, 다른 것이 대신할 수 있는 것이 아니다."[67]라고 했다. 주희(朱熹)가 남긴 "3대 동안 가보를 편찬하지 않으면 불효가 된다."[68]라는 명언을 많은 가보 편찬자가 인용했다. 이처럼 주희는 가보 편찬의 깊은 뜻을 '삼강오상(三綱五常)'이란 성리학 사상과 결합시키고자 했다. 이를 위해 주희는 이론적 측면에서 가보의 의미를 언급하는 것에 머물지 않고 신안(新安)의 대족인 왕씨(汪氏)를 통해 그 모범을 보이기도 했다. 주자는 "신안 왕씨 종족의 고귀하고 찬란함은 다른 족인과 비할 바가 아니었다. (중략) 자손이 많았지만 존비의 구분이 분명했고, 종족이 번성해도 친소의 구분이 명확했다. 봄과 가을에 성묘하고 길흉과 경조에 명문 세족이 모여 어질고 후덕한 기풍을 도탑게 하니 족인들이 온화하고 화목했다. 비록 빈부의 차이는 있을지라도 근원은 같다고 생각하며 부자라는 것으로 가난한 자를 속이지 않았다. (종족들은) 비록 귀천이 있음에도 적대시하지 않았고, 모두 족인의 뜻을 존중하고 숭배했다. 고귀하다는 이유로 천한 자를 무시하지 않았다. 이는 왕씨 족보가 크게는 세상을 교화하는 일에 보다 앞섰고, 다른 족인들보다 나은 것이라 여기는 이유이다."[69]라고 했다. 여기서 주자는 왕씨 종족의 소목이론에

---

64 "不過誇示祖宗之富貴, 矜言氏族之強大。" (역자 주)

65 「濟南辛氏家譜原序」, 『鉛山辛氏宗譜』: "蓋修譜之意, 所以序昭穆, 明長幼, 分嫡庶, 別親疏, 以維持家道也。"

66 「歐陽氏通譜跋」, 『(江西安遠)濂江歐陽氏八修族譜』(鉛印本): "譜牒所以序昭穆, 明長幼, 攝人心者也; 厚風俗, 使人不忘本也。"

67 「王氏族譜序」, 『仙遊縣志』 卷48(刊乾隆): "子姓遵而守之, 則可以修身、正家, 擴而充之, 則可以事君、治人, 然後儒學之相傳, 宦世之相望, 皆所以重倫紀, 厚風俗, 非他人所能及也。"

68 "三世不修譜, 爲不孝。" (역자 주)

69 「汪氏大族譜序」, 『歙西汪氏重修支譜』, 1919: "新安汪氏, 其族之貴盛, 非他族之可比倫 (中略) 子孫雖多, 而尊卑之分截然。宗族雖盛, 而親疏之分昭然。春秋祭掃, 吉凶慶吊, 衣冠相聚, 淳乎仁厚之風, 藹然雍睦之族。貧富

대해서 충분히 인정했을 뿐만 아니라, 주희 자신이 평생 추구했던 '천리(天理)'에 근거한 이상세계를 묘사하기도 했다.

가보의 체례에 대해서 주자는 구양수와 소순을 추앙하며 극찬을 아끼지 않았다. 이르길 "가보는 옛날부터 중시되었다. 구양수와 소순의 족보가 모범이 되어 날로 편찬이 늘어났다. 이는 족보의 모범으로 (종족의) 근원을 밝히고, 존비의 순서를 정하고, 친소를 구분하며, 동족과 이족을 판단했다. (중략) 구양수와 소순이 추존되며 사족들이 이를 계승했다."[70]라고 했다. 주자는 오직 구양수와 소순의 체례만이 족인의 "본원을 밝히고, 존비를 구분하고, 친소를 나누며, 종족의 이동(異同)을 판별"[71]하고 소목과 윤리적 취지를 실현할 수 있다고 했다.

주자는 보첩의 내용과 편찬자의 소양에 대해서도 언급을 했다. 이르길 "보첩의 체계는 매우 방대한 것이다. 공경과 대부 및 서인에 이르기까지 모두 보첩이 있었다. 무릇 보첩은 두 가지를 구비해야 한다. 첫째는 문헌인데, 구체적으로 본전(本傳), 고(誥), 표(表), 명(銘), 장(狀), 제사(祭祀) 등으로 분류된다. 둘째는 세계(世系)인데, 친소(親疏), 존비(尊卑), 적서(嫡庶), 계통(繼統)으로 나뉜다. 세계가 없다면 원류의 계승이란 있을 수 없고, 문헌이 없다면 그 출처를 고증할 수가 없다."[72]라고 했다. '문헌'과 '세계'는 세계의 기원과 문헌 출처를 정확하고 상세하게 기록해야 한다. 따라서 가보 편찬자는 반드시 사실과 진실만을 추구하는 소양을 갖추어야 함을 강조했다. 이르길 "무릇 족보라는 것은 한 가문의 역사로써 사실을 은폐해서도 안 되고, 지나치게 과장되어서도 안 된다."[73]라고 했다. 이상과 같은 주장은 자신 스스로가 몸소 체험하고 실천을 통해 얻은 경험에 근거한 것이었다. 주자는 『무원다원주씨세보(婺源茶院朱氏世譜)』에서 자신 세가의 기원과 유파에 대해 상세하게 고증을 하면서 다음과 같이 언급했다. 즉 "우리 가문은 조상 때부터 흡주(歙州)의 흡현(歙縣)에 위치한 황돈(黃墩)에 거주하며 대대로 오군(吳郡)에서 명망을 얻었다."[74]

雖有不齊, 皆念本同一氣, 不恃富以欺貧, 貴賤雖有不敵, 皆能崇重族義, 不以貴而淩賤, 此汪氏譜之所以大有先于世教, 而視他族爲愈也。"

70 「薌城族譜原序」, 『胡氏十修族譜』, 1998: "譜, 古所重也。歐蘇作譜, 而典益著。是典也, 將以明本源, 序尊卑, 別親疏, 辨異同。(中略) 歐蘇尙矣, 仕族踵之。"

71 "明本源, 序尊卑, 別親疏, 辨異同。" (역자 주)

72 「王氏族譜序」, 『仙遊縣志』 卷48(乾隆刊): "譜牒之系大矣哉! 自公卿大夫及庶人, 必有譜牒。夫譜牒有二: 一日文獻, 則詳其本傳、誥、表、銘、狀、祭祀之類; 一日世系, 則別其親疏、尊卑、嫡庶、繼統之分。非世系, 無以承其源流, 非文獻, 無以考其出處。"

73 「慶元續修譜序」, 『安徽績溪泉塘葛氏宗譜』, 1911: "夫家乘者, 一家之史也, 失實不可, 厚誣亦不可。"

74 『婺源茶院朱氏世譜』: "吾家先世居歙州歙縣之黃墩, 相傳望出吳郡。" (역자 주)

라고 하면서, "당나라 천우(天祐) 연간에 도아(陶雅)는 흡주자사(歙州刺史)가 되었다. 처음으로 무원현(婺源縣)에서 반란군의 공격을 막아내자, (황제께서) 이내 우리 조상에게 병사 3,000을 통솔시켜 이곳을 수비하도록 명하셨다. 이에 명을 따라 다원부군(茶院府君)[75]을 설치했다."[76]라고 했다. 여기서 다원부군(茶院府君)이란 무원(婺源)으로 이주했던 주씨(朱氏)의 시천조(始遷祖)를 말한다. 주자는 또한 고증을 통해 당시 박주(亳州) 영성(永城) 지역의 단양주씨(丹陽朱氏)에 대해서 "비록 문턱 하나를 사이에 두고 마주 볼 정도로 가깝지만, (중략) 우리 군의 족인이 아니다."[77]라고 했다. 즉 자신의 족인과는 기원이 달라 같은 종족이 아니라고 했다. 그리고 이르길 "계묘(癸卯)년 5월 신묘(辛卯)일에 가보를 열독하면서 세계(世系)가 쉽게 멀어지면 혈육 간의 관계도 쉽게 소원해지기 때문에 분묘를 보존하기가 쉽지 않음을 느꼈다. 그래서 서둘러 순서를 정해 『무원다원주씨세보(婺源茶院朱氏世譜)』의 편찬을 결정했다."[78]라고 했다.

이상과 같이 주자는 보첩의 기능과 작용 및 편찬 방법 등에 대한 핵심 내용을 언급했다. 이는 주자가 관료와 서민이 함께 참여하는 평민 색채의 문화 활동을 매우 중시했다는 점의 반영이다. 주자가 활동한 시대는 이미 봉건사회 후기로 송나라는 쇠락의 길로 접어들고 있었다. 주자는 이런 현실을 직면하면서도 많은 사람들에게 영향을 남겼는데, 특히 보첩 편찬과 관련해 큰 영향을 주었다. 주자는 '삼강오상(三綱五常)'을 핵심으로 성리학적 이상 체계를 건설해 봉건적이고 종법적인 등급 제도를 공고히 하고자 했다.

이 점에서 보면 주자의 노력은 큰 효과를 얻었다고 할 수 있다. 휘주 지역에 분포하는 1부(一府)와 6현(六縣)의 보첩을 분석하면 주자는 관(冠)·혼(婚)·상(喪)·제(祭)라는 4가지 예법 규범을 가보의 족규(族規)와 가법(家法)의 핵심으로 삼았다는 사실을 알 수 있다. 주자의 이런 규범은 족인의 예의교육과 행동규범의 중요한 준거가 되었다.

주자의 예교사상은 주로 『가례(家禮)』·『제의(祭儀)』·『고금가제의(古今家祭儀)』 등의 저술에 집중되어 나타난다. 특히 『가례』는 시기에 따라서 정한 예절이라서 매우 실용적 측면이 있고, 또한 주자의 예학사상을 집중적으로 체현하고 있어 당시 많은 사람들이 이

---

75 부군(府君): 중국 한(漢)나라 시기부터 지방의 태수를 지칭했다. 이후 가보에 등장하는 "부군"은 지방관이 아닌 지명과 인명이 결합해서 해당 인물의 거주지나 묘지가 있는 장소를 지칭하는 용법으로 사용되었다. 예를 들면 흡계부군유보(歙溪府君惟甫), 왕교부군주현(王橋府君朱絢) 등이 이것이다. (역자 주)

76 『婺源茶院朱氏世譜』: "唐天祐中, 陶雅爲歙州刺史, 初克婺源, 乃命吾祖領兵三千戍之, 是爲制置茶院府君。卒葬連同, 子孫因家焉。" (역자 주)

77 『婺源茶院朱氏世譜』: "一門闔閱相望 (中略) 因非吳郡之族。" (역자 주)

78 『婺源茶院朱氏世譜』: "癸卯五月辛卯, 因閱舊譜, 感世次之易遠, 骨肉之易疏, 而墳墓之不易保也, 乃更爲序次, 定爲《婺源茶院朱氏世譜》。" (역자 주)

를 준수했다.

주자의 『가례』는 사마광(司馬光)의 『서의(書儀)』에 실용적인 입장에서 내용을 첨삭해 완성한 것이다. 『서의』는 모두 10권으로 1권은 표주(表奏)와 공문(公文) 등을 수록했고, 2권은 관의(冠儀)를, 3~4권은 혼의(婚儀)를, 5~10권은 상의(喪儀)를 각각 수록했다. 이에 비해 주희(朱熹)의 『가례』는 모두 5권으로 통의(通禮)·관례(冠禮)·혼례(婚禮)·상례(喪禮)·제례(祭禮)를 각각 1권으로 편찬했다.

『가례』와 『서의』를 비교하면, 『서의』에서 언급한 예의는 비교적 번잡하고 까다로워서 실행하기 힘들었다. 그래서 주자는 일부를 삭제하여 『가례』를 더욱 간편하고 실무적인 것으로 고쳤다. 첫째, 예의 절차를 대폭 간소화했다. 예를 들어 『서의』의 혼례 의식은 의혼(議婚)·납채(納采)·문명(問名)·납길(納吉)·납폐(納幣)·청기(請期)·친영(親迎)·부견구고(婦見舅姑)[79]·서견부지부모(婿見婦之父母)[80]·거가잡의(居家雜議)[81] 등 모두 10여 단계이다. 반면 『가례』는 의혼·납채·납폐·친영·부견구고·묘견·서견부지부모 등 7단계로 축소했다. 주자의 『가례』에서는 이 점에 대해서 이르길 "고례(古禮)에는 문명(問名)[82]·납길(納吉)이 있었지만 지금은 모두 사용하지 않고 다만 납채(納采)·납폐(納幣)만 사용하니 간편함을 따른 것이다."[83]라고 했다. 둘째, 『가례』는 『서의』의 세부적인 예의 역시 크게 간소화했다. 예를 들면 『서의』 "혼례" 중 '친영(親迎)'의 내용은 다음과 같다. 즉 "혼인 하루 전 신부 측은 신랑 집에 사람을 보내 돕도록 한다. 많은 음식을 준비하고 때가 되면 사위는 손 씻을 물그릇 두 개를 계단 동남쪽에 두었는데, 이곳에는 각기 세면을 하는 곳이 있고, 대야 중간에 조롱박을 두었다. 그리고 실내에 책상과 의자 각 두 개를 동서로 서로 마주 보게 두고, 각기 대접을 두었다. 책상 위의 대접에 있는 젓가락과 채소와 과일은 덮개로 덮었다. 술병은 동쪽 자리 뒤에 두고, 벽 아래에 술잔을 배치했다. (어떤 주석에는 남쪽 책상 위에 두었다고 한다) 그리고 술잔은 실외에 두기도 했다. (다른 주석에는 잔이라고 했다). 또한 술병과 당(堂) 위에 있는 잔을 두었다. 초혼일 경우 사위는 옷을 훌륭하게 차려입는다. 주인 역시 엄숙하고 단정하게 옷을 입고서 당(堂)의 동쪽 벽면에서 서쪽을 향하여 앉는다. 사위는 서북쪽 담장에서 남쪽을 향해 앉는다. 사위는 서쪽 계단에 올라서 서남쪽 좌석

---

79 부견구고(婦見舅姑): 며느리가 시댁 부모를 만나는 일을 지칭한다. (역자 주)

80 서견부지부모(婿見婦之父母): 사위가 처가댁 부모를 만나는 일을 지칭한다. (역자 주)

81 거가잡의(居家雜議): 집안에 거주하면서 거행하는 잡다한 논의를 지칭한다. (역자 주)

82 문명(問名): 혼인 육례 중의 하나. 주인이 편지를 써서 사자를 보내 여자 생모의 성시를 물어보는 예다. 여기서 명(名)이란 여자 생모의 성씨를 지칭한다. (역자 주)

83 『家禮』: "古禮有問名、納吉, 今不能盡用, 上用納采、納幣, 以從簡便。" (역자 주)

을 향해 선다."[84]라고 했다. 그리고 '친영(親迎)'의 전 과정에 대해 대략 1,000여 글자로 세부 사항을 구체적으로 언급했다. 이르길 "장편은 내용이 많아서 사람들이 읽기가 힘들어서 종종 실행하지 못하고 두려워하며 뒤로 물러선다."[85]라고 했다. 반면 『가례』는 '친영'의 전체과정을 간소화하면서 이르길 "하루 전 신부 측은 사람을 시켜서 신랑이 지낼 방을 준비한다. 다음날 새벽에 신랑 집에서는 방 안에 자리를 마련한다. (신부 측)밖에 장막을 설치한다. 초저녁에 신랑은 멋있게 옷을 차려입는다. (신랑 측) 주인은 사당에서 결혼을 고하며 술을 따르고 신부 영접을 명한다. 신랑이 말을 타고 출발해 신부집에 도착하면 임시거처에서 기다린다. 신부의 주인도 사당에 고하고, 여식을 위해 잔을 따르며 출가를 명한다. (신부 측) 주인이 (신랑을) 영접하면 신랑은 기러기를 상 위에 놓고서 절을 한다. (이후) 유모는 신부를 모시고 출발한다. 신랑이 말에 올라 신부의 가마보다 앞서간다. 신랑 집에 도착하면 신부를 인도해 들어가고, 신랑과 신부는 서로 맞절을 한다. (이후) 자리에 앉아서 음식을 먹고 나면 신랑은 나가고, 다시 방으로 들어가 옷을 벗고 촛불을 켠다. 이때 주인은 빈객을 대접한다."[86]고 했다. 『가례(家禮)』는 매우 간단하게 요점을 간추려 "친영"의 전체 과정을 100여 글자로 제시했다. 번잡한 『서의(書儀)』와 달리 그 과정을 간소화하여 "사람들이 쉽게 이해하고 행할 수 있게 만들었다."[87]라고 했다.

『가례』는 『서의』와 비교해 더욱 내용이 완비되었다. 『서의』의 경우 단순히 관례·혼례·상의만을 언급하고 핵심적인 제의(祭儀)를 누락시켰다. 이에 『가례』는 별도로 제의라는 권(卷)을 설치해 관련 내용을 상세히 기술했다. 이로써 관례, 혼례, 상례, 제례가 결합해 체계적인 내용을 갖추게 되었다. 예의를 설명하는 각 항목에서 『가례』는 더욱 규범화하며 체계화되었다. 예를 들면 '혼례' 의식에 대해서 『가례』는 『서의』에 없는 '묘견(廟見)'이란 절차를 첨가했다. 즉 결혼 후 사흘이 되면 신랑은 신부와 함께 사당을 방문해 조상을 알현토록 한 내용이다. 이는 결혼 중에 없어서는 안 될 절차로 규정했는데, 『서의』에

84 『家禮』: "前期一日, 女氏使人張陳其婿之室。及期婿具盛饌, 設盥盆二於阼階東南, 皆有巾盥, 盆中央有勺; 設椅桌各二于室中, 東西相向, 各置杯, 杯箸蔬果於桌子上罩之。酒壺在東席之後, 墉下置合巹(一注: 于其南桌子上)。又設酒壺于室外, (亦一注: 有杯)。又設酒壺杯(注: 於堂上)。初婚, 婿盛服。主人亦盛服, 坐于堂之東序西向, 設婿席于其西北南向。婿升自西階, 立于席西南 (中略)。" (역자 주)

85 束景南, 『朱子大傳』, 福建教育出版社, 1992, 307쪽: "長篇浩瀚, 令人難讀, 往往未及習行, 而已畏懼退縮。"

86 束景南, 『朱子大傳』: "前期一日, 女氏使人張陳其婿之室。厥明婿家設位于室中, 女家設次于外。初婚, 婿盛服。主人告于祠堂, 遂醮其子而命之迎。婿出乘馬, 至女家俟于次。女家主人告于祠堂, 遂醮其女而命之。主人出迎, 婿人奠雁, 姆奉女出登車。婿乘馬先婦車, 至其家導婦以人, 婿婦交拜。就坐飲食華, 婿出。復人, 脫服, 燭出。主人禮賓。" (역자 주)

87 束景南, 『朱子大傳』: "令人易曉而易行。" (역자 주)

는 없는 내용이다. 주자는 '묘견'을 첨가해 혼례 의식을 더욱 체계화했다.

봉건적 종법 사회에서 관례, 혼례, 상례, 제례 등은 일반 가정에서 반드시 지켜야 할 예의였다. 마치 이는 먹을 것과 입을 것이 하루라도 없거나 부족해서는 안 되는 것과 같다. 주자의 『가례』는 반드시 행해야 할 규범을 간단명료하고, 실행하기 쉽게 기술했다. 그래서 후대 사람들이 가보를 편찬할 때 이를 매우 중요시했고, 가보에도 관련 내용을 기술해 실행의 근거로 삼았다.

휘주(徽州)는 주자의 고향으로 이곳에서 『가례』의 영향은 더욱 분명하게 나타났다. 이에 대해 이르길 "신안(新安)은 주자의 고향이다. 백성들은 주자의 책을 다독하고 그의 가르침을 따랐는데, 주자의 저술 중에 『가례』가 있다. 이는 무릇 관(冠)·혼(婚)·상(喪)·제(祭)의 대전(大典)으로 하늘의 태양과 별처럼 여기며 성실하게 이를 따르고 준수하니 행한 지 오래되었다."[88]라고 했다. 주자는 무원(婺源) 출신으로 무원 지역은 『가례』의 준수를 기본 원칙으로 삼으며 구체적으로 다음과 같이 규정했다. 즉 "모든 자손은 마땅히 예의와 의(義)를 먼저 행하고, 겸손과 후덕함으로 관혼상제는 주자의 『가례』를 따른다. 출입과 진퇴, 내왕과 교제에 있어 무릇 평범한 사람과 함께 생활하며, 윗사람을 받들고 아래 사람을 잘 거느려야 한다. 이에 경솔하거나 관대해서도 안 되며, 또한 예절에 벗어나거나 법도를 어겨서도 안 된다. 그러면 가문의 체면을 상실하고 친척과 친구들의 미움을 사게 될 것이다."[89]라고 했다. 아울러 관혼상제를 수록한 『가례』의 준수를 강조했고, 아울러 평소의 처신과 교류 등에서도 "마땅히 예의와 의를 먼저 행한다."[90] 등의 원칙을 강조했다. 무원 지역의 일부 족인은 『가례』를 예제(禮制)로 삼아서 이를 준수하고 지켰다. 이에 대해서 이르길 "전례(典禮)를 숭상하고 양생(養生)과 송사(送死)에는 당연히 일정한 예제가 있기 마련이다. 지자(智者)는 지나치고, 우자(愚者)는 미치지 못하니 둘 다 옳지 않은 것이다. 장례는 마땅히 주자의 『가례』를 따라서 넘치거나 부족함이 없이 적절해야 한다. 현자와 지자의 지나침을 잘못이라고 여기지 않고, 오로지 자기 가문의 체면만을 생각하니 이는 시급히 경계할 일이다."[91]라고 했다. 일부 족인은 "관혼상제의 예의는 비록

---

88 『鶴山李氏宗譜』, 1917: "新安爲朱子桑梓之邦。民多讀朱子之書, 服朱子之敎, 其所著《家禮》一書。凡冠、婚、喪、祭諸大典, 炳如日星, 允宜遵而行之久矣。"

89 『蕭江家乘』, 道光 30年(1850): "諸凡子孫更宜禮義相先, 謙恭和厚, 冠婚喪祭一遵文公《家禮》。出入進退, 往來交際, 與凡家常起居、事上接下, 不可輕率放曠、衍儀敗度, 有失世家體面, 得罪親朋。"

90 『蕭江家乘』: "更宜禮義相先。" (역자 주)

91 『龍池王氏續修宗譜』, 道光 26年(1846): "崇典禮, 養生送死, 自有一定禮制。智者過, 愚者不及, 皆非也。且如祭葬之類, 宜遵文公《家禮》, 不豐不儉, 乃爲合中。賢智之過, 不稱有無, 只欲自家爭體面, 亟宜戒之。"

가문마다 차이가 있지만, 간소함이 가장 으뜸이다. 세속을 좇아 허례 허식하지 말아야 함에 『가례』를 위반해서는 안 된다."[92]라고 했다. 또한 『가례』에 근거해서 제사와 제사 물품 내용을 상세히 규정한 족인도 있었다. 이르길 "제사란 조상에게 보답함을 근본으로 한다. 가문에는 반드시 사당이 있고, 사당에는 반드시 신주가 있어 매달 초하루에 제사를 지냄에 반드시 새로운 재물로 제사를 지낸다. 입춘과 동지, 그리고 기일(忌日)에는 반드시 제사를 지내야 한다. 제사는 반드시 인효(仁孝)와 성심과 정성을 다하여 살아 계실 때 대하던 심정으로 지낸다. 제물과 제기는 각자의 여력에 따르고 제사 의례는 마땅히 주자의 『가례』를 따라야 한다."[93]라고 했다.

적계(績溪) 지방은 『가례』를 준수하면서 "의식은 과하거나 부족해서도 안 된다."라는 점을 강조했다. 『화양서씨통종보(華陽舒氏統宗譜)』(동치 9)와 『적계정리정서륜당세보(績溪程里程敘倫堂世譜)』(1940)에 수록된, 족인 규범을 다룬 '숭전례(崇典禮)'에서 다음과 같이 기술했다. 즉 "양생(養生)과 송사(送死)에 대하여 옛날 성인은 자체로 제도를 정하니 만세에 행해도 폐해가 없었다. 간혹 지자(智者)는 지나치고, 우자(愚者)는 미치지 못하는데, 모두 옳지 않은 것이다. 문공의 『가례』가 있으니 장례 의식은 넘치거나 부족함이 없이 중도(中道)를 행해야 한다. 근래에 그릇된 설에 현혹되어 어찌 의미가 없다 하며 (의식을) 생략할 수 있는가? 어찌 체면이 있는 가문이라 할 수 있겠는가? (중략) 무릇 장례 의식과 제수(祭需) 등은 주자의 예절을 따라서 너무 과하거나 부족해서는 안 된다."[94]라고 했다.

19세기 후기에 이르러 이풍(夷風)의 영향으로 장례 중에 고기와 술을 먹고 마시거나, 부고를 듣고도 달려가지 않는 등 예의를 무시하는 풍조가 출현했다. 일부 족인은 이를 비판하면서 이르길 "상장(喪葬)에 신중하라. 무릇 상(喪)이란 송장(送葬)하여 영원히 안장하는 중요한 일이니 결코 소홀히 해서는 안 된다. 말세가 되니 상장이 불명해져 복제(服制)를 멸시하고 불교를 중시했다. 고로 천하는 부모님 섬기는 일을 가볍게 여기어 초장(草葬)[95]으로 아무 땅에나 안장한다. 심지어 고기와 술을 마시고 부고를 듣고도 문상가지 않으며, 감여(堪輿)[96]를 맹신하여 (부모를) 따로 묘를 쓰기도 한다. 이는 모두 오랑캐 풍

92 『槐溪王氏支譜』, 咸豐 6年(1856): "冠婚喪祭之禮, 雖稱家之有無, 淸素爲上, 勿習世俗浮華, 有違《家禮》."

93 『濟陽江氏統宗譜』, 1919: "祭祀, 所以報本也。家必有廟, 廟必有主, 月朔必祭, 薦新必祭, 立春、冬至、忌日必祭, 祭時須仁孝誠敬, 以致如在之情。祭品祭器各自量力, 祭儀當依朱子《家禮》."

94 『華陽舒氏統宗譜』, 同治 9年(1870): "養生送死, 先聖自有定制, 可以行之萬世而無弊, 智者或太過, 愚者或不及, 皆非也。且如葬祭之類, 自有文公《家禮》, 儀節不豐不儉, 乃爲中道, 何近世惑於邪說, 略不以此爲意, 豈是大家體面? (中略) 凡葬祭儀式, 及祭品等件, 幷遵朱夫子儀節, 不可妄爲太過, 吝而不及, 失其中道。"

95 초장(草葬): 시신(屍身)을 짚으로 싸서 임시로 매장하는 방식의 장례를 지칭한다. (역자 주)

96 감여(堪輿): 음양오행이나 풍수지리설 등의 주장을 말한다. (역자 주)

속이니 반드시 주자의 『가례(家禮)』를 모범으로 행하는 것이 옳다."[97]라고 했다. 또한 『신안송씨족보(新安宋氏族譜)』(1917)에서는 "무릇 상제(喪制)는 주자의 『가례』를 따라서 애통해하는 것을 근본으로 삼는다."[98]라고 했다.

흡현(歙縣) 지방에서 준수된 『가례』는 반드시 아이 때부터 시작해 예의를 알게 했다. 이르길 "관(冠)·혼(婚)·상(喪)·제(祭)는 예의에 근본으로 선유(先儒)께서는 사람이라면 몇 가지 일을 살필 수 있는 것이니, 비록 어린아이라도 예의를 알 수 있다고 했다. (중략) 주자의 『가례』는 자손이 마땅히 지켜서 행할 바이다."[99]라고 했다. 1945년 흡현에서 편찬된 『하남방씨종보(河南方氏宗譜)』에서는 제례에 참여하는 예의에 대해 구체적으로 규정했다. 이르길 "제사를 행할 때, 특히 커다란 제사를 모실 때는 의관을 구비하고 항렬을 나누어 순서대로 단정하게 서서 공손하고 엄숙하게 거행한다. 말을 하지 말고, 비스듬히 서지도 말며, 웃지도 말며, 부채질도 하지 말아야 한다. 주자의 『가례』대로만 행하면 예의를 어기는 폐단은 거의 없을 것이다."[100]라고 했다.

이현(黟縣) 지방의 『가례』는 주자 『가례』에서 언급한 관혼상제 4가지 예를 가보에 수록하고, 그림으로 주석을 했다. 이르길 "『가례』에서 이런 4가지를 채록해 가보에 수록하고, 간략하게 내용의 뜻을 약술했다. 그리고 상세히 주석이나 그림을 첨부해 그 뜻을 밝혔다. 사람들이 이를 열람하여 본다면 존비가 구분되고, 친소가 나뉘고, 혐의들이 분명해지고, 염치가 생겨서 예법의 큰 뜻이 세워질 것이다. 그러니 어찌 가보에 구비하지 않을 수가 있겠는가?"[101]라고 했다.

휴녕(休寧) 지방의 『가례』는 평소 "행동을 삼가고 침묵하라." "거처 출입을 신중히 하라."는 등을 주장했다. 다시 말해 "때와 장소에 상관없이 무례하지 말아야 한다."라고 했다. 그리고 "예교를 숭상하라. 예는 천지와 자연의 질서이므로 인사는 마땅히 이를 따라야 한다. 크게는 관혼상제가 있고, 작게는 행동을 삼가고 침묵하는 것이다. 크게는 왕공경상

---

97 『績溪姚氏宗譜』, 光緒 16年(1891): "愼喪葬: 夫喪以送葬以永藏, 事之大而不可忽也。叔季喪葬不明, 蔑視服制而重佛事, 以天下儉親而草葬淺土, 甚有食肉飮酒, 聞喪不奔, 拘信堪輿, 割裂以葬, 皆爲夷風, 惟效文公《家禮》行之可也。"

98 『新安宋氏族譜』, 1917: "凡喪制, 遵文公《家禮》, 以哀痛爲本。" (역자 주)

99 『歙西茫川謝氏支譜』, 1925: "冠、婚、喪、祭, 禮之大者, 先儒雲: 人家能存得此等數件事, 雖幼者, 可使漸知禮儀。(中略) 文公《家禮》, 子孫宜守而行之。"

100 『河南方氏宗譜』, 1945: "當祭祀時, 尤爲事關大節, 各具衣冠, 分列行會序次, 端立蕭恭政祭, 毋開言, 毋跛倚, 毋嬉笑, 毋搖扇, 一依朱子《家禮》, 庶無參差失儀之弊。" (역자 주)

101 『古黟環山余氏宗譜』, 1917: "爰自《家禮》中采此四者, 載于譜, 其簡略之辭義, 加以詳注或更附圖焉, 以廣其意, 庶披覽者知所取法, 則尊卑定, 親疏分, 嫌疑別, 廉恥生,而禮之大防于此立矣。豈非家譜中所應備者歟!"

(王公卿相)부터, 작게는 누항과 가실까지 이르니 어느 곳이든 하루라도 예가 미치지 않는 곳이 없다. 예는 혐의(嫌疑)를 분별하고, 시비를 밝힌다. 『시(詩)』에 "저 쥐도 가죽을 갖추었거늘 사람으로서 예의가 없네. 사람으로서 예의가 없으면"라고 말했듯이 금수보다 못한 것이다. "관혼상제는 마땅히 주자의 『가례(家禮)』를 준수하고, 거처와 출입, 경조와 교류 등은 마땅히 사마광(司馬光)의 잡의(雜儀)를 따라야 한다."[102]라고 했다.

기문(祁門) 지방의 『가례』는 "관혼상제란 집안에서 주자 『가례』를 잘 지키고 승도(僧道)를 답습해 조상의 유훈(遺訓)을 어기지 않는 것이다."[103]라고 했다. 『엽씨가보(葉氏家譜)』에 수록된 '조훈(祖訓)'에서 "시서(詩書)에 익숙하고 예의(禮義)에 밝았다."라고 했다. 즉 "빈둥거리며 놀지 말고, 송사를 즐겨하지 말고, 가업을 탕진하지 말고, 사치스럽게 낭비하지 말고, 다수로 소수를 능욕하지 말고, 강하다고 약자를 깔보지 말고, 윗사람이 되어 아랫사람을 해하지 말고, 남에게는 인색하며 자신에게만 너그럽지 말라. 선한 자는 권면하고, 악한 자는 경계하고, 어리석은 자는 거부한다."[104]라고 했다.

휘주 각 현(縣)의 가보는 보서(譜序)·범례(凡例)·가규(家規) 등에서 주자 『가례』의 준수를 강조했다. 주자의 주장에 따라 관혼상제의 의식을 성실하게 실행해야 한다고 했다. 예를 들면 『가례』의 관례(冠禮)에 대해서 다음과 같이 언급했다. "남자가 15세에서 20세가 되면 모두 관례를 행한다. 이는 부모에게 1년 이상 상(喪)이 없을 때 비로소 행할 수 있다. 행사 3일 전에 주인은 이를 사당에 고한다. 행사를 주례할 사회자를 요청함에 하루 전에 재차 주례를 확인하고, 행사에 필요한 물건을 준비한다. 다음 날 새벽에 일찍 일어나 관복(冠服)을 진열하고 순서에 따라 자리를 배치한다. 첫째, 빈객이 도착하면 주인은 그를 맞이해 사당에 오른다. 빈객이 읍하면 관자(冠者)를 자리에 앉히고 관(冠)과 건(巾)을 씌운다. 관자는 방으로 가서 심의(深衣)[105]를 착용하고, 신발을 신고 나온다. 둘째, 모자(帽子)를 덧쓰고, 조삼(皂衫)[106]을 입고, 혁대(革帶)를 착용하고, 신발을 신는다. 셋째로 복두(襆頭)를 쓰고, 공복(公服)과 복대를 하며, 가죽신의 끈을 매고, 홀(笏)을 들거나, 혹은 난

---

102 『富溪程氏祖訓家規封邱淵源合編』, 1911: "崇禮教。禮者, 天地自然之秩, 人事當然之則。大而冠婚喪祭, 小而動止語默, 顯而王公卿相, 微而閭巷家室, 無處無日不能無禮。可以別嫌疑, 明是非。詩曰: '相鼠有皮, 人而無儀, 人而無禮', 禽獸之不若也。冠婚喪祭, 當遵文公《家禮》, 居處出人, 慶吊交際, 宜守溫公雜儀。"

103 『京兆金氏家譜』, 1931: "冠婚喪祭, 稱家有無遵行文公《家禮》, 毋得襲用僧道, 有違祖訓。"

104 『葉氏家譜』, 萬曆 7年(1579): "毋游惰, 毋健訟, 毋蕩業, 毋作謠巧, 毋恣奢靡, 毋以衆暴寡, 毋以強淩弱, 毋慢上暴下, 毋瘠人肥己。善者, 獎之; 惡者, 戒之; 不悛者, 黜之。" (역자 주)

105 심의(深衣): 신분이 높은 선비가 입던 웃옷. 대개 흰 베를 사용하여 두루마기 모양으로 만드는데 소매를 넓게 하고 검은 비단으로 테두리를 둘렀다. (역자 주)

106 조삼(皂衫): 녹색이나 검은색의 깃을 둥글게 해서 만든 예복인 난삼(襴衫)을 지칭한다. (역자 주)

삼(襴衫)을 입고 가죽신의 끈을 맨다. 그리고 초례(醮禮)[107]를 행한다. 빈객은 관자에게 자(字)를 지어 준다. 관자는 행사장을 나와서 임시거처로 이동한다. 주인은 이들을 인솔해 사당에 참배하고, 웃어른을 알현하며 빈객을 대접한다. 관자가 행사를 마치고 나오면 이내 향촌의 어르신과 부친의 친구를 알현한다."[108]라고 했다. 1917년에 편찬된 『고이환산여씨종보(古黟環山余氏宗譜)』의 「가례의절(家禮儀節)」에 언급된 관례와 비교하여 절차와 내용이 거의 같고, 한 글자만 차이가 있을 뿐이었다. 『가례』의 "다음 날 새벽에 일찍 일어나 관복을 진열한다."[109]를 서씨의 종보에서는 "다음 날 이른 아침에 일찍 일어나 관복을 진열한다."[110]와 같이 '숙(宿)'을 '패(夙)'로 바꾸었을 뿐이었다.

명청(明淸)과 민국 시기의 휘주 가보는 주자의 예학으로 족인의 행위를 규범화하면서, 다른 한편으로는 윤리 사상을 더욱 강조했다. 전자는 주로 『가례』를 통해서 족인들이 관혼상제 의식의 규정을 준수하도록 강조했다. 후자는 학교 교육을 통해 주자의 '삼강오상(三綱五常)'을 주입시켜 족인을 교화시키고자 했다.

홍치(弘治) 14년의 『신안황씨통보(新安黃氏通譜)』에는 휘주 지역에서 학교를 통해 주자의 사상을 강조했던 상황을 개괄적으로 기술했다. 이르길 "바야흐로 지금은 성인이 계심에 천하가 문명화되어 수십 가구가 모여 사는 수백 리 안에 학문이 없는 곳이 없다. 하물며 주희(朱熹)가 도학(道學)의 뜻을 밝힌 곳인 신안(新安)은 어떠하겠는가? 이곳은 계속해서 여러 유학자가 배출된 곳으로 사인의 기풍이 떨쳐 일어나 사람들은 이곳을 공맹(孔孟)의 고향이라 부른다. 이곳에는 다른 군(郡)에 비해서 학교가 많이 설치되었고, 또한 크게 성했다."[111]라고 했다. 주자 자신은 학교설립 목적에 대해서 다음과 같이 분명하게 언급했다. "국가가 궁궐에 학교를 설립함에 다행히도 군국(郡國)에까지 전파되어 천하의 사인(士人)을 가르칠 수 있게 되었다. 이로써 사인은 수신(修身), 제가(齊家), 치국(治國), 평천하(平天下)의 이치를 알게 되면서 조정의 쓰임을 기다릴 수 있게 되었다."[112]라고 했다.

---

107 초례(醮禮): 관례나 혼례를 행할 때 올리는 제사를 지칭한다. (역자 주)

108 朱子, 『家禮·冠禮』: "男子年十五至二十皆可冠。必父母無期以上喪, 始可行之。前期三日, 主人告于祠堂, 戒賓。前一日宿賓。陳設。厥明宿興陳冠服。主人以下序立。賓至, 主人迎人升堂。賓揖將冠者就席, 爲加冠巾, 冠者適房, 服深衣, 納履, 出。再加帽子, 服皂衫、革帶, 系鞋。三加襆頭、公服、革帶, 納靴, 執笏若襴衫, 納靴。乃醮。賓字冠者。出就次。主人以冠者見于祠堂。冠者見于尊長。乃禮賓。冠者遂出, 見于鄉先生及父之執友。" (역자 주)

109 朱子, 『家禮』: "厥明宿興陳冠服。" (역자 주)

110 『古黟環山余氏宗譜』: "厥明夙興陳冠服。" (역자 주)

111 『新安黃氏通譜』: "方今聖人在上, 天下文明, 幾百里之區, 數十百家之聚, 莫不有學。況新安自朱夫子闡明道學, 諸儒繼出, 士風丕振, 世稱東南鄒魯之邦, 其學校之設, 視他郡宜其衆且盛也。" (역자 주)

112 『朱文公文集』 卷75: "國家建立學校之宮, 遍於郡國, 蓋所以幸敎天下之士。使之知所以修身、齊家、治國、平天

휘주 지역은 서원이 매우 많았다. 『휘주종족연구(徽州宗族硏究)』의 통계에 의하면 모두 140여 곳에 달했다. 이러한 서원의 대다수는 종족이 설립하여 관리하던 곳으로 주로 주자의 학문을 강의했다. 일부 서원은 정식으로 사액을 요청하면서 자신의 지위 상승을 도모하기도 했다. 이에 대하여 『(무원)인리명경호씨지보((婺源)仁裏明經胡氏支譜)』에서는 다음과 같이 언급했다. 이르길 "본 주(州)는 주자 조상의 묘소가 있는 고향으로, 고천(考川)[113]은 당나라 진사 호창익(胡昌翼)[114]이 학문을 강의했던 곳이다. 그래서 역대로 명경(明經) 출신 과거 합격자가 많이 배출되었다. 황경(皇慶) 연간에 용천현(龍泉縣) 출신의 후손인 주부(主簿) 호전(胡澱)의 부친은 호병문(胡炳文)을 위해 서원을 건립하고, 이곳을 강학하는 곳으로 삼았다.[115]"라고 했다. 호씨(胡氏)는 조정에 사액의 하사를 요청했고, 이에 "황제의 조서로 이곳의 신청을 허가했다."[116]라는 기록대로 '명경서원(明經書院)'이란 현판을 하사받기도 했다.

휘주 지역의 각 종족은 보통 의학(義學)·몽학(蒙學)·사숙(私塾) 등의 학교를 설립했다. 이들 학교의 주된 교육 과정은 주자 학문을 강의하는 것이었다. 예를 들면 『무원한계정씨매산지보(婺源韓溪程氏梅山支譜)』에서 족인 치화(致和)가 어릴 적부터 의방(義方)의 가르침을 계승해 종족을 가르쳐 양성하려는 취지에 대해 수록했다 이후 근검절약과 각고의 노력을 기울여 지정(至正) 7년(1347)에 고향인 송산(松山)에 의학을 설립했는데, 지화(致和)는 "의학(義學)의 설립은 원래 주자의 학문을 강의하기 위한 것이니 회암서원(晦庵書院)의 산장(山長)이 이 일을 겸임함이 마땅하다."[117]라고 했다. 분명한 것은 지화가 의학의 지위를 높이려고 했고, 학교를 통해 정씨(程氏) 종족의 자제들에게 주자 사상을 비교적 쉽게 주입하고자 했다는 것이다.

휘주(徽州) 지역 학교는 족인의 자제에게 주자 저술의 강독을 의무화했다. 이에 대해서 이르길 "무릇 인륜이란 일상의 근본으로 입신(立身)해 실천을 원칙으로 삼는다. (중략) 이는 능히 알 수 있는 것으로 예가 아닌 일은 하지 말아야 한다."[118]라고 했다. 계속해서

下之道, 而待朝廷之用也。"

113 고천(考川): 지명이름, 고수(考水)라고도 하며 무원현(婺源縣)의 자양진(紫陽鎭)에 소속된 촌락이다. 이곳은 '명경호씨(明經胡氏)'의 발원지로도 유명하다. (역자 주)

114 호창익(胡昌翼): 명경 호씨(明經胡氏)의 시조로 자는 굉원(宏遠)이고 호는 미헌(眉軒)이다. (역자 주)

115 『(婺源)仁裏明經胡氏支譜』: "本州爲文公桑梓之邦, 考川乃唐進士胡昌翼講學之地。曆世從明經舉者, 事蹟顯著。皇慶年間, 裔孫龍泉縣主簿胡澱, 爲從父胡炳文建立書院, 以爲講學之所。" (역자 주)

116 『(婺源)仁裏明經胡氏支譜』: "聖旨准該部所申。" (역자 주)

117 『婺源韓溪程氏梅山支譜』: "義學之設, 本以講明朱子之學, 宜以晦庵書院山長兼其事。" (역자 주)

118 『新州葉氏家譜』, 1925: "凡人倫日用之常, 立身行己之道。" "斯能有所感悟, 不爲非禮之事。"

"세상의 학자가 주자의 뜻과 내용을 추존하니 천하의 후손들은 성현(聖賢)의 혜택을 입지 않은 자가 없게 되었다."[119]라고 했다. 다시 말해 학교 교육을 통해서 사람들을 주자학에 몰입했고, 족인 자제 역시 성현의 은택을 입었으니 예가 아닌 일을 하지 말아야 한다고 여겼다.

더욱이 휘주의 가보는 주자의 성리학을 가규(家規)와 족법(族法)의 조항으로 만들어 철저하게 족인들의 행위를 제약했다. 『(이현)학산이씨종보((黟縣)鶴山李氏宗譜)』에서 규정한 「가전(家典)」은 모두 36개로 당시 대표성을 갖는 조항이었다. 이르길 "손수 제정한 바의 대요(大要)는 주자를 근간으로 근세의 여러 대유(大儒)의 저술도 함께 포괄했다. 4가지 예(禮)를 대강(大綱)으로 진퇴의 걸음을 신중하게 했다. (중략) 그리하여 신중히 오씨(吳氏)의 가전(家典) 20개 조항을 기록했다. 그리고 족인은 일상에 대한 규정(規定)을 아직 세우지 못하여, 대략 일치하는 13개 조항을 추가했다. 민국 5년에 이르러 15세 후손인 계군씨(啟宭氏)는 추가로 5개 조항을 더해 모두 38개 조항이 되었다. 족인은 이를 조석으로 살펴 최선을 다해 받들고 행하게 하니 각박했던 기풍은 충직하고 온후한 것으로 변했다. 이런 가르침은 여전히 자양궐(紫陽闕)의 미풍이 되었다."[120]라고 했다.

다음은 주자를 근간으로 삼고 제정했다는 「가전」은 어떤 내용을 담고 있는지 살펴보자. 가보 편찬자는 종파 개창의 의미를 지적하면서 「가전」 제정의 의의에 대해 이르길 "세속의 오류와 거짓을 없애고, 옛날의 도의(道義)를 오늘날 행하는 것에 있다."[121]라고 했다. 이를 위해 종족의 관혼상제는 "의식은 주자의 『가례』를 준수해야 한다."[122]라고 했다. 하지만 단순히 4가지 의식만으로는 충분하지 않다고 하며 족인들에게 「가전」에 대해 다음과 같이 언급했다. 즉 "힘써 배우고 실행하며 행동은 반드시 예에 적합하게 하라. 자손은 인의(人義)라는 두 글자를 마음속 깊이 새겨야 한다. 사람이 사당에서 마땅히 의관을 바르게 함을 마치 돌아가신 조부가 계신 듯이 해야 하며, 시시덕거리며 웃거나 경거망동하며 예를 어겨서는 안 된다. 형님을 보면 앉아 있을 때는 반드시 일어나야 하고, 걸을 때는 반드시 순서를 따라야 하며, 응대할 때는 반드시 이름을 사용해야 한다. 항렬

---

119 『婺源韓溪程氏梅山支譜』, 宣統 元年(1909): "使世之學者推是(文公之心)以及物, 天下後世有不被聖賢之澤者, 罕矣!"

120 『(黟縣)鶴山李氏宗譜』: "其所手訂者, 大要以朱子爲宗旨, 而旁及于近世諸大儒之書, 以四禮爲大綱, 而致謹乎步趨進退。(中略) 于是謹錄吳氏家典二十條; 復就我族所常有之事章程未立, 致多齟語者, 斟酌十三條; 民國五年十五世孫啟宭氏又增五條, 共三十八條。俾族人朝夕觀省, 著力奉行, 庶幾挽澆薄而從忠厚, 飭然有紫陽闕裏之餘風。" (역자 주)

121 『(黟縣)鶴山李氏宗譜』: "祛世俗之謬僞, 行古道于今日。" (역자 주)

122 『(黟縣)鶴山李氏宗譜』: "其儀式宜遵文公《家禮》。" (역자 주)

이 낮거나 나이가 어린 자는 존장(尊長)에게 반항해서는 안 된다. 부인은 반드시 신중하며 예의가 발라야 하고, 효성으로 시부모를 모시고, 예의로 남편을 섬겨야 한다. 부녀(婦女)는 가규를 준수하며 모든 화투 놀이와 노래 부르는 것에 엄격해야 한다."[123]라고 했다. 자손에 대해서는 "예법을 어기면 가장(家長)이 시급하게 이를 훈육해야 한다. 훈육해도 따르지 않으면 회초리를 들어야 한다. 그래도 잘못을 고치지 않으면 관아에 알리고, 쫓아내서 관계를 끊는다."[124]라고 했다. 「가전」은 족인이 마땅히 해야 할 일과, 하지 말아야 할 것, 그리고 예법에 어긋난 일에 대한 처리 방법을 매우 분명하게 규정했다. 특히 「가전」에는 이르길 "이번에 제정한 「가전」은 38개 조항으로 수신(修身), 제가(齊家), 사친(事親),[125] 돈족(敦族)[126]이 핵심이다."[127]라고 강조했다. 이런 「가전」은 주자의 예의와 성리학의 취지를 규범화한 것으로, 이를 위해 38개 조항이 각 가정에 전파되었다. 「가전」의 전파와 숙지에 대해 이르길 "무릇 정월 초나흘과 7월 17일과 동지(冬至)에는 족인들이 모두 종사(宗祠)에 모여 조상에게 제사를 지낸다. 이후 매년 이 세 차례의 행사에서는 큰 소리로 강연을 통해서 족인들에게 교훈을 일깨우고, 가정에서는 부친이 자식을 훈계하고, 형은 그 아우를 격려하고, 남편은 아내에게 이를 권면한다. 그러면 집집마다 모두 교훈을 얻게 되면서 (족인 사이에는) 겸양(謙讓)의 기풍이 만들어진다."[128]라고 했다.

『학산이씨족보』는 1917년에 편찬된 것으로 시기적으로 이미 민국 시기에 진입한 후였다. 그럼에도 『가전』은 여전히 주자를 근간으로, 사례(四禮)를 대강(大綱)으로 한다는 입장을 견지하며 족인에게 "조석으로 성찰해서 힘써 실천한다."와 "집집마다 교훈으로 삼으니 겸양이 기풍으로 자리를 잡는다."[129]를 권면했다. 이상을 통해 주자의 성리학은 휘주 지역에서 커다란 영향력을 발휘했음을 알 수 있다.

명대 중기에 편찬된 『신안황씨회통보(新安黃氏會通譜)』에는 "남송 이래 휘주의 신안(新安)은 주자가 도학(道學)을 밝혔던 곳으로 '동남에 있는 공맹(孔孟)의 나라'로 불렸다."

---

123 『(黟縣)鶴山李氏宗譜』: "篤學力行, 動必以禮", "子孫當時時以仁義二字銘心鏤骨", "人祠堂當正衣冠, 如祖考在上, 不得嬉笑褻越", "見兄長, 坐必起, 行必以序, 應對必名", "卑幼不得抵抗尊長", "婦人必須安詳恭敬, 奉舅姑以孝, 事丈夫以禮, 婦女宜恪守家規, 一切打紙牌唱小調宜嚴之。" (역자 주)

124 『(黟縣)鶴山李氏宗譜』: "違于於禮法之事, 其家長亟宜訓誨之; 誨之不悛, 則痛箠之; 不悛, 則陳于官, 而放絕之。" "于宗譜削其名。" (역자 주)

125 사친(事親): 부모를 모시는 일을 지칭한다. (역자 주)

126 돈족(敦族): 족인과 함께 정을 두텁게 하고 화목하게 지내는 일을 말한다. (역자 주)

127 『(黟縣)鶴山李氏宗譜』: "此次所訂家典三十八條, 皆修身、齊家、事親、敦族之要。" (역자 주)

128 『(黟縣)鶴山李氏宗譜』: "凡正月初四、七月十五以及冬至, 族人咸集宗祠祭祖, 嗣後每年當于此三日, 高聲對衆宣講, 令人人飫聞其訓, 歸家則父誡其子, 兄勉其弟, 夫勉其妻, 庶幾家喻戶曉, 敦讓成風。" (역자 주)

129 『(黟縣)鶴山李氏宗譜』: "朝夕觀省, 著力奉行。" "家喻戶曉, 敦讓成風。" (역자 주)

라고 했다. 민국 초기에 편찬된 『학산이씨종보』는 주자를 근간으로 삼아야 함을 주장하며 고향인 자양궐(紫陽闕)의 미풍이 되었다고 했다. 이처럼 가보에서 주자는 성리학 사상을 근간으로 생동감 있게 형상화되며 부활을 했고, 이러한 현상은 특히 남송에서 민국 시기에 간행된 휘주 지역 가보에 일관되게 나타났다. 휘주 가보의 정신적 지주였던 주자의 성리학은 이미 휘주 가보의 영혼으로 승화되었다.

수천 년간 쇠락하지 않고 면면히 계승된 가보 편찬 활동은 중국 역사상 특수한 문화 현상 중의 하나이다. 특히 휘주 가보는 그 수량이 많고, 편찬 수준도 높아서 중국 가보에서 중요한 부분을 차지하고 있다. 휘주 가보는 "구양수와 소순의 '오세도식(五世圖式)' 형식을 근간으로 삼고, 주자의 성리학적 이상을 내용으로 삼았다."라고 분석할 수 있다. 이런 가보의 기본적 골격에 대한 이해가 귀중한 역사문화 유산인 수많은 중국 가보의 정리, 분석, 연구에 도움을 제공할 수 있을 것이다. 이를 통해 중국의 역사문화를 널리 알리고, 중국의 민족정신을 함양하며, 중국인의 내적 응집력을 강화시킬 수 있고 나아가 현실에서는 중국의 평화통일이란 대업을 이룩하는 데 적극적으로 작용할 수 있다.

6
중국 가보의 도상

중국 가보 문헌 가운데 도상(圖像)은 조선상(祖先像) 주택도(住宅圖), 사당도(祠堂圖), 분묘도(墳墓圖), 서원도(書院圖), 의숙도(義塾圖), 경점도(景點圖) 등을 포함한다. 이는 중국 가보 문헌 자료를 구성하는 중요한 부문이다. 이런 도상은 그 유형이 다양하고 내용도 풍부하며, 필공(筆工) 역시 정교하다. 도상은 보통 찬어(讚語)·역문(譯文)과 짝을 이루며 중국 가보문헌의 중요한 내용이 되었다. 그러나 과거에 가보를 연구, 정리했던 연구자의 저서와 자료집, 혹은 가보 논문에는 이런 도상에 대한 언급이 거의 없었다. 중국 가보 문헌의 중요한 요소인 도상은 거의 사람들에게 주목을 받지 못했다. 2003년을 기점으로 상해도서관은 청사(淸史) 문헌 정리 사업을 주관하면서 『중국가보자료선집(中國家譜資料選輯)』의 편찬 임무를 수행했다. 필자는 이때 『도록권(圖錄卷)』 부분의 편찬을 담당했었고, 관련된 가보 자료를 수집하고 정리하여 편찬하면서 도상이 갖는 학술적·문화적·예술적 가치가 매우 높다는 점을 발견했다. 그리고 중국 가보 문헌 자원(資源)에 대한 유기적인 구성과 관련하여 도상에 대한 정리와 연구 작업은 중요한 문헌적 가치를 갖는다.

아래에서는 조선상(祖先像) 주택도(住宅圖), 사당도(祠堂圖), 분묘도(墳墓圖)와 기타 5개 부분으로 도상 내용을 소개하고자 한다.

1. 조선상(祖先像)

첫 번째는 조선상(祖先像)이다. 이는 조상의 초상으로, 많은 가보에서 유상(遺像)·상(像)으로 칭하고 혹은 희용(喜容)이라 부르기도 한다. 조선상 옆에는 가장 많게는 10여 자의 찬어(贊語)가 있다. 조선상은 가보에서 중요한 지위를 갖는데, 모두 가보 제1권의 권수에 위

<위편 그림 6-1> 주영왕(周靈王) 태자 진공(晉公)의 초상

치한다. 따라서 가보를 펼치면 가장 먼저 볼 수 있는 것이 해당 종족의 열조(列祖)와 열종(列宗)의 도상이다. 조선상의 수량은 매우 많은데 가보에 따라 몇 장에서 몇십 장에 달하기도 한다. 예를 들면 『중화각성조선상전집(中華各姓祖先像傳集)』에 수록된 전체 723종의 가보에 수록한 도상은 무려 7,511장에 달했다. 다시 말해 가보에 수록된 조상의 초상은 가보마다 평균 10장 정도이다.

가보에 수록한 조선상은 크게 3가지로 분류할 수 있다.

첫째, 종족의 시조(始祖), 비조(鼻祖), 시천조(始遷祖)의 초상(肖像)이다. 왕성(王姓)을 예로 들면 오늘날 왕성은 이성(李姓)을 누르고 중국에서 가장 많은 성씨가 되었다. 원래 왕씨의 기원은 희성 왕씨(姬姓王氏)·규성 왕씨(嬀姓王氏)·자성 왕씨(子姓王氏)와 노성 왕씨(虜姓王氏) 등 몇 가지 기원이 있다. 그중 희성 왕씨는 대다수 주류 왕성의 기원으로, 성씨의 시조는 주(周)나라 영왕(靈王)의 태자인 진(晉)이었다. 그의 후손은 진한(秦漢) 시기에 일부가 태원(太原)과 낭야(瑯琊)에 거주하며 명망을 얻었다.

그래서 다수의 왕씨 가보 서두에 배치한 조선도에는 주영왕(周靈王)·태자진(太子晉)·낭야왕(瑯琊王) 등의 초상을 수록했다. 예를 들면 『(절강)산음전매왕씨종보((浙江)山陰前梅王氏宗譜)』의 서두에는 '태조주선영왕상(太祖周宣靈王像)'을 수록했다. 또한 『(강서무원)단잠왕씨종보((江西婺源)檀岑王氏宗譜)』의 서두에는 '주영왕태자진공상(周靈王太子晉公像)'을 수록했다. 그리고 태자 진(晉)(의 초상)을 찬미하는 찬어(贊語)에 이르길 "용모가 비범한 태자는 왕씨 성의 시조로, 학을 타고 생황을 불면서 천시로 승천하셨네."[1]라고 했다.(〈위편 그림 6-1〉 참고)

태자 진의 아들에 대해서는 "부친은 본래 왕가의 태자로, 마침내 왕을 성(姓)으로 삼

1 『(江西婺源)檀岑王氏宗譜』: "仙骨太子, 肇姓王氏。乘鶴吹笙, 飛升天市。" (역자 주)

았다."[2]라고 했다. 그리고 『(절강섬현)왕씨가보((浙江剡縣)王氏家譜)』의 권두에 채색의 '낭야왕도공유상(瑯琊王悼公遺像)'을 배치했고, 왕도(王悼)에 대한 찬어로는 "자는 맹(猛)이고 영왕(靈王)이 공(公)을 낭야(瑯琊)에 분봉했다. 그래서 호를 낭야왕이라 했다. 본래는 희성(姬姓)인데 작(爵)을 씨(氏)로 삼아 희(姬)를 왕으로 바꾸었으니 그는 낭야 왕씨의 비조(鼻祖)이다."[3]라고 했다. 태자 진과 왕도를 근거로 태원 왕씨와 낭야 왕씨의 시조를 구분했다.

주진(周秦) 이래 수천 년 동안 사회 혼란과 통일과 분열의 과정이 반복되었다. 왕씨 종족은 생존의 도모를 위해 서에서 동으로, 북에서 남으로 수차례 이주를 거듭했다. 그 결과 중국 전역에 왕씨 족인들이 거주하게 되었고, 이들은 이주 후에 시작된 시천조(始遷祖)를 중시하며 그의 초상을 가보의 중요한 위치에 배치했다.

예를 들면 당나라 건부(乾符) 5년(878)에 괴계 왕씨(槐溪王氏)의 조상인 왕희상(王希翔)과 형제들은 휘주 황돈(徽州篁墩)으로 이주했다가 재차 흡현(歙縣)의 택부(澤富)로 옮겨 갔고, 마지막으로 무원 무구(婺源武口)에 정착했다. 그래서 초상에서는 '시천무구조참군공유상(始遷武口祖參軍公遺像)'이라 했고, 왕성은 무원 무구로 이주한 후에 시조가 되었다. 『(강서무원)괴계왕씨지보((江西婺源)槐溪王氏支譜)』에는 그의 초상을 서두에 배치했다. 다른 예를 들면 왕고(王皐)는 송나라 정강(靖康) 연간에 호맹태후(扈孟太后)가 남도할 때, 송의 고종(高宗)으로부터 전수부(殿帥府)의 태위(太尉)를 제수받았다. 후에 강소의 적편(荻扁)에 은거하면서 남도한 왕씨 족인의 시조가 되었다. 『(강소곤산)사산왕씨종보((江蘇昆山)砂山王氏宗譜)』를 보면 왕고 도상의 표제에는 '송주국태부남도시조자고공상(宋柱國太傅南渡始祖子高公像)'이라고 했다.

왕성 종족의 시조와 시천조의 도상이 가보에서 중요한 지위를 차지한 것은 기타 종족에게도 마찬가지였다. 예를 들면 오선(吳宣)은 당나라 희종(僖宗)의 건부(乾符) 연간에 사천의 낭주(閬州)로 이주했었다. 후에 다시 강서 무주(撫州)의 임천 석정(臨川石井)으로 이주했고, 재차 건창(建昌)의 남풍(南豐)으로 이주해 이곳에 정착했다. 이후 무주와 건창 오씨의 시조가 되었다. 『(강서)의횡당음오씨백무공방보((江西)宜橫棠陰吳氏伯武公房譜)』에서는 오선(吳宣)의 초상에 '시조선공상(始祖宣公像)'이라는 표제를 달고 서두에 배치했다. 그리고 찬어에는 이르길 "분봉받은 높은 직관과 맹가(孟家)를 마음에 두지 않으시고, 먼 산 수만 리를 건너 여러 지방은 편력했네. 강남에 이르러 시조가 되니 후손들이 영원히 그의

---

2 『(江西婺源)檀岑王氏宗譜』: "以父本王家太子, 遂以王爲姓焉." (역자 주)

3 『(浙江剡縣)王氏家譜』: "字猛, 靈王封公於瑯琊。號瑯琊王。本姬姓, 以爵爲氏, 易姬爲王, 此瑯琊王氏之鼻祖也." (역자 주)

고상한 기풍을 추앙하네."[4]라고 했다. 『(복건포성)발해서오종보((福建浦城)渤海西吳宗譜)』의 도상에는 첫 장에 오룡(吳龍)을 배치하고 '송유절천포시조상의관대기운공유상(宋由浙遷浦始祖尙義冠帶起雲公遺像)'이라고 했다. 표제에 오룡이 어느 시기(=송대), 어떤 지역(=절강에서 복건의 포성), 족인 내의 위치(=시조) 등을 하나하나 나열해 표시했다. 또 다른 사례를 보면 『(안휘동성)풍림왕씨지보((安徽桐城)楓林汪氏支譜)』에는 초상의 표제를 '송시천휴읍조접공상(宋始遷休邑祖接公像)'이라 했고, 찬어에는 이르길 "우리의 4대 조상 왕접행(汪接行)은 무(婺)에서 휴읍(休邑)로 이주하셨다. 다섯 번 이주한 이후에 자손이 번성하고 규범도 확립되었고, 9명 남자 중에 6명이 귀하게 되어 명성이 월(越) 지역을 모두 뒤덮었다. 서문(西門)씨의 명망과 조상이 남긴 은택이 영원히 지속되네."[5]라고 했다.

둘째, 근세 조상의 초상이다. 송나라 이후 제례의 첫 번째 대상은 본족의 시조와 시천조이고, 다음은 고조(高祖), 증조(曾祖), 조부(祖父), 부친(父親) 등 4대의 조상을 제사지내는 것이었다. 그래서 가보에 수록된 조상의 도상에 점차 시조와 시천조 외에도 근세 조상의 초상을 다수 수록하기 시작했다. 만약에 시조, 시천조의 조상이 상상을 가미한 것이라면, 근세 조상의 초상은 비교적 사실에 가까웠다. 오복(五服) 이내의 조상 용모와 미소 및 복장은 그림을 그린 사람이 직접 보거나 듣고서 제작한 것이었다. 그래서 근세 조상의 초상은 최근 조상의 초상이 대다수를 차지했다. 이와 관련해 광서(光緖) 18년(1884) 왕형첨(王亨添)이 편찬한 『(절강)섬북영지향왕씨속수종보((浙江)剡北靈芝鄕王氏續修宗譜)』에 수록된 근세의 초상을 도표로 정리해 설명하면 〈위편 도표 6-1〉과 같다.

도표에는 모두 30폭의 초상이 있고, 여기에는 이미 작고한 석(錫)·원(元)·형(亨)·이(利)·정(貞) 등 5개 돌림자 조상의 초상이 포함되었다. 그중에 석(石)자의 항렬은 1폭, 원(元)자는 3폭, 형(亨)자는 12폭, 정(貞)자는 3폭으로 각각 분류된다. 시기적으로 건륭(乾隆) 7년에 시작해서 마지막 초상은 동치(同治) 원년(1862)까지 120여 년에 이른다. 수록된 초상은 온화하고 점잖으며 귀태가 났고, 기색과 자태가 각기 달랐다. 도표에는 오복 이내 작고한 근세의 조상을 모두 포함했다. 섬북(剡北) 영지향(靈芝鄕)의 왕씨 족인은 제례를 지낼 때 이런 조상의 초상을 우러러보며 마음속으로 조상의 이미지를 깊게 간직했을 것이다. 나아가 이는 영지향의 왕씨를 단결시키는 내적인 구심력과 응집력으로 작용했을

4 『(江西)宜橫棠陰吳氏伯武公房譜』: "不膺王爵孟家封, 跋涉雲山幾萬重。來向江南爲始祖, 後人千古仰高風。" (역자 주)

5 『(安徽桐城)楓林汪氏支譜』: "我公大四(大四爲汪接行稱), 由婺遷休, 五傳而後, 孫衍九疇。九男六貴, 越國同庥。西門之望, 世澤長流。" (역자 주)

<위편 도표 6-1> 『(절강)섬북영지향왕씨속수종보』의 근세 조상의 도상 목록

	성명(姓名)	도상표제(圖像標題)	제작연대
1	왕석능(王錫能)	석능공유상(錫能公遺像)	건륭(乾隆) 1년(1742)
2	왕원혁(王元奕)	국학생원혁공유상(國學生元奕公遺像)	건륭 56년(1791)
3	왕원근(王元瑾)	원근공유상(元瑾公遺像)	가경(嘉慶) 원년(1796)
4	왕원점(王元點)	향빈원점공유상(鄉賓元點公遺像)	가경 4년(1799)
5	왕형법(王亨法)	형법공유상(亨法公遺像)	
6	왕형방(王亨邦)	형방공유상(亨邦公遺像)	건륭 33년(1768)
7	왕형기(王亨畿)	형기공유상(亨畿公遺像)	가경 5년(1800)
8	왕형천(王亨千)	형천공유상(亨千公遺像)	가경 14년(1809)
9	왕형응(王亨凝)	국학생형응공유상(國學生亨凝公遺像)	가경 17년(1812)
10	왕형화(王亨和)	국학생형화공유상(國學生亨和公遺像)	가경 22년(1817)
11	왕형강(王亨江)	향빈형강공유상(鄉賓亨江公遺像)	도광(道光) 2년(1822)
12	왕형구(王亨衢)	읍상생경표공유상(邑庠生景標公遺像)	도광 3년(1823)
13	왕형량(王亨亮)	향빈형량공유상(鄉賓亨亮公遺像)	도광 7년(1827)
14	왕형야(王亨埜)	기민형야공유상(耆民亨埜公遺像)	도광 8년(1828)
15	왕형풍(王亨酆)	국학생계영공유상(國學生啟榮公遺像)	도광 14년(1834)
16	왕형진(王亨津)	읍상생형진공유상(邑庠生亨津公遺像)	도광 26년(1846)
17	왕이곡(王利谷)	이곡공유상(利谷公遺像)	가경 24년(1819)
18	왕이명(王利佲)	향빈이명공유상(鄉賓利佲公遺像)	도광 7년(1827)
19	왕이신(王利甡)	기민이신공유상(耆民利甡公遺像)	도광 13년(1833)
20	왕이왕(王利旺)	기민이왕공유상(耆民利旺公遺像)	도광 18년(1838)
21	왕이홍(王利洪)	읍상생정상공유상(邑庠生廷相公遺像)	도광 19년(1839)
22	왕이순(王利順)	이순공유상(利順公遺像)	도광 2년(1822)
23	왕이절(王利節)	기민이절공희용(耆民利節公喜容)	도광 21년(1841)
24	왕이영(王利榮)	국학생이영공유상(國學生利榮公遺像)	도광 21년(1841)
25	왕이청(王利清)	기민이청공희용(耆民利清公喜容)	도광 25년(1845)
26	왕이숭(王利嵩)	향빈이숭공희용(鄉賓利嵩公喜容)	도광 25년(1845)
27	왕이방(王利坊)	이방공희용(利坊公喜容)	도광 30년(1850)
28	왕정영(王貞榮)	정영공희용(貞榮公喜容)	도광 29년(1849)
29	왕정선(王貞仙)	정선공희용(貞仙公喜容)	도광 30년(1850)
30	왕정찬(王貞燦)	정찬공희용(貞燦公喜容)	동치(同治) 원년(1862)

것으로 판단된다.

셋째, 자신 종족 가운데 명인(名人)의 초상이다. 각 종족의 시조, 시천조, 근세 조상

사이에는 종종 수백 년, 수천 년의 시간적 간극이 존재한다. 그러므로 중간에 역대 조상의 초상을 둘 수밖에 없게 되었고, 이곳에 명인, 즉 도덕(道德), 작위(爵位), 공적(功績), 문저(文著)가 뛰어난 인물의 초상을 배치하기 시작했다. 몇 가지 사례를 들면 〈위편 도표 6-1〉과 같다.

『(강소곤산)사산왕씨종보((江蘇昆山)砂山王氏宗譜)』의 서문(序文)에서 위진(魏晋)부터 청대 광서(光緖) 연간까지 대략 1,500년의 왕씨의 역사를 간략하게 소개했다. 그중 당나라 시기 조상인 왕발(王勃)의 초상을 수록하고 '당조산랑자안공상(唐朝散郎子安公像)'이라는 표제를 달았다. 왕발은 당대의 저명한 문인(文人)으로 양형(楊炯)·노조린(盧照鄰)·낙빈왕(駱賓王) 등의 인물과 함께 명성이 나면서 '사걸(四傑)'이라 불리기도 했다. 장적(張籍)은 도상 찬어(贊語)에 이르길 "나풀나풀 춤추듯 한가로운 모습은 마치 선인(仙人)과 같고, 온화한 모습은 문인(文人)과 같네. 산악의 빼어난 수려함을 모아서 규벽(圭璧)의 순수함을 잉태한 듯하다. 그리고 고상하게 사람들을 이끄시니 눈부시구나, 그 현명함이여! 그분을 생각하면 아마도 왕자교(王子喬)의 후손이거나 문중자(文中子)의 후손일 것이다."[6]라고 했다. 그리고 수많은 왕씨 가보는 진나라의 왕희지(王羲之)를 자신의 조상이라 여겼다. 예를 들면 『(절강)섬북영지향왕씨속수종보((浙江)剡北靈芝鄉王氏續修宗譜)』의 경우 왕희지의 초상을 수록하고 '진우군장군희지공유상(晉右軍將軍羲之公遺像)'이라 표제어를 달았다. 그리고 왕희지의 서법(書法)의 일부를 발췌하여 가보에 수록하기도 했다. 『(강소강음)동사왕씨지보((江蘇江陰)東沙王氏支譜)』에는 왕희지의 「초결가(草訣歌)」를 수록했고, 이르길 "돌아가신 조상 왕희지께서는 문학에 정통하신 사대부셨다. 특히 서예에 뛰어나시어 강건한 필체로 유명하셨다. 그의 초서는 맑고 새로우며 아름다웠다. 일찍이 「초결가」를 지으심에 후대 초서를 연습하는 사람들의 모범이 되었다. 그리하여 이를 족보에 기록하니 왕씨 자손이 우러러보게 하소서."[7]라고 했다.

많은 가보가 조상이 생전에 교류했던 문인과 묵객(墨客)의 초상을 수록했다. 대다수의 경우는 족인 중에 벼슬에 임관해 뛰어났던 조상의 초상을 가장 선호했다. 예를 들면 『(강소의흥)석탑오씨종보((江蘇宜興)石塔吳氏宗譜)』에서 재상을 역임했던 오존혜(吳存惠)·오우(吳宇)의 초상을 가보에 수록했다. 그리고 오존혜 초상에 '후당재상존혜공유상(後唐宰

6 『(江蘇昆山)砂山王氏宗譜』: "翩兮姍姍若仙人焉, 抑兮溫溫若文人焉。蓋其萃川嶽之秀, 而孕圭璧之精, 其所以領袖風雅, 而黼黻乎盛明。我思其人, 蓋王子喬之後裔, 而文中子之文孫歟。" (역자 주)

7 『(江蘇江陰)東沙王氏支譜』: "先祖王羲之, 文學士也。尤擅書法, 有鐵畫銀鉤之稱。其草書清逸俊秀, 曾作《草訣歌》, 爲後世習草書者所宗。茲節錄刊刻家譜, 俾王氏子孫, 有所瞻仰云。" (역자 주)

相存惠公遺像)'이라고 표어를 달았다. 『(절강상우)우읍서향여씨종보((浙江上虞)虞邑西鄉呂氏宗譜)』에서 송나라 시기 '삼관보상(三冠輔相)'이라 불린 여이간(呂夷簡)의 초상을 서두에 배치했다. 여이간은 조정에서 20여 년 중서(中書)를 역임하며 삼관(三冠)의 재상을 보필함에 황제로부터 '방정중량(方正中良)'이란 친서와 함께 '회충(懷忠)'이라고 쓴 비석을 사여받기도 했다. 재상의 지위에서 여이간은 조정의 범중엄(范仲淹)·한기(韓琦)·문언박(文彦博)·방적(龐籍)·양적(梁適)·증공량(曾公亮) 등의 인재를 천거해서 요직에 중용되도록 했다. 그리하여 '이간공상(夷簡公像)'의 찬어(贊語)에는 이르길 "돌아가신 허국(許國)의 재상을 역임한 조상 문정공(文靖公) 여이간(呂夷簡)을 찬함: 장중한 용모와 차분하신 품행으로 두 왕조의 재상을 역임하셔도 언사와 표정에 변함이 없으셨네. 그리하여 종묘와 사직이 안정되었고, 변방도 평정되었다."[8]라며 그를 높이 평가했다.

앞서 언급했던 조상의 초당도 옆에는 10여 자의 문자로 언급한 찬어를 두었다. 이를 통해 초상에 대한 모습과 업적, 공덕 등에 대해 간단명료하게 칭송했다. 보통 이런 찬어는 해당 자손이 언급했지만, 당시의 명인이 작성한 것도 있다. 그중에 황제가 내린 찬어는 등급이 가장 높은 것으로 평가되었다. 예를 들면 송나라 시기 유명한 재상인 여몽정(呂蒙正)의 경우 『(절강상우)우읍서향여씨종보((浙江上虞)虞邑西鄉呂氏宗譜)』에서 당시 인재 선발을 중시했던 상황을 다음과 같이 생동감 있게 언급했다. 즉 "순화(淳化)와 함평(咸平) 연간에 두 차례 재상을 역임하셨다. 재위 중 주머니에 장부를 지참하고 사방으로 다니며 사람을 알현할 때 반드시 어떤 인재가 있는지를 여쭙고 이를 기록하며 분류했다. 그래서 조정에서 인재를 구할 때 주머니에서 구할 수 있었다. (사후에) 허국(許國)의 공(公)으로 봉해졌고 시호를 문목(文穆)이라 했다."[9]라고 했다. 해당 가보에는 '몽정공상(蒙正公像)'을 두고 그 옆에 황제가 내린 찬어를 수록했다. 이르길 "칙찬에 이르길 돌아가신 허국(許國)의 재상인 문목(文穆) 여몽정은 도량이 넓고 학문이 충실하였다. 서로 기예(技藝)를 겨룸에 항상 앞섰고, 과거시험에서 장원을 했다. 나라의 정무에는 항상 일찍 참석하며 중서성의 삼인(三人)이 되었다. 이후 재상으로 추천되어 어진 신하가 되었다."[10]라고 했다.

절강 산음(山陰)의 왕좌(王佐)는 남송에서 공부(工部)와 호부(戶部)에서 상서(尙書)를

---

8 『(浙江上虞)虞邑西鄉呂氏宗譜』: "贊先相許國文靖公呂夷簡: 莊重之容, 鎭靜之德, 曆相兩朝, 不動聲色。宗社倚以奠安, 邊陲賴以寧息。" (역자 주)

9 『(浙江上虞)虞邑西鄉呂氏宗譜』: "淳化咸平中凡兩人相。在位夾袋中有册子, 每四方人謁見, 必問有何人才, 卽疏之, 悉分門類。朝廷求賢, 求之囊中。封許國公, 謚文穆。" (역자 주)

10 『(浙江上虞)虞邑西鄉呂氏宗譜』: "敕贊先相許國文穆公呂蒙正: 度量寬洪, 學問充實。校藝居先, 奏名第一。大政早參, 中書三人。相業推隆, 爲今良弼。" (역자 주)

역임했고 소희(紹熙) 2년(1194)에 사망했다. 『(절강소흥)산음전매왕씨종보((浙江紹興)山陰前梅王氏宗譜)』에서는 '호부상서좌공상(戶部尙書佐公像)'의 표제를 달았다. 송대 광종(光宗) 소희(紹熙) 5년(1194) 2월 10일 초상의 찬어에 이르길 "칙찬에 이르길 호걸의 재능으로 천자를 보좌하는 대관이었고, 조정에서 시국에 대한 방책(方策)을 올리니 장원급제를 하셨다. 나라의 기둥이요 주춧돌로서 후세에 모범이 되셨다."[11]라고 했다. 왕좌는 황제로부터 왕조의 동량(棟梁)이라 높게 평가를 받았다.

가보마다 조상에 대한 찬어로 다수 역대의 명신과 명상(名相)의 문장을 인용하기도 했다. 예를 들면 『(절강소흥)소읍소씨종보((浙江紹興)紹邑邵氏宗譜)』에는 소평(邵平)의 초상을 '진동릉휘평자형인공상(秦東陵諱平字衡仁公像)'이라 했고, 한(漢)나라 장사대부를 역임한 가의(賈誼)의 문장을 인용하여 찬어에 이르길 "진(秦)나라에서는 호랑이로 보았고, 한(漢)나라에서는 용처럼 흥했네. 후(侯)로 봉해져 재상을 역임하며 군주가 내리신 총애를 가슴에 품었다네. 저녁에 옷을 깁고 동릉에 오이를 심었다네. 오색찬란한 빛이 연못과 구름에 닿았네."[12]라고 했다. 다섯 번째 소탄(邵坦)의 초상은 '진별가장군휘탄자군평공상(晉別駕將軍諱坦字君平公像)'의 표제와 함께 당대 태사(太史)인 위징(魏徵)의 문장을 인용해 이르길 "강과 산을 따라 길이 있고, 관사에서 책 읽는 소리가 들리네. 천고의 학문을 추존하는 심정으로, 노래를 부르며 학처럼 가볍게 걸어가네. 봄바람에 비단옷을 입으니 은혜와 혜택은 풍요롭게 흐르네. 선생의 덕행은 강처럼 길고 산처럼 높았다네."[13]라고 했다. 『(절강상우)고우송씨종보((浙江上虞)古虞宋氏宗譜)』는 첫 번째 송굉(宋宏)의 초상에 '한선평후굉공지상(漢宣平侯宏公之像)'이란 표제를 달고, 송대 상서좌복야(尙書左僕射), 문하시랑을 역임한 사마광(司馬光)을 인용해 찬어에 이르길 "학문이 크고 박학하여 쌓이고 쌓이면서 진실하셨다. 특별히 군주를 보필하고 나라의 안위를 담당한 중신이 되셨고, 위엄스러운 용모와 덕행, 그리고 기량은 많은 관료들도 감히 따라갈 수 없었다. 그리하여 나라를 중흥시킨 인물 중에 가장 으뜸이라 칭했다."[14]라고 했다. 『(강소곤산)사산왕씨종보((江蘇昆山)砂山王氏宗譜)』는 왕공(王鞏) 초상에 "뛰어난 재주가 있었고 시(詩)에 능해서 소식(蘇軾)과 교류

11 『(浙江紹興)山陰前梅王氏宗譜』: "敕贊: 豪傑之才, 公輔之器。對策大廷, 狀元及第。柱石當朝, 模範後世。" (역자 주)

12 『(浙江紹興)紹邑邵氏宗譜』: "秦以虎視, 漢以龍興。封侯作相, 寵錫頻膺。晚作布衣, 種瓜東陵。綿綿五色, 澤及雲仍。" (역자 주)

13 『(浙江紹興)紹邑邵氏宗譜』: "一席江山之路, 吏舍書聲; 千古文老之情, 訟聲鶴步。春風被錦, 惠澤流膏, 先生之德, 水長山高。" (역자 주)

14 『(浙江上虞)古虞宋氏宗譜』: "學大而博, 積厚而誠。尤資輔翼, 社稷之臣。威容德器, 群僚莫能。中興人物, 分其首稱。" (역자 주)

했다."[15]라고 했고, 왕공과 소식에 대해서는 "피리를 불며 술을 마시고, 달이 떠야 귀가했다."[16]라고 했다. 그리고 왕공 초상에 '송태상승정국공상(宋太常承定國公像)'라 표제를 달았고, 소식은 찬어에서 이르길 "온화하고 충만하게 내리시는 은혜는 도인의 나룻배와 같았고, 장엄하고 청아함은 시인의 풍모와 같았네. 화락한 용모 순종하는 모습은 귀한 공자(公子)이고, 간결하고 용맹함은 유협(遊俠)의 덕목이 되었다네. 사람이 어찌 이를 충분히 깨달았겠는가? 이는 단지 드러난 것에 불과한 것이었네. 만약 사람이 강해져도 교만하지 않고, 역경에도 굴하지 않는다면 나이가 들어도 시들지 않는다네."[17]라고 했다.

주희는 성리학을 통해 남송 이후 가보의 출현에 커다란 영향을 주었다. 그리하여 많은 가보들이 찬어에 주희의 문장을 인용했다. 예를 들면 『(절강소흥)소읍소씨종보((浙江紹興)紹邑邵氏宗譜)』에서 소승(邵乘)의 초상을 '진산기장군휘승자원성공상(晉散騎將軍諱乘字元盛公像)'이라고 했고, 주희를 인용하며 이르길 "무력을 사용해 위엄을 떨치시고, 의로움을 밝히심이 금석과 같았네. 실제로 세우신 공적의 내용은 혁혁하셨다네. 용맹스런 자들을 규합하니 공후의 방패와 도성이 되었고, 날마다 침략에 대항하심에 천고에 명성을 떨쳤다."[18]라고 했다. 그리고 『(절강소흥)산음전매왕씨가보((浙江紹興)山陰前梅王氏家譜)』의 왕공가(王公價)의 초상을 '육육지현공가공상(六六知縣公價公像)'이라 했고, 주희(朱熹)의 찬어(贊語)를 인용해 이르길 "분전(墳典)[19]에 통달하고 재능과 경륜을 모두 겸비하심에 (군주의) 은혜로 세속에서 발탁되어 청렴의 근간을 더욱 분명하게 하셨네. 직무를 수행함에 노공은 황충(蝗蟲)의 폐해를 이리 감지하셨고, 백 리의 풍속을 관찰함에 부자에게 (타인에게) 도움을 베풀게 하여 함께 생존하려는 마음을 갖게 하셨다. 비록 과거 출신은 아니지만 더욱 사인(士人)을 빛내셨고, 위로는 군주와 아래로는 학자들 기대를 저버리지 않으셨다."[20]라고 했다. 특별히 지적하고 싶은 점은 송대 이후 일부 가보에 수록된 주희의 보서에는 위작이 많다는 점이다. 『(강소태현)왕씨족보((江蘇泰縣)王氏族譜)』에서 주희가 왕조기

---

15 『(江蘇昆山)砂山王氏宗譜』: "有俊才, 長于詩, 與蘇軾遊。軾守滁州, 公往訪之。" (역자 주)

16 『(江蘇昆山)砂山王氏宗譜』: "吹笛飲酒, 乘月而歸。" (역자 주)

17 『(江蘇昆山)砂山王氏宗譜』: "溫然而澤者, 道人艘也, 凜然而淸者, 詩人之癯也。雍容委蛇者, 貴介之公子, 而短小精悍者, 遊俠之德也。人何足以知之, 此皆其膚也。若人者, 泰不驕, 困不撓, 而老不枯也。" (역자 주)

18 『浙江紹興紹邑邵氏宗譜』: "奮武揚威, 義昭金石。實維有功, 標名赫赫。糾糾武夫, 公侯干城。日有禦侮, 千古馳名。" (역자 주)

19 분전(墳典): 원래는 삼황(三皇)의 책이라고 하는 『삼분(三墳)』과 오제(五帝)의 책이라고 하는 『오전(五典)』으로, 후에는 경전을 통칭하는 의미로 사용되었다. (역자 주)

20 『(浙江紹興)山陰前梅王氏家譜』: "識通墳典, 才裕經綸。旣蒙世擢之恩, 益篤渭垁之根。布政琴堂, 嘗存魯公感蝗之慮, 觀風百里, 每富宣弼存活之心。雖非出自科名, 實則增光仕籍。誠上不負於君, 下不負所學者也。" (역자 주)

(王肇基) 초상에 찬어를 작성했는데 이르길 "도가 사라진 지 천 년이 되자 성군의 시대와 멀어져 그 말씀도 사라졌네. 만약 선각자가 없다면 누가 우리를 일깨워 주리오. 글은 말을 다 표현하지 못하고, 그림은 그 뜻을 다 나타내지 못하네. 풍월의 아름다움은 끝이 없고, 뜰에 있는 풀들은 서로 푸름을 다투네."[21]라고 했다. 그렇다면 여기서 말하는 왕조기는 어떤 사람일까? 가보는 분명히 "홍무(洪武) 10년 정사(丁巳) 2월 3일에 출생해서 73세까지 살다가 정통(正統) 14년에 사망했다."[22]라고 기술했다. 즉 1377년에 출생해서 1449년에 사망한 것이다. 하지만 주희는 남송 사람으로 생몰연대는 1130년에서 1200년인데, 어떻게 200년이 지난 후인 명초에 등장해 찬어를 쓸 수가 있겠는가? 비록 찬어에는 그럴 듯하게 주희의 '회암(晦菴)'의 인장도 찍혀 있지만, 그 조작의 수준이 너무 조악해서 터무니없을 정도이다.

중국 가보는 앞서 언급했듯이 두 번의 커다란 발전과 변화 과정을 거쳤다. 송대 이전 가보는 주로 정치적 기능을 수행하며 임관과 혼인 등에 사용되었다. 이에 대해 "관부의 인재 선발은 반드시 장부(狀簿)에 근거했고, 집안의 혼인은 반드시 가보에 근거했다."[23]라고 했다. 하지만 송대에 이르러 가보의 역할은 주로 도덕적 교화의 기능을 수행하는 것으로 변화했다.

그래서 주로 '존조(尊祖)·경종(敬宗)·수족(收族)'의 역할이 강조되었다. 우리가 앞서 살펴본 초상의 찬어에서 역할이 변화된 가보의 흔적을 볼 수 있다. 예를 들면 『(절강소흥)산음전매왕씨가보((浙江紹興)山陰前梅王氏家譜)』에는 왕경(王瓊)의 초상을 수록했다. 원래 그는 북위(北魏)의 인물로 당시 효문제(孝文帝)가 중시했던 사족(士族)에는 최(崔)·노(盧)·왕(王)·정(鄭)의 4가지 성씨가 가장 유명했다. 왕경은 4성 중의 하나였다. 당시 혼인은 집안이 비슷한 사람끼리 이루어졌고, 왕경 역시 황제의 외척인 김씨(金氏)와 혼인을 했다. 이에 '경공지상(瓊公之像)'의 찬어는 이런 사실을 언급하며 이르길, "용모가 단정하고 엄숙했으며 식견도 탁월하다. 공손한 태도로 자신을 지키고, 검소로써 타인에게 권면했다. 대나무와 같은 모습으로 평소 향평(鄉評)의 신뢰를 받았고, 실제로 베푼 덕행으로 군주의 은총을 받았다. 그리고 친척과 인척은 의관을 사여받기도 했다. (왕경은) 태평 시절의 준걸이었고, 성세의 위대한 사대부였다."[24]라고 했다. 여기서 "외척과 인척은 의관을 사여받

---

21 『(江蘇泰縣)王氏族譜』: "道喪千載, 至遠言湮。不有先覺, 孰開我人。書不盡言, 圖不盡意。風月無邊, 庭草交翠。" (역자 주)

22 『(江蘇泰縣)王氏族譜』: "生於洪武十年丁巳二月初三, 壽七十有三, 卒於正統十四年。" (역자 주)

23 鄭樵, 『通志·氏族略』: "官之選舉, 必由于簿狀, 家之婚姻, 必由于譜系。"

24 『(浙江紹興)山陰前梅王氏家譜』: "容貌端嚴, 識量超卓。恭以持己, 儉以勵人。懿竹素孚以鄉評, 實德上膺乎天

았다."라는 언급은 당시 왕경 족인은 명문 귀족으로 특별한 대우를 받았다는 사실을 의미한다. 송대 이후에 과거제도가 발전함에 따라 성리학은 사회를 주도하는 사회사상이 되었다. 또한 삼강오상(三綱五常)을 핵심으로 하는 "존조·경종·수족"은 가보 편찬의 핵심 사상으로 자리를 잡았다. 예를 들면 『(강소무성)심씨종보(江蘇武城沈氏宗譜)』에서는 심량희(沈良僖)의 초상을 수록했는데, 원래 그는 송원(宋元) 시기의 인물로 무성(武城)의 시천조(始遷祖)였다. '양희공유상(良僖公遺像)'의 찬어에는 다음과 같이 언급했다. 즉 "명망(名望) 있는 집안을 개창하고 무성에 정착해 거주하셨으며 인효(仁孝)를 후대로 전하시어 대대로 명성을 떨치셨네."[25]라고 했다. 그리고 『(안휘적계)오천왕씨종보((安徽績溪)梧川汪氏宗譜)』는 왕유선(汪維善)의 초상을 수록했는데, 원래 그는 청나라 초기에 활동했던 인물로 가보에 이르길 "이웃 동네와 화목하고 장로(長老)를 존경했다. (중략) 평소에 어질고 의로운 인품을 강조했다."[26] 그리고 '개빈유선공상(介賓惟善公像)'의 찬어에서 이르길 "재주와 품격이 특별히 뛰어났고 효우(孝友)의 습관은 천성이 되셨네. 허식을 없애고 동족과 화목하고 종주(宗主)를 존경했네. 강직하고 방정한 절개를 지녔다는 인물평은 공정했다네. 군주께서 이전에 없는 은혜를 베푸시어 의복을 내려주시며 모범으로 삼으셨네."[27]라고 했다. 이외에도 『(복건포성)발해서오종보((福建浦城)渤海西吳宗譜)』에는 오괴영(吳魁榮)에 대해서 언급을 했다. 그는 청대 가경(嘉慶) 16년(1811)에 출생하여 광서(光緒) 16년(1890)에 사망했다. '십칠세조청향기괴영공유상(十七世祖清鄉耆魁榮公遺像)'의 찬어에서 이르길 "어르신의 풍채와 골격이 특별히 강건해 보이셨다. 나이가 팔순이 되어도 고향 사람을 알아보셨고, 사당에서 가보를 편찬하자 사재(私財)를 모두 기부하고 있는 힘을 다해 도움을 주셨다. 종주와 화합하고 동족과 화목하니 자손이 반드시 창성하리라."[28]고 했다. 앞서 언급한 3가지 찬어의 사례에서 볼 수 있듯이 남송 이후 주자의 '인효(仁孝)' 사상의 영향으로 가보 편찬의 핵심은 '동족의 화목'과 '종주의 존경'으로 변했다.

가보마다 조상의 초상과 찬어에 많은 분량을 할애한 이유를 분석하면 크게 두 가지로 볼 수 있다. 첫째, 심사록(沈士祿)은 '봉문임랑신여공상(封文林郎愼餘公像)'의 찬어에서

寵。姻聯國戚, 錫以衣冠, 誠昭代之俊彥, 盛世之偉士也。" (역자 주)

25 『(江蘇)武城沈氏宗譜』: "肇開右族, 奠居武城。仁孝之貽, 奕撰振聲。" (역자 주)

26 『(安徽績溪)梧川汪氏宗譜』: "睦鄰里, 尊長老。" "素秉仁孝之資。" (역자 주)

27 『(安徽績溪)梧川汪氏宗譜』: "才品特達, 孝友性成。黜華崇實, 睦族敬宗。剛方之概, 月旦公評。上錫曠典, 允拊芳型。" (역자 주)

28 『(福建浦城)渤海西吳宗譜』: "維翁風骨, 獨見康強。年登八秩, 識冠一鄉。祠遇修譜, 竭力解囊。和宗睦族, 子孫必昌。" (역자 주)

이르길 "공의 모습은 연세가 많음에도 넉넉해 보이고, 공의 기백은 도량이 넓고 당당하셨네. 직관은 백 리에 이르지 못했지만 재능은 삼공(三公)과 견줄 만했다네. 그리하여 소백(召伯)[29]의 명성을 이었고, 자산(子產)[30]의 가르침을 계승했다네. 지금 초상을 전함에 조상의 은덕을 쌓고 공적을 세우는 것과 같네."[31]라고 했다. 둘째는 심무(沈茂)의 '대주동지무공유상(代州同知茂公遺像)'에서 찬어에 이르길 "훌륭하도다! 무공(茂公)의 영웅과 같은 젊고 씩씩함이여. 탁월하도다! 관복을 입은 무공의 화상(畫像)이여. 비범하도다! 무공의 남다른 모습이여. 세간에서는 어진 신하로 불렸고, 행하신 덕행은 끝이 없었네. 그림 속 화상은 영원히 융성하리라."[32]라고 했다. 이상과 같이 "초상을 전함에 조상의 은덕을 쌓고 공적을 세우는 것과 같다." "그림 속 화상은 영원히 융성하리라." 등은 심씨 종족뿐만 아니라 전체 중국가보에 조상의 초상화를 수록한 목적이기도 했다.

2. 주택도(住宅圖)

두 번째는 주택도이다. 이는 이거도(裏居圖)·이지도(裏址圖)·주옥도(住屋圖)·조거도(祖居圖) 등으로 불린다. 이는 종족이 거주하는 가옥과 건물의 배치도를 말한다.

일부 촌락의 배치도는 비교적 간단하여 거주하는 주택의 방위만을 표시했다. 주택도란 사실상 거주민 주택을 그린 평면도에 해당하지만, 일부는 그 범위가 매우 광범위해서 특정한 성씨의 촌락 거주지뿐만 아니라 전체 동성(同姓)의 거주지를 포함하기도 했다. 예를 들면 하남의 통허현(通許縣)에 있는 우씨(于氏)의 거주지를 일컬어 "허읍(許邑)의 동서와 남쪽 끝에는 바둑판의 바둑돌처럼 흩어진 곳의 장(莊)이 40여 곳이 있다."[33]라고 하며 가옥을 하나하나 표기했다. 이렇게 우씨가 거주했던 통허현 전 지역을 그물망처럼 표시했다.

---

29 소백(召伯): 주(周)나라 문왕(文王)의 아들인 소공(召公) 석(奭)을 지칭한다. 『시경(詩經)』「소남(召南)·감당(甘棠)」에는 백성들이 그를 선정을 사모하는 내용의 시가 수록되어 있다. (역자 주)

30 자산(子產): 춘추 시기 정(鄭)나라의 저명한 재상, 진(晉)과 초(楚)의 역학 관계를 이용해 26년간 개혁정치를 실행하며 평화를 유지하였다. (역자 주)

31 『(江蘇無錫)梁溪沈氏宗譜』, 光緒 23年(1897): "公之貌, 蒼而豐, 公之氣, 磊落而雄。職僅司乎百里, 才實幷于三公。繼召棠之響, 續子產之風。迄今繪圖而傳像, 猶稱積德而累功。"

32 『(江蘇宜興)洋溪沈氏宗譜』, 光緒 22年(1896): "偉哉, 茂公少壯英雄。卓哉, 茂公冠帶尊榮。異哉, 茂公靡克與同。世稱良弼, 德被無窮。圖形繪像, 千古猶隆。".

33 『河南通許六營于氏宗谱』, 同治 7年(1868): "許邑東西朔南, 棋布星居者四十餘莊。"

<위편 그림 6-2> 안휘 경현(涇縣) 장향도(張香都)의 주씨(朱氏) 촌락도

다수의 주택도는 일촌(一村)의 일성(一姓)이었고, 산수와 형세에 따라 가옥을 배치했다. 촌락에 족인들의 거주 위치를 표시하는 동시에, 거주지 주변의 산수와 형세 및 교통과 수로 등도 포함했다. 예를 들면 안휘 경현(涇縣)에 위치한 장향도(張香都)의 주씨(朱氏) 촌락도가 그 사례이다.(〈위편 그림 6-2〉 참고)

그리고 안휘귀지유씨남산양(安徽貴池劉氏南山陽)의 주택도, 복건포성연호조씨(福建浦城蓮湖祖氏)의 수구(水口) 형세의 촌락도 등이 있다. 이런 주택도의 필공(筆工)은 매우 정교해서 한 폭의 수려한 산수와 가옥들을 보는 듯하다. 각 성씨는 주택도에서 촌락과 가옥의 이미지를 강조했다. 이점에 대해 이르길 "보첩 속 촌거도(村居圖)에는 가옥이 비늘처럼 빽빽이 들어차 있고, 뽕나무와 가래나무는 적막하고 고요하기만 하네. 골목이 종횡무진으로 널려 있고, 인가는 조밀해서 화폭이 마치 천 리처럼 보이네."[34]라고 했다. 그렇다면 무엇 때문에 거의 모든 가보가 화폭이 천 리처럼 보이는 촌락도를 수록한 것일까?

이런 물음에 『(절강제기)종화곽씨종보((浙江諸暨)宗和郭氏宗譜)』는 이르길 "세가 망족(望族)이 보첩을 편찬함에 반드시 지(志)에 거주했던 궁실(宮室)을 그려서 수록했다. 그리고

34 『安徽旌德三溪王氏續修宗譜』, 光緒 30年(1904): "譜牒之中的村居圖, 屋舍鱗比, 桑梓蕭森, 閭巷縱橫, 人煙稠密, 尺幅間猶千里也。"

위로는 조상께서 마련하신 터전의 규모를 밝혀서 후대 자손에게 전했다. 그런즉 외지로 이주를 해도 근원을 탐구할 수 있어서 발원했던 그 자취를 잊지 않을 수 있다. (중략) 후손들이 열람함에 터전을 마련한 조상의 공로를 잊지 않도록 하기 위함이다."[35]라고 했다. 계속해서 『(호남원강)지수안정호씨속수지보((湖南沅江)芷水安定胡氏續修支譜)』에서는 조상이 조성했던 건축 부지를 그렸고 이에 대해 이르길 "한눈에 조부의 고생과 어려움을 볼 수 있고, 또한 한 번에 자신을 계승해 이어 갈 어진 효자가 보도록 했다."[36]라고 했다. 『(호남영향)유씨삼수족보((湖南寧鄉)劉氏三修族譜)』는 주택도를 설명하면서 후세 자손이 조상의 거주지를 보면 반드시 "놀러 갈 마음이 일더라도, 눈을 감고 생각하면 존친(尊親)이 떠오를 것이다. 그럼에도 불목한다면 이보다 심한 것이 있겠는가?"[37]라고 했다.

『(안휘)정덕여씨속수종보((安徽)旌德呂氏續修宗譜)』에서는 이르길 "우리 족인은 묘수(廟首)에 거주한 지 천 년이 되었다. (중략) 지금까지 계속 거주함에 인구는 만 명이 넘었고, 호구는 천 호(千戶)가 넘었다. (중략) 그사이에 타향으로 이주한 족인은 황하(黃河)의 남북, 장강(長江)과 회수(淮水)의 상·하류, 그 밖의 큰 강 좌우 등에 별과 같이 흩어져 없는 곳이 없었다. 후에는 한 번에 알아볼 수 없을 정도가 되었다. 촌락의 지세와 풍경은 뛰어났지만 각 지파마다 낡은 가옥들이 있어서, 그곳에서 사당을 찾기란 실로 모호했다."[38]라고 하며, 묘수촌(廟首村)을 그린 이유에 대해 이르길 "우리 족인들은 멀리에 있는 타지에 거주하지만, 훗날 조상이 거주했던 곳을 묻고자 할 때 (중략) 이 그림을 근거로 삼을 수 있다. 그리고 우리 족속의 여러 세대 이후의 자손 역시 근본을 알 수 있고 근원을 생각할 수 있기 때문이다."[39]라고 했다.

이상과 같이 몇 가지 이유로 거의 모든 가보에 조상의 주거도를 수록했다. 즉 주거도를 수록한 이유를 정리하면 첫째, 가문을 일으키고 창시했던 조상의 어려움을 알리려 했다. 둘째, 타지로 이주한 족인의 경우 기원을 밝히고, 자신의 뿌리가 기원했던 곳을 잊

---

35 『(浙江諸暨)宗和郭氏宗譜』: "世家望族纂修譜牒, 必志裏居繪宮室以備載者, 上以昭前人創業規模, 下以貽後世子孫。卽遷徙居外地, 亦得溯源探本, 不忘發祥之故址也。(中略) 俾後之覽觀者, 念締造之功而弗諼焉。" (역자 주)

36 『(湖南寧鄉)劉氏三修族譜』: "一以見諸祖父輩之辛苦艱難, 一以望我支繼起之仁人孝子也。" (역자 주)

37 『(湖南寧鄉)劉氏三修族譜』: "神遊目想, 而尊親之念有不穆然而深者乎!" (역자 주)

38 『(安徽)旌德呂氏續修宗譜』: "惟思吾族世居廟首已千年矣 (中略) 綿延至今, 人丁逾萬, 戶逾千 (中略) 其間遷徙僑寓他邦, 黃河南北, 長淮上下, 大江左右, 星羅棋布, 無地無之。後固一無所覯, 而村落形勝及各居各支老屋所在, 祠宇所在, 更爲茫昧。" (역자 주)

39 『(安徽)旌德呂氏續修宗譜』: "俾吾族遠居異地者, 他日欲問祖居所在 (中略) 按此圖爲依據。而吾族奕世子孫亦可以知本而思源焉。" (역자 주)

지 않기 위함이었다. 셋째, 후대 자손에게 존친(尊親) 의식의 고양과 효자가 되기를 바랐기 때문이다.

주택도의 문자 설명에서 볼 수 있듯이 각 족인의 주택도는 인간과 자연이 조화를 이루는 곳을 세심하게 선별했다. 거주환경과 생태계가 서로 어우러지며 산수가 수려한 곳을 중시했다. 예를 들면 『(사천단현)촉단범씨족보((四川鄲縣)蜀鄲茫氏族譜)』에는 한 편의 시를 인용하여 조상이 후손에게 남긴 주택도를 소개했다. 즉 "작은 격자의 창은 서울을 향해 있고, 물이 한번 굽어 흐르는 곳이 우리 집이네. 행인은 문(門)의 한 곳을 가리키고, 푸르른 대나무는 빽빽하게 굽이쳐 있네."[40]라고 했다. 또한 『(절강포양)포양도씨종보(浙江浦陽浦陽陶氏宗譜)』에서는 도씨(陶氏)의 봉산(鳳山) 주택도를 설명하면서 "봉산(鳳山)은 연산(燕山) 위에 우뚝 솟아 있고, 흰 모래는 하류로 흘러가네. 황강(黃綱) 안으로 언덕이 있고, 형산(荊山)이 밖으로 병풍을 이루었네."[41]라고 했다. 도씨의 조상은 "진실로 수려한 산수와, 유순하고 순박한 풍토를 보고서 마침내 그곳에 가옥을 지었다네."[42]라고 하면서 도씨 자손이 번성하는 풍수의 길지(吉地)라고 했다. 『(산동영양)장촌여씨종보((山東寧陽)章村呂氏宗譜)』에서는 산동 영양(寧陽) 여씨(呂氏) 조상이 자신 족인의 거주지로 선택한 영양의 장촌(章村) 촌락을 소개했다. 이곳을 수려한 땅이라 하며 이르길 "동쪽에 유산(柳山)이 있어 일거에 빼어나게 솟았네. 남쪽에는 옥병풍이 있어 돌을 채취하니 찬란하게 빛나네. 서쪽엔 평평한 양지가 푸르게 솟아 있고, 북쪽은 커다란 평지로 둘러싸여 있네. 온 산이 아름다운 듯이 품고 있고 은혜는 높고 웅장하네. 양호(陽豪)는 화표(華表)처럼 솟아 있고, 전장에서 사용한 깃발과 북은 간문(桿門)에 솟아 있네. 푸른 물은 유유히 돌아서 흐르고, 나무가 울창한 숲은 푸른색을 띠네. 신령스러운 기운이 이곳에서 나오니 진실로 형세가 좋은 곳이네."[43]라고 했다.

종족마다 선택한 주택지를 모두 산수가 수려한 좋은 땅으로 소개하며 "산수 그림 속에 있는 인가", 혹은 "인걸을 만들고, 인적을 모이게 하는 신령한 땅" 등으로 묘사하며 후손이 흥성할 곳이라 했다. 예를 들어 『(안휘흡현)고흡의성주씨종보((安徽歙縣)古歙義成朱氏宗譜)』에서는 간결하면서도 분명하게 주택도를 설명했다. 이르길 "돌은 옥을 감추고 있

40 『(四川鄲縣)蜀鄲茫氏族譜』: "小小房櫳向京華, 一灣流水是吾家。行人指點門何處, 翠竹森森曲徑斜。" (역자 주)

41 『(浙江浦陽)浦陽陶氏宗譜』: "鳳山者, 燕山上聳, 白沙下溁, 黃網內峙, 荊山外屛。" (역자 주)

42 『(浙江浦陽)浦陽陶氏宗譜』: "誠仿其山水之秀麗, 覲斯風土之沃淳, 遂築室于斯。" (역자 주)

43 『(山東寧陽)章村呂氏宗譜』: "東有柳山, 一拳秀起。南有玉屛, 彩石生輝。平陽聳翠于西, 大坪環拱于北。他如全山擁秀, 甘露崔巍, 聳陽豪于華表, 峙旗鼓于桿門。抑且碧水悠悠而環繞, 茂林鬱鬱而青蒼, 靈秀之氣鐘毓于斯, 誠勝地也。" (역자 주)

어 산이 빛나고, 물은 진주를 품고 있어 냇물이 아름답네. 신령한 땅의 기운이 인걸을 만들고, 인적이 있는 곳에 사람이 모이네."[44]라고 했다. 『(강소여고)호씨세보((江蘇如皐)胡氏世譜)』는 주택도의 석문(釋文)에서 자신의 족인은 200여 년 동안 자손이 창성했고, 이를 통해 영험한 땅에서 인물이 난다는 이치로 설명했다. 이르길 "사람들은 신령한 땅의 기운이 인걸을 만든다고 한다. 하지만 시종일관 나는 인걸이 영험한 땅의 기운으로 인한 것이 아니라고 본다. (중략) 나의 5대 조상인 국부공(國富公)은 방천(芳泉)으로 이주했다. 이후 역대 10대 남짓 200여 년을 거치면서 가문은 면면히 창성해서 후손들이 이렇게 번성했다. 이는 신령한 땅의 기운 때문이 아니고, 조상의 은택이 후세까지 오랫동안 전해졌기 때문이다."[45]고 했다. 계속해서 『(절강상우)고우주씨종보((浙江上虞)古虞朱氏宗譜)』의 주택도 역시 이런 이치를 언급하면서, 이르길 "이에 주항양택도(朱巷陽宅圖)를 만들고 주석을 달아 우리 조상께서 신령하고 아름다운 산수(山水)를 선택하시어 자손들이 창성했음을 보였다."[46]라고 했다.

주택지의 환경을 이처럼 중시한 까닭은 특정한 족인의 번성과 번영은 자손의 흥성과 연관된다고 보았기 때문이다. 그래서 족인마다 가보에 주택도를 수록했고, 동시에 주택지의 계약문서도 함께 게재하여 경제적 분쟁을 미연에 막고자 했다.

예를 들면 『(호남원강)지수안정호씨속수지보((湖南沅江)芷水安定胡氏續修支譜)』의 주택도 뒷장에 수록한 건물 부지에 대한 계약서는 도광 18년(1838)에 형제간에 거래한 토지매매 자료이다. 여기에서 호씨(胡氏) 족인인 종술(宗述)과 종촉(宗钃) 형제는 사업의 폐업과 개업을 이유로 자신 집안의 마토(麻土), 이상(二廂)과 죽산(竹山)의 토지를 매매했다. 이르길 "친형인 종사(宗仕)를 불러 그의 명의로 재산을 매매했다. (중략) 시세로 토지 가격은 전(錢) 19관(串) 800문(文)이다. (중략) 매매한 후에 주인의 뜻대로 우물을 파고 물을 가두면 음양이 서로 평안해 모든 막힘이 없어지고 어려움이 생겨나지 않을 것이다. (중략) 지금 주인이 이 계약문서를 주인의 후손에게 주니 영구히 보관해 생업의 증거로 삼기를 바란다."[47]라고 했다.

---

44 『(安徽歙縣)古歙義成朱氏宗譜』: "石韞玉而山輝, 水含珠而川媚。地靈人傑, 人籍地鐘。" (역자 주)

45 『(江蘇如皐)胡氏世譜』: "人謂地靈, 由於人傑。我謂人傑, 未始不由於地靈也。(中略) 我氏自五世祖國富公東遷於芳泉, 其所以能曆世十世有奇, 曆二百年有奇, 瓜綿椒衍, 保世以滋大者, 未始不由於地多旺氣, 與夫遺澤孔長也。" (역자 주)

46 『(浙江上虞)古虞朱氏宗譜』: "爰作朱巷陽宅圖并注, 以見吾祖能擇山水之靈秀, 故得子孫之繁昌。" (역자 주)

47 『(湖南沅江)芷水安定胡氏續修支譜』: "召到胞兄宗仕名下承買爲業", "時値土價錢十九串八百文正。" "自賣之後, 任從錢主開挖蓄禁, 陰陽兩便, 百爲無阻, 斷不外生枝節", "今欲有憑, 主此文契一紙, 待與錢主子孫, 永遠收執管業爲據。" (역자 주)

어떤 가보는 서면의 계약서를 수록한 것 외에도 택지와 관련된 경제 분쟁의 내용을 도안 형식으로 수록하기도 했다. 예를 들면 『(호남상담)중상석씨사수족보((湖南湘潭)中湘石氏四修族譜)』의 경우 '석씨호전산안권도(石氏湖田山案卷圖)'라는 표어로 호전산(湖田山)의 공동재산과 저수지에서 물을 대는 음전산(蔭田山)의 평지를 100여 년 동안 석씨의 사당에서 관리했던 내용을 기록했다. 아울러 함께 기재한 신구 계약서는 그 내용이 매우 분명했다. 이후 광서(光緒) 연간에 송(宋)씨가 계약서의 내용을 몰래 바꾸고, 석(石)씨 소유의 산이 인접한 곳에 작은 도랑을 만들어 저수지의 물을 끌어들였다. 그로 인해 석씨의 산전(山田) 80여 무(畝)가 황무지가 되고 말았다. 석씨는 이런 사실을 관아에 고발했고, 3번에 걸쳐 심리를 열자 결국 송씨는 소송을 포기하고 원래의 계약도 대로 도랑을 복원했다. 이를 두고 이르길 "지금 이 그림을 보존하니 족인들과 함께 통독하고 후손에게 전하라."[48]라고 했다. 그리고 다수의 유사한 계약문서를 가보에 삽입해 보존하였다. 이런 목적은 후대 자손이 영원토록 이러한 명당을 보존하고, 경제적 분쟁 발생을 미연에 방지하고, 의외(意外)로 발생할 수 있는 문제에 대처해 후손의 창성을 도모하기 위함이었다. 당연히 이러한 계약문서는 당시 사회경제 상황을 연구하는 중요한 일차 자료에 해당한다.

중국의 봉건사회는 자급자족에 기초한 소농 경제의 사회였다. 이런 사실은 주택도에 고스란히 반영되었다. 동성이 모여서 거주하는 촌락의 경우 다른 성씨와 뒤섞이는 것은 거의 불가능한 일이었다. 예를 들면 『(절강상우)고우주씨가보((浙江上虞)古虞朱氏家譜)』에서는 "송나라 건염(建炎) 이래 지금까지 400여 년 동안 돌아가며 인재들이 출현했다. 이곳에 거주하는 동안에 다른 성씨가 섞일 틈이 없었다. 사방은 산으로 둘러싸여 성곽과 같이 솟아 있고, 물줄기는 휘돌아 흘렀다."[49]라고 했다. 이런 동성 취락의 특징은 다음과 같은 시구(詩句)로도 묘사되었다. 즉 "서로 만날 때 성과 이름을 밝히지 않고, 다만 어느 촌에 사는지만을 물었네."[50]라고 했다. 이는 길 가는 사람을 만나 서로 인사를 나눈다는 말인데, 자신의 성을 밝힐 필요도 없고, 내가 어느 마을에 살고 있는지만 말하면 성씨는 저절로 분명해진다는 뜻이다. 동성이 함께 촌락을 형성하며 연결되었기 때문에 당시 많은 촌락은 성씨로 명명되기도 했다. 예를 들어 『신안명족지(新安名族志)』의 기록에 따르면 안휘 흡현(歙縣)의 20여 개 종족은 자신의 족성(族姓)을 이주 후 지명으로 삼기도 했다. 그

48 『(湖南湘潭)中湘石氏四修族譜』: "今存此圖, 以俟合族通閱, 垂示後人。" (역자 주)

49 『(浙江上虞)古虞朱氏家譜』: "自宋建炎迄今四百餘年, 人才代出, 居處此間, 無間異姓, 而四山環峙如城, 一水盤旋似帶。" (역자 주)

50 方士庹, 『新安竹枝詞』: "相逢哪用通名姓, 但問高居何處村。"

래서 황촌(黃村)·송촌(宋村)·왕촌(王村)·진촌(陳村)·요촌(姚村)·강촌(江村)·주촌(朱村) 등이 되었다.

상업경제의 발전으로 폐쇄적인 자급자족 경제는 점차 와해되었다. 동성 촌락은 점차 이성과 잡거하는 곳으로 변했다. 그래서 어떤 주택도의 석문(釋文)에는 이런 변화의 내용을 수록하기도 했다. 예를 들면 『(호남상음)나강황씨가보((湖南湘陰)羅江黃氏家譜)』의 '주옥도기(住屋圖記)'에는 1928년의 농촌 주거와 경제적 상황을 반영했다. 이르길 "우리 집안은 모두 상경방(尙景房)의 후손으로 하나의 촌락에 집거하지 않았다. 특정한 촌락에 절반은 모두 다른 성씨와 함께 살았다. (중략) 다른 성씨와 섞여 살았기 때문에 풍습이 서로 달랐다. 주민의 절반은 농업에 종사했고, 소상인과 수공업을 겸비했던 집안들도 비교적 많았다. 종족에 대한 유대감이 강했고, 유가의 학술을 추존했으며, 검약하면서도 인색하지는 않아서 가히 칭찬할 만했다. (중략) 벼와 콩을 생산하고, 특히 콩 판매를 주업으로 삼았다. 돼지 사육을 많이 했고 여성은 방직할 줄 알았다. 그래서 거래되는 물건 중에 돼지와 면포도 있었다. 이 밖에 장작, 토란, 대나무, 차, 삼베 등도 필요한 만큼 충분히 제공되었다."[51]라고 했다. 이는 호남 상음(湘陰)의 나강(羅江) 농촌에서 황씨(黃氏)를 중심으로 다른 성씨와 잡거하는 자연경제 상황을 언급한 것이다. 그럼에도 이미 상품경제가 일정하게 발전한 상황을 생동감 있게 기술했다.

『(절강은현)은고당동씨가보((浙江鄞縣)鄞高塘董氏家譜)』의 「동씨전도기(董氏全圖記)」에서는 동씨 일족이 은현(鄞縣) 고당두(高塘頭)에 분포하여 거주했던 상황과 1935년 다른 성씨인 고씨(高氏)·하씨(何氏)·왕씨(王氏)·은씨(殷氏) 등의 거주상황을 함께 기술하면서 "단편적인 기록과 항간의 소문으로 전해졌거나, 혹은 여러 군자들이 구술한 것을 함께 수록했다."[52]라고 했다. 본문에는 담장을 따라 벽에 인접한 곳에 있는 고당두의 서가조(徐家漕)·귀옥기(歸屋基)·종덕당(種德堂)·수방(壽房)·판교(板橋)·고가조(高家漕)·수덕당(樹德堂)·정의당(正誼堂)·친인소학(親仁小學)·영덕당(寧德堂)·육일산방(六一山房)·고안구화회(高安救火會)·보위단(保衛團)·회룡교(回龍橋)·회란교(回瀾橋)·영횡차도(寧横車道) 등의 건물과 정부기관을 하나하나 열거하며 소개했다. 비록 동씨전도(董氏全圖)라고는 했지만 실은 도당도 지역에 있는 지방잡지에 해당한다. 이를 통해 민국 이후 각 성씨가 함께 섞여 생활하는

---

51 『(湖南湘陰)羅江黃氏家譜』: "本門皆爲尙景房裔, 居非一村。而一村之中, 半皆與異姓雜處。" "與異姓雜居, 故其風尙亦不一致。居民大半力農, 而兼爲小販爲工者, 較各門稍多。富於宗族感情, 趨重儒術, 且儉約不流嗇, 尤爲可風。" "產稻穀、泥豆, 輸出尤以泥豆爲大宗, 喜飼豕, 女能紡織, 故小豕、棉布亦爲出口之一。其餘柴薪、芋、竹、茶、麻之屬, 亦足供其要需。" (역자 주)

52 『(浙江鄞縣)鄞高塘董氏家譜』: "斷簡殘編之記載, 街鎭巷語之流傳, 並及襄理諸君子所口述。" (역자 주)

상황과 구화회(救火會)·보위단(保衛團)이라 불리는 근대적인 기관이 촌락과 진(鎭)에 설치되는 과정을 볼 수 있다. 이는 20세기 30년대 농촌과 향진(鄕鎭)의 사회, 경제, 문화 및 풍속을 한 폭의 파노라마처럼 보여 주는 그림이다.

3. 사당도(祠堂圖)

세 번째는 사당도이다. 사당도는 종묘도(宗廟圖)·가묘도(家廟圖)·종사도(宗祠圖)·사우도(祠宇圖)·종당도(宗堂圖)·신단도(神壇圖)·향당도(享堂圖)·향사도(享祠圖) 등으로도 불린다. 사당은 조상에게 제사를 지내는 장소이다. 사당도의 그림은 대다수 사당의 건축양식, 골격구조의 도안이며 사당의 산수도 등을 포함한다. 예를 들면 호남 장사(長沙)의 「선읍사당도(善邑祠堂圖)」가 이러한 사례이다.(〈위편 그림 6-3〉 참고)

해당 그림은 사당의 모습만이 아니라 사당 주변의 산수의 모습도 배치해서 전체 사당을 일목요연하게 볼 수 있게 했다. 그리고 사당의 제기(祭器)와 조상의 위폐를 배치한 순서 등의 그림도 별도로 두었다. 사당의 관할 범위를 근거로 보면 특정한 종족의 사당도가 가장 많다. 어떤 경우는 총사도(總祠圖)와 지사도(支祠圖)가 있고, 혹은 성(省)에 하나 밖에 없는 통사도(統祠圖)도 있고, 몇 개의 성(省)을 포괄하는 합사도(合祠圖)도 있다.

<위편 그림 6-3>
호남((湖南) 장사(長沙)의
「선읍사당도(善邑祠堂圖)」

명청 시대 가보를 펼쳐보면 종족 사당과 그 석문(釋文)을 족보의 중요한 위치에 배치하여 그 역할을 강조했다. 그렇다면 어찌하여 종족 사당의 그림을 배치하고 주석한 것일까?

『(호남영향)위녕동성이씨족보((湖南寧鄉)潙寧東城李氏族譜)』는 이에 대해 "이에 토지와 의식(儀式)을 그림으로 가보에 수록한 것은 선령을 평안하게 후손에게 보여 주기 위한 것이다."[53]라고 설명했다.

『(호남장사)홍당방초씨육수보((湖南長沙)洪塘房楚氏六修譜)』는 "사당을 어찌하여 그림으로 그렸는가? 그 뜻은 영구히 보존하기 위함이다. (중략) 후손들로 하여금 이 그림을 보고 한 번에 옛 조상들이 터전을 일군 어려움과 노고를 느끼도록 하기 위함이다. 그래서 사당을 수시로 보수하고, 때에 따라 관리하도록 하기 위함이다. 이렇게 하면 사당은 영구히 보존되고 그림 역시 이와 더불어 영원할 수 있다."[54]라고 했다.

『(절강순안)안휘적계강씨효자대민공파종보((浙江淳安)安徽績溪薑氏孝子大民公派宗譜)』는 "사당은 반드시 그림으로 그려서 가보에 수록해야 한다. 이는 시조로부터 수 세대가 지나 멀어진 후손들이 둘러싼 가묘의 담을 불법으로 침범해 잠식할 것을 염려했기 때문이다. 이에 유품으로 방에 남겨진 궤짝에는 그림을 수록한 고서가 있었다. 그림은 상세한 주석을 통해서 터전을 마련할 당시 조상의 어려움을 보여 주었다. 이렇게 옛날의 가묘(家廟)를 자손에게 그림으로 전하면 은연중에라도 조상을 생각하지 않을 수 있겠는가? 옛 제도를 고찰함에 제도가 시작된 원인과 그렇게 발전한 이유를 알 수 있고, 이로써 부족한 점도 보완할 수 있다. 이처럼 사당을 관리하는 일에 도움이 되어 제사의 예법이 더욱 분명해질 것이다."[55]라고 했다.

『(강서만재)창전종씨복방지보((江西萬載)昌田鐘氏福房支譜)』에서는 이르길 "사당을 그린 그림이 있는데 재차 설명을 더한 것은 무엇 때문인가? 이는 아마도 그림은 단지 대략적인 형세만을 표현할 수 있기 때문일 것이다. 용(龍)은 어디서 왔고, 모래는 어디로 가는지, 산골짜기의 물은 흘러 어디에서 합쳐지는지 구체적으로 알 수 없는 것이다. 사당의

---

53 『(湖南寧鄉)潙寧東城李氏族譜』: "爰爲圖, 著於譜, 圖其地, 圖其式, 而妥先靈, 示來許, 胥於是乎在。" (역자 주)

54 『(湖南長沙)洪塘房楚氏六修譜』: "祠何以圖, 爲志不朽也。(中略) 蓋欲使後之人, 一覽斯圖, 鹹念昔人經營之苦, 創造之勞, 時加修葺, 時加整飾, 則祠得以不朽焉者, 而圖亦與之俱不朽焉耳。" (역자 주)

55 『(浙江淳安)(安徽績溪)姜氏孝子大民公派宗譜』: "祠堂必具圖於家譜者, 以去祖逾遠, 曆世云遙, 恐後子孫侵繚以周垣之地, 據東西遺櫃之房, 故書一圖, 尤分注詳細, 以見開基時締造艱難, 猶必仿古制之家廟, 以遺後後之人, 可弗想其隱念, 稽諸舊制, 因其所已創, 求其所必至, 成其所未備, 而益經理祠事, 以光昭祀典也乎。" (역자 주)

유래와 시세의 변화를 그림만큼 더 잘 설명할 수 있는 것은 없기 때문이다."[56]라고 했다.

앞서 인용한 내용을 통해 알 수 있듯이, 각 족인은 가보를 편찬할 때 자신의 사당을 그림 형식으로 수록하고 설명을 덧붙이는 방식을 사용했다. 그 목적은 후대 자손이 그림을 보고서 사당의 유래와 시대의 변천을 알게 하기 위함이었다. 그리고 이를 통해 조상이 사당의 터전을 마련할 때의 고난과 운영 과정의 어려움, 유지와 발전에 기울인 노고를 기념하기 위해서였다. 이 외에도 후손이 수시로 사당을 보수하고, 때에 따라 장식을 해서 영원토록 거룩하게 제사를 지내는 곳으로 만들도록 하기 위함이었다.

가보에는 짙은 색채를 사용해 사당도에 주석을 달았는데, 이는 사당과 종묘의 유구한 역사와 사당에 대한 갖은 사람들의 남다른 인식과 밀접한 관계가 있다.

종묘는 고대로부터 사람들이 조상을 숭배하고 제사 의식을 진행하는 곳이었다. 선진시기 문헌에는 이와 관련된 수많은 기록이 있다. 예를 들면 『예기(禮記)』에서 이르길 "군자는 궁실을 관리함에 종묘를 가장 우선시한다."[57]라고 했다. 다시 말해 군자와 사대부는 궁실을 건축할 때 가장 먼저 조상을 제사하는 종묘를 건축했다. 이런 이유에 대해서 이르길 "종묘는 조상의 영혼이 안장된 곳이며, (조상을) 추존하며 제사 지내는 곳이다. 자손은 이를 보수 관리를 해야 함을 간과해서는 안 된다."[58]라고 했다. 계속해서 "전(傳)에 이르길 춘추 시기에 조묘(祖廟)를 손질해 제기를 진열하고, 의복을 준비해 제철 음식을 올린다. 이를 통해 조상은 비록 자손과 형체는 서로 떨어져 있지만, 정신은 서로 소통할 수 있다."[59]라고 했다.

여기서 주장하는 것은 군자는 조상의 종묘를 건축해 조상에게 제사를 지내야 한다는 내용이다. 다시 말해 조종(祖宗)과 자손들 사이가 물리적으로 서로 분리되었지만 제사를 통해 정신과 영혼은 서로 소통할 수 있다는 것이다. 『예기·왕제』는 고대 종묘의 건립을 예의 제도적 관점에서 구체적으로 규정을 했다. 이르길 "천자는 7묘(廟)를 설치함에 좌측의 3개 소묘(昭廟)와 우측의 3개 목묘(穆廟),[60] 그리고 중간에 태조(太祖)의 묘로 모두

---

56 『(江西萬載)昌田鐘氏福房支譜』: "祠堂有圖, 而復加說者, 何也? 蓋圖只能表現形勢大略, 凡龍從何來, 砂從何轉, 溪水之源流從何開闔, 俱缺然不詳; 至祠堂之來歷, 與時勢之變遷, 更非圖可得以形容者也。" (역자 주)

57 『禮記·曲禮下』: "君子將營宮室, 宗廟爲先。" (역자 주)

58 『(湖南湘鄉)桑棗園王氏族譜』, 1930: "宗廟者, 乃祖宗精靈所依, 又爲崇享之地, 爲子孫者, 宜經營保守, 未可忽略視之耳。"

59 『(湖南益陽)芭茅灘曹氏支譜』, 1931: "傳曰: 春秋修其祖廟, 陳其宗器, 設其裳衣, 薦其時食, 蓋祖宗之于子孫, 隔其形體, 通者神明。"

60 삼소삼목(三昭三穆): 좌측의 3개 소묘(昭廟)에는 문왕(文王), 고조(高祖), 조(祖)를 두고, 우측의 3개 목묘(穆廟)에는 무왕(武王), 증조(曾祖), 부친(父親)의 위패를 배치한 것이다. 여기서 묘(廟)란 위패를 지칭한다.

7개이다. 제후는 5묘로 2소묘와 2목묘, 그리고 태조의 묘와 함께 모두 5묘다. 대부는 3묘로 1소묘와 1목묘, 그리고 태조의 묘와 함께 모두 3묘이다. 사인은 1묘이고, 백성들은 집에서 제사만 지낸다."[61]라고 했다. 다시 말해 고대의 조상에 대한 제사에는 천자는 7묘(七廟)이고, 제후는 5묘(五廟)이고, 대부는 3묘(三廟)이고, 사인(士人)은 1묘(一廟)라고 했다. 그리고 일반 백성은 묘(廟)가 없기 때문에 자신이 거주하는 곳에서 제사만 지낸다고 했다. 이런 내용은 선진시기에 이미 예제를 통해 조상의 종묘를 엄격하게 규정하고 있음을 알 수 있다. 비록 제례의 의식 규정은 서로 달랐지만 군주와 신하 및 백성이 모두 조상을 숭배하는 제사였다는 점은 동일했다.

진대(秦代)의 종묘 규정에 대해 "진(秦)나라는 옛 제도로 바꾸자 신하들은 감히 사당을 세우지 못했다."[62]라고 했다.

서한(西漢)에 이르러 민간의 사당(祠堂) 건립이 촉진되었다. 이르길 "한(漢)나라가 흥하고 비로소 묘지에 사당을 건립하며 비로소 사당이 등장하기 시작했다. 사(祠)라는 것은 옛것으로 돌아가 다시 시작하도록 사람을 가르쳐서, 자신이 생겨난 근본을 잊지 말도록 하는 것이다."[63]라고 했다. 또한 이르길 "한나라가 흥하자 이내 묘소에 사당을 세웠는데, 사당은 혼이 깃든 곳이고 묘는 넋이 잠든 곳이다. 묘소에 세워진 사당은 원래 양지에서 신령을 구하고, 음지에서 의리를 구하는 곳이다."[64]라고 했다. 이처럼 한나라에 이르러 사당은 묘지 옆에 건축했고, 보통 '당(堂)'이라 불렀다. 다수는 석재를 사용했기 때문에 '석실(石室)'로 부르기도 했다.

위진(魏晉) 이후 민간의 사당 건립은 상대적으로 발전이 완만했다. 이때는 작위(爵位)와 공적(功績)이 있는 자만이 향리에서 사당을 건축할 수 있었다. 예를 들면 호남 영향(寧鄕)의 역후(易侯)라는 인물은 진회제(晉懷帝) 시기 효렴(孝廉)으로 벼슬을 시작해 의양(宜陽)에서 근무했다. 이후 병사를 모집해서 조위(曹魏)와 교전하다 포로가 되었지만 변절하지 않고 순국했다. 이에 진(晉)나라 명제(明帝) 시기에 "정절(靖節)이란 시호를 하사하고, 고향인 유양(瀏陽)의 태호산(太湖山)에 사당을 내렸다. (중략) 진에서 명(明)까지 수차례 봉

(역자 주)

61 『禮記·王制』: "天子七廟, 三昭三穆, 與太祖之廟而七。諸侯五廟, 二昭二穆, 與太祖之廟而五。大夫三廟, 一昭一穆, 與太祖之廟而三。士一廟。庶人祭于寢。" (역자 주)

62 『(湖南寧鄕)易氏九修宗譜』, 光緒 16年(1890): "秦變古制, 臣下罔敢立廟。"

63 『(湖南寧鄕)易氏九修宗譜』, 光緒 16年: "漢興, 始得建祠于墓, 于是乎有祠。祠者, 所以教人反古復始, 不忘其所生也。"

64 『(湖南)醴陵汪氏譜系』, 1919: "漢興, 乃立祠于墓所, 蓋祠以棲靈, 墓以藏魄。祠于墓所者, 本求神于陽, 求形于陰之義也。"

작과 직관을 사여받은 후에 제사를 지내는 의식은 더욱 성대해졌다."[65]라고 했다.

송대(宋代)부터 족인은 자신의 사당을 건축하기 시작했고, 명청 시기에 이르러 수량이 급격히 증가했다. 이러한 추세는 성리학의 발전과 밀접한 관련이 있다. 원래 성리학은 "효는 모든 행실의 으뜸"이고 "덕행 중에 효(孝)보다 더 큰 것은 없다."라는 등 효행 의식을 고취했다. 유교의 '삼강오상(三綱五常)'이란 윤리와 도덕의식은 당시 사대부의 대폭적인 지지를 받았고, 사람들의 마음속에 깊게 자리 잡게 되었다. 그로 인해 조상에게 제사를 지내는 장소인 사당 역시 자연스럽게 그 지위가 높아질 수밖에 없었다.

정호(程顥)·정이(程頤) 및 주희(朱熹) 등 성리학의 대가 가운데 특히 주희는 사당에 대해 많은 언급을 했다. 그리고 예의를 통해 제례 의식을 규범화했는데, 고대의 군주, 신하, 사대부는 모두 종묘에서 제사를 지냈고, 백성들은 집에서 지냈다는 점을 근거로 삼았다. 이에 정이(程頤)는, 백성은 사당이 없기 때문에 영당(影堂)을 지어 제사를 지내야 한다고 주장했다. 주희는 진일보하여 영당을 사당으로 바꾸었다. 이르길 "정주(程朱)는 예에 이르기 위해 사당을 창립했다. 이에 사서(士庶)가 뜻을 함께해 사당을 세워 조상을 받들었다."[66]라고 했다. 주희는 『가례(家禮)』에서 구체적으로 다음과 같이 규정하며 이르길 "군자가 가옥을 관리함에 가장 먼저 안방의 동쪽에 사당을 세웠다. (중략) 만약 화재가 발생하면 가장 먼저 사당을 구함에 신주(神主)와 유서(遺書)를 옮긴다. 다음으로 제기를, 마지막으로 가재(家財)를 옮긴다."[67]라고 했다. 이런 언급을 근거로 사당은 지고무상의 지위에 올랐으며, 심지어 족인의 운명을 결정하는 신성 불침의 대상으로 인식되기 시작했다.

성리학의 고무에 힘입어 각 종족의 가보는 사당 건립의 의지를 실천하는 촉매제 역할을 했다. 일부 족인은 사당을 후대 자손이 효사(孝思)를 실행하는 장소로 부르기도 했다. "『예기』에 이르길 군자가 가옥을 관리함에 종묘를 먼저 세운다. 사당(祠堂)이란 선인의 신령이 깃든 곳이고, 후손의 효친(孝親)의 마음이 나타나는 곳임을 알아야 한다."[68]라고 했고, 혹은 "종묘의 건립은 조상의 영령을 안치하는 것이므로 족인은 조상을 추모하고 공양을 게을리하지 않는다."[69]라고 했다. 어떤 가보는 사당의 건립은 반드시 장엄하고

---

65 『(湖南寧鄉)易氏九修宗譜』, 光緒 16年(1890): "賜謚靖節, 勅祠于本籍瀏陽太湖山。" "自晉迄明, 迭膺封贈, 祀典益隆。"

66 『(湖南長沙)星沙冷木流吳氏續修族譜』, 1928: "程朱集禮, 創立祠堂, 通及士庶, 均得建置, 以奉祖先。"

67 『家禮』: "君子將營宮室, 先立祠堂於正寢之東。" "或有火盜, 則先救祠堂, 遷神主遺書, 次及祭品, 後及家財。" (역자 주)

68 『(湖南湘鄉)湖山譚氏支譜』, 同治 3年(1864): "『記』曰君子將營宮室, 宗廟爲先。則知祠宇者, 先人之靈爽所棲, 後人之孝思所著也。"

69 『(湖南寧鄉)唐氏族譜』, 1916: "宗祠之立, 所以奠祖宗之靈, 而族之人于是追遠者也。"

엄숙해야 한다며 이르길 "종묘는 조상의 영령이 안식하는 곳이다. 같은 성씨가 알현하는 곳이라면 마땅히 웅장하고 장엄하게 지어야 한다. 진실로 공경하는 마음으로 신령 안치에 힘쓰고, 질서정연하고 조화롭게 나무를 심어 조상이 남긴 은택을 선양해야 한다."[70]라고 했다. 또한 어떤 가보는 사당건축의 행위를 "존조·경종·수족"의 중요한 방법으로 파악하면서 이르길 "『예기』에 이르길 조상을 존중하므로 종가를 공경하고, 종가를 공경하므로 종족과 단합한다. 종가 공경에는 제사보다 엄한 것이 없다. 종족의 단합에는 사당보다 절실한 것이 없다. 사당을 건설해서 제사를 지내면 자손들이 즐겁고 기뻐하는 마음에 이미 화합을 이룬다. 즉 근본이 같아서 서로 친해진 정(情)이 더욱 돈독해진다."[71]라고 했다. 어떤 가보는 예법을 밝히고 인륜을 바로 잡는 것이라 하면서 사당 건축의 심오한 의미를 강조했다. 이에 대해 "조상의 사당은 인(仁)을 근본으로 한다. 인(仁)의 근본은 효친의 마음으로 가묘(家廟)를 세우는 것이다. 그래서 족인은 소목(昭穆)의 순서로 존비(尊卑)를 판별하고 예법을 밝혀서 사람이 지켜야 할 도리를 바로잡는 것이다. 사당 건립의 뜻은 매우 깊고 그 의의 또한 심오하다."[72]라고 했다.

송원 시기 건립된 사당은 주희가 설계한 것을 본보기로 삼았다. 그래서 제사를 지내는 동쪽에서 고조, 증조, 조부, 부친 등 4대를 제사했다. 이르길 "안방으로부터 동쪽으로 1칸 또는 3칸의 방을 지어서 조상의 신주(神主)를 모심에, 이를 사당(祠堂)이라고 부른다."[73] 당시 이런 부류의 사당은 종족의 연대를 강화하는 역할을 했다. 하지만 당시 종족 조직은 더욱 확대되었고, 특히 성리학의 영향하에 민간에서 사당 건립을 통한 제사가 곧 효의 실천이란 사상이 등장하기 시작했다. 이런 사회적 영향으로 주희는 자신이 거주하는 곳 동쪽에 사당을 건립했고, 이를 예제로 규정한 것이다. 하지만 이런 규정에는 미비점이 역력했다. 첫째로 거주지 동쪽에 건립한 사당은 공간이 비교적 협소했다. 그래서 많은 조상들을 모시고 제사를 지내기 불편했다. 예를 들면 절강 강처주(江處州)의 엽씨(葉氏) 종족은 명나라 초에 사당 건립을 계획했지만 "사당은 거주하는 동쪽에 치우쳤고, 규정이 일천하고 비루해서 효사(孝思)와 효친(孝親)의 마음이 발휘되지 않았다."[74]라고 했다.

---

70 『(湖南湘潭)中湘韶山毛氏二修族譜』, 咸豐 5年(1855): "宗廟, 祖先靈棲之地, 一姓拜瞻之所, 理宜修建壯麗莊嚴, 昭誠敬以奠神居, 樹肅雍以揚先澤。"

71 『(湖南醴陵)醴陵花橋匡氏房譜』, 乾隆 47年(1782): "《禮》有云, 尊祖故敬宗, 敬宗故收族。夫敬宗, 莫嚴於祭祀; 收族, 莫切於祠宇。祠宇備, 祭祀昭, 則子姓之歡心旣合, 卽一本之情誼愈敦也。"

72 『(湖南湘潭)龍氏五修族譜』, 宣統 3年(1911): "祖廟, 所以本仁也。本仁孝之思, 建立家廟, 族之人于以序昭穆, 辨尊卑, 明禮法, 正倫常。法甚良, 義甚深, 而意義甚遠也。"

73 『(湖北漢陽)朱氏宗譜』, 1938: "其制于正寢之東, 築室一間, 或三間, 以奉先世神主, 名曰祠堂。"

74 宋濂, 『葉氏先祠記』: "祠堂在所居之東偏, 規制淺陋, 無以展其孝思。"

즉 별도의 비교적 넓은 장소에 사당을 건축해야 한다는 현실에 직면했다. 둘째로 주희는 사대부만이 고조, 증조, 조부, 부친 4대를 제사 지낼 수 있다고 규정했다. 이는 더 오래된 조상도 제사 지내야 한다는 심정적 요구를 만족시키지 못했다. 이에 대해 이르길 "위로 4대까지만 제사를 지낼 수 있고 그 이전은 (제사를 지낼 만한) 아무런 근거가 없었다. 그렇다면 장차 어찌 근본을 잊지 않고 은혜에 보답하며, 조상의 덕을 추모하고 공양하여 일족과의 단결을 도모할 수 있겠는가?"[75]라고 했다. 이처럼 사당을 건립하여 조상을 모셔야 한다는 민간의 열정은 더욱 고양되었고, 주자 『가례』에 있는 '사당의 제사'의 규정을 바꿔야 한다는 사회적 요구가 더욱 강하게 나타났다.

결국 거주지의 동쪽에 사당을 건립한다는 규정은 별도 공간을 마련해 넓고 화려하게 하는 것으로 바뀌었다. 또한 관료 출신의 사당만이 고조, 증조, 조부, 부친 등 4대를 모신다는 규정 역시 사인과 백성 모두 사당에서 시조와 시천조 및 다른 조상을 모시는 것으로 바뀌었다. 이는 사원의 발전 과정에서 나타난 커다란 전환기적 변화였다.

명나라가 건국한 지 얼마 되지 않아 규정하길, 관가(官家)의 사당은 주자 『가례』의 구제(舊制)를 따른다고 했다. 다시 말해 규정상 사대부는 고조, 증조, 조부, 부친을 제사 지낼 수 있지만, 일반 백성들은 조부와 조모, 부친과 모친의 두 세대만을 제사 지낼 수 있는 것이다.

홍무(洪武) 6년(1372)에 재차 이런 규정을 천명했다. 홍무 17년(1383)에 명나라 정부는 당현(唐縣)의 지현(知縣)인 호병충(胡秉忠)의 건의를 받아들여 2대까지만 허락한 평민의 제사 규정을 증조·조부·부친 등의 3대로 수정했다. 이르길 "명나라 초에 호병충의 건의를 받아들여 서민들은 3대를 제사했다."[76]라고 했다. 아울러 사대부는 위패 순서에 따라서 4대까지 제사를 지냈고, 서에서 동으로 나열한 돌림자의 배열을 좌측에는 소(昭), 우측에는 목(穆)을 나열하는 것으로 바꾸었다. 즉 고조와 조부의 위패는 감실(龕室)의 우측에 배치해 소목(昭穆)의 질서를 확정했다.

영락(永樂) 시기에 이르러 백성에게도 사당 건립을 허가했다. 이르길 "영락 시기에 이르러 비로소 『주자가례(朱子家禮)』를 반포해 서민 족인도 사당을 건립할 수 있게 되었고, 더 이상 이를 분수에 넘는 것이라 여기지 않았다. 이는 서인 사당이 시작된 연유이다."[77]

---

75 『湖南湘潭中湘譚氏五修族譜』, 嘉慶 22年(1817): "奉祀止於四代, 四代之前無所憑依, 將何以報本追遠而聯族屬之所思哉!"

76 『梅州大埔縣藍氏族譜』: "明初, 用胡秉忠議, 許庶人祭三代。" (역자 주)

77 『湖南益陽高氏四修族譜』, 光緒 11年(1885): "至永樂時, 始頒朱子《家禮》, 令庶人之家, 各得建祠, 而不以爲僭, 此庶人之祠所以昉也。"

라고 했다.

가정(嘉靖) 15년(1536)에 명나라 정부는 구조(九朝)를 정식으로 선포했다. 당시 예부상서 하언(夏言)은 「영신민득제시조립가묘소(令臣民得祭始祖立家廟疏)」를 통해서 이에 대해 언급하길 "신민(臣民)은 시조 조상에게 제사를 지내서는 안 되지만, 묘제(廟制)는 정해진 것이 없다. 천하에 효도를 다하는 후손에게도 아직 다하지 못한 정(情)이 남아 있다. 신하가 예관(禮官)을 욕보이지만, 성인(聖人)은 천자의 지위에 있다. (중략) 천하의 신민은 동지에 시조에게 제사를 지낼 수 있기를 갈망한다. (중략) 천하의 신하가 가묘를 건립할 수 있도록 밝혀 주기를 갈망한다."[78]라고 했다.

명나라 세조(世祖)는 "가정 15년(1536) 천하의 신민이 시조에게 제사 지낼 수 있도록 명을 반포한다."[79]라며 하언의 건의를 받아들였다. 이후 신하와 백성은 모두 단독으로 가묘(家廟), 사당(祠堂)을 세워서 조상을 제사할 수 있게 되었다.

건륭(乾隆) 29년(1764)에 청조는 명을 계승하여 다음과 같이 반포했다. 이르길 "민간에 조칙을 내려서 종주의 숭상과 일족의 화목을 위해 사당 건립과 제사를 금하지 않았다. 이에 족인은 사당을 세워서 시조를 공양함에 분에 넘친다고 여기지 않았다."[80]라고 했다. 이는 청 정부가 효(孝)를 근간으로 천하를 통치하고, 종족의 우애와 족인의 화목을 통해서 천하를 다스린다는 의지의 표명이다. 그리고 재차 신하와 백성은 모두 사당을 세워서 조상을 제사 지낼 수 있음을 천명했다. 이러한 결정이 청조 통치의 안정화에 매우 유리하게 작용하기 때문이었다.

명청 시기 중국의 종족제도는 성숙한 단계에 이르렀다. 당시 성리학의 고무하에 제사는 종족의 중요한 활동으로, 사람들이 매우 중시했다. 그리고 사당은 종족을 응집시키는 상징으로 작용했다. 명청 정부는 자신의 통치 기반을 공고히 하기 위해 '효치천하(孝治天下)'를 표방하면서 신민(臣民)의 요구에 영합하여, 사당에서 조상에게 제사 지내야 한다는 심리를 충분히 이용했다. 그래서 수차례의 조서(詔書)와 상유(上諭)를 통해 주희가 『가례』에서 언급한 사당(祠堂)과 예제(禮制)에 관한 제한 규정을 대폭 완화했고, 천하 신민의 조상숭배와 제사 필요성에 호응했다. 이에 사당 건립은 전국적 차원으로 신속하게 퍼져나갔다. 이런 변화에 대해 이르길 "옛날에는 사대 시조를 안방에 안치했는데, 지금의 거

78 『桂州文集』 卷11: "臣民不得祭其始祖先祖, 而廟制亦未有定則, 天下之爲孝子慈孫者尙有未盡申之情。臣忝禮官, 聖人在天子之位。(中略) 乞詔天下臣民冬至日得祭始祖。(中略) 乞昭天下臣工建立家廟。"

79 『(湖南湘鄕)新園唐氏八修族譜』, 1948: "嘉靖十五年, 詔天下臣民, 得祭初祖。"

80 『(湖南湘鄕)新園唐氏八修族譜』, 1948: "上諭民間, 惇宗睦族, 不禁立祠修祀, 則建族祠供初祖, 未爲僭矣。"

족(巨族)은 대다수가 사당을 세우고 제전(祭田)을 설치해 시조에게 제사를 지낸다."[81]라고 했다. 사실상 당시 사당의 건립이 어찌 '거족'만의 것이었겠는가. 보통의 족인 역시 모두 이런 세태를 모방하며 경쟁적으로 사당을 건립 대열에 잇달아 합류했다.

이와 관련해 몇 가지 예를 들어보면 다음과 같다.

(1) 오씨(吳氏)

"우리 가문은 1대 조상인 유창공(惟昌公)과 의정공(倚正公)이 명나라 홍무(洪武) 11년(1378)에 금정(金井)에 있는 당산(塘山) 뒤편에 종사(宗祠)를 건립했다. 나중에 이주하여 거주지가 결정된 후에 이곳에 효친(孝親)으로 선령을 안치하고, 후손을 위해 넉넉한 규모의 사당을 건립했다. 진실로 근본을 잊지 말고 은혜에 보답하며 자손에게 남긴 조상의 교훈을 깊이 생각하라."[82]

(2) 왕씨(王氏)

"우리 가문은 명나라 시기에 가장 번성하여 종묘를 세우고 주택을 조성해 함께 모여 생업을 도모했다. 그리고 자손을 사우(祠宇)에 소집해서 진중히 교육하고, 윤리와 기강에 힘쓰도록 했다. 그리고 각기 직업에 종사함에 경독(耕讀)을 근간으로 삼도록 했다. 이로부터 친목(親睦)의 풍습이 생겨나고 이를 역행하는 일이 드물게 되었다."[83]

(3) 심씨(沈氏)

"옛날에는 오직 사인(士人) 이상만이 사당을 세웠고, 민가에 사당이 있다는 말은 듣지 못했다. 사당의 기원은 송나라 주희(朱熹)가 세운 고정(考亭)에서 시작했다고 한다. 그렇지만 전에는 그다지 유행하지 않다가 명청 시기에 이르러 이렇게 모든 족인들이 사당을 건립했다."[84]

---

81 乾隆『廣州府志』卷10: "舊四代神主設於正寢, 今巨族多立祠堂, 置祭田, 以供祭祀。"

82 『(湖南長沙)星沂冷木流吳氏續修族譜』: "我族自一世祖惟昌公及一世祖倚正公于明洪武十有一年, 建立宗祠于金井塘山之後, 其時以來遷之初, 居址甫定, 卽于茲展孝思以妥先靈, 卽于茲裕規模以啟後嗣, 誠見報本之亟, 貽謀之遠也。"

83 『(湖南湘鄉)桑棗園王氏族譜』: "我族在明朝時代爲最盛時期, 建立宗廟, 營造住宅, 生聚斯業。每逢月朔, 召集子孫于祠宇, 諄諄教訓, 敦薦倫紀, 各事職業, 以耕讀爲本。自是有親睦之風, 鮮悖逆之事。"

84 『(湖南湘潭)沈氏六修族譜』: "古者, 惟士以上分別立廟, 未聞民間皆得有祠。建祠之說, 自宋之朱考亭始。然在昔, 猶未極踵行之盛。至清朝, 則凡有族者, 類皆有祠矣。"

(4) 한씨(韓氏)

"해당 사원은 헌공(憲公) 후손의 기부로 시작되었는데, 강희(康熙) 정유(丁酉)년에 창건하였다."[85]

(5) 소씨(蕭氏)

"우측의 그림은 장읍(長邑)의 신강도(新康都)에 있고, 또 하나가 갑타시(甲沱市)에도 있다. 건물의 앞에는 큰길이 있고, 뒤에는 못이 있다. 좌편에는 담장이 있으며, 우측은 대로와 통한다. 건륭(乾隆) 초기에 족인들이 함께 이곳에 사당을 설립했다."[86]

(6) 주씨(周氏)

"가경(嘉慶) 기묘(己卯)년 봄에 제사를 거행하면서 사당 건립을 발의하니 많은 족인들이 펄쩍 뛰면서 기뻐했다."[87]

(7) 원씨(袁氏)

"함풍(咸豐) 연간에 선배 족인들이 선령(先靈)을 제사 지내기 위해 사우(祠宇) 설립을 논의했다. 이에 담가회(潭家匯)의 터를 측량하니 길한 곳이라는 점괘가 나와 마침내 영당(營堂)을 건립했다."[88]

어떤 족인은 총사(總祠)를 건립했고, 점차 지파의 방(房)마다 분지(分支)에 사당을 세웠다. 예를 들면 호북 북강릉(北江陵)의 속씨(粟氏) 족인이 그 사례이다.

장방(長房): 건륭(乾隆) 연간에 좋은 토지를 구입하여 사당을 건립했다. 매년 (토지에) 조세를 징수하여 제사를 지내고 나머지는 여유 자금으로 비축했다. 이방(二房)은 도광(道光) 기축(己丑)년에 이르러 건륭 연간에 조성한 석당하(石塘河) 박추가(泊鄒家)의 평중만(坪中灣) 등의 토지와 산중에 가옥을 설치할 것을 몇 차례 논의했다. 그리하여 태금가(兌金家)

---

85 『(安徽潛山)南陽韓氏支譜』: "斯祠之基, 捐自憲公裔孫; 斯祠之建, 創自康熙丁酉之年。"

86 『(湖南長沙)蕭氏二房支譜』: "右圖在長邑新康都, 又一甲沱市。基址前街道, 後塘灣, 左夾牆, 右通巷。乾隆初年, 合族建祠于斯焉。"

87 『(江蘇鎭江)潤州周氏重修宗譜』: "嘉慶己卯, 擧春祀典, 倡議建祠, 族衆踴躍。"

88 『(湖南醴陵)醴東泉水灣袁氏三修族譜』: "咸豐間, 族前輩議建祠宇, 以祀先靈, 度基地於潭家匯, 卜之曰吉, 遂營堂構焉。"

골짜기의 토지와 저수지 및 가옥을 저당 잡히고 힘들게 사당을 건립한 후 신주(神主)를 정중하게 안치했다. 삼방(三房)은 우선 장군묘(將軍廟)를 공동 소유로 했다. 건륭 갑진(甲辰) 해에 가옥을 매매했고, 가경(嘉慶) 경신(庚申) 시기에 (장군묘를) 가옥 형태로 바꾸고 사당을 건립해 신주(神主)를 안치했다.[89]

명청 시기에 유행처럼 전국 각지에서 사당 건립이 성행했다. 특히 족인 조직이 비교적 발달해 동족이 함께 거주했던 남방의 경우에는 사당의 수가 놀랄 정도로 많았다. 강서성(江西省)을 예로 들어 건륭 29년(1764) 통계를 보면 동성(同姓)이 건립한 총사(總祠)는 89곳이고, 각지 특정 족인이 세운 독립적인 사당은 8,994곳에 달했다. 이 수치는 거의 모든 족인과 촌락에 사당을 설치했다는 의미가 된다.[90] 동족이 거주하는 일부 촌락의 경우 각종 유형의 사당 수십 곳 이상을 세우기도 했다. 예를 들어 안휘 이현(黟縣)에 위치한 서체촌(西遞村)에는 명경(明經) 출신의 호씨(胡氏) 일족이 거주했었다. 『서체촌사당사묘암당분원일람(西遞村祠堂寺廟庵堂分院一覽)』의 기록을 보면 호씨가 세운 사당은 26곳에 달했고, 이 가운데 종사(宗祠)인 시조당(本始堂)과 총지사(總支祠)인 경애당(敬愛堂) 및 상춘당(常春堂)이 있었다. 나머지 사당은 지사(支祠)와 가사(家祠)로 나뉘었는데, 인양당(仁讓堂)·유신당(維新堂)·존인당(存仁堂)·중화당(中和堂) 등 23곳이 이에 해당한다. 이 사당들은 서체촌(西遞村)에서 가장 눈길을 끄는 곳이다.

명청 시기 사당에서 지낸 제사의 주된 대상은 시조, 시천조와 조상 및 도덕, 작위, 공적이 뛰어난 사람이었다. 조상숭배와 복고를 선호하는 심리적 풍조가 주류를 이루며 조상에 대한 제사는 수십 대까지 소급되기도 했다. 심지어 일부 대종사(大宗祠)는 시기적으로 아득히 먼 특정 장상(將相)을 시조로 삼기도 했다. 예를 들면 주성(周姓)은 후직(后稷)을, 오성(吳姓)은 태백(太伯)을, 강성(姜姓)은 강상(姜尙)을, 원성(袁姓)은 원소(袁紹)를 각각 시조로 삼았다.

사당과 관련된 활동 내용은 사당 건축, 사당 보수, 제기(祭器)의 관리, 제사 음식의 공급, 일상적인 사당 관리 등이었다. 이런 활동은 반드시 일정한 경제적 근거가 있어야 가능하다. 그 방법으로 주희는 『가례』에서 사당 건립과 함께 제전(祭田)의 설치를 제시했고, 이를 사당 활동을 유지하는 경제적 기초로 보았다. 명청 시기의 가보를 살펴보면 사

---

89 『(湖北江陵)粟氏六修族譜』, 1921: “長房: 乾隆年間, 接買有斐田業建祠。每歲租穀, 祭祀歲修外, 蓄積餘資; 二房: 道光己丑, 分議以乾嘉年間所置石塘河泊鄒家坪中灣三處田山屋宇, 抵兌金家壟田塘房屋, 庸建宗祠, 敬妥神主; 三房: 先是以將軍廟爲公所, 乾隆甲辰, 接售民屋, 至嘉慶庚申, 改易棟宇, 建是祠, 以妥神主。”

90 劉黎明, 『祠堂·靈牌·家譜』, 四川人民出版社, 2003, 19쪽.

당 건립과 제전의 설치를 위한 경비 조달의 방법으로 다음과 같은 두 가지를 언급했다.

첫째, 사람 수에 따라 돈을 갹출하는 것이다. 이에 대해 『(강서만재)창전종씨복방지보((江西萬載)昌田鐘氏福房支譜)』에서는 이르길 "경종(敬宗)과 수족(收族)이란 관점에서 사람마다 돈을 갹출했다. 건륭(乾隆) 무오(戊午)년에 원금과 이자를 축적하기 시작해 무인(戊寅)을 지나면서 재화가 점차 많아졌고, 마침내 좌측에 장정을 모아서 사당을 세웠다. 동치(同治) 정묘(丁卯)에 이르러 족인을 모아서 신주를 모시는 패(牌)를 헌납하도록 했고, 많은 사람들의 참여로 우측에 다시 위패를 안치하는 사당을 건립했다. 양편에 있는 사당은 이렇게 세워졌다."[91]

계속해서 『(호남상담)상담백염동씨오수지보((湖南湘潭)湘潭白鹽童氏五修支譜)』에서는 이르길 "우리 족인의 사당은 청나라 가경 18년(1813)에 두 파의 방(房) 후손들이 돈을 갹출해서 상담(湘潭) 5도(都) 7갑(甲) 백염(白鹽)의 동가가(童家街)에 건립한 것이다. 매년 봄과 가을에 제사를 지냄에 위로는 조상의 영령에, 아래로는 자손의 효사(孝思)를 위해 제사를 지낸다."[92]라고 했다.

그리고 『(호남장사)첨씨육수족보((湖南長沙)詹氏六修族譜)』에서 이르길 "광서 29년(1903) 계묘(癸卯)년에 족인의 장로들이 족인을 연합하여 종정(宗庭)에서 사우(祠宇) 건립을 논의하니 족인들이 한목소리로 기뻐했다. (중략) 이는 힘든 일이었다. 전후로 모두 4,200여 금(金)을 사용했다. 기부금 추렴의 기준은 3가지로 사람의 수와 양식(糧食) 및 연령에 근거했다. 그리고 부족한 부분은 제산(祭產)에서 남은 것으로 보충했다."[93]라고 했다.

둘째, 자발적인 기부이다. 예를 들면 『(강소진강)윤주주씨중수종보((江蘇鎭江)潤州周氏重修宗譜)』에서 이르길 "가경의 기묘(己卯)에 춘사전(春祀典)을 거행하고 사당 건축을 논의함에 족인들이 기뻐했다. 이날 만화(萬華)와 형인 만육(萬育)은 가장 먼저 은 400냥(兩)을 기부했다. 만화는 다시 추가로 비단 250냥을 기부하길 원했다. 경(景)은 은 200냥을 기부했고, 경(景)의 종형(從兄)인 양(暘)은 초(楚)에 있었는데 경(景)이 서신을 보내자 은 200냥을 보내왔다. 이 밖에도 각 항목의 다른 기부들이 명부에 기록되며 기부금이 대략 총 1,100

91 『(江西萬載)昌田鐘氏福房支譜』: "爲敬宗收族起見, 按丁醵金, 子母累積, 始乾隆戊午, 曆戊寅, 貲漸鉅, 遂創左之丁會祠。迨同治丁卯, 合族捐進木主, 集腋成裘, 復建右之牌位祠, 此兩祠幷立之由來也。" (역자 주)

92 『(湖南湘潭)湘潭白鹽童氏五修支譜』: "吾族祠于淸嘉慶十八年, 兩房後裔醵金公建湘潭上五都七甲白鹽之童家街。每歲春秋祭祀, 上以祀祖宗之靈爽, 下以盡子孫之孝思。" (역자 주)

93 『(湖南長沙)詹氏六修族譜』: "光緖二十九年癸卯, 族長老合族屬謀于宗庭, 復修祠宇, 齊聲踴躍。(中略) 是役也, 前後共費四千二百餘金。款提三項, 一按丁, 一按糧, 一按序, 不及則以祭產贏餘補助之。" (역자 주)

금(金)에 달했다. 같은 해 가을 제사에 이르러 계획대로 자금이 헌납되었다."[94]라고 했다.

그리고 『(호남상담)중상방씨중수종보((湖南湘潭)中湘方氏重修宗譜)』에서 이르길 "원래 화우공(化瑀公)·화사공(化祀公) 두 분은 건륭(乾隆) 기묘(己卯) 연간에 현명하신 경공(卿公)의 방(房)으로 후손이 없음을 크게 탄식했다. 그리하여 사람들이 기부한 사전(祀田)을 수습하고 족인들을 모아서 마침내 이곳에 사당을 건립했고, 대문은 남향을 향했다."[95]

계속해서 『(호남장사)주당담씨속수합보((湖南長沙)硃塘譚氏續修合譜)』에서 이르길 "기부문서를 작성한 담춘유(譚春有)·성조(星照)·관영동(冠英同)의 조카 번(蕃)과 아들 고(高) 등은 지금 종묘에서 제사를 지냄에 제전(祭田)에 의지를 했다. 조상의 보살핌으로 서역(西域)에서 공적을 세웠지만, 사물의 근원에 대해서는 생각하지 않을 수 없는 것이다. 형제와 부부가 상의하여 작년에 유옥천(劉玉泉)의 재산을 구매하길 원했다. 명모원(名茅園), 치천당(峙泉塘), 충죽원(沖竹苑), 자시전(子時田) 등에 있는 토지 60무(畝)와 가옥, 산장, 저수지, 담수, 대나무, 다과(茶果), 공터, 원토(園土), 분단(糞塅), 개천, 도랑, 탈곡장, 오얏더미(瓜堆), 양곡 등의 항목은 유옥천이 동의해서 문서에 수록한 재산이다. 이들 재산은 모두 헌납되어 광유당(光裕堂)이란 공공 사당이 관리했다."[96]라고 했다.

사당의 제사와 보수가 매년 부단히 거행됨에 따라서 족인들의 기부금 역시 계속 모금되었다. 『(호남상향)상향전씨삼수족보((湖南湘鄉)湘鄉田氏三修族譜)』에는 〈위편 도표 6-2〉와 같이 해당 족인들이 매년 헌납한 제전 일람표를 수록했다.

"이상 각처의 사산(祀產)과 매년 소작인에게 징수하는 곡식 (중략) 양식이 완납되자 사당(祠堂)을 보수하고 제사 비용을 처리했다."[97]라고 했다.

일부 족인은 전국적인 범위의 총사(總祠) 건립을 위해 전국 각지에 분포하는 방(房)과 지(支)에 기부금 헌납을 종용하기도 했다. 이를 통해 총사의 건립과 보수 및 일상적인 총사의 관리 비용을 확보하려고 했다.

---

94 『(江蘇鎮江)潤州周氏重修宗譜』: "嘉慶己卯, 舉春祀典, 倡議建祠, 族衆踴躍。是日, 萬華與兄萬育首捐銀四百兩, 萬華又以素願益捐二百五十兩, 景捐銀二百兩, 景從兄暘在楚, 景以書致之, 捐銀二百兩, 以及各項另捐, 載明簿內, 約計千數百金。是年秋祀, 俱照數輸將。" (역자 주)

95 『湖南湘潭中湘方氏重修宗譜』: "原化瑀、化祀兩公, 於乾隆己卯年, 因賢卿公房大珮乏嗣, 捐人祀田拾畝, 遂糾族建祠於茲, 坐子向午。其左頭基地, 系化瑀祖父子捐人, 右頭基地系恭海公房與化舉祖父子合捐。" (역자 주)

96 『(湖南長沙)硃塘譚氏續修合譜』: "立捐契人譚春有、星照、冠英同姪子蕃、子高等, 今因宗廟祭祀, 賴有祭田, 每托先人庇蔭, 得以立功西域, 木本水源, 不無動念, 兄弟夫婦商議, 願將前年接受劉玉泉之業, 地名茅園峙泉塘沖竹苑子時田六十畝, 并屋宇、山場、塘壩、水分、竹木、茶果、隙地、園土、糞塅、溝地、圳港、禾場、瓜堆、糧餉等項, 凡屬接受劉玉泉契內注載之業, 概行捐歸光裕堂公祠管理。"

97 『(湖南湘鄉)湘鄉田氏三修族譜』: "以上各處祀產, 每年所人租穀 (中略) 以爲完納糧餉, 修整祠宇, 辦理祭祀之貲。" (역자 주)

<위편 도표 6-2> 『(호남상향)상향전씨삼수족보』에 수록된 제전 헌납 일람표

시기	지명과 면적	금액	기부의 형식
	祠門首壩上水田 12무	4전6푼2리	사산(祀產)[98]으로 구입
건륭 丁丑(1757)	祠門首菖蒲塘側水田 3무	1전6푼8리5호(毫)	우전(雨田)·김속(金粟)의 기부
	姚家塘業 29무8푼	1냥1전7푼2리	사산(祀產)으로 구입
	享塘公田 4무	1전6푼	괵병(漍柄)과 괵상(漍相) 후손의 공동 기부
	楠株塘水田 2무	4푼8리4호	동악공(東嶽公)의 부자(父子)가 기부
	高坪屋場水田 9무	1전8푼3리	기혜공(奇惠公) 후손 공동 기부
광서 丁酉(1897)	高坪屋場水田 8무	8푼3리	사산(祀產)으로 구입
	落田畲懇田 3무		사산(祀產)으로 구입

『(호남영향)영향역씨구수가보((湖南寧鄕)寧鄕易氏九修家譜)』에는 역씨(易氏) 족인이 호남에서 번성하며 군읍(郡邑)에 분포하게 되고, 세시에 따라서 제사를 지냄에도 평생 한 번도 참여하지 못한 사람도 있다고 했다. 그래서 건륭 41년(1776)에 성회(省會)에 소재한 약왕가(藥王街)에 호남 이씨의 총사를 건립했다. 그리고 동치 2년(1863)에 성회에 있는 동우(棟宇)라는 묘당이 무너져 수리해야 함에, 중국 전역의 이씨 방(房)과 지(支)에게 헌납을 제안하며 재차 이전 규정을 확대해 적용했다고 했다. 이에 장사(長沙)·선화(善化)·상음(湘陰)·예릉(醴陵)·상담(湘潭)·영향(寧鄕)·익양(益陽)·상향(湘鄕)·유현(攸縣)·안화(安化)·신화(新化)·용양(龍陽)·이양(黟陽) 등의 이씨 후손이 참여해 모두 841냥(兩) 2전(錢)의 은과 4,950관(串)의 전(錢)을 모금하기도 했다. 이후 사당은 수리되었고 이씨 총사는 한층 더 장엄하고 화려해졌다.

명청 시기에 건립된 민간의 사당은 대다수가 주희의 『가례(家禮)·사당(祠堂)』을 근거로 설계되고 배치되었다. 사당의 대전(大殿) 정중앙에는 신주를 모시는 감(龕)을 배치했고, 좌우 양측에도 한 쌍의 감을 또 설치했다. 소위 '감'이란 원래 벽에 설치한 소형 궁전과 누각인데, 조상의 신주(神主)인 패위(牌位)를 그 안에 비치하고 정면은 휘장의 장식으로 앞을 가렸다. 이후에 이런 구조는 더욱 간소화되었고, 긴 장방형의 나무 책상을 비치하고 그 위에 신주만을 두기도 했다. 소위 '신주'란 나무 받침대에 장방형의 작은 목패(木牌)를 끼워 넣은 형태인데, 일부는 흰색 바탕에 검은 글씨이거나, 홍색 바탕에 황색 글씨

98 사산(祀產): 사당의 재산에는 사당(祠堂) 자체 외에도 토지와 산림, 가옥, 족인들의 기부금 등이 포함된다. 주로 제사활동과 사당 수리에 사용되기 때문에 사산(祀產)이라 불렀다. (역자 주)

를 쓴 것도 있다. 신주는 한 쌍의 부부인 조상을 상징하는 목패로 여기에는 조상의 이름과 생몰연대, 본처의 성씨와 아들·손자·증손자의 이름을 적는다.

정중앙 감(龕)에 비치된 신주는 족인 시조이다. 반면 좌우 양쪽의 감에는 좌소(左昭)와 우목(右穆)의 서열에 따라서 작고한 부친, 조부, 증조, 고조의 4대 신주를 순서대로 배치했다. 4대를 초과할 경우 신주를 감실 위로 옮기지만 시조의 경우는 옮기지 않는다. 이는 명청 시기 민간에서 이해한 '백세불천(百世不遷)'과 '오세즉천(五世則遷)'의 원칙이다.

주거지 밖에 단독으로 건립한 사당의 경우는 중심선을 기준으로 일정한 원칙하에 건물을 배치했다. 즉 대문(大門)—향당(享堂)—침당 등을 일직선상에 배치했다. 향당이란 제당(祭堂)이라고 불리기도 했는데, 조상의 신주를 제사 지내고, 제사 의식도 준비하며 족인이 함께 모이는 장소이기도 했다. 침당(寢堂)이란 조상의 신주를 안치한 곳이다. 일부의 명문세가는 사당 앞에 조벽(照壁)[99]이나 패루(牌樓)[100]를 설치하고 기둥에 그림을 그려 용마루로 날게 하니, 큰 장관을 이루었다. 예를 들면 흡현(歙縣) 당월(棠樾)의 포씨(鮑氏)는 효제(孝悌)로 향리에서 유명했다. 그는 촌락 입구에 사당을 세우고 사당 앞에 있는 도로에는 황제가 하사한 현판이 달린 7개 기둥의 석패방(石牌坊)과 정자 한 곳을 세웠다. 양쪽에 심은 도화(桃花)는 주변 환경과 함께 어우러지며 아름답고 웅장한 기운을 뿜어냈다. 이런 웅장함은 민간의 사당에서는 쉽게 볼 수 없는 광경이다.

사당은 조상의 신령을 함께 모셔 두는 곳이기 때문에 자연히 전 족인이 모여 제사를 지내는 장소가 되었다. 가보에는 사당 예의에 대한 규정을 다음과 같이 언급했다. 즉 매년 봄과 가을에 제사 지낸다. 이때 전 족인은 사당에 모여서 예에 따라 제단을 설치하고 족장이나 종자(宗子)가 사회를 맡아 예를 주도한다. 청명(淸明)에 성묘갈 때는 보통 먼저 사당에 있는 신주(神主)에 제사를 올리고, 그 후 각 방(房)과 족인 단위로 각자 묘에 성묘한다. 일부 족인은 음력 초하루와 보름에 사당을 열어 제사를 지냈기 때문에 사당에서의 활동은 비교적 빈번했다. 사당에서 제사를 지내는 날에는 종종 가보에 대해서 족인에게 설명하기도 했다. 많은 가문이 전문 강연자를 요청하여 제사 의식이 거행되기 전에 족장이나 선현의 어록, 혹은 가규와 가법에 대해서 족인들에게 일목요연하게 설명하기도 했다. 이를 통해 봉건적 예법에 따라 매사를 처리하는 사람이 되어야 함을 강조했다. 일부 족인은 사당에 별도로 『의행록(懿行錄)』과 『과실록(過失錄)』이란 장부를 비치하기도 했다. 족인 중에 덕행을 하면 『의행록』에, 과실을 범할 경우는 『과실록』에 각각 수록했다. 매번

99 조벽(照壁): 밖에서 대문 안이 들여다보이지 않도록 대문을 가린 벽을 지칭한다. (역자 주)
100 패루(牌樓): 옛날 차양이 있고 둘 또는 네 개의 기둥이 있는 장식용의 건축물을 말한다. (역자 주)

제례가 끝나면 족장은 족인을 불러모아서 순서대로 앉히고, 족인이 행한 덕행의 내용을 크게 읽었고, 과실자의 경우는 말없이 침묵으로 응시하여 소문이 나지 않도록 했다. 만약 과실자가 과오를 뉘우치면 『과실록』에서 그 내용을 삭제했다. 이를 통해 "이렇게 하면 가법이 세워지고 상벌이 분명해지며, 족인은 규칙을 준수하고 행동에 잘못이 없게 된다. (중략) 어질고 사리에 밝은 사람이 태어나고 집안의 명성도 떨쳐 일어난다."[101]라는 등의 효과를 거두고자 했다.

명청 시기에 족인에게 중대한 사건에 해당하는 가보 편찬, 사당건설, 족장선발, 묘지와 의전(義田)[102]구매 등은 모두 족장의 주도하에 사당에서 족인을 불러 모아 결정했다. 그리고 족인 중에 가법이나 족규를 위반했을 경우 사당에서 법정을 열기도 했다. 족장은 사건을 심리하고 위반자를 심판할 때 보통 족인 중의 사신(士紳)을 배심원으로 참여시켰고, 족인의 방청을 허락해 족인을 계도하는 수단으로 삼았다.

안휘의 『환산여씨가규(環山余氏家規)』에서 다음과 같이 규정하며 이르길 "가장은 가규에 따라서 1명을 선출하되 소목(昭穆)의 원칙에 따라서 덕행이 높은 사람이 담당한다. 가좌(家佐) 3인은 연령과 덕행으로 선발하고 족장을 보좌한다. 감독 3명을 두되 강직하고 공명한 자가 담당한다. 그리고 매년 10인이 사무를 관장하되, 20~50명 정도의 자제들이 번갈아 가면서 담당한다. 무릇 가규와 관련된 일은 가장이 주관하고, 가좌가 보좌하며, 감독자가 판단하고, 사무 담당자가 실행한다. 이에 나머지 족인들은 각자의 의견을 고집해서는 안 된다. 사람들을 탄압하고 분란을 일으키는 자는 가중 죄로 처벌한다."[103]라고 했다. 이때 사당은 재판이 열리는 법정이 되었고, 법정에서는 주재(主宰)·부재(副宰)·재결(裁決)·봉행(奉行) 등 역할이 엄격하게 나뉘었다.

사당의 관리에 대해서는 족인마다 모두 효과적인 규정을 가지고 있었다. 예를 들면 『(강소강음)태녕형씨지보((江蘇江陰)太寧邢氏支譜)』에 수록된 '사규(祠規)'가 대표적인 사례로, 주요 내용을 열거하면 다음과 같다.

(1) 종사(宗祠)는 조상의 신위를 모시는 신령한 곳이니 마땅히 정숙해야 하고 문란하

---

101 『(湖南寧鄉)魚潭黎氏五修族譜』, 宣統 2年(1910): "如此, 則家法立, 賞罰明, 一族之人循規蹈矩, 動無過擧。" "賢哲生焉, 家聲振焉。"

102 의전(義田): 옛날, 일족 또는 한 마을 중의 극빈자를 구제하기 위한 공동 소유의 전답이다. (역자 주)

103 『環山余氏家規』: "家規設立家長一人, 從昭穆名分有德者爲之; 家佐三人, 以齒德衆所推者爲之; 監視三人, 以剛明公正者爲之; 每年掌事十人, 二十以上五十以下子弟輪流爲之。凡行家規事宜, 家長主之, 家佐輔之, 監視裁決之, 掌事奉行之, 其餘家衆毋得各執己見。拗衆紛更者, 倍罰。" (역자 주)

거나 소란을 피워서는 안 된다. 무릇 우리 족인은 모두 정성을 다해서 관련 규칙을 준수한다.[104]

(2) 매년 봄과 가을에 제사를 지낼 때 관리인의 주관하에 제위(祭位) 3곳을 설치하고 작고하신 조부를 제사 지내고, 제사와 관련한 다른 일들도 준비한다.[105]

(3) 혈연관계가 먼 후손의 제사를 지낼 때는 모두 의관을 엄숙히 하고 가보에 수록된 의식에 따라서 제례를 행한다.[106]

(4) 제례를 마치고 회식을 할 때는 존비(尊卑)의 순서에 따라서 자리에 앉는다.[107]

(5) 종사의 사산(祀產), 계약서, 증빙서류, 제기(祭器), 일상 집기 등은 족인 중 지파를 대표하는 자가 하나하나 분명하게 장부에 번호를 기록하고 보관인에게 인수인계한다.[108]

(6) 보관인은 봄에 제사를 지낼 9명을 족인 중에서 추천하여 보관위원회를 조직한다. 그리고 위원회에서 1명을 선발해 주리(主理)로, 2명을 선발해 양리(襄理)로 정하고 이들의 임기는 모두 1년으로 한다.[109]

(7) 평소에 보관인은 사당의 출입문을 전부 자물쇠로 잠가야 하고, 사사로이 빌려주거나 문 앞에 잡동사니를 쌓아 두서는 안 된다.[110]

(8) 사당 내의 책상과 의자 및 집기는 모두 대여해 주어서는 안 된다.[111]

이상에서 볼 수 있듯이 명청 시대 사당은 한 족인의 중심이고, 족인의 단결을 상징했다. 그리고 사당의 제례와 기타 활동의 효과적인 관리를 통해 혈연관계를 공고히 하며 족인은 서로 단결하여 강력한 족인 관계를 유지했다.

---

104 『(江蘇江陰)太寧邢氏支譜』: "宗祠爲供奉祖先神位之所, 靈爽式憑, 理宜整肅, 不得紊亂嘈雜, 凡我族人咸宜恪守斯旨。" (역자 주)

105 『(江蘇江陰)太寧邢氏支譜』: "每年春秋祭祀, 由保管人承辦, 設祭三席, 薦享祖考, 并須籌備布置祭祀事宜。" (역자 주)

106 『(江蘇江陰)太寧邢氏支譜』: "與祭裔孫宜一律衣冠整肅, 依照譜載贊禮式行禮。" (역자 주)

107 『(江蘇江陰)太寧邢氏支譜』: "祭畢會餐, 宜按尊卑位次就座。" (역자 주)

108 『(江蘇江陰)太寧邢氏支譜』: "宗祠祀產、契約、單據、器皿、什物, 由族衆各支代表點明編號錄簿, 交付首任保管人收執。" (역자 주)

109 『(江蘇江陰)太寧邢氏支譜』: "保管人由族衆在春祭時公推九人爲保管委員會, 再由會內推定一人爲主理、二人爲襄理, 任期均以一年爲限。" (역자 주)

110 『(江蘇江陰)太寧邢氏支譜』: "祠宇門戶, 平時由保管人一律關鎖, 不得情借及堆置雜物。" (역자 주)

111 『(江蘇江陰)太寧邢氏支譜』: "祠內桌凳什物, 概不借出。" (역자 주)

4. 분묘도(墳墓圖)

네 번째는 분묘도이다. 이는 조영도(祖塋圖)·여묘도(廬墓圖)·분산도(墳山圖) 등으로 불리며 조상을 안장한 묘혈의 지도를 말한다. 일부 분묘도는 사당도와 함께 묘사도(墓祠圖)라고도 부르거나, 분묘도의 주변 산수를 함께 그림에 넣어서 분묘산수형승도(墳墓山水形勝圖)라고 했다.

이러한 분묘도의 대다수는 부부의 묘도(墓圖)였으나, 일부는 다수를 합장하는 것도 있었다. 예를 들면 강소 소주 오씨(吳氏) 과언잠(科堰岑)의 조영도에는 100여 개의 분묘가 있다.

상남(湘南) 익양(益陽) 웅씨(熊氏)의 손가산(孫家山)의 합묘도(合墓圖)에는 200여 무덤을 묘사했다. 이러한 분묘도는 대다수 남방 지역의 가보에 많고, 북방에는 일부 있다.

감숙(甘肅) 천수진주(天水秦州) 서상리(西廂里) 장씨(張氏)의 계가항후공도(桂家巷後空圖)가 그 사례다. 남북을 비교하면 남방 분묘의 필공은 정밀하고 그림의 내용도 풍부한 반면, 북방은 그림 내용도 간단하고 필공 역시 거친 편에 속했다.

그렇다면 이렇게 가보에 조상의 묘혈(墓穴)과 형세를 상세히 그림으로 수록한 이유는 무엇일까? 이에 대한 몇 가지 설득력 있는 주장을 열거하면 다음과 같다.

> 조상의 무덤을 왜 그림으로 그려서 남긴 것일까? 조상의 매장 지점을 순서에 따라서 그림으로 남기면 자손이 누가 누구인지 분별할 수 있기 때문이다. 이로써 조상을 추모하고 공경하도록 하기 위함이다. (중략) 만약 그림이 없다면 자손이 비록 어질지라도 누가 누구인지 알 수가 없고, 결국 막막할 수밖에 없다. 하지만 그림에 장소를 표시하여 백세(百世)가 지나도 알 수가 있으니, 크도다! 그림의 쓰임이여.[112]

> 점괘를 통해 길한 곳을 택하여 조상의 몸과 영혼을 안장하니, 족인을 데리고 무덤에 올라 후손이 슬퍼하는 마음을 갖는다. (중략) 그림으로 산수와 풍경을 그려 두면 지파들이 기원을 탐구할 때 맥락이 분명해서 기원에 관한 설명이 진실이 된다. 분묘를 숭상하고 벌초를 함에 가까이 거주하는 자는 한번 성묘하면 (분묘가) 분명해지고, 멀리에 있는 자도 한번 산에 오르면

---

112 『(甘肅臨夏)馬氏族譜』, 1946: "塋何以圖? 圖餘先人殯葬地之方向次序, 使子孫得擧其誰某而追遠者焉。(中略) 假使無圖, 子孫雖賢, 其不知誰某者, 則亦付之緲茫矣。使有圖, 則某在斯, 某在斯, 雖百世可知。大矣哉, 圖之爲用也。"

선명하게 알 수 있다. 오늘 이후 억만년이 지나도 능히 분묘를 지킬 수 있다.[113]

조상의 추존이란 종주(宗主)에 대한 경외이고, 종주를 경외하는 이유는 족인을 거두고 가보를 편찬하기 때문이다. 특히 가보에서 묘지는 반드시 상세히 기술해야 한다. (중략) 그림과 문자가 상세하니 참고할 수 있다. 오직 사람만이 가보를 보며 그림을 이해하고, 그림을 통해서 묘지를 파악한다. (묘지는) 울타리로 보호하고, 나무를 기르고 성묘를 통해 훼손을 방지한다. 그러므로 그림으로 종주를 경외하고, 가보로 족인을 거둔다고 말하는 것이다.[114]

나의 시조인 태화공(太華公)은 원나라 지정(至正) 연간에 상향(湘鄕) 비자교(緋紫矯)의 도사산(道士山)에 안장되셨다. 지금 이곳은 모가분산(毛家墳山), 혹은 장가평(蔣家坪)이라 불린다. 명청 시기를 지나 지금까지 수백 년이 지났다. 그동안 두세 번 가보를 편찬했지만 모두 묘지의 존재만을 기록하고, 그림을 그려 위치를 기록하지는 않았다. 지금 네 번째 가보를 편찬함에 특별히 묘지에 가서 산맥의 형태를 관찰하고 묘도(墓圖)를 그려 취합해 놓았다. 후손은 이런 취지를 잊어서는 안 된다.[115]

이상에서 언급한 몇 가지 내용을 통해 알 수 있듯이 가보에서 분묘도는 매우 중시되었다. 그림과 문자로 상세히 기록해서 후손들이 가보를 통해 그림을 접하고, 그 그림을 보고 묘지를 알 수 있도록 했다. 그리고 성묘를 통해서 분묘의 모습을 더욱 분명히 하고자 했다. 그래서 한번 산에 오르면 묘지를 정확하게 볼 수 있게 하고자 했다. 그리고 분묘는 울타리로 보호하고, 나무를 기르며 성묘를 통해 훼손을 방지해야 한다는 점도 강조했다. 이것이 결국 존조(尊祖)·경종(敬宗)·수조(收族)에 이르는 길이라고 했다.

묘제(墓祭)는 조상의 숭배에서 유래했고, 사당과 함께 그 역사가 유구하다. 청대 사람 위숭(魏崧)은 "묘제는 하(夏)나라에서 시작되었다."[116]라고 했다. 원래 묘제는 춘추전국

113 『(湖南湘潭)中湘赤江灣譚氏八修支譜』, 1938: "卜吉宅幽, 妥先人體魂; 攜家上塚, 啟後人哀思。(中略) 因是摹山范水, 別派尋源, 脈絡分明, 形容盡致。于以崇厥封, 薙厥草, 庶近居者, 一掃墓而了然, 遠播者, 一登山而燦若, 今而後以萬以億侵越其克免矣。"

114 『(江蘇無錫)前澗浦氏續修宗譜』, 嘉慶 25年(1820): "尊祖則敬宗, 敬宗故收族, 而譜之作, 尤宜詳於墓。(中略) 圖與記詳之, 以備考耳。惟之人視譜知圖, 視圖知墓, 因之護藩蘺, 培薪木, 愼祭掃, 防侵損, 卽謂圖以敬宗, 譜以收族也可。"

115 『(湖南湘潭)韶山毛氏四修族譜』, 1941: "我始祖太華公于元至正年間葬湘鄉緋紫矯道士山, 今名毛家墳山, 又有名蔣家坪者, 曆明清, 至今數百年矣。二、三各修譜牒, 均只志其葬所, 未繪其圖。茲値四修, 特詣墓前, 視察山形來脈, 撮繪墓圖, 以志不忘。"

116 『台是紀始』 卷4.

시대 이후에 이미 민간에서 상당히 광범위하게 행해졌다.

청명절이 되면 사람들은 조상 묘지를 찾아 풀을 제거하거나 흙을 보충했다. 그리고 나뭇가지에 쪽지를 달거나, 무덤에 비목(碑木)을 꽂고, 지전(紙錢)과 종이 띠를 제물로 올렸다. 또한 지전을 태우며 무릎을 꿇고 절을 하는 제사 의식을 거행했다. 이를 통해 조상에 대한 애도와 후손의 번영을 기원했다. 묘제는 족인 단위, 혹은 합족(合族)의 형태로 거행되기도 했다.

묘제는 청명절 외에 기일(忌日), 동지(冬至) 등에도 거행했다. 만약 새로 장사지낸 사람이 있으면 모두 춘사(春社) 이전에 성묘한다. 옛날 속담 중에 "새로운 묘지는 춘사를 넘지 않는다."라는 말이 있는데 바로 이런 뜻을 의미한다. 조상에게 가호를 비는 마음은 실제로 죽은 이를 장례 지낼 때부터 이미 나타났다. 그래서 사람들은 음택(陰宅)[117]을 중시하며 믿게 되었고, 풍수를 맹신해서 장례를 멈추고 안장하지 않는 낡은 습관이 있었다. 묘지를 잘못 선택하면 조상이나 후손에게 재앙이 올 것을 걱정했기 때문이다.

송(宋)나라와 원(元)나라 이후에 민간에 사당 건립이 증가하면서 사람들은 분묘와 묘제를 더욱 중시했다.

첫째, 음택의 위치 선택을 매우 중시했다. 호남 영향(寧鄕)의 역씨(易氏) 시조인 흥장공(興長公)의 묘는 유양(瀏陽)의 서향(西鄕)인 장군동(將軍峒)에 위치했다. 이르길 "좌측에는 타석파(打石坡)가 있고 우측에는 장군동(將軍峒)이 있어 두 물줄기가 번갈아 흐르다가 묘혈(墓穴) 앞에서 교차한다. (중략) 동진(東晉)에서 현재 광서(光緖) 연간까지 세상은 크게 바뀌었지만 이곳은 천 년 동안 항상 맑고 깨끗했다."라고 했다. 그 묘에 대해서 "종천(鐘川) 조상의 정기(精氣) (중략), 우주의 신령이 깃든 곳, (중략) 오래되었지만 더욱 견고한 곳"[118]이라 했다.

호남 원강(沅江)의 등씨(鄧氏) 가문은 400년 이래 시대마다 문무에서 인재를 배출했던 명가였다. 황자평(黃子坪)은 조부인 문질공(文質公)을 안장하면서 이르길 "식자가 이르길 묘지의 앞뒤에 눈썹 같은 봉우리가 있고, 그 기색은 넓은 하늘을 품으며 산수의 정기를 받고 있다고 했다."[119]라고 했다.

117 음택(陰宅): 죽은 자의 집이란 뜻으로 무덤을 지칭한다. 이는 살아 있는 사람이 거주하는 생활공간을 지칭하는 양택(陽宅)과 상대를 이룬다. (역자 주)

118 『(湖南寧鄕)易氏九修家譜』, 光緖 16年(1890): "左邊打石坡, 右邊將軍峒, 兩水蓋迭交於穴前。" "自東晉迄今(光緖), 雖陵穀滄桑, 此地淸光煥發, 千載常新。" 其墓 "鐘川岳正氣", "獲宇宙靈區", "故久而彌固。"

119 『(湖南沅江)鄧氏三修族譜』, 光緖 26年(1900): "識者謂墓之前後眉橫遠岫, 色載長天, 挹山水之精華。"

절강 포강(浦江) 무위 가씨(武威賈氏)의 묘지에 대해 이르길 "형상은 긴 뱀이 혀를 내미는 모습이고, 병산임향(丙山壬向)[120]의 왕자(王字) 모양의 묘혈이며, 금성(金城)은 면궁안(眠弓案)[121]을 품고 있다. 이에 후손은 출세하여 재물을 모을 것이다."[122]

둘째, 분묘의 손질과 정돈을 매우 중시했다. 호남 상담(湘潭) 중상주주(中湘株州)의 뇌씨(雷氏) 종족은 이르길 "지금 덕망이 높은 천자를 만나 재위에 계시니 인효(仁孝)로 천하를 다스리셨다. (중략) 조상의 묘를 만들고 묘지를 조성했다."라고 하였다. 묘지의 크기를 매우 높게 만들어 구분을 쉽게 했는데, "3대 조상의 묘지는 마석(麻石)을 사용해 세우고, 세 차례 모래로 문지르니 튼튼하고 견고해져서 만대(萬代)가 지나도 새것과 같다."라고 했다. 다음은 "각지의 분산(墳山)은 친소(親疏)를 불문하고 품을 사서 수리했다. 전체를 한 번에 수리함에 천 년이 지나도 사라지지 않을 것이다."라고 했다. 마지막으로 "선산의 작은 개울 주변의 터 300장(丈)을 선별해서 넓게 수목과 송백을 1,000여 그루 심었고, 사람을 고용해 관리를 시키니 일이 복잡해 처리하기 그다지 쉽지 않았다." 뇌씨가 이렇게 사람들을 동원해 대규모로 조상의 무덤을 수리한 목적은 "조상의 혼령을 평안히 제사하면 후손을 향한 은혜가 길하고 상서롭다."[123]라고 여겼기 때문이다.

안휘 적계(績溪)의 남관(南關) 허씨(許氏)의 시조인 유공(儒公)은 당나라 말기에 태어났다. 후에 흡현(歙縣)인 황돈(篁墩)의 당두산(塘頭山)에 안장되었다. 후대 유공의 후손들은 환남(皖南)과 각 성(省)에서 번성하며 모두 망족(望族)이 되었다. 그러나 송(宋)과 원(元), 명(明)을 거치면서 시간이 오래 흐른 뒤에 유공의 묘지를 찾을 수 없게 되었다. 강희(康熙) 연간에 이르러 허씨 후손은 가보 기록을 근거로 부정(富汀)의 당두산(塘頭山)을 방문해서 여러 차례 고증한 끝에 유공의 묘지를 찾아냈다. 그래서 이르길 "분묘를 중수하고 묘지 앞에 있는 땅을 사서 섬돌을 쌓아 제단을 만들었다. 또한, 비석을 세우고 족인이

---

120 병산임향(丙山壬向): 나침반은 전 지역을 동서남북의 사방으로 나누고, 이를 다시 8괘와 24산(山)으로 분류한다. 임(任)과 병(丙)은 모두 24개 산의 하나이다. 임이란 북쪽, 병이란 남쪽으로 양자는 서로 대칭된다. 병산임향(丙山壬向)이란 임산에서 병산으로 향한다는 뜻으로 북쪽에서 남쪽으로 향하는 방향을 지칭한다. (역자 주)

121 면궁안(眠弓案): 안궁면(案弓眠)을 지칭한다. 묘혈 앞에 조그만 산릉이 하나 있고, 궁형(弓形)의 모습을 한 묘지를 지칭한다. (역자 주)

122 『(浙江浦江)武威賈氏宗譜』, 光緒 5年(1879): "形似長蛇奇吐舌, 丙山壬向王字穴, 金城圍抱案弓眠, 兒孫衣繡粟陳積。"

123 『(湖南湘潭)中湘株州雷氏六修支譜』, 光緒 17年(1891): "今逢聖天子在上, 以仁孝治天下", 于提 "倡修祖墓, 培植墳塋", (中略) "三代祖墳墓以麻石築, 以三砂完隆堅固, 萬代常新。" 二是其他 "各處墳山無論親疏, 雇工整修, 一體施行, 千年不朽。" 三是 "擢祖山壕基周圍三百餘丈, 廣栽樹木松杉數千餘株, 雇人看守, 大費周章。" (中略) "祖靈安享, 永錫禎祥。"

자손을 불러 모아 날을 정해 묘지를 방문해 조상공경의 마음을 보이도록 했다."[124]라고 언급했다.

셋째, 묘제(墓祭) 제도가 더욱 완비되었다. 감숙 난주(蘭州)의 이씨(李氏) 묘지의 경우 시조부터 시작해서 세대의 순서에 따라서 안장을 했다. 묘지가 넓었음에도 후대 자손의 증가로 점차 수용이 힘들어졌다. 결국엔 12대부터 연령순에 따라서 별도의 규정을 마련하여 적용했다. 즉 장방(長房) 경우는 조상이 있는 분묘에 안장하고, 방지(房支)는 다른 곳에 안장하기로 했다. 이로써 묘지 선택에 있어서 "존비를 구분해서 혼돈을 허용하지 않는다."[125]라는 원칙을 관철시켰다.

족인은 묘제시기에 대해서 구체적으로 규정했다. 예를 들면 호남 영향(寧鄉)의 대씨(戴氏)의 경우 11대 조상인 창공(昌公)과 상산(湘山)의 소걸공(昭傑公)은 각기 갈라져 분파했다. 창공은 영읍(寧邑) 5도 16구(五都十六區) 대가(戴家)의 위쪽 물레방아가 있는 곳에 안장되었다. 이후 자손이 번성하여 이곳에 모여 살면서 "매년 청명절 음력 7월 보름에 제사를 지내며 조상의 영령을 위로한다."[126]라는 규정을 만들기도 했다.

안휘 태평현양(太平峴陽)의 손씨(孫氏) 족인은 선태사(先太師)를 역임한 희신공(熙侁公)과 부인 조씨(趙氏)를 칙명에 따라 기룡(旗龍) 앞에 있는 노산(蘆山) 기슭에 안장했다. 후에 영락(永樂) 시기에 이르러 환란을 당해 태사 묘 앞에 있던 화표(華表)[127]가 사라지고, 석상 역시 소실되었고, 제사를 지내는 예전(禮典)도 자연히 방치되고 말았다. 이에 동치(同治) 13년(1874)에 선도공(先道公)은 조상의 뜻을 계승해서 고주(高洲)에 사전(祀田) 14무(畝)를 마련하고, 별도의 비문(碑文)을 세웠다. 비문은 고주 돈서당(惇敘堂)이 있는 벽에 설치하고 묘제에 대한 규정을 구체적으로 수록했다. 그 규정의 내용은 다음과 같다. 즉 춘사를 지낸 다음날 각 방과 지파의 대표자는 고주에 있는 돈서당에서 기숙하고, 다음날 새벽에 의관을 정제하고 고주에서 25리 떨어져 있는 여산에 도착해 시조묘에 제사를 지낸다. 제례가 끝난 후에 다시 돈서당으로 돌아와 함께 회식한다. 셋째 날에는 각자 집으로 돌아가되, 묘제를 치루고 남은 비용은 제사에 참여한 사람에게 왕복 교통비로 지급한다.[128]

주목할 점은 사당의 건축과 보수 및 일상 활동에 경제적 지원이 필요하듯이, 분묘의

---

124 『(安徽績溪)績溪縣南關惇敘堂許氏家譜』, 光緒 15年(1889): "重修墳墓, 幷買墓前田地築砌拜台, 豎立碑碣, 集合族子孫擇期前往, 以展思誠."

125 『甘肅蘭州李氏家譜』, 道光 19年(1839): "尊卑有別、無容混淆."

126 『(湖南寧鄉)溈寧戴氏四修族譜』, 光緒 30年(1904): "每歲淸明中元祀之, 所以妥先靈也."

127 화표(華表): 묘지 전방에 세운 한 쌍의 석주이다. (역자 주)

128 『(安徽太平)峴陽孫氏族譜』, 光緒 23年(1897).

축조와 묘제 행사에도 일정한 경제적 보장이 필요했다. 앞서 언급했듯이 안휘 태평현양의 손씨 족인 역시 춘사에 각 방과 각 지파의 대표가 수십 리 떨어진 노산으로 이동해 묘제를 지냈다. 이들에게 숙식 및 왕래 교통비를 제공할 수 있었던 것은 14무(畝)의 제전(祭田)이 있었기 때문이다. 만약 제전을 준비하지 않았다면 이런 제례 활동은 완전히 공리공담이 되고 말았을 것이다. 다른 족인도 이런 묘제 행사를 거행할 때 반드시 제전을 통해 경제적 근거를 보장했다. 다른 사례를 보면, 강소 소주(蘇州)의 신씨(申氏) 묘지는 문정공(文定公) 후손의 것이다. 그는 원래 명대 중극전(中極殿)의 대학사(大學士)로 사후에 태사(太師)를 사여받았고, 본부인 오씨(吳氏)와 합장되었다. 그리고 묘지 옆에 향당(享堂)[129] 3곳을 세웠다. 신씨 후손은 정상적인 묘제 활동을 유지하기 위해 제전을 설치했다. 이르길 "250여 무(畝)의 제전 중 묘지가 있는 산에 117무(畝) 3푼(分)이 있다."라고 했고, 제전의 수입은 묘제 외에 "성묘를 지내고 건물을 보수하며 분묘를 관리하는 자에게 해마다 쌀을 제공한다."[130]라고 규정했다. 또 다른 사례로, 강소 진강(鎮江) 추씨(鄒氏)의 남강촌(南崗村) 조영도(祖塋圖)가 있다. 이곳 묘지에는 모두 3관(棺)과 6혈(穴)이 있는데 "주혈(主穴)에 안치한 2개의 관은 7대조 혜중공(慧中公)과 심(沈)씨 부인이고, 좌혈(左穴)은 8대조 학지공(鶴知公)의 묘이다."[131]라고 했다. 이곳 선산에는 다음과 같이 모두 3장의 토지계약서가 있다.

(1) 건륭(乾隆) 23년 우대(虞大) 문서에 의하면 17구(區) 15도(都) 4도(圖) 적자우(赤字圩) □호(號)에는 모두 20무(畝)가 있다.
(2) 건륭 25년 마문(馬文) 문서에 의하면 17구 15도 4도 적자우 5호에 전체 산(山) 6푼(分)이 있다.
(3) 건륭 46년 원정룡(袁正龍)과 정서(正瑞)의 문서에 의하면 17구 15도 4도 □□우(圩) □호(號)에 저수지 1곳이 있다.[132]

---

129 향당(享堂): 조상의 초상과 위패를 모시고 제사 지내는 건물인 당(堂)을 지칭한다. (역자 주)

130 『(江蘇蘇州)申氏世譜』, 道光 21年(1841): "祭田二百五十餘畝, 墳山一百十七畝三分。" (中略) "供祭掃修葺、墳丁歲給飯米。"

131 『(江蘇鎮江)潤州鄒氏宗譜』, 道光 8年(1828): "主穴二棺是七世祖慧中公同配沈夫人墓, 左穴是八世祖鶴知公墓。" (역자 주)

132 『(江蘇鎮江)潤州鄒氏宗譜』, 道光 8年:
(1) 乾隆二十三年虞大文契, 位十七區十五都四圖赤字圩□號, 計二畝有零。
(2) 乾隆二十五年馬文獻契, 位十七區十五都四圖赤字圩五號, 計山六分。
(3) 乾隆四十六年袁正龍、正瑞契, 位十七區十五都四圖□□圩□號, 計塘埂一條。(역자 주)

<위편 도표 6-3> 『(절강호주)적계장씨지보((浙江湖州)荻溪章氏支譜)』 중 순부공의 묘지 일람표

	시기	구매한 묘지와 수량	가격
1	가경(嘉慶) 5년 경신(庚申) 3월	前潘周香墀並字二圩稅8分6厘	42千文
2	가경 5년 경신	王紹周並字二圩稅地3分	銀30兩
3	가경 5년 경신	沈臨光、蓉江、聖瞻並二圩稅地2分1厘	21千文
4	가경 경신 11월	王紹周並二圩墳前水, 爲1分	銀2兩
5	가경 6년 신유(辛酉)	沈臨光等稅地3分	銀40兩
6	가경 7년 임술(壬戌) 3월	王紹周並二圩稅地屋一間兩廂並後空地一塊	銀150兩
7	가경 10년 을축(乙丑)	王紹周並二圩屋一間連界稅地1分	銀27兩
8	가경 10년 을축 10월	王汝鳳並三圩215號田1畝1分	銀23兩
9	가경 10년 을축 12월	蔡鶴天妙字三圩稅地6分	銀21兩
10	가경 10년 을축 12월	李發章俗字三圩228號田1畝3分1厘5毫	銀23兩
11	가경 15년 庚午 11월	王黃氏並二圩屋兩間, 稅桑地8分5厘, 井字三圩田成地3分	錢60千文[133]

이상과 같이 선산에는 모두 2무 6푼의 토지가 제전으로 설정되었고, "모든 땔나무는 이전에 거래했던 사람에게 주고, 곡식을 주어 묘지를 살피는 비용으로 삼는다."[134]라고 했다.

일부 족인은 묘지 구매를 통해 재산을 증식시키기도 했다. 〈위편 도표 6-3〉은 절강 호주(湖州) 적계(荻溪)의 장씨(章氏) 순부공(醇夫公)이 묘지 구매로 증식시킨 재산을 열거한 내용이다.

묘제 행사의 정상적인 유지와 진행을 위해 각 족인이 제전(祭田)만을 구매한 것은 아니었다. 이 외에도 묘지 옆에 별도로 묘사(廟祠)와 장옥(莊屋)을 설치해 평소에도 묘역관리를 강화했다. 예를 들면 절강 은현(鄞縣) 진씨(秦氏)의 주가조(周家漕)에 있는 묘지는 진씨 과항공(果巷公)을 위한 분묘였다. 철저한 묘지관리를 위해서 진씨 종족은 묘지 동남쪽에 장(莊)을 설치했다. 즉 "정원장(靜遠莊) 북쪽에서 남쪽을 향해 앉아서 보면, 강 옆에 문

133 문(文)이란 화폐단위이다. 청대는 백은(白銀)과 동전이 함께 사용되면서 화폐 단위로 냥(兩), 전(錢), 문(文) 등이 사용되었다. 청말 도광(道光) 연간의 백은 한 냥(兩)은 대략 1천문(千文)에 달했다. 즉 백은 1냥은 1/10 근(斤)이고, 10전(錢)이며, 1,000문(文)에 해당했다. 본문의 "錢六十千文"은 1전(錢) 6천문(千文)으로 백은이 아닌 순전히 동전으로 거래된 것으로 보인다. 그리고 백은의 가치를 현재의 가격으로 환산해 보면 2018년도 기준 중국의 은 1그램의 가격은 3.3위안(元), 한 냥은 132원에 해당한다. 즉 현재 한국 화폐로 25,000원에 달한다. 참고로 『청사고·식화지』에 의하면 청나라 초기에 1문(文)으로 쌀 1근을 살 수 있었다고 한다. (역자 주)

134 『(江蘇鎭江)潤州鄒氏宗譜』, 道光 8年: "所有柴薪, 仍給賣主, 以抵條糧看墳之費。恐後世子孫不盡曉, 合併志此。"

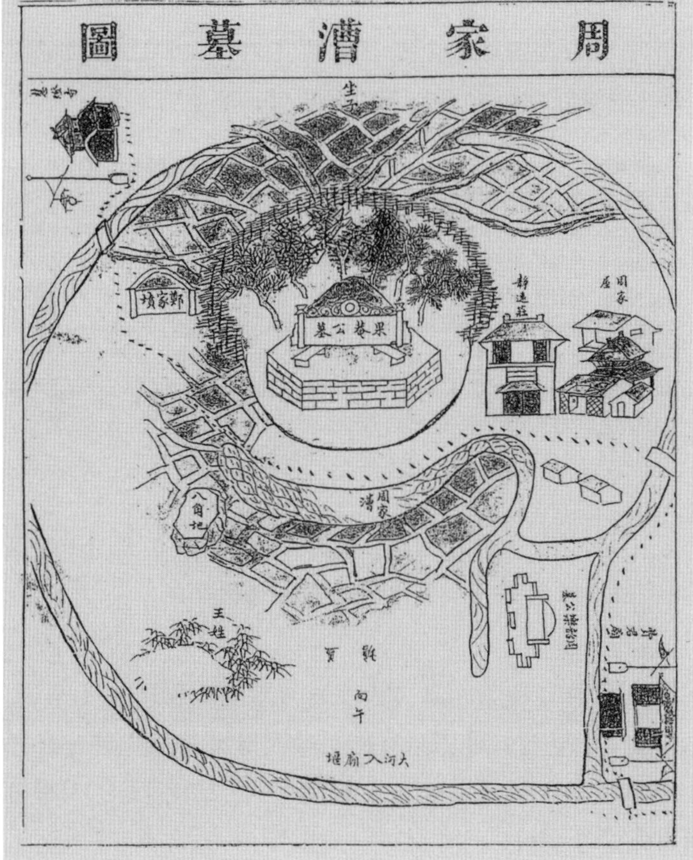

<위편 그림 6-4>
「절강은현진씨주가조묘도
(浙江鄞縣秦氏周家漕墓圖)」

옥(門屋) 한 곳이 있다. 본채는 3칸인데 중간 방에서 제사를 지낸다. (중략) 주방에는 탁자와 의자가 있고 (출납의) 영수증이 있어 관리인이 이를 기록하고 보관한다."[135]라고 했다. 이처럼 평소에도 묘역관리의 강화를 통해서 순조롭게 묘제를 거행할 수 있도록 했다.(〈위편 그림 6-4〉 참고)

사당과 같이 묘역(墓域)·제전(祭田)·묘사(廟祠)·장옥(莊屋) 등의 철저한 관리를 위해 각 가문은 이에 상응하는 관리 규정을 만들었다.

호남 익양(益陽) 신읍(新邑) 황양산(黃楊山)에는 공씨(龔氏)의 영(榮)·화(華)·부(富)·귀(貴) 등 4개의 방(房)이 명나라 초기부터 안치한 조상의 묘역이 있다. 당시 4개의 방은 함

135 『浙江湖州荻溪章氏支譜』: "靜遠莊", "坐北朝南, 臨河門屋一間, 正屋三間, 中奉香火。(中略) 內廚灶桌櫈物件, 俱有交單, 著莊人看守。" (역자 주)

께 비용을 갹출하여 묘지를 구매했다. 이곳의 관리 강화를 위해서 "4개 지파는 계약서를 작성해서 각기 적힌 규정에 따라 일을 처리하고, 이를 자손들이 가규(家規)로 삼아 준수하도록 한다."[136]라고 했다. 관련 규정의 핵심 내용을 정리하면 다음과 같다.

(1) 묘지에 들어서면 말을 타고 분묘를 뛰어넘을 수 없고, 위반자는 종주(宗主)에 맡겨 처벌한다.
(2) 묘역 안의 수목은 공동으로 심고 관리한다. 만약 마음대로 벌목하는 자가 있으면 관아에 신고해 처벌한다.
(3) 묘제와 관련한 재산은 4방(房)의 공동 소유로, 소작인을 모집해 관리를 시키고 영원히 매매를 불허한다.[137]

강서 무원(婺源) 쌍삼(雙杉)의 왕씨(王氏) 족인은 건륭(乾隆) 48년(1783)에 '묘사조례(墓祠條例)'를 제정해서 묘사 관리와 묘제에 관한 규칙을 상세하게 기술했다.

(1) 묘사의 본당에는 시조 신위(神位)를 모시고 평소에는 개방하지 않는다. 음력 초하루와 보름, 혹은 큰 절기가 되면 묘사 관리자는 미리 사당에 들어가 본당을 개방하고 등(燈)을 설치한다. 등이 꺼진 후에는 본당 문을 잠그고 열쇠는 사당에 반환함에 이를 지체해서는 안 된다.
(2) 거주지가 다른 동족 중에 성실한 자를 뽑아 묘사에 거주시키고, 달력에 성묘와 차를 올린 일을 기록하게 한다. 묘당에는 토지 5무를 두어 식용 작물을 경작하고 이를 등과 성묘의 품삯으로 삼아 돌아가면서 사례를 한다.
(3) 족인의 자손은 마음대로 묘사를 대여해 주거나, 이곳에 물건을 쌓아 두어서는 안 된다.
(4) 명망 있는 족인의 경우 의관을 정돈하고 묘사나 묘를 방문해 제사를 올린다. 이때 사람마다 제사용 고기 한 근과 제사용 국수를 납부하고, 의관(衣冠)이 없는 자

136 『(湖南益陽)武陵龔氏十二修族譜』, 光緒 34年(1908): "由四房書立合約, 各執收照, 俾世世子孫恪守規議爲據." (역자 주)

137 『(湖南益陽)武陵龔氏十二修族譜』, 光緒 34年:
(1) "進葬不許騎馬跨祖, 違者歸宗處治."
(2) "界內樹木公蓄公管, 如有擅行砍伐者, 公處送治."
(3) "祭產系四房公業, 招佃看守, 永不許典賣."

는 내지 않는다.[138]

묘역의 선택이 한 가문의 흥성 여부를 결정한다고 믿으며 풍수가 좋은 곳을 쟁취하는 과정에서 묘역 내의 수목 등을 약탈하는 경제 분쟁들이 종종 발생했다. 이때 묘역의 권리를 지키기 위해서 할 수 없이 관아에 소송을 제기하거나, 묘지를 측량해 돌에 금령을 새겨서 대응 방안을 공포하기도 했다. 예를 들면, 강소 소주(蘇州) 오씨(吳氏)의 제방 근처에 위치한 잠조영(岑祖塋)에는 조상의 묘지 100여 곳이 있었다. 가경(嘉慶) 5년(1800)에 묘역 크기를 측정하니 원래 19무(畝) 1푼(分) 2리(厘) 5호(毫)였지만, 이후 하성(何姓)에게 토지 144보(步) 4푼(分)을 절취당했고, 이를 막으려다 다시 다른 성씨에게 묘지를 빼앗기고 말았다. 이에 도광(道光) 9년(1829) 음력 5월에 관아에 고발하며 이르길 "관아의 토지대장을 조사하여 곤천(昆泉)의 문서를 복원해 보니 실제 토지는 전체 16무 8푼 8리에 불과해 다른 사람에게 잠식당한 것을 발견했다."라고 했다. 잠식 사건 후에 별도로 「강소소주오씨사언잠조영청장도(江蘇蘇州吳氏斜堰岑祖塋清丈圖)」라는 새로운 묘도를 그렸다. 계속해서 "아울러 매년 완비한 조항을 일일이 그림 뒤에 열거해서 후대 자손들이 참고할 수 있도록 한다."[139]라고 했다.

안휘 적계(績溪)의 허씨(許氏) 태구공(太舅公) 간영(艮英)은 명나라 초에 적계 북태도(北台都)의 양계(揚溪) 엄오구(嚴塢口) 동쪽에 위치한 곽가원(霍家園)에 안장되었다. 이곳은 명대에서 청대 중기까지 묘역에 백송을 재배하여 그늘이 무성했다. 그러나 홍양(洪楊)의 반란[140]으로 "사당을 관리하는 일이 느슨해지고 묘제 활동 역시 쇠미해져서 간사한 자가 약탈의 기회를 노리는 지경까지 이르렀다."[141]라고 했다. 광서(光緒) 7년(1881) 장정원(張定元)이 묘역 우측에 있는 나무를 벌목하고, 또한 허씨가 아닌 사람의 관을 이곳 산으로 옮

138 『(江西婺源)雙杉王氏宗譜』, 光緒 19年(1893)
(1) "墓祠正堂, 供奉始祖神位, 閒時封鎖。每逢朔望及大節日, 居住墓祠者先期一日至城內祠堂領鑰, 開啟正堂, 裝點香燈。俟香燈熄滅後, 仍將正堂復行加鎖, 卽將原鑰交城內祠堂, 不得延誤。"
(2) "公選外姓異村誠實人住歇墓祠, 標掛日掃墓供茶。祠置田五畝, 付其耕種食用, 以酬支值香燈看掃墓所辛力。"
(3) "本族子孫不得恃強借住墓祠, 並不許堆積物件。"
(4) "紳衿各整衣冠, 詣墓祠及墓所致祭者, 每人給致祭胙肉一斤, 面籌一枝, 無衣冠者不給。"

139 『江蘇蘇州皐廡吳氏家乘』, 乾隆 33年(1768): "經官丈書陳昆泉復丈, 見實地僅有一十六畝八分八厘整, 顯系又被人侵僭。" 提另繪新圖 "《江蘇蘇州吳氏斜堰岑祖塋清丈圖》幷將每年應完條漕開列於後, 俾世世子孫有所考云。"

140 홍양(洪楊)의 반란: '홍양'이란 홍수전(洪秀全)과 양수청(楊秀清)의 약칭으로 1851년부터 14년간 지속된 태평천국의 난을 지칭한다. (역자 주)

141 『(安徽績溪)績溪縣南關惇敘堂許氏家譜』, 光緒 7年(1881): "祠事式微, 墓祭衰替, 致啟奸邪窺伺。" (역자 주)

기고, 덧널을 연결해 묘혈(墓穴)을 만들기도 했다. 이런 방법으로 허씨 묘역에는 모두 13개의 관(棺)이 몰래 안장되었다.

허씨 족인은 할 수 없이 적계의 현주(縣主)에게 고할 수밖에 없었다. 하지만 관아 아문(衙門)은 장씨의 뇌물을 받고 사건을 유야무야 무마하자, 이에 다시 안휘의 성(省)을 한 차례, 남경(南京)을 세 차례 방문하며 8년에 걸쳐서 탄원을 계속했다. 결국에 "몽황(蒙黃)의 현주(縣主)가 부헌왕(府憲王)에게 상세하게 사건의 심리를 요청하니 화약(和約)으로 사건을 판결하고 아울러 금칙 사항을 비석에 새겨서 알리도록 했다. (중략) 해당 분산(墳山)에 이르면 근처의 백성들은 허씨(許家) 가묘가 있는 선산에서 나무를 벌목하거나 시신을 몰래 매장해서는 안 된다는 사실을 모두 알고 있다. 하지만 이 사실을 인지한 후에도 여전히 불법으로 암매장하거나 벌목하는 자가 있었다. (중략) 이런 무뢰한의 이름을 특정하여 고발하고 가차 없이 바로 체포해 재판을 받게 하겠다. 앞서 언급한 바에 따라 취조하여 처벌할 것이고, 결코 관용을 베풀지 않을 것이다. (중략) 사악한 자들은 더 이상 숨지 못할 것이다."[142]라고 했다.

이상으로 허씨가 비석에 금령을 새겨 알렸던 사실을 살펴보았다. 이런 사례는 족인 묘역의 분쟁에서 다수 볼 수 있었다. 이는 후손은 물론, 당시 사회경제와 민속 문화를 연구하는 사람에게도 중요한 자료를 제공해 준다. 분묘의 석문(釋文)은 족인과 친척들이 쓴 것으로 자료적 신빙성이 비교적 높다. 따라서 이러한 석문을 통해 때로는 정사(正史)의 결점을 보완하거나, 오류를 바로잡을 수도 있다. 예를 들면, 『(호남평강)두씨족보((湖南平江)杜氏族譜)』는 당나라 시기 좌습유공부원외랑(左拾遺工部員外郎)인 두보(杜甫)의 묘지 석문인데, 바로 앞서 언급한 사례와 유사한 경우이다. 『신당서(新唐書)』와 『구당서(舊唐書)』에는 모두 두보가 안장된 묘지에 대해서 모두 "공(公)은 뇌양(耒陽)에서 사망했고, 영구는 언사(偃師)로 돌아갔다."[143]라고 했다. 하지만 관련 족보는 정사에서 말하는 곳과 다른 안장지에 대해 더욱 정확한 내용을 언급하고 있다. 즉 언사가 아니라 평강(平江)이라고 언급했는데, 족보에 수록된 「두공부묘도(杜工部墓圖)」의 뒷장에 있는 「두공부묘변(杜工部墓辨)」에는 다음과 같이 기술했다.

당나라 대력(大曆) 5년(770) 9월에 두보는 호남에서 섬서(陝西)로 귀향하다가 배 안에

---

142 『(安徽績溪)績溪縣南關惇敘堂許氏家譜』, 光緒 15年(1889): "蒙黃縣主詳請府憲王就案審理, 依和約斷結, 并給示勒石永禁." "該墳山屆近諸民人等知悉, 所有許家墓墳山業內興養蔭木, 不得盜砍盜葬。自示之後, 倘有不法棍徒窺吉盜葬、盜砍墳蔭。(中略) 准該生等指名控究, 定卽飭差嚴拿到案, 從重究辦, 決不姑寬." 自比以後 "奸邪始莫能遁。"

143 『新·舊唐書』: "公卒于耒陽, 歸柩偃師。" (역자 주)

서 풍질에 걸렸고, 멱라(汨羅)의 평강에 도착해 사망하고 말았다. 이에 평강현의 남쪽으로 10리 떨어진 소전촌(小田村)에 있는 천정호(天井湖) 근처에 그를 안장했다. 당시 두보의 아들 종무(宗武)는 병으로 장례에 참석하지 못했고, 대신 손자인 사업(嗣業)이 두보를 안장했다고 했다. 「두공부묘변(杜工部墓辨)」의 결론에서 "자미(子美)[144] 선생은 평강에서 장사를 지냄에 아들과 손자가 참여했다. 조정에서 내린 칙서를 가보에 수록했으니, 분명하게 살필 수 있다. 어찌 묘지를 다시 의심할 수 있겠는가? 그리고 정사를 본 자는 『신당서』와 『구당서』의 오류를 믿고서 공(公)이 뇌양에서 사망하고 영구는 언사로 돌아갔다고 여긴다."[145]라고 했다. 이런 사례에서 알 수 있듯이 분묘도와 석문은 역사적 사실을 고증하는 중요한 사료적 가치를 갖는다.

5. 그 밖의 그림

다섯 번째는 그 밖의 다른 유형의 그림이다. 이곳에는 장서루도(藏書樓圖)·서원도(書院圖)·서재도(書齋圖)·시관도(試館圖)·의숙도(義塾圖)·학교도(學校圖)·풍경도(風景圖) 등을 포함한다.

중국인은 유구한 역사 속에서 찬란한 문화 발전을 이룩했다. 이로 인해 다양한 유형의 역사 문헌과 장서루가 전국 각지에 분포한다. 그중에는 국보급의 장서기구도 있는데, 예를 들면 문진각(文津閣)·문연각(文淵閣)·문란각(文瀾閣) 등이다. 이들을 제외하면 특정 종족이 건축한 장서루가 대다수를 차지한다. 그중에서 비교적 유명한 곳으로 천경당(千頃堂)·천일각(天一閣)·전시루(傳是樓)·가업당(嘉業堂) 등이 있다. 청대 학자인 홍량길(洪亮吉)은 각별히 안휘 경현(涇縣) 주씨(朱氏)의 배풍각(培風閣)이란 장서루를 소개하며 다음과 같이 언급했다. 즉 "주씨(朱氏)는 옛날에 무원(婺源)에서 경(涇)으로 이주했다. 송나라 시기의 휘국문공(徽國文公)인 주희(朱熹)와 가까운 친족으로 집안에는 (황제가 하사한) 사서(賜書)가 있었다. 아울러 역대로 책을 수집해 소장하기를 좋아했고, 태사(太史)를 역임한 정재(靜齋)·난파(蘭坡)라는 두 분의 형제로 인해 더욱 많은 도서를 수집할 수 있었다. 비각(秘閣)의 체례를 모방해서 경사자집(經史子集)의 4가지 궤에 도서를 분류해 보관했다."

---

144 자미(子美): 두보의 자(字)를 지칭한다. (역자 주)

145 『(湖南平江)杜氏族譜』: "以子美先生葬于平江, 子孫從之, 誥勅具在譜, 班班可考, 其墓夫復何疑? 而讀史者, 誤信《新、舊唐書》, 謂公卒于耒陽, 歸柩偃師。" (역자 주)

라고 했다. 계속해서 "주씨는 특별히 책의 소장을 좋아하지 않았다. 그리고 태사(太史)를 역임한 두 분을 제외하면 근친의 형제들 중에서 독서와 고서를 좋아한 자는 수십 명에 지나지 않았다."라고 했다. 주씨 장서에 대해서는 이르길 "도서를 4개 부분으로 나누어 분류했고, 이미 보고 교수(校讎)한 것은 구분해 비치했다. 그렇지만 강좌(江左)와 절우(浙右)[146]의 여러 장서가의 것과 함께 논할 수준은 아니다."[147]라고 했다. 이상과 같이 주씨 족인의 장서루를 비교적 높게 평가를 했다.

장서루는 보통 풍경이 아름답고 거주하기 편한 곳에 건축했다. 그 예로 호남 상향(湘鄕)의 서씨(舒氏) 장서루를 들 수 있다. 이에 대해서 이르길 "상수(湘水)의 지류는 강어귀에서 만났다가 담태(潭台)에 이르러 넓게 흐르며 깊어진다. 그 옆에 인접하여 사당의 누각이 있다. 시장을 등지고 강과 마주하고 있어서 먼지의 영향은 티끌만큼도 없다. 옛날 증조의 숙부인 청양(靑洋)은 누각에서 독서를 하며 고금의 서적 수천 권을 수집했고, 장서루(藏書樓)라는 현판을 걸었다. 이곳은 이층 구조로 아래층은 담과 나란히 있어서 먼 곳을 볼 수 없다. 반면 위층은 (담) 밖으로 높이 올라와 있어서 사방을 둘러보면 수백 리의 풍경과 운산(雲山)을 볼 수 있다. 그래서 가능한 범위에서 몇 개의 자리를 더 비치해 두었다."[148]라고 했다.

강소 무석(無錫)의 주씨(朱氏) 악포(樂圃)라는 곳은 북송 시기 5대 조상 백원공(伯原公)이 독서와 학문을 논한 곳이다. 이곳 악포에서 서쪽으로 책을 소장한 초당이 있고, 건물 중간에는 조상과 스승의 위폐를 비치했다. 그리고 수경당(邃經堂)에서는 육예(六藝)를 강론했고, 몽재소(蒙齋所)는 어린이를 교육했던 곳이다. 학실(鶴室)은 학을 기르는 곳이었고, 서북쪽 언덕에는 금대(琴臺)를 설치했다. 그 서쪽에는 영재(詠齋)가 있는데, 이곳은 주인이 거문고를 연주하고 시(詩)를 읊었던 곳이다.

주씨 족인은 악포에서 공자의 『춘추(春秋)』를 암송하고 『시(詩)』·『서(書)』의 오묘함을 탐구했으며, 예악(禮樂)의 기준을 밝히고, 사서(四書)의 요지를 탐구하고, 고인(古人)의

---

146 절우(浙右): 절(浙)의 우측은 강의 서쪽이지 동쪽이 아니다. 그렇지만 북경을 기점으로 내려다보면 이런 방향이 나타난다. (역자 주)

147 『(安徽涇縣)張香都朱氏續修支譜』, 光緒 33年(1907): "朱氏舊自婺源徙涇, 在宋爲徽國文公近支, 家有賜書。曆世以來, 幷善搜藏, 至靜齋、蘭坡兩太史昆仲, 裒輯益富。因仿秘閣之例, 以經史子集列作四廚分貯。" "朱氏不特善貯書, 自兩太史外, 群從子弟能讀書好古者, 又不下數十人。" 朱氏藏書 "分輯四部書例, 將見區分當而讎校對, 又非江左浙右諸藏書家所可同日語矣!"

148 『(湖南湘鄕)湘鄕潭台舒氏族譜』, 光緒 14年(1888): "湘水支流, 會于江口, 至潭台泱漭而深。祠之樓臨其旁, 背市面河, 鮮塵埃氣。昔叔曾祖靑洋讀書其上, 聚古今書籍數千卷, 額曰藏書樓。有二重, 下與垣齊, 不可遠望; 上則高出表, 登臨四顧, 數百里之景物雲山, 盡供諸幾席之上。"

잘잘못을 고찰하며 사서의 득실을 바로 잡았다. 이에 대해 이르길 "(악포에서) 과거시험에 대해 강학하고 저술과 학술을 연구하고, 어진 사람을 양성하고, 부자(父子)와 형제가 서로 살피며 대유(大儒)의 자질을 기르던 곳이다. 따라서 이곳은 허송세월로 놀거나 은거해 한가로이 거니는 장소는 아니다."[149]라고 했다. 수백 년 동안 주씨의 악포는 세상 밖의 도원(桃源)처럼 그 지역의 사대부가 학술을 교류하고 유유자적하며 시부(詩賦)를 읊조리던 장소였다.

명청 시기에 일정한 경제적 조건을 갖춘 종족은 모두 서원(書院)을 창설하여 족인 자제를 교육하는 장소로 이용하기도 했다. 예를 들면, 절강 제기(諸暨)의 곽씨(郭氏)는 이에 대해 이르길 "우리의 조상이신 설암공(雪岩公)은 북산 기슭에 서원을 세우시고 '조양(朝陽)'이라고 했다. 이곳에는 대(臺)·사(榭)·정(亭)·지(池)와 무성한 꽃이 우물 등과 뒤섞이며 없는 것이 없었다. 그렇다고 이곳이 유람지는 아니었다. 이곳은 족인의 자제에게 현악에 맞추어 노래 부르게 하고, 소리 내어 책을 읽게 시키고, 부모와 자식이 함께 덕행을 닦아 수천 년 이어온 인륜의 질서를 일깨워 주는 곳이다. 이것이 바로 우리 조상이 서원을 설립한 깊은 뜻이다."[150]라고 했다.

일부 서원의 경우 그 규모가 매우 컸다. 예를 들면, 안휘 경현(涇縣) 예씨(倪氏)의 자산서원(紫山書院)은 전체 가옥이 40여 채에 달하는 규모로 은(銀) 5,800여 냥(兩)을 들여 11년에 걸쳐서 건설했다. 이르길 "마을 이름이 자산촌(紫山村)이기 때문에 서원 이름 역시 자산서원(紫山書院)이라 했다. 모두 자(紫)를 이름으로 삼은 것은 자기성(紫氣星)이 귀한 점을 귀감으로 삼은 것이다. (중략) 문창각(文昌閣)에서 춘화헌(春和軒)까지 이르는 40여 채의 가옥은 은(銀) 5,800냥 남짓을 사용해서 건륭(乾隆)의 무자(戊子)년부터 무술(戊戌)년에 이르기까지 11년에 걸쳐서 완성했다."[151]라고 했다.

서원의 역사는 보통 수백 년에 달했기 때문에 중간에 다양한 변화를 겪기도 했다. 일부는 전란으로 전소되기도 했다. 예를 들면, 호남 상담(湘潭)의 호씨(胡氏)가 세운 벽천서원(碧泉書院)의 경우 호씨의 시조인 문정공(文定公)이 건설했다. 하지만 수차례의 전란

---

149 『(江蘇無錫)古吳朱氏宗譜』, 同治 10年(1871): "衡文講學, 著說立說, 陶淑名賢, 父子兄弟相爲印正, 俱成大儒, 蓋非徒躭玩林泉徜徉丘壑而已". 于是"一時名公巨卿競題詠于其上。"

150 『(浙江諸暨)宗和郭氏宗譜』, 嘉慶 8年(1803): "自吾祖雪岩公創書院于北山之麓, 顔曰'朝陽'。其間台榭亭池與夫繁花雜卉, 靡不備列, 夫非直爲遊觀地也。凡族人子弟于斯弦, 于斯誦, 合成人小子而歸諸德造, 以啟千載之人文, 是則吾祖創書院之深意耳。"

151 『(安徽涇縣)新紫山倪氏七甲支譜』, 乾隆 53年(1788): "村紫山村, 書院曰紫山書院, 皆以紫名, 形家言紫氣星爲最貴也。(中略) 由文昌閣至春和軒, 總屋四十餘間, 用銀五千八百有奇, 經始於乾隆戊子, 越十有一年, 戊戌落成。"

으로 결국 모두 전소되고 말았다. 그러다가 건륭 연간에 이르러 이르길 "기본 터를 복원하고 새롭게 집터를 복구했다. 주위에 있는 산 한 곳에는 조상의 분묘가 몇 곳 있다. 묘지 앞에는 사전(祀田) 5무(畝)가 있었는데 아주 오래되어 보였다. 이곳을 계승한 자는 8방(房)의 후손으로 근본을 잊지 않고 허물어지지 않도록 잘 보존하여 복원할 수 있었다."[152] 라고 했다. 일부는 다른 사람들에 의해 점거되었다가 그 용도가 변경되기도 했다. 예를 들면, 청대 동성(桐城)의 저명한 학자인 방포(方苞)는 『(하남보정)용성손씨세계씨족보((河南保定)容城孫氏世系氏族譜)』에서 「수부쌍봉서원기(修復雙峰書院記)」를 저술했다. 이곳에서 다음과 같은 관련 사실을 생동감 있게 기술했다. 이르길 "용성(容城) 출신 손정군(孫征君)은 명나라 말기에 역주(易州)의 서산(西山)으로 피난을 했다. 그를 따랐던 제자들은 그의 고택을 쌍봉서원(雙峰書院)이라 했다. 후에 손정군이 다시 하남(河南)으로 이주하니, 제자들은 뿔뿔이 흩어졌고 고택은 사인(士人)들에게 점용되었다. 이에 그의 증손인 용정(用楨)이 수년간의 소송과 여러 공(公)의 도움으로 겨우 사원을 수복하니 이에 그 사실을 기록한다. (중략) 나는 선생과 관련한 유사(遺事)를 기술하면서 명나라 시기의 풍속과 교화에 대해 언급했다. 그리고 학생들에게 선생이 거주하던 안채에 올라 선생을 생각하고, 세상을 논하도록 하면서 의연한 사인으로서 자신에게 엄격하도록 했다. 그리고 산천의 형세와 당(堂)과 사(舍)의 크기와 건축의 과정에 대해 간략하게 기술하니 이에 대해 별도로 언급하지 않는다."[153]라고 했다. 『망계선생전집(望溪先生全集)』의 제14권 「22기(記)」에 수록된 「수부쌍봉서원기」의 내용과 비교하면 약간의 차이가 있다. 다른 경우를 보면 서원을 오랫동안 수리하지 않아서 산산이 무너졌다거나, 일부는 일부 족인의 경제적 능력으로 복원했다는 기록도 있다. 예를 들어 호남 유현(攸縣)에 있는 채씨(蔡氏)의 서원은 명초에 설송공(雪松公)이 호남 유현 안읍(安邑)에 건립했다. 이르길 "인재를 육성하는 즐거움을 마음속에 기대하면서 서재(書齋)를 건립했다."라고 했다. 계속해서 "만력(萬曆) 연간에 처음 보수하고 강희(康熙) 임진(壬辰)년인 1712년에 재차 수리했다. 오랜 시간이 지나자 기와가 깨지고 담장이 무너졌다. 이때 지붕과 담장을 수리하자는 족인의 의견이 있었다. 이에 건륭(乾隆) 정묘(丁卯)인 1777년에 집집이 협력해 서원을 중수하려 하자 서로 기뻐하며

---

152 『(湖南湘潭)隱山湧田胡氏七房八修支譜』, 1929: "復其基址, 新其堂構, 周圍山地一所, 祖墳數塚, 前置祀田五畝, 以爲久遠之計。嗣是八房子孫, 亦飲泉思源, 有基勿壞則得矣。"

153 『(河南保定)容城孫氏世系氏族譜』: "容城孫征君, 明季嘗避難于易州之西山, 從學者就其故宅爲雙峰書院。其後征君遷河南, 生徒散去, 爲士人侵據。其曾孫用楨訟之累年, 賴諸公之力, 始克修復, 而請餘記之。(中略) 余因論先生之遺事, 而幷及于有明一代之風敎, 使學者升先生之堂, 思其人, 論其世, 而慨然于士之所當自厲者, 至其山川之形勢, 堂舍之規, 興作之程, 則槪略而不道云。" (역자 주)

호응했다. 수개월 만에 대략 200여 금(金)의 비용으로 완공을 했다."라고 했다. 이처럼 서원은 400년 동안에 모두 세 차례 수리하였고, 수리한 후의 서재는 "규모가 웅대하여 모습이 우러러보였다."라고 했다. 또한 "매년 국조(國朝)의 과시(科試)와 향회(鄕會) 시험에서 준사(雋士)를 획득하고 모두 이름을 올렸다."라 했고, "이전 왕조에서 과거에 급제를 했지만 벼슬을 하지 않은 자의 이력을 상세하게 기록했다."[154]라고 했다.

호남 상악(湘嶽) 서쪽에 위치한 '상서초당(湘西草堂)'은 명말 청초의 저명한 학자인 왕선산(王船山)[155]이 건립한 서옥(書屋)이다. 왕선산은 이곳에서 30여 년간 강학과 전술에 전념해 100여 권의 저술을 남겼다. 선산이 사망한 후 그의 시신은 초당 부근인 고피정(高陂町)에 안장되었고, 그의 자손은 초당을 사당으로 삼았다. 그 후 상서초당과 그의 묘지는 혹독한 시련을 겪어야 했다. 초당 부근의 호족들이 산봉우리와 산이 선산의 묘지를 둘러싸고, 산림이 울창한 것을 보고서 멋대로 벌목하는 만행을 자행했다. 이로 인해 "무덤에는 키 큰 소나무가 부족했고, 가옥에는 튼튼한 울타리도 없었다."라는 현상이 초래되어 향현(鄕縣) 사람들의 공분을 사기도 했다. 그래서 도광(道光) 4년(1824) 12월에 금령을 다음과 같이 선포했다. 이르길 "금령을 알린다. 해당 지역의 보갑(保甲)과 주민 등은 모두 숙지하라. 고피정(高陂町)의 선산에 안치한 왕선산 선유(先儒)의 무덤을 조사하여 예(禮)를 다해서 보호하고, 그 무덤 주변의 모든 나무와 잡초는 함부로 자르거나 베어서는 안 된다. 이런 금령을 본 후에도 여전히 위반한다면 즉시 자초지종을 조사해 처벌할 것이다. 그런즉 마땅히 삼가 금령을 준수하고 위반하지 않도록 이를 특별히 알린다."[156]라고 했다. 하지만 이후에 다시 불초한 자손이 상서초당 소속 사전(祀田) 10여 무(畝)를 주(朱)씨에게 팔아 치워 결국 제례와 사원 보수도 힘들게 되었다. 그럼에도 주씨는 계속해서 제전(祭田) 매입을 도모하고 산림을 벌목하여 다시 사람들의 공분을 샀다. 결국에 함풍(咸

154 『(湖南攸縣)攸縣淥田蔡氏九修族譜』, 2001: "樂育爲懷, 書齋由之并建。" (中略) "萬曆間一修, 康熙壬辰(1712)再修。經時旣久, 未免瓦解垣頽, 合族子孫鹹有修葺之志。乾隆丁酉(1777)年, 戶衆協力增修, 踴躍幹理, 數越月而工竣, 約費二百餘金。" (中略) "規模宏敞, 氣象尊嶸", "國朝歲科試及鄕會闈獲雋士鹹登其名。" (中略) "前朝諸先達履歷各詳載。"

155 왕선산: 본명은 왕부지로 명말 청초 시기 사상가로 호남성 형양현 출신이다. 만년 형양(衡陽)의 석선산(石船山)에 은거해 왕선산(王船山)이라 부르기도 한다. 청(淸)의 침입에 남경이 함락되고 그의 고향도 점령되자, 형산(衡山)에서 거병했지만 패배했다. 그리고 조경(肇慶)으로 도망간 명 황실 계왕(桂王)의 계승의지를 표명했지만 신하들의 내분에 절망하고 1651년에 족인과 함께 귀향한 후에는 오직 학문과 저술에만 전념했다. (역자 주)

156 『(湖南衡陽)邗江王氏五修族譜』, 1917: "墓缺喬松, 屋無完檻。" (中略) "示仰: 該處保甲及居民人等知悉, 査高陂町山場葬王先儒墳墓, 理宜培護, 其墳地一切樹薪, 不得肆行樵采。自示之後, 倘有故違, 一經査實, 許卽隨時具稟, 以憑究處, 各宜凜遵, 毋違特示。" (역자 주)

豊) 11년(1861) 8월에 재차 다음과 같은 금령을 반포했다. 이르길 “금령을 알린다. 왕성(王姓)의 후손과 해당 지역에 거주하는 사인과 백성 등은 모두 숙지하라. 너희는 반드시 자손을 보살피는 조상의 은혜를 깨달아야 한다. 향촌에 현자가 있음을 향리의 영광으로 알고, 왕부지(王夫之)를 모시는 향리의 현인과 사묘(祠墓), 사전(祀田) 및 수목 등을 최선을 다해 함께 보존해야 한다. 만약 감히 재차 훔쳐 팔거나 벌목을 하면 중형으로 다스리고, 절대 용서하지 않겠다. 아직 공정한 지방의 장로 등이 있으니 원인을 조사해서 원래 사전은 얼마였고, 훔쳐서 판 것은 얼마이고, 현존하는 것은 얼마인지, 전묘(田畝)에는 어떤 무덤이 있는지, 개인적으로 어떤 성씨가 있는지 등에 대해 일일이 명세서를 작성해서 분명히 파악해야 한다. 관례대로 분류하여 수록하고, 별도로 사람을 파견해서 관리함에 신중을 기울여 일을 지체하지 말아야 하니, 이 점이 더없이 중요하다.”[157]라고 했다. 그리고 선통(宣統) 2년(1910)에는 현지인 호헌순(胡憲巡)이 상서초당 주변에 있는 사전에 비석을 세워 경계를 설정하고, 그 안의 나무와 가옥은 보수해 유지했고, 약탈 행위를 영구히 금지했다. 그리고 「호남형양왕씨상서초당도(湖南衡陽王氏湘西草堂圖)」라는 그림을 그려서 이곳의 원형을 보존시켰다. 이상과 같은 몇 차례에 걸친 금령의 제정을 통해서 “상서초당”이란 저명한 가옥이 보존될 수 있었다.

일부 거족(巨族)의 경우 동족이 집거하는 지역에 서원(書院)·서재(書齋)를 건립하는 동시에 부현(府縣)의 아문(衙門)을 모방하여 성원(省垣)[158]에 시관(試館)을 설치하기도 했다. 이곳은 동족 사인들이 모이는 장소가 되었고, 이곳을 통해 학문을 교류하거나, 족인 출신 인재의 과거시험 참가를 독려하는 ‘보섬궁(步蟾宮)’[159]·‘연행원(宴杏苑)’[160]의 기능을 수행했다. 예를 들면 호남 익양(益陽)의 복씨(蔔氏)는 명대와 청대에 족인 출신의 사인이 시험에 참여해 “과거시험에서 급제했다고 했다.”[161]라고 했다. 하지만 타지에 거주하는 동족의 사인은 전혀 알지 못했다. 그래서 과거 참가 사인들이 모여서 서로 교류할 수 있

---

157 『(湖南衡陽)邗江王氏五修族譜』, 1917: “示仰: 王姓族裔及該處士民人等知悉, 爾等須知祖有遺澤, 全賴子姓護培, 鄉有前賢, 實爲里閭榮, 嗣後王鄉賢祠墓祀田及樹木等項, 務宜共相保護, 倘敢再行盜賣侵伐, 定從重治罪, 決不寬宥。仍由該處公正紳耆等, 查明原置祀田若干, 盜賣若干, 現存若干, 田畝是何丘段, 佃戶是何姓氏, 逐一開具清單呈侯, 照例分別著追, 另派妥人經管, 愼毋徇延, 是爲至要。”

158 성원(省垣): 해당 성(省)의 행정중심 도시로 성회(成會), 혹은 성성(省城)으로도 부른다. (역자 주)

159 보섬궁(步蟾宮): 보섬(步蟾)이란 과거합격을 비유하는 용어로 명나라 심수선(沈受先)이 저술한 『삼원기(三元記)·강학(講學)』에서 “다섯 수레의 책으로 학문을 연마하면 과거급제를 기대할 수 있다(腹飽五車期步蟾)”라는 말에서 기원했다. 그리고 궁(宮)이란 여기서는 학교를 지칭한다. (역자 주)

160 연행원(宴杏苑): 명청 시기 처음 진사(進士)에 합격한 자가 사인들과 연회를 베푸는 장소로 일명 행원(杏苑)으로도 불렸다. (역자 주)

161 『(湖南益陽)益陽卜氏七修家譜』, 光緒 13年(1887): “科目稱資左冠。” (역자 주)

도록 광서(光緒) 을해(乙亥)년(1875)에 성(省)에 왕씨 명의로 사당 부지를 구매했다. 이르길 "마을에 있는 오마방(五馬坊)에 건물 공사를 착공하여 정해진 기일에 준공을 했다. 중건당(中建堂)의 규모는 넓고 훤했으며, 좌우의 행랑에는 모두 공부하는 방이 있다. (중략) 골목 입국에는 '명경시관(明經試館)'이란 간판이 있다." 이듬해 명경과 시험에 때를 맞춰 정식으로 개관하자 복씨는 "총명한 영재들이 몰려들어 시험성적이 상위에 속한 자가 많았다."[162]라고 했다. 복씨 족인 출신 인재는 이런 족인의 기대를 저버리지 않았다.

예를 들면 족인의 사당과 묘역의 사전(祠田)처럼 족인의 서원, 서재(書齋), 시관(試館)과 같은 학습 기관의 설치와 운영에도 물질적 지원이 필요했다. 이에 적응하기 위해 일부 족인은 의장(義莊), 의숙(義塾) 등을 설치하기도 했다.

예를 들면 호남, 상담(湘潭) 석연(石蓮)의 증씨(曾氏)는 광서 23년(1897)에 "족인들이 함께 상의하여 종사(宗祠), 사산(祀產)에서 토지 410무를 별도로 떼어 의장과 의숙을 설치하기로 했다."[163]라고 했다. 아울러 관련 사항에 대해서 비교적 상세하게 언급했다. 민국(民國) 시기에 이르러 다수의 서원, 서재, 의숙은 근대적인 초등학교로 변했다. 학교 운영에 여러 족인은 지원을 아끼지 않았다. 호남 악양(岳陽) 하씨(何氏) 족인이 경우 이르길 "민국(民國) 기축(己丑)에 공동으로 논의해 토지 1두(斗) 2승(升)을 귀릉(歸凌)·운경(雲卿) 지역 14곳에 있는 보고당(保高塘)·하고당(何高塘) 등 소학교에 기금으로 헌납했다. 오가장(吳家莊)의 전호(佃戶) 자제와 가까운 사람은 해당 학교에서 공부하도록 했다."[164]라고 했다.

호남 악양의 하씨 족인은 교육 사업을 지원했을 뿐만 아니라 문화 사업에도 적극적으로 참여했다. 악양에는 귀신을 영접해 공연을 여는 풍속이 있다. 공연에 사용된 장막은 짚으로 만들어 쉽게 부식되고, 수리를 해도 잦은 고장으로 비용만 낭비하고, 관람 효과도 크게 떨어졌다. 이에 민국 23년(1934) 가을에 하씨 족인은 적합한 장소를 골라 장소를 세우기로 했다. 3개월이 되지 않아 무대는 완성이 되었고, 객석은 서쪽 대신 동쪽에 배치함에 무대는 훨씬 넓어져서 문무(文武)에 관한 어떤 공연이라도 족히 할 수 있게 되었다.[165]

---

162 『(湖南益陽)益陽卜氏七修家譜』, 光緒 13年: "邑治之五馬坊, 興工購造, 期月落成, 中建堂規模宏敞, 左右廂後棟皆齋舍." (中略) "題其閭曰'明經試館'. (中略) 妙英鱗集, 列前茅者夥."

163 『(湖南湘潭)石蓮曾氏七修族譜』, 光緒 27年(1901): "合族商議將宗祠祀產內提田四百一十畝, 分設義莊、義塾."

164 『(湖南岳陽)岳陽坪橋何氏族譜』, 1949: "于民國己丑年(1949)公議, 將該田一斗二升捐歸凌雲卿十四保高塘何高塘小學校永遠常款, 以便吳家莊佃戶子弟就近人該校求學."

165 『(湖南岳陽)岳陽坪橋何氏族譜』, 1949: "擇許家沖適中地, 構建戲臺。未三越月, 而戲臺落成, 其位坐西朝東、前

다음으로 소개하려는 그림은 풍경도이다. 「광동남해요씨사경도(廣東南海廖氏四景圖)」·「호남강영모씨금당팔경도(湖南江永毛氏錦堂八景圖)」·「호남유양시씨팔경도(湖南瀏陽施氏八景圖)」·「안휘남릉월국왕씨십경도(安徽南陵越國汪氏十景圖)」 등의 풍경화는 가보에 수록되었다. 이에 대해서 이르길 "우리 마을에는 4개의 절경이 있다. 첫째, 홍면촌(紅棉村)의 새벽, 둘째, 사주(沙州)의 어부 노래, 셋째, 고탑(古塔)과 용수(榕樹)의 그늘, 넷째, 평교(平橋)의 연(蓮)과 달이다. 고향에서 새벽과 저녁에 큰아들이 함께 노래 부르면 둘째가 화합하니, 이곳에서는 흔히 볼 수 있는 일이다."[166]라고 했다. 이 그림은 남방 농촌에서 화목하게 생활하고 있는 한 무리의 사람들을 생동감 있게 묘사한 것이다.

그렇다면 가보에 풍경화를 수록한 목적이 단지 후대 사람의 이목만을 끌기 위해서였을까? 이런 질문에 대해 『(호남강영)금당모씨족보((湖南江永)錦堂毛氏族譜)』는 다음과 같이 언급했다. "육기(陸機)의 『문부(文賦)』에는 다음과 같이 언급했다. 이르길 '돌 속에 옥이 감춰지면 산은 자연히 빛을 발하고, 물속에 진주가 있으면 강물이 아름다워진다.'고 했다. 이는 주옥은 원래 수석(水石)의 으뜸으로 결합하여 산천에 빛을 발하는 것이다. 문인은 산천이 낳은 인재이기 때문에 반드시 눈부시게 아름다운 풍경을 만든다. 가보에 풍경화를 수록함은 후손의 시선을 끌려는 것이 아니고, 천지의 뜻을 드러내 빛나는 사인들이 많이 있음을 보이고자 함에 있다."[167]라고 했다. 이러한 주장은 매우 설득력이 있다. 가보에 풍경화를 수록하는 것은 단순히 후대인의 이목을 끌기 위해서만이 아니라 "천지의 조화"를 널리 알리기 위해서였다. 이를 통해 후손들이 고향의 아름다운 산하를 더욱 사랑하도록 정서를 일깨우려 함이다.

가보에 수록된 그림의 대다수가 한 장에 하나의 풍경과 한 사건만을 수록했다. 광동중산(中山) 북령(北嶺) 서씨(徐氏)의 가보에는 「서씨부훤도(徐氏負暄圖)」에서 「서원춘음도(西園春飮圖)」까지 모두 11장의 풍경도를 수록했다. 이는 400여 년의 서씨 족인사의 변천을 수록한 그림이다. 그중에 일부는 역사적 사실을 수록하고 있다. 그러므로 서씨 족인사는 명청 시기 연구의 중요한 자료로서의 가치를 지닌다.

첫 번째 그림은 「서씨부훤도」이다. 이 그림은 서씨 4대 조상인 법성공(法聖公)이 후

臺宏敞, 足供文武表演。"

166 『(廣東佛山)南海廖維則堂家譜』, 道光 28年(1848): "于鄉中得四景焉: 曰紅棉村曉, 曰沙洲漁唱, 曰古塔榕陰, 曰平橋荷月。桑梓之區, 晨夕與共, 伯倡仲和, 於此維多。"

167 『(湖南江永)錦堂毛氏族譜』, 1917: "陸機《文賦》云: 石韞玉而山輝, 水涵珠而川媚, 是珠玉本水石精英, 而結爲山川光焰。則文人乃山川鐘毓, 必發爲光景之陸離。故譜之列景圖也, 非徒焜耀後人耳目, 正以彰天地之設施, 亦以征多士之思皇也。"

대 자손을 위해서 "명성과 이익에 마음을 두지 않는다."라는 가풍을 수립한 내용이다. 이르길 "공(公)은 명나라 초기에 태어나 명예와 이익을 탐하지 않았다. 담담하게 밭을 갈며 집안을 계승함에 집안사람과 처자도 이를 함께 즐기며 기뻐했다."[168]라고 했다.

여섯 번째 그림은 「서씨귀경도(徐氏歸耕圖)」인데 서씨 16대 조상인 덕찬공(德贊公)에 대해서 '바다에는 일들이 많았고, 비분강개하여 전쟁에 참여했다.'라 했다. 그리고 누차 전공을 세웠으나 전란이 평정된 후에 고향으로 돌아와 이전처럼 경작에 종사하며 서씨 조상의 명성과 이익에 마음을 두지 않는다는 가풍을 계승했다고 했다. 그에 대해 이르길 "공은 어려서 독서를 좋아해서 능히 경서의 대의를 이해했다. (중략) 이후 바다에서 많은 일들이 발생했고, 공(公)은 고향에 있었던 고로 비분강개하여 전쟁에 참여했다. 수차례 계책을 올리고 전투에서 공적을 세워서 도사(都司)까지 진급했다. 전란이 평정된 이후에 사람들이 그를 장차 수만 리 땅의 제후로 봉하고 공경(公慶)으로 삼으려 했다. 하지만 공(公)은 급히 임관 이전의 복장으로 갈아입었고, 집으로 귀향한 이후 이전처럼 자식을 보살피며 제자와 함께 경작에 종사했다. 이르길 지팡이를 짚고서 물소리를 들으며, 버섯을 따고 소들을 방목하며 빠르게 자족하였다."[169]라고 했다. 이처럼 서씨의 16대 조상인 덕찬공이 실천한 가풍을 생동감 있게 묘사했다.

열 번째 그림은 「미원음전도기(未園飮餞圖記)」인데, 서윤(徐潤)이 광서(光緖) 원년(1875)에 자제들과 연회를 갖는 그림이다. 당시 청나라 정부는 장기간의 쇠락 국면에서 자강신정(自強新政)을 실행하며 "중국 학문을 본질로 삼고 서학을 활용한다."[170]와 "오랑캐의 뛰어난 기술을 배워 오랑캐를 이긴다."[171]라는 방침을 세워 어린이를 미국에 유학 보내 서방 기술을 학습시키기로 결정했다. 이에 서윤은 그의 동생인 훌신(笏臣)·여신(戾臣)을 미국으로 보내는 송별회를 미원(未園)에서 열었다. 이에 대해 이르길 "미국으로 가려면 넓은 바다를 건너야 한다. 이국 사람은 서로 만나면 악수하며 손을 흔들고, 흥미로운 일이

---

168 『(廣東中山)北嶺徐氏宗譜』, 光緖 10年(1884): "公生明初, 不慕榮利, 淡然以耕世其家, 家人婦子怡然至樂。" (역자 주)

169 『(廣東中山)北嶺徐氏宗譜』, 光緖 10年(1884): "公少喜讀書, 能通大義。(中略) 旣而海上多事, 公以桑梓故, 慷慨投戎幕, 數獻奇計, 戰比有功, 累官至都司。事平, 人方以封侯萬里爲公慶, 而公遽返初服。歸至家, 督子若弟耕如故, 策杖聽泉, 草菌叱犢, 翛然自得。" (역자 주)

170 "中學爲體, 西學爲用": 양무파의 핵심 주장으로 최초로 풍계분(馮桂芬)이 제창했고, 후에 장지동(張之洞)이 『권학편(勸學篇)』에서 다시 체계적으로 언급했다. '서학(西學)'이란 구체적으로 서양의 과학기술만을 한정해 지칭한 것이다. (역자 주)

171 "師夷之長技而制夷": 청나라 말 학자인 위원(魏源)이 1842년에 저술한 『해국도지(海國圖志)』에서 언급한 내용이다. (역자 주)

없어도 말참견을 한다. 이번 일은 증문정(曾文正)·이부상(李傳相)이 처음으로 거행하는 사업이다. 나와 문정(文正)은 공적인 명을 수행하기 위해 타고난 자질이 순수한 어린이를 선발해 미국으로 파견하는 일을 협력하여 처리했다. (중략) 서학의 습득을 통해 중국이 외교협상에서 적을 제압하고 승리할 수 있는 인재를 갖추려 하니, 그 뜻은 지극히 원대하고 방법 역시 매우 훌륭하다."[172]라고 했다. 「미원음전도기(未園飲餞圖記)」는 이뿐만 아니라 여동생과 계정(季程)의 동생이 "먼저 서양으로 떠난" 상황을 언급하기도 했다. 이처럼 19세기 중반 광동은 서구의 영향을 받으며 서방의 과학기술을 배워야 한다는 인식과 행동이 전국에서 가장 먼저 일어난 곳이었다.

주목할 점은 광동 중산(中山) 북령(北嶺)의 서씨 16대 조상인 서영촌(徐榮村)이 중국인으로는 처음으로 세계박람회에 참여했다는 사실이다. 21세기에 상해는 세계박람회를 유치하기도 했지만, 2002년 이전의 중국 학계와 사람들은 중국과 세계박람회가 처음 인연을 맺은 시기를 대략 1867년으로 알고 있었다. 왜냐하면 이 해에 근대 사상가이며, 계몽주의자인 중국 강소 오현(吳縣)의 문인 왕도(王韜)가 프랑스 파리에 도착해서 세계박람회에 참가했기 때문이었다. 당시 왕도는 「만유수록(漫遊隨錄): 박물대관(博物大觀)」이란 문장으로 당시 파리 세계박람회 상황을 기술하기도 했다. 이런 사실에 근거해 2010년 세계박람회 유치 작업을 한창 벌이던 상해는 "최초로 세계박람회에 참여한 중국인은 청말의 문인 왕도(王韜)였다."라고 홍보 활동을 벌였다. 하지만 이때 서씨 족인의 후손으로 교통대학을 퇴임한 서희증(徐希曾) 교수는 자신의 조상인 서영촌이 1851년 제1회 런던 세계박람회에 이미 참여했었다는 사실을 전 세계에 알렸다. 이런 주장의 근거로 제시한 것이 『(광동중산)북령서씨종보((廣東中山)北嶺徐氏宗譜)』라는 가보였다. 이 가보에는 관련 사항이 상세하게 수록되어 있었다. 서서형(徐瑞珩)의 이름은 덕경(德瓊)이고 호는 영촌(榮村)이다. 그는 상해가 개항한 후에 최초로 상해에서 터를 잡은 상인으로, 비단과 차(茶)를 거래하면서 업계에서 이름을 날렸다. 서영촌은 1851년 당시 영국이 빅토리아 여왕의 이름으로 10여 개 나라에 런던세계박람회 참여 초청장을 보냈다는 사실을 확인하고, 바로 자신이 경영하던 칠리(七里)의 호사(湖絲)[173]를 12개 묶음으로 묶어서 영국으로 운송하고 박람회에 참여했다. 그리고 그의 "호사"는 원래 생사 중에서 가장 일등품으로, 박람회에서 금

---

172 『(廣東中山)北嶺徐氏宗譜』, 光緒 10年(1884): "惟美國之行, 越重洋, 適異國, 執手依依, 得無有欷戲而不忍言別者。然此事爲曾文正、李傳相之創舉, 余又奉文正公命, 襄理特選中華天資粹美之幼童, 遣往美國。(中略) 肄習西學, 以備吾華折衝樽俎之才, 意至盛也, 法甚良也!"

173 호사(湖絲): 칠리호사(七里湖絲) 중 호사란 원래 절강성 호주(湖洲)에서 산출되는 생사(生絲)를 지칭한다. 칠리(七里)란 아마도 호주(湖州)에 소속되어 생사를 생산하는 특정 지역을 의미하는 듯하다. (역자 주)

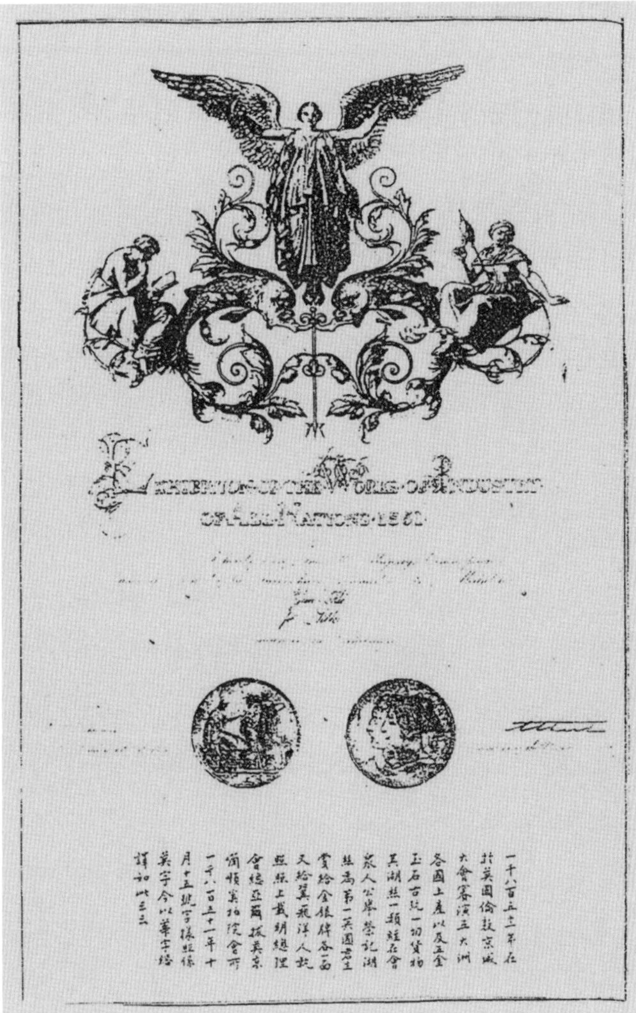

<위편 그림 6-5>
'영기호사(榮記湖絲)'가 제1회 런던 박람회에서 금은상을 수상한 그림

은(金銀)상을 수상하기도 했다.(〈위편 그림 6-5〉 참고)

도기(圖記)는 서씨의 가보에 수록된 '호사' 기록과 제1회 세계박람회에서 금은상을 수상했던 당시 상황을 다음과 같이 생동감 있게 기술했다. 이르길 "런던은 영국의 수도로 대회 개최지로 적합했다. 5개 대륙의 사람들이 자신의 보물을 지참하고 대로에서 서로 만났다. 공(公)은 홀로 호사 12포(包)를 운송시켜 싣고 4만 리를 서쪽으로 향해해 박람회에 참석했다. 박람회에 전시된 실(絲)의 수량은 산처럼 높았고, 개미처럼 많았다. 처음 공의 사를 보고는 멸시하기도 했지만, 수차례 다른 것과 비교해 보고서 결국엔 이구동성으로 모두 공의 것을 제일의 상품으로 평가했다. 영국의 군주는 이런 소식을 듣고 심히

기뻐하며 공에게 금패와 은패로 각각 표창했다. 아울러 그림 한 폭도 선사했다."[174]라고 했다.

호사(湖絲)가 수상한 사실은 1852년 런던에서 출간된 제1회 박람회 관련 문헌을 통해서도 방증이 가능했다. 서영촌은 150년 전 광동 중산 북령의 서씨 족인으로 "천하를 위해 과감히 먼저 행동한다(敢爲天下先)"라는 정신으로 중국 최초로 세계박람회에 참여한 인물로 중국에 커다란 영예를 안겨 주었다. 이상과 같이 『(광동중산)북령서씨가보((廣東中山)北嶺徐氏宗譜)』에 수록된 사료는 중국과 세계박람회와의 인연을 16년 앞당기는 결정적 단서를 제공했다. 그리고 중국 가보문헌 중 그림과 초상 및 그 석문이 갖는 사료적 가치를 다시 한번 증명하는 사례이다.

174 『(廣東中山)北嶺徐氏宗譜』(光緒 10年): "適英國倫敦京城設爲大會, 五大洲之地挾其寶而往者, 相望于道, 公獨寄湖絲十二包, 載諸四萬里而西達于斯會。會中之絲, 高與山齊, 多如蟻聚, 視公之絲, 蔑如也。然而互相比較, 反復諦觀, 萬口同聲, 鹹以公絲爲第一。英國君主聞之喜甚, 獎公金銀牌各一, 又贈畫一幀。" (역자 주)

7
중국 가보 기능의 변화

중국 가보는 오랜 역사를 갖고 있다. 중국 가보의 기원은 지금으로부터 5천 년 전 원시 모계씨족 사회의 말기까지 소급해 올라간다. 가보의 역사를 발전 시기별로 나누면 맹아 시기(원시 모계사회 후기에서 하상 시기), 탄생 시기(주대에서 진한), 흥성 시기(위진남북조와 수당), 전환 시기(송대), 완비 시기(원에서 명대), 보급 시기(청대와 민국 시기), 신형 가보의 등장 시기(최근 50년) 등으로 구분할 수 있다. 중국 가보는 중국의 유구한 역사를 구성했던 중요한 요소였고, 가보의 지속적인 편찬은 중국의 독특한 문화 현상으로 자리매김했다.

5천 년 이래 중국 가보의 사회적 기능과 작용을 돌아보면 부단히 변화해 왔다는 점이다. 다시 말해 시기별로 맹아적 단계에서 가보는 주로 우생학적 기능을 수행했고, 흥성 시기에는 주로 정치적 기능을 수행했다. 그리고 완성과 보급 시기에 가보는 주로 윤리적 기능을 수행했다. 최근 50여 년 이래 새로운 형식의 가보 편찬이 지니는 사회적 기능은 문화적 성격을 포괄한다.

1. 맹아 단계: 우생학적 기능

가보란 무엇인가? 고금 이래 이 질문에 대해 수십 권의 저술이 100여 가지의 주장을 나열했다. 필자는 1997년 11월 11일에 『문회보(文匯報)』에 발표한 「가보 자료의 발굴을 통한 역사문화 함양(開發譜牒資源弘揚歷史文化)」이란 글에서 다음과 같이 정의했다. 즉 가보란 "공동의 조상을 갖는 혈연집단인 해당 종족의 세계(世系)와 사적의 역사를 기록한 도적(圖籍)"이라 했다. 엄격하게 말해 이는 단순히 협의적인 정의에 속한다. 또한 이 정의에는 책으로 편찬된 가보만을 포함한다. 실제로는 도서 형태의 가보 외에도 다양한 매체에 수록된 것 역시 가보라고 호칭할 수가 있다. 예를 들면 CD로 만든 가보, 마이크로필름으로 만든 가보, 천으로 만든 가보, 갑골로 만든 가보, 비석으로 만든 가보, 청동으로 만든 가보, 구전되는 가보, 결승으로 만든 가보 등 다양한 형태가 있다. 분명한 것은 앞서 언급한 정의는 이런 다양한 형태의 가보를 모두 포괄하기 힘들다는 점이다. 그래서 필자는 광의의 가보에 대한 정의를 "혈연집단의 세계를 기술한 매체"라고 정의하고자 한다. 이런 정의는 비교적 합리적이어서 다양한 형태의 가보를 포괄할 수 있다. 즉 문자 형태의 가보, 문자가 아닌 형태의 가보를 모두 포함할 수 있다. 예를 들어 구술(口述)과 결승(結繩) 형태의 가보가 바로 이에 속한다. 그리고 도서와 도서가 아닌 형태의 가보로는 천으로 만든 가보와 비석으로 만든 가보가 이에 포함된다. 송나라 이후 등장한 가보는 그 체례가 비교적 성숙되었고, 내용 역시 풍부해졌다. 이 외에도 가장 원시적인 형태의 가보인 청동과 갑골 형태의 가보도 포괄할 수 있다. 그리고 족인의 세계를 수록한 가보 외에도 종족이나, 심지어 동성(同姓)의 종족을 수록한 통보(通譜)와 통보(統譜) 성격의 가보도 이곳에 포함시킬 수 있다. 동시에 이런 정의에는 체계적이지 않은 족인 세계를 기록한 족인사 기록도 포함할 수 있다. 예를 들어 가전(家傳), 가사(家史) 등은 원래 가보로 부르기에는 무리가 있는 부류이다.

도서 형태로 한정한 협의의 정의이든, 아니면 매체의 다양성을 고려한 광의적 정의이든 양자가 모두 반드시 갖춰야 할 두 가지 요소가 있다. 첫째는 반드시 동일한 혈연집단으로 혼인과 혈통관계를 기초로 형성된 사회조직이며, 여러 세대의 동일 혈통을 포함해야 한다. 이런 혈연집단은 한 가문만의 혈연관계 조직일 수도 있고, 아니면 동일 성씨로 여러 가문을 포함할 수도 있다. 즉 하나의 조상에서 전해진 이후 다수의 지파로 나누어진 대가족의 조직일 수도 있다. 둘째는 세계(世系)에는 이름을 사용해서 만든 항렬이 존재한다는 점이다. 이러한 항렬은 간단하게는 몇 세대의 촌수로 형성된 종속관계일 수도 있다. 예를 들면 조부, 부친, 아들, 손자 등의 명단은 한 명의 조상으로부터 번성해 내려온 수십 대, 혹은 형성된 역대 분파의 명단을 지칭한다.

가보가 이미 "혈연집단의 세계를 기록한 체례"이므로 그 기원과 인류 혈연집단의 형성은 매우 밀접한 관련이 있다. 초기 원시사회에 인류는 군혼(群婚)과 잡거라는 집단적 생활 방식을 유지했다. 그래서 단순한 혈연집단이라 칭할 수는 없었다. 이후 부모와 자녀 사이, 형제·자매 사이 그리고 모친 측의 방계와 친족 사이의 혼인은 점차 금지되기 시작했다. 그리하여 인류는 혈연관계를 기초로 씨족사회의 단계에 진입했다. 이로부터 동일한 조상의 후손이 등장했고, 이들에게 공동생활, 공동 분배, 재산의 공동 계승, 공동 조상에 대한 제사, 외적에 대한 공동방어, 사후 공동묘지 등이 가능해졌다. 이처럼 모계

사회에서 공동의 혈연 씨족집단이 형성되기 시작했다.

이 점에 대해서 엥겔스는 "씨족이란 혈연을 기초로 자연스럽게 형성된 인류사회의 원시 형태를 말한다."라고 했다.[1] 엥겔스는 이외에도 다음과 같이 언급했다. 즉 "모권을 근거로 만들어진 이런 씨족은 후에 부권제로 형성된 씨족 — 즉 고대 그리스와 로마 시대 문명 민족에서 볼 수 있는 씨족 — 으로 발전된 최초의 형태이다. 여기서 말하는 씨족이란 우리가 그리스와 로마 시대 문명화된 민족에서 볼 수 있는 씨족을 말한다."라고 했다.[2] 즉 인류의 초기 조상은 모계씨족이었고 후에 발전을 통해 부계 씨족을 형성했다.

원시사회의 이러한 모계씨족과 부계씨족은 모두 혈연관계를 유대로 결합되어 형성된 가족이었다. 모계사회는 여성 중심으로 씨족장은 일반적으로 여성이 담당했고, 자녀는 모친에게 속해서 모친의 소유가 되었다. 이런 점에 대해서는 『중국 족인제도 소사(中國宗族制度小史)』(1935)에서 이르길 "모계 시대에는 사람이 모여 살면서 그 모친에게 의지했다. 남자는 이성과 성적 관계를 갖고 처족에 거주하며 모친의 족인이 되었다. 태어난 자식 역시 처족에 속했다. (중략) 인류가 인식했던 혈연 전승은 모계가 부계보다 앞선다."[3]라고 했다. 모계 씨족사회는 모계 중심으로 세계를 계산했다. 씨족 안에서 남성은 오래 거주하는 대상이 아니었고, 여성이 씨족의 결속을 강화하는 구성원으로 전체 씨족 성원은 모두 공동 모계 조상의 자손이었다. 이후 생산력이 발전함에 따라서 "유목은 반드시 수초를 따라 이주를 해야 했고, 농경은 반드시 토지를 경작해야 했다."[4] 노동 생산에서 남자가 주도적인 지위를 차지하게 되면서 모계의 씨족사회는 점차 부계의 씨족사회로 이행했다. 이때 씨족은 남성 중심으로 남성이 씨족장을 담당하고, 여성은 출가하여 남편을 따라서 거주했고, 자녀 역시 부친의 소유가 되었다. 아울러 부계를 근거로 세계(世系)를 계산했고, 씨족의 자녀는 모두 남성 측 조상의 자손이 되었다.

인류의 혈연집단 형성은 모계 씨족사회에서 시작했다. 그렇다면 "혈연집단의 세계를 기록한 매체"라는 중국 가보의 기원은 모계 씨족사회에서 시작된 것은 아닐까?

고인류학과 사회학적 연구에 따르면 중국 가보의 기원은 마땅히 모계 씨족사회에서 시작했고, 이러한 상징이 바로 구전가보와 결승가보이다. 구전가보는 결승가보에 비해서 더 원시적 형태의 가보에 속한다.

---

1 『馬恩全集』, 第1卷, 300쪽.

2 『起源』, 15-16쪽.

3 『中國宗族制度小史』: "母系時代, 人之聚居, 率依其母。男子與異姓匹合, 則人居其妻之族, 而其身仍屬其母之族。生有子女, 亦屬其妻之族。(中略) 人類之知有系統, 率先母而後父。" (역자 주)

4 呂思勉, 『中國宗族制度小史』, 龍虎書店, 1935, 4쪽.

중국 고대 문헌 중에 문자가 등장하기 이전의 가족 세계를 기록한 것이 있다. 예를 들면 『산해경(山海經)』은 강성(姜姓) 시조인 염제(炎帝) 신농씨(神農氏)에 대한 가보를 언급했다. 이르길 "염제의 아내와 적수의 아들 청약(聽躍)은 염거(炎居)를 낳았고, 염거는 절병(節幷)을 낳았고, 절병은 희기(戲器)를 낳았고, 희기는 축융(祝融)을 낳았다. 축융이 하늘에서 내려와 강수(江水)에 거주하며 공공(共工)을 낳았고, 공공은 술(術)을 낳았다. (중략) 공생은 후토(后土)를 낳았고, 후토는 일명(噎鳴)을 낳았다."[5]라고 했다. 계속해서 제준(帝俊)의 가보에 대해서 "제준은 우호(禺號)를 낳고, 우호는 음량(淫梁)을 낳고, 음량은 번우(番禺)를 낳았는데 처음으로 배를 만들었다. 번우는 해충(奚沖)을 낳고, 해충은 길광(吉光)을 낳고, 길광은 처음으로 나무로 수레를 만들었다."[6]라고 했다.

이러한 가보는 우선 대대손손 구술로 전해진 것이다. 즉 구전가보의 형식으로 전승이 되었다가 이후 문자로 기록했다. 이상과 같은 신농씨와 제준의 가보는 이름을 나열해서 만든 연명(連名) 가보였다. 이런 형태의 연명 가보는 앞 세대의 이름에서 끝의 한 글자나 2~3개 글자를 다음 세대의 이름 앞에 배치했다. 예를 들면 "염거는 절병을 낳고, 절병은 희기를 낳고, 희기는 축융을 낳았다."[7] 등과 같은 형식이다. 이런 연명 형식은 당대 저명한 시인인 이백의 「백운가를 부르며 유십육이 산으로 돌아감을 송별하다(白雲歌送別劉十六歸山)」란 시구의 나열 형식과 유사하다. 이르길 "초산(楚山)과 진산(秦山)은 모두 흰 구름에 덮였고, 흰 구름이 도처에서 군을 따르네. 군을 따라 초산으로 들어가네."[8]라고 했다. 이런 연구 형식은 기억과 전승에 매우 편리했다.

중국 원시 시기 구술 가보의 풍습은 몇몇 소수민족 중에 그 형태가 비교적 분명하게 보존되어 있다. 운남 벽강현(碧江縣)의 노족(怒族)은 구전을 통해서 연명 가보를 전승하였다. 벽강 지역 구촌(九村)에 거주하는 노족은 41대의 조상 세계를 유창하게 암송했다. 이들은 자칭 노강의 토착민이라거나, 혹은 '두곽족(斗霍族)'이라고 했는데, 의역하면 '윗마을에 거주하는 사람'이란 뜻이다. 전설에 따르면 '두곽(斗霍)'의 시조 이름은 '무영충(茂英充)'이고, 여성이었다. 노족의 신화 전설에 따르면 '무영충'이란 이름에는 '하늘에서 내려온 사람'이란 뜻이다. 토착의 노인들 역시 이를 영광스럽게 여긴다. '두곽족'의 세계 연명을 나열하면 다음과 같다.

---

5 『山海經』: "炎帝之妻、赤水之子聽躍生炎居, 炎居生節幷, 節幷生戲器, 戲器生祝融。祝融降處江水, 生共工, 共工生術。(中略) 共工生后土, 后土生噎鳴。" (역자 주)

6 『山海經』: "帝俊生禺號, 禺號生淫梁, 淫梁生番禺, 是始爲舟; 番禺生奚沖, 奚沖生吉光, 吉光是始以木爲車。"

7 『山海經』: "炎居生節幷, 節幷生戲器, 戲器生祝融。" (역자 주)

8 「白雲歌送別劉十六歸山」: "楚山秦山皆白雲, 白雲處處常隨君。長隨君, 君入楚山裏。" (역자 주)

(1) 무영충(茂英充) (2) 충나병(充羅并) (3) 나병자(羅并者) (4) 자무특(者茂特)
(5) 무특붕(茂特繃) (6) 붕희요(繃喜耀) (7) 희요유(喜耀維) (8) 유유곡(維維曲)
(9) 곡유능(曲維能) (10) 능파적(能波赤) (11) 적적유(赤赤維) (12) 유나별(維羅別)
(13) 별하휴(別下休) (14) 하휴달(下休達) (15) 달국류(達局留) (16) 국류곡(局留谷)
(17) 곡희유(谷喜有) (18) 희유빈(喜有賓) (19) 빈호급(賓好給) (20) 호급추(好給抽)
(21) 추나요(抽那耀) (22) 나요권(那耀勸) (23) 권하우(勸下尤) (24) 하우실(下尤室)
(25) 실국채(室局采) (26) 국채노(局采奴) (27) 노노국(奴奴局) (28) 노국곡(奴局谷)
(29) 곡연혈(谷娟血) (30) 연혈독(娟血獨) (31) 독노저(獨老底) (32) 저노오(底老烏)
(33) 오노구(烏老求) (34) 구노만(求老曼) (35) 만노최(曼老催) (36) 최학만(催虐漫)
(37) 만액규(漫額叫) (38) 규주우(叫走偶) (39) 우동수(偶同壽) (40) 수감두(壽砍杜)
(41) 두기주(杜幾舟)

'두곽(斗霍)' 사람들은 자신의 세계(世系) 가운데 최초의 시조인 '무영충'을 여성으로 확신하고 있다. 신화라는 외투를 제거하면 합리적으로 역사적 실상에 접근할 수 있는 것과 같이, 남성 혈통의 씨족은 실은 여성 씨족에서 발전해 온 것이다. 부계를 구전했던 남성 세계의 가보는 여성, 즉 모계 시조에서 발전되어 전승된 것이다.[9]

다른 소수민족의 구전가보에서도 이와 유사한 상황을 확인할 수 있다. 『와족의 사회역사 조사(佤族社會歷史調查)』라는 저술에서 1950년대에 진행했던 조사 내용에 대해 다음과 같이 기술했다. 즉 와족은 2,000여 년의 역사를 가지고 있고, 약 1,000년의 유구한 시기는 모계사회에 머물고 있었다. 이후 수백 년 동안 부계사회로 발전하는 과정을 거쳤고, 중화인민공화국 건국 이전에는 원시사회에서 계급사회로 이전하는 과도기에 처해 있었다. 조사 중에 발견된 와족의 연명 가보는 보통 20여 대로 구성되었고, 많은 것은 42대까지 이르렀다. 와족에게는 다음과 같은 전설이 있다. 즉 "사람들은 격뢰낙(格雷諾)과 격리차(格利此) 두 사람을 지도자로 삼았다. 격뢰낙은 남자이고, 격리차는 여자로 이들은 결혼했다. 격리차가 법도를 만들자 이로부터 형제와 남녀 사이에는 질서가 생겼다. 여자는 남자보다 먼저 법도를 깨우쳤기 때문에 남자는 여성의 말을 들었다. 이후 여성이 지도자되기를 원하지 않으면서 격뢰낙을 지도자로 삼았다. 하지만 남자는 사건 해결에 서툴러서 여성에게 도움을 요청했다. 이에 여성 30여 명을 선발해 지도자로 삼았고, 반면에 남

9 『怒族社會歷史調查』, 雲南人民出版社, 1981, 37쪽.

자는 20여 명만을 지도자로 삼았다."[10]라고 했다. 이런 전설에 근거하면 구전으로 현존하는 와족의 연명 가보 가운데 20대 이전에는 모녀(母女)가 연명하는 형태의 가보였다.

상술한 사례에서 다음과 같은 내용을 분명히 알 수 있다. 즉 중국 원시사회에는 부계 중심의 구전 가보가 존재할 뿐만 아니라 모계의 구전가보도 존재했다. 그리고 부계 중심의 구전 가보는 부계사회의 산물이고, 모계 중심의 구전가보는 모계사회의 산물이다. 또한 부계사회는 모계사회의 발전에서 기원했고, 부계 구전가보 역시 모계 구전가보가 발전하면서 나온 것이다. 따라서 가장 오래된 중국 가보의 기원은 바로 모계 구전 가보에 있었다.

중국의 원시 가보 가운데 구전가보는 기본적으로 결승가보와 동시대에 함께 존재했다.

문자가 등장하기 이전에 중국은 결승기사(結繩記事)의 시대를 거쳤다. 이는 결승을 통해 기억하고 보존하는 방법으로 세계의 수많은 민족들이 이 방법을 사용했다. 중국 고서에는 상고 시기 결승을 통해 통치를 했다는 기사가 다수 보인다. 예를 들면 『주역·계사하전』에서는 "상고 시기에는 결승(結繩)으로 사람을 통치했기 때문에 후대 성인이 쉽게 서계(書契)로 바꾸자 백관은 이를 통해 백성들을 다스리며 보살폈다."[11]라고 했다. 이는 문자가 등장하기 이전에는 결승을 통해 기억을 저장했다는 사실을 말해 준다. 다른 사례를 보면 『장자』에 이르길 "옛날에 백성들은 결승을 사용했다."[12]라고 했다.

이런 결승을 통해 사건을 기록하는 방식은 지금도 중국 변경지역에 거주하는 일부 소수민족에 의해 사용했다. 예를 들면 운남의 합니족(哈尼族)과 서장(西藏)의 문파족(門巴族), 대만의 고산족(高山族) 등이 있다. 해외의 경우 페르시아인·멕시코인·페루인 등이 결승을 통해 기사하는 방식을 사용했다.

당시 사람들은 결승으로 일상과 장부를 기록했고, 전통을 후대로 전달했다. 또한 역대의 종족 구성원과 족인의 세계(世系)를 기록하면서 특수한 형태의 결승가보를 형성했다.

1980년대 장기탁(張其卓)은 요령성 수암(岫岩)에 거주하는 소수민족을 대상으로 관련 연구를 진행했고, 그 결과를 『수암의 만주족(滿族在岫岩)』으로 출간했다. 본문에서 만주

10 『佤族社會歷史調査』, 雲南人民出版社, 1983, 5쪽: "人們請格雷諾和格利此兩人來當領導。格雷諾是男子, 格利此是女子, 他們結了婚。格利此創造了道理, 從此有了兄弟男女之序。女子比男子先懂得道理, 男子要聽女子的話。後來, 女子不願當領導了, 便讓格雷諾來領導, 但男子有不懂的事情, 還要向女子請敎。女子共領導三十代人, 男子才領導二十代人。"

11 『周易·繫辭下傳』: "上古結繩而治, 後世聖人易之以書契, 百官以治, 萬民以察。" (역자 주)

12 『莊子』: "昔者 (中略) 民結繩用之。" (역자 주)

족과 석백족(錫伯族) 등의 소수민족은 아직도 기승을 사용해 기사와 결승가보를 작성한 흔적이 있다는 점을 지적했다.[13]

연구에 따르면 만주족은 지금도 조상에 대한 제사를 매우 중시하며 집집마다 서쪽 벽에 조상의 신위를 안치했다. 보통 조상의 초상을 그리지 않고, 대신 1척(尺) 정도 되는 다양한 색깔의 비단실을 조상으로 삼고서 이를 목갑에 두었다. 목갑에는 삭승(索繩)과 조상이 남긴 화살, 그리고 제사용 몽자(檬子)[14]를 보관했다. 목갑은 조상의 위패를 보관하는 '조종판(祖宗板)', 혹은 '정판(淨板)'이라 부르는 선반 위에 두었다. 조종판 우측은 자손의 마마(媽媽)를 모셨는데, 이를 불탁마마(佛托媽媽), 쇄두마마(鎖頭媽媽), 탁탁마마(托托媽媽) 등으로 불렀다. 이를 번역하면 '은혜로운 어머니'라는 뜻인데, "자손의 번영과 사람들의 평안을 보호하는 신령"이라 여겼다. 자손의 마마는 신위만 있고 초상은 없다. 종이 주머니를 '삭자구대(索子口袋)'라고 부르고, 안에는 길이가 3장 2척, 혹은 이보다 더 긴 오색의 실이 있는데, 이를 삭승(索繩)이라 불렀다. 이런 삭승이 바로 만주족의 결승가보이다.

흑룡강 대흥안령(大興安嶺)의 해랍이(海拉爾) 하류에 거주하는 악륜춘족(鄂倫春族) 역시 줄곧 결사를 이용했다. 이들의 결승 내용에는 숫자뿐만 아니라 자신의 세대를 기록하기도 했다. 17~18세기까지 이들은 말갈기의 매듭을 이용해 자신의 종족이 몇 대인지를 표시했다. 예를 들어 3대일 경우는 3개의 매듭을, 5대일 경우에는 5개의 매듭을 지었다. 이들은 이러한 세대 표현법을 숭상해서 보통 자신의 방에 있는 나무 동량 정중앙에 결승을 걸어 두었다. 말갈기의 결승으로 자신의 세계(世系)를 기록했던 이것이 바로 원시가보이다.

지금 궁금한 점은 이런 가장 원시적인 구전가보와 결승가보는 당시 사회에서 어떤 작용을 했고, 또 어떻게 기능했는지에 관한 것이다.

많은 고고학 자료를 보면 중국인은 대략 100만 년 전부터 현재의 땅에서 생활했다. 당시 원시인류는 원숭이에서 막 벗어나 유인원(類人猿)에서 사람으로 진화했다. 시기적으로는 구석기 시대의 초기와 중기에 해당한다. 이때는 생산력이 낮아 사람은 군거(群居)하며 단순하고 순박하게 생활했다. 남녀 사이의 성교와 생육에는 일정한 제한이 없었고, 심지어 친소와 노소 구분도 없이 이성(異姓)이면 아무하고도 성교가 가능했다. 이를 보통 군혼제(群婚制) 시대라고 부른다. 이때 원시인류의 생활 모습은 『열자·탕문』에서 언급한

---

13 張其卓, 『滿族在岫岩』, 遼寧人民出版社, 1984. (역자 주)

14 몽자(檬子): 나무의 일종으로 주로 중국의 귀주(貴州) 지역에서 생산된다. 무늬의 결이 예쁘고 재질이 단단해서 진귀하게 여겨져 소장되거나 예술품의 재료가 되기도 한다. (역자 주)

바와 같이 "어른과 아이가 함께 거주했고, 군주도 신하도 없었다. 남녀가 잡거를 하면서 중매도 없었고 혼인도 하지 않았다."[15]라는 시기였다. 중화인민공화국 건국 이후 많은 연구자들이 운남 소수민족 풍속에 대해 조사를 진행한 바가 있다. 당시 노족(怒族) 사람 사이에는 초기 원시사회 중 군혼제와 관련한 신화 전설이 구전되어 내려오고 있다. 이르길 "아주 먼 옛날, 홍수가 발생해서 모든 가옥과 토지가 물에 잠기고 오직 오누이 두 사람만 생존했다. (중략) 이후 오누이는 결혼했고 9명의 남자와 9명의 여자를 낳았다. 여전히 오누이 사이임에도 결혼을 해서 자손을 번성시켰다."[16]라고 했다. 이런 전설들은 당시 원시사회의 난잡한 성교의 군혼제의 흔적을 말해 주는 것이다. 대략 구석기 시대 후기에 이르자 생산력의 증대로 원시 인류의 인식 수준 역시 높아지기 시작했다. 그리고 같은 혈연 사이의 성교는 후손에게 좋지 않다는 사실도 인식했다. 그러면서 점차 직계 친족 사이의 무제한적인 난교를 기피하기 시작했고, 점차 남녀의 성(姓)이 같으면 자손이 번성하지 못한다는 유전학적인 원리를 깨달았다. 그 결과로 첫째, 자신과 혈통이 다른 씨족을 서로 구분했다. 둘째, 같은 혈통 성원 사이에도 항렬에 따라 구분했다. 이런 변화는 혈연집단 세계의 기술을 통해 종족이 등장하는 객관적 환경을 조성했다. 그러나 당시 원인류는 아직 문자를 만들어 내지 못한 상태였다. 그래서 종족 기록의 수단으로 구술과 매듭의 구전 가보와 결승가보가 문자를 대신했다.

구전가보와 결승가보가 등장한 이후에 직계 친족 사이의 무제한적 성교는 방지했고, 가족과 후손에게 우수한 유전자를 지닌 자손의 출생을 보장했다. 구전과 결승가보는 족인과 후손의 건강한 생육과 밀접하게 관련되며 매우 중시했고, 숭상의 대상이 되었다. 유요한(劉堯漢)은 중화인민공화국 건국 초 이족(彝族)을 대상으로 조사를 실시했다. 1956년에 나온 조사통계를 보면 양산(涼山)에 100만 명 정도의 이족이 거주했고, 그중에 구전가보를 보유한 인구는 약 75%에 달했다. 특히 흑이족(黑彝族)[17] 남성의 경우에 계보 암송은 사회생활에 매우 중요한 조건 중의 하나였다. 이들은 어릴 때부터 전통 교육의 일환으로 가보 암송을 하여 수십 대에 이르는 조상의 이름을 물 흐르듯 유창하게 암기했다. 이러한 조건을 갖춰야만 비로소 사회생활을 무난히 영위할 수 있었다. 이를 반영한 양산지역 이족의 속담이 있는데, 이르길 "씨족이 거주하는 지역을 돌아보는 데 양식을 지

15 『列子·湯問』: "長幼儕居, 不君不臣。男女雜遊, 不媒不聘。" (역자 주)

16 『怒族社會歷史調查』, 1981: "遠古時代, 洪水暴發, 淹沒了所有房屋和耕田, 只有兄妹兩人獲生存。(中略) 後兄妹成婚, 生九男九女, 仍然在兄妹之間相互成婚, 繁衍後代。" (역자 주)

17 흑이족(黑彝族): 운남에 거주하는 소수민족인 이족의 갈래로 숭배하는 색에 따라서 흑이(黑彝)와 백이(白彝)로 분류된다. (역자 주)

니지 않아도 가능했다. 씨족을 의지하면 3대가 모두 평안했다."[18]라고 할 정도였다. 게다가 단순히 부계 조상의 가보만을 암송하는 것으로는 부족했다. 그래서 모계인 외가의 계보도 암송해야 했다. 이 역시 이족의 속담에서 이르길 "부친의 계보(系譜)를 암송하지 못하면 씨족은 그를 인정하지 않았다. 그리고 외가의 계보를 암송하지 못하면 친족은 그를 인정하지 않았다."[19]라고 했다. 이상은 구전되는 양산 이족의 연명 가보의 사회적 기능이 얼마나 중요한 의미를 갖는지를 알게 한다.

사람들은 결승가보를 매우 중시하며 숭상했다. 동북 지역에 거주하는 석백족과 만주족 역시 모두 조상에 대한 제사를 중시했다. 이들은 조상의 신위를 서쪽 벽에 비치했는데, 어떤 경우는 2개의 목갑을 사용하기도 했다. 이는 조상을 상징하는 목갑으로 남쪽에 배치한 목갑은 '자손마마(子孫媽媽)', 혹은 '희리연연(喜利娟娟)'이라 부른다. 이는 전설에 등장하는 여자 조상을 지칭한다. 자손마마는 가택의 안정과 후손의 흥성을 담당하는 신령이고, 대략 2장(丈) 길이의 명주실로 만든 끈에 작은 모양의 활과 화살, 작은 신발, 화살집, 요람, 동전, 헝겊 외에도 배식골(背式骨), 즉 일명 돼지 뒷발의 경골로 속칭 '알랍합(嘎拉哈)' 등을 꿰어 매달아 완성한다. 길이가 약 2장에 달하는 명주실로 만든 이런 끈이 바로 석백족의 결승가보이다. 명주실에 매단 배식골의 수량에 따라 해당 종족이 지나온 세대의 수를 알 수 있다. 그리고 작은 활과 화살의 수를 통해 족인 중에 몇 명의 남자가 있는지를 파악할 수 있다. 또한 홍색 천 조각의 수량은 여성의 수를 알려 준다. 명주로 만든 삭승은 평소에는 종이로 만든 봉투에 보관을 하고, 설날이 되면 봉투에서 꺼내 동쪽과 남쪽의 벽에 대각선으로 걸고서 향을 피워 절을 한다. 2월 2일이 되면 다시 종이 봉투에 넣어서 보관한다. 석백족의 조상 목갑을 비치하는 의식은 매우 성대하면서도 신비하다. 보통 의식은 한밤중에 진행되고 해당 족인만 참여할 수 했고, 다른 족인의 참관은 불허했다. 의식이 진행될 때 소를 도살하기도 한다. 소는 우선 서쪽 굴뚝 기둥에 매놓았다가, 도살한 후에 고기를 조상에게 제물로 바친다. 백석족이 이렇게 장중하게 자손마마를 대표하는 삭승에게 제사 지내는 이유는 자손의 번창과 족인에게 평안을 준다고 믿기 때문이다.

앞서 언급한 구전가보와 결승가보의 소개에서 분명히 언급한 바가 있다. 즉 가장 원시적인 구전가보와 결승가보는 중국의 혈연집단이 형성됨에 따라 족인의 건강과 자손 번성의 기원에 부흥하면서 등장했고, 이는 곳 우생(優生)과 우육(優育)이란 사회적 기능을

18 劉堯漢, 『彝族社會歷史調查研究文集』, 民族出版社, 1980, 109쪽. (역자 주)

19 劉堯漢, 『彝族社會歷史調查研究文集』, 109쪽.

수행했다.

2. 흥성 단계: 정치적 기능

중국 가보는 하(夏)와 상(商)을 거치면서 씨족사회의 발전을 통해 원시적인 형태를 탈피하기 시작했다. 그리고 주(周)에 이르러 세가 대족이 존조(尊祖)와 경종(敬宗)의 필요성에 따라서 경쟁적으로 청동기에 족인의 세계(世系)를 기록했다. 주대 종법제도는 혈연관계의 친소와 원근의 기초 위에서 수립된 것으로, 국가가 혈연관계를 기록한 가보를 중시했고, 사관이 가보를 관리하는 체계화된 제도가 등장했다.

주나라에서 천하의 모든 귀족의 가보를 모아서 기록하고 관리했다. 『대대례기(大戴禮記)·제왕편(帝王篇)』·『세본(世本)』 등에 보학(譜學) 관련 내용이 등장했다. 이런 저술은 중국 가보가 주대에 이르러 정식으로 탄생했고, 비교적 큰 발전을 이룩했다는 반증의 표시이다.

한(漢)나라 건국 이후 동성(同姓)과 이성(異性)인 왕후(王侯)를 분봉하며 군신의 등급과 혈연적인 존친 관념이 한층 더 강화되었다. 독자적으로 황제 속적(屬籍)과 제왕 세보(世譜), 제후의 후적(侯籍)을 관리하는 기구를 설치하며 대량의 관찬 가보가 등장했다. 서한(西漢) 중기 이후 종족(宗族)의 세력이 강화되고, 개인의 가보 역시 신속히 발전함에 따라 그 내용은 더욱 풍부해졌다. 이를 근거로 "한대부터 가보의 흥성이 시작되었다."[20]라고 한 것이다.

위진남북조 시기는 보학이 흥성했던 시기에 해당한다. 양전순(楊殿珣)은 『중국가보통론(中國家譜通論)』이란 저술에서 '보학의 황금시대'라 했다. 이르길 "위진에서 남북조 시기까지는 보학의 황금시대였다. 사가 보첩은 모두 관부에 올렸고, 정부는 이를 별도로 관리하는 부서를 만들었다. 저작이 날로 늘어나자 『수지(隋志)』에 수록했고, 별도의 목록도 신설했으니 가보의 번성을 가히 짐작하게 한다."[21]라고 했다. 양전순의 이러한 논술은 위진 남북조 시기에 중국 보학이 흥성했다는 중요한 반증의 표시이다. 이에 대해 양전순

---

20 楊殿珣, 『中國家譜通論』, 『圖書季刊』(新第3卷, 第1-2期).

21 楊殿珣, 『中國家譜通論』, 『圖書季刊』(新第3卷1-2合刊, 第6卷3-4合刊, 第7卷1-2合刊), 1945年 6~12月: "魏晉以迄南北朝, 爲譜學之黃金時代。私家譜牒, 均上于官, 政府并設有專宦以掌之。著作日多, 故《隋志》著錄, 創設專目, 盛可知也。" (역자 주)

은 다음과 같이 개괄했다.

1) 보학 관련 저술이 다량 등장하다

위진남북조 시기에 등장한 관련 저술의 수량을 구체적으로 고증할 수는 없다. 다만 정초(鄭樵)의 『통지(通志)·예문략(藝文略)』의 통계에 근거하면 위진(魏晋)에서 오대(五代)까지 보첩과 가첩 등의 저술은 모두 155부 2,365권에 달한다. 배송지가 주석한 『삼국지』에서는 19종의 보첩을 인용했고, 유효표(劉孝標)가 주석한 『세설신어(世說新語)』에서는 36종을 언급했다. 양전순은 『중국가보통론』에서 『삼국지』·『위지(魏志)』·『세설신어』와 『수지(隋志)』·『당지(唐志)』에 수록된 위진남북조 시기의 가보를 인용한 점을 언급하며 이를 별목(別目)으로 분류했다. 그중에 가보류는 62부인데, 이 중에서도 총보(總譜)는 23부 1,119권이고, 군보(郡譜)는 13부 889권, 황실보(皇室譜)는 15부 57권에 달했다. 이는 시기적으로 진(晋)나라 무제(武帝)에서 수의 양제(煬帝)까지 약 300여 년에 걸친 것이다. 보학 저술만 보더라도 이 시기는 보학이 현저한 발전을 이룬 시기임에 틀림없다.

2) 가보를 관리하는 별도 부서를 정부가 만들다

세가 대족의 가보 편찬과 문제(門第) 유지의 필요로 위진남북조 시기에 국가는 독자적으로 보국(譜局)과 보관(譜官)을 설치해 운영했다. 이르길 "도보국(圖譜局)은 낭령사(郎令史)를 두어 가보를 관리했고, 고금에 널리 정통한 유학자를 임용했기 때문에 가보 편찬의 업무를 잘 알고 있었다."[22]라고 했다. 계속해서 "도보국의 임무는 3가지였다. 첫째는 가보를 소장하는 것이다. 둘째는 가보를 정리해 개정하는 것으로, 이는 거의 영사(令史)와 서사(書士)가 담당했다. 셋째는 가보를 편찬하는 일이다. 즉 각 가보에 수록된 관료 명단을 종합해서 이를 함께 묶어 저술하는 것으로 이를 일컬어 『총보』라고 부른다."[23]라고 했다. 이와 같이 가보는 중요한 자료로 보국에서 소장했다. 예를 들면, 조위(曹魏) 시기 주군(州郡)의 중정(中正)·주부(主簿)·공조(功曹) 등은 모두 부장(簿狀)을 보유했다. 진(晋)은 함화(咸和) 연간 이후에 보첩을 상서성(尙書省)의 호조(戶曹)에서 보관하거나 '적고(籍庫)'를 설치해 별도로 보관하기도 했다.[24] 이에 대해서 이르길 "무릇 백관의 족성 가운데 조상으로

---

22 鄭樵, 『通志·氏族略·氏族序』: "圖譜局置郎令史掌之, 仍用博通古今之儒, 知撰譜事。"

23 潘光旦, 「中國家譜學略史」, 『東方雜志』(第26卷, 第1號), 1929: "圖譜局之任務有三: 一爲譜系之收藏; 二爲譜系之厘訂, 是殆屬令史及書吏之事; 其三, 則爲譜之撰作, 卽就各家譜策之在官者, 綜合而會通之, 以成所謂《總譜》者。"

24 歐陽宗書, 『中國家譜』, 新華出版社, 1992.

행적이 있는 자는 관적(官籍)에 올린다. 상세하게 사실을 살펴서 (가보를) 비각(祕閣)에 보관하고, 사본은 좌호(左戶)에 둔다. 만약에 사사로이 (내용을) 기입해 (이익을) 탐하고자 함이 있으면 관적으로 규명한다. 관적에 이름이 올라 있지 않으면 사사롭게 기입한 것으로 판단한다."[25]라고 했다.

3) 여러 보학 관련 저술과 함께 보첩 편찬자와 학자들이 다수 출현하다

예를 들면 "지우(摯虞)가 가장 먼저 『소목(昭穆)』 10권을 저술했고, 가필(賈弼)·유담(劉湛)·왕승유(王僧孺)·하승천(何承天) 등의 저술이 뒤를 이었으며, 많은 것은 100여 편에 이르는 것도 있다. 이들을 합하면 그 수량은 이루 말할 수 없을 정도로 보학이 번성했다."[26]라고 했다. 위진 남북조 시기 보학을 연구하는 두 세가(世家)가 등장했다. 하나는 가씨(賈氏)의 보학 세가이고, 다른 하나는 왕씨(王氏)의 보학 세가다. 가씨(賈氏)의 보학 연구는 그 기원이 유구하여 가필지(賈弼之)에서 가관(冠共)까지 6대에 걸쳐 이루어졌다. 그중에 5대에 이르러 보학 전문가로 인정을 받으며 보첩학에 중요한 공헌을 했고, 당시 저명한 보학 세가로 이름을 알렸다. 가씨(賈氏)와 이름을 함께했던 것은 왕씨 보학이었다. 그중에 왕홍(王弘), 왕검(王儉) 등은 보학 발전에 크게 공헌했다. 위진 남북조 시기 사회에서는 피휘(避諱)의 풍조가 크게 성행해서 사람과 교류할 때 상대방 가휘(家諱)[27]의 언급을 회피했다. 일단 잘못 언급하면 예상치 못한 결과가 초래될 수도 있었기 때문이다. 왕홍은 보학에 정통했기 때문에 관아와 민간의 다양한 교류 현장에서도 모두 이런 습속에 대응할 수 있었다. 이르길 "홍일은 수많은 빈객이 있었지만 휘(諱)를 사용함에 한 사람도 틀리지 않았다."[28]라고 하여 당시는 물론 후세의 문인과 학사들 역시 그를 칭송했다.

위진남북조 시기가 중국 가보의 '황금 시기'로 불리게 된 것은 당시 장원경제의 발전 및 종족 세력의 팽창과 밀접한 관련이 있다.

동한 말기에 지주 장원제가 형성되기 시작했다. 이러한 장원의 지주에게는 기름진 땅들이 들녘에 가득했고, 수백 채의 집을 보유했다. 위진 시기에 이르러 토지 겸병의 가

---

25 鄭樵, 『通志·氏族略·氏族序』: "凡百官族姓之有家狀者, 則上之官; 爲考定詳實, 藏于秘閣, 副在左戶; 若私書有濫, 則糾之以官籍; 官籍不及, 則稽之以私書。"

26 『績溪汪氏世守譜』, 乾隆 37年(1772): "摯虞首撰《昭穆》十卷, 賈弼、劉湛、王僧孺、何承天輩著書多至數百篇, 累數萬言, 而譜學盛矣。"

27 가휘(家諱): 국휘(國諱)와 대칭되며 일명 사휘(私諱)라고도 한다. 이는 자신의 부모나 조상의 추존을 위해 자손이 그 이름을 부르는 것을 꺼리어 피하는 것을 말한다. (역자 주)

28 『槐溪王氏支譜』, 咸豐 6年(1856): "弘日對千客, 可不犯一人諱。"

속화와 구품중정제(九品中正制)의 실행으로 세가 대족 형식의 족인 조직은 한층 더 확대되었고, 이들이 중앙과 지방의 정권을 완전히 장악하기에 이르렀다. 그 결과 중국 역사상 수백 년에 달하는 문벌 정치가 등장했다. 이러한 세가 대족은 계속해서 다량의 토지를 겸병했고, 이는 위진 남북조 시기 일반 백성의 부세(賦稅) 가중을 초래했다. 결국에 다수의 농민은 부역을 피해서 세가 대지주에게 의탁하여 '사속(私屬)'되며 노역을 제공했다. 세가는 족인과 함께 집거했는데 그 규모가 방대하여 100명의 가정이 한 가구로 파악되었고, 천 명에 달하는 사람이 같은 호적에 이름을 올리기도 했다. 심지어 "한 종족은 만호(萬戶)에 이르러 밥 지을 때 나는 연기가 서로 잇닿았고 집집이 함께 거주했다."[29]라고 했다. 동진과 남조시기에 이르러 강북과 강남에 몇몇의 세가 망족이 등장했다. 이르길 "장강 유역의 교성(僑姓)[30]으로 장강 우측에는 왕(王)·소(蕭)·사(謝)·원(袁)이 있고, 동남쪽에는 오성(吳姓)과 함께 주(朱)·장(張)·고(顧)·육(陸)이 있고, 관중(關中) 군성(郡姓)은 많지만 세가 망족으로 양(楊)·두(杜)·류(柳)·배(裴)가 있고, 산동의 군성으로는 최(崔)·노(盧)·왕(王)·정(鄭)이 있고, 대북(代北)의 가장 귀한 노성(虜姓)으로 원우(元于)·우문(宇文)·장손(長孫)이 있다."[31]라고 했다.

종족의 군중을 노역시키고 장원경제의 이익을 위해서, 이런 세가 대족은 향촌을 보호한다는 명분으로 종족 명의의 사병을 조직했다. 당시 조조·손견·이전(李典)·전주(田疇)·이통(李通)·허저(許褚) 등의 세가 호족들은 모두 사병을 운영했다. 또한 종족을 무장시켜 농민기의를 진압하기도 했다. 강남의 8족(族) 5성(姓) 역시 자신 종족의 무장 세력을 거느렸다.

당시 '종부(宗部)'·'종오(宗伍)' 등의 사병은 남북 지역에 널리 분포했고, 형주(荊州)와 강서(江西) 일대에 특히 많았다. 이런 세가 대족 출신의 지주는 자신 종족의 대오(隊伍)와 대족의 군중을 노역시키기 위해서 혈연관계와 족인 의식이란 명목을 내세웠다. 이를 통해 많은 종족을 유인해 통제했는데, 그 과정에서 가보를 유리한 도구로 이용했다. 그러므로 세가 대족은 적극적으로 가보를 편찬했고, 이것이 위진남북조 시기 보학의 흥성기를 도래시키는 동력으로 작용했다.[32]

---

29 『通典』卷3「食貨」: "一宗將近萬室, 煙火連接, 比屋而居。"

30 교성(僑姓): 동진 시기 북방에서 남하한 대성 사족을 포용하기 위해서 이들에게 별도의 행정체계인 교주군현(僑州郡縣)을 설치하고 이들의 호적을 이곳에 편재했다. 교성이란 이런 교주군현에 편재된 북방 출신 대성 사족을 지칭한다. (역자 주)

31 『績溪汪氏世守譜』, 乾隆 37年(1772): "江表僑姓, 則右王、蕭、謝、袁, 東南吳姓則尚朱、張、顧、陸, 關中郡姓則茂楊、杜、柳、裴, 山東郡姓則先崔、盧、王、鄭, 代北虜姓則貴元于、宇文、長孫。"

32 劉黎明, 『祠堂·靈牌·家譜』, 四川人民出版社, 2003, 176쪽.

더욱 중요한 점은 위진 남북조 시기의 보학은 관료 선발 등의 정치적 기능을 수행했고, 이는 보학 흥성의 또 다른 배경으로 작용했다.

봉건통치 집단은 자신의 통치를 강화하기 위해서 그들에게 필요한 인재 선발을 매우 중시했고, 이에 상응하는 제도를 마련했다. 서한의 '징벽(徵辟)'과 동한의 '찰거(察擧)' 제도가 등장하면서 사회적 여론에 근거하여 인물의 품성과 재능을 판단한 후에 관리 임용을 결정했다. 삼국시대 조위에서 상서를 역임한 진군(陳群)의 건의로 실행된 구품중정제는 원래 9개 등급으로 인재를 나누어 관리로 임용하는 제도였다. 그 구체적인 내용으로 주(州)에는 대중정(大中正)을 설치하고, 군(郡)에는 중정을 설치하고, 현(縣)에는 소중정(小中正)을 설치했다. 이들은 지방의 인재를 조사해 중앙에 추천하는 임무를 담당했다. 즉 중정은 관할하는 지방의 인재를 선별하고 품평을 통해 상상(上上)·상중(上中)·상하(上下)·중상(中上)·중중(中中)·중하(中下)·하상(下上)·하중(下中)·하하(下下) 등 9개 등급으로 나누어 이부(吏部)에 보고한다. 그러면 이부는 이런 중정이 분류한 품제(品第)를 근거로 서로 다른 등급의 관직을 수여했다. 중정의 역할은 이부가 각 주군에 있는 '저성사족(著姓士族)'에게 일임한 것이다. 따라서 세가호족이 중정관을 완전히 독점했다.

중정이 인재의 품제(品第)를 결정할 때 가세(家世), 재간(才幹), 품덕(品德)의 3가지 요소를 참고했다. 하지만 특히 서진 시기에는 종종 가세와 문제(門第)를 강조했기 때문에 사실상 가세가 등급을 결정하는 기준이 되었다. 중정관은 인재 자체의 우열을 근본으로 삼지 않고, 오로지 가세와 문제를 근거로 인재의 품제를 판단했던 것이다. 이러한 선관 방법을 당시 '문선(門選)'이라 칭하기도 했다. 문제를 근거로 관리 선발을 했기 때문에 가보의 기능이 매우 중시되었다. 송(宋)의 문천상(文天祥)이 저술한 「발오씨족보(跋吳氏族譜)」에서 이르길 "문벌은 위진에서 시작하여, 당나라에서 가장 번성했는데 이는 보첩을 가장 중시했기 때문이다."[33]라 했고, "관리 선발에 있어 반드시 보적(譜籍)을 참고했다."[34]라고 했다. 등용의 편리와 신분의 증명을 위해서 정부와 사족은 모두 가보를 중시했다. 중정관이 인재를 선발할 때 역시 선발하고자 하는 자의 가보를 반드시 파악했다. 또한 관리로 선발되기를 바라는 자 역시 필히 가세와 가보를 통해 자신을 분명히 증명해야 했다. 이처럼 가보는 당시 특수하게 기능하면서 관리 선발과 사인의 신분을 증명하는 근거였다. 일부 사인은 대대로 임관을 독점하고 조정의 권력 장악을 위해서 명문과 혼인하는 한문(寒門)의 진입을 방지하고자 했다. 이뿐만 아니라 조정은 법으로 사인의 등급과 명문

---

33 『古今圖書集成·氏族典·吳姓部』: "自魏晉以來, 至唐最尙門閥, 故以譜牒爲重。"

34 『新唐書』 卷199 「柳沖傳」: "有司選擧, 必稽譜籍。"

세가를 지정하기도 했다. 이렇게 지정된 사인을 관료로 선발되는 가보에 수록하여 사칭자의 출현을 방지했다.

"구품중정제가 위진 남북조 보학의 발전을 촉진했다."라는 주장에 대해 반광단(潘光旦)은 「중국가보학약사(中國家譜學略史)」에서 다음과 같이 약술했다. "조위(曹魏)는 나라를 세운 후에 처음으로 구품중정제를 만들었다. 주군(州郡)에 각기 중정(中正)을 설치하고, 해당 지역의 인재를 품평하여 구품으로 분류했다. 그리고 이를 부장(簿狀)에 등록하여 관리 선발에 대비했다. 그리하여 문제(門第)가 크게 중시되면서 각별히 보학(譜學)이 발전하는 원동력이 되었다."[35]라고 했다. 이는 가보의 기능에 근거한 주장으로, 실제로 전체 위진남북조 시대에 "상품(上品)에는 한문(寒門)이 없고, 하품(下品)에는 사족(士族)이 없다."[36]라는 국면이 등장했다.

위진남북조 시기 문벌의 세력이 형성된 이후에 세가 대족은 자신의 정치적 특권과 함께 혼인 관계 등의 특권을 유지하려 했다. 당시 사족은 백방으로 서족을 억압하며 사서(士庶)에는 천양지차가 있다 하여 함께 동석하기를 거부했고, 거복(車服) 제도 역시 달리했다. 혼인 대상을 선정함에 있어 한층 더 사서의 통혼을 금지했고, 권문세가와 문벌 간의 혼인을 중시했다. 당시 사족과 사족, 상층 사족과 상층 사족, 하층 사족과 하층 사족, 남방 사족과 남방 사족, 북방 사족과 북방 사족, 중원 사족과 중원 사족, 소수민족에서 한화한 사족들 사이에는 모두 각기 자신의 혼인 집단을 형성하며 이를 자자손손 계승시켰다. 혼인은 문벌 간에 매우 중시되면서 자연스럽게 "집안의 혼인은 반드시 보계를 통했다."라는 것은 당연한 사실로 여겨졌다. 이처럼 가보는 세가 대족들이 자신의 특수 이익을 보호하는 유력한 도구가 되었다. 위진남북조 시기 자신의 문벌에 유리한 혼인 특권을 유지하기 위해서 세가 대족은 자신의 가문을 기록한 가보 편찬에 심혈을 기울였다. 그래서 정초(鄭樵)의 『통지(通志)·씨족략서(氏族略序)』에 다음과 같이 수록했다. 이르길 "수당 이전까지는 관부는 부장(簿狀)을, 족인은 보계를 사용했다. 관리의 선발은 반드시 부장에 근거했고, 집안의 결혼은 반드시 보계를 근거로 했다."[37]라고 했다.

중국 가보는 위진남북조 시기에 흥성하다가 당대에 이르러 절정기가 도래했다. 뿐만 아니라 보학이 담당한 사회·정치적 기능은 당대에 이르러 새로운 전환점을 맞이했다.

---

35 潘光旦, 『中國家譜學略史』: "魏立國之初制九品中正之法: 州郡各置中正, 銓定其地之人口爲九品, 登諸簿狀, 以備選擧。于是門第大重, 而譜學得一特殊發展之動力。" (역자 주)

36 『晉書·劉毅傳』: "上品無寒門, 下品無士族。" (역자 주)

37 『通志·氏族略』: "自隋唐而上, 官爲簿狀, 家有譜系。官之選擧, 必由於簿狀, 家之婚姻, 必由於譜系。" (역자 주)

당대에는 구품중정제가 폐지되고 과거제를 실행했다. 인재 선발의 기준은 기존의 문벌 중시에서 지식과 시서(詩書)의 중시로 변화했다. 그래서 사인은 이부의 시험을 근거로 관직을 수여받았다. 이는 새로운 형태의 관직 선발 제도였다. 과거를 통해서 임관의 자격을 결정했고, 더 이상 가문의 출신이나 사족(士族)·서족(庶族)·지주·농민 등을 묻지 않고, 오직 시험에만 합격하면 관직을 수여받았다.

이는 구품중정제의 철저한 부정이며 문벌 사족 제도에 대한 치명적인 일격이었다. 하지만 위진남북조의 수백 년 동안 형성된 세가 호족 세력은 그렇게 쉽게 역사의 무대 뒤로 사라지지 않았다. "지네는 잘려 죽을지언정 넘어지지 않는다."라는 속담처럼 권문 세가는 비록 몰락했지만 여전히 여력과 영향력은 남았다. 즉 수백 년 동안 형성된 문벌과 혈통을 숭배하는 풍습이 하루아침에 사라지지 않는 이치와 같다. 그래서 "구품중정제는 수대(隋代)에 이르러 점차 쇠락했지만 씨족의 군망(郡望)은 여전히 후대로 이어졌고, 당대에 이르러서도 이런 풍속은 사라지지 않았다."[38]라고 한 것이다. 위진남북조 시기 형성된 세가 대족은 비록 이전에 비하여 영향력은 축소되었지만 여전히 사회에서 높은 지위를 차지했다. 특히 산동의 최(崔)·노(盧)·왕(王)·정(鄭)씨 등이 사족들은 여전히 영향력을 과시했다.

당대 통치자로 새롭게 등장한 정치세력이 바로 관롱(關隴)[39] 출신의 신흥귀족이다. 이들은 제국의 통치 질서 확립과 정치적 지위 향상을 위해 한문(寒門)과 서족, 그리고 황실 귀족은 가장 먼저 산동출신 구 귀족을 제압해야 했다. 이를 통해 이씨(李氏) 중심 관롱 귀족의 지위 향상을 도모하고, 황족(皇族) 중심 신흥 사족의 통치지위 확보를 위해 반드시 새로 보첩을 작성해야 했다. 때문에 당태종 시기부터 과거제도 실행에 매진했고, 동시에 보첩에 주목하며 귀족의 선정 기준을 바꾸었다.

당나라 전체를 통해 세 차례 관찬보첩이 편찬되었다. 이르길 "당나라의 첩기(牒記)는 모두 태종에서 시작했고, 고종(高宗) 시기에 수정하고, 중종(中宗)에 이르러 보완했다. 그리고 개원(開元)에 이르러 확정을 했는데, 명칭을 녹(錄) 혹은 지(志)라고 불렀다."[40]라고 했다. 태종 시기에 편찬한 『씨족지(氏族志)』와 고종 때 저술한 『성씨록(姓氏錄)』, 개원과 중

38 楊殿珣, 『中國家譜通論』, 『圖書季刊』(新第3卷, 第1-2期), 1944.

39 관롱(關隴): 관롱이란 지금의 섬서와 감숙을 지칭하는 곳이다. 북위로부터 북주와 수당으로 이어지는 왕조 교체기에 다수의 통치 집단이 바로 이곳 관롱에서 등장했고, 이를 "관롱집단"이라 부르기도 한다. 이들의 기원을 거슬러 올라가면 북위 시기 북방 육진(六鎭)의 하나인 무천진(武川鎭)에 있고, 우문태(宇文泰), 양견(楊堅), 이연(李淵) 등 북방을 수비하며 호한(胡漢)이 혈연적으로 혼재된 관롱집단을 형성했다. (역자 주)

40 『績溪汪氏世守譜』, 乾隆 37年(1772): "唐之牒記, 蓋始于太宗, 改于高, 修于中, 而定于開元, 曰錄、曰志."

종 시기의 『대당성족계록(大唐姓族系錄)』 등이 이에 해당한다.

이상과 같이 몇 차례의 보첩 편찬을 통해, 치명적인 일격을 당한 육조(六朝) 이래 사족(士族)은 점차 쇠락했다. 그리하여 당대 중기 이후에는 "부상(富商)과 거상(巨商)은 거의 모두 관료들과 거주했다."[41]라는 국면이 출현했다. 한문 사인이 관료 집단에 유입되고, 새롭게 등장한 서족 지주가 임관할 수 있었던 것은 새로 만든 보첩을 통해 정치와 사회적인 지위가 향상되었기 때문이다. 그럼에도 이세민(李世民)·무측천(武則天) 등이 편찬한 관보(官譜)에서 명문사족은 사라지지 않았다. 다만 이들의 탄압을 위해 이씨와 무씨를 최고 반열에 올려놓고, 기존 족성(族姓)의 등급을 바꾸었다. 이처럼 보첩을 이용해 당시 정치 세력은 자신의 이익을 확보했다. 당나라 황실과 공신은 주로 새로운 사족 집단을 형성해 산동 사족과 동남 망족(望族) 세력을 제어했고, 자신의 사회적 영향력을 강화했다. 아울러 당나라 통치 근간을 공고히 했다.

이상과 같이 위진남북조 시기의 가보 편찬은 관리 선발의 정치적 목적에 있었고, 세가 대족이 임관과 특권을 농단하는 중요한 수단이 되었다. 하지만 당대는 보첩의 편찬을 통해 신사족(新士族)을 중용하고 구사족(舊士族)을 억압하는 정치수단으로 활용했다. 당대 초기에 이르러 수차례 보첩을 편찬하며 신구의 정치 세력이 교차하는 과정에서 중국 보학이 담당한 사회·정치적 역할은 새로운 국면을 맞이하게 되었다.

3. 보급 단계: 윤리적 기능

중국의 보학 발전사에서 송대는 중요한 변혁과 전환 시기에 해당한다. 가보 편찬의 취지와 편찬 체례, 도보(圖譜)의 배열 방법, 가보의 내용, 가보의 지속적인 편찬 등에서 모두 중요한 변화가 발생했다. 송대는 후대 가보 편찬의 기본 형식을 마련했고, 보학 발전의 새로운 국면을 개창했다. 원대 이후, 특히 명대에 이르러 송에서 전승된 가보 편찬의 체례와 내용은 진일보 완성되었다. 청대에는 가보가 수많은 사람과 산간벽지에도 보급이 되었다. 가보의 기능적 측면에서 볼 때 송대 가보는 이전의 사회·정치적 기능이 이후의 도덕·윤리적 기능으로 변화되는 분수령이었다.

위진남북조와 수당 시기에는 관찬과 사찬가보를 모두 중시했다. 하지만 송대에 이

41 『舊唐書』 卷101 「辛替否傳」: "富商豪賈, 盡居纓冕之流。"

르러 이전과는 다른 양상이 등장하기 시작했다. 하나는 관찬가보의 폐지이고, 다른 하나는 사찬가보의 유행이다.

송대에 이르러 관찬보첩 폐지의 가장 큰 원인은 과거제도가 더욱 발전하면서 "재능과 학문으로 관리를 선발하고 가문을 중시하지 않으니 보학은 점차 쇠락했다."[42]라는 경향의 출현 때문이다.

앞서 언급한 바와 같이 위진남북조 시기 관리 선발에 구품중정제를 실행했고, 이를 세가 대족이 독점했다. 사족(士族) 자제 출신은 재능이 없더라도 고관에 오를 수 있었다. 세가대족의 혼인은 반드시 유사한 등급의 가문과 결혼을 했다. 이처럼 임관과 결혼 등에 보학은 매우 중시되었고, 국가는 별도로 도보국(圖譜局)을 설치해 황족(皇族)과 사족의 가보를 관리했다. 수당 시기에 이르러 과거제도가 실행되었고, 구사족(舊士族)은 심각한 위기 국면에 놓이게 되었다. 당시 과거제가 실행과 시험으로 임관하는 방식으로 구 귀족을 압박했다. 하지만 당시 혼인은 여전히 구사족의 지위를 중시했고, 다수의 이씨(李氏) 황족이 구사족과 혼인하는 사례도 빈번했다. 당대의 이씨(李氏)와 무씨(武氏) 황족 등의 신흥 사족 집단은 통치기반의 강화를 위해 관찬보첩의 편찬을 매우 중시했다. 이와 관련해 일찍이 세 차례에 걸쳐 보첩을 편찬했다. 그렇지만 당나라가 근본적으로 사족 제도를 반대한 것은 아니었다. 단지 구사족을 이씨와 무씨의 황족과 신흥 사족 집단으로 대체한 것에 지나지 않았다. 이후 송대에 이르러 과거제도는 한층 엄격하게 완비되었다. 그리하여 "관직 선발에 가문을 묻지 않는다."라는 것이 보편화했고, 혼인 역시 관념상 "문벌을 따지지 않는다."[43]라는 인식이 일반화했다. 이처럼 전체적인 사회적 기풍이 완전히 변화했다. 이때 관찬보첩은 이미 관리 선발과 혼인에 사용되었던 기능이 상실되면서 객관적인 존재가치 역시 사라지게 되었다. 송대에 이르러 정부는 더 이상 위진남북조와 수당 시기와 같은 도보국을 설치해서 사족의 가보를 수집하거나, 편찬·관리하지 않았다. 가보는 관리 선발과 혼인 대상의 선별이란 필요성을 완전히 상실했고, 또한 사족이 가보를 소실하거나 구보(舊譜)가 거의 산실되었어도 송조는 더 이상 보첩 편찬 의지를 보이지 않았다. 이는 관찬보첩의 객관적 필요성들이 더 이상 존재하지 않았고, 또한 그런 사회적 조건도 소멸했기 때문이다. 송대의 관찬보첩 폐지는 역사 발전의 필연적인 결과라고 볼 수 있다.

송대에 이르러 사가의 가보가 흥성하게 된 원인은 다양한 측면에서 찾을 수 있다.

---

42 『藍溪李氏宗譜·張郇之序』, 南宋 景帝 3年(1263): "才學取士, 不矜門胄, 譜學於是遂微."

43 鄭樵, 『通志·氏族略』: "取士不問家世, 婚姻不尚閥閱." (역자 주)

이에 대해 몇 가지 이유를 들어 설명하면 다음과 같다.

송대는 사회경제가 발전하고 도시가 번성하면서 대족(大族)이 출현해 흥성했다. 이는 사가 가보 발전에 직접적인 영향으로 작용했다.

송대는 농업과 수공업이 발전했다. 그 기초 위에 사회경제가 번영했고, 상품경제가 활성화되면서 해상 무역도 활발했다. 당시 발전 규모가 비교적 큰 도시로는 장안(長安)·개봉(開封)·낙양(洛陽)·소주(蘇州)·양주(揚州)·항주(杭州)·천주(泉州)·광주(廣州) 등이 있고, 호상(豪商)과 거상(巨商)이 전국에 분포했다. 남송이 강남으로 천도하면서 당시 수도였던 항주(杭州)를 중심으로 경제 역시 남방으로 이동했다. 남송은 비록 대외적으로 나약했고, 내치 역시 부진을 면치 못했지만, 사회경제가 발전하면서 남방의 중소도시인 시전(市鎭), 특히 장강 유역의 도시는 한층 더 발전하는 국면이 전개되었다.

농촌의 토지 겸병이 가속화되고, 도시의 상업경제가 활성화되면서 재부가 집중되며 대족(大族)이 흥성했다. 이에 대해 주희(朱熹)는 일찍이 다음과 같이 언급했다. 이르길 "오늘날 호족이 토지를 점령한 것이 수천 경(頃)에 달했다. 재산이 능히 왕후(王侯)보다 많은 것은 멋대로 토지를 겸병했기 때문이다. 매매란 자신이 토지를 마음대로 처분하는 것이다."[44]라고 했다. 남송 시기 포강(浦江)의 정씨(鄭氏)는 가규에 다음과 같이 규정했다. 이르길 "상임전(常稔田) 250무(畝)를 내어 그 조세는 별도로 보관해서 오로지 제사 비용으로만 사용한다. 다시 상임전으로 1,500무를 내어 같은 조세를 별도로 보관하고 오직 결혼 비용으로만 사용한다."라고 했다. 이른 통해 판단하면 정씨가 보유한 토지는 결코 1만 무(萬畝)보다 적지 않을 것이라 했다.[45]

이상과 같이 구사족(舊士族)은 정치적 근거를 상실하고 점차 쇠락했고, 새로운 토착 호족은 경제적 번영을 통해 지위가 급격히 상승했다. "송(宋)이 흥성한 이래 종족 역시 점차 번성했다."와 "향현(鄉縣)의 호리(豪吏)는 혈연으로 서로 의지했다."[46]라는 언급처럼 친족이 매우 증가하면서 보첩 편찬을 매우 중시했다. 그리고 종족의 충분한 경제적 능력은 가보 편찬의 재정적 기초를 제공했다. 이르길 "족인의 규모가 확대되면서 수록된 사건 역시 많아졌다. 재력과 인력 역시 반드시 확충해야 했다. 족보는 남송 이후부터 내용이 급속히 다양해지면서 편찬 수량 역시 증가했다."[47]라고 했다.

---

44 『朱文公文集』 卷68 「井田類說」: "今豪民占田, 或至數千頃, 富過王侯, 是自專封也。買賣由己, 是專其地也。"

45 徐楊傑, 『中國家族制度史』, 人民出版社出版, 1992, 381쪽.

46 王讜, 『唐語林·政事上』: "宋興以來, 宗族漸盛。" (中略) "鄉縣豪吏, 族系相依。" (역자 주)

47 盛清沂, 『試論宋元族譜學與新宗法之創立』, 第二屆亞洲族譜學術研討會議記錄, 聯合報文化基金會國學文獻館, 1985.

송대 사가 가보 편찬이 흥성한 직접적인 원인은 다음과 같다. 송나라 인종(仁宗) 때 당송팔대가인 구양수(歐陽修)와 소순(蘇洵)은 당시 사회적 변화에 따른 새로운 족보의 기능과 편찬 체례 등의 필요성에 주목했다. 그리하여 자신 족인의 가보인 『구양씨보도(歐陽氏譜圖)』와 『소씨족보(蘇氏族譜)』를 각각 편찬했다. 이를 통해 새로운 가보 편찬의 취지와 원칙, 체례와 방법을 제시하면서 사가 가보 편찬을 활성화하는 계기를 마련했다. 구양수와 소순의 영향으로 수많은 사대부가 잇달아 자신의 가보를 편찬했다. 증조(曾肇)의 『증씨보도(曾氏譜圖)』, 허원(許元)의 『허씨세보(許氏世譜)』, 범중엄(范仲淹)의 『속가보(續家譜)』, 왕회유(王回有)의 『청하최씨보(清河崔氏譜)』, 주장문(朱長文)의 『주씨세보(朱氏世譜)』, 유구언(遊九言)의 『유씨세보(遊氏世譜)』과 왕안석(王安石), 문천상(文天祥), 황정견(黃庭堅) 등이 바로 이러한 사례이다. 이처럼 구양수와 소순의 가보를 모범으로 삼아서 송대의 사가 가보가 번성하는 새로운 국면이 전개되었다.

송대에 이르러 흥성한 사가의 가보 편찬이 당시 신흥 토착 호족의 존조(尊祖)와 수족(收族), 통종(統宗), 그리고 취족(聚族) 등의 현실적 요구에 부응했기 때문이다. 위진 남북조와 비교해, 가보의 사회적 기능에 커다란 변화가 도래했다. 위진남북조 시기의 가보편찬의 목적은 관리를 선발하고, 혼인을 결정하며 귀천을 밝히는 사회·정치적 기능에 있다. 이후 수당과 오대(五代)까지 수차례의 변화를 겪으며 위진 이래의 세가 호족은 오대에 이르러 쇠락하고 말았다. 그리하여 북송의 건국 후에는 "관리를 선발함에 반드시 부장(簿狀)에 근거했고, 집안의 혼인은 반드시 보계(譜系)에 근거했다."[48]라는 국면에 근본적인 변화가 발생했다. 즉 문제(門第)의 신분을 구별하는 사회·정치적 기능은 기본적으로 소멸했고, '존조(尊祖), 경종(敬宗), 수족(收族)'과 '존존(尊尊)과 친친(親親)의 도(道)'라는 도덕적 교화 기능이 이를 대신했다. 그래서 반광단(潘光旦)은 『중국가보학약사(中國家譜學略史)』에서 "당나라 이전 가보는 두 가지 기능이 있다. 첫째는 국가의 관료선발이고, 둘째는 사인의 결혼이었다. 송나라 이후에는 단지 경종과 수족의 기능만이 남게 되었다."[49]라고 했다. 구양수는 「형양어계왕씨보서(衡陽漁溪王氏譜序)」에서 "내가 족보를 편찬한 이유는 오직 기원을 밝히고 지파를 연결해 존존과 친친의 도리가 존재함을 밝히고자 함이다."[50]라고 했다.

48 『通志·氏族略』: "官之選擧, 必由於簿狀, 家之婚姻, 必由於譜系." (역자 주)

49 潘光旦, 『中國家譜學略史』: "唐以上譜之用二, 於官則助選擧, 於私則佐婚; 宋以後則所存效用, 惟敬宗收族." (역자 주)

50 『古今圖書集成·氏族典·王姓部』: "餘惟族譜之作, 所以推其本、聯其支, 而尊尊親親之道存焉."

성청기(盛清沂)는 논문에서 구양수의 가보에 대해 "모든 가교(家敎)를 전승함은 수신(修身)과 처세가 근본이다. 그래서 이전 시기의 귀천과 시비를 분명히 분별했던 가보와는 매우 달랐다."[51]라고 했다. 단순히 구양수가 편찬한 가보의 취지만이 그런 것은 아니었다. 당시 다른 사대부가 편찬한 가보 역시 그러했다. 이에 대해 공붕정(龔鵬程)은 이르길 "구양수와 소순 이후 예를 들어 왕안석(王安石)의 『허씨세보(許氏世譜)』, 왕회유(王回有)의 『청하최씨보(清河崔氏譜)』, 사마광(司馬光)의 『신료가보(臣寮家譜)』, 증공(曾鞏)의 『증씨도보(曾氏譜圖)』, 모점(毛漸)의 『모씨세보(毛氏世譜)』, 유주(遊塵)의 「가보후서(家譜後序)」, 주장문(朱長文)의 『주씨세보(朱氏世譜)』, 주희의 『다원주씨세보(茶院朱氏世譜)』 등의 성격은 유사했다. 모두 시조와 조상의 추존과 종족 관리가 목적이다."[52]라고 했다.

이와 유사한 주장들은 비교적 많다. 예를 들면, 『강촌홍씨가보(江村洪氏家譜)』(옹정 8)에 수록된 남송 건염(建炎) 4년(1130)의 「중각소사공가승서(重刻少師公家乘序)」에서는 "무릇 가보란 무엇 때문에 편찬하는 것인가. 이는 친친(親親)을 밝히고, 소목(昭穆)을 열거하며 근원의 숭상에 있다. 그래서 지금도 이를 신뢰하며 후세에 전하는 것이다. 이것이 가보의 위대한 점이다."[53]라고 했다. 원대 증적(曾迪)은 송대 사대부의 가보 편찬에 대해서 이르길, "예를 들면 남풍(南豐)의 증씨(曾氏)와 여릉(廬陵)의 구양(九陽) 등은 모두 자신의 가보를 편찬했다. 비록 그 체례는 서로 다르지만 조상 숭배와 종족 화목의 뜻은 서로 다르지 않다."[54]라고 했다.

이상과 같이 후대에 전해진 송대 가보의 편찬 취지는 완전히 새로운 것이다.

송대를 시작으로 가보 편찬의 취지는 이전의 관리를 선발하고, 혼인을 결정하며 귀천을 밝히는 사회·정치적 기능에서 "존조·경종·수족"이라는 도덕적 교화기능으로 바뀌었다. 원래 도덕적 교화의 실행에는 일정한 과정이 필요하다. 송대의 구양수와 소순은 가보 편찬을 통해 족인들에게 "존존과 친친의 도리"라는 윤리교육을 실행해야 한다고 했다.

원대 가보 편찬의 취지는 여전히 송대 구양수(歐陽修)와 소순이 주장했던 "존조·경

---

51 盛清沂, 「當前編修家譜之體例」, 『臺灣文獻』(第29卷, 第4期): "蓋傳其家教, 以爲修身處世之法者也; 與昔日用于別貴賤、分清濁者, 迥然不同矣。"

52 龔鵬程, 『唐宋族譜之變遷』, 第一屆亞洲族譜學術研討會議記錄, 聯合報文化基金會國學文獻館, 1984.

53 『江村洪氏家譜』, 雍正 8年(1730): "夫家譜者, 何爲而編也? 所以明親親, 敘昭穆, 惇本原, 信今而傳後也, 譜之所系大矣哉!" (역자 주)

54 盛清沂, 『試論宋元族譜學與新宗法之創立』, 第二屆亞洲族譜學術研討會議記錄, 聯合報文化基金會國學文獻館, 1985: "若南豐之曾, 眉山之蘇, 廬陵之歐陽, 鹹自爲譜。其法雖殊, 莫非尊祖睦族之意。"

종·수족"의 교화기능이었고, 여전히 "존존과 친친의 도리"라는 윤리교육을 강조했다. 예를 들면, 원대 이존(李存)은 순제(順帝)의 지정(至正) 7년(1347) 가보 편찬의 여러 관점을 종합해서 다음과 같이 언급했다. "가보의 편찬은 조종(祖宗)을 추존하고, 친소(親疏)를 구분하고, 시비를 가리고 선악을 판단하고, 현덕(賢德)을 숭상하고, 귀현(貴顯)을 기술하고, 생사를 살피고, 인정이 두텁게 하며, 화목을 기리기 위함이다. 이는 고금을 통해 천하가 모두 언급했다."[55]라고 했다. 그리고 원대 왕례(王禮) 역시 "족보라는 것은 족속의 숭비(崇卑)와 친소를 수록한 것인데, 자손이 존존(尊尊)과 친친(親親)의 도리를 돈독하게 하려 함이다."[56]라고 했다. 이존과 왕례의 관점은 당시 원대 사람들이 인식하고 있던 가보의 기능을 반영하는 것이고, 이는 송대 구양수가 제기한 "존존과 친친의 도리"와 일맥상통한다.

명대에 이르러 중국 가보는 성숙기에 접어들었다. 가보 편찬의 체례와 내용은 더욱 완비되었고, 기본 형식도 정형화했다. 이는 송대의 전환기와 원대의 과도기를 거치며 명대에 이르러 나타난 필연적인 추세였다. 또한 중국 봉건사회 후기에 해당하는 명대의 당시 정치·경제 및 문화와 밀접한 관련이 있다. 명대 가보의 기능은 송원(宋元)을 계승한 "존존과 친친의 도리"의 윤리적 기초 위에 주희의 '삼강오상(三綱五常)'이 더해지며 더욱 심화된 도덕적인 윤리 사상으로 발전했다.

주희(1130~1200)는 북송의 사상가로 정호(程顥)와 정이(程頤)의 학문을 계승해 성리학으로 발전시켰다. '삼강오상'은 주자 성리학 체계의 핵심이다. 예를 들면, 주자는 일찍이 "삼강오상은 천리와 인륜의 빛나는 절개로 치도(治道)의 근본이다."[57]라고 했다. 그는 '삼강오상'을 국가와 사회 치란의 근본으로 여겼다. '삼강오상'은 이전에도 존재했지만 봉건적 전제주의 통치의 중요한 정신적 지주가 된 것은 바로 송대에서 시작했다. 주희는 송대의 성리학 가운데 특히 '삼강오상'을 이론화와 구체화하며 통시적으로 파악했고, 이를 봉건통치 사상의 중요한 구성 요소로 삼았다. 주희의 주장은 당시 봉건사회 후기의 중앙집권화 정책에 부합했다. 그렇다고 남송 통치 집단이 처음부터 그의 주장에 주목한 것은 아니었다. 한때 주희의 성리학은 '위학(僞學)'으로 판단해 금지당하기도 했다.

그러나 당시 통치자는 즉시 입장을 바꾸어 주희의 저술에 주목했다. 특히 '삼강오상'

55 李存, 『俟庵集』 卷20 「舒氏族譜序」: "譜之修, 尊祖宗, 序親疏, 辨隆殺, 右賢德, 述貴顯, 詳死生, 尙敦睦, 此古今天下所同說也。"

56 王禮, 『麟原合集』 卷2 「夏陽湯氏族譜序」: "族譜者, 譜其族屬崇卑疏戚, 使子孫篤尊尊親親之誼。"

57 『朱文公文集』 卷14: "蓋三綱五常, 天理民彝之大節, 而治道之根本也。"

의 윤리 사상은 봉건적 전제 통치 강화에 것에 매우 적합하다고 판단했기 때문이다. 주희 사후 얼마 지나지 않아 남송 통치자는 '성인(聖人)'의 형상을 만들기 시작했고, 명초에 이르러 주자의 지위는 이미 공자 반열에 올라 있었다.

명나라 건국 후에 태조 주원장(朱元璋)은 유기(劉基)[58]의 건의를 받아들여 원대 인종(仁宗) 연우(延祐) 2년(1315)부터 실시한 성리학 중심의 과거제를 계속 실행할 것을 결정했다. 그리고 주희의 『사서집주(四書集注)』와 성리학의 주석서인 『오경』을 과거의 교재로 삼았다. 이렇게 성리학은 전체 사상을 통일하는 관학으로 재탄생했다. 명나라 성조(成祖)가 등극한 후, 영락(永樂) 12년(1414)에 『오경대전(五經大全)』·『사서대전(四書大全)』·『성리대전(性理大全)』 등의 주희저술의 편찬을 명했고, 이듬해에 이를 완성시켰다. 성조는 해당 저술에 서문을 쓰고, 3편의 『대전(大全)』을 천하에 정식으로 반포했다. 이후에 명대 200여 년 동안 『대전』은 관리 선발의 근간이 되었다. 또한 주자의 성리학이 명대에 이르러 통치 지위를 확보하는 수단이 되었다.

주자 성리학의 핵심은 '삼강오상(三綱五常)'이다. 소위 "삼강"이란 '군위신강(君爲臣綱)', '부위자강(父爲子綱)', '부위처강(夫爲妻綱)'을 지칭한다. 이는 혈연관계에 기초한 봉건적인 위계질서이고, 봉건 관계에 기초한 정치제도를 지칭하기도 한다. 그리고 '오상'이란 유교가 인식한 오륜으로 군신, 부자, 부부, 형제, 붕우 관계를 지칭하고, 도덕과 윤리적 행위 규범인 '삼강'을 뒷받침한다.

명대의 주자 성리학이 통치 지위를 확보하면서 삼강오상은 명대 사람의 의식 형태를 장악했다. 학문에 깊게 침투했고, 사회생활과 일상에도 전파되었다. 중앙에서 지방까지 보급된 서원과 향촌, 사학(社學), 사숙(私塾)에서 모두 '삼강오상'을 주입했다. 그래서 '삼강오상'의 찬양과 실천이 매우 자연스럽게 가보 편찬의 핵심이 되었다. 명대 가보의 보서(譜序)·가법(家法)·가규(族規)·전기(傳記) 등 각 항목에는 '삼강오상'의 내용으로 가득하다.

청대에는 전국 산간벽지까지 구석구석 가보가 보급되었다. 청 정부는 자신의 통치 지위 확보를 위해 중국의 전통문화를 이용했다. 즉 중원을 장악한 후에 명을 계승하여 효(孝)로 천하를 다스린다는 삼강오상의 윤리 의식을 채택하고, 민간에서 적극적으로 가보를 편찬할 수 있도록 선도했다. 순치(順治) 9년(1652) 청조는 북경에 수도를 정한 지 9년

58 유기(劉基): 원대 말기의 정치가로 1358년 주원장이 절강성 진화(金華)을 공략한 뒤에는 주원장의 참모로 중국을 통일하는 데 중요한 역할을 했다. 명나라 건국 후 어사중승(御史中丞)과 태사령(太史令) 등의 관직을 맡아 역법(曆法)의 제정과 함께 『대명률(大明律)』 편찬에도 크게 공헌했다. (역자 주)

만에 주원장(朱元璋)이 선포했던 "부모에게 효순하며, 연장자를 존경하고, 향리에서 화목하고, 자손을 바르게 가르치고, 각각 삶의 이치에 만족하고, 그릇된 행위를 하지 마라."[59]란 「성유육언(聖諭六言)」을 팔기(八旗)와 각 성(省)에 다시 반포했다. 강희(康熙) 9년(1670)에는 전국을 대상으로 다시 한 번 「상유십육조(上諭十六條)」를 반포했다. 그 내용은 다음과 같다.

> (1) 인륜을 중시하기 위하여 부모에게 효하고 형에게 복종하는 것을 가장 존중하라. (2) 화목과 친절을 보여 주기 위하여 종친들에게 관대하여라. (3) 소송과 다툼을 방지하기 위하여 이웃과 화목하여라. (4) 의식을 풍족하게 위하여 뽕나무 심기와 농업에 힘써라. (5) 재산을 낭비를 막기 위하여 절약과 검소를 중시하라. (6) 선비로서 올바른 행위를 익히기 위하여 학교를 번성케 하라. (7) 올바른 학설을 숭상하기 위하여 이설을 근절시켜라. (8) 무지몽매함을 깨우치기 위하여 법을 일러주어라. (9) 풍속을 아름답게 하기 위해 예의와 양보의 미덕을 밝혀라. (10) 민의를 안정시키기 위하여 본업에 성실하도록 힘써라. (11) 자식과 형제들이 나쁜 짓을 하지 않도록 그들을 가르치고 일깨워라. (12) 정직과 선량함을 유지하기 위하여 무고하지 마라. (13) 도망자들과 공범이 되지 않기 위하여 그들을 은닉하지 마라. (14) 관청으로부터 독촉을 받지 않기 위하여 세금을 완납하라. (15) 도적과 약탈자를 진압하기 위하여 보갑제를 결성하라. 육신과 생명이 중하다는 것을 보이기 위하여 분노와 해묵은 원한을 풀어라.[60]

「상유십육조」에서 효제의 돈독과 인륜의 중시를 첫 번째로 두었고, 종족을 돈독히 해서 화목을 강조한다는 내용을 두 번째로 강조했다. 이는 당시 청조가 효치천하(孝治天下)와 화목종족(和睦宗族)을 중요한 통치 이념으로 삼았음을 알게 한다. 옹정제(雍正帝)는 「상유십육조」를 매우 중시했고, 이를 해석해서 만든 방대한 분량의 『성유광훈(聖諭廣訓)』을 옹정 2년(1724)에 반포했다. 옹정제는 "종족을 돈독히 함은 화목함을 밝히는 것이다."[61]는 조항의 해석에서 "족보 편찬해 관계가 소원한 종족을 연결한다."[62]라는 필요성

59 「聖諭六言」: "孝順父母、尊敬長上、和睦鄉里、教訓子孫、各安生理、毋作非爲。" (역자 주)

60 『祁門王氏宗譜』, 光緒 15年(1889): "敦孝弟以重人倫, 篤宗族以昭雍睦, 和鄉黨以息爭訟, 重農桑以足衣食, 尙節儉以惜財用, 隆學校以端士習, 黜異端以崇正學, 講法律以儆愚頑, 明禮讓以厚風俗, 務本業以定民志, 訓子弟以禁非爲, 息誣告以全善良, 誡匿逃以免株連, 完錢糧以省催科, 聯保甲以弭盜賊, 解仇忿以重身命。"

61 「上諭十六條」: "篤宗族以昭雍睦。" (역자 주)

62 「聖諭廣訓」: "修族譜以聯疏遠。" (역자 주)

을 분명히 했고, 민간이 가보 편찬을 주도하도록 했다. 청조는 각종 다양한 방법을 통해서 주자의 '삼강오상(三綱五常)'의 성리학을 추존하면서 「성유육언」·「상유십육조」 및 『성유광훈』 등을 선전하며 가가호호 이를 실천하도록 했다.

청조가 표방한 '효치천하'와 '삼강오상'의 윤리적 기조는 가보 편찬에 직접 반영되었다. 예를 들면, 옹정 5년(1727)에 편찬된 「중간오씨원류서(重刊吳氏源流序)」에서 이르길 "다행히도 천자는 인효로 천하를 다스리고, 백성에게 가보를 편찬시켜 존친(尊親)을 일깨웠고, 본말(本末)을 살피고 소원한 관계를 연결했다. 옹정 3년(1725)에 나는 사람을 규합하니 종인(宗人)들이 서로 따랐고, 이에 가보 편찬 계획을 수립했다."[63]라고 했다. 시기적으로 추산해 보면 해당 가보는 『성유광훈』의 영향으로 편찬한 것으로 보인다.

일부 족인의 가규와 족법에도 '삼강오상'의 내용이 주입되었다. 가규 중에서 족인의 자제는 반드시 주희(朱熹)의 예절서인 소학학습을 강조했고, 예(禮)가 아닌 일은 행하지도 말 것을 강조했다. 이르길 "주자의 소학서는 인륜과 일상의 도리, 입신과 행동의 이치를 수록했다. 부형이 된 사람은 자제들이 의리(義理)를 익숙하게 통달하도록 가르쳐서, 스스로 깨달아 예의가 아닌 일을 하지 말도록 해야 한다. 어리석은 자는 배우려 하지 않으니 특별히 주의해서 가르쳐야 한다. 모든 종족 사람이 모였을 때 몇 가지 사항을 발췌해 총명한 자제들에게 이를 강독시키고 대의를 밝힌다. 혹은 몇 가지 사항을 질문해서 암기여부를 시험한다. 암기하지 못한 자는 부끄럽게 생각하고 물러나 반드시 스스로 배워야 한다. 그렇지 않고 만약에 귀에 대고 가르쳐 준다면 결국은 무식한 자가 되고 말 것이다."[64]라고 했다. 일부 족인은 특별히 가교(家教)를 설치해서 족인들에게 주자의 윤리사상을 주입하기도 했다. 이르길 "가정에 가르침이 있음은 의를 알도록 함이고, 가정에 예가 있음은 서열을 알게 함이다. 가정에 규칙이 있음은 예를 알도록 함이다. 가정에 법규가 있음은 경계함을 알게 함이다. 이런 가훈과 가례, 가정, 가법의 필요성은 왕도(王道)를 보좌함에 있으니 강론하지 않으면 안 된다. 우리 족인은 주자를 도인으로 칭하며 성리학으로 이름을 알렸고, 가교(家教)를 설치해서 후학을 깨우치니 그 뜻이 매우 심오하다."[65]라고 했다.

---

63 「重刊吳氏源流序」: "幸聖天子以仁孝治天下, 諭民輯譜尊親, 一以稽本末, 一以聯疏遠。雍正三年, 餘等卽爲糾集, 相率宗人, 設修房譜。" (역자 주)

64 『新州葉氏家乘』, 1925: "文公小學書, 凡人倫日用之常, 立身行己之道, 備載於此。爲父兄者, 當教子弟熟讀通曉義理, 斯能有所感悟, 不爲非禮之事。然愚者不肯向學, 尤當致意。凡于宗族長少聚會之時, 或摘切數條, 令敏達子弟講讀, 申明大意, 或摘問數事, 驗其記否, 其不能記者, 慚愧于心, 退必自學, 如此耳提面命, 終不至懵然無知。"

65 黃山, 『仙源杜氏宗譜』, 光緒 21年(1895): "家有訓, 則知義, 家有禮, 則知序, 家有政, 則知體, 家有法, 則知戒。

소위 말하는 "왕도를 보좌함에 있다."라고 함은 가보가 봉건 통치를 공고히 하는 데 유리했다는 뜻이다. 이처럼 명청 시기 가보 편찬은 '삼강오상(三綱五常)'을 근간으로 주자의 윤리사상을 관철하려 했고, 그 목적은 사회 풍속의 정돈과 주자의 윤리 사상을 고수해 충효와 절개라는 봉건 윤리의 선양에 있었다. 따라서 가보 편찬의 최종적인 목적은 종법 제도를 공고히 하고, 봉건 통치를 강화하는 것이다.

4. 신형 가보 편찬의 문화적 기능

최근 50여 년 이래 전국 각지, 특히 대만 지역의 민간에서는 새롭게 가보를 편찬하는 열풍이 일고 있다.

새롭게 편찬된 가보는 역사상 가보의 연속성과 발전성을 계승하고 있다. 이는 사회와 민중의 요구로 일어난 일종의 문화 현상이다. 신형 가보라 부르는 이유는 판본(版本)이 새로워졌고, 내용도 크게 혁신되었기 때문이다. 구시대의 가보는 신시대에 들어와 비약적으로 변모했고, 그 사회적 기능도 근본적으로 달라졌다. 과거에는 주로 봉건주의를 옹호하는 윤리 기능을 강조했던 반면에 지금은 사회주의를 위한 문화적 기능을 수행하고 있다.

최근 50여 년 이래 대만에서 가보를 편찬하는 붐으로 일었다. 1987년 조진적(趙振績)이 주편한 『대만구족보목록(臺灣區族譜目錄)』을 보면 이러한 추세를 확인할 수 있다. 이 목록에 언급된 대만의 가보는 1만 613종으로 모두 252개의 성(姓)을 수록했다. 그중에 진성(陳姓)은 모두 1,068종에 달한다. 둘째는 임성(林姓)으로 768종에 이르렀다. 진(陳)과 임(林)은 복건 지역의 대성(大姓)으로 대만과 복건은 인접해 있으며 관계도 매우 밀접하다. 가보의 편찬 연대를 보면 다수가 최근 50여 년 사이에 출간된 것이다. 이씨(李氏)를 예로 들면, 해당 목록에는 570종이 있고, 편찬 연대가 확실한 것이 322종이다. 그중 명·청시기의 것은 13종이고, 민국 시기의 것으로 1912년에서 1949년 사이의 것이 35종이고, 나머지 274종은 최근 50여 년 사이에 간행되었다. 다시 말해 최근 출간된 가보가 가보 전체의 85% 이상을 차지하고 했다. 소씨(蕭氏)의 경우 모두 285종이 수록되었고, 그 연대가 확실한 것은 157종이다. 그중에 청대 것이 4종, 민국 시기의 것은 12종이다. 그리고 최근

此家訓家禮家政家法, 所以有裨于王道, 而不可不講。我族了齋公、日人公先後以理學名世, 設立家敎, 興起後進, 意甚深遠。"

50여 년에 간행된 것이 141종으로 전체의 90%를 차지한다. 앞서 언급한 두 성씨의 가보는 임의로 선별한 것인데, 분명한 사실은 최근 50여 년 이래 중국 내지와 대만은 분단된 상태임에도 많은 대만 동포는 지속적인 가보 편찬을 통해서 내지를 향한 마음과 귀향의 강한 의지를 표현했다. 이 시기에 편찬된 대만 가보는 사실상 내지와 대만의 종씨가 긴밀히 협력해 만든 결과이다. 예를 들면, 대만 의란현(宜蘭縣)의 진성(陳姓) 종친회 이사장인 진문륭(陳文隆) 선생은 감호((鑒湖) 진씨(陳氏) 족보를 편찬하고자 했다. 이를 위해 1988년을 전후로 11차례 복건 장포(漳浦)의 감호를 방문했고, 고향에 있는 진씨의 대폭적인 지지를 받았고, 진씨 구보(舊譜) 11권을 수집하기도 했다. 이를 기초로 『감호진씨원류(鑒湖陳氏源流)』를 편찬할 수 있었다. 아울러 양안의 진씨 종친은 함께 『장포여대만진씨족보(漳浦與臺灣陳氏族譜)』를 1955년에 정식 출간했다.

중국은 1978년 공산당 11기 3차 중앙위원회 전체회의를 시작으로 개혁사상과 실사구시 정책 노선을 확고히 했다. 한때 역사의 격랑에서 보첩은 감히 언급조차 힘들었던 시기가 있었지만, 이후 점차 사람들의 관심과 주목을 받았다.

중국 내지 각 성시(省市) 중 복건은 신형의 보첩을 가장 먼저 편찬한 곳이며, 가장 활발하게 보첩 연구를 진행한 곳이며, 비교적 일찍 지역마다 성씨 연구회를 창립했다. 장주(漳州)·하문(廈門)·진강(晉江) 등에서는 연구회나 보첩학회도 등장했다. 또한 해외 화교와 대만과 홍콩 및 마카오 등 동포의 적극적인 지지로 복건의 가보 편찬 활동은 활발히 전개되었다. 특히 복건과 대만의 종씨는 서로 협력해서 가보를 편찬했다. 2000년 12월 29일 진강시(晉江市) 도서관은 가보전시회를 개최하고 신형 가보 400여 종을 전시했다. 복건 지역의 활동은 내지의 보첩 학술연구 분위기를 활성화했고, 대만과 내지의 학술교류를 촉진시켰다. 더 나아가 이는 조상 뿌리를 찾는 운동으로 발전했다.

내지의 다른 지역도 민간차원의 자발적인 신형 가보 편찬 열기가 일었다. 중국 가보를 가장 많이 소장한 상해도서관은 최근 몇 년 사이에 신형 가보 수집에 주력했다. 통계에 따르면 소장한 신형 가보는 이미 2,000여 권에 달했다. 이들 대부분이 가보 편찬기관과 개인이 자발적으로 독자를 위해 도서관에 기부한 것이다.

오씨(吳氏) 종친회는 오씨가 발원한 무석(無錫)의 태백묘(泰伯廟)에서 『중화오씨대통종보(中華吳氏大統宗譜)』의 편찬위원회를 발족하고, 전 세계에 산재한 오씨를 포괄하는 대통보(大統譜)의 편찬을 준비했다. 이처럼 민간차원의 방대한 문화 사업을 지원하기 위해 세계 각지에 오씨의 방(房)과 지부(支部)는 편찬위원회에 자신의 가보 300여 부를 제공했다. 그리고 별도로 수집한 200여 종의 세가(世家) 자료는 다수가 최근 30여 년 이래 편찬된 신형 가보였다.

이상과 같이 20세기 후반 내지에서 신형 가보 편찬의 열기가 일어난 것은 우연이 아니었다. 그 원인을 몇 가지로 분석하면 다음과 같다.

첫째, 사상과 문화적 측면에서 '좌파(左派)'가 제거된 결과이다. 가보는 중국의 역사와 문화를 구성하는 핵심 요소이다. 특히 정사(正史)·방지(方志)와 함께 중국의 역사문헌을 구성하는 기둥과 같다. 중국 역사학의 비조인 사마천(司馬遷)이 불후의 명작 『사기(史記)』를 저술할 때 귀중한 자료를 보첩에서 인용했다. 20세기 초 양계초(梁啓超)는 『중국근삼백년학술사(中國近三百年學術史)』에서 가보를 일컬어 "실로 역사학계의 보배이다."라고 했고, 가보를 수집해서 진행하는 연구는 "실로 위대한 큰 사업이다."[66]라며 가보를 중시했다. 그럼에도 오히려 가보는 오랫동안 불공정한 대우를 받았다. 즉 봉건 잔재로 일고의 가치도 없는 것으로 보았다. 과거 토지개혁과 대약진운동, 문화혁명 등의 역사적 소용돌이 속에서 민간의 많은 가보는 내동댕이쳐지거나 폐지로 전락해 종이 공장을 거쳐 갱지로 전락하는 수모를 겪기도 했다. 비록 도서관과 당안관, 그리고 박물관에 보존된 가보라고 할지라도 구석에 처박혀 곰팡이가 슬거나, 좀 벌레, 먼지가 속에 방치되었다. 뿐만 아니라 학술 영역에서 가보 연구자가 거의 없을 정도로 푸대접을 받았고, 역사 유물주의적 관념의 연구 역시 거의 없었다.

1987년 공산당 11기 3차 중앙위원회 전체회의 이후, 개혁사상과 실사구시의 표방은 학술연구 영역에 새로운 기운을 불러왔다. 그래서 사람들이 망각했던 가보가 재차 주목을 받기 시작했다. 1980년대 전국 규모의 가보 연구회가 등장했다. 내지의 경우 수차례 가보 연구회가 열렸고, 신문 등에 가보 관련 연구가 다수 실리기도 했다. 이때부터 역사 유물주의적 관점으로 가보의 기능과 가치를 연구했다. 그 결과 학술연구에서 좌파가 제거된 후에 민간의 가보가치와 인식도 새롭게 변했다. 이렇게 조건이 성숙된 지역은 신형 가보의 편찬에 착수하기도 했다.

둘째, 신형 가보 편찬은 주로 농촌에서 시작했다. 이는 근 30년 이래 농촌경제의 발전 및 농민의 문화 수준 향상과 무관하지 않다. 개혁개방 정책을 단행한 후 안휘의 농민은 가장 먼저 '승포책임제(承包責任制)'를 실행했다. 동시에 이를 신속히 전국 농촌에 확대해 적용했고, 농촌경제에 큰 변화가 일었다. 농민은 신속하게 먹고사는 문제를 해결했고, 동시에 소강(小康) 사회 진입을 위한 큰 걸음을 내딛었다. 농촌의 물질생활이 개선되면서

66 梁啓超, 『中國近三百年學術史』: "實可謂史界瑰寶。" (中略) "實不朽之盛業。"

정신과 문화적 수준도 높아지며, 새로운 변화를 요구했다. 농촌경제가 비교적 번영한 절강(浙江)·강소(江蘇)·강서(江西)·복건(福建)·호남(湖南) 등은 이전부터 가보를 중시했던 곳이다. 이곳 농민을 기점으로 자발적 가보 편찬 활동이 전개되었다. 농촌경제의 발전과 농민의 수입 증가로 가보 편찬 활동에 필요한 각종 조건들, 예를 들면 좌담회 개최, 출장, 통신, 편찬, 인쇄 등의 비용을 충당이 가능해졌다.

셋째, '성세수사(盛世修史)'와 '성세수지(盛世修志)'[67]의 영향이다. 정사(正史)와 지방지(地方志), 그리고 가보의 편찬은 중국 역사 문화의 유구한 전통이다. 1972년 9월 중국사회과학원 근대사연구소는 중화민국사연구실(中華民國史研究室)을 설립하고 중화민국사 자료모음집과 중화민국사를 편찬하며 『중화민국사(中華民國史)』 저술을 연속물로 출판했다. 그리고 각 성시(省市)의 지방사 연구에도 박차를 가하며 관련 성과을 속속 출간했다. 그리고 2002년에 정부는 청사(清史)편찬위원회를 발족하고 청사편찬에 착수했다.

1987년 공산당 11기 3차 중앙위원회 전체회의 이후 전국적으로 '성세수지'의 열기가 일었다. 국무원은 별도로 중국지방지지도소조(中國地方志指導小組)를 발족했고, 각 성시와 지방의 현(縣), 심지어 향진(鄉鎮)까지 모두 별도의 편찬 기구를 조직했다. 20세기 후반에 이르러 중국 전역의 성·시·현의 지방지와 각종 지방지의 수량은 6,000여 종에 달했다. 지방지는 물질문명과 정신문명의 건설이란 두 개의 사회주의 건설에 중요한 역할을 담당했고, 사회 각계의 역시 이를 긍정적으로 평가했다. 1980년대 중국 본토에서 출현한 사서와 지방지 편찬의 열기는 바로 신형 가보 편찬 운동의 촉진제로 작용했다. 특히 경제가 발달한 농촌 지역의 경우 마을마다 가보 편찬의 붐이 일었다. 최근 30여 년 동안 편찬된 가보를 보면 『모씨족사(某氏族史)』·『모족지(某族志)』·『모씨지(某氏志)』 등의 서명이 다수가 있다. 이는 내용과 체례에서 사서와 지방지를 참고한 것이다.

넷째, 국내외 민간교류가 활발해졌다. 최근 30년 이래 중국의 개혁개방으로 경제문화는 하루가 다르게 발전하고 있다. 특히 국내외 동포는 빈번한 왕래했고, 특히 내지와 대만의 경제문화 교류는 한층 더 활발해졌다. 중국 정부와 관련 책임자는 평화적인 통일을 천명한 중국의 정책은 대만과 국내외 동포들의 뜨거운 지지를 얻었다. 1987년 대만 정부가 내지 방문 제한 조치를 해제함에 따라 각종 교류 활동은 더욱 활성화했다. 2,300만 대만인의 뿌리와 문화는 중국 본토와 피는 물보다 진하다는 혈연적 관계에 있다. 그래서 대만의 가보 편찬 운동은 한편으로 내지에 있는 조상의 뿌리와 맞닿아 있고, 다른

67 성세수사(盛世修史): 나라가 강성해졌을 때 전대의 역사서를 편찬한다는 뜻이다. 성세수지(盛世修志)는 역시 역사서와 함께 지방지(地方志)도 함께 편찬한다는 뜻을 나타낸다. (역자 주)

한편은 내지를 방문해 조상 뿌리 찾기가 핵심이 되었다. 이는 내지에 마음을 두고서 하루빨리 통일을 기원하는 민심의 표현이다. 대만 동포의 가보 편찬과 조상을 찾으려는 의지는 본토와 대만의 교류를 더욱 강화시키는 촉진제 역할을 했다. 그래서 직접적으로 복건(福建)·광동(廣東)·절강(浙江)·강소(江蘇)·하남(河南)·산서(山西) 등에서 가보 편찬을 촉발하는 원인이 되었다.

신형 가보의 편찬 후에 이전과 비교해 그 기능에 근본적인 변화가 나타났다. 과거에는 봉건적 '삼강오상(三綱五常)'의 윤리기능을 강제되었다면, 최근 가보는 문화적 기능을 함양하는 역할을 한다. 즉 조화로운 사회 건설에 긍정적 역할을 한다. 최근 신형 가보가 발휘하는 새로운 문화적 기능을 몇 가지 열거하면 다음과 같다.

첫째, 중국의 역사문화를 널리 알리고 민족 응집력을 강화하는 역할을 한다. 중국은 5천 년의 유구한 역사를 지닌 문명국이다. 정사(正史)와 방지(方志)를 편찬하고 가보를 편수(編修)하는 것은 중국의 훌륭한 문화 전통이다. 세계 역사상 몇몇 문명의 발원지가 있었지만, 유일하게 중국만이 수천 년에 걸쳐 쇠락하지 않고, 지금까지 아시아 동방에 우뚝 서서 세계적 민족으로 자신의 역할을 당당히 해내고 있다. 이런 저력은 중국의 정사와 지방지, 그리고 가보 편수라는 우수한 문화 전통과 무관하지 않다. 노신은 「예(禮)」라는 문장을 통해서 일찍이 "중국의 국가는 족인을 근간으로 한다."[68]라고 했다. 즉 가정은 사회의 세포이고, 이전 종법 사회나 현재 사회를 막론하고 시종일관 사회의 기층을 구성했다. 그래서 가정의 화목과 문명화된 가정, 즉 안정된 가정이 있어야 사회 문명이 뿌리 깊고 튼튼하게 발전할 수 있고 번영을 할 수 있다.

예를 들면 구시대 편찬된 가보가 당시 사회 결집의 역할을 수행했다면, 지금은 사회주의 사상의 지도하에 신형 가보를 편찬한다. 이는 단순히 중국의 유구한 역사문화를 알린다는 목적만 있는 것은 아니다. 가보 편찬을 통해 족인을 결집하고 애향심의 강화가 조국을 더욱 사랑하는 길이다. 예를 들면, 빙심(冰心)[69]은 1986년 6월 7일에 고향에서 편

68 『魯迅全集』卷5, 人民文學出版社, 1973, 351쪽: "中國的國家以家族爲基礎。"

69 빙심(冰心): 중국의 여성 시인이자 소설가, 아동 문학가이며 학자, 번역가이다. 그녀는 1900년 10월 복건 복주에서 태어났고, 본명은 사완영(謝婉瑩)이며 빙심은 필명이다. 1919년 5·4운동이 일어났을 때 애국 운동에 적극적으로 참여했고, 1936년 10월 1일에는 중국의 대문호 루쉰 등 21명과 「문예계 동인들이 단결해 외국의 침략을 막고 언론의 자유를 지키기 위한 선언」을 발표하기도 했다. 그 후 북경대학과 청화대학에서 강의하면서 창작활동을 계속했고, 90세가 넘도록 글을 쓰는 노익장을 과시했다. 1999년 2월 지병으로 작고한 후에도 중국 현대문학의 대모로 칭송받고 있다. (역자 주)

찬한 『횡령사씨족보(橫嶺謝氏族譜)』에서 이르길 "가보란 조상을 계승한 가정의 역사이다. 가족사의 중시와 배려는 조국과 인민을 사랑하는 출발점이다."[70]라고 했다. 이런 실천을 통해 많은 지역에서 가보 편찬이 중국의 역사문화를 알리고, 민족 응집력을 강화해 자존감을 높이는 효과가 있음을 증명했다.

둘째, 중국 본토와 대만의 문화교류를 촉진하고, 해외 교민 간의 응집력도 강화시켰다. 대륙과 대만은 같은 혈연으로 문화적 기원을 함께한다. 최근 30여 년 사이에 양안에서 등장한 가보 편찬의 열기는 빈번한 문화교류의 결과다. 이런 열기가 지속되고, 뿌리 찾기 열기로 확대되면서 내지와 대만의 경제문화 교류도 한층 더 촉진되었다. 양자 간 친근감과 이해의 폭이 깊어지고, 대만과 해외 교포 사이의 응집력도 더욱 강화했다. 대만은 자고이래로 떼려야 뗄 수 없는 중국 영토의 일부이다. 최근 50년 사이 본토와 대만은 인위적 원인으로 잠시 분리되었지만, 대만의 민심은 언제나 하루빨리 고향으로 돌아가고 싶어 했다. 현재 양안에서 활발히 진행되는 가보 편찬 활동에 같은 성씨의 족인이 공동으로 편찬위원회를 구성하기도 했다. 함께 편찬하는 조례를 만들고, 함께 자료를 수집하고, 마지막까지 함께 가보를 출판한다는 규정을 두기도 했다. 가보 편찬 전 과정에서 양안 사람은 염황(炎黃)의 후손임을 공감하며, 중국의 전통문화를 함께 인식하는 과정을 공유하기도 했다. 이처럼 가보 편찬은 다양한 방면에서 양안의 교류를 촉진하고, 조국의 평화적 통일을 앞당기는 역할을 해 왔다. 이 점을 『요씨종보(饒氏宗譜)』는 이르길 "종보는 정치적으로는 대만과 홍콩, 마카오의 동포 및 해외 화교의 후손이 귀국한 후에 대륙에서 자신의 뿌리를 찾는 근거이다. 또한 조상과 친지를 하나로 묶는 증표이다. 그러므로 종보는 애국주의 교육의 중요한 수단이며, 양안의 통일을 촉진하고, 국내외 염황 자손의 단결을 촉진하는 중요한 역할을 한다."[71]라고 했다.

셋째, 국민의 도덕의식을 함양하고 족인 구성원 간의 친화력을 강화한다. 오늘날 우리는 사회주의 정신문명의 건설을 강화하고, 국민의 도덕의식을 함양해야 한다. 도덕의식은 공리공담으로 건설되는 것이 아니다. 이 점은 「공민도덕의 건설과 실행강요」[72]에서

---

70 『橫嶺謝氏族譜』: "族譜是承上啟下的家庭歷史。對家史的注重和關懷, 是愛祖國愛人民的起點。" (역자 주)

71 『饒氏宗譜』: "宗譜從政治上說是台、港、澳同胞及海外華僑華裔回祖國到大陸尋根問祖的依據, 是他們在血緣上與祖國親人一脈相承的信物。因此, 宗譜也是愛國主義教育的重要材料。它對促進兩岸統一、促進海內外炎黃子孫團結起著重要作用。" (역자 주)

72 「公民道德建設實施綱要」: 2001년 9월 20일 중국공산당 중앙위원회가 반포한 실천 강령으로 모두 40개의 항목으로 구성되었다. 이곳에는 민족정신과 시대정신을 함양하고, 우수한 사회 도덕 기풍을 조성하며, 물질문명과 정신문명의 조화로운 발전을 도모하면서 총체적으로 중국 특색의 사회주의 사업을 제시한다는 청사진이 담겨 있다. (역자 주)

이르길 "수천 년 중화민족이 이룩한 전통 미덕을 계승해야 한다."[73]라고 했다. 즉 중국의 우수한 전통 미덕을 흡수하고, 이를 계승해서 국민의 도덕적 기초로 삼는다는 것이다. 이러한 도덕의식은 직업윤리와 가정윤리 및 공공도덕과 유기적으로 연결된다. 호금도(胡錦濤) 총서기는 진일보 '팔영팔치(八榮八恥)'[74]를 국민의 도덕 행위의 근거로 제시했다. 그 내용은 중국이 수천 년 동안 계승한 전통 미덕을 포함한다. 예를 들면 "어른을 공경하고, 근검하게 가정을 꾸리고, 노동을 사랑하고, 이웃과 화목하고, 조국을 사랑한다."[75] 등이 그것이다.

전국에서 편찬된 신형 가보에는 가정의 미덕, 가정의 공약, 문명의 공약 등을 함께 담고 있다. 이는 이전 가보의 가규(家規)와 가법(家法) 가운데 계승 가능한 내용을 흡수한 것이다.

예를 들면 『조씨지(趙氏志)』의 규약에서는 특별히 「사회공덕가(社會公德歌)」를 수록했다. 이르길 "수려한 중국은 예의지국이며 문명 대국으로 동방에 우뚝 섰다. 바야흐로 전성기를 맞이하여 개혁개방이 성공하고 사회가 공정해지니 새롭게 가보를 편찬한다. 사람들은 사회에서 생업에 종사하며 즐겁게 생활하고, 함께 발전을 도모하며 자신과 함께 타인을 존중해야 한다."[76]라고 적었다. 또한 쉽게 입에 익숙한 4글자를 단위로 전달하기 편하게 만들었다. 이는 과거 가보의 가규와 가법이 새로운 사회 환경에서 적응해 계승된 모습이다. 가족 구성원의 친목을 강조하며 "애국심으로 법을 준수하고, 예를 밝혀서 신뢰를 지키고, 단결하고 화목하며, 근검하며 자신을 강하게 하고, 생업에 전심해 최선을 다한다."[77]라는 내용은 기본적인 도덕규범을 강조한 것이다.

'중국 가보'에 내재된 문화적 장치의 핵심은 혈연관계로 구성된 세계(世系)이다. 중국에서 가장 먼저 등장한 씨족집단은 중국 가보 등장의 원시적인 단초를 제공했다. 원시

73 「公民道德建設實施綱要」: "要繼承中華民族幾千年形成的傳統美德。" (역자 주)

74 팔영팔치(八榮八恥): 중국 국민의 8가지 영광과 8가지 수치스러운 행위. 2006년 3월 중공중앙 총서기, 국가주석, 중앙군사위원회 주석 호금도가 제시한 신시대 영광과 치욕관의 대강이다. 구체적으로 조국에 대한 사랑은 영예, 조국에 대한 위해는 수치. 인민을 위한 봉사는 영예, 인민에 대한 배신은 수치. 과학의 숭상은 영예, 우매와 무지는 수치. 근면한 노동은 영예, 편한 것을 좋아하고 일하기 싫어하는 것은 수치. 단결과 상호부조는 영예, 남에게 해를 끼치고 자기만을 위하는 것은 수치. 성실하고 신의를 지키는 것은 영예, 이익을 좇아 의를 잊는 것은 수치. 규율과 법을 지키는 것은 영예, 법을 어기고 규율을 혼란하게 하는 것은 수치. 각고 분투하는 것은 영예, 교만과 사치 그리고 음란 방탕한 것은 수치라는 것이다. (역자 주)

75 「八榮八恥」: "尊敬長輩、勤儉持家、熱愛勞動、和睦鄰里、熱愛祖國。" (역자 주)

76 『趙氏志』: "錦繡中華, 禮義之邦, 文明古國, 屹立東方。時逢盛世, 改革圖強, 社會公德, 再譜新章。人在社會, 敬業樂群, 同舟共濟, 自重敬人。" (역자 주)

77 『趙氏志』: "愛國守法、明禮誠信、團結友善、勤儉自強、敬業奉獻。" (역자 주)

형태의 중국 가보는 '우생우육(優生優育)'이란 사회적 기능과 씨족집단과 그 후손에게 건강한 번식이 가능하도록 작용했다. 중국 봉건사회 전성기 중국 가보는 세가호족의 정치적 수요에 부응하며, 흥성과 발전단계를 맞이했다. 이때 가보는 관료 선발과 혼인 대상의 선별이란 사회적 기능을 수행했다. 또한 세가호족의 관직 세습과 조정의 권력 장악을 위한 수단으로 이용되었다. 이후 봉건사회 후기에 이르러 중국 가보는 민간에 보급되었고, 주자 성리학의 영향을 크게 받았다. 그리하여 '삼강오상(三綱五常)'을 강조하는 윤리적 기능을 담당하며, 당시 봉건사회 질서를 공고히 하는 기능을 수행했다. 오늘날 사회의 성숙된 환경에서 신형 가보는 과거 가보의 전통을 계승하면서도, 또한 새로운 변화의 바람을 수용했다. 시대적 요구에 부응하며 신형 가보는 민간의 문화 활동 일환으로 활성화되었다. 즉 조화로운 사회 건설을 위한 사회적 역할을 담당하기 시작했다. 중국 가보는 중국의 역사문화를 널리 알리고, 대륙과 대만의 문화교류를 촉진하며, 국민의 도덕의식을 함양하여, 조화로운 사회를 건설하는 곳에서 적극적인 촉진제 역할을 담당할 것이다.

8

『중국가보총목(中國家譜總目)』의 편찬

『중국가보총목』(이하 『총목』으로 약칭) 편찬 사업은 2000년 6월 세계 "중국문헌자료의 공동 건설과 이용을 위한 협력회의"에서 선정되었다. 그리고 2001년 5월에 "15차 국가 사회 과학 기금사업"으로 승인되었다. 『총목』은 2000년부터 사업이 시작되어 지금까지 8년간 진행했고, 상해고적출판사가 그 결과를 출간했다. 중국 가보는 중국 고적의 중요한 구성 부분이고, 『총목』은 중국 고적을 정리하는 기초적 성격을 지닌 사업이다. 그리고 중국 역사문화와 대중의 지지를 받을 수 있는 커다란 문화사업의 일환이다. 8년간의 편찬과정에서 『총목』의 편찬은 역사상, 특히 반세기 이전부터 저술된 보첩 문헌의 서목사업을 계승하고, 발전시킨 독창적인 사업이다. 『총목』의 편찬은 가보문헌을 소장한 국내외 596개 기구와 보첩 연구자 및 수천 명의 개인 소장자가 사심 없이 적극 참여해 함께 협력한 결과였다. 『총목』은 수많은 성씨를 수록했고, 저록도 풍부하며 색인도 편리한 장점을 갖고 있다. 앞으로 중국의 민족문화를 계승하고 국내외 중국인의 단결강화에 『총목』은 분명히 적극적인 역할을 할 것이다.

1. 가보의 문헌 서목 저술에 대한 역사와 회고

족보 혹은 종보로 불리는 가보는 같은 성씨의 혈연집단의 세계(世系)와 인물 및 사적을 기록한 역사 도적(圖籍)이다. 이에 대해 청대 저명한 역사가인 장학성(章學誠)은 다음과 같이 말했다. "집안에는 가보(家譜)가, 주현에는 방지(方志)가, 나라에는 정사(正史)가 있으니 그 뜻은 하나이다."[1]라고 했다. 가보는 정사 및 방지와 함께 중국의 역사문화를 구성한 3가지 기둥으로 매우 소중한 문화유산이다.

중국 가보의 기원은 유구하고, 그 기원을 소급하면 방지 역사보다 오래되었다. 중국 사학을 개창했던 사마천(司馬遷)의 『사기(史記)』는 보첩에 대해 이르길 "삼대(三代, 하·상·주)는 너무 멀어 구체적인 연대를 살펴볼 수 없어, 보첩(譜牒)과 옛날 문헌들에서 내용을 취했다. 이를 근본으로 삼고 대략의 추정을 통해 『삼대세표(三代世表)』의 첫 번째 것을 만들었다."[2]라고 했다.

『사기』를 펼쳐 보면 「삼대세표」에 오제(五帝)와 하상주(夏商周) 시기 제왕의 세계를 수록했는데, 당시 보첩을 통해 이를 저술했음을 분명히 알 수 있다. 그리고 『오제본기(五帝本紀)』를 보면 공손(公孫)의 성씨인 헌원씨(軒轅氏)를 황제(黃帝) 부친인 소전(少典)으로부터 상균(商均)[3]까지 이르는 총 11대의 세계를 수록했다. 『하본기(夏本紀)』의 경우는 사성(姒姓)의 본류와 지류를 황제에서 하걸(夏桀)에 이르는 총 17대의 세계를 기록했다. 관련 연구자의 통계에 따르면 『사기』에는 10대 이상의 세계를 수록한 편목이 모두 21편에 이른다. 이는 전체 분량의 1/6에 해당한다. 이 점은 『사기』를 저술할 당시 사마천이 보첩에서 귀중한 많은 사료를 수집했음을 말한다.

보첩 문헌이 세상에 알려지면서, 이와 함께 보첩 문헌만을 수록한 서목(書目)이 등장했다. 역대 가장 오래된 보첩서목은 『별록(別錄)』[4]과 『한서(漢書)·예문지(藝文志)』이다. 관련 내용을 열거하면 다음과 같다.

1) 『별록』

『세본(世本)』, 고대 사관이 고사(古事)를 밝힌 저술로, 황제(黃帝) 이후 제왕(帝王), 제후(諸侯) 및 경대부(卿大夫)의 계시(系諡)와 명호(名號)를 수록했고, 모두 15편이다.[5]

2) 『한서·예문지』[6]

---

1 章學誠, 「爲張吉甫撰大名縣志序」, 『章氏遺書』 卷14, 商務印書館, 1936, 36쪽: "家有譜, 州縣有志, 國有史, 其義一也。"

2 司馬遷, 「太史公自序」, 『史記』 卷130, 中華書局, 1959, 3303쪽: "維三代尙矣, 年紀不可考, 蓋取之譜牒舊聞。本於茲, 於是略推, 作《三代世表》第一。"

3 상균(商均): 순(舜)임금의 아들. 사람됨이 모자라 순임금이 우(禹)로 제위를 잇도록 했다. (역자 주)

4 『별록(別錄)』: 서한의 성제(成帝)시기 유향(劉向)이 작성한 20권의 관부의 장서 목록집을 말한다. 이후 당나라 때 소실되었고, 『한서(漢書)·예문지(藝文志)』에 일부만 전한다. (역자 주)

5 『別錄』: "《世本》, 古史官明于古事者之所記也, 錄黃帝已來帝王諸侯及卿大夫系諡名號, 凡十五篇也。" (역자 주)

6 『漢書·藝文志』:
"《世本》 十五篇, 古史官記黃帝以來訖春秋時諸侯大夫。

『세본(世本)』 15편(篇), 고대 사관(史官)이 황제(黃帝)부터 춘추 시기까지 제후와 대부를 기록했다.
『급취(急就)』 1편
『제왕제후세보(帝王諸侯世譜)』 20권
『고래제왕연보(古來帝王年譜)』 5권
『한원은주보력(漢元殷周譜曆)』 17권

당시 보첩 문헌은 독립된 분류 항목으로 발전하지 못하고, 『한서·예문지』의 '육예략(六藝略)'과 '수술략(數術略)'의 항목에 편제되었다. 주대(周代) 저술된 『세본』에는 황제부터 춘추까지 제후와 대부의 성씨, 세계(世系), 천거(遷居), 저술, 명호(名號) 등의 내용을 수록했다. 학술계는 이를 중국 가보의 '시조'로 파악했다.

위진 남북조 이후에 사서(史書)가 증가하며 가보 편찬도 함께 흥성했다. 이때 "관리를 선발할 때 반드시 보적(譜籍)을 근거로 했다."[7]라는 국면이 출현했다. 이런 변화에 적응하기 위해 고적 목록에 보첩 독립 항목으로 설치했다.

남조 시기 양(梁)나라의 완효서(阮孝緖)가 저술한 『칠록(七錄)』에는 최초로 '보장(譜狀)'이란 항목을 설치했다. 원래 『칠록』에는 '경전록(經典錄)'(내편제1)·'기전록(記傳錄)'(내편제2)·'자병록(子兵錄)'(내편제3)·'문집록(文集錄)'(내편제4)·'술기록(術伎錄)'(내편제5)·'불법록(佛法錄)'(외편제1)·'선도록(仙道錄)'(외편제2) 등의 분류 항목을 두었다. 그중에 "기전록"은 다시 12부의 하위 항목으로 세분했다. 즉 국사부(國史部)·주역부(注曆部)·구사부(舊事部)·직관부(職官部)·의전부(儀典部)·법제부(法制部)·위사부(僞史部)·잡전부(雜傳部)·귀신부(鬼神部)·토지부(土地部)·보장부(譜狀部)·부록부(簿錄部) 등이 그것이다. 이상과 같이 11번째에 '보장부'를 두고 가보 42종 423질(帙) 1,064권의 가보를 수록했다.[8] '보장부' 설치는 당시 보첩 문헌의 수량이 급증한 사실의 반영이다. 이후 종합성격의 서목은 보첩 독립시켜 설치했고, 이런 경향은 역대 정사서목에서 더욱 분명하게 나타났다.

당대 초에 편찬된 『수서(隋書)·경적지(經籍志)』 사부(史部)에는 '보계편(譜系篇)'을 설치

《急就》一篇。
《帝王諸侯世譜》二十卷。
《古來帝王年譜》五卷。
《漢元殷周譜曆》十七卷。" (역자 주)

7 『新唐書·柳沖傳』, 中華書局, 1975, 18冊, 5677쪽: "有司選擧, 必稽譜籍。"

8 『前梁文』 卷66.

하고, 이곳에 보서(譜書) 41부 360권을 수록했다.[9] 그리고 『구당서(舊唐書)·경적지(經籍志)』 역시 '보계(譜系)'에 보서 55부 1,691권을 수록했다.[10] 『신당서(新唐書)·예문지(藝文志)』도 '보첩류(譜牒類)'를 두고 17가(家) 39부 1,617권의 보서를 수록했다.[11] 송대에 이르러 『송사·예문지』는 사부에 "보첩류"를 두고 보서 110부 437권을 수록했다.[12] 명대는 『명사·예문지』 '보첩류'에 38부 504권을 수록했다.[13]

특히 주목할 점은 남송 정초(鄭樵)의 『통지(通志)』는 '예문'의 '사류(史類)'에서 '보계'를 별도로 두었다는 것이다. 또한 항목을 세분화해 '제계(帝系)'·'황족(皇族)'·'총보(總譜)'·'운보(韻譜)'·'군보(郡譜)'·'가보(家譜)' 등의 6가지 종류로 분류했다. 이곳에는 송대는 물론 그 이전 시기의 보서 170권 2,411권을 수록했다.[14] 이는 송대에 이르러 보첩 문헌과 관련한 저록이 새로운 발전단계에 진입했음을 반영한 것이다.

청대 『사고전서총목』을 편찬할 때에 편찬자는 이르길 "옛날에는 집안마다 보첩이 있었지만, 당나라 이후로 보학은 거의 단절되고 말았다. 옥첩(玉牒) 역시 궁궐 밖으로 알려지지 않았다. 가승(家乘)은 더 이상 관리 선발에 사용되지 않았고, 헛되이 허목(虛目)으로만 잔존하다 결국 삭제되었다."[15]라고 했다. 이런 이유로 보첩 관련 저술은 『사고전서총목』에서 삭제되었다. 비록 사정이 이렇다 할지라도 『사고전서총목』에는 여전히 『흠정팔기만주씨족통보(欽定八旗滿洲氏族通譜)』·『민자세보(閔子世譜)』·『고씨보계고(顧氏譜系考)』·『고정주자세가(考訂朱子世家)』 등 보첩 관련 저술이 사부(史部) '전기류'에 편재되었다.

분명한 점은 『사고전서총목』의 편찬자가 언급했던 당대 이후 보학이 거의 단절되고, 가보의 목록은 허목으로 존재했다는 인식은 단편적 주장에 불과하다. 이런 주장은 사실 당 이후 보첩 문헌의 실제상황과도 부합하지 않는다. 앞서 언급한 당부터 명까지의 정사 서목에는 모두 보첩 관련 문헌이 단독으로 설치했고, 영향력이 많은 사가(私家)의 장서목록 역시 이러했다. 예를 들면, 송대 우무(尤袤)의 『수초당서목(遂初堂書目)』의 경우 '성씨류(姓氏類)'를 두었고, 조공무(晁公武)의 『소덕선생군재독서지(昭德先生郡齋讀書志)』도 '보첩류'를 두었다. 진진손(陳振孫)의 『직재서록해제(直齋書錄解題)』도 역시 '보첩류'를 설치했

9 『隋書·經籍志』 卷33.

10 『舊唐書·經籍志』 卷46.

11 『新唐書·藝文志』 卷58.

12 『宋史·藝文志』 卷203.

13 『明史·藝文志』 卷97.

14 『通志』 卷66.

15 『四庫全書總目·史部總敘』, 中華書局, 1965: "舊有譜牒一門, 然自唐以後, 譜學殆絕,玉牒既不頒于外, 家乘亦不上于官, 徒存虛目, 故從刪焉。"

고, 『송숭문총목(宋崇文總目)』은 ‘씨족류’를 두었다. 그리고 명(明) 종실 출신인 주목라(朱睦㮮)가 저술한 『만권당서목(萬卷堂書目)』도 ‘보전류(譜傳類)’를 두었다. 이후 『사고전서총목』에서 “보첩류”가 삭제되면서 그 영향은 『청사고(淸史稿)』에도 영향을 주었다. 그로 인해 「예문지(藝文志)」에는 보첩류를 두지 않았다. 그럼에도 전대 체례를 모방해 보첩 서목을 사부 전기류에 배치했다. 청대와 민국 초의 중요한 사가목록 역시 여전히 보첩류를 독립 항목으로 설치, 보첩 문헌의 중요성을 반영하고자 했다. 예를 들어, 전겸익(錢謙益)이 저술하고 진경운(陳景雲)이 주석한 『강운루서목(絳雲樓書目)』의 경우 ‘보첩류’를 두고 32종의 보서를 수록했다. 경문광(耿文光)의 『만권정화루장서기(萬卷精華樓藏書記)』의 경우 사부(史部)에 ‘보첩류’를 두었고, 엽덕휘(葉德輝)의 『관고당장서목(觀古堂藏書目)』 역시 사부에 ‘보계류’를 두었다.

청대 고적서목에는 보첩류가 독립된 항목을 두었고, 수록된 수량 역시 증가추세를 보였다. 이는 수만 권의 가보가 세상에 등장한 사회 현상과 밀접한 관련을 갖는다. 송대 이후 가보는 관리를 선별하고, 혼인을 결정하며, 귀천을 구분하는 사회·정치적인 기능을 상실했다. 대신 존조(尊祖), 경종(敬宗), 수족(收族)의 윤리·도덕적 기능을 수행했다. 그리고 편찬 방법 역시 관부에서 사가 편찬 방식으로 전환했다. 청대에 이르러 봉건 통치자의 지지와 독려로 가보 편찬은 더욱 성행했다. 경제가 비교적 발달한 소주(蘇州), 절강(浙江), 강서(江西), 안휘(安徽), 호남(湖南), 광동 등의 지역은 거의 모든 집집마다 가보를 보유했고, 성씨마다 가보를 편찬했다. 이후 일부 가보의 경우 12차례에 걸쳐 수보(修譜)를 지속했다. 이는 비단 한족만의 경우는 아니었다. 소수민족 역시 수보를 지속했다. 이렇게 수보는 거의 모든 중국인의 중요한 문화 활동이 되었다. 지금까지 현존하는 가보 수만 종 가운데 대략 70%는 청대에 편찬되었다.

수만 종의 가보가 세상에 출간되며, 독립적인 보첩 문헌 서목도 등장했고, 보첩 서목 역시 새로운 발전 단계로 진입했다. 현존하는 가장 오래된 보첩 서목은 청대 학자 장주(張澍)가 도광(道光) 연간에 편찬한 『고금성씨서목고증(古今姓氏書目考證)』이다. 이 책은 역대 영향력을 발휘한 저명한 인물의 저작과 가보 및 보첩 등 모두 254부에 대한 고증과 평론을 수록했다. 『사기(史記)』·『한서(漢書)』에서 시작해서 『오제계첩(五帝系牒)』·『제고덕(帝考德)』·『당제계(唐帝系)』·『우제계(虞帝系)』·『우제계(禹帝系)』 등을 언급했다. 그리고 광동의 고량 초씨(高涼招氏)의 『초씨보(招氏譜)』와 청대 만광태(萬光泰)와 순초소(循初所)가 저술한 『원성씨략(元姓氏略)』까지 언급했다. 전체 분량은 3만여 한자로 초본(抄本)은 청화대학도서관이 소장했고, 2003년 1월에 삼진출판사(三秦出版社)가 『성운(姓韻)』의 부록을 첨부해 정식 출간했다.

민국 시기에 출간된 보첩 문헌목록 중에 두 가지 저술에 주목할 필요가 있다. 첫째는 『기합소장인물씨성보록서목(夔盒所藏人物氏姓譜錄書目)』인데, 저자는 미상이고 1933년에 초본(抄本)이 출간되었다. 이 책은 '인물총전(人物總傳)'·'가보' 등 25가지 항목으로 인물과 보첩과 관련된 문헌 서목 등 407종을 수록했다. 서목에는 문헌을 한층 세분화해 '가보(家譜)'·'총보(總譜)'·'가집(家集)'·'보론(譜論)'·'보료(譜料)'·'성씨류서(姓氏類書)' 등으로 분류했다. "보론"에서는 보학 전문가인 반광단(潘光旦)의 『중국가보학약사(中國家譜學略史)』 등 5종의 저술과 편찬 시기 및 서목을 언급했다. 이 책은 보첩의 수량과 종류라는 측면에서 민국에 이르러 이미 새로운 단계에 도달했고, 보첩 문헌의 저술 수준 역시 새롭게 도약했음을 보여 주는 저술이다. 둘째는 『보재각성수보목(報載各姓修譜目)』으로 1948년에 합중도서관(合衆圖書館)에서 초본(抄本)으로 출간했다. 이 책은 1945년 12월에서 1948년 8월까지 『신보(申報)』·『신문보(新聞報)』·『대공보(大公報)』·『동남일보(東南日報)』·『무한일보(武漢日報)』·『정해일보(定海日報)』 등에 성씨별로 기고한 수보 관련 내용을 모은 것이다. 기고한 곳의 연락처를 시간 순서에 따라서 배열했는데 모두 237개에 달했다. 또한 해당 지역과 성씨마다 수보한 가보에 관련해 가장 최신의 소식을 기술했다. 『기합소장인물씨성보록서목』과 『보재각성수보목』은 모두 상해도서관이 소장하고 있다.

1950년에 이르러 보첩 문헌이 대거 등장했다. 20세기에서 21세기로 넘어가는 시기 중국 내외에서 보첩 문헌 목록의 편찬과 출판의 열기가 더욱 고조되었다. 다음은 국내외에서 출판된 주요 문헌 목록을 연도 순서로 나열한 것이다.

- 『북경도서관장족보서목(北京圖書館藏族譜書目)』, 북경도서관 편, 1950. 가보 348종 수록.
- 『복건성도서관관장족보목록(福建省圖書館館藏族譜目錄)』, 복건성도서관 편, 1957. 3. 가보 84종 수록.
- 『광동성중산도서관장광동족보목록(廣東省中山圖書館藏廣東族譜目錄)』, 광동성중산도서관 편, 1958. 10. 광동성 48개 현시(縣市)의 85개 성씨(姓氏)의 가보 334종 수록.
- 『대만공장족보해제(臺灣公藏族譜解題)』, 창피득(昌彼得) 편, 대만중앙도서관, 1969. 가보 133종 수록.
- 『대만공사장족보목록초고(臺灣公私藏族譜目錄初稿)』, 왕세경(王世慶) 편, 대만성문헌회(臺灣省文獻會), 1978. 가보 1,218부 수록.
- 『족보목록(族譜目錄)』, 홍콩풍평산도서관(香港馮平山圖書館) 집(輯), 1978. 가보 374종, 마이크로필름 자료 92권 수록.
- 『중국종보연구(中國宗譜的研究)』(上·下卷), 다카 슈고로(多賀秋五郎), 일본학술진흥회 간(日

本學術振興會刊), 1981~1982. 일본, 미국, 중국의 3,396부의 가보 수록(일본 소장 가보 1,276부, 미국 소장 가보 1,247부, 홍콩과 대만을 포함한 중국 소장 가보 873부).

- 『국학문헌관현장중국족보자료목록(國學文獻館現藏中國族譜資料目錄)』, 성청기(盛清沂) 주편, 대만연합보문화기금회국학문헌관(臺灣聯合報文化基金會國學文獻館), 1982 9. 1,900여부 가보 수록.
- 『미국가보학회중국족보목록(美國家譜學會中國族譜目錄)』, 텔퍼드(Ted A. Telford) 등 편, 대만성문출판사유한공사(臺灣成文出版社有限公司), 1983. 4. 미국, 일본, 중국과 홍콩 지역의 가보 중 마이크로필름을 포함해 3,140부 수록(미국 1,740여 부, 일본 1,200여 부, 홍콩 150여 부).
- 『하북대학도서관가보서목(河北大學圖書館家譜書目)』, 하북대학도서관 편, 1985. 5. 835권의 보첩 수록.
- 『천일각장가보목록(天一閣藏家譜目錄)』, 천일각 편, 1985. 5. 403종 1,982책 수록.
- 『중국인민대학도서관가보목록(中國人民大學圖書館家譜目錄)』, 중국인민대학도서관고적소조 편, 1985. 12. 400부의 가보 수록.
- 『대만구족보목록(臺灣區族譜目錄)』, 조진적(趙振績), 진미계(陳美桂) 편집, 대만구성보연구사(臺灣區姓譜研究社), 1987. 1. 대만지역 1만 613종의 가보 수록.
- 『북경도서관장만족종보서록(北京圖書館藏滿族宗譜敘錄)』, 북경도서관제이열람부 가보정리소조 편. 『문헌(文獻)』 1987. 제2·3기(期). 21종의 가보 수록.
- 『북경도서관장가보제요(北京圖書館藏家譜提要)』, 북경도서관제이열람부가보정리소조 편, 1987. 2,228종의 선장본(綫裝本) 가보 수록.
- 『복건도서관장민인가보일람표(福建圖書館藏閩人家譜一覽表)』, 복건도서관 편, 『복건도서관』, 1988. 3. 복건 지역의 가보 170종 수록.
- 『중앙민족학원도서관장중국가보목록(中央民族學院圖書館藏中國家譜目錄)』, 중앙민족학원도서관 편, 1988. 300여 부 가보 130여 개 성씨 수록.
- 『만만재장족보목록(萬萬齋藏族譜目錄)』, 요경육(廖慶六) 편, 대만중앙연구원민족학연구소, 1991. 375부의 가보 수록.
- 『대만문헌서목해제(臺灣文獻書目解題)』(족보류), 황문신(黃文新) 주편, 대만중앙도서관대만분관 편, 1992. 4. 황씨(黃氏) 족보 43종 수록.
- 『중국가보목록(中國家譜目錄)』, 산서성사회과학원가보자료연구센터, 산서인민출판사, 1992. 4. 산서성사회과학원 가보연구센터 소장 776종의 마이크로필름 정리(전체 2,565종의 가보) 수록.

- 『대북시문헌회족보자료도서목록(臺北市文獻會族譜資料圖書目錄)』, 진미혜(陳美惠) 편, 대북시문헌회(臺北市文獻會), 1994. 662부의 가보를 수록했다.
- 『대만성문헌회성씨원류, 보첩전람도서목록(臺灣省文獻會姓氏源流, 譜牒展覽圖書目錄)』, 요경육(廖慶六) 편, 대만성문헌회(臺灣省文獻會), 1995. 1,014부의 가보 수록.
- 『상해도서관관장가보교권목록(上海圖書館館藏家譜膠捲目錄)』, 상해도서관고적부 편, 1997. 8. 마이크로필름으로 제작된 912종의 가보 수록.
- 『마이크로필름총목록』(보학권), 중국사회과학원역사연구소도서관장(中國社會科學院歷史研究所圖書館藏).
- 『홍콩중문대학도서관관장중국급신계족보현미자료(香港中文大學圖書館館藏中國及新界族譜顯微資料)』. 홍콩중문대학도서관의 특장부(特藏部) 편찬 자료.
- 『천진도서관장족보목록(天津圖書館藏族譜目錄)』, 천진도서관 편, 66종의 가보 수록.
- 『황산시박물관장가보제요(黃山市博物館藏家譜提要)』, 적둔건(翟屯建) 편, 『휘주사회과학(徽州社會科學)』 1996. 3.~1998. 1. 170여 종의 가보 중 77종 완질(完帙)된 가보를 제요(提要) 형식으로 소개.
- 『귀주민간진장가보제요(貴州民間珍藏家譜提要)』, 손호(孫昊) 편, 『문헌』 1998. 4. 40여 종의 가보 소개.
- 『만족가보선편(滿族家譜選編)』, 이림(李林) 주편, 요령민족출판사, 1998. 400여 종의 만주족 가보 수록.
- 『중국가보종합목록(中國家譜綜合目錄)』, 국가당안관, 남개대학역사학과, 중국사회과학원역사연구소 편, 중화서국, 1997. 중국 대륙의 400여 개 기관에서 소장하고 있는 1만 4,719종의 가보 수록. 중국 대륙의 목록을 수록한 가장 중요한 서목.
- 『상해도서관관장가보제요(上海圖書館館藏家譜提要)』, 왕학명(王鶴鳴) 주편, 상해고적출판사, 2000. 5. 1만 1,700종의 가보 10만여 권 수록. 가보목록에 주요 내용, 명인들의 제발(題跋), 사적 등을 일일이 언급한 가보 제요.
- 『의란현사관보계기본자료목록(宜蘭縣史館譜系基本資料目錄)』, 요정웅(廖正雄) 편, 대만의란현사관(臺灣宜蘭縣史館), 2000. 가보 439부 수록.
- 『대만고궁박물원소장족보간목(臺灣故宮博物院所藏族譜簡目)』, 진룡귀(陳龍貴) 주편, 대만고궁박물원, 2001. 4. 대만지역의 마이크로필름 형태의 가보 1만 300권 수록, 목록과 저록 부분은 『대만구족보목록(臺灣區族譜目錄)』과 동일하게 분류.
- 『대북시문헌위원회족보목록(臺北市文獻委員會族譜目錄)』, 진위원(陳威遠) 편, 대북시문헌회(臺北市文獻會), 2002. 가보 835부 수록.

• 『강서공장보첩목록제요(江西公藏譜牒目錄提要)』, 양홍생(梁洪生), 강서교육출판사, 2002. 12. 727종의 가보 수록.

앞서 열거한 최근 50여 년 이래 가보 목록은 대략 35부에 달했고, 그중에서 서목에 수록한 가보가 1,000여 종이 넘은 것은 11부이고, 1만여 종이 넘은 것은 4부이다. 그리고 목록 중 기관이 소장한 것이 25부에 달해 70% 이상을 차지했다. 나머지 중 6부는 지역 성격의 목록이고, 4부는 외국에서 소장한 가보목록이다. 또한 대부분이 한족 족보이고, 그중에 2부는 만주족의 목록이다. 이런 30여 부의 보첩 목록의 등장과 더불어 각 지역에 소장된 가보는 보첩학 연구를 촉진시키고, 국내외 화교의 뿌리를 찾는 데 중요한 역할을 했다. 그리고 외국의 가보소장장과 관리 및 연구자 역시 목록 정리에 큰 공헌을 했다.

앞에서 상술한 보첩 목록의 대다수는 1980년대에 등장했다. 이는 중국의 보첩정리와 연구가 20세기 후반에 발전기를 맞아 이를 가보 목록에 수록한 것이다. 그리고 특히 중국 내외 연구 성과들이 서로 호응하며 발전한 특징이기도 하다. 이렇게 많은 가보목록이 등장했지만, 현재 중국가보 연구 성과가 어느 정도인지는 정확한 통계는 아직 없는 상태이다. 이미 언급했던 가보목록 중 『상해도서관관장가보제요』에는 1만 2,000종을 수록했다. 『대만구족보목록』의 경우 한 성(省)의 목록만 1만 종에 달했다. 12년의 노력 끝에 1997년 중화서국이 간행한 『중국가보종합목록』에는 400여 기관의 1만 4,000여 종의 목록을 수록했다. 그러나 전 세계에 분포한 가보는 언급하지 못했는데, 주로 중국에 국한했고, 해외의 가보목록은 미처 수록하지 못했다. 중국 내지의 가보도 상해도서관이 소장한 1만여 종의 가보는 아직 미정리된 상태로 목록에 수록하지 못했다. 엄격히 말하면 『중국가보종합목록』은 미완성의 상태이다. 하지만 조속한 시일에 전 세계에 분포한 모든 중국 가보를 조사해 총목을 편찬, 이를 국내외 기관과 연구자에게 제공하 일은 결코 쉬운 일이 아니다. 2,000년 동안, 특히 최근 50년 이래 중국 가보서목의 정리는 시대적 과제가 되었다.

2. 『중국가보총목』 사업의 발족

1999년 "중문 문헌자료의 구축과 공동이용을 위한 협력회의(中文文獻資源共建共用合作會議)"가 북경에서 열렸다. 이 회의를 계기로 전 세계에 『총목』 사업의 시작을 정식으로 선포했다.

경제의 글로벌화와 지식의 네트워크화라는 변화에 적응하기 위한 일환으로 중국문헌자료의 공통 사용에 대한 필요성이 새롭게 대두되었다. 그리하여 2000년 6월 7일에 중국국가도서관(中國國家圖書館)이 주최하고 대만·홍콩·마카오·싱가포르·미국·네덜란드 등의 나라와 중국 내 42개 도서관과 중문자료를 소장하는 기관들이 "중문 문헌자료의 구축과 공동이용을 위한 협력회의"에 참여했다. 이 회의를 통해 중문 자료의 이용에 대해 8개 항목으로 나누어 의견을 교환했고, 이 안건 중의 하나가 『총목』의 편찬이었다. 『총목』 편찬은 상해도서관이 주관하고, 문화사업의 일환으로 진행하기로 최종적으로 결정했다.

『총목』 편찬의 중임을 상해도서관이 전담하게 된 것은 결코 우연이 아니다. 그 배경에는 다음과 같은 몇 가지 근거가 있었다.

첫째, 상해도서관은 많은 가보 자료를 소장했다. 즉 국가도서관에 버금가는 대형 공공도서관으로서 모두 1,200만 권의 도서를 소장하였던 것이다. 최근 반세기 이래 고정룡(顧廷龍) 전임 상해도서관 관장은 사람들이 버린 가보를 구입해 수집하는 원칙을 세워 가보의 수집과 정리에 매진했다. 그 결과 상해도서관은 세계에서 중국 가보를 가장 많이 소장한 기관이 되었다. 이는 가보를 지속적이고 체계적인 수집을 통해서 이룬 노력의 결과였다. 가보 소장은 고정룡 관장으로부터 시작했다. 1930년대 말 고정룡과 장원제(張元濟)는 '합중도서관(合衆圖書館)'을 함께 설립했고, 설립 때부터 가보를 수집해 연구를 시작했다. 1952년 7월에 상해도서관이 정식으로 개관하자 당시 소장된 가보를 3개의 서고에 나누어 보관했다. 첫째는 남경로(南京路)에 있는 서고로 모두 176종의 566책에 달했다. 둘째는 장악로(長樂路)에 있는 서고로 480종 2,490책(冊)에 달했고, 1958년 10월에 이곳의 서고는 상해도서관으로 합병되었다. 셋째는 서가회(徐家匯)의 장서루(藏書樓)인데 모두 160종 1,500책에 달했고, 1956년에 역시 상해도서관에 합병되었다. 이런 합병 과정을 통해 다량의 가보가 자연스럽게 상해도서관으로 집중했다. 이때는 시기적으로 토지개혁 운동의 격변기에 해당한다. 당시 전통문화를 '봉건잔재'로 보아 종사(宗祠)는 파괴되고, 가보는 소각되었다. 고정룡은 고적판본과 목록학 연구의 대가로 다량의 진귀한 역사 문헌이 훼손되는 광경을 목격하며 매우 안타까워했다. 그리하여 수차례의 우여곡절을 거치며 '문물관리위원회'를 설득해 상해도서관이 가보 등 역사문헌 자료를 민간으로부터 구입할 수 있도록 동의를 얻었다. 이후 고정룡은 재빨리 문헌구입을 위한 인원을 조직하고, 업무를 분담해서 10여 개의 성시(省市)에 공문을 발송했다. 또한 폐지공장이나 폐품을 파는 곳과 일반인으로부터 산처럼 쌓인 가보를 구입해 보존했다. 예를 들면, 1955년 가을 고정룡은 상해 한 제지공장이 절강의 수안현(遂安縣)에서 폐지 약 200다발 정도를 구입했다는 소식을 듣고 밤을 새워 현장으로 달려가 폐지 속에서 가보들을 찾아냈다. 다음날 바로 6명의 사람을 동원하여 11일 동안 중요한 문헌 2,000근(斤)을 선별해 귀중한 가보 문헌을 구했다. 그의 회고에 의하면 "중요한 사실은 청대 주권(硃卷)[16]과 가보의 소장이 상해도서관의 전문 영역이 되었다는 점인데, 그 과정은 마치 폐지더미 속에서 금을 줍는 것과 다를 바가 없었다."[17]라고 했다. 통계에 의하면 1950년대 상해도서관에 소장된 가보는 8,011종 4만 7,711책에 달했다. 이러한 이유로 고물상과 제지공장에서 구해낸 가보의 대다수가 잔결본(殘缺本)이었다.

1958년 10월 상해도서관의 4개의 분원, 즉 상해도서관과 역사문헌도서관, 상해과학기술도서관, 상해신문도서관 등이 하나로 통합되었다. 합병 이후에 임시 관장을 역임한 고정룡(顧廷龍) 선생은 역사문헌 업무를 직접 관리했고, 더욱 체계적으로 가보문헌의 구매 작업을 추진했다. 아울러 특장부(特藏部)의 인원을 동원해 안휘의 둔계(屯溪) 등을 직접 방문해 구매 방식으로 민간 가보 총 5,700종 2만 7,571책을 입수했다. 문화대혁명 시기에도 상해도서관은 다양한 경로로 기증을 받아 가보 1,257종 1만 180책을 확보했다.

1995년 10월 상해도서관은 상해과학기술정보소와 합병되면서 중국 최고의 성시(省市) 등급 도서정보 종합기관이 되었다. 신관을 개관한 후에 시 정부의 전폭적인 지지하에 역사 문헌 수집사업을 지속적으로 추진했다. 1995년 10월부터 2006년 10월까지 280만 위안(元)을 들여 구입한 가보 수량이 4,519종, 6만 6,000책에 달했다. 이와 동시에 각 지역의 기부와 헌납을 통해서 입수한 가보도 2,000여 종 4,200책에 달했다.

현재까지 복사본을 제외한 상해도서관이 소장한 가보의 총 수량은 2만 1,000종 20만 권에 근접했다. 이는 중국 내 현존하는 가보의 1/3에 해당하는 분량이다. 상해도서관은 가보의 수집과 소장에 있어 가히 살아 있는 역사라 불릴 만하다.

둘째, 상해도서관이 진행한 가보의 정리와 연구 성과에 있다. 수십 년간 고정룡 관장의 버려진 가보의 수집하는 방침에 따라 상해도서관은 가보수집에 심혈을 기울였다. 하지만 많은 제약 때문에 가보 정리는 충분한 주목을 받지 못했고, 수집된 가보들은 서고 한구석에 처박혀 먼지가 쌓이고, 벌레가 좀먹고, 곰팡이가 핀 상태로 방치되었다. 그러다가 1987년 2월, 상해도서관은 가보 보존사업을 결정하고, 15대 차량 10톤 분량의 가

16 주권(硃卷): 과거(科擧) 시험을 본 답안지의 이름을 지칭한다. 명청시기 시험의 부정행위를 방지하기 위해서 향시와 회시 시험장에서는 시험이 끝난 후에 응시자가 반드시 작성한 묵필의 답안지를 밀봉하여 제출했다. 그러면 응시자의 필적을 알아보지 못하도록 필사자가 이를 주황색으로 다시 한 부를 작성해서 감독관에게 제출했는데 이를 주권(朱卷) 혹은 주권(硃卷)이라고 불렀다. (역자 주)

17 顧廷龍, 『顧廷龍文集』, 上海科學技術文獻出版社, 2002, 599쪽.

보를 장녕(長寧)에 있는 양식보관 창고로 운반해 소독과 살충 작업을 진행했다. 이 광경은 마치 곡식의 해충을 박멸하는 것을 방불케 했다. 이렇게 한 달 동안 진행된 살충 과정을 통해서 해충의 걱정을 일소했다. 1996년 말, 신관의 개관을 통해 상해도서관은 한층 가보 정리와 연구에 매진했다. 시 정부가 매년 수십만 원의 비용을 부담해 준 덕분에 훼손된 가보의 복원과 정리 작업이 지속될 수 있었다. 그 결과 지금까지 보수한 가보는 대략 4만여 책에 달한다. 그리고 상해도서관은 전문학교를 설립해 보첩연구 센터로 삼고, 이곳에서 가보의 정리·조사·자문과 연구 임무를 수행했다. 동시에 중국 내지에서 가장 먼저 가보 열람실을 설치해 독자들에게 가보의 조사와 열람 서비스를 제공했다. 가보 열람실에서는 도서관에 소장한 가보 열람 외에도 미국 유타주의 가보학회가 제공한 마이크로필름 가보도 조사·열독이 가능하도록 했다. 가보 열람실을 개방한 지 10여 년이 되는 지금까지 약 10만여 명의 국내외 이용자가 방문했다. 즉 독자들에게는 가보 열람과 연구 및 조상을 찾는 기회를, 연구자에게는 자료 공개 및 검색과 열람의 기회를 제공했다. 가보 조사를 위해 도서관에 간다는 말은 이제 입버릇처럼 되었다. 상해도서관은 1998년 11월에 "전국적인 보첩 개발과 활용에 관한 학술연구토론회(全國譜牒開發與利用學術研究討論會)"를 개최하여 가보의 학술적 가치와 편찬체례, 가보의 개발과 이용 등에 관한 문제를 심도 있게 토론했다. 대회가 끝난 후 『중국보첩연구(中國譜牒研究)』라는 논문집에 발표한 36편의 논문을 수록해 출판했다.

상해도서관은 2000년 5월에 "새로운 세기의 도래와 중국 가보 국제학술토론회"라는 포럼을 개최했다. 이에 일본·미국·싱가포르·베트남·중국·대만·홍콩 등의 지역과 국가에서 100여 명의 학자가 참가했고, 세기가 교차하는 시점에서 회의를 성황리에 주최했다. 이번 회의에서 『중국가보총목』의 편찬, 가보의 디지털화, 신형가보, 국내외 가보의 비교 등 각 분야에서 수준 높은 열띤 토론을 진행했다. 대회를 개최한 후에 『중화보첩연구(中華譜牒研究)』란 논문집에 35편의 논문을 수록해 출간했다. 해당 논문의 문제의식은 이전보다 더욱 심화되었다. 이는 중국과 외국의 보학 연구 수준이 새롭게 높아졌다는 것을 의미한다.

상해도서관은 1997년 연말을 기점으로 복단대학교 역사학과와 화동사범대학 고적연구소, 안휘사회과학원 역사연구소 등에서 전문가를 초빙했다. 그리고 상해도서관 역사문헌 부문의 연구원과 함께 2년 동안 통일된 체례의 『상해도서관관장가보제요(上海圖書館館藏家譜提要)』를 편찬했다. 그리고 2005년 상해고적출판사는 이를 정식으로 출판했다. 이 책에는 가보 1만 1,700종 1만 책을 수록했고, 성씨·서명·편찬자·출판연대·시조 등을 항목으로 편재했다. 특히 해당 성씨의 가보를 조사할 때 족인의 이주 과정, 인물의 사적 등을 함께 수록했다. 당시 이는 중국 가보를 정리, 연구한 이래 처음 실행한 창의적인 시도였다.

이상과 같이 상해도서관이 풍부한 중국 가보 자료를 보유하고 있다는 점이 바로 본 사업 수행하는 근간이 되었다. 이를 근거로 2006년 6월에 진행된 '중문 문헌자료의 구축과 공동이용을 위한 협력회의'에서 상해도서관이 '총목'사업을 수행하는 기관으로 추천될 수 있었다.

3. 『중국가보총목』의 편찬 과정

2006년 6월에 『총목』 편찬 사업이 정식 개시된 이후 8년이 지난 지금까지의 과정을 대략 4단계로 나누어 볼 수 있다.

1) 준비단계: 2000년 6월에서 10월까지

첫째, 전담인력을 조직해서 국내외에 산재한, 공개 혹은 비공개로 출간된 가보목록과 자료를 조사하고, 해당 목록의 장·단점을 비교 분석했다. 둘째, 『총목』 편찬을 위해 4가지 기본 원칙을 정했다. 『총목』 편찬은 방대한 규모의 문화 사업으로, 언급되는 분야와 기관이 다양하고 많았다. 몇 차례 모임을 개최하면서 편집과 심사, 출장 및 출판 등에 필요한 비용 등을 논의해 결정했다. 특히 편찬 위원의 소속한 기관에서 보조비용의 지원이 있어야 이런 방대한 규모의 문화 사업이 순조롭게 진행될 수 있다. 특히 상해도서관은 『총목』 편찬 사업을 주도하는 기관이기 때문에 마땅히 비교적 많은 경비를 부담하는 것이 원칙이다. 그리고 해당 사업은 이미 미국 유타(utah)주의 가보학회 같은 관련 기관의 전폭적인 지지를 받았다. 이는 사업의 성공적 진행되는 중요한 전제 조건이기도 했다.

2) 시작단계: 2000년 11월에서 2001년 5월까지

2000년 11월 27일과 28일 양일에 걸쳐 상해도서관은 『총목』 편찬을 위한 첫 번째 회의를 개최했다. 25명의 편찬 위원과 기관을 대표하는 총 32명의 대표들이 회의에 참석하여 편찬방안과 관련한 4가지 원칙에 대해 토론하고, 아울러 많은 의견을 개진했다. 전체 참석자가 4가지 사항에 동의함에 이를 편찬의 원칙으로 통과시켰다. 정부 문화부는 『총목』 편찬 사업을 적극적으로 지지했고, 문화부 산하 사회문화도서관의 대표인 진기림(陳琪林) 선생도 친히 회의에 참석해 격려의 말씀을 아끼지 않았다. 첫 번째 편찬회는 『총목』 사업이 정식으로 시작했음을 알리는 신호탄이 되었다.

『총목』 사업의 첫 번째 회의 이후에 편집위원회에 속한 기관은 회의 내용을 관철하기 위해 산하 기관에서 적극적으로 편찬회의를 열었다. 그리고 문화부의 판공청은 2001년 2월 7일 별도로 "『중국가보총목』 편찬을 위한 협조공문"을 반포했다. 이는 중국 성시(省市) 및 자치구 산하 문화부에 협조를 요청함으로써 『총목』 편찬 사업이 순조롭게 진행되는 촉진제가 되었다. 그리고 기관 사이의 연락과 교류, 편찬 임무의 촉진을 위하여 회의 후에 상해도서관에 소속된 보첩 연구 센터의 이름으로 『총목』 편찬 관련 일정을 수록한 소식지를 매년 6차례 발행, 이를 관련 부처와 편집위원회가 소속된 기관에 발송했다. 또한 각 기관마다 통일된 형식의 저록 목록을 만들 수 있도록 회의를 통해 '저록조례(著錄條例)'를 확정, 1,000여 부를 인쇄해 관련 기관과 편찬 위원에게 발송해 참고하도록 했다. 이와 함께 신속히 『총목』 편찬을 "국가사회과학 기금사업안"으로 신청했고, 심사를 통해서 2001년 5월에 정식 사업으로 승인되었다.

3) 편찬단계: 2001년 6월부터 2003년 12월까지

이 단계는 직접 『총목』을 편찬하는 중요한 단계이다. 이 시기에 편찬 위원은 해당 지역 기관과 개인 소장자를 대상으로 세심한 편찬 작업을 진행했다. 특히 가보마다 서명·편찬자·판본 등을 수록하고, 보첩 분석을 통해 조상의 기원 및 내용에 관한 제요(提要) 등을 기술했다. 이때 저술자는 담당한 가보를 세심히 열독하고 관련 내용을 분석해야만 비로소 만족스러운 저술 정보를 완성할 수가 있었다.

이 단계에서 많은 가보를 소장한 기관은 적극적인 협력과 책임성 있는 자세, 사심 없는 헌신 등의 숭고한 정신을 아낌없이 보여 주었다. 이들 기관의 사람들은 저록 원칙에 따라 가보와 관련한 정보를 수록하는 편찬 작업을 수행했다. 그리고 일부 지역의 경우 참여 기관이 적지 않았는데, 예를 들면 절강(浙江)·호북(湖北)·하남(河南) 등의 지역은 무려 50여 개 기관에 달하기도 했다. 도서관·박물관·당안관·문화관·사회과학원·사지관(史志館) 외에도 학회·정부·은행·문화단체 등이 참여했다. 편찬 위원은 이들 기관과 연락을 유지하면서 주어진 기간 내에 양질의 편목(編目) 작업을 완성했고, 편찬의 장단점을 종합하면서 편목의 원칙들을 관철해 나갔다. 예를 들면, 절강도서관의 경우 성(省)의 문화청과 당안국의 전폭적인 지지하에 성시(省市)와 현(縣)에 소속된 도서관·당안관·박물관·문물관·방지관 및 관련 대학 등 102개 공공기관과 약 200여 명의 인원을 동원하기도 했다. 이들의 협력으로 가보 관련 자료를 조사·수집하여, 저록 작업을 수행했다. 저록 제요의 기준에 적합한 가보의 수량은 총 6,600여 종에 달했고, 그중 민간이 소장한 수량이 무려 3,000여 종에 이르렀다. 이는 전체 수량의 절반에 해당하는 분량이다. 이와 같이 특정한 성(省)에서 파악된 가보제요 목록 가운데 민간 가보의 수량이 최고 3,000여 종에 달하기도 했다. 이는 것은 결코 흔하지 않은 경우로 '티끌 모아 태산'이란 속담처럼 수많은 노력의 결과이다. 절강지역『총목』편찬 참여자들이 도시와 농촌을 수차례 방문하며 지속적인 협력을 구한 결과이고, 또한 이들이 가가호호 민가를 방문해 협조를 구한 노력과도 무관하지 않았다. 또한 절강에서 가보를 보유한 많은 민간 소장자들의『총목』편찬을 향한 지지의 결과라고도 볼 수 있다.

여러 신문 매체가『총목』편찬 소식을 전한 후에 중문 문헌을 소장하고 있는 기관과 보첩 연구자의 적극적인 지지도 함께 얻게 되었다. 또한 세계 도처에 산재한 화교들도 열렬하게 환영하며 분주히 서로에게 관련 소식을 전파했다. 일부 화교는 적극적으로 자신이 수년간 보존했던 가보를 기증해 주었고, 혹은 관련 가보 정보를 제공해 주었으며, 혹은 전화로『총목』편찬 사업에 지원자로 참여해 조국의 역사문화를 알리고 싶다는 뜻도 표현해 왔다. 이런 참여 의지는 중국의 역사문화를 열렬히 사랑하고 있다는 수많은 해외 화교의 숭고한 정신의 표현이고, 아울러 중국 역사문화에 내재된 강한 생명력과 응집력을 보여 주는 것이었다.

특별히 언급하고 싶은 사실은 미국의 유타가보학회 경우, 사업 운영에 필요한 비용을 지원했을 뿐만 아니라, 사기명(沙其明) 선생은 최근까지도 미국과 일본 지역에 분포한 중국 가보의 편목 작업에 직접 왕성하게 참여해 주었다. 그가 조직한 전문가 집단은 미국의 유타보학회가 소장한 중국 가보 가운데 마이크로필름을 검색하고 분석하면서 필요한 저록을 작성해 주었다. 그래서 이들을 통해 작성한 미국, 일본, 한국, 대만 등에서 소장하고 있는 중국 가보의 기록표는 무려 1만여 쪽에 달했다. 이런 노력의 결과가 모여『총목』편찬 작업의 중요한 기초가 되었다.

4) 편찬 성과의 종합과 초고 심사 단계: 2004년 1월에서 2008년까지

2003년 12월까지 각 지역 편찬위원이 상해도서관으로 보낸 저록 목록은 모두 6만 131장으로 이후에도 계속 증가해서 대략 7만여 장에 달했다. 이는 국내외 각 지역이 소장한 중국 가보 상황을 비교적 객관적으로 보여 주는 결과였다.

『총목』의 종합본을 심사하기 위해 2004년 1월을 기점으로 상해도서관의 전문 심사위원회가 원고의 심사에 착수했다. 심사위원은 복단대학(復旦大學), 화동사범대학(華東師範大學), 상해사범대학(上海師範大學), 상해도서관의 퇴임연구원 등으로 전문가를 구성했다. 각 위원은 수집된 자료를 심사·조사·종합했는데, 이는『총목』의 질적 수준을 좌우하는 가장 핵심적 심사과정이다. 또한 편찬 원칙의 수립이 필요함에 따라 수집된 자료의 처리 방안을 만들기도 했다. 즉 전체 내용은 번자체를 사용해 수록했고, 가보 서명의 배열은 성씨의 필획 수에 따라서 나열했다. 성씨가 같을 경우 보적(譜籍)의 서명에 따라 배열했고, 서명이 같은 보적일 경우 편찬시기에 따라서 그 선후를 결정했다. 또한 복본(復本)을 소장한 기관은 총획 순서로 나열했다. 가보는 서명·편찬자·판본 등을 상세하게 기술했고, 필요하면 첨부 항목에 관련 사항을 기록했다. 시조(始祖)와 천시조(遷始祖) 가운데 저명한 인물일 경우 관련 저술을 기록했고, 소장자의 서목 원칙과 가보 끝에 있는 부록 등을 명기했다. 이상의 사항들을 상세하고 정확하게 수록해서 질적으로 높은 수준의 『총목』을 세상에 알리고자 했다.

『총목』 편찬을 완료해야 할 시기가 도래함에 따라서 각 지역은 분석 결과를 2003년 말까지 상해도서관에 제출해야 했다. 하지만 실제로 2004년 1월이 되어서야 비로소 자료 수합의 막바지에 들어섰고, 여전히 계속하여 자료들이 속속히 올라오고 있는 상태로 총 수량은 1만여 분에 달했다. 『총목』 편찬의 완성을 위해서 각 지역의 가보 소장 상황을 파악하고, 『총목』을 심의하는 위원들 역시 속속히 올라온 자료를 일일이 기록표와 대조해 완성된 초고를 각 성씨 항목에 삽입했다. 이런 과정은 심사의 질을 높이기 위함이었다. 하지만 그 절차상 종합자료를 검토하는 시간도 당연히 늘어날 수밖에 없었는데, 독자에게 더욱 객관적이고 충실한 자료를 제공한다는 책임감과 보람으로 항상 스스로를 달래야만 했다.

양질의 성과를 얻기 위해서 상해출판사 관계자를 초청해 긴밀히 토론회를 열었다. 규합된 원고를 심사하는 단계에서 출판사의 편집자와 『총목』의 심사위원이 함께 『총목』 출판에 관한 문제들에 대해 상의했고, 이를 통해 중복된 과정을 생략하고 사업의 진척 속도를 올리고자 함께 노력했다. 이는 심사 후 그 내용이 최대한 원래 규정했던 『총목』의 수록 규범에 부합하고 출판 도서의 품질 역시 높이고자 한 것이다. 상해고적출판사는 이를 위해 『총목』 편찬을 핵심사업 명단에 올리기도 했다.

『총목』의 편찬 임무는 매우 어렵고 막중한 것이다.

첫째, 수량이 방대하고 언급된 지역이 매우 넓었다. 최근 50여 년 이래 가보목록을 저술한 경우가 몇몇 있었다. 하지만 대다수가 특정 소장기관의 것만을 수록한 것에 불과했다. 전 세계 수천 곳의 소장기관을 대상으로 일관된 원칙에 근거해 중국 가보 문헌의 연합목록(聯合目錄)을 편찬한다는 것의 어려움은 가히 짐작하고도 남음이 있다. 『총목』의 수록 방안에 근거해 공공기관에서 소장하고 있는 보첩문헌뿐만 아니라, 민간에 산재한 것도 최대한 파악해서 『총목』에 수록해야 했다. 그리고 구식의 가보 외에도 최근 10여 년 이래 편찬된 신식 가보 역시 함께 『총목』에 수록해야 했다. 이러한 『총목』의 요구사항은 편찬 과정에 어려움을 더욱 가중시켰다.

둘째, 수록해야 할 내용의 질적 수준이 매우 높았다. 『총목』의 수록원칙에 따라서 가보마다 서명·찬자·판본을 명기해야 했고, 가보의 보적(譜籍)·시조(始祖)·시천조(始遷祖)와 족인 중의 명인 및 특별한 내용을 정확하게 파악해 제요(提要)를 작성해야 했다. 이런 원칙으로 인해 편찬자는 반드시 해당 가보를 열심히 읽어야만 분석을 할 수 있고, 비로소 만족스러운 저록표를 작성할 수 있었다.

이처럼 편찬 과정에서 어려움이 많았지만, 『총목』 사업을 주관해 온 상해도서관 관계자와 역사 문헌 센터 등의 기관은 본 사업의 중요성을 충분히 공감했다. 그리고 사업 진행과 경비 조달 등의 측면에서 물심양면으로 지원을 아끼지 않았다. 이런 지원을 근간으로 『총목』 편찬은 순조롭게 진행될 수 있었다. 『총목』은 고적 정리라는 기초성격을 지닌 사업으로 상해고적출판사의 고적정리소조(小組)의 큰 지지를 얻었다. 저명한 학자이며 소조의 왕원화(王元化) 대표는 본 사업 추진에 각별한 관심을 보이셨고, 특히 『총목』의 제목을 손수 친필로 써 주었다. 『총목』 편찬 과정에서 국내외 1,000여 곳의 가보 소장기관과 수많은 보첩 연구자, 1,000여 명에 달하는 개인 소장자, 그리고 무수한 국내외 화교들이 아낌없는 지지를 보내 주었다. 이들의 적극적인 참여와 협력, 그리고 아낌없는 지지와 성원은 모두 중국의 역사문화를 계승하고 중화민족의 역사와 정신을 널리 알려야 한다는 사명감과 숭고한 책임감의 표현이라 할 수 있겠다.

4. 『중국가보총목』의 특징

『총목』의 편찬은 전 세계 중문 문헌 자원을 함께 발굴하고 이용하자는 사업 취지에서 시작되었다. 이런 관점에서 『총목』의 등장은 다음과 같은 몇 가지 분명한 특징을 갖는다.

1) 방대한 내용 수록을 통해 중국 내외 전역에 소장된 중국 가보의 기본 상황 파악

『총목』의 편찬 과정에서 국내외 1,000여 기관이 함께 참여했기 때문에 소장된 중국 가보의 현황을 알 수 있다. 통계에 의하면 수집되어 상해도서관에 도착한 가보 자료의 수량은 7만 6,781장에 달했다. 이를 통해 다음과 같은 사실을 알 수 있다.

첫째, 중국 가보의 수량은 매우 방대하다는 점이다. 상해도서관에 도착한 수집된 가보 저록표의 분량은 모두 7만 6,781장이고, 그중에 30%는 중복된 복본(復本)이다. 복본을 제외하면 전체 가보 수량은 5만 2,401종이다. 이전에 각 지역에서 파악된 종합목록의 경우에 1997년 중화서국(中華書局)에서 출간한 『중국가보종합목록(中國家譜綜合目錄)』의 내용이 가장 풍부했다. 그 수량이 1만 4,719여 종이었다. 이에 비해 『총목』의 수량은 3배 이상 증가했고, 지금까지 가장 많은 중국 가보를 수록한 목록서가 되었다. 실제 현존하는 가보 수량은 아마도 이를 초과하는 수량일 것이다. 아직도 민간에 산재한 많은 가보는 여러 원인으로 종합자료에 오르지 못했고, 통계에도 포함되지 않았기 때문이다. 이 점은 매우 아쉽지만 어쩔 수 없는 일이기도 하다.

둘째, 가보를 소장한 지역이 매우 광범위하다는 점이다. 중국 내에 소장된 가보의 분포 상황을 보면 상해·대만·북경·절강 등의 순서로 가장 많았고, 내지의 각 성시와 그리고 홍콩과 마카오 등도 포함한다. 국외의 경우는 미국·일본·한국·싱가포르·캐나다와 함께 유럽의 영국·프랑스·독일·네덜란드·스웨덴 등에서도 가보를 소장하고 있었다. 다시 말해 중국인이 다수 거주하는 거의 모든 나라가 중국 가보를 소장했다.

2) 수록된 방대한 성씨와 현존하는 중국 가보 성씨의 비교를 통해 성별 분포 상황 파악

『총목』에는 모두 608개의 성씨를 수록했다. 2000년에 출판된 『상해도서관관장가보제요(上海圖書館館藏家譜提要)』의 328개 성씨와 비교하면 배로 증가했다. 이들 성씨 중에서 가보의 수가 2,000개가 넘는 경우는 진(陳)·장(張)·왕(王)·유(劉)·이(李)씨 등이 있다. 1,000여 개의 성씨는 황(黃)·양(楊)·오(吳)·주(周)·임(林)·서(徐) 등이 있다.

북송 시기에 편찬되어 후대 널리 알려진 『백가성(百家姓)』에는 모두 440개의 성씨를 수록했다. 이번 『총목』에 수록된 성씨에는 『백가성』의 성씨 대다수가 포함되었고, 심지어 200개의 성씨가 더 많았다. 『총목』은 성씨를 필순에 따라서 배열했기 때문에 각 성씨별로 가보의 수량과 지역적 분포 상황도 함께 파악할 수 있다. 왕씨(王氏)와 장씨(張氏)의 사례를 들어보면 보면 다음과 같다.(〈위편 도표 8-1〉 참고)

〈위편 도표 8-1〉에서 알 수 있듯이, 왕씨와 장씨 가보는 현존하는 가보 가운데 그 수량이 많은 편에 속해 대략 2,000여 종에 달했다. 분포 지역은 절강·호남·대만·강소·강서·안휘·복건의 순서로 나타났다.

3) 풍부한 수록 내용과 체계적인 체례

『총목』은 제요(提要) 형식의 목록서이다. 내용 중에 가보의 서명·편찬자·편찬연대·권수 등의 기본 정보를 수록했고, 가보에 수록된 족인의 시조·시천조·역대 명인 등의 내용

<위편 도표 8-1> 왕씨·장씨 가보의 지역분포 통계표

지역	왕씨(王氏)	장씨(張氏)	지역	왕씨(王氏)	장씨(張氏)
전국*	4	17	광동(廣東)	33	112
북경(北京)	5	4	광서(廣西)	9	11
천진(天津)	2	1	해남(海南)	2	2
하북(河北)	21	20	중경(重慶)	12	13
산서(山西)	24	19	사천(四川)	38	50
내몽고(內蒙古)	0	0	귀주(貴州)	2	3
요령(遼寧)	37	35	운남(雲南)	9	6
길림(吉林)	1	3	서장(西藏)	0	0
흑룡강(黑龍江)	2	0	섬서(陝西)	22	29
상해(上海)	23	26	감숙(甘肅)	5	8
강소(江蘇)	225	238	청해(青海)	2	2
절강(浙江)	822	616	영하(寧夏)	0	0
안휘(安徽)	168	116	신강(新疆)	0	0
복건(福建)	183	86	홍콩(香港)	1	3
강서(江西)	137	150	마카오(澳門)	0	0
산동(山東)	97	74	대만(臺灣)	204	400
하남(河南)	90	116	지역불명	13	29
호북(湖北)	50	63	국외화교	0	0
호남(湖南)	269	345	지역총계	2,512	2,597

*왕씨(4), 장씨(17)이란 전국적으로 왕씨와 장씨의 가보가 4개와 17개란 뜻인데, 전체 도표의 의미와 통하지 않는다. 이는 저자의 오류로 판단된다. (역자 주)

도 언급했다. 그리고 해당 가보의 중요한 사료적 가치에 대해서도 언급했는데, 그 영역은 보서(譜序)·경제·교육·문화·민속 등 독자의 『총목』 열독의 편리를 위해 다양한 정보를 제공했다. 그러나 『총목』에도 일정한 한계는 있다. 각 제요 목록에 해당 항목의 내용을 모두 수록한 것은 아니라는 점이다. 현재까지 『총목』에서 제요 목록이 차지하는 비중은 전체의 대략 절반 정도이다. 이들은 주로 상해도서관과 절강도서관이 제공한 가보에 한한다. 이는 목록서의 관점에서 여기에는 있고 저기에는 없는 상황이라 완벽하지 못한 점이 없지는 않다. 수집된 자료를 심사하는 과정에서 이런 문제들을 발견하였지만, 특별히 이에 대한 해결 방안을 찾아내지 못했다. 『총목』의 체례는 각 기관이 이전에 수행한 가보 목록의 경험을 흡수한 것이다. 저록에 번호를 매기고, 보첩을 확정하고, 성씨에 따라서 배열하고, 저록 내용에 따라 순차를 정했다. 그리고 부주(附注) 내용과 관계가 있거나, 시조·시천조 및 명인의 저술·소장 기관의 저록 규정 등을 염두에 두고 관련 문제들에 대해 반복해서 토론를 진행했다. 이처럼 구체적인 토론과 실행을 통해 『총목』 체례를 더욱 과학화, 합리화하는 데 주력했다.

4) 2003년까지의 신형 가보 수록을 통한 『총목』의 범위 극대화

이전에 대륙에서 출판된 가보 목록은 일반적으로 1949년 이전의 것이다. 최근 10여 년 국내외에서 편찬되어 출간된 신형 가보에 대해 도서관은 편목을 만들어 독자에게 제공했다. 이를 귀감 삼아 『총목』은 2003년까지 최근 10여 년간 출간된 국내외 신형 가보도 목록에 수록했다. 수록 범위의 극대화를 위해 『총목』은 이런 신형 가보도 최대한 포함하려고 노력했다.

이를 통해 연구자와 독자에게 신형 가보 관련 정보를 폭넓게 제공할 수가 있었고, 국내외 문화교류를 촉진하는 역할도 가능하게 되었다. 통계자료에 근거하면 대만의 최근 50여 년 이래 출간된 신형 가보 수량은 이미 수천 종에 달했다. 또한, 최근 복건·광동·절강·강서 등의 지역에서 편찬된 가보 역시 다수가 국내외 같은 종족이 편찬한 것이다. 그러므로 국내외에서 최근 50여 년 사이에 편찬된 가보를 『총목』에 수록하는 것은 독자에게 가보 편람의 편리를 제공하고, 국내외 화교 간의 교류를 촉진시킨다는 적극적인 의미를 담고 있다.

5) 다양한 종류의 색인 기능으로 독자에게 편리를 제공

상해도서관은 2000년에 상해고적출판사와 함께 『상해도서관관장가보제요(上海圖書館館藏家譜提要)』를 출간했다. 이 책은 '지명', '당호(堂號)', '인명', '고금 지명 대조표' 등 4가지 형태의 색인을 만들어 검색의 편리를 도모했다. 이번에 편찬한 『총목』은 수록한 항목이 더욱 다양해서 내용이 『상해도서관관장가보제요』보다 4배가 증가했다. 독자의 편리를 위해 서목의 색인 방법을 분석해 『총목』에 적합한 색인을 종합했다. 『총목』의 완성과 함께 『보명색인(譜名索引)』·『보적색인(譜籍索引)』·『찬수자색인(纂修者索引)』·『당호색인(堂號索引)』·『선조색인(先祖索引)』·『명인색인(名人索引)』 등을 편찬했다. 이런 다양한 색인법의 제공으로 국내외 독자들에게 『총목』 색인의 편리를 도모했다.

6)『중국가보총목』의 디지털화

과학 기술이 신속하게 발전하는 지금, 일부 대형 도서관은 기계가독형목록(MARC)[18]을 기본 데이터베이스로 채택하고 있다.『상해도서관관장가보제요』 역시 MARC를 표준으로 데이터베이스(DB)를 구축하여 국내외 동포에게 조상을 찾거나 보첩학 연구에 편리를 제공했다. 하지만 원래 있었던 MARC 서목 자료 기술 방식에는 일정한 한계가 있다. 마스터 데이터 서비스(Master Data Services), 즉 MDS는 MARC에 비해 폭넓은 호환성을 가지고 있어서 인터넷을 통한 서비스 제공에 더욱 적합하다. 중국 과학기술부는 과학 기술의 기반조성이란 사업을 통해서『중국 디지털 도서관의 표준화와 규범화』를 위한 소조를 만들었고, 가보의 자료구축은 MDS 규범을 근거로 했다. 지금까지『총목』 편찬 위원회와 상해도서관 인터넷 센터가 함께 '가보 서지 제공에 관한 DB 규범'과 '가보 서지의 DB 정규화 원칙' 방안을 제정했다. 아울러 중국국가도서관, 광동중산도서관, 북경대학도서관 등과 함께 MDS를 근거로 가보를 편찬하는 개방형 실험을 실시했다. MDS를 통한 모든 검색이『총목』을 저본으로 삼았고, 가보 자료와 MDS를 통한 가보 자료의 디지털화는 원형 요소, 분류형 요소, 개별형 요소 등 3가지로 구성된다. 그중에 핵심 요소는 14개로 원소(元素)·제목·편찬자·주제와 핵심어·부주(附注)·출판자·기타 책임자·날짜·유형·형식·식별자·기원·어종·관련자료 등이 있다. 가보의 디지털화를 통해 세계 각지에 분포한 염황(炎黃)의 자손과 연구원은 인터넷을 통해서 관련 자료를 편리하게 검색할 수 있게 했다.

『총목』이 출판된 후에 DB 구축 방안이 최종 확정되지 않은 관계로 상해도서관은 우선 MARC 방식을 채택해『총목』의 DB를 구축해 독자가 편리하게 검색해 사용하는 방안을 채택했다.

18 MARC는 Machine Readable Cataloging의 약자이다. 컴퓨터를 통해 목록 데이터를 효율적으로 처리하기 위해서는 모든 데이터를 컴퓨터가 인식할 수 있는 형식으로 변환시키고 이를 정형화된 형식으로 배열하는 것을 말한다. MARC는 이와 같이 컴퓨터가 목록 데이터를 식별하여 축적·유통할 수 있도록 코드화한 일련의 메타데이터 표준 형식이다. MARC는 도서관의 자동화된 목록 작성에 사용되는 대표적인 메타데이터 표준 형식으로 도서관 간에 목록 레코드를 상호 교환하기 위해 미국 의회 도서관(Library of Congress, LC)이 개발하였다. (역자 주)

5. 『중국가보총목』 편찬의 의의

첫째, 『총목』은 전 세계에 현존하는 중국 가보를 대상으로 최초로 대규모 실사를 통해 편찬된 저술이고, 현존하는 중국 가보 규모를 분명히 파악할 수 있다. 20세기 후반 관련 전문가와 학자들의 통계에 따라 현존하는 중국 가보의 수량은 1만 5,000여 종, 혹은 2만 종으로 예측했다. 하지만 이번 편찬 과정에서 드러난 수량은 무려 7만 부(部)를 초과했고, 그 종류도 5만 2,401종에 달했다. 중국 가보는 중국의 귀중한 역사문화 유산인데 그 수량만 보더라도 중국 고적 중에서 얼마나 중요한 지위를 차지하고 있는지를 알 수 있다. 『총목』의 편찬은 중국 역사문화를 계승하고 중국의 정신을 널리 알리는 데 중요한 역할을 담당할 것이다.

둘째, 『총목』의 편찬이란 실제로 가보 문헌을 새롭게 분류하고 수리·보수하는 과정이었다. 각지에서 『총목』 편찬을 함께 진행하면서 원래 편목에 없었던 가보를 체계적으로 다시 정리하고, 훼손된 것을 보수하고 복원하는 작업을 함께 진행했다. 예를 들면, 파손된 가보는 복원작업을 통해 더 이상의 훼손을 방지했다. 『총목』 편찬 과정에서 각 기관 역시 민간에 산재한 다량의 가보를 집중적으로 수집·구매·소장하며 가보관리와 보관에 심혈을 기울였다. 일부 기관은 『총목』의 편찬을 계기로 해당 지역에 산재한 가보를 철저히 조사해 정리했고, 가보 문헌의 정리와 편찬을 중요한 문화 사업의 일환으로 삼기도 했다. 예를 들어, 절강성은 『총목』 편찬에 참여하며 이를 계기로 『절강가보총목제요(浙江家譜總目提要)』를 편찬했다. 이 책은 절강의 첫 번째 문화 사업으로 선정되었다. 그리고 미국의 하버드대학 연경도서관은 소장하고 있던 수백 종의 가보를 구석에 방치해 오다 이번 『총목』 편찬을 계기로 체계적인 편목 작업을 진행했다. 이와 유사한 사례가 무수히 많았다. 『총목』 편찬의 의미는 단순히 이런 목록 작업에만 그치는 것이 아니다. 다시 말해 중국 문헌의 정리와 보수에 촉진제 역할을 했다는 것이 더욱 중요한 의미라 하겠다.

셋째, 『총목』 편찬은 중국 가보 연구를 위한 중요한 원시 자료와 관련 정보를 학술계에 제공하는 역할을 했다.

20세기 초 저명한 사학가인 양계초(梁啓超)는 보첩자료 발굴의 중요성을 강조하며 "족보와 가보가 없었다면 종족의 조직과 각 시대 지방의 혼인 평균연령, 평균수명, 양측 부모의 전승 관계, 남녀의 출생 비율, 출생률과 사망률을 비교해서 밝히는 등의 문제에 대해서 근거할 만한 자료를 거의 찾아볼 수 없었을 것이다. 중국은 가가호호 가보를 보유하고 있으니 실로 역사학의 중요한 보물이 아닐 수 없다. 그러므로 앞으로 국립도서관이 천하의 가보를 가능한 한 모두 수집해서 학자들이 분야별로 연구하면 실로 불후의 성과를 얻을 수 있을 것이다."[19]라고 했다. 『총목』은 소장된 가보의 분포 상황을 지도처럼 상세하게 분류했다. 이 책이 출간된 이후 많은 연구자에게 가보 연구와 이용에 편리함을 제공하고, 또한 역사학·경제학·인구학·사회학·민속학 등의 학술 분야에도 중요한 사료적 근거를 제공할 수 있다.

넷째, 『총목』의 편찬은 국내외 화교에게 조상의 뿌리를 찾는 데 필요한 종합적·체계적인 단서를 제공할 수 있다.

종족의 근원과 세계(世系) 도표는 가보에서 가장 중요한 핵심이다. 또한 조상의 뿌리를 찾는 사료적 근거를 제공하기도 한다. 가보라는 특수 형태의 역사 문헌만이 이런 단서를 제공할 수 있다. 1996년부터 상해도서관은 일반 대중에게 가보 열람실을 개방했고, 국내외 수만 명의 독자가 이곳을 방문했다. 그중 대다수의 이용자가 조상의 뿌리를 찾기 위해서 방문한 경우였다. 이들 독자가 가보 열람을 통해 자신의 조상을 찾았을 때 보여준 흥분과 기쁨은 이루 말로 표현하기 힘들 정도였다. 『총목』 출간은 전 세계에 분포한 중국 가보의 소장상황에 대한 파악이고, 더 넓은 의미에서 국내외 화교에게 조상을 찾는 중요한 단서를 제공했다. 그로 인해 자연스럽게 염황(炎黃)의 후손이 중국을 방문하는 기회와 사회적인 분위기를 만들 수 있다. 가보를 통한 조상 찾기는 국내외 화교가 응집하고 단결하는 구심점을 제공하는 중요한 의미를 지닌다.

19 梁啟超, 『中國近三百年學術史』, 復旦大學出版社, 1985: "欲考族制組織法, 欲考各時代各地方婚姻平均年齡、平均壽數, 欲考父母兩系遺傳, 欲考男女產生比例, 欲考出生率與死亡率比較 (中略) 等等無數問題, 恐除族譜家譜外, 更無他途可以得資料。我國鄉鄉家家皆有譜, 實可謂史界瑰寶, 如將來有國立大圖書館, 能盡集天下之家譜, 俾學者分科研究, 實不朽之盛業也。"

부록

상해도서관의 가보 정리와 가보 연구에 관한 대사연표(1996~2001)

부록 1

1996년

1월 9일 상해도서관이 역사문헌 복원을 위한 회의를 개최함에 당위원회 서기 왕학명(王鶴鳴), 관장 마원량(馬遠良) 등이 모임을 주도했고 이때 회의를 통해 가보, 비첩(碑帖) 등 역사 문헌의 복원을 확정했다. 당위원회 부서기인 왕세위(王世偉)가 문헌복원팀장을 맡아서 가보를 복원하고 정리하는 소조를 만들었다.

1월 25일 상해시 위원회 부서기인 진지립(陳至立)은 왕학명, 마원량의 사업 보고를 접수하고, 신관의 개관과 직원의 주거 환경의 개선 및 역사 문헌 복원 등의 업무에 대해 중요한 지시를 내렸다.

2월 8일 상해시 부시장인 공학평(龔學平)은 상해도서관 신관 건축 현장을 방문하여 사업의 진행 상황을 보고받았다. 이때 신관의 건축과 역사 문헌의 복원에 등에 대해 중요한 지시를 내렸다.

2월 16일 상해도서관의 왕학명·마원량·진섭군(陳燮君)·왕세위·무기호(繆其浩)·오건중(吳建中) 등은 악로(樂路)와·용오로(龍吳路) 서고를 각각 방문해서 역사 문헌의 복원과 정리 상황을 조사했다. 아울러 이 업무에 종사하는 사람을 격려했다.

3월 23일 상해도서관은 사산(佘山)에서 중간급 간부회의를 개최했다. 이때 상해시의 상무위원 겸 홍보부 부장인 김병화(金炳華) 회장이 회의에 참석하여 연설했다. 아울러 상해도서관의 합병과 신관의 개관, 그리고 구성원의 편제와 역사 문헌 복원 업무에 대해 중요한 지시를 했다.

4월 17일 상해도서관은 용오로 서고에서 가보 보호를 위한 1단계 업무 총결산 대회를 개최했고, 다음 단계로 가보 정리 업무를 분담시켰다. 1단계의 보호

과정을 통해 가보의 벌레와 먼지를 제거하고, 보수해서 서가에 비치하는 일을 마무리했다.

6월 10일 중공 중앙정치위원 겸 국무원 부총리 주용기(朱鎔基)와 중앙정치국 위원 겸 상해시 서기인 황국(黃菊), 상해시 위원회 부서기 겸 시장인 서광적(徐匡迪)을 부시장인 공학평 등이 수행하여 상해도서관의 건설 현장을 시찰하고 사업의 진행 상황을 보고했다.

12월 20일 상해도서관의 신관을 완공하고 대외에 개방했다. 중공 중앙정치위원 겸 상해시 서기인 황국, 상해시 부서기 겸 시장인 서광적, 상해시 부서기인 진지립, 상해시 상무위원 겸 홍보부장인 김병화, 상해시 부시장 공학병 등이 신관 개관 의식에 참석하고 상해도서관을 참관했다. 이번 개관을 계기로 중국 본토에서 최초로 가보 열람실을 신설하고 독자들을 맞이했다.

1997년

1월 15일 전국인민대표자회의 상무위원장 교석(喬石)은 상해시 부서기인 진지립의 수행으로 상해도서관을 시찰하고 가보 열람실을 참관했다.

1월 20일 중공중앙정치국 위원 겸 국무원 부총리 추가화(鄒家華)가 상해도서관 가보 열람실을 참관했다.

1월 23일 중공중앙정치국 위원 겸 상해시 서기 황국과 상해시 부서기 진지립 및 상해시 상무위원 겸 홍보부장인 김병화 등이 상해도서관의 '상해시 정신문명 건설 전람'을 참관하고, 가보 열람실을 참관했다.

2월 19일 인민대표대회 상무위원회 부위원장 팽패운(彭珮雲)이 상해도서관의 가보 열람실을 참관했다.

5월 4일 국가부주석 영의인(榮毅仁)이 상해시 상무위원 겸 홍보부장인 김병화의 수행으로 상해도서관을 시찰했고, 가보 열람실을 방문해 『영씨가보(榮氏家譜)』를 열람했다. 이에 상해도서관은 영인본 가보를 부주석에게 선사했다.

5월 17일 중공중앙정치국 위원, 서기처의 서기, 중앙 홍보부 부장인 정관근(丁關根)이 상해시의 부서기 진지립의 수행으로 상해도서관 가보 열람실을 참관했다.

7월 19~31일 홍콩의 공공도서관과 상해도서관의 연합으로 홍콩의 중환대회당(中環大

會堂)에서 상해도서관의 고문헌 선본을 알리는 전시회를 거행했다. 이때 전시한 81점 중 옥강(玉岡)·이홍장(李鴻章)·영의인(榮毅仁) 등 저명인사의 가보가 포함되었다. 상해도서관 관장인 마원량, 상무위원 겸 부서기인 왕세위(王世偉) 및 홍콩 시정국(市政局)의 의원인 왕국흥(王國興), 시정총서(市政總署) 서장인 종려괵(鐘麗幗) 등이 이번 전시회를 주최했다.

7월 31일　전국정치협상회의 주석 엽선평(葉選平)이 상해도서관의 가보 열람실을 참관했다.

10월 9일　전국정치협상회의 부주석 아패(阿沛)·아왕진미(阿旺晉美)가 상해도서관의 가보 열람실을 참관했다.

10월 12일　전국정치협상회의 부주석 양여대(楊汝岱)가 상해도서관 가보 열람실을 참관했다.

10월 24일　전국인민대표자 상무회의 부위원장 진모화(陳慕華)가 상해도서관 가보 열람실을 참관했다.

11월　상해도서관 가보연구센터를 설립해 개관했다.

11월 9일　중공중앙정치국 상무위원 호금도(胡錦濤)가 상해시 부서기 겸 시장인 서광적(徐匡迪) 및 시위원 부서기 공학평의 수행으로 상해도서관을 시찰하고 가보 열람실을 참관했다.

11월 14일　국무위원 이귀선(李貴鮮)이 상해도서관의 가보 열람실을 참관했다.

1998년

3월　『상해도서관관장가보제요(上海圖書館館藏家譜提要)』 편찬 사업을 시작했다.

3월 26일　전국정치협상회의 부주석 노가석(盧嘉錫)이 상해도서관 가보 열람실을 참관했다.

5월 4일　정치협상회의 부주석 진금화(陳錦華)가 상해도서관 가보 열람실을 참관했다.

5월 8일　상해도서관의 왕학명과 호덕(胡德) 등은 미국 유타주의 가보학회 도서관을 방문하여 가보의 정리와 연구에 관한 사항을 교류했다. 아울러 두 기관은 협력을 위한 업무 협정을 체결했다.

6월 15일~7월 12일　상해도서관의 진건화(陳建華)는 홍콩 영남학원(嶺南學院)의 요청으로 홍콩의 중국 가보 소장현황을 시찰했다.

7월 10일　『광명일보(光明日報)』는 여전시(余傳詩)와의 인터뷰를 보도했고, 관련 제목은 「보첩 자료의 중시와 연구 및 중국 가보 자료 데이터베이스 구축」이었다.

7월 상해도서관과 미국 유타주 가보학회의 협력 합의안에 따라 미국 측에서 130권의 가보 마이크로필름을 제공했고, 상해도서관은 이를 열람실에 비치해 독자에게 제공했다.

9월 24일 중공중앙정치국 상무위원 겸 국무원 부총리 이남청(李嵐清)은 교육부 부장인 진지립과 상해시 부서기 공학평의 수행으로 상해도서관의 고적(古籍)·비첩(碑帖)·척독(尺牘) 등의 전람실을 참관했다.

9월 26일 전국정치협상회의 부주석 왕문원(王文元)이 상해도서관 가보 열람실을 방문했다.

11월 18~20일 상해도서관이 주최한 "중국 가보의 연구와 이용에 관한 학술토론회"를 상해도서관에서 개최했다.

12월 23일 『문회보(文匯報)』는 「상해도서관에서 본 가보(上圖看家譜)」라는 제목의 탐방 보도를 실었다.

1999년

2월 1일 『중화독서주보(中華讀書週報)』의 정신국(程新國)은 「우리는 어디서 왔는가(我們從哪里來?)」라는 제목의 상해도서관 인터뷰 기사를 보도했다.

3월 27일 중공중앙정치국 위원 겸 북경시 서기인 가경림(賈慶林)과 북경시 시장 유홍(劉洪)이 상해도서관 가보 열람실을 방문했다.

8월 19일 상해도서관의 무기호(繆其浩)·오건중(吳建中)·방금(房琴) 등은 태국에서 개최된 제65회 국제도서연합대회에 참석하여 가보와 지방지 관련 토론회 활동에 참여했다. 여기서 상해도서관의 가보 정리와 연구에 대하여 소개했다.

9월 상해도서관의 진영녕(陳寧寧)·장기(張奇)는 미국 솔트레이크시티(Salt Lake City)에서 열린 '가보와 지방지 연구토론회'에 참석했다.

10월 『중국보첩연구(中國譜牒研究)』라는 논문집을 상해고적출판사에서 출간했다.

11월 5일 상해도서관은 '역사 문헌의 복원'이란 주제의 성과 전시회를 개최했고 이곳에 상해시 부서기 공학평 등이 참가했다.

11월 14일 홍콩의 『대공보(大公報)』는 상해도서관이 진행한 가보의 정리와 연구 관련 저술『가보 문화의 해동(解凍家譜文化)』을 소개했다.

12월 5일 전국인민대표자 부위원장 조지(曹志)가 상해도서관의 가보 열람실을 참관했다.

12월 7일 전국정치협상회의 주석 전위장(錢偉長)이 상해도서관의 가보 열람실을 참관했다.

12월 13일 국무원 부총리 오의(吳儀)가 상해도서관의 가보 열람실을 참관했다.

2000년

2월 상해도서관은 싱가포르의 Cybersia.com이란 기업과 함께 공동으로 가보 자료를 연구하는 협정을 체결했다.

4월 상해도서관이 소장한 가보목록의 데이터베이스화를 완성해서 독자에게 제공함으로써 컴퓨터를 통해 색인이 가능하도록 했다.

4월 12~25일 상해도서관의 왕학명, 진건화 등은 일본과 대만을 방문하여 중국 가보의 소장현황을 조사했다. 아울러 관련 기관과 함께 관련 가보의 조사와 연구에 협력하며 교류하기로 했다.

5월 4일 중공중앙 총서기, 국가주석 강택민(江澤民)은 중공중앙정치국 위원 겸 상해시 서기 황국(黃菊)과 상해시 부서기 겸 시장인 서광적(徐匡迪), 상해시 상무위원 부서기 공학평의 수행으로 상해도서관을 시찰하고 아울러『제양강씨김리파종보(濟陽江氏金離派宗譜)』를 조사했다. 이에 상해도서관은 해당 영인본 가보를 주석에게 증정했다.

5월 5일 중공중앙정치국 상무위원 겸 전국정치협상회의 주석 이서환(李瑞環)이 상해시 판공실 주석 왕립평(王立平)과 상해시 상무위원 부서기 공학평의 수행으로 상해도서관을 시찰하고 가보 열람실을 참관했다. 이때『보지이씨보고(寶坻李氏譜稿)』를 열람함에 상해도서관은 해당 영인본 가보를 주석에게 증정했다.

5월 『상해도서관관장가보제요(上海圖書館館藏家譜提要)』를 상해고적출판사에서 간행했다.

5월 상해도서관 홈페이지에 가보 분야의 전문가들로 구성된 자문 코너를 설치하고, 이메일을 통해 세계 각지에서 보내온 질문에 대한 자문을 제공했다.

5월 8~12일 상해도서관이 주최한 중국가보국제학술 토론회인 "보첩의 연구와 그 자료의 분석 및 이용"을 주제로 학술회의를 거행했다.

6월 5~11일 상해도서관의 풍금우(馮金牛)와 조찬붕(趙燦鵬)이 Cybersia.com의 요청으로 싱가포르를 방문하여 홈페이지를 시찰하고 관련 업무협력에 대해서 논의했다.

6월 7~9일 중국국가도서관이 개최한 '전 세계 중문 문헌 자료의 공유와 협력'에 관한 회의가 북경에서 개최되었다. 이에 상해도서관의 오건중(吳建中)과 진건화가 회의에 참석했고, 이때 『중국가보총목(中國家譜總目)』이란 사업안을 신청하여 정식으로 사업안이 가결되었다.

9월 3일 중공중앙정치국 상무위원 겸 전국인민대표자위 상무회의 부위원인 강춘운(姜春雲)이 상해도서관의 가보 열람실을 참관했다.

11월 4일 전국정치협상회의 부주석인 임건신(任建新)이 상해도서관의 가보 열람실을 참관했다.

11월 『중화보첩연구(中華譜牒研究)』란 논문집이 상해과학문헌출판사에서 간행되었다.

11월 『중국 최초의 가보 열람실: 상해도서관 소장 가보 실록』(VCD)가 포동전자출판사(浦東電子出版社)에서 간행되었다.

11월 27~28일 『중국가보총목(中國家譜總目)』의 첫 번째 편찬 회의가 상해도서관에서 개최되었다. 중국문화부 도서관사(圖書館司)의 사장(司長)인 진기림(陳琪林)이 회의에 참석하여 담화문을 발표했고, 『중국가보총목』 편찬 사업을 총괄하는 상해도서관 관장인 마원량(馬遠良)도 치사(致辭)했다. 상해도서관의 무국금(繆國琴)·왕세위·무기호·이도림(李道林) 등이 회의에 참석했다. 아울러 『중국가보총목』의 주편(主編)인 상해도서관의 연구원 왕학명이 해당 저술의 구체적인 편찬방안에 대하여 발표했다.

12월 26일 중공중앙정치국 상무위원 겸 국방부 부장인 지호전(遲浩田)이 상해도서관 가보 열람실을 방문했다.

2001년

2월 7일 중화인민공화국 문화부는 "『중국가보총목』 편찬에 관한 협력 방안의 공지"를 반포했다.

2월 중국 내지와 홍콩·대만 및 미국과 싱가포르 등의 지역에서도 연이어 『중국가보총목』의 편찬 사업을 시작했다. 중국 내지의 수많은 성(省)의 문화

청도 공문을 반포하여 각 지역의 문화 관련 기관이 이 사업에 적극적으로 참여하도록 협조할 것을 요청했다.

2월 16일 중국인민대표자회의 상무위원회 부위원인 오계평(吳階平)이 상해도서관의 가보 열람실을 참관했다.

2월 27일 상해도서관은 『중국가보총목』 편찬을 위한 상해지역 편찬회의를 개최했다.

3월 8일 『심양일보(瀋陽日報)』의 이작명(李作明)은 특별 인터뷰를 통해 「신세기 중국의 성대한 사업: 『중국가보총목』의 편찬」[1]을 보도했다.

3월 13일 『북경신보(北京晨報)』는 신화사(新華社)의 기자 조난영(趙蘭英)을 통해 「중국 가보의 집대성(華人家譜世紀大收集)」이란 내용을 보도했다.

3월 21일 *Shanghai Daily*에서 "City Library in Charge of Tracing China's Family Tree"라는 인터뷰 기사를 보도했다.

4월 23~24일 제2차 '전 세계 중문 문헌 자료의 공유와 협력'에 관한 회의가 대만에서 개최되었다. 상해도서관의 왕학명, 고연(顧燕) 등이 회의에 참석하여 '『중국가보총목』의 편찬 상황'에 대해 소개했다.

4월 28일 왕광미(王光美)가 상해도서관의 가보 열람실을 참관했고, 유소기(劉少奇)의 가보인 『영향남당유씨가보(寧鄕南塘劉氏家譜)』을 열람했다.

5월 6일 전국정치협상회의 부주석 겸 중공중앙통전부 부장인 왕조국(王兆國)이 상해도서관의 가보 열람실을 참관했다.

5월 7일 『신민만보(新民晩報)』의 왕일신(汪一新)이 인터뷰를 통해 「가보를 통한 조상의 기원 확인: 『중국가보총목』과 문화공정의 전면적인 시작」[2]을 보도했다.

5월 『중국가보총목』이 정식으로 중국국가사회과학의 기초사업으로 선정되었다.

5월 28일 미국의 *Los Angeles Time*에서 "At Shanghai's Library, Chinese Seek the Stories of Their Lives"라는 특별 인터뷰 기사를 보도했다.

6월 『상해도서관관장가보제요(上海圖書館館藏家譜提要)』가 제3회 중국고적정리대회에서 2등상을 획득했다.

---

1 "新世紀中華盛事: 編纂『中國家譜總目』。" (역사 주)

2 "尋根認祖可査譜: 『中國家譜總目』文化工程全面啟動。" (역자 주)

10월 7일	전국인민대표자대회 상무회의 부위원인 허가로(許嘉璐)가 상해도서관의 가보 열람실을 방문했다.
11월	『중국가보자료선편(中國家譜資料選編)』의 편찬을 위한 안건이 상정되었다.
11월	『중국보첩사전(中國譜牒詞典)』의 항목선정을 완료하고 편찬방안에 대하여 토론했다.
12월 21일	『상해도서관관장가보제요』가 상해도서관의 우수 성과상을 획득했다.
12월	2001년 12월 말까지 상해도서관이 복원한 가보는 1,599종의 3만 3,779책, 59만 8,969페이지에 달하는 것으로 파악되었다.

진건화(陳建華) 정리

중국 가보 관련 논문색인(1874~2008)

부록 2

「雙泉何氏重修宗譜序」(強恕堂文集), 『瀛寰瑣記』, 1874. 4., 第19卷
「各國宗譜考」, 『萬國公報』(上海), 1880. 9. 4., 第13年 604卷
「王族譜系」, 『益聞錄』, 1883(277)
「中西齊家譜出售」, 『聖心報』, 1904, 18(209)
白話道人, 「大禹的家譜及大禹降生的來歷」, 『中國白話報』, 1904(5)
沈欽韓, 「沈小宛族譜論」, 『國粹學報』, 1906. 1. 14., 第12期
「戴褐夫集·序·戴氏宗譜序」, 『國粹叢編』, 1901, 1(5)
朱次琦, 「南海九江朱氏家譜序」, 『國粹學報』, 1907. 5. 2., 第28期
陳去病, 「屈原通譜牒之學」, 『國粹學報』, 1908. 5. 19., 第41期
「史道鄰常氏家譜序」, 『廣益叢報』, 1909. 6. 27., 第206號
(明)史可法, 「史道鄰常氏家譜序」, 『國粹學報』, 1909. 4. 10., 第52期
吉鳴珂, 「造家譜序」, 『中西教會報』, 1911. 12., (復刊)第232册
周祥駿, 「郝氏族譜序」, 『南社』, 1912. 7. 14., 第5集
劉杽, 「家譜序」, 『文史雜志』, 1913. 6. 20., 第4集
朱次琦, 「南海九江朱氏家譜序」, 『不忍雜志』, 1913. 11. 12., 第8册
何則賢, 「藍水書塾筆記: 族譜義例」, 『文藝雜志』(上海), 1914(10)
康有爲, 「南海九江朱氏家譜序」, 『不忍雜志匯編』, 1914, 二集(6)
唐才常, 「淮川李氏四修族譜序」, 『民權素』, 1915. 6. 15., 第7集
魏羽, 「監利向氏族譜序」, 『民權素』, 1915. 11. 15., 第12集
曹佐熙, 「益陽遊氏族譜序」, 『船山學報』, 1915(4)
「徐文定公遺著(錄徐氏宗譜)」, 『善導報』, 1915(39)
黃尙毅, 「儀隴黃氏族譜序」, 『四川教育雜志』, 1916(1)

周斌, 「顧氏族譜序」, 『南社』, 1916. 4., (16)
程善之, 「胡氏族譜序」, 『南社』, 1916. 11., 第19集
葉司鐸, 「沔南葉氏南陽續修族譜序」, 『聖教雜志』, 1916, 5(6)
濟時, 「廬州龔氏宗譜序」, 『浙江兵事雜志』, 1917. 7., 第39期
陳去病, 「蜆江陳氏家譜自序」, 『南社』, 1917. 7., 第20集
閻鎮珩, 「申氏族譜序」, 『船山學報』, 1917. 8. 20., 第8期
張謇, 「如皋胡氏重修族譜序」, 『南通師範校友會雜志』, 1917(7)
陶傳堯, 「宋家塾宋氏族譜序」, 『清華學報』, 1918. 5., 第3卷, 第6期
秦光玉, 「李氏宗譜序」, 『尙志』, 1918. 5. 1.
顯庭, 「溧水後氏族譜序」, 『金陵光』, 1918, 9(3)
吳恭亨, 「桑植谷氏族譜序」, 『南社』, 1919. 12., 第21集
王闓運, 「泉景蕭氏族譜序」, 『小說月報』(上海 1910), 1919, 10(7)
陳寶瑛, 「沈東江家譜跋」, 『青年進步』 1920(29)
丁文江, 「哲學與譜牒」, 『改造』(上海 1919), 1920, 3(4)
丁文江, 「哲學與譜牒(二續)」, 『改造』(上海 1919), 1921, 3(6)
貞壯, 「麗水王氏宗譜序」, 『浙江兵事雜志』, 1922. 1., 第93期
柯劭忞, 「濟陽盧氏族譜序」, 『浙江兵事雜志』, 1922. 9., 第101期
「宗譜刊載墳地境界」, 『法律評論』(北京), 1925(93)
「族譜刊載養子」, 『法律評論』(北京), 1925(101)
鄒興鉅, 「張氏族譜序」, 『東北文化月報』, 1925, 4(5)
史一如·男史玨, 「裏牌溪史氏族譜敘」, 『海潮音』, 1926, 6(11)
「北京圖書館征集家譜」, 『聖教雜志』, 1926, 15(10)
「譜牒記載錯誤與告爭」, 『法律評論』(北京), 1927, 4(35)
篇覺, 「信陽梅黃山曹洞宗譜序」, 『海潮音』, 1927, 8(10)
江覺齋, 「十景仙鄉三茅洪氏萬年宗譜七古庚歌」, 『寧波旅滬同鄉會月刊』, 1928(54)
(美)Torrey, R. A., 陳建勛, 「耶穌家譜矛盾的決疑」, 『信義報』, 1928, 17(15)
「浙江杭鄞金永律師公會報告錄」, 1928(104)
孚川, 「南明章氏重修宗譜序」, 『浙江』 1(7), 1928, 1(7)
沈公布, 「一本貴族式的家譜」, 『聖教雜志』, 1928, 17(5)
潘光旦, 「中國家譜學略史」, 『東方雜志』 1929, 26(1)
潘光旦, 「家譜與宗法」, 『東方雜志』 1930, 27(21)

『南京旱西門龍蟠裏國學圖書館』,『史學雜志』(南京), 1930, 2(3/4)

柳詒征,「讀趙氏宗譜」,『史學雜志』(南京), 1930, 2(3/4)

謙齋,「題龍巖謝氏族譜」,『中醫世界』, 1931, 3(17)

潘光旦,「章實齋之家譜學論」,『人文』(上海 1930), 1931, 2(8)

潘光旦,「章實齋之家譜學論(續)」,『人文』(上海 1930), 1931, 2(9)

胡鳴龍,「中國家譜學之改造」,『國立中央大學社會科學季刊』, 1931, 1(2)

危微,「羅斯福家譜」(附照片),『青春』, 1932, 1(18)

羅香林,「家譜敘錄」,『國立中山大學文史學研究所月刊』, 1933, 1(2)

戴 銳,「基督耶穌的兩個家譜」,『布道雜志』, 1933, 6(3)

羅香林,「家譜敘錄」,『國立中山大學文史學研究所月刊』, 1933, 1(4)

許同莘,「河朔氏族譜略初編稿(續)」,『河北月刊』, 1934, 2(9)

許同莘,「河朔氏族譜略初編稿(續)」,『河北月刊』, 1934, 2(10)

許同莘,「河朔氏族譜略初編稿(續)」,『河北月刊』, 1934, 2(11)

柳詒征,「膠山黃氏宗譜選錄序」,『國風』(南京), 1934, 4(10)

「家譜」,『聖教雜志』 1934, 23(7)

鐘化育,「耶穌家譜的研究」,『希望月刊』, 1934, 11(6/7)

孫之春,「船山先生行述原文(據家譜本)」,『船山學報』(長沙 1915), 1934(4)

羅志如,「生命表編制法: 袁貽瑾氏之家譜生命表」(附表),『國立中央研究院社會科學研究所叢刊』(2), 1934

孫詒讓,「上田戴氏族譜·敘」,『青鶴』, 3(1), 1934

「宜亭」,『法律評論』(北京), 1935, 13(9/10)

高文海,「重修族譜跋」,『國專月刊』, 1935, 2(3)

王闓運,「景泉蕭氏族譜序」,『國光雜志』, 1936(18)

賈子安,「耶穌家譜中的奇妙」,『耶穌教家庭新聞』, 1936(1717)

黃季剛,「騰沖青齊李氏宗譜序」,『制言』, 1936(10)

黃曾樾,「蘭風沈氏宗譜敘」,『國學論衡』, 1936(8)

許正樞,「八十一叟衍自序: 松滋許氏族譜序」,『國學論衡』, 1936(7)

陳勁倪,「陳公博氏讀否陳氏族譜?」,『中華月報』, 1936, 4(6)

許同莘,「中州民族譜略初編稿」,『河南政治』, 1936, 6(6)

軾,「改良族譜的一個建議」,『史地社會論文摘要月刊』, 1936, 2(4)

殿珣,「金文世族譜」,『中國博物館協會會報』, 1936, 2(1)

羅香林,「錄饒平隆都大巷陳氏族譜寄岑仲勉先生」,『書林』, 1937, 1(4)
譚荔垣,「南海譚氏族譜凡例」,『書林』, 1937, 2(3)
「北修宗譜序」,『前導月刊』(安慶), 1937, 2(3)
蘇殿卿,「從耶穌基督的家譜中得的教訓」,『末世牧聲』, 1938, 18(15)
「基督家譜的拾遺」,『基督教』, 1938(14)
阿瑛,「中山孫氏族譜紀略」,『大風』(香港), 1939(50)
馬克吐溫,「特別家譜」(中英文對照),『英文知識』(上海), 1940(40)
陳海峰,「納粹獨裁希特勒縮影: 希特勒的家譜」,『永安月刊』, 1940(14)
張玉光·金德寶,「蒲氏家譜」,『月華』12(13/14/15/16/17/18), 1940
陳易園,「重修七牧張氏族譜序」,『協大藝文』, 1940(11)
阿爾索布·金德納·陳礪,「羅斯福的家譜」,『吾友』, 1940, 1(3)
張玉光·金德寶,「報告發見蒲壽庚家譜經過」,『月華』, 1940, 12(1/2/3)
楊向奎,「論中古時代之譜牒與刑」,『文史雜志』, 1941, 1(11)
曄,「中國書家譜系」,『華文大阪每日』, 1941, 6(11)
「羅得林氏發現國父上世族譜」,『國民教育指導月刊』(桂林), 1941, 1(3)
甘簃,「義門陳氏大同宗譜序」,『雅言』(北京), 1942(5)
仲祜,「跋俞氏宗譜乩錄後」,『佛教雜志』, 1942(3)
陳三立,「萍鄉文氏四修族譜序」,『同聲月刊』, 1943, 2(12)
燕舲,「天津卞氏與毗陵勝西合修族譜序」,『雅言』(北京), 1943(1)
陳遵統,「重修樵西吳氏宗譜序」,『協大藝文』, 1944(16/17)
「康熙衡陽張氏族譜序」,『眞理雜志』, 1944, 1(4)
楊殿珣,「中國家譜通論」,『圖書季刊』, 新第三卷1~2期, 1944(6)
徐先兆,「嶽武穆王氏宗譜序文書後」,『知識青年』1(4/5), 1945
余紹宋,「龍遊高階余氏家譜敘例」,『浙江省通志館館刊』, 1945. 1(2)
楊殿珣,「中國家譜通論(續)」,『圖書季刊』, 新第六卷3~4期, 1945. 12.
「地方行政圖書館征集地圖宗譜」,『浙江省地方行政學會會員通訊』, 1946(51)
高寒,「記倮夷李姓與王姓宗譜碑記」,『文訊』, 1946, 新6(9)
馬松舲,「涼山羅夷的族譜」,『民族學硏究集刊』, 1946(5)
楊殿珣,「中國家譜通論(續)」,『圖書季刊』, 新第7卷1~2期, 1946. 6.
劉孀芬,「家譜序」,『中山文獻』, 1947(創刊號)
潘光旦,「家譜還有些什麽意義?黃岡王氏家譜代序」,『東方雜志』, 1947, 43(12)

錢基博, 「上海倪王家乘敘記: 天主教家譜示例」, 『上智編譯館館刊』, 1948, 3(2)

白壽彝·馬壽千, 「幾種回回家譜中所反映的歷史問題」, 『北京師範大學學報』, 1958(2)

錢仲聯, 「關于陸遊和陸秀夫的新材料“會稽陸氏族譜”」, 『光明日報』, 1961. 9. 1.

錢仲聯, 「讀“山陰陸氏族譜”後記補」, 『光明日報』, 1961. 9. 22.

徐侖, 「宗族·階級·家譜」, 『解放日報』, 1963. 7. 18.

程成, 「封建家族談」, 『文匯報』, 1964. 10. 15.

泉州市文物管理委員會, 「研究李贄問題的新史料: “清源林李宗譜”」(部分)簡介, 『教育革命通訊』, 1975(1)

馮其庸, 「曹雪芹家世新考: “五慶堂重修遼東曹代宗譜”」, 『社會科學戰統』, 1978(創刊號)

葉顯恩, 「從祁門善和裏程氏家乘譜牒所見的徽州佃仆制度」, 『學術研究』(廣州), 1978(4)

馮其庸, 「“五慶堂重修遼寧曹氏宗譜”考略」, 『紅樓夢學刊』, 1979(第一輯)

陳振, 「方臘起義研究中的幾個問題: “桂林方氏宗譜”不可信」, 『學術月刊』, 1979(7)

崔建英, 「重視族譜的史料價值」, 『圖書館學通訊』, 1979(1)

徐本章, 「臺灣唐山是一家: 從德化縣方志、族譜看德化與臺灣的骨肉關系」, 『泉州文史』, 1979(1)

「美國猶他家譜協會所藏中國資料簡介」, 『中國史研究動態』, 1980(5)

陳直, 「南北朝譜牒形式的發現和索隱」, 『西北大學學報』, 1980(3)

楊廷福, 「中國譜牒學的源流」, 『學習與探索』, 1980(2)

王咨臣, 「應當重視家譜的收集和研究工作」, 『贛圖通訊』, 1980(2)

劉光祿, 「譜牒述略」, 『文獻』, 1981(10)

王慶成, 「關于洪秀全族譜」, 『學術論壇』, 1981(2)

王咨臣, 「家譜叢談」, 『爭鳴』, 1981(1)

李保均, 「郭沫若族譜」, 『西北大學學報』, 1982(4)

林金枝, 「福建僑鄉族譜中有關南洋華僑史的若干問題」, 『南洋問題』, 1982(4)

鄒身城, 「方志學與家譜學」, 『中國地方史志』, 1982(3)

賴國芳, 「從“雩邑孫氏族譜”中發現孫中山先生祖籍考的新線索」, 『江西歷史文物』, 1982(1)

章培恒, 「關于施耐庵問題的爭論及施氏族譜」, 『文匯報』, 1983. 2. 21.

陳佳華, 「清代一部官僚士族的家譜: “正紅旗滿洲哈達瓜爾佳氏家譜”研究」, 『民族研究』, 1983(5)

艾秀柏, 「蘊藏豐富的資料寶庫: 論族譜的史料價值(上)」, 『圖書館學研究』(長春), 1983(2)

林金枝, 「閩南僑鄉族譜中的南洋華僑史實」, 『福建論壇』, 1983(1)

張耀宗,「一部色目人後裔的宗譜: "赤岸李氏宗譜"」,『文獻』, 1984(21)
張宗洽,「鄭成功家世資料"鄭氏宗譜"和"鄭氏家譜"」,『中國史研究』, 1984(4)
林金枝,「從福建僑鄉族譜看南洋華僑史的若干問題」,『歷史研究』, 1984(4)
(日)森田憲司·顧原,「"成都氏族譜"小考」,『成都文物』, 1984(4)
陳光貽,「氏族、族譜和譜學、譜例」,『史學史研究』, 1984(3)
辛更儒,「跋"鉛山辛氏宗譜"和"辛稼軒歷仕始末"」,『中國史研究』, 1984(2)
(白族)董國勝,「白族大姓鳳儀董氏族譜碑研究」,『大理文化』, 1984(2)
莊爲璣,「從族譜資料看閩臺關系」,『中國史研究』, 1984(1)
馮爾康,「清史的譜牒資料及其利用」,『南開史學』, 1984(1)
屈六生,「清代玉牒(皇族的族譜)」,『歷史檔案』, 1984(1)
李士厚,「新發現的"鄭和家譜首序"」,『文獻』, 1985(17)
黃侃,「試談家譜在編史修志中的作用」,『中國地方志通訊』, 1985(6)
范沛濰,「杞縣"李氏族譜"與李巖」,『史學月刊』, 1985(6)
納古單夫,「關于"尹湛納希家譜"」(附"尹湛納希家譜"譯文),『內蒙古社會科學』, 1985(5)
孫定朝,「試論族譜研究與方志研究的關系」,『貴州社會科學』, 1985(5)
鄭勉之,「鄭和的家族與家譜」,『南京史志』, 1985(4)
(日)岡田英弘·忽刺安,「蒙古編年史與成吉思汗系家譜」,『蒙古學資料與情報』, 1985(3/4)
姚永森,「新發現的"劉氏宗譜"中有關劉銘傳的史料」,『歷史檔案』, 1985(3)
蕭夢龍,「"崔氏宗譜"介紹」,『中國史研究』, 1985(2)
鐘文典,「李秀成親族'族譜'我見」,『玉林師專學報』, 1985(1)
葛榮晉,「王廷相家譜的發現: "儀封東王世族家譜"」,『文獻』, 1985(1)
王祥堆,「新發現的"朱熹家譜"」,『福建論壇』, 1985(1)
(日)森田憲司·顧原,「成都民族譜小考(續)」,『成都文物』, 1985(1)
王泉根,「略談中國的譜牒學」,『百科知識』, 1986(11)
姚永森,「明季保臺英雄沈有容及新發現的"洪林沈氏宗譜"」,『臺灣研究集刊』, 1986(4)
莊爲璣,「論我國一部較大的華僑族譜」,『南洋問題』, 1986(4)
夏星南,「"鹹安韓氏宗譜"概述: 介紹韓世忠及其家族」,『杭州大學報』, 1986, 16(4)
程如峰,「鎮海橫沙堰包氏宗譜」,『安徽史學』, 1986(4)
馬肇曾,「安徽"懷寧馬氏宗譜"」,『中國穆斯林』, 1986(2)
「船山佚文: "晉寧曲潭李氏宗譜"原序」(附馮玉輝: 關于「曲潭李氏宗譜原序」的資料),『船山學報』, 1986(2)

許競成, 「固始"金紫方氏宗譜簡介"」, 『中州今古』, 1986(1)
李士厚, 「鄭氏家譜首序及賽定赤家譜新證」, 『雲南文史叢刊』, 1986(1)
李肖勝, 「從杞縣"李氏族譜"看李巖其人」, 『河南大學報』(哲社版), 1986(1)
舒斯華, 「淺談利用族譜考證歷史人物的重要作用: 孫中山先生家世源流考證」, 『江西檔案』, 1987(4)
北圖第二閱覽部家譜整理小組, 「北京圖書館藏滿族宗譜敘錄(上)」, 『文獻』, 1987(2)
北圖第二閱覽部家譜整理小組, 「北京圖書館藏滿族宗譜敘錄(下)」, 『文獻』, 1987(3)
唐昌泰, 「"袁氏族譜"有關'三袁'史料述略(袁宗道·袁宏道·袁中道)」, 『荊州師專學報』, 1987(2)
石文炳, 「吉林滿族辨家譜述略」, 『吉林師院學報』, 1987(2)
翟立偉, 「從兩部家譜看吉林滿族祭祀舊俗」, 『吉林師院學報』, 1987(2)
張耀宗, 「東林黨人繆昌期的家譜: "東興繆氏宗譜"」, 『文獻』, 1987(1)
曹濤, 「尋根、認宗與統一祖國、振興中華: 略論宗譜、宗譜學與統戰理論的關系」, 『江西教育學院學刊』, 1987(1)
蕭平漢, 「王夫之家譜: "邗江家乘"研究」, 『衡陽師專學報』, 1987(1)
林嘉書, 「南靖縣臺灣移民的譜牒文獻調查研究」, 『臺灣研究集刊』, 1988(4)
朱瑞熙, 「"須江郎峰祝氏族譜"是僞作」(探討嶽飛'滿江紅·寫懷'的眞僞), 『學術月刊』, 1988(3)
許懷林, 「從南城"包氏宗譜"看包姓的源流關系」, 『爭鳴』, 1988(3)
(德)W. 海西希米吉森格, 「"蒙古博爾濟吉忒氏族譜"導論」, 『蒙古學資料與情報』, 1988(3)
納古單夫, 「"蒙古博爾濟吉忒氏族譜"版術述略」, 『文獻』, 1988(2)
蘇貴慶, 「蘇東坡家譜與發現始末」, 『鹽城師專學報』, 1988(2)
王繼光, 「安木多藏區土司家族譜探研: 以"李氏宗譜"、"魯氏世譜"、"祁氏家譜"爲中心」, 『西北民族研究』, 1988(2)
李幹, 「一部蒙古皇族後裔的宗譜洪湖陸氏族屬源流考」, 『黑龍江民族叢刊』, 1988(2)
吳建新, 「介紹幾篇家譜、族譜中的廣東奴變史料」, 『嶺南文史』, 1988(1)
楊冬荃, 「歷代皇族譜牒述略」, 『歷史檔案』, 1988(1)
武新立, 「中國的家譜及其學術價値」, 『歷史研究』, 1989(6)
楊有賡, 「文斗苗族地區的明淸社會經濟文化發展狀況: "姜氏家譜"剖析」, 『貴州民族學院學報』, 1989(4)
張曉光, 「從"付察哈拉家譜"談打牲烏拉總管衙門的形成」, 『圖書館學研究』(長春), 1989(2)
馮錫時, 「由"金陵溫氏家譜"看明初帖木兒帝國與明的友好交往」, 『民族研究』, 1990(5)
韓義義, 「試論家譜及其史料價値」, 『貴州檔案史料』, 1990(4)

宋平生, 「新發現的“韶山毛氏族譜”敘略及毛澤東家族史事考訂」, 『中國人民大學學報』, 1990(2)
張錫祿, 「從白族家譜看南詔大理國洱海地區的白蠻大姓: 兼駁“南詔是泰族建立的國家論”」, 『東南亞』, 1990(2)
蕭平漢, 「王船山彭玉麟家譜之家法比較」, 『湖南社會科學』, 1991(增刊)
黃強, 「“龍門李氏宗譜”質疑」, 『揚州師院學報』, 1991(3)
李林, 「滿族文化的瑰寶: “鳳城瓜爾佳氏宗譜”初探」, 『遼寧大學學報』, 1991(3)
余宏模, 「播勒彝文譜牒與羅殿王族遺裔」, 『貴州文史叢刊』, 1991(3)
(彝)王光榮, 「從民族民間文化談彝族譜牒家支」, 『貴州民族研究』, 1991(3)
馬彬, 「從“新安東關濟陽江氏宗譜”看僧漸江」, 『東南文化』, 1991(2)
陳在正, 「潁州陳氏開漳聖王派遷臺初探: 閩臺陳氏族譜研究之一」, 『臺灣研究集刊』, 1991(1)
(新加坡)柯木林, 「“澄邑馬西鄉林氏族譜”的發現及其史料價值」, 『南洋問題研究』, 1991(1)
鄭山玉, 「族譜中僑史資料的特點及其功用」, 『福建史志』, 1991(1)
錢杭, 「臺灣的譜牒與譜牒學研究」, 『史林』, 1992(4)
劉世彬, 「從“陸氏族譜”看布依族水族的‘江西遷來說’」, 『貴州民族研究』, 1992(4)
房建昌, 「從族譜看江南穆斯林的宗教制度」, 『東南文化』, 1992(3/4)
鮑緒先, 「浙江淳安發現宋恭聖烈楊太後家族宗譜及其墓地: 宋寧宗楊後與宋度宗楊淑妃生平及其家族考」, 『東南文化』, 1992(3/4)
王善軍, 「宋代譜牒的興盛及其時代特征」, 『中州學刊』, 1992(3)
滕紹箴, 「讀“鳳城瓜爾佳氏四修宗譜”」, 『清史研究』, 1992(3)
瀛雲萍, 「從四部宗譜看錫伯族源」, 『滿族研究』, 1992(3)
陳星, 「蘭溪發現明寫本黃庭堅族譜」, 『文獻』, 1992(2)
張鑫琦, 「“杜氏家譜”淺探」, 『杜甫研究學刊』, 1992(2)
胡厚宣, 「甲骨文“家譜刻辭”僞作的新證據」, 『考古與文物』, 1992(1)
趙東升, 「羅古屯滿洲鑲白旗趙姓依爾根覺羅氏家譜探源」, 『北方民族』, 1992(1)
吳美亮, 「粟裕將軍家譜」, 『懷化師專學報』, 1993, 12(2)
楊文金, 「夜郎王‘多同’後裔金氏家譜簡述」, 『貴州民族研究』, 1993(2)
王金玉, 「譜牒的源流與價值」, 『鄭州大學學報』, 1993(1)
何溥瀅, 「滿族他塔拉氏家譜中的漢文化因素」, 『滿族研究』, 1993(1)
王素, 「吐魯番出土“某氏族譜”新探」, 『敦煌研究』, 1993(1)

孫達人,「中國農民史的價值和意義: 兼論族譜、村志的社會功能」,『社會學研究』, 1994(6)
熊遠報,「多賀秋五郎的中國宗譜問題研究」,『中國社會經濟史研究』, 1994(4)
朱端強,「清人譜學理論的啟示」,『雲南師範大學哲學社會科學學報』, 1994, 26(4)
張維明,「"姚江孫氏世譜紀略"考述」,『蘇州大學學報』, 1994(4)
蔡錦濤,「修村志乎, 續宗譜乎: 值得方志學界研究的課題」,『中國地方志』, 1994(3)
趙東升,「淺談滿族家譜」,『北方民族』, 1994(3)
趙殿坤,「介紹三部"葉赫納蘭氏族譜"及其他」,『北方民族』, 1994(3)
董萬侖,「努爾哈赤先世家族譜牒」,『滿族研究』, 1994(2)
王振忠,「明清浙江鹽商、徽歙新館鮑氏研究, 讀"歙新館鮑氏著村堂宗譜"」,『徽州社會科學』, 1994(2)
楊小紅,「唐代在譜牒發展史上的歷史地位」,『檔案學通訊』, 1994(2)
李正清,「滇東北"芒部土府隴氏族譜序"」,『昭通師專學報』, 1994, 16(1)
王炯堯,「論譜牒在史學中的地位和作用」,『江西教育學院學報』, 1994, 15(1)
朱怡華,「譜牒與中華民族傳統倫理道德觀」,『上海教育科研』, 1995(8)
邢鐵,「明清時期孔府的繼承制度」,『歷史研究』, 1995(6)
徐規,「取證族譜必須審愼: 對'宋江征方臘新證'一文的意見」,『文獻』, 1995(4)
管成學·顏中其,「"蘇氏族譜"訪書記」,『文獻』, 1995(4)
陳秋樣,「孫武高祖須無、曾祖無宇事蹟述略: 孫武世系考述之三」,『蘇州大學學報』, 1995(4)
張宗欽,「民間譜牒在地方志中的應用」,『中國地方志』, 1995(3)
趙證明·趙重明,「一部富有史料價值的赫哲譜書: "伊爾根覺羅氏家譜"」,『黑龍江民族叢刊』, 1995(3)
潘世仁,「從家譜看貴州少數民族的特異婚俗」,『貴州文史叢刊』, 1995(3)
李佩倫,「論馬世俊家族及其他: "馬氏名賢類輯"讀後」,『回族研究』, 1995(2)
鄭山玉,「泉州僑鄉族譜華僑出國史料剖析」,『華僑大學學報』, 1995(2)
梁洪生,「近觀江西民間修譜活動」,『東方』, 1995(2)
侯月祥,「從族譜中的堂號、堂聯看客家人的文化意識」,『廣東史志』, 1995(1/2)
周元,「杭州"汪氏家譜"述略: 兼家族社會定位分析」,『中山大學研究生學刊』, 1995, 16(1)
郭鋒,「晉唐時期的譜牒修撰」,『中國社會經濟史研究』, 1995(1)
鄭山玉,「僑鄉族譜與華僑華人問題研究」,『海交史研究』, 1995(1)
龔斌,「陶氏宗譜中之問題」,『復旦學報』, 1995(1)

楊際平, 「從"穎州陳氏開漳族譜"看陳元光的籍貫家世: 兼談如何利用族譜研究地方史」, 『福建史志』, 1995(1)
王笑天·陸玉, 「鄉村社會重修族譜現象的思考: 兼論宗族意識與農村現代化的關系」, 『社會科學研究』, 1996(6)
甄人, 「中國甄姓源流與嶺南甄氏族譜」, 『羊城今古』, 1996(5)
王暢, 「"五慶堂譜"不是"曹雪芹家譜"」, 『齊魯學刊』, 1996(5)
李豫, 「山西現存稀見家譜提要」, 『文獻』, 1996(4)
胡錦賢·胡哲, 「中國姓氏譜牒源流述略」, 『文獻』, 1996(4)
華林, 「傣文歷史譜牒檔案研究」, 『思想戰線』, 1996(4)
「蒙古博爾濟錦氏族譜(上卷)」, 『歷史檔案』, 1996(3)
趙維和, 「論滿族宗譜在史學研究中的史料作用」, 『北方民族』, 1996(4)
翟屯建, 「黃山市博物館藏善本家譜述要」, 『文獻』, 1996(3)
陳世松, 「一部眞實反映淸初移民社會生活史的族譜」, 『四川文物』, 1996(3)
濮文起, 「"家譜寶卷"表征」, 『世界宗教研究』, 1996(3)
吳展明, 「譜牒改革, 勢在必行: 新編"謝氏族譜"序」, 『社科新視野』, 1996(3)
「蒙古博爾濟錦氏族譜(下卷)」, 『歷史檔案』, 1996(4)
周建新, 「桂林回族家規分析」, 『回族研究』, 1996(3)
翟屯建, 「黃山市博物館藏家譜提要(一)」, 『徽州社會科學』, 1996(3)
王暢, 「始祖矛盾與'表親'之疑: "論五慶堂譜"不是"曹雪芹家譜"」, 『紅樓』, 1996(3)
王興科, 「"吳氏宗譜"記述的吳兆麟生平及其家世資料」, 『辛亥革命研究動態』, 1996(2)
方祖猷, 「余姚"竹橋黃氏宗譜"的史料價值」, 『寧波大學學報』, 1996, 9(2)
秦新林, 「杞縣"李氏族譜"之李巖疑辨」, 『河南大學學報』, 1996, 36(2)
趙殿坤, 「額騰額"葉赫納蘭氏八旗族譜"試評」, 『北方文物』, 1996(2)
趙維和, 「滿族宗譜中漢軍八旗氏族修譜特點簡析」, 『北方民族』, 1996(2)
張正明, 「明淸史研究與中國家譜」, 『學術論叢』, 1996(1)
納古單夫, 「關于"蒙古博爾濟吉忒氏"族譜之版本」, 『內蒙古社會科學』, 1996(1)
時代, 「論'家譜'的思想內涵與社會文化效應」, 『洛陽師專學報』, 1996, 15(1)
楊國宜·路有松, 「陳翥生平事蹟考: "五松陳氏宗譜"質疑」, 『安徽師大學報』, 1996(1)
葉顯恩·韋慶遠, 「從族譜看珠江三角洲的宗族倫理與宗族制的特點」, 『學術研究』, 1997(12)
倉修良, 「譜牒學述略」, 『文史知識』, 1997(10)
莊景輝, 「"陳埭丁氏回族宗譜"的編校出版及其價值」, 『中國史研究動態』, 1997(8)

宋培憲, 「羅貫中與“羅氏家譜”」, 『歷史教學』, 1997(8)

王志超, 「山西譜牒編纂發展的歷史脈絡及其特色」, 『學術論叢』, 1997(6)

曾棗莊, 「‘強附賢達’的僞托之作: 蘇軾“葉氏宗譜序”眞僞辨」, 『文學遺產』, 1997(6)

葛劍雄, 「家譜: 作爲歷史文獻的價値和局限」, 『歷史教學問題』, 1997(6)

蔡東洲, 「閬中“陳氏族譜”考論」, 『文獻』, 1997(3)

華林, 「彝文歷史譜牒檔案探析」, 『思想戰線』, 1997(3)

傅波·張德玉, 「滿族譜書研究的幾個問題」, 『淸史硏究』, 1997(3)

趙阿平·張曉光, 「薩布素家族與“付察哈拉家譜”的初步調硏報告」, 『滿語硏究』, 1997(2)

方寶川, 「福建家譜與琉球久米村系家譜的比較及其思考」, 『海交史硏究』, 1997(1)

饒嵩喬, 「一篇新發現的孫中山佚文」, 『廣東史志』, 1997(1)

李浩, 「‘皇唐玉牒’編撰者之重新檢討」, 『古籍整理硏究學刊』, 1998(6)

杜家驥, 「淸皇族宗譜‘玉牒’的人口資料價値」, 『中國人口科學』, 1998(5)

安國樓, 「中國家譜中的‘歐蘇法式’探討」, 『鄭州大學學報』, 1998, 31(5)

孫昊, 「貴州民間珍藏家譜提要」, 『文獻』, 1998(4)

王鶴鳴, 「訪美國猶他州家譜圖書館」, 『圖書館雜志』, 1998, 17(4)

馬肇曾, 「“懷寧馬氏宗譜”及歷代主要人物考(上)」, 『回族硏究』, 1998(3)

曾新·曾憲珊·曾昭璇, 「論族譜學與方志學的關系」, 『嶺南文史』, 1998(2)

吳松弟, 「客家南宋源流說」, 『客家硏究輯刊』, 1998(1/2)

張衛東, 「“彭氏源流聯宗譜”之族譜文化考」, 『客家硏究輯刊』, 1998(1/2)

薛瑞生, 「“葉氏宗譜序”與‘像贊’非蘇軾、蘇洵作辨」, 『人文雜志』, 1998(1)

鄭山玉, 「明代泉州人旅居東南亞的譜牒資料分析」, 『華僑華人歷史硏究』, 1998(1)

方建新, 「蘇軾佚文“葉氏宗譜序”質疑」, 『杭州大學學報』, 1998, 28(1)

趙維和, 「滿族“佟佳氏族譜”硏究」, 『北方民族』, 1998(1)

王泉根, 「中國譜牒學及其八九十年代硏究綜述」, 『文敎資料』, 1999(5)

夏志剛, 「譜牒與中國姓名學硏究」, 『四川師範學院學報』, 1999(5)

劉尙恒, 「“虬川黃氏宗譜”與虬村黃姓刻工」, 『江淮論壇』, 1999(5)

宮哲兵, 「從地圖、地名和族譜考證千家在都龐嶺: 瑤族千家峒故地考」, 『廣西民族硏究』, 1999(4)

和力民, 「麗江木氏譜牒版本源流考」, 『中央民族大學學報』, 1999(3)

嚴雅英, 「論客家族譜的收藏與利用」, 『中國圖書館學報』, 1999, 25(3)

吳麗娛, 「讀“周恩來家世”辨紹興周氏族譜中的眞僞問題: 兼談如何科學使用古代族譜家

乘」,『歷史研究』, 1999(3)

王善軍,「宋代皇族譜牒考述」,『歷史檔案』, 1999(3)

孫秋雲·鐘年,「從新舊譜牒的比較看鄂西土家族地區宗族組織的變遷」,『貴州民族研究』, 1999(3)

鄭自海·鄭寬濤,「浦江鄭氏宗譜對蘇州鄭和家譜的影響」,『鄭和研究』, 1999(2)

馬世雯,「富寧土知州"沈氏族譜草本"考釋」,『雲南民族學院學報』, 1999, 16(2)

楊晏平,「北京圖書館藏普通古籍家譜綜述」,『文獻』, 1999(2)

劉清,「研究孫中山的一篇重要文獻: 孫中山佚文"詹氏宗譜序"評介」,『黃岡師專學報』, 1999, 19(2)

馮其利,「"愛新覺羅宗譜"初探」,『北京文博』, 1999(2)

黎小龍,「土家族族譜與土家大姓土著淵源」,『西南師範大學學報』, 2000, 26(6)

張奇,「中國家譜上網現狀與思考」,『圖書館雜志』, 2000(5)

王鶴鳴,「編撰中國家譜總目: 弘揚民族歷史文化」,『圖書館雜志』, 2000(5)

徐學林,「徽州存世譜牒及其開發利用」,『江淮論壇』, 2000(4)

茫同壽,「一部折射明清黔北社會的譜牒, 讀"遵義沙灘黎氏家譜"」,『貴州社會科學』, 2000(4)

吳榮宗,「從南靖縣部分譜牒資料看閩臺關系」,『福建史志』, 2000(4)

陳瑞,「明代徽州家譜的編修及其內容與體例的發展」,『安徽史學』, 2000(4)

楊藝,「現存白族譜牒檔案述評」,『中央民族大學學報』, 2000, 27(3)

盧茂村,「譜牒與徽州譜學」,『合肥教育學院學報』, 2000, 17(3)

梁守金,「閩臺家譜族譜檔案血緣地緣探略」,『檔案學研究』, 2000(2)

薛貞芳,「徽州譜牒述略」,『安徽大學學報』, 2000, 24(2)

袁逸,「對新修宗譜現象的認識與思考」,『浙江方志』, 2000(1)

王鶴鳴,「關于大陸以外中國家譜公藏」,『圖書館雜志』, 2000, 19(1)

劉世旭,「新發展了研究四川客家源流的重要族譜: 清鹹豐"巫氏族譜"」,『四川文物』, 2000(1)

王純,「一份沙船約據: "上海王氏家譜"」,『史林』, 2000(1)

韓樹峰,「魏晉南北時期的譜牒檔案」,『檔案學通訊』, 2000(1)

胡世厚,「白樸世系考補正: "白氏宗譜"」,『中州學刊』, 2001(6)

葉緒民,「中國上古神話中神族譜系探源」,『中南民族學院學報』, 2001, 21(6)

鄒華享,「湖南家譜簡論」,『圖書館』, 2001(5)

定宜莊·胡鴻保,「從族譜編纂看滿族的民族認同」,『民族研究』, 2001(6)
錢杭,「中國古代世系學研究」,『歷史研究』, 2001(6)
定宜莊,「從戶口册與家譜的比較看淸代遼東移民的身體素質」,『中國人口科學』, 2001(5)
鄒華亭,「湖南家譜簡論(續)」,『圖書館』, 2001(6)
程美寶,「數字時代的歷史事實建構, 以電子族譜編撰爲例」,『史學月刊』, 2001(5)
謝濱,「福建畲族族譜檔案及其價値」,『檔案學硏究』, 2001(5)
尙振明·尙彩鳳,「對昌黎"韓氏家譜"的考察和朝陽是韓愈'郡望'的確認」,『周口師範高等專科學校學報』, 2001, 18(4)
董寶瑞,「昌黎"韓氏家譜"辨析」,『周口師範高等專科學校學報』, 2001, 18(4)
吳建華,「羅香林先生對譜牒硏究的貢獻」,『學術論壇』, 2001(4)
王鶴鳴,「史界瑰寶, 不朽盛業: 近百年來開發中國譜牒資源簡述」,『圖書館雜志』, 2001, 20(4)
印永淸,「臺灣家譜文獻的收藏、特點、體例及硏究意義」,『圖書館雜志』, 2001, 20(4)
龔遠生,「寧都客家丁氏與"西關丁氏族譜序"碑」,『南方文物』, 2001(4)
周偉民,「海南舊譜牒的功能和新譜牒纂修中的民間立場」,『海南大學學報』 2001, 19(4)
金恩輝·陳玉紅·賀達,「吉林省圖書館館藏韶山毛氏族譜概述」,『高校圖書館工作』, 2001, 21(4)
曹恩禮,「曹雪芹家世野考: 關于遼沈曹氏家族的調査」,『丹東師專學報』, 2001, 23(4)
吳景山,「家譜資料在少數民族人口史硏究領域中的作用」,『中國少數民族人口』, 2001(3)
王振忠,「一部徽州族譜的社會文化解讀: "績溪廟子山王氏譜"硏究」,『社會科學戰線』, 2001(3)
翁乾麟,「論廣西回族的族譜及其史料價値」,『回族硏究』, 2001(3)
劉四淸·喻忠國·葉玉強,「濟陽江氏金鰲派源流初探」,『黃山高等專科學校學報』, 2001, 3(3)
李天錫,「閩南族譜資料價値得失論」,『華僑大學學報』, 2001(3)
馬騏,「首任臺灣巡撫劉銘傳家族"劉氏宗譜"硏究」,『合肥敎育學院學報』, 2001, 18(3)
唐玲玲,「從三個典型譜牒看潮汕早期移民的若干特點」,『廣東史志』, 2001(3)
林振禮,「朱熹譜序發微」,『中國哲學史』, 2001(1)
鄭自敬·鄭自海,「玉溪鄭和家譜的新線索及另一支系的新情況」,『鄭和硏究』, 2001(1)
韓啟昆,「邊臺哈什胡里氏(韓)家譜硏究」,『沈陽敎育學院學報』, 2001, 3(1)
黃秋潤,「淺析海軍元老薩鎭冰先世之族屬: "雁門薩氏家譜"」,『回族硏究』, 2001(1)

祝均宙, 「"中國家譜總目"編撰概況與上圖譜牒資源建設的三大目標」, 『圖書館雜志』, 2002, 21(11)
張峻亭, 「整理歷史文化遺產的新成果: "上海圖書館館藏家譜提要"讀後」, 『圖書館雜志』, 2002, 21(11)
徐立群·李輝·奚慧峰, 「上海郊區姓氏和通婚分析」, 『遺傳學報』, 2002, 29(8)
胡世厚, 「白樸與"白氏宗譜"」, 『文學遺產』, 2002(5)
汪崇筼, 「洪秀全家族婚育狀況量的分析」, 『史學月刊』, 2002(5)
姜傳崗, 「齊太公姜子牙後代與"姜氏族譜"」, 『濟寧師範專科學校學報』, 2002, 23(5)
陳劍峰, 「朱子與浙江湖州關系考辨」, 『湖州師範學院學報』, 2002, 24(5)
陳友益·李駿, 「論朱熹曾孫朱潛是韓國和中國湖州朱氏後裔共同始祖」, 『湖州師範學院學報』, 2002, 24(5)
李靜·孫昊, 「家族內人口與生活: 以浦江義門鄭氏爲例」, 『史學月刊』, 2002(4)
蘇靜, 「論甘孜彝族家支的特點與作用」, 『康定民族師範高等專科學校學報』, 2002, 11(4)
陸林, 「金聖嘆與王鏊後裔關系探微」, 『江海學刊』, 2002(4)
羅伽祿·河山, 「李覯家世考」, 『撫州師專學報』, 2002, 21(4)
鐘揚, 「桐城"戴氏宗譜"之戴名世史料」, 『安徽史學』, 2002(4)
吉爾體日, 「涼山彝族宗教起源的考察: 以彝文典籍爲中心」, 『宗教學研究』, 2002(3)
張新斌, 「論固始尋根」, 『中州學刊』, 2002(3)
方光祿, 「再談'攤丁人畝'對人口增長的促進作用: 以徽州族譜資料爲中心」, 『黃山高等專科學校學報』, 2002, 4(3)
周寧霞, 「徐霞客家庭悲慘索隱(增補稿): 解析一個累世謎團」, 『河池師專學報』, 2002, 22(3)
陳子丹, 「白族檔案史料研究」, 『中央民族大學學報』, 2002, 29(2)
高路加, 「中國家譜在文化史研究中的作用」, 『廣州大學學報』, 2002, 1(2)
鄒華享, 「湖南家譜簡論(續)」, 『圖書館』, 2002(1)
唐力行, 「徽商在上海市鎮的遷徙與定居活動」, 『史林』, 2002(1)
王興亞·馬懷雲, 「韓愈籍貫諸說考辨」, 『河南大學學報』, 2002, 42(1)
薛永年, 「華嵒與閩汀華氏族譜」, 『雜云』, 2003(57)
鐘揚, 「"義門陳氏宗譜"中的陳獨秀及其家族」, 『尋根』, 2003(6)
王純, 「"孔子世家譜"及其文獻價值」, 『圖書與情報』, 2003(6)
鄒華享, 「解讀"韶山毛氏族譜"」, 『圖書館』, 2003(6)
顧德融, 「淺析顧毓霳先生等編修的"錫山顧氏支譜": 兼論江南顧氏的起源」, 『江南大學學

報』, 2003, 2(6)

鄧達宏,「華僑譜牒的檔案價值」,『東南學術』, 2003(6)

李錦繡,「敦煌文書中的譜牒寫本」,『文史知識』, 2003(5)

盛如·宣維健·張惠和,「基于家譜資料的死亡人數構成比的日節律」,『生態學報』, 2003, 23(5)

余敏輝,「“歐陽氏譜圖”初探」,『淮北煤炭師範學院學報』, 2003, 24(5)

張潤棠,「眉縣楊家村窯藏青銅器述評」,『寶雞文理學院學報』, 2003, 23(5)

劉軍社,「逨盤的史學價值」,『寶雞文理學院學報』, 2003, 23(5)

趙華富,「元代契尾翻印件的發現」,『安徽大學學報』, 2003, 27(5)

任崇嶽·薛順興,「陳友諒身世考辨」,『中州學刊』, 2003(4)

盛如·王紅托·盛承發,「出生率的日節律: 基于家譜資料」,『中國科學院研究生學報』, 2003, 20(4)

常建華,「17世紀的朝鮮族譜」,『史林』, 2003(4)

史美珩,「史嵩之起復問題探」,『寧波大學學報』, 2003, 16(4)

馮瑜,「從兩份家譜看帕西傣的形成」,『回族研究』, 2003(4)

陳劍峰·陸建偉·陳友益,「浙江湖州新發現的朱子家譜及其所反映的主要情況」,『福建論壇』, 2003(4)

謝梅英·藺煒麗,「寧夏圖書館回族家譜文獻的史料價值及特點分析」,『當代圖書館』, 2003(4)

關傳友,「徽州宗譜家法資料中的植樹護林行爲」,『北京林業大學學報』, 2003, 2(4)

吳建華,「清代江南人口職業觀念」,『安徽史學』, 2003(4)

章開沅,「“荻溪章氏家乘”初探(三題)」,『浙江社會科學』, 2003(3)

謝文學,「鐘嶸家世新證(上)」,『許昌學院學報』, 2003, 22(3)

許旭堯,「談畲族譜牒文化的基本特點」,『圖書館研究與工作』, 2003(3)

王瓊玲,「由“江陰夏氏宗譜”看夏氏先人對夏敬渠與‘野叟曝言’的影響: 夏敬渠與‘野叟曝言’補論之一」,『明清小說研究』, 2003(3)

李志,「譚嗣同的譜序及價值: “(瀏陽譚氏譜)敘例”試析」,『歷史教學問題』, 2003(3)

張廷銀,「對家譜中作僞現象的認識: 由挖改譜主姓氏的“新安潘氏宗譜”說起」,『津圖學刊』, 2003(3)

宋霖,「孫中山“合肥闞氏重修譜牒序”考辨」,『江淮文史』, 2003(3)

姚玉光,「羅貫中籍貫太原說新證」,『山西師大學報』, 2003, 30(2)

劉經富, 「從義寧懷遠陳姓宗譜祠志看陳寶箴家庭史」, 『南昌大學學報』, 2003, 34(2)
任百強, 「佛山大樹堂“吳氏族譜”的新發現」, 『明淸小說研究』, 2003(2)
黃海姸 · 鮑煒, 「從“陳氏宗譜”看陳氏書院的興修」, 『嶺南文史』, 2003(2)
鐘揚, 「桐城‘戴是宗譜’與戴名世」, 『尋根』, 2003(1)
陳世松, 「同治四年“陳氏族譜”的文物擧證」, 『四川文物』, 2003(1)
王鶴鳴, 「上海圖書館館藏徽州家譜簡介」, 『安徽史學』, 2003(1)
常建華, 「韓國的羅氏與修譜: 兼及韓國羅氏與中國羅氏的關系」, 『江西社會科學』, 2004(10)
莊吉發, 「溯源追遠: 從院藏滿文家譜看淸代滿族文化的變遷」, 『故宮文物月刊』(臺北), 2004, 22(10)
藝宗, 「宋元家譜圖卷驚現身影: 中陶專家“葉氏家譜書畫卷”鑒定記」, 『藝術市場』, 2004(8)
陳子丹, 「少數民族譜牒檔案探析」, 『學術探索』, 2004(6)
楊一瓊, 「家譜硏究價値新探」, 『津圖學刊』, 2004(6)
陳星, 「樓氏宗譜中的弘一大師貝山之行」, 『湖州師範學院學報』, 2004, 26(6)
張艶霞, 「論魏晉南北朝譜牒檔案的作用」, 『湖南城市學院學報』, 2004, 25(6)
趙建之, 「趙姓族譜分析」, 『尋根』, 2004(5)
羅以民, 「日本五良太夫正德入明考」, 『故宮博物院院刊』, 2004(5)
蔡富蓮, 「四川涼山彝族生育魂崇拜觀念」, 『宗敎學硏究』, 2004(4)
蔣志華, 「試論民國時期廣東家譜的編修特點」, 『文獻』, 2004(4)
周鞏平, 「“吳中葉氏族譜”所見戲曲家葉稚斐生平事蹟再探」, 『文獻』, 2004(4)
薛柏成, 「“葉赫那拉宗族譜”述評」, 『滿族硏究』, 2004(4)
周興茂, 「湖北苗族的‘無字族譜’」, 『貴州民族學院學報』, 2004(4)
張廷銀, 「傳統家譜中‘八景’的文化意義」, 『廣州大學學報』, 2004, 3(4)
蘇永祁, 「蘇氏家譜與蘇家宅」, 『檔案與史學』, 2004(4)
邊佐卿, 「中國 · 撫順滿族姓氏與譜牒學術硏討會綜述」, 『北方民族』, 2004(4)
寶山, 「康區余氏蒙古族初探」, 『中國藏族』, 2004(3)
王芹 · 陳秀雲, 「海南省家譜文獻保存現狀調査及搶救、開發對策」, 『圖書館論壇』, 2004, 24(3)
卞孝宣, 「利用“卞氏族譜”解讀“黃侃日記”: 近代家族文化個案硏究之一」, 『江蘇文史硏究』, 2004(3)
姚繼德, 「“俁氏宗譜考略”序」, 『回族硏究』, 2004(3)
趙維和, 「滿族“鳳城瓜爾佳氏四修宗譜”與“佛滿洲蘇完瓜爾佳氏家譜”比較硏究」, 『北方民

族』, 2004(3)
張德玉·楊洋,「讀"蔡佳氏宗譜"看清初一件獄案始末」,『北方民族』, 2004(3)
陳支平,「清代泉州黃山郊商與鄉族特征」,『中國經濟史硏究』, 2004(2)
李迎芳,「宋琬家族世系考」,『煙臺師範學院學報』, 2004, 21(2)
張廷銀,「族譜藏書題記三則」,『文獻』, 2004(2)
卞孝宣,「丁氏八千卷樓興廢考: "丁氏家譜"資料的發掘」,『文獻』, 2004(2)
胡銀仿,「方志與家譜比較」,『圖書情報論壇』, 2004(2)
房學嘉,「從高屛六堆民居看客家建築文化的傳衍與變異: 以圍龍屋建構爲重點分析」,『臺灣硏究集刊』, 2004(2)
徐茂明,「清代徽蘇兩地的家族遷徙與文化互動: 以蘇州大阜潘氏爲例」,『史林』, 2004(2)
王繼光,「青海境內民族遷徙與融合的幾個問題」,『青海師範大學學報』, 2004(2)
馬穎生,「孤本"鹹陽家乘(大理馬姓家譜)"硏究」,『回族硏究』, 2004(2)
李清升,「所非爾入宋與賽典赤歸元考略: 譜牒與史志記載的比較硏究」,『回族硏究』, 2004(2)
汪崇筼,「徽州汪氏宗譜平均世代間隔的求取並討論」,『黃山學院學報』, 2004, 6(2)
孟繁冶,「"鳳山何氏宗譜"中太平軍活動事略的史料價值」,『河南敎育學院學報』, 2004,23(2)
常建華,「朝鮮族譜新論」,『當代韓國』, 2004(2)
張宗洽·鄭夢彪,「鄭成功家族族譜的新發現: 明崇禎修"石井鄭氏族譜"評介」,『中國史硏究』, 2004(1)
王鶴鳴,「尋根·問祖·思歸: 介紹"臺灣區族譜目錄"」,『炎黃縱橫』, 2004(1)
鐘揚,「"義門陳氏宗譜"中的陳獨秀及其家族」,『文獻』, 2004(1)
馬婕,「青州井塘村現存宗譜調査」,『民俗硏究』, 2004(1)
吳仁安,「五緣文化與家族史、譜牒文獻硏究」,『歷史敎學問題』, 2004(1)
劉義章,「一個踏足東西半球的客家基督徒世家初探: 從"王氏家譜"說起」,『客家硏究輯刊』, 2004(1)
陳支平,「從客家族譜所見的兩個史實問題」,『客家硏究輯刊』, 2004(1)
鄭偉強,「彝族譜牒之硏究」,『江西財經大學學報』, 2004(1)
高志超,「滿族人的婚姻習俗: 從"唐氏家譜"家訓篇看滿族人家族生活」,『佳木斯大學社會科學學報』, 2004, 22(1)
覃慧寧,「弱勢族群的生存策略: 對桂江黃氏船民族譜的文化解讀」,『廣西師範學院學報』,

2004, 25(1)

(美)華琛, 「族人與外人: 一個中國宗族的收養」, 『廣西民族學院學報』, 2004, 26(1)

「族譜收藏臺灣居前」, 『當代圖書館』, 2004(1)

王瓊玲, 「夏敬渠生平補證: 夏敬渠與“野叟曝言”補論之二」, 『明淸小說研究』, 2004(總 73)

施由明·鄒耕生·虞文霞, 「宗族與江西古代農村社會: 安義千年古村個案研究」, 『江西社會科學』, 2004(11)

陳龍貴, 「敬宗收族: 淸代編修族譜的目的、經費及其相關問題」, 『故宮文物月刊』(臺北), 2005(264)

顔立水, 「利用族譜中的‘和’文化爲構建和諧社會服務」, 『閩南文化硏究』, 2005(11)

孫慧, 「論家譜檔案的特點、價値及甄別」, 『新上海檔案』, 2005(9)

徐建華, 「家譜的地方性特色及價値」, 『福建論壇』, 2005(9)

丁紅, 「溫州家譜文化的歷史與現狀」, 『圖書館雜志』, 2005, 24(8)

張小也, 「明淸時期區域社會中的民事法秩序: 以湖北漢川溜汊黃氏的‘湖案’爲中心」, 『中國社會科學』, 2005(6)

周鞏平, 「淸代戲曲家周稚廉生平補正」, 『文學遺產』, 2005(6)

常建華, 「程敏政“新安程氏統宗世譜”譜學問題初探」, 『河北學刊』, 2005, 25(6)

吳兆威, 「明淸徽商與皖南數學學派的興起」, 『自然辯證法硏究』, 2005, 21(5)

王興亞·馬懷雲, 「博愛發現明末李巖李牟的重要資料: 唐村“李氏家譜”歷史價値探析」, 『中原文物』, 2005(5)

龐國憑, 「談宗族文化」, 『中國地方志』, 2005(5)

杜世偉, 「河南鄧州高山族‘閩營’背景初探」, 『民族硏究』, 2005(5)

霍印章, 「孫子故裏‘惠民說’再證」, 『濱州學院學報』, 2005, 21(5)

張士尊, 「尙之信後代流落貴州考」, 『鞍山師範學院學報』, 2005, 7(5)

曾棗莊, 「劉安世“門下侍郞蘇公墓志銘”辯證」, 『中國典籍與文化』, 2005(4)

馮爾康, 「以方志、族譜、金石碑刻爲內涵的‘地方文獻’新概念的提出與運用: 評林天蔚敎授新著“地方文獻論集”」, 『中國地方志』, 2005(4)

易惠莉, 「從沙船業主到官紳和文化人: 近代上海本邑紳商家族史衍變的個案硏究」, 『學術月刊』, 2005(4)

陸林, 「金聖嘆與周莊戴氏交遊探微」, 『文史哲』, 2005(4)

呂濟民·劉景龍, 「宋元“葉氏家譜書畫卷”鑒定記」, 『收藏』, 2005(4)

常建華, 「15世紀的朝鮮族譜」, 『史學集刊』, 2005(4)

李幹, 「洪湖"陸宦宗譜"考辨: 阿裏不哥後裔落籍洪湖」, 『內蒙古社會科學』, 2005, 26(4)
穆鴻利, 「金源女眞姓氏譜及改漢姓之分類與特點」, 『滿族研究』, 2005(4)
馬超群·馬穎生, 「馬哈只碑後雲南最重要的發現: 評李士厚"影印原本鄭和家譜校注"」, 『昆明社會科學』, 2005(4)
金少萍, 「滇東、滇東北馬姓回族名稱來由淺析」, 『回族研究』, 2005(4)
王華北·王蘋, 「回族家譜與文化」, 『北方民族』, 2005(4)
雷翔·龍子建, 「清代西部開發的民間文本: 建始龍氏族譜個案研究」, 『中南民族大學學報』, 2005, 25(3)
尹俊·席永春, 「元人文集家譜序中的元代家族」, 『中共寧波市委黨校學報』, 2005, 27(3)
喬兆坤, 「"周易"的數學之光」, 『運城學院學報』, 2005, 23(3)
鄒華享, 「解讀"韶山毛氏族譜"」, 『尋根』, 2005(3)
呂建福, 「李土司先世辨證」, 『西北民族研究』, 2005(3)
定宜莊·胡鴻保, 「清代內務府高佳世家的婚姻圈」, 『清史研究』, 2005(3)
欒成顯, 「明清徽州宗譜的異性承繼」, 『歷史研究』, 2005(3)
周洪才, 「新發現的王十朋、朱熹佚文及其文獻價値」, 『古籍整理研究學刊』, 2005(3)
汪慶元, 「明代糧長制度在徽州的實施」, 『中國經濟史研究』, 2005(2)
鄭雲良·鄭瑞預案·鄭梅麗, 「雲南"鄭和家譜"從發現到散失的經過」, 『鄭和研究』, 2005(2)
王鼐, 「李邕家族譜系及書法成就考辨」, 『徐州師範大學學報』, 2005, 31(2)
常建華, 「19世紀及20世紀初朝鮮對族譜功能的認識」, 『天津師範大學學報』, 2005(2)
李桂民, 「黃帝譜系的形成和演變析論」, 『石油大學學報』, 2005, 21(2)
黃挺, 「16世紀潮州士大夫的家族建構與家史重寫: 以翁萬達的舉丁翁氏家族爲例」, 『汕頭大學學報』, 2005, 21(2)
趙維和, 「滿洲八旗"葉赫那拉氏族譜"研究」, 『滿族研究』, 2005(2)
李小燕, 「從譜牒的家規家訓看客家人的價値觀念」, 『客家研究輯刊』, 2005(2)
謝長法, 「明淸時期族譜的敎化功能芻議」, 『湖南師範大學敎育科學學報』, 2005, 4(2)
粘良圖, 「淸代泉州東石港航運業考析: 以族譜資料爲中心」, 『海交史研究』, 2005(2)
郭偉川, 「論古揭陽與閩西南及贛南的關系: 兼論"揭氏族譜"的史料價値」, 『廣東史志視窗』, 2005(2)
莊婉婷, 「從族譜看宗法社會對福建婦女的壓迫」, 『福建史志』, 2005(2)
楊曉虹, 「西周金文檔案的新發現及其學術價値」, 『檔案學通訊』, 2005(2)
董珞, 「湖南虎形山花瑤探源」, 『中南民族大學學報』, 2005, 25(1)

王繼光,「陳誠家世生平考述」,『西域研究』, 2005(1)

唐力行,「20世紀上半葉中國宗族組織的態勢: 以徽州宗族爲對象的歷史考察」,『上海師範大學學報』, 2005, 34(1)

張立高,「試論明清宗族恤孤」,『喀什師範學院學報』, 2005, 26(1)

俞乃華,「徽州宗譜中的兩篇朱熹序文」,『黃山學院學報』, 2005, 7(1)

沙其敏,「地方歷史文獻存取、檢索的趨勢以及遇到的問題」,『國家圖書館學刊』, 2005(1)

覃曉航,「侗臺語族譜系分類史略」,『廣西民族學院學報』, 2005, 27(1)

范宏貴,「壯族在東南亞最親密兄弟: 越南的岱、儂、拉基、布標、山齋族」,『廣西民族學院學報』, 2005, 27(1)

周鷺濤,「徽州存世家譜的社會史資料價值」,『安徽師範大學學報』, 2005, 33(1)

「從家譜看炎黃子孫的尋根情結: 王鶴鳴研究員在上海圖書館的講演」,『文匯報』, 2006. 2. 26.

楊雪蓮,「從耶穌的家譜再思上帝的恩典」,『天風』, 2006(總278)

劉正發,「試論彝族家支家譜教育習俗」,『民族教育研究』, 2006, 17(5)

蔣國河·孫萍,「傳承與新變: 試論當代宗族規範的價值取向」,『江西財經大學學報』, 2006(5)

張楊,「家譜中字輩排行詩所反映的地方民族心態」,『紹興文理學院學報』, 2006, 26(12)

張奕姿,「"世界最長家譜": "孔子世家譜"第五次修訂」,『天津檔案』, 2006(11)

葉金蓮·羅勇,「從客家族譜文獻看風水信仰在民間的影響」,『社會科學論壇』, 2006(9下)

古言,「黃土高原的"亞聖之裔"和"孟氏家譜"」,『世界』, 2006(9)

(哈薩克)葉塞諾娃·杜發春,「追根溯源: 後社會主義時期哈薩克斯坦的家庭、世系和遷居」,『西南民族大學學報』, 2006, 27(7)

黃國信·溫春來,「新安程氏統宗譜重構祖先譜系現象考」,『史學月刊』, 2006(7)

吳媛媛,「明清徽州災害初探」,『蘭州學刊』, 2006(7)

王興亞,「清代博愛李自奇賣地契李仲買地契的史料價值」,『中原文物』, 2006(6)

胡紹軍,「一部記錄區域性家譜的典範之作: 評"浙江家譜總目提要"」,『中國圖書館學報』, 2006, 32(6)

鄒華享,「使用家譜資料應注意的幾個問題(上)」,『圖書館(長沙)』, 2006(5)

鄒華享,「使用家譜資料應注意的幾個問題(下)」,『圖書館(長沙)』, 2006(6)

劉正愛,「自我、他者與國家: 福建琴江滿族的認同」,『民族研究』, 2006(6)

劉殊芳,「從譜牒看清代閩南士子對臺灣教育的影響」,『教育評論』, 2006(6)

池子華, 「宗族'裂變'與近代中國流民的產生」, 『江蘇社會科學』, 2006(6)

江巧珍·孫海峰, 「"兵災記"和"旌川雜志"的初步解讀」, 『黃山學院學報』, 2006, 8(6)

孫承平, 「"甲道張氏宗譜"和張潛的散佚著作」, 『黃山學院學報』, 2006, 8(6)

陳琪·胡筱艶, 「清末徽州民間宗譜纂修活動研究: 以光緒二十三年祁門竹源陳氏宗譜文書爲例」, 『安徽史學』, 2006(6)

翟屯建, 「徽州私撰家譜與公修族譜的差異」, 『安徽史學』, 2006(6)

張憲華, 「唐末五代徽州的北方移民與經濟開發」, 『安徽師範大學學報』, 2006, 34(6)

董建輝, 「畲、客'郎名'探源: 兼與李默先生商榷」, 『中南民族大學學報』, 2006, 26(5)

陳曄, 「"浙江家譜總目提要"數據庫建設」, 『新世紀圖書館』, 2006(5)

方芳, 「況周儀家世考辨」, 『西南交通大學學報』, 2006, 7(5)

尋霖, 「湖南少數民族家譜的特征」, 『圖書館(長沙)』, 2006(5)

王振忠, 「徽州章回體自傳"我之小史"的發現及其學術意義」, 『史林』, 2006(5)

馬學強, 「16至20世紀中葉民間文獻中有關家族婚姻狀況的研究: 對江南洞庭席氏家族的考察」, 『史林』, 2006(5)

劉正發, 「試論彝族家支家譜教育習俗」, 『民族教育研究』, 2006, 17(5)

王瑞芳, 「沒收族田與封建宗族制度的解體: 以建國初期的蘇南土改爲中心的考察」, 『江海學刊』, 2006(5)

程峰, 「從博愛唐村"李氏家譜"看李巖的籍貫」, 『河南科技大學學報』, 2006, 24(5)

董國勝·董沛涓, 「大理鳳儀北湯天董氏族譜整理及研究」, 『大理文化』, 2006(5)

羅美潔·黃權生, 「試析家(族)譜對四川清中後期及民國教育的影響」, 『重慶社會科學』, 2006(4)

邱鳴皐, 「張玉娘研究: "栝松沈氏世系圖"不足爲據」, 『徐州師範大學學報』, 2006, 32(4)

劉守華, 「從族譜中發現的一則辛亥首義人物史料」, 『辛亥革命研究動態』, 2006(4)

王章·黃春毅·李清茂, 「基于Ontology的知識檢索系統的構建」, 『現代圖書情報技術』, 2006(4)

張廷銀, 「繆荃孫、丁丙等有關地志族譜文獻的手劄六通」, 『文獻』, 2006(4)

卞孝萱, 「"河東柳氏宗譜"所見"譜牒論"非柳宗元作」, 『文獻』, 2006(4)

周建華, 「新現孫中山楹聯意蘊考」, 『求索』, 2006(4)

達力紮布, 「"喀喇沁左翼旗烏梁海氏家譜"評介」, 『清史研究』, 2006(4)

張小也, 「清代的墳山爭訟: 以徐士林"守皖讞詞"爲中心」, 『清華大學學報』, 2006, 21(4)

林慶元, 「林則徐譜系之謎」, 『閩西職業技術學院學報』, 2006, 8(4)

林震明, 「淺論署名林則徐“西河郡林氏族譜序”一文的眞實性」, 『閩西職業技術學院學報』, 2006, 8(4)
林水海, 「關于“西河郡林氏族譜序”是否林則徐所撰之我見」, 『閩西職業技術學院學報』, 2006, 8(4)
張其卓, 「丹東八旗家譜中‘隨龍安家’的記載」, 『滿族硏究』, 2006(4)
粘良圖, 「從族譜看明初晉江摩尼敎活動」, 『福建宗敎』, 2006(4)
江良發·江澄, 「華容胡氏族譜與古華容縣地望新證」, 『船山學刊』, 2006(4)
吳展, 「中國古代家譜印刷中的木活字應用」, 『北京印刷學院學報』, 2006, 14(4)
趙立彬, 「革命話語與家國觀念: 孫中山撰寫的兩篇‘族譜’序言述論」, 『安徽史學』, 2006(4)
寶山, 「余氏蒙古族與藏區其他蒙古族之比較硏究」, 『西北民族硏究』, 2006(3)
王力平, 「鄧名世與“古今姓氏書辨證”: 兼談宋代姓氏譜牒學的發展」, 『文獻』, 2006(3)
孫晟·舒萍, 「從族譜看淸代閩南赴臺移民家庭: 以“南靖書洋書山派蕭氏族譜”爲藍本分析」, 『求索』, 2006(3)
彭淸深, 「傳統譜學在晚唐黨爭結局中的衰落」, 『靑海民族學院學報』, 2006, 32(3)
汪受寬, 「鞏昌汪氏的族屬及其與徽州汪氏的通譜」, 『民族硏究』, 2006(3)
鄧金鳳, 「岑毓英與廣西岑氏來源」, 『廣西民族學院學報』, 2006, 28(3)
李小燕, 「從族譜的家規家訓看客家人的價値觀念」, 『廣西民族學院學報』, 2006, 28(3)
袁紅軍, 「章學誠創新譜牒學理論之功」, 『敦煌學輯刊』, 2006(3)
王旭, 「譜牒資源開發的經濟與文化意義硏究」, 『東疆學刊』, 2006, 23(3)
杜家驥, 「“他塔喇氏家譜”及其所反映的淸代東北駐防旗人家族」, 『東北史地』, 2006(3)
淩禮潮, 「麻城劉家和“金瓶梅”新考證」, 『北京科技大學學報』, 2006, 22(3)
張德玉, 「淺論滿族家譜的文化特征」, 『北方民族』, 2006(3)
華智亞, 「族譜、民俗生活與村民的記憶: 對安徽T村的考察」, 『安徽師範大學學報』, 2006, 34(3)
程峰, 「太極拳起源問題的再探討」, 『中州學刊』, 2006(2)
孫錫芳, 「“史記·五帝本紀”五帝譜系合理性探究」, 『雲南民族大學學報』, 2006, 23(2)
卞孝萱, 「柳宗元佚文‘譜牒論’系僞作」, 『尋根』, 2006(2)
王可喜, 「湖北“茅田王氏宗譜”所存韓楷等明淸人佚文輯考」, 『鹹寧學院學報』, 2006, 26(2)
蔡貞明, 「“淸平孫文恭公祠族譜”述評」, 『黔東南民族師範高等專科學校學報』, 2006, 24(2)
李漢擧·王一千, 「唐夢賚及其家族史料: “淄川縣忠信鄕唐族譜”」, 『蒲松齡硏究』, 2006(2)
郭義山, 「再論署名林則徐的“西河郡林氏族譜序”」, 『閩西職業技術學院學報』, 2006, 8(2)

沈林, 「明代後金女眞'沈'姓探: 從"明代滿蒙史料·李朝實錄抄"'沈'姓記載看女眞姓氏的變化」, 『滿族研究』, 2006(2)
徐道彬, 「論戴震對徽州族譜的看法」, 『黃山學院學報』, 2006, 8(2)
康樹華, 「農村封建宗教勢力與黑惡勢力的區別及防治對策」, 『公安學刊』, 2006(2)
李曉斌·楊麗宏·龔卿, 「雲南特困民族傳統精神文化對文化傳承的影響」, 『雲南師範大學學報』, 2006, 38(1)
王兆鵬, 「從"永泰張氏宗譜"輯錄宋人佚文佚詩: 兼說張元幹籍貫及佚文價値」, 『文獻』, 2006(1)
王鶴鳴, 「"中國家譜總目"的特點」, 『圖書館雜志』, 2006, 25(1)
丁紅, 「浙江家譜版本特征分析」, 『圖書館理論與實踐』, 2006(1)
張廷銀, 「族譜中所見王羲之佚文辨僞: 兼及族譜在當代文史研究中的作用」, 『淸華大學學報』, 2006, 21(1)
王可喜, 「王韶佚文考」, 『靑海民族研究』, 2006, 17(1)
許智範·劉祿山, 「'歷史碎片'啄探: 江西民間契約文書考察」, 『南方文物』, 2006(1)
郭義山, 「林則徐家族世系的新發現: 論署名林則徐"西河郡林氏族譜序"及其考證」, 『閩西職業技術學院學報』, 2006, 8(1)
張虹, 「淸代玉牒如何運至盛京」, 『民族研究』, 2006(1)
陳哲仁, 「曹雪芹祖籍襄陽考辨: 與馮其庸先生'遼陽曹'說商榷」, 『遼寧師範大學學報』, 2006, 29(1)
趙世瑜, 「祖先記憶、家園象征與族群歷史: 山西洪洞大槐樹傳說解析」, 『歷史研究』, 2006(1)
鄧慶平, 「山西壽陽祁氏宗族考略」, 『廊坊師範學院學報』, 2006, 22(1)
王鶴鳴, 「試論徽州譜牒的體與魂」, 『復旦學報』, 2006(1)
常建華, 「明淸時期的山西洪洞韓氏: 以洪洞韓氏家譜爲中心」, 『安徽史學』, 2006(1)
錢杭, 「家譜價値的多元理解與一元底線」, 『社會觀察』, 2007(7)
辛更儒, 「辛棄疾家室再考」, 『文學遺産』, 2007(6)
王建新, 「兩個父系社會家譜的編撰和利用: 歷史記憶、族群關系及傳統建構的人類學研究」, 『思想戰線』(昆明), 2007, 33(6)
鮑永軍·倉修良, 「論歐陽修的譜牒學貢獻」, 『社會科學戰線』, 2007(6)
張廷銀, 「從家譜文獻看民間對陶淵明的接受與批評」, 『南京師大學報』, 2007(6)
謝琳惠, 「河洛地區洛寧張氏家譜典型特征探微」, 『圖書館』(長沙), 2007(5)

鄭永華, 「姚廣孝眞的下過西洋嗎? 兼及"姚氏族譜"相關記載之誤」, 『江蘇社會科學』, 2007(5)

林寧, 「李宣龔的家世與生平」, 『福州大學學報』, 2007, 21(5)

高賢棟, 「北朝宗族譜牒述論」, 『北方論叢』, 2007(5)

王興亞, 「對李巖籍貫問題的再考證: 兼論博愛唐村"李氏家譜"的可信性」, 『中州學刊』, 2007(4)

張楊, 「大禹宗譜與紹興水文化」, 『浙江師範大學學報』, 2007, 32(4)

高丹丹, 「吐魯番出土"某氏族譜"與高昌王國的家族聯姻: 以宋氏家族爲例」, 『西域研究』, 2007(4)

陳勇, 「漢唐之間袁氏的政治沈浮與籍貫更叠: 譜牒與中古史研究的一個例證」, 『文史哲』, 2007(4)

張廷銀, 「民國家譜所見圖書館資料二例」, 『圖書館論壇』, 2007, 27(4)

徐茂明, 「國家與地方關系中的士紳家族: 以晚淸江南減賦爲中心」, 『蘇州大學學報』, 2007, 28(4)

江慧, 「出世與入世: 論家族和宗族的概念」, 『上海大學學報』, 2007, 14(4)

曾曉林, 「客家譜牒中族規家訓的法人類學思考」, 『江西社會科學』, 2007(4)

韓寧平, 「淸代徽州的擬血親承繼: 以"星源甲道張氏宗譜"爲中心」, 『黃山學院學報』, 2007, 9(4)

王路平, 「"淸平孫文恭公祠族譜"與孫應鰲家世」, 『貴州文史叢刊』, 2007(4)

(馬來)邱克威, 「邱人龍生卒年考」, 『古籍整理研究學刊』, 2007(4)

饒偉新, 「淸代贛南客民的聯宗譜及其意義初探」, 『贛南師範學院學報』, 2007, 28(4)

秦燕, 「明淸時期陝北黃土高原上的村莊」, 『甘肅社會科學』, 2007(4)

白俊奎, 「土家族"犀牛"圖騰崇拜體現的生命意識與儒家倫理思想研究: 以渝東南湘鄂渝黔邊區酉水流域爲 例」, 『重慶工商大學學報』, 2007, 24(3)

熱依汗·卡德爾, 「對湖南常德桃源維吾爾族高昌先祖哈勒的幾點考釋」, 『中央民族大學學報』, 2007, 34(3)

張廷銀·張斌榮, 「族譜所見詩文中的佚作與僞作」, 『文學遺產』, 2007(3)

汪毅夫, 「閩臺冥婚舊俗之研究」, 『臺灣研究集刊』, 2007(3)

黃挺, 「淸初遷海事件中的潮州宗族」, 『社會科學』(上海), 2007(3)

覃聖敏, 「廣西覃氏祖源辨正」, 『廣西民族研究』, 2007(3)

楊榕, 「福建族譜中的戲曲史料探述」, 『戲曲藝術』(北京), 2007, 28(2)

王兆鵬·呂厚艶,「家譜所見李光墓志及李光世系考述」,『文獻』, 2007(2)
王鶴鳴,「從家譜看炎黃子孫的尋根情結」,『圖書館雜志』, 2007, 26(2)
唐力行,「"千丁之族, 未嘗散處": 動亂與徽州宗族記憶系統的重建: 以徽州績溪縣宅坦村爲個案的研究」,『史林』, 2007(2)
肖健一,「明秦藩家族譜系及墓葬分布初探」,『考古與文物』, 2007(2)
馬經,「關于賽典赤·贍思丁身世事蹟的碑志譜牒」,『回族研究』, 2007(2)
胡靑·馬良燦,「回族家譜的三個維度: 族源、族規與人倫: 以雲南昭通回族譜牒爲例」,『回族研究』, 2007(2)
楊彦傑,「追尋祖先: 閩臺"江氏族譜"的比較分析」,『福建師範大學學報』, 2007(2)
林濟,「程敏政"冒祖附族"說考辨」,『安徽史學』, 2007(2)
趙華富,「"新安月潭朱氏族譜"卷一非朱嘉佚文考: 與"朱子全集"輯錄者商權」,『安徽大學學報』, 2007, 31(2)
紀永貴,「楊萬裏佚文"羅塘許氏族譜序"辨僞」,『文獻』, 2007(1)
王振忠,「18世紀一個貢生眼中的徽州社會: 關于"澂潭山房古文存稿"的史料價値」,『天津社會科學』, 2007(1)
陳大富,「閩西客家族譜與史料價値」,『山東圖書館季刊』, 2007(1)
趙彦昌·李國華,「從淸代玉牒看淸代的宗法製度」,『滿族研究』, 2007(1)
鄒賢敏,「世系·文化·歷史觀: 參修"中華鄒氏族譜"的思考」,『湖北大學學報』, 2007, 34(1)
黃霄羽,「國外家譜檔案利用熱潮之成因探析及啟示」,『檔案學通訊』, 2007(1)
湛廬,「家譜中的文獻問題」,『北京大學學報』, 2007, 44(1)
陣瑞,「明淸時期徽州族譜的控製功能」,『安徽大學學報』, 2007, 31(1)
胡中生,「淸代徽州族譜對女姓上譜的規範」,『安徽大學學報』, 2007, 31(1)
石守仁,「也談昌黎"韓氏家譜": 與尙振明、尙彩鳳商榷」,『周口師範學院學報』, 2007, 24(6)
卞孝宣,「揭示興國"鐘氏族譜"竄改唐製誥: 兼評謝文學的誤導」,『中國典籍與文化』, 2008(3)
魏德新,「中國回回文第一譜: 鄭和先祖族譜濟南"鹹陽族譜"略」,『鄭和研究』, 2008, (2)
馬經,「我看賽典赤: 鄭和世家事蹟的碑志譜牒」,『鄭和研究』, 2007(2)
劉正,「甲骨文家譜刻辭研究: 對"庫、方二氏藏甲骨蔔辭"第1506片甲骨的考察」,『殷都學刊』, 2008, 29(3)
蔡志祥,「譜牒與下位繼嗣群體的建構: 以廣東省香山縣李屋邊李氏爲 例」,『尋根』, 2008(3)
王日根,「族譜與社會史研究」,『尋根』, 2008(3)

劉慶,「從"整江范氏家譜"看大陸向臺灣的移民」,『尋根』, 2008(3)

李小鳳,「論回族家譜的特點和史料價值」,『西北第二民族學院學報』, 2008(3)

陳時龍,「"三舍劉氏七續族譜"的史料價值」,『文獻』, 2008(1)

何遠辛,「1949年, 蔣介石去臺前曾重修家譜」,『文史博覽』, 2008(2)

丁紅,「木活字印刷文化在浙江家譜中的傳承與發展」,『圖書館雜志』, 2008, 27(2)

鄭幸,「上海圖書館藏袁枚家譜及其文獻價值」,『圖書館雜志』, 2008, 27(10)

黃顯功,「上海圖書館的家譜數字化資源服務: 古籍保護效果的一個實例」,『圖書館學刊』, 2008(1)

顧燕 ,「"中國家譜總目"的特色和編纂特點」,『圖書館工作與研究』, 2008(3)

寧宵宵,「一個猶太豪門的傳奇家譜」,『世界博覽』, 2008(5)

陶玉坤,「遼朝家族史研究」,『史學史研究』, 2007(4)

常建華,「元人文集族譜序跋數量及反映的譜名與地區分布」,『史學集刊』, 2008(6)

鮑永軍·倉修良,「論歐陽修的譜牒學貢獻」,『社會科學戰線』, 2007(6)

李漢舉,「蒲松齡與王鹿瞻」,『山東理工大學學報』, 2008, 24(3)

祁進玉,「族譜、村史與民族史: 以豐臺溝村爲 個案的村莊志文本分析」,『青海民族學院學報』, 2008, 34(3)

張廷銀·石劍,「民間及地方文獻的文學史意義: 以地方志家譜資料爲例」,『齊魯學刊』, 2008(2)

李漢舉·王一千,「族譜所見邱氏家族資料」,『蒲松齡研究』, 2008(2)

駱巧鳳,「家譜: 補充訂正史實的特殊檔案」,『寧波大學學報』, 2008, 21(1)

許淑傑,「東北地區滿族族譜的收集整理及其史料價值」,『吉林師範大學』, 2008, 36(4)

趙維和·邢寶峰,「滿族譜牒研究中相關問題的剖析」,『滿族研究』, 2008(1)

李婷,「中央民族大學圖書館館藏古籍滿族家譜綜述」,『滿族研究』, 2008(1)

王日根·張先剛,「從墓地、族譜到祠堂: 明清山東棲霞宗族凝聚紐帶的變遷」,『歷史研究』, 2008(2)

馬超群·馬穎生,「馬哈只碑後雲南最重要的發現: 評李士厚"影印原本鄭和家譜校注"」,『昆明社會科學』, 2005(4)

謝重光,「客家方氏族譜"文天樣序"辨僞」,『客家』, 2008(2)

陶明選,「徽州宗族的內神與外神信仰: 以族譜爲中心的初步考察」,『江南大學學報』, 2008, 7(5)

譚黎明·楊永旭,「從八旗家譜看滿族的民族構成」,『吉林師範大學學報』, 2008, 36(4)

林德春·聶有財·張丹丹,「滿族家譜述略」,『吉林師範大學學報』, 2008, 36(4)

譚元亨,「譜牒: 無形的“祖宗言”」,『華南農業大學學報』, 2007, 6(3)

黃挺,「1860年以前的潮州海外移民: 以族譜資料爲中心」,『海交史研究』, 2008(1)

王鶴鳴,「“中國家譜總目”的編纂」,『國家圖書館學刊』, 2008(1)

王芳恒,「布依族“黃氏宗譜”與儒家倫理」,『貴州民族學院學報』, 2007(6)

王獻軍,「失而復得的海南回族族譜: “通屯宗譜全書”探研」,『廣東技術師範學院學報』, 2007(1)

倉修良,「兩漢時期譜牒學概論」,『古籍整理研究學刊』, 2008(1)

陳瑛珣·劉宏偉,「開臺祖先崇拜與家族意象確立: 以臺灣中部客家移民族譜爲據」,『贛南師範學院學報』, 2008, 29(2)

李積慶,「少數民族族譜與文化認同: 以泉州回族族譜爲例」,『福建民族』, 2008(1)

李琨,「歐美家譜檔案利用工作對我們的啟示」,『檔案與建設』, 2007(12)

郭盛,「我國少數民族譜牒文獻的特點和類型」,『檔案』, 2008(1)

郎菁,「館藏善本探秘: 明刊“三原焦吳裏梁氏家乘”及清刊“三原梁氏舊譜”記載的一個陝西鹽商家族發展史」,『當代圖書館』, 2008(1)

苗天娥·景愛,「黑龍江雙城完顏氏家譜考釋」,『北方文物』, 2008(4)

王日根·劉慶,「讀書仕進是提升明清家族社會地位的基本途徑: 明清福建幾部族譜的分析」,『安徽史學』, 2008(5)

林濟,「程敏政統宗譜法與徽州譜法發展」,『安徽史學』, 2008(4)

王鶴鳴,「宋代譜學創新」,『安徽史學』, 2008(2)

王振忠,「從譜牒史料談徽州墨商的幾個問題: 以光緒戊戌環川“(璃公房修)詹氏支譜”爲中心」,『安徽史學』, 2008(1)

趙華富,「中國譜牒始遷之祖、文化認同與民族史料: 對胡適“曹氏顯承堂族譜序”中幾個問題的看法」,『安徽大學學報』, 2008, 32(3)

중국 가보 관련 주요 홈페이지 목록

부록 3

홈페이지명	인터넷 주소
上海圖書館家譜數據庫	https://jiapu.library.sh.cn/#/
《各姓家譜》網站	www.iz123.cn/user/gexingiapu/
My Heritage	www.myheritage.cn
Netor 網同紀念1尋根問祖	www.netor.com/family.asp
愛新覺羅宗譜網	http://www.axjlzp.com/
安徽家譜	www.axjp.cn
安徽省圖書館-譜牒資源	www.ahlib.com/ah/gjb/gcjp-index.htm
安徽鶴石周氏論壇	ahysa.5d6d.com
百度家譜	baike.baidu.com/view/32577.htm
百姓家譜	www.baxun.com
百姓源·緣	wj.noweb.cn/bxyuan/index.php
曹氏家譜查詢網	www.caoshi.net
常州家譜	www.qingyan.com/
陳氏宗親網	http://www.chens.org.cn/
陳氏族譜	http://chenshijiazu.org/
慈利李氏續譜	https://www.2jiapu.com/jiapu/li/82465.html
崔氏家譜網	https://www.jiapu.tv/x/13/
大族譜網	http://www.zhdzp.com/
中華戴氏網	http://dai.zupu.cn/
杜氏宗親網	http://www.zhzqw.cn/zhipai.php?bjxid=120
中華方氏網	http://fang.zupu.cn/
高氏家譜網	http://www.jiapu.best198.com/g/jiapu_1269.html
漢家劉氏網	http://www.liu-home.net/
胡氏家譜網	http://www.jiapu.tv.best198.com/x/90/

홈페이지명	인터넷 주소
胡氏宗親網	www.hszqw.com.cn
湖南省家譜收藏中心	www.library.hn.cn/jpcx/index.htm
百家姓論壇	https://www.fengshui-168.com/forum-100-1.html
中華華氏網	http://hua2.zupu.cn/
劉氏族譜	https://www.liushizupu.com/
華夏田氏網	http://www.hxtian.cn/
華夏吳氏網	http://www.worldwu.com/
黃氏宗親網-	http://www.ihuang.org/b9-04-1905-0001.htm
黃氏研究	http://www.360doc.com/content/16/0826/13/13888283_586056080.shtml
家譜和家庭樹 Genoom	http://legacy.genoom.com/
家譜網-尋根問祖服務華人	https://www.hebi168.com/
簡氏家譜	https://www.familysearch.org/search/catalog/1066732?availability=Family%20History%20Library
孔氏宗親網	http://www.kong.org.cn/bbs2/Boards.asp
孔子家譜	http://www.yuszq.com/newsitem/277115572
匡氏族譜	http://www.zupulu.com/zupu.php?act=firstlist&doc=%E5%8C%A1
黎氏大族譜	http://www.zupulu.com/zupu.php?z=726&t=l
李氏網	https://lishijzlm.kuaizhan.com/
林氏宗親網	www.bigan.cn/
淩氏宗親網	www.lingmiao.net
劉氏家園	http://www.liujy.com/
龍氏族譜	https://www.2jiapu.com/jiapu/long/70023.html
羅氏家園	www.luos.org/start.asp
歐陽氏網上宗祠	http://ningyuan.wentiyun.cn/cultural-658.html
潘氏宗親網	www.pans.cn
彭氏家譜	http://www.jiapu.tv.best198.com/x/183/
喬氏宗親網	http://www.zhqszq.com/
秦網	www.myqin.net
山西/楊氏族譜	www.yangjiajiang.com
山西家譜書目	http://www.360doc.com/content/12/0505/17/278748_208854718.shtml
山西省圖書館家譜數據庫	http://www.lib.sx.cn/node/491.jspx
世界馮氏宗親會網站	worldfengshiweb.bokee.com/
世界何氏網	http://www.sjhswhw.cn/
世界王氏網	http://www.wwdoa.com/

홈페이지명	인터넷 주소
世界葉氏總譜	https://www.2jiapu.com/jiapu/ye/118426.html
隋氏族譜網	www.sui.org.cn/
湯氏會社	http://www.tangshi.org/
天下匡氏網	http://txksw.cn/mobile/
王氏家譜網	http://www.jiapu.tv.best198.com/x/275/
威海戚氏族譜	http://www.whqszp.com/main.asp
中華文氏宗親網	http://www.360doc.com/content/17/0319/00/3257292_638052169.shtml
吳氏在線	www.cnwu.net
夏氏宗親網	http://www.cnxia.org/
峭函網_地方志鑒_譜牒編修	http://www.xhw.gov.cn/Item/list.asp?id=1662
中華信氏網	http://xin2.zupu.cn/
熊氏家族網	www.xsjzw.com
徐氏宗親網	www.xu-shi.com
尋根網	http://www.xungen.so/
炎黃脈絡	nj-yhml.cn
余氏百科余氏家族百科資料大全	imyu.cn/wiki
曾氏宗親網	www.zengshi.net
詹氏族譜	http://www.jiapu.best198.com/g/378/
詹氏網	http://www.zhansw.cn/
張氏家譜網	http://www.jiapu.tv.best198.com/x/362/
章氏文化研究	www.zhangzijun.com
趙氏家譜網	https://www.2jiapu.com/jiapu/zhao/1074.html
中國林氏宗親網	http://www.linshi.org/
中國臺灣網-族譜首頁	www.chinataiwan.org/zppd
中華百家姓	www.10000xing.cn
中華程氏網	http://cheng.zupu.cn/
中華崔氏網	http://cui.zupu.cn/
中華大族譜	www.dazupu.com
中華大族譜	http://www.zhdzp.com/
中華大族譜平臺	www.dazupu.net
中华郭氏網	http://www.guohome.org/portal.php
中華何氏網	10000xing.cn/x021/wjx.html
中華家譜知識_家譜歷史	www.yywzw.com/show.aspx?id=247&cid=138
中華唐氏网	http://www.cntang.org/

홈페이지명	인터넷 주소
中華王氏網	www.chinawang.org/index.php
中華伍氏網	https://www.chinawu.com/
中華徐氏網	http://xu1.zupu.cn/
中華鄢氏網	http://yan4.zupu.cn/
中華姚氏宗親交流網	www.yaogens.com
中華周氏網	http://zhou.zupu.cn/
中華鄒氏族譜(京山卷)	https://www.jiapu.tv/iskl/018420.html
朱氏宗親網	https://www.zhujiaren.com/
族脈網	www.youstem.com/index.php
族譜錄	www.zupulu.com/

검색일: 2009. 5. 10.(吳惠族 정리)

때늦은 봄날과 같았던 가보 연구

후기

이 책은 2002년 상해고적출판사에서 출간한 필자의 『가보문화의 해빙(解凍家譜文化)』이란 저술을 보완하고 발전시킨 것이다.

1995년 9월 연구의 필요성 때문에 필자는 안휘성의 지방지 편찬 연구소에서 상해도서관의 당 위원회 서기로 자리를 옮겨 관련 업무를 주관하면서 역사문헌연구소 소장이란 직책을 함께 수행했다. 상해도서관은 중국에서 국가도서관 다음으로 규모가 큰 연구형 공공도서관이다. 이곳에는 1,000만여 책의 도서와 3,000만 건의 자료를 소장하고 있다. 그중 역사 문헌 자료는 370만 책(건)에 달할 정도로 대단히 방대하다. 상해시의 당 위원회와 관련 부서의 도움을 받아 상해도서관이 역사 문헌을 복원하는 중요한 임무를 수행하게 되었다. 이 복원사업의 핵심은 첫째가 가보(家譜)이고 둘째가 성선회(盛宣懷)와 관련된 당안(檔案)이었다. 필자는 가보 문헌 복원사업의 책임자 역할을 담당했다. 고정룡(顧廷龍) 등 역대 전임 관장들의 지도와 격려 속에서 상해도서관은 가보의 수집 작업에 주력했다. 1995년 수집한 가보 수량은 이미 1만 2,000종으로 거의 10만 권에 달했다. 이는 현존하는 가보의 1/4에 달하는 수량이었다. 하지만 여러 가지 원인으로 수집된 가보는 각기 다른 서고(書庫)에 흩어지거나, 구석진 곳에 쌓여서 좀이 쏠거나, 곰팡이가 슬거나, 먼지에 덮인 채 방치되었다. 1996년 1월 9일 상해도서관은 역사 문헌 복원을 위한 발족인 대회를 열고 가보복원을 위한 정리 소조를 조직했다. 이로써 가보의 정리와 개발 및 연구 업무를 위한 기반이 정식으로 마련되었다. 이 소조의 임무는 가보에 쌓인 먼지와 곰팡이를 제거한 후에 정리하여 서가에 배치하고, 아울러 복원팀을 조직해 파손된 가보를 보수하는 것이었다. 이러한 업무 분담을 통해 2000년에는 3만 책의 가보를 수리·복원했다. 1996년 12월 상해도서관은 새롭게 가보 열람실을 만들어 개방하고 일반 독자가 이용할 수 있도록 했다. 가보 열람실 설치와 대외개방은 중국 내에서는 처음 실행한 조치였다. 다른 한편으로 소조는 『상해도서관관장가보제요(上海圖書館館藏家譜提要)』를 편찬했는데, 이는 2000년 상해고적출판사에서 출간되어 제3회 전국고적정리도서대회에서 2등상의 영광을 차지했다. 그뿐만 아니라 상해도서관은 중국가보국제토론회도 주최했다. 이러한 가보 관련 사업을 진행하면서 많은 독자와 연구자의 지지가 있었고, 정부와 관련 기관으로부터 긍정적인 평가를 받았으며 국내외 언론매체의 커다란 주목을 받기도 했다. 상해도서관의 가보는 먼지에 방치되었던 이전과 달리 환골탈태해 지금은 독자들이 직접 열람하고 인터넷 검색을 할 수 있게 되었다. 이러한 변화는 가보 문헌이 현실 속에서 해빙(解氷)되는 과정으로 볼 수 있다. 필자는 이 점에 주목하며 보첩연구센터에서 함께 일하는 연구자들과 앞서 언급한 『가보문화의 해빙』을 출판했다. 이 책은 신문과 잡지 등 간행물에 발표한 가보 관련 내용과 상해도서관 소속 연구자들의 가보 연구 성과를 소개했고, 또한 언론매체가 소개한 상해도서관의 가보 정리와 연구 등의 내용도 포함했다.

2000년 10월 필자는 상해도서관과 상해과학정보연구소의 당서기 직무를 정년퇴직했다. 그 후 역사문헌연구소 소장으로 재직하면서 모든 시간과 노력을 가보 문헌의 정리와 발굴, 연구에 매진할 수 있었다. 필자가 과거 복단대학 역사학과에서 석사과정을 공부할 때 지도교수이며, 현재 인민대학 청사연구소에 계신 호승무(胡繩武)[1] 교수는 필자에게 적극적으로 중국 가보의 중요성을 강조하셨고, 5년 정도 매진하면 반드시 일정한 성과가 있을 것이라 격려해 주셨다.

20세기 후반에 필자와 상해도서관은 가보를 정리, 연구하는 과정을 통해 이러한 연구 사업이 완성되어야 할 중요성과 함께 연구 진행에 있어 우리가 가진 장점을 고찰해 보았다.

(1) 상해도서관은 방대한 양의 가보 문헌을 소장하고, 전문 연구와 저술에 필요한 자료를 충분히 보유했다.

(2) 최근 30여 년 사이 중국 내외에 다수의 가보 관련 저술이 출간되었다. 예를 들면 나향림(羅香林)의 『중국족보연구』(1971)는 20만 자의 저술이고, 일본 학자 다카 아키고로(多賀秋五郎)의 『중국 종보의 연구(中國宗譜的硏究)』(1982)는 120만 자 분량으로 주요 가보 서목을 수록했다. 구양종서(歐陽宗書)의 『중국가보』(1992)는 12만 자 분량의 저술이다. 내

1 호승무(1923~2016): 중국 산동 출신의 역사학자로 1948년에 상해 복단(復旦)대학 사학과를 졸업했고, 후에 동 대학에서 통사와 근대사를 강의했다. 1980년에 중국 인민대학으로 학교를 옮겼고, 이곳에서 청사연구실의 교수와 청사연구소 학술위원, 그리고 북경시 역사학회 상무이사 등을 역임했다. 그는 장기간 중국근대사를 전공하면서 수십 편의 논문을 발표했고, 그중 『신해혁명사고(辛亥革命史稿)』(1980)는 신해혁명사 연구의 필독서가 되었다. (역자 주)

신하(來新夏)·서건화(徐建華)의 『중국연보와 가보』(1997)는 8만 자 정도이고, 서건화의 『중국의 가보』(2002)는 15만 자 분량의 저술이다. 이 중 일부 저술은 중국의 가보 연혁에 대해 기술하기도 했다. 상건화(常建華)의 『종족지』(1998)는 제4장 「가보」에서 족보의 기원과 발전에 관한 내용을 약 7만 자 분량으로 소개했다. 대만 학자인 요경육(廖慶六)의 『족보문헌학』(2003)은 제2장 「역대보첩술약(歷代譜牒述略)」에서 약 3만 자 정도로 역대 보첩에 대해 언급했다. 조화부(趙華富)의 『휘주종족연구』(2004)의 제4장 「휘주의 종족족보(徽州宗族族譜)」에서는 휘주 족보 연혁을 4만 자의 분량으로 기술했다.[2] 이상의 저술에 기술된 중국의 가보 연혁에 대한 내용들은 중국 가보의 역사를 집필하는 데 많은 영감을 주었다.

(3) 최근 30여 년 사이 발표된 중국 내외의 중국 가보 관련 논문이 무려 2,000여 편에 달했다. 그중 중국 가보의 연혁과 가보의 단대사 연구가 주류를 이루었다. 예를 들면 반광단(潘光旦)의 「중국가보학약사(中國家譜學略史)」, 양전순(楊殿珣)의 「중국가보통론(中國家譜通論)」, 양동전(楊冬荃)의 「중국가보기원연구(中國家譜起源研究)」, 「주대가보연구(周代家譜研究)」, 창수량(倉修良)의 「양한 시기 보첩학 개론(兩漢時期譜牒學概論)」, 진직(陳直)의 「남북조 보첩 형식의 등장과 색은(南北朝譜牒形式的發現和索隱)」, 구림동(瞿林東)의 「당대보학간론(唐代譜學簡論)」, 대만학자인 공붕정(龔鵬程)의 「당송족보의 변천(唐宋族譜的變遷)」, 상건화의 「원대족보연구(元代族譜研究)」, 장해영(張海瀛)의 「명대보학개설(明代譜學概說)」, 풍이강(馮爾康)의 「청사의 보첩자료 및 이용(清史的譜牒資料及其利用)」 등이 있다.[3] 이러한 논문은

2 羅香林, 『中國族譜研究』, 香港中國學社, 1971.
多賀秋五郎, 『中國宗譜的研究』, 日本學術振興會, 1982.
歐陽宗書, 『中國家譜』, 新華出版社, 1992.
來新夏·徐建華, 『中國的年譜與家譜』, 商務印書館, 1997.
徐建華, 『中國的家譜』, 百花文藝出版社, 2002.
常建華, 『宗族志』, 上海人民出版社, 1998.
廖慶六, 『族譜文獻學』, 臺灣南天書局有限公司, 2003.
趙華富, 『徽州宗族研究』, 安徽大學出版社, 2004. (역자 주)

3 潘光旦, 「中國家譜學略史」, 『東方雜志』 17-5, 1928.
楊殿珣, 「中國家譜通論」, 『圖書季刊』 新第3卷1-2期, 1944.
楊冬荃, 「中國家譜起源研究」, 「周代家譜研究」.
倉修良, 「兩漢時期譜牒學概論」.
陳直, 「南北朝譜牒形式的發現和索隱」.
瞿林東, 「唐代譜學簡論」.
龔鵬程, 「唐宋族譜的變遷」.
常建華, 「元代族譜研究」.
張海瀛, 「明代譜學概說」.
馮爾康, 「清史的譜牒資料及其利用」. (역자 주)

풍부한 자료와 함께 중국 가보를 다양한 시각에서 분석하여 중국의 가보 역사를 저술하는 데 참고 자료가 되었다.

(4) 최근 20여 년 이래 성씨(姓氏)·가보(家譜)·가족사(家族史)에 대한 개별 연구의 성과가 왕성하게 등장했다. 특정한 성씨를 다룬 시리즈 성격의 저술로는 『중화성씨보(中華姓氏譜)』, 『심근문조(尋根問祖)』, 『자고아성다호걸(自古我姓多豪傑)』, 『중화성씨사화총서(中華姓氏史話叢書)』, 『중화성씨통사(中華姓氏通史)』, 『백가성서계(百家姓書系)』 등 10여 종이 있다. 특히 『홍농양씨족사(弘農楊氏族史)』, 『중국손씨세계원류(中國孫氏世系源流)』, 『최씨역사문화연구(崔氏歷史文化研究)』 등 몇몇 저술은 참고할 가치가 있다. 최근 10여 년 사이에 편찬된 가보가 수천여 종에 이르고, 일부는 그 규모 또한 방대하다. 이상과 같은 미시적 관점의 개별 연구는 거시적 가보사 저술에 충분한 참고 자료를 제공했다.

하지만 다른 한편으로 자료가 풍부하고 체계적이며 관점도 선명한 중국 가보의 역사 저술을 완성한다는 것은 결코 쉬운 과정이 아니다. 이 책 『중국 가보학 통론』의 저술은 중국 가보의 공백을 보충하는 창조적인 과정으로 높은 수준의 연구가 요구되는 쉽지 않은 문화 사업이었다. 그 이유를 열거하면 다음과 같다.

(1) 다루는 시간의 폭이 매우 길다는 점이다. 가보의 기원에서 새로운 편찬까지 그 시간적인 간극은 5천 년에 달하고, 또한 과거에서부터 현재까지 진행된 성씨의 수 역시 매우 방대하다. 그런데도 전체적으로 연구 수준은 비교적 미약해서 체계적이고 일정한 규모를 갖춘 중국 가보사 학술 저술이 아직 부재한 상태이다. 이 책의 저술 목적은 5천 년에 이르는 중국 가보 발달의 궤적과 발전 과정을 살펴보는 것이다. 그리고 최근 50여 년 사이에 새로운 체계로 편찬된 가보와 이전 시기의 가보의 발전이 유기적 관계에 있다는 관점을 통해 그 연혁을 고찰하는 것이다. 이를 통해 가보의 기원·탄생·흥성·전환·완성·보급·신형 가보 등장의 7단계 발전 과정을 주목하면서 관련 내용을 분석하고자 했다. 이러한 각 과정은 높은 수준의 창조적 연구가 요구된다.

(2) 참고 자료가 방대하고 분산되어 있어서 반드시 고증과정이 필요했다. 이 책이 참고한 자료는 매우 방대했다. 현존하는 가보의 수량은 이미 5만 종에 달하며, 그 가운데 일부는 정사(正史)·방지(方志)·문집(文集) 등 산더미처럼 많은 역사 문헌 속에 산재해 있었고, 그 속에서 자료를 찾아서 정리해야 했으니 그 어려움을 가히 미루어 짐작할 수 있다. 또한 이전 가보 편찬자는 높은 지위가 있는 자에게 아부하거나, 명성이 있는 인물에 대한 언급을 회피하려고 하는 관행의 지배를 받고 있었다. 따라서 수록된 일부 자료는 반드시 고증과 분석이 필요했다. 예를 들어 필자가 분석한 바에 의하면 원래는 주희(朱

熹)가 작성했다는 가보의 서(序)가 주(周)·황(黃)·유(劉)·대(戴)·정(鄭)·홍(洪)·오(吳) 등의 가보의 서(序)에서 동시에 발견되었다. 이는 이들 가보가 주희의 '가보 서'를 차용한 것으로, 성씨(姓氏)만 다를 뿐 내용은 완전히 똑같이 위조한 것이었다. 이런 점이 가보 자료의 수집과 이용에 어려움을 더하고 있다.

(3) 가보의 내용은 거의 모든 삼라만상을 포함하고 있다는 점이다. 예를 들면 성씨의 기원, 조상의 상찬(像贊), 족인의 이주, 가보의 서(序)와 범례(凡例), 세계(世系)와 세전(世傳), 인물의 전기, 민족 융합, 가규(家規)와 족법(族法), 풍속과 예의, 사당과 분영(墳塋), 족산(族產)과 계약, 예문(藝文) 관련 자료, 돌림자와 항렬, 가보를 수령하는 부호 등이 그것이다. 그래서 가보란 특정한 족인에 대한 백과사전이라 말할 수 있다. 가보가 중국 역사의 특정한 분야이면서도 역사학뿐만이 아니라 경제학·사회학·교육학·인구학·민족학·민속학·유전학 등 많은 분야와 관련되어 어려움은 가중되었다.

필자는 이 책을 완성하기 위해 스승이신 호승무 선생의 지도를 따라서 가보 문헌이란 바닷속으로 뛰어들었다. 5년이란 길다면 길고 짧다면 짧은 동안 눈에 보이는 일정한 성과를 만들었다. 2000년 10월부터 가보 문헌을 조사하고 연구하는 데만 매달렸다. 그러면서 다음과 같은 몇 가지 사항에 주목했다.

(1) 폭넓게 체계적으로 자료를 수집하면서 가보 문헌을 정리했다. 최근 10여 년 동안 필자는 전후로 상해·북경·안휘 등의 지역에서 2,000여 종의 가보를 조사했다. 그 과정에서 중요한 문헌에 대해 초록과 복사를 진행했고, 가보목록과 조상의 상찬, 수보한 명록(名錄), 보서(譜序)와 범례, 은영록(恩榮錄), 보론(譜論), 성씨의 기원, 세계, 전기(傳記), 가법(家法), 풍속과 예의, 사당(祠堂)과 분영, 족산, 예문, 돌림자와 항렬, 수령하는 가보 자형의 크기 등 18가지 항목에 따라서 가보 분류 작업을 수행했다. 그 분량은 거의 1,000만 자에 달했다. 이를 통해 중국의 가보사 편찬에 필요한, 비교적 충실한 기초자료를 수집했다.

(2) 과거부터 현재까지 가보와 관련된 저서와 논문 등을 가능한 많이 수집해 분류하고 정독했다. 논문의 경우 1850년부터 2008년까지 『전국보간색인자료고(全國報刊索引資料庫)』에 수록된 가보·종보·족보·보첩에 관한 논문이 2,117종에 달했다. 그중 가장 오래된 것은 『영환쇄기(瀛寰瑣記)』에 수록된 「쌍천하씨중수족보서(雙泉何氏重修族譜序)」이다. 가장 최근의 것은 조화부(趙華富)가 『안휘대학학보(安徽大學學報)』에 수록한 「중국보첩의 시천조 및 문화동질감과 민족 사료: 호적(胡適)의 "조씨현승당족보(曹氏顯承堂族譜)의 서"의 몇 가지 문제에 대한 견해(中國譜牒始遷之祖、文化認同與民族史料: 對胡適"曹氏顯承堂族譜序"中幾個

問題的看法)」라는 논문이다. 필자는 이미 환갑을 넘긴 나이지만, 가보 연구에 있어서 아직 후발주자에 불과하다. 그래서 특별히 고금 이래 가보 관련 저서, 논문을 수집해 분류하고 정독하여 이들을 비교, 분석하는 것을 매우 중요하게 여겼다. 이것이 가보 역사를 저술하는 기본적인 토양이 되었다.

(3) 이 시기에 필자는 제15차 국가사회과학기금(The National Social Science Fund of China)이 제공하는 『중국가보총목(中國家譜總目)』 편찬 사업에 참여했고(본 사업은 2007년에 마무리되어 우수등급 평가를 받았으며, 2009년 상해고적출판사에서 출판했다), 진건화(陳建華) 교수가 주관하는 청사 문헌정리 사업인 『중국가보자료선집(中國家譜資料選輯)』에서 『도록권(圖錄卷)』의 저술을 전담하기도 했다. 그뿐만 아니라 필자는 중국 내에서 개최된 가보 토론회, 가보 전시회 및 가보 편찬과 발표회 등에 적극적으로 참여했다. 이런 활동은 필자의 가보사 편찬에 큰 도움이 되었다.

(4) 필자는 중국 가보사라는 방대한 과제와 관련한 일련의 논문들을 저술했다. 최근 10여 년 사이에 필자는 사학, 대학학보, 도서 정보, 보첩학, 역사 문헌, 문회보 등의 학술지와 신문 등에 중국 가보 관련 논문 20여 편, 약 20만 자에 달하는 논문을 발표했다. 이러한 논문에서 중국 가보의 기원·성씨·연혁·체례·내용·성격·변화와 신형 가보의 편찬 및 가보 편찬과 연합목록 등에 관한 문제들을 제시했다. 일부 논문은 『신화문적(新華文摘)』과 다수의 간행물에 연재되기도 했다. 그리고 발표한 논문은 실제로 중국 가보사 편찬 과정에 단계적으로 반영했다. 가보 문헌이란 바닷속에 심취된 필자는 매우 즐거웠고, 종종 식음(食飮)을 잊을 때도 많았다. 중요한 가보 문헌 자료를 발견할 때면 마치 금싸라기라도 발견한 듯이 마음이 들뜨고 흥분되곤 하였다.

하지만 중국 가보사 저술이란 사업을 완수하기에 이런 흥분만으로는 너무도 부족했다. 바닷가의 모래알처럼 많은 가보 문헌 속에서 가보 문헌과 가족사에 대한 핵심적인 논점을 제기하고, 선학과 선행연구자의 연구 성과를 흡수하여 자신의 체계적인 논점을 세우고, 분산된 논문의 주제를 엮어 전문적인 학술서를 편찬하는 것 등은 모두 가보 연구의 비약적인 발전과 도약을 의미한다. 이런 이유로 필자는 이 책을 반드시 완성해야 한다는 책임감을 유지할 수 있었다. 미시적 관점에서 광범위하게 다양한 자료를 수집하는 동시에 거시적 시야에서 중국 가보사를 분석한다는 입장을 견지했다. 이를 위해 필자는 연구 방법적 측면에서 특히 아래와 같은 몇 가지 사항에 주력했다.

(1) 광범위하고 깊이 있게 가보 자료를 수집한 후, 핵심 자료를 취사선택하여 그 진위를 가렸다. 특히 중국 가보의 연혁적인 측면의 핵심문제들, 즉 가보의 체례, 내용, 기

능, 편찬 방식 등에 주목하며 논점을 기술했다. 아울러 이러한 단서를 통해 5천 년 중국 가보의 발전 궤적을 도출해 내고자 했다.

(2) 종횡을 교차시키는 기술 방법을 사용했다. 종적인 관점에서는 중국 가보의 발전 과정을 기술하였는데, 여기에는 가보의 정의·기원·탄생·흥성·전환·완성·보급·가보의 새로운 편집 등의 특정한 주제를 포함시켰다. 다른 한편으로 횡적인 측면에서는 가보의 체례·내용·수량·성씨·체혼(體魂)·도상·기능 등과 관련된 주제들을 언급했다. 이처럼 종횡이 교차하기 때문에 내용상 관점, 자료 등이 중복되는 현상은 불가피했다. 하지만 전체적으로 폭넓게 중국 가보 5천 년의 발전 과정을 제시하는 데는 전혀 문제가 없다.

(3) 특정한 시기의 가보를 당시의 일정한 역사와 사회적 환경 속에서 고찰하고자 했다. 즉 가보의 연혁을 언급할 때 단순히 가보 자체만을 분리하지 않고, 당시의 정치·경제·사회·문화·교육·민속·사회의식 등과 연관시켜 분석했다. 이를 통해 가보의 내용 속에 스며 있는 뼈와 살을 언급하며 가보 발전의 과정을 더욱 풍부하게 묘사하려고 노력했다.

(4) 필자는 역사학·경제학·사회학·인구학·민속학·민족학·유전학 등의 종합적인 연구 방법을 사용하였다. 다양한 학과를 통한 다양한 연구 시각으로 중국 가보사의 발전 궤적을 분석하고자 했다.

중국 속담에 "십 년 공을 들여 비로소 검(劍) 한 자루를 만든다."라는 말이 있다. 2000년 필자가 당서기 직무를 퇴임할 때 화갑(花甲)이 지났고, 지금 고희(古稀)의 나이에 이르렀으니 이 책의 원고를 완성하는 데 정확히 10년이란 시간이 흘렀다. 필자에게 있어 지난 10년은 정말로 때늦은 연구의 봄날과 같았던 연구와 저술의 시간이었다.

필자가 복단대학 역사학과에 재학 중이던 1963년 10월, 당시 복단대학 학생회 회장을 맡고 있던 나에게 복단대학 고위 관계자가 찾아와 석사과정에 진학할 것을 권했다. 그렇게 하면 석사과정 3년 동안 계속 회장을 할 수 있어서 새롭게 학생을 뽑을 필요가 없었기 때문이다. 필자는 권유에 따라 석사과정에 입학했고, 이후 연구 활동에 종사하는 학자의 길을 가겠다는 뜻을 세웠다.

하지만 필자의 이런 뜻은 현실과 크게 어긋났다. 1967년 7월 석사과정을 마칠 때 '문화대혁명'이 발발했다. 결국 1968년 5월 당시 석사 졸업자가 가장 기피하던 근무지였던 안휘(安徽) 지역으로 근무지를 배정받고 상해를 떠났다. 이후에 안휘성 도서관, 안휘성 사회과학원 역사연구소, 안휘성 지방지판공실 등의 기관에서 근무하였다. 1995년 9월 다시 상해도서관으로 복귀했고, 2000년 10월에 상해도서관의 당서기 직무에서 퇴임했다.

이상의 간략한 이력을 통해 할 수 있듯이 필자는 석사과정을 졸업한 후 안휘성 사회과학원 역사연구소에 잠시 재직했었다. 이후에는 다른 직무에 종사해야 했기 때문에 여가를 이용한 간헐적인 연구만 가능하여 체계적인 연구를 했다고 말할 수도 없었다. 그래서 필자에게 있어 지난 10년이란 모든 시간과 노력을 가보 연구에 매진할 수 있었던 매우 감개무량하고 소중한 시간이자 때늦은 학문의 봄날이었던 것이다. 앞서 언급했듯이 가보 연구 영역에서 필자는 후발주자였다. 10여 년 가보 문헌을 탐독하면서 일부는 거칠어 아직 세밀하게 더 연마해야 하지만, 그럼에도 중국 가보사 저술을 위한 검(劍)이 준비되었다고 생각했다. 필자가 오늘 보검(寶劍)을 내보이는 이유는 본 저술과 2008년도 국가사회과학기금의 사업이 완료되는 시점이 되었기 때문이다.

2009년 7월 5일 『중국가보사(中國家譜史)』 사업의 종결을 알리는 보고서 중 "학술 가치와 성과 및 이용방안(成果的學術價値和應用價値)"이란 항목에 다음과 같이 기술했다.

> 본 사업의 성과는 중국 가보 연구라는 관점에서 보면 중국 가보 연구의 공백을 보완하는 창조적 성격의 학술 가치를 지닌다.
>
> 중국 문화를 구성했던 중국 가보 연구 100여 년 가운데 최근 30년 사이의 업적은 상당히 주목할 만한 것이었다. 논문의 경우 중국 가보와 관련한 논문의 수량은 2,000여 편에 달했고, 단행본의 경우 국내외에서 다수의 가보 관련 저술이 출간되었다. 예를 들면 나향림(羅香林)의 『중국족보연구(中國族譜硏究)』(1971년, 20만 자), 일본의 다카 아키고로(多賀秋五郎)의 『중국 종보의 연구』(1982년, 120만 자, 서목기술), 구양종서(歐陽宗書)의 『중국가보』(1992년, 12만 자), 서건화(徐建華)의 『중국의 가보(中國的家譜)』(2002년, 15만 자) 등이 있다. 하지만 지금까지 체계적이고 일정한 규모를 갖춘 중국 가보사의 저술은 출현하지 못했다. 본 과제를 수행하는 10년간 선인의 연구를 토대로 사료가 풍부하고, 체례가 구비되고, 정확한 분석과 관점이 분명한 중국 가보사 저술을 위해 최선의 노력을 기울였다. 이를 통해 중국 가보사의 부족한 측면을 보완하고자 했다. 본 과제는 중국 가보 연구 과정에서 최초로 5천 년 동안 전승된 중국 가보를 기원·탄생·흥성·전환·완성·보급 및 신형 가보의 등장 등 7단계의 과정으로 나누어 논술했다. 그중에 가보의 정의와 가보의 탄생, 가보의 전환, 가보의 보급, 가보의 가치 등에 관한 논술은 기존 중국 가보 연구를 계승하여 발전시킨 창조적인 관점을 기술했다. 최근 50년 이래 국내외에 등장한 신형 가보는 중국 가보의 발전과 유기적인 관계가 있다는 점을 함께 제시했고, 또한 신형 가보 체례를 비교한 점은 학술적인 독창성이 크다고 할 수 있다.
>
> 그뿐만 아니라 청대 저명한 사학가인 장학성(章學誠)은 "집안에는 가보가, 주현에는 방지가, 나라에는 정사가 있으니 그 뜻은 모두 하나이다."라고 했다. 다시 말해 가보와 방지와 정

사는 중국 역사학을 구성하는 중추적인 기둥이다. 하지만 가보 사료의 정리와 분석과 연구는 정사와 방지에 비해 현저하게 낙후된 상태이다. 그러므로 본 과제의 수행은 보첩 자료에 대한 관심과 중화민족의 문화를 계승하는 촉진제 역할을 충분히 할 수 있다고 본다.

본 과제는 현재 민간에서 간행하는 신형 가보가 참고할 만한 가치가 있다. 최근 30여 년 사이 '가보와 지방지 간행의 황금기'가 도래하면서 민간에서 자발적인 가보 편찬 열기가 고조되었다. 특히 대만과 중국 내지는 성씨마다, 혹은 마을마다 가보를 편찬할 정도였다. 신형 가보의 편찬은 보통 속수(續修)의 방법을 채용하여 이전 가보의 세계(世系)와 세전(世傳)의 체례를 사용하고 관련된 세계와 인물 자료를 보충하는 방식으로 전대를 계승했다. 신형 가보 편찬의 가장 큰 난제는 이전의 가보 자료에 근거해서 어떻게 이를 새로운 관점으로 신형 가보에 보충해 넣을 것인가이다. 본 과제는 중국 가보의 발전 궤적을 논술하고 시기별 가보의 체례·내용·기능 및 새로운 시대 신형 가보의 편찬을 총괄하고 비평하는 것이다. 따라서 본 과제의 연구 성과는 역사유물주의 관점에서 신형 가보와 중국 가보의 발전 연혁을 어떻게 이해해야 할지, 또한 어떤 방식으로 신형 가보를 편찬해야 할지에 대해 참고할 만한 시각을 제공한다.

사업 결과 보고서를 제출하면서 "사업 결과 부족하거나 미비한 점과 추후 연구가 필요한 부분(成果存在不足或欠缺, 尙需深人硏究的問題)"을 기재하는 항목에 다음과 같이 언급했다.

필자는 5천 년간 면면히 이어 온 중국 가보의 풍부하고도 심오한 내용을 50만 자의 분량으로 묘사하는 실로 막중한 임무를 수행해야 했다. 1996년부터 이런 문제에 관심이 있었고 최근 10년간 최선을 다해 연구에 매진했다. 비록 스스로는 최선을 다했다고 하지만 지금 돌아보면, 사업과제를 완성했음에도 엄격한 기준을 적용하면 아직도 보충이 필요한 부분이 남아 있다. 예를 들면 가보의 기원과 가보의 초기 발단 단계에 대한 부분이다. 이곳은 참고 자료의 부족으로 기술 내용이 다소 미비하다. 본 과제는 종횡을 교차하는 방식으로 기술했기 때문에 일부는 인용 자료와 관점들이 중복되는 예도 있다. 소수민족 가보는 중국 가보를 구성하는 중요한 부분이지만 분량상의 제한으로 청대와 민국 시기의 가보 단계에서 일부만 기술했다. 그리고 백족(白族)·조선족(朝鮮族)·장족(藏族) 등의 가보는 언급하지 못했다. 차후에 기회가 있다면 앞에서 언급한 이런 부족한 부분에 대하여 보완하고자 한다. 소수민족의 가보는 특별히 『중국 소수민족의 가보연구(中國少數民族家譜硏究)』라는 별도의 사업을 통해 심도 있게 관련 내용을 정리 연구할 수 있다고 본다.

지금 필자는 본 사업의 연구 성과를 『중국 가보학 통론』이란 이름으로 상해고적출판사에서 출간하고자 한다. 바라건대 많은 독자, 특히 가보 연구 분야의 전문가들께서 졸저에 대해 아낌없는 비평을 해 주신다면 필자의 '검'은 더욱 찬란하고 빛나게 연마될 수 있을 것이다.

지난 10년간 전심을 다하여 가보 문헌의 연구를 진행하며 중국 가보는 중국 전통문화의 일부라는 점, 그리고 폭넓고 심오한 문화적 의미를 내포하고 있으므로 이러한 진귀한 역사문화 유산을 집대성해야 한다는 필요성을 깊이 절감했다. 개인적인 입장에서 보면 10년간의 가보 문헌 탐독은 시작에 불과한 것이었다. 필자는 이후에도 계속 가보 문헌이란 바다를 헤엄치며 연구를 심화시켜 중국 가보 문헌의 정리와 분석 및 연구 등에서 새로운 성과를 만들어 낼 생각이다.

마지막으로 상해도서관의 역사문헌센터와 독자서비스센터, 문헌지원센터 등은 수많은 가보 관련 참고 자료를 제공해 주셨다. 진건화(陳建華), 오혜족(吳惠族)은 "상해도서관이 정리·분석한 가보 자료의 대사기(大事記)"와 "중국 가보 관련 주요 홈페이지 목록"을, 진충위(陳忠偉)는 최근 100년 이래 중국 가보 관련 논문자료를, 임화번(林樺翻)은 본문에 필요한 사진을 제공해 주었다. 그리고 상해고적출판사의 왕흥강(王興康), 조창평(趙昌平), 여건(呂健) 등은 이 책의 출판을 기획해 주셨고, 왕군(王裙)은 원고를 꼼꼼히 수정해 주었다. 특히 아내인 풍봉진(馮鳳珍) 여사는 필자를 도와 수년간 함께 자료를 수집·정리하고, 100만 자에 달하는 초고를 프린트해 주기도 했다. 이 자리를 빌려 이 모든 고마운 분들께 깊은 감사의 뜻을 표한다.

왕학명(王鶴鳴)

2009년 8월

사항

찾아
보기

ㅂ

찾아보기

인명

ㅇ

ㅌ

ㅍ

ㅎ

지명

찾아보기

서명

찾아
보기

ㅇ

ㅈ

저자 소개

왕학명(王鶴鳴)은 상해도서관 역사문헌연구소 소장 및 연구원 등을 역임했다. 30여 년간 주로 중국의 가보 관련 문헌의 연구와 정리에 매진했으며, 관련 저술로 이 책 『중국 가보학 통론』 외에 『중국보첩연구(中國譜牒研究)』, 『중국가보사도지(中國家譜史圖志)』(공저), 『중국사당통론(中國祠堂通論)』(공저) 등과 10여 편의 논문이 있다. 가보 연구 성과를 인정받아 1992년 중국 정부가 수여하는 학술 공로상을 수상하기도 했다.

역자 소개

오발(吳鉢)은 청도(青島)대학 한국어학과를 졸업하고, 전남대학교 국어국문학과에서 국어학을 전공하여 석·박사학위를 취득했다. 이후 제남(濟南)대학 한국어학과 교수를 거쳐 현재 연대(煙臺)대학 한국어학과 교수로 재직하고 있다. 저서로는 『중국인 한국어 학습자를 위한 중간언어에 대한 연구』 등이 있다.

조영래(趙永來)는 중국 고대사에 관심을 두고 있는 연구자로서 경희대학교 사학과를 졸업하고, 북경(北京)대학 역사학과에서 중국 고대사를 전공하여 석·박사학위를 취득했다. 현재 제남(濟南)대학 환황해지역연구센터의 초빙연구원으로 재직하고 있다.

곽영초(郭穎超)는 산동(山東)대학 한국어학과를 졸업하고, 전남대학교 정치외교학과에서 석·박사학위를 취득했다. 현재 하북(河北)대학 한국어학과 교수로 재직하고 있다.